U0906281

经济科学译丛

# 现代产业组织

## （第四版）

丹尼斯·W·卡尔顿（Dennis W. Carlton）
杰弗里·M·佩洛夫（Jeffrey M. Perloff） 著
胡汉辉 顾成彦 沈 华 译

# Modern Industrial Organization

(Fourth Edition)

中国人民大学出版社
·北京·

# 《经济科学译丛》

# 《经济科学译丛》总序

中国是一个文明古国，有着几千年的辉煌历史。近百年来，中国由盛而衰，一度成为世界上最贫穷、落后的国家之一。1949 年中国共产党领导的革命，把中国从饥饿、贫困、被欺侮、被奴役的境地中解放出来。1978 年以来的改革开放，使中国真正走上了通向繁荣富强的道路。

中国改革开放的目标是建立一个有效的社会主义市场经济体制，加速发展经济，提高人民生活水平。但是，要完成这一历史使命绝非易事，我们不仅需要从自己的实践中总结教训，也要从别人的实践中获取经验，还要用理论来指导我们的改革。市场经济虽然对我们这个共和国来说是全新的，但市场经济的运行在发达国家已有几百年的历史，市场经济的理论亦在不断发展完善，并形成了一个现代经济学理论体系。虽然许多经济学名著出自西方学者之手，研究的是西方国家的经济问题，但他们归纳出来的许多经济学理论反映的是人类社会的普遍行为，这些理论是全人类的共同财富。要想迅速稳定地改革和发展我国的经济，我们必须学习和借鉴世界各国包括西方国家在内的先进经济学的理论与知识。

本着这一目的，我们组织翻译了这套经济学教科书系列。这套译丛的特点是：第一，全面系统。除了经济学、宏观经济学、微观经济学等基本原理之外，这套译丛还包括了产业组织理论、国际经济学、发展经济学、货币金融学、公共财政、劳动经济学、计量经济学等重要领域。第二，简明通俗。与经济学的经典名著不同，这套丛书都是国外大学通用的经济学教科书，大部分都已发行了几版或十几版。作者尽可能地用简明通俗的语言来阐述深奥的经济学原理，并附有案例与习题，对于初学者来说，更容易理解与掌握。

经济学是一门社会科学，许多基本原理的应用受各种不同的社会、政治或经济体制的影响，许多经济学理论是建立在一定的假设条件上的，假设条件不同，结论也就不一定成立。因此，正确理解掌握经济分析的方法而不是生搬硬套某些不同条件下产生的结论，才是我们学习当代经济学的正确方法。

本套译丛于 1995 年春由中国人民大学出版社发起筹备并成立了由许多经济学专家学者组织的编辑委员会。中国留美经济学会的许多学者参与了原著的推荐工作。中国人民大学出版社向所有原著的出版社购买了翻译版权。北京大学、中国人民大学、复旦大学以及中国社会科学院的许多专家教授参与了翻译工作。在中国经济体制转轨的历史时期，我们把这套译丛献给读者，希望为中国经济的深入改革与发展作出贡献。

《经济科学译丛》编辑委员会

1996 年 12 月

# 前　言

《现代产业组织》第四版融合了有关企业与产业组织的最新理论和经验性证据。本书超越了传统的描述性结构—行为—绩效方法，采用了包括交易成本分析、博弈论、可竞争性理论和信息理论在内的最新微观分析理论。在人们为一些政策问题争论不休之时，本书的实践案例阐述了各个理论的作用，例如企业兼并是否会提高经济效率（第 2 章），掠夺性定价是否会成为一个严重的问题（第 11 章），阻止制造商限定分销商价格的行为是否有利于消费者（第 12 章），为消费者提供更多有关价格和产品的信息是否会提高消费者福利（第 13 章），广告是否会带来有害的结果（第 14 章），合作与合资是否为促进研发的最好方法（第 16 章），现有的反垄断法是否能促进竞争、提高福利（第 19 章），以及政府管制是否弊大于利（第 10 章）。

《现代产业组织》的内容安排主要针对本科生和研究生的需要。理解各章节的理论仅需学过微观经济学课程，并不涉及微积分知识。技术性的附录部分可以作为选读材料，能为研究生提供坚实的基础。带星号的章节相对较难，可以略过而不予深究。

我们已经将本书应用于本科生和研究生课程。在本科生课程中，我们主要讲述正文各章而略去技术性附录。在研究生课程中，我们采用了所有章节及技术性附录，并且选用了在各章中已经有所讨论，或是于各章末尾所给出推荐阅读的补充性文章。

## 本书的结构

本书的前半部分包括了基本的竞争、垄断、寡头垄断和垄断竞争理论。第 1 章讨论了本书所用的基本方法。第 2 章讨论了企业存在的原因、兼并行为和成本。第 3 章和第 4 章开始讲述我们在接下来的各章中将要用到的基本微观理论——成本、竞争、垄断、进入壁垒、外部性等。同时给出了标准模型（例如面临竞争性边缘进入者的主导企业）的变形。

第 5～7 章解释了寡头和垄断竞争理论的最新进展。第 5 章涵盖了合作性寡头垄断行为（卡特尔），第 6 章阐述了基于博弈论的合作性和非合作性行为。第 7 章关注于垄断竞争和产品差异化。通过对有关市场结构的实证性工作的全面回顾和评价，第 8 章对前半部分进行了总结。

本书接下来的部分包括了“新产业组织理论”——这一部分常常被传统的产业组织课本所忽视。这些将产业组织的理论应用于日常问题的基础性主题是许多公共政策争论的核心，也是近期大量研究的关注点。第 9 章和第 10 章囊括了通用的价格策略，例如通过数量折扣和捆绑销售进行价格歧视。第 11 章研究了企业用以制定与竞争对手抗衡的最佳方法的战略性行为。第 12 章讨论了制造商和分销商（纵向一体化和纵向约束）通常的商业实践，以及近年来针对这些实践的公共政策的巨大变化。接下来的第 13 章和第 14 章讨论了当消费者具有不完全信息，企业必须为其产品做广告的情况下所产生的问题。我们在第 15 章和第 16 章中引入了时间因素，分析了产品的耐用性如何影响市场，分析了如何激励创新。第 17 章讨论了市场运作方式的有关证据，研究了产业组织的现代微观模式如何影响宏观经济。第 18 章研究了国际贸易中的产业组织问题。最后两章为结论部分，第 19 章和第 20 章分析了反垄断政策和政府管制。

尽管我们认为《现代产业组织》包含了创新性观点，但任何教科书都必须从现有研究中吸取精华。虽然我们试图对所引用的他人的观点都给出说明，但是，我们仍可能偶尔忽略了和我们观点相近的引用，在此我们表示歉意。

## 第四版的变化

第四版主要有三个变化。首先，我们加入了许多新的应用性内容，以及对近期重要政策和新理论的讨论。这些新材料多数基于本书上一版面世后的250篇/本相关文章和书的主要发现。我们已经大幅度更新了有关卡特尔的内容，特别是国际卡特尔和反托拉斯行为（第5章）；我们加入了有关度量差异化产品寡头垄断程度的新章节（第7章）；加入了萨顿关于结构—行为—绩效分析的现代方法的新章节（第8章）；大幅度更新了有关专利和版权（第16章）以及管制（第20章）的讨论。

其次，我们更新了18个案例，并加入了51个新案例。例如，在一个更新的应用案例中，我们对同一城市的不同便利店中可乐和Tropicana橙汁的价格变化情况进行了新的研究。我们的新案例反映了不少眼前的事件，包括安然丑闻、加拿大低价格药品的重要性、转基因成分、“9·11”对国旗销售的影响、Blockbuster的创新性定价政策、欧洲的一体化、雇用牧师的买方垄断、中国的烟草企业从垄断到主导企业的变化、国际维生素卡特尔、小型货车的价值、纯种马的认证、假冒的清真肉食、网景和盗版问题等。

再次，我们用扩展的辅助材料，大幅度地扩容了我们的网站www.aw-bc.com/carlton_perloff，读者可以在我们的网站上找到从第三版中删去的仍有时效性的内容。而且，我们已经在网站中加入了许多新的应用。

## 可供选择的课程组织框架

教完整本书需要两个季度或学期。但是正如我们在下面的建议阅读清单中所列出的，读者可以通过有选择性地阅读有关章节来缩短整个课程所需的时间。

第2～4章回顾并扩展了通常在中级微观经济学课程中所涉及的基本内容：企业和成本理论、竞争理论、垄断理论和外部性。对拥有良好的微观经济学知识的学生来说，可以快速阅读这些章节。第2章到第8章包括了任何产业组织课程中都会涉及的内容。为了获得有关产业组织研究真实世界问题的方法，我们可以用一个季度或学期来阅读本书剩下的部分章节，这主要取决于学生和导师的兴趣。

**所有选择：**

仔细阅读第 2 章和第 5～8 章的核心内容。

**针对没有足够微观经济学理论准备的课程：**

阅读第 3 章和第 4 章。

**针对具备较好微观经济学理论基础的课程：**

快速回顾第 3 章和第 4 章。

**需要应用微积分知识的课程：**

包括技术性附录和网站上的有关材料。

**有关政策导向的课程：**

阅读国际贸易、反托拉斯和管制（第 18 章到第 20 章）。如果时间允许，包括战略行为（第 11 章），价格歧视（第 9 章和第 10 章），纵向关系（第 12 章），有限信息、广告和披露（第 13 章和 14 章），有关创新的政府政策（第 16 章）以及宏观经济学（第 17 章）。

**针对管制主题的课程：**

全书都涉及管制。特别是外部性（第 3 章和第 4 章）、纵向关系（第 12 章）、有限信息（第 13 章）、广告和披露（第 14 章）、有关创新的政府政策（第 16 章）、国际贸易（第 18 章）以及其他有关政府管制的内容（第 20 章）。

**针对企业运营的课程：**

包括战略行为（第 11 章）、价格歧视（第 9 章和第 10 章的非线性定价）、纵向关系（第 12 章）、信息和广告（第 13 章和 14 章）以及国际贸易（第 18 章）。

**强调最新理论的课程：**

包括战略行为（第 11 章）、纵向关系（第 12 章）、信息和广告（第 13 章和 14 章）、有关创新的政府政策（第 16 章）、市场运作（第 17 章）和国际贸易（第 18 章）。

**高级课程：**

加入有关非线性定价（第 10 章）和耐用性（第 15 章）。

## 致　谢

我们要特别感谢已经过世的同事 George Stigler 的鼓励和富有洞察力的评论，他对产业组织的贡献影响了本书以及本领域的每一本教科书。我们同时感谢帮助我们策划、撰写、修订和编辑本书的许多人：

Donald L. Alexander，*Western Michigan University*

Mark Bagnoli，*Michigan State University*

Kyle Bagwell, *Northwestern University*

Gustavo Bamberger, *Lexecon, Inc.*

Francis Bloch, *Brown University*

Giacomo Bonanno, *University of California, Davis*

Ralph Bradburd, *Williams College*

Reuven Brenner, *McGill University*

Timothy Bresnahan, *Stanford University*

Jeremy Bulow, *Stanford University*

David Butz, *University of California, Los Angeles*

Catherine Carey, *Western Kentucky University*

Kathleen Carroll, *University of Maryland, Baltimore County*

Phillip P. Caruso, *Western Michigan University*

Richard Clarke, *AT&T Bell Laboratories*

Charles Cole, *California State University, Long Beach*

John Connor, *Purdue University*

Ron Cotterill, *University of Connecticut*

Keith Crocker, *Pennsylvania State University*

Anna P. Della Valle, *New York University*

Craig A. Depken II, *University of Texas, Arlington*

Frank Easterbook, *University of Chicago*, and *Judge, Federal Court of Appeals*

Nicholas Economides, *New York University*

Gregory Ellis, *University of Washington*

Robert Feinberg, *American University*

Daniel Fischel, *University of Chicago*

Trey Fleisher, *Metropolitan State College of Denver*

Alan Frankel, *LECG*

Drew Fudenberg, *Harvard University*

Anita Garten, *A. Garten Consulting*

Robert Gertner, *University of Chicago*

Richard Gilbert, *University of California, Berkeley*

J. Mark Gidley, *White and Case*

Luis Guash, *University of California, San Diego*

Timothy Guimond, *Lexecon, Inc.*

Jonathan Hamilton, *University of Florida*

Mehdi Haririan, *Bloomsburg University*

Gloria Helfand, *University of Michigan*

James Holcolm, *University of Texas, El Paso*

Charles Holt, *University of Virginia*
Jorge Ibarra-Salazar, *ITESM*
Adam Jaffe, *Brandeis University*
Harvey James, *University of Missouri*
Larry Karp, *University of California, Berkeley*
Theodore Keeler, *University of California, Berkeley*
Alvin Klevorick, *Yale University*
William Kolasky, *Wilmer, Cutler and Pickering*
Dan Kovenock, *Purdue University*
John Kwoka, *George Washington University*
William Landes, *University of Chicago*
Richard Langlois, *University of Connecticut*
Jim Lee, *Fort Hays State University*
Bart Lipman, *Carnegie-Mellon University*
Nancy Lutz, *Yale University*
William Lynk, *Lexecon, Inc.*
Frank Mathewson, *University of Toronto*
Rachel McCulloch, *Brandeis University*
James Meehan, *Colby College*
John Menge, *Dartmouth College*
Robert Michaels, *California State University, Fullerton*
Richard A. Miller, *Wesleyan University, Connecticut*
David E. Mills, *University of Virginia*
Herbert Mohring, *University of Minnesota*
Janet Netz, *Purdue University*
Gregory Pelnar, *Lexecon, Inc.*
Marty Perry, *Rutgers University*
Nicola Persico, *University of Pennsylvania*
Russell Pittman, *Justice Department*
Richard Posner, *University of Chicago*, and *Judge*, *Federal Court of Appeals*
Stanley Reynolds, *University of Arizona*
Richard Rogers, *University of Massachusetts*
Andrew Rosenfield, *Lexecon, Inc.*
Thomas Ross, *University of British Columbia*
Charles K. Rowley, *George Mason University*
Stephen Salant, *University of Michigan*
Garth Saloner, *Stanford University*

Steven Salop，*Georgetown University*

Richard Schmalensee，*Massachusetts Institute of Technology*

Suzanne Scotchmer，*University of California，Berkeley*

Robert Sherwin，*Analysis Group*

Steven Sklivas，*Columbia University*

Edward Snyder，*University of Michigan*

Pablo Spiller，*University of California，Berkeley*

Mark Stegman，*University of North Carolina*

George Stigler，*University of Chicago*

Stephen Stigler，*University of Chicago*

Joseph Stiglitz，*Columbia University*

Dmitry Stolyarov，*University of Michigan*

Valerie Suslow，*University of Michigan*

Ming-Je Tang，*University of Illinois*

Mihkel M. Tombak，*Helsinki School of Economics*

Lien Tran，*Federal Trade Commission*

W. van Hulst，*Tilburg University*

Frank van Tongeren，*Erasmus University of Rotterdam*

Klaas van't Veld，*University of Michigan*

John Vernon，*Duke University*

Rickard Wall，*Linköping University*

Roger Ware，*Queen's University*

Avi Weiss，*Bar-Ilan University*

Leonard Weiss，*University of Wisconsin*

Gregory Werden，*Department of Justice*

Douglas West，*University of Alberta*

Lawrence White，*New York University*

Oliver Williamson，*University of California，Berkeley*

Robert Willig，*Princeton University*

Asher Wolinsky，*Northwestern University*

Brian Wright，*University of California，Berkeley*

Edwin Zimmerman，*Covington & Burling*

我们感谢 Keith Crocker，Stan Reynolds，特别是 Gregory Pelnar，他们对本书的数个版本都做出了宝贵的贡献。我们感谢 David Buschena，Gary Casterline，Hayley Chouinard，Laona Fleischer，George Frisvold，Carolyn Harper，Colleen Loughlin，David Mitchell，Margaret Sheridan 和 Deborah Zimmermann 出色的助研工作。我们衷心感谢

Julie Rodriguez 和 Hazel Young 所提供的打字和其他辅助帮助。

我们感谢四位出色的编辑：George Lobell（为第一版提供了许多额外的帮助），John Greenman（安排了第二版以及第三版早期的许多补充材料），Denise Clinton（为第三版提供了强有力的支持）和 Adrienne D'Ambrosio（帮助我们完成了第四版）。我们要特别感谢开发部主管 Sylvia Mallory，作为开发编辑在安排补充材料（和 Diana Theriault 一起）和建立网站（和 Melissa Honig 一起）方面给我们提供了许多帮助。Nancy Fenton 和 Julie DeSilva 出色地完成了制作和装帧工作。Cynthia Benn 和 Robin MacFarlane 仔细对原稿进行了编辑和校对。Jim McLaughlin 细致地画出了所有的双色图形。Regina Kolenda 为文本和封面提供了设计，Nesbitt Graphics 完成了编页工作，使本书成为目前为止最具吸引力的版本。

本书从我们许多学生的评论中受益匪浅，这些学生愉快地承担了"打杂小猪仔"的工作，阅读并使用了早期版本和本版本的初稿。更为重要的是，我们感谢来自家庭的支持。

每位作者都对任何错误负责。每位作者都因自以为适宜的笑料而窃窃自喜。

丹尼斯·W·卡尔顿

杰弗里·M·佩洛夫

# 简要目录

# 详细目录

经济科学译丛·现代产业组织 经济科学译丛·现代产业组织 经济科学译丛·现代产业组织

# 第1部分

# 引言和理论

# 第 1 章　概　述

2 *别抱任何希望，市场进入者！*

——但丁·阿利吉耶里（Dante Alighieri）

本书给出了关于**产业组织**（industrial organization）的传统和新近的理论，产业组织即对企业和市场结构，以及它们之间相互作用关系的研究。基础性微观经济学分析企业和市场的理想模型；本书对市场和企业进行了更为贴切和翔实的描述。[1]在基础性物理学中，我们在研究物体的运动时首先忽略重力和摩擦力的影响，而后再在分析中加入这些因素。对产业组织的研究则是在完全竞争模型中加入现实世界的诸多摩擦性因素，如有限信息、交易成本、调整价格的成本、政府行为、新企业进入市场时的进入壁垒等。而后考虑企业是如何构成的，以及它们怎样在这样的世界中参与竞争。本章描述的一些方法可以帮助我们梳理产业组织的研究线索，并对接下来各章的内容给出一个总括性解释。最后，本章对使用的一些分析工具做出了说明。

# 分析模式

研究产业组织至少有两种方法，由于作为组织理论它们是相容的，
因此本书同时使用了这两种方法。第一种方法主要是描述性的结构—行
3 为—绩效，它为产业组织的研究提供了大体框架。第二种是价格理论，
使用微观经济学模型解释企业的行为和市场的结构。

根据结构—行为—绩效方法，产业的**绩效**（performance，产业为消费者提供产品的成功性）依赖于企业的**行为**（conduct，表现），而企业行为又依赖于**结构**（structure，决定市场竞争程度的因素）。[2]产业结构依赖于像技术和产品需求一类的基本条件。例如，具有平均生产成本随产出增加而递减的技术特性的产业中，趋向于只存在一个企业或者少数企业。如果产业中只有一个企业（垄断），那么企业可以设定其价格高于边际成本。如果一些基本条件使得消费者对垄断产品的需求缺乏弹性（人们相对而言对价格不敏感），那么该市场中产品的价格要高于相对有弹性的情况（人们对价格是敏感的）。

图 1.1 给出了结构、行为和绩效之间的关系，表明了基本条件和政府政策是如何相互作用的。五个框图之间的关系比较复杂。例如，政府管制会影响产业中销售者的数量，企业会影响政府的政策以期获得更高的利润。类似地，如果进入壁垒导致了垄断和垄断利润，那么新的产业会开发新的替代产品，从而影响原来产品的市场需求。采用该分析框架的实证研究者通常使用产业层面的数据。例如，他们会研究具有特定结构特点的产业（例如产业中企业较少）是否存在高价格。

结构—行为—绩效的方法是研究产业组织的常用方法，可以用来组织本书的材料。第二种主要方法——价格理论体系也可以被用来组织和解释这些内容。

# 价格理论

价格理论模式通过分析个人和企业面临的经济激励来解释市场现象。这种分析方法的早期使用者乔治·J·施蒂格勒（George J. Stigler，1968）认为产业组织研究者必须使用微观经济学理论来设计关于市场和公共政策效果的实证研究。今天，许多产业组织的研究和课程是基于微观经济学理论的。人们转而采用价格理论方法的原因主要是因为近来人们更容易得到更微观层面的数据以及价格理论的进一步发展。近年来，

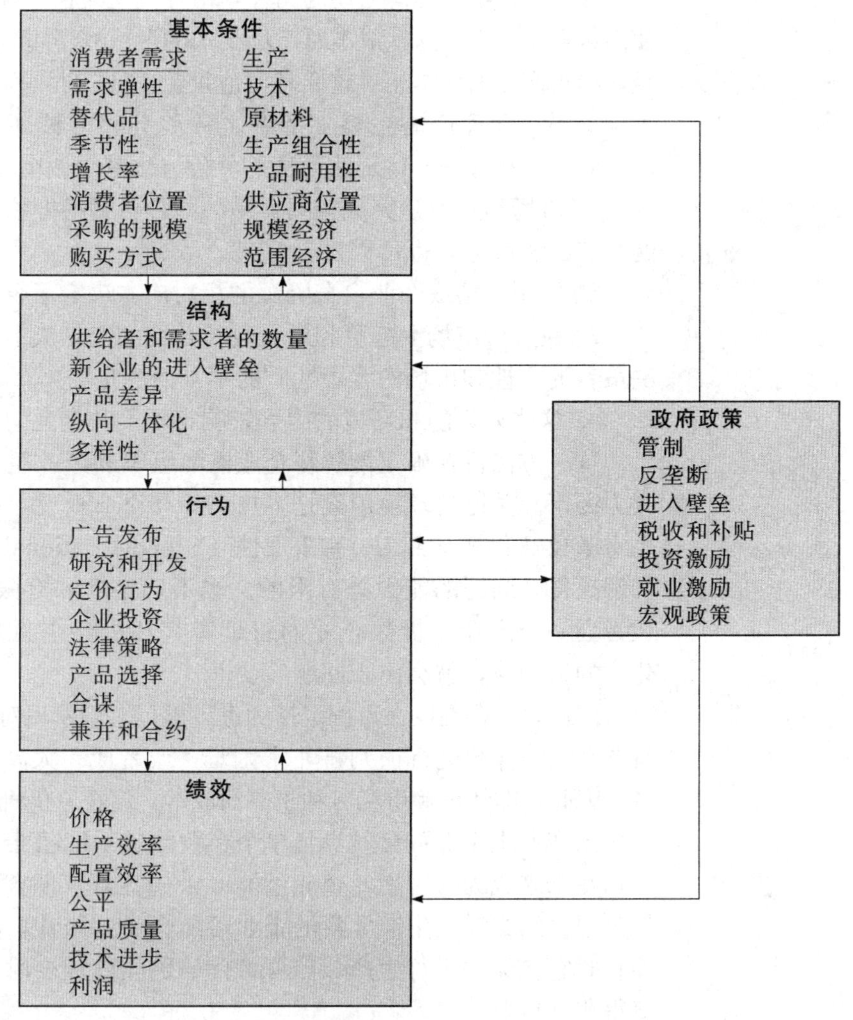


**图 1.1　结构、行为和绩效**

价格理论的三个特定的理论应用得到了广泛的支持，即交易成本分析、博弈论和可竞争市场分析，这些应用也有助于对结构—行为—绩效理论的解释。

## 交易成本

5 **交易成本**（transaction cost）是与他人交易时按价格支付的货款以外的支出，如起草和履行合约的成本。当使用一般价格理论进行分析时，交易成本方法采用交易成本之间的差异来解释为什么不同产业会有不同的结构、行为和绩效。

早在 60 年前，罗纳德・H・科斯（Ronald H. Coase，1937）就解释了

企业和市场是组织经济活动的两种互相替代的途径。科斯强调市场方式的使用包含了成本，这些成本对市场结构的形成有所影响。例如，当向其他企业购买产品的成本相对较低时，企业会倾向于外购而不是自己生产。

交易成本理论的主要支持者之一奥利弗·威廉姆森（Oliver Williamson，1975，8－10）认为这一分析方法基于四个基本概念：

1. 市场和企业是完成相关交易的两种可替换方法。例如，企业可以购买产品和服务，也可以自己生产。

2. 使用市场或企业自身资源的相对成本决定了企业的选择。

3. 在一个市场上起草和履行复杂合约的交易成本“将随参与交易的决策者的个性和市场的客观性质的不同而变化”（p. 8）。

4. 这些人为的和环境的因素影响市场上和企业间的交易成本。

这一方法旨在确定能解释企业内部组织和产业组织的一系列环境和人为因素。关键的环境因素是*不确定性和企业数量*，而关键的人为因素是*有限理性和机会主义*。**有限理性**（bounded rationality）是指人们认识和解决复杂问题的能力是有限的。当不确定性和有限理性混合在一起，或者当一个产业中少数企业的管理者存在机会主义（因形势不同而变化）的行为时，就会出现问题。

因此，在存在巨大不确定性的世界里，人们发现对一个完全考虑了所有偶然性的合约进行谈判将非常困难，或者成本太高，以致几乎无法进行。因此，即使依赖市场有利于节约成本，但企业仍将选择自己生产。

当产业中企业数量较少且单个企业能够采取机会主义行动时，由于害怕在未来成为受害者，企业可能不希望签订长期合约。例如，依赖其他公司供给必需的生产原料的企业可能会受到敲诈，因为当原料供应被停止时它将无法进行生产。当可替代的供应商较少时，这一问题将可能变得非常重要。

因此，当（1）不确定性较小，（2）存在多个企业（竞争），并且发生机会主义行为的机会较少时，企业更可能依赖于市场。当这些条件相反时，企业更可能自己生产而不是依赖于市场。由于其广泛的解释能力，交易成本方法已经非常成功。

## 博弈论

6 越来越受到经济学家重视的另一种方法是**博弈论**（game theory；von Neumann and Morgenstern，1944），该理论使用一些标准模型来分析企业和个人之间的冲突和合作。它将企业之间的竞争看成是不同公司的**战略**（strategy）或是企业行动的作战计划的博弈，从而描述每个企业的行为。例如，企业战略决定了其产出、价格和广告水平。在博弈中，企业为利润竞争。博弈论描述了企业的战略是如何形成的，以及这些战略是如何影响利润的。

博弈论提供了对数量相对较少的企业间博弈的观察。本书的大部分内容涉及这样的市场，介绍的许多模型都是博弈论的例子。

## 可竞争市场

进入竞争过程的重要性已经广为人知。德姆塞茨（Demsetz，1968），鲍莫尔、潘扎和威利格（Baumol，Panzar and Willig，1982）强调如果面临其他企业的进入威胁，只有少数企业（甚至只有一个企业）的产业也可能是竞争性的。如果价格高于成本时企业能够快速进入，而且价格低于成本时企业能够迅速退出，那么该市场被称为是**可竞争的**(contestable)。正如鲍莫尔、潘扎和威利格所解释的那样，如果退出成本较高，那么企业将不会愿意进入该产业。

虽然只有少量企业，但容易进入和退出的市场依然是可竞争的，而且具有竞争性市场的特点：价格等于边际成本，企业的战略行为不能影响价格。这类市场的例子颇多。如果产业中企业较少而且进入退出较为困难，那么市场就不是可竞争的，可以通过博弈论研究有关的战略行为。

# 组织

*凡是我不理解的地方，都可以认定那里必深藏着有用而深刻的道理。*

*——乔纳森·斯威夫特（Jonathan Swift）*

本部分的主要目的是为读者提供系统的有关企业和市场如何组织和如何行动的基本理论，包括传统的和新近的理论。本部分将结构和行为看成个体追求利益最大化行为的结果，而不是事先给定的。也就是说，本部分表达了价格理论模式如何对结构—行为—绩效范式提供支持。传统和新近的范式相互补充，两者对推进产业组织的理解都颇有用处。

## 基本理论

7 第2章回顾了有关成本的微观经济学基本理论，引入了企业理论。

通过对内部组织和企业所有权的理解，该章指出企业和市场的区分并不总是清晰可辨的，产业的结构会随着成本的变化而发生剧烈变动。它检验了兼并和收购在获得生产有效性方面的作用。

第 2 章而后转入对成本的分析。对成本的特别关注是因为成本是解释市场结构的关键所在。例如，成本（特别是交易成本）是决定企业自己生产还是外购的主要因素。第 2 章回顾了几个成本概念，讨论了有关成本的实证研究结果。

## 市场结构

第 3 章到第 8 章主要讨论有关基本市场结构的理论和实证研究。表 1.1 列举了该部分所描述的几种基本市场结构。市场中企业的数量和新企业进入与退出的难易程度决定了市场结构的类型。

当市场中存在许多潜在卖者和买者，并且进入与退出无障碍时，市场结构是**竞争**（competition）的。当市场中只有一个企业销售产品给许多买者，而且没有新企业的进入，那么它是一个**垄断**（monopoly）企业。相反，只有一个买主向许多企业购买产品的情况称为**买方垄断**（monopsony）。如果卖者即使在面临其他竞争者的情况下仍然能够影响价格，那么市场结构或许是寡头垄断型或是垄断竞争型的。**寡头垄断**（oligopoly）是指市场中只有一小批企业，而且存在新供给者难以打破的市场进入壁垒。如果没有难以打破的市场进入和退出壁垒，而且每个企业都对自己产品的价格有一些控制力，那么市场是一种**垄断竞争**（monopolistic competition）的：企业可以设定高于竞争水平的价格，但是没有超额利润。

**表 1.1　　几种基本的市场结构**

| 市场结构 | 供给者 | | 需求者 | |
|---|---|---|---|---|
| | 进入壁垒 | 数量 | 进入壁垒 | 数量 |
| 竞争 | 无 | 多个 | 无 | 多个 |
| 垄断 | 有 | 一个 | 无 | 多个 |
| 买方垄断 | 无 | 多个 | 有 | 一个 |
| 寡头垄断 | 有 | 少量 | 无 | 多个 |
| 寡头买方垄断 | 无 | 多个 | 有 | 少量 |
| 垄断竞争 | 无 | 多个 | 无 | 多个 |

市场结构通常依赖于是否存在进入和退出壁垒，我们在第 3 章中将讨论这一问题。例如，如果没有美国和日本的许可，新的航空公司就不

8 能提供从纽约到东京的航空服务。除非一个在位公司停止了该航线的营运，否则，新航空公司的许可申请通常都会被拒绝；因此，在这一市场中存在政府制造的进入壁垒。

第 3 章和第 4 章回顾并进一步扩展了竞争和垄断理论。第 3 章讨论了竞争的基本理论。竞争性企业规模太小以至于不能影响市场价格，因此它们将价格看成是给定的（我们将企业称为**价格接受者**，price taker)，以其为依据选择产出水平。该章认为这样的行为对社会福利来说是有利的。这是进行市场结构比较的基准。由于不存在进入壁垒，只要存在大于零的利润，就会有企业进入竞争性市场。这些供给者的大量进入从长期来看将会使得所有企业从市场上获得的利润趋于零。

相反，作为市场中的唯一企业，垄断者（第 4 章）是**价格设定者**(price setter)：它决定了产品的价格，而且通常将价格设为高于竞争性水平。我们将把价格设定为高于竞争水平的能力称为**市场势力**（market power)，这样的行为会导致社会的福利损失。由于存在进入壁垒，垄断者可以在长期获得正的经济利润。类似地，买方垄断者可以使得价格低于竞争性水平，这在福利上同样是不合理的。

第 4 章引入了表 1.1 中没有描述的其他市场结构。这些结构是竞争性结构和垄断性结构的混合体，存在*主导企业*和*竞争性边缘企业*。主导企业拥有市场势力，因此可以设定价格，而其他企业（边缘企业）是价格接受者。例如，当一个国家的垄断者在世界市场上与来自另一个国家的具有较高成本的竞争性产业竞争时，我们就可以观察到这样的市场结构。

第 5 章研究了当市场中的企业数量多于一个时，有可能发生类似垄断的行为。这些企业或许会形成一个**卡特尔**（cartel)：企业联合起来协调各自的行为，通常是为了最大化联合利润。也就是说，各自独立的企业作为一个整体模仿垄断者的行为。如果它们都限制产出，将市场价格提高到高于竞争水平的情况，那么它们可以增加利润。政府的反垄断法可以用来阻止明显的卡特尔的形成。第 5 章考虑了为什么卡特尔只在部分产业中存在，以及为什么它们会解体。卡特尔成员具有欺骗对方的动机。该章阐述了卡特尔理论如何解释并无明显协议时的寡头垄断行为。

第 6 章继续研究寡头垄断。与竞争型和垄断型企业都不同的是，寡头垄断企业会揣摩竞争对手针对其行为和战略的反应。我们使用博弈论考虑了当寡头之间激烈竞争和并无竞争时的情况。本章同时给出了寡头垄断行为的一些实证结果。

第 7 章通过对第 6 章寡头垄断模型的两个方面的修改研究了垄断竞争情形。首先，它允许存在进入。在垄断竞争情况下，与寡头垄断不同，新企业的进入将使得经济利润变为零。因此，在其他条件相同的情况下，进入壁垒的消除通常会增加产出。

其次，第 7 章考虑了产品差异化对社会福利的意义，以及政府干预对市场的影响。例如，消费者可能会乐意接受更低的价格和更多的可选产品。因此，能导致企业数量和产品减少但平均价格却降低的政府干预或许会成为一柄双刃剑。消费者是否更愿意在较高的价格水平上维持产
9 品的多样性就成为每个市场的一个现实问题。

第 8 章研究了美国和其他经济体中我们可以得到的有关绩效和市场结构的经验性证据，检验了第 3 章到第 7 章中所讨论的市场结构理论。传统和现代的实证方法都被用来评价市场绩效。

## 商业实践：战略和行为

第 9 章到第 12 章使用一些最新的博弈论和交易成本理论的研究结果讨论了通用的企业运作实践问题。在前面涉及的基本市场结构下，企业仅关注很少的几种策略[*]：企业仅变动价格、产出水平或产品差异化程度，通常一次只会改变一个变量。

第 9 章和第 10 章关注于复杂的定价行为。第 9 章讨论了**价格歧视**（price discrimination）：企业就特定的产品针对不同类型的消费者制定不同的价格。具有市场势力的企业可以通过提高价格弹性较低的消费者支付的价格来增加利润。第 10 章研究了有关价格歧视的其他定价方案。例如，电力企业可以对一个成系统的连接收取一个费用，而对散户的每单位千瓦消费提供另一种价格。同样，企业也可能只在你同意购买它的另一种产品的情况下才向你销售你所需要的产品。

第 11 章考虑了动态博弈理论中较复杂的竞争性战略。例如，企业可以先制定低价格来驱赶竞争者，然后再提高市场价格。同样，企业会设计并使用旨在提高对手成本的战略性行为，使得对手不能进行有效竞争。其他更为复杂的战略涉及与竞争者交换（或不交换）信息。

第 12 章研究了纵向一体化的原因。当自己生产零部件时，这样的企业被认为是纵向一体化的。成本因素有助于企业决定是否进行纵向一体化。该章讨论了为什么在一些产业中企业倾向于购买零部件而在另一些产业中则自己生产。第 12 章还研究了纵向一体化的福利效应。

第 12 章还讨论了为什么一些企业没有选择纵向一体化，而是进行纵向约束。例如，一个汽车生产商会要求他的独立销售商签订限定其经营行为的有关协议。这样，生产商可以利用合约的限制来模拟纵向一体

---

* 英文单词 strategy 可以译为“战略”，也可译为“策略”。我们采用流行的经济学及博弈论教科书的通常译法，认为企业运作策略的集合是战略。请读者注意区别。——译者注

化。同时，本章还讨论了有关纵向约束的公共政策的最新变化。

## 信息、广告和信息披露

第 13 章和第 14 章检验了市场有限信息的影响，以及企业的战略性行为如何影响信息。第 13 章研究了信息对市场中产品质量和价格的影响，表明了如果信息是有限的，那么许多竞争性市场的典型特性将会消失。消费者对信息的有限认知会使得企业具有市场势力，因此，质量更高的信息可以减少市场势力，增进竞争。

10 第 14 章研究了广告，以及它是如何增加或降低社会福利的。该章同时解释了原本用来限制欺骗或者向消费者披露重要事实的法律为何具有正负双重效应。

## 动态模型和市场出清

除了第 11 章对多时段战略的讨论外，第 15 章以前的模型都采用了**静态分析**（static analysis）方法：市场的模型仅仅是单时段的。和拍摄快照一样，静态模型告诉我们在一个时点发生的事情。静态模型常被用来进行长期分析，相反，多时段或是动态模型则描述了市场和企业行为随时间的推移而变化的情形。尽管这样的模型比静态模型更难使用，但动态模型给我们提供了另外的视角。

第 15 章到第 17 章中的模型都假设现行的行为会影响未来的利润。第 15 章研究了企业对耐用品的决策。例如，使用寿命为 15 年的汽车为生产商带来的利润是否大于使用寿命为 10 年的汽车？该调查得出的一个令人惊讶的结果是，出租耐用品比出售耐用品更能给耐用品垄断生产企业带来市场势力。

第 16 章考虑了政府行为对技术变革的影响。人们虽然对减少生产成本、创造新产品的新发现寄予厚望，但遗憾的是，由于投资者并没有得到新发现的全部价值，因此竞争性产业的发明较少。为了鼓励更多的发明活动，政府提供了许多激励。例如，政府提供的专利保护保证了创新者可以垄断新产品的销售。

第 17 章是唯一明显涉及宏观经济问题的部分。但是，和其他章节一样，我们重点关注价格理论。该章研究市场作为市场结构的函数，如何随时间而调整。同时还讨论了价格调整以外的市场出清（使得需求的数量等于供给数量）方法。

## 政府政策及其影响

第 18～20 章分析了政府增进和减少社会福利的行为所产生的影响。第 18 章研究了市场结构和政府行为对国际贸易市场的影响，并且特别关注了关税、补贴和配额对市场绩效的影响。

第 19 章考虑了反垄断法，反垄断法旨在阻止减少社会福利的行为，如卡特尔的形成，或是导致更大市场势力的兼并的发生。但是，该章仍指出反垄断法有时候反而会被用来阻止而不是增进竞争行为。

最后，第 20 章讨论政府如何管制商业行为和市场结构。该章研究了最近的放松管制浪潮所带来的影响。遗憾的是，管制并不总是有益于消费者或是增进社会福利的。政府在某些市场上的干预会导致无效率，许多具有高尚目标的法律可能会在牺牲公众利益的情况下使得特殊的利益群体获利。

**【注释】**

[1] 我们对市场和产业概念的使用较为宽松，而且可以相互替代。但在后面章节中讨论反垄断案例时，两者之间有重要的区别。

[2] 结构—行为—绩效方法最初由哈佛大学 Edward S. Mason（1939，1949）和他的同事及学生，如 Joe S. Bain（1959）提出。

# 第 2 章　企业和成本

11 很少有人听说过复式记账法的发明人弗拉·卢卡·帕乔利，但他对人们生活的影响可能远远大于但丁或米开朗琪罗。

——赫伯特·J·马勒（Herbert J. Muller）

**企业**（firm）是将投入（购买的资源）转化为产出（它所销售的有价值产品）的组织。企业通过赚取投入费用和销售收益之间的差价生存，它的投入被用于生产和销售过程。例如，钢铁企业建造工厂，雇用工人，购买原料，而后生产和销售钢铁。企业决定购买原料的数量，按何种比例投入原料生产钢铁，以及如何和在哪里销售钢铁。如果企业销售钢铁所得到的收益大于生产和销售过程中的成本，那么企业就获得了利润。

我们通过对企业目标、组织和所有权的讨论来开始本章。多数企业试图最大化其利润。为了最大化利润，企业必须在给定技术和投入品价格的情况下，以尽可能小的成本进行生产。

然后我们讨论成本。有三点理由可以说明成本知识对于了解产业组织的必要性。首先，多数有关经济理论的预测，例如价格和企业规模，都围绕边际成本和利润等概念展开。没有成本概念，我们就不能理解和从实证上来检验这些预测。其次，理论工作（Baumol，Panzar and Willig，1982）强调了寡头垄断行为依赖于固定成本的特定类型。第三，有些产业的竞争性进入会导致过高的成本，政府通常会对这些产业进行管制。了解如何对这些产业进行管制需要熟悉有关成本概念（参见第 20 章）。

本章引入了边际成本、平均成本、可变成本的概念，而后讨论了经
12 济成本的含义。本章分析了有关规模经济的理论和证据，并在结尾讨论了多产品企业的成本。

本章中我们所研究的核心问题是：

1. 大多数企业追求利润最大化。

2. 收购和兼并有可能（但不一定）使企业的运营效率和盈利性得到改善。

3. 经济学家使用的机会成本概念包括正常利润。

4. 单产品企业的成本依赖于生产要素的价格和产出水平。

5. 多产品企业生产单一产品的成本依赖于要素价格、该产品的产出水平，以及其他产品的产出水平。

6. 生产过程具有多种特性，如规模经济和范围经济。

## 企业

在西方国家中，大多数产品和服务都是由企业生产的。在美国，企业生产了 84%的国民产出，政府生产了 11%，非营利性组织（如大学和医院）生产了 5%，私人家庭的产出少于 0.1%。[1] 相反，在发展中国家，政府在国民总产出中的份额则非常高，其中埃塞俄比亚为 43%、吉尔吉斯斯坦为 44%、也门为 46%、莱索托为 59%，而在几内亚、卢森堡和爱尔兰则少于 5%（Heston et al.，2002）。我们现在开始考察企业的目标、组织和所有权问题。

### 企业的目标

多数企业是追逐利润的：它们的存在就是为了挣钱。除非我们特别申明，否则我们所指的都是追逐利润的企业，而不是为了慈善或其他非营利性原因而存在的组织。

多数经济模型的标准假设是企业管理者的主要目标是最大化企业利润。管理者必须出售最优数量的产品，进行**有效生产**（efficient production），有效生产即在给定的投入和现行技术的基础上，将不可能得到更

多的产出。

13 然而，管理者可能具有利润最大化以外的其他目标。例如，如果管理者希望控制更大的企业，他们会最大化销售而不是利润。同样，管理者可能会把企业的钱花费在奢侈的办公室、公司的飞机或是其他物品上，公司的利润减少而管理者自身的要求得到满足。

存在多种力量使得管理者不至于偏离利润最大化方向。如果企业无效率运营，没有利润，那么企业可能会被利润最大化的对手赶出该市场。一个管理者如果因为企业破产而失去工作，或者因为无效率和懒散而被解雇，他将会发现很难在市场上找到新工作。各种激励，如股票持有权和其他分红，同样会刺激管理者实现企业的利润最大化。因此，本书始终假设利润最大化是企业的合理目标。

在第 12 章中，我们将研究企业如何被组织为尽可能地有效率和有盈利，为什么缺少监管会产生问题，以及企业能为员工提供何种激励来最小化这些问题。[2]

## 所有权和控制

企业有多种方法来处理所有权和控制问题。企业必须筹集资金为自己融资，决定怎样管理它的运营，以及如何将它的收入分配给那些对企业有所贡献的人。

**所有权形式**。美国主要有三种基本的商业形式：独资（个人所有）、合伙制（多个所有者）和股份公司。在 20 世纪以前，多数企业是独资或是合伙开办的。独资者和合伙人必须承担所有商业行为的债务。所有者的所有资产，不论其是否投资于商业活动，都存在风险。例如，如果其他合伙人没有资产，即使企业的失败并不是某个拥有资产的合伙人的责任，该合伙人也必须以其全部资产来偿还债务。合伙制同时还存在另一个问题。如果合伙企业中的一个成员离开，那么整个合伙企业将会自动解散。为了维持经营活动，企业必须形成一个新的合伙关系。

在美国，尽管只有 20%的企业是股份公司，但是股份公司却完成了 87%的商业销售额。在所有企业中，接近 72%是独资企业，但是独资企业的规模都比较小，因此仅有 5%的商业销售额由独资企业完成。8%的企业为合伙制，销售额所占的比例为 9%。[3]

**股份公司**（corporation）是指将资产分成一定的份额，而后由只对公司的债务承担有限责任的所有者持有这些份额的公司。也就是说，股东具有**有限责任**（limited liability）：如果公司倒闭（无能力偿还其债务），股东不需要用个人财产支付债务。一个股东的损失是有限的，即
14 为其股票的支付。在有限责任情况下，个人更愿意购买股票，而不是像

以往那样进行合伙。因为做股东不会面临高于股票价格的损失。

今天，美国的多数产出都由股份公司完成。公开出售股票的大公司占据了经济活动的大部分，并且拥有社会总资产的很大份额。根据《1997 制造业普查（2001）》（*1997 Census of Manufactures*（2001））显示，在 316 952 家制造类企业中，246 189 家（78%）是股份公司。在制造类企业中，股份制企业生产了 95%的增加值，占所有新资本投入的 94%，雇用了 94%的员工，以及 93%的产业工人。独资企业占 16%，产出仅为所有增加值的 0.7%。合伙制企业占所有企业数的 4%，生产了 1.6%的增加值。

股份公司的重要性随着时间的推移而增加，1947 年，它们仅占所有制造类企业的 49%，1997 年为 78%；1947 年，它们生产了 92%的工业增加值，1997 年为 95%。

股份公司的兴起和企业规模扩张的需要是相一致的（参见案例 2.1）。支撑大企业所需的资金只有通过股份结构的形式才能有效筹集。另外，投资者不愿意承担由于他们不了解管理者以及没有能力监督管理者而引起的潜在责任。股份公司重要性的增加和股票交易的兴起是近 100 年来的现象。在 1900 年，纽约股票交易所只有 113 家公司，1920 年为 391 家，今天，挂牌交易的公司已经超过了 1 900 家。[4]

15

**案例 2.1** ☞

### 有限责任的价值

有限责任的兴起和企业规模的扩大是一致的。如果企业规模的扩大是有效率的，而且有限责任是大型企业可以采用的最好结构，那么如果一批企业能够单独得到有限责任法律的保护，这批企业就可以限制竞争。在苏格兰，直到 1879 年，仍然只有三家爱丁堡银行被认可为有限责任，所有其他竞争性银行都不得不接受无限责任。

我们可以料想到有限责任银行比其他银行发展得更大而且更为成功。事实上，尽管 1845—1879 年间有 50 家无限责任银行相继倒闭，但三家有限责任银行没有一家关门。而且，1825 年的数据表明，三家有限责任银行的平均资产大约是其他无限责任银行平均资产的 10 倍。1879 年以后，随着法律的改变，所有的银行都有效地得到了有限责任地位。

**资料来源**：Carr and Mathewson（1988）. See also Rasmusen（1988）for a discussion of ownership form and banks.

股份公司可以通过销售部分股票进行融资。公司的股东选举一批董事来管理公司。事实上，大公司的董事会很少涉及日常事务，而是授权给公司的管理者。在大公司中，股票上市发行后，股票的交易通常是公开的（例如，IBM 的股票在纽约证券交易所交易），而且并不一定集中于少量主要员工。一旦股票公开发行，当个人在股票市场购买或出售股票时，公司并没有得到收益。

股东（也被称为权益所有者，因为他们拥有企业的资本或财产的处置权利）可以得到来自公司利润的股息。股息是股东获得投资回报的一种方法。当然，即使公司不发股息，股东也可以获得回报。如果股票价格高于股东以往支付的价格，那么股东可以通过出售股票来获得收益。

公司也可以通过发行债券来筹集资金。它们承诺支付债主（债券持有者）一定的利息和本金。例如，通用电气公司能出售面值为 100 万美元的票据，并承诺每年支付 10%的利息，即 10 万美元，期限为三年，并在三年末偿还本金。债券持有者有优先清偿权，股东其次。

表 2.1 给出了债券持有者和股东之间的区别。假设公司筹款 100 万美元，其方式是借年息 20%的 50 万美元借款，并且以 1 美元的面值出售 50 万张股票。公司将筹来的钱投资于项目 1，该项目成功和失败的概率均为 50%。如果项目成功，公司可以获利 200 万美元，其中 10 万美元支付利息，50 万美元还贷。剩下 140 万美元作为股东股息。如果项目失败，公司将破产，出售设备可得 50 万美元，用来偿还债券。

**表 2.1　　债券持有者和股东的收益**

| 项目 1 | | | |
|---|---|---|---|
| 项目结果 | 概率 | 债券持有者的收益（美元） | 股票持有者的收益（美元） |
| 成功 | 0.5 | 600 000 | 1 400 000 |
| 失败 | 0.5 | 500 000 | 0 |
| 预期收益 | | 550 000 | 700 000 |
| 最初投资 | | 500 000 | 500 000 |
| 预期收益减最初投资 | | 50 000 | 200 000 |
| 预期回报 | | 10% | 40% |
| 项目 2 | | | |
| 项目结果 | 概率 | 债券持有者的收益（美元） | 股票持有者的收益（美元） |
| 成功 | 0.5 | 600 000 | 1 300 000 |
| 失败 | 0.5 | 600 000 | 0 |
| 预期收益 | | 600 000 | 650 000 |
| 最初投资 | | 500 000 | 500 000 |
| 预期收益减最初投资 | | 100 000 | 150 000 |
| 预期回报 | | 20% | 30% |

平均来看，债券持有者的预期收益为 55 万美元（=1/2×600 000+1/2×500 000），股票持有者的预期收益为 70 万美元（=1/2×1 400 000+1/2×0）。投资的预期回报率为预期收益减去初始投资再除以初始投资，

可以看到债券持有者的回报率为10%，而股票持有者的回报率为40%。

该例子表明股票持有者的预期回报率要高于债券持有者，但债券持有者的风险较小。一般来说，由于债券持有者的支付优先于股票持有者，因此持有债券较为保险。但是，由于债券的风险小，预期回报就会少于股票持有者，如果不是这样的话，就没有人愿意购买股票。当企业成为高杠杆型时，即负债和权益比的提高，股票持有者的预期回报将会上升。这就是为什么在其他条件相同的情况下，具有高负债权益比的企业的股票波动要比其他企业幅度大的原因。

企业支付的税额取决于它们是股份制、独资还是合伙制。例如，股
16 份公司的收入在给股东发放股息之前纳税，之后股东缴纳个人所得税。相反，独资企业和合伙企业的收入不直接纳税；而是税前流转给所有者，而后由所有者支付个人所得税。

**所有权和控制权的分离**。股份公司重要性的日益上升导致了20世纪90年代有关这种组织形式是否有效的讨论。该讨论部分源于伯利和米恩斯（Berle and Means，1932）的《现代公司和私有产权》（*The Modern Corporation and Private Property*）一书，该书认为股份公司
17 制造了所有权和控制权的分离。[5]随着所有权和控制权的分离，股东通常并不是经营者，经营者受雇于公司。相反，独资和合伙制的企业都是由所有者经营的。

当控制权从所有权中分离出来时，经营者可能并不单纯追求利润最大化，而是存在其他目标，如最大化自身收益、不用拼命工作，以及拥有豪华的办公室（参见案例2.2）。

18

**案例2.2**

### 管理者和股东的利益冲突

随着管理者一系列造假行为的败露，股市行情从2000年3月起开始下跌。管理者试图在不引起股东怀疑的情况下直接获益。通常，这样的欺骗包括虚报收入来误导投资者和暂时性抬高股票价格。

最为著名的虚假消息之一是安然公司。安然在转型为能源贸易公司之前是一家经营天然气管道的公司。随着能源市场的管制放松，能源的买卖双方都有巨大的动机来通过复杂的合约进行能源交易。安然成为一个成功的公司，其2000年的股票价格是四年前的四倍，年收益为2 000亿美元。2001年秋季，事情开始转变。安然的管理者们公开建立合伙制企业和安然进行交易。合伙人声称是为了获得更多的利润。安然的投资状况很差，存在巨大损失，但这些损失并没有被告知公众，因为它们没有在安然的会计信息中进行明显的披露。2001年11月，安然做出了惊天决策，修改过去的会计报表，注销了数亿美元的收益，公司否认了过去四年的审计报告。安然宣告破产，接踵而来的是一系列诉讼。

安然的数个执行总裁被控犯有重罪，其他宣称未参与阴谋者也将接受调查。作为世界会计界的领头羊，负责安然审计事务的安达信也受到指控。

这只是众多丑闻中的一个。其他产业中还有大量尚未被揭露的虚假信息。世界

上最大的电信公司之一世界电讯公司（WorldCom，现在被称为MCI），由于投资失误而破产。另外，世界电讯公司向其CEO提供了4亿美元的贷款。美国证券交易委员会（The Securities and Exchange Commission，SEC）开始注意提高会计标准以阻止企业上报技术上看似合理，但是损害公司整体财务状况的数据。美国国会通过了《萨班斯-奥克斯利法案》（Sarbanes-Oxley Act），增加了企业报表披露的要求，并试图限制管理者和股东之间可能发生的利益冲突。

最后，使用股票期权来进行支付和激励雇员的行为也受到了审查。期权安排使得期权的拥有者具有以固定价格购买股票的权利。例如，微软公司价格为10美元的股票期权使得拥有者可以用10美元购买股票，即便在股票的价格已经上升到每股50美元的情况下也是如此。企业，特别是高科技企业，通常会利用期权来激励员工。当一个雇员收到一份10美元的期权而股票价格为5美元时，期权就没有多大价值。但是当股票价格明显上升时期权就非常值钱。期权对雇员们为提高股票价格而努力工作创造了一个强有力的激励。一些学者相信期权会使经理们丧失理智，使他们虚报收益或采取行动来提高股票价格，以便实现他们的期权。或许没有一个经理希望在公司股票最终攀升时，欺骗性的短期战略会被揭露出来。

为什么虚假信息在20世纪90年代后期会如此流行（更不用说历史上当有机会时，为何会出现出乎寻常的造假现象）？这个问题至今没有一个简单的答案，但是有两点是较为清楚的。首先，管理者和股东之间的冲突是确实存在的。其次，会计伎俩，甚至期权（这在许多产业中是回报员工的合理方法）的使用正逐渐成为过去。2003年，作为世界上最大规模地将期权作为薪酬工具的公司之一，微软公司宣布将直接采用股票而不是期权来激励员工。

资料来源：David Nicklaus，“WorldCom Scandal Shows Dark Side of Stock Option Plans，” *St. Louis Post Dispatch*，July 3，2002：C1；“Running Out of Options，” *Newsweek*，July 21，2003：40；“‘24 Days’ Behind Enron's Demise，” *Wall Street Journal*，August 8，2003：C1.

在许多公司中，单个股东通常没有监督管理者行为的动机。股东选举出董事会来最小化所有权和控制权分离所产生的冲突。董事会的主要功能是作为股东的代理人，来监管公司的有效运营。但是谁来监管董事会呢？如果董事会的工作没有很好完成，他们将会受到何种惩罚呢？一个潜在的惩罚是他们在下次选举中将落选，声誉变坏，使得他们难以找到好的工作。例如，1922年，在面临巨大债务的情况下，大型零售企业R. H. Macy & Co邀请了外部董事来控制，以保证在提出破产申请时，董事会的主要成员不是公司员工。[6]

对董事会和经营者的控制可能并不足以保证利润最大化行为。因此，根据伯利和米恩斯的分析，公司的行为不能通过基于利润最大化的传统经济分析来进行预测。他们认为，大萧条迅速蔓延的部分原因是由于这一新型而无效的经营形式的兴起。

除了伯利和米恩斯所指出的股东和管理者的冲突之外，债券持有者和股票持有者也会产生冲突。例如，假设表2.1中公司已经从债券持有者处筹集了50万美元，从股票持有者处筹集了50万美元，投资于我们先前所讨论的项目1或者项目2，其中项目2如果成功得到的收益为190万美元，如果失败得到的收益为60万美元。项目2的预期总收益为125万美元。但是股票持有者和债券持有者得到的支付是不同的：债券持有者肯定能得到60万美元，而股票持有者的收益为65万美元。项目2的收益如表2.1所示。

债券持有者更希望投资项目2，但是股东则希望投资原来的项目1。由于债券持有者认为他们的利益不同于股东，因此他们通常坚持**债券合约**（bond covenant），限制公司对投资项目和融资的选择。

伯利和米恩斯的解释是他们正关注于监控问题和随着企业成长而产生的冲突。只要成本能被收益抵消就不存在无效率。大型公司恰恰因为其监控成本而不会无效率。这些成本能被规模生产和廉价筹资能力所带来的收益相抵消。

**企业的规模。**由于需要生产更多的产出，或是自己生产零部件、分销产品等原因，企业需要扩大规模。市场和企业是提供产品和服务的可替代方式。企业和其他企业之间的交易成本越高，企业自己的生产任务就越重。例如，随着和其他企业交易的相对成本的变化，通用汽车公司开始自己生产车身[7]，而在1926年以前它通常向其他企业购买车身。

尽管企业需要逐渐成长来减少和其他企业交易的成本，但是企业越大，监控管理者和雇员以保证有效运作和盈利的成本也就越高，难度也
19 越大。企业的最优规模取决于其在扩张的优势和劣势之间的权衡。例如，微软的前总裁比尔·盖茨认为：[8]

> 所有大企业的效率在某种程度上都不如小企业。但是它们可以做非常重要和需要做的事情。请相信我，当我写下和检查每一行代码时，在我看来，总体质量会更高。因此我不得不妥协。

20 在第12章中，我们将谈到如果企业只做它自己最擅长的事情，同时依靠别人（市场）做别人最拿手的事情，那么企业将获得更多利润。

尽管大企业占据了大多数雇员和销售份额，但是多数美国企业都很小。1999年时，56%的制造类企业只有9名或更少的员工，它们的员工总数只占全美员工总数的4%（*Statistical Abstract of the United States*，2002，Table 715）。整个美国大约拥有600万家企业，其中89%的企业员工数少于20人。只有0.3%的企业拥有500名或500名以上的员工，但是这些企业的员工占到了全美员工总数的50%。1997年，以增加值计的全美最大的200家制造类企业雇用的员工占整个制造业的22%，所创造的贸易量占40%（*Concentration Ratios in Manufacturing*，1997，Table 1）。

1970年以后，最大的美国企业所雇用的员工数和资产总量的比例开始下降。这是因为机器的生产率越来越高，制造业产出所需的雇员更少了，例如，在非农业劳动力中，制造业的雇员比例从1950年的34%下

降到2001年的13%（*Economic Report of the President*，2003，Table B-46）。因此，员工开始转向服务业等企业规模相对较小的产业。

# 兼并和收购

企业可以通过投资的扩大来增加规模，比如新建厂房，或是通过**兼并**（merger），即一个企业或多个企业的资产融入一个新企业的交易。我们使用的“兼并”一词包括收购。兼并主要有三种类型：

- **纵向兼并**（vertical merger）：一个企业和它的供应商合并。
- **横向兼并**（horizontal merger）：在同一市场内竞争的企业合并。
- **混合兼并**（conglomerate merger）：生产不同产品的企业合并。

## 兼并和收购的原因

关于兼并有多种解释，主要的动机通常是增加盈利。然而对企业来说，并不是所有的兼并都能导致利润的增加。而且，一些对企业来说能够盈利的兼并却可能会由于其降低了效率而有害于社会。我们现在对会提高效率和降低效率的不同兼并动机做出比较。

**提高效率的兼并**。提高效率的收购和兼并是社会所需要的。人们对现有企业的并购行为为什么会提高效率存在多种解释，包括优化规模、产生协同以及改善管理。[9]

21 企业的合并会由于规模的增加而减少重复开销或得到其他收益。例如，企业可能会通过使用一套方法管理两个企业而节约管理费用。

随着生产要素成本的变化，最优企业规模（即最小平均成本下的产出）或许会扩大。19世纪末期，由于铁路的发展，运输成本降低；由于电话和电报的发明，通信成本也开始下降。而且，金融市场（例如债券和股票市场）的发展也降低了企业融资的成本。这些发展都能引起企业最优规模的扩大，从而导致大公司成为美国经济中的主要组织形式。

交易成本的减少可以解释为什么具有不同经营风格的两个企业会选择兼并。比特林梅耶（Bittlingmayer，1985）认为1890年的《谢尔曼法》（Sherman Act）引起了直接竞争者之间合约选择的不确定性，因此使得原本通过合约合作的企业存在兼并的动机。

生产互补产品的企业可以从兼并中获利，这是因为协同或**范围经济**（economy of scope），范围经济是指对企业来说，同时从事两种产品生产的成本要小于两个专门化企业分开生产单一产品的总成本。如果一个企业在汽车的速度设计方面能力强，而另一个企业在汽车的外观设计方面能力强，那么两个企业的兼并将是有利的。

收购经营不善的企业而后改善其管理可以创造利益。假设企业现有的管理者能力较差，企业虽然有大量资金，但管理者将这些资金投入到没有盈利的项目或是用来提高自己的工资，因此股票持有者所见到的现金红利就很少。股票持有者必须督促董事会控制管理层，但是，如果董事会成员中有在位的管理者，这将很难实现。[10]

另一种可供选择的约束管理者的方法是允许投资者披露企业经营不善的情况。而后，这样的投资者可以在较低的价位上“接管”（收购或控制）这一低效率企业，改善其经营状况，然后转售该企业，或者将增加的红利发放给股票持有者。

想象一家企业的股票目前市场价值为每股100美元，而在位管理者支付给股东的股息很少。你发现这一企业的经营状况很差，你可以收购它，而后解雇在位管理者，提高公司的运作水平，双倍发放红利。结果，公司股票的价值将会上升到每股200美元。别人收购足够多的股权就可以获得公司控制权的威胁会使得在位的管理者高效地工作以免品尝失业的苦果。

为了获得公司的控制权，你需要从目前的股东手中购买能达到控制标准的股票数量。然而，股东会坚持要求得到他们的收益：(a) 当你接
22 管企业，提高了绩效，增加了红利时，他们仍然持有股票；(b) 他们以高于100美元的价格出售股票；(c) 他们仍然持有股票，而你并没有成功接管企业，但是你的努力激励现有的管理者提高他们的绩效。当然，企业的管理者或许并不关心他们的股东，他们只是为了保住自己现有的工作而抵制接管。如果管理层没能成功地防止企业易手，可能会发生敌意接管。阻止**敌意接管**（hostile takeover）的斗争是非常激烈的，而且管理者经常会使用一些聪明的战术。[11]

企业的管理者也可能认为如果董事会允许他们解雇员工、出售部分运作业务、上马新项目，他们就可以显著提高利润水平。运营中如此大的变动可能会遭到股东或董事会的反对，因此管理层本身有可能会决定购买企业。一个正在被其管理层接管的企业被称为**逐渐私有化**（going private），因为将不再存在管理者必须为之负责的外部股东。但是管理层如何才能筹集资金购买整个企业呢？方法之一是**杠杆收购**（leveraged buyout，LBO），即以公司的资产为抵押出售债券以募集大量的资金。这些债券通常被称为**垃圾债券**（junk bond），它是基于公司资产的高收益债券，但其风险要大于一般的公司债券。20世纪80年代以后，作为投资者筹集资金以控制企业的手段的垃圾债券开始流行。由于债券持有者的清偿权要优于股东，因此持有垃圾债券比持有同一企业的股票更加安全。

**降低效率的兼并**。有一些兼并是灾难性的：它们会降低效率和盈利性。[12]这里，我们主要关注在企业的新股东从兼并中获利时，生产效率

或其他效率却降低的情况。尽管企业新股东可以获得利润，但会对社会产生损害。这样的兼并可能是出于税收的考虑，例如为了在短期获利，或是为了扩张市场或政治势力。

由于美国税收范围划分的复杂性，企业即使不能从增加的经济效率中有所得，企业也有兼并的财务动机。假设企业 1 有 100 美元的利润而企业 2 有 100 美元的损失。如果公司的混合税率为 50%，则企业 1 必须纳税 50 美元而企业 2 将不纳税。如果企业 1 和企业 2 合并它们的利润就是 0。由于企业 1 的利润被企业 2 的损失所抵消，因此兼并后的企业将没有纳税额。政府的损失为 50 美元，但是新企业的利润比没有兼并时两企业的利润总和多 50 美元。因此，尽管没有创造经济效率（同样数量的投入生产同样数量的产出），兼并对企业来说还是有利的。然而，单纯的税收
23 原因并不能解释太多的兼并行为（Auerbach and Reishus，1988）。

即使从长期看会亏损，人们也会为了短期收益而收购一个企业。假设企业已暗中承诺雇用忠诚的员工，即使在萧条时期也不会解雇他们，那么，工人将会接受较低的工资作为对稳定就业的回报。如果管理层毁约，在萧条时期解雇员工，则工人将再也不会信赖管理层。如果你在萧条时期收购没有效率的企业并且解雇冗余员工，你可以获得短期收益。虽然要不了多久，员工就会要求较高的工资来补偿不稳定的就业，但同时，你也可以把公司运转得比先前的管理者更有效率。你的行为从长期来看会由于工资的上升而损害企业。但是，收购企业的短期收益可以抵消长期损失（Shleifer and Summers，1988）。[13]

如果一个产业中有足够多的企业兼并，由此产生的企业会面临较小的压力，获得更多的市场势力，即企业将价格确定在高于竞争性水平的能力。正如我们将在第 3 章中所解释的那样，如果价格高于竞争性水平，产出将会减少（生产将无效率）。因此，由兼并引起的竞争者的减少将会给消费者带来更高的价格。美国和其他发达国家的反垄断法反对将会导致竞争减少和价格上涨的兼并的发生。

一些观察家指出，反垄断法监管的放松是 20 世纪 80 年代和 90 年代美国兴起兼并浪潮的原因之一。但是却很少有证据表明总体市场势力或市场集中度的明显上升（Pautler，2001；White，2002）。即使由于这些企业处于不同的产业之中，以致它们并不关心竞争的减少程度，它们的兼并仍会造成潜在的政治力量，这些政治力量将会通过影响立法机关，以社会中他人的损失为代价来谋取私利。

## 美国的兼并行为

尽管近来报纸上的文章声称目前这一阶段——开始于里根——以来是美国历史上兼并活动最多的时期，但从经济活动的规模来看，以前的

兼并活动要多得多。令人无奈的是，我们很难获得有关以往兼并活动的前后一致的数据。[14]早期只保存了制造业和采矿业的数据。随着时间的推移，这些产业在美国经济中的相对重要性已经下降。早期的数据来源仅报道规模较大的交易，而忽略了中小企业的兼并，因此，对兼并行为的数量估计是偏小的，对企业规模较小时的早期兼并尤其如此。

兼并行为的兴起和股票市场的繁荣是相吻合的，但是其原因并没有被透彻理解。图 2.1 显示了 20 世纪 20 年代以来基于多种数据来源的兼并数量。我们可以从表中看到存在五个兼并行为密集时期：一是在世纪转折点，二是在 20 年代后期，三是在 60 年代后期，四是在 80 年代，五是在 90 年代。

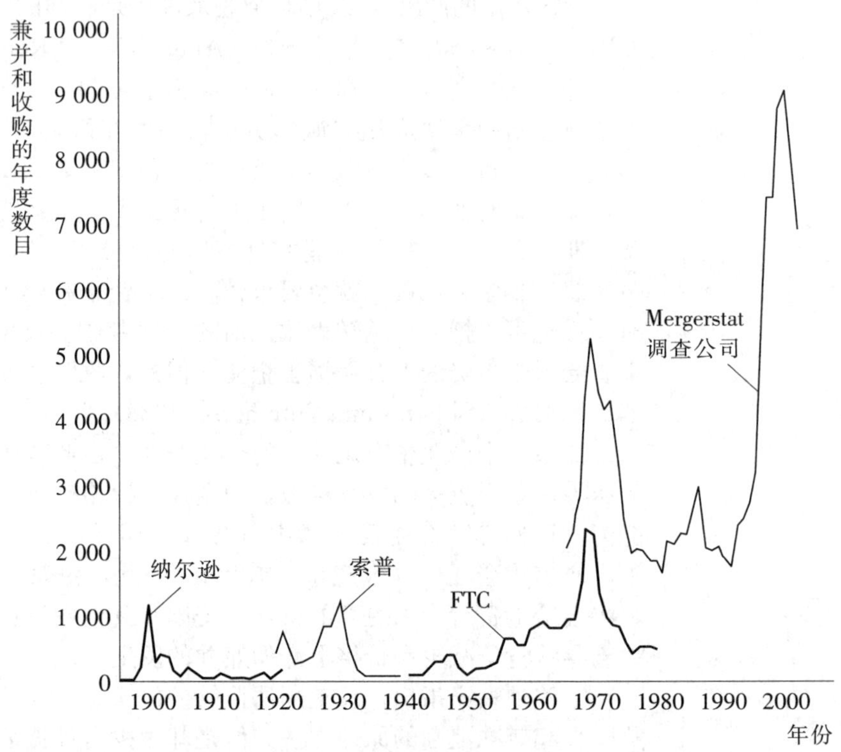


**图 2.1　兼并和收购的年度数目**

说明：纳尔逊：数据由纳尔逊（Nelson，1959）针对制造业和采矿业收集。索普：数据由 W. 索普针对制造业和采矿业收集，由纳尔逊提供（Nelson，1959，166）。FTC：联邦贸易委员会索普系列。Mergerstat 调查公司：《兼并统计评论》（2003）。

资料来源：Adapted from Golbe and White（1988）. Figure 9.6，in Alan J. Auerbach，ed.，*Corporate Takeovers*. Copyright 1988 by the National Bureau of Economic Research. All rights reserved.

乔治·施蒂格勒（Stigler，1950）称第一次浪潮是趋向于垄断的兼并运动。在这一时期，作为对铁路和通信发展的反应，美国经济发生了深刻的变化。股票市场开始成为重要的资本来源，出现了像美国钢铁和

25 通用电气一类至今仍然很成功的大企业。20世纪最初10年的第一次兼并浪潮的结束正好和经济的下滑，以及1904年最高法院有关北方证券公司案的判定时间相吻合。在此案中，最高法院发现一定程度的（横向）兼并违反了1890年通过的《谢尔曼法》。[15]

施蒂格勒（Stigler，1950）将20年代的兼并浪潮称为趋向于寡头垄断的兼并运动。60年代的第三次浪潮由于多数兼并形成了混合型企业或是在不同市场上进行竞争的拥有许多企业的控股公司，而被称为混合兼并运动。对第四次浪潮人们还没有形成通用的称呼。在那次兼并浪潮中，尽管敌意收购仍然只占兼并行为中的一小部分（低于25%），但已经越来越普遍。第五次浪潮被称为放松管制的兼并，主要是因为半数的兼并行为发生在放松管制的产业中，如航空、电信、媒体和银行等。

新闻报道通常认为80年代和90年代具有空前的大规模兼并行为。基于纯兼并数量（见图2.1）或是名义（未经通货膨胀调整的）价值来说，这些说法是正确的。但是，现在的经济总量已经远远大于20世纪之初。如果我们将兼并企业的资产规模和总量规模进行比较，我们会发现20世纪之初的兼并行为更多。图2.2显示了扣除通货膨胀因素后"实际"的国民生产总值（GNP）的每10亿美元的兼并交易数量比例。因此，自80年代以来的兼并行为尽管轰轰烈烈，但并不是史无前例的。

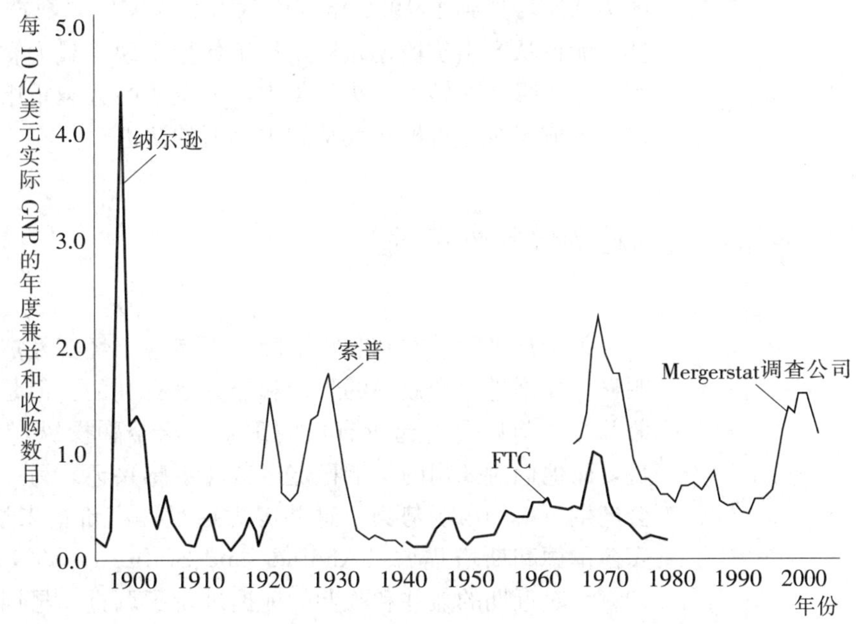


**图2.2 每10亿美元实际GNP的年度兼并和收购数目**

说明：每10亿美元实际GNP的年度兼并和收购数目（以1982年价格为基准）；纳尔逊（Nelson）系列，FTC"董事会"系列和Mergerstat调查公司。

资料来源：Adapted from Golbe and White（1988）. Figure 9.7，in Alan J. Auerbach，ed.，*Corporate Takeovers*. Copyright 1988 by the National Bureau of Economic Research. All rights reserved.

## 其他国家的兼并行为

从传统上来看，欧洲企业的兼并行为要比美国少得多。然而，在今天看来，尽管兼并数量仍要少于美国，但是兼并、敌意收购和“逐渐公开”的交易已经在欧洲颇为普遍。例如，欧盟国家中发生的兼并数量从1984年的575起上升到了1988年的1 159起（Schmittmann and Vonnemann，1992)。兼并涉及的企业数量从1984—1985年度欧盟最大的前1 000家企业中的185个上升到了1988—1989年度的492家（Jacquemin，1990)。从1980—1992年，美国国防产业中发生了95起兼并或收购，而在欧洲的类似产业中为40起（Reppy，1994)。

转型中的中欧和东欧经济中最具争议性的问题是国有企业的重组。一些国家——例如捷克斯洛伐克和俄罗斯——已经对企业进行了私有化，而其他国家——包括匈牙利和波兰——都在出售企业之前进行了转型。无论这些转型国家采用何种战略，它们从改革开始就经历了大规模和自发性的国有企业解体。

26 例如，在捷克斯洛伐克，雇用25个以上工人的企业数量从1990年的700家增加到了1992年年中的2 000家。多数产业的集中度开始降低：无论从产出价值还是雇用员工数量来说，最大企业所占的产业份额都已经下降。在转型的头几年中，大企业的分裂重组以及新企业的快速进入促成了企业规模从大型到中小型的演进。

## 兼并效率和盈利性的经验性证据

关于近来的兼并和收购浪潮是否有益于经济发展存在很多争论。很明显，能增进生产效率的收购和兼并是有利的。但是，一些人担心很多兼并和收购只会引起所有权的重组，给金融操纵者带来短期的股票收益，而他们对公司的长期稳定运营并不感兴趣。另一些人则担心兼并将
27 会产生更大的市场势力，这些势力通过提高价格来损害消费者的利益。安德雷德和斯塔福德（Andrade and Stafford，2001)，米勒（Mueller，1997）对近期的兼并和收购的证据进行了调查。早期的研究包括布拉德利、德塞和金（Bradley，Desai and Kim，1988)，贾雷尔、布里克利和内特（Jarrell，Brickley and Netter，1988)，贾雷尔和波尔森（Jarrell and Poulsen，1987)，詹森（Jensen，1988)，詹森和鲁巴克（Jensen and Ruback，1983)，罗马诺（Romano，1985)，谢勒（Scherer，1988)，以及施莱弗和维施尼（Shleifer and Vishny，1988)。在接下来

的几节中我们将对以上研究进行总结。

**被收购企业的收益**。被接管企业的股东可以得到接管前价格的16%～25%的溢价。多数被收购公司股票价格的上升恰恰是在交易信息公开之前。要求公司公开其接管计划的《威廉姆斯法》（Williams Act）使股东得到的溢价有了明显的增加，而且随着时间的推移，被接管公司股东的收益还会增加。

**阻止兼并的效果**。反对接管的管理策略能降低接管发生的可能性，即使接管实际发生，它也能提高收购的价格。如果拟接管者没能控制企业，由于拟接管者的竞价而导致的股价的上升将会被抵消，股价会回到原先的水平。

有关绝对多数修正条款、绿色邮件或是毒丸等防御措施的效果的证据是含混不清的。管理者（通常拥有股票）会试图达成股东协定，其中任何人试图控制公司都必须得到绝大多数股东的赞成（大于50%）。这样的规则使得现有股东更容易阻止接管的发生。由于降低了接管的可能性，绝对多数修正条款的采用降低了公司股票的价格。

公司可能会通过**绿色邮件**（greenmail）来劝阻某人放弃对公司进行接管的努力，公司会试图在一个溢价的水平上回购拟接管企业的人手中的股票（仅仅是这些人手中的股票）。绿色邮件对公司股价具有负面影响。通过公司现有股东组成状态的改变来利用反接管法律会使公司股票有小幅度上升（虽然不是一个稳定且明显的上升）。

在**毒丸协议**（poison-pill）中，公司在企业被接管时，必须使原始股东，而不是接管者对股价有讨价还价的权利，从而稀释新股东的股票价值。这些安排明显降低了企业股票的价格。毒丸协议降低了接管企业的价值，提高了收购的成本，因而减弱了潜在买主收购企业的动机。

**收购公司的收益**。那些收购企业的股东们并不能从收购结果中得到明显高于平均水平的回报率。他们在敌意接管中得到的收益要比在友好兼并时稍多一些。随着时间的推移，收购企业股东的收益从20世纪60年代的4%下降到了80年代和90年代的-3%。收购所得到的收益依赖于收购目标究竟是通过股票还是现金来实现，采用现金的情况要好一些。使用股票作为支付手段从80年代起大约增加了50%，到90年代大约60%的交易纯粹通过股票进行。

28 当面对一个敌意收购企图时，企业管理层往往会寻求一个友好的企业或个人帮助他们走出困境，让这些友好者获得企业的控制权，置换现行的管理层，这些友好者被称为**白衣骑士**（white knight）。平均来看，白衣骑士对他们收购的企业付出过多。

**社会的收益**。总体来看，组合公司的总股价在合并发生后上升了2%～7.5%。合并后公司价值的上升通常并不是因为形成了市场势力。

如果新企业获得了市场势力，消费者面对的商品价格就会上升。然而，市场势力的增加同样使得合并公司的竞争对手获利，因此竞争对手的股票价格也将会上升。如果兼并交易的发生是出于效率提高的考虑，那么兼并后的合并企业将会是一个更为有效的竞争者，对手股票的价格将会由于对未来激烈竞争的预期而降低。斯蒂尔曼（Stillman，1983）、埃克勃（Eckbo，1983）、巴内尔基和埃卡德（Banerjee and Eckard，1988）对20世纪初的兼并风潮进行了调查，得出的结论是第二种解释和实际情况更相吻合。

除了使用股票价格的数据外，一些研究者还直接观察了合并后企业的会计数据，来研究新的企业是否更有效率。由于会计数据通常难以解释，因此使用会计数据比使用股价面临更为难以解决的问题。而且，使用会计方法估计的企业效率收益要小于使用股价分析得到的效率收益，因为股价体现了并购后权益价值（并不是全部价值，而是扣除负债后的价值）的提高。根据米勒（Mueller，1997）对10个国家的20项研究的观察，仅有少数研究发现兼并可以增加盈利性。在两项更具挑战性的美国研究中，谢勒（Scherer，1988）、雷文斯克拉夫特和谢勒（Ravenscraft and Scherer，1987）基于企业20世纪60年代和70年代有关利润数据的分析并没有发现收购能增加利润。相反，利钦伯格和西格尔（Lichtenberg and Siegel，1987）使用更近期的数据研究了单个企业的生产率，发现所有权发生变化的企业效率有显著提高。而且，他们发现业绩不好的企业更希望发生所有权的变化。安德雷德和斯塔福德（2001）批评了谢勒的研究，认为其没有掌握好产业标杆。对产业标杆的把握表明兼并通常会提高企业效率，导致利润的增加。最后，无论在哪一阶段，兼并通常会发生在同一产业中，这就为兼并能提高效率做出了合理的解释，提供了进一步的支持（Jovanovic and Rousseau，2001）。

进一步说，与一些评论者的观点相反，没有证据表明合并后的企业是“短视”的，缩减了研发（R&D）方面的支出。霍尔（Hall，1988）发现，控制权的改变并不会影响研发支出。

总之，股票市场的证据支持了兼并行为能提高效率和创造价值的观点。目标企业的股东通常是价值增加的主要受益者。由于法律和新的管理策略使得获得企业的控制权更为困难，目标企业股东的收益增加了，
29 而收购公司股东的收益却减少了。另外，市场集中度和市场势力并没有增加，因此消费者没有损失。研发的支出也没有减少。

为了证实这些效率收益，对兼并发生后的利润，而不仅是股价的后续研究就十分必要。如果没有这些研究，人们或许会认为兼并和接管创造的只是虚假的股票价值，这些虚假的股票价值要么表达了财富从依赖被收购公司生存的人们（例如雇员们）那儿不正当地转移到它的股东手上，要么说明了股票市场的错误估价。安德雷德和斯塔福德（Andrade and Stafford，2001）的研究从兼并效率的角度验证了股票市场所提供的证据。

# 成本概念

通过有效的运作，企业可以在最低可能成本水平上生产产品。每个企业都需要了解产品的生产成本，以做出合理的商业决策。成本的测算有多种方法，对特定问题而言，各种成本概念有不同的应用。本节将探讨这些不同的成本概念，并进一步探寻它们的一些微妙之处。

## 成本的类型

企业通常会产生随着产出变化的成本和不随产出变化的成本。固定成本（$F$）是不随产出而变化的。政府向企业收取的有关企业成立和运营的费用即是固定成本。无论企业生产的数量多少，企业都必须支付这笔费用。另一个例子是律师在签订一项一年期合同后必须每月支付的办公室租金。不管律师生意如何，都必须按月支付租金。

如果企业和律师决定终止营业，他们就不会再签或续签下一年的合约。但是如果他们在刚开张一个月后就决定停止营业，他们该怎么办呢？他们还必须支付开办费或月租吗？如果他们预付了费用，他们能收回吗？问题的答案取决于法律或是合约的规定。企业可能预付了整个开办费，那是无法回收的。律师尽管有义务每月付租金，但是可能将办公室租给别人，收回部分（可能不是全部的）租金。固定成本中不能收回的那部分被称为**沉没成本**（sunk cost）。沉没成本就像泼出去的牛奶：一旦沉没，再担心也没用，它不会影响你的后续决策。相反，没有沉没的固定成本将会影响企业的决策。例如，律师是否停业一定程度上依赖于解除租约的成本（解除租约的财务惩罚）如何。如果企业停止运营就不会发生的成本被称为**可避免成本**（avoidable cost），它包括一些固定成本。

**可变成本**（$VC$）是随着产出水平 $q$ 发生变化的成本。由于可变成本随产出变化，我们通常将其表达为产出的函数：$VC(q)$。通常，随着产出的增加，对劳动力、电力和原料的需求也会增加，因此可变成本取决于工资和企业为投入支付的价格。

30 **总成本**（$C$）包括所有固定成本和变动成本：$C=F+VC$。与总成本和可变成本相关的概念是**边际成本**（marginal cost，$MC$），它是一个增量或增加值，指多生产一个单位产出所增加的成本。[16]因为固定成本不随产出的增加发生变化，总成本随产出发生变化的增量即等于相应可变成本的增量。

区分边际成本和多种平均成本的概念非常重要。有三种平均成本：平均总成本（有时简称为平均成本）、平均可变成本和平均固定成本。

- **平均成本**（*AC*）（有时称为平均总成本或 *ATC*）是总成本除以产出：$AC=C(q)/q$。
- **平均可变成本**（*AVC*）是可变成本除以产出：$AVC=VC(q)/q$。
- **平均固定成本**（*AFC*）是固定成本除以产出：$AFC=F/q$。

由于 *AC* 是 *AVC* 和 *AFC* 的和，因此 *AVC* 和 *AFC* 不能超过 *AC*：

$$AC(q)=\frac{C(q)}{q}=\frac{VC(q)+F}{q}=\frac{VC(q)}{q}+\frac{F}{q}=AVC(q)+AFC(q)$$

虽然边际成本独立于固定成本，平均成本不独立于固定成本，但在任何给定的产出水平上，边际成本并不必然小于平均成本。边际成本可能超出平均成本的原因是边际成本相对于成本变动，而不是相对于产出水平变动。

假想你到一家超市买水果，你拿着篮子，放入一些重量不等的苹果。篮子中苹果的总重量和与此相关的每个苹果的平均重量是很容易确定的。假设你在篮中加上一个非常小的苹果，这个苹果的重量就是篮子中苹果总重量的增加量（边际重量）。而这个苹果的重量要小于原先篮子中苹果的平均重量，因此，苹果的平均重量就减少了。相反，假设你放入了一个非常大的苹果，这个大苹果的边际重量超过了原先篮子中苹果的平均重量，从而使平均重量上升。边际重量完全由附加的**一个**苹果决定，而平均重量（在加入附加的苹果之后）大部分由篮子中原先的苹果决定。因此，如同此例中的苹果一样，边际成本既可能高于也可能低于平均成本。

为了进一步说明边际成本、平均成本和平均变动成本之间的关系，表 2.2 表明了随着产出的增加，各种成本是如何变化的。在本例中，无论生产发生还是不发生（产出=0），固定成本为 100 美元。这一固定成本是沉没的，或者说是不可收回的。[17]

31 表中的产出从 0 增加到 10 时，可变成本从 0 上升到 108。总成本——固定成本加上变动成本——从 100 上升到 208。边际成本等于生产一个附加单位产出所增加的总成本。边际成本最初下降，在 3 单位产出时达到最小值 6，随后上升。

平均可变成本等于总可变成本除以产出，平均总成本等于总成本除以产出。平均总成本总是超过平均可变成本，但如表中所示，边际成本可以小于、等于或大于平均总成本或平均可变成本。

图 2.3 表示了 *MC*，*AVC* 和 *AFC* 之间的几何关系。当 *MC* 低于 *AVC* 时，*AVC* 曲线是下降的；当 *MC* 高于 *AVC* 时，*AVC* 曲线是上升的；当 *MC* 等于 *AVC* 时，*AVC* 达到最小值。*MC* 和 *AC* 之间也存在着

同样的关系。如图 2.3 所示，随着产出的增加，平均固定成本（$AFC$）趋于零，平均可变成本和平均成本越来越接近。

**表 2.2　　一个成本概念的例子**

| 产出 | 固定成本 | 平均固定成本 | 总可变成本 | 平均可变成本 | 总成本 | 平均总成本 | 边际成本 |
|---|---|---|---|---|---|---|---|
| 0 | 100 | | 0 | | 100 | | |
| 1 | 100 | 100 | 10 | 10 | 110 | 110 | 10 |
| 2 | 100 | 50 | 19 | 9.5 | 119 | 59.5 | 9 |
| 3 | 100 | 33.3 | 25 | 8.3 | 125 | 41.7 | 6 |
| 4 | 100 | 25 | 32 | 8.0 | 132 | 33 | 7 |
| 5 | 100 | 20 | 40 | 8.0 | 140 | 28 | 8 |
| 6 | 100 | 16.7 | 49 | 8.2 | 149 | 24.8 | 9 |
| 7 | 100 | 14.2 | 60 | 8.6 | 160 | 22.9 | 11 |
| 8 | 100 | 12.5 | 73 | 9.1 | 173 | 21.6 | 13 |
| 9 | 100 | 11.1 | 88 | 9.8 | 188 | 20.9 | 15 |
| 10 | 100 | 10 | 108 | 10.8 | 208 | 20.8 | 20 |

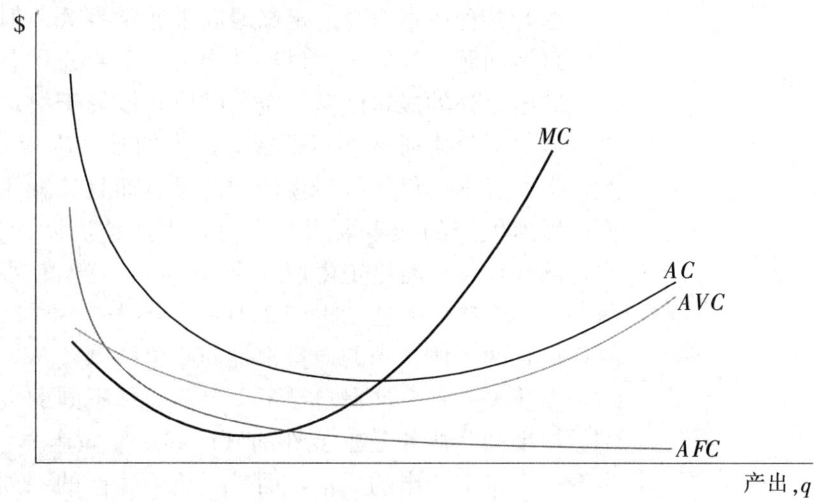


**图 2.3　成本曲线**

苹果的例子可以用来表明 $MC$ 超过 $AC$ 时，$AC$ 为什么会上升；$MC$ 低于 $AC$ 时，$AC$ 为什么会下降。如果你加上一个重于平均重量的苹果，篮子里苹果的平均重量就上升；反之，如果你加入了一个比平均重量轻的苹果，平均重量就会下降。

总的说来，总成本取决于产量，也取决于生产要素的价格（如工人的工资和原材料的价格）。图 2.3 显示了典型的（短期）平均成本曲线如何随产出而变化：平均成本最终随产出的增加而上升。原因在于在一

个给定的工厂内，随着产出的增加，生产成本会越来越高。曲线是基于
32 这样的假设：生产要素的价格（例如人员工资）是不变的。如果不是这样，例如工资上升，那么整个平均成本曲线就会上移。由于最小成本产出会发生变化，因此平均成本曲线**不一定**完全垂直上移。也就是说，形成最小平均成本的企业规模取决于劳动力工资和所有其他生产要素的成本。

成本曲线包含了大量的信息。例如，了解了成本曲线如何随着工资和其他要素的价格而变化，我们就可以推测企业的**生产技术**（production technology），生产技术反映给定投入情况下最大可能产出的投入和产出关系。换句话说，知道企业的成本函数和知道它的技术状况是等价的。[18]例如，假定工资水平为每小时 10 美元，而且工人是生产玉米（种子是免费的）的唯一投入。生产 1 蒲式耳玉米的成本为 10 美元，2 蒲式耳为 20 美元，依此类推。从成本和工资信息中，我们可以推测出生产
33 技术是一个工人一小时可以生产 1 蒲式耳的玉米。

## 成本的概念

尽管各种成本概念的定义看起来非常直观，但是还存在一些与之相关的复杂问题。我们现在讨论其中最为重要的几个。

**产出以外的成本因素**。企业的成本依赖于给定投入价格下的产出水平。但要素价格通常并不是影响成本的唯一因素（Alchian，1959）。因此，生产成本不仅依赖于生产的产量，而且依赖于生产的速度。快速生产比慢速生产的成本要大。而且，生产速度随时间的变化也会影响成本。例如，每小时稳定生产 60 个单位，生产 10 小时的成本要低于先以每小时 100 单位的速度生产 2 小时，再以每小时 50 单位的速度生产 8 小时，尽管两个例子中的产量都是 600 单位。

企业投入资金使得自己可以灵活应付不同的生产水平将可以节约成本。如果某些业务是季节性的（例如新年贺卡），那么相关成本并不是生产一个特定产出的成本，而是一年中生产的系列产出的成本。如果产出在每月 25～100 单位之间波动，那么具有图 2.4 中 $AC_1$ 型成本曲线的企业而不是具有 $AC_2$ 型曲线的企业可能更有效率（也就是说有较低的总成本），尽管 $AC_2$ 曲线的最小值低于 $AC_1$ 曲线。

**短期与长期。短期**（short run）是指很短的时间段以至于生产要素无法无成本地变动。**长期**（long run）是指时间段足够长，使得所有生产要素的变动都可以是无成本的。例如，在年末，承租办公室的律师可以续租，也可以重新租用新地方。但是，在一年中间，承租人不能无成本地毁约（存在沉没成本）。在此例中，短期是指少于一年，而长期是指一年或是更长时间。

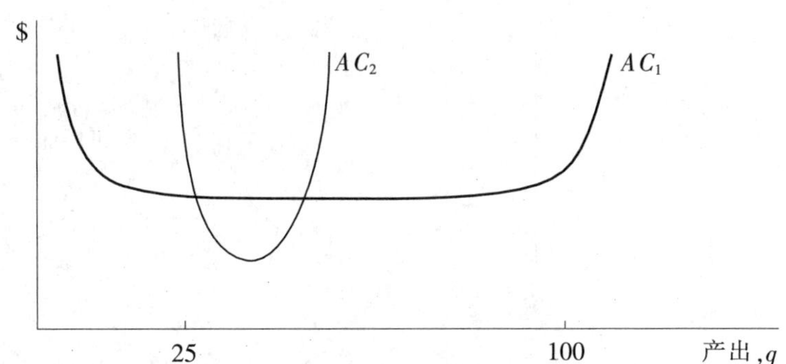


**图 2.4　具有不同技术的成本曲线**

34 另一个表明短期和长期差别的例子是机器的装配，已经装配好的机器的移位和重装都存在成本。如果机器的使用寿命为一年，到时必须换新机器，那么机器的数量在一年的短期内可以认为是预先决定的，但长期则不是。更一般的，短期是指机器数量和物理空间（工厂）固定，变动的成本极高，而且无利可图的时期。在短期内，企业必须使用目前的工厂和机器的存量。而从长期看，企业则可以改变资产：购买新机器，报废旧机器，甚至迁入一个可以在最小成本下生产任何产出水平的新工厂。

短期和长期之间的分界并不是十分精确的。事实上，时期是连续的，时期越长，调整的可能性越大。企业加快经营调整的速度时，必须承担更大的成本——**调整成本**（adjustment cost）。[19]

在长期内，企业可以用它想要的任何方式进行构建，而在短期内它的选择则会受到限制。因此长期平均成本至少与短期成本一样低。长期和短期之间的关系意味着长期成本曲线是短期成本曲线的包络线，也就是说，长期平均成本曲线（*LRAC*）由一些短期平均成本曲线（*SRAC*）最低的相应部分连接而成，这些相应部分均对应着一条在特定产量下最低的 *SRAC*，如图 2.5 所示。从短期来看，假定企业只能有单一工厂规模。在图中，存在三种可能的短期平均成本曲线，$AC_1$，$AC_2$ 和 $AC_3$。请注意，长期平均成本并不总是短期平均成本曲线的最低点。在图 2.5 中，生产 100 单位产品最合算的方法是使用工厂 2，尽管那不是工厂 2 的平均成本最小产量，而是工厂 3 的平均成本最小产量。在许多教科书中，人们通常将长期平均成本画得最终随产出增加而上升，这就意味着企业的有效规模（使平均成本最小的最大产出）是有限的。

**机会成本**。正如亚当·斯密所说："每件物品的真正价格是获得它的辛苦和麻烦。"也就是说，一项活动的**机会成本**（opportunity cost）是这一活动占用的全部资源所放弃的用于其他最佳用途的价值。例如，一家企业按通行工资每小时 10 美元雇用了 3 个工人，那么它的人工成本为每小时 30 美元。在此例中，机会成本和实际付出的成本是相同的。另外，假设 3 个工人中的一个是企业的所有者，不拿工资。经济学家仍

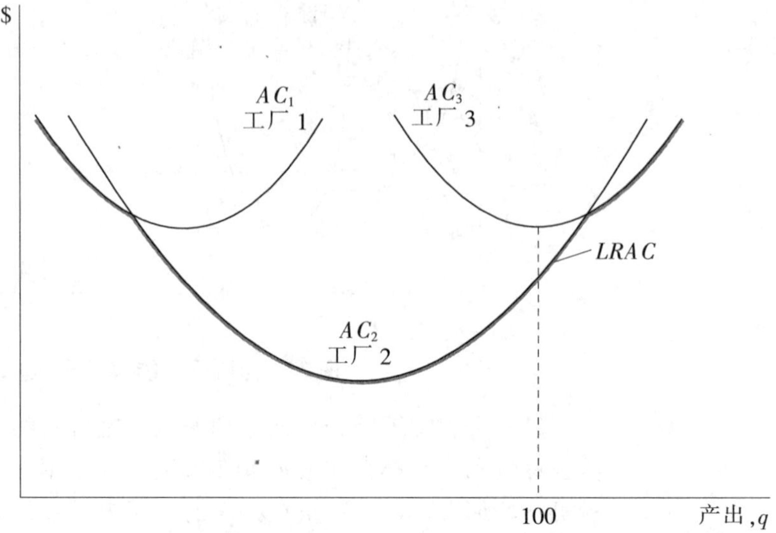


**图 2.5 长期成本曲线**

会认为 3 个工人的机会成本是每小时 30 美元：企业使用的劳动力价值是 30 美元，因为另一家企业将会给这些劳动力以同样的价值定位。

我们可以使用机会成本来决定是否继续进行某项活动。回到上面的例子中，假设每个工人每小时生产 1 单位产出，产品售价为 9 美元。企业的所有者计算每小时的利润为 27 美元减去成本（用机会成本测度）
35 30 美元，得到净损失 3 美元。该损失的存在表明所有者必须停止生产，而以每小时 10 美元的工资为别人工作。显然，所有者在工资上每小时挣 10 美元会比每小时挣 7 美元（即 27 美元－20 美元）境况更好。

机会成本概念在决定企业是否应该继续使用它所拥有的、易于出租的资产时非常有用。考虑一个拥有它所占用建筑物产权的企业，如果该建筑物可以以每月 1 000 美元的租金出租给其他房客，那么企业必须将这笔租金视为其占用该建筑物的成本。机会成本是不出租建筑物时所放弃的收入。如果企业不能承担支付给自己的租金（因为这样做会导致负利润的产生），那么企业必须意识到自己使用该建筑物并不是最有利的，停业并出租该建筑物对企业来说会更好些。

令人惊奇的是，如果所有成本都以机会成本来估算，那么只需要利润为零，企业留在市场中就是值得的。机会成本用它们另外所能得到的所有途径的最高价值来评价所有资源。如果收益恰好弥补成本，那么所有的资源（例如所有者的时间、企业的建筑物）都在得到有效利用，而且这些资源用在别处不会带来更多的收益。由于机会成本以最有利可图的其他用途来评价每一种资源，因此经济学家有时说机会成本针对企业的所有资源提供了**正常利润**（normal profit，来自资源其他用途的最优可能利润）。

**支出法与摊销法**。假设企业以每月 100 美元的价格租借了一台机
36 器，然后决定以 10 000 美元的市场价买下该机器。企业应该将所有 10 000美元都作为固定成本计入发生购买行为的当月，还是将成本分摊在机器使用的每个月？当成本按发生时间记账时，被称为**支出法**（expensed）；当成本在机器使用的寿命期内进行分摊时，被称为**摊销法**（amortized）。如果企业摊销机器成本，自己应该如何分配这项费用呢？这一答案显然会影响企业对自身绩效的判断。

适当分配一项耐用资产的成本问题的最简单的答案是，相关成本就是企业将资产出租给其他人时所能挣得的租金。这种计算常常是很简单的，当企业拥有一幢办公楼，自己仅仅使用了一部分时，它只要把剩余部分出租就可以知道适宜的市场租金。在另一种情况下，我们可能得不到恰当的租金，例如，没有客户会租用你的鼓风炉。如何确定鼓风炉这类资产的成本呢？一种方法是将拥有该项资产的成本计为该资产价值的利息（如果该资产价值 100 美元，就以 100 美元为本金计息）加上资产折旧。经济**折旧**（depreciation）是指一年内资产价值的下降额（例如，使用机器造成的磨损和价值的下降）。即使设备不能被出售，我们仍然可以采用这一方法来计算租金。[20] 最后利润的计算显示了企业安装机器的决策是否正确，以及进一步的投资是否有利可图。

## 规模经济

随着产出的增加，企业的平均成本可能不变，也可能增加或者下降。如果平均成本随产出的增加而下降，那么我们称企业具有**规模经济**（economy of scale，或者**规模收益递增**，increasing return to scale）；如果平均成本不随产出发生变化，那么我们称其为**规模收益不变**（constant return to scale）；如果平均成本随产出的增加而上升，那么我们称企业为**规模不经济**（diseconomy of scale，或者**规模收益递减**，decreasing return to scale）。在图 2.3 中，企业起初是规模经济的，而后（至少在一个产出水平上）规模收益不变，接着是规模收益递减的。如果一家企业在所有产出水平上都拥有规模经济，那么以一个企业生产整个产业的产出就是有效的（参见第 4 章有关“自然垄断”的讨论）。

### 规模经济的原因

我们有很多理由期望企业的平均成本至少在最初随着产出的增长而

下降。理由之一是固定的开办成本不随产出水平而发生变化。例如，出版公司出版一本书通常需要花费大量成本。它必须给编辑支付工资，并需要制版。如果生产 100 本而不是 50 本书，那么成本并不会上升为 2 倍，因为增加书的产出只需要较少的额外成本。另一个例子是汽车冲压装置。通常，必须制造特殊的模具将部件冲压成独特的形状，每副模具生产的部件越多，生产的平均成本就越低。

37 以下的理由可以解释为什么平均成本随产出的增加而下降。随着产出的增加，企业可以将劳动力用于更为专业化的岗位。例如，在较低的业务层次上，一个律师可以既处理离婚案件又处理破产案件。随着律师事务所的扩大，一名律师可以专门处理离婚案件，而另一名律师可以专门处理破产案件，每人都可以在特定领域实现专业化。如果培训成本与每项任务的专长有关，那么只有需要经常重复每项任务的企业才会觉得值得为每项任务培训专门的工人（参见案例 2.3）。

---

**案例 2.3**

### 劳动专业化

为什么每个人不是各自完成所有的工序，而后自己将成品出售给有需求的人？答案之一是将生产过程分割为几个小步骤，由工人进行专业化作业的效率将会更高。以下两个例子显示了将生产过程进行分割的好处。

大约在美国大革命的时代，亚当·斯密（Adam Smith，1937，4—5）曾经提供过一个解释在制针这一微妙过程中分工所具有的优越性的例子：

一个既没有受过职业训练……又不能熟练使用机器的工人……尽其所能，一天可能连一根针都做不了，更不用说生产 20 根针了。现在制针业是这样运作的，整个制针工作被看成一个特定的行业，而且这一工作被分割为若干个环节，其中较大的环节更可能被特殊对待。第一个人抽出铁丝，第二个人拉直，第三个人切割，第四个人削尖，第五个人研磨针头，制造针头需要两个或者三个独立的工序，穿孔又是一道独立的工序，抛光又是一道工序，甚至把针放到包装纸上包起来也是一道独立的工序。这样，制针过程被分为 10 个分工明确的工序。在有些工厂中，这些工序的每一道作业由不同的工人完成，而在另一些工厂中，同样的工人有时会负责其中的两道或者三道工序。我曾经看到过一个这样的小型工厂，它只雇用了 10 个人，有些工人完成两个和两个以上连续的独立工序。……如果竭尽全力工作，他们可以一天生产 12 磅针，或者最多一天生产 48 000 枚针。

同样，通过发展大批量生产，亨利·福特在 20 世纪早期成为最大、可能也是利润最高的汽车生产商。他改造了传送带和流水线，通过把生产分割为一系列的生产工序而进行劳动分工，这样就能够生产标准的经济型汽车。尽管他向工人支付的工资大大超过平均工资水平，但还是节省了成本。

---

如果企业在一个工厂中生产几种产品，那么随着产出的增加，生产期将会拉长。假设有一家生产三种规格纸张的生产商，每种规格纸的生产需
38 要独立设置的生产线。如果企业规模很小而且只有一条生产线，那么每天

生产三种规格的纸张就需要转换两次生产线。但是如果企业扩大三倍，那么每种规格的纸张都将拥有一条生产线，这就避免了转换成本。

一些物理规律也会产生规模经济；最著名的是有关体积与表面积的关系。假定一家化工厂计划在一个球形容器中生产某种液体。球体的容积为（$4\pi r^3$）/3，其中 $r$ 为球体半径。球体的成本取决于制造它所消耗的钢材。这一成本与球体的表面积有关，而与容积无关，表面积为 $4\pi r^2$。如果将半径加倍，则容积（产量）将增长 8 倍，而表面积只增加了 4 倍。

同样，由于大数定理，保持存货和替换部件也存在自然的规模经济现象。这一统计规律表明足够多的随机事件可以相互抵消，因此相对于销量的存货比例将随企业规模的扩大而减少。[21]

## 总成本决定规模经济

规模经济使得企业具有某些特性，但规模不经济也会赋予企业其他特点。企业在整体上是否具有规模经济将取决于每一功能对总成本的贡献。例如，虽然单个工厂的生产具有规模经济，但人们并不能得出只有一个工厂生产是最优效率的结论。这样的错误结论忽略了其他的成本类型，如监督成本和运输成本。

假设一家企业生产无菌牛奶并将其运送到商店。工厂越少，运输牛奶的平均距离就越远，运输成本就越高。即使牛奶的生产存在大量的规模经济，但是如果运输成本很高，仅有一家企业生产牛奶就是没有效率的。相关的平均成本曲线是生产牛奶的成本与将其运送给消费者的运输成本的总和。

图 2.6 中的 $AC_P$ 是生产阶段的平均成本曲线。该曲线最初向下倾斜

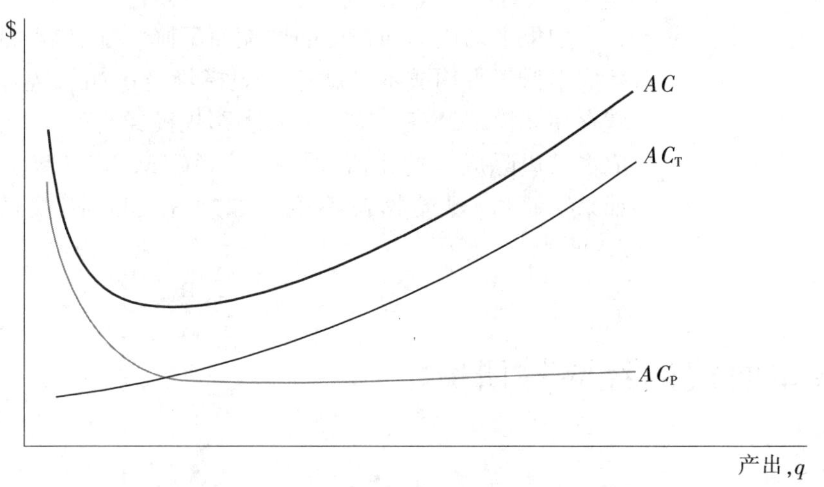


**图 2.6　总平均成本**

意味着生产具有规模经济。将原材料运送到工厂和将牛奶运送给消费者的平均成本为 $AC_T$。一个地方生产的牛奶越多，将其运送到商店的距离就越远，因此平均运输成本就会上升。这两条曲线的叠加为平均成本曲线 $AC$，它是决定经营成本的相关曲线。如果运输成本增加，$AC_T$ 曲线越陡峭，$AC$ 曲线上最小值所代表的产量也就越小。这就意味着如果所有其他条件不变，当运输成本更为重要时，工厂的最优规模变小。在许多高运输成本产业中，小规模工厂是非常普遍的。

工厂的位置受到相对成本的影响，即将原材料运送到工厂的成本与
39 将产出从工厂运送给消费者的成本之间的比较。运送原材料的成本越高，工厂就会越接近原料产地。例如，溴的运输成本相对于液化溴（由溴制成）来说是非常高（而且危险）的，因此液化溴工厂倾向于靠近溴的产地。

相反，如果原材料可以来自多个不同地方，或者它们可以很容易地在多个地方得到，也就是在不同地方获得原材料的运输成本的差异并不显著，此时工厂将倾向于靠近消费者。例如，水泥的运输成本很高，而其主要原材料石灰石随处可得，因此水泥厂将被建在靠近消费者的地方。

企业应该拥有多少工厂的决策依赖于原材料和制成品的运输成本以及生产的规模经济。[22]生产的规模经济越重要，生产就越可能集中到少数工厂；运输成本越大（和消费者越分散），生产就越可能分散在多个工厂。

## 规模经济的一种测度

如果平均成本随产出的增加而下降，那么就存在规模经济。只要边际成本低于平均成本，就存在规模经济；如果边际成本高于平均成本，就存在规模不经济。这一关系表明规模经济的一种天然衡量尺度是平均
40 成本与边际成本的比值。[23]记 $s=AC/MC$，如果 $s>1$，存在规模经济；如果 $s=1$，规模收益不变；如果 $s<1$，则规模不经济（参见附录2A）。[24]

# 成本曲线的经验性研究

经济学家经常测算企业的成本函数和规模经济。由于规模经济涉及因产出增长而带来的成本节约，因此，在任何有关规模经济的研究中，

证实产出是解释企业之间（或不同时期同类企业之间）成本差异的唯一变量这一点就非常重要。大企业会在很多方面不同于小企业，例如，它们会生产更多的产品或者具有诸如市场营销之类的不同功能。

仅当被研究的两家企业生产相同产品和具有相同功能时，企业之间的成本差异才可能是由于规模经济而产生的。当一家企业自己推销产品，而另一家较小的企业并不自己进行销售时，如果分析者没有考虑这一差异，将会认为存在规模不经济：产出增加时平均成本上升，而实际的情况却可能正好相反。

一些研究关注规模经济是否赋予某些特定功能以一定的特点，比如设备的购买和运营成本。其他研究则提出了更为一般的问题，即规模经济是否赋予企业的整个经营以某些特点（参见案例 2.4）。

**案例 2.4**

### 印第安纳图书馆

根据德博尔（DeBoer，1992）的研究，当采用流通量作为产出进行测度时，印第安纳图书馆具有 U 形平均成本曲线。但是，多数图书馆是在平均成本曲线严格下降的部分运营。平均成本（包括劳动力、书本、公共设施和设备的成本，但不包括租金和出借服务支出等资金成本）对具有每年 2 000 册流通量的小图书馆来说为 3.62 美元，年流通量为 10 000 册的为 2.95 美元，当流通量达到每年 350 000 册时达到最低，即 2.13 美元。在图书流动量超过 350 000 册后平均成本随着流通量的上升而增加。

政府使用这一信息来决定拥有多个分馆的图书馆的成本究竟比只拥有一个中央图书馆的成本大多少。例如，拥有 4 个流通量各为 50 000 册图书的分馆的图书馆的成本要比只拥有一个流通量为 200 000 册图书的中央图书馆的成本高 5.5%。

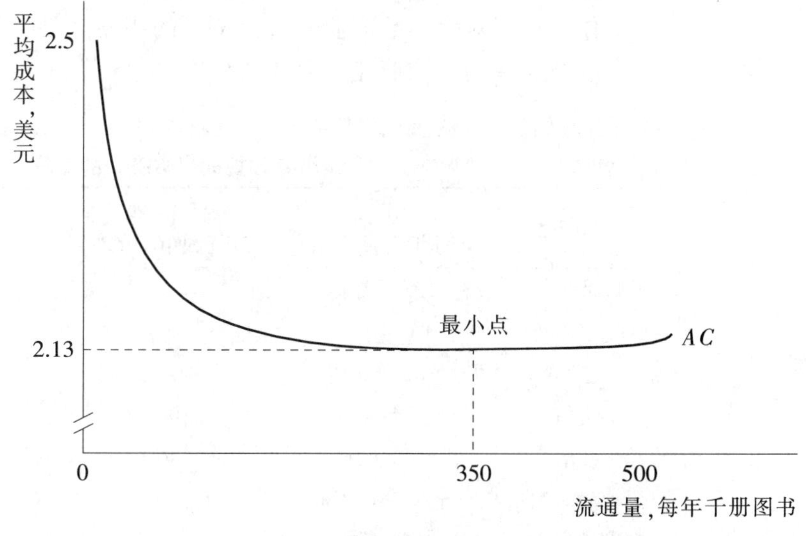

## 总制造成本角度的规模经济

一些企业具有 U 形的长期平均成本曲线。在曲线的最低点，产出 $q^*$ 处，平均成本曲线是水平的。制造类企业的经验性研究通常发现成本曲线是 L 形的：随着产出的增长，平均成本曲线急剧下降，而后斜率慢慢变小，最后成为水平状态。也就是说，在较小的产出水平上，存在很大的规模经济，但是对较大的产出水平而言，这些经济性都已经耗尽，平均成本恒定。在 L 形成本曲线中，我们可以确定最低生产水平 $q^*$ 处的长期平均成本曲线基本上是水平的。

41 一个工厂的**最小有效规模**（minimum efficient scale，MES）是长期平均成本最小时它所能生产的最小产出（$q^*$）。MES 工厂的规模，特别是与整个市场做对比时，对判断市场上能有多少企业从事运营是有帮助的。

规模经济重要性的一个有用的测度是对小于 MES 的工厂所产生的成本劣势的衡量。如果这种劣势很小，那么规模经济并不重要。

表 2.3 列出了对英国多种产业的 MES 的技术性估计，以及规模是 MES 的 50%的企业所发生的成本劣势。普拉滕（Pratten，1971）发现
42 在所研究的案例中，只有 25%的工厂低于最小有效规模，其生产的成本劣势高于 10%。韦斯（Weiss，1976）使用普拉滕的结果表明，对多数产业而言，MES 工厂的产出通常只占美国整个产出的较小比例。这一工作意味着对大多数产业而言，工厂的规模经济并没有显著到足以排除多家企业在同一个产业中存在的程度。

**表 2.3　最小有效规模（MES）的测算**

| 产品 | MES<br>（每年实际产出） | MES<br>占英国市场的% | 一个规模为 50%MES<br>的工厂的单位成本增加的% |
|---|---|---|---|
| 炼油 | 1 000 万吨 | 10 | 5 |
| 化工 | | | |
| 乙烯 | 300 000 吨 | 9 | 25 |
| 染料 | 大量 | 100 | 22 |
| 硫酸 | 100 万吨 | 30 | 1 |
| 啤酒（酿造） | 至少 100 万桶 | 3 | 9 |
| 钢铁生产 | 900 万吨 | 33 | 5～10 |

资料来源：Pratten（1971）as reported in Siberston（1972，380）.

## 生存性研究

另一个测算规模经济的方法来自施蒂格勒（Stigler，1968b），他使用了以下简单而有用的考察标准：如果一个特定的工厂规模是有效的，那么最终产业中所有工厂都将达到这一规模。因此，任何能长期存在的企业的规模都是有效的。于是施蒂格勒将炼油厂的产出份额按工厂的不同规模进行分类，如表 2.4 所示施蒂格勒使用这些数据得出的结论是：最小和最大的企业都是没有效率的，因为它们的产出份额随时间而下降。

**表 2.4　　炼油业的分布**

| 工厂规模（占全行业的%） | 占行业能力的% | | |
|---|---|---|---|
| | 1947 年 | 1950 年 | 1954 年 |
| 小于 0.1 | 8.22 | 7.39 | 6.06 |
| 0.1～0.2 | 9.06 | 7.60 | 7.13 |
| 0.2～0.3 | 5.45 | 4.99 | 7.28 |
| 1.5～2.5 | 17.39 | 23.64 | 22.45 |
| 2.5～4.0 | 21.08 | 16.96 | 15.54 |

资料来源：Stigler（1968b，69）.

43 如果所有企业都面临相同的成本条件，由于产业会淘汰过时的工厂，生存性研究可以显示最有效的工厂规模。如果企业面临不同的成本或生产不同的产品，它们的最优规模将会发生变化，生存性研究只能识别出有效工厂规模的范围。换句话说，在其他条件恒定不变时，规模经济测算了成本是如何随产出的增加而下降的。如果不同工厂的其他因素并不恒定，生存性研究就不能显示有效工厂规模，而仅仅只能描述有效工厂规模的范围。

从施蒂格勒的原创性研究开始，他的生存性研究方法已经被大量运用到其他产业（例如，罗杰斯（Rogers，1992）的研究）。例如，1947年以来，啤酒厂的数量急剧下降。工厂的数量在 1947 年为 465 家，1958 年为 253 家，1974 年为 108 家，1978 年为 96 家，1983 年下降为 80 家。表 2.5 给出了按规模（年生产能力）分类的啤酒厂的数量。该表显示，从 1959—1979 年，规模最小的工厂的份额下降了，而规模最大的工厂的份额上升了。数据表明，在啤酒产业，工厂层面的规模经济越来越重要。但是，在 20 世纪 80 年代和 90 年代，许多小型酿酒厂开业了，这表明了新技术发展的影响。

**表 2.5　啤酒厂的数量**

| 年生产能力（千桶） | 1959 年（家） | 1971 年（家） | 1979 年（家） |
|---|---|---|---|
| 0～25 | 11 | 2 | 2 |
| 26～100 | 57 | 19 | 8 |
| 101～250 | 51 | 19 | 6 |
| 251～2 000 | 88 | 67 | 26 |
| 2 001～3 000 | 5 | 9 | 6 |
| 3 001～4 000 | 3 | 3 | 7 |
| 4 001＋ | 2 | 7 | 20 |

资料来源：Elzinga（1986，215）.

## 多产品企业的成本概念

多数企业并不只生产单一产品，通常一家企业会同时生产几种不同的产品，有时这些产品间具有一定的相关性。例如，一家炸面圈商店同时生产有馅和无馅的炸面圈，医生既医治喉咙痛也医治皮疹，水管工人既修理污水槽，也修理浴盆。一家生产多种产品的企业被称为*多产品企业*。[25]企业具有同时生产多种产品的特性本质上并不影响本书中的大部
44 分分析。但是，我们要记住将企业作为多产品生产者看待将更符合现实，在一些情况下，忽略企业的多产品特性将会导致不恰当的结论或管制（参见第 20 章）。

### 多产品企业传统成本概念的调整

如果一家企业生产两种或更多的产品，那么由于不存在对产出的衡量，我们不能测算出平均成本或边际成本。但是我们可以定义单产品环境下的成本概念。例如，如果生产 $q_1$ 单位产品 1，生产 $q_2$ 单位产品 2，那么生产产品 1 的边际成本就是在产品 2 的产出 $q_2$ 保持不变时，产品 1 由 $q_1$ 个单位增加到 $q_1+1$ 个单位时所增加的成本。按这一定义，产品 1 的边际成本不仅取决于产品 1 的产出水平，而且取决于 $q_2$。产品 2 的边际成本也可同样定义。

与边际成本不同，平均成本在多产品情况下的定义并不容易。问题在于总成本是否应该在产品 1 的产量 $q_1$ 和产品 2 的产量 $q_2$ 之间进行分摊。总成本可能应该除以 $q_1+q_2$。没有公认的正确答案，但是有人提出

了几个相关的平均成本概念（参见附录 2A）。

除了将边际成本和平均成本等概念推广至多产品条件外，还有一些成本概念只在多产品环境下存在，其中最为重要的成本概念是范围经济（其他内容参见附录 2A）。

## 范围经济

当两种产品同时生产（联合生产）比单独生产的成本更低时，就存在范围经济（Baumol，Panzar and Willig，1982；Panzar and Willig，1977a）。例如，黄牛可以同时被用来生产牛肉和牛皮。尽管我们能够仅仅生产牛皮或者牛肉中的一种产品，但在现有的技术下，这样的生产方式将是没有效率的。

范围经济意味着同时生产两种或两种以上产品是有效率的；而并不意味着这些产品必须由单个企业来生产。例如钢的制造，首先，铁矿石在高炉中被熔炼成生铁，接着把熔化的生铁送入炼钢炉。

可以设想两家分开的相邻企业，一家生产生铁，另一家炼钢，两家企业之间有一条运输生铁的通道。[26]正如我们将在第 12 章中所讨论的那样，当企业之间的相互依赖程度较高时，交易成本会很高，企业容易受
45 到剥削。高交易成本解释了为什么当存在范围经济时，通常只有单个企业生产所有产品。

许多可能的因素有利于范围经济，最为重要的因素之一是公用性投入品的使用。在生产牛肉和牛皮的例子中，我们可以很容易地看清为什么同时生产牛肉和牛皮是最好的方案。

知识是生产和销售相关产品的最为重要的公用性投入之一。一个产品的信息可能与另一个相关产品紧密联系。例如，知道如何有效地销售钢条（知道消费者在哪里等）可能有利于钢板的销售，或者知道如何有效地生产钢条（知道什么地方可以得到低价格的铁矿石）可能有助于钢板的有效生产。在这种情况下，同时生产和销售这些产品是有效率的。否则，类似信息这样的资源就会因重复而浪费。此外，由于购买和销售信息并非易事，单个企业通常会生产相关的产品。

使用共用性投入的另一个例子来源于某些需要人到场的服务。考虑一个管道维修问题。一个既会修污水槽又会修浴缸的能解决各种管道问题的管道工不一定比专门修理污水槽的管道工干得更好，因此，进一步地专业化，由一个工人专门修理水槽垫圈，另一个工人专门修理水槽塞子，这样做可能有好处。但是客户在找到能正确解决问题的分工很细的专家之前必须叫来多个管道工人对问题进行会诊。换句话说，由于诊断问题的不可分性（你只需要一个工人在那里干活），如果那个人不能处

理较大范围的管道问题，可能是没有效率的。如果管道方面的专业化收益很大，拥有专家——也许只是诊断问题的专家——可能是值得的。但是只要专业化收益不大，这样的专业化就是不可行的。

## 规模经济和范围经济

企业经常生产多种产品以取得营销和分配方面的范围经济。一个将白面包卖给店家的销售员也可以销售面包卷。店家可能更偏好和能同时满足他所有需要的人打交道，而不是同时面对几个不同的销售人员。一个生产和销售多种产品的企业可以在工厂层面实现专业化生产，从而在维持完整的产品线的同时获得生产上的范围经济。这种专业化的缺点在于当单个产品必须远距离运输时，运输成本会上升。参见案例 2.5 和案例 2.6。

46

**案例 2.5**

### 食品烘烤业

食品烘烤业为多产品企业的专业化提供了一个很好的例子。直到不久前，食品烘烤铺还是自己生产许多种产品（面包、面包卷和蛋糕），并且在相对较小的地理范围内提供服务。由于食品烘烤业的产品容易变质，因此运输距离使得该产业的发展在早期受到限制。保存方法的革新延长了烘烤产品的在架销售时间，使得运输距离变长。食品烘烤商开始收购邻近的食品烘烤铺，并采用**互惠烘烤**的方法来生产产品。互惠烘烤意味着烘烤商可以专业化于某一产品，而后将产品相互运送，使得每个地理区域的消费者都可以得到全部的服务。互惠烘烤使得食品烘烤企业在利用规模经济的同时仍然得到来自全部产品线的营销范围经济。

47

**案例 2.6**

### 电力产业的最小有效规模和范围

电力分销存在范围经济和规模经济。亚齐乌（Yatchew，2000）利用安大略省 20 000 个消费者（以及新西兰的 30 000 个消费者）的数据测算了公用事业产业的最小有效规模。他观察了拥有 600～220 000 个消费者的加拿大公用事业产业。他的结论是，由于规模经济的原因，以增大规模为目标的公用事业产业的兼并不太可能（在多数情况下）节省电力分销的成本。他还发现，这些可以同时提供电力和其他市政服务（46%的公用事业部门提供日用水和污水处理等其他服务）的加拿大公用事业部门的成本比只提供电力的部门低 7%～10%，这就意味着存在范围经济。

## 制造专业化

企业通常在同一工厂生产多种产品。美国普查局公布了每个产业中单个工厂的产出相对于产业而言的专业化程度的测算方法。一个产业的专业化率等于该特定产业的产品运出量除以被归入该产业的所有工厂所
46 有产品的总运出量。例如，只有一家工厂既生产钢条也生产钢丝，该厂卖出100美元的钢条、50美元的钢丝，那么它将被归入生产钢条的产业。这一产业的专业化率是2/3，或66.7%。产业的专业化率通常超过80%。这一高份额说明单个制造工厂（而不一定是企业）是相对专业化的。

有关一家企业在不同产业经营的分析表明，在1968年，200家最大的制造企业（按运出量）中有146家在11个或更多的产业中经营（Scherer，1980，76）。邓恩、罗伯茨和萨缪尔森（Dunne，Roberts and Samuelson，1988）研究了所有制造类企业（这些企业从数量上看主要是由小企业占主导）发现，在1982年，平均而言企业在一个或两个独立的产业中进行生产，包含多个工厂的企业平均生产两种或三种独立的产品。

## 一个具有范围经济的产业案例

弗里德兰德、温斯顿和王（Friedlaender，Winston and Wang，1983）测算了美国四大汽车制造商每家的多产品成本函数。他们推测成本依赖于多种投入（例如工资和原材料）和产出（例如轿车、大客车和卡车）的价格。他们的统计过程根据大客车、轿车和卡车的不同情况进行了调整。

他们针对多产品企业用了一个概括性的规模经济测度 $s$（附录2A中的公式2A.1）。他们发现通用汽车公司在一典型点上的值 $s=1.23$，这表明该公司具有规模经济。也就是说，如果通用公司增加10%的轿车、大客车和卡车的产出，成本将上升约8%（10/1.23）。

他们也能测算依赖于不同产出组合的范围经济（参见附录2A中的公式2A.2）的程度。例如，把大客车和轿车、卡车一起生产的范围经济 $SC$ 被定义为：

$$SC=\frac{C\text{（单独生产大客车）}+C\text{（轿车+卡车）}-C\text{（大客车+轿车+卡车）}}{C\text{（轿车+卡车）}}$$

其中，$C$ 表示生产有关类型汽车的总成本；$SC$ 表示如果大客车与轿车、卡车分开生产所发生的成本增加的比例。对通用汽车来说，该值为25%，表明将大客车与轿车、卡车组合在一起生产具有很大的好处。令人吃惊的是，将卡车与大客车、轿车一起生产并没有范围经济，这表明卡车的生产应该由一个单独的企业进行，这样才不会出现效率损失。

# 小　结

在西方国家，多数产出都是由企业生产的，而这些企业中的多数都是追求利润最大化者。美国和其他国家的大型企业被组织成具有有限责任的股份公司。股份公司通常通过发行债券和股权（股票）来筹集资金。股份公司必须确信它的管理者按照利润最大化目标进行运营，不会追求对其他相关各方，比如债券持有者和股东有负面影响的其他目标。

大型企业由经理而不是所有者运营。如果经理没有有效地运营企业或实现利润最大化，企业可以将其解雇而由他人经营。并不是所有的兼并和收购都必然导致更高的效率和盈利水平。20 世纪 80 年代以来，兼并行为达到了相对较高的水平（尽管没有达到 20 世纪初的水平）。并不是所有的实证研究都表明企业的接管会创造经济价值，被兼并企业的股东可以得到最大份额的收益。

为了最大化利润，企业必须最小化给定产出水平上的成本。经济学
48 家对成本的定义是基于包括正常利润的机会成本概念的。成本函数表达了企业生产不同的产出时所花费的成本，或者在多产品企业的例子中，生产不同组合的不同产出所花费的成本。成本函数不仅取决于产出，还取决于工人工资和原材料等生产要素的价格。

成本有多种不同类型：沉没成本、固定成本、变动成本、可避免成本、边际成本、平均变动成本和平均总成本。一些成本函数具有规模经济的特点，而另一些则没有。典型的生产过程至少在最初会呈现规模经济。但是典型企业的其他功能，如管理、监督、营销和交割会产生成本，并耗尽所有的规模经济，因而存在一个最佳的企业规模。

当一个企业生产几种不同产品时，关于成本的分析需要发展类似于单产品企业成本的概念，需要诸如范围经济等新的成本概念。多产品企业的成本概念表明，生产一种产品的成本依赖于所生产的其他产品的产量。

# 问　题

1. 大型企业更可能产生监督问题吗？如果是这样的话，为什么还会存在大型企业呢？

2. 企业筹集资金的一种方法是发行债券，债券即被称为 IOU 的票

据。为什么企业在 20 世纪 20 年代没有发行债券，而是实行个人所有制或合伙制？

3. 针对以下情况，讨论两个独立的企业会如何行动。找出那些交易成本最高，你期望只有一个企业存在的领域。

a. 输油管道一旦建成将难以移动。输油管在购买石油的燃油发电厂处终结。

b. 位于旅馆旁边的高尔夫球场。

c. 贺卡生产企业希望容易地得到定制的纸张。

d. 糖果生产商每天都需要购买砂糖。

4. （**难题**）企业 A 的管理层认为由于收购企业 B 可以多样化企业 A 的业务，因此希望能收购企业 B。考虑到风险的多样化对利益相关者来说是可选战略，如果利益相关者能够通过持有企业 B 的股票来多样化他们的风险，那么企业 A 有必要收购企业 B 吗？假设劳动力的转换是高成本的，这能有效支撑所提出的收购能节约成本的观点吗？（提示：如果产出变化不大，那么劳动力的雇用是相对稳定的。）

5. 在很短的时期内，事实上所有成本都是固定的。这意味着边际成本为零吗？

6. 如果存在范围经济，而且如果每个产品的价格都等于边际成本，那么企业能收回所有的成本吗？如果企业的平均生产成本随着产出的增加而下降，那么价格等于边际成本能收回所有成本吗？

7. 假设生产 $q_1$ 单位轿车和 $q_2$ 单位卡车的成本为 $10\ 000+70q_1+80q_2$。当 $q_1=100$，$q_2=200$ 时，计算生产轿车的边际成本并测度范围经济。

8. 为什么只要边际成本为正，范围经济的测算值就不会超过 1？

9. 假设一个产业中工厂规模悬殊，如果工厂位于同一区域内，你能描绘出有关平均成本曲线的形状吗（假设同一区域的工厂面临同样的成本）？如果工厂位于不同的国家，你的答案又将如何变化？

奇数问题的答案在本书最后部分给出。

## 推荐阅读

49 Coase（1937）首先提出了企业为什么会存在这一问题，并给出了明确的答案。Williamson（1975，1985），Alchian and Demsetz（1972）以及 Klein，Crawford and Alchian（1978）扩展了该主题。参见《法和经济学》杂志 2000 年 4 月有关 Coase 和 Klein 以及其他作者的有趣的相互交流。这些书和文章的多数讨论都是相对非技术性的。Calvo，

Wellisz（1979）和 Holmstrom（1979）更为正式地解释了监督和观察的作用。Auerbach（1988a）和 Kaplan（2002）的文章提出了有关兼并和收购的主要理论和实证证据。

## 附录 2A　多产品企业的成本概念

50 当从单个产品转到多产品环境时，我们必须采用一些有关成本的现成定义并提出一些表征成本的新概念。[27]

### 总成本

假设 $C$（$q_1$，$q_2$）表示生产 $q_1$ 单位产品 1 和 $q_2$ 单位产品 2 的企业的成本。正如在单一产品情况下那样，在任何给定产出水平下生产产品 1 的边际成本定义为多生产 1 个单位产品 1 所增加的成本，只是现在不仅要说明产品 1 的产量，而且同时要说明产品 2 的产量。用数学术语来说，产品 1 的边际成本为 $C$（$q_1$，$q_2$）对 $q_1$ 的（偏）导数。

### 平均成本

平均成本的概念意味着什么呢？答案是没有关于平均成本的明确的测度。尽管我们很好地定义了总成本，但是当生产两种产品时，没有唯一的产出水平。我们可以将总产出定义为 $q_1+q_2$，但是从文字上来看，这类似于将苹果和橘子相加。事实上，没有理由认为任何线性产出组合 $a_1q_1+a_2q_2$ 比另一个线性组合更好，其中 $a_1$ 和 $a_2$ 为两个任意数字。

如果人们规定产品 1 和产品 2 的生产比例，那么就有可能定义平均成本的概念，这一概念被称为射线平均成本（$RAC$）。令 $\lambda_1$ 和 $\lambda_2$ 表示所生产的产品 1 和产品 2 的比例，因此 $q_i=\lambda_i q$ 隐含地定义了产出的测度 $q$。这样，$RAC$ 就可以定义为总成本除以 $q$。也就是说，

$$RAC(q)=\frac{C(\lambda_1 q,\lambda_2 q)}{q}$$

我们可以使用 $RAC$（$q$）来定义递增的射线平均成本、不变的射线平均成本以及递减的射线平均成本。当然，$RAC$（$q$）依赖于 $\lambda_1$ 和 $\lambda_2$ 的值。如果 $\lambda_1$ 和 $\lambda_2$ 的值是任意给定的，那么多产品的情况就可以简化为单产品情况。对任何给定值的 $\lambda_1$ 和 $\lambda_2$ 我们可以计算 $RAC$，而后就像在

单产品的情况下那样得到最小化 $RAC$ 的 $q$。但是沿不同射线（不同的 $\lambda_1$ 和 $\lambda_2$ 组合）最小化 $RAC$ 的度量通常是不同的。

51 例如，考虑一个生产轿车和大客车的汽车公司。如果客观要求其生产的轿车比例为 50%，那么平均生产成本可以在每种类型的汽车各生产 100 万辆的情况下达到最小化。但是，如果该组合的比例为 25∶75，那么当该公司生产 100 万辆轿车、300 万辆大客车时其平均成本最低。

随着 $q$ 的增加，$RAC$（$q$）可能会降低、增加或不变，这取决于 $s$（规模经济的测度）是大于、小于还是等于 1，其中，[28]

$$s=\frac{C(q)}{q_1\frac{\partial C}{\partial q_1}+q_2\frac{\partial C}{\partial q_2}} \tag{2A.1}$$

也就是说，$s$ 是多产品情况下类似于单产品时的平均成本与边际成本的比值。正如在单产品情况下一样，如果企业在边际成本上定价，那么 $s$ 就是成本与收益的比值。在单产品情况下，如果 $s$ 超过 1，则 $AC$ 大于 $MC$，$AC$ 将随着 $q$ 的增加而下降，但是如果 $s$ 小于 1，则 $AC$ 小于 $MC$，$AC$ 将随着 $q$ 的增加而上升。类似地，在多产品情况下，如果 $s$ 大于 1，那么 $RAC$ 随着 $q$ 的增加而下降，但是如果 $s$ 小于 1，那么 $RAC$ 随着 $q$ 的增加而上升。这样，$s$ 可以被认为是总成本上升的比例与所有产出上升比例的测度。如果 $s$ 大于 1，那么成本上升的幅度小于产出增加的百分比。

除了 $RAC$ 以外，多产品情况下还存在单产品情况中所没有的数个成本概念。考虑生产 $q_2$ 单位产品 2 的情况：

- 保持产品 1 的产量不变，产品 2 的产量从 0 增加到 $q_2$ 的增量成本为 $IC_2=C(q_1, q_2)-C(q_1, 0)$。
- 保持产品 1 的产量不变，产品 2 的产量从 0 增加到 $q_2$ 的平均增量成本为 $AIC_2=[C(q_1, q_2)-C(q_1, 0)]/q_2$。

生产 $q_2$ 单位产品 2 的增量成本包括和生产 $q_2$ 单位产品相关的任何固定成本，还取决于所假定的 $q_1$ 的产量。

## 规模经济

当保持其他产品的产出 $q_j$ 不变时，$q_i$ 的特定产品的规模经济（$PS_i$）可以用 $AIC$ 来定义：

$$PS_i\equiv\frac{AIC_i}{MC_i}$$

52 $PS_i$ 和前面针对特定情况所定义的规模测度 $s$ 一样，此时除 $q_i$ 以外的所有产出都保持不变。$AIC$ 成本函数和典型的单产品平均成本函数相似。多产品生产时的成本函数可以通过固定除一个产品以外的所有产出而转化为一个单产品函数。

## 范围经济

由于同时生产多个产品比分开生产单个产品更为合算，因此大多数企业会生产一种以上的产品。范围经济一词是指由此而带来的成本的节约。考虑生产 $q_1$ 单位产品 1 和 $q_2$ 单位产品 2 的情况。分开生产两种产品的成本为 $C(q_1, 0)+C(0, q_2)$；两种产品一起生产的成本为 $C(q_1, q_2)$。范围经济 $SC$ 的测度如下：

$$SC=\frac{[C(q_1, 0)+C(0, q_2)-C(q_1, q_2)]}{C(q_1, q_2)} \quad (2A.2)$$

$SC$ 度量了分开生产产品相对于一起生产产品所带来的成本的增加。[29] 如果 $SC$ 处处为正，那么一起生产产品更为合算。如果边际成本均为正，那么 $SC$ 不会超过 1。[30]

当企业增加其数个产品的产出时，如果存在规模经济和范围经济，那么企业就是在既利用规模经济又利用范围经济。规模经济和范围经济之间也可能存在相互抵消的效应。如果生产任意两种经适当选定的产出向量的一个线性组合的成本低于分开生产的加权成本，那么该成本函数在给定点是跨射线凸性的。[31]

## 一个例子

假设租用一部既能生产蓝色气球又能生产红色气球的设备需要花费租金 100 美元。令 $q_1$ 为生产的红色气球的数量，$q_2$ 为生产的蓝色气球的数量。假设成本函数为 $C(q_1, q_2)=100+q_1+2q_2$。

53 成本函数表明在采购机器以后，多生产一个红色气球需要花费 1 美元，而多生产一个蓝色气球需要花费 2 美元。现在我们可以解释已经讨论过的多个成本概念。

生产产品 1 的边际成本可以由 $C(q_1, q_2)$ 对 $q_1$ 求导得到。在这种情况下，产品 1 的边际成本恒定为 1。产品 2 的边际成本同样恒定，为 2。

接下来，我们转向讨论射线平均成本。假设 $\lambda_1=0.5$，$\lambda_2=0.5$。那么

$$C(0.5q, 0.5q)=100+0.5q+2\times 0.5q=100+1.5q$$

因此

$$RAC(q)=\frac{100+1.5q}{q}=\frac{100}{q}+1.5$$

在本例中，$RAC$ 随着 $q$ 的增加而下降。

规模经济的测度 $s$ 为

$$s=\frac{C(q_1, q_2)}{q_1\frac{\partial C}{\partial q_1}+q_2\frac{\partial C}{\partial q_2}}=\frac{100+q_1+2q_2}{q_1+2q_2}=\frac{100}{q_1+2q_2}+1$$

这样，在本例中，规模经济的测度值大于 1，因此总会存在规模经济。

如果单独生产 $q_1$，则成本为 $C(q_1, 0)=100+q_1$。同样，如果单独生产 $q_2$，成本为 $C(0, q_2)=100+2q_2$。分开生产 $q_1$ 和 $q_2$ 的成本为

$$C(q_1, 0)+C(0, q_2)=200+q_1+2q_2$$

这一成本显然大于同时生产两种产品时的成本 $C(q_1, q_2)$。由公式 (2A.2)，我们可以计算范围经济如下：

$$\begin{aligned}SC&=\frac{C(q_1, 0)+C(0, q_2)-C(q_1, q_2)}{C(q_1, q_2)}\\&=\frac{(100+q_1)+(100+2q_2)-(100+q_1+2q_2)}{100+q_1+2q_2}\\&=\frac{100}{100+q_1+2q_2}\end{aligned}$$

由于 $SC$ 处处大于零，因此同时生产两种产品比分开生产两种产品更合算。

54 通过固定其中一种产品，比如 $q_2$ 的产出水平，我们可以计算 $AIC(q_1)$ 为 $[C(q_1, q_2)-C(0, q_2)]/q_1$ 或者

$$AIC(q_1)=\frac{(100+q_1+2q_2)-(100+2q_2)}{q_1}=\frac{q_1}{q_1}=1$$

这样 $AIC$ 恒定，等于 1。(注意到产品 1 的边际成本同样恒定为 1。) 由于 $AIC$ 恒定，因此对 $q_1$（或者对 $q_2$）来说不存在特定产品规模经济，但是存在整体上的规模经济。

**【注释】**

[1] 此处有关美国 2002 年国内生产总值份额的数据来源于美国商务部经济分析局的国家收入和产品账户表 1.7 部门国内生产总值（www.bea.doc.gov/bea/dn/nipaweb)。这些数据排除了诸如做饭一类私人家庭的非市场产出。

[2] 有关该问题的经典著作参见 March and Simon (1958)，Cyert and March (1963)，Marris (1964) 和 Williamson (1964)。参见 www.aw-bc.com/carlton_perloff“企业是如何组织的”栏目中有关这一问题的讨论。

[3] 1999 年的数据来源于 *Statistical Abstract of the United States*，Table 699，2002：471。

[4] *Wall Street Journal*，December 24，1900，1920 和与纽约证券交易所的电信联系。公司的数目按“纽约股票交易所综合交易表”中所列的公司计算。《华尔街日报》每天公布该表。如果一些公司的股票停止交易，将不会出现在该表中。

[5] 该书至今仍颇具影响力。参见 Leibenstein (1966) 和《法和经济学》(*Law and Economics*) 杂志 1983 年 6 月 26 日有关“Berle 和 Means 研讨会”的文章。

[6] Laura Evenson，“Macy's Board Facing Major Shakeup”，*San Francisco*

Chronicle, April 25, 1992: B1-B2.

[7] 参见 2000 年 4 月《法和经济学》(*Law and Economics*)杂志有关这一问题讨论的四篇文章。

[8] "Gates: Our Only Advantage Is We Bet on Windows." *InfoWorld*. August 3, 1992: 102.

[9] 尽管接管在美国和英国很普遍,但是在日本却不常见。在德国统一之前,接管在德国也很少发生。已被私有化的民主德国国家公司正在被收购:"Bidding for Europe's Takeover Business." *The Economist*, September 12, 1992: 81。

[10] 投资者群体会给企业以努力经营的压力。Lilli Gordon 有关加州公共机构员工退休系统的研究表明,"关联投资者"(在董事会有席位,能鼓励公司努力经营的投资者)具有比市场总体水平更高的回报。"A Fund in Wolf's Clothing?" *The Economist*, January 30, 1993: 68.

[11] 参见 www.aw-bc.com/carlton_perloff 的"敌意接管"栏目中有关管理者怎样避免敌意接管的讨论。

[12] 例如,管理者可能希望控制大公司,因为他们可以享受到权利,他们赞成收购政策可能并不是由于利润,而是出于满足他们自身的需要,这将影响他们有关价值的判断(Roll, 1986)。

[13] 即使厂商的行为是无效率的,企业由于工资的增加而带来的长期损失也可以被企业短期收益所抵消。

[14] 本部分基于 Golbe and White (1988), Andrade and Stafford (2001) 的结果。

[15] "北方证券公司诉联邦案" (Northern Securities Co. vs. U.S., 193 U.S. 197 (1904))。

[16] 如果 $C(q)$ 是生产 $q$ 单位的总成本,那么边际成本 $MC=dC(q)/dq$。

[17] 如果部分固定成本可以收回,比如可以收回的执照费用,那么零产出情况下的相关成本仅为沉没成本。例如,停止经营的企业如果可以收回 100 美元州立执照费用中的 60 美元,那么其不进行生产的成本为 40 美元。

[18] 令 $x$=一项投入或投入向量(例如,劳动力和原材料),$q$=产出,$w$=工资率(和其他投入的单价),$F(x)$=生产函数(作为投入函数的产出)。解下列问题可以得到成本函数 $C(q, w)$:在根据 $q$ 和 $x$ 间的技术关系生产 $q$ 单位的产品的约束下,最小化 $q$ 单位产品的生产成本。关于 $C(q, w)$ 的知识使得我们可以在合理的假设下推导出 $F(x)$(使用 Varian (1992,第 6 章)解释的"对偶理论")。

[19] 参见 www.aw-bc.com/carlton_perloff 有关"调整成本"的详细介绍。

[20] 参见 www.aw-bc.com/carlton_perloff 的"折旧"栏目。

[21] 参见 www.aw-bc.com/carlton_perloff 有关"规模和存货"的详细解释。

[22] 参见 Scherer 等(1975)更为深入的讨论。

[23] 当有关规模经济的讨论基于成本函数时,将回答以下问题:生产给定数量的产出,最小成本是多少?此时,规模经济的测度就是平均成本与边际成本的比值。同样,我们也可以基于生产函数来定义规模经济,这时将回答以下问题:给定劳动力和原材料投入,能够生产多少产出?也就是说,如果生产所需的所有生产要素增长同样的百分比会使得产出出现更大比例的增长,那么存在规模经济。举例说来,如果一家企业将劳动力和原材料的投入各增加 10%,如果产量能提高 10%以

上，那么存在规模经济。因此，规模经济的另一个衡量尺度是由所有投入品增加1%所带来的产出扩张的百分比。我们可以证明在竞争性产业中，两种衡量尺度是等价的。

[24] 如果企业获得零利润，那么 $s$ 表示成本与收益之比。

[25] 参见 Baumol，Panzar and Willig（1982）和 Panzar（1989）有关多产品企业的详细研究。

[26] 在一些产业中，管道被用来连接两个分开的企业。例如，含铅汽油中必须加入添加剂来防止堵塞引擎，在80年代早期，路易斯安那州的埃克森炼油厂毗邻一家为 Ethyl 公司拥有的生产添加剂的工厂，后者通过管道向埃克森输送添加剂。

[27] 参见 Baumol，Panzar and Willig（1982，第3、4章）和 Panzar（1989）有关这些主题的详细论述。

[28] 证明：
$$\begin{aligned}\frac{\mathrm{d}RAC(q)}{\mathrm{d}q} &= \frac{1}{q}\left[\lambda_1 \frac{\partial C}{\partial q_1}+\lambda_2 \frac{\partial C}{\partial q_2}\right]-\frac{1}{q^2}C(q)\\ &= \frac{1}{q^2}\left[\lambda_1 q \frac{\partial C}{\partial q_1}+\lambda_2 q \frac{\partial C}{\partial q_2}-C(q)\right]\\ &= \frac{1}{q^2}\left[q_1 \frac{\partial C}{\partial q_1}+q_2 \frac{\partial C}{\partial q_2}-C(q)\right]\end{aligned}$$
因此，当且仅当 $\sum q_i \partial C/\partial q_i > C(q)$，或者 $1 > C(q)/(\sum q_i \partial C/\partial q_i)$，或者 $1 > s$ 时，$\mathrm{d}RAC(q)/\mathrm{d}q > 0$。

[29] 如果 $\partial^2 C/\partial q_1 \partial q_2 < 0$，那么产品1和产品2有**弱成本互补性**。多生产一种产品将降低另一种产品的边际成本。这里，范围经济必然存在（Panzar，1989）。

[30] 证明：如果 $SC > 1$，那么 $C(q_1, 0) + C(0, q_2) - C(q_1, q_2) > C(q_1, q_2)$，或者 $[C(q_1, 0) - C(q_1, q_2)] + [C(0, q_2) - C(q_1, q_2)] > 0$。但是如果边际成本为正，那么方括号中的每一项都必须为负。因此，不等式不会成立，故 $SC$ 不会超过1。

[31] 跨射线凸性的正式定义（Baumol，Panzar and Willig，1982，Ch. 4，Def. 4D1）是："如果存在任意正常数向量 $w_1, \cdots, w_n$ 使得对任何两种通过点 $y^*$ 的超平面 $\sum w_i y_i = w_0$ 的产出向量 $y^a = (y_1^a, \cdots, y_n^a)$ 和 $y^b = (y_1^b, \cdots, y_n^b)$（从而满足 $\sum w_i y_i^a = \sum w_i y_i^b = \sum w_i y_i^*$），对于任意 $k$，$0 < k < 1$，我们有 $C[ky^a + (1-k)y^b] \leqslant kC(y^a) + (1-k)C(y^b)$，则成本函数 $C(y)$ 在某点 $y^* = (y_1^*, \cdots, y_n^*)$ 是跨射线凸性的。"

跨射线凸性与自然垄断的相关条件有关。

（由于原书在此处似乎有下标印刷错误，译者根据鲍莫尔等人1988年的版本进行了校订。——译者注）

# 第2部分

# 市场结构

# 第3章　竞　争

56 你不应该觊觎，但传统赞成各种形式的竞争。

——阿瑟·休·克拉夫（Arthur Hugh Clough）

完全竞争为判断其他市场的行为提供了基准。尽管完全竞争所具有的严格假设仅适用于极少数的市场，我们的讨论还是从完全竞争开始。而后，我们讨论两个有用的分析工具，弹性和剩余需求曲线。在本章中我们可以看到竞争具有人们所希望的效率和福利特性，但是这些特性取决于自由进入和退出以及没有外部性（企业承担自身行为的所有成本）的假设。本章还讨论了当这些条件不成立时的不利影响。最后，我们将对几个大多数经济学家公认具有竞争性的产业进行分析，通过这些分析得出本章的结论。

在本章中，我们将强调五个要点：

1. 完全竞争具有许多理想化的特性。

2. 自由的进入和退出是决定市场是否具有竞争性和有效性的关键因素。

3. 衡量福利的一个重要标准是完全竞争条件下的最大化。

4. 在出现污染等外部性的情况下，完全竞争的理想性将降低。

5. 即使完全竞争的一些必要条件不成立，一些市场仍可以具有接近于完全竞争的理想特性。

## 完全竞争

57 尽管在现实世界中完全竞争即使存在也是很少见的，但我们仍要研究完全竞争模型，因为该模型为其他模型和市场提供了比较的基础。在后面的章节中，我们将检验现实中的市场是如何偏离完全竞争市场的，并且确定哪些市场中的偏离最大。完全竞争经济的理想特性解释了为什么经济学家通常会拥护竞争。但是，正如我们将在整本书中讨论的那样，偏离完全竞争模型并不一定意味着该市场的绩效可以得以改善。

### 假设

我们将**完全竞争**（perfect competition）定义为一种市场状态，在这个市场上，所有企业生产一种同质的、完全可分的产出；生产者和消费者具有完全信息，不存在交易成本，是价格接受者；并且不存在外部性。也就是说，完全竞争的主要假设是：

• *同质和完全可分的产出*。所有企业销售一种相同的产品。消费者认为不同企业的产品是相同的，无差异的。

• *完全信息*。买者和卖者都具有市场的相关信息，包括产品的价格和质量。企业可以生产、消费者可以购买一批产品中的一小部分。因此，需求量和供给量随着价格发生连续变化。这一技术特点避免了下述情况的出现：为回应微小的价格变动，供给或需求出现大规模的离散性变动。

• *无交易成本*。无论买者或卖者都不会因为参与市场而担负成本或费用。

• *价格接受*。买者和卖者都不能单独影响购买和出售产品的价格。价格由市场决定，因此每个买者和卖者都将价格看成是给定的。

• *无外部性*。每个企业承担其生产过程的全部成本。也就是说企业不能将任何外部性——无补偿的成本——施加于其他企业。例如，企业所产生的污染就是外部性，因为没有给受害者以赔偿。

一些经济学家还假设完全竞争市场具有大量的买者和卖者。如果存在许多相同的企业，没有企业可以在不丧失其所有客户的情况下将价格制定得高于市场价格，因此企业可以把价格看成是不可控制的。同样，消费者也找不到愿意在低于市场价格的价格水平出售产品的企业，因此消费者也可以把市场价格看成是不可控制的。而且，即使市场中的企业相对较少，如果别的企业可以迅速进入市场压低价格，那么将没有企业
58 可以在不丧失其所有客户的情况下提高价格。因此，由于我们假设企业和消费者都是价格接受者，我们就不必假设存在大量企业或是自由的进入和退出。[1]典型的竞争性市场具有大量的企业和消费者，但是即使有些产业中只有少量企业，仍具有完全竞争的所有特性。

## 单个企业的行为

让我们首先考察一个典型企业的动机。假设企业的短期成本曲线如图 3.1 所示，企业面临的市场价格为 $p_0$。企业应该生产多少呢？进一步说，它是否应该尽其所能进行生产呢？

**利润最大化**。包括竞争性企业在内的任何企业的目标都是最大化利润（或等价地说最小化损失）。竞争企业的利润 $\pi$ 为

$$\pi = pq - C(q)$$

这里，$p$ 为价格；$q$ 为产出；$C(q)$ 为总成本。根据前面价格接受的假设，企业可以在价格 $p$ 水平处出售产品。（例如，企业所占的市场份额很小，以至于不能影响市场价格。）也就是说，企业面临价格为 $p$ 处的水平需求曲线。

只要多卖出一单位产品所带来的收入超过生产该单位产品的成本，企业扩大产出就是有利可图的。多出售一单位产品的额外收入就是价格，其额外成本为边际成本。也就是说，竞争性企业的最优生产规则是扩大产出，直到边际成本 $MC$ 等于价格 $p$。

图 3.1 说明了面临价格 $p_0$ 的竞争性企业的利润最大化决策。如果企业生产的产量大于 $q_0$，那么 $p_0$ 会小于 $MC$，企业可以通过减产来增加利润。如果企业生产的产量少于 $q_0$，那么价格 $p_0$ 会大于 $MC$，企业可以通过扩大产出来增加利润。在产出 $q_0$ 处，价格等于边际成本，利润最大化。[2]在图 3.1 中，阴影部分表示利润。[3]

59 如果价格高于 $p_0$，企业按现在的产出获得的利润将增加，但如果它将产量扩大到价格等于边际成本的水平，将获得更多的利润。如果价格低于 $p_0$，那么企业获得的利润将减少，但企业可以通过将产出降低到价格等于边际成本的水平来减少损失，因此，随着价格的上升，企业的最优选择会沿着边际成本曲线向上，其利润增加；当价格下降时，企业的最优选择沿着边际成本曲线下降以使其利润的减少最小化。利润的增减分别是企业扩大和缩减产出的信号。

**停产决策**。一个企业只有在生产比不生产更有利可图的情况下才会

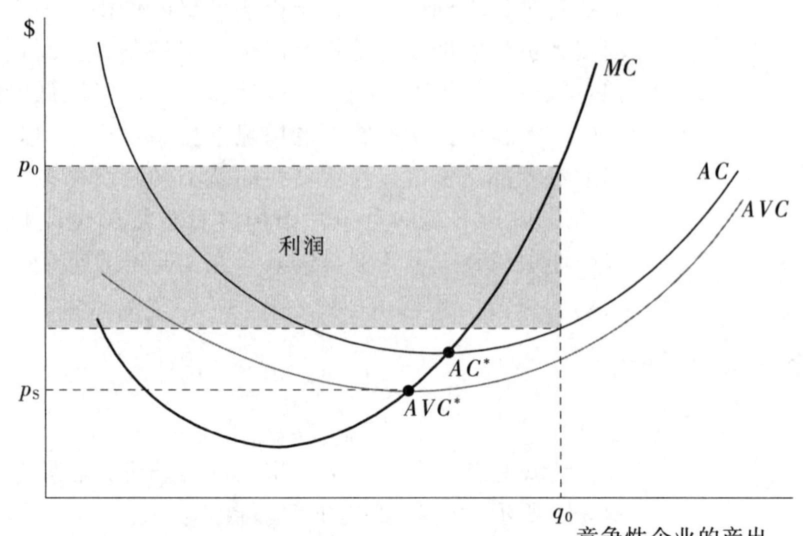


**图 3.1　成本曲线和利润最大化**

生产。它只有在生产的收益超过**可避免成本**（avoidable cost）时才会生产。可避免成本就是企业停止生产便可以不用支付的成本。企业获得的多于可避免成本部分的收益被称为**准租金**（quasi-rent），它是超过企业维持短期经营所需费用的收入。

为了简单起见，假设所有固定成本都是沉没的。第 2 章中给出的关于沉没成本的一个例子就是企业在停止经营时不会退还的、原先用于创建企业的费用。在这种情况下，可避免成本等于可变成本。因此，决定企业是否继续经营的规则是：如果收益大于或至少等于可变动成本时才能进行生产和销售。也就是说，企业只有在价格 $p$ 等于或超过了平均可变成本（$AVC$）时才会生产，并按价格 $p$ 出售产品。

60 最小平均成本（$AC$ 曲线的最低点）$AC^*$ 在短期内将大于最小 $AVC$，即 $AVC^*$，因为平均成本为平均可变成本加上平均固定成本。这样，企业发现如果价格低于最小平均成本，$p<AC^*$，但是高于最小平均可变成本，即 $p>AVC^*$，那么生产比不生产更加有利可图。进行生产从而获得比可变成本更多的收益，比不进行生产从而没有任何收益更有利可图（有助于抵消固定成本）。也就是说，当考虑到所有成本时，即使会损失资金，企业也会选择进行生产。下面这个例子有助于阐明这一看似矛盾的问题。

假设企业的固定成本为 200 美元，并且是沉没的。企业的边际成本（$MC$）在生产量小于 100 单位时是恒定的 10 美元。当产量多于 100 单位时，$MC$ 非常高。如果价格为 10 美元，那么企业会生产并销售 100 单位产品。企业正好可以收回生产成本，但是无法收回 200 美元的固定成本：企业损失 200 美元。

如果价格为 9 美元，企业不进行生产时的境况会更好，因为每多生产 1 单位，企业就会多损失 1 美元，如果生产 100 单位，企业会损失 300 美元。因此企业不进行生产会更好，因为生产会使得企业遭受更大的损失。

如果价格为 11 美元，那么通过生产 100 单位产品，企业所得超过可变成本：除了弥补可变成本，企业得到了 100 美元。由于固定成本为 200 美元，企业从整体上仍会损失（－200＋100＝－100），但是损失 100 美元总要比损失 200 美元好。该例子的要点是企业生产与否的决策与沉没成本无关。如果固定成本是沉没的（无论企业是否生产都会发生），那么企业在决策是否生产时应忽略该成本。

如果所有固定成本都是沉没的，那么企业将在 $p$ 大于或等于 $AVC^*$ 时进行生产，在 $p$ 小于 $AVC^*$ 时停止生产。企业停止生产的价格为**停产点**（shutdown point），即图 3.1 中的 $p_s$。也就是说，如果价格超过 $AVC^*$，那么企业会在其 $MC$ 曲线上运营。**企业的供给曲线**（firm's supply curve）反映了给定价格下企业愿意提供的产量。竞争性企业的供给曲线为 $MC$ 曲线上高于停产点 $AVC^*$ 的那部分。

如果企业在短期内（成本沉没阶段）遭受损失，那么企业在将来会继续运营且仍没有利润吗?[4] 不会。从长期来看，损失资金的企业不会重新投资——企业不会继续发生沉没成本。短期损失是企业不应进一步投资来重置设备的信号。从长期看，如果企业预期以后的每个阶段都会遭受损失，那么理性的企业就会停止生产。企业宁愿停止生产，也不愿意投资新设备或维护老设备，因为那样会遭受更大的损失。

当企业在短期内遭受损失时，企业的收益低于其资源的长期机会成本。由于机会成本包括正常利润，遭受损失的企业从表面上来看并不会付出更多的资金，只是比它应赚得少，但是如果它将已沉没的成本投资到别处的话，将获得更多的收益。

61 如果固定成本不是沉没的，那么停止生产的决策将依赖于收益是否超过可避免成本。可避免成本的一个例子（第 2 章）是律师支付一笔罚金就可以违反租约。如果一些固定成本是可避免的，那么价格等于 $AVC^*$ 并不足以表明直到此时企业才停止生产。使用上面的数据，并且假设 200 美元的固定成本代表每年必须支付的租金，支付 100 美元的罚金，房东就可以允许律师不用支付 200 美元。企业会将注定要遭受的 100 美元损失（罚金）和进行生产时的收益减去生产成本再减去 200 美元之后的结果进行比较。如果价格为 10 美元，企业每单位销售得到的收益为 0，而且必须支付 200 美元的固定成本；因此企业宁愿支付 100 美元的罚款来停止生产。即使价格为 10.50 美元，企业销售 100 单位产品时只从每单位产品中得到 0.5 美元收益，因此企业支付 100 美元的罚款来退出该产业仍是好的选择。

当固定成本不完全是沉没成本时，企业停止生产时的价格将高于平均可变成本，可避免成本在固定成本中所占的比例越大，该价格越接近于平均成本。在极端情况下，当没有沉没成本时（所有固定成本都是可避免的），停止生产点和 $AC$ 曲线的最小点重合。这样，如果企业没有发生沉没成本，那么该企业会在遭受经济损失前停止生产。

## 竞争性市场

给定单个竞争性企业的行为，我们可以推导市场供给曲线。市场供给曲线和市场需求曲线的交点决定竞争性均衡。

**短期均衡**。我们首先假设市场中存在 $n$ 个相同的企业，所有的固定成本在短期内都是沉没的。图 3.2b 中的短期**市场供给曲线**（market supply curve）$S$ 是每家企业供给曲线的横向叠加，每家企业的供给曲线是图 3.2a 中 $MC$ 曲线上高于 $AVC$ 曲线最低点的部分。市场供给曲线的水平部分反映了：(1) 如果价格低于停产点就没有任何产出；(2) 如果价格稍稍高于停产点，那么所有企业都会生产。

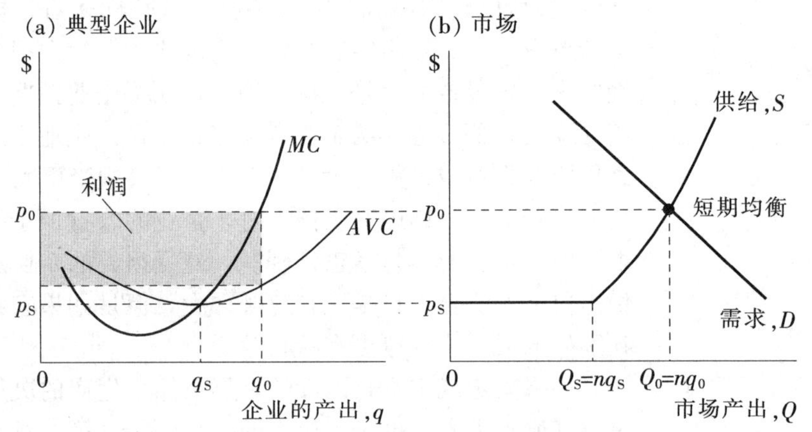


**图 3.2 短期均衡**

需求曲线和短期供给曲线的交点决定了短期均衡价格 $p_0$ 和供给量 $Q_0$。企业在均衡价格水平上的供给恰好等于消费者在该价格水平上的需求。所有买者和卖者都得到满足。所有买者支付的价格等于卖者的价格。

在图 3.2 的短期均衡中，一些企业能获得利润，这便激励其他企业的进入。然而，由于在短期内企业不能很快地建立新的工厂，因此这样的进入在短期内就不会发生。

**长期均衡**。从长期来看，企业可以调整它们的资本水平来进入市场。短期的利润或损失诱使企业进入或退出市场，直到价格等于最小长期平均成本 $AC^*$ 为止。

在图 3.2 中，企业在市场需求曲线和短期市场供给曲线的交点，即
62 短期均衡价格水平 $p_0$ 上获得正利润。从长期来看，这些利润引诱新企业进入市场。如果企业的数量非常多，那么长期供给曲线在平均成本曲线的最低点 $AC^*$ 处是水平的，如图 3.3 所示。长期均衡由需求曲线和长期市场供给曲线决定。在图 3.3 中，由于需求曲线 $D$ 和长期供给曲线，以及对应于均衡企业数量 $n^*$ 的新的短期供给曲线都相交，所以市场处于新的短期均衡和长期均衡状态。均衡价格为 $p^*=AC^*$，均衡产出为 $Q^*=n^*q^*$。在长期均衡中，企业获得零利润。

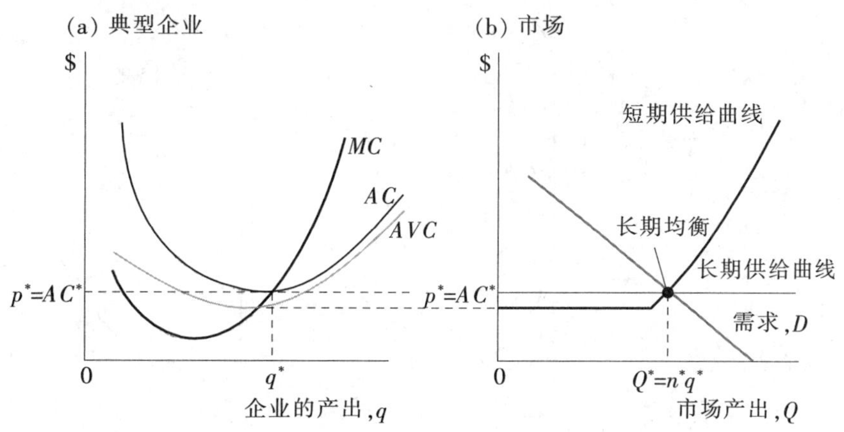


**图 3.3　长期均衡**

同样，短期损失使得企业退出市场，产出下降，直到价格上升到获得零利润水平。在长期均衡中，企业获得零经济利润，使得它们仍然可以留在市场中。

**长期供给曲线的形状**。在上一个例子中，许多企业将会进入市场，以和现有企业同样的边际成本和平均成本进行生产。因此，完全竞争时的长期供给曲线在平均生产成本的最低点 $AC^*$ 处是完全水平的。但是长期供给曲线并不一定是水平的。

如果产出的增加导致了主要投入要素价格的上升，那么长期供给曲线趋向于向上倾斜。随着小麦产出的增加，农田的价值越来越大，租金（或者拥有土地的机会成本）也会上升。随着租金的上升，每个
63 农民的平均成本曲线随之上升，因此最低平均成本上升。从而，小麦市场的长期供给曲线（由最小平均成本点得出）会随着产出的增加而上升。

只要一些生产要素（如肥沃的土地）是固定供给的，它们的价格就会随着市场产出的增加而增加。如果存在规模经济，主要要素的价格将会随着产出的增加而下降。如果投入要素的价格随着产出的增加而下降，那么长期市场供给曲线就会向下倾斜。如果市场只占用任一要素使用总量中的一小部分，市场的长期供给曲线就会趋向于水平。

长期供给曲线向上倾斜的另一个原因是只有少数企业可以在低成本水平上进行生产。随着市场产出的增加，效率较低的企业也进入市场。在图 3.4a 中，存在 $n_1$ 个边际成本曲线为 $MC$，平均成本曲线为 $AC_1$ 的低成本有效率企业。$AC_1$ 的最低点为 $AC_1^*$，如果企业生产 $q_1$ 单位的产出就可以达到该点。对于直到 $Q_1=n_1q_1$ 的市场产出水平，这些低成本企业都可以在最小平均成本 $AC_1^*$ 处生产，因此长期供给曲线如图 3.4b 所示在 $AC_1^*$ 处直到 $Q_1$ 是水平的。如果需求量小于 $Q_1$，那么 $n_1$ 中的部分企业将退出市场。

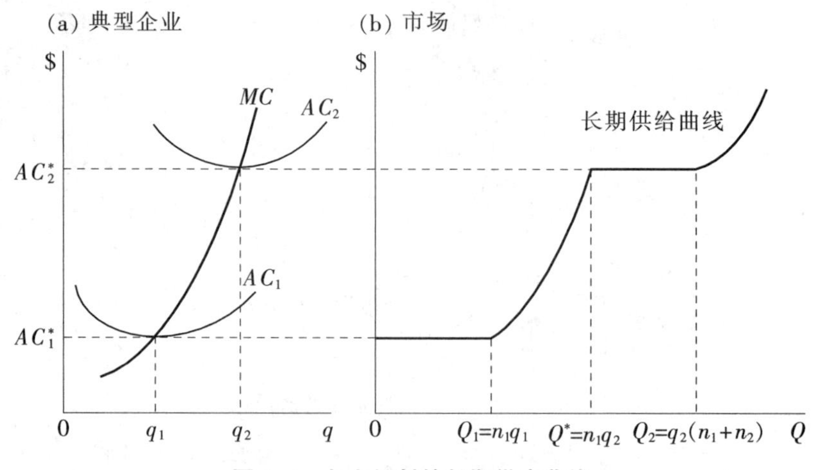


**图 3.4　向上倾斜的长期供应曲线**

如果市场需求略大于 $Q_1$，那么生产的平均成本将会上升。市场的供给曲线是那 $n_1$ 个企业供给曲线的水平叠加：它们的边际成本曲线会高于 $AC_1^*$。这样，由于没有更多的低成本企业，市场的供给曲线在 $Q_1$ 之后会上升。

现在假设存在 $n_2$ 个额外的企业，它们的边际成本曲线和这 $n_1$ 个企业相同，但是这些企业的平均成本曲线为 $AC_2$，有较高的最低平均成本 $AC_2^*$（$>AC_1^*$）。也就是说这些高成本企业有比低成本企业更高的固定成本。

64 如果需求量略高于 $Q^*$（$Q^*=n_1q_2$），价格为 $AC_2^*$，一些高成本企业进入市场。超过该点后的市场需求的增加可以由进入市场的额外的高成本企业所提供，在平均成本 $AC_2^*$ 下生产 $q_2$ 单位的产品。当另外的高成本企业的进入不再能够满足需求时，长期供给曲线将再次上升，表现为市场中所有企业的边际成本曲线的总和。也就是说，长期供给曲线由于产量上升而增加的量大于 $Q_2$（$Q_2=Q^*+n_2q_2=q_2$（$n_1+n_2$））。

如果需求量超过 $n_1q_1$ 但是少于 $Q^*$（即第二批企业并没有进入市场），那么低成本企业由于拥有稀有的知识或其他稀有资源，使得它们可以在相对较低的成本下进行生产，从而获得超额回报（利润）。也就是说，它们获得了**租金**（rent），租金是指对超过最小需求的投入所有者所进行的支付。如果需求量超过了 $Q_2$，那么两类企业都可以由于它们稀有的知识或其他稀缺投入而获得租金。[5]

## 弹性和剩余需求曲线

65 在本书的余下部分，我们将反复使用两个相关概念来分析竞争性和非竞争性市场：(1) 需求和供给的价格弹性，以及 (2) 单个企业面临的需求曲线，即企业的*剩余需求曲线*。供给或需求的价格弹性有助于我们理解某一产业如何对需求或供给的变化做出反应。单个企业面对的剩余需求有助于分析者理解单个企业的行为。我们现在研究剩余需求的弹性如何与竞争性企业不能影响价格的假设相关联。

### 需求和供给弹性

如果需求或供给曲线发生变动，竞争性均衡就会改变，需求和供给曲线的形状将会影响新均衡点相对于原均衡点的变化。例如，如果需求曲线是完全平坦的，那么即使供给曲线发生巨大变动，竞争性价格也不会变化。

用来描述供给和需求曲线形状的一个概念是需求或供给的价格弹性(通常省略去价格一词)。**需求弹性**（elasticity of demand）是指回应给定价格的微小变动率时，需求量发生的变动率。[6] 同样，**供给弹性**(elasticity of supply) 是指回应给定价格的微小变动率时，供给量发生的变动率。需求弹性通常是负数，供给弹性通常是正数，但并不总是如此。

如果价格增加 1%导致需求量的减少超过了 1%（因此市场的总需求下降)，我们称该需求曲线**富有弹性**（elastic)。也就是说，弹性需求曲线的需求弹性的绝对值大于 1（1 和－1 的绝对值都为 1)。当讨论需求的价格弹性时，我们经常忽略绝对值的提法。“需求价格弹性为 2”的说法表示价格弹性为－2。

当需求弹性的绝对值为 1 时，需求曲线被认为具有**单位弹性**（unitary elasticity)。在这种情况下，价格变化 1%将会导致需求量的变化为 1%，总支付（总收益）不变。如果需求弹性的绝对值小于 1，那么需求曲线**缺乏弹性**（inelastic)：1%的价格变化所导致的产量减小量少于 1%，总支付上升。

66 通常，需求和供给的弹性依赖于许多经济因素，例如产出水平、替代品的可得性以及供给者改变产品的难易程度。例如，随着可以得到的替代品的增加，如果产品的价格上升，那么消费者将较为容易发现替代品。类似地，企业生产过程越灵活，企业越可能由于价格的上升而大大地增加产出，趋向于增加供给的弹性。

## 价格接受者的剩余需求曲线

竞争性企业通常被描述为*价格接受者*。它们相信它们不能影响市场价格，因此必须将价格看为给定的，从而接受该价格。描述企业不能影响价格有三种方法，我们将在本章中使用这三种方法：

- 竞争性企业是一个价格接受者；
- 竞争性企业面临的需求曲线在市场价格下是水平的；
- 竞争性企业的需求弹性是无限的。

如果企业面临水平的需求曲线，那么企业是价格接受者，因为水平的需求曲线具有无限的需求价格弹性。如果面临无限需求弹性的企业略（微）提高价格，那么将失去其所有的销售。同样，企业通过降低产量并不会导致价格的上升。相反，面临下降需求曲线的企业可以通过降低产量来提高价格。

如果市场中企业很多，即使市场需求曲线是弹性较小并向下倾斜的，任何企业仍将面临几乎水平（需求弹性无限）的需求曲线。事实上，对多数市场需求曲线而言，在特定企业需求弹性很大的市场中不会存在太多的企业。

为了表明这一结果，我们必须确定一个特定企业所面临的需求曲线：**剩余需求曲线**（residual demand curve）。企业向需求没有从市场中其他企业处得到满足的消费者提供产品。对正的剩余需求量来说，剩余需求 $D_r(p)$ 为市场需求$D(p)$减去其他企业的供给 $S_o(p)$：

$$D_r(p) = D(p) - S_o(p)$$

如果 $S_o(p)$ 大于 $D(p)$，那么 $D_r(p)$ 为零。

图 3.5b 表明除一个企业以外的所有企业的市场需求曲线和供给曲线。图 3.5a 给出了特定企业面临的剩余需求曲线，即给定价格下的市场需求量减去其他企业在这一价格下的供给后的水平差异。例如，在图 3.5b 中，当价格为 5 美元时，市场需求为 10 050 单位，其他企业的供给为 9 950 单位。这样，在价格为 5 美元的水平下，市场需求超过供给 100 单位，因此余下的企业在该价格下面临的剩余需求为 100 单位。

67 在 6 美元的价格下，其他企业的供给等于市场需求。图 3.5a 中企业面临的剩余需求为零。如果价格上升更高，其他企业愿意提供大于所需

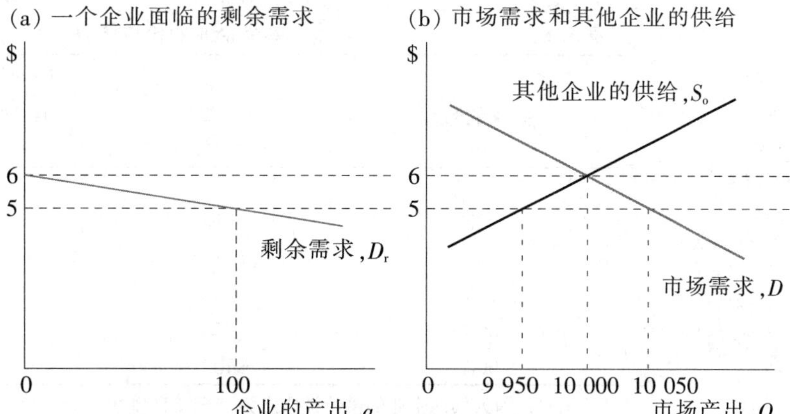


**图 3.5 剩余需求曲线的推导**

量的供给。这样，在任何高于或等于 6 美元的价格下，图 3.5a 中的企业将无法销售产品。

图 3.5a 中企业面临的剩余需求曲线比图 3.5b 中的市场需求曲线更为平坦。类似地，单个企业的需求弹性高于市场弹性。例如，当价格为 5.50 美元时单个企业的需求弹性为－1，而相应的市场需求弹性大约为－0.027。[7]换句话说，就弹性而言，该价格下企业的剩余需求曲线为市场需求曲线的近 400 倍。

更为一般的，如果市场中有 $n$ 个同样的企业，那么企业 $i$ 面临的需求弹性为

$$\varepsilon_i = \varepsilon n - \eta_o (n-1) \tag{3.1}$$

68 其中 $\varepsilon$ 为市场需求弹性（负数），$\eta_o$ 为其他企业的供给弹性（正数），$(n-1)$为其他企业的个数。[8]

这样，对给定的市场弹性，随着市场中企业数量 $n$ 的增加，单个企业 $i$ 面临的弹性 $\varepsilon_i$ 绝对值增加（负值更大）。类似地，其他企业的供给弹性 $\eta_o$ 越大，或其他企业越多，企业 $i$ 面临的需求弹性的绝对值越大（负值越大）。

表 3.1 表明当给定其他企业的供给完全没有弹性（$\eta_o=0$）时，单个企业面临的需求弹性是如何随着企业的数量以及市场弹性而变化的。例如，如果市场弹性为单位弹性（$\varepsilon=-1$），存在 50 个企业，那么 $\varepsilon_i=-50$。即如果企业将价格提高 1%，那么其销售量将下降 50%。如果市场需求弹性为－0.5，存在 1 000 个企业，$\varepsilon_i=-500$，因此如果企业将价格提高 0.1%，那么销售量将下降 50%。这样，即使其他企业的供给
69 是完全没有弹性的，如果市场中存在足够多的企业，单个企业面临的需求弹性仍然会非常大，如案例 3.1 所示。

**表 3.1** 单个企业的价格弹性

| 企业的数量 | 市场弹性 | | |
|---|---|---|---|
| | 缺乏弹性 | 单位弹性 | 富有弹性 |
| $n$ | $\varepsilon=-0.5$ | $\varepsilon=-1$ | $\varepsilon=-5$ |
| 10 | −5 | −10 | −50 |
| 25 | −12.5 | −25 | −125 |
| 50 | −25 | −50 | −250 |
| 100 | −50 | −100 | −500 |
| 500 | −250 | −500 | −2 500 |
| 1 000 | −500 | −1 000 | −5 000 |

说明：因为其他企业的供给被假定为完全没有弹性（$\eta_o=0$），因此一个特定企业面临的需求弹性是 $\varepsilon_i=n\varepsilon$。

**案例 3.1**

## 农场主是价格接受者吗?

在多数美国农业市场中存在很多的农场，没有一个农场的销售份额多于市场需求的1%。因此，每个农场面临的需求弹性都特别高。农场是价格接受者。

我们可以粗略地计算单个农场面临的剩余需求价格弹性。为了简单起见，我们假设其他农场的供给弹性较小（$\eta_o=0$），短期来看这是合理的假设。不妨粗略地假设所有农场的规模大致相同，因此每个农场的市场份额等于1除以农场的数量。下表表明了每个农场面临的大致需求弹性。

| 农作物 | 估计的市场需求弹性 | 农场数量（个） | 每个农场的剩余需求弹性 |
|---|---|---|---|
| 水果 | | | |
| 苹果 | −0.20 | 28 160 | −5 620 |
| 葡萄 | −1.03 | 19 961 | −20 560 |
| 梨 | −0.82 | 14 459 | −11 856 |
| 蔬菜 | | | |
| 芦笋 | −0.65 | 2 672 | −11 140 |
| 黄瓜 | −0.30 | 6 821 | −2 046 |
| 干洋葱 | −0.16 | 3 296 | −527 |
| 甜胡椒粉 | −0.25 | 6 271 | −1 568 |
| 西红柿 | −0.38 | 14 366 | −5 459 |

资料来源：Number of Farms：U. S. Department of Commerce，Bureau of the Census，1997 Census of Agriculture；Survey of Elasticities：You；Epperson，and Huang（1998）.

这样，每个农场面临巨大的价格弹性。例如，如果葡萄园将价格提高 0.001%（十万分之一），农场的需求将下降 21%。每个农场都是价格接受者。

# 效率和福利

人的福利是首要法则。

——西塞罗（Cicero）

竞争性均衡具有理想的效率和福利特性。事实上，在竞争性均衡中，如果没有其他人状况变坏，也就没有任何一个人的境况会变好。

## 效率

70 价格和产量的竞争性均衡具有两个理想的效率特性。首先，从下列角度看生产是有效的：人们不可能通过在企业间重新安排资源（比如劳动、机器和原材料）的方式，使得在不减少至少一种产品产出的情况下增加另一种产品的产出。

其次，消费是有效的。购买者认为消费产品的价值恰好等于生产该产品的边际成本（记住，竞争性价格等于产品的边际成本）。而且，人们无法通过在消费者间重新分配产品的方式，在不损害至少一个消费者的情况下使得另一个消费者获得的利益增加。

## 福利

我们现在描述福利的一般测度，对任一给定的收入分配而言，竞争能最大化福利，偏离竞争会降低福利。特别是，在下一节中，我们将表明阻止企业进入市场将会降低福利。

**消费者剩余**。通常，消费者对其所购买产品的评价要高于他们的实际支付。**消费者剩余**（consumer surplus）就是消费者愿意对其购买的产品所支付的、超出实际支付价格的部分。

一种产品的需求曲线反映了消费者消费单位产品的价值。例如，图
71 3.6 的需求曲线表明了消费者购买 100 单位产品需支付每单位 10 美元，200 单位产品需支付每单位 8 美元，300 单位产品需支付每单位 6 美元。

在图 3.6 的竞争性均衡中，消费者购买 300 单位产品每单位支付 6 美元。他们或许已经愿意为前 100 个单位每单位多支付 4 美元，为前 200 个单位每单位多支付 2 美元，而不会愿意为 300 个单位的产品额外

支付。总消费者剩余为需求曲线之下，均衡价格 6 美元，均衡产量 300 单位之上的阴影部分。[9]该区域等于 900 美元（＝（12－6）×300/2 美元）。

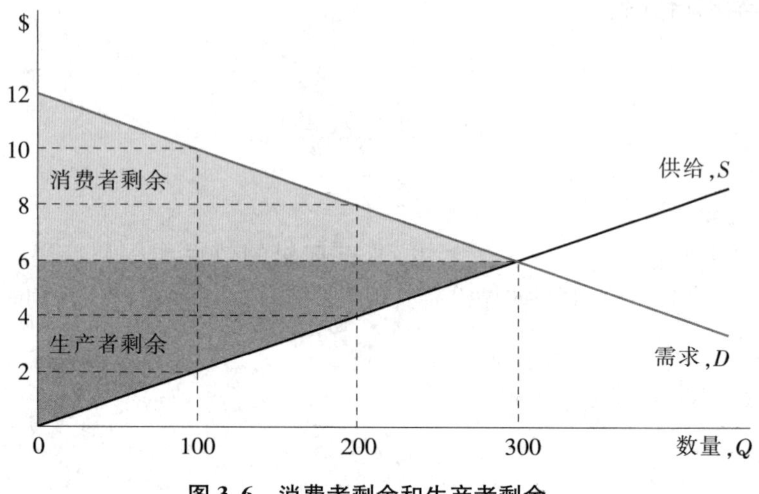


**图 3.6　消费者剩余和生产者剩余**

在竞争性市场中，消费者购买 300 单位需要支付 1 800 美元。在该例题中，消费者剩余为其实际支付的 50%。如果消费者已经进行过是否购买 300 单位产品的选择，他们或许已经决定愿意支付 2 700 美元（他们所支付的 1 800 美元，加上 900 美元的消费者剩余）来购买 300 单位的产品。

**生产者剩余**。同样，企业销售产品得到的利益可能多于他们生产这些产品的成本。**生产者剩余**（producer surplus）是在供给者仍然愿意提供产品的情况下，从供给者收益中所能扣除的最大数量。

我们可以使用供给曲线的信息来计算企业的生产者剩余。供给曲线代表生产产出的边际成本。例如，在图 3.6 中，企业花费每单位 2 美元来生产 100 单位产品，每单位 4 美元生产 200 单位产品，每单位 6 美元生产 300 单位产品。生产者剩余是高于供给曲线，低于市场价格直到供应量为止的区域。生产者剩余等于 900 美元，它是高于供给曲线，低于价格 6 美元到 300 单位的区域的面积。也就是说，企业将愿意支付 900 美元来得到在 6 美元下销售 300 单位产品的权利，而不愿意什么都不销售。

**福利**。市场福利的一个常用的测度方式是消费者剩余和生产者剩余之和。福利的测度为消费者和生产者愿意在均衡价格下购买均衡产量产品的价值。

图 3.6 表明了这一福利的测度在竞争性均衡下达到最大。例如，如果生产更少的单位，那么正如我们所要表明的，福利将下降。

**净损失**。市场的非有效运作对社会所造成的成本被称为**净损失**（deadweight loss，$DWL$）。这是偏离竞争性均衡的福利损失，即损失的消费者剩余和生产者剩余的总和。

例如，图 3.7 中的竞争性均衡位于价格 $p_0$ 和产量 $Q_0$ 处。在 $Q_0$ 处，
72 消费者认为增加的消费的价值等于生产产品的边际成本。如果政府对该产品收税或者限制产品的销售，那么消费者对额外消费价值的评价和生产成本之间的关系就会受到破坏，这将降低福利。

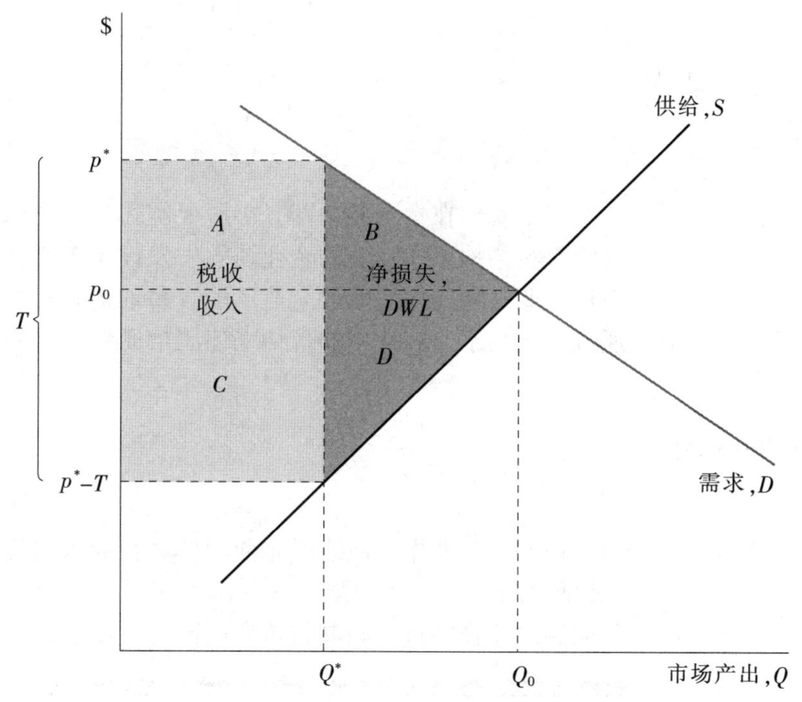


**图 3.7　来自税收的净损失**

假设政府对每单位产品收取 $T$ 的税。如果消费者支付 $p$，政府从中得到 $T$，那么企业得到 $p-T$。这样，税收使得边际消费者购买产品的价值（由需求曲线表示）以及边际生产者生产产品的成本（由供给曲线表示）存在 $T$ 的差距。税收使得售出的产量从 $Q_0$ 降低到 $Q^*$。消费者支付的价格上升到 $p^*$，企业得到的价格降低到 $p^*-T$。

在这一税后均衡中，售出量 $Q^*$ 低于竞争性均衡情况下的售出量 $Q_0$，现在消费者从一单位产品消费中获得的价值 $p^*$ 比生产产品的边际成本高出了 $T$。消费者遭受的消费者剩余损失等于区域 $A$ 和 $B$（需求曲线左边 $p_0$ 到 $p^*$ 的区域）。供给者遭受的生产者剩余损失等于区域 $C$ 和 $D$（供给曲线左边 $p_0$ 到 $p^*-T$ 的区域）。政府得到的税收等于 $TQ^*$，即矩形 $A$ 和 $C$。这样，从消费者和生产者向政府的转移（税收收入＝矩
73 形 $A$ 和 $C$）少于消费者和生产者的损失之和。由于产出的降低而对社会造成的额外成本为净损失，等于图 3.7 中三角形 $B$ 和 $D$ 之和。[10]

如果政府很好地利用了税收收入，那么净损失三角就是社会的总损失。由于生产产品的边际成本小于消费者的边际支付意愿，因此三角是

效率损失。

只要政府有效地利用了资金，那么税收收入并不是效率损失。相反，税收收入反映了收入的重新分配，收入从产品的购买者和销售者流向政府使用税收时获益的群体。

## 进入和退出

正如我们在本书剩下部分中所要阐述的，进入和退出的难易程度在决定市场结构以及随后的企业绩效中发挥了关键作用。如果和市场中的在位企业具有同样效率的企业不能容易地进入市场，那么在位企业可以通过设定高于边际成本的价格来使用市场势力。

### 进入的限制

在许多产业中，政府或企业团体联合起来设定准入要求来限制进入(参见案例 3.2)。进入限制的一个例子是全世界许多城市对出租车数量的限制。这样的进入限制将价格抬高到了竞争性水平之上。

74

**案例 3.2** ☞

**各国对进入的限制**

多数国家限制新企业的进入。事实上，每个国家都会要求潜在的新企业在成为合法企业前进行登记并支付相关费用。一些国家在某些产业中限制企业的进入。

世界银行对 85 个国家中进入限制的调查发现，各国企业进入市场的难易程度存在很大的差异。在澳大利亚或加拿大，进入某一行业需要 2 天时间，而在马达加斯加则需要 152 天。85 个接受调查国家的平均时间为 47 天。

为了确定进入的成本，研究者计算了申请的费用加上时间成本与年人均国内生产总值（GDP）的比例。各国之间同样存在很大的差异：最低比例的美国低于 0.5%，最高比例的多米尼加共和国为 4.6 倍多，平均比例为 47%。

存在某种模式可以帮助我们解释为什么一些国家的限制最为严格吗？答案是肯定的。通常，富裕国家比贫穷国家的限制要少。政治自由度较大、腐败较少、不按规则办事的部门较小的国家往往进入限制较少。贫穷和不发达国家的政府首脑通常会设定一些准则来保护现有行业免受竞争，可能有利于其朋友、亲戚或是自己，所有这些人都能获得商业利益。

资料来源：Djankov et al.（2002）.

图 3.8 表明了进入限制是如何导致价格高于长期竞争性均衡价格的。图例显示，在该市场中，大量企业可以用同样的成本曲线来生产

产品。

图 3.8b 表明了所有企业具有相同成本情况下的两条长期供给曲线。当不存在政府对进入的限制时，市场中有 150 个企业。竞争性均衡由 150 个企业的供给曲线和市场需求曲线来决定。均衡价格为 $p_0$，每个企业在长期平均成本曲线的最低点 $AC^*$ 处进行生产。

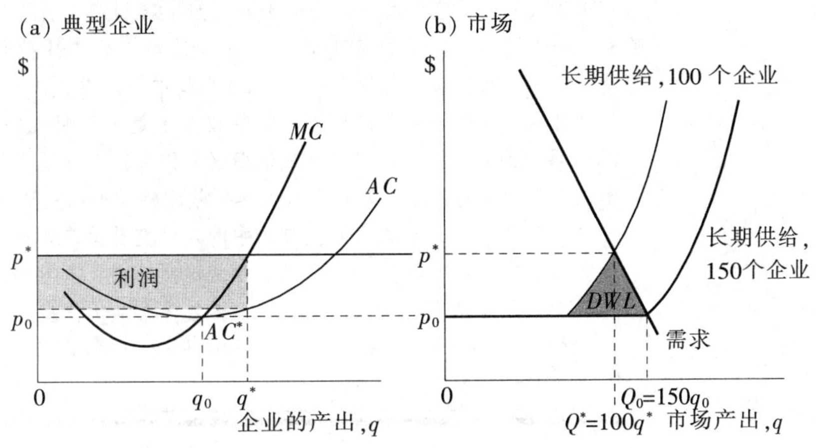


**图 3.8　有进入限制的长期均衡**

75 如果政府将市场中的企业数量限制为 100 个，那么长期供给曲线将位于最初曲线的左侧。当存在进入限制时，新的均衡价格为 $p^*$。因此进入限制会导致消费者支付的价格 $p^*$ 高于没有限制的竞争性价格 $p_0$，而且消费量仅为 $Q^*$，少于不受限制时的竞争性消费量 $Q_0$。

图 3.8b 中的阴影区域 $DWL$ 是限制进入所产生的福利损失，反映了消费者支付 $p^*$ 而不是 $p_0$ 时所损失的消费者剩余，而且企业没有得到这部分剩余。

进入限制的低效率有两个原因。第一，由于将产量从 $Q_0$ 限制到 $Q^*$，存在效率损失。第二，进入限制下的平均生产成本更大。当自由进入时，每个企业生产 $q_0$，生产的平均成本和边际成本为 $p_0$。如图 3.8a，当存在进入限制时，企业在边际成本 $p^*$ 下生产 $q^*$ 单位的产品，平均成本高于 $p_0$。图 3.8b 中两条供给曲线所夹 $Q^*$ 以左的区域测度了这一增加的成本。图 3.8b 中整个阴影区域为由于进入限制的两种低效率所导致的净损失。

市场中被允许存在的 100 个企业在存在进入限制情况下的境况要好于没有限制时。抬高了的价格提高了 100 个企业的利润（图 3.8a 中的阴影区域），使其高于均衡时允许 150 个企业进入的情况。在自由进入的情况下，每个企业在最小平均成本下生产，利润为零。这样，进入限制就好像是产品的消费税。但是，税收使得消费者和生产者的资金转移到了政府，而进入限制将资金从消费者转移到了在市场中运营的企业。因此，联邦贸易委员会（Federal Trade Commission，FTC）反对许多这样的壁垒，参见案例 3.3。

**案例 3.3**

**FTC 反对损害竞争的网络限制**

阻止网络购物可能会提高某些产品的价格。2003 年，联邦贸易委员会（FTC）发布了报告，得出的结论认为取消对网络上跨州酒类交易的限制会使得消费者购买相对昂贵的酒类时节约 21%，并且增加消费者的选择范围。在包括纽约、佛罗里达、马萨诸塞和宾夕法尼亚在内的 26 个州中，法律（许多开始于禁令时期）阻止州外针对本州消费者的直销行为，某种程度上是为了阻止向未成年人的销售。但是，FTC 得出的结论认为，将酒送入消费者家门并不会导致更多的不合年龄消费者的消费，原因之一是许多州要求成年人签署收到酒类产品的送货单。

FTC 同时致力于减少其他市场中的在线交易壁垒。例如，在光学仪器检验的大陆委员会反对管制之前，FTC 便认为管制使得在线卖者很难向消费者出售镜头。同样，FTC 反对俄克拉何马州有关在线销售骨灰盒的壁垒。

资料来源：Federal Trade Commission，www.ftc.gov/os/2003/07/winereport2.pdf，www.ftc.gov/opa/2003/07/wine.htm.

## 企业较少情况下的竞争——可竞争性

76 在一些市场中，总产出相对于企业有效规模来说相对较小。换句话说，生产和销售的规模经济很重要，以至于只有一个或少数企业可以有效地在市场中生产。尽管该过程不同于我们所分析的竞争性市场，但在这种情况下，竞争仍可能起作用（Demsetz，1968；Baumol，Panzar and Willig，1982）。

如果许多同类企业能够进入市场并进行生产，那么从长期看，没有企业可以获得高于一般利润水平的超额利润。如果市场中的自由进入和退出是即时的（没有沉没成本），那么只要价格超过平均成本，企业就存在进入的激励。可自由瞬间进入和退出的市场被称为是完全可竞争的（Baumol，Panzar and Willig，1982）。

本地垃圾收集是可竞争市场的一个例子。在一个小城镇中提供垃圾收集存在规模经济（参见案例 20.4）。一个以上的企业在同一条道路上收集垃圾是低效率的。小镇可以要求垃圾收集企业竞标，从中选择要价最低的竞价者。即使实际上只有一个企业提供服务，竞价者之间的竞争也保证了小镇在最低可能成本处得到服务。[11]

相反，在受到进入保护的市场中，价格仍然会高于边际成本，因为没有企业能进入市场并且使得价格下降。这样，进入限制是许多市场没有达到完全竞争的原因，此时，价格会高于边际成本。

## 进入壁垒的定义

多数市场进入都很困难吗？为了回答这一问题，我们需要定义进入壁垒的含义。关于**进入壁垒**（barrier to entry）的通常定义是阻止公司立刻在市场中创建新企业的任何努力。但是这一定义并不是非常有用，因为它意味着几乎每个市场都存在进入壁垒。在这一定义下，雇用劳工和设立工厂的成本即是进入壁垒。而且，该定义意味着任何需要花费时间才能进入的市场都存在进入壁垒。

遗憾的是，进入壁垒一词通常用来指进入的成本，以及进入所需要花费的时间。即使各种定义的支持者都同意较高的进入成本会抬高价格，但由于进入壁垒一词具有多重含义，因此常常会发生混淆。参见卡尔顿（Carlton，2004）。

77 本书中所讨论的经济理论认为，只有从长期看，进入才会侵蚀利润。这样，一个合理的方法是关注于长期进入壁垒，也就是即使现有企业获得了长期利润，它仍会阻止新企业进入市场。

如果存在多个能够以相同成本曲线进入并且面临同样价格的企业，那么从长期看，没有企业可以成功获得超过成本的利润而不引起新的进入。只有相对于新进入者拥有一定的优势，企业才能比其他在位和潜在企业获得持久的较高利润。由于长期利润只有在企业相对于潜在进入者拥有优势时才会持久，因此**长期进入壁垒**（long-run barrier to entry）的逻辑定义是出现新进入者必定发生，而在位者不会承担（或者没有必要承担）的成本。[12]

**进入壁垒**。有关长期进入壁垒的一个很好的例子是专利。在多数专利系统中，政府授予发明人在固定时期内销售发明产品的垄断权利。专利通过长期进入壁垒创造了法定的垄断。为了和拥有专利的在位企业竞争，潜在进入者要么围绕专利进行发明，要么从在位企业那里获得专营权。[13]由于在位企业拥有排他性使用专利的权利，因此在位者可以阻止进入。为了获得专利，在位者可能不得不对研发进行投资。如果一旦专利被授予，其他人就不能使用同样的研发路径的话，那么潜在进入者面临的成本将高于在位者。[14]

在位者可以使用各种战略来提高进入成本，为了提高潜在进入者的成本，所有这些战略都要求在位者利用自身和潜在进入者之间的不对称性。当战略成功时，在位企业可以创造长期进入壁垒。第 11 章将详细研究这一战略反应。

**退出壁垒**。令人觉得矛盾的是，影响企业进入市场的动机的一个重要因素是企业退出市场的能力。如果退出市场的成本很高，那么进入的激励就会减少。如果存在不能弥补的沉没成本，那么退出市场的成本就会很高。例如，假设市场中的企业需要难以转售的非常专用化的设备，试图进入市场的企业意识到如果市场中获得超常利润的机会存续时间很短，那么进入可能没有什么利益。相反，如果进入或退出没有成本，那
78 么外部企业即时的进入和即时的退出（有时被称为*打了就跑的进入*）保证了市场中的价格不会超过成本。[15]因此，退出的成本正如进入市场的成本一样，可以用来阻止进入。

**进入和退出的一般证据**。农业、建筑业、零售和批发贸易以及服务业通常被认为是进入和退出较为容易的行业。相反，在制造业、采矿业和某些受到管制的产业（基础设施和一些保险产业）中，进入和退出较为困难。根据《总统经济报告》（2003，表 B12），2001 年美国国内生产总值的组成为：农业 1%，建筑业 5%，采矿业 1%，制造业 14%，运输和基础设施 8%，批发贸易 7%，零售贸易 9%，金融/保险和房地产业 2%，服务业 22%，政府 13%。

近期针对进入和退出较为有趣的研究的包括贝里（Berry，1992），布雷斯纳汉和赖斯（Bresnahan and Reiss，1988，1990，1991），迪克西特（Dixit，1989），格罗斯基（Geroski，1991），利伯曼（Lieberman，1990），帕克斯和埃里克森（Pakes and Ericson，1999），梅齐奥（Mazzeo，2002）以及沙里（Schary，1991）。例如，布雷斯纳汉和赖斯检验了只有少量专业服务生产者的市场（比如乡村的医生市场），并且考察了在单一企业进入前市场能有多大规模。而后考察了两个、三个或更多企业进入后市场能有多大规模。他们发现竞争能很快地降低价格和利润。尽管最初的进入者可以收取很高的价格，但是第二个企业的进入就能产生竞争。他们还通过比较进入规模和退出规模测度了沉没成本。沉没成本越大，同引致进入的市场规模相比导致退出的市场规模就越小。

实证文献表明了存在很多的进入和退出，而且进入者主要是小企业。在稳定的产业中，这些较高的进入率和退出率几乎相等（Caves，1998）。邓恩，罗伯茨和萨缪尔森（Dunne，Roberts and Samuelson，1988）发现制造业中进入者的规模要比在位企业的平均规模小很多。它们的产出占现有企业产出的 17%，占产业平均企业产出的 11%。[16]同样，生产了产业总产出 11%的退出企业的产量仅占一般企业产出的五分之一。尽管存在进入，产业中最大的四家企业在同一产业中的平均时间超过 10 年（Caves，1998）。伯奇（Birch，1987）采用邓恩和布拉德斯
79 特里特（Dun and Bradstreet）有关所有部门的数据（并不仅仅包括制造业），发现所有新企业中的半数会在前 5 年倒闭，尽管存在很高的失败率，度过最初几年的进入企业仍是（净）新工作岗位的明显来源。但是，进入者的雇用只占了总雇用人数的一小部分，而且并不会使雇用增长率不成比例地升高（Davis，Haltwanger and Schuk，1996）。

在许多新产业中，大批小企业的进入伴随着最弱小企业的淘汰。生存下来的企业会在规模和功能上不断成长，直到产业最终走向衰退。本章中有关进入退出的模型解释了这一现象，其中企业知道什么时候它们是有效率的，如果没有效率，企业就会退出。

啤酒、汽车和轮胎产业追随这一模式。例如，在啤酒产业中，20世纪70年代的大量进入使得该产业的企业数量翻了一番。80年代的大量退出使得产业中企业的数量减少了40%。在产业动荡之前进入的企业比之后进入的企业具有更高的生存概率。

在企业的进入高潮之后会紧跟着出现退出高潮，这一现象是可以解释的。轮胎制造商的数量从1915年的170家增加到了1921年的270家，而后在1925年减少为150家，在30年代大萧条开始的早期减少为大约50家。同样，汽车企业的数量从1905年的150家，增加到1910年的250家，随后在1915年下降到150家，1930年仅为30家不到。[17]

## 识别进入壁垒

贝恩（Bain，1956）开创了分析进入壁垒的现代方法，他识别出了三种这样的壁垒：

- 绝对成本优势；
- 需要大量资本支出的大规模生产的经济性；
- **产品差异化**（product differentiation）：具有不同特点的相关产品，使得消费者认为它们是不能完全替代的（例如，苹果计算机和IBM计算机就不能完全替代）。

绝对成本优势使得在位企业可以获得超额利润，而不用担心新企业会进入市场。例如，假设企业A可以用每单位2美元的不变成本进行生产，而所有其他潜在进入企业的生产成本为5美元。企业A就可以将价格设定为高于其单位成本的4美元，获得超额的高利润而不用担心会发生进入。由于其他两种壁垒是否符合我们所定义的长期进入壁垒并不明显，因此我们将更为详细地检验这些壁垒。

如果在位者和进入者都可以享受同样的规模经济收益，为什么在位者能获得超额的利润呢？一些人认为新进入者很难筹集资金（或者不愿意用自己的钱做投资）用于大规模的支出。实际上，大项目并不一定比
80 小项目更难筹集资金。[18]如果资本市场合理运作（银行和其他机构愿意对有利可图的行为进行贷款），那么筹集资金对有利可图的大项目而言就和小项目一样。好的项目会有很多投资者。

但是，这是否就意味着企业的规模对进入激励没有影响呢？如果进入需要大量的沉没成本，而且如果进入是失败的，那么进入者的损失会

很大，在这种情况下，战略性行为（例如大幅度的削价）的威胁会阻止新的进入。遇到战略性行为的风险越大，潜在的损失就越大，战略性进入威慑就越有效。在这种情况下，涉及大量沉没成本的大规模投资会减少潜在进入者的进入激励，因为损失也许会非常大（参见第 11 章）。

产品差异化（生产类似但不相同的产品）可以制造长期的进入壁垒。例如，偏爱品牌声誉的消费者意愿会使得新品牌很难进入。当然，第一个企业会在引入新产品时拥有优势。该企业会拥有**先行者优势**（firstmover advantage）：由于第一个企业进入时没有对手，因此发生的营销成本较低（参见第 11 章）。后进入的企业面临较高的营销成本，因为它们必须和第一个进入的企业进行竞争。[19]如果在位者的存在提高了第二个企业的营销成本，那么第一个企业就拥有永久的优势，即长期进入壁垒，并且可以维持高价。[20]例如，由于市场中第一个企业的产品对消费者来说是熟悉的，消费者就可能不愿意转换到新的品牌（Schmalensee，1982）。

## 产业进入壁垒的大小

人们采用许多方法来评价长期进入壁垒。一些经济学家使用主观判断来推测一个新企业进入市场的难易程度。这些测算可以基于过去进入发生的频率。

其他进入壁垒的测度基于对诸如以下问题的回答：如果新进入者的工厂规模仅为在位者的一半，那么成本劣势是多少？由于在位者拥有专利和累积性经验，进入者的成本会高出多少？表 3.2 和表 3.3 重列了贝恩提出的关于某些产业进入壁垒的程度的特点。

81 **表 3.2** **贝恩的进入壁垒**

| 产业 | 经济规模 | 产品差异 | 绝对成本 | 资本要求 |
|---|---|---|---|---|
| 汽车 | 3 | 3 | 1 | 3 |
| 香烟 | 1 | 3 | 1 | 3 |
| 酒类 | 1 | 3 | 1 | 2 |
| 鞋 | 2 | 1～2 | 1 | 0 |
| 香皂 | 2 | 2 | 1 | 2 |
| 钢铁 | 2 | 1 | 3 | 3 |
| 拖拉机 | 3 | 3 | 1 | 3 |
| 轮胎和胶管 | 1 | 2 | 1 | 2 |
| 肉类加工 | 2 | 2 | 2 | 0～1 |
| 水泥 | 2 | 1 | 1 | 2 |
| 面粉 | 1 | 1～2 | 1 | 0 |

说明：数值越大表示进入壁垒越高。

资料来源：Brain（1956，169）.

**表 3.3　　贝恩对进入壁垒的总体评价**

| 产业 | 总体壁垒 |
| --- | --- |
| 汽车 | 很高 |
| 香烟 | 很高 |
| 酒类 | 很高 |
| 香皂 | 较高 |
| 钢铁 | 较高 |
| 拖拉机 | 很高 |
| 面粉 | 中等偏下 |
| 水泥 | 中等偏下 |
| 肉类加工 | 中等偏下 |
| 轮胎 | 中等偏下 |
| 人造纤维织物 | 中等偏下 |

说明：进入壁垒很高的产业的产品价格会比竞争价格水平高 10%以上。进入壁垒较高、中等偏下的产业的产品价格分别比竞争价格水平高 7%和 4%。

资料来源：Bain（1956，170）.

哈里斯（Harris，1976）检验了贝恩以及后来曼（Mann，1966）认为难以进入的产业的进入率，发现这些产业中的一部分发生了明显的进入。贝恩和曼所确认的那些看起来确实限制了进入的进入壁垒是那些与
82 产品差异化有关的因素。只有长期进入壁垒才能保证价格最终不会降低到等于边际成本。

从现实的观点来看，如果期限很长，知晓利润最终会趋于零这一点对于在位企业或许无关紧要。大量的短期利润仍然是企业所期盼的。进入所花费的将产出规模扩张到足以消除非正常的高利润的时间或许比长期进入壁垒的规模大小更具信息性。

进入侵蚀利润的速度在竞争性产业和非竞争性产业中存在差异。多数研究者发现在集中度高的产业（Stigler，1963）和高利润产业（Connolly and Schwartz，1985）中，利润的减少需要花费相对较长的时间。邓恩，罗伯茨和萨缪尔森（Dunne，Roberts and Samuelson，1988）发现不同制造业的进入和退出率随时间的变化程度有所不同。而且，不同产业的进入和退出率存在很大的差别。他们发现同一个市场中的进入率和退出率高度相关。具有高进入率的产业同样具有高退出率。在大致半数的制造类产业中，进入者占产业价值的 7%～25%，退出企业占产业价值的 8%～25%。

## 外部性

除了无效率的税收和进入限制外，一个竞争性市场还可能因为其他原因而缺乏理想的福利特性。当一个有价值的产品没有价格或价格错位时，竞争性均衡就不在最优状态。遗憾的是，在我们的经济系统中，许多产品（比如信息和新鲜空气）或者“有害品”（比如污染和垃圾）是无法定价的。当消费者或企业没有完全承担他对其他人造成的伤害（帮助）行为的成本（收益）时，就会发生**外部性**（externality）。

污染是最为重要的**负外部性**（negative externality）之一，是损害其他人而没有受到惩罚的行为。污染是没有价格的有害品。当缺乏政府管制时，制造企业不会对它们所制造的污染付出成本，因此企业在决策产出量时，会忽略污染的社会成本。也就是说，它们多生产一单位产品的私人边际成本（它们从口袋中掏出来的生产成本）小于社会边际成本（私人边际成本加上污染所造成的损害）。结果，它们的产品多于社会所需。这种扭曲，或者由于不恰当定价而造成的生产低效率，被认为是**市场失灵**（market failures）。

那些使得其他人受益而自己没有得到补偿的行为是一种**正外部性**（positive externality）。例如，当你在邻居的视野范围内新建一个漂亮的花园，那么你的邻居就得到了不用付费的收益。正外部性的两个重要例子包括信息的产生和扩散，这将立即对许多人产生收益。当福特提出流水线生产时，其他企业从这一发明中得到了收益，而不用对福特进行补偿。许多没有购买《消费者报告》的消费者知道汽车的排名，并从这一信息中获得收益。但是，产业中的生产通常具有太多的负外部性，而正外部性太少。

83 信息也可以被认为是**公共物品**（public good），公共物品即消费者对它的消费并不能阻止其他消费者也这样做的商品或服务。公共物品的另一个例子是国防。除了具有外部性外，污染也是公共的有害品（一种不合意的公共“物品”）。相反，私人物品，比如热狗，仅能被一个消费者消费——不能同时被其他消费者所消费。外部性可以是私人物品，也可以是公共物品或者公共有害品。我们现在来说明当所有权没有得到清晰界定时会产生外部性（Coase，1960）。

当你占有诸如某些产品或服务类资产或者具有使用它们的排他性权利时，你就有了**所有权**（property rights）。其他人如果使用你的财产，必须对你进行补偿。例如，你可以对某一特定的汽车拥有所有权，但是不会明确定义高速公路的某一部分单独属于你。你要和其他人一起分享高速公路。每个司机都可以通过拥有该路段来宣称对该部分高速公路拥有暂时的所有权（从而阻止其他人占用相同的空间）。高速公路上对空间的竞争导致了拥堵（负外部性），降低了高速公路上每个司机驾驶的速度（参见案例 3.4）。

---

**案例 3.4** ☞

### 正在增加的拥堵

根据位于得克萨斯 A&M 大学的得克萨斯州运输协会（TTI）的年度报告，在过去的 20 年中，美国高速公路的拥堵和其成本已经大大增加。TTI 测算到，2000 年美国 75 个地区由于拥堵而产生的成本为 675 亿美元，这意味着 36 亿小时的迟到以及 57 亿加仑的额外的汽油消耗。在最为拥堵的城市洛杉矶，每个高峰期驾驶者年平均迟到 136 个小时，高于 1982 年的 47 个小时。在所有 75 个地区中，年平均迟到的小时数从 1982 年的 16 个小时增加到了 2000 年的 46 个小时。在洛杉矶，每个高峰期驾驶者的年堵塞成本为 2 510 美元，全国平均为 1 160 美元。而且，拥堵的交通造成了更多的空气污染。

减少拥堵的唯一方法是减少同时使用高速公路的人数或者增加高速公路的容量。根据 TTI 的报告，1999—2000 年，防止产生更多的拥堵需要建造 1 780 条新的高速公路、2 590 条新的街道，或者平均每天 620 万人使用公共公交通或其他交通方式，或者使用其他可行的方法使得现有的系统增加 3%的运输量，或者联合采用上述行动。

控制拥堵外部性的一个方法是对高峰驾驶者收取费用，该费用等于外部性成本。这样的费用会使得驾驶者考虑其驾驶行为对其他人所产生的成本。

**资料来源**：mobility. tamu. edu/ums/study/short _ report. stm，mobility. tamu. edu /ums/study/ appendix _ A/.

---

*84* 只要清晰定义归属权，使其不会发生外部性，那么竞争性市场就是有效的。例如，成长期的小麦通常不会影响邻居或其他人，农民拥有生产和销售小麦的权利。相反，如果没有清晰定义所有权，市场就是低效率的。例如，如果软件公司无法保护它对计算机程序的所有权，并阻止其他企业销售这些程序，那么这些程序就会产生正外部性（公司在别人使用它的程序时没有得到补偿）。因此，用于生产软件的资源就不会多。遗憾的是，外部性非常常见。典型的案例包括污染和渔场。[21]

## 完全竞争的局限

一些市场满足完全竞争模型的大部分假设。例如，在纽约股票交易所，许多人购买和销售如 IBM 一类单个企业的股票。拥有股票但希望出售这些股票的个人可以要求其经纪人出售股票，而需要这些股票的人会要求其经纪人购买股票。股票市场中存在许多拥有充分信息的参与者，特定股票的价格由供给和需求的力量决定。大多数人正确地相信他们不会对股票价格产生影响。尽管该市场接近于满足完全竞争的假设条件，但是多数市场并不能满足这些条件。

完全竞争模型只和少数市场直接相关，本书的大部分内容分析了更贴近现实经济行为的模型的结果。在这些更为现实的模型中，企业可以影响价格以及对手的行为，采用广告和其他营销手段为消费者提供信息并影响消费者，开展研发活动使生产更为有效。

多数人看到的是，即使是在完全竞争的市场，如果收入的分配是“不公平的”，福利仍将不是最优的。个人的福利依赖于资产（例如钱和机器）和技能。竞争并不一定使得人们得其所愿。竞争只会对最有效地生产和拥有生产性资产的人有利。

如果收入分配不公平，为什么所有人都关心效率呢？毕竟，有效率意味着如果其他人的境况没有变差，那么这个人的境况就不会变好。如果只有10 000美元需要分配，戴比得到9 999美元，丽贝卡得到1美元，它就是有效率的，因为10 000美元都得到了分配。当戴比只得到1美元，而丽贝卡得到9 999美元时同样如此。事实上存在多个有效点，使得戴比和丽贝卡之间的任何分配都是有效的。竞争性均衡所产生的特定有效点依赖于最初财产的所有情况。公共政策会宣称戴比或丽贝卡得到1美元，而另一个人得到9 999美元都是不公平的，而是宁可5 000美元
85 元给戴比，5 000美元给丽贝卡。公共政策甚至会认为戴比和丽贝卡各得4 999美元也要比一个人得到9 999美元而另一个人得到1美元更好。这就意味着*无效*的政策比有效政策更受偏爱！那么，为什么经济学家还强调效率呢？

答案之一是道义上公正（尽管已经定义过）的收入分配可以通过竞争加上合理的重新分配来取得。也就是说，政府可以根据社会的道德价值来分配最初的财富，而后竞争会导致社会得到有效的结果。这一结论的一种解释是，由政府通过非扭曲性税收来分配财富以实现道义，而由竞争性过程来实现效率。

经济学家可以客观地讨论经济效率是否能实现，但是他们和其他人一样无法讨论最好或最符合道义的收入分配方式。他们可以分析特定政策对收入分配的影响，但是他们不能科学地确定一种分配是否在伦理上优于另一种分配。

## 竞争的多种含义

我们已经特别地定义了完全竞争。许多非经济学家，甚至不少经济

学家都随意地将竞争一词应用于我们所认为的非竞争性市场。

一些人使用竞争一词来表示存在少数设定价格的企业进行激烈的销售竞争的市场，每个企业试图从对手手中得到消费者。在这种解释中，竞争被用来描述能影响市场价格的企业之间的敌对行为。对“竞争”一词的这种使用不同于我们的定义，我们定义完全竞争的企业是可以在市场价格下销售其所愿意销售的产品的价格接受者。

即使几乎没有产业能满足完全竞争的要求，经济学家仍通常认为如果某些类型的产业符合某些特征，那么该产业可以被认为是竞争性的。价格接受行为、大量的企业和自由进入退出是通常用来判断市场是否具有竞争性的标准。自由进入和退出通常会导致企业最终获得零利润。例如，在一些州，人们很容易成为理发师，而且通常一个区域内会有许多独立的理发店。即使理发师的质量和价格都不同，并且消费者并不能了解所有理发店的情况，多数经济学家仍然都会将理发店提供的服务看成是合理的竞争性市场。

合理的竞争性市场的另一个例子是废旧钢铁市场。该市场中的企业收集用过的钢铁，并对其进行处理，而后销售给钢铁厂。进入废旧钢铁市场非常容易而且很快，销售的产品是相当同质的，而且价格公开。即使各个企业的交易价格有所不同，独立行动的大量销售者会使得多数经济学家认为该市场是合理竞争的。

86 一些涉及公共政策的讨论仍然用一种不同的方式使用竞争一词：竞争性市场是一个不需要通过干预来提高其绩效的市场；非竞争性市场是一个存在一些需要纠正的缺陷的市场。这样使用单词竞争和非竞争会引起混淆。由于干预有时会提高产业绩效，而这些产业又满足完全竞争的所有假设，因此会产生混淆，例如当政府刺激创新行为时就会发生这种情况。相反，一个满足所有完全竞争假设的市场出现失灵，未必意味着干预可以提高市场绩效。

## 小　结

在完全竞争情况下，所有企业生产同质、完全可分的产出，生产者和消费者具有完全信息，没有交易成本，而且都是价格接受者；不存在外部性。如果满足所有的上述条件，那么资源的使用是有效的，被定义为消费者剩余加生产者剩余的福利是最大化的。

竞争性市场中税收和进入退出限制一类的政府干预降低了这些市场的效率。但是，如果不满足完全竞争的一些假设，政府干预可能是有帮助的。例如，在所有权的定义不清晰，或者较高的交易成本阻碍了通过协商解决问题的情况下，制造污染的竞争性企业没有对其所造成的损害做出赔偿，而且它们制造了过多的污染，最优的政府政策能够减少污染。

许多产业并不满足完全竞争的假设。后续章节将探讨企业的行为以及偏离完全竞争所产生的结果。

## 问 题

1. 如果所有企业都是相同的，而且任一企业都可以进入市场，那么对每单位产出收取 1 美元的税收会改变竞争性企业的最优规模吗?

2. 政府对竞争性市场中运营的企业每年收取固定的费用。如果市场是自由进入的，那么产出、企业的最优规模和价格将发生什么样的变化?

3. 假设竞争性市场由长期边际成本恒定为 10 美元的同质企业组成(不存在长期固定成本)。假设任意价格 $p$ 下的需求曲线为 $Q=1\,000-p$。

a. 长期竞争性均衡下的价格和消费量为多少?

b. 假设新进入的企业不同于现有的企业。新企业的边际成本恒定为 9 美元，没有固定成本，但是仅能生产 10 单位产品（或者更少)。长期竞争性均衡时的价格和消费量是多少? 和 a 中的结果相同吗? 请做出解释。

c. 正的经济利润和长期竞争性均衡不一致吗?

d. 给出 b 中售出的最后一单位产品的边际成本，是 10 美元还是 9 美元? 也就是说，如果需求减少 1 单位，新进入者或其他企业会降低产出吗?

e. b 中效率较低企业的利润为多少?

f. 在长期竞争性均衡中，边际进入者（如果需求扩张，下一个进入市场的企业；如果需求收缩，下一个离开市场的企业）的利润必须为零吗?

87 4. 如果市场需求曲线为 $Q=100-p$，需求的市场价格弹性为多少? 如果单个企业的供给曲线为 $q=p$，市场中存在 50 个相同的企业，画出任一企业面临的剩余需求。在竞争性均衡中，一个企业面临的剩余需求弹性为多少?

5. 企业的停止生产点什么时候等于其平均成本曲线的最低点?

6. 英国生产并进口鸡蛋。假设政府对进口实行配额：国外供应商不能出口高于 $Q$ 单位的鸡蛋（不管价格为多少)。这一配额对国外鸡蛋供给曲线、整个英国的鸡蛋供给曲线、均衡价格、英国消费者和英国生产者的影响是怎样的?

奇数问题的答案在本书最后部分给出。

## 【注释】

[1] 我们可以从其他假设中推出企业是价格接受者的结论。为了表述的简便，我们将价格接受作为假设条件。

[2] 企业的目标是

$$\max_q \pi = pq - C(q)$$

对 $\pi$ 求关于 $q$ 的一阶导数，并令其等于零，可以得出一阶条件 $p-C'(q)=0$，其中 $C'(q)=\mathrm{d}C(q)/\mathrm{d}q$ 为边际成本 $MC$。这个一阶条件——价格等于边际成本——是实现利润最大化的必要条件。二阶条件是 $C''(q)<0$。也就是说，二阶条件是利润最大化的充分条件，在均衡点上，$MC$ 曲线是向上倾斜的。

[3] 企业的利润为总收益减去总成本：$\pi=pq-C$，其中 $pq$ 为总收益（价格乘以销量）。我们可以重新将利润表示为每单位的平均利润（平均收益 $p$ 减去平均成本，$AC=C/q$）乘以销售量（$q$），或者 $\pi=(p-AC)q$。这样，利润可以用图中的方框表示，高等于每单位的平均利润 $p-AC$，长等于企业销售量 $q$。

[4] 正如在第 2 章中所描述的那样，短期和长期是一种简化的表达，但是事实上，调整成本的大小决定了产业调整的速度。进行调整所需要的时间依赖于产业现有的状态以及需要调整的规模。参见 www. aw-bc. com/carlton _ perloff“调整成本”栏目。

[5] 在一些市场中，企业必须付出大量的沉没成本，因此仅有少数企业可以有效生产。在这些市场中，可能不会产生竞争性均衡。在不存在竞争性均衡的市场中，市场会出现不稳定，包括价格战和破产。这里，企业可以暂时获得高于平均水平的利润；这些利润吸引其他企业，更多的竞争导致市场中的所有企业都遭受损失；一些企业退出后，剩下的企业又获得高于正常水平的利润，这一过程会反复发生。企业和消费者之间的互动什么时候会导致稳定状态的研究被称为核理论。参见 Clark（1923），Telser（1978）和 www. aw-bc. com/carlton _ perloff“竞争性均衡的不存在性”。

[6] 价格 $p$ 和 $Q$ 产量下需求的价格弹性为产量的变化率除以价格的变化率（如果该变化很小）：$(\Delta Q/Q)/(\Delta p/p)=(p/Q)/(\Delta Q/\Delta p)$。由于弹性是两个百分率的比例，因此弹性对价格或产量变化的规模是无差异的（是一个纯量——本身没有量纲）。例如，如果价格是以美分而不是美元计算的，那么即使需求曲线的斜率 $\Delta Q/\Delta p$ 发生变化，弹性也不会变化。价格弹性的技术定义为 $(p/Q)(\mathrm{d}Q/\mathrm{d}p)$。

[7] 对线性需求曲线 $Q=a-bp$，需求弹性为需求曲线的斜率（$\mathrm{d}Q/\mathrm{d}p=-b$）乘以 $p/Q$。这样剩余需求曲线的需求弹性为 $-100\times(5.50/50)=-11$，市场需求曲线的需求弹性为 $-50\times(5.50/10\,025)\approx-0.027$。

[8] 任一企业面临的剩余需求曲线为 $D_r(p)=D(p)-S_o(p)$。对 $D_r(p)$ 求关于 $p$ 的导数，我们得到 $\frac{\mathrm{d}D_r}{\mathrm{d}p}=\frac{\mathrm{d}D}{\mathrm{d}p}-\frac{\mathrm{d}S_o}{\mathrm{d}p}$ 令一家企业的产量为 $q=Q/n$，其他所有企业的总产量为 $Q_o=(n-1)q$。在上述表达式的两边同时乘以 $p/q$，右边第一项乘以 $Q/Q$，第二项乘以 $Q_o/Q_o$，表达式变为

$$\frac{\mathrm{d}D_r}{\mathrm{d}p}\frac{p}{q}=\frac{\mathrm{d}D}{\mathrm{d}p}\frac{p}{Q}\frac{Q}{q}-\frac{\mathrm{d}S_o}{\mathrm{d}p}\frac{p}{Q_o}\frac{Q_o}{q}$$

其中，$q=D_r(p)$，$Q=D(p)$，$Q_o=S_o(p)$。这一表达式可以重新表述为公式 3.1 的

$\varepsilon_i = \varepsilon n - \eta_o(n-1)$。

[9] 如果没有收入效应（消费者收入的变化没有使得需求发生变化），那么消费者剩余是消费者福利很好的测度。即使存在收入效应，消费者剩余的变化可以给福利的变化提供近似值（Willig，1976）。

[10] 净损失三角可以用需求和供给弹性来表示。为了简单起见，假设供给曲线是完全水平的（无限弹性）。那么净损失三角$=-1/2\Delta p\Delta Q$，其中$\Delta p=p^*-p_0$，$\Delta Q=Q^*-Q$。需求弹性$\varepsilon$（大致）等于（$\Delta Q/Q_0$）（$p_0/\Delta p$）。定义$t$为$\Delta p/p_0$，即由于税收而变化的价格百分比。净损失三角等于

$$-\frac{1}{2}\Delta p\Delta Q\approx-\frac{1}{2}\frac{\Delta p}{p_0}p_0Q_0\left(\frac{\Delta Q}{Q_0}\frac{p_0}{\Delta p}\right)\frac{\Delta p}{p_0}\approx-\frac{1}{2}t^2R\varepsilon$$

其中，$R$为收入，$P_0Q_0\approx$表示约等于。这样，净损失取决于市场规模$R$以及$t$和$\varepsilon$。

[11] 规模经济会增加复杂性，如果竞价的竞争使得利润为零，那么价格等于平均成本，但如果存在规模经济，价格会高于边际成本。如果价格不等于边际成本，那么资源的配置是低效率的。自助垃圾收集服务的更为有效的方法是收取反映边际成本的费用，并且单独收取每次收集垃圾的费用。在这一计划下，如果居民希望每星期收集两次垃圾，那么他们会支付固定费用加上每次收集的费用。第10章研究了这样的两部定价计划。

[12] 这一定义来自于Stigler（1968a）。同时参见Weizsäcker（1980），其增加了关于进入壁垒必然会降低消费者福利的条件。参见McAfee，Mialon and Williams（2004）有关各种进入壁垒定义的讨论。

[13] 正如我们在第16章有关专利的论述中所讨论的，专利持有人可以允许其他企业在支付专利许可费的情况下使用发明。但是该费用是进入壁垒，因为这是进入者必须支付而在位者不用支付的费用。

[14] 正如我们在第16章中所讨论的，专利具有补偿效用。如果专利持有人不能从垄断中获得超常的高利润，企业就不会对能导致新发现的研发投入大量资金。这样，如果没有这一进入壁垒，社会的境况可能会更差。

[15] Baumol，Panzar and Willig（1982）强调了这一点，而且使得打了就跑战略非常流行，并且将其与可竞争性相联系。同时参见Eaton and Lipsey（1980）。Weitzman（1983）表明打了就跑式进入相当于水平的供给曲线。

[16] 有关产业中新企业如何进入并成长的经济模型并不多见。竞争性模型的简单应用表明在新进入者和现有企业之间并没有多少差异。基于知识差异的更为现实的模型可以得到新企业特殊的成长过程，以及企业规模的分布。参见Jovanovic（1982），Jovanovic and MacDonald（1984），Hopenhayn（1992），Ericson and Pakes（1995）。同时参见Evans（1987a，b），Hall（1987）和Syverson（2003）。Sutton（1997）和Caves（1998）报告了随着企业规模的增加，企业成长率首先下降而后平稳，企业的平均增长率随着规模的增加而降低，企业生存的可能性随着企业年龄和规模的增加而增加。参见Sutton（1997）有关Gibrat定律的讨论，该定律假定企业规模符合对数正态分布。

[17] Klepper（2000）；Hovarth，Schivardi and Woywode（2001）（从他们的图表中得到的统计数据）。

[18] Dunne，Roberts and Samuelson（1988）发现，选择进入新行业的现有企业的规模要大于新成立的企业。可能是由于现有企业比没有记录的新企业更容易克

服资本市场的缺陷，或者现有企业对成功更有信心。

[19] 有时第二个企业的营销成本会低于第一个企业，因为第一个企业必须花费资金来教会消费者使用产品，并且告诉消费者新类型产品的好处。

[20] Caves and Porter（1977）强调了阻止企业在同一产业的不同细分市场间移动的转移壁垒的重要性。

[21] 参见 www.aw-bc.com/carlton_perloff“污染”中对污染和外部性的更为深入的讨论，以及对企业或消费者的所有权分配如何导致了有效的结果。

# 第4章 垄断、买方垄断和主导企业

88 苏联民航：您做出了正确选择。

——前苏联唯一一家航空公司的广告词

如果市场中某种没有相近替代品的产品只有一个供应者，那么该企业是**垄断者**（monopoly）。垄断者可以设定价格而不需要担心竞争对手会压低价格。垄断者面临的是向下倾斜的需求曲线，并设定超过边际成本的价格。因此，市场中的销售量会小于竞争性市场（价格等于边际成本）的情况，因此对社会来说存在净损失。

本章分析了垄断者的行为及其原因，同时讨论了垄断是如何维持的，以及为什么垄断通常是有害的。接着讨论了垄断市场中外部性的影响。随后转向两个相关的问题，首先考虑了市场上买方的垄断行为，即买方垄断；而后讨论了如果具有较高成本的竞争性企业进入市场会对垄断产生什么样的影响。

本章中我们所回答的六个关键问题是：

1. 在价格和福利方面垄断和竞争相比有什么特点？
2. 垄断是如何形成及维持的？
3. 是否存在对垄断者有利的市场？

4. 是不是所有盈利的企业都是垄断者？是不是所有垄断者都能获利？垄断者能长期盈利吗？

5. 买方垄断者如何行使其市场势力？

6. 如果较小的价格接受企业进入市场，对垄断者有何影响？

## 垄断者的行为

89 由于垄断者面临向下倾斜的市场需求曲线，它可以将价格提高到边际成本之上。为了最大化其利润，企业有有效生产其产出的动机。企业的行为和政府管制会影响企业成为垄断者和保持垄断的能力。

### 利润最大化

*价格就是价值加上在定价过程中良心损耗的合理总和。*

——*安布罗斯·比尔斯*（Ambrose Bierce）

和竞争性企业一样，垄断者通过设定产出水平来最大化利润。由于市场需求曲线是向下倾斜的，垄断者销售得越多，价格将越低。

市场需求曲线限制了垄断。为了追求最大化利润，垄断者只能设定价格或产量，而不能同时设定两者。如果垄断者设定产量，市场价格将由市场需求决定。如果垄断者设定价格，市场需求曲线将决定产量。

给定如图 4.1 的需求曲线，如果垄断者希望销售 $Q_0$ 单位的产品，它将面对的价格为 $p_0$。如果垄断者希望多销售一单位产品，那么它就不得不将价格降为 $p_1$。

如果垄断者将价格降为 $p_1$，收益将会有所增减。垄断者按价格 $p_1$ 出售额外一单位产品可获得的收益为图 4.1 中的区域 $B$。但是为了销售这一单位的产品，垄断者必须把 $Q_0$ 单位的价格从 $p_0$ 降为 $p_1$，结果损失了（$p_0-p_1$）$Q_0$，即图 4.1 中的区域 $A$。

在第 3 章对竞争性企业行为的讨论中，我们并不用考虑由于价格降低而带来的利润损失。由于竞争，价格接受企业面临一条水平的需求曲线，即使他扩张其产量，它所接受的价格也不会下降。

在图 4.1 中，如果区域 $B$ 的面积大于区域 $A$，那么多销售一单位产品可以增加收入。企业多销售一单位产品获得的额外收入 $p_1$（$Q_0+1$）$-p_0Q_0$ 称为**边际收益**（marginal revenue）。[1] 因此，边际收益等于区域 $B$ 的面积减去区域 $A$ 的面积。如果垄断者多出售一单位产品并不需要降

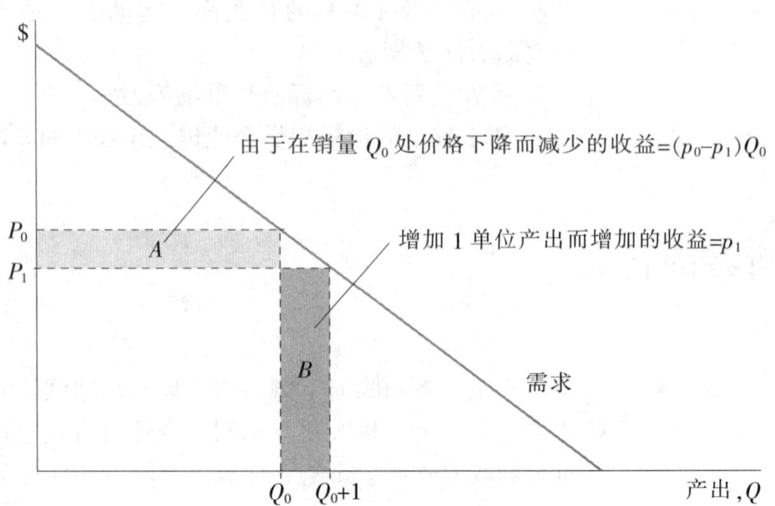


**图 4.1　垄断者面对的需求曲线**

90 低价格，那么额外收益为销售一单位产品的价格，即最初的价格 $p_0$。但是，由于需求曲线是向下倾斜的，垄断者必须降低价格来销售更多的产品，因此垄断者的边际收益总是小于价格，如图 4.2a 所示。[2]而在完全竞争市场中，一个企业的边际收益等于价格。

边际收益和总收益是密切相关的。当边际收益为正时，总收益随着产出的增加而增加；但是当边际收益为负时，总收益反而随着产出的增加而下降。因此，当边际收益为零（图 4.2a）时，总收益达到最大（图 4.2b）。[3]

垄断者追求最大化利润而不是收益（同竞争性企业一样）。利润最大化时的产量要小于收益最大化时的产量，如图 4.2b 所示。

91 当多出售一单位产品的额外收入恰好等于生产最后一单位产品的额外成本时，垄断者实现了利润最大化。也就是说，利润在边际收益等于边际成本时达到最大：[4]

$$MR=MC \tag{4.1}$$

92 图 4.2a 说明了利润最大化问题。利润最大化的垄断产出 $Q_m$ 小于由需求曲线和边际成本曲线（如果市场是竞争的，我们假设它是供给曲线）决定的价格水平为 $p_c$ 情况下的竞争性产出 $Q_c$。由于垄断者的产出取决于边际收益（它取决于需求曲线的形状）和边际成本，垄断者的供给曲线不再只由价格的变动来确定。

需求曲线的特点决定了垄断者会索取高价，这一额外高价即图 4.2a 所示的垄断价格 $p_m$ 超过边际成本或竞争性价格 $p_c$ 的程度。垄断者索取的高价和需求价格弹性之间存在着一定的关系。

具有需求弹性是需求曲线的特点，需求弹性被定义为价格变动 1% 所引起的需求变动的百分比。如果需求的价格弹性很高（很大的负数），

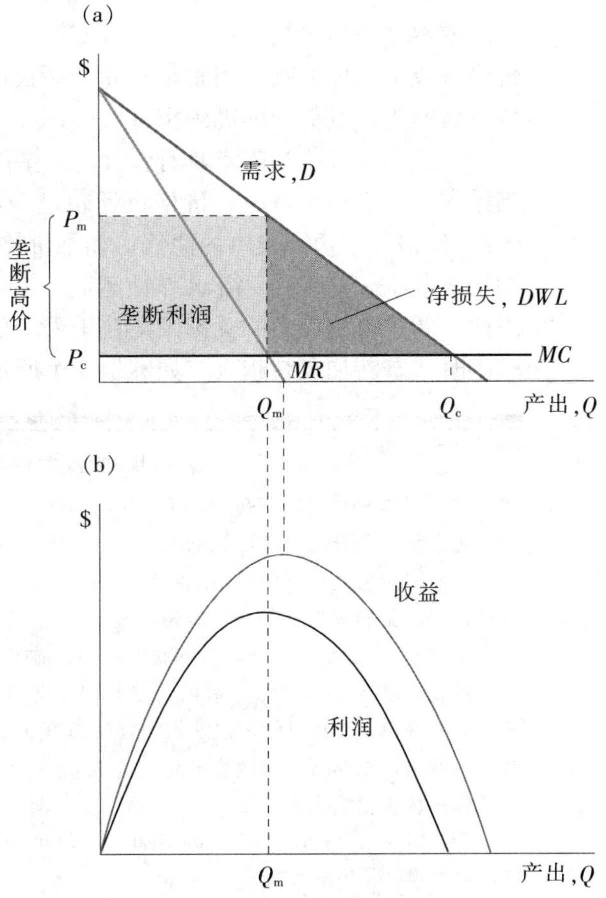


**图 4.2　垄断利润最大化**

那么我们认为曲线是有弹性的。当需求曲线非常有弹性时，价格的微小变动将会引起需求的大幅变动。如果弹性很小（为$-1\sim0$），那么需求曲线是缺乏弹性的，价格变动1%对需求量几乎没有影响。

边际收益可以表示为：[5]

$$MR=p\left(1+\frac{1}{\varepsilon}\right) \tag{4.2}$$

其中，$\varepsilon$为需求弹性。因此如果需求曲线是有弹性的（$\varepsilon<-1$），那么边际收益是正的。如果需求曲线缺乏弹性（$-1<\varepsilon<0$），那么边际收益为负。总之，需求的弹性不仅取决于特定的需求曲线，而且取决于需求曲线上的点（一个价格和需求量的数对）。例如，随着价格的降低，需求弹性将会降低。

将等式4.2中的$MR$代入4.1中，我们可以将垄断者的利润最大化条件表示为：

$$\frac{p-MC}{p}=-\frac{1}{\varepsilon} \tag{4.3}$$

93 等式 4.3 的左边为**价格—成本加成**（price-cost margin），即价格和边际成本之差与价格之比，$(p-MC)/p$。正如该等式所表示的，决定价格—成本加成的唯一因素是垄断者所面临的需求弹性。价格—成本加成也被称为市场势力的**勒纳指数**（Lerner Index；Lerner，1934）。

等式 4.3 表明当需求具有弹性时，垄断者的价格接近边际成本 $MC$。当需求弹性变得很低时，价格将远超过 $MC$。例如，如果需求的弹性为 $-2$，价格等于边际成本的两倍；如果价格弹性为 $-100$（非常有弹性），则价格等于 $1.01MC$。需求弹性越高，垄断价格越接近于竞争性价格。因此，调查市场势力的关键因素在于需求的价格弹性。当需求弹性相对较小时，垄断加成就越大，如案例 4.1 所示。

---

**案例 4.1** ☞

**垄断报纸的广告价格**

当《休斯敦邮报》(*Houston Post*) 于 1995 年 4 月关闭时，唯一幸存的报纸《休斯敦纪事报》(*Houston Chronicle*) 的主编接到了数十个《休斯敦邮报》读者的电话，他们关心的是：《休斯敦纪事报》是否会步《休斯敦邮报》的后尘？本地的广告商也关心报纸刊登广告的价格是否会发生变化。

从 1995 年 1 月（《休斯敦邮报》关门以前）到 1996 年 12 月，广告费率已经飞升了接近 62%。一栏日报广告的价格已经从每天 252.64 美元上升到 409 美元，周日广告的费率从 294.84 美元上升到 477.28 美元。这些费率增长的速度已经超过了读者的增速，工作日读者的上升幅度为 32%，周末则为 23%。因此，竞争的减少导致了价格的大幅度上升。

资料来源：Iver Peterson, "New Realities of Life in a One-Paper Town," *New York Times*, December 30, 1996: C5.

---

## 市场势力和垄断力量

与价格接受的竞争性企业不同，垄断者知道它们可以设定自己的价格，而且价格的选择将会影响销售量。垄断者可以将价格设定得高于边际成本，但是它们并不一定能获得超过竞争水平的利润。例如，如果垄断者存在固定成本，那么即使价格超过边际成本，垄断者的利润也可能为零（竞争性水平）。

人们通常认为当企业可以没有损失地将价格设定在边际成本之上且有利可图时，企业就具有*垄断力量*或*市场势力*。区分垄断力量和市场势力这两个词的不同用途或许是有好处的，*垄断力量*被用于描述当价格被设定在边际成本之上时还能创造利润的企业，而*市场势力*被用于描述当价格被设定在边际成本之上时只能获得竞争性利润的企业。但是人们通常并不做这种区分，通常这两个词是可以互换的，有时也会发生混淆。

## 有效运营的动机

94 美国有组织的犯罪每年骗取了超过 400 亿美元，但是用于公务的极少。

——伍迪·艾伦（Woody Allen）

低效运营行为的结果对垄断者和竞争性企业是不同的。由于低效率运营，竞争性企业得不到利润，因此可能无法继续运营，但是低效率的垄断者却仍然可以在行业中运营。这一现象使得一些人认为垄断者提高效率的努力程度（被称为 X－无效率，1966 年由 Leibenstein 命名）要低于竞争性企业。

许多经济学家否认了这一观点，他们认为，和其他企业一样，垄断者宁愿更努力而不是更差。垄断者希望最大化利润，因此只有在选定的产出水平下最小化成本。所以，垄断者希望最大化利润的观点也就隐含着这样的假设：它们希望最小化成本。无论是垄断者还是竞争性企业，没有企业希望白白地扔钱。如果提高运作效率能增加利润，那么无论是垄断者还是竞争性企业都会去做。

但是，垄断者却不一定具有跟竞争性企业同样有效运作的能力。身处一个拥有很多企业的产业中，竞争性企业可以观察到其他企业的行为。例如，它们可以观察到自身的生产成本是高于还是低于市场价格。由于市场价格反映了产业中其他企业的效率，一个竞争性企业的生产成本如果相对高于市场价格，那么它就知道应该提高自身的效率。相反，垄断者没有与之参照的企业，因而无法判断自身运营的效率。因此，由于垄断企业比竞争企业更难监控内部效率，竞争性企业的运营可能会比垄断企业更为有效。

## 随时间调整的垄断行为

如果需求是缺乏弹性的（$-1<\varepsilon<0$），就不能满足等式 4.3 的利润最大化条件。因此，垄断者从来不会在其需求曲线缺乏弹性的部分经营。如果垄断者的生产在其需求曲线缺乏弹性的部分进行，它可以通过提高价格来增加利润，直到它在需求曲线富有弹性的部分运营。在缺乏需求弹性的部分，垄断者的价格提高 1%，销售量的减少不到 1%，因此收入增加。然而随着产量的减少，垄断者的成本必然下降，总利润上升。因此，如果垄断者在需求曲线无弹性部分运营，它就会不断提高价

格，获得更多的利润，直到进入需求曲线富有弹性的部分。[6]

95 但是这一观察只适用于不考虑时间的简单模型。在现实市场中，需求曲线会随时间发生变化。因此，理性垄断者会随时间改变价格。

消费者在短期内的价格弹性低于长期价格弹性。在短期内，面临价格的上升，消费者寻找替代品的速度受到限制。因此，如果垄断者利用短期需求曲线缺乏弹性的部分提高价格，在随后的阶段中它的消费者便很有可能寻找替代品来远离垄断者的产品。因此，垄断者可以在短期需求曲线无弹性部分经营，从而避免长期需求曲线过于富有弹性。

石油市场提供了一个需要花费时间寻找替代品的好例子。当石油输出国组织（Organization of Petroleum Exporting Countries，OPEC）在20 世纪 70 年代初提高石油价格时，能源消费量在第一年的变动很小。然而在后来的几年中，消费者针对逐渐上升的价格进行了相应调整，开始采取节能措施，使得石油的需求量急剧下降。

## 垄断的成本和收益

*在其他人看来，垄断是应当受到社会谴责的。*

如果一个垄断者限制它的产出并把价格抬高到高于边际成本的水平，社会就会存在净损失。我们首先考察为什么这样的行为会导致净损失，而后利用我们所理解的垄断产生的缘由来说明，在某些情况下垄断也会带来收益，实际上，在某些情况下垄断会优于竞争。

### 垄断的净损失

如图 4.2a 所示，为了最大化利润，垄断者必须把产量定在边际收益曲线与边际成本曲线相交的地方。垄断者的价格和边际成本之间的差距表明了买者为产品付出的价值（价格）和生产该产品的边际成本之间的差额。这一差额与由于对竞争性产业征税而引起的差距很相似（第 2 章）。在这两种情况下，价格和产出都不同于它们的竞争性水平，在需求价格（由需求曲线给出）和供给价格（由边际成本曲线给出）之间存在偏差。

如果消费者必须支付的垄断价格 $p_m$ 大于竞争性价格 $p_c$，那么消费者损失的消费者剩余等于垄断利润和净损失之和，如图 4.2a 所示。垄断利润小于消费者剩余的损失。因此，社会的净损失（图 4.2a 中的

*DWL* 三角）等于消费者的损失减去垄断者的所得。*DWL* 三角位于需求曲线之下，边际成本曲线之上，均衡垄断产量的右侧。

因此，垄断和低效率的税收都会导致净损失。但是垄断和低效率税
96 收的差别在于谁得到了消费者的转移：政府得到税收收入，而垄断者得到垄断利润。即使是非常小的福利净损失也可能和大量的财富重新分配有关，正如图 4.2a 中的“垄断利润”区域所表明的那样。

许多研究者估算了垄断给美国经济带来的净损失。在早期的一篇文章中，哈伯格（Harberger，1954）计算的净损失非常小：小于国民生产总值（GNP，国内经济中所有产品和服务价值的度量）的 0.1%。[7]后来的研究基于不同的假设重复了这些计算。例如，沃克斯特（Worcester，1973）同样发现 *DWL* 非常小：为 GNP 的 0.4%～0.7%。坎默斯彻恩（Kamerschen，1966）测算的 *DWL* 为 GNP 的 6%，考林和米勒（Cowling and Mueller，1978）测算的结果为 4%～13%。[8]珍妮和韦伯（Jenny and Weber，1983）发现法国的 *DWL* 高达 GNP 的 7.4%。

## 寻租行为

*自助者，天助之。*

*——伊索*（Aesop）

一些研究者认为，社会的效率损失要远大于净损失三角。他们认为垄断利润的一部分，或者全部也是一种效率损失。

正如税收收入是从消费者到政府的收入转移一样，垄断利润可以被认为是消费者向垄断者的转移。就其本身而言，收入的转移并不会影响效率。只有当垄断者将产出限制在竞争性水平之下时，才会对效率产生影响。

然而，波斯纳（Posner，1975）认为垄断利润同样代表了社会损失，因为垄断利润激励企业将现实的资源用于使自己成为垄断者。例如，企业会动用资源通过游说政府颁布某项限制进入的法律来使自己成为一个垄断者。利用企业的资源来雇用游说者、律师和经济学家在立法者面前宣传，对社会来说是一种成本，因为这些资源原本可以用于其他具有生产性的地方。

如果存在正的垄断利润，如图 4.2a 所示，企业为了成为垄断者所愿意支出的费用最多等于利润。当然，企业会尽量减少支出，但是获得垄断利润的机会使得企业为了保证获得垄断地位而使用最多等于垄断利
97 润的有价资源。[9]由于企业会为获取源自垄断的“租金”（垄断利润）而竞争，这种为获得政府创造的垄断利润的资源支出被称为**寻租**（rent

seeking)。

如果发生寻租，在计算垄断所造成的净损失时就必须包括企业试图成为垄断者所消耗的转移部分。这样，垄断的成本要大于哈伯格（Haberger）所计算的 $DWL$ 三角：损失等于 $DWL$ 三角至少加上部分垄断利润。

基于所有垄断利润都用于寻租的极端假设，波斯纳重新计算了受到管制和没有受到管制的垄断的净损失。他所计算出的净损失占收入的百分比超过了以往的估算。例如，波斯纳发现他所测算的一些产业（如机动车运输、医疗服务和石油）中净损失占收入的 30%。他发现由垄断（或者更一般地说，非竞争性定价）带来的很大一部分经济损失可直接追溯到使得某些企业脱离竞争的政府机构的存在。如果波斯纳的推断是正确的，近期许多政府管制（参见第 20 章）的解除将给社会带来可观的收益。

## 随需求弹性变化的垄断利润和净损失

垄断利润和 $DWL$ 三角取决于需求曲线的形状。我们用以下的线性需求曲线，

$$p=a-bQ$$

来说明垄断利润和净损失如何随着需求弹性的变动而发生变化。图 4.3 中的需求曲线的 $a=60$ 美元，$b=0.5$。给定不变的边际成本和平均成本，$MC=AC=10$ 美元，垄断者在价格 $p_m=35$ 美元的水平上出售 $Q_m=50$ 单位的产品，其中需求弹性为 $-1.4$。垄断者的利润为区域 $A=1\ 250$ 美元，净损失为区域 $D=625$ 美元。[10]

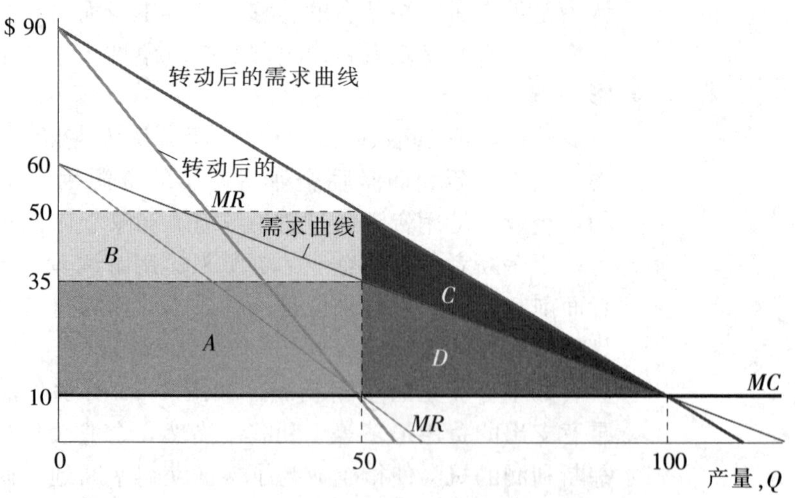


图 4.3　随需求弹性变化的垄断利润和净损失

我们现在转动需求曲线来变动需求弹性。需求曲线围绕它与 $MC$ 线相交的点（100 单位）转动。也就是说，对于考察的所有需求曲线，如果价格有效地设定在 $MC=10$ 美元的点，那么消费者购买量为 100 单位。由于需求曲线是线性的，边际收益曲线也是线性的，并且它与水平的 $MC$ 线的交点正好在需求曲线与 $MC$ 交点的一半距离处。这样，利润最大化的垄断均衡产量 50 单位的产品在转动需求曲线时就不会发生变化。

98 图 4.3 中转动后的需求曲线与价格轴的交点为 90 美元，高于原来的 60 美元。转动后的需求曲线与价格轴的交点为 90 美元。垄断者出售的产量和以前一样，为 50 单位，但是在更高的价格水平 50 美元上出售，因此需求曲线的弹性（绝对值）从−1.40 变为−1.25（弹性减小），如表 4.1 所示。垄断利润增加到 $A+B=2\ 000$ 美元，净损失增加到 $C+D=1\ 000$ 美元。

**表 4.1　随需求的价格弹性变化的垄断利润和净损失**

| 需求曲线和价格轴的交点（美元） | $Q=50$ 时的需求弹性 | 垄断价格（美元） | 净损失（美元） | 垄断利润（美元） |
|---|---|---|---|---|
| 30 | −2.00 | 20 | 250 | 500 |
| 60 | −1.40 | 35 | 625 | 1 250 |
| 90 | −1.25 | 50 | 1 000 | 2 000 |
| 120 | −1.18 | 65 | 1 375 | 2 750 |
| 150 | −1.14 | 80 | 1 750 | 3 500 |

99 随着需求曲线在垄断均衡水平上变得更加缺乏弹性，消费者更不愿意弃该产品而去：价格的上升所引起的购买量的减少将小于需求更富有弹性的时候。意识到这一机会的垄断企业就会抬高均衡价格来获得更多的垄断利润。随着需求曲线在给定产量时更为陡峭（需求更加缺乏弹性），净损失也会增加。

## 垄断的收益

垄断的福利损失可以被几种收益抵消。前面我们在进行净损失计算的静态分析时忽略了这些收益。例如，获得垄断利润的预期能促使企业开发新产品，改进老产品，或者发现能降低成本的生产方法。如果不是为了获得垄断利润，企业创新就会减少。

在研发过程中，我们能清楚地看到垄断的收益（参见第 16 章）。如果企业成功开发新产品，它可以获得专利，在固定年限内阻止其他企业使用专利技术，美国现有的专利保护年限为 20 年。如果没有专利，进行创新的企业会发现：在数周内，其他企业也能复制生产新产品，那么创新企业就不能获得超过竞争性水平的利润，同时将无法弥补研发过程中的支出。复制产品的企业却不需要弥补研发成本。其他企业复制新产品的能力使得进行创新的企业失去了投资与研发的动力。专利机制就是试图通过赋予创新企业独家产权，以商业地利用其创新的办法来解决这个问题的。

自然，如果垄断没有可用于抵消的收益，竞争就更为可取。例如，如果一个竞争性市场中的全部企业决定合并，而且如果合并不会导致更为有效的市场，那么最后的结果只能是垄断的形成。只要新企业的进入需要时间，在位企业的定价就可以高于它们的边际成本。由于这样的行为不能产生收益，所以类似的行为应受到限制。美国司法部和联邦贸易委员会的责任之一就是仔细审查每一次兼并，以确保兼并所产生的效用并不是简单地提高消费者所要面对的价格。

## 垄断的建立和维持

一个企业可以有多种方法成为垄断者并保持垄断。一种可能性是所有企业实施兼并（合并成一个企业），或是像垄断者一样联合行动。我们在第 5 章和案例 4.2 中详细讨论了这种可能性。另一种可能性是企业采取战略行为来阻止其他企业的进入，正如我们在第 11 章和案例 4.3 中所讨论的。这里，我们研究企业建立和保持垄断的其他三种原因：企
100 业具有专有知识，政府采取阻止进入的方式对其进行保护，或市场要求一个企业的规模只有足够大才能有利可图地运营。

---

**案例 4.2** ☞

### 通过兼并产生的垄断

**美国**

2001 年，联邦贸易委员会（Federal Trade Commission，FTC）起诉赫斯特公司（Hearst）非法垄断医药企业和医院使用的药品数据库。按照 FTC 的说法，赫斯特公司收购了其数据公司——第一数据银行的唯一的主要竞争对手梅迪-斯潘（Medi-Span）公司。FTC 认为赫斯特公司在兼并前的反垄断调查中隐藏了必要的信息。根据 FTC 和一家药业管理公司 Express Scripts 的指控，赫斯特公司在收购梅迪-斯潘之后提高了价格，一些产品的价格翻了一番，而另一些则上涨为原来的三倍。在与 FTC 达成的解决方案中，赫斯特公司同意返还 1 900 万美元给消费者。后来，在 2002 年赫斯特公司支付给 Express Scripts 公司和其他反垄断案中的被告超过 2 600 万美元。

**南非**

南非啤酒公司控制了南非 98% 的啤酒销售，其拥有 14 个品牌，包括城堡、莱

恩、喜力、吉尼斯、阿姆斯特尔和卡林黑带（Castle，Lion，Heineken，Guinness，Amstel and Carling Black Label）等。由于南非事实上没有反垄断法，该公司是在1979年由两家主要竞争对手兼并而成的。公司发言人宣称企业几乎没有市场势力，这是因为没有法律意义上的进入壁垒，市场是“完全可竞争的”。企业对分销渠道的控制或许对应于它有维持较高市场份额的能力。

资料来源：“FTC Accuses Hearst of Creating Monopoly,” *San Francisco Chronicle*, April 15, 2001: D2; “Hearst Settles Dispute with FTC,” *Milwaukee Journal Sentinel*, December 15, 2001: D1; Peter Shinkle, “Express Scripts Drops Antitrust Suit vs. Hearst; Maryland Heights Company with Share in FTC Settlement,” *St. Louis Post-Dispatch*, May 23, 2002: C11; Donald G. McNeil, Jr., “In South African Beer, Forget Market ‘Share’,” *New York Times*, August 27, 1997: C1, C4; Bernard Simon, “Private Sector; An Old School Brewer for Miller,” *New York Times*, February 2, 2003: 3.2.

**案例 4.3** ☞

### 控制核心成分

2000年，美国33个州的律师和联邦贸易委员会对迈兰（Mylan）实验室（以及它的供应商）的诉讼案以1亿美元罚款的判决告终。判决认为迈兰实验室控制了用来治疗老年性痴呆病人的两种关键药物，而后将氯氮平盐酸片剂的价格提高了3 000%多（从原来的每片2美分提高到75美分），将劳拉西泮片剂的价格提高了2 000%多（从原来的每片1美分提高到37美分）。

资料来源：www. state. ia. us/government/ag/mylan. htm.

## 知识优势

由于仅有一家企业知道如何生产某种特定的产品或是能以比其他企业更低的成本进行生产，这一企业就可能成为垄断者。企业具有的特有知识使其可以生产新的或是比其他企业更好的产品，而这样的产品其他企业不能模仿。企业会尽力为自己的特有知识保密，从而阻止竞争对手的模仿（参见案例4.4）。掌握重要秘密的企业面临向下的需求曲线，而且不怕竞争对手的进入或是近似替代品的引入。

**案例 4.4** ☞

### 阻止模仿——你会把猫挂在嘴上吗？

为什么人们会将实际上用羊肠做成的小提琴琴弦称为猫肠呢？一位名为伊拉斯莫的古罗马人（公元130年）首先使用羊肠来制作乐器的琴弦。随后需求开始增长。由于杀猫被认为是一种会带来厄运的行为，因此伊拉斯莫将其制作的产品称为猫肠，这样就没有人会模仿其制作的产品从而破坏他的垄断了。

资料来源：L. Boyd, “Grab Bag”, *San Francisco Chronicle*, October 27, 1984: 35.

101 同样，企业关于生产技术的特有知识使其能以比其他企业更低的成本进行生产，而其他企业却不能发现该高效率企业的生产技术。我们在图 4.4 中说明了这种可能性。最初，所有竞争性市场中的企业具有不变的边际成本 $m_1$，因此均衡价格 $p_1$ 等于 $m_1$，均衡产量为 $Q_1$。一个企业开发了一种新的生产技术，而且可以保守秘密，这种技术可以把边际成本从 $m_1$ 降低到 $m_0$。由于许多企业都能按价格 $m_1$ 生产和销售，企业面对的剩余需求曲线（给定价格下其他企业销售了它们想要卖出的全部产品后仍未满足的需求）到 $Q_1$ 为止是水平的 $p_1$（等于 $m_1$），超过 $Q_1$ 后（价格低于 $p_1$），剩余需求曲线和市场需求曲线重合，因为没有其他企业能在价格低于 $p_1$ 时仍然盈利。

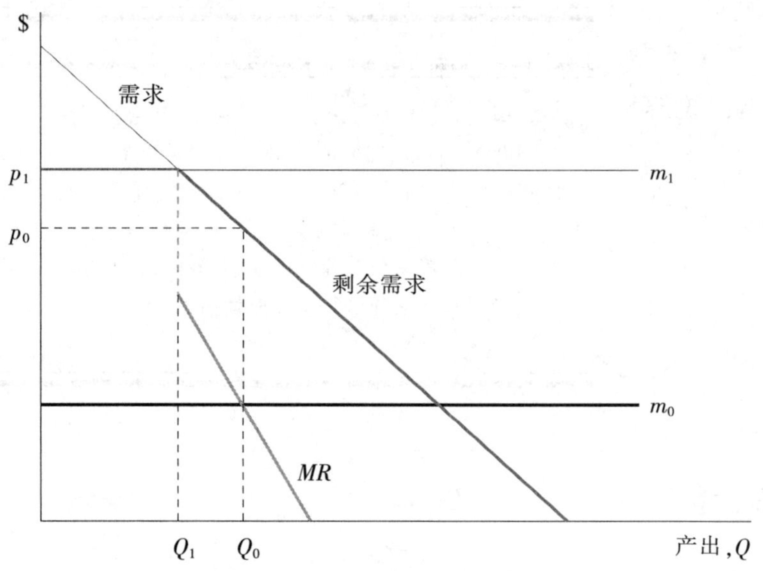


**图 4.4 通过效率得到的垄断**

如果 $m_0$ 接近 $m_1$，企业可以通过在价格等于 $p_1$ 处销售达到利润最大化。但是，如图 4.4 所示，如果 $m_0$ 远远低于 $m_1$，利润最大化的垄断价格可能会在 $m_1$ 之下、$m_0$ 之上的某处。由于剩余需求曲线在 $Q_1$ 处有折点，那么在 $Q_1$ 处相应的边际收益曲线是不连续的。当剩余需求曲线水平时，边际收益曲线是水平的，当剩余需求曲线向下倾斜时，边际收
102 益曲线就是向下的。为了最大化它的利润，拥有秘密生产过程的企业在边际收益等于边际成本的情况下生产 $Q_0$ 单位产出。企业将价格设定为 $p_0$，小于 $p_1=m_1$，使得没有其他企业能留在市场上。

## 政府制造的垄断

由于受到限制其他企业进入的政府保护，企业就可能成为垄断者。

例如，当企业发明了新产品，并且从技术角度看能够模仿时，政府就可能对其进行保护。在多数国家中，原始创新型企业可以在一段时间内获得政府提供的阻止其他企业模仿的法律保护。知识产权法，特别是专利法，授予发明新产品或新技术的企业以法定垄断。企业可以获得新产品的专利（参见第 16 章），使得其他企业在一段时间内无法复制其产品并和它展开竞争（参见案例 4.5）。

除了专利法以外，其他类型的政府行为（或政府禁令）对进入的限制也会制造并且维持垄断。政府通常限制进入，只允许几家企业进行生产，这就限制了常规竞争力量的进入，使得价格和利润不至于降为竞争性水平（参见案例 4.5）。

例如，在许多城市中，出租车的运营者必须购买营运执照，而这些数量一定的执照都是由当地政府出售的。在美国，通过对部分电磁频段排他性（垄断）权利的授予，使得电视台最初 30 年的电视转播至少价值 400 亿美元（Isé and Perloff，1997）。

103

**案例 4.5** ☞

### 保护垄断

依 1872 年法令建立的美国邮政署（U. S. Postal Service，USPS）垄断了邮件的发送。1971 年，USPS 开始提供快递服务。1979 年有关 1872 年法令的修正案打破了该机构对紧急邮件的垄断，明确了紧急的定义，即必须在次日中午前送达否则邮件将失去价值。但是 USPS 有权力决定什么样的邮件才是急件和什么不是。

邮政署在快递方面面临的竞争形势到底有多严峻呢？到 1994 年为止，USPS 在快递市场上的份额已经下跌到 15%以下。对邮政官员来说更加糟糕的是，联邦政府和联邦快递公司签订了单价为 3.75 美元的次日到达的政府包裹合同，大大低于邮政署次日快件 9.95 美元的费率。

USPS 开始反击。从 1990 年到 1993 年，邮政署以违犯 USPS 对邮件发送的法定垄断为由对 21 家公司进行罚款，这些公司由于通过诸如联邦快递、UPS 和 DHL 等私营公司传送“非急件”而受到惩罚，这些公司受到的罚款超过 54.2 万美元。

例如，位于亚特兰大的信用报告公司 Equifax Inc. 受到了 3 万美元的惩罚，用来补偿因其递送快件而给邮政署的常规邮政服务造成的损失。邮政官员们说他们每 1 美元的执法成本获得了 4 美元流失收入的补偿。

1994 年，USPS 发布了邮政监督部门的审计结果，发现五个联邦部门——联邦事务服务总局（General Services Administration，GSA）、农业部、卫生及人类署、财政部和能源部——由于借助于联邦快递公司传递时间限制不甚严格的邮件而违反了 USPS 对一级邮件的垄断。

在与联邦快递公司的头两年合同中，这些部门的邮件占据了 430 万由联邦快递运送的联邦政府邮件中的三分之一，报告警告这些部门“对邮件负有重大责任”——邮政署本应得到这份收入。USPS 并没有对这些邮资要求任何支付，但是邮政部门要求 GSA 对联邦邮件收发室的工作人员进行培训，让他们了解什么样的材料才能送给联邦快递公司邮寄。

以有关 USPS 对私营公司罚款的新闻报道和联邦机构的压力为武器，愤怒的私营公司向国会申诉要求停止邮政署的垄断。迫于公众形象受损的顾虑和国会压力，USPS宣布它将停止对商业性次日到达服务的检查，并且停止对联邦部门的抱怨，从而皆大欢喜。

资料来源：Michael A. Goldstein, "Can the U. S. Postal Service Market Itself to Success?" *Los Angeles Times Magazine*, December 22, 1996: 14; Bloomberg News, "UPS Aims to Curb Postal Service Monopoly," *The Dallas Morning News*, April 14, 1998: 9D; Bill McAllister. "Must It Get There Overnight?: Agencies Improperly Bypassing Postal Service, Inspectors Report," *Washington Post*, January 12, 1994: A17; "Private Couriers and Postal Service Slug It Out," *New York Times*, February 14, 1994: D2.

104 直到不久以前，美国才要求希望建造治疗设施的人必须获得执照，需要证明新设施建立的必要性。早期的进入者能够使用这些法律增加潜在竞争者的进入难度。这些法律的实施在某种程度上帮助美国和英国精神病防治体系中社区精神病治疗中心的年收入增长率从1969年的15%上升到1985年的30%。[11]

同样，贸易壁垒可以用来阻止进入。例如，1992年，垄断安大略省啤酒销售的安大略酒类控制委员会宣布了针对美国啤酒进口的禁令。同样，中国对外国进口的香烟征收了230%的关税（针对外国产品的税收），以保护中国烟草总公司。[12]

## 自然垄断

在一些市场中，由一个企业生产所有的产出将最为有效。如果两个或两个以上的企业代替一个企业进行生产，总成本将会上升。在一个市场中存在的单个企业被称为**自然垄断**（natural monopoly）。

如果一家企业生产$Q$单位产品的成本小于两家或两家以上企业生产的成本，那么该企业是自然垄断的。令$q_1$，…，$q_k$为$k$（$k \geqslant 2$）个企业的产出，该市场中所有企业生产同质产品，因此市场总产出为各企业产出的加总，$Q = q_1 + \cdots + q_k$。如果每个企业的成本函数为$C(q_i)$，一个企业生产$Q$单位产品的成本小于$k$个企业生产成本之和，即

$$C(Q) < C(q_1) + C(q_2) + \cdots + C(q_k)$$

那么成本最低（最有效）的生产方式是一个企业生产所有$Q$单位的产出。如果上述不等式成立，那么我们说成本函数在$Q$处是*次可加的*，成本的次可加性是自然垄断存在的必要条件（Sharkey，1982；Baumol，Panzar and Willig，1982）。

一个自然垄断者通常在其运营区域内具有递减的平均成本，不变或递减的边际成本。一条严格递减的平均成本曲线意味着次可加性（尽管逆命题不一定成立）。

假设自然垄断的平均成本曲线是向下的，企业可以用每单位 10 美元的平均成本生产 100 单位的产品。企业生产的总成本为 1 000 美元。现在假设具有同样成本的第二家企业进入市场。如果每个企业都生产 50 单位产品，由于平均成本曲线是向下的，因此它们的平均生产成本要
105 比原来高。如果假设平均成本为 15 美元，它们生产 100 单位的联合总成本为 1 500 美元。因此，单个企业可以用更低的成本生产 100 单位产品。

人们通常认为（但是可能不正确）电力、天然气、电话和有线电视是自然垄断的。为一个家庭或企业提供电力或电话具有相对较高的固定成本，但是提供服务的边际成本是不变的或递减的。因此，边际成本不变或递减，平均成本随着产出的增加而递减。[13]

如果生产处处存在规模经济，那么平均成本随着产出的增加而下降，在任何给定的产出水平，一家企业生产的成本要小于多家企业生产该产量的联合成本。因此，当平均成本随着产出增加而下降时，也就存在自然垄断。例如，如果 U 形平均成本曲线在产出 100 单位时达到最低点，那么即使平均成本随着产出增加会上升，一家企业生产第 101 个单位的产品也是最有效率的。因此，规模经济是自然垄断存在的充分条件，但不是必要条件。[14]

## 利润和垄断

许多人把高利润和自然垄断或缺少竞争相联系，把正常利润和竞争相联系，而把损失和过度竞争相联系。尽管这些看法都有一定的道理，但没有一种观点是正确的。现在，我们通过回答三个问题来表明为什么这些观点是不正确的：（1）任何获得正利润的企业都是垄断者吗？（2）垄断企业总能获得正利润吗？（3）政府应该允许在一个正遭受短期亏损的市场上通过兼并来形成垄断吗？

### 任何获得正利润的企业都是垄断者吗？

尽管一家垄断企业可以获得正利润，但并不能说所有获得正利润的企业都是垄断者。前一章讨论了如土地等类稀缺资源获得租金的可能性。例如，一个拥有特定的生产性土地的小麦种植者能够得到不少利润。这一利润被归因于其拥有土地的所有权，进而被称为租金。农
106 场主具有竞争性，他们将价格视为给定，在价格等于边际成本的情况

下生产。这样的农场是一个竞争性企业；生产要素的租金并不意味着垄断。只要产出不受限制以致价格等于边际成本，就不存在市场势力。稀缺资源可以要求非常高的价格，拥有这些资源的所有者可以获得收益。例如，尽管体育明星并不是限制产出的垄断者，但他们照样能获得高工资（租金）。

## 垄断企业总能获得正利润吗?

尽管垄断企业获得的利润高于竞争性企业，但这并不说明垄断企业总能获得正利润。从短期来看，垄断者可能像竞争性企业一样承受亏损。一个垄断者在面临突然下降的需求时，即使它在短期内承受损失（价格低于平均成本），但是只要价格高于其平均可变成本，它仍会继续经营。市场中的亏损并不意味着竞争性。从长期来看，当不存在沉没成本时，如果在市场中继续经营只有亏损，那么企业就会停止经营。

和竞争性市场一样，垄断企业遭受亏损的时间长度取决于短期究竟有多长——厂房和设备要花多长时间损耗完，使得企业不得不更换它们。在某些市场中，短期可能会很长。例如，铁路可以使用数年甚至几十年。因此，可以想象一条垄断性的铁路可能在决定退出行业之前，长时间获得的是负利润。

简而言之，从长期来看，竞争性企业获得零经济利润，而垄断企业获得正利润。在短期内，竞争性企业和垄断企业都可能亏损或盈利。

## 通过兼并形成垄断是消除短期亏损的理想方法吗?

使企业成为一个垄断者的兼并能消除竞争，并使兼并后企业能利用市场势力，从而抬高价格，消除亏损。因此，在一个所有企业都亏损的
107 市场中，企业常常会因为这一点而要求兼并（参见案例 4.6）。兼并的动机具有某种逻辑上的吸引力——如果兼并能消除亏损，或许兼并的发生就是有效的。但是，这样的兼并对社会有害！

如果兼并使得企业可以在短期内把价格提高到高于竞争状态下的价格水平，那么兼并对社会来说存在净损失。导致短期亏损的短期内沉没成本的存在不能通过兼并来消除。兼并只是改变了企业面对的竞争的激烈程度。由于兼并并不能消除沉没成本，允许企业通过兼并形成垄断从而提高价格是没有效率的。

**案例 4.6**

### 欧盟允许通过兼并消除亏损

2003 年，欧盟允许鲁珀特·默多克（Rupert Murdoch）的新闻公司兼并了拥有意大利 2/3 付费电视客户的 Telepiu 公司，默多克用他自己拥有的意大利付费电视企业 Stream 与 Telepiu 合并形成了新企业 Sky 公司。欧盟竞争委员会委员马里奥·蒙蒂承认他的决定“将会形成意大利市场的准垄断效果”。他为自己的行为申辩说，一个弱的商业环境只为一个企业在市场中留有生存空间，因为 Stream 公司和 Telepiu公司都在亏损。

资料来源：Raf Casert，“EU Commission Allows Murdoch's News Corp. to Forge ‘Quasi-Monopoly’ in Italian Pay TV，” Associated Press，April 2，2003.

# 买方垄断

市场中只有唯一的买者称为**买方垄断**（monopsony)。垄断买主有关购买量的决策将影响它支付的价格（正如一个垄断者有关产出的选择会影响它得到的价格)。垄断买主通过选择市场供给曲线上的价格—产量组合来决定购买的数量。买方垄断正好是卖方垄断的反面。垄断买主和垄断卖主都认识到它们的行为会影响市场价格。

垄断买主决定购买多少的方式与垄断卖主决定生产多少的方式几乎相同。只要由需求曲线决定的额外消费的价值等于或超过再多消费 1 单位的边际成本，垄断买主就会购买更多的产品。

如果有一个完全竞争的劳动力市场，每个厂商将工资率视为给定的，多雇用一个工人的边际成本正好等于工资率。现在假设只有一个本
108 地的雇用者（劳动力服务的购买者)：一个垄断买主。如图 4.5 所示，它面临着向上倾斜的劳动供给曲线。为了多雇用一个工人，垄断买主不仅要付出更高的工资，而且要提高他付给所雇用的其他劳动者的工资，因为只有提高工资才能吸引额外的劳动力。

如果为了吸引最后一个它所要雇用的工人，垄断买主必须把工资从 5 美元提高到 6 美元，垄断买主多雇用一个工人的额外成本不是 6 美元，而是 6 美元加上必须给每个已在岗工人多付出的 1 美元。如果原来有 100 个工人，那么总工资将从 500 美元上升到 606 美元，增加了 106 美元。垄断买主意识到它多雇用一个工人的边际成本是 106 美元而非 6 美元，从而在决定是否多雇用工人时把这点加以考虑。只有当需求曲线给出的边际收益超过多雇用一个工人的边际成本时，垄断买主才会雇用这个额外的工人。

垄断买主多购买部分（多雇用的工人）的边际成本可以被描述为一

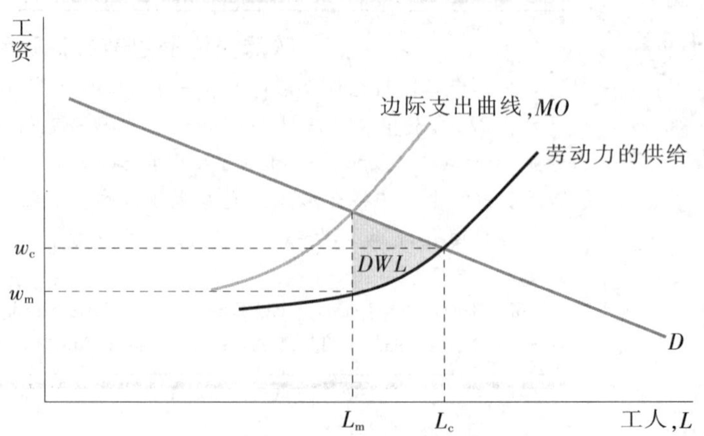


**图 4.5 买方垄断的净损失**

条**边际支出曲线**（marginal outlay schedule），这条曲线与边际收益曲线相似。如图 4.5 所示，边际支出曲线位于向上倾斜的供给曲线之上，因为垄断买主必须为了多雇用一个工人而提高所有工人的工资。一个利润最大化的垄断厂商雇用 $L_m$ 个工人，在这一点上，由它的需求曲线决定的边际收益等于边际支出。由于边际支出曲线位于供给曲线的上方，垄断买主雇用 $L_m$ 个工人，少于完全竞争情况下雇用的工人数 $L_c$（由需求曲线与供给曲线的交点决定）。换句话说，垄断买主就像垄断企业一样限制产出。

买主垄断的工资率 $w_m$ 低于竞争性水平下的工资率 $w_c$。利用类似于市场势力的定义，我们可以把垄断买主的势力定义为能够把工资（或其他投入品价格）定在竞争性水平之下从而获得利益的能力。在图 4.5 中的买方垄断解（$L_m$，$w_m$）处，需求曲线和供给曲线之间存在距离。需求曲线（代表社会消费的边际收益）和供给曲线（代表社会的边际成本）之间的差异反映了效率的损失。买方垄断的净损失三角（见图 4.5）类似于垄断企业导致的净损失（见图 4.2a）。

大多数劳动经济学家认为美国很少存在买主垄断的劳动力市场，案例 4.7 阐述了这样的一个市场。最常见的劳动力市场的买方垄断的例子包括由单一公司形成的城镇、地方性劳动力市场和体育联盟。例如，一个一流的棒球选手要想在美国打球，就只能为属于美国联盟或是全国联盟的某支球队效力。在美国，这些球队联合起来成为雇用一流棒球选手的唯一买主。在它们相互同意不争夺选手的情况下，它们获得了买方垄断的力量。为了抵消这种力量，棒球选手可以组成工会，以便在出售他们的劳动服务时获得垄断势力。

在资源只具有不多几种的专门用途的市场上，最可能存在买方垄断。不过，即使资源最初只能有一种专门的用途，如客户定制的机器（或是位于某一特定地点的服务于单一买主的厂房），买方垄断也不会在长期内维持。原因在于如果与制造其他机器（或在其他地方建造厂房）所得到的收益相比，回报减少了，那么就没有人愿意制造新的客户定制的机器（或新投资于一栋厂房）。换句话说，从长期看没有什么资源是专门化的，因而也就不太可能有长期持续的垄断买主。

109

**案例 4.7** ☞

### 牧师的买方垄断

新闻报纸不断引用来自教堂内外的消息，喋喋不休地报道天主教牧师的短缺问题。1960—2000 年，即使 55%的新天主教徒加入了当地的教区，但牧师的数量仍然减少了 13%。令人惊讶的是，其他的宗教并没有出现“神职人员的短缺”。

为什么不同的教会之间会有如此差异？是因为潜在神职人员信仰的转变还是其他因素？丹尼尔·康登（Daniel Condon，2002）认为差异是因为天主教教堂存在买方垄断力量，而其他教堂和犹太教会允许存在活跃的神职人员竞争性市场。单个的天主教会不存在神职人员的竞争，因为他们的人员是由上一级教会机构（主教辖区）指派的。尽管富裕教区的牧师会因为提供婚礼和葬礼的有关服务得到大笔资金，但不同教区之间的收入差异并不大。*

康登的测算认为天主教神职人员的工资要比非天主教的神职人员少 41%，这种差异主要来自受教育程度、经验、地点的不同以及是否享用免费住房。他认为（p. 894）真正的差异在于“人们通常认为雇用天主教人员需要更多的货币补贴”。

* 天主教大学的专业人员面临更大的问题。对他们来说，问题来自于是谋求公共职务还是教区职务。

另一种解释上述观点的方式如下。如果从长期看资源并不是专门用于某一市场，那么长期供给曲线就会趋于平坦（富有弹性）。正如我们在第 3 章中所阐述的，当我们所研究的市场使用的某种资源占该资源市场投入的总消费量中很小的一部分时，最有可能出现平坦的长期供给曲线。由于价格不能被压低到低于竞争性水平，因此如果长期供给曲线是平坦的，那么长期买方垄断势力就不可能存在。

如果长期供给曲线平坦，甚至在短期内也不可能存在任何买方垄断势力。假设在企业进入市场之前，它所拥有的资源具有多种用途。在进入该行业之后，企业把机器的使用专门化了，因此几乎没有其他用途可供选择。假设当每单位产量能获得 10 美元（也就是长期平均成本）时，
110 企业只能进入特定的市场，唯一的垄断买主愿意支付 10 美元。企业进入后，至少在一段时间内，它要配置只适用于这一特定市场的专门机器。如果垄断买主将价格降为 9 美元，企业立即退出是不合算的。但是当专门化了的机器损耗完后，企业就不会再进行更新，而垄断买主最终会找不到任何一个愿意提供产品的企业。即使买主再次许诺以每单位 10 美元的价格来吸引供给者进入，鉴于其以前的行为，没有企业会相信它的承诺。因此，对于一个关心长期供给来源的买者来说，短期买方垄断势力的行使可能并不合算。

## 面临竞争性边缘进入的主导企业

> 大猩猩在哪里睡觉？
> 在任何它们想睡的地方。

对一个垄断者而言，如果其他较高成本的企业进入它的市场会发生什么事情呢？或者，一个类似的问题是，如果一个成本较低的企业进入一个有许多价格接受者、成本较高的企业的市场，会出现什么情况呢？进入以后，成本较低的企业就会拥有一个相对较大的市场份额。如果一个企业是价格设定者，面对价格接受的小企业，该企业被称为**主导企业**（dominant firm）。它通常拥有较大的市场份额。价格接受的小企业被称为**边缘企业**（fringe firm），虽然这些企业加起来可能会占有相当大的市场份额，但每家都只具有较小的市场份额。

一家企业占有整个市场大部分销售额的产业是非常普遍的。例如，柯达在胶卷市场中的份额高达65%[15]，惠普在激光打印机销售中的份额为59%。

我们首先讨论企业的主导地位是如何形成的，而后分析进入将如何限制主导企业的市场势力。我们将考察两种极端情况。在第一种情况下，其他企业的进入是不可能的。在第二种情况下，竞争性边缘企业的进入是瞬间发生的。分析表明主导企业的价格设定行为依赖于边缘企业进入的难易程度。

我们得出了两个主要结论。首先，一般说来，把价格设定得非常低，使得所有竞争性边缘企业退出市场的行为并不符合主导企业利润最大化的目标。其次，竞争性边缘企业的出现或者其他企业的进入威胁使得主导企业设定的价格比垄断企业的要低（参见案例4.8）。

如果大量价格接受企业能够进入市场，那么主导企业就不能继续索取高于这些新企业最低平均成本的价格了。事实上，如果潜在进入者的成本和主导企业同样低，那么主导企业最终就不会拥有比其他企业更强的市场势力。

111

**案例 4.8** ☞

**价格伞**

人们通常推测主导企业会为小企业提供价格伞。只要竞争性企业的价格和主导企业一样，或者低于主导企业的价格水平，它们就会找到买者。如果边缘企业的产品是劣质的（用法律语言来说就是因为它们是风险性的），那么它们将不得不把价格定得大幅度低于主导企业的价格。

在许多国家中，电话垄断者的定价要高于美国的两倍，竞争使得美国的电话费率相对较低。这一价格差异给垄断者制造了问题。

"回叫"服务为一些顾客提供了避免支付高额垄断价格的方法。在美国，回叫业务提供一个"触发"号码，该号码与美国的一台计算机相连。顾客使用垄断运营商的线路呼叫该号码并在接通之前挂断，这样顾客就可以因电话并未接通而不必付费。计算机会回叫顾客并提供一个美国的拨号号码，使用该拨号可以呼叫世界各地的电话，但是其资费却远远低于垄断价格。在一些情况下，回叫业务的费率甚至低于本地电话的价格。有数百家美国公司提供该种业务，而且使用率随着时间推移呈指数增长。据报道，由于回叫和因特网业务，加纳的垄断者每星期损失100万美元。

为了保护本地垄断者，许多国家的政府，包括阿根廷、加拿大的西北地区、中国、马来西亚、沙特阿拉伯、韩国和乌干达等都在试图阻断该业务。美国的运营商相信它们不受当地法律的管辖。例如，Kallback公司提供的一种服务是基于区号的，当乌干达以区号为对象限制了所有通往西雅图和华盛顿的呼叫时，公司可以通过别的地区来绕道发送呼叫。在其他国家试图通过筛选用于完成通话的接续音来识别并阻止该服务时，Kallback添加了一种语音识别系统。正如一个公司的发言人所说："这是一个猫捉老鼠的游戏，充满乐趣。"

资料来源："Don't Call US," *The Economist*, 338 (7947), January 6, 1996: 55; www.kallback.com; "Telecom Loses $1m a Week, Communications Experts Say," *Ghanaian Chronicle*, February 7, 2003.

## 为什么一些企业能成为主导者

*所有动物一律平等，但有些动物比其他动物更平等。*

——*乔治·奥韦尔*（George Orwell）

为什么一些企业可以获得市场势力，而另一些却不能呢？至少有三种可能的原因导致出现这种主导企业—竞争性边缘企业的市场结构。

112 第一种原因是**主导企业比边缘企业具有更低的成本**。至少有四个主要的原因会导致低成本：

- 一家企业比其竞争对手更有效率。例如，企业具有更好的管理方法或更先进的技术，使其可以以较低的成本进行生产。专利可以保护这样的技术优势。
- 某一行业中较早的进入者，通过"干中学"掌握如何更有效地生产从而降低成本。
- 早期进入者有时间发展到最优规模（考虑到调整成本），以便从规模经济中获益。通过把固定成本分摊到更多的单位产出，企业可以比新进入者具有更低的平均成本。
- 政府会支持在位企业。美国邮政署不用支付税收或是高速公路使用费，因此，相对于其他提供竞争性包裹递送服务的公司来说，其拥有更低成本的优势。

第二种重要原因是在一个每个企业都生产差异性产品的市场上，主导企业具有更为优越的产品。这种优越性可能是进入市场的时间较长而产生的商誉，或通过广告而得到的声望。

第三种原因是一群企业会作为主导企业采取联合行动。正如第5章中所表明的，市场中的一群企业有协调行动来提高它们利润的动机。一个明显采取联合行动来促进其达到最佳利益的企业群体被称为卡特尔。如果市场中所有企业协调各自的行为，那么卡特尔实际上就是一个垄断者；如果只有部分企业联合行动，那么这群企业就成为面对不合作竞争性边缘企业的主导企业。

主导企业的一个例子是菲律宾的椰子油生产商，面临作为价格接受者的其他国家的边缘企业，这些生产商采取联合行动组成卡特尔。该菲律宾卡特尔占有世界出口市场的近五分之四，具有主导企业的市场势力，其勒纳指数为0.89（Buschena and Perloff，1991）。

从长期来看，主导企业是否能实施市场势力的关键之处取决于能进入市场的企业数量、这些企业的生产成本和主导企业相比的情况，以及进入的速度。我们现在研究基于两个有关进入难易程度的极端假设的主导企业—竞争性边缘企业模型。

## 无进入模型

考虑某一个只有一个主导企业和一个竞争性边缘企业的市场，没有其他边缘企业能够进入市场。从对这个模型的分析中，我们可以得到两个关键的结论：（1）作为市场中的游击队比仅仅作为边缘企业更有利可图；（2）边缘者的存在限制了主导企业的市场势力，也就是说，作为市场中的唯一企业（垄断者）比仅仅作为主导企业更有利可图。

**假设**。这个无进入模型建立在五个关键假设之上：

113 1. 由于较低的生产成本，因而存在一个企业，其规模远远大于其他任何企业。虽然有些市场中存在一组相对较大的企业而不是单个主导企业，但为了简单起见，我们主要关注单个主导企业的情况。

2. 除了主导企业以外的所有企业都是价格接受者，这些企业通过设定边际成本等于市场价格（$p$）来决定产出水平。

3. 竞争性边缘企业的数量（$n$）是固定的：没有新的进入发生。也就是说，主导企业知道它抬高市场价格不会引起新企业进入市场或是现有企业增建厂房。

4. 主导企业知道市场需求曲线 $D(p)$。每个企业生产同样的产品，因此市场上只存在一种价格。

5. 主导企业可以推测在任一给定价格下竞争性边缘企业的产量；也就是说，主导企业知道竞争性边缘企业的供给曲线 $S$（$p$）。

前三个假设决定了市场中有一个面临不多于 $n$ 个边缘企业的主导企业。后两个假设保证了主导企业了解足够的信息，使其能够确定最优产出水平。

**主导企业的推理**。假设你经营主导企业。你会如何选择产出水平呢？由于你的公司规模巨大，你可以通过限制产出来提高市场价格。遗憾的是，随着主导企业产量的减少和价格的上升，由于边缘企业的供给曲线 $S$（$p$）随着价格 $p$ 的上升而上升，竞争性边缘企业的产出会增加。因此，市场产出的减少比你所希望的要少，市场价格也没有抬高到拥有垄断地位的企业所能做到的水平。

这样，你的主导企业的问题远比垄断企业复杂。垄断企业只需要考虑市场需求曲线（及其对应的边际收益曲线）和它的边际成本曲线来决定其利润最大化水平的产出。相反，你的主导企业不仅要考虑这些因素，而且要考虑竞争性边缘企业对你的行为所做出的反应。

为了最大化你的利润，在设定自己的政策时必须考虑竞争性边缘企业的行为。计算你的最优价格水平的简便方法是按以下的步骤思考：由于缺乏阻止竞争性边缘企业行为的能力，就让边缘企业在你所确定的市场价格下想卖多少就卖多少。只要不在极高的价格水平上，竞争性边缘企业的产量就不能满足所有的市场需求。那么你的主导企业相对于剩余需求来说就处于垄断者的位置。因此，你可以通过两步来确定最优产出。首先确定你的企业的剩余需求曲线，然后针对该剩余需求曲线采取垄断者的行为。这样的两步程序可以用图形来说明。

**主导企业行为的图形分析**。第一步是确定主导企业所面对的长期剩余需求曲线。图 4.6 给出了两张图：图 a 表示一个典型的竞争性边缘企业和所有竞争性边缘企业的情况，图 b 代表主导企业的情况。

114 左侧的图 4.6a 表明了市场需求曲线 $D$（$p$）和一个典型的价格接受的竞争性边缘企业的供给曲线。边缘企业的供给曲线是自其平均成本曲线的最小点（$\overline{p}$）往上的边际成本曲线。也就是说，边缘企业停产点的价格是 $\overline{p}$。如果价格高于 $\overline{p}$，每个边缘企业获得正的经济利润。当价格为 $\overline{p}$ 时，每家边缘企业都获得零利润，在停产或是继续开工方面没有区别。[16] 当价格低于 $\overline{p}$ 时，每家企业都会停产，主导企业成为垄断者。

如图 4.6 所示，竞争性边缘企业的供给曲线 $S$（$p$）是单个边缘企业供给曲线的水平叠加。也就是说，$S$（$p$）$=nq_f$（$p$），其中，$n$ 为企业的数量；$q_f$ 为一个典型边缘企业的产量。

115 主导企业的剩余需求曲线是市场需求曲线和竞争性边缘企业供给曲

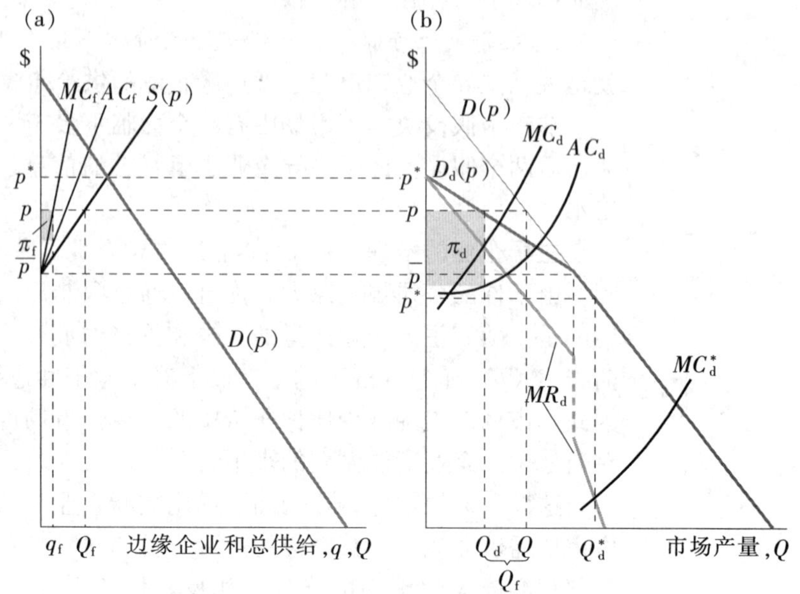


**图 4.6 主导企业和竞争性边缘企业**

线的水平差额：$D_d(p)=D(p)-S(p)$。

在图 4.6b 中，市场需求曲线（$D(p)$）在价格高于 $\overline{p}$ 处高于剩余需求曲线（$D_d(p)$），在价格低于 $\overline{p}$ 处等于剩余需求曲线。也就是说，如果价格高于 $\overline{p}$，边缘企业可以满足部分或全部的市场需求，但是如果价格低于 $\overline{p}$，那么它们会退出市场，把全部需求留给主导企业。当价格为 $p^*$ 时，边缘企业供给的产量等于市场需求，因此主导企业没有剩余需求。

主导企业通过设定在边际成本等于边际收益处的价格（或产出水平）来最大化利润。主导企业的边际收益曲线（$MR_d$）源于其剩余需求曲线，并包含两个明显区分开的部分。如果竞争性边缘企业生产正的产出水平，那么主导企业的剩余需求曲线在市场需求曲线之下（也更为平坦）。在这一区域内，主导企业的边际收益曲线 $MR_d$ 比它在剩余需求曲线与市场需求曲线相重合的区域更平坦。在剩余需求曲线与市场需求曲线相交点，边际收益曲线的两部分之间存在不连续的跳跃。

对于剩余需求来说，主导企业可以像垄断者一样行动；它确定价格（或产出）使得边际成本等于边际收益。由于边际收益曲线由两部分组成，因此有两种可能的均衡，出现哪种均衡依赖于主导企业的成本曲线。

我们现在考虑两种类型的市场：

1. 主导企业设定高价格，获得经济利润，边缘企业也获得利润或者保本。

2. 主导企业设定低价格，边缘企业为了避免损失退出市场。主导企业成为垄断者。

## 主导企业—竞争性边缘企业均衡

如果主导企业的成本只是略微低于边缘企业的成本，那么会产生第一种类型的均衡。[17] 如图 4.6b 所示，主导企业的边际成本曲线 $MC_d$ 和边际收益曲线 $MR_d$ 在其第一个向下倾斜的部分相交。

主导企业在价格 $p$ 处（产出水平 $Q_d$ 处剩余需求曲线的高度）选择产出水平 $Q_d$。当价格水平为 $p$ 时，市场需求 $Q$ 和主导企业产出 $Q_d$ 之间的差额是竞争性边缘企业的供给 $Q_f$（如图 4.6a，4.6b 所示）。如果
116 主导企业拥有这样的成本，那么它就不会把竞争性边缘者逐出市场。它自己的利润在这样的价格上达到最大，而竞争性企业能够获得正利润。

在大多数市场中，正的经济利润会吸引新进入者。但是，在这一市场中，没有新企业进入（通过假设保证），因此主导企业和竞争性边缘企业可以永远获得正利润。在图 4.6b 中，主导企业的利润为 $\pi_d$。典型边缘企业的利润为正（因为 $p>\bar{p}$），在图 4.6a 中表示为 $\pi_f$。由于主导企业的平均成本低于边缘企业（最小点 $AC_d<\bar{p}$），主导企业每单位产品获得更多的利润（平均利润），同时它比单个竞争性企业销售了更多的产品，因此必然获得更多的总利润。

这样，主导企业可以通过设定高价而最大化利润，但它的部分市场份额被竞争性边缘企业所占有。即使可以增加自己的产品销售量，但主导企业把价格设定到足以驱逐所有边缘企业的程度仍是没有意义的。毕竟，几乎没有哪个精明的生意人会接受这样的观点："我虽然在每单位上损失了，但可以用销量的增加来弥补。"

主导企业获得的利润比它是一个垄断者且不存在边缘企业时要少。边缘企业的存在只会损害主导企业，而有利于消费者。例如，1993 年，控制日本全部个人电脑销量半数的 NEC 公司由于受到来自美国的边缘企业日益激烈的竞争，不得不把价格降了将近一半。

**作为垄断者的主导企业**。现在假设相对于边缘企业来说，主导企业具有非常低的成本，这样它的边际成本曲线就是图 4.6b 中的 $MC_d^*$。我们可以发现 $MC_d^*$ 与 $MR_d$ 相交于 $MR_d$ 的两个向下倾斜段中较低的那段。主导企业以价格 $p^*$（剩余需求曲线在产量水平 $Q_d^*$ 处的高度）生产 $Q_d^*$ 单位的产品。由于 $p^*$ 低于边缘企业的停产点（$\bar{p}$=它们的最小平均成本），边缘企业不进行生产（$Q_f^*=0$）。因此，市场产出 $Q^*$ 等于主导企业的产量 $Q_d^*$。

主导企业设定垄断价格，没有竞争性边缘企业进入。主导企业满足了全部市场需求，不受边缘者的阻碍，因此是一个垄断者。它具有

垄断地位的原因是 $MC_d^*$ 与 $MR_d$ 同市场需求曲线相关的那一部分边际收益曲线相交。也就是说，垄断价格低于 $\bar{p}$，因此没有边缘企业愿意生产。

## 自由、即时进入模型

如果存在不受限制的进入，一个主导企业就不能像在进入受到限制或是被阻止的时候那样设定高价格。现在，除了无限数目的竞争性企业可以进入市场外，我们保留以上的全部假设。如果企业能获得正利润，企业就会进入。

在这种情况下，边缘企业无法获得长期利润，它们或者没有利润，或者被逐出市场。如果总是相同的边缘企业在生产，那么市场价格最终将不高于边缘企业的最小平均成本，因此边缘企业总是盈亏平衡。如果它们能够获得正利润，那么更多的企业将会进入市场，将价格拉低到所有企业获得零经济利润的水平。由于主导企业的成本低于边缘企业，它可以获得正利润，但是该利润将低于没有进入情况下的利润水平。

即使进入不受限制，如果主导企业具有某种成本或其他优势，它仍能盈利并无限期地控制较大的市场份额（参见案例 4.9）。另一个例子是拉拉队长供给公司，该公司占有全美拉拉队服装和设备销售量的 60%。[18]这是一个很容易进入的行业，然而一家企业却能占有很大的市场份额，可能是因为它具有优越的产品、有效的销售、低成本或是在消费者中有良好的声誉。

117

**案例 4.9**

### 中国烟草垄断者将成为主导企业

成立于 1982 年的中国烟草总公司向中国 3.1 亿烟民销售香烟，这些烟民占世界抽烟人数的四分之一。中国烟民每年消费 1.7 兆盒香烟，占全球总消费量的 30%。

通过对外国香烟征收 230% 的税率，并且设定进口配额和限制（如只设定小部分的进口香烟销售配额），政府限制了外国香烟的法定销售。20 世纪 90 年代末，外国香烟只占总销售额的不足 2%。到 2003 年，外国香烟的销售份额仅为 10%。

为了满足世界贸易组织（WTO）的要求，中国同意在 2004 年 1 月之前提高对进口香烟零售的限额，将香烟的关税从 65% 降低到 24%，并在其后的两年取消关税。

这样，国有的垄断者将转变为主导企业。政府官员预期进口香烟的价格将会下降一半，主导者将获得大部分的市场份额。

资料来源：Glenn Collins，"U. S. Tobacco Industry Looks Longingly at the Chinese Market, but in Vain," *New York Times*, November 20, 1998: A10; "China to Lift Restrictions on Retail Sales of Imported Cigarettes Next Year," *AFX European Focus*, February 11, 2003; "Remove of Foreign Tobaccos Retailing Licenses to Cut Prices by Half" (sic), *China News*, February 14, 2003: 1; "Chinese Tobacco Industry Facing Mergers and Recapitalizations," *China Business Times*, February 17, 2003: 1.

竞争性边缘企业的成本曲线和以前一样。随着更多企业的进入（$n$
118 上升），竞争性边缘者的供给曲线越来越趋于平坦（它是典型企业的供给曲线或者说 $MC$ 曲线倾斜程度的 $n$ 倍）。如图 4.7a 所示，随着企业数量的增加，边缘者的供给曲线基本成为水平线。也就是说，只要价格至少为 $\bar{p}$，竞争性边缘者就能够并且愿意供给市场需求的任何数量。

如图 4.7b 所示，主导企业面对的剩余需求曲线在 $\bar{p}$ 是水平的，因此对应的边际收益曲线也是平坦的（回想在完全竞争市场中，企业面对水平的需求曲线，因而在市场价格下它的边际收益曲线同它的需求曲线相同）。价格低于 $\bar{p}$ 时，剩余需求就是市场需求，而且向下倾斜，因此对应的边际收益曲线也向下倾斜。在剩余需求曲线发生拐折的数量水平上，对应于剩余需求曲线的边际收益曲线再次发生跳跃。

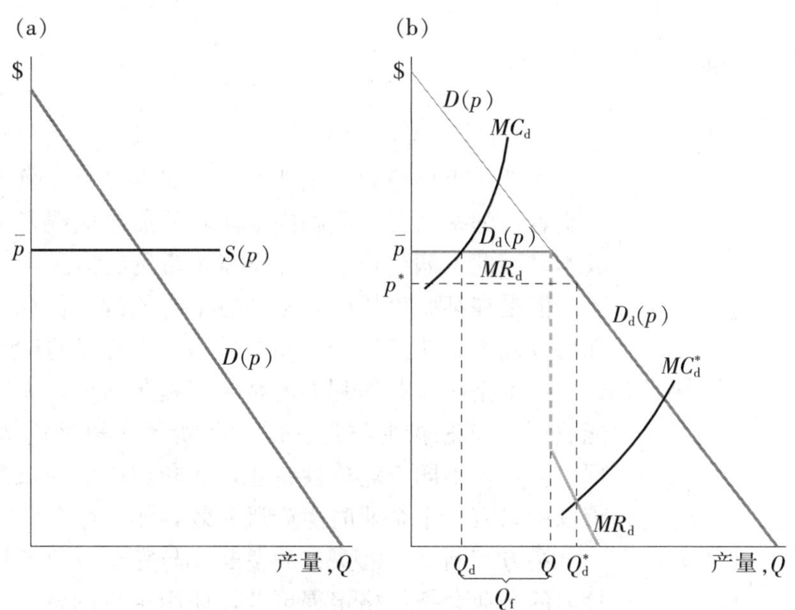


**图 4.7　主导企业和自由、即时进入的边缘企业**

存在两种可能的均衡。第一种，如果主导企业的边际成本相对较高
119 （图 4.7b 中的 $MC_d$），那么它与 $MR_d$ 曲线的水平部分相交，价格为 $\bar{p}$，竞争性边缘企业满足部分市场需求。在这一价格水平下，每个边缘企业获得零经济利润（由于其平均成本等于 $\bar{p}$），无论是继续经营还是退出市场对企业来说都无所谓。竞争性边缘企业生产多少取决于主导企业的成本结构（也就是 $MC_d$ 与水平边际收益曲线的交点），这一成本结构决定了主导企业的产出 $Q_d$。总的说来，如图 4.7b 所示，边缘企业的产量水

平为 $Q_f = Q - Q_d$。[19]即使边缘企业将价格限定为 $\bar{p}$，也可能出现 $Q_f = 0$ 的情况。

因此，无论何时只要能获得正利润，边缘企业就可能潮水般地涌入市场，那么主导企业就不能制定高于边缘企业最低平均成本的价格。尽管主导企业可以获得正利润，竞争性边缘企业却正好盈亏平衡。如果主导企业能在没有进入的情况下将价格定得高于 $\bar{p}$，那么存在进入可能对消费者来说更为有利，因为进入会导致价格的下降。

如果主导企业的边际成本较低（图 4.7b 中的 $MC_d^*$），使其与边际收益曲线向下倾斜的部分相交，那么会产生第二种均衡。这里，当主导企业的成本低于边缘企业的成本时，价格很低以至于没有一家边缘企业会留在市场中。这一均衡（$Q_d^*$，$p^*$）和我们前面讨论的第二种无进入情况下的均衡相同（如图 4.6b 和图 4.7b 所示），主导企业是垄断者，与边缘企业的潜在供给无关。

## 小　结

垄断或市场势力是企业在边际成本之上定价的能力。某一产品的唯一卖者，即垄断者，面临向下倾斜的需求曲线，并将价格定得高于边际成本。因此，购买量少于完全竞争市场的情况，社会承受净损失。

但是在某些市场中，垄断也是有益的。例如，对未来垄断利润的预期可以刺激企业开发新产品或采用更为有效的生产技术。

并不是所有获得利润的企业都是垄断者，而且并不是所有垄断者都能盈利。和竞争性企业一样，垄断者在短期内既可能盈利，也可能亏损。但是，不同于竞争性企业，垄断者可以在长期内获得正利润。如果市场中只有一个企业时生产最有效，那么存在自然垄断。

120 买方垄断就是购买方的垄断。与完全竞争相比，一个具有买方垄断势力的企业会把价格定得更低，使用更少的资源。同垄断企业相似，买方垄断给社会造成了效率成本。只有当资源在长期内可以专门化时，买方垄断势力才能持续。

即使面临其他企业的竞争，低成本的主导企业仍具有市场势力。利润最大化的主导企业并不会尽全力将所有边缘企业赶出市场。主导企业的行为取决于其相对于边缘企业的成本优势，以及其他企业进入的难易程度。如果只要出现盈利的机会就会有大量价格接受企业进入市场，并且它们的生产成本并不比主导企业成本高很多，那么主导企业就不能制定比完全竞争水平高太多的价格。即使边缘企业没有进入市场，它们可能进入市场的威胁也会使得垄断企业（在它是市场中唯一企业的意义上）把价格定得低于不存在边缘企业时它会制定的价格。

# 问　题

1. 如果市场需求曲线为 $Q(p)=10-p$，边际成本为常数 4，那么利润最大化时垄断者的价格和产出水平如何？垄断价格和产出水平上的价格弹性如何？

2. 假设足球运动员的供给在最低工资水平上是有弹性的。那么足球运动员的垄断买主会限制产出吗？

3. 如果需求曲线为 $Q(p)=5/p$，需求弹性为多少？当价格为 1 美元和 30 美元时，总收益分别为多少？如果生产成本为每单位 1 美元，最小生产水平为 1 单位，那么垄断者会生产多少产品？

4. 如果需求曲线为 $Q(p)=p^{\varepsilon}$，价格弹性为多少？如果边际成本为 1 美元，$\varepsilon=-2$，那么利润最大化的价格为多少？

5. 假设小麦的需求曲线为 $Q(p)=10-p$。假设一个企业拥有世界上所有的 5 单位小麦，边际成本为零。那么垄断者销售的产量是否比在一个完全竞争市场中有 100 家企业，每家企业拥有 0.05 单位时的销售量少？

6. 假设环境保护局设定的新要求增加了遵守污染控制规则的成本（固定成本）（Pashigian，1984）。这一变化如何影响（1）市场价格，（2）边缘企业的数量，（3）总产出，（4）主导企业的市场份额？（提示：固定成本的增加对边缘企业的平均成本曲线有何影响？）

7. 通过在同一图中显示垄断企业和主导企业的行为，说明在没有进入的均衡（$MC_d$）中，垄断企业利润大于主导企业利润。显示从主导企业—竞争性边缘企业市场中购买而不是从垄断企业处购买时的消费者收益。（提示：一家企业的可变成本是它的边际成本曲线以下直到相关产量的那一块面积。）

8. 如果边缘企业具有通常的 U 形平均成本和边际成本曲线，无进入模型的图示（见图 4.6）将如何发生变化？假设由于存在进入壁垒，只有 $n$ 家边缘企业，描述可能的均衡类型。

9. 利润最大化的主导企业总比垄断企业生产的产量多吗？（提示：在同一幅图中表示垄断企业和主导企业的行为（在无进入模型中），并注意边际收益曲线的交点。）

121 10. 限制性最低工资对买方垄断的劳动力市场会产生何种影响？

奇数问题的答案在本书最后部分给出。

# 推荐阅读

Stigler（1965）提供了有关主导企业—竞争性边缘企业模型的很好的非技术性介绍。Fisher，McGowan and Greenwood（1983）是一篇值得一读且有争议的论文，讨论了重要的IBM反垄断案例。

**【注释】**

［1］边际收益 $MR$ 是增加一单位销售所带来的收入变化。总收入为 $p(Q)Q$，其中 $p(Q)$ 是反需求曲线（$p$ 是 $Q$ 的减函数）。边际收益等于 $p+Q(\Delta p/\Delta Q)$，其中 $(\Delta p/\Delta Q)$ 为多出售一单位产品引起的价格下降。通过求导可得，$MR=\frac{\mathrm{d}\ (p\ (Q)\ Q)}{\mathrm{d}Q}=p+\frac{\mathrm{d}p}{\mathrm{d}Q}Q$。

［2］如图4.2a所示，如果线性需求曲线与横轴相交于 $Q$ 点，则相应的边际收益曲线也是直线，与横轴相交于 $Q/2$ 点处。为了证明这一结果，我们假设线性需求曲线为 $p=a-bQ$。总收入为 $R=pQ=aQ-bQ^2$。将 $R$ 对 $Q$ 求导，可以得到边际收益曲线 $MR=a-2bQ$。需求曲线与横轴（$p=0$）交于 $Q=a/b$ 处。边际收益曲线与横轴（$MR=0$）交于 $Q=a/\ (2b)$ 处。

［3］如果垄断者试图通过选择 $Q$ 来最大化收益

$$\max_{Q} R=p(Q)Q$$

它将令边际收益为零（一阶条件）：

$$MR=p+\frac{\mathrm{d}p}{\mathrm{d}Q}Q=0$$

［4］如果垄断者希望通过选择 $Q$ 来最大化利润

$$\max_{Q}\pi=p(Q)Q-C(Q)$$

它将令边际利润为零（一阶条件）：$\frac{\mathrm{d}\pi}{\mathrm{d}Q}=MR-MC=\left(P+\frac{\mathrm{d}p}{\mathrm{d}Q}Q\right)-\frac{\mathrm{d}C}{\mathrm{d}Q}=0$，即设定 $MR=MC$。另一个利润最大化的条件是边际收益曲线在边际成本曲线上方与之相切，如图4.2a所示。即必须满足二阶条件：

$$\frac{\mathrm{d}^2\pi}{\mathrm{d}Q^2}=\frac{\mathrm{d}MR}{\mathrm{d}Q}-\frac{\mathrm{d}MC}{\mathrm{d}Q}<0。$$

一个垄断者采用和竞争性企业同样的关闭企业条件。在短期内，如果价格低于平均可变成本，垄断者将停止生产。

［5］对收益 $R=p(Q)Q$ 求 $Q$ 的导数，我们发现边际收益为

$$MR=p+\frac{\mathrm{d}p}{\mathrm{d}Q}Q=p\left(1+\frac{\mathrm{d}p}{\mathrm{d}Q}\frac{Q}{p}\right)=p\left(1+\frac{1}{\varepsilon}\right),$$

其中，$\varepsilon$ 定义为 $(\mathrm{d}Q/\mathrm{d}p)(p/Q)$。

［6］如果需求没有弹性呢？垄断者就会尽可能减少产出，收取高价格，得到高利润。而实际上垄断者的需求曲线处处无弹性是不太可能的。

［7］Stigler（1956）以及Cowling and Mueller（1978）从技术的角度对Harberger 的方法提出了批评。

[8] 但是 Masson and Shaanan (1984) 对最终结果提出了批评。

[9] 企业是否会耗用所有的垄断利润取决于如何获得垄断地位等体制因素 (Fisher, 1985)。

[10] 令 $t$ (= $[p_m - p_c]/p_c$) 为高于竞争性价格的垄断加成。对足够小的 $t$，垄断的 $DWL$ 三角大约为

$$-1/2t^2R\varepsilon$$

其中，$R$ 为产品在竞争性价格下出售时所获得的收益 ($p_cQ_c$)；$\varepsilon$ 为需求弹性。$DWL$ 并不一定随着需求弹性绝对值的上升而上升，因为 $t$ 和 $\varepsilon$ 是负相关的，随着 $t$ 的变化，$R$ 也发生变化。给定 $R$ 不变，$DWL$ 随着需求弹性绝对值的增加而下降。

[11] 参见 www. aw-bc. com/carlton _ perloff "Model of Insanity"。

[12] Glenn Collins, "U. S. Tobacco Industry Looks Longingly at Chinese Market, but in Vain," *New York Times*, November 20, 1998: A10.

[13] 然而，实证文献对许多公共设施产业是否具有规模收益递增特征，即向下的边际成本和平均成本曲线表示怀疑。而且，一些文献表明了一定产出范围内的规模经济并不足以证明企业是自然垄断的 (也就是说成本是次可加的)。例如，参见 Fuss and Waverman (1981), Evans and Heckman (1982a, 1982b)。Shin and Ying (1992) 认为本地电话交换服务提供商在放松管制之前并不是自然垄断的。Friedlaender (1992) 发现了铁路存在明显的规模回报的证据。

[14] 例如，在第 20 章中，我们研究了政府怎样管制自然垄断，以及在什么条件下其他企业才会试图进入自然垄断市场。

[15] 产业中企业所占的销售份额关键取决于对产业的定义，因此常有争议，在法庭审理中尤其如此。

[16] 正如图中所示，当价格为 $\bar{p}$ 时，每家边缘企业实质上没有产出。但是，如果企业的平均成本曲线是通常的 U 形，那么在此价格水平上它们的产量仍为正。

[17] 这种情况的数学分析可参见 www. aw-bc. com/carlton _ perloff "主导企业和竞争性边缘企业模型"。

[18] 源于该公司首席执行官 Lawrence Herkimer 在阿皮尔布默城的言论，"The World's Oldest and Fattest Cheerleader", *San Francisco Chronicle*, January 12, 1984: 24。

[19] 为什么边缘企业不在价格水平 $\bar{p}$ 上满足所有市场需求，而是和主导企业分割需求呢？原因在于主导企业具有更低的成本，它可以迫使某些边缘企业退出市场。假设主导企业按其意愿进行生产 $Q_d$ 单位产品，$n$ 个边缘企业生产 $Q_f = Q - Q_d$。现在，如果新的边缘企业进入市场，价格 $\bar{p}$ 水平上的产出将会超过市场需求。为了出清市场，价格下降。由于主导企业获得正利润，它仍能留在市场中。但是边缘企业开始遭受损失 (因为它在 $\bar{p}$ 点正好盈亏平衡)，因此，部分边缘企业将退出市场，直到价格重新上升到 $\bar{p}$。换句话说，主导企业可以始终通过略低于 $\bar{p}$ 的价格出售其想要出售的数量。

# 第5章　卡特尔

122　虽然同行们很少聚会，而且即便聚也是为了娱乐和消遣，但是他们聚会时的谈话却通常以针对公众的共谋或提高价格的阴谋而结束。无论通过能够被履行的立法，还是与自由和公正一致的任何法律，确实不可能阻止这样的聚会。虽然法律不能阻止同行们偶尔集会，但法律也不能促进集会；至少不能让他们觉得有必要这么做。

——亚当·斯密（Adam Smith）

在任何市场中，企业都有协调它们的生产和定价行为的动机，通过限制市场产出和抬高市场价格来增加共同的利润和个体的利润。公开协调定价和产出行为的企业联盟被称为**卡特尔**（cartel）。包括一个行业中所有企业的卡特尔实际上构成了垄断，成员企业分享垄断利润。

比起竞争性市场来，在寡头垄断市场中更容易产生卡特尔，因为其中仅有少数几家企业。当企业数量较少时，很容易达成并维持有关价格或产出的协议。但是即便是没有明确的协议，企业也可以通过协调行动来提高它们的共同利润。增加卡特尔成功可能性的因素同样会影响寡头企业是否能将价格提高到竞争性水平之上。因此，对卡特尔的研究也是对寡头企业的研究。在下一章中，我们将使用博弈论来分析寡头垄断行为。

123 对消费者来说值得庆幸的是，尽管企业有进行合作以限制产出和提高价格的动机，每个卡特尔成员仍有对卡特尔协议进行欺骗的动机。每个卡特尔成员希望能比卡特尔联合利润最大化情况下生产更多的产品。因此，卡特尔即使没有政府干预也会趋于解体。

当一个卡特尔部分解体以至于一些企业可以独立于卡特尔自行决策，或者当一开始市场上的企业就没有全部加入卡特尔的时候，卡特尔就如同一个面临一批由非成员企业构成的竞争性边缘企业的主导企业。正如我们在第 4 章中所讨论的，新边缘企业进入一个市场可以摧毁主导企业或卡特尔的市场势力。因此，只有不至于因为缺乏合作而解体，并且存在于难以进入的行业中的卡特尔，才有可能在相当长的时间内保持市场势力。

本章将考察四个主要问题：

1. 为什么会形成卡特尔？

2. 哪些因素使得部分卡特尔得以维持而另一部分在即使没有政府干预的情况下也会解体？

3. 卡特尔有什么样的危害？

4. 政府已经对卡特尔做了些什么？

# 为什么会形成卡特尔

*团结使我们站起来，分裂使我们倒下去。*

*团结就是力量。*

——*伊索*（Aesop）

为什么亚当·斯密关于企业希望形成卡特尔的说法是正确的？回答是每个独立企业都希望能增加自己的利润。但是为什么市场中的企业形成卡特尔后企业的利润会增加呢？毕竟，每个竞争性企业都会最大化自己的利润。如果每个企业已经最大化自身利润，那么卡特尔的形成会如何使企业的境况变得更好？

对此的回答涉及一个微妙的争论。在一个竞争性市场中，每个企业考虑的是从自己减少的产出中能收益多少，而忽视了其他企业从行业总产量相应减少到一定程度后引起的价格上涨中的所得。相反，卡特尔考虑了每个企业产出的减少给所有成员带来的收益。因此，竞争性市场（在这一市场中每个企业忽略了其产出减少带来的联合收益）的产出比卡特尔更多。

为了表明联合收益的性质，我们考虑两个极端的例子。第一种情况假设市场由许多相同的竞争性企业组成，每个企业都是价格接受者。相反，第二种情况假设所有企业都成为卡特尔成员，像垄断企业一样行事。图 5.1a 显示了一个典型企业的边际成本曲线。个体企业边际成本
124 曲线的加总成为市场供给曲线（以 $MC$ 表示），与市场需求曲线一起显示在图 5.1b 中。竞争性产出 $Q_c$ 由供给曲线和需求曲线的交点决定（图 5.1b），每个企业生产 $q_c$ 单位的产出（图 5.1a），市场价格为 $p_c$。

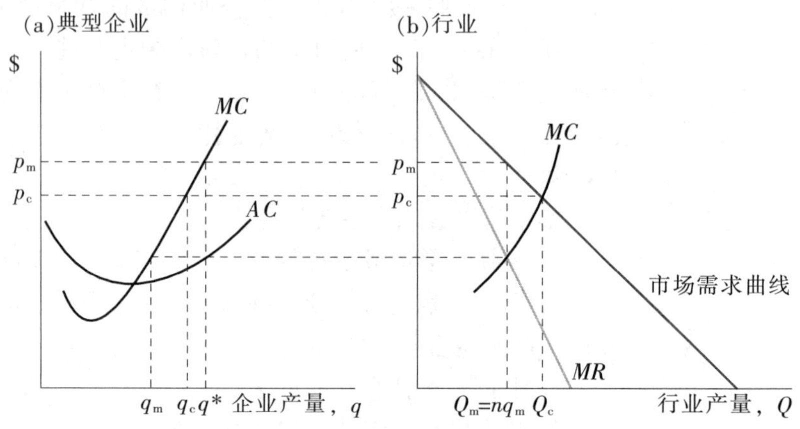


**图 5.1　卡特尔**

为什么将产量限制到竞争性水平之下有利于卡特尔呢？[1] 在竞争性产量水平处，卡特尔的边际成本大于边际收益（图 5.1b），因此减少产出对卡特尔是有利的。由于需求曲线是向下倾斜的，边际收益曲线在需求曲线下方，而且在竞争性产出 $Q_c$ 处边际收益低于边际成本。因此，从竞争性水平处降低产量对卡特尔是有利的，但是到底降低多少呢？它必须将产出一直降低到边际收益等于边际成本的水平，才能保证利润的最大化。卡特尔通过将产量降低到 $MR$ 等于 $MC$（图 5.1b）的总产出水平 $Q_m$ 来增加利润，这时价格升为 $p_m$。由于卡特尔是由 $n$ 个相同的企业组成的，这就需要每个企业减少产出到 $q_m=Q_m/n$。在本例中，这些相同的企业平等分享超额利润。

为什么每个企业都不愿意从竞争性产量上降下来呢？在竞争性均衡中，每个竞争性企业都设定边际收益等于边际成本，没有进一步降低产
125 量的激励。[2] 如果企业减少一单位的生产，由于最后一单位产出的边际收益（价格）超过了边际成本，企业将会承受损失。因此，每个竞争性企业在竞争性产出下最大化利润。

联合行动的收益来源于竞争性企业需求曲线非常轻微的倾斜。尽管经济学家经常说每个竞争性企业都如同面临一条水平的需求曲线，——也就是不能通过降低产量来提高价格——但这并不完全正确。需求曲线确实有轻微的倾斜：竞争性企业停止生产可以使市场价格略有提高。[3]

当讨论单个企业时，这一轻微的倾斜可以忽略，但是当讨论企业的联合行动时，不能忽略这一轻微的倾斜。

如果所有企业都减产10%，市场价格肯定上升；但是如果只有一个企业减产10%，对价格的影响将非常之小以至于难以测度。每个竞争性企业都认为不能从降低产量中明显受益，因为得到的收益小于成本。如果企业减少其一单位产出，其收益微不足道，为上升的价格乘以产量，而损失则为该企业原本可以从最后一单位产出上得到的价格。

竞争性企业忽视因减少产量和提高市场价格而给其他企业带来的好处；其他企业的收益对它来说没有价值。其他企业得到的收益是一个外部性。[4]通过合作，卡特尔成员获得每个企业减少产出带来的收益。当卡特尔包含所有企业时，减少产出和提高价格带来的收益都属于卡特尔，并在成员中瓜分。这里，每个企业减少产出所带来的外部性已经在卡特尔中内部化了。因此，即使单独削减产量并没有使任何竞争性企业受益，但将总产量降低到竞争性水平之下对卡特尔还是有利的。

## 卡特尔的形成与执行

> 苏格拉底：［告诉］我你是否认为追求某种共同的不公正结果的一个城市、一支军队、一伙强盗、一伙小偷，或是其他任何公司可以影响任何事情，如果他们对彼此并不公正。
>
> 特拉西马古斯：当然不是……
>
> 苏格拉底：［当］我们说任何有力的联合行动为不公正者所为时，
> 126 我们的语言表达并不是完全准确。如果他们彻底地不公正，他们就不会放过盟友。很清楚，他们必须拥有一种公正，以保证他们在不公正对待他们的牺牲品的同时不会不公正地对待盟友。因为彻底的坏人是完全不公正的，同时也完全地无能力联合行动。[5]

如果你所处的市场中的所有其他企业都加入了卡特尔，你会加入吗？在美国和许多资本主义国家，这样的行为通常是非法的，无疑，从道德和法律的角度来说你可能会拒绝加入。假设被提问的对象并不是像你那样有道德的人——设想是你某个名声不佳的表弟，那么你的表弟会加入非法的卡特尔密谋吗？

当然，这得看情况。你的表弟的第一个想法可能是：“加入卡特尔对我来说有什么好处呢？”对他来说，最有利的无疑是让行业中所有其他企业形成卡特尔，而自己的企业不加入。那么卡特尔会限制产量，从而使价格上升，而他可以生产他所愿意的任何产量。当然，行业中所有其他企业都会这么考虑。现在假设其他企业告诉他，除非你答应加入，否则没有企业会愿意通过加入卡特尔来限制产量。你的表弟认识到现在不能在从卡特尔受益的同时又按自己的意愿生产。他只有在同意削减产出的情况下才能得到更高的价格。

而后你的表弟会想："我会失去什么？如果政府发现了卡特尔并定罪，那么我的企业将不得不交纳罚金。但如果被发现的机会很小，或者罚金很少，加入卡特尔对我来说还是值得的。"这就是说，如果对罚金的预期损失很小的话，你的表弟就会加入卡特尔。

但是你的表弟总想讨巧。他一旦加入卡特尔，他就会对自己说："为什么我不耍花样，生产比卡特尔协议所允许的产出水平更多的产品呢？不管怎么说，卡特尔可能并不知道谁多生产了。"当然，如果卡特尔中所有企业都这样想的话，卡特尔就会解体。因此，卡特尔的成功表现在其执行协议的能力上。

图 5.1 说明了为什么企业有欺骗卡特尔协议的动机。如前所述，卡特尔成员同意限制产出到 $Q_m$，使得价格抬高到垄断水平 $p_m$。图 5.1a 表明了你表弟企业的成本函数，是该行业中（也就是卡特尔中）$n$ 个无差异企业中的一个。卡特尔希望你表弟生产 $q_m = Q_m/n$ 单位的产品：这一产量为他在卡特尔总产量中的份额。但是在卡特尔价格 $p_m$ 上，你的表弟可以通过生产 $q^*$ 单位产出（此处他的边际成本曲线等于 $p_m$）来最大化利润。这样，尽管对卡特尔来说最优状态是每个企业都限制产出，但是对你的表弟来说，最优状态是除自己以外的其他企业都限制产出。

如果成员不合作，那么卡特尔对价格是无能为力的。举例说来，四个胡椒生产国的代表曾经在吉隆坡决定设定黑胡椒的最低出口价格。尽管胡椒卡特尔（巴西、印度、印度尼西亚和马来西亚）的产量超过全世
127 界产量的 95%，从而可以提高价格，但它从没能这样做过，因为卡特尔成员一直都在暗中破坏卡特尔的最低限定价格。[6]

## 有利于卡特尔形成的因素

卡特尔一旦形成，如果能够成功，企业必须同意固定价格（或限制产量）。[7]为什么卡特尔在一些市场中成功，而在另一些市场中会失败呢？遗憾的是，我们只对被揪住的卡特尔有较详细的了解，而对没有被察觉的卡特尔却知之甚少。因此，我们无法判断处于被告席上的卡特尔到底是不成功，还是仅仅因为运气不好。一些证据表明在法庭上终结的那些卡特尔事实上是没有盈利的，因此，可能并不具有典型性（Asch and Seneca，1976）。其他证据（Suslow，1998）表明卡特尔趋于在盈利较少的行业中出现。

使用有关法庭上审结的卡特尔案例，有助于我们发现成功的价格联盟的许多关于市场和企业的特征（Stigler，1964a；Hay and Kelley，1974）。这些特征可以粗略地分为使得卡特尔起初能提高市场价格的特征和防止卡特尔协议因成员的欺骗行为而解体的特征两类。我们首先阐述有利于卡特尔形成的几个重要因素，对维持卡特尔生存的因素的讨论将在下一节进行。案例5.1描述了美国历史上最为重要的卡特尔联盟之一。

128

**案例5.1** ☞

## 令人惊骇的密谋

1959年5月9日，一个雾气蒙蒙的周六，下午2点30分克洛格斯维尔城《新哨兵报》（*News-Sentinel*）的记者朱利安·格兰杰正坐在桌前阅读地方媒体的日常新闻。发自田纳西流域管理局（Tennessee Valley Authority，TVA）例行的每周新闻通报宣称该局签订了几个合同，他只觉得这是一个毫无新意的报道。

但是而后，格兰杰读到该局和西屋电气公司签订了一个变压器合同，金额为96 760美元。新闻报道接下来说“Allis-Chalmers公司、通用电气（GE）和宾夕法尼亚变压器公司（Pennsylvania Transformer）都报出了完全相同的价格112 712美元”。在一个秘密的、经过资格确认的招标过程中，三个公司怎么会报出连个位数也相同的投标价格呢？

此后在工作的间隙，他又看到还有两家公司在一项金额为273 200美元的合同中报出了完全相同的价格。在另一项有关传导电缆的合同中，报出了完全相同的七个报价，均为198438.24美元，相同的价格精确到了24美分。

格兰杰写了一篇报道，刊登在1959年5月13日克洛格斯维尔城《新哨兵报》第二版的第1页，但是并没有引起人们多大的关注。在1959年5月17日的第二篇报道的开头，他写道：“田纳西流域管理局的采购记录今日揭秘，在过去的三年中，至少有47家大大小小的美国制造商在参与的各种招标项目上的投标价完全一样。”他提请人们注意，在许多情况下，田纳西流域管理局无法选择，只好随便和一家企业签订合同了事。

这些完全相同的投标价是偶然发生的吗？真出了怪事。格兰杰指出，对那些连用家用磅秤精确称出重量的设备，在运输距离相距成百上千公里的情况下，有些投标却也报出了完全相同的到岸价格。

两家最大的电气设备公司，通用电气公司和西屋电气公司，投标价格相同的频率要高于其他公司。1946—1957年间，它们采用交替上涨的方式将转换阀的价格提高了10次：一家公司宣布提价后，另一家也在随后几天跟着提价。

在发表第二篇报道后，格兰杰采访了当地的供应商，但是没有收获，他们总是不敢多说。但是格兰杰还是了解到克洛格斯维尔城的公共事业局从电气设备生产商中收到过一串相同的报价：有一次雷同的报价多达11个。采购经纪人卡尔·斯特兰奇告诉格兰杰，自从第二次世界大战以后，他就已经注意到这样的做法越来越多。

《Scripps-Howard报》在全国范围内转载了先前两篇文章。5月19日，参议员埃斯苇斯·基福弗当着国会反托拉斯和垄断分委会成员们的面，将格兰杰的第二篇报道逐字逐句地记入听证会的《国会记录》。

在格兰杰第一篇报道披露的前八天，通用电气的董事长拉尔夫·J·科迪纳在议题为促进一系列产业中活力竞争的分委会会议上作证。他质问道：“你们是不是假设此议题所涉及的产业中的公司拥有不需顾虑市场供给和需求而‘控制’价格的能力?”而后他自问自答，“如果是这样的话，这一假设就是错误的，因为这些公司和其他公司一样，置身于竞争性市场环境下。”他继续说道，“在任何情况下，价格都完全受到市场竞争力量和消费者所认为能得到的价值的控制。”他的结论是当时反托拉斯法律都得到了“很好的实施”。

129 就在科迪纳伪善地对竞争做出判断的前六个月，该公司的七个高层经理和他们的竞争者在新泽西州大西洋城的 Traymore 酒店碰头，旨在抬高电源转换设备组装线的价格（年销售额为 1.25 亿美元）。直到那时才达成了企业间协议，它们将经证实的政府标的按以下的比例在密谋企业间分配：通用电气占市场份额的 42%；西屋电气为 38%；Allis-Chalmers 为 11%；I-T-E 为 9%。

显然，最初的密谋者们在这次会议上为主要的新进入者留出了空间。为了达到所需的市场份额，卡特尔的新加入者——联邦太平洋公司被允许在一段时间内采用比其他企业略低的价格。在给定联邦太平洋公司占有 7%市场份额的情况下，GE 和西屋电气公司同意将它们份额分别降到 39%和 35%。在接下来的 12 个月内，它们至少会晤了 35 次，GE 扮演了一个杰出和活跃的领导者角色。

1959 年 9 月，国会反托拉斯和垄断分委会主席、参议员基福弗将听证会移到克洛格斯维尔城。听证结果表明重型工业电气设备的价格自 1951 年起上升了 50%。

在听证会上，人们给出了许多投标价相同的例子。即便投标价并不相同，那些公司仍遵循了轮流的模式，即一家公司的投标价较低，另一家较高，而其余两家则相同。下一次还是这样，虽然企业间的次序有所改变，但还是一个低、一个高和两个相等的竞价。企业大概按照先前约定的比例轮流获得标的。显然，这些企业同意根据月亮圆缺周期来轮流赢得投标：由月亮的圆缺来决定由哪家企业来给出较低的投标价。

费城反托拉斯部门花费了 18 个月追踪证据，用来起诉 29 家制造商（事实上是整个重型电气产业）及它们的 44 个高层经理。司法部长威廉·P·罗杰斯于 1960 年 2 月 16 日提起了第一件官方宣布的诉讼。

根据位于费城的联邦法官所作出的对第一件控告的裁定，西屋电气、Allis-Chalmers、联邦大西洋电气公司、GE、I-T-E 和这些企业的许多高层经理至少自 1956 年以来参与了密谋。被告被诉为参与了操纵和维持高价格，在它们之间分配业务，提交非竞争性的投标价，拒绝向其他电气设备制造商销售设备，或者提高销售给它们的设备的价格，使得这些制造商不能有效地进行竞争。

相对较少的企业数量和大企业的大市场份额有利于在该产业中形成密谋。电气制造的四企业集中度（最大的四个企业的销售总量除以产业的总销售量）高达 50%以上，而其他制造业的该比例大约为 25%。所涉及的特定产品的集中度在 75%以
130 上，涡轮发电机、电源变压器、电源转换设备组装线、配电变压器、低压开关、隔离开关设备、套管和避雷器等产品的集中度高于 95%。

最终，45 个高管和 29 个公司受到了起诉。他们中的多数在无可辩驳的证据面前没有进行辩护。通常是由副总裁或是部门经理承担了这些罪名。职位最高的 7 人获刑，但通常只是 30 天的监禁。此外，24 人被判缓刑。对企业罚款的总额达到 200 万美元，而对个人的罚款为 137 500 美元。

除了政府起诉外，还有接近 2 000 件起私人诉讼。通用电气为处理它的案子花费了 2 亿美元（包括赔偿给 TVA 的 674 万美元，以及赔偿给其他联邦部门的 100 万

美元)，西屋电气则花费了1亿美元。所有公司的总损失高达4亿美元。

多数文章和书将这一案例看成是制度对邪恶密谋的胜利，但是这一结论让人很难理解。这些企业的高层主管中的许多并没有被监禁或是受到惩罚，总罚金也只是企业在卡特尔维系期间所获得的垄断利润中的一小部分。(萨尔滕(Sultan，1974，1975)认为密谋并没有明显地提高价格，但是贝恩(Bane，1973)，利恩、奥格尔和罗杰斯(Lean，Ogur and Rogers，1982)发现价格确实上升了。)根据美国国会的报告，这个长期的密谋可能将价格提升了10%。其他测算认为特定产品的价格已经上升了2倍。电气制造商的销售占总制造业销售的1/12，所有经济活动的3%。该制造业的30%为电气设备，1958年的销售量为50亿美元。起诉仅涉及这些年销售额中的17.5亿美元(所有电气制造商销售额的10%)。即便假设17.5亿美元年销售的价格仅上升了10%，购买者在密谋期间的每一年中都多支付了1.75亿美元，而这一密谋显然持续了十多年。从参与企业的角度来说，这一卡特尔行为的试验似乎取得了巨大的成功，尽管最后它们被揪出来并受到了惩罚。

GE和西屋电气公司显然没有把对非法价格操纵行为的惩罚看成是足够大的威慑。自1890年《谢尔曼法》生效以来，这些公司不断反复受到起诉和处罚。1911—1952年期间，一共有13起美国司法部的反托拉斯案件和3起联邦贸易委员会的案件是针对GE和西屋电气公司的。政府"赢了"所有这些案子，这些企业获罪，或放弃主张式认罪，或是达成仲裁判决(Walton and Cleveland，1964，16-20)。

可以设想，在60年代的诉讼案中，即使不怕罚款，密谋者也已经学会在公共舆论的附加监督下更加谨慎。但是，就在人们发现GE和西屋电气公司在投标案例中有罪的两年半后，GE和西屋电气公司又因在涡轮式发电机上密谋操纵价格遭到诉讼，起因是GE于1963年5月宣布的一个新的定价政策。

资料来源：Fuller 1962；Walton and Cleveland，1964；and U. S. Congress，Joint Committee on Internal Revenue Taxation，*Staff Study of Income Tax Treatment of Treble Damage Payments under the Antitrust Laws* (Washington，DC：Government Printing Office，1965)，39 (cited by Posner 1975).

---

大企业能够像似乎拥有一个未经正式商定的卡特尔协议那样独立行事；也就是说，每个企业都可以限制产出，而且希望别的企业也这样做。不可避免的是，在寡头垄断情况下，企业会考虑对手的行动(正如我们在第6章中将要详细讨论的)。当寡头垄断的企业在缺少明确卡特尔协议的情况下协调它们的行为时，协调结果有时被称为**隐性合谋**(tacit collusion)，或者故意协调行为。[8]施蒂格勒(Stigler，1964a)认为寡头垄断理论必须基于卡特尔理论，即便在缺乏明确协议的情况下也是这样的。

131 建立卡特尔必须具备三个主要因素。首先，卡特尔必须能够在不引起非成员企业的竞争明显增加的情况下提高价格。其次，建立卡特尔的预期惩罚相对于预期收益要少。第三，达成和执行协议的成本要低于预期的收益。

**提高市场价格的能力**。只有当预计卡特尔能提高价格并将其维持在高水平的情况下，企业才会加入。[9]卡特尔面对的需求曲线弹性越小，可以设定的价格就越高，得到的利润也越大。如果卡特尔的需求曲线是没有弹性的（相对于现有价格是垂直的），那么提高价格可以明显地提高收益（也就是说，需求量的下降相对于价格上升的比例很小）和利润。相反，如果潜在卡特尔面对的是有弹性的需求曲线（相对水平的），那么提高价格将会导致收益下降（由于产量的减少比价格的上升更多，利润稍有增加）。参见案例 5.2。

132

**案例 5.2**

## 商品卡特尔的存活能力

人们试图在许多主要国际贸易商品市场上形成卡特尔，但是，多数努力都失败了，卡特尔要么很快瓦解，要么就是不能大幅度提高价格。

埃克勃（Eckbo，1976）研究了 18 个行业中 51 个正式的国际卡特尔组织，这些组织签订的协议最早的是在 1918 年，最迟的在 1964 年。他定义了卡特尔成功的含义，即卡特尔至少能够将价格提高到具有最高成本的成员的边际生产成本的三倍以上。根据这个标准只有 19 个卡特尔（37%）达到了成功的标准。其中一个碘的卡特尔维持了 61 年。其余成功卡特尔的正式协议维持了 2～18 年，生命年限的中位数为 5 年，平均年限为 6.6 年。在 19 个成功的卡特尔中，只有 5 个维持了 10 年或 10 年以上。

在这些成功的卡特尔中，有 3 个（在有资料可查的 9 个中）的解体是由于政府干预或战争等非市场因素。在由于市场相关因素而解体的卡特尔中，16 个中有 7 个（占 44%）是由于卡特尔成员之间的内部矛盾，9 个（占 56%）是由于外部因素，如非成员的竞争（通常的情况）或是买方的反应。

卡特尔得以延续并能提高价格的两个因素是：(1) 它可以发现并阻止成员们的欺骗行为；(2) 它面临非卡特尔价格下相对缺乏弹性的剩余需求曲线，如果卡特尔拥有相对较大的市场份额，市场需求不是很有弹性，并且非卡特尔成员的供给曲线缺乏弹性，那么卡特尔的剩余需求曲线会趋于缺乏弹性。

在埃克勃的调查中存活最长的卡特尔是碘卡特尔（1878—1939 年），它所有的销售都通过一个位于伦敦的中心卡特尔办事处进行，因此阻止了成员之间的欺骗。但是，维持卡特尔的存在并不是保证成功的充分条件，成功的卡特尔还必须具备抬高价格的能力。

由于不同的市场份额和面临不同的剩余需求弹性，石油输出国组织（Organization of Petroleum Exporting Countries，OPEC）、国际铝土协会（International Bauxite Association，IBA）和国际铜输出国委员会（International Council of Copper Exporting Countries，CIPEC）具有不同的市场势力。OPEC 使得世界的油价涨了三倍，IBA 使得铝土价格涨了两倍，但是 CIPEC 却没有能够令铜价大幅度上升。

当 OPEC 成立时，它拥有 2/3 的世界石油储备量和非社会主义国家石油总产量的 2/3。到 1975 年为止，IBA 的铝土产量占非社会主义国家铝土总产量的 85%。相比之下，CIPEC 的铜产量仅占非社会主义国家总量的 1/3。在埃克勃研究的 19 个成功的卡特尔中，15 个卡特尔（79%）的四企业集中度超过了 50%。其中 14 个卡特尔（74%）的产量占总产量的份额超过了 75%。

在我们拥有充分信息的 9 个成功卡特尔中，7 个面对缺乏弹性的需求曲线（弹

性系数的绝对值小于1)。9个卡特尔中的8个在卡特尔之外不存在该产品的短期替
133 代品，尽管其中的7个卡特尔有长期替代品——这也许是卡特尔最终失败的原因。

平狄克（Pindyck，1977，1979）发现商品市场中动态的长期调整同样非常重要。OPEC就面对一个相对缺乏弹性的边缘供给。尽管主要的价格上升了，但非OPEC石油生产者在中短期内并没有明显地提高供给。同样，世界上对铝土的需求也非常没有弹性（直到一定的极限价格），甚至在长期也是如此。

相反，在短期甚至是长期内，从废铜中提炼出来的二次加工铜的需求对价格变化非常敏感。因此，CIPEC在长期内面临的弹性要大于短期内的弹性。如果CIPEC大幅度提高价格，其他企业会提高由废铜制成的二次加工铜的产量。

考虑到这些差异，我们并不会对OPEC和IBA能提高价格，而CIPEC不能提价感到奇怪。这些因素还可以解释为什么其他自然资源仍没有成功的卡特尔化。平狄克认为，其他矿藏，如铁、锰、铅、锡、锌，由于可以从废矿中提炼二次加工产品，因此也面临着较高的长期剩余需求弹性。最近，由于巴西和其他生产商没有限制产出，IBA也遭受了打击。但作为一个研究性集团，它还继续存在着。

印度尼西亚和格林纳达生产了世界上98%的肉豆蔻，并协议在1987年成立肉豆蔻卡特尔。但是，在正式协议签订前的15个月，格林纳达已经开始在印度尼西亚的规则指引下开展非正式运作。两个国家声称，它们并不想强使价格升高，只是希望确保存在“不压低价格”——大抵非正式的卡特尔价格水平。它们并不担心卡特尔对需求的影响。肉豆蔻没有相近的替代品，它具有独特的滋味，因此烧烤者不太可能改变他们的食谱。

戴比尔斯（De Beers）钻石卡特尔是一个持续了较长时间的成功卡特尔，在整个20世纪，该卡特尔一直是世界上最大的钻石销售代理。即便是继南非之后的第二大钻石出口国苏联，在20世纪的最后25年中也通过戴比尔斯卡特尔销售钻石。尽管俄罗斯似乎已经回到了卡特尔，但苏联的解体对戴比尔斯卡特尔的稳定性还是产生了威胁。

从传统上来看，一旦新矿开发，戴比尔斯就会给它们足够的市场份额，使其同意经过戴比尔斯销售，并接受其生产控制系统。当坦桑尼亚决定独立行动时，戴比尔斯就会压制坦桑尼亚出售的钻石的价格和质量，强使其重新加入辛迪加。

**资料来源**：Fisher，Cootner and Bailey（1972）；Eckbo（1976）；Pindyck（1977，1979）；Fisher（1981）；Alan J. Wax，“Spicy New Cartel Sets Nutmeg Prices.” *San Francisco Chronicle*，May 25，1987：20；Clyde H. Farnsworth，“OPEC Isn't the Only Cartel That Couldn't，” *New York Times*，April 24，1988：3；“Diamonds：Friends Again，” *The Economist*，March 2，1996，338：59-60.

131 非成员企业的进入或其他产业中相近替代品的生产会阻止卡特尔提高价格。如果卡特尔只控制了包括所有替代品在内的相关市场的小部分份额，那么非卡特尔成员的企业会降价，阻止卡特尔提高价格。即使最初市场中的所有企业形成了卡特尔并提高了价格，高价格会诱导新企业进入市场，因此长期内卡特尔不能维持高价格。也就是说，卡特尔面对的长期需求弹性非常高（特别是相对于短期弹性来说）。显然，预期卡特尔能把价格维持在高水平的时间越长，建立卡特尔的现期价值就

越大。

**对严厉惩罚的低预期**。只有当成员预期不会被政府抓到并受到严厉惩罚时，卡特尔才会成立。较大的预期惩罚首先降低了形成卡特尔的预期价值。在1890年卡特尔在美国被定为非法行为以前，公开的卡特尔非常常见。在司法部执行法律相对较为宽松的时期，价格操纵的共谋非常流行（Posner，1970）。从国际上来看，哪里的卡特尔可以合法存在，哪里的卡特尔就比在美国更为常见。[10]一些政府自己就建立卡特尔（如下文所讨论的那样）。

英国法院在1956年以前都不阻止价格操纵行为，除非合作的企业采取暴力、恐吓、欺诈等非法行为。[11]政治与经济规划部门于1953—
134 1956年间对行业贸易协会的调查发现，1 300个协会中的243个（19%）试图操纵价格（Phillips，1972）。

**较低的组织成本**。即使潜在的卡特尔在长期内能提高价格而且不被发现，如果最初的组织成本太高，卡特尔也不会形成。谈判越复杂，建立卡特尔的成本就越高。有四个因素能保持较低的成本，有利于卡特尔的形成：涉及的企业数量较少，市场高度集中，所有企业生产几乎相同的产品，存在一个商业协会。

当只涉及少数企业时，组织一次秘密会议而不被政府察觉就相对容易些。即使市场中存在许多企业，最大的几个企业也可以协商并组织一个不明确包括较小的边缘企业的卡特尔（主导企业）。在弗拉斯和格里尔（Fraas and Greer，1977）考察的司法部有关606个价格操纵的案例（1910—1972年）中，每个案例的卡特尔涉及的企业数平均为16.7个，中位数为8个，众数为4个。[12]也就是说，涉及较多企业的案例提高了参与企业总数的平均数，但是常见的类型涉及4个企业，半数案例涉及至多8个企业。[13]

在海和凯利（Hay and Kelley，1974）研究的司法部有关价格操纵的案例（1963年1月—1972年12月）中，只有6.5%的案例涉及50个或是更多的企业。[14]其他案例中涉及的企业数平均为7.25个。尽管只有26%的案例涉及至多4个企业，但有将近半数（48%）的案例涉及至多6个，79%涉及至多10个企业。

康纳（Connor，2003）对1990—2003年全球卡特尔的研究发现，参与企业的中位数为5个。多于半数（77%）的卡特尔拥有至多6个企业。只有13%的卡特尔包含10个或更多的参与者，但是其中多数是半官方的欧洲贸易协会组织。

即使在卡特尔合法的情况下，例如许多不包括美国企业的国际卡特尔，企业的数目也是至关重要的。例如，在世界汞市场上由两个国家所
135 组成的卡特尔较长期（1928—1972年）地成功之后，由许多国家参加的价格操纵并没有取得成功（MacKie-Mason and Pindyck，1986）。

如果市场中的少数大企业占据大多数市场份额，而且它们可以协调各自的行为，那么它们就可以在不涉及市场中其他（较小）企业的情况下抬高价格。例如，西班牙和意大利控制了世界汞生产的80%，形成了不包括其他五个生产国的非常成功的卡特尔（MacKie-Mason and Pindyck，1986）。

经验性证据支持卡特尔更容易在集中度高的产业中形成的观点。[15]海和凯利（Hay and Kelley，1974）对司法部价格操纵案例的研究中四企业集中度（四家最大企业所占市场份额的总额）高于75%的占42%；在另外34%的案例中，四企业集中度为51%～75%。因此在76%的案例中，集中度高于50%。只有6%的案例集中度小于25%。平均集中度为67.7%。[16]在康纳（Connor，2003）对全球卡特尔的研究中，卡特尔成员通常控制了超过90%的市场销售份额。而且，当进入使得卡特尔的销售份额低于65%时，卡特尔行为通常会停止。

同样，现有的证据表明卡特尔通常在小的地理区域内发生。波斯纳（Posner，1970）研究了美国司法部从1890年通过《谢尔曼法》起到1969年间发生的价格操纵和其他反托拉斯案例，发现这种共谋中有接近一半（47.4%）发生在本地市场或是区域性市场，37.6%为国家范围，8.7%涉及国外贸易。市场的地理范围越小，就越有可能由少数企业控制较大的市场份额。

当每个企业的产品具有不同质量和特性时，企业更难在相对价格上达成协议。一旦产品有所改进，就必须制定一个新的相对价格。当必须监督的只是单一价格时，卡特尔会较为容易地觉察企业的欺骗行为。如果企业不想明显地通过破坏价格协议而增加销售，那么企业可以通过保持价格不变而提高产品质量来达到这一目的，而且要发现这一行为相对比较困难。

事实上，在海和凯利（Hay and Kelley，1974）研究的所有价格操纵案例中，不同企业的产品都是相对同质的。在极少数案例中，在前后相继的工作上对复杂的产品或服务进行分工有利于合作，或者就某一单独的问题达成补充协议。例如，一批游泳衣制造商同意推迟换季削价。同样，事实上所有最近的全球共谋（Corner，2003）涉及的都是同质产品。

136 通过降低市场中企业会晤和协调行动的成本，商业协会方便了卡特尔的建立和执行。多数产业中都有经常召集企业碰面的协会。当然，并不是所有建有商业协会的产业都必定形成卡特尔。但是，正如亚当·斯密所观察到的，这样的碰面通常会导致价格操纵的协议，而商业协会则常常成为大集团协调行动的机制。在海和凯利（Hay and Kelley，1974）对美国司法部操纵价格案例的研究中，在超过15家企业共谋的8个案例中，7个涉及商业协会，而在所有8个案例中牵涉的企业数量都超过25家。总的来说，29%的案例都涉及商业协会。弗拉斯和格里尔

（Fraas and Greer，1977）发现，在所有价格操纵案例中，36%涉及商业协会。而且，当存在商业协会时，涉及共谋的企业数量的中位数为 16，而所有案例的中位数为 8。波斯纳（Posner，1970）发现所有反托拉斯案例的 43.6%涉及商业协会。

## 卡特尔协议的执行

即使市场由生产没有相近替代品的同质产品的少量企业组成，面临无弹性的需求曲线，没有新企业进入的威胁，如果卡特尔成员能够并且想要违背协议，那么卡特尔也不可能成功。导致卡特尔形成的部分因素同样也可以帮助卡特尔发现欺骗并执行协议。

**发现欺骗**。如果欺骗很容易被觉察，那么卡特尔协议的执行就相对容易。以下四个因素可以帮助发现欺骗：

- 市场中企业数量较少；
- 价格不会单独波动；
- 价格广为人知；
- 所有卡特尔成员在销售链的同一点销售相同的产品。

如果只有少数企业，卡特尔就可以相对容易地对每家企业进行监督，而且一家企业市场份额的提高（削价的标志）也就更容易被发现。更进一步，当只有几个共谋者时，道义（或非道义）的劝说将更为方便（参见 www. aw-bc. com/carlton _ perloff 的“捐客”）。

海和凯利（Hay and Kelley，1974）发现，大多数持续 10 年以上的价格操纵式共谋发生在企业数量较少，而且大企业控制大部分销售份额的市场中。当涉及大量企业时，共谋一般很快就会被发现，尤其是因为关于一些大集团有组织的会议的细节常常会出现在地方报纸上。与此相反的是，波斯纳（Posner，1970）却发现，在被查办的卡特尔中，大型卡特尔的寿命与小型卡特尔差不多。他发现 52%涉及 10 个或 10 个以下企业的共谋持续了 6 年或 6 年以上，而 64%的有更多参与者的共谋持续了同样长的时间。人们通常认为共谋涉及的企业越多，就越有可能被政
137 府察觉。但一般而论，共谋的败露往往归结于私下的信息传播，而不是司法部调查的结果。[17]

如果一个市场的需求、投入成本以及其他因素频繁发生变动，那么市场价格也不得不经常调整。在这种情况下，对卡特尔协议的欺骗就很难被发现，因为人们不能容易地将其与导致价格波动的其他因素区分开来。如果价格是一致的，那么欺骗就相对容易被察觉。一些卡特尔安排各个企业彼此间查账。在波斯纳（Posner，1970）对反托拉斯案例的研究中，至少 6.2%的案例涉及信息的交换，而 4.3%涉及监督、罚金与

审计措施。当然，账簿也可以造假，因此这样的检查并不能防止所有违背卡特尔协议的活动。

在一些案例中，政府的举动也会给卡特尔发现欺骗行为提供帮助。例如，政府经常公布政府合同投标的结果，这有利于卡特尔立即发现欺骗（参见案例 5.3）。海和凯利（Hay and Kelley，1974）研究的案例中有 1/4 涉及某些形式的投标操纵。[18]

138

**案例 5.3**

**从政府行为中受益的混凝土合谋**

卡特尔成员具有削减本已议定的合谋价格的动机。如果卡特尔的成员们不能觉察到这样的“欺骗”，那么卡特尔会趋向于失败。如果政府部门公开每个企业的价格，反而可能有利于卡特尔的维持，最近在丹麦就发生了一个这样的案例。

施蒂格勒（Stigler，1964a）曾经解释了导致卡特尔成功的相同因素是如何同样使得隐性合谋成功的。许多混凝土预制品市场的隐性合谋成功的必备条件早在政府行动之前就已形成。丹麦的混凝土预制品市场由相对较少的企业构成。最大的两家企业在全国各地都有工厂，和许多小企业进行竞争。由于混凝土预制品在混合后只能在混合车中保存两小时，因此通常的运输距离为工厂周边的 20 英里范围以内。因此，在一个特定区域内竞争的企业相对较少：在丹麦的 115 家企业中，只有不到 5 家企业可以为同一个特定的顾客提供服务。尽管全国的四企业集中度为 57%，但是许多地方市场仍然是垄断的，一个区域内最大企业的平均市场份额为 70%。

1993 年，丹麦反托拉斯当局开始收集并公布两种等级的混凝土预制品的特定企业的交易价格。政府希望通过向买者提供价格信息，促进卖者之间的竞争，降低价格。

根据阿尔巴克、莫尔加德和奥弗加德（Albæk，Møllgaard and Overgaard，1997）的研究，政府的行动反而导致了成功的隐性合谋行为：价格上涨了，企业层面的价格变动几乎消失了。在一年之内，价格被公布的混凝土预制品的平均价格上升了 15%～20%（同期的年通货膨胀率小于 2%）。没有剧烈的成本或其他要素的波动可以用来解释如此大幅度的价格上升（事实上这一阶段主要的成本要素人员工资是下降的）。而且，企业价格的差异从 30%下降到了 2%～4%。因此，由于政府的信息项目，企业似乎可以设定较高的价格。

案例 5.1 描述了电气设备生产商采用类似于月亮圆缺周期公式来确定轮流担任密封招标的获胜者。由于企业对卡特尔的欺骗会在政府公开获胜者的结果后就能立即被发现，因此没有企业希望在未轮到自己时就得标。

曾是纽约有组织犯罪的家族热那亚家族成员的文森特·卡法罗（Vincent Cafaro）告诉参议员们，犯罪集团操纵了纽约市的投标，控制了混凝土行业和建筑工会。[19]他指出，通过投标操纵赢得建筑工程的承包商和工会必须将 2%交给“百分之二俱乐部”，这个俱乐部是由纽约的热那亚、甘比诺、卢切斯和科洛波家族经营的组织。他估计纽约至少

50%的高层建筑有犯罪集团的插手，“循规蹈矩的傻瓜不可能获得机会”赢得这类建筑合同。根据卡法罗先生所言，“百分之二俱乐部”分配了所有价值超过 200 万美元的建筑项目。价值超过 500 万美元的合同控制在犯罪集团的公司手中。较小的承包商抱怨这种安排，他们得到了分包所有价值超过 300 万美元的项目的权利。卡法罗认为热那亚家族是“一个非常有纪律的组织”，有着严格的规定，并对严重的违反者处以极刑。

信息的公开获得大大简化了卡特尔的实施。提前公示价格的上升和下降是向所有感兴趣的成员转达价格信息的一种方法。当所有企业在它们的所有销售中都只使用同一个销售代理人或代理组织时，就会出现信息分享的极端情况，根据弗拉斯和格里尔（Fraas and Greer，1977）的研究，有 3%的案例是这种情况，而根据波斯纳（Posner，1970）的研究，该比例为 6%。销售代理人通常出现在欧洲的卡特尔中。

139 如果一些企业是纵向一体化的（同一企业既生产投入品，又制造产品，并进行销售），卡特尔将很难去确定欺骗在销售链的哪一点发生。相反，如果所有企业都销售给同一类型的客户（例如都在零售层面），欺骗则较容易被察觉。

**没有欺骗动机的卡特尔**。在某些情况下，卡特尔会发现执行要相对容易一些。如果成员的边际成本曲线相对来说缺乏弹性，它们的固定成本相对总成本来说较低，它们的顾客要求较小的经常性订单，或者它们有一个单一代理人，那么成员企业将没有违背卡特尔的动机。

如果企业的边际成本曲线近乎垂直，那么由于大幅度提高产出的成本很大，因此违背卡特尔协议的收益将微乎其微。在图 5.1a 中，如果边际成本曲线近乎垂直，$q^*$ 接近于 $q_c$。如果企业的运营接近充分生产能力水平，边际成本曲线可能会近乎垂直。事实上，卡特尔可能会通过签订联合协议规定对加班付双份工资，或者其他相似的措施来让企业的边际成本曲线接近于垂直（Maloney，McCormick and Tollison，1979）。[20]

假设企业花费了大量固定成本建造了一个工厂，可以以稳定的边际成本在任何一个生产能力水平上生产。当市场需求下降（比如在衰退期）时，这样的企业有大量没被利用的生产能力，从而有动机将价格降低到低于卡特尔水平以刺激销售。

如果市场中存在许多购买量较小的顾客，那么没有企业会将价格下降到卡特尔水平以下。如果企业降低价格而不公布削价，其他消费者不太可能知道这一信息，因此销量也不会上升。如果企业公告自己降低价格的行为，其他卡特尔成员知道后会进行报复。相反，当只有少数顾客发出大额非经常性订单时，卡特尔将会在发现和阻止欺骗行为方面出现困难。[21]企业具有对大额购买者进行价格折扣从而留住顾客的动机。

合法的卡特尔可以要求由一个单一的销售代理人或代理组织销售所

有企业的产品，从而防止发生欺骗行为。例如，作为存活时间最长的卡特尔之一的碘卡特尔（61 年：1878—1939 年），就是通过设在伦敦的一个中心办事处来销售所有的产品的（Eckbo，1976）。参见案例 5.4。

**阻止欺骗的方法。**除非卡特尔可以觉察违反价格操纵协议的行为并防止其再次发生，否则卡特尔成员企业就会热衷于秘密削价（或扩大生产）。尽管经济学家和律师都了解帮助卡特尔执行协议的许多机制，最为成功的卡特尔协议和执行机制可能仍然不为人所知。这里，我们主要讨论六种方法：操纵除设定价格之外的更多因素、分割市场、固定市场份额、使用最惠国待遇条款、使用交融竞争效果条款，以及设定触发价格。

140

**案例 5.4**☞

### 解除卡特尔运营中的烦恼

19 世纪后期，溴的主要用途是用来制作头疼药和镇静剂。溴产业并不是非常集中，而是由许多小生产者组成。通常而言，由于存在大量的生产者，这样的产业不太可能形成卡特尔。

19 世纪 80 年代早期，溴的价格下降了 40%。1885 年，国家溴公司（“溴库”）成立。它收购所有制造商生产的溴。然后溴库将溴出售给两个独立的医药分销商，费城的 Powers & Weightman 公司以及圣路易斯的 Malinckrodt 医药公司，这两家公司被迫联合以购买溴库的所有产出。然后两家分销商在它们的销售区域内将其销售给客户。溴库要求制造商们排他性地将产品出售给它，同时，任何制造商如果违反这一承诺，溴库将会终止和其他制造商的所有合约。而且，如果一个制造商进入该产业后没有和溴库签订合约，那么溴库也会终止和其他制造商的合约。被迫购买溴库中所有产出的两个分销商积累了大量的溴库存，它们提出威胁，任何一个制造商如果不和溴库合作，它们会在市场上进行倾销。事实上，在 1886 年和 1888 年的价格战期间，为了惩罚竞争者，重建价格规则，分销商在市场上销售了这些存货。

分销商监督销售行为的能力要强于单个制造商，因此可以发现制造商是否进行了秘密销售。为了发挥其在卡特尔中的这一作用，独立分销商得到了卡特尔利润中可观的一部分。1892 年，它们对这一份额进行了讨价还价，增大了给制造商的那一部分比例。（原来的溴库被履行同样功能的 W. R. Shields 所取代。）

成功的溴卡特尔从 1885 年存续到 1902 年。在这一期间，溴的价格比卡特尔形成前的平均价格高出了大约 25%。

在卡特尔将近 20 年的生存期间，只在三个时期发生了价格战。卡特尔的终结缘于道化学公司（Dow Chemical Company）在 19 世纪 90 年代开发出了一种生产溴的低成本方法。道公司最初和卡特尔中扮演排他性分销商角色的两个分销商签订了合约。但是在 1902 年，道公司发展得足够强大以至于决定不依赖于排他性分销商来销售产品，开始直接向消费者销售产品。溴库瓦解且钾溴（主要的溴产品）的价格在两个月内下降了 45%。毋庸置疑，小型溴加工商的产品——钾溴（头痛药品的原料）——的需求增加了。

资料来源：Levenstein（1993）.

141 为了阻止欺骗，成功的卡特尔要做的将不仅仅是设定价格。波斯纳(Posner，1970，400）发现在司法部门所有反垄断案例中，至少14%涉及基本价格以外的隐性合谋（这一数据显然并不包括有关分割市场、交换信息和销售配额的隐性规则）。[22]

一些卡特尔通过给每个企业分配一定的顾客群或者销售区域而成功阻止了欺骗，因为这些行为使得欺骗很容易被发现。弗拉斯和格里尔（Fraas and Greer，1977）发现，26%的价格操纵案例涉及市场分配方案。波斯纳(Posner，1970）发现7.8%的反托拉斯案例涉及客户的分配，14.6%涉及区域的分配，1.8%涉及产品市场的分配（总计24%）。两国汞卡特尔使用了市场的地理区域划分：西班牙供应美国，意大利供应欧洲。

另一个有效的方法是卡特尔成员同意固定市场份额（比如说按卡特尔成立之前的水平）。（参见案例5.5。）只要可以轻易地观察到市场份额，企业就不会有削价的动机。如果企业降低了价格，那么其市场份额将会上升，其他企业就会进行报复。例如，发现其他企业产出水平变化的卡特尔成员可以调整其自身的产出，以此来维持原来的市场份额(Osborne，1976；Spence，1978a，1978b）。所有企业都会预期到这样的反应，因此企业没有增加产量的动机，因为遭受报复后的企业得到的利润会更少。就像www.aw-bc.com/carlton_perloff的“推测变化”所讨论的，固定市场份额能导致卡特尔价格。

142

**案例5.5** ☞

### 维生素卡特尔

20世纪90年代一个巨大的世界范围的包含不同维生素产品的卡特尔形成了，其产品包括生物素，叶酸，维生素A、B1、B2、B5、B6、C和E等。维生素在人类和动物的饮食、皮肤和健康护理产品中是一种应用广泛的添加剂。各种维生素之间没有替代性。

维生素产品的生产高度集中在少数企业。在卡特尔的时代，三个最大的生产商是霍夫曼-拉罗奇公司（Hoffman-LaRoche，目前已经卖掉了它的维生素业务），生产占所有维生素总产量的40%～50%；BASF的市场份额为20%～30%；阿汶蒂斯(Aventis，以前的罗恩-波伦克公司，Rhone-Poulenc）所占的份额为5%～15%。这些主要的制造商生产了许多相同的维生素。维生素销售的半数以上为维生素A和维生素E，所有三大主要生产商都有销售。

据称从1989年开始，霍夫曼-拉罗奇、BASF和罗恩-波伦克公司开会讨论全球市场份额的分配，以减少竞争。随后不久，其他企业也相继加入了这个世界范围的卡特尔。

卡特尔操纵遍及全国的各种维生素的市场份额、协定价格的上浮、设定目标价格和最低价格，并且分享信息以保证每个企业遵守分配的市场份额。有时企业会一起讨论大客户的供应问题，协商针对这些客户的价格，以及每个生产者各提供多少产品来满足客户的需求。

各个企业定期会面，召开四个层次的会议：最高层次会议由决定整体战略和忠实执行协议的最高执行官参加；第二个层次的会议涉及营销负责人，一年2～3次；

第三个层次的会议（通常为季度会晤）涉及每个产品的营销经理，监督市场分配的执行问题；最后一个层次的会议为每季度一次的地区营销经理会议，讨论有关定价、提价和市场分配的调整等问题。8月份的“预算会晤”讨论次年的市场分配和提价问题。

143 价格上升的幅度通常为5%，最为有效的提价时间为次年的4月1日。霍夫曼-拉罗奇公司通常首先提价，其他企业随后跟上。详细交流销售信息使得企业可以监督销售配额的执行情况。如果企业在某一年中销售过多，卡特尔会要求该企业从其他企业购买产品来重新回到原先的销售配额。

尽管卡特尔提价的精确额度颇受争议，但卡特尔期间价格上升的幅度是相当大的。例如，从1990—1998年，维生素A的价格上升了40%，维生素E的价格上升了60%。在经确认的卡特尔期间，维生素C的价格上升了30%，卡特尔解体后价格下降了50%。

从20世纪90年代末开始，罗恩-波伦克公司加入了美国司法部（DOJ）的公司自新计划。第一个向DOJ坦白的卡特尔成员——如果它不是主导者或是密谋的执行者，而且DOJ并没有意识到它的非法行为——可以自动免责。为了避免反托拉斯罚款，罗恩-波伦克公司揭露了卡特尔的存在，以及详细的运营情况。随后，其他卡特尔成员同意支付数百万美元的罚款。这些企业同样必须向加拿大和欧盟主管竞争的权威当局支付罚款。

这些罚款比先前反托拉斯案例中出现的都要多。美国开出的罚单最大，霍夫曼-拉罗奇公司为5亿美元，BASF为2.25亿美元，日本武田公司为7 200万美元。两个霍夫曼-拉罗奇公司的执行官入狱。加拿大开出的最大罚单为霍夫曼-拉罗奇公司受罚4 800万加元，BASF受罚1 800万加元，罗恩-波伦克公司受罚1 400万加元。最主要的欧洲罚款为霍夫曼-拉罗奇受罚4.62亿欧元，BASF为3亿欧元，武田公司为3 700万欧元。托拉斯成员还向民事反托拉斯诉讼案交纳了罚金。

资料来源：*Official Journal of the European Communities*, Commission Decision of 21 November 2001. (Case Comp/E-1/37.512—Vitamins.)

---

销售合同中的**最惠国待遇条款**（most-favored-nation clause）是向买方保证，卖方不会以更低的价格销售给其他购买者的条款（Salop，1986）。该种条款的一种变体在大型汽轮发电机的销售中得到了应用。两个主要的销售者，通用电气和西屋电气公司（参见案例5.1），都在各自的销售合同中宣称卖方无论现在还是将来都不会向其他任何购买者提供更低的价格，否则要向早先的购买者提供价格补贴。这种部分退款机制设定了对卡特尔的惩罚：任何公司通过降价违反了协议，都必须对此前所有的购买者削价。

在一份长期供货合约或广告中写明的**相遇—竞争条款**（meeting-competition clause）向购买者保证，如果另一个企业提供更低的价格，销售者也将提供同样的价格，或者买家可以解除合约（Salop，1986）。这一条款使得企业很难进行欺骗，因为购买者会将低价信息告诉卡特尔。令人吃惊的是，这些条款会与卡特尔的高价格相联系，而不是它们表面上保证的低价。

142 所有卡特尔成员都可以达成协议，如果市场价格降低到某一价格水平（称为**触发价格**，trigger price）以下，每个企业都可以将产出扩张到卡特尔建立之前的水平（Friedman，1971）。也就是说，所有企业都将违背卡特尔协议。在这种情况下，削价的企业虽然可以在极短的时间内获得收益，但是最终将由于这种预先设置的惩罚机制所导致的卡特尔的毁灭而遭受损失。

使用触发价格的原因之一是，在某些市场中，企业很难区分到底是其他企业进行了欺骗，还是需求和供给成本的波动导致了价格的随机波动。但是，对于卡特尔来说，即使在随机冲击发生时，仍然可能修改用以预防欺骗行为发生的惩罚机制（Green and Porter，1984）。如果企业只要观察到价格的下跌就转为竞争行为，那么卡特尔可能会因为价格的
143 随机波动（而不是一个企业的降价）而解体。但是，如果企业同意只在一定时间内采用竞争行为，而后又回到卡特尔行为，那么价格的随机波动就不会永久性地毁灭卡特尔。[23]

这一机制的吸引力之一是，即使协议在短期内被破坏了，也无须进
144 一步协商就可以重新建立。在一个随机价格波动可能掩盖企业欺骗卡特尔的市场上，这种协议可能会导致价格与卡特尔利润水平周期性地大幅度下降。当发生价格的随机下降时，卡特尔成员将没有必要惩罚自己。

不过，这种机制对卡特尔来说可能是具有吸引力的，因为如果惩罚的时期（此时所有企业都生产较高水平的产出）足够长，违反卡特尔协议就将不符合企业的长期最优利益。因此，卡特尔成员会意识到价格可能仅仅因为随机波动而降低到了触发价格以下（因为没有企业进行削价）。但是，卡特尔必须不断进行自我惩罚，否则削价行为就会发生。[24]案例 5.6 提供了有关 19 世纪 80 年代美国铁路货运行业的例子，这一例子说明了这种行为。

## 卡特尔和价格战

许多观察家看到市场上的大幅度价格波动，认为此时企业会通过形成一个卡特尔来维系无序的市场。由于竞争的力量能够制衡卡特尔，因此不需要政府的干预。但是，正如我们在上部分中所讨论的，这些波动可能是包括触发价格的理性的、长期卡特尔政策的一部分。这种触发价格观点认为，价格战在没有预计到的商业周期的不景气（衰退与萧条）阶段更有可能发生，因为这段时间对低需求的反应是价格的下降（Green and Porten，1984；Staiger and Wolak，1992）。卡特尔在价格战期间更可能寿终正寝。另一些经济学家认为价格战会在高需求期间发生（Rotemberg and Saloner，1986）。他们认为削减卡特尔价格所带来的收

益在繁荣时期会更大。

为了弄清哪种理论更接近现实，或者两者都具有现实性，瓦莱丽·Y·萨斯洛（Valerie Y. Suslow，1998）通过对1920—1939年间47个国家72个国际卡特尔协议的研究，调查了卡特尔在商业周期中的稳定性。

由于主要的欧洲国家在第二次世界大战之前都没有系统的反托拉斯法，这些卡特尔都是合法的，并且有正式的书面合同。如在1927年，卡特尔在瑞士是合法的，比利时、法国、西班牙、意大利和荷兰没有明确地禁止卡特尔。在德国法律中，卡特尔是合法的，但是德国于1923年通过了反托拉斯法，以保证不存在对经济势力的滥用。1930年，英国采纳了一个提议，承认卡特尔为经济生活的一部分，但是要求遵从公开性原则，这一原则要求卡特尔必须公布、注册并公开卡特尔协议。其他欧洲国家在30年代中期大多追随英国的政策。法国直到第二次世界大战后才通过了控制卡特尔行为的立法。

145

**案例 5.6** ☞

### 消费者是如何被铁路欺负的

19世纪80年代，美国的铁路卡特尔公开以“联合执行委员会”（JEC）的名义运作。在1890年《谢尔曼法》通过之前，尚没有禁止此类卡特尔存在的法律。正如波特所解释的，JEC似乎使用了触发价格战略（Green and Porter，1984）。

JEC协议对市场份额，而不是运输量进行分配。每条铁路单独设定费率，联合执行委员会办事处每周报告结果，这样每条铁路都可以看到运输的总体情况。由于总需求相当不稳定，因此每家企业的市场份额同时取决于所有企业的价格和无法预测的市场波动。

在1880—1886年之间（Porter（1983a）研究的时期）发生了两次进入。每次卡特尔都被动地接纳了进入者，给它们市场份额，从而维持了卡特尔协议。

但是，有许多次，当卡特尔认为发生欺骗行为后，它就暂时降低价格，而后又回到了卡特尔价格。波特发现在卡特尔存续期间非合作周期平均为10周，发生在1881年、1884年和1885年。在1881年和1884年，新企业进入后的非合作周期为40周。他还注意到，所有的价格战都不是触发于意料之外的需求下降。

波特同时发现合作时期的价格上升了66%，运输量下降了33%。因此，作为一个整体，卡特尔在合作时期的收益增加了11%。

资料来源：MacAvoy（1965）；Ulen（1980）；and Porter（1983a）. See also Ellison（1994）.

这些卡特尔的生存应该比美国非法卡特尔的生存更为容易。德国、法国或英国的企业约有一半参与了卡特尔，美国参与卡特尔的企业为三分之一。20世纪40年代，参与其中10个全国性卡特尔的美国企业受到了起诉。

根据萨斯洛的研究，卡特尔维续期的中位数略长于5年，75%的卡特尔持续了2年以上，20%的卡特尔持续了10年以上。存在一种产业模式。在单一阶段的卡特尔中，40%涉及医药业，只有6%涉及金属冶炼业。相反，在多阶段卡特尔中，46%涉及金属冶炼业，而只有17%涉及医药业。

在企业数目已知的42个卡特尔中，83%的卡特尔企业数为10个或更少，64%为5个或更少，39%为3个或3个以下。在有市场份额资料的39个卡特尔中，74%的国际市场份额超过50%。因此，和美国的卡特尔相比，这些国际卡特尔涉及相对数量较少的企业，但占据了很大的市场份额。

146 萨斯洛测算了卡特尔在某一特定时刻解体的概率，假设在此之前卡特尔可以维续。当控制其他因素保持不变时，她发现卡特尔更有可能在商业周期的不景气（衰退和萧条）阶段解体。[25]而且，与其他卡特尔相比，那些在增长时期存活的卡特尔寿命更长。总而言之，在卡特尔存续期间，宏观经济环境的不稳定性越大（频繁地高涨与衰退），卡特尔失败的概率也就越大。

我们讨论了几个帮助卡特尔形成和阻止欺骗行为发生的因素，许多成功的大型卡特尔拥有这些特性。表5.1（源于Connor，2003）表明了20世纪90年代早期赖氨酸、柠檬酸和维生素A和E产业中的市场条件，其中每种产品都存在卡特尔。进入起到了非常重要的作用（参见de Roos，1999，有关赖氨酸的讨论）。

**表5.1　20世纪90年代早期有利于赖氨酸、柠檬酸、维生素A和E全球价格操纵的市场条件**

| 市场条件 | 赖氨酸 | 柠檬酸 | 合成维生素A和E |
|---|---|---|---|
| 集中度（CR4*） | | | |
| 全球市场 | >95% | >80% | >95% |
| 美国市场 | >97% | =90% | 100% |
| 较少的卡特尔参与企业 | 4 or 5 | 4 or 5 | 3 |
| 较高的卡特尔供给控制 | 95%～99% | 65%～70% | 95%～100% |
| 下游买主集中度（CR4） | <30% | <40% | <20% |
| 同质产品 | 完全 | 高度 | 高度 |
| 较高的市场进入壁垒 | | | |
| 较大的工厂规模 | 1.5亿美元+ | 1.5亿美元 | 不定 |
| 沉没投资成本 | 是 | 是 | 是 |
| 技术秘密 | 是 | 是 | 是 |
| 较慢的新工厂建设 | 3年+ | 3年+ | 3年+ |
| 购买者的市场价格可视情况 | 没有 | 一些 | 很少 |
| 年市场增长率 | 10%，稳定 | 8%，稳定 | 2%～3%，稳定 |

* CR4为产业中最大的四个企业的销售份额。

资料来源：Connor（2003）.

# 卡特尔解体时消费者的收益

147 遵守卡特尔规则的企业对违反协议超量生产的企业表示出了不满，称它们为“骗子”或其他更难听的称呼。但是消费者却从非卡特尔行为中获得了收益。卡特尔协议的违反者生产了超过协议量的产品，降低了市场价格。

一个数值化的例子表明了这些企业不遵从卡特尔协议所带来的影响（详情参见附录5A)。在这个例子中，市场中有50个相同的企业，我们假设没有其他企业可以进入市场。

在这50个企业中，有$j$个企业没有遵守协议限制产出，它们按自己的想法出售产品。这些企业是价格接受者。正如我们在第4章中所研究的，卡特尔是一个面临竞争性边缘企业的主导企业。

卡特尔面临的剩余需求可以通过市场需求减去边缘企业的供给得到。图5.2b表示，在竞争性企业停止生产的价格水平（$p=10$）以上部分，剩余需求曲线位于市场需求曲线下方。[26]剩余需求曲线在$p=10$处
148 出现拐折。由于卡特尔企业和非卡特尔企业具有相同的成本曲线，卡特尔企业也不能在$p=10$以下生产，因此剩余需求曲线的下部分是没有意义的。通过设定它的边际收益（相应于其剩余需求曲线的边际曲线）等于其边际成本，收益最大化的卡特尔的产出为240，如图5.2b所示。这一产出决定了卡特尔的价格为24。在这一价格水平，非卡特尔成员的产出水平为280，如图5.2a所示。

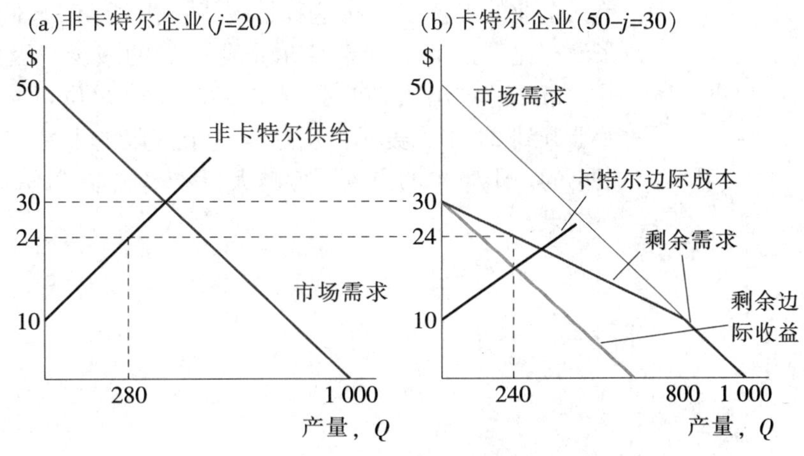


**图5.2 不完全卡特尔**

表 5.2 表示了卡特尔成员数量发生变化时的情况。当所有 50 个企业独立行动，都不属于卡特尔时（$j=50$），市场处于竞争性均衡状态。竞争性市场价格为 21.43 美元，消费者剩余和总福利最大化。

在另一种极端情况下，所有企业都加入卡特尔（$j=0$），卡特尔成为垄断者。垄断价格为 33.33 美元，比竞争性价格高出 56%。市场只生产了 333 个单位的产出，比竞争性情况下的产出 571 少了 58%。但是，每个企业的利润为 133.33 美元，是竞争性水平下 65.31 美元的两倍多。消费者剩余仅为竞争性水平下的三分之一，总福利为竞争性情况下的 83%，也就是说消费者损失大于卡特尔的收益。对于社会来说，这种损失即垄断的净损失（见第 4 章），它为销售的 18%和消费者剩余的 71%（在垄断价格上）。

149 随着卡特尔成员数目的上升，由于非成员利润和成员利润之间差异的加大，卡特尔成员进行欺骗的动机也随之增加。在每个价格水平，由于非卡特尔成员在相同价格下的产量要大于卡特尔成员，因此非成员得到的收益都要高于成员的收益。

如果企业拒绝加入卡特尔，那么消费者将获得收益。如果只有一个企业拒绝遵守卡特尔规则，成为价格接受者，那么市场价格要比垄断价格水平低 3%，净损失低 10%，消费者剩余会高出 10%。

表 5.2 还表明了如果企业试图成为价格制定者，则几乎得不到回报。如果一家企业形成仅仅包括自己的卡特尔（因此存在 49 个非卡特尔成员），那么它所面临的剩余需求曲线只是稍稍有所倾斜。它可以将产出从竞争性水平的 11.429 减少到 11.27 个单位来最大化利润，将利润提高了 1 美分，从 65.31 提高到 65.32 美元。49 个非卡特尔成员看到价格上升，作为价格接受者，会将产出提高到 11.431 单位，导致利润提高了 2 美分，达到 65.33 美元，每个非卡特尔成员利润的增加要大于单一企业的卡特尔。在这种情况下，由于 49 个非卡特尔成员产出的扩张没有完全抵消单一卡特尔企业产量的减少，因此所有企业的利润上升。市场总产出从 571.43 下降到 571.38 单位，导致了价格从 21.429 美元上升到 21.431 美元。从这样一个有限的卡特尔处出现的福利损失是很小的。卡特尔的市场份额越大，效率成本就越高。案例 5.7 表明了这一结果。

**表 5.2　　不同程度卡特尔化的市场变量(50 个企业)**

| | 非卡特尔企业的数量 | 价格($p$) | 市场弹性 | 市场产出 | 行业利润($\pi$) | 消费者剩余($CS$) | 福利($CS+\pi$) | $DWL$ 占销售的百分比(%) | 卡特尔的市场份额(%) | 价格加成(%) | 卡特尔企业 | | 非卡特尔企业 | |
|---|---|---|---|---|---|---|---|---|---|---|---|---|---|---|
| | | | | | | | | | | | 产出 | 利润 | 产出 | 利润 |
| 垄断 | 0 | 33.33 | −2.00 | 333 | 6 667 | 2 778 | 9 445 | 17.9 | 100 | 50 | 6.66 | 133.33 | — | — |
| | 1 | 32.41 | −1.84 | 352 | 6 524 | 3 094 | 9 618 | 15.9 | 94 | 48 | 6.72 | 128.02 | 22.41 | 251.10 |
| | 10 | 26.97 | −1.17 | 461 | 5 318 | 5 304 | 10 622 | 6.5 | 63 | 36 | 7.27 | 96.95 | 16.97 | 143.99 |
| | 20 | 24.00 | −0.92 | 520 | 4 360 | 6 760 | 11 120 | 2.5 | 46 | 25 | 8.00 | 80.00 | 14.00 | 98.00 |
| | 30 | 22.44 | −0.81 | 551 | 3 743 | 7 591 | 11 337* | 0.7 | 32 | 16 | 8.89 | 71.08 | 12.44 | 77.38 |
| | 40 | 21.67 | −0.76 | 567 | 3 391 | 8 027 | 11 418 | 0.1 | 18 | 8 | 10.00 | 66.70 | 11.67 | 68.09 |
| | 49 | 21.431 | −0.75 | 571 | 3 267 | 8 162 | 11 428* | 0.0 | 2 | 1 | 11.27 | 65.32 | 11.431 | 65.33 |
| 竞争 | 50 | 21.429 | −0.75 | 571 | 3 265 | 8 163 | 11 429* | — | 0 | — | — | — | 11.429 | 65.31 |

$CS$ 指消费者剩余，即三角形面积$(1\ 000-20p)^2/40$；

卡特尔的市场份额(%)为卡特尔销售占总销售的比例再乘以 100；

$DWL$＝净损失(竞争状态下的福利－实际福利)；

价格加成(%)＝$100(p-MC)/p$。

* 原书数据即如此。——译者注

150

**案例 5.7**

**卡特尔化的社会成本**

波斯纳（Posner，2003）使用我们在第 4 章中所讨论的他的理论，即所有卡特尔利润都耗散在寻租行为中，估计了几个（主要是跨国的）被较好组织的公开卡特尔的社会成本。他的结论如下表。

| 产业 | 卡特尔价格的上升（%） | 弹性 | 社会成本（占产业销售额的%） |
|---|---|---|---|
| 氮气 | 75 | 2.33 | 64 |
| 糖 | 30 | 4.33 | 35 |
| 铝 | 100 | 2.00 | 75 |
| 铝 | 59 | 3.63 | 56 |
| 橡胶 | 100 | 2.00 | 75 |
| 灯泡 | 37 | 3.70 | 44 |
| 铜 | 31 | 4.22 | 36 |
| 铸铁管 | 39 | 3.56 | 42 |

说明：这些数据都来源于波斯纳（2003）的附录。显然，给出了两组有关铝的数据是因为对其卡特尔价格的上升进行了两次测算。

在产业中的价格为利润最大化的垄断价格以及需求曲线的线性假设下，弹性是基于卡特尔价格增长的数据得出的。由于这些限定性假设，波斯纳提醒人们必须谨慎对待这些结论。不过，如果这些数据近乎精确，那么这些卡特尔的社会成本是很大的。

资料来源：R. A. Posner，*Antitrust Law*，

## 关于价格操纵的法律

法不责众。

——安德鲁·扬（Andrew Young）

19 世纪后期，在包括石油、能源、铁路、制糖和烟草在内的几个美国产业中，卡特尔的运作是合法的。1890 年《谢尔曼法》的通过就是对这一情况的回应，以“防止贸易与商业的非法限制和垄断”（见第 19 章）。1914 年，《联邦贸易委员会法》（Federal Trade Commission Act）建立了联邦贸易委员会（FTC），该法第五节表明“不公平的竞争方法是非法的”。这一法案至今仍被 FTC 用于反托拉斯的法律场合，如同美国司法部

（DOJ）应用《谢尔曼法》一样。

151 《谢尔曼法》使得以提价为唯一目的的共谋非法化。例如，在1899年艾迪斯顿（Addyston）管材与钢铁公司的案例中，全然的投标操纵和分割市场的区域垄断被裁定为非法。[27]

1927年的特伦顿陶瓷公司（Trenton）案与1940年的Socony-Vacuum石油公司案明确了不管价格是否在竞争性价格之上，价格操纵**本身**（per se）违法（它自己采取行动就是非法）。[28]这些案例所成立的原则是，违法行为是试图索取垄断价格；政府无须表明被告人是否已经成功实现了这一企图（Posner，2003）。单纯为了提价而成立的卡特尔是被严格禁止的。

表5.3（基于Corner，2003）表明了1970—1999年间DOJ审理的价格操纵案件的数量、罚款的案件数量，以及个人受到审判的数量。案例5.8表明至20世纪90年代早期以来，美国、加拿大、欧盟和其他国家的反托拉斯当局对涉及全球共谋的企业进行了重罚。

**表5.3　美国司法部价格操作诉讼案的罚金和判决情况，1970—1999年**

| 年份 | 审理的案例数 | 罚款的案例数 | 入狱的案例数 |
|---|---|---|---|
| 1970—1979 | 176 | 156 | 25 |
| 1980—1989 | 623 | 513 | 196 |
| 1990—1999 | 416 | 324 | 61 |

资料来源：Connor（2003）.

152

**案例5.8**

### 对全球卡特尔的起诉

从第二次世界大战到20世纪90年代，尽管存在大量如我们在案例5.2中所讨论的政府组织的卡特尔，但人们只看到少量民间（非政府运营的）全球性卡特尔。1990年以后，在北美和欧洲，反垄断机构认定和起诉的民间国际性卡特尔数量猛增。从1993年至2003年7月，反垄断当局已发现了（公开调查，宣布起诉，或进行罚款）167个民间卡特尔，参与其中的企业和公司至少来自两个国家。到2003年7月底，至少有128个已或多或少被起诉了，反垄断当局对其他39个已开始了公开调查。而且，大约35个秘密的美国陪审团调查组已开始了对国际卡特尔的调查。

自20世纪90年代以来，美国、加拿大、欧盟和其他国家的反垄断当局已经对参与国际共谋的公司进行了重罚。1995年以后起诉的20个国际（多洲）卡特尔中，所有案子涉及的企业都受到了重罚，其中半数案子中的主要人员被判决有罪。从1996—2003年年中，美国、加拿大、欧盟和其他反垄断当局已经对参与国际卡特尔的公司开出了53亿美元的罚单。

在这些卡特尔中，31%涉及两个或两个以上的洲，多数在北美洲、欧洲和亚洲（占受影响的销售总额的51%）；20%涉及在一个以上的欧盟国家（占销售的25%）

进行销售；26%只涉及一个欧洲国家（占销售的13%），19%只在美国或加拿大（占销售的11%），在其他地区只发现了6个国际性卡特尔。

和先前的国际性卡特尔相比，它们覆盖了更多的全球市场，因此引起的损失更大。在美国司法部成功起诉的国际卡特尔中，涉及企业的销售额超过了550亿美元。在1999年一年中，美国司法部从国际价格操纵者手中得到了9亿美元的罚款——远远超过了美国反托拉斯法执行108年中的总额。

在60个有准确信息的卡特尔中，康纳（Connor，2003）报告说卡特尔将价格平均提高了28%（生物制药业为25%，其他产业为35%）。国际卡特尔的销售主要集中在几个产业：39%涉及生物制药的中间体，52%为其他制造业（多数为金属、水
153 泥、塑料和石墨产品），剩下的9%涉及建筑、运输、金融和其他服务业。但是，2000年前发现的卡特尔中，80%的销售涉及食品和农业。

世界上主要的反托拉斯机构已经通过执行史无前例的法令来回应卡特尔对世界经济的威胁（1990—2003年美国的罚款为23亿美元，欧盟为36亿欧元）。在DOJ起诉犯有价格操纵罪的公司中，1995年前只有1%以下为国外公司，而1997年以后50%以上的都不是美国公司。DOJ已经对12个国家的企业认定了卡特尔行为，并将许多参与者送入了监狱。同样，在2000—2002年之间，欧盟对42个犯有全球价格操纵罪的公司进行了惩罚，其中55%都不是欧盟的企业。

在50%的联邦案例中，公司的执行官交纳了罚金，33%的案例涉及公司管理人员的入狱。62个公司的执行官交纳了罚款，43个逃匿者受到了起诉。个人罚款加总累积2 440万美元，其中四笔罚款高于35万美元，但罚款的中位数仅为5万美元。在62个受到惩罚的公司执行官中，30个入狱者的平均入狱时间为11.1个月。不同于DOJ对所有价格操纵案例的宣判，康纳发现国际卡特尔参与者被判入狱的时间并没有上升的趋势。

1991—2003年期间，加拿大对18个案子进行了起诉，多数案子都是追随美国的行动，加拿大的起诉平均始于美国法庭宣判后的8个月。加拿大对68个公司开出了1.33亿美元的罚单，其中多数都不是加拿大公司。这些罚款为美国相应罚款的6%。加拿大同时对四个人开出了总额为60万美元的罚单。

从1990—2003年，欧盟对35个案子进行了起诉，其中16个为全球卡特尔。欧盟对259个公司开出了罚单，或者进行了赦免，其中30%为欧盟以外国家的公司。平均来看，欧盟的诉讼比美国的起诉要晚34个月。欧盟的罚款为美国同样卡特尔案子相应罚款的72%。

尽管反托拉斯当局比以往更加积极，并且开出了大量的罚单，但是卡特尔仍然存在。从2000—2003年，平均每年发现23个国际卡特尔，比十年前的速度快6倍。显然，随着一些跨国卡特尔（多于13个）的成员扩展到50个以上的公司，企业相信罚款只是经营成本的一部分。

资料来源：Connor（2003）.

这种阻止价格操纵的方法是基于共谋的证据而非共谋的经济影响。政府寻找共谋的证据（比如在烟雾缭绕的房间里的秘密会议）而不是经济证据（比如价格的上升）。在反垄断法下，只涉及隐性合谋（也就是说各方没有明显的交流）的案例是无法被起诉的。

现有的法律已经成功地消除了明显（而不是隐性的）的合谋。波斯纳（Posner，2003，52）观察到“消除［卡特尔］非常重要，而且仍然是美国反垄断的主要成就”。越来越多的国家，特别是在欧洲，开始积极地阻止卡特尔的出现。

# 小　结

企业既有形成卡特尔的愿望，也有对卡特尔协议进行欺骗的动机。如果卡特尔能在持续的时间段内提高价格，那么企业都愿意加入卡特尔。当卡特尔控制了大部分市场份额的产出，面临相对没有弹性的需求曲线，而且进入受到限制时，卡特尔可以提高价格，使之远高于竞争性
153 水平。如果政府发现卡特尔的可能性很小而且惩罚措施不力，那么形成非法卡特尔的预期报酬将会很高。

由于成员企业的欺骗或是外来企业的竞争，卡特尔会解体。由于单个企业可以通过产出的增加或是暗中破坏卡特尔价格而获得更高的利润，因此单个企业有欺骗卡特尔的动机。只有在能够识别欺骗并且对其进行适当惩罚的情况下，卡特尔才能维持其协议。卡特尔已经发展了包
154 括市场分割、复杂的合同条款等在内的多种技术来保证协议的实施。

当卡特尔成功提高价格时，消费者剩余会遭受损失。卡特尔的收益小于消费者的损失：差额即为净损失（效率损失）。遵守卡特尔协议的企业越少，卡特尔的市场势力就越小，因此对消费者和社会的损害就越小。

美国和其他国家的政府已经通过了对组建卡特尔的企业进行惩罚的反托拉斯法。至少在美国，操纵价格的卡特尔受到了有力的起诉。

# 问　题

1. 假设卡特尔成员比非卡特尔成员具有更低的成本（平均成本和边际成本）。画出卡特尔面临的剩余需求曲线（你对进入的假设是什么?）。在图中表示出卡特尔的利润最大化产出和价格。卡特尔可以将其他企业赶出市场而仍然盈利吗？在什么条件下才能做到这一点？

2. 和第 4 章中主导企业模型相比较，在什么情况下卡特尔仅包括市场中的部分企业？

3. 使用图表来表示为什么市场需求弹性的增加会减少卡特尔的市场

势力。说明市场需求弹性的增加如何影响剩余需求曲线的弹性。

4.（基于附录 5A 的问题）解释为什么卡特尔成员的产出加上非卡特尔成员产出的总和小于竞争性水平下的产出，而相应的价格要高于竞争性水平下的价格。

5.（基于附录 5A 的问题）解释为什么随着非卡特尔成员数量（$j$）的增加，卡特尔的价格会下降。

奇数问题的答案在本书最后部分给出。

## 推荐阅读

Jacquemin 和 Slade（1989）给出了有关卡特尔的当代思考的很好的概述。如果你希望了解有关卡特尔的实际运营情况，可以参见 www. aw-bc. com/carlton _ perloff，第 5 章，“一个卡特尔的运营”。其中，你会发现 2000 年 4 月 6 日美国司法部反垄断部门副总律师助理 James M. Griffin 有关“卡特尔内部运营：国际卡特尔的共同特点”讲话的链接（www. usdoj. gov/atr/public/speeches/4489. htm），其中 Griffin 对赖氨酸卡特尔的运营进行了概述。司法部可以为您提供有关赖氨酸卡特尔的实况录音。美国司法部反托拉斯司信息自由法司联系地址为 325 Seventh Street，N. W.，Suite 200，Washington，DC，邮编为 20530。Connor（2001）详尽分析了 1990 年以来的全球卡特尔。

## 附录 5A　卡特尔规模的影响

155 本附录将利用表 5.2 中的例子推导公式，表明价格和产出如何随着卡特尔成员数量的变化而发生变化。假设企业的总数 $n$ 是固定的，没有进一步的进入。

市场需求曲线是线性的：

$$Q=a-bp \tag{5A.1}$$

其中，$a$，$b$ 为正常数；$Q$ 为市场产出；$p$ 为价格。需求弹性为：

$$\varepsilon=\frac{\mathrm{d}Q}{\mathrm{d}p}\frac{p}{Q}=1-\frac{a}{Q}=\frac{-bp}{a-bp} \tag{5A.2}$$

每个企业具有线性边际成本（$MC$）：

$$MC=d+eq \tag{5A.3}$$

其中，$q$ 为 $n$ 个企业中一个企业的产出；$d$ 和 $e$ 为正常数。因此，竞争性供给（在边际成本等于价格这一点上的产出）为：

$$Q=nq=\frac{n\ (p-d)}{e} \qquad (5A.4)$$

竞争均衡通过使得需求数量方程（5A.1）与供给数量方程（5A.4）的等式右边相等而确定，从中解出 $p_c$（均衡价格）。将 $p_c$ 代入 5A.1 或 5A.4 就可得到均衡供给 $Q_c$。均衡值为：

$$p_c=\frac{ae+nd}{be+n} \qquad (5A.5)$$

$$Q_c=n\left(\frac{a-bd}{be+n}\right) \qquad (5A.6)$$

156 现在假设市场中 $n-j$ 个企业组建卡特尔，而余下的 $j$（$j<n$）个企业不参加卡特尔。如图 5.2b 所示，剩余需求 $Q_r$ 为市场需求减去非卡特尔企业的供给，$Q_{nc}=jq$：

$$Q_r=Q-jq=a-bp-\frac{j(p-d)}{e} \qquad (5A.7)$$

卡特尔在剩余需求部分像垄断者一样行事，并使得边际收益 $MR_m$ 等于边际成本。通过解方程 5A.7 得到作为 $Q_r$ 函数的 $p$，再乘以 $Q_r$ 得到卡特尔的收益 $R_m$：

$$R_m=pQ_r=\left(\frac{ae+jd-eQ_r}{be+j}\right)Q_r \qquad (5A.8)$$

对 $R_m$ 关于 $Q_r$ 求导，得到卡特尔的边际收益：

$$MR_m=\frac{ae+jd}{be+j}-\left(\frac{2e}{be+j}\right)Q_r \qquad (5A.9)$$

卡特尔的边际成本为

$$MC_m=d+\left(\frac{e}{n-j}\right)Q_m \qquad (5A.10)$$

卡特尔选择的产量 $Q_m$（$=Q_r$）由卡特尔边际收益（方程 5A.9）与边际成本（方程 5A.10）相等决定：

$$Q_m=\frac{(n-j)\ (a-bd)}{be+2n-j} \qquad (5A.11)$$

对 $Q_m$ 关于 $j$ 求导，可看出卡特尔的产出随着非成员企业数目的增加而下降。

**【注释】**

[1] 和垄断一样，卡特尔可以限制产出，使得需求曲线决定价格，或者抬高价格，使得需求曲线决定产出。两种方法是等价的。

[2] 由于价格接受的竞争性企业面临水平的需求曲线，它的边际收益曲线同样是水平的，等于需求曲线。因此，竞争性企业的 $MR$ 曲线在竞争性价格 $p_c$ 处（此处市场供给或 $MC$ 曲线与市场需求曲线相交，如图 5.1b）是水平的。

[3] 参见第 3 章有关面临单个竞争性企业的需求弹性的讨论和公式 3.1。

[4] 外部性是指不通过市场定价而得到的好处（或者坏处）。

[5] 基于 Plato，1957，37～38。加上了发言者的名字，略去了一些材料。

[6] "Chaos in the Cartel：Pepper Producers Pick a Purchasers' Price." *San Francisco Chronicle*，August 8，1983：49.

[7] 通常，由于价格操纵更为常见，因此我们常常讨论价格操纵而不是限制产量。其他企业的价格有时比产出更容易观察。在一个对从 1890 年到 1969 年的反垄断案例的研究中，Posner（1970，特别是第 400 页）发现只有 1.6%的案例仅有明确的产量或销售配额。

[8] 术语"隐性合谋"和"故意协调行为"的使用导致了法律争端中的混乱。由于寡头垄断价格介于竞争性价格和垄断价格之间，该术语的使用导致了模糊性。尽管许多经济学家使用这些术语是想说明寡头垄断价格处于垄断或卡特尔水平，而另一些经济学家则用其来表示高于竞争性价格水平的非卡特尔价格。"合谋"一词的使用也产生了同样的模糊性。经济学家通常使用该词来表示非密谋行为（企业没有明确价格操纵协议情况下的合法行为）或是密谋行为（非法、明确的价格操纵），但是律师通常使用该词来表示密谋行为。法律中"协议"一词也存在不同的模糊意义（参见 Carlton，Gertner and Rosenfield，1997）。

[9] 如果非卡特尔价格接近卡特尔价格，那么企业在面临加入卡特尔会带来法律责任的情况下，可能并不会认为加入卡特尔是有利可图的。

[10] 参见我们网站上有关石油输出国组织（OPEC）卡特尔更为深入的讨论，www.aw-bc.com/carlton_perloff"OPEC"。

[11] 限制性贸易惯例法案（1956 年由议会通过）要求，所有供应商之间签订的限制贸易的合约或协议都必须在限制性惯例登记处登记。自此，该法案做出了重大改动。1973 年，公平贸易办公室接替了该项职责，服务业中的协议也必须上报。该机构被授权对违背公众利益的协议提出质询。特殊的限制性惯例法庭决定是否禁止这样的协议。与美国的法律不同的是，该法庭能够接受利益超过损失的协议，并且允许价格操纵。1980 年，英国通过了新竞争法案，为公平贸易办公室开展调查提供了便利。

[12] 如果将每个案例中涉及的企业数目按升序排列，那么正中间的数目就是企业数目的中位数。如果有 5 个案例，涉及的企业分别为 2 个、4 个、5 个、8 个和 9 个，那么企业数的中位数为 5。想象用一张图来表示这些案例，横轴代表企业数目，纵轴代表具有相同共谋企业数目的案例个数。众数就是此图中的最高点。粗略说来，众数就是最常见的共谋企业数量。

[13] 涉及企业的中位数随产业不同而有所变化。在自然性资源市场中，企业数的中位数为 13。相应地，在制造业中为 7，销售业为 11，建筑业为 15，金融机构为 4，交通运输为 4，服务业为 8。

[14] Hay 和 Kelley（1974）研究了受到美国司法部反托拉斯机构起诉的横向价格操纵共谋行为。他们的研究并没有包括各种专业团体（因为他们并不是隐蔽的）的价格操纵行为，但是包括了几乎全部其他案例，这些案例要么被起诉并胜诉，要么以请求放弃辩护（"不予追究"）的形式得到解决。请求放弃辩护等价于针对判决的有罪辩护，但不是被告认罪。当这样的一项请求为法院所接受时，就没有必要再进行审判。法院偶尔也会不顾司法部的抗议而接受这样的请求。

[15] Scott（1991a）表明多市场联系非常重要。大型联合企业同时可能成为多个市场中的竞争者。它们可以同时在所有市场中经营。同时，由于大型企业集团毁

坏所有卡特尔联盟的风险很大，因此在一个市场上背离卡特尔协议的成本可能更大。由于多市场联系的重要性，单个市场中的集中度可能代表不真实信息。

[16] 为了最大限度地减少由于排除产业集中度不能直接衡量的案例所带来的系统偏差，在企业数量已知的假设下，Hey 和 Kelley (1974) 通过假设每家企业拥有相同的市场份额，计算了最小的集中度。

[17] 在 Hay 和 Kelley (1974) 研究的案例中，企业共谋的暴露有 24%是由于大陪审团对其他共谋案例的调查；有 20%是由于竞争者的抱怨；有 14%是由于顾客的抱怨；有 12%是由于地方、州和联邦机构的不满；有 6%是由于现在或以前雇员的牢骚。以下的各种方法各发现了 4%的案例：商业协会官员的抱怨、反托拉斯部门对行为或者绩效的调查、报纸的报道，以及联邦贸易委员会反托拉斯机构的提呈。以下的各种方法均发现了 2%的共谋：匿名知情者的抱怨、兼并调查，以及私人诉讼。

[18] Hay 和 Kelley (1974) 发现一些针对政府部门进行销售的案例明显被排除在协议之外。显然，卡特尔成员相信如果直接针对联邦政府，它们的价格操纵行为更容易遭到调查和起诉。在其他案例中，为了减少卡特尔成员之间潜在的冲突，卡特尔协议会排除某些细分市场。Fraas 和 Greer (1977) 发现，全部案例中有 19%涉及竞价操纵。Posner (1970) 得出结论，在所有案例中，7.4%涉及对政府部门的销售，6.7%涉及其他的招标案例。

[19] "Witness Says Mob Is into Highrises," *San Francisco Chronicle*, April 30, 1988: A7.

[20] 只要卡特尔提升它的边际成本曲线超过它的平均成本曲线，这样的行为就会增加利润 (Salop, Scheffman and Schwartz, 1984)。

[21] Hay 和 Kelley (1974) 认为报价控制和卡特尔成员之间的工作分配等做法出现在那些与总销量相比订单较大（可以分块）的产业中。

[22] Posner (2003, 51) 做了如下注释："卡特尔化的机制包括销售配额、排他性销售代理、产业层面的价格操纵委员会、对违反规定的制裁、对争议仲裁条款的规定、对产品标准调查的设立、客户的分配和市场地域的划分等。"

[23] 如果企业转向卡特尔之前的产量水平，价格同样会下跌到卡特尔之前的水平。取而代之的是一个更为严厉的惩罚机制，即价格将会低于卡特尔之前的水平：较低的价格可能会缩短惩罚时间。有关如何设置卡特尔价格以最小化欺骗行为的讨论，参见 Davidson and Martin (1985)。当卡特尔成员就行为方式发生分歧时，可能会运用某种投票机制 (Cave and Salant, 1987)。

[24] Berhheim and Ray (1989), Evans and Maskin (1989), Farrell and Maskin (1989) 以及其他学者指出，卡特尔成员可能不会进入到一个惩罚阶段，而是重新协商卡特尔协议。然而，这些文章表明，有可能形成避免这一重新协商问题的协议。

[25] Hajivassiliou (1989) 基于对 1880—1986 年美国铁路卡特尔的研究也得到了类似的结论。Porter (1983a), Lee and Porter (1984) 在保持 Green 和 Porter 模型中的假设不变的情况下，对这个卡特尔的行为进行了研究。Town (1991) 不仅不同意 Green 和 Porter 的模型，而且不接受 Rotemberg 和 Saloner 关于卡特尔的假设，认为价格战与需求波动无关。

[26] 由于每个竞争性企业的供给曲线为 $q=10+p$，如果企业在价格 10 以下生产正的产出，那么它将遭受损失。

[27]“艾迪斯顿管材与钢铁公司诉联邦案” （Addyston Pipe and Steel Co. v. United States，175U. S. 211（1899））。这一引用源于美国报告第175卷，始于第211页。该案由美国最高法院于1899年裁决。

[28]“联邦诉特伦顿陶瓷公司案”（United States v. Trenton Potteries Co.，273U. S. 392（1927））建立了一个自身规则。但是后来的“阿巴拉契亚煤炭公司诉联邦案”（Appalachian Coals，Inc. v. United States，288U. S. 344（1933））似乎违反了这一规则。“联邦诉Socony-Vacuum石油公司案”（United States v. Socony-Vacuum Oil Co.，310U. S. 150（1940））稳固地建立了自身规则。

# 第 6 章　寡头垄断

157　在清教徒看来，地狱是一个人人为己的世界。

——温德尔·菲利普斯（Wendell Phillips）

尽管只有一种竞争模型和一种垄断模型，但是**寡头垄断**（oligopoly）模型却有多种，寡头垄断即少数企业独立运营，却关心彼此的存在。不同于垄断企业和竞争企业，非合作寡头垄断者不能尽己所欲地忽略其他企业的行为。

在垄断市场中，由于产业中只有一个企业，因此垄断者没有竞争对手。而在另一个极端，各个竞争性企业太小，以至于不能影响产业的价格，因此每个企业可以理性地忽略其他企业的行为；只有产业的联合行动才会影响竞争性企业。相反，由于寡头垄断市场中仅有几个企业，每个企业都知道它会影响市场价格以及对手的利润：福特公司在做出决策时不能也不会忽略本田公司。因此，寡头垄断不同于竞争和垄断的情况，企业在做出自己的最佳决策前必须考虑对手的行为。这种企业之间的互动关系是本章分析的关键问题。第 5 章中所讨论的影响卡特尔成功与否的因素也会影响寡头竞争者的互动行为。因此，施蒂格勒（Stigler，1964a）认为卡特尔理论是了解任何寡头力量的基础。

许多产业是高度集中的（参见第 8 章）：少数企业提供了几乎所有产品。例如，排名前四的麦片生产商提供了早餐桌上 90%的麦片，排名前八的生产商提供了 98%的产品。仅仅少量的制造商就生产了许多耐用消费品。

有些地方运输成本或关税过高，因此将产品从外部运输到一个较小的地理区域或地方性市场并不划算，这时寡头垄断就较为常见。在市场
158 较小（消费者较少）的国家中，许多行业都是寡头垄断的。[1]

本章介绍了最为常见的非合作寡头垄断模型。为了尽量简化讨论，我们做出五个限制较严格的假设：

1. 消费者都是价格接受者。

2. 所有企业生产同质（完全相同）的产品：消费者从中觉察不到任何差异。

3. 产业中没有进入，因此企业数量不随时间发生变化。

4. 企业集体拥有市场势力，它们可以将价格设定在边际成本之上。

5. 每个企业仅可以设定其产量或价格（没有广告或其他变量）。

下一章将扩展这些模型，考虑异质（差异化）的产品和有新企业进入的情况。第 14 章将讨论广告，第 11 章将讨论除设定价格或产量以外的其他战略行为。

寡头垄断市场的均衡价格在竞争与垄断的均衡价格之间。在所有寡头垄断模型中，每个企业依据它对其他企业行为的信念判断来最大化自身利润：每个企业在边际收益等于边际成本时达到预期利润的最大化。正如前几章中所讨论的，企业的边际收益取决于该企业面对的剩余需求曲线（市场需求减去其竞争者提供的产出）。事实上，各种寡头垄断模型的差异体现在企业面对的剩余需求曲线的差异上。

所有的寡头垄断模型都可以看成非合作博弈论（Von Neuman and Morgenstern，1944）的特例。博弈论使用形式化的模型去分析**参与者**（players，战略决策者——在本章中是企业）之间的冲突与合作。[2] 一个**博弈**（game）就是一种竞争，其中的战略行为至关重要。每一个企业形成一套它将采取的行动战略或竞争计划（比如设定价格）来和对手竞争。每个企业的**支付**（payoff，博弈最后得到的报酬，即利润）取决于所有企业的行动。

各种寡头垄断模型在企业可能采取的行动类型（如设定价格还是产量），采取行动的次序（如哪个企业首先设定价格），博弈的时间跨度（单阶段或是多阶段）等方面存在差异。虽然经济学家们对竞争模型与垄断模型有着广泛一致的看法，但是在非合作的寡头垄断模型上却很难达成共识。缺乏共识的原因之一是现实的寡头垄断市场有很大的特性差异，从而不同的市场有着不同的模型。

三个著名的寡头垄断模型是古诺模型、伯川德模型和斯坦克尔博格模

型。在古诺模型和斯坦克尔博格模型中，企业设定产出水平，而在伯川德
159 模型中企业设定价格。在古诺模型和伯川德模型中，所有企业同时行动，而在斯坦克尔博格模型中，一个企业先于其他企业设定产量水平。这些企业所采取的行动以及行动次序上的差异导致了不同均衡的产生。

同样，有些市场只存在一个阶段，而另一些市场则会持续多个时期。例如，如果来自全国各地的企业仅在一天的手工艺品交易会上相遇，那么使用一个静态或单阶段博弈模型就是恰当的。这类企业在当天设定它们的价格或产量，而没有机会观察对手的举动以便将来调整自己的行为。

一个多阶段模型可以用来分析两家相邻的手工艺品商店之间多年来每日不断的相互竞争。如果企业在一段时间内重复竞争，企业就会随着时间的推移来调整它们关于竞争对手行为的信念，并可能使用比单阶段模型更为复杂的战略。例如，企业的战略或许要求根据对手在以前时期的行为确定自己不同的产出水平。这种模型的一个更为可能的结果是企业在前期限制产出，而后在后一期生产更多的产品。

只有当对手行动的集合最有益于其自身利益时，这些行动才会被企业作为**可置信战略**（credible strategy）看待。例如，如果一家企业威胁只要其他竞争者不退出市场，它就将永远把价格压低在成本之下，这种战略是不可信的，因为这将导致削价者的破产（参见第 11 章）。在多阶段博弈中，可能会出现比单阶段博弈更为复杂的可置信战略。

在讨论了非合作博弈的基本概念后，本章将给出三个著名的寡头垄断模型：古诺、伯川德和斯坦克尔博格模型。本章最后还给出了支持这些模型推测的各种寡头垄断模型的实验和经验性证据。

本章研究的主要问题是：

1. 什么因素决定了寡头垄断的均衡？均衡是如何随着企业数量、企业采取行动的类型，以及企业行动次序的改变而发生变化的？

2. 当市场存续多个时期时，均衡价格是否更可能接近于垄断价格？

3. 最著名的寡头垄断模型是否与实验证据相一致？

## 博弈论

当那位伟大的记分员过来在你的名字旁记录时，他记下的不是你的输赢，而是你在怎样进行比赛。

——格兰特兰德·赖斯（Grantland Rice）

博弈论分析了无法对决策结果做出完全预测的理性决策者之间的互动。我们可以把寡头垄断模型看成战略或行动的博弈（比如设定产量、

价格或者广告水平）。寡头垄断模型有三个共同的要素：

160 1. 存在两个或两个以上的企业（参与者）；

2. 每个企业都试图最大化它的利润（支付）；

3. 每个企业意识到其他企业的行为将影响它的利润。

第三个因素是关键因素。由于每个企业的行动都会对竞争对手产生很大的影响，因此寡头垄断市场不同于竞争性及垄断性市场。例如寡头垄断者可能为了互利行动而形成卡特尔，但是由于每个企业的利益均不同于其他企业，一个特定企业的最佳结果并不总是与集体的最佳利益相一致。

在竞争性和垄断性市场中，企业在行动时不必考虑对手的行为对它们的支付的影响，也不必考虑其他企业可能有不同的目标。事实上，竞争模型可以被看成是与一个非人格化的机制（市场）进行的博弈，而不是在同其他具备战略的参与者斗法。

均衡支付取决于企业的数量、博弈的规则以及博弈时间的长短。主要的单阶段寡头垄断模型在博弈的规则上有所区别。在介绍了最著名的单阶段模型是如何随着博弈规则与企业数量的不同而变化之后，本章将通过单阶段博弈与多阶段博弈的比较来说明博弈时间长度不同所导致的不同效果。

## 单阶段寡头垄断模型

有关寡头垄断理论的早期工作主要集中在单阶段静态博弈。单阶段寡头垄断模型适用于仅持续一个较短时期的市场，对手间只进行一次性的竞争，以后再不谋面。在这类模型中，复杂而长期的战略和在实际竞争中的谨慎表现并无关联。

古诺、伯川德和斯坦克尔博格模型这三个最为著名的单阶段寡头垄断模型在博弈论引入之前很久就已经存在了。这些模型可以被理解为博弈论的理论模型，这也正是本章提出这些模型的思路。[3]在讨论这三个著名的单阶段模型之前，我们将讨论它们使用的纳什均衡概念。

### 纳什均衡

161 约翰·F·纳什（John F. Nash，1951）定义了应用最为广泛的均衡的概念。如果给定其他所有企业的战略不变，没有企业可以通过选择不同的战略来获得更高的支付（利润），那么这个战略集合被称为**纳什均衡**（Nash equilibrium）。也就是说，在纳什均衡中，没有企业希望改变其战略。

在古诺和斯坦克尔博格模型中，企业的战略在于确定产量水平，而在伯川德模型中，企业设定价格。当战略包括设定广告或除产出与价格之外的其他变量时，纳什均衡概念也是有用的（参见第 11 章）。

## 古诺模型

1838 年，法国数学家奥古斯汀·古诺（Augustin Cournot）提出了第一个——或许至今仍是应用最广泛的——非合作寡头垄断模型。古诺（Cournot，1863）假设每个企业独立行动，通过选择产量来最大化其利润。讨论始于双寡头，或者说两个企业的情况，而后再考虑企业数量的增加。

**古诺双寡头**。考虑偏远小镇上的一个甜瓜市场：

• 没有进入：有两个企业，其他企业不可能进入（这两家企业拥有这一地区仅有的好农场）。

• 同质性：企业生产同样（同质）的甜瓜，因此它们的产出之和等于产业的总供给：$Q=q_1+q_2$，其中，企业 1 生产 $q_1$ 单位，企业 2 生产 $q_2$ 单位。

• 单阶段：这个市场和两个企业只存在一个时期。甜瓜不能存储，它们一旦生产出来就必须卖掉，否则会坏掉。

• 需求：市场需求曲线（见图 6.1）是价格的线性函数：

$$Q=1\ 000-1\ 000p \tag{6.1}$$

例如，当 $p=1$ 美元时甜瓜的产量 $Q=0$，当 $p=0.50$ 时，$Q=500$，当 $p=0$ 时，$Q=1\ 000$。

• 成本：每个企业具有不变边际成本 $MC$，每个甜瓜的边际成本为 0.28 美元，没有固定成本。因此，平均成本为 0.28 美元。每个企业都能生产足够多的产出来满足市场需求，如图 6.1 所示。

企业 1 会采用何种战略来选择产量水平？答案取决于其对企业 2 行为的信念。如果企业 1 相信企业 2 将会生产 $q_2$ 单位的甜瓜，那么它会决定自己生产 $q_1$ 来最大化利润。企业 1 能满足除 $q_2$ 以外的所有市场需求，也就是说它面临的剩余需求曲线为：

$$q_1=Q\ (p)\ -q_2 \tag{6.2}$$

这是由方程 6.1 所得的市场需求曲线减去企业 2 的预期产量得到的。正如图 6.1 所示，剩余需求曲线是通过将市场需求曲线向左平移 $q_2$ 个单位
162 得到的。这样，由于市场需求曲线与横轴交于 1 000，剩余需求曲线与横轴交于 $1\ 000-q_2$。在图中，假定 $q_2$ 为 240 单位。

企业 1 对需求不能在企业 2 处得到满足的消费者具有垄断地位。为了最大化利润，它将产量设定在 $q_1$，在该点上，企业 1 从剩余需求曲线

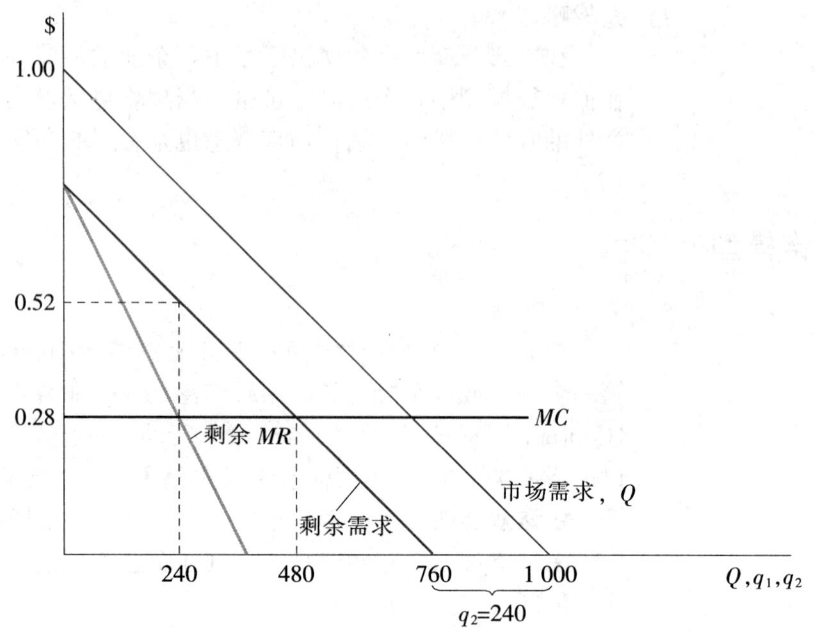


**图 6.1　一个古诺企业的剩余需求曲线**

导出的边际收益曲线（图 6.1 中的剩余 $MR$）与边际成本曲线相交。与关于 $q_2$ 的不同信念相对应的利润最大化 $q_1$ 如下：

| 如果企业 1 相信企业 2 将销售 $q_2$ | 企业 1 的利润最大化 $q_1$ |
|---|---|
| 0 | 360 |
| 100 | 310 |
| 200 | 260 |
| 240 | 240 |
| 300 | 210 |
| 360 | 180 |
| 400 | 160 |
| 720 | 0 |

我们可以将企业 1 的利润最大化产量与企业 2 的产量间的关系总结为一个方程：

$$q_1 = R_1(q_2) \tag{6.3}$$

163 这叫做最优反应函数（或反应函数），反映了当一个企业给定它关于对手行动的信念时企业的最优（利润最高）行动（产量）。为了得到最优反应函数，必须用代数方法表示边际收益曲线与边际成本曲线的交点（参见附录 6A 的数学推导）。

企业 1 的剩余需求曲线是线性的，因此边际收益曲线同样也是线性的，并且其斜率两倍于剩余需求曲线：$MR$ 曲线与产量轴的交点产量为剩余需求曲线的交点产量的一半（参见第 4 章）。在图 6.1 中，$q_2$ 等于 240，剩余需求曲线与水平 $MC$ 曲线相交于 $q_1=480$。通常，剩余需求曲线与边际成本曲线交于 $720-q_2$。与剩余需求曲线对应的边际收益曲线在一半值，即在 $q_1=240$ 处与边际成本曲线相交。[4]更通常地说，企业 1 的最优反应函数为：

$$q_1=R_1(q_2)=360-\frac{q_2}{2} \tag{6.4}$$

如图 6.2 所示。如果 $q_2=0$，企业 1 的产量 $q_1=R_1(0)=360$ 为垄断产出水平。没有竞争的古诺企业的剩余需求曲线为市场需求曲线。由于市场需求曲线与边际成本曲线在 720 处相交，垄断者的边际收益曲线与边际成本曲线在其值的一半，即 360 处相交。在另一种极端情况下，企业 1 将在 $q_2=720$ 处停止生产。

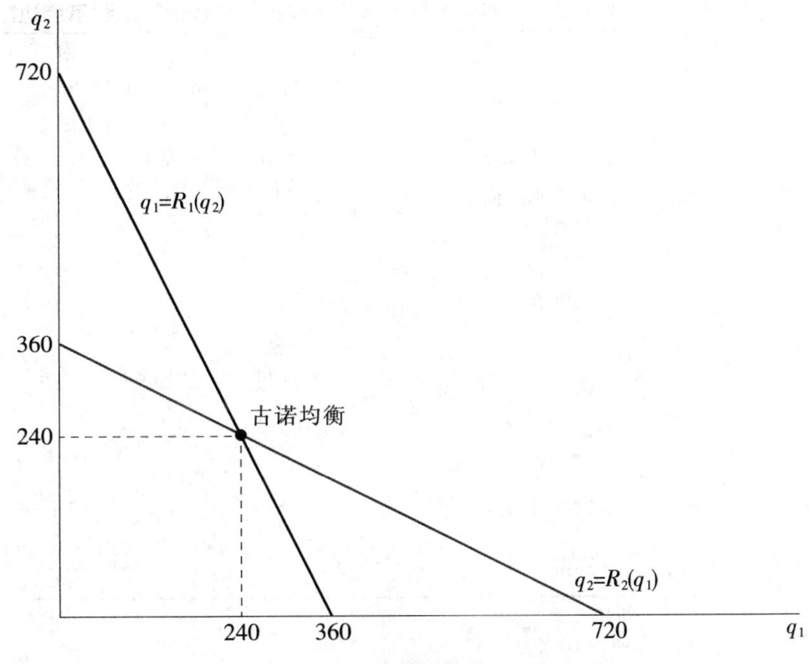


**图 6.2　古诺最优反应函数**

我们可以用同样的过程推导出企业 2 的最优反应函数。由于企业是相同的（同样的成本，同样的产品），因此企业 2 的最优反应函数是企业 1 的镜像：

$$q_2=R_2(q_1)=360-\frac{q_1}{2} \tag{6.5}$$

企业 2 的产出选择取决于它对企业 1 产量的预期。

正如图 6.2 和表 6.1 中所示，两个企业的最优反应函数在 $q_1=q_2=240$ 处相交一次。[5]在两个最优反应函数的相交点，如果每个企业都认为另一个企业将生产 240 单位产品，那么它自己也会生产 240 单位产品。

**均衡**。最优反应函数的交点被称为古诺均衡。在古诺均衡中，每个
164 企业在给定关于其他企业产量选择的（正确）信念之下，销售可以最大化自身利润的产量——对另一企业产出水平的最优反应。而且，在均衡情况下，每个企业关于其对手产出的信念是很确定的。

如果每个企业相信另一企业将生产 240 个单位的产品，而且如果每个企业都生产 240 单位，则两个企业都不会变动产量。企业不愿意在最优反应函数以外的点进行生产，因为这将导致利润的下降。只有一个点能保证两家企业都在自己的最优反应函数上，它就是两个最优反应函数的交点。在非交点处不可能达到均衡；均衡点意味着在该点没有企业会改变行动。在古诺均衡中，总的市场产出为 240＋240＝480，且单价为每个甜瓜 52 美分（见表 6.1）。

**表 6.1　寡头垄断均衡的比较：一个线性需求和不变边际成本的例子**

| | 产出 | | | 利润（美元） | | |
|---|---|---|---|---|---|---|
| | 企业 | 行业 | 价格（美分） | 企业 | 行业 | 消费者剩余 |
| 垄断 | 360 | 360 | 64 | 129.60 | 129.60 | 64.8 |
| 古诺双寡头 | 240 | 480 | 52 | 57.60 | 115.20 | 115.2 |
| 斯坦克尔博格双寡头 | | 540 | 46 | | 97.20 | 145.8 |
| 领导企业 | 360 | | | 64.8 | | |
| 跟随企业 | 180 | | | 32.4 | | |
| 竞争* | | 720 | 28 | 0 | 0 | 259.2 |
| 古诺：$n$ 家企业 | $\frac{720}{n+1}$ | $\frac{720n}{n+1}$ | $\frac{100+28n}{n}$ | $\frac{518.4}{(n+1)^2}$ | $\frac{518.4n}{(n+1)^2}$ | $\frac{259.2n^2}{(n+1)^2}$ |
| 斯坦克尔博：$n$ 家企业 | | $\frac{360(2n-1)}{n}$ | $\frac{28n+36}{n}$ | | $\frac{129.6(2n-1)}{n^2}$ | $\frac{64.8(2n-1)^2}{n^2}$ |
| 领导企业 | 360 | | | $\frac{129.6}{n}$ | | |
| 跟随企业 | $\frac{360(n-1)}{n}$ | | | $\frac{129.6(n-1)}{n^2}$ | | |

市场需求：$Q=1\,000-1\,000p$

$MC=28$ 美分

* 为效率点，无数企业时的古诺均衡、伯川德均衡。

在企业仅选择产出水平的单阶段模型中，根据定义，古诺均衡是指这样的产出水平：在这一水平上没有企业认为可以通过增加和减少产量来提高利润，产出的组合除了古诺均衡外不可能再有其他均衡。因此，在企业独立选择其产出的单阶段模型中，古诺均衡不仅是唯一现实的，而且是唯一可能的均衡（Friedman，1983，32－33）。

165 剩下的问题是企业如何形成自己的信念？它们都假定另一企业将生产 240 个单位，这有道理吗？一个实际的答案是经验常常影响信念，但是如果我们引入经验，就是把一个动态因素带进了假定为静态的模型。

不能为信念提供理论基础是古诺模型和其他静态模型受到的批评之一。[6]这种批评导致施蒂格勒（Stigler，1964a）发展了他基于卡特尔理论（第5章）的分析，并引导博弈论研究者发展了多阶段博弈模型（将在下一章中讨论）。

166 在古诺均衡概念中，如果假定另一个企业在均衡产出水平上生产，则没有企业会改变自己的产出水平。由于古诺均衡是纳什均衡在企业设定产量战略下的一个特例，它也常被称为一个古诺-纳什均衡或是一个纳什产量均衡。案例6.1描述了一个适用纳什均衡的非商业性博弈。

**案例6.1**

### 鸟以类聚?

群鸟在进食时必须频频抬头（或者扫视），以便能及时看到正在靠近的食肉动物。但是频繁的扫视会降低单只鸟的进食速度。因为任何一只鸟都能发出危险临近的警告(这样可以大大降低死亡的概率)，所以，对单个的鸟来说，自己不停地进食（产生收益)，而让鸟群中的其他成员去放哨（发生成本）是最符合自身利益的。毫不奇怪，随着鸟群规模的扩大，每只鸟可以把更多的时间花在进食上，减少扫视的时间。

通过使用带有电子照相棱镜的高速照相机和让受过训练的食肉猛禽不时地在鸟群上空飞翔，科学家可以探测出黄眼灯芯草雀鸟群成员的行为（Pulliam，Pyke and Caraco，1982）。科学家们用两个博弈理论模型来解释这种行为。在合作模型中，群鸟一起协作，而在自私自利的情况下（类似于古诺-纳什模型），鸟儿独立行动。下表比较了在合作模型和自私模型下由观察得到和由预测得到的扫视率（以时间的百分比衡量，运用了最有可能的特征来估计各个模型——这解释了在“鸟群”中只有一只鸟的情况下，为什么会出现数据的不一致)：

| 鸟群中鸟的数量 | 观察到的扫视率（%） | 预测到的扫视率（%） | |
|---|---|---|---|
| | | 合作模型 | 自私模型 |
| 1 | 13.9 | 15.9 | 18.6 |
| 2 | 7.85 | 6.2 | 3.4 |
| 3 | 6.22 | 5.9 | 0.6 |
| 4 | 6.02 | 5.5 | 0.0 |
| 5 | 5.87 | 5.2 | 0.0 |
| 6 | 5.66 | 4.9 | 0.0 |
| 7 | 5.58 | 4.7 | 0.0 |
| 8 | 5.59 | 4.5 | 0.0 |
| 9 | 4.88 | 4.4 | 0.0 |
| 10 | 4.65 | 4.0 | 0.0 |

167 合作模型所做出的预测在统计上和观察到的数值相差不大。一项统计测试表明出现自私（纳什）模型的概率要小于0.005。也就是说观测到的扫视率不可能是自私行为的结果。

这项研究的科学家对群鸟行为具有的合作性感到惊讶。毕竟，一只“自私”的鸟——即不愿合作、不肯共同承担扫视责任的鸟——应该比一只愿意“合作”的鸟具有更大的优势。因此，他们预计自私自利是鸟类“进化的稳定战略”。

但是，在稍做思考之后，他们认为当“博弈”中的鸟重复相遇时，合作的结果是合理的。“面对威胁，长期进化的唯一路径是物以类聚”。也就是说，只要其他鸟合作，那么合作是最优的。他们将采取有条件合作战略的鸟称为“法官”。如果其他鸟合作，那么法官会采取合作的行动，如果其他鸟不合作，那么法官也会采取不合作的态度。他们计算了由两只鸟构成的鸟群在三种战略形式下组成的“支付”矩阵，这儿的支付（下表中的数据）指的是在情形不利的一天，鸟 1 逃脱食肉猛禽袭击的存活概率。

| | | 鸟 2 | | |
|---|---|---|---|---|
| | | 合作型 | 自利型 | 法官型 |
| 鸟 1 | 合作型 | 0.513 | 0.492 | 0.513 |
| | 自利型 | 0.528 | 0.503 | 0.503 |
| | 法官型 | 0.513 | 0.503 | 0.513 |

我们可以注意到，法官在遇到持合作态度的伙伴时，存活概率和一只合作型的鸟一样高；而当遇到一只自私的伙伴时，存活概率要比一只合作型的鸟更高。只要全体鸟儿是合作型的或者法官型的，我们就可以预期能观察到合作行为。

**古诺均衡和卡特尔均衡的比较**。与企业作为一个卡特尔（垄断）合作共谋方式相比，古诺均衡下企业的状况要差一些，而消费者的状况要好一些。卡特尔的产出为 360，价格为 64 美分（见表 6.1）。而古诺状态的行业产出（480）要比卡特尔均衡多出三分之一，而价格（52 美分）则低 19%。

消费者可以从低价格中获益。卡特尔下的消费者剩余为 64.8，古诺情况下消费者剩余为 115.2（见表 6.1）。因此，如果古诺企业形成卡特尔，那么消费者剩余将减少 44%。

勒纳的价格—成本加成（$p-MC$）$/p$ 在古诺寡头垄断下要比在卡特尔情况下低。卡特尔的价格—成本加成为 56%，而古诺行业的加成为 46%——仅为卡特尔加成的 82%。

古诺企业具有形成卡特尔的动机。古诺企业的利润为（$p-AC_i$）$q_i=$（0.52－0.28）$\times 240=57.60$ 美元。古诺企业的利润总和 $\pi_1+\pi_2$ 为 115.20 美元，但是卡特尔中的利润总和为 129.60 美元（见表 6.1）。因此，如果企业形成卡特尔，它们的利润将会上升 12.5%。

168 两个合谋企业能够获得的最大联合利润为 129.60 美元。我们可以使用多种方法来分割这一利润：企业 1 得到 0 美元而企业 2 得到 129.60 美元；每个企业得到 64.80 美元；企业 1 得到 129.60 美元而企业 2 得到 0，以及依此类推任何总利润为 129.60 美元的组合。图 6.3 中的利润可

能性边界 $\pi_1+\pi_2=129.60$ 表示当另一企业的利润不发生变化时，一家企业所能赚取的最高利润。[7]

图 6.3 还表达了古诺均衡的利润水平，在该水平每个企业可以获得 57.60 美元，这样 $\pi_1+\pi_2=115.20$ 美元。古诺均衡处于利润可能性边界之内，从而刺激了企业进行共谋以将利润提高到利润可能性边界之水平。

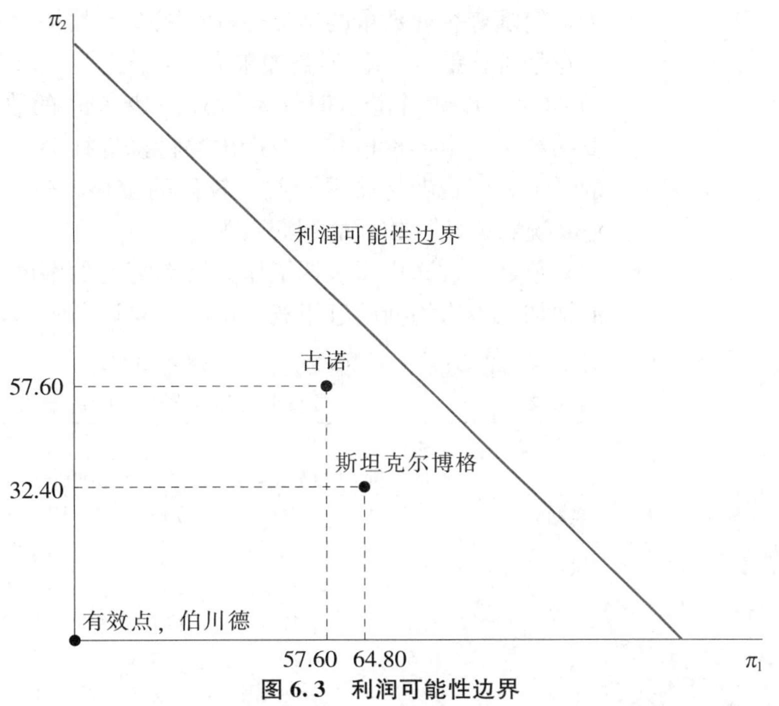


**图 6.3 利润可能性边界**

**古诺均衡与社会最优的比较**。古诺均衡与价格等于边际成本（如竞
169 争性均衡）的社会最优状态相比结果将如何呢?[8]如果两个企业在边际成本等于价格 28 美分的情况下都是价格接受者，那么它们卖出每个甜瓜的利润都为零，因此企业并不关心到底卖出了多少甜瓜。在价格为 28 美分时，市场需求为 720 个甜瓜（由图 6.1 中 *MC* 与市场需求曲线的交点决定）。如果企业均分总销量，那么每个企业生产 360 个甜瓜。消费者剩余为 259.2（见表 6.1）。

因此，在我们的线性实例中，处于社会最优水平的产出应该是卡特尔产出的 2 倍、古诺双寡头垄断的 1.5 倍。竞争价格仅仅是垄断价格的 44%以及古诺价格的 54%。在社会最优产出水平，消费者剩余是卡特尔的 4 倍，是古诺双寡头垄断的 2.25 倍。因此古诺双寡头处于竞争均衡与垄断均衡之间。在如本例的线性情况下，更接近于垄断均衡。参见案例 6.2 有关真实市场中寡头垄断导致的福利损失的测算。

**三个或更多的古诺企业**。如果有 $n$（$n\geqslant 2$）个完全相同的古诺企业，
170 可以用类似分析推导古诺均衡，如附录 6A 所示。企业 1 的最优反应函数是 $q_1=R_1$（$q_2$，…，$q_n$）。如果其他 $n-1$ 个企业生产相同产量的产出，

那么企业 1 的最优反应函数是 $q_1=R_1\ (q_2,\ \cdots,\ q_n)\ =360-q\ (n-1)/2$。其他企业具有相同的反应函数。因此古诺均衡产量为 $q=720/(n+1)$，均衡价格为 $p=\ (1+0.28n)/(n+1)$。

表 6.2 表明了 $n$ 越大，每个企业的产出就越小，同时产业的总产出将越大，价格也越低。增加的竞争对手对产出和价格的影响一开始很大，但随着企业数量的增加会逐渐减弱。如果只有 2 个企业，价格要高于竞争价格的 86%。但是如果有 10 个企业，那么价格仅高于竞争价格的 23%，有 50 个企业时仅为 5%。如果企业的数量非常大，那么每个企业的产出、市场价格和行业产出都将接近社会最优水平。随着企业数量的增加，消费者将获得利益（较低的价格，较高的消费者剩余），而企业状况将恶化（较低的利润）。[9]

总之，古诺模型包括了作为极端情况的垄断和竞争，随着企业数量的增加，古诺均衡趋近于竞争情况。参见案例 6.3 有关兼并的讨论。

**表 6.2　　具有少量和许多企业的古诺均衡**

| | | | 企业 | | 行业 | |
|---|---|---|---|---|---|---|
| | 企业数量 | 价格（美分） | 产出 | 利润（美元） | 产出 | 利润（美元） |
| 垄断 | 1 | 64 | 360 | 129.60 | 360 | 129.60 |
| | 2 | 52 | 240 | 57.60 | 480 | 115.20 |
| | 3 | 46 | 180 | 32.40 | 540 | 97.20 |
| | 4 | 42.4 | 144 | 20.74 | 576 | 82.94 |
| | 5 | 40 | 120 | 14.40 | 600 | 72.00 |
| | 6 | 38.3 | 102.9 | 10.58 | 617.1 | 63.48 |
| | 7 | 37 | 90 | 8.10 | 630 | 56.70 |
| | 8 | 36 | 80 | 6.40 | 640 | 51.20 |
| | 9 | 35.2 | 72 | 5.18 | 648 | 46.66 |
| | 10 | 34.5 | 65.5 | 4.28 | 654.5 | 42.84 |
| | 15 | 32.5 | 48 | 2.30 | 675 | 32.26 |
| | 20 | 31.4 | 34.3 | 1.18 | 685.7 | 23.51 |
| | 50 | 29.4 | 14.1 | 0.20 | 705.9 | 9.97 |
| | 100 | 28.7 | 7.1 | 0.05 | 712.9 | 5.08 |
| | 500 | 28.1 | 1.4 | 0.002 | 718.6 | 1.03 |
| | 1000 | 28.1 | 0.7 | 0.001 | 719.3 | 0.52 |
| 竞争 | ∞ | 28 | ～0 | 0.00 | 720 | 0.00 |

169

**案例 6.2**

## 寡头垄断的福利损失

通过施加市场势力，寡头垄断企业会导致福利损失 *DWL*。布哈颜（Bhuyan，2000）测算了美国 35 个食品制造产业的标准 *DWL* 三角。* 对所有食品产业来说，*DWL* 占总销售的 5.5%。麦片产业净损失的比例高达 33.4%，豆油产业为 31.8%，面粉和谷类产品为26.2%，乳品黄油为17.5%，腌菜、调味品和沙拉为10.4%，瓶装和罐装软饮料为10.2%，麦芽饮料为7.2%。罐头食品、高水分水果、蔬菜和汤类产品、米粉、宠物食品、糖果和蜜饯、盐炒坚果和种子、棉籽油、新鲜或冷冻海产品以及通心粉和意大利面条的福利净损失比例小于0.5%。

* 布哈颜（Bhuyan，2000）同时报告了社会损失的其他测度。差异化产品较高的寡头垄断利润会驱动企业生产对消费者有价值的新产品（正如我们在下一章中所讨论的），从而抵消由于高价而导致的损失。

171

**案例 6.3** ☞

### 古诺经济中的兼并

如果所有的古诺企业联合起来像垄断者一样行动，那么集体利润就会提高。假设只有部分古诺企业合并（或者像卡特尔一样协调行动），古诺模型中寡头垄断者的利润将有所不同（给定线性需求，相同的不变边际成本和平均成本）。

• 在一个至少有三个企业的行业中（兼并前），如果只有两个企业联合，那么总体利润将会下降。

• 大量企业的兼并可能会由于兼并行为而增大集体损失的规模。

• 对任何给定数量的（兼并前）企业而言，如果企业的兼并导致了集体损失，那么较之少量企业的兼并也会导致损失。同样，如果多个企业的兼并获得了收益，那么更多企业的兼并也会得到收益。

• 如果少于80%的企业兼并，那么兼并在整体上是无利可图的。

• 如果一个行业内任意给定市场份额（少于100%）的企业发生兼并，存在一个会让兼并带来损失的初始行业规模（企业的数量）。

这些结果意味着如果均衡由古诺模型决定，而且企业维持古诺信念，那么只有当产业内所有企业都加入时，它们才会并为一体或是形成卡特尔。换句话说，只有当企业不再保持古诺信念或是兼并能产生效率时，企业才会进行兼并。

资料来源：Salant，Switzer，and Reynolds（1983）and Patinkin（1947）。Compare Aumann（1973），Okuno，Postlewaite，and Roberts（1980），Farrell and Shapiro（1990），McAfee and Williams（1992），and Rothschild，Heywood，and Monaco（2000）.

## 伯川德模型

古诺的工作超越了其所处的时代。事实上，直至1883年，古诺的著作在出版了45年后才开始受到挑战。在这些批评中，约瑟夫·伯川德（Joseph Bertrand）认为如果企业没有设定价格，人们将很难发现在寡头垄断市场上是谁设定了价格。由于古诺模型考虑的是企业选择产量而不是价格，因此古诺无法明确解释价格决定机制（但是这个问题在竞争模型中也同样存在）。

在伯川德的模型中，企业设定价格而不是产量。如果消费者具有完全信息，而且意识到企业生产同样的产品，他们将会购买价格最低的产
172 品。在伯川德模型中每个企业都相信对手的价格是固定的，通过少许的降价，企业可以获得竞争对手的所有业务。在下面我们所讨论的伯川德均衡中，企业获得零利润，没有企业可以通过提高或是降低价格来增加利润，这种情况如果确实存在，那么将等价于我们在前面所讨论的社会最优（竞争性均衡）。

**一个例子**。为了说明伯川德均衡，我们仍使用古诺例子中的假设：没有进入，产品是同质的，单阶段，具有相同的需求曲线，等式 6.1（我们可以将其改写为 $p=1-0.001Q$）成立，具有相同的不变边际成本 28 美分。唯一重要的改变是企业设定价格而非产量。每个企业都希望销售出的产品与由其设定的价格所决定的需求一样多。

假设企业 1 设定的价格为 $p_1$，高于边际成本的 28 美分。如果企业 1 能将产品销售出去，那么它可以获得正利润。但是，由于两个企业生产相同的产品，如果企业 2 的价格 $p_2$ 略微低于 $p_1$，那么所有消费者将从企业 2 处购买产品。如果 $p_2$ 高于 $p_1$，那么没有消费者会从企业 2 处购买。如果两者价格相等，那么两个企业对于消费者来说是无差异的。因此，如图 6.4 所示，当 $p_2$ 高于 $p_1$ 时，企业 2 面对的剩余需求曲线为零，
173 当 $p_2$ 低于 $p_1$ 时，剩余需求曲线等于市场需求，而在 $p_1$ 处则为水平线。如果两个企业的定价相同，我们假设它们均分整个市场需求。在图 6.4

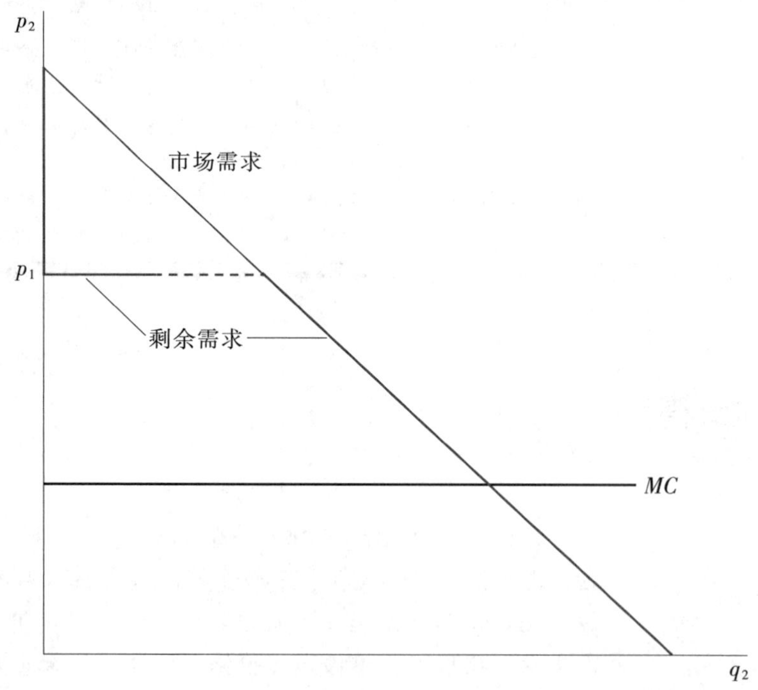


**图 6.4　一个伯川德企业的剩余需求曲线**

中，当企业 1 面对的需求水平时（在 $p_1=p_2$ 处），水平线的一半为虚线，以表示企业只销售总需求量的一半。

当两家企业都收取 28 美分的价格时，没有企业能获得利润。如果一个企业降低价格，它将遭受损失（由于价格此时低于边际成本和平均成本）。如果任何一个企业提高它的价格，它将卖不出任何产品。

唯一可能的伯川德均衡或纳什价格均衡是 $p=MC=28$ 美分。[10] 图 6.5 用价格空间（轴上为各企业的价格）上的最优反应函数来表示这一结果。给定企业 1 设定的价格为 $p_1$，企业 2 相信企业 1 将设定该价格，企业 2 希望设定略低于 $p_1$ 的价格 $p_2$，当然 $p_2$ 要高于 28 美分。也就是说，企业 2 的最优反应函数略低于 45°线（45°线上两企业价格相等），并通过点(0.28，0.28)。如果企业 1 设定的价格 $p_1$ 小于 28 美分，则企业 2 不会做出回应，因为企业 2 在小于 28 美分的任何价格点都不能获得利润。同样，企业 1 的最优反应函数略高于 45°线，且在 0.28 之上。两个最优反应函数的唯一交点（因此是唯一的均衡）是在价格等于边际成本处。

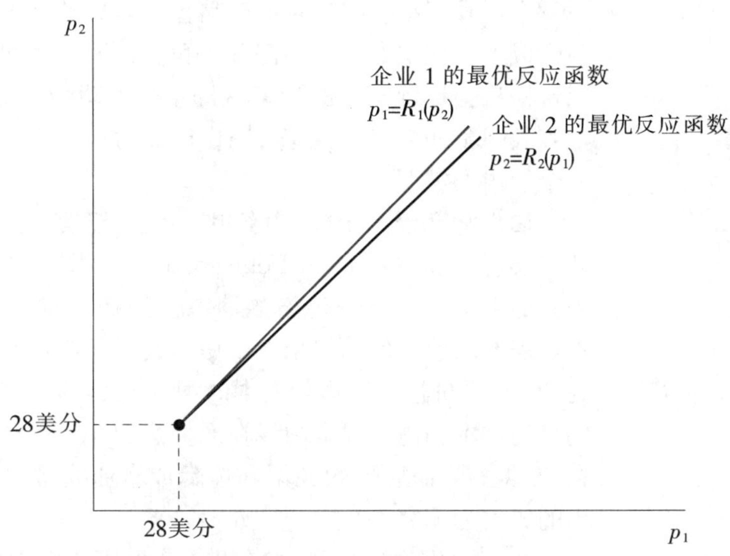


**图 6.5 伯川德最优反应函数**

174 如果两个企业设定的价格都等于边际成本，它们获得的利润为零。这样，同质产品的伯川德均衡与社会最优（竞争性均衡）相同，如图 6.3 所示。与古诺均衡或卡特尔相比，消费者当然更偏好伯川德均衡。

**伯川德均衡和古诺均衡的比较**。在人们并不都像拍卖场上的竞拍者那样思考时，如果企业设定产出水平（古诺）而不是价格（伯川德），那么人们很难想象价格将如何确定。因此，由于伯川德模型解释了价格是如何确定的，所以经济学家认为伯川德模型比古诺模型更具吸引力。[11]

由于是将价格而非产出作为决策变量，伯川德企业的剩余需求曲线与古诺企业有很大的区别。当产品同质且所有企业制定同一价格时，伯川德企业的剩余需求曲线是拐折的（见图 6.4）。通过小幅度的价格降低，企业可以将销售从没有市场增加到占据全部市场，这种销售上的剧烈变动在大多数行业中是极为罕见的。相反，在古诺模型中，单个企业面临的需求曲线是平滑的（没有拐折），因此每个企业的产出对微小价格变动的反应很小。所以，同质产品的伯川德模型在解释价格设定时更为现实，但是单个企业面临的没有拐折的古诺需求曲线无疑更接近现实。

从直觉上看，古诺模型是很吸引人的：只有少数企业，产出和价格介于竞争性均衡与垄断均衡之间。另一方面，伯川德模型是反直觉的：只要有至少两个企业，伯川德价格就是竞争价格（边际成本）。

但是，最后的结论取决于许多较强的假设：产出是同质的，市场只持续一个时期，而且任何企业都可以用不变的边际成本生产任意数量的产品。如果放松其中的任一假设，伯川德价格就不等于边际成本。在下一章中，我们将表明在企业产品存在差异的情况下，伯川德价格将高于边际成本。在本章的稍后部分，我们说明了如果市场持续多个时期，均衡价格将会接近于垄断价格（即使企业设定价格而不是产量）。下面的内容表明了如果企业具有有限生产能力，那么价格等于边际成本将不是一个伯川德模型。

**伯川德模型中的能力约束：埃奇沃斯的模型**。1897 年，弗朗西斯·埃奇沃斯（Francis Edgeworth）证明了如果企业具有有限生产能力，那么不存在单一价格的静态伯川德均衡。为了阐述埃奇沃斯的观点，需要对前面的伯川德例子做出改动，假设每个企业的最大生产能力
175 为 360，是价格等于边际成本时需求数量的一半。也就是说，每个企业的平均成本和边际成本曲线在产量达到 360 单位之前都是水平的，保持在 28 美分，而后平均成本和边际成本曲线都转为垂直（新的一单位产出的成本为无穷大）。

在有限生产能力下，最初的伯川德均衡（$p_1=p_2=28$ 美分，$Q=720$）是否仍然是一个均衡呢？在我们给出的新假设下，由于在该价格水平，企业的产出组合正好能够满足市场 720 个单位的需求，因此，此解是可行的。但是这一解并不是均衡。

在均衡中，没有企业愿意改变行为。然而在这个假定的均衡中，每个企业都希望提高价格，特别是在假设企业 1 相信企业 2 会收取 $p_2=28$ 美分的情况下，它应该设定什么样的价格来最大化利润呢？

如前所述，企业 1 并不想降低价格，因为如果它的价格低于边际成本，它将遭受损失。如果企业 1 提高价格，所有消费者希望从企业 2 那里购买产品。但是由于企业 2 的生产能力是有限的，因此半数市场仍得不到满足。企业 1 面临的是不能从企业 2 处购买的消费者的正剩余需

求，如图 6.6 所示。企业 1 面对的剩余需求为市场需求减去消费者从企业 2 处购买的 360 个单位（其中企业 1 只对边际成本以上的部分感兴趣）。

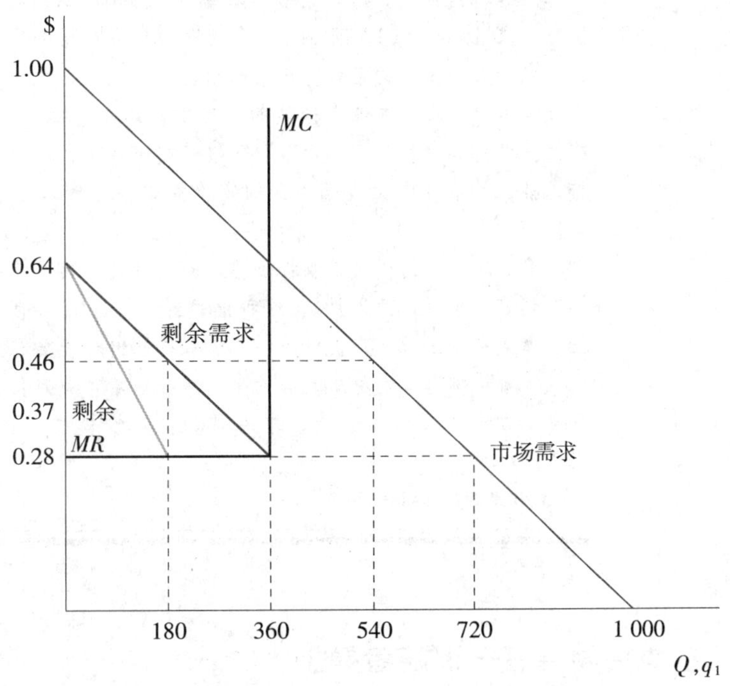


**图 6.6　当企业只有有限生产能力时的伯川德剩余需求**

176 企业 1 对剩余需求部分像垄断者一样行事，以最大化它的利润。它的边际收益在 46 美分的价格上等于边际成本，获得正利润（相反企业 2 在其销售规模上获取的利润为零）。因此，如果企业生产能力有限，那么最初的伯川德均衡并不是均衡。

那么是否存在均衡呢？假设企业 1 设定价格为 46 美分。如果企业 2 的价格稍低于 46 美分，那么所有消费者希望从企业 2 处购买。但是，给定生产能力有限，企业 2 只能满足三分之二的市场需求。在几乎相同的价格上，企业 2 的销售量两倍于企业 1，从而其利润也是企业 1 的两倍。

根据同样的推理，如果企业 1 设定的价格低于 46 美分但高于 37 美分，那么企业 2 希望设定比企业 1 稍低的价格。但是如果企业 1 设定的价格为（或低于）37 美分，那么企业 2 将价格定为 46 美分将获得更多的利润。[12]因此不存在单一价格的静态均衡。[13]参见案例 6.4。

更为一般的是，我们可以证明如果企业的生产能力严格有限，或等价的，它们的平均成本在某一相对较低的产出水平上急速上升，那么静态均衡将不存在（Shubik with Levitan，1980）。但是，如果任何企业都可以满足所有市场需求，那么将存在一个均衡，且等同于有效解。

案例 6.4

**Roller 海岸的汽油定价**

在动态博弈中，许多结果都是可能的，包括价格先上升而后下降、再上升的“埃奇沃斯周期”。利用马斯金和泰勒尔（Maskin and Tirole，1988b）的理论研究，诺埃尔（Noel，2001）研究了加拿大汽油零售市场的定价。诺埃尔发现存在三种定价模式，最为流行的是埃奇沃斯周期。

诺埃尔发现，在他所检验的城市中，40%的城市中存在零售价格先迅速上升，超过批发价格（称为“小步跑”），接着在随后的 2～3 个星期内缓慢下降，而后在快接近批发价格时再次快速攀升的定价模式。价格攀升的幅度取决于许多小企业的情况。

第二种流行的模式是黏性价格，即使批发价格发生了变动，零售价格的变动也不会频繁发生（每两个月）。这种模式经常出现在只有少数零售企业的市场中。第三种模式是“正常”定价模式，即零售价格追随批发价格发生变动。

零售价格和批发价格之间的平均差异随着零售定价模式的不同而变化。平均差异在正常定价模式中最大，接着是黏性定价模式，最小的是在埃奇沃斯定价模式中。

资料来源：Noel（2001）.

## 斯坦克尔博格领导者—追随者模型

在很多情况下“了解自己”并不恰当，更实际更有用的是“了解别人”。

——梅纳德（Menander）

海因里希·冯·斯坦克尔博格（Heinrich von Stackelberg，1952）于 1934 年提出了第三个重要的寡头垄断模型，即斯坦克尔博格模型，在该模型中企业设定产量，一个企业在其他企业之前行动。

领导企业选择产量水平，而后其他企业根据它们对领导者产出的理解自由选择自己的最优产量。在一些产业中，历史、制度或法律因素决定哪一个企业是先动者。例如，发明并开发新产品的企业自然具有先动优势。

177 **例子**。假设前文所述的两个甜瓜生产企业中的一个是追随者（企业 2），另一个是领导者（企业 1）。企业 1 意识到一旦它设定产出 $q_1$，追随企业就会利用古诺最优反应函数来选择最优产量 $q_2=R_2(q_1)$。

因此，领导者选择 $q_1$，使得自己在追随企业利用古诺最优反应函数选择相应产出这一约束下的利润达到最大。在斯坦克尔博格均衡中，领导者的状况要比在古诺均衡中好，而追随者的状况则不如古诺均衡。简而言之，了解竞争对手将采取何种行动使得一个领导者能在损害追随者利益的情况下获利。

由于两个企业具有相同的成本，企业 1 知道企业 2 如图 6.7b 所示的古诺最优反应函数 $R_2(q_1)$。因此，领导者知道在自己所选择的任何产量水平上追随者的产出。这样，领导企业能计算出对应于自己所选择产出的行业总产量，从而选择自己利润最大化的产出水平。

通过从总需求中减去追随者的产出（如图 6.7b 由追随企业的最优反应函数得到），领导者可以计算出剩余需求曲线（见图 6.7a）。领导者选择产出 $q_1$，使得基于剩余需求曲线的边际收益等于边际成本。企业 1 生产最大化利润的产量 360 个甜瓜（见图 6.7a 和表 6.1），企业 2 只生产 180 个甜瓜，这是将 360 代入企业 2 的最优反应函数得到的结果（见图 6.7b）。

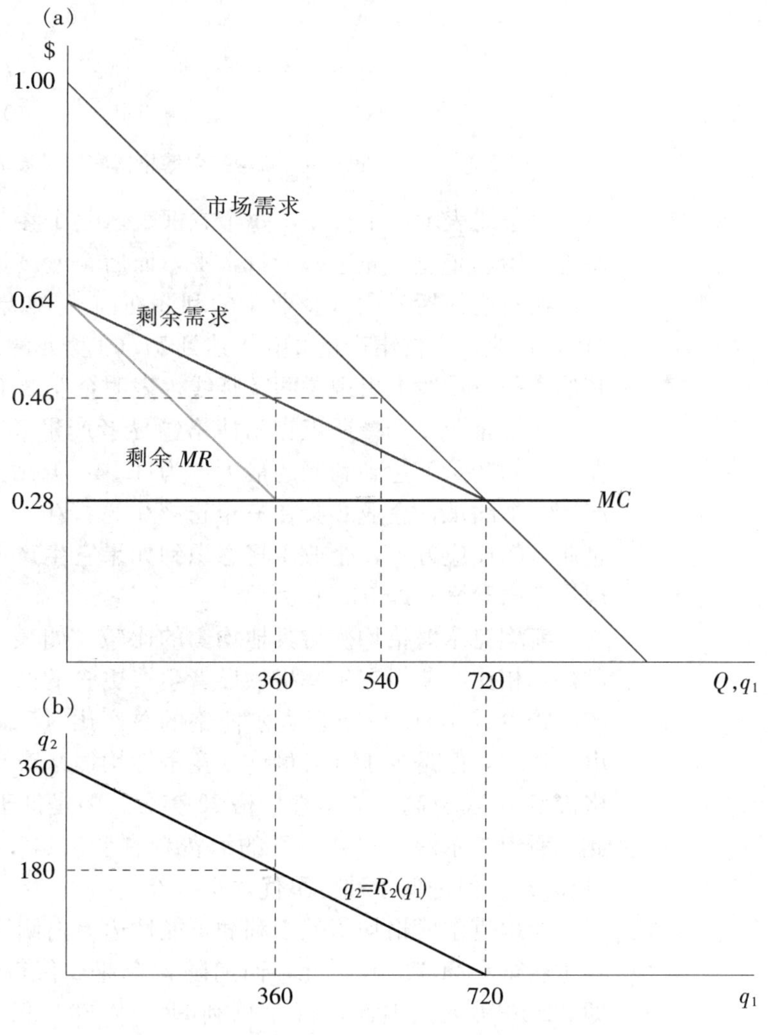


**图 6.7　斯坦克尔博格均衡**

178 我们也可以用博弈的扩展表达（或决策树）对斯坦克尔博格博弈进行分析，这张博弈图表示了每个企业采取行动的顺序、每个企业行动时的战略以及支付。两个企业的产出组合有无数种。图 6.8 仅仅显示了它们能够选择的产出水平的一部分：斯坦克尔博格追随者产量（180），古诺产量（240）和斯坦克尔博格领导者产量（360）。

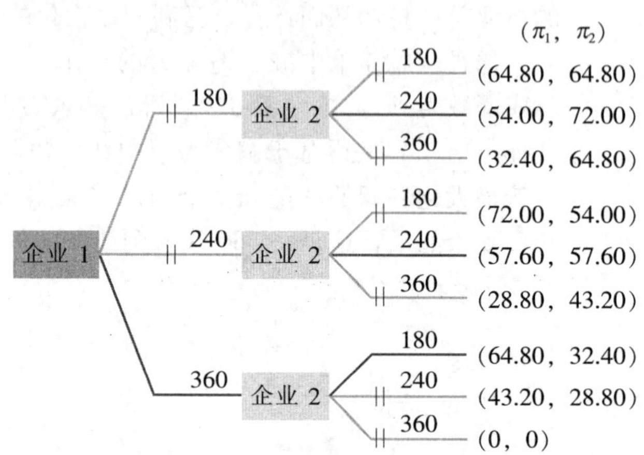


**图 6.8　斯坦克尔博格博弈的扩展表达**

179 每条线表示一个行动，每个方框表示一个参与者的决策点。从图的左边开始，企业 1 先选择产量水平，而后企业 2 选择产量水平，支付被表达在右边的括号内（企业 1 的利润在前）。如果企业 1 选择古诺产量 240，企业 2 在古诺产量 240 下达到 57.60 美元的最大化利润。企业 2 的其他两条行动线上出现了两条竖线，表明企业 2 不会选择这些行动。

如果企业 1 选择斯坦克尔博格领导者产量 360，企业 2 作为追随者在 180 的产量下达到利润的最大，为 32.40 美元。同样，如果企业 1 生产 180 个甜瓜，企业 2 会在三个选择中选择生产 240 个单位。[14]考虑到企业 2 的反应方式，企业 1 将意识到如果它生产 360 个单位，它将会实现最大的利润，即 64.80 美元。

**斯坦克尔博格均衡与其他均衡的比较**。如表 6.1 所示，与古诺企业（240）相比，斯坦克尔博格领导者生产更多的产出（360），而追随者的产出较少（180）。[15]斯坦克尔博格的总产出（540 个甜瓜）大于古诺产出（480），但是少于社会最优（竞争性均衡）产出（720）。斯坦克尔博格价格 46 美分高于竞争性价格 28 美分，但是低于古诺价格 52 美分。因
180 此，斯坦克尔博格双寡头下的消费者剩余（145.8）要高于古诺双寡头（115.2），但是低于社会最优水平（259.2）。

斯坦克尔博格均衡处于利润可能性边界内侧（见图 6.3）。领导者企业 1 获得利润 64.80 美元，而追随者企业 2 仅得到了这个数字的一半，即 32.40 美元。因此，行业总利润（97.20）低于古诺均衡（115.20）或合谋均衡的联合利润（129.60）。

## 主要寡头垄断模型的比较

三个主要的非合作寡头垄断模型对于企业是设定产出还是价格，以及同时选择产出还是顺序选择产出做出了不同的假设。结果，它们对于均衡下不同企业和产业的产出、价格以及消费者剩余做出了推测（见表 6.1）。

如果只有一个企业，三种模型的预测都是垄断行为。行业中企业的数量越多，古诺均衡（见表 6.1 和表 6.2）和斯坦克尔博格均衡（见表 6.1）就越接近于社会最优。

但是，同质产品的伯川德均衡不受产业中企业数量的影响。只要市场中至少存在两个生产能力不受限制的企业，伯川德寡头垄断均衡就与社会最优相同。[16]

## 多阶段博弈

博弈论最重要的近期进展是对重复博弈或多阶段博弈的分析。这一分析表明，施蒂格勒（Stigler，1964）关于寡头垄断的卡特尔理论分析（第 5 章）与基于博弈论的多阶段寡头垄断模型密切相关。

在多阶段博弈中，企业可能采用根据前期产出而对本期行为进行调整的复杂战略。参与者知道竞争对手的前期行动，并以此调整自己本期行为的博弈，一般被称为**超级博弈**（supergames）。

多阶段博弈的主要优点是，它允许企业之间存在比单阶段博弈中更为复杂和现实的相互作用。例如，一家企业可以向另一家企业发出在以后数阶段中减少产出从而避免激烈竞争的信号。如果其他企业对其产量的下降做出了回应，那么两家企业都收取高价。如果任意一家企业提高产量，那么其他企业就会在一段时间内提高产量（并降低价格）做出报复，以惩罚违规者。由于企业在多阶段市场中具有发出信号并进行惩罚的能力，因此单阶段模型中在古诺-纳什水平进行生产的企业可以在多阶段模型中进一步限制产出，并获得更多的利润。

181 这一结果可以用一个无限次重复的特殊博弈加以说明，即囚徒困境博弈。我们同时考虑仅进行有限次的重复博弈的结果，并讨论其他多阶段博弈的最新成果。

## 单阶段的囚徒困境博弈

游戏结束了。

——莎士比亚（Shakespeare）

假设在我们的古诺例子中，企业被限定只能选择两个可能的产出水平中的一个：企业只能按卡特尔产出水平（每个企业生产 180 个单位）或古诺产出水平（每个企业生产 240 个单位）进行生产。这两个企业必须同时行动。它们的行动和支付取决于两者所选择的战略，如图 6.9a 所示。在表中的每一格里，右上方的数字表示企业 1 的利润，左下方的数字表示企业 2 的利润。如果两个企业都选择生产 240 单位，每个企业的利润为 57.60 美元；如果两个企业都选择生产 180 个单位，那么每个
182 企业的利润为 64.80 美元。但是，如果第一个企业生产 240 单位，而第二个企业生产 180 单位，那么第一个企业获得 72 美元，而第二个企业获得 54 美元。博弈的**规范表达**（normal-form representation，或称战略表）是一个如图 6.9 所示的矩阵，它表示每个参与者（必须同时选择行动）的所有可选战略，以及针对每个战略组合的参与者的支付。

每个企业在不知道其他企业行动的情况下选择自己的行动或战略。也就是说，企业参与的是**不完全信息博弈**（game of imperfect information），其中企业必须在没有观察到竞争对手同期（或早期）行动的情况下选择一个行动。

图 6.9b 表示了企业 1 面临的选择。这是博弈的扩展表达。在这一特殊的博弈树上，企业 2 实际上并没有先于企业 1 行动，它们同时行动。结果，企业 1 对企业 2 的（同时）行动无法确定。围绕企业 1 两个决策节点（博弈树中的连接点或方框）的虚线椭圆表示企业 1 在必须决定战略时无法在两个节点之间做出区分；也就是说，企业 1 不知道企业 2 将选择哪种战略。在图中首先列出了企业 1 的支付。

企业 1 如何选择其战略呢？企业必须拒绝任何*严格劣于*其他任何战略的战略。一种战略严格优于另一种战略，是指不管竞争对手采取何种行动，前一种战略总比后一战略产生更高的或至少是同样高的支付。如果无论竞争企业的行动如何选择，一种战略总是优于其他所有战略，则企业将选择这一**占优战略**（dominant strategy）。

虽然并不是所有的博弈都存在占优战略，但是我们讨论的博弈存在该战略（参见附录 6B 参与者使用随机战略的博弈）。企业 1 应该选择何种战略呢？为了回答这一问题，企业 1 的经理做如下推理：

- 如果企业 2 选择高产出战略（240）且我也选择高产出战略，那

(a)

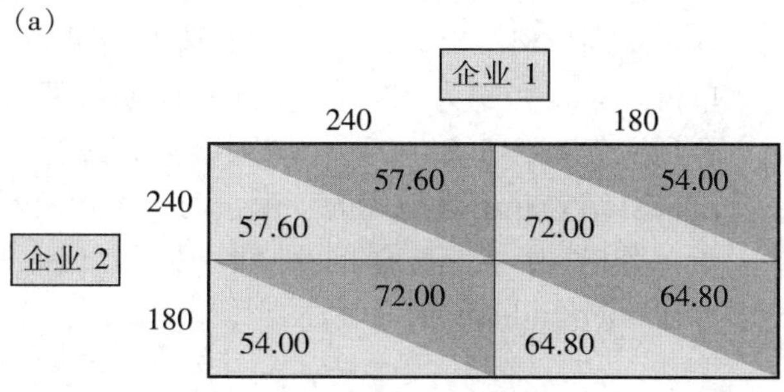


(b)

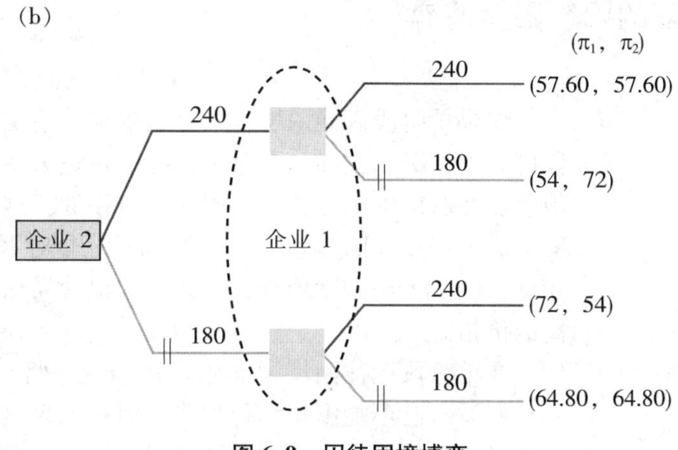


**图 6.9　囚徒困境博弈**

么我的利润为 57.60 美元（表 6.9b 中右上方支付的第一个数字和 6.9a 中左上方框内右上方的数字）；如果我选择低产出战略（180），那么我只能得到 54 美元。我更愿意得到 57.60 美元而不是 54 美元，因此我会选择高产出战略。

• 如果企业 2 选择低产出战略（180），那么我选择高产出战略（240）得到的收益为 72 美元；如果我选择低产出战略（180），我的收益为 64.80 美元。同样，我会选择高产出战略。

• 因此，无论企业 2 选择何种战略，我都会选择高产出战略。高产出战略是占优战略。

支付表是对称的，因此高产出战略同样也在企业 2 占主导地位。表 6.9b 中每条低产出行动线上的双竖线表示那些行动都将不被采纳。

两个企业都选择高产出战略，因此该战略是纳什均衡战略。考虑到企业 2 的战略，企业 1 将没有动机来改变自己的战略，反之亦然。假设在图 6.9a 中企业 2 选择 240 单位。如果企业 1 变生产 240 单位为 180 单位，那么其利润将从 57.60 美元下降到 54 美元，因此它不会改变行动。同样，如果企业 1 选择生产 180 单位，企业 2 也不会改变自身的战略。如果竞争对手也生产 240 单位，则两家企业都不会改变自己生产 240 单位的战略，所以两家企业都生产高产出是一个纳什均衡。

183 这一纳什均衡并没有最大化参与者的联合收益。如果它们选择合作并采用高价格战略，那么它们的情况会更好。如果两个企业都生产 180 单位，联合利润为 129.60 美元；而如果两个企业都生产 240 单位，联合利润仅为 115.20 美元。如果博弈只进行一次，从企业共同利益的角度来看结果并不是最优的。由于两个企业所具有的占优战略导致利润少于合作时所能获得的利润，因此这一博弈被称为**囚徒困境**(prisoners'dilemma)。[17]

## 无限重复的囚徒困境博弈

如果单阶段囚徒困境博弈永远重复，给定时期的价格将会高于单阶段博弈的情况。例如，在超级杯赛中，一个生产纪念品的企业可能与其他企业在短期内进行竞争，而后不再相遇。这样的企业相对来说不太可能形成卡特尔，因为每个企业都知道它能违反协议而不用担心被报复。相反，同一个旅游胜地里长期共处的纪念品销售商更有可能都收取相对高的价格。

在单阶段囚徒困境博弈中，每个企业将对手的战略看成是给定的，并且假设自己不能影响那种战略。但是如果这一博弈重复进行，每个企业就可以通过发出信号和威胁惩罚来影响对手的行为。参见案例 6.5。

由于两个企业都可以通过减少产出而获益，它们具有相互交流以避免由于缺乏信任机制而导致囚徒困境问题的动机。由于反托拉斯法使得公司间的直接交流为非法，当（且仅当）博弈重复时企业才可能试图通过战略的选择来进行联系。例如，企业可以使用多阶段战略来设定低产量（或高价格），并在若干期间内承担损失，以表示愿意进行合谋。

同样，企业能够威胁它的对手如果不合谋将会受到惩罚（见案例 6.6）。为了说明惩罚可以被用来保证合谋，我们使用了如图 6.9a 中的单阶段囚徒困境博弈的产量设定。产业中的每个企业在不同时期可以生产不同的产出。对某个企业来说，一个可能的战略是每阶段都生产古诺-纳什水平的 $q_n$（在我们的例子中为 240）的产出。如果其他企业也这样做，那么每个企业在每阶段获得古诺一纳什利润 $\pi_n$（57.60 美元）。同样，企业也可以限制产出，每个企业生产垄断产量的一半 $q_m$，每个时期的利润为 $\pi_m$（$\pi_m > \pi_n$）（$q_m = 180$，$\pi_m = 64.80$ 美元）。

184

**案例 6.5**

### 复印的定价

正如每个学生所知道的，学习知识的方法是照搬相关的文章，然后融会贯通。因此，复印店经常在学校附近如雨后春笋般冒出来。20 世纪 70 年代早期，位于麻省剑桥哈佛广场的四家复印店满足了来自哈佛、麻省理工、塔夫茨和其他大学学生的大部分复印需求。

最初，“四大”企业中的最小一个，猫咪教育服务复印公司（位于 J. August 洗衣店内）的收费比其他几家规模大的竞争者要高得多。而后，身兼洗衣店店主和复印公司老板的吉米·雅各布斯将复印的价格降到了其他公司若与之同价竞争就不能获利的水平。

其中的一位竞争者——格罗门复印公司在它的橱窗中贴出了名为“复印价格之怪事”的告示。格罗门指控雅各布斯曾经“传话给哈佛广场的其他复印公司，他将着手把他们挤出该行业……原因就在于他们不将价格提高到和他一样的水平，当时雅各布斯的价格水平大幅度超出了通行的价格水平……现在，雅各布斯已经将他的威胁付诸实施了”。

格罗门公司说，为了不失去顾客，该公司哈佛广场店的复印价格将降到猫咪复印公司的价格水平，但是格罗门的其他门店将维持原来的价格水平。格罗门认为原来的价格水平是“公平和合理的”。它催促顾客抵制猫咪复印公司，声称“今天你可能支付了较高的价格，但这样可以保证未来有一个充满竞争的环境”。

根据格罗门员工的说法，在该公司贴出告示几小时后，雅各布斯冲进该店并说道：“告诉你们老板，我给他 5 分钟的时间取下告示，否则我将拍下告示，将它作为控告你们诽谤的证据。”格罗门公司管理层做出了反应，认为自己做得还不够，于是派出一名员工到雅各布斯的洗衣店的复印中心门前散发传单。反过来，雅各布斯在一名记者在场的情况下拍下了许多人手持传单的照片，格罗门公司的一名销售人员也赶紧找来照相机拍下雅各布斯的拍摄过程。据这名记者说：“格罗门的销售人员发完传单后，开始得意地用衣服摆出各种造型，而雅各布斯则边笑边继续拍照。”

其他公司一开始并没有降低价格，结果业务遭受了损失。这些公司支持格罗门对雅各布斯的指控，说雅各布斯想让他们将价格提高到他的水平，并威胁如果不合作，将以削价作为惩罚。雅各布斯说他相信所有的复印公司要价过高，因此他决定降低价格，但只是降低到仍能盈利的水平。他强烈地否认了任何操纵价格的指控。

最终，哈佛广场的复印价格停留在低于以往的水平，尽管成本的变化可能也是部分原因。这个例子表明了企业如何通过自己的价格或者产量决策和沟通来试图影响对手的行为。

资料来源：Vin McLellan，“Harvard Square：War of the Xerox Machines，” *The Phoenix*，*February* 9，1971.

185

**案例 6.6**

## 汽车战

1955 年，美国客车产量比 1954 年或 1956 年高出 45%。为什么呢？

基于复杂的计量经济学检验，布雷斯纳汉（Bresnahan，1987）认为，虽然美国汽车制造商成功的隐性合谋于 1955 年解体，但于 1956 年又重建了这样的合谋。在 20 世纪 50 年代期间，没有发生国外制造商的进入，因此，美国制造商可以联合减少产出，提高价格。

对这一阶段汽车产出异常的详细研究表明，1955 年是不寻常的一年。从 1953 年到 1959 年，美国汽车生产量分别为 613，551，794，580，612，424 和 560 万辆。

因此，1955 年 794 万辆的产量不仅大大高于邻近年份，即 1954 年和 1956 年的产量，而且大大高于该时间段任何年份的产量。

并不令人惊奇的是，1955 年大量的产出压低了汽车的价格。在对价格进行性价比调整后，1955 年汽车的价格比邻近年份低 6%。相对于产量的增加，价格下降的幅度较小，因此总支出增加。1954 年的汽车消费为（基于 1957 年的美元基准）139 亿美元，1955 年为 184 亿美元，1956 年为 157 亿美元。换句话说，消费者在 1955 年的支出比 1954 年高 32%，比 1956 年高 17%。

---

企业 1 考虑使用以下的两部战略：

• 企业 1 每阶段生产 $q_m$，前提是企业 2 也这样做。

• 如果企业 2 在任一时期改变产出水平，企业 1 则在 $t+1$ 时期及以后的每个时期生产 $q_n$。

如果企业 2 相信企业 1 会遵循这一战略，企业 2 将生产 $q_m$。[18] 企业 2 知道如果在 $t$ 时期的产出超过 $q_m$，则利润会增加。但是如果它真的这么做了，在 $t+1$ 和以后的各个时期，企业 1 将会生产 $q_n$。正如以前所说明的，当企业 1 生产 $q_n$ 时，企业 2 也要生产 $q_n$ 单位才可以达到利润的最大化。

因此，企业 2 仅在 $t$ 时期获得了高利润，而在以后各期获得的利润较低。除非企业 2 无视未来的利润，否则它的最佳选择是进行隐性合谋，在每阶段生产 $q_m$ 单位的产品。

总之，如果未来至关重要，那么偏离垄断产出所获得的单时期收益将不能弥补利润从 $\pi_m$ 永远降到 $\pi_n$ 的损失。事实上，企业 1 不必通过永远惩罚企业 2 来迫使其合作；企业 1 所要做的是在 $q_n$ 水平上生产足够长的时间，使得企业 2 从产出偏离中无法获得收益。这样，由于战略包含
186 了信号传递和惩罚威胁，企业更可能在多阶段博弈而不是单阶段博弈中设定垄断价格。

## 多阶段博弈的均衡类型

然而并非所有的重复博弈都会导致较高的价格。重复博弈的均衡类型依赖于参与者有效威胁其他不合作参与者的能力。威胁的有效性取决于折现率、博弈的时间长度以及威胁的可信度。

## 可信度

在博弈开始时，每个企业选择战略来最大化现期贴现利润。如果折现率很高，使得未来阶段利润的价值比现期利润的价值小，那么未来的

惩罚就会无关紧要，从而对现期行为没有影响。[19]因此，较低的折现率使得惩罚的威胁更为有效。博弈中剩下的时期越长，违规者可能遭受的总惩罚也就越大，因为惩罚可能持续更长的时间。但是，如果威胁不可信，也就是说企业 2 不相信企业 1 真的会在未来实施惩罚，那么企业 2 自然会无视威胁的存在。

我们可以通过两阶段囚徒困境的例子来描述可信度的重要性（其中，现在企业可以选择任意产出水平，而不只是两个产出水平）。假设企业 1 是卡特尔成员，宣布如果企业 2 在第一阶段生产合谋产量，那么它将在第一阶段生产合谋产量 $q_m$，在第二阶段生产古诺-纳什产量 $q_n$。企业 1 还宣布（或者发出某种信号），如果企业 2 在第一阶段的产出超出 $q_m$，那么它将通过在第二阶段的大量生产（远远高于 $q_n$）来惩罚企业 2。如果企业 2 相信企业 1 将实施这一惩罚，且第二阶段的潜在损失对企业 2 来说足够大，那么企业 2 将在第一阶段生产 $q_m$。

然而，企业 2 并不认为企业 1 的威胁是可信的。假设企业 2 没有在第一阶段按 $q_m$ 进行生产。那么博弈仅剩下一个阶段。企业 1 可以通过在第二阶段生产超过 $q_n$ 的产量来对企业 2 进行惩罚，从而把企业 2 的利润降低到古诺-纳什水平之下。但是企业 1 会这样做吗？可能不会，因为在第二阶段这样做并不是企业 1 的最优选择。企业 1 这样做只会在损害企业 2 的同时损害自己，同时将两个企业的利润降低到 $\pi_n$ 之下。因而在第二阶段，企业 1 没法从这种做法中获利。现在想影响企业 2 在第一阶段的行为为时已晚，已经没有未来的阶段了。事实上，第二阶段中企业 1 应该像参与单阶段博弈那样行事，生产 $q_n$。因此，企业 2 不会相信企业 1 的威胁，实施这样的威胁类似于亡羊补牢。

但是，如果企业 1 能通过预先承诺在第二阶段对企业 2 进行惩罚来使得威胁可信，那么第一阶段出现垄断价格就是可能的。忽略法律因
187 素，如果企业 1 在第一阶段签订了一份有约束力和强制力的合约，声称如果它在第二阶段没有对企业 2 进行惩罚，则将会付出一大笔钱，那么这样的威胁就是可置信的。

多阶段博弈的研究集中于可置信战略所导致的均衡，以及对其他均衡的排除。对可能存在的均衡的约束被称为**精练**（refinement）。一个被广泛使用的精练是仅考虑**完美纳什均衡**（perfect Nash equilibria）：在这样的纳什均衡中战略（威胁）是可置信的（Selten，1975）。例如，在企业 1 威胁如果企业 2 在第一阶段生产过多则将在第二阶段予以惩罚的两阶段博弈中，只有在第二阶段的惩罚符合企业 1 的最大利益的情况下，威胁才是可置信的。

更为一般的，只有企业在任何**子博弈**（subgame）中都会采取的战略或威胁才是可置信的，子博弈就是从任意阶段 $t$ 开始，直到最后结束的新的博弈。如果提出的战略是任何子博弈的最优反应（纳什均衡），

那么这些战略被称为**子博弈完美纳什均衡**（subgame perfect Nash equilibrium，或完美纳什均衡）。

得到子博弈完美纳什均衡的方法之一是逆向求解博弈。我们以两阶段博弈来介绍这种技巧。在最后阶段（唯一有意义的子博弈），每个企业的战略必须基于单阶段最优反应函数。也就是说，如果从博弈的第二阶段开始，从参与者进行选择的意义上来说战略是最优的，则存在第二阶段的纳什均衡。在第二阶段，两家企业的纳什战略或最优反应战略都是生产 $q_n$。因此，企业 1 唯一可信的声明就是将在第二阶段生产 $q_n$。由于企业 1 在第二阶段惩罚的威胁不可信，两家企业在第一阶段都生产 $q_n$。

现在考虑一个持续有限阶段 $T$（大于 2）的博弈。为了解出完美纳什均衡，我们需要从最后一阶段往前递推。由前面的推理可知，企业最后一阶段的产量为 $q_n$。因此，企业 1 不能威胁对企业 2 在 $T-1$ 阶段的非合谋产出进行惩罚。那么在 $T-1$ 阶段会如何呢？实际上，这已经是最后阶段了。由同样的推理可知，在该阶段企业的产量同样为 $q_n$。这一推理可以在 $T-2$、$T-3$ 阶段不断重复，因此每阶段企业的产量均为 $q_n$。也就是说，$T$ 阶段的博弈均衡只是单阶段均衡简单重复了 $T$ 次（Selten，1978）。

这一讨论背后暗含的是，企业在较早的阶段进行欺骗（产量高于 $q_m$）是由于在较后的阶段最符合企业利益的就是欺骗——因而它们没有生产 $q_m$ 的可信威胁。因此，早期任何试图生产产量 $q_m$ 的企图都是不成立的。整个讨论都依赖于企业在最后阶段是否进行欺骗。这一讨论隐含着这样的假设，即存在一个已知的固定阶段 $T$。如果所有企业都知道这是最后阶段，那么它们将在最后阶段进行欺骗。如果博弈结束的阶段在该时期结束前都是未知的，那么一个参与者在该阶段偏离卡特尔产出水平的可能性就很小。一个阶段有限但阶段数未知的博弈由于参与者不知道何时是最后阶段的博弈，因此与一个阶段数无限的博弈是相似的，此时实施卡特尔协议就是可行的。

总结上面的讨论可知，子博弈完美纳什均衡依赖于多阶段博弈的阶
188 段数，以及这一阶段数是否为已知。首先，我们讨论了在一个无限阶段博弈中，每阶段生产卡特尔产出 $q_m$ 是子博弈完美纳什均衡。而后，我们表明了在一个博弈阶段数已知的有限阶段博弈中，每阶段生产古诺-纳什产出 $q_n$ 是一个子博弈完美均衡。最后，我们认为如果阶段数是有限的，但是企业并不知道哪一阶段才是最后阶段，那么卡特尔均衡就仍然是子博弈完美纳什均衡。事实上，即使没有明显的卡特尔协议，只要企业对每个对手的（可置信）威胁具有正确的信念，那么卡特尔均衡是一个可能的均衡。这些信念可以通过对对手历史行为的观察而得到。

在多阶段博弈中，企业可以拥有涉及随时间而变的不同行动的多种战略。在先前的例子中，如果企业 2 没有在第二阶段生产 $q_m$，那么企业 1 在第一阶段生产 $q_m$，在而后的阶段中生产 $q_n$，通常企业 1 在任何阶段

的产出是对手在前阶段产出的复杂函数。这一战略的多样性对企业来说产生了两个问题。首先，如果企业的战略如此复杂，那么企业如何知道或形成关于竞争对手战略的信念是我们所不清楚的。这就是为什么卡特尔中显性的交流能够奏效的原因（参见 Farrell，1987）。其次，由于存在多种可能战略，因此会存在多种可能的纳什均衡战略。

在阶段数目无限且没有时间折现或折现较小的博弈中，可能存在无限个子博弈完美纳什均衡。描述无限期子博弈完美纳什均衡的*无名氏定理*（Friedman，1971，1977；Fudenberg and Maskin，1986）认为，只要每个企业在该产出水平所得到的利润不低于单阶段博弈中所能得到的最低利润，那么任何产量水平的组合都可以无限期重复。因此，除了卡特尔解以外，在无限期重复的博弈中每个企业在每一阶段按古诺—纳什产出 $q_n$ 生产也是一个完美均衡。现在的许多研究都对这些结果进行了进一步的精练，希望能对发生何种均衡做出更好的解释。如果没有进一步的精练，几乎所有的产出水平都是可维持的均衡，因此理论很难应用于实际产业。[20]

无名氏定理表明，只要参与者追随惩罚战略，动态情况下的几乎任何结果都是可维持的。有些战略可能非常简单。例如，在动态的“以牙还牙”战略中，如果其他参与者合作，那么企业选择合作，但是如果其他参与者在其行动的最后阶段没有合作，那么企业也选择不合作。在实证情况下，我们可以经常观察到这一简单的“以牙还牙”战略，并且此战略导致了囚徒困境博弈中的合作。

本章主要讨论在基本经济条件中不存在不确定性时的博弈。如果考
189 虑企业对竞争对手的行动或经济条件的推测是不确定的，那么博弈将更为复杂。[21]由于此时的博弈具有多种可能结果，经济学家在对它们进行研究时通常会对可能的均衡进行进一步的限制或精练，以排除某些可能性。[22]现有许多有关博弈论的研究关注于存在不确定性的博弈。

## 寡头垄断模型的经验性证据

由于不同寡头垄断模型对企业的行为方式、企业的数目、博弈的规则（市场性质）以及博弈的时间长度做出了不同的假设，因此得出了不同的均衡结果。因为所有这些模型在逻辑上都是前后一致的，因此我们无法在纯理论的基础上进行选择。但是，人们可能会问，它们所做出的这些假设是否合理，或者它们所得出的预测结果是否和实际市场中的结果相一致?

第 8 章将讨论特定产业中的统计研究。这里，我们讨论一些实验。

一些经济学家在实验室条件下进行研究，确定大学生在受到控制的条件下如何行动。学生们进行博弈，在博弈中他们为自己所经营的企业设定价格或产出。由于学生将获得利润，因此他们具有在实验市场中最大化利润的动机。实验后的调查表明，有些学生试图通过将其利润与其他参与者利润差额的最大化来赢得博弈，而不是最大化其自身的利润。然而，绝大多数学生确实试图最大化自己的所得。

人们将实验性均衡和各种理论预测的均衡进行了比较。从这些实验中（Plott，1982，1523）得出的结论是“竞争性均衡、古诺模型和垄断（联合利润最大化）模型在预测市场价格和产量方面做得都很好。试验有助于我们定义不同模型的适用条件”。

为了给出有关结论的思想，我们讨论四个有代表性的多阶段博弈实验。实际上所有的模拟实验都采用了线性需求函数和不变的边际成本。

190 莱夫（Lave，1962）在一项始于里德学院（Reed）学士课题的研究中，进行了一项实验，让大学生参与一个重复的两人、两战略、多阶段囚徒困境博弈。参与者不能看到对方，使其不能进行明显的交流。但是，多数参与者显然能进行间接的交流，因此可以达成卡特尔解。在各种实验版本中，75％～100％的结果都是卡特尔解。正如我们在理论上所预测的，在最后阶段，当参与者知道实验将结束时，许多（尽管不是全部）参与者偏离了卡特尔产出，因为他们知道在该点将不存在报复。

福拉克和西格尔（Fouraker and Siegel，1963）进行了双寡头和三寡头（三个企业）的实验（与 Holt，1985 相比较）。每个课题得到的支付表都表明，利润取决于参与者的产出选择及其竞争对手的产出。

16 对大学生中每对进行了 25 次博弈。福拉克和西格尔采用参与者在第 21 个阶段的决策来评估均衡。双寡头产出均匀地分布在合谋（卡特尔）水平与竞争（伯川德）水平之间。其中 5 个最接近竞争水平，7 个接近古诺水平，1 个在卡特尔水平和古诺水平之间，3 个接近卡特尔水平。产出的中位数为古诺产出。

但是，在三寡头博弈中，产出的中位数仅仅稍稍低于竞争性产出。5 个试验结果的产业产出接近古诺水平，6 个试验结果的产业产出接近竞争水平。

福拉克和西格尔同样进行了选择价格（如在伯川德博弈中）而非产出的实验。从支付表上来看，将价格定在竞争对手之上的参与者没有销售收入，并损失了小部分利润。

当参与者具有不完全信息时（他们知道其价格比竞争对手的价格高还是低，但是并不知道对手的利润），18 次实验中有 17 次在 14 个时期内价格趋于（或略高于）竞争性均衡。当双寡头参与者拥有完全信息时（每个企业都知道所有过去的价格和所有参与者的利润），结果产生了很大的变化。有 6 次市场在第 14 个阶段处于竞争均衡，另有 3 次略高于竞争性水平。有4次的价格正好处于竞争性价格和卡特尔价格中间；在剩下的4次中，价格处于或近似地处于卡特尔价格上。

在三寡头情况下，无论参与者具有不完全或完全信息，市场价格几乎在每个时期都趋于竞争性水平。因此，当企业具有完全信息时，竞争性行为似乎更可能发生在三人价格博弈，而不是两人博弈中。当具有不完全信息时，竞争性均衡同样也更可能发生在三人博弈中。

双寡头完全信息博弈中没有出现竞争性行为的一个可能原因是在竞争性水平下，利润趋近于零，因此参与者选择其他战略的损失不大。霍尔特（Holt，1985）进行了一个重复双寡头博弈的类似实验，在此实验中竞争性均衡或伯川德均衡的利润为正。[23]他发现结果介于卡特尔和古诺之间，更接近于古诺产出。

191 意识到博弈的重复有利于卡特尔行为，霍尔特进行了单阶段的实验，他认为该实验应该有利于古诺均衡，或者甚至是更为竞争性的行为。一系列单阶段博弈涉及12个有经验的参与者（在特定博弈中参与者的配对并不固定）。在早期的博弈中，产出的选择非常分散，但是实际上最终所有参与者都选择了古诺均衡产出。

霍尔特认为在完全信息双寡头博弈中，无论是否存在多阶段的市场，古诺均衡都比竞争性或伯川德均衡更有可能发生。经验与重复博弈的唯一效果似乎是提高价格。

当允许发出明显信号时，我们预期价格更有可能会升高。在一系列实验中，弗里德曼（Friedman，1967）允许参与者在私下做出价格决策前传递两份书面信息。结果，形成卡特尔协议的次数超过75%。而且，在这些卡特尔协议中，75%最大化了每个参与者的利润（不允许存在任何转移支付）。正如我们所预料的，一旦参与者可以成功达到卡特尔解，进行另一个卡特尔协议的可能性为96%。

这些实验结果一般都经受住了时间的考验，仍被广泛的引用。现在，人们对实验方法和产业组织进行了大量研究。基于霍尔特有关实证文献的调查，霍尔特（Holt，1995）得出了以下的结论。单阶段古诺模型通常是单阶段博弈结果的不错的预报器。在有三个或更多卖者的多阶段博弈中，结果通常比静态古诺模型的预测更具竞争性。如果卖者和买者同时提出价格（双向拍卖）或者如果每个买者和卖者之间进行独立的协商，那么随着卖者数量的增加，价格将趋向于竞争性水平。如果卖者宣布或张贴他们愿意进行交易的价格，那么这两种交易机制都会导致较低的价格。参与者之间的合作通常随着博弈重复次数的增加而增加，但是没有直接的证据表明在参与者之间没有交流的情况下，触发价格战略将会导致合作的结果。

## 小 结

尽管大多数经济学家认同寡头垄断市场的基本特征，但是对如何最好地模型化这些市场并没有达成一致的观点。寡头垄断模型对企业行为做出了非常不同的假设。其结果是，它们对均衡的特性得出了差异很大的预测。但是，我们可以得到几个结论。

第一，相对于那些仅存在较短时期的市场来说，在长期存在或是不确定时间段的市场中更容易出现卡特尔结果。实验证据支持重复博弈中更容易出现卡特尔结果的结论。企业之间明显的接触增加了达到垄断价格的可能性。

第二，多数模型（除了单阶段、同质产品的伯川德模型）预测，产
192 业中的企业越多，均衡就越靠近竞争性结果。不论企业的数目如何，当企业具有不变边际成本时，相应的伯川德模型都预示着竞争性均衡。

第三，实验证据表明古诺均衡较为常见（但并不绝对），在双寡头博弈中尤其如此。这一证据以及该模型应用上的便利可以解释其持久流行的原因。

第四，博弈论的再度出现使我们更好地了解了战略何时对其他企业更为可信这一问题。有关研究仍在继续，以图限制可能出现在存在或不存在不确定性的多阶段博弈中的均衡数量。

本章的所有模型均假设企业的数量是固定的，企业生产同质产品，通过设定边际收益等于边际成本来最大化利润。模型的区别仅在于企业计算其预期边际收益的方式。下一章将进一步扩展这些模型，包括引入产品差异化和新企业的进入。

## 问 题

1. 在什么条件下古诺均衡和伯川德均衡相一致？

2. 在本章古诺模型的例子中，假设固定成本为零，边际（平均）成本为常数。如果成本函数为通常的U形，会出现怎样的复杂性？

3. 如果每个参与者在一个低价和一个高价之间进行选择，其中如果每个企业都设定高价，则收益为5，其他战略组合得到的收益均为零，那么参与者1和参与者2的最优战略是什么？（提示：写出该博弈的2×2标准形式的表达，寻找主导战略。）

4. 如果边际成本增加 10%，那么古诺、伯川德和斯坦克尔博格模型中的价格和产出会发生什么变化？

5. 在表 6.2 中，对 $n=2$，5，10，50 和 1 000，增设以下栏目：

a. 市场弹性 $\varepsilon$，等于 $\left(\frac{dQ}{dp}\right)\left(\frac{p}{Q}\right)$。

b. 测算市场势力的勒纳指数 $\frac{(p-MC)}{p}$。

c. 消费者剩余。

d. 社会福利＝消费者剩余＋产业利润。

e. 净损失（社会福利低于最优水平的数额）。

确认市场势力测算的勒纳指数 $\frac{(p-MC)}{p}$ 等于 $\frac{1}{(n\varepsilon)}$。

6. 斯坦克尔博格模型和主导企业—竞争性边缘企业模型（第 4 章）之间的关系是什么？

7. 使用案例 6.6 中的数据计算 20 世纪 50 年代中期汽车的市场需求弹性。对于价格和数量较大的变动，使用弧弹性概念。测算弧弹性的一般方法是使用两个价格—数量组合（$p$，$q$）和（$p^*$，$q^*$）的中间点。因此，弧弹性的公式为 $\left(\frac{q-q^*}{q+q^*}\right)\Big/\left(\frac{p-p^*}{p+p^*}\right)$。该结果是否和 1954 年的一个有关利润最大化的卡特尔的理论分析相一致？为什么一致或为什么不一致？

奇数问题的答案在本书最后部分给出。

# 推荐阅读

193 有关传统寡头垄断理论和博弈论引论的比本书更为技术性的介绍，参见 Shubik and Levitan（1980），Friedman（1983），Ulph（1987）。Williams（1966）给出了一个很好的关于简单博弈的相对非技术性的讨论。Dixit and Nalebuff（1991）应用博弈论对各种经济问题进行了精彩的非技术性应用。Binmore（1992）和 Gibbons（1992）是相对容易的博弈论教科书。Fudenberg and Tirole（1989），Shapiro（1989）提供了有关寡头垄断模型很好的概述。参见 Gaudet and Salant（1991）有关相关产品市场中企业效应的讨论。

Kreps and Spence（1984），Fudenberg and Tirole（1986b）给出了动态博弈两个阶段的回顾。有关博弈论相对技术性的近期教科书可参见 Shubik（1982，1984）；Friedman（1977，1986）；Mas-Collel，Whinston and Green（1995）；Tirole（1988）；Fudenberg and Tirole（1991）

以及 Myerson（1991）。

# 附录 6A　古诺和斯坦克尔博格均衡的数学推导

194 本附录使用微积分推导古诺和斯坦克尔博格均衡的价格与产量的一般函数形式，并以线性函数为例。假设存在 $n$ 个企业，$n$ 是外生决定的。第 $i$ 个企业的产量为 $q_i$，总产出 $Q$ 为每个企业（同质）产出的总和：$Q=q_1+\cdots+q_n$。需求和成本函数为：

| | 一般函数形式 | 线性例子 |
|---|---|---|
| 市场需求 | $P(Q)$ | $P=a-bQ$ |
| 企业成本 | $C(q_i)$ | $C(q_i)=mq_i$ |

其中，$a$，$b$ 和 $m$ 为常数。在例子中，需求是线性的，边际成本为常数。竞争性和垄断性解为

| | 一般函数形式 | 线性例子 |
|---|---|---|
| 竞争 | $MC\equiv C'(q_i)=P(Q)$ | $m=a-bQ=p$<br>$Q=\dfrac{a-m}{b}$ |
| 垄断 | $MC=C'(Q)=P'(Q)Q+P(Q)$<br>$=MR$ | $m=a-2bQ=MR$<br>$Q=\dfrac{a-m}{2b}\quad P=\dfrac{a+m}{2}$ |

其中，$a$，$b$ 和 $m$ 为常数。

为了分析一个古诺产业，我们从检验一个代表性企业的行为开始。企业 1 试图通过 $q_1$ 最大化其利润：

$$\max_{q_1}\pi_1(q_1,q_2,\cdots,q_n)=q_1p(q_1+\cdots+q_n)-C(q_1) \tag{6A.1}$$

一阶条件为 $MR=MC$，或者

$$p(q_1+\cdots+q_n)+q_1p'(q_1+\cdots+q_n)\times\left(1+\frac{\partial q_2}{\partial q_1}+\cdots+\frac{\partial q_n}{\partial q_1}\right)=C'(q_1) \tag{6A.2}$$

如果企业进行纳什产量（古诺）博弈，这些偏导数 $\partial q_i/\partial q_1$ 为零。这样，一阶条件可以改写为

195 $$p(q_1+\cdots+q_n)+q_1p'(q_1+\cdots+q_n)=C'(q_1) \tag{6A.3}$$

重新组织公式 6A.3，在等式右边乘以而后除以 $n$，并记 $p'=$

$dp/dQ$，$Q=nq_1$（给定所有企业都是同质企业），我们可以得到勒纳指数，

$$\frac{p-C'}{p}=-\frac{1}{n}\frac{dp}{dQ}\frac{Q}{p}=-\frac{1}{n\varepsilon} \tag{6A.3'}$$

其中，第二个等号的成立是因为市场需求弹性 $\varepsilon$ 为（$dQ/dp$）（$p/Q$）。公式 6A.3′的左边为市场势力的勒纳测度：高于边际成本的价格加成与价格的比。如果市场是竞争性的，那么 $p=C'$，勒纳测度为零。该值越大，市场势力就越大。当企业对称时，任一企业面临的弹性为 $n\varepsilon$。我们可以注意到，保持市场弹性不变，随着企业数量的增加，勒纳指数下降。当 $n$ 趋向于∞时，任一企业面临的弹性趋向于－∞，因此勒纳指数趋向于1/∞或 0，市场是竞争性的（参见 Ruffin，1971）。

公式 6A.3 表明了利润最大化的 $q_1$ 是如何依赖于 $q_2$，…，$q_n$ 的。我们可以重新组织公式，解出 $q_1$，推导出企业 1 的最优反应函数：

$$q_1=R_1(q_2,\cdots,q_n) \tag{6A.3''}$$

在我们的线性例子中，利润最大化 6A.2 的一阶条件为

$$MR=a-b(2q_1+q_2+\cdots+q_n)=m=MC \tag{6A.4}$$

在均衡情况下，由于所有企业都具有相同的成本函数，因此 $q_2=q_3=\cdots=q_n\equiv q$。解出 6A.4 中的 $q_1$，第一个企业 6A.3″的最优反应函数为

$$q_1=R_1(q_2,\cdots,q_n)=\frac{a-m}{2b}-\frac{n-1}{2}q \tag{6A.5}$$

最优反应函数的交点决定了古诺均衡。在本例中发生在 $q_1=q_i=q$（$i=2$，…，$n$）处。设定公式 6A.5 中的 $q_1=q$，解 $q$ 得到

$$q=\frac{a-m}{(n+1)b} \tag{6A.6}$$

总产出 $nq$ 等于 $n(a-m)/[(n+1)b]$。将 $Q=nq$ 代入需求函数可以得到相应的价格为：

$$p=\frac{a+nm}{n+1} \tag{6A.7}$$

设定最后两个公式中的 $n=1$ 可以得到垄断产量和价格。随着 $n$ 的
196 增大，产量和价格接近竞争性水平。也就是说，使用公式 6A.6 和 6A.7，随着 $n$ 的增大，总产出 $nq$ 接近（$a-m$）/$b$，价格接近 $m$。

同样，使用公式 6A.7，市场势力的勒纳测度（$p-C'$）/$p$ 等于（$a-m$）/（$a+nm$）。随着 $n$ 的增大，分母趋向于∞，因此勒纳测度趋向于 0，不存在市场势力。

一个斯坦克尔博格领导者（称为企业 1）将追随企业的古诺最优反应函数看成是约束条件。也就是说，它的目标为：

$$\max_{q_1}\pi_1(q_1,q_2,\cdots,q_n)=q_1p(q_1+\cdots+q_n)-C(q_1)$$

$$\text{s.t. } q_i=R_i(q_1,Q_i)\qquad i=2,\cdots,n \tag{6A.8}$$

其中，$Q_i$ 为除企业 1 和企业 $i$ 以外所有企业的产出之和。将最优反应函数代入每个 $q_i$ 的利润表达式，并对 $q_1$ 求导，我们得到利润最大化的一阶条件。

例如，在双寡头垄断情况下，斯坦克尔博格领导者的一阶条件为

$$p(q_1+R_2(q_1))+q_1p'(q_1+R_2(q_1))[1+R'_2(q_1)]=C'(q_1) \tag{6A. 9}$$

其中，$R'_2$ 为企业 2 的最优反应函数对 $q_1$ 的偏导数。追随者的产出通过由公式 6A. 9 设定 $q_1$，代入追随者最优反应函数来得到。

在线性情况下，每个追随者的最优反应函数的形式如公式 6A. 5：

$$q_i=\frac{a-m}{2b}-\frac{(n-2)\ q}{2}-\frac{q_1}{2}\qquad i=2,\ \cdots,\ n \tag{6A. 10}$$

其中，除了企业 $i$ 和企业 1 以外，其他企业的产出为（$n-2$）$q$。由于所有追随企业生产同样的产出 $q$，因此追随者的最优反应函数，即公式 6A. 10 可以写成：

$$q=\frac{a-m}{nb}-\frac{q_1}{n} \tag{6A. 10$'$}$$

197 领导者在将其他追随者的最优反应函数看成给定的情况下最大化自己的利润。领导者利润最大化的一阶条件由公式 6A. 9 给定。通过对公式 6A. 10′中的 $q_1$ 求微分，我们可以得到追随者最优反应函数的斜率 $dR_i/dq_1=-1/n$，并代入公式 6A. 9。也就是说，对领导企业每单位产出的增加，每个追随企业的产出减少$1/n$，因此追随者的联合产出下降（$n-1$）$/n$。这样，将 $p$ 的线性需求曲线表达式代入公式 6A. 9，解出 $q_1$，我们可以得到领导者的产出：

$$q_1=\frac{a-m}{2b} \tag{6A. 11}$$

在这个线性模型中，$q_1$ 独立于追随企业，等于垄断产出。$n-1$（$\geqslant 1$）个追随者的产出为：

$$q=\frac{a-m}{2bn} \tag{6A. 12}$$

这样，对任意 $n$（$\geqslant 2$）数量的企业，$q_1>q$。

产业总产出为

$$Q=\frac{a-m}{2b}\left(\frac{2n-1}{n}\right) \tag{6A. 13}$$

大于古诺市场下的产出［（$a-m$）$/b$］［$n/$（$n+1$）］，采用公式 6A. 6 中的古诺产量 $q$。市场价格为：

$$p=\frac{a+m\ (2n-1)}{2n} \tag{6A. 14}$$

这样，随着企业数 $n$ 的增大，价格和总产量接近竞争性水平：$p\rightarrow m$，$Q\rightarrow$（$a-m$）$/b$。

# 附录 6B 混合战略

198 本文的正文只考虑了纯战略，其中参与者选择价格或是产量。但是参与者可以通过随机选择行动来使用混合战略。例如，假设改变图 6.9，使得支付为

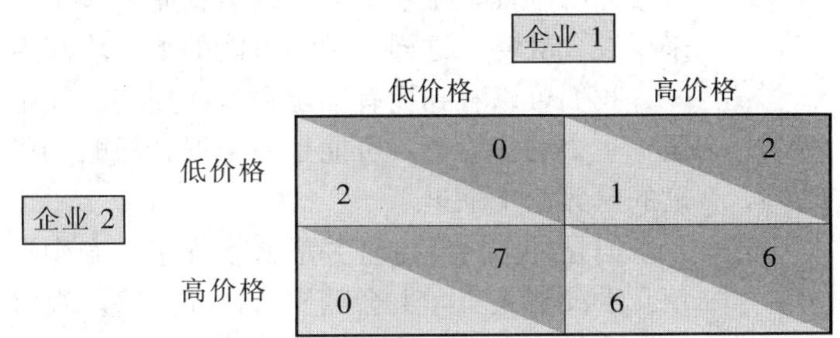


给定这些支付，企业 2 希望能和企业 1 的价格匹配，但是企业 1 并不希望和企业 2 的价格匹配。两者都设定低价格不是一个纳什均衡，因为如果企业 2 相信企业 1 将会设定低价格，那么企业 2 会设定高价格。同样，企业 2 设定低价格，企业 1 设定高价格也不是一个纳什均衡，因为企业 2 希望改变它的行为。类似地，其他可能的战略组合也不是纳什均衡。唯一可能的纳什均衡是企业随机选择它们的行为。

令 $\alpha$ 为企业 1 设定低价格的概率，$\beta$ 为企业 2 设定低价格的概率。如果企业独立选择价格，那么 $\alpha\beta$ 为两者都设定低价格的概率，$(1-\alpha)(1-\beta)$ 为两企业都设定高价格的概率，$\alpha(1-\beta)$ 为企业 1 设定低价格、企业 2 设定高价格的概率，$(1-\alpha)\beta$ 为企业 1 设定高价格、企业 2 设定低价格的概率。

企业 2 的预期收益 $E(\pi_2)$ 为

$$E(\pi_2)=2\alpha\beta+(0)\alpha(1-\beta)+(1-\alpha)\beta+6(1-\alpha)(1-\beta)$$
$$=(6-6\alpha)-(5-7\alpha)\beta$$

同样，企业 1 的预期收益为

$$E(\pi_1)=(0)\alpha\beta+7\alpha(1-\beta)+2(1-\alpha)\beta+6(1-\alpha)(1-\beta)$$
$$=(6-4\beta)+(1-3\beta)\alpha$$

每个企业都形成了自己对其对手企业行为的信念。例如，假设企业
199 1 相信企业 2 选择低价格的概率为 $\beta^e$。如果 $\beta^e$ 小于1/3（也就是说企业 2 相对不太可能选择低价格），那么企业 1 选择低价格会有利，因为 $E(\pi_1)$的第二项 $(1-3\beta)\alpha$ 为正，因此，随着 $\alpha$ 的增加，$E(\pi_1)$ 会增加。由于 $\alpha$ 最高概率为 1，因此企业 1 必然会选择低价格。同样，如果

企业 1 相信 $\beta^e$ 大于1/3，那么它必然会设定高价格（$\alpha=0$）。

如果企业 2 相信企业 1 会认为 $\beta^e$ 略低于1/3，那么企业 2 会相信企业 1 必然会选择低价格，因此企业 2 也会选择低价格。但是最后的结果 $\beta=1$ 和企业 1 的预期（$\beta^e$ 为一个分数）并不一致。事实上，如果企业 1 有关企业 2 的信念使得企业 1 变得不可预测，那么只有企业 2 认为企业 1 会猜测企业 2 使用混合战略这一想法对企业 2 来说才是理性的。也就是说，仅当企业 1 在设定高价和低价之间*无差异*时，企业 1 才会采用混合战略。如果企业 1 相信 $\beta^e$ 正好等于1/3，选择高低价格才会无差异。通过同样的推理，企业 2 只有相信企业 1 选择低价格的概率 $\alpha^e=5/7$ 时才会采用混合战略。这样，唯一可能的纳什均衡为 $\alpha=5/7$，$\beta=1/3$。

我们可以看到拥有固定数量纯战略的固定数量参与者的博弈都存在至少一个纳什均衡，可能是一个混合战略均衡。有关证明给出在推荐阅读的博弈论文献里。

但是许多博弈论者并不喜欢静态博弈中混合战略这一概念。他们相信几乎没有人实际上会随机选择纯战略。很难想象一个企业的管理者会用抛硬币的方式来决定明天的价格。对这些反对意见的一个（弱）回应是企业只需要相互之间*看起来*变得不可预测就可以了。

人们已经对一些混合战略模型进行了讨论。例如，参见 Golan，Karp and Perloff（2000）。

**【注释】**

[1] 同样，也可以经常观察到买方寡头垄断（少量买者）。多年来，只有两家企业购买产自新英格兰的大部分淡菜，四家企业购买了大部分太平洋金枪鱼。

[2] 博弈论的另一个分支合作博弈理论很少应用于模型化的寡头垄断。Telser（1972，1978）是一个值得一提的例外。

[3] 这些模型的早期版本被称为“推测变分模型”（参见 www. aw - bc. com/carlton _ perloff “推测变分”）。博弈论者认为这些推测变分模型没有得到令人满意的效果，因为它们使用了动态的思想来解释单阶段行为。在推测变分模型中，每个企业基于其对对手回应其行为（变分）的推测（假设或期望），来选择最大化利润情况下的价格和产出。例如，一家企业相信如果它提高价格，竞争对手的反应会是无动于衷。对竞争对手反应的信念被称为推测变分。推测变分方法已经应用于实证研究（参见 www. aw-bc. com/carlton _ perloff “推测变分”和第 8 章）。另一个早期的静态模型，有时也被描述为一个推测变分模型，具有一种隐含的、动态分析过程，它就是拐折的需求曲线模型；参见 www. aw-bc. com/carlton _ perloff “拐折的需求”。

[4] 如果企业 2 生产 $q_2=240$，第一个企业面临的剩余需求曲线是 $q_1=Q(p)-q_2=(1\,000-1\,000p)-240=760-1\,000p$ 或者 $p=0.76-0.001q_1$。因此，第一个企业的收益为 $R=pq_1=0.76q_1-0.001q_1^2$，因此其剩余边际收益曲线为 $dR/dq_1=0.76-0.002q_1$。剩余边际收益等于边际成本，也就是 $0.76-0.002q_1=0.28$，或者 $q_1=240$。

[5] 通过联立两个最优反应函数方程，我们可以使用代数方法来确定交点。将企业 1 的最优反应函数 $q_1=360-\frac{q_2}{2}$ 代入企业 2 的最优反应函数 $q_2=360-\frac{q_1}{2}$，我们可以得到企业 2 的产出 $q_2=360-\frac{1}{2}\left(360-\frac{q_2}{2}\right)$，得到 $q_2=240$。将这一结果代入企业 1 的最优反应函数，我们可以得到 $q_1$ 也等于 240。

[6] Daughety（1985）提供了一个有趣的回答，描述了企业可能会使用的无限回归推理模式。企业 1 有关企业 2 的模型服从企业 2 有关企业 1 的模型，反之亦然。也就是说，企业 1 的经理这样推理企业 2 的经理："我认为企业 2 的经理会认为我猜到了他对我的想法……"企业 2 的经理也会以类似的方法推断企业 1 经理的想法。基于这样的推理模式，每个企业选择一个产出水平。Daughety 表明古诺均衡是这种类型推理的唯一可能结果。

[7] 通过让企业 1 的利润固定在某一水平上，而后考虑 $q_1$ 和 $q_2$ 使企业 2 的利润最大化，可以推导出利润可能性边界。在我们的这个例子中，答案是

$$(q_1-1\,080)\ q_1+\ (q_2-1\,080)\ q_2-2q_1q_2+259\,200=0$$

对任何一个特定的 $q_1$ 而言，这个方程都可以简化为 $q_2$ 的二次方程。相关的根值则是较小的一个。参见 Friedman（1983：22—27）。

[8] 由于竞争性均衡要求潜在的、不受限制的企业数量，而此处市场中只有两个企业，因此我们将古诺均衡与社会最优而不是竞争性均衡做出比较。在社会最优均衡中，企业利润最大化要受到价格等于边际成本（如在竞争性均衡中）的约束。Shubik（1959）引入了这一均衡概念，被称为"效率点"。有关与效率点相一致的固定成本的讨论参见 Shubik 和 Levitan（1980），Friedman（1983）。这里，我们混用"社会最优"和"竞争性均衡"这两个术语。

[9] Ruffin（1971）讨论了随着企业数量的增加，古诺均衡价格趋向于竞争性价格的条件。

[10] 我们可以从其他博弈论模型中得到这一均衡。例如，Grossman（1981a）表明，如果企业的战略是供给函数（供给的数量是价格的函数而不仅仅是价格本身），那么在弱化的条件下，竞争性均衡或伯川德均衡是纳什均衡。这一结果是存在进入威胁的结果，我们将在第 11 章中考虑。

[11] 如果一家企业像甜瓜案例中一样必须立刻出售产品，不能储存，那么企业必须迅速调整其价格，否则会被那些销售不出去的产品牢牢套住。另一方面，企业如果不能迅速改变价格，或者虽然能够那样做，但是必须付出高昂的成本——比如说印刷精制产品目录手册的成本，那么它就可能通过调整产出来应对需求的变动。参见第 17 章。

[12] 每个企业都做着以下的计算：如果我将价格降为 $p$，略低于对手的价格，那么我最大的销售为 360 个甜瓜。另一方面，如果我将价格提高到 46 美分，那么我只能销售 180 个甜瓜，但是每个甜瓜的利润更大。那么在什么价格 $p$ 下我的利润会和将价格设为 46 美分一样呢？为了回答这一问题，计算在定价为 46 美分时的利润，并令其等于价格为 $p$ 时的利润：$(46-28)\times180=(p-28)\times360$。也就是说，如果我将价格提高到 46 美分或降低到 37 美分，我所获得的利润是相同的。

[13] 从技术上来看，埃奇沃斯表明不存在"纯战略"状态下的均衡。在古诺和伯川德所讨论的类型中，不存在单一的法则让企业在所有时候都能达到均衡。

Kreps and Scheinkman（1983），Dasgupta and Maskin（1986）以及其他人证明了混合战略（参见附录 6B）均衡的存在性。Kreps and Scheinkman（1983），Davidson and Deneckere（1986）表明如果企业进行两阶段博弈，首先选择产量水平，而后根据伯川德模型确定价格，那么在特定情况下，伯川德均衡和古诺均衡相同。也可参见 Allen and Hellwig（1986）。Maggi（1996）提出了更为现实和优美的两阶段博弈，该博弈的特征为纯战略状态下的解总是存在的，而且依赖于环境的改变而变化，并介于伯川德和古诺之间。

[14] 考虑到企业 1 生产 180 个单位，如果企业 2 可以选择任意产量，它会选择生产 270 个单位，得到 72.90 美元利润。

[15] 斯坦克尔博格均衡不同于古诺均衡，因为领导者首先行动，而追随者在知道了竞争者的产量后行动。也就是说，领导者宣称他将生产大量产品是可信的，因为它已经这样做了。如果两个企业同时行动（古诺博弈），一个企业宣称它将生产大量产品就可能被对手认为是不可信的。

[16] 但是，在异质产品情况下（将在下一章讨论），伯川德均衡不同于竞争性均衡，产业中企业的数量会影响价格。

[17] Luce and Raiffa（1957）将囚徒困境的博弈归功于 A. W. Tucker。在最初的版本中，两个囚徒被控有罪。他们被关在不同的房间里，因此相互之间不能交流。每个囚徒具有两种战略选择：坦白或是不坦白。如果两人都不坦白，每个人将以一项较轻的罪名被起诉，仅判一年。如果两人都坦白，则每人都将获刑五年。如果一个人坦白而另一个不坦白，那么坦白的人将获释，没有坦白的人将被判十年。同表 7.4 的推理一样，两人都会选择坦白，尽管如果两人均选择保持沉默，处境都会变得更好。

[18] 和单阶段模型一样，问题出现在企业是如何形成信念的。但是不同于单阶段模型，在多阶段模型中企业可以基于博弈的历史形成信念。

[19] 如果折现率为 10%，第一阶段 1 美元的利润值 1 美元，但第二阶段得到的 1 美元贴现到第一阶段只值 1/（1.1）≈91 美分。第一阶段和第二阶段的利润经过贴现后总共值 1.91 美元。在利率足够高的情况下，未来的利润与当前决策无关。

[20] 但是，在做出进一步限制后，我们可能还是能够测算出子博弈完美的多阶段模型。例如，参见 Karp and Perloff（1989a，1993a）。

[21] 例如，在企业 1 并不知道企业 2 成本的多阶段博弈中，企业 1 有关企业 2 成本的信念可能会影响其行为。如果企业 1 相信企业 2 的成本比自己低，那么企业 1 可能会退出市场。因此，企业 2 会试图让企业 1 相信其成本是非常低的，可能会通过在数个阶段中设定低价格来实现。企业 1 会根据企业 2 过去的表现来形成其对企业 2 成本的信念，并且考虑企业 2 试图进行误导的情况。通过利用在各个连续时期内所获得的有关企业 2 行为的更多信息，企业 1 可以更新其对企业 2 成本的看法。企业 1 可以结合有关企业 2 实际行为的信息以及其先前的看法，通过运用概率论中的贝叶斯法则，形成一个新的概率估计：企业 2 的成本较低。企业通过运用贝叶斯法则形成它们的看法，而且每个战略是子博弈完美的，那么这种情况下产生的均衡被称为“贝叶斯完美均衡”。

[22] 有关这个论题及其相关论题的详细讨论，如精练和序贯均衡，参见 Harsanyi（1967—1968），Kreps and Wilson（1982a，1982b），Kreps and Spence（1984），Bernheim（1984），Pearce（1984），Tirole（1988），Shapiro（1989），Myerson

(1991)，Fudenberg and Tirole (1991)，Binmore (1992)，Gibbons (1992)。有关动态寡头垄断的理论和实证研究，参见 Maskin and Tirole (1988a，1988b)，McGuire and Pakes (1994)，Ericson and Pakes (1995，1998)，以及 Fershtman and Pakes (2000)。

[23] 这一实验在多个方面不同于 Fouraker 和 Seigel 的实验，最为重要的区别是该实验的设计使得没有一种可能的战略可以保证一直获得超过正的竞争性支付的利润。为了避免博弈的结束效应，该博弈的结束取决于掷骰子。

# 第 7 章　产品差异化和垄断竞争

200　好品位比坏品位好，坏品位总比没品位好。

——阿诺德·贝内特（Arnold Bennett）

在许多市场中，企业进行着垄断竞争：企业拥有市场势力，即可以有利可图地将价格定在高于边际成本处的能力，但是它们得到的经济利润为零。这样的市场结构结合了垄断（市场势力）和竞争（零经济利润）的特点。如果市场中存在自由进入，而且每个企业面临向下倾斜的需求曲线，那么产业是垄断竞争的。如果企业在存在正利润的情况下进入产业，那么长期来看，每个企业和在竞争性情况下一样获得零经济利润。如果企业面临向下倾斜的需求曲线，那么存在市场势力。

企业面临向下倾斜的需求曲线的一个重要原因是消费者认为该企业的产品不同于产业中其他企业的商品。在前几章中，我们集中讨论的是**同质**（homogeneous）或称为**无差异**（undifferentiated）产品：产品对于消费者来说是相同的。也就是说，消费者认为产品之间是完全可替代的。但是，在许多产业中，产品通常是**异质的**（heterogeneous）或说是**有差异的**（differentiated）：消费者认为不同企业的产品和品牌是不能完全替代的。如果消费者认为产业中的品牌是不完全替代的，那么企业就可以在不失去全部消费者的情况下将价格提高到竞争对手的价格水平之上。

本章分析的模型与第 6 章的寡头垄断模型有两方面的不同。首先，在寡头垄断市场中，进入是不可能发生的（根据定义），但在垄断竞争
201 情况下企业却可以自由进入和退出产业。在本章中，企业数目是在模型内部由企业的进入行为所决定的，而寡头垄断一章中的企业数目是在模型外随意决定的。其次，在第 6 章中，我们假设寡头垄断企业生产同样的产品，但是本章讨论不同企业的产品存在差异的情况。[1]

在第 6 章的模型中，企业生产同质产品，竞争导致价格降低，因此寡头垄断者数量的增加有利于消费者。如果企业生产差异化产品，那么新企业的进入可以在两方面有利于消费者：进入降低了价格，并增加了可供选择的产品的多样性。

我们在垄断竞争模型中阐明这两种影响。自由进入和产品差异化的垄断竞争模型主要有两种类型。一种是*代表性消费者模型*，消费者通常在所有企业中选购产品，因此企业针对所有的消费者展开竞争。这一模型可以用来研究餐饮业市场，该市场中的企业生产差异化产品（比如不同民族风味的菜肴），但是针对同一顾客群展开竞争。

另一种是*空间或选址模型*，该模型中每个消费者偏好于具有某种特点的产品，或是附近的企业出售的产品，并且愿意为这些偏好产品支付溢价。而且，消费者并不很在意市场中其他产品的价格。例如，与纳比斯科糖衣麦片的相对价格相比，一位钟情于克洛格爆米花的消费者对普斯特爆米花的相对价格要敏感得多。另一品牌的爆米花比起其他类别的谷类食品来说是更好的替代品。

这两种模型的差异在于每个企业面对的需求类型。在代表性消费者模型中，企业的需求随着所有企业的价格而持续变动。任何一家企业价格的微小变动都会引起企业需求发生相应的微小变动。而正如谷类食品的例子所示，在选址模型中，对某一品牌的需求可能独立于或高度依赖于另一品牌商品的价格，这取决于两者是否为关系密切的替代品。而且，在某一极低价格下，企业可能由于吸引了另一家生产类似产品企业的所有消费者而获得大量的额外消费者。

两种模型都可以用来研究消费者和企业的福利，方法是根据价格和多样性来比较垄断竞争均衡与社会最优。本章的问题是垄断竞争均衡中的品牌数量是太多还是太少了。问题的答案取决于消费者愿意为更多的多样性（生产多种产品是非常昂贵的）支付多少。你会偏好哪类情况：50 美分一杯、共三种口味可供选择的软饮料，还是 25 美分一杯却只有一种选择的饮料？这一问题的答案决定了最优的多样性—价格组合。

本章的第一部分解释了为什么产品的多样性会影响企业面临的需求
202 曲线。而后讨论了两类使用最为广泛的垄断竞争模型。同时还检验了同质和异质产品的垄断竞争的代表性消费者模型。这些讨论表明，当市场

允许自由进入时，前一章所阐述的同质产品古诺-纳什寡头垄断模型会发生何种变化，接着描述了如何将模型的均衡价格与社会最优做出比较。而后，我们对模型进行了修改，加入了产品多样性，并将垄断竞争均衡时的价格、多样性与最优组合进行了比较。

随后，我们转向对选址模型的讨论。产品差异内生于选址模型，因此没有提出同质产品模型。而且，我们还对其福利效应进行了检验。最后，我们使用包括两种模型因素的混合模型解释了为什么两种模型具有不同的性质。

本章的关键问题是：

1. 为什么产品差异化增强了企业的市场势力？

2. 如果所有品牌都是完全可替代的（同质的），那么企业数量为多少时达到福利最大化？

3. 如果消费者认为不同品牌是不完全替代的，那么企业数量为多少时达到福利最大化？

4. 如果消费者仅偏好市场中的某些品牌，那么企业数量为多少时达到福利最大化？

## 差异化产品

对差异化产品产业的研究基于两个主要概念。首先，产品是差异化的，因为消费者认为它们是不同的。不同品牌的阿斯匹林在化学成分上同质的，但如果消费者和零售商认为它们是不同的，那么它们就有效地实现了差异化。例如，来自黄金谷物公司的“商品”豆类（斑豆、“大北方”等种类）在本地零售店的售价为每磅 69 美分，但是来自梅利萨公司的具有较好包装的产品的价格则上升到了每磅 4.95 美元。[2]

同样，许多消费者更加偏好于可口可乐而非百事可乐或者相反，但是他们很难通过口味来区别两者。当要求长期的可乐消费者区别传统可口可乐、百事可乐以及特定配方的可口可乐、百事可乐时，仅有 37%的人能准确辨别出他们所偏好的品牌。只有 26%的特定配方可乐消费者可以识别出他们偏好的品牌。[3]

203 相反，如果消费者从化学或物理的角度认为不同产品是相同的，那么从经济目的的角度来说这些产品就是同质的：“消费者总是正确的。”参见 www.aw-bc.com/carlton _ perloff“假冒的产品多样性：市场中的一剂药”。

其次，当两个品牌是相互高度替代而不是无法替代时，一个品牌的产品定价会对另一品牌的定价产生较强的约束。例如，很少有人怀疑百事可乐和可口可乐是相近的替代品。事实上，加拿大干生姜麦芽酒同样可以和可口可乐以及百事可乐竞争，因为它们都是含糖的软饮料。但是不含糖的软饮料是否是它们相近的替代品呢？不含碳酸的饮料，如牛奶和水呢？[4]参见案例 7.1。

204

**案例 7.1**

## 并非所有的水都是相同的

迄今为止，很少有人认为作为产品的水是可以差异化的。但是通过巧妙的营销，企业可以说服消费者使其相信水实际上是一种差异化产品。

2000 年，人们消费了 50 亿加仑的瓶装水（仅为碳酸饮料消费量的三分之一），销售额为 60 亿美元。到 2002 年，销售额超过了 77 亿美元。在不同的细分市场中出现了许多品牌的瓶装水，销售价格也各不相同：

| 品牌 | 每夸脱的价格（瓶装规格） | 来源 | 2002 年美国批发销售额 |
|---|---|---|---|
| Aquafina | 0.88 美元（1.5 升装） | 净化自来水 | 8.38 亿美元 |
| Dasani | 1.58 美元（20 盎司装） | 净化自来水 | 7.65 亿美元 |
| Poland Spring | 0.92 美元（24 盎司装） | 缅因州的泉水 | 6.215 亿美元 |
| Deer Park | 1.32 美元（24 盎司装） | 佛罗里达、马里兰和宾夕法尼亚的泉水 | 3.111 亿美元 |
| Crystal Geyser | 0.77 美元（1 升装×6） | 加利福尼亚和田纳西的泉水 | 2.7 亿美元 |
| 依云 | 1.46 美元（1 升装） | 法国阿尔卑斯的泉水 | 1.911 亿美元 |

正如表中所表明的，销量最高的品牌 Aquafina 定价适中，而销量第二高的品牌 Dasani 价格近乎为前者的两倍。可口可乐、百事可乐、雀巢和其他销售瓶装水的公司通常提供一系列价格不同的品牌。最近，瓶装水生产商为了进一步差异化产品而加入了不同口味的香料。这些不同风味的水变得愈发重要，其销量在 1999—2002 年之间增长了 10 倍。

资料来源：J. Jordan and S. He，“Size Counts：The Economic Value of Bottled Water，” *Choices*，September 22，2002；International Bottled Water Association，“Marketing Statistics Gallonage by Segment，” www.bottledwater.org/public/gallon_byseg.htm；“U.S. Soft Drink Sales Slow in 2002，” Beverage Marketing Corporation of New York news release（July 24，2003）；Phil Lempert，“Navigating the Sea of Bottled Water，” *Today Show*，June 17，2003；prices are from peapod.com for Washington，DC，on August 27，2003；source information comes from brand Web sites and Betsy McKay and Robert Frank，“Coke，Danone to Announce Venture-Pact to Market，Distribute Bottled Spring Water Could Challenge PepsiCo，Nestlé” *Wall Street Journal*，June 17，2002：B5；sales data come from “Bottled Water Moves Up in the Rankings，Says Beverage Marketing Corporation，” Beverage Marketing Corporation of New York news release（May 19，2003）.

一个同质产品市场的例子是小麦：消费者并不关心哪个农场生产了一蒲式耳的特定小麦。很难想象存在这样一个产业：其中仅有少数企业，且消费者认为这些企业的产品完全相同。但确实存在一些产业，人们认为它们的产品几乎是相同的。一个城市中的快递服务可以看成是非常类似的，大多数消费者认为不同品牌的沙滩球是非常相近的替代品。如果消费者并不关心他们所购买的品牌，那么该产业中的产品是相对同质的。

分析差异性有两种方法。在基础微观经济学课本的标准消费者理论中，消费者对商品具有偏好：他们在冰淇淋和蛋糕间，或者在不同品牌的冰淇淋和蛋糕间做出选择。在一个可选择的框架下，消费者的偏好取决于商品的属性和特征。例如，一些消费者喜欢巧克力，这是某些冰淇淋和蛋糕的一个特征，这些消费者喜欢巧克力冰淇淋和巧克力蛋糕胜于香草冰淇淋或是普通蛋糕。

## 差异性对企业需求函数的影响

所谓愤世嫉俗者是指此人通晓价格的一切信息，但对价值一无所知。

——奥斯卡·怀尔德（Oscar Wilde）

在产品无差异的产业中，特定企业面临的需求仅仅取决于其对手们的总供给，但在产品存在差异化的产业中，企业面临的需求依赖于每个竞争对手各自独立的供给。无论对生产差异化产品还是无差异产品的产业，我们都可以写出企业 $i$ 所面临的反需求函数：

$$P_i = D(q_1, \cdots, q_n) \tag{7.1}$$

也就是说，企业 $i$ 收取的价格 $p_i$ 依赖于该品牌产品的销量以及其他 $n-1$ 个品牌产品的销量。只要产品是有差异的，该表达式就不能被简化。我们可以将企业 $i$ 面临的需求曲线写成每个竞争对手产品价格的函数 $q_i = \widetilde{D}(p_1, p_2, \cdots, p_n)$。

205 但是，如果消费者认为所有产品都是相同的，或是完全替代的，需求曲线则可以表述得更为简单。消费者不愿意为某一企业的产品支付比其他企业的产品更多的钱。因此，如果所有企业都打算出售它们的产品，那么它们就必须制定相同的价格 $p$。在无差异产品的情况下，价格 $p$ 仅和总市场产出 $Q = q_1 + q_2 + \cdots + q_n$ 相关。[5] 在这种情况下，反需求函数可以写成

$$p_i = p = D(q_1 + q_2 + \cdots + q_n) = D(Q) \tag{7.2}$$

举例来说，我们假设产业中有两家企业，如果消费者认为两个产品是相同的，那么每个企业的价格（$p = p_1 = p_2$）可以写成

$$p=a-bQ=a-b(q_1+q_2)=a-bq_1-bq_2 \tag{7.3}$$

其中，$a$ 和 $b$ 为正常数。也就是说，每个企业产量的增加都会降低市场价格，从而等量地降低了每个企业的产品价格。

相反，如果消费者认为产品不是完全替代的，那么企业 1 的需求函数为

$$p_1=a-b_1q_1-b_2q_2 \tag{7.4}$$

其中，$a>0$，$|b_1|>|b_2|$。也就是说，企业 1 产量的增加比企业 2 产量的增加对价格的影响更大。事实上，企业产品差异化越成功，它的需求与其他企业的行为就越不相关。例如，涟漪和闪电鸟（用螺旋盖瓶子装的廉价的酒类）的销售量和价格的变动对昂贵酒类的价格和销售量的影响就几乎可忽略。

寡头垄断市场或垄断竞争市场具有差异化产品，但在完全竞争市场中，产品是同质的。如果企业产品有差异，那么它将面临向下的需求函数，这与完全竞争企业的价格接受行为是不一致的。

## 对产品特性的偏好

在兰开斯特（Lancaster，1966，1971，1979）和贝克尔（Becker，1965）的消费者理论中，消费者对产品的特性具有偏好。每个产品是一组特征的组合，例如，糖块和冰淇淋在甜度、温度、质地等方面存在差异。除了通过这些特征对产品进行比较外，消费者还根据更为基本的特征来进行选择。

206 为了说明如何通过这些特征来比较产品，假设软饮料的唯一重要特征是它有多甜。软饮料在“甜度”空间的分布如下：

不甜←——→甜

在这一空间中，Schwepps 俱乐部苏打水位于传统配方的可口可乐左侧，而可口可乐在百事可乐的左侧。也就是说，产品越甜越靠右。这样，软饮料可以被定位于一个**特征空间**（characteristic space）中：对应每个特征和属性有一根表达数量的数轴（这里只有甜度一个属性），每一种品牌都可根据其特征在空间中定位。

当然，一种产品可能具有多种特征：谷类食品的品牌会因甜度和口感而有所不同。如果这些是仅有的重要特征，那么可以在一个特征空间中定位谷类品牌，其中一个轴为甜度，另一个轴为口感（从黏稠的到松软的）。

代表性消费者模型可以使用产品方法或特征方法，选址模型则固定使用特征方法。我们依次检验这两种模型。

# 代表性消费者模型

我独自在这里代表着其他人。

——拿破仑·波拿巴

张伯伦（Chamberlin，1933）提出了第一个垄断竞争模型。在这个**代表性消费者模型**（representative consumer model）中，典型的消费者认为所有品牌都是可以平等地完全替代的，因此我们可以不加区别地对待这些品牌。代表性消费者模型可以用来检验存在差异性产品和无差异产品的市场。我们首先检验无差异产品的市场，而后将分析延伸到异质产品的市场。分析表明无论产品是有差异还是无差异的，垄断竞争均衡中的均衡价格和品牌数量（多样性）通常都不是社会最优的。

## 无差异产品的代表性消费者模型

在最简单的代表性消费者模型中，不同品牌的产品是同质的：所有品牌具有相同的特点。这一模型不同于前面所描述的寡头垄断模型，区别主要在于后者产业中的企业数量是给定的。寡头垄断模型和垄断竞争模型都决定每个企业的产出。在两个模型中，利润最大化的行为决定每
207 个企业的产出。也就是说，每个企业选择产出使得其相对于剩余需求曲线 $MR_r$ 的边际收益等于边际成本 $MC$。

两个模型对进入的处理各不相同。在寡头垄断模型中，企业的数量是在模型外任意决定的：现有企业、政府或其他力量阻止了新的进入。在张伯伦模型中，只要有利可图，企业就会自由进入产业。这一进入条件使模型内生决定了产业中的企业数量。表 7.1 给出了决定垄断竞争和寡头垄断均衡的两个条件，即利润最大化和进入。[6]

**表 7.1　寡头垄断模型和垄断竞争模型的比较**

| 模型 | 单个企业的利润最大化 | 由进入决定的企业数量（$n$） |
|---|---|---|
| 非合作寡头垄断 | 边际收益＝边际成本 | 没有进入：企业的数量固定在 $n$ |
| 垄断竞争 | 边际收益＝边际成本 | 自由进入：企业一直进入直到利润为零，因此 $n$ 内生决定 |

垄断竞争模型要求企业面临向下倾斜的需求曲线。尽管产品差异化

有可能产生这样的需求曲线，但高固定成本通过限制进入产业的企业数量也可以得到同样的结果，如下例所示。

**一个古诺例子**。为了说明同质产品的垄断竞争模型与寡头垄断模型的区别，我们修改非合作寡头垄断的古诺-纳什模型使其容许进入发生，其他假设和第 6 章寡头垄断案例中的相同：

- 古诺均衡：在均衡中，没有企业希望改变其产出水平，每个企业希望其他企业按实际产出水平进行生产。
- 同质性：产品是同质的。
- 需求：市场需求 $Q$ 是市场价格 $p$ 的函数：$Q=1\,000-1\,000p$ (7.5)
- 成本：每个企业的成本函数为 $C(q)=0.28q+F$ (7.6)

208 其中，$q$ 为企业的产出，$F$ 为固定成本。和第 6 章一样，边际成本恒为 28 美分。

前一章寡头垄断模型有关企业数量固定的假设由**进入条件**（entry condition）代替：当利润为正时企业进入市场，利润为负时企业退出市场。

边际成本 $MC$ 和平均成本曲线 $AC$ 如图 7.1 所示。边际成本为 28 美分处的水平线。平均成本可通过将方程 7.6 的总成本 $C(q)$ 除以产出得到。即

$$AC=\frac{C(q)}{q}=0.28+\frac{F}{q}$$

因此，平均成本为平均可变成本（$0.28=0.28q/q$）与平均固定成本 $F/q$
209 之和。随着产出的增长，固定成本分摊在越来越多的产品之上，因此平均固定成本下降，平均成本主要由平均可变成本组成。所以，在低产出水平上，$AC$ 大大高于 $MC$，随着 $q$ 逐渐变大，$AC$ 趋近于 $MC$（等于平均可变成本），如图 7.1 所示。

进入条件认为只要利润为正，企业就会进入。因此，企业一直进入，直到产业中经济利润为零时为止[7]：

$$\pi=pq-C(q)=0 \qquad (7.7)$$

因此，在长期均衡中，每个企业的整体利润为零，所以每单位获得零利润，每个企业的平均成本等于价格，$AC=p$。[8]

为了确定均衡时的企业数量，我们使用两阶段步骤来分析。我们首先决定每个可能的企业数量下的古诺均衡产出（参见第 6 章）。而后，通过检验这些均衡，找出企业获得零利润的情形，从而确定企业数量。

为了说明在垄断竞争产业中如何决定企业数量，假设每个企业的固定成本为 6.40 美元。这样，如果利润为正，或者如果价格高于平均成本 $AC=0.28+6.40/q$，那么企业将会进入该产业。

表 7.2 显示不同企业数量情况下的市场价格、企业产出和利润。如果最初产业中存在 5 个企业，每个企业生产 120 个单位的产品，市场价格为 40 美分。每个企业的利润为 8 美元（$=(p-AC)q=(0.4-0.333\,3)\times120$）。

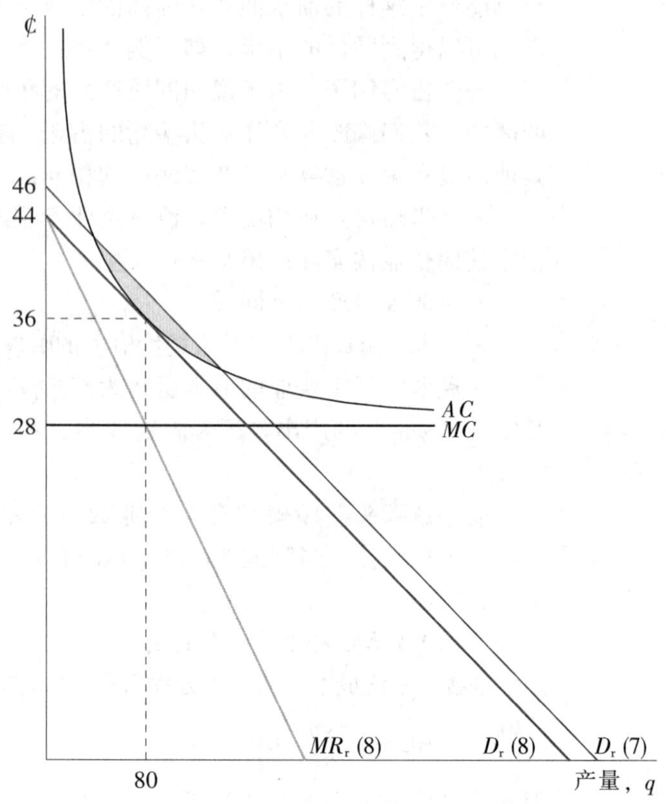


**图 7.1　垄断竞争均衡**

如果另一个企业进入，每个企业的利润降为 4.18 美元。由于利润仍然为正，更多的企业进入。进入一直会持续到产业中存在 8 个企业为止，每个企业恰好盈亏平衡。由于没有企业亏损，因此没有企业愿意退出产业。其他的企业也没有积极性进入产业。如表 7.2 所示，如果第 9 个企业进入，那么每个企业会损失 1.22 美元，此时企业愿意退出市场。因此，均衡时产业中企业的数量为 8 个。

**图形分析**。这一均衡可用图形来表示。图 7.1 显示了 8 个古诺企业认为其所面临的剩余需求曲线为 $D_r$（8），及其相应的边际收益曲线 $MR_r$（8）。企业通过生产 80 个单位的产出达到利润最大化，此时如图所示 $MR_r = MC$。企业在市场价格为 36 美分的水平上出售产出。企业的平均成本函数和需求函数在产量为 80 的点相切（$p=36$ 美分$=AC$）。此时，企业获得零利润。

图 7.1 表明了如果行业中只有 7 个企业，那么再进入一家企业是有利可图的。7 个古诺企业面临的需求曲线 $D_r$（7）与平均成本曲线相交，因此在阴影区域中平均成本低于剩余需求曲线上的价格。如果企业在阴影区域内的一点进行生产，就会由于价格高于平均成本而获得正的利润。如表 7.2 所示，7 个企业的每个企业都在产量为 90 的时候达到利润的最大化，因此市场价格为 37，高于每个企业的平均成本 $AC$（$AC=35.1$ 美分）。

210 **表 7.2　具有不同固定成本（*F*）的古诺垄断竞争的例子**

| 企业数量 | 价格（美分） | 企业产出 | 平均成本（美分） | $F=6.40$ 企业利润（美元） | $F=1.60$ 企业利润（美元） | $F=0.00$ 企业利润（美元） |
|---|---|---|---|---|---|---|
| 1 | 64 | 360 | 29.8 | 123.20 | 128.00 | 129.60 |
| 2 | 52 | 240 | 30.7 | 51.20 | 56.00 | 57.60 |
| 3 | 46 | 180 | 31.6 | 26.00 | 30.80 | 32.40 |
| 4 | 42.4 | 144 | 32.4 | 14.34 | 19.14 | 20.74 |
| 5 | 40 | 120 | 33.3 | 8.00 | 12.80 | 14.40 |
| 6 | 38.3 | 102.9 | 34.2 | 4.18 | 8.98 | 10.58 |
| 7 | 37 | 90 | 35.1 | 1.70 | 6.50 | 8.10 |
| 8 | 36 | 80 | 36.0 | 0.00 | 4.80 | 6.40 |
| 9 | 35.2 | 72 | 36.9 | −1.22 | 3.58 | 5.18 |
| 10 | 34.5 | 65.5 | 37.8 | | 2.68 | 4.28 |
| 11 | 34 | 60 | 38.7 | | 2.00 | 3.60 |
| 12 | 33.5 | 55.4 | 39.6 | | 1.47 | 3.07 |
| 13 | 33.1 | 51.4 | 40.4 | | 1.04 | 2.64 |
| 14 | 32.8 | 48 | 41.3 | | 0.70 | 2.30 |
| 15 | 32.5 | 45 | 42.2 | | 0.42 | 2.03 |
| 16 | 32.2 | 42.4 | 43.1 | | 0.19 | 1.79 |
| 17 | 32 | 40 | 44.0 | | 0.00 | 1.60 |
| 18 | 31.8 | 37.9 | 44.9 | | −0.16 | 1.44 |
| 20 | 31.4 | 34.3 | 46.7 | | | 1.18 |
| 100 | 28.7 | 7.1 | 118 | | | 0.05 |
| 500 | 28.1 | 1.4 | 473 | | | 0.002 |
| 1 000 | 28.1 | 0.7 | 918 | | | 0.001 |
| ∞ | 28 | ～0 | ～∞ | | | 0.00 |

说明：表中的负利润表示如果企业不能退出产业、固定成本沉没，而且大批企业都在利润最大化（损失最小化）水平下生产时，所能得到的利润。如果可以无成本退出（没有沉没成本），这些企业将会停产以避免遭受损失。

**较低的固定成本**。如果每个企业的固定成本降低，垄断竞争均衡将发生何种变化？如果固定成本为 1.60 美元，新的均衡中将有 17 个企业（与固定成本为 6.40 美元时的 8 个企业相比），如表 7.2 所示。

211 因此，固定成本越低，垄断竞争产业中均衡时的企业数量就越多。均衡时企业数量上升的原因在于，固定成本越低，产业中给定数量企业的利润就越高，其他企业就会进入产业使得利润趋近于零。

我们如何知道每个企业的利润越高（保持其他企业的数量不变），

固定成本就越低呢？原因在于企业固定成本的减少并不会影响它的总收益，但是会降低其总成本。尽管固定成本能影响企业是否进行生产的决策，但是如果企业实际进行生产，那么固定成本并不影响其产出水平。每个企业在 $MR_r = MC$ 点处设定产出，而固定成本并不会改变 $MR_r$ 或者 $MC$。正在进行生产的企业总是生产同样的产出，而不会考虑固定成本的水平，因此其总收益和总变动成本并不会受到固定成本变化的影响。总成本等于变动成本加上固定成本，因此变动成本不变而降低固定成本会减少总成本。由于总收益恒定，而总成本下降，因此利润上升。

从图形上来看，当固定成本较低时，平均成本曲线将严格位于图 7.1 所示的平均成本曲线之下。由于新的平均成本曲线与剩余需求曲线相切，所以剩余需求曲线也必须随之降低。要得到一条更低的剩余需求曲线的唯一方法是使产业中存在更多的企业。依此类推，如果固定成本下降为零，企业的数量将无限多，这一古诺垄断竞争产业便成为完全竞争产业，如表 7.2 中的最后一栏所示。

小结：高固定成本导致价格高于边际成本。当不存在固定成本时，将有足够多的企业进入产业，使得价格等于边际成本，这是竞争的结果。参见案例 7.2 进入对价格的影响。

**案例 7.2** ☞

**进入降低了价格**

在美国联合航空公司进入美国西海岸短途市场后的头一年中，该市场的价格下跌了 70%。在进入之前，德尔塔航空和美国天空航空公司在 1994 年 9 月旧金山到洛杉矶航线上提供的最低价格为 133 美元。1 年后，在美国联合航空公司进入市场后，价格降为 39 美元。同样，在美国联合航空公司和西南航空公司进入市场后，阿拉斯加航空公司以及雷诺公司从圣何塞到西雅图的航线，从 1994 年的 79 美元和 59 美元下降到了 1995 年 9 月的 49 美元。在这一阶段，所有美国航线的平均价格都下降了，因此进入对价格的下降产生了很大的影响。

**无差异产品的福利**。垄断竞争均衡与福利最大化的社会最优相比将会如何呢？垄断竞争均衡会产生两个福利或效率问题。第一，由于价格高于边际成本，产业中的总产出太少：新增 1 单位产出对消费者而言的价值高于企业生产的成本。第二，当边际成本非增时（不变或随产出下降），企业的数量会过多。每一家新增企业必须支付固定成本 $F$，因此对社会来说固定成本付出过多。

212 在前面的例子中，每个企业的成本函数为 $C(q) = mq + F$，其中 $m$ 为企业的不变边际成本。这里，社会最优解是给一家企业提供补贴使其生产所有产出，并且要求其将价格设定为等于边际成本。最优可行解（忽略管理成本）被称为**最佳最优效果**（first-best optimum）（参见附录 7A）。

图 7.2 给出了最佳最优解法。它基于先前固定成本为 6.4 美元的案例，给出了单个企业的边际成本、平均成本和市场需求曲线。在提及的最佳最优均衡中，企业受到管制，使其价格等于边际成本 $m=28$ 美分，消费者购买 $q^*=720$ 单位的产品。社会最优的产出比垄断竞争时产出的 640 单位多 80 单位（12.5%）。

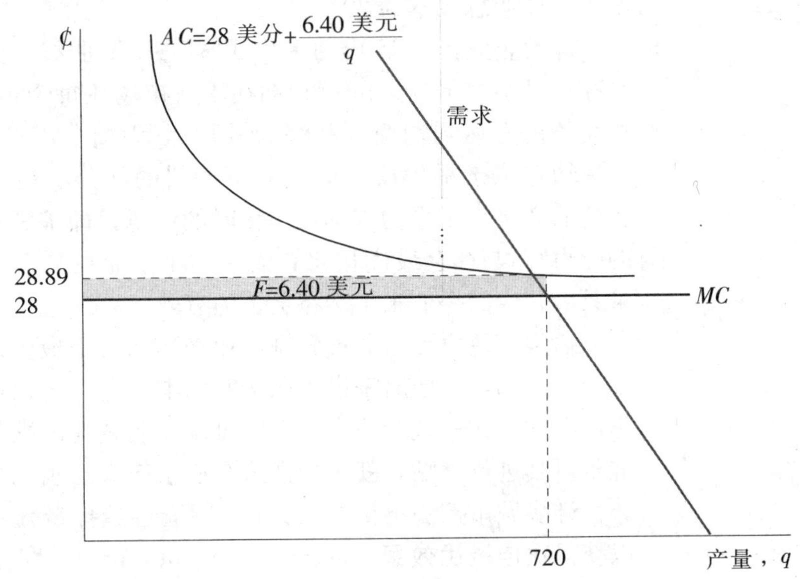


**图 7.2　最佳最优**

在这一价格下，由于价格低于平均成本，因此企业会亏损（$p=0.28<m+F/q^*=0.28+6.40/720=0.2889$）。这样，如果企业必须留在产业中，政府就必须给企业以补贴。[9] 图 7.2 中的阴影部分表示了受到补贴的亏损，$F=6.40=0.0089\times720=(F/q^*)\,q^*$。企业在边际成本或平均成本处销售产品，因此可以收回支出的生产成本，但是不能收回固定成本。

213 社会最优时的消费者剩余为 259.20 美元。[10] 如果我们定义福利为消费者剩余的总和加上收益减去成本，那么社会最优时的福利为 252.80 美元。相反，在垄断竞争均衡中，消费者剩余和福利为 204.80 美元。这样，社会最优的福利比垄断竞争均衡的福利高出 23.4%。

如果只有一家企业可以任意定价，那么它的行为将类似于垄断企业，可以设定价格 $p_m=64$ 美分，销售 $q_m=360$ 单位的产品。由于价格高于平均成本（29.78 美分），因此企业获得正利润 123.20 美元。这里，消费者剩余为 64.80 美元，福利为 188 美元。因此，垄断竞争均衡中的福利比垄断均衡的福利高出 8.9%，而社会最优福利比垄断均衡高出 34.5%。

当单个企业面对向下倾斜的平均成本曲线时，它被称为自然垄断者（第 4 章），因为一个企业比起两个或更多企业，能以更低廉的成本满足所有消费者需求。每个企业在相同的边际成本下生产，但是新企业的进入需要支付额外的固定成本支出 $F$。因此，在垄断竞争均衡中，不仅价格高于边际成本，而且如果有 8 个企业，那么固定成本的支出也是偏高的。也就是说，由于固定成本的节约，1 个企业比 8 个企业少用 44.80 美元（$=7F$）来生产总垄断竞争产出。在这一例子中，不必要的固定成本占了产业总成本的 20%。

即使企业具有 U 形的平均成本（$AC$）曲线，同质古诺均衡中也还是存在过多的企业。在 U 形曲线下，市场在每个企业的剩余需求与 $AC$ 相切的地方达到均衡（利润为零）。因为剩余需求曲线是向下倾斜的，这一切点位于平均成本曲线向下倾斜的部分（规模收益递增）。因此，企业的产量小于平均成本最小化时的产量，即垄断竞争企业具有“过剩的能力”。与社会最优相比有太多的小企业在从事生产：相同的产出如果只由较少的企业来生产将会更为有效。

通常，政府无法通过管制产业来达到一个最佳最优解和最大化社会福利。例如，对政府来说，向垄断的本地电力公司提供补贴在政治上是不可行的。在一些产业中，政府可以控制企业的数量，但是如果政府不准备对其进行补贴，就不能强迫企业生产大于利润最大化时的产量。例如，许多城市控制出租车的数量。[11]通过选择最佳的企业数量，政府可以获得**次佳最优效果**（second-best optimum），即受到“违背最佳最优
214 结果的某个条件”约束的最优可能结果，也就是说，假定政府不对企业进行补贴，能将福利提高到的最高可能水平。

政府面临一种权衡。如果它允许更多的企业进入，它可以降低市场价格，但是额外的企业增加了固定成本的总支出。我们可以发现（见附录 7A），在一些看似合理的条件下，垄断竞争均衡时存在着过多的企业。也就是说，可以通过限制企业数量来增加福利。

通过限制进入，政府得到了次佳最优效果。尽管福利并没有最佳最优效果下高，但是要高于对进入没有限制的垄断竞争均衡。表 7.3 根据表 7.2 中 $F=6.40$ 的数据，给出了消费者剩余和产业利润的总和。垄断竞争均衡时企业数为 8 家，但当企业为 3 家时，消费者剩余和利润达到最大。通过将企业数量从 8 家降低到 3 家，社会以较高的产出价格（46 美分而不是 36 美分）为代价减少了固定成本的支出（$5F=32$ 美元）。

## 差异化产品的代表性消费者模型

如果所有企业生产差异化（异质）产品，刚才所讨论的垄断竞争模型的实质性内容将保持不变。利润最大化仍然由 $MR_r=MC$ 决定，只要利润为正就会发生进入。产品差异化对前面模型的唯一修正是企业的剩

余需求曲线（以及与之相对应的 $MR_r$ 曲线）取决于每个竞争对手各自的产量，而非仅取决于总产量。

**表 7.3　次佳最优效果**

| 企业数量 | 价格（美分） | 企业产出 | 产业利润（美元） | 消费者剩余（美元） | 福利（美元） |
|---|---|---|---|---|---|
| 1 | 64 | 360 | 123.20 | 64.80 | 188.00 |
| 2 | 52 | 240 | 102.40 | 115.20 | 217.60 |
| 3 | 46 | 180 | 78.00 | 145.80 | 223.80 |
| 4 | 42.4 | 144 | 57.34 | 165.89 | 223.25* |
| 5 | 40 | 120 | 40.00 | 180.00 | 220.00 |
| 6 | 38.3 | 103.9 | 25.08 | 190.34 | 215.42 |
| 7 | 37 | 90 | 11.90 | 198.45 | 210.35 |
| 8 | 36 | 80 | 0.00 | 204.80 | 204.80 |

* 原书数据即如此。——译者注

说明：参数和表 7.2 中参数相同，固定成本为 6.40 美元。

产品差异化的加入使得模型更为复杂。每个企业的需求曲线都不同于其他企业，因此研究一个代表性企业是不够的。但是，尽管产品存在差异，每家企业面临的需求曲线的总体形状是相同的。

例如，产业中的所有企业都可能有形如公式 7.4 的需求曲线，由于产品的差异化，一家企业的价格对自己产品的产量变化要比对竞争者的产量变化更为敏感：

215

$$p_i = a - b_1 q_i - b_2 \sum_{j \neq i} q_j \tag{7.8}$$

其中，$\sum_{j \neq i} q_j$ 表示除了企业 $i$ 以外的所有其他企业的产量。

同质产品的代表性企业模型修改后可以用来处理这种需求曲线，并且其许多定性结果与同质模型的结果是相一致的。例如，当每家企业的固定成本下降时，产业中企业的数量会增加，价格会下降。

由于其他产品并不是相近的替代品，因此差异化的主要影响是：与其他情况相比较，每个企业面临的向下倾斜的需求曲线更为陡峭。这一斜率的增加使得企业获得更多的市场势力——将价格有利可图地提高到边际成本之上。参见案例 7.3 牛仔裤市场的产品差异化和进入。

216

**案例 7.3**

### 牛仔裤市场

每天人们都会在牛仔裤上花费很多钱。1996 年，美国牛仔裤的销售增长了 8%，达到 106 亿美元。

在最近的数十年间，随着市场规模的急速膨胀，许多企业进入了以前大部分为 Levi's 公司所占据的市场。根据 1996 年秋天对青少年的调查，56% 的人会购买 Levi's 的产品，29% 购买 Lee，27% 购买 Arizona，21% 购买 Guess，19% 购买 Gap，

18%购买 Calvin Klein，16%购买 Bugle Boy，15%购买 Wrangler，13%购买 Union Bay，购买 Chic 和 Thommy Hilfiger 的各有 9%。在 Gap 的成功和 J. C. Penney 的 Arizona 牛仔裤的带动下，其他大型零售商开始踊跃推出自己的特有品牌牛仔裤，比如 Sears 的峡谷深蓝牛仔裤。

在有许多新企业进入的情况下，出现了大量的产品差异化现象。Calvin Klein，Ralph Lauren，Donna Karan 和 Tommy Hilfiger 花费了大量资金来推销自己设计的牛仔裤。位于洛杉矶的小型企业，如 JNCO 和 Menace，向青少年消费者销售反传统的牛仔裤。这些由设计师专门设计的牛仔裤占据了部分普通蓝色牛仔裤的市场。

在这一市场中，新企业的进入和产品差异化是重要的推动力量。日趋激烈的竞争损害了巨人 Levi Strauss，1997 年该公司在销售利润比前一年度下降了 5 个百分点后解雇了千余名工人，其销售额从 1999 年的 51 亿美元下降到 2002 年的 41 亿美元。其他两大牛仔裤生产商 Lee 和 Guess 也开始将生产牛仔裤的资源转向其他产品。为了应对新的竞争，三大巨头都开始进行新产品的差异化，并采取其他措施来促进销售和利润的增长。

资料来源：Jennifer Steinhauer，"Squeezing into the Jeans Market，" *New York Times*，March 14，1997：C1，C15；Alexandra Jardine，"As Levi's Celebrates Its 150th Birthday，" *Marketing*，September 4，2003.

**差异化产品的福利**。当产品存在差异时，最优福利解会发生变化。[12]通常，差异化产品的垄断竞争均衡存在两个问题：价格和多样性（品牌的数量）都不是最优的。和前面一样，价格高于边际成本。但是，多样性则不同，当产品存在差异化时，多样性既有可能太过，也有可能不足。[13]

两个因素决定垄断竞争均衡中产品的多样性。一个因素导致品牌过少，而另一因素则导致品牌过多。第一个因素是如果固定成本非常高以致企业亏本，那么即使价格高于企业的可变成本，市场也可能并不生产存在高度需求的产品。也就是说，虽然生产更多的产品能提高消费者剩余，但是高固定成本使得品牌的数量少于最优水平。

第二个因素——对其他企业的影响——是一个与第一个因素相抵消的力量。当一家企业引入新品牌时，它忽略了其增长的竞争力对其他企业利润的影响。当它生产的产品是其他品牌产品的替代品时，例如可口可乐和百事可乐，它的部分利润将来自于对其他品牌的替代。由于企业忽略了对其他企业的这种效应，它们趋向于在较低价格下生产过多的产品。[14]由于两个因素作用的方向相反，因此和社会最优水平相比，品牌数量既可能过多也可能过少。

如果和前面的例子一样，所有产品都是同质的，那么必定存在过多的企业，因为与市场中仅存在一家受到边际成本定价管制（如果这种管制是可能的）的企业相比，产品同质市场无法获得更多的利润。然而，在存在差异化产品的情况下，产品的多样化是合意的。因此，管制市场使得其中只有一个企业收取边际成本价格不可能是最优的。以下部分更为详细地讨论了这一问题，我们将首先说明固定成本会导致某种类型的产品生产不足，而后讨论如何确定最优的品牌数量。

**固定成本导致多样化不足。**当企业在它们平均成本曲线的规模收益递增部分进行生产时，若其他条件相同，它们会趋向于生产过少的品
217 种。如果边际成本没有迅速上升，并且存在大量的固定成本，那么企业会在其平均成本曲线向下倾斜，或规模收益递增的部分进行生产。图 7.3 表明了当平均成本曲线严格下降时，为何企业仅生产某些合意的产品而不生产其他产品。

在图 7.3 的两幅图中，如果企业生产多个品种，将有益于社会：社会收益大于社会成本。在图 7.3a 中，平均成本与需求曲线相交，因此生产是有利可图的。由于每单位的平均成本小于平均收益或价格 $p^*$，因此产量 $q^*$ 时企业的利润 $\pi$ 为正。社会收益（消费者剩余 $CS$ 与收益 $\pi+C$之和）减去社会（和私人）成本 $C$ 等于福利，也是正的。

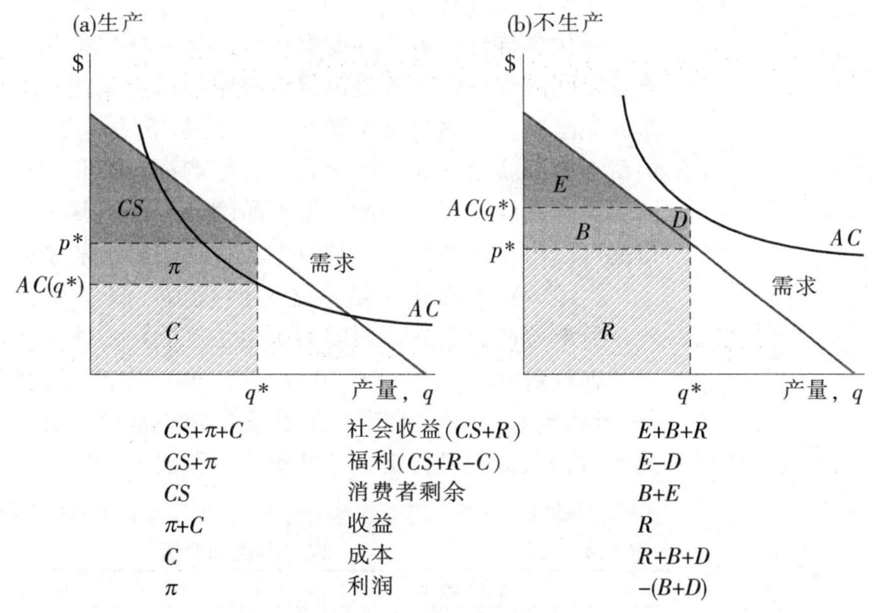


**图 7.3　市场何时生产产品**

在图 7.3b 中，平均成本曲线处处高于需求曲线。因此，在所有产出水平，总成本高于总收益，因此企业不会生产该产品。但是，这种产品的生产又是符合社会需要的。社会收益（消费者剩余 $E+B$ 加上收益 $R$）减去成本（$R+B+D$）等于福利（$E-D$）是正的，因为 $E$ 的面积大于 $D$ 的面积。

即使对社会有利，企业还是不生产该品种产品的原因是：虽然企业
218 支付了所有社会成本，但它仍然没有获得所有的社会收益。也就是说，当企业做出是否进行生产的决策时忽略了消费者剩余。如果企业进行生产，将会遭受损失（负利润 $B+D$）。如果企业生产产品，大多数消费者

将得到消费者剩余（产品的价值高于 $p^*$ 的部分）；而企业价格 $p^*$ 是边际消费者（没有享受到消费者剩余的消费者）的定价。[15]因此，图 7.3b 中的例子表明企业发现生产所有社会合意的产品是没有利润的。

最有可能被生产的品种是具有直角需求函数的产品：在断点价格 $p^*$ 之前消费者需求没有弹性，但在这一点上需求变得具有完全弹性。在这样的需求曲线下，由于价格 $p^*$ 水平下没有消费者剩余，因此总收益和总社会收益之间没有差别。企业是否进行生产的决策等同于总社会收益标准。因此，当其他条件相同时，消费者剩余相对于总收入的比率越小，企业越有可能生产社会所需的产品。[16]

关键点在于这一扭曲——某个品种的产品供应过少——是因为固定成本的存在，以及企业无法获得消费者剩余。例如，如果没有固定成本，而且边际成本不变，那么平均成本等于边际成本。在边际成本恒定和没有固定成本的情况下，如果生产某个品种的产品是社会最优的，那么企业生产就会获利。

**最优多样化**。最优均衡反映了产品多样化即品牌数量和每个品牌的产量之间的权衡，后者是由价格决定的。为了简单起见，假设品牌的数量 $n$ 完全反映了多样化的价值：当其他条件不变时，企业或品牌越多，消费者境况就越好。如果所有产品生产都具有相同的成本函数，面临相同的需求曲线，那么均衡时每一品牌产出的数量 $q$ 也相同。均衡的实质情况可以由品牌的数量 $n$ 和每个品牌的产出 $q$ 来概括。

为了解释多样化和数量之间的权衡，假设经济中有 100 单位的投
219 入，每单位产出的 $MC$ 恒定为 1 单位，固定成本为 5 单位。表 7.4 给出了品牌数量和产量可能的组合（$n$，$q$）。**生产可能性边界**（production possibility frontier，PPF）是能被社会的总投入所生产的每一品牌的产量与品牌数量的可行组合（见图 7.4 和表 7.4）。[17]

**表 7.4　种类和产量**

| 品牌数量，$n$ | 每种品牌的产量，$q$ |
|---|---|
| 1 | 95 |
| 2 | 45 |
| 3 | 28.33 |
| 4 | 20 |
| 5 | 15 |
| 6 | 11.67 |
| 7 | 9.29 |
| 8 | 7.5 |
| 9 | 6.11 |
| 10 | 5 |

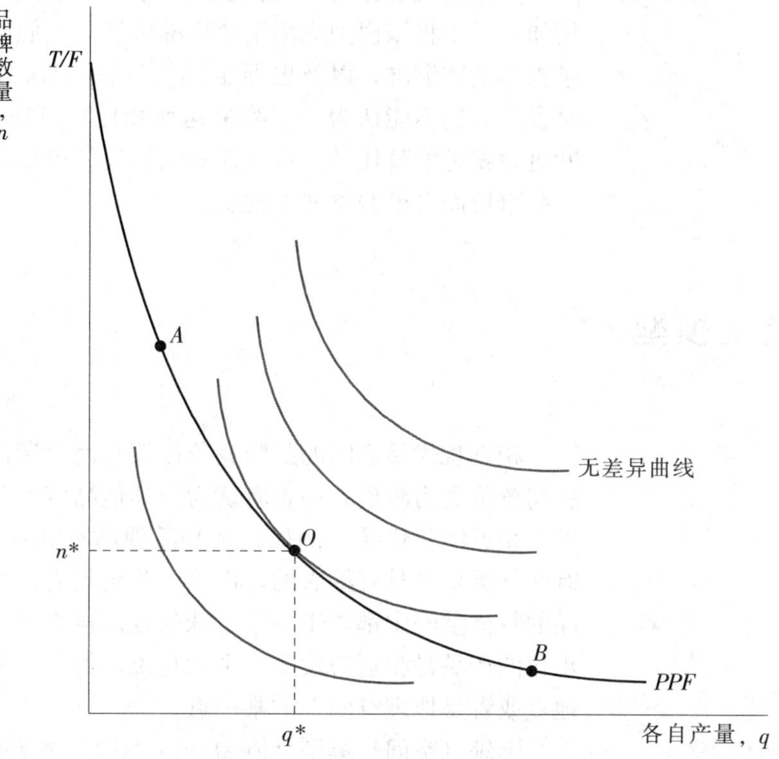


**图 7.4　最优（O）和垄断竞争（A 和 B）均衡**

由无差异曲线表示的产量和多样化选择的社会偏好如图 7.4 所示。$PPF$ 与无差异曲线的切点 $O=(q^*, n^*)$ 表示了社会最优选择。位于经过 $O$ 点的无差异曲线下方的任何一条无差异曲线上的任一点，其社会境况都会更糟。位于 $O$ 点上方的无差异曲线上的点都高于 $PPF$，因此无法生产。在 $PPF$ 上的 $B$ 点表示一个可能的垄断竞争均衡。在那一点上，整个产业生产的品种太少，但与最优情况相比，每一品种的产出要多。在 $PPF$ 的 $A$ 点上，产业生产的品牌比最优情况多，但每一品牌的产出较少。

垄断竞争均衡是在点 $A$，$B$ 还是 $O$ 取决于代表性消费者的偏好和生产函数。附录 7B 讨论了决定垄断竞争均衡相对位置的因素。一般来说，这些结果中的任何情况都有可能出现。

## 代表性消费者模型的结论

在张伯伦（Chamberlinian）的代表性消费者垄断竞争均衡中，价格过高且企业的数量并非最优。当产品无差异时，市场中的企业数可能过多。当产品存在差异时，市场中的企业数可能过多也可能过少。

220 典型的代表性消费者模型假设所有产品相互之间都是平等替代的。例如，为了将该模型应用于冰淇淋市场，人们必须相信布莱叶冰淇淋与哈根达斯冰淇淋，以及巴斯金-罗宾斯冰淇淋之间是平等竞争的。也就是说，人们不能认为：与哈根达斯相比，巴斯金-罗宾斯是一种与布莱叶更为相近的替代品。虽然这一强假设使得模型的应用相对简单，但对一些市场而言该假设并不现实。

## 选址模型

相近替代品之间的品牌竞争比那些消费者认为不是相近替代品的品牌间竞争更为激烈。消费者认为与其他品牌产品相比，某些品牌产品是更为相近的替代品。例如，某些品牌具有其他品牌所没有的共同特征：有些谷类食品是有糖衣的，而另一些则没有。也就是说，每一品牌在产
221 品的特征空间中都位于一个特殊的点。再举一个例子，在相邻的商店里出售的产品是相近替代品。也就是说，每个企业都被定位于一个特定的地点或者是地理空间上的某一点。

**选址（空间）模型**（location model）是垄断竞争模型，该模型认为从消费者角度看每个企业的产品都位于地理或产品（特征）空间中的某一特定位置。两种产品在地理或特征空间上越为临近，则它们越为更好的替代品。在这些模型中，消费者同样位于地理或产品空间中。商店离家越远，消费者购买的成本就越高，或者说，消费者从与理想产品特性存在偏差的产品中获得的快乐就越少。由于企业或产品只是与临近的企业或产品直接竞争，因此它们各自都有一定的市场势力。市场势力源自消费者偏好在最近的企业进行购买或仅购买他们所喜爱的产品。

下面的讨论首先检验了最初的选址模型，而后使用一个较新的选址模型分析市场均衡时竞争加剧所产生的影响，最后将分析均衡的福利效应。

### 霍特林选址模型

霍特林（Hotelling，1929）提出了一个解释企业选址和定价行为的模型。[18]尽管他重点研究的是地理空间，但他的模型还是可以通过将产品定位于某个产品或特征空间来研究垄断竞争的。在霍特林的选址（空间）模型中，不同的产品仅在一个维度上存在差异，比如销售这些产品的商店的地址。但是，兰开斯特（Lancaster，1966，1971，1979）和其他研究者表明这一模型可以进行扩展，用来研究具有多个维度差异的产品。

考虑一个小镇只有一条街道，即一条很长的主街，其长度是固定的。消费者沿这条街均匀分布，因此，每个街区的消费者数量相等。除了位置以外，所有消费者都是相同的，而且每个时期每个消费者都购买1夸脱牛奶。

镇上有两个销售相同瓶装牛奶的商店。商店1位于离城镇一端$a$英里处（图7.5的左端），商店2位于离该镇另一端$b$英里处。消费者除了喜欢在最近处购买以外，他们不偏好于任何一个商店。消费者愿意就近购买是因为存在每英里为$c$的交通成本。也就是说，考虑到交通成本，每个消费者都愿意在最便宜的商店购买。考虑图7.5中所示位置的消费者$i$，她的住处离商店1为$x$英里，离商店2为$y$英里。由于$x$小于$y$，她愿意去商店1购买来最小化交通成本。只有住在两个商店中间的人才可能在任意一家商店中采购。

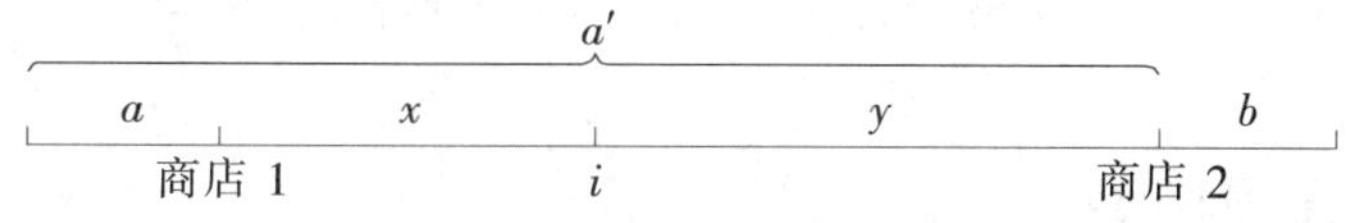


**图7.5　霍特林的小镇**

假设政府设定牛奶的价格。如果商店2已经设在离右端$b$英里处而不能改变其位置，那么商店1应该如何选择它的位置才能达到利润的最
222 大化？由于消费者只关心他们走的距离，因此商店1希望成为离最大可能数量的消费者最近的商店。商店1可以通过将它的位置设在紧靠商店2的左侧，即离小镇左端$a'$英里处来达到利润的最大化。在这一点上，商店1获得了它左侧的所有消费者，而他们是全体消费者中的大多数。

但是，如果企业2在企业1选址后可以无成本地重新选址，它将会略微移动到企业1新地址的左边。这一过程将重复进行，直到两家企业都位于小镇的中间为止，每家企业拥有一半的客户。你可能已经注意到：在许多市场中，企业位置存在相互邻近的倾向。例如，通常会有几家加油站位于繁忙的十字路口拐角处。

因此，如果价格给定，两个企业的位置也就确定了。这种均衡是选址战略的纳什均衡（参见第6章）。也就是说，当企业位于均衡位置时，没有企业想改变自己的位置。同样，通过固定位置而让企业变动价格，也可以得到价格的纳什均衡（和前章所讨论的伯川德均衡相同）。

霍特林模型说明了重要的一点：仅当两个企业销售完全相同的产品时，前章所讨论的伯川德均衡的特点成立。在同质产品的伯川德模型中，如果一个企业削价，那么高价格企业将失去所有顾客。如果两个企业永久地位于小镇中央，同样的事情也会发生在霍特林的城镇中。

但是，假设两家商店如图7.5所示永久地隔开一段距离，分别距小镇两端$a$和$b$。如果商店1的价格低于商店2，那么商店2仍然有一部分顾客。因为对一些消费者来说，商店 2 比商店 1 更靠近他们，一些消费者愿意为便利而支付更多。

因此，霍特林模型表明了只有当产品同质时（位于产品或地理空间的同一位置），伯川德均衡价格才等于边际成本。在一个更为一般化的产品差异化模型中，做出伯川德预期的企业将收取不同的价格，而且所有价格都高于边际成本。[19]简而言之，差异化使得企业拥有市场势力。

遗憾的是，当企业可以无成本地改变其价格和位置时（例如，重新
223 设计其产品），就会发生*均衡的非存在性*（D'Aspremont，Gabszewicz and Thisse，1979）。[20]这一结果与前章埃奇沃斯例子的结果相似，其中两个企业不断改变行动，从不停留在一个价格水平（位置）。但是，我们可以证明该模型在修改后存在均衡。其中一种修改是虑及存在非线性运输成本。另一方法将在下面进行研究。

## 塞洛普圆周模型

*所谓圆周是指到相同点的最长距离。*

*——汤姆·斯托帕德*（Tom Stoppard）

一些模型修改了基本的霍特林模型，使其存在均衡。其中最为有趣且最为有名的模型之一是塞洛普圆周模型（Salop，1979a），它对霍特林模型做出了两个主要的修改。

首先，在这一模型中，企业位于一个圆周上而不是在一条直线上。做出这一修改的原因是圆周没有终点。也就是说，一个圆周大体相当于一条无限长的直线，两头都没有终点。在霍特林模型中，均衡不存在的主要原因是终点的存在。

其次，塞洛普的模型明确考虑了第二种产品或外部产品。例如，差异化产品可能是不同品牌（口味）的冰淇淋（位于圆周上的产品），外部产品可能是巧克力蛋糕，是由另一产业竞争性供给的无差异产品。

**消费者如何选择产品**。假设消费者均匀分布在单位圆周上。为了简单起见，每个消费者恰好购买一勺冰淇淋。顾客的位置 $t^*$ 表示消费者最偏好的冰淇淋类型。例如，假设圆周一处是巧克力冰淇淋，而另一处是香草冰淇淋，而巧克力和香草冰淇淋中间是巧克力条冰淇淋。每种口味的冰淇淋都可能有一个品牌，并通过在圆周上的位置加以描述。

消费者从一勺位于 $t$ 位置的某冰淇淋所得到的愉悦（效用）是：

$$U(t, t^*) = u - c\,|t - t^*| \tag{7.9}$$

其中，$u$ 为消费者从最喜爱的那种口味的冰淇淋中获得的效用（这一口

味的冰淇淋位于与消费者相同的点——沿圆周的 $t^*$）；$|t-t^*|$（$t$ 与 $t^*$ 距离的绝对值）是品牌 $t$ 与顾客最喜爱的口味 $t^*$ 之间的距离；$c$ 是与最优品牌的偏差降低消费者愉悦的比率。

224 图 7.6 给出了消费者效用函数，其中部分圆周已经被拉直成为直线。该图表明了在 $t=t^*+\frac{u}{c}$ 和 $t=t^*-\frac{u}{c}$ 处，消费者的效用为零。图中同时还表明消费者从一个位于最优品牌左侧和右侧的品牌中获得的愉悦低于从最优品牌中获得的愉悦。

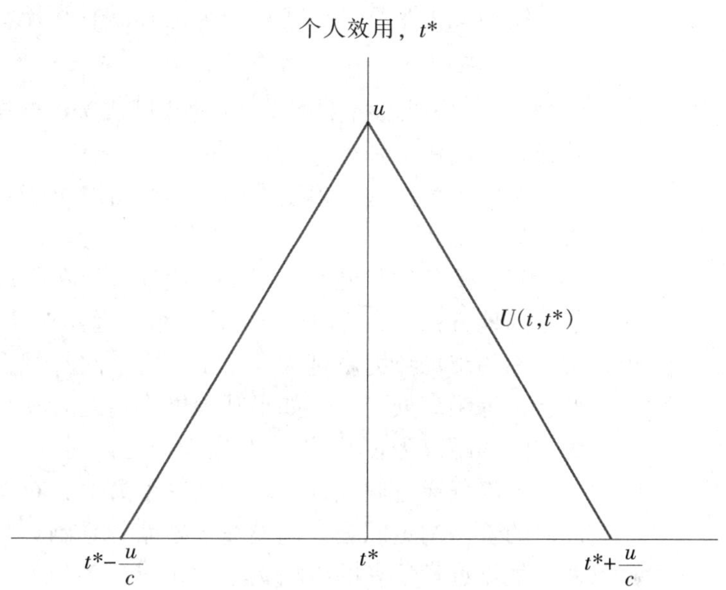


**图 7.6　消费者效用函数**

每位消费者都试图使得消费者剩余最大化，消费者剩余即是消费者从位于 $t$ 处的品牌中获得的愉悦与价格之间的差额：$u(t, t^*)-p$。换句话说，如果你最喜爱的冰淇淋口味是巧克力，但巧克力条冰淇淋的价格只有巧克力冰淇淋的一半，你就可能购买巧克力条冰淇淋，因为你由此在口味或效用上的损失低于你购买便宜冰淇淋所得到的收益。因此，你会选择*最优购买*：具有最大剩余的产品——价格和质量的最优组合。

但是，除了买某一品牌的冰淇淋外，消费者可能决定购买外部产品巧克力蛋糕，如果从用给定数量货币获得更多愉悦的角度来看，这可能是一个更佳购买。假设购买蛋糕的剩余（吃蛋糕的愉悦减去蛋糕的价格）为 $\underline{u}$。如果消费者从购买冰淇淋 $i$ 中得到的剩余超过 $\underline{u}$，那么消费者将只购买为最优购买的冰淇淋 $i$：

$$\max_i [U(t_i, t^*)-p_i] \geq \underline{u} \tag{7.10}$$

225 其中等式的左边表示最优购买品牌冰淇淋所产生的剩余（通过选择品牌 $i$ 最大化剩余），等式右边为购买蛋糕的剩余。也就是说，如果最优购买品牌的冰淇淋产生的剩余大于等于蛋糕产生的剩余，那么消费者将只购买冰淇淋。

当消费者心目中的理想冰淇淋（在 $t^*$ 处）被生产并以价格 $p^*$ 出售时，消费者能获得的最大剩余是 $u-p^*$。如果消费者的剩余等于或大于购买蛋糕的剩余：$u-p^* \geqslant \underline{u}$，那么消费者只愿意购买该品牌，或者重排表达式 $u-\underline{u} \geqslant p^*$。因此，消费者的保留价格是 $v=u-\underline{u}$，它是消费者愿意为理想冰淇淋品牌所支付的最高价格。

换句话说，只有当最优购买品牌产生的净剩余，即最优购买品牌产生的剩余减去蛋糕产生的剩余为正时，消费者才会购买这一勺冰淇淋：

$$\max_i \left[v-c\mid t_i-t^*\mid -p_i\right] \geqslant 0 \qquad (7.11)$$

方程 7.11 是通过将方程 7.10 两边减去 $u$，根据方程 7.9 将 $U(t, t^*)$ 替换，并使用 $v=u-\underline{u}$ 后得到的。

**企业行为**。这一模型中的对称均衡取决于企业位于何处，以及企业将如何定价。[21]

当其他条件相同时，每个企业都希望在距离它最近的竞争对手尽可能远的地方落户。其他商店距离你越远，对位于你商店附近的顾客而言，你的市场势力就越大。由于商店之间都试图离得尽可能远，因此它们会在等距离处定位。如果圆周等距离处有 $n$ 个冰淇淋商店，那么两品牌之间的距离为 $1/n$（因为圆周为单位圆周）。

塞洛普通过假设各商店已经等距离地分布在圆周上，而后提出每个商店的价格制定问题。假设一典型品牌（圆周最底部的）要价为 $p$，其两个最靠近竞争者的价格为 $\underline{p}$，如图 7.7 所示。典型品牌的生产者如何设定价格？答案取决于品牌的数量。我们首先考虑企业数量相对较少的情况，而后考虑市场中存在多个企业的情况。

**垄断区域**。如果品牌相对较少，它们就不会为了同一客户群而相互竞争。每个品牌都是区域性垄断的，它们向靠得足够近从而净剩余为正的所有消费者出售产品。也就是说，每个垄断者仅向那些从品牌中获得的剩余大于从蛋糕中获得的剩余的消费者出售产品。

226 考虑一个与位于 $t$ 处、价格为 $p$ 的品牌之间距离为 $x=|t-t^*|$ 的消费者。只有当消费者净剩余为正时，即 $v-cx-p \geqslant 0$（使用方程 7.11 中剩余的表达式），消费者才会愿意购买该品牌。因此，通过重新排列表达式 $x_m$，我们可以得到消费者仍然购买这一品牌的最大距离是：

$$x_m=\frac{v-p}{c} \qquad (7.12)$$

决定这一距离 $x_m$ 的过程如图 7.8a 所示。图中的纵轴表示这一品牌产生的净剩余；横轴表示消费者离开最偏好品牌（标价为 $p$ 并假设 $p$ 略高于 $\underline{p}$）的距离。一个品牌距离消费者最偏好产品的距离越远，消费者的净剩余就越低。当品牌距离消费者最偏好的位置为 $x_m$ 时，消费者从

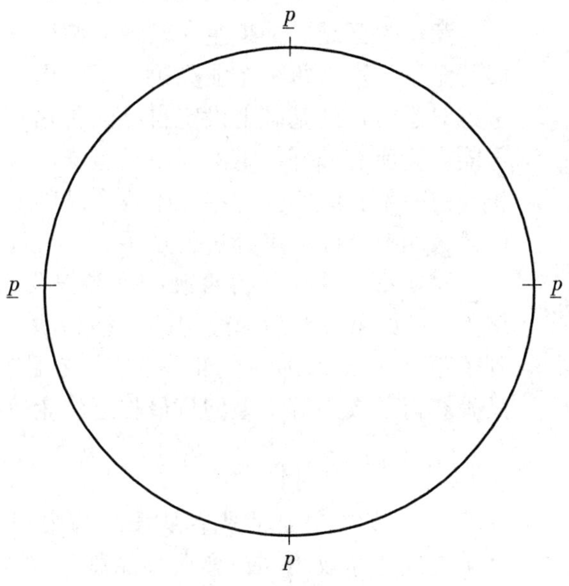


**图 7.7 圆周市场**

这一品牌中获得的净剩余为零（净剩余线落在 $x$ 轴），因此购买和不购买对于消费者来说无差异。

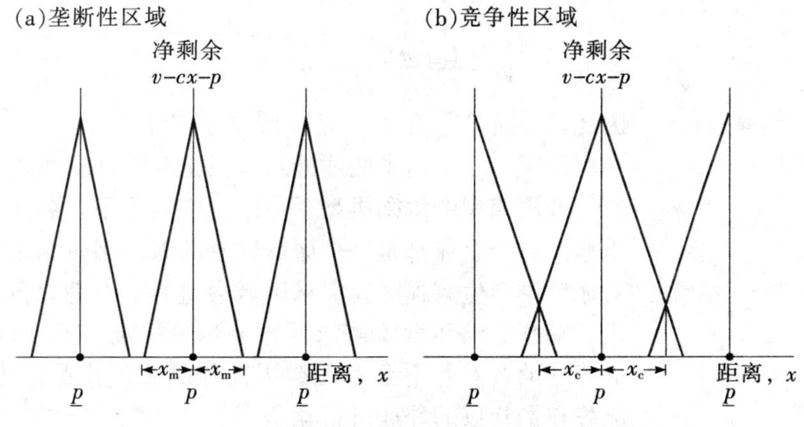


**图 7.8 两种市场结构**

品牌吸引了在它位置两侧距离不大于 $x_m$ 的所有消费者，或者说一段长度为 $2x_m$ 圆弧上的所有顾客。如果圆周周围均匀分布 $L$ 个消费者，那么该品牌所面对的垄断需求 $q_m$ 为 $2x_mL$，或者根据方程 7.12 来代替 $x_m$ 得到：

$$q_m=\frac{2L}{c}\ (v-p) \tag{7.13}$$

如等式 7.13 所示，如果价格上升 1 美元，企业的垄断产量需求将
227 减少$2L/c$。如果企业将它的价格定得和最偏好这一产品的消费者的保留

价格 $v$ 相同，那么产品的销售量将降为零。

**竞争性区域**。如果企业较多，使得它们相互临近并为相同的消费者展开竞争，那么每个企业如第 6 章同质产品的伯川德模型一样，必须在考虑对手价格的基础上设定自己的价格。当企业之间相互竞争时，企业不能得到所有偏好冰淇淋而不是蛋糕的顾客：与它相邻最近的两家企业将吸引一部分顾客。这些位于两个品牌潜在市场中的顾客将从能给他提供最大净剩余的品牌处进行购买。

与典型品牌临近的两家竞争者与典型品牌的距离为$1/n$，收取的价格为 $\underline{p}$。如果典型品牌设定的价格为 $p$，那么它的销售量为多少？它得到了距离在 $x_c$ 以内的全部消费者，在距离品牌为 $x_c$ 点上的消费者从该品牌获得的效用等于他们从最临近的竞争对手处获得的效用：

$$v-cx_c-p=v-c\left(\frac{1}{n}-x_c\right)-\underline{p} \tag{7.14}$$

等式 7.14 的左边是消费者从该品牌中得到的净效用，右边是从其他品牌中得到的净效用（距离典型品牌 $x_c$ 的消费者距离其竞争对手品牌为 $1/n-x_c$）。图 7.8b 给出了竞争区域的界限 $x_c$ 如何由使得等式 7.14 成立的那个点所决定。在这一点上，消费者并不在意购买哪种产品。当来自两个竞争对手品牌的净剩余线相交时，消费者购买任一品牌。

228 解方程 7.14 得到 $x_c$，并注意到竞争企业的产量需求为 $q_c=2x_cL$，竞争需求方程为：

$$q_c=\frac{L}{c}\left(\frac{c}{n}+\underline{p}-p\right) \tag{7.15}$$

因此，当价格上升 1 美元（假定 $\underline{p}$ 为常数）时，竞争性产量降低$L/c$。也就是说，竞争需求曲线的斜率只是垄断需求曲线的一半。

**圆周模型的均衡类型**。在高价格水平下，各个企业的需求区域并不重叠。每个企业都是一个区域性垄断者。当价格下降导致更多的消费者对冰淇淋产生兴趣时，需求区域会重叠，企业之间开始竞争。图 7.9 给出了垄断需求和竞争需求区域。当价格高于$\underline{p}_m$ 时市场是垄断的：一个品牌的消费者并不会考虑购买其他品牌的产品。当价格低于$\underline{p}_m$ 时，该品牌和最相近的邻居进行竞争。[22]

229 塞洛普指出（如同在代表性消费者模型中的论据一样），当企业具有不变边际成本和固定成本时，存在着没有企业愿意改变其价格，也没有新企业愿意进入市场的对称纳什均衡。也就是说，均衡时所有企业制定相同的价格，并且相互之间相距$1/n$。假设允许自由进入，而且企业可以无成本地重新定位直至相互间的距离相等，那么在垄断竞争均衡中，新企业的进入会导致所有企业利润为负。案例 7.4 讨论了当企业在新企业进入时不能无成本地重新定位时的情况。

230 **圆周模型中成本与福利的变化**。塞洛普表明，如同在代表性消费者模型中一样，在竞争性区域中，随着固定成本的上升，企业和品牌的数

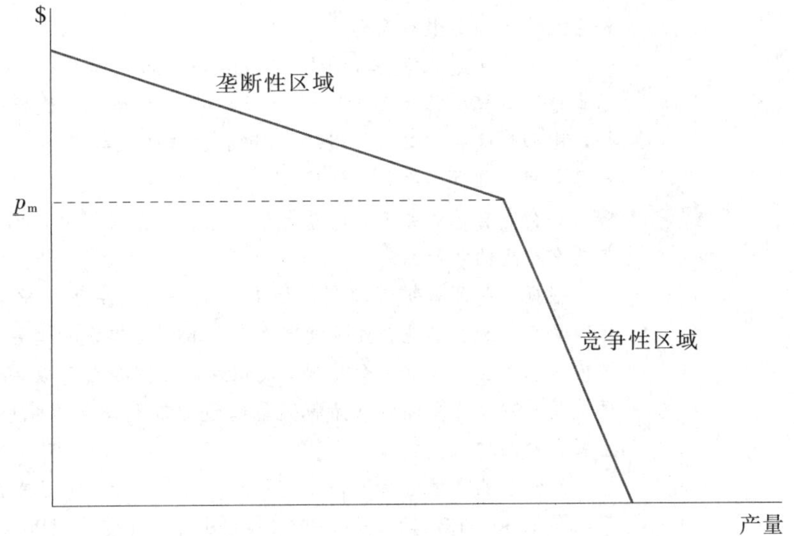


**图 7.9　塞洛普圆周模型的需求**

量会减少，因此价格上升，均衡多样性下降。在该区域中，随着不变边际成本的上升，价格也会同幅上升（所有成本的增加都转嫁给了消费者），但均衡多样性保持不变。

在图 7.9 中需求曲线的拐折处 $p_m$，无论是固定成本还是边际成本的增加都会减少企业数量（多样性），但同时价格也下降了（图 7.9 中价格需求曲线向右下拐折）。因此，如果经济处于这一点，那么提高企业成本的税收会降低价格，减少多样性。但是，塞洛普表明，即使忽略税收收入，福利也会上升。

事实上，圆周市场的福利可以用在代表性消费者模型中使用的相同方法来进行研究。塞洛普指出，最佳最优效果的多样性既低于垄断竞争均衡，也低于竞争性均衡的情况。当品牌较少时，固定成本的节约超出了高价格带来的损失。因此，在圆周模型的垄断竞争均衡中无疑出现了太多品牌。而在差异化产品情况下，代表性消费者模型均衡时存在过多或者过少的品牌。

塞洛普指出，当政府的管制政策只是控制进入时，次佳最优效果要么是市场均衡，要么是完全垄断。也就是说，最优的进入政策既可能是自由进入，也可能是限制进入，从而使得每个品牌都占有一个完全垄断的市场。

---

**案例 7.4** ☞

### 一个系列化问题

229 1972 年，美国联邦贸易委员会（FTC）对美国四家最大的即食早餐麦片（RTE 麦片）的生产企业提出起诉，指控它们违背了数项反垄断法，包括通过品牌多样化进行合谋，以及差异化相似的产品来阻止企业的进入。尽管FTC没能胜诉，这个争论在理论上还是很有意思的。

理查德·施马伦西（Richard Schmalensee）和F·M·谢勒（F. M. Scherer）使用本地竞争模型解释了FTC的论点。在该模型中，消费者基于麦片的特征进行选择，比如甜度和“口感”。每个品牌都位于特征空间中。给定品牌必须在其所处的产品空间和邻近品牌争夺消费者。如果公司拥有被它自己的其他类似品牌围绕的品牌，那么它自己的品牌之间就会相互竞争。克洛格公司的麦片和“特别K”可能就是非常相近的替代品。

根据这一品牌扩散理论，如果一家企业创造了足够多的外围品牌或者“防御性”品牌，那么其他企业可能就难以争取到足够多的消费者，以在产品空间的该区域内有利可图地建立一个品牌。类似地，数家企业可以密谋在产品空间的一个给定区域共同建立许多品牌（品牌数量超过短期利润最大化所需要的品牌数），从而阻止新企业的进入。

无论企业是否进行了合谋，最大的六家企业占据了麦片市场95%的销售额。而且，在1950—1972年期间，六家领导企业在销售中引入的品牌超过80种。

但是，在20世纪70年代早期，“健康”麦片开始畅销。由于在位企业原先没有开拓这一产品空间，因此新企业（包括高露洁、国际多样化食品、佩特和皮尔斯巴里等巨头）能够进入。到1974年年中，这些“天然”麦片占据了10%的市场。但是很明显，这些前期进入的新企业没能阻止在位企业进入这一产品空间区域。随着在位企业的进入，以及1974年需求高峰过后这一细分市场的需求下降，到1977年后期，除了一家新公司（佩特）外，所有的新企业都被从这一产品空间区域中驱逐出去了。

资料来源：Schmalensee (1978b), Scherer (1979), and (for a different view) Williamson (n. d.).

## 混合模型

我们已经描述了代表性消费者模型和选址模型的区别。尽管所有垄断竞争模型中的绝大多数可以清楚地归于这两类模型之一，但是将各类模型的一些性质联系起来的混合模型的应用正在增多。[23]

混合模型之一是德内克里和罗思查尔德（Deneckere and Rothschild, 1986）提出的，包括圆周模型和作为伯川德均衡特例的一种代表性消费者模型。德内克里和罗思查尔德的混合模型表明，由于代表性消费者模型中的竞争更为激烈，因此代表性消费者模型中的价格要低于圆周模型中的价格。他们还指出，在圆周模型中，新品牌的引入只能使相对较少的消费者获益，但在代表性消费者模型中，新品牌的引入将使得大量的消费者获益。因此，圆周模型均衡时的品牌过多，而代表性消费者模型均衡时的品牌可能过多，也可能过少。

## 差异化产品模型的测算

231 我们已描述过的差异化产品模型的特性主要取决于产品间的替代模式。近年来，统计方法的改进和更加强有力的计算机支持使得我们可以对单一市场中多个品牌的需求函数进行同步测算。

但是，由于需要估算大量的参数，因此对市场中所有差异化产品面临的需求曲线进行同步测算仍然存在困难。例如，在美国杂货零售市场中，至少有 174 个企业销售 230 个品牌、613 种不同的罐装果汁。如果我们不得不根据 613 个有关产品需求的联立方程来测算，其中每个方程有 613 个价格系数，那么我们必须测算至少 375 769 个参数。即使我们使用效用理论来限制这些参数，我们仍然必须测算数以千计的参数。

为了减少必须估算的参数数量，研究者使用有约束的需求系统，在这些系统中他们给不同的需求函数附加上相应的关系，这些关系中的一些部分来自理论，而另一些带有随意性，如函数形式。在测算需求方程时，分析者们使用了不同的函数形式，例如对数成败比例（logit）模型、嵌套式对数成败比例（nested logit）模型以及近乎理想需求系统（AIDS）。为了限制需要估算的参数量，他们都希望对差异化产品之间的替代模式做出限制。[24]而且，研究者经常仅估算市场中主要产品的需求函数。

研究者通常使用两种方法。传统的方法是测算需求曲线系统——每种产品一个估计方程——但是为了使得需求曲线中的参数可测算，需要加上足够的限制条件（例如，Hausman and Leonard，1997）。另一种方法是使用 logit 模型或更为一般的随机参数 logit 模型（或概率单位模型 probit），其中计量经济学家试图依据每个产品的特征（例如口味或容器容量）及其相对价格来解释每个产品的销售份额。[25]研究者在对需求曲线的结构做出假设时必须小心，因为在他们的结论中并未隐含限制其替代模式的假设。

在对需求系统进行测算后，研究者们通常希望对市场变化（如发生了兼并）如何影响价格做出“如果怎样（What if)”的预测。因此，他们需要寡头垄断行为的模型。研究者们通常缺乏边际成本的信息，但是，通过做出较强的假设，他们可以测算边际成本。

232 遗憾的是，研究者们通常并不知道边际成本，因此他们假设企业最大化利润，进行伯川德博弈，而且具有不变边际成本 $m$，以测算边际成本。例如，利润最大化垄断者的价格超过边际成本加成的勒纳指数为 $(p-m)/p=-1/\varepsilon$（方程 4.3）。这一方程表明价格加成仅取决于需求弹

性 ε。更进一步，由我们可以观察到的 $p$，以及测算出的需求方程和 ε，就可以使用这一方程来测算 $m$。只要人们知道企业参与的博弈类型，例如伯川德博弈，以及所有的自价格弹性和交叉价格弹性，那么即使市场中存在多个差异化产品，这个利润最大化条件仍将适用于任何利润最大化企业。即使在这些常用的表达式中，价格加成也仅取决于所有产品的需求自价格弹性和交叉价格弹性，因此研究者可以再次推算出不变边际成本（例如，参见 Hausmand et al.，1994）。使用这一方法，研究者对兼并的价格效应（参见案例 7.5）以及新产品的价值（参见案例 7.6）进行了预测。[26]

---

案例 7.5 ☞

### 混合啤酒

消费者可以在许多不同品牌和不同类型的啤酒之间做出选择，其中不同类型的啤酒包括质优价高的啤酒、低度啤酒（低卡路里）和进口啤酒。在对每个品牌和类型的啤酒的需求曲线做出假设后，研究者需要测算大量的参数。但是，豪斯曼、莱昂纳德和佐纳（Hausman，Leonard and Zona，1994）假设啤酒消费存在三阶段决策过程。首先消费者决定啤酒消费的总量，而后确定每个类型啤酒消费的份额，最后，他们为每种类型的啤酒找出每个品牌的份额。通过这种方式来定位需求，分析者能够以对需求替代模型进行限制为代价减少需要测算的需求参数。

分析者随后使用从这种需求系统中测算的需求弹性来决定价格超过边际成本的加成，这一过程基于企业进行伯川德博弈并且具有不变边际成本的假设。需要提出的一个逻辑问题是如果两个企业兼并，那么价格将如何发生变化。为了回答这个问题，分析者重新写出了描述更为少量企业均衡的利润最大化方程。在兼并之前，两个企业独立设定价格。之后，兼并后的新企业必须考虑它控制了原先由其他企业决定的产品定价。使用这种技术，豪斯曼等计算出两个优质啤酒酿造商库尔斯和拉巴茨兼并后，库尔斯啤酒的价格将会上升 4.4%，拉巴茨啤酒的价格将会上升 3.3%。但是，他们同时还归纳出，如果兼并提高了 5%的效率，由此边际成本下降了 5%，那么兼并将会导致更低而不是更高的价格。

---

233

案例 7.6 ☞

### 小型货车的价值

1984 年，克莱斯勒公司第一次引入了小型货车：道奇有篷车。小型货车的引入是一个成功的创新，因为使用者可以像操纵小客车那样操纵它，尽管它比小客车大出许多。通用汽车和福特公司很快推出了各自的小型货车。小型货车的成功在某种程度上是以客货两用车销量的下降为代价的，在以后的七年中，客货两用车销量的下降超过了 60%。

小型货车的引入对消费者的价值到底有多大呢？为了回答这一问题，佩特林（Petrin，2002）测算了小型货车的需求函数，以计算消费者所获得的消费者剩余的增加。但是如果小型货车促进了竞争，降低了消费者所购买的汽车的价格，那么即使消费者并没有购买小型货车，他们也会获得收益。

佩特林测算了随机系数离散选择需求系统，这一系统是由贝里等（Berry et al.，

1995）开创的。这里，需求测算允许个体偏好的差异。使用这一方法，研究者假设
234 每个消费者选择能给他们带来最大效用的产品，企业在伯川德竞争中实现收益最大化。虽然佩特林缺少个体购买的信息，但他拥有购买每种类型汽车消费者的平均收入，这使其可以更好地测算他的模型。

为了得到和小型货车不存在时相同的效用，佩特林计算了消费者在必须接受没有小型货车的状况时获得的收益。他测算的结果是在四年中，每个消费者的平均收益为 1 247 美元，其中 40%来自非小型货车竞争的加剧所带来的收益。佩特林计算，如果忽略个体品位的差异性，这一收益可以达到 13 652 美元。他预测在四年中消费者从小型货车中得到的收益总计达到 28 亿美元。但是，他的测算忽略了负外部性，即小型货车和运动汽车造成正常汽车驾驶者和行人死亡的效应（White，2002）。

# 小　结

本章考察了产品差异化和垄断竞争。产品差异化至少为企业创造了部分市场势力。两个企业产品的差异越大，每个企业可以收取的价格就越高。

如果允许自由进入，企业将进入市场直到利润趋于零。垄断竞争均衡是企业面临向下倾斜的需求曲线并赚取零利润的均衡。

垄断竞争模型存在两种基本类型。在张伯伦的代表性消费者模型中，一个典型的消费者认为所有产品之间都是平等替代的。当价格高于边际成本时，可能存在过多和过少的多样性。进入（例如固定成本的减少）趋向于降低所有企业的价格。

霍特林的选址（空间）模型假设消费者的偏好和品牌位于产品和地理空间内。消费者偏好于靠近自己的品牌。因此，企业具有市场势力。如果从一个给定的企业购买产品的消费者不喜欢其他企业的产品，那么其他企业的定价行为对该企业的影响就很小。在本地竞争圆周模型中，价格高于边际成本，无疑存在过多的多样化。除非企业在消费者光顾的那家企业附近进入，否则新的进入不会降低既有消费者支付的价格，因为消费者对与他们最喜欢的品牌极不相似的品牌没有兴趣。

# 问　题

1. 比较特许权税收（一种独立于企业销售行为的定额税）对垄断竞争行业和对垄断行业或竞争行业的不同影响。

2. 在一个产品同质、企业具有古诺预期的寡头垄断产业中，当新企业进入时利润会下降吗？（答案参见 Seade，1980）。

3. 解释并画图说明以下论点：“在我们的例子中，产品同质的垄断竞争产业与按价格等于边际成本出售产出的产业不可能相差一家以上企业。”

4. 在霍特林小镇中，如果要求所有企业都收取相同的价格，描述三家企业的均衡位置。解释你的答案并描述四家企业的均衡。

5. 假定在一个垄断竞争产业中，每家企业面对的成本曲线为 $C(q)=mq+F$，其中 $m$ 是不变边际成本，$F$ 为固定成本，那么节约成本的技术改造对产业有何影响？（提示：节约成本的技术改造可以模型化为降低 $m$、降低 $F$，或者同时降低 $m$ 和 $F$。）

6. 如果企业的 $MC=AC=$ 常数，用图示说明企业将生产社会需要生产的产品。）

奇数问题的答案在本书最后部分给出。

## 推荐阅读

Friedman（1983）给出了一个很好的综述并讨论了本章的大部分模型。20 世纪 30 年代，围绕企业获取市场势力（定价高于边际成本的能力）的必要条件，Chamberlin（1933）、Robinson（1934）和 Kaldor（1935）之间展开过一场生动（而且相对非技术性）的辩论。有关产品差异化技术文献的详细概述，请参阅 Eaton and Lipsey（1989）。

## 附录 7A　同质产品垄断竞争模型中的福利

235 为什么，一个四岁的孩子能理解这个报告？给我找来这样的孩子。我不明白。

——格劳乔·马克斯（Groucho Marx）

同质产品垄断竞争均衡产生了两个问题[27]：

1. 由于价格高于边际成本，产业中产出过少。
2. 如果边际成本恒定，产业将承受过高的固定成本。

## 最佳最优效果

在潜在的最优世界中，所有的一切都是最优的。

——伏尔泰（Voltaire）

给定常数边际成本，最佳最优效果需要单个企业的定价等于边际成本，即$p=m$，并且对企业的损失进行补贴。我们将使用简单的一般均衡模型来阐述这一结果。在这一模型中，由于一般均衡的收入效应等同于局部均衡中的收入效应，因此一般均衡和部分均衡之间没有重要的区别。

代表性消费者的效用函数为：

$$U(Q,\ y)=u(Q)+y \tag{7A. 1}$$

其中，$Q$ 为垄断竞争产业的产出；$y$ 代表所有的其他产品。令 $y$ 在不变成本下生产，通过标准化将这一不变成本化为 1，以使竞争性价格也为 1。

消费者在预算约束下最大化他的效用：

$$I=pQ+y \tag{7A. 2}$$

其中，$I$ 为消费者的收入；$p$ 为每单位 $Q$ 的价格。从公式 7A. 2 可得 $y=$
236 $I-pQ$。将 $y$ 代入消费者效用函数（公式 7A. 1），消费者效用最大化问题为

$$\max_{Q}\quad u(Q)+I-pQ \tag{7A. 3}$$

效用最大化的一阶条件为

$$u'(Q)=p \tag{7A. 4}$$

也就是说，消费者选择 $Q$ 使得 $Q$ 的边际效用等于边际成本，即 $p$。因此，消费者需求函数可以表达为 $p=p(Q)=u'(Q)$。由于边际效用为正，$p>0$。二阶条件 $u''<0$，意味着边际效用递减，因此需求曲线是向下倾斜的：$p'<0$。

如果在产量为 $Q$ 的产业中存在 $n$ 个相同的企业，每个企业生产相同的产出 $q=Q/n$。经济的资源约束为：

$$T=(nF+mQ)+y \tag{7A. 5}$$

其中，$T$ 为经济（最大生产）的总资源；$F$ 为每个企业进入产业的固定成本；$nF+mQ$ 为生产 $Q$ 单位产出的总成本。例如，如果 $T$ 为可得的总劳动时间，$y$ 为闲暇时间，那么生产产出的总时间加上闲暇时间等于 $T$。

社会的问题是通过选择 $Q$、$y$ 和 $n$，在公式 7A. 5 的约束下最大化公式 7A. 1。使用公式 7A. 5 将 $y$ 代入公式 7A. 1，我们可以将这一问题写成：

$$\max_{Q,n}\quad u(Q)+T-nF-mQ$$

$$\text{s.t.}\quad n\geqslant 1$$

$$Q>0 \tag{7A.6}$$

$$(p-m)\ \frac{Q}{n}-F\geqslant 0$$

其中最后一个条件为每个企业获得非负利润，使得它们不会停业。方程 7A.6 说明了社会必须在至少存在一个企业（$n\geqslant 1$）以及存在正产量 $Q$（$Q>0$）的限制下，通过合理地选择 $Q$ 和 $n$ 来最大化目标函数，效用 $u(Q)+T-nF-mQ$。

拉格朗日函数可以写成

$$\xi=u(Q)+T-nF-mQ-\lambda(n-1)-\mu Q \tag{7A.7}$$

其中，$\lambda$ 和 $\mu$ 为拉格朗日乘子。如果任一约束都是非紧的（为严格不等式），那么相关的拉格朗日乘子为零。

237 关于 $n$ 和 $Q$ 的库恩-塔克一阶条件意味着[28]

$$n=1 \tag{7A.8}$$

因为 $\xi_n=0$ 意味着 $-F=\lambda$，而且

$$\mu'(Q)=m \tag{7A.9}$$

因为 $Q>0$。这样，如图 7.2 所示，最佳最优效果需要以下条件：

- 根据方程 7A.8，一个企业生产所有产出：$n=1$。
- 由于生产了正的垄断竞争性产品（$Q>0$），根据方程 7A.9 和 7A.4，价格等于边际成本，$\mu'=p=m$。
- 为了防止企业停业，单个企业的损失将被补贴。由于损失 $=-F$，因此补贴是必要的。

这就是受到管制的自然垄断的解（参见第 20 章）。任一点都存在规模经济；也就是说，企业总是在平均成本曲线向下倾斜的部分进行生产。为了使得该解最优，必须在无扭曲的状态下建立补贴基金。考虑到代表性消费者，筹集基金的有效方法是一次性转移税收。

## 次佳最优效果

现在假设由于政府行为受到以下约束，不能达到最佳最优效果：

- 政府只能控制企业的数量 $n$。
- 政府不能强迫企业生产高于利润最大化水平的产出；也就是说，政府可能不能补贴企业。

在次佳最优情况下，假设企业进行古诺博弈，每个企业选择（正的）产出水平使得其边际收益等于边际成本[29]：

$$\frac{Q}{n}p'(Q)+p(Q)=m \tag{7A.10}$$

其中，$Q/n$ 为单个企业的产出。

238 如果边际企业获得非负利润，那么就会有企业进入该产业。也就是说，价格大于等于平均成本：

$$p\ (Q)\ \geqslant m+\frac{F}{Q/n} \tag{7A. 11}$$

方程 7A. 10 和 7A. 11 决定了 $Q$ 和 $n$。

为了找出总产出如何随着企业数量的增加而发生变化，我们可以对方程 7A. 10 求微分：

$$\frac{\mathrm{d}Q}{\mathrm{d}n}=\frac{Q}{n}\cdot\frac{p'}{(n+1)\ \ p'+Qp''} \tag{7A. 12}$$

由二阶条件，表达式的分母为负，因此一个额外企业的进入会增加产业产出：$\mathrm{d}Q/\mathrm{d}n>0$。二阶条件成立的充分条件为 $p''\leqslant 0$。由于 $p''(Q)=\mu'''(Q)$，$p''$通常可以为正或负[30]；但是，为了特殊起见，我们假设在接下来的分析中，$p''(Q)\leqslant 0$。

所以，通过市场机制增加产出需要产业中有额外企业的加入，因此需要额外的固定成本。也就是说，产出可以被写成企业数量 $Q\ (n)$ 的函数，其中，$Q'\ (n)\ >0$。生产的总成本（更多企业）和较低的价格（更多产出）存在取舍关系。

社会的问题是

$$\max_{n}\quad u\ (Q\ (n))\ +T-nF-mQ\ (n) \tag{7A. 13}$$

受方程 7A. 10 和 7A. 11 的约束。这一问题不同于方程 7A. 6 的问题，在本问题中，社会针对 $n$，而不是 $n$ 和 $Q$ 来最大化利润。这样，从社会只能通过选择 $n$ 来间接控制 $Q$ 的角度看，次佳最优效果问题是受到限制的。

暂时忽略方程 7A. 11 的约束，福利最大化的一阶条件为

$$(p-m)\ Q'\ (n)\ =F \tag{7A. 14}$$

其中使用方程 7A. 4，可以用 $p$ 代替 $Q'\ (n)$。这一条件表明了价格和边际成本之差乘以由于增加了一个企业（$Q\ (n+1)-Q(n)\approx Q'\ (n)$）而增加的产出等于固定成本。左边为新进入一个企业后增加产出所带来的收益，右边为增加一个企业所产生的（固定）成本。

239 如果方程 7A. 11 不是紧的，那么方程 7A. 14 为合理的最优化条件。也就是说，对政府所限定的 $n$ 个企业中的每个企业来说，利润都是非负的。我们可以表明如果约束不是紧的，那么利润为正。首先，将方程 7A. 14 重新写成

$$p=m+\frac{F}{Q'\ (n)} \tag{7A. 14$'$}$$

为了使得利润为正，我们必须使得 $p=m+F/Q'\ (n)\ >m+F/\ (Q/n)\ =AC$，或者

$$Q'\ (n)\ <\frac{Q\ (n)}{n}\ \text{或}\ \frac{nQ'\ (n)}{Q\ (n)}<1 \tag{7A. 15}$$

也就是说，总产出对进入的弹性小于 1。

由方程 7A.12

$$\frac{nQ'(n)}{Q(n)}=\frac{p'}{(n+1)p'+Qp''} \tag{7A.16}$$

因此，由于 $p''\leqslant 0$

$$\frac{nQ'(n)}{Q(n)}\leqslant\frac{p'}{(n+1)p'}=\frac{1}{n+1} \tag{7A.17}$$

或者如我们所要求的，$nQ'(n)/Q(n)<1$。也就是说，如果 $p''\leqslant 0$，那么约束 $p\geqslant AC$（方程 7A.11）就不是紧的。自由进入均衡中存在过多企业（从零利润约束不是紧的角度来说）。因此，如果将企业数量限制在最优对社会来说是无成本的，那么这样的行为就会对社会有益。

# 附录 7B　差异化产品垄断竞争模型中的福利

240　*政府的目标是人们的福利。*

——西奥多·罗斯福（Theodore Roosevelt）

我们首先考虑只存在垄断竞争产业的经济体，而后将模型延伸到包括外部产品的情况。

## 单个垄断竞争市场的经济

为了简单起见，假设产品多样化程度完全由不同品牌数量 $n$ 所反映。如果所有企业具有相同的成本函数，那么在对称均衡中，每个企业生产同样的产出 $q$。

每个企业的成本函数为 $C=F+mq$，其中 $C$ 为总成本；$F$ 为固定成本；$mq$ 为和产出水平 $q$ 相关的可变成本。这样，可变成本和边际成本均为 $m$。

社会的生产可能性边界（$PPF$）为社会总资源 $T$ 所生产的点的集合（$q$，$n$）：

$$(F+mq)\,n=T \tag{7B.1}$$

其中，方程 7B.1 左边为 $n$ 个企业生产 $q$ 单位产品的总成本。等价地，图 7.4 中的 $PPF$ 为 $n=T/(F+mq)$。对方程进行微分，我们发现如图 7.4 所示，$PPF$ 的斜率 $\mathrm{d}n/\mathrm{d}q=-mT/(F+mq)^2$ 为负。使用表 7.4 中的例子，$\mathrm{d}n/\mathrm{d}q=-100/(5+q)^2$。进一步说，随着 $q$ 的增加，负的斜率逐渐减小，$\mathrm{d}^2n/\mathrm{d}q^2=2m^2T/(F+mq)^3$，因此，如图 7.4 所示，$PPF$ 是凹的。

消费者对产量 $q$ 和多样性 $n$ 存在偏好。也就是说，他们愿意用更多的品牌交换每个品牌的产出。例如，所有潜在品牌，$i=1$，2，…，$\infty$的效用函数为

$$U(q_1, q_2, \cdots, q_m, \cdots) = W\left(\sum_{i=1}^{\infty} u_i(q_i)\right) \tag{7B.2}$$

在拥有 $n$ 个企业的产业的对称例子中，对所有的 $i$ 来说，$u_i(q) \equiv u(q)$；当 $i=1$，2，…，$n$ 时 $q_i=q$；对 $i>n$ 有 $q_i=0$，因此我们可以将方程 7B.2 重新表示如下

$$U(q, q, \cdots, q, 0, \cdots, 0) = W(nu(q)) \tag{7B.3}$$

241 消费者对应于效用水平 $\underline{w}$ 的无差异曲线为

$$W(nu(q)) = \underline{w} \tag{7B.4}$$

如图 7.4 所示，无差异曲线与 $PPF$ 的切线确定了最优产出—多样性组合 $O=(q^*, n^*)$。在较低无差异曲线上的点都是消费者所不愿意采用的，而较高无差异曲线上的点则是无法达到的，因为它们位于 $PPF$ 之上。

图中的点 $A$ 和 $B$ 表示了可能的市场均衡。也就是说，人们无法知道垄断竞争均衡是位于最优点的左边还是右边。

## 一个简单的一般均衡模型

*代数究竟是什么？是那些三角的事物？*

——J·M·巴里（J. M. Barrie）

为了比较最优情况下的市场均衡，我们必须用一个显而易见的一般均衡模型。图 7.4 仅仅考虑了垄断竞争产业中产出和多样化的权衡。如果存在另一种产品 $y$，人们必须考虑两个产业之间的权衡。我们再次假设外在产品 $y$ 具有不变生产成本 1，其竞争性价格为 1。

**最优**。如果效用函数对 $y$ 是加法可分的，那么社会的最大化问题为

$$\max_{q_i, y} W\left(\sum_{i=1}^{n} u(q_i)\right) + y \tag{7B.5}$$

受约束于

$$y = T - \sum_{i=1}^{n}(mq_i + F)$$

如果所有企业在它们具有相同成本函数的意义上是相同的，$q_i=q$，那么社会的问题可以重新写成最大化剩余问题：

$$\max_{q,n} \ W(nu(q)) + T - n(mq + F) \tag{7B.6}$$

存在两个最大化的二阶条件。第一个条件可以通过对 7B.6 中的 $n$

求导数得到，使得导数等于零，重新表示成：

$$W'u(q)=mq+F \tag{7B.7}$$

242 这一条件表示品牌会一直增加，直到增加一个品牌所得到的边际收益 $W'u$ 等于外部产品的机会成本（从以往消费外部产品的成本来看，$mq+F$ 为新增企业的成本）。

另一个一阶条件可以通过对方程 7B.6 的 $q$ 求导，设定导数为零而得到，再除以 $n$，重新写成如下形式

$$W'u'(q)=m \tag{7B.8}$$

方程 7B.8 表示每个品牌的产出 $q$ 会一直增加，直到额外一单位产出的边际效用 $W'u'(q)$ 等于增加额外一单位产出的边际成本 $m$。使用和附录 7A 中同样的推理形式，$p=W'u'(q)$。这样，方程 7B.8 表示价格必须等于边际成本：$p=m$。

方程 7B.7 和 7B.8 确定了每个品牌的最优产出及品牌数量（$q^*$，$n^*$）。用方程 7B.7 除以方程 7B.8，再乘以$1/q$，我们可以得到

$$\frac{\frac{u(q)}{q}}{u'(q)}=\frac{\frac{mq+F}{q}}{m}=\frac{AC}{MC} \tag{7B.9}$$

也就是说，在最优情况下，平均效用和边际效用的比值等于平均成本和边际成本的比值。

如果效用是凹的（$u'>0$，$u''<0$），那么平均效用总是大于边际效用。因此，方程 7B.9 意味着平均成本在最优情况下大于边际成本。这一条件对我们所选择的特定成本函数自动适用。我们可以表明即使平均成本曲线是 U 形的，这一结论仍然成立。这样，和竞争性产业一样，企业不会在最优平均成本处生产。最优情况下的多样化水平将高于企业利用全部生产能力进行生产的情况（U 形平均成本曲线的底部）。

**均衡**。描述古诺垄断竞争均衡的方程不同于描述最优化的方程 7B.7 和 7B.8。我们现在推导表达均衡的相应方程。

一个代表性企业的利润最大化函数为

$$\pi=qW'u'(q)-mq-F \tag{7B.10}$$

因为 $W'u'(q)=p$。忽略具体数值，企业会一直进入产业，直到利润为零（$\pi=0$），或者收益等于成本：

$$qW'u'(q)=mq+F \tag{7B.11}$$

243 这一公式不同于最优化的相应条件，即 7B.7，因为左边项为 $qW'u'(q)$，而不是 $W'u(q)$。

通过对方程 7B.10 的 $q$ 求导，我们发现边际收益等于边际成本 $m$ 时，古诺企业实现利润最大化：

$$W''(u'(q))^2nq+W'(qu''(q)+u'(q))=m \tag{7B.12}$$

等式的左边不同于最优化条件 7B.8。这样，由于最优化条件（方程 7B.7 和 7B.8）不同于均衡的条件（方程 7B.11 和 7B.12），最优化和均

衡是不一样的。

只有当 $W$（·）和 $u$（·）为线性，$u'=u/q$时，两个条件才等同。但是，我们对这一情况并无太大兴趣，因为每个品牌都是其他品牌的完全替代品。因此，需求是完全弹性的，甚至不存在市场均衡。也就是说，如附录 7A 所示，价格趋近于边际成本，利润为负（由于存在固定成本）。

总而言之，我们可以表明均衡可能在最优情况的左边，也可能在右边（见图 7.4）。为了确定其准确的关系，我们需要更多有关效用函数结构的信息。许多文章已经解出了类似于本文中特定效用函数之间的关系（Spence，1976；Dixit and Stiglitz，1977；Koenker and Perry，1981）。这些文章同时表明，零利润约束的价格管制将会导致市场均衡的出现。

**【注释】**

[1] 在多数寡头垄断市场上出售着差异性产品。为了简单起见，前面章节忽略了异质性。本章有关差异性的讨论可以应用于这些寡头垄断模型。

[2]M. A. mariner，"Consumers Are Willing to Pay a Lot for a Pretty Package," *San Francisco Chronicle*，April 30，1997：Food 3.

[3]Consumer Union，"The Cola Wars," *Consumer Reports* 56，August 1991：518-25. "Diet Cola Advertising Gets Put to the Test". *San Francisco Chronicle*，January 31，1990：C1.

[4] 市场的定义通常是反托拉斯和兼并案件中的关键问题（参见第 19 章）。通常，这些案件的专家认为，如果产品之间可以"高度替代"，那么它们就是同一市场的一部分。在本书中，除非另有说明，"市场"一词的使用并不严格，没有参考法律的定义。本章假设每个企业的产品都属于所要讨论的市场，这意味着至少在某些消费者看来这些产品至少可以构成对这个市场上的某些其他产品的替代。也就是说，它假设产品之间构成"足够相近"的关系时并没有定义"足够相近"的含义。

[5] 如果两个企业品牌的产品是完全替代的，那么消费者无差异曲线是斜率为 $-1$ 的直线。也就是说，消费者在拥有 20 单位品牌 1 和 0 单位品牌 2，或是每个品牌 10 单位，或是 0 单位品牌 1 和 20 单位品牌 2 之间是无差异的。消费者的效应仅依赖于两品牌产出的总和。

[6] 表 7.1 中的边际收益曲线的形状依赖于所进行的博弈（伯川德或古诺）。

[7] 以下的讨论假设最后一个进入者的利润恰好为零。如果必须有整数个企业的话，这一条件不一定能够成立。如果企业数不能为小数，那么在均衡时利润可能为正，但是如果再有企业进入，那么所有企业都会发生亏损。Seade（1980）表明，即使假设必须存在整数个企业，这里所讨论的基本结论也是成立的。

[8] 我们可以将利润写为 $\pi=pq-C(q)=(p-C(q)/q)q=(p-AC)q$。也就是说，如果利润为零，$\pi=0$，那么（除以 $q$）平均利润必须为零，即 $p-AC=0$；因此，价格等于平均成本 $p=AC$。在我们的特例中，如果 $p=AC=0.28+F/q$，那么平均利润为零。

[9] 政府可以通过税收获取消费者剩余来提高必要的收入，即向消费者收取一笔固定费用（向所有消费者征收），并将价格设为其所消费的每单位产品的边际

成本。

[10] 消费者剩余等于 28 美分以上需求曲线下三角形的面积。如果需求为 $p=a-bq$，那么产量为 $q$ 时的消费者剩余为 $1/2\ [a-p\ (q)]\ q=1/2\ [a-\ (a-bq)]\ q=1/2bq^2$。在我们的例子中，消费者剩余为 $0.000\ 5q^2$。

[11] 许多经济学家认为，限制出租车的数量会提高那些获得运营许可的幸运司机的利润（证据参见第 20 章）。也就是说，政府并没有提高社会福利，而是试图使现有的出租车公司更为富有。

[12] 有关差异化产品的最早也是最好的研究或许出自 Spence（1976），Dixit and Stiglitz（1977）。Pettingill（1979），Koenker and Perry（1981）分别对其提出了批评。本部分和相应的附录 7A 部分即基于这些文章，以及 Steven C. Salop 尚未出版的授课笔记，我们对他们表示感谢。

[13] 关于单一企业选择的多样化的最优数量也有不少类似的文献（Katz and Shapiro，1985；Farrell and Saloner，1985，1986）。企业必须权衡标准化（例如规模经济，以及和其他企业产品的兼容）和差异化所带来的收益。

[14] 但是，如果产品是互补的，如面包和黄油，那么就会发生品牌过少的情况，由于企业没有考虑低价格的正面效应，以及品牌对其他互补产品需求的影响，一些产品的价格会高得离谱。因此我们假设品牌是相互替代的。

[15] 如果企业可以进行完全价格歧视（第 10 章），它将获得所有的消费者剩余。也就是说，它可以向每个消费者收取其愿意为该产品所支付的最高价格，因此，不会存在消费者剩余。由于企业的收益大于成本，因此企业会发现生产有利可图。同时参见 Romano（1991）。

[16] 对具有不变弹性 $\varepsilon$ 的需求曲线 $q=p^{-\varepsilon}$，其中 $\varepsilon>1$，弹性越高，消费者剩余相对于收益的比率就越小。收益为 $R\equiv pq=p^{1-\varepsilon}$，消费者剩余为 $CS=\int_p^{\infty}s^{-\varepsilon}\mathrm{d}s=\frac{p^{1-\varepsilon}}{\varepsilon-1}$。因此，消费者剩余对收益的比率为 $CS/R=1/\ (\varepsilon-1)$，随着 $\varepsilon$ 递减。

[17] 正如附录 7B 所表明的，图 7.4 中使得总成本等于总资源的 $PPF$ 为：$(F+mq)\ n=\ (5+q)\ n=100$，其中 $F=5$ 为固定成本，$m=1$ 为恒定的边际成本。相应地，$PPF$ 为 $n=100/\ (5+q)$。

[18] 同时参见 Eaton（1976），D' Aspremont，Gabszewicz and Thisse（1979），Novshek（1980）以及 Friedman（1983）。为了分析的简便，文献中多数代表性消费者模型假设企业进行古诺博弈，多数选址模型假设企业进行伯川德博弈，但是两种寡头垄断的概念都可以用于两个模型中的任意一个。

[19] 产业中一组子企业的兼并对同质产品的伯川德模型没有影响，但是在产品异质的伯川德模型中，兼并对企业来说是有利可图的（Deneckere and Davidson，1985）。注意将这一结果与案例 6.3 中的结果进行比较。

[20] 存在随机（混合战略）均衡，其中每个企业按概率选择行动。

[21] Economides（1986，1989）考察了霍特林、塞洛普和两维特征空间三个模型中充分子博弈完美均衡的存在性。他的直觉是，在霍特林模型中，当两个竞争性企业的位置变得几乎相同时，均衡价格并不会趋向于边际成本，因此，当位置相当接近时，存在企业削价与对手竞争的强烈倾向（参见 D'Aspremont，Gabszewicz and Thisse，1979）。但是，如果效用相对于距离是二次方的（或者对于一个两维空间甚至具有线性效用），那么随着位置的趋同，价格的确趋向于边际成本，因此消除了

削价竞争和不存在的问题。

[22] 正如方程 7.14 中所表示的，当价格低于 $p-c/n$ 时，所有位于给定企业和相邻企业之间的消费者都会倾向于从价格较低的企业处购买，即使他们并不喜欢这个品牌。考虑在相邻企业位置上的消费者：他与低价格企业之间的距离为 $1/n$。这个消费者通过消费低价产品而不是他所喜欢的品牌而损失了 $c/n$ 的效用，但是价格所带来的节省要大于损失。这类行为是极具进攻性的（塞洛普称之为超竞争），因为低价企业获得了所有新的邻近企业的消费者。为了简单起见，图 7.9 没有给出该区域。

[23] 基于 Anderson and de Palma (1992a, 1992b); Besanko, Perry and Spady (1990); Deneckere and Rothschild (1986); Perloff and Salop (1985) 以及 Sattinger (1984) 工作的混合模型的讨论参见 www. aw-bc. com/carlton _ perloff 的“混合”。

[24] 参见，例如 Baker and Bresnahan (1988); Trajtenberg (1989); Hausman, Leonard and Zona (1994); Bresnahan, Stern and Trajtenberg (1997); Hausman and Leonard (1997); Hendel (1999) 和 Peters (2003)。

[25] 参见 Berry (1994); Berry, Levinsohn and Pakes (1995); Nevo (2000, 2001) 和 Petrin (2002)。

[26] 在对预测航空公司兼并影响的不同方法进行比较时，Peters (2003) 发现假设垄断行为的需求系统的预测并没有显著优于直接将价格和集中度（Peters 认为集中度是内生变量）相联系的“简化方式”的预测。

[27] 附录 7A 和 7B 大部分基于 Steven C. Salop 尚未出版的授课笔记，以及 Dixit and Stiglitz (1997), Spence (1976)。

[28] 库恩-塔克条件为 $\xi_n\leqslant 0$，而且如果严格小于零，则 $n=1$（在这里发生）；$\xi_Q\leqslant 0$，而且如果严格小于零，则 $Q=0$（并没有在这里发生）；$\xi_\lambda\geqslant 0$，而且如果严格大于零，则 $\lambda=0$；$\xi_\mu\geqslant 0$，而且如果严格大于零，则 $\mu=0$。

[29] 单个企业的收益为 $p(q^*+Q)q^*$，其中 $q^*$ 为该企业的产出，$Q$ 为 $n-1$ 个其他企业的产出。利用古诺假设对 $q^*$ 的收益微分，注意均衡情况下 $q^*=Q/(n-1)=Q/n$，我们可以得到方程 7A.10。

[30] 参见 Seade (1980) 有关稳定性条件如何排除某种可能性的讨论。

# 第 8 章　产业结构和绩效

244　仅有确定的细节，会使艺术的逼真成为枯燥和难以置信的叙述。

——W. S. 吉尔伯特（W. S. Gilbert）

竞争和非竞争市场理论认为企业面临的竞争越少，其市场势力就越大。市场势力表达了企业有利可图地将价格设定在高于边际成本水平的能力。因此，在具有大量进入壁垒的产业中市场势力（以及由此决定的价格和利润）将较大，因为这些壁垒降低了现实的和潜在的竞争。经济学家进行了经验性调查来检验这些理论的两个含义：

1. 特定企业（产业）行使的市场势力究竟有多大？

2. 决定市场势力的主要因素是什么？

几十年来，经济学家从事的结构—行为—绩效（SCP）研究集中于第二个问题，这个问题关注的是市场绩效与市场结构的关系。市场绩效是指一个市场在为消费者提供利益方面的成功之处（例如，如果市场价格接近生产的边际成本，则市场是运行良好的）。市场结构包括那些决定市场竞争程度的因素。市场结构通过企业的行为或行动来影响市场绩效。就传统而言，SCP 研究者假设市场势力或市场绩效的衡量要相对简单一些，集中关注绩效与结构的关系。

相反，现在许多经济学家认为轻易可得的统计数字并不能准确地反
245 映市场的绩效或结构。他们使用新数据和新技术来更好地测算市场势力的程度，及其与市场绩效之间的关系。

本章首先基于第3～7章的内容，对主要的市场结构理论进行了总结。而后转向对SCP的研究，讨论了传统SCP研究对市场绩效的测度，及绩效和结构之间关系的分析。我们最主要的发现是许多产业似乎大大地背离了完全竞争，但是很明显这一偏离的程度并不和产业集中度（产业中一些最大企业的销售份额）高度相关，而我们原先假设产业集中度应该是反映市场结构的。最后，本章考察了最近对市场势力的研究。

## 价格加成和利润理论

价格 $p$ 和边际成本 $MC$ 之间的关系，以及经济利润的存在性和可维持性取决于市场结构（见表8.1）。在一个由相同企业组成的能自由进入的竞争性产业中，价格等于短期边际成本，短期利润 $\pi_{SR}$ 既可能为正，也可能为负，长期利润 $\pi_{LR}$ 为零，其中资本收取的租金价格基于竞争性产业中资本能获得的竞争性回报（或正常回报）。即使企业为价格接受者（竞争性），如果每个企业都可以公平地得到相同的技术和投入，那么每个企业的利润为零。如果一些企业比其他企业具有更低的成本，那么它们的利润不会由于进入而被完全侵蚀。自由进入仅仅保证了从长期来看最低利润企业进入后的利润为零（边际企业）。

在垄断或寡头垄断中，价格超过边际成本，短期利润可能为正，也可能为负，长期利润为零或者为正。在垄断竞争中，价格高于边际成本，进入使得长期利润为零。

**表8.1　基于市场结构的估计**

| | $p-MC$ | $\pi_{SR}$ | $\pi_{LR}$ |
|---|---|---|---|
| 竞争 | 0 | ＋或－ | 0 |
| 垄断竞争 | ＋ | ＋或－ | 0 |
| 垄断 | ＋ | ＋或－ | ＋或0 |
| 寡头垄断 | ＋ | ＋或－ | ＋或0 |

$p$＝价格，$MC$＝边际成本（短期），$\pi_{SR}$＝短期利润，$\pi_{LR}$＝长期利润

基于表8.1中所总结的关系，我们可以得到两个重要的结论。首先，对长期利润是否为正的检验相当于对自由进入的检验，而不是对

246 （完全）竞争的检验。自由进入保证了长期利润为零，但是并不能保证价格等于边际成本：即使价格高于边际成本，垄断竞争产业中的企业也可能获得零利润。为了确定价格是否高于边际成本，我们必须检验价格数据，而不是利润的数据。其次，由于在所有的市场结构中，短期利润可能为正也可能为负，因此短期利润对产业中竞争程度的揭示作用很小。

表8.1仅列出了四种市场结构，但可能存在更多种市场结构。而且，对任何给定的市场结构，产业间的差异也可能非常大。例如，具有四个企业的寡头垄断与只有两个企业的寡头垄断在定价上就存在差异。通常可以设想：价格—成本加成和利润会随着竞争对手的数量和进入壁垒的规模发生变化。正是这一概括为SCP方法奠定了基础。

## 结构—行为—绩效

爱德华·S·梅森（Edward S. Mason，1939，1949）和其在哈佛大学的同事们提出了结构—行为—绩效（SCP）方法，这一方法通过使用微观经济学分析的推断来讨论产业组织，进而引导了产业组织研究的一场革命。在SCP范式中，一个产业的绩效——为消费者提供利益的成功程度——取决于卖者和买者的行动或行为，而这些行动又取决于市场的结构。结构依次取决于技术和产品需求等基本条件。

由于人们通常并没有详细解释这些联系的特性，许多经济学家批评SCP方法是描述性而非分析性的。乔治·J·施蒂格勒（George J. Stigler，1968）和其他学者认为经济学家与其使用SCP方法，还不如使用清晰地基于企业和政府最大化行为的价格理论模型。另一些人则建议使用强调博弈论的分析来替代SCP范式（von Neumann and Morgenstern，1944）。我们将在本章的后面部分讨论现代的方法。

大多数最早期的SCP工作是对单个产业的案例研究（例如，Wallace，1937）。第一个SCP理论的经验性应用是由梅森的同事及其学生所做的，如乔·S·贝恩（Joe S. Bain，1951，1956）。与案例研究不同的是，这些研究进行了跨产业的比较。

典型的SCP研究有两个主要的步骤。首先，必须得到绩效的测度（通过直接测算而不是估计）和几种产业结构的测度。其次，计量经济学家使用跨产业的观测值来对各种结构测度和绩效测度进行回归，以解释不同产业市场绩效的差异。我们首先讨论绩效测度和结构变量，而后考察联系绩效与结构的证据。

## 市场绩效的测度

市场绩效的测度试图为我们的第一个关键问题提供答案：在一个产业中是否行使了市场势力。有两种直接或间接反映利润水平和价格成本关系的不同指标通常被用来测算产业绩效与竞争性基准的接近程度。

247 • *收益率*，基于每美元投资所赚得的利润。

• *价格—成本加成*，基于价格和边际成本的差异，尽管在现实中，研究者通常使用某种形式的平均成本来替代边际成本。

第三个指标*托宾 q* 使用较少。托宾 $q$ 是企业的市场价值与其资产重置成本价值的比率（参见 www. aw-bc. com/carlton _ perloff 中关于“托宾 $q$”的更为详细的讨论）。

## 收益率

**收益率**（rate of return）是对每美元投资盈利多少的测度指标。本小节解释了经济利润和收益率之间的关系。准确计算收益率是很难的，有时必须做出致使最终结果产生偏差的折中。我们讨论几种不同的收益率测度指标。

**收益率和经济利润之间的关系**。表 8.1 中总结的理论对利润做出了预测，而收益率是衡量利润的一种方法。表 8.1 中预测的是*经济利润*，即收入减去机会成本，而不是*会计利润*（由会计计算，使用标准的会计准则）。为了检验表 8.1 中的预期，经济学家在计算收益率时必须首先调整会计利润以反映经济利润。

经济利润和会计利润之间存在几个重要区别。最为重要的区别体现在长期固定资产上，如厂房和设备。经济利润等于收益减去劳动、材料和适当的资本成本。测算收益、劳动成本和材料成本通常要容易一些。问题在于年度性*资本成本*（capital cost）的测算，如果所有固定资产出租，资本成本等于租金费用。总租金费用等于单位租金率乘以资本成本的数量。也就是说，恰当的资本成本测算应该反映*流量*（每单位阶段租金的价格）而不是*存量*（资本的成本，例如能存续多个阶段的机器）。如果存在发展良好的租赁市场——例如二手设备市场——那么相关资本的租金率和经济利润的计算就相对容易些。当租金率不是现成可得时，经济学家必须在计算经济利润之前明确计算租金率。

在计算用以决定长期经济利润的隐含资本租金率时，资本资产应该以**重置成本**（replacement cost）估价。重置成本是购买可比质量资产的长期成本。如果资本以重置成本的价值计算，那么低回报率给出的信号将导致没有新资本进入产业。这并不意味着企业必须停产，或者在过去的投资决策中犯了错误。举例说来，在低价时购进机器的企业基于重置成本可能获得一个较低的收益率，但是就其最初购买而言仍获得了巨大的利润。高回报率是新资本应当进入产业的信号。

248 研究者经常使用经济利润除以企业的资本价值来获得资本赚取的收益率，这是一个控制了企业间资本差异的利润率指标。经济利润、资本赚得的收益率和资本租金率之间存在密切的关系。为研究这一关系需要理解资本的租金率到底是什么：在设备提取折旧后，租金率必须能够向资本所有者提供某一特定的收益回报率。

折旧是资本在使用期间经济价值的降低。[1] 例如，如果你每年的房租为 1 000 美元，每年房屋的损耗为 300 美元，那么折旧为 300 美元，考虑到折旧后的你的净年租金为 700 美元。如果房屋最初值 10 000 美元，那么你的回报率为 7%，折旧率为 3%。和投资者相关的是减去折旧后的收益率。因此，租金率（每美元资本）可以表达为赚取的回报率 $r$ 加上折旧率 $\delta$。

你的利润为：

$$\pi = R - \text{劳动力成本} - \text{原材料成本} - \text{资本成本}$$

这里，$R$ 为收入；资本成本为资本的租金率乘以资本价值。资本价值为 $p_k K$，其中 $p_k$ 为资本的价格，$K$ 为资本量。如果租金率为（$r+\delta$），那么利润为

$$\pi = R - \text{劳动成本} - \text{原材料成本} - (r+\delta)\ p_k K \tag{8.1}$$

赚得的收益率使得经济利润为零。令 $\pi$ 等于零并解（8.1）中的 $r$ 得到

$$r = \frac{R - \text{劳动成本} - \text{原材料成本} - \delta p_k K}{p_k K} \tag{8.1$'$}$$

因此，赚得的收益率为净收入除以资产价值，其中净收入为收益减去劳动成本，减去材料成本，再减去折旧[2]。

**收益率和价格之间的关系**。为了使得一个高盈利行业获得正常的收益率，价格和收益要下降多少？为了说明过高的收益率是如何转化为索取的超额价格的，假设企业获得的收益率 $r^*$ 比正常收益率高出 5%：$r^* = r + 0.05$。也就是说，企业的投资资本所得高于竞争性行业中所获

249 得的收益，超额收入为其资本价值的 5%。如果企业的收入为 $R^*$，那么它的收益率为

$$r^* = (R^* - \text{劳动成本} - \text{原材料成本} - \delta p_k K)\ / p_k K = r + 0.05$$

令 $R$ 为产生正常收益率 $r$ 的收益。当其他条件恒定时，为得到正常的收益率，收入必须减少的份额为 $R-R^*$。由方程 8.1′中的 $r$ 的表达式和 $r^*$ 的表达式，我们知道 $r - r^* = -0.05 = (R - R^*)\ / p_k K$。两边同

乘 $p_k K$，我们可以发现 $R-R^*=-0.05p_k K$。因此，为了得到正常收益率，收益必须降低，降低值为资本价值的 5%。

在许多制造业中，资本价值与收益价值的比率接近于 1。在这样的产业中，为了得到正常收益率，收益必须下降 5%。换句话说，当其他条件不变时，价格必须下降 5%。因此，如果一家企业的真实收益率高于正常收益率的 5%（1948—1976 年期间约为 5%～10%），则竞争性价格大约为其现值的 95%（=1－0.05）。也就是说，在收益率为竞争性产业收益率的 1.5 倍的产业中（即 15%而不是 10%），其价格仅比竞争性水平高出 5%。这一高要价如同面临弹性约为－21 的垄断企业的情况一样。换句话说，即使集中和非集中产业中的收益率存在很大的差异，也不一定就意味着价格将大大高于竞争性水平。在具有低资本收益比率的产业中，即使较大的超额收益也可以转化为较小的差额价格。

**收益率计算的缺陷**。正确计算收益率存在八个主要问题（参见 Fisher and McGowan，1983）。第一，由于使用会计定义而非经济定义，通常并没有正确估算资本。如果所有资本资产出租，那么经济学家计算的年资本成本流量为年租金率。[3]相反，资本的会计价值，或*账面价值*是基于折旧的会计假设而计算的资本历史成本。资本必须在重置成本（利用可比资产替代现存资产的长期成本）的意义上进行核定，以便决定收益率是高于（在这种情况下企业应该扩张）还是低于（在这种情况下企业应该收缩）竞争水平。[4]由于历史成本通常不同于资本的真实重置成本，因此使用资本的账面价值而不是经济价值会产生严重歪曲收益率的衡量结果。

250 第二，通常对折旧的衡量并不恰当。会计使用数个固定的公式来测算资产折旧。常见的公式被称为*直线折旧法*，它假设资本价值在某一固定时期（*资产的使用寿命*）内以每年相同的数量减少。例如，成本为 1 000美元、使用年限为 10 年的设备将在其 10 年内产生每年 100 美元的折旧。如果它使用的时期超过 10 年，那么不再产生新的折旧。固定公式折旧额的计算可能与衡量经济折旧的资产经济价值的减少无关，因此会产生收益率估计的偏差（参见 www.aw-bc.com/carlton _ perloff“收益率中的会计偏差”）。

第三，和资本出现的问题一样，有关广告和研发（R&D）的估价也会产生同样的问题：它们对企业的需求或成本都产生了持久的影响。企业今年花在广告上的资金可能会在明年产生收益，正如今年建造的厂房明年提供收益一样。如果消费者一段时间后慢慢遗忘了广告，那么广告对需求的效应只持续几年。如果一个企业将年广告费用作为*支出*（在最初整个作为成本扣除），而后在随后的年份中不做扣除，那么最初年份挣得的收益率将由于误导而偏低，而以后年份的收益率则偏高。另一个更好的办法是将广告费用按利率和广告经济价值的年降低值进行计算。

遗憾的是，人们较难确定广告费用准确的折旧率。

研发支出出现了类似的问题。研发具有长期持续的影响。另外，由于研发是有风险的，因此我们必须谨慎地解释收益率。例如，假设企业开发新产品成功率为十分之一。如果企业的预期利润为零，那么成功产品的利润必须高得足以抵消其他九次失败的损失。基于对一次成功的产品的观察就认为利润非常高，具有误导性。

第四，必须对通货膨胀做出正确的调整。赚得的收益率可以用实际收益率（消除通货膨胀效应后的调整过的收益率）和名义收益率（包括通货膨胀效应）计算。人们必须仔细比较完全真实的或完全名义的收益率。

如果使用真实收益率，收益率分子中的收入不应该包括由于通货膨胀而产生的资产价格的升值，应仅包括除一般价格通胀以外的资产价值收益。例如，若资本的初值为 100 美元，年收入（折旧前）为 20 美元，年折旧率为 10%（因此折旧为 10 美元），那么挣得的收益率为 10%（（20－10）/100）。如果该年的通货膨胀为 20%，年末资本价值等于 90 美元（100 美元－10%的折旧）乘以 1.2（调整通货膨胀），即 108 美元。企业资本的收益为 18 美元，但这是虚的，并不代表购买力的增加，因为通胀以后所有价格都上升了。

第五，计算收益率时可能不恰当地包括了垄断利润。问题起因于计算时所采用的账面价值，因为账面价值有时会包括资本化的垄断利润
251 （未来垄断利润的现值）。假设垄断者获得了比竞争性收益率更高的年经济利润 100 美元，年利率为 10%。垄断者以超出资产重置成本 1 000 美元的价格出售工厂（以及未来的垄断利润流）。所有者愿意出售工厂是因为额外的 1 000 美元每年将在银行中获得 100 美元，即 10%。新所有者只得到了竞争性回报率，因为垄断者每年的收益恰好被额外的1 000美元的先期利率支付所抵消。支付给垄断者的额外的 1 000 美元是垄断利润的资本化价值，而不是社会重置垄断企业资本的重置成本。因此，如果资本的报告价值不恰当地包括了资本化垄断利润，那么如果人们希望确定产业是否限制了产出从而获得超过正常水平的收益率时，计算出的收益率就会过低，并产生误导。

第六，人们计算的可能是税前收益率，而不是正确的税后收益率。公司向政府交纳税收，并且只有剩余部分才和个人投资者相关。也就是说，税后回报率决定了进入退出决策。投资者之间的竞争致使不同资产的税后收益率相同。如果以不同的利率对资产进行课税，那么即使所有市场是竞争的，税前收益率也可能在较大的范围内波动。由于这一原因，我们必须使用税后收益率和税后利润指标，当比较税率不同的产业时尤其如此。

第七，可能并没有对收益率进行恰当的风险调整。为了确定企业是

否赚得超额收益率，恰当的比较应该是在实际赚得的收益率和经过风险调整的竞争性收益率之间进行。竞争性**风险调整收益率**（risk-adjusted rate of return）是指与所分析的企业的项目风险水平相同的竞争性企业所赚得的收益率。投资者不喜欢风险，因此必须因承担风险而获得补偿：风险越大，预期的收益率越高。[5]

第八，一些收益率没有恰当地考虑负债。研究者通常使用股东收益率来衡量企业盈利能力。如果企业除了股票外还发行债券，那么债权人和普通股所有者（股东）都拥有企业收入的索取权（第 2 章）。由于企业的资产是由股东和债权人双方支付的，因此企业资产的收益率等于债权人和股东收益率的加权平均。债权人的收益率通常低于股东的收益率，因为债务风险低于股票风险，而且当企业陷入财务危机时，债权人
252 先于股东得到支付。股东的收益率随着企业债务的上升而上升，因为在一个高杠杆系数的企业（高债务—股权比的企业）中，股东获得的收入具有风险，因此在这样的企业中股东要求高收益率。[6]

因此，如果两家企业的负债权益比率差异较大，那么为了测算竞争程度的差异而比较它们的股东收益率是不恰当的。债权/股权比与企业是否赚得超额的资产收益率毫无关系。企业间股东收益差异可以反映企业面临竞争的差异，或是它们的债权/股权比的差异。即使净收入除以资产计算所得的收益率与股东收入除以股权价值得出的收益率不同，它们仍倾向于高度相关（Liebowitz，1982b）。

**收益率的比较**。为了判断一个收益率，我们必须将它与其他有关联的收益率做出比较。例如，如果一个企业具有 100 单位每单位价值 10 美元的资产，收益为 110 美元，劳动力和原材料的联合成本为 10 美元，资本折旧率为每年 2%，那么赚得的收益率为每年 8%：（110－10－20）/1 000。如果竞争性产业的投资产生的收益率为 5%，那么企业获得超额收益率。

存在一个等价的方法能得出相同的结论。如果资本的租金率以 5% 的竞争性收益率为基础，那么租金率等于 7%（5%加上折旧的 2%）。计算经济利润为收益减去劳动成本、原材料成本和资本成本，得到正的经济利润为 30 美元（110－10－0.07×1000＝30）。因此，赚得正的经济利润和赚得超额的收益率（高于竞争水平）是表达同一意思的等价方法。如果赚得的收益率大于竞争性收益率，就会存在超额经济利润。

弗洛默尼和乔根森（Fraumeni and Jorgenson，1980）计算了 1948—1976 年美国产业大样本的税后经济收益率。在计算中，他们小心回避了前面提到的缺陷。他们发现在这一阶段，中间产品制造产业的名
253 义收益率（没有经过通胀调整）大约为 11%（见表 8.2）。在同一时期，三月期美国政府债券的平均收益率大约为 3.6%，因此制造业的收益率大大超过了债券收益率，这可能是为了补偿增加的风险。

表 8.2　年均收益，1948—1976 年

| 产业 | 名义收益率 | 自身收益率* | 股东权益的名义收益率 |
|---|---|---|---|
| 农业 | 0.07 | 0.04 | |
| 原油 | 0.12 | 0.08 | |
| 食品 | 0.10 | 0.07 | 0.10 |
| 烟草 | 0.14 | 0.11 | 0.13 |
| 纺织 | 0.09 | 0.06 | 0.08 |
| 化工 | 0.13 | 0.10 | 0.14 |
| 汽车 | 0.29 | 0.25 | 0.15 |
| 所有中间产品制造业 | 0.11 | 0.08 | 0.11 |
| 铁路 | 0.07 | 0.03 | |
| 电话和电报 | 0.15 | 0.11 | |
| 零售业 | 0.10 | 0.07 | |

*自身收益率是将每一产业的收入减去资本价格上涨的影响。如果资本价格仅随通货膨胀发生变化，那么自身收益率为真实（经过通胀调整）收益率。

资料来源：Fraumeni and Jorgenson（1980）；Federal Trade Commission，*Quarterly Financial Reports*，1948－1976.

通常，计算收益率的研究在方法上存在差异，而且由于数据的限制，通常被迫计算其他收益率而非经济收益率。但是，只要不同产业计算中存在的收益率偏差相类似，那么这些研究在调查一个产业的收益率是否高于另一产业时就仍具有价值。但是，如果不同研究在计算收益率时采用了不同的方法，那么将一个研究中的绝对收益率水平同另一项研究中的绝对收益率水平进行比较将非常危险。

为了说明使用不同的概念计算收益率时产生的差异，表 8.2 的最后一列给出了美国联邦贸易委员会（FTC）公布的股东权益账面价值（资产和负债账面价值之差）的收益率。这些收益率为公司税后收入（减去了为负债支付的利息）除以公司股东权益。表 8.2 表明了不同方法可以得到不同的收益率。例如，根据弗洛默尼和乔根森（Fraumeni and Jorgenson，1980）的研究，汽车产业的名义收益率为 29%，但是根据 FTC 的信息，该值为 15%。但是，使用两种方法得到的产业间相对收益率遵循同样的模式。例如，根据弗洛默尼和乔根森的研究和 FTC 的研究，烟草产业的收益率均高于纺织产业。

## 价格—成本加成

254 为避免与收益率计算有关的问题，许多经济学家采用了不同的绩效测算方法——勒纳指数或价格—成本加成，$(p-MC)/p$，即价格 $p$ 与边际成本 $MC$ 的差额除以价格。表 8.1 中的第一列有关价格和边际成本关

系的预期即是通过价格—成本加成来表达的。会计收益率和价格—成本加成之间的关联度可能相对较低（Liebowitz，1982b），使得这两种绩效衡量方法存在一定差异。

利润最大化企业的价格—成本加成（第 4 章）等于企业面临的需求弹性 $\varepsilon$ 的负倒数：

$$(p-MC)/p=-1/\varepsilon \tag{8.2}$$

由于竞争性企业的剩余需求曲线的价格弹性为负无穷（面临水平的需求曲线），因此其定价为 $p=MC$。

遗憾的是，由于边际成本数据难以获得，许多研究者使用价格—平均变动成本加成替代价格—边际成本加成。[7]这一近似的价格—平均变动成本加成通常为销售（收入）减去工资，减去原材料成本，再除以销售额。也就是说，这种计算会忽略资本、研发以及广告成本。[8]

这一方法或许导致了严重的偏差。假设边际成本为

$$MC=v+(r+\delta)\frac{p_{\mathrm{k}}K}{Q} \tag{8.3}$$

其中，$r$ 为竞争性收益率；$\delta$ 为折旧率；生产一单位产出 $Q$ 所需的劳动力和原材料成本为 $v$。公式 8.3 描述了需要 $K/Q$ 单位资本（每单位资本的成本为 $p_{\mathrm{k}}$）生产一单位产出的技术。使用 $v$ 代替边际成本将产生严重的偏差，可以通过将方程 8.3 中的 $MC$ 代入方程 8.2 看出这一偏差：

$$\frac{p-v}{p}=-\frac{1}{\varepsilon}+(r+\delta)\frac{p_{\mathrm{k}}K}{pQ} \tag{8.4}$$

因此，$(p-v)/p$ 与正确测算的 $(p-MC)/p=-1/\varepsilon$ 相差方程 8.4 中的最后一项 $(r+\delta)\,p_{\mathrm{k}}K/(pQ)$，这一项是资本租金价值除以产出的价值。

## 市场结构指标

255 为了考察绩效如何随结构发生变动，我们也需要度量市场结构。人们使用了多种测算方法，所有这些方法都被认定为与产业中的竞争程度存在某种联系。我们现在来描述一些常用的市场结构度量方法。

**产业集中度**。在多数 SCP 研究中，产业集中度是重要的结构变量。通常通过一个关于市场中某些或是所有企业的市场份额的函数来测算产业集中度。

到目前为止，最常用的度量一个产业市场结构的变量是四企业集中度（C4），即最大的四个企业占市场总销售的份额。当然，使用前四个企业来定义集中度具有一定的随意性。人们也采用其他测算方法。例如，美国政府同时公布了八企业集中度（C8）。

另外，人们可以使用所有单个企业市场份额的函数来测度集中度。

最为常用的函数是**赫芬达尔-赫希曼指数**（Herfindahl-Hirschman Index，HHI），它等于产业中每个企业市场份额的平方和。例如，如果一个产业中三个企业的市场份额分别为50%、30%和20%，则HHI等于3 800（=2 500+900+400）。自20世纪80年代早期美国司法部和联邦贸易委员会开始使用它来评估兼并以来，人们开始更多地关注HHI。产业的HHI统计数据现在由政府公布。

通常，经验性研究提供与HHI和四企业集中度相似的结果。如果企业按古诺模型行事的话，可以用理论说明（见附录8A）HHI是解释价格的恰当的集中度指数。

除了将相关企业规模的所有信息集中于一个指标外，我们可以检验位列第一、第二、第三、第四以及规模更小的企业的市场份额对产业绩效的影响。例如，人们可以确定当第二大企业和最大企业市场份额增加的程度相同时，第二大企业的价格提升程度是否同最大企业的价格提升程度相同。使用这一方法，夸克（Kwoka，1979）表明具有三个企业（规模相对均等）的产业比只有两个企业的产业更具竞争性。

表8.3给出了用三种集中度衡量方法——C4、C8和HHI对一些制造业的衡量结果。除了单个行业的集中度外，人们可以检验总的制造业集中度。1997年制造业普查公布了约470个制造行业的集中度。1997年，基于出货价值，半数以上行业中四家最大企业的集中度低于40%，三分之一行业的集中度为41%～70%，十分之一行业的集中度在70%以上。

和1935年相比，现在存在更多的四企业集中度较低的产业和更少的四企业集中度较高的产业。1935年，大约47%的产业的四企业集中度低于40%，约16%的产业的四企业集中度高于70%。但是第二次世界大战以来，制造业的集中度分布并没有太多变化。基于出货价值而非产业数目的比较得出了相似的结论。

256 **表8.3　　1997年部分制造业集中度**

| 产品组 | C4 | C8 | HHI* |
|---|---|---|---|
| 肉类产品 | 35 | 48 | 393 |
| 谷类早餐食品 | 83 | 94 | 2 446 |
| 酒类酿造 | 60 | 77 | 1 076 |
| 香烟 | 99 | NR | NR |
| 男士与男童套装和外套 | 42 | 56 | 846 |
| 木材 | 15 | 20 | 87 |
| 折叠纸板箱 | 25 | 38 | 246 |
| 图书印刷 | 32 | 45 | 364 |
| 炼油 | 29 | 49 | 422 |
| 轮胎与内胎 | 68 | 86 | 1 518 |

续前表

| 产品组 | C4 | C8 | HHI* |
|---|---|---|---|
| 鼓风炉和钢铁厂 | 33 | 53 | 445 |
| 家用冰箱和冰柜 | 82 | 97 | 2 025 |
| 汽车和车身 | 87 | 94 | NR |
| 计算机 | 40 | 68 | 658 |

＊50 个最大企业的赫芬达尔-赫希曼指数。

说明：NR 表示没有相关指数报告。

资料来源：*Census of Manufactures*：*Concentration Ratios in Manufacturing*（2001，Table 2）.

表 8.4 表明，在制造业部门中还没有出现以最大企业的**增加值**（收入减去燃料、动力和原材料的成本）为基础的集中度总和增大的趋势。该表说明自 1947 年以来，美国国内集中度的总和有所增长，但是在 1967—1992 年相对稳定，在 1997 年略微下降。而且，由于忽略了日益重要的进口，国内集中度的统计被高估了。

**表 8.4　制造业部门集中度百分比总和（按增加值衡量）**

| 最大企业 | 1947 | 1954 | 1963 | 1967 | 1972 | 1977 | 1982 | 1987 | 1992 | 1997 |
|---|---|---|---|---|---|---|---|---|---|---|
| 最大 50 家 | 17 | 23 | 23 | 25 | 25 | 24 | 24 | 25 | 24 | 21 |
| 最大 100 家 | 23 | 30 | 30 | 33 | 33 | 33 | 33 | 33 | 32 | 29 |
| 最大 200 家 | 30 | 37 | 38 | 41 | 42 | 43 | 43 | 43 | 42 | 38 |

资料来源：1982，1987，1992，and 1997，*Census of Manufactures*：*Concentration Ratios in Manufacturing*，Table 1.

我们所了解的集中度大多数是关于制造业的，但制造业仅占 2001 年 GDP 的 14％。[9]经济系统中其他部门的集中度呢？遗憾的是，制造业以外大部分产业的集中度数据并不是现成可得的。通常人们认为容易进入使得农业、服务业、零售和批发贸易、部分制造业、金融、房地产以及保险业相对不太集中。

遗憾的是，集中度的测算存在两个严重的问题。第一，许多因素会
257 影响卖方集中度。例如，利润率会通过影响进入而影响集中度。引言中提出的关键问题之一是竞争性较弱的市场结构是否会“导致”较高的利润。对这一假设的检验只有在市场结构影响利润的情况下才有意义，反之则无意义。也就是说，这一理论必须使用结构的外生衡量方法来检验，这里外生的意思是结构先于利润率被决定，且利润率不影响结构。[10]

大多数常用的市场结构指标并不是外生的，它们取决于产业的利润率。例如，假设我们使用企业数量作为衡量一个产业的结构的指标，认为企业数量越多产业的竞争性越强。然而，如果没有限制进入的壁垒，获得超额利润的产业将导致进入。尽管在短期中一个固有的竞争性产业

可能有少量企业，但在长期中如果存在高利润就会有许多新企业进入。

与企业数量相比，外生进入壁垒是一种更好的结构指标。例如，如果政府在过去阻止一些产业的进入，这些存在壁垒的产业应具有较高的利润，但是这些较高的利润不会导致额外的进入。

大多数 SCP 研究忽略了获得外生市场结构指标的问题。尤其是常用的集中度指标，例如 C4，根本就不是外生的市场结构衡量指标。

第二个严重的问题是许多集中度测算由于没有使用恰当的市场定义而出现偏差。与一个产品相关的经济市场包括显著约束该产品价格的所有产品（参见第 19 章）。为了使产业集中度成为有意义的绩效预测指标，产业必须包括一个相关的经济市场。否则，一个产业的集中度对定价将没有意义。

例如，有的产业的产品与另一产业的产品间存在直接的竞争，此时就可能低估了其竞争对手的数量。如果塑料瓶与玻璃瓶竞争，那么塑料瓶产业的集中度可能无法揭示该产业的市场势力。相关的集中度测算应
258 包含两个产业中的企业。同样，另一个产业中的企业如果可以改装它们的设备且轻而易举地生产本产业的产品，那么它们是可以影响现行定价的潜在供应商，应归为同一产业，但是这些并没有反映在四企业集中度中。[11]

遗憾的是，政府并没有公布特定产业和产品的集中度，而且所使用的定义不一定与相关的经济市场相符。集中度的测算通常基于国家统计数据的总和。如果由于高昂的运输成本导致市场具有区域性，那么国家有关集中度的统计数据就可能比实际的值要低，从而具有误导性。有些研究者使用运输距离来识别市场，在识别这些市场时使用的国家数据具有误导性：如果运输距离短，本地市场的集中度可能会和国家市场的集中度存在很大差异。

同样，由于人们忽略进口和出口，集中度的测算经常存在偏差。例如美国汽车产业 1997 年的四企业集中度为 80%。这一数据表明产业非常集中，但是它忽略了英国、日本和德国汽车的进口，这些进口汽车的数量占到了 1997 年美国汽车市场销售总量的 23%。当然，使用不恰当的集中度指标可能会扭曲绩效与集中度之间关系的估算。

正如卖方集中可能导致高价，买方集中可能导致较低的价格。当买方非常庞大而有力量时，他们的集中抵消了卖方的力量。由于这一原因，一些研究者将买方集中度作为市场结构变量来解释产业绩效。同样类型的市场定义问题可能会影响这一指标。然而，与卖方集中度相比，这一指标更有可能是外生决定的。

**进入壁垒**。决定产业绩效最重要的结构因素可能是企业进入产业的能力（第 4 章）。在具有明显长期进入壁垒的产业中，价格可维持在高于竞争价格的水平。

通常使用的进入壁垒的代名词包括最小有效企业规模、广告强度、资本密度以及进入特定产业的难度的主观估计。第 3 章区分了进入的长期壁垒和允许进入时的进入速度。大多数经验研究并没有区分这两个概念，因此它们使用的进入壁垒的许多指标通常不加区分地反映两个概念。

弗洛默尼和乔根森（Fraumeni and Jorgenson，1980）表明不同产业间的收益率的差异将会持续很多年。如果没有长期进入和退出的壁垒，产业间的收益率会趋同。他们的结论意味着存在长期壁垒，或者进入和退出的速率非常慢，以至于产业间收益率的趋近缓慢，或者说产业间在风险层面上存在着持续差异，这一差异继而反映在收益率上。

259 而且，进入壁垒的许多代表性因素，如广告强度，并不是外生的。其他一些代表性因素，如主观性指标，则存在较大的测量偏差。

**工会化**。如果一个产业是高度工会化的，那么工会可以通过较高的工资来抽取产业利润。而且，较高的工资将推动价格上涨。因此，即使产业中企业的利润并没有过高，工会化仍然会提高最终消费者面对的价格。同时也存在这种可能——工会既提高了工资和价格，也提高了产业利润。通过使增加劳动力成为高成本的行为，工会可以防止产业竞争出现扩大产出和降低利润的局面。如果工会更有可能组织有利可图的产业，那么工会化就可能不是外生的。

## 结构和绩效的关系

大量的研究试图将市场结构与三种主要的市场绩效度量中的每一种联系起来。本节将首先讨论关于基于美国数据的每种绩效测算指标的主要经验性发现，[12]而后考察基于其他国家和单个产业数据的 SCP 研究。最后，本节归纳了对这些结论及其解释的主要批评。

**收益率和产业结构**。乔·贝恩应受到表彰，其开创性的工作引发了大量讨论收益率和产业结构之间关系的文献。贝恩（Bain，1951）调查了 42 个产业，并将它们分为两组：八企业集中度超过 70%的产业和八企业集中度低于 70%的产业。较不集中产业的收益率为 7.5%（粗略地按收入除以股东普通股股权的账面价值计算），较为集中产业的收益率为 11.8%。

贝恩（Bain，1956）根据对进入壁垒程度的主观估计对产业进行了分类。他的假设是集中度高和进入壁垒高的产业应该具有较高的利润。贝恩给出的证据和他的假设一致。

布罗曾（Brozen，1971）批评了贝恩的发现，并提出两点理由。第一，正如贝恩所认识到的，他所研究的产业可能处于非均衡状态。布罗曾指出，贝恩所认定的高盈利的产业随后出现了利润的下降，同时较低盈利的产业随后则出现了利润的增长。事实上，在贝恩 1951 年最初对 42 个产业的研究中发现的高度集中组和较低集中组之间的 4.3%的利润差异到 50 年代中期已降低到仅为 1.1%（Brozen，1971）。第二，布罗曾指出贝恩在他的一些工作中使用的主导企业利润率（而不是产业的利润率）可能扭曲了他的结果。

260 使用 1950—1960 年的数据，曼（Mann，1966）再次得出了许多贝恩最初的发现（见表 8.5）。使用同贝恩一样的标准，曼以 70%的集中度将产业划分为两组样本，他发现和较低集中度组 9.0%的收益率相比，较高集中度组的收益率为 13.3%。

曼还调查了利润和他自己对进入壁垒主观估计之间的关系。他发现具有"极高"进入壁垒的产业比具有"较高"壁垒的产业利润更高，而具有"较高"壁垒的产业又依次比具有"中低"壁垒产业利润更高。他证实了贝恩的预期和早期发现，即具有极高进入壁垒的集中产业的平均利润率高于不具备极高进入壁垒的集中产业。

**表 8.5　　平均利润率（经过选择的产业）**

| 八企业集中度高于 70% | | 八企业集中度低于 70% | |
|---|---|---|---|
| 产业 | 利润率（%） | 产业 | 利润率（%） |
| 汽车 | 15.5 | 鞋类 | 9.6 |
| 烟草 | 11.6 | 啤酒 | 10.9 |
| 处方药品 | 17.9 | 烟煤 | 8.8 |
| 酒类 | 9.0 | 罐装水果和蔬菜 | 7.7 |
| 钢 | 9.0 | | |
| 所有被研究产业的平均数 | 13.3 | 所有被研究产业的平均数 | 9.0 |

资料来源：Mann（1966，299）.

有许多计量估计是关于收益率、集中度和各种其他变量之间关系的，例如那些衡量进入壁垒的指标（参见 Weiss，1974；Schmalensee，1989）。计量研究试图测算几种变量对收益率的影响，这种关系的估算被称为*回归*。回归研究不仅提供了一个变量对另一变量影响的估计，而且提供了一个统计指标以判断估计效果是否区别于零。

基于对许多研究的综述，韦斯（Weiss，1974）得出的结论是利润、集中度和进入壁垒之间存在显著关系。基于更为近期的数据的研究发现：结构变量和收益率之间只有微弱的关系或者没有关系。例如，塞林杰（Salinger，1984）发现：充其量只有微弱的证据可以支持集中产业内最小有效规模与收益率相关的假设。[13] 他并未发现进入壁垒的其他代理变量（如广告强度）与收益率相关的统计证据。

261 将利润与市场结构相联系的计量研究通常得出结论：测量出的利润率与广告—销售比率、研发费用与销售比率相关。这些研究还经常发现高收益率与产业增长相关。

一些研究者研究了资本（进而还有利润）的调整速度是如何与集中度相关的。资本—产出比率趋向于随着集中度的增加而增加，尽管最近这一趋势好像开始减弱（见表 8.6）。人们尚不清楚资本—产出比率和集中度之间相关关系的完全解释。这一结果一个可能的原因是相对于产业规模而言，最小有效规模工厂（能够有效率运营的最小规模的工厂）如此之大，以致当规模经济非常重要时仅有少量企业适合该产业。但是对大多数产业来说，最小有效规模（第 2 章）仅占整个产业需求的一小部分。

资本更为密集的集中产业可能使用相对更专业化的资本。如果是这样的话，它们的产出调整速度将慢于较低集中的产业，因为专业化资本的调整通常比非专业化资本的调整更为困难。如果高度集中产业调整的速度低于较低集中的产业，这就解释了为什么在这些产业中高（或低）的利润需要较长的时间才回落到（或上涨到）产业平均水平（Stigler，1963；Connolly and Schwartz，1985；Mueller，1985）。参见第 3 章有关进入的研究。

**表 8.6　　资本—产出比率和集中度**

| 四企业集中度（%） | 平均资本/产出率（%） | |
|---|---|---|
| | 1963 年 | 1997 年 |
| 0～10 | 26.5 | 38.8 |
| 11～20 | 26.9 | 32.8 |
| 21～30 | 32.7 | 37.1 |
| 31～40 | 34.5 | 39.9 |
| 41～50 | 37.7 | 36.8 |
| 51～60 | 37.9 | 39.4 |
| 61～70 | 44.2 | 46.6 |
| 71～80 | 49.8 | 49.0 |
| 81～90 | 51.8 | 35.6 |
| 91～100 | 57.7 | 42.5 |

资料来源：1963 series from Collins and Preston（1969，272）；1997 series is based on authors' calculations using the 1997 *Census of Manufactures*，*Industry Series* and *Concentration Ratios in Manufacturing*. The numbers in Table 8.6 are based on gross book value of capital and，because of data unavailability，do not exclude depreciation.

262 同样，如果集中产业需要很长时间才能对需求的变化做出反应，那么其他条件相同，与较低集中产业中的公司相比，利好的经济消息可以提升集中产业中公司的价值。勒斯特加滕和托马达吉斯（Lustgarten

and Thomadakis，1980）发现：与较低集中产业中的公司相比，利好的经济消息对集中产业中公司的股价市值的提升幅度较大，而利空的消息对其市值的降低也较大。

**价格—成本加成和市场结构**。在柯林斯和普雷斯顿（Collins and Preston，1969）之后，许多经济学家基于普查数据和各种产业结构变量，如四企业集中度和资本—产出比率，对跨产业的价格—平均可变成本加成之间的关系进行了研究。一个基于 1958 年以后数据的典型的回归（Domowitz，Hubbard and Petersen，1986，7）分析为

$$\frac{p-v}{p}=\underset{(0.01)}{0.16}+\underset{(0.02)}{0.10}C4+\underset{(0.02)}{0.08}\frac{p_{\mathrm{k}}K}{pQ}+\text{其他变量}$$

其中，$(p-v)/p$为价格—平均变动成本加成；$v$ 为平均变动成本的测度；C4 为四企业集中度；$p_{\mathrm{k}}K/(pQ)$为资本账面价值与产出价值之比。每个系数下括号中的数字是标准误差，是对被估计系数精确度的衡量。[14]由于使用了价格—平均变动成本加成，因此必须加上$p_{\mathrm{k}}K/(pQ)$一项（见方程 8.4）。

我们可以从该方程中得到价格对集中度增长的敏感度。根据这一方程，如果资本产出价值$p_{\mathrm{k}}K/(pQ)$为 40%（跨产业的平均值），四企业集中度为 50%，而且如果其他变量为零，预测的价格—平均变动成本加成为 0.24（≈0.16+(0.10×0.5)+(0.08×0.4)），或者 $p=1.3v$。也就是说，价格高于平均变动成本 30%。

如果四企业集中度从 50%上升到 100%，那么价格—平均成本加成将提高到 0.29，或 $p=1.4v$。也就是说，价格大约上升到平均可变成本的 1.4 倍，价格大约增长 7%。因此，即使集中度上升幅度较大也可能仅使价格上升了相对适度的幅度。

多莫维茨、哈伯德和彼得森（Domowitz、Hubbard and Petersen，1986）发现，在 1958—1981 年，高集中度和低集中度产业间价格—平
263 均变动成本加成的差异随着时间大幅度下降。当他们使用更近期的数据估算价格—平均变动成本方程时，与集中度有关的系数比 1958 年的值低得多。也就是说，在 1958 年对价格影响已经很小的集中度，在最近几年中影响变得更小了。更进一步，近期的一项统计检验并未拒绝集中度指标不影响价格—平均成本加成的假设。总的说来，他们发现价格—成本加成和集中度之间的关系是不稳定的，而且在某种程度上，即使存在关系也是微弱的，尤其是在最近。

除了使用平均可变成本的普查数据来研究价格—平均可变成本加成和产业结构的关系以外，其他调查者，如夸克和雷文斯克拉夫特（Kwoka and Ravenscraft，1985）使用联邦贸易委员会（FTC）的数据来研究单个企业层面的价格—平均可变成本加成。[15]使用单个企业数据

的研究表明高集中度和高价格—成本加成之间的联系是模糊的。一些研究发现即便这种联系存在，也很微弱，而其他研究则发现根本不存在这种联系。他们同时发现，第二大或第三大企业的出现大大降低了可以得到的价格—成本加成。这一发现意味着仅使用四企业集中度比率来测度市场结构是一个错误。

各种研究说明了其他解释变量所产生的显著影响。夸克和雷文斯克拉夫特（Kwoka and Ravenscraft，1985）表明产业成长对价格—平均成本加成具有显著的正面效应。勒斯特加滕（Lustgarten，1975b）认为买方集中度的增长有时会降低价格—成本加成。科马诺和威尔逊（Comanor and Wilson，1967）说明较高的广告—销售比率可能会提高价格—成本加成。弗里曼（Freeman，1983）表明工会降低了价格—成本加成。[16]

**绩效和结构的国际研究**。同国际贸易对美国市场的作用相比，国际贸易对许多其他国家更为重要，因此与基于美国数据的研究相比，基于这些国家数据的忽略进出口的研究产生的偏差可能更大。将仅基于国内集中的集中度作为市场势力指标可能并没有什么经济意义，相关竞争很有可能来自特定国家外部的企业。

但是，尽管各国在国内市场规模上存在差异，各国国内集中度比率却是相关的（Pryor，1972）。也就是说，在美国较为集中的产业可能在英国也较为集中。但是正如萨顿（Sutton，1989，1998）在有关美国和英国冷冻食品产业的研究中所阐述的，这种相关性并不完全。

264 不论使用哪国的数据，大多数研究难以查明集中度对绩效的经济和统计的显著影响（Hart and Morgan，1977；Geroski，1981）。但是，恩考瓦和格罗斯基（Encoau and Geroski，1984）发现，美国、英国和日本最集中的部门中具有缓慢的价格调整速度。[17]

**单个产业的绩效和结构**。多数 SCP 研究是基于横截面数据而不是某一特定产业在一段时间内的数据。不同产业中产业结构和绩效关系的横截面数据研究存在两个严重的缺陷。

首先，期望在所有产业间获得同样的结构和绩效关系是不切实际的。假设一个垄断的产业具有较高的需求弹性，而另一个垄断产业具有较低的需求弹性，如公式 8.2 所示，具有高需求弹性产业的价格—成本加成低于低需求弹性产业的价格—成本加成。多数横截面研究没有控制好不同产业间需求弹性的差异，因此隐含的假设是产业间的弹性相同。

其次，美国普查局公布的四企业集中度似乎不能与相关经济市场的集中度相对应。如果没有针对专门市场定义的集中度，那么就不应该期望发现不同市场间绩效和集中度之间的相关关系。

为了修正这两个问题，一些研究关注于单个产业跨时期或者跨地区的问题。例如，人们可以检验由于政府进入管制的变化，产业绩效是如何随时间发生变化的。下面回顾两个产业的研究。

**航空业**。在航空业中，对于已运营的航空公司而言，进入城际航线似乎具有较低的进入成本。所需做的全部工作就是将飞机从它的所在地飞往新的起始城市和终点城市。也就是说，航空产业似乎具有可竞争市场。但是，尽管进入相对容易，对航空产业的持续研究表明城际航线市场的集中度确实影响票价。[18]实际的进入，而不是潜在进入，在影响航空公司票价的因素中是极为重要的。

考尔和基勒（Call and Keeler，1985），贝利、格雷厄姆和卡普兰（Bailey，Graham and Kaplan，1985）以及格雷厄姆，卡普兰和西布利（Graham，Kaplan and Sibley，1983）发现集中度较高时票价也较高。他们得出结论认为：如果两城市之间航线上的四企业集中度从 50%加倍上涨到 100%，票价将上涨约 6%（Bailey，Graham and Kaplan，1985，
265 165）。再者，集中度对绩效有统计上的显著影响，但这种影响的重要性一般。博伦斯坦（Borenstein，1989）提供的证据表明：机场的集中度（而不是两城间的特定线路）也可以导致票价的适度上升。[19]班伯格和卡尔顿（Bamberger and Carlton，2003）发现航线和机场的集中度影响了票价，但是当虑及了乘客信息共享互联后，这一效果降低。（而且，他们发现网络中心的创建导致了产出扩张，并为消费者带来了明显的利益。）韦伊尔、西克尔斯和佩洛夫（Weiher，Sickles and Perloff，2002）表明航空票价对边际成本的加成主要取决于是否由一个或两个企业主导了该航线。

**铁路**。与航空公司明显容易的进入相比，建设一条铁路相当昂贵，以致没有人愿意通过建立一个新的大规模铁路系统进入铁路市场。因此，如果人们关注仅由铁路运输且由卡车（或其他）运输并不经济的商品，那么可以认为竞争者的数量是一个完全外生的变量。一些研究测算了 1980 年《斯塔格斯法》（the Staggers Act）放松铁路管制并给予铁路公司更大的定价自由后的铁路费率关系方程，其中涉及距离、运量和集中度。

麦克唐纳（MacDonald，1987）的测算指出，与存在一个竞争性铁路公司的情况相比，未面对竞争的铁路公司针对小麦运输索取的费用要高出 18%。当存在三条铁路相互竞争时，运输费率又会下降 2%。这些结果是统计显著的，但是他们表明即使集中度显著上升，运输费率也不会上涨那么多。[20]

**测算和统计问题**。总的说来，充其量只存在微弱的证据来证明集中度和进入壁垒的各种变量与市场绩效的指标之间存在联系。是关于绩效和结构之间的关系的理论错了，还是这些研究存在缺陷？

尽管许多 SCP 研究做得很好，但是另一些 SCP 研究却有严重的缺陷。在这些研究中发现的许多负面结果主要出于两个重要的问题。第一，这些研究通常存在大量的测算问题和相关的统计问题。第二，更为

重要的是，大多数研究在概念上存在缺陷。多数研究存在各种测算误差和其他难以修正的统计问题。上面已经讨论了许多这样的问题。此处我们分析另外三个问题。

第一，由于不恰当的产品间加总，使得集中度和绩效的测算经常存在偏差。因为大部分企业销售不止一种产品，任何对企业利润和价格—
266 成本加成的估算都反映了不同产品的平均值。对于一家在许多不同产业中生产产品的企业来说，总的统计量可能具有误导性。例如，普查根据企业生产的主要产品将企业归于某个产业部类，并在这一产业部类下记录它们生产的总价值。普查同时根据个别工厂的数据将产品层面的数据罗列成表。由于一个工厂不太可能像企业一样生产几种产品，产品层面的数据会更为理想，因为相对产业层面的数据来说，它们不太可能产生由于加总而出现的偏差。

第二，正如在绩效和产业结构测算部分所讨论的，绩效和结构变量趋向于产生其他测算误差。一些研究者除集中度外还加入了其他变量，努力地减少误差以控制这类测算问题。例如，由于大多数价格—成本加成忽略了资本和广告的作用，一些经济学家就在对集中度和价格—成本加成进行回归时加入了这两个变量。但是如果这些变量的测算存在错误或是由产业盈利能力所决定，那么这些额外的解释变量（用来解释绩效的测算）的加入可能并不会消除误差。例如，在高盈利的产业中广告被广泛使用，但研究者经常误测广告。对变量（如广告）系数的恰当解释是，它们某种程度上反映了绩效测算中的测算误差，而不是影响“真实”价格—成本加成（基于边际成本）的基本经济力量。

第三，许多研究不恰当地估算了绩效和集中度测算中的线性关系。例如，如果集中度的上升对一定集中度水平上的绩效影响较小，那么绩效和集中度之间的关系将较为平坦，呈现S形曲线形状。这一S形状曲线只有在观察到的集中度水平在曲线相对水平的部分时，才能用直线进行近似。如果集中度从极低水平向极高水平波动，那么基于线性关系假设所做出的估计可能会导致不正确的结果。

怀特（White，1976）、布拉德伯德和奥弗（Bradburd and Over，1982）试图寻找集中度的临界水平和门槛水平，在临界水平之下价格不太可能随着集中度的增长而增长，在门槛水平之上价格很可能随着集中的增长而增长。他们在寻找这一水平时仅取得了部分成功：似乎有一些证据表明当四企业集中度大致为50%～60%时，价格会增长。[21]

**概念问题**。许多SCP研究都有严重的概念问题，以至于很难用它们来测算我们的第二个关键问题，即绩效和结构关系。两个最常见的概念问题是：是否使用了长期绩效测算指标和结构变量是否为外生。

267 表8.1中概括的理论预测了长期利润如何随着市场结构发生变化。但它并未提及短期利润和市场结构的关系。因此基于短期绩效指标的

SCP 研究不能恰当地检验这些理论。

多长的时间才算做长期因产业而异。在任意时刻，一些产业是高利润的，而另一些产业则不是。随着时间的推移，一些企业从低利润的产业中退出并进入高利润产业，使得高利润产业的收益率趋向于正常水平。施蒂格勒（Stigler，1963），康诺利和施瓦茨（Connolly and Schwartz，1985）以及米勒（Mueller，1985）发现通常高集中度产业中的高利润下降较慢。只有通过分析利润水平（和其他绩效指标）以及利润变化的速度，分析者们才能区分出长期进入壁垒和进入发生的速度（参见第 3 章）。大多数分析并未对此做出区分。这一问题可视为精确衡量绩效问题。[22]

许多 SCP 研究中出现的更为严重的概念问题是：结构变量并不是外生的。在发现了高利润（或超额收益率、较大的价格—成本加成）和高集中度的联系后，许多研究者不恰当地推断由于高集中度会"导致"高利润，因此高集中度是有害的。然而，利润和集中度是相互影响的。另一个关于利润和集中度关系的解释是最大型的企业是最有效率和最富有创新性的（Demsetz，1973；Peltzman，1977）。只有当一个企业是有效率或者创新的，它才能有利可图地在市场中扩张并促使市场集中。在这一解释中，成功企业会通过低价格和更好的产品来吸引顾客。由于企业的成功，而不是较差的产业绩效，是同时通过其利润和市场份额来衡量的，因此它是消费者满意的指示器。正如夸克和雷文斯克拉夫特（Kwoka and Ravenscraft，1985）所发现的，这一假设的含义之一是企业的成功由其自身的市场份额来解释，而并非仅由产业集中度来解释。

如果集中度不是一个外生指标，那么假设集中度影响利润而反之不成立，对利润和集中度关系的估计就会导致同步偏差。然而，韦斯（Weiss，1974）运用了旨在消除同步偏差问题的统计技术，估计了绩效指标和集中度之间的关系，并发现在估计这一关系时不同的估计方法的差异不大。

尽管回归结果可能无法改变，但是它们的解释却发生了改变。考虑到因果关系，即使正确的绩效和集中度的估计也会没有信息价值。集中度没有引起高利润；长期的进入壁垒却能做到。这些壁垒将既导致高利润又形成高集中度。[23]

## 现代结构—行为—绩效分析

268 最初的结构—行为—绩效文献试图建立价格和集中度之间的系统关系。正如我们所注意到的，对这一方法存在很多批评，但最重要的批评可能是集中度本身是由产业的经济条件所决定的，因此它不是一个可以用来解释定价和其他行为的产业特征。这些持续的批评质询致使该领域中的大多数研究终止了，但是萨顿（Sutton）和他的同事提出了一个基于结构—行为—绩效思想、旨在寻找跨产业竞争行为系统模式的方法，同时指出进入由内生决定（Sutton，1991，1998）。

萨顿的研究检验了当市场规模扩大时竞争的变化。市场会变得更为分散吗？产品的其他特质——如质量、促销行为和研发——会发生变化吗？为这些跨越不同产业的问题提供系统性答案的基础的基本经济力量是什么？在回答这些问题时，萨顿分析了产品为同质和异质的市场，并且考虑了进入市场或是改变产品某种特性的成本。

## 理论

根据企业的进入成本是外生沉没成本还是内生沉没成本，我们把对萨顿理论的讨论分为两种情况。在前一种情况中，每个企业进入产业必须要花费一定数量的固定成本 $F$。在后一种情况下，企业进入产业所必须花费的成本是变化的，企业通过控制产品的某些维度来影响产品的特性，从而选择沉没成本大小。

**外生沉没成本**。为了阐述这一理论，萨顿研究了同质和异质产品市场。我们首先考虑企业生产同质产品，而且企业进行竞争的唯一变量是价格而不是质量的市场。每个企业发生沉没成本 $F$，并具有不变边际成本 $m$。当价格较低时，产业的需求函数为 $Q=s/p$，其中 $Q$ 为产业的产量，$s$ 为市场规模指标（总支出，我们假设其由价格独立决定），$p$ 为价格。也就是说，对于较低的价格和给定的 $s$，市场的需求弹性为 $-1$。在一些较高的价格 $p_m$ 下，需求曲线具有完全弹性。因此，垄断者可以在该市场中制定价格 $p_m$（参见第 4 章）。

最后的均衡以及随着市场规模的扩大而发生的均衡的变化由竞争所采取的形式决定。为了解释这一思想，萨顿考虑了三种类型的竞争，一个比一个更为“严酷”。卡特尔中的竞争水平是最低的，所有企业明显合谋，设定垄断价格 $p_m$，并在 $n$ 个企业之间分享总卡特尔利润和垄断利
269 润。不管企业数量 $n$ 如何，价格仍为 $p_m$。因此，每个企业的利润随着 $n$ 的增长而下降，因为总利润不断在更多的企业间瓜分。在均衡的 $n$ 处，总卡特尔利润趋向于零。[24]

更具竞争性的市场为古诺寡头垄断。对任何数量的企业 $n$，古诺的均衡价格为 $p(n)=m[1+1/(n-1)]$。[25]因此，古诺价格 $p$ 随着 $n$ 的增加下降到 $m$。每个企业的产出 $q$ 等于 $(s/m)[(n-1)/n^2]$，而每个企业的利润为 $(p-m)q-F$，等于 $s/n^2-F$。因此，在自由进入情况下，$n$ 等于 $\sqrt{s/F}$，在该点每个企业的利润为零。

最后，考虑竞争最为严酷的伯川德情况，对任意给定的 $n>1$，价格等于 $m$。这里，唯一的自由进入均衡是一个企业具有正利润，如果第二个企业进入，价格将会趋近边际成本，因此利润为负（因为存在固定成本），将会导致一个企业退出。

对每个竞争模型，图 8.1 给出了价格是如何随着 $n$ 的增长而变化的。正如图中所表示的，对任意给定的 $n>1$，随着竞争的加剧，价格降低，其中伯川德的竞争最为严酷，而卡特尔是严酷程度最低的竞争模型。

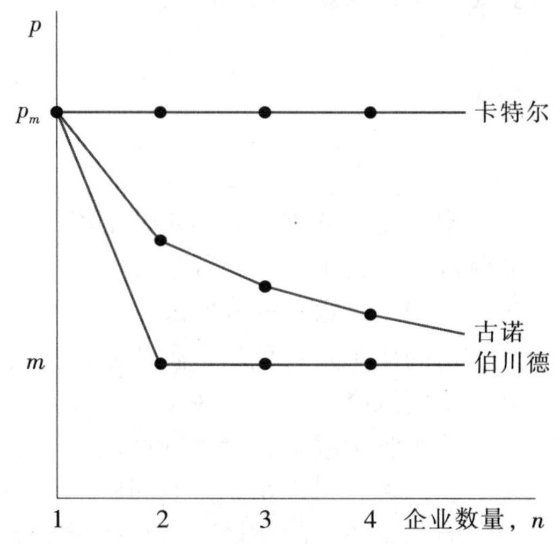


**图 8.1　三种市场结构下价格和企业数量的关系**

图 8.2 将每个竞争模型中均衡产业集中度的测算（$1/n$）和市场规模 $s$ 相联系，其中我们所指的均衡市场集中度是使得总利润为零（或者更为精确地说，如果一个新企业进入，它将获得负利润）的 $n$。

图 8.2 给出了两个有趣的结果。第一，正如我们所预期的，除了竞争最为激烈的博弈（伯川德）以外，所有模型中的集中度随着市场规模的增长而下降。对这一结果的直觉判断是较大的市场能容纳更多的企业。

第二个结论和直觉相反：对任意给定的市场规模，竞争越激烈，均衡市场的集中度越高。即使卡特尔模型具有最高的价格，卡特尔的集中度仍然最低。产生这一结果的原因是尽管竞争导致了较低的价格，但它阻止了进入。这一结论表明单纯依靠集中度来推断价格和竞争程度将会导致错误的结论。

与同质产品外生固定成本时的结论相比，异质产品外生固定成本时的结论将更为脆弱。在异质产品模型中（比如第 7 章的模型），市场的集中度取决于博弈的特性，比如一个企业能生产多少种不同的产品，以及如果企业可以在其他企业之前选择产品，那么该企业是否具有优

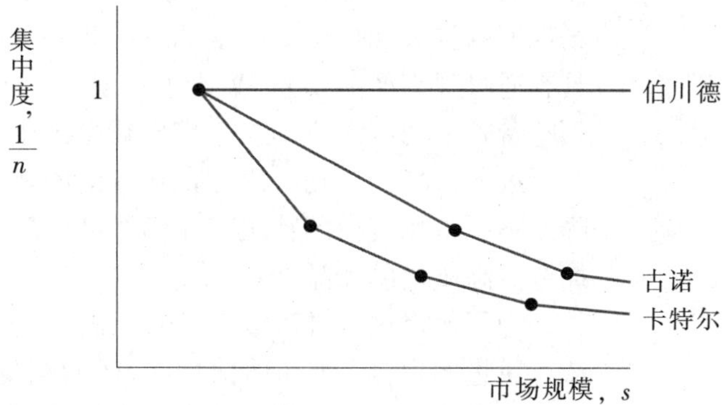


**图 8.2　三种市场结构下集中度和市场规模的关系**

势等。

270 萨顿有关异质产品的主要结论是：一般而言，在给定市场规模 $s$ 的情况下，当企业从同质产品转向异质产品使得均衡集中度下降（类似于同质产品竞争减弱情况下得到的结论）时，竞争的“严酷”程度也会降
271 低。但是，不同于同质产品情况，给定市场规模 $s$，存在多种可能的均衡结果，经济学家可以得到的最好结果是给定 $s$ 情况下集中度的下限。当这个下限较低时，只要超过这一下限，任何均衡都有可能成立，因此人们对均衡集中度做出的经验预测非常之少。

均衡集中度（或者下限）随着市场规模 $s$ 的增加而降低的特性取决于固定成本外生和产品质量给定的假设。给定这些特性，所有其他条件不变，当市场规模由国家的规模决定时，大国的集中度要低于小国。

尽管这一结论在许多产业中都成立，但仍有一些产业无论是在大国还是在小国都是高度集中的（Pryor，1972）。如何解释这一事实呢？在回答这一问题时，萨顿和他的同事极大地增进了我们对这一竞争过程的理解。我们现在转向讨论他们的发现。

**内生沉没成本**。在大多数市场中，企业不仅在价格上竞争，而且在产品的其他许多维度上展开竞争，例如质量、可信度、研发和促销行为等。为了了解这一思想，令 $W$ 为质量的指标，我们大体将其解释为关于产品的相关信息。关键的新假设是，企业可以花费资金来提高产品的 $W$。例如，企业可以增加广告、研发和工程上的支出，通过提高产品质量和提高消费者对产品质量的了解来增加 $W$。企业可以通过花费资金提高产品质量、降低价格，或是同时使用这两种方法来争取消费者。这里，由于企业自身决定投资的大小，因此我们认为企业具有内生沉没成本。

为提高质量花费资金会产生两种重要的效果。首先，如果高质量产品需要花费更多的成本，那么这样做会增加企业的固定成本，可能还会增加生产的边际成本。其次，这会吸引先前购买低质量产品的消费者。

在前面部分中，我们可以看到这两种效果的作用是完全相反的，其中市场规模的扩大和均衡集中度的下降相关。随着市场规模 $s$ 的扩大，企业具有通过提高产品质量 $W$ 来参与竞争的动机。为了提高质量，企业必须花费较大的沉没成本，这将会减少由于市场规模 $s$ 扩大而引起的其他企业进入市场的激励。因此，随着市场规模的扩大，集中度并不一定下降。不同市场规模的特定产业仍然可以高度集中，但是更大的市场将会拥有更高质量的产品。

为了使得这一推理成立，必须满足一些假设条件。消费者必须充分认可质量的提高，使得他们可以从购买低质量产品转为购买高质量产品。为了建立使该假设成立的条件，萨顿使用了一个纵向差异的模型。在这一模型中，每个消费者同意根据质量 $W$ 进行的产品排序，所有消费者更倾向于质量较高的产品而非质量较低的产品。

假设消费者从产品质量 $W$ 中获得的消费者剩余为 $U=\theta W-p$（$W$），
272 其中 $\theta$ 为反映消费者对质量的权重参数，$p$（$W$）是质量为 $W$ 的产品的价格。由于消费者具有不同的 $\theta$，即使所有消费者都偏好于更高的 $W$，仍会有一些消费者对需要进行额外支付的 $W$ 颇有微词，而其他消费者即使在价格相对较高的情况下，仍然愿意为从高质量产品中得到的额外质量进行支付。对任一消费者而言，最优 $W$ 依赖于价格函数 $p$（$W$），该函数表明了随着 $W$ 上升以及消费者对质量偏好 $\theta$ 的变化，价格是如何上升的。

萨顿证明只要 $p$（$W$）和生产高质量产品的成本随着 $W$ 增长的速度不是“太快”，那么均衡将具有三个显著的特性。首先，市场上生产最高质量产品的企业都是最大的企业。

其次，市场规模的增加将会导致市场中最优产品质量的提高，消费者选择的较高质量产品的价格将会更高，而且一些低质量产品将从市场中消失。因此，均衡质量将随着市场的扩张而上升。

再次，当质量较高以及随之产生的成本较高时，仍然能留在行业中的企业越来越少，集中度将仍然很高。因此，即使存在横向和纵向差异，只要消费者不同偏好的纵向（质量 $W$）和横向维度之间存在足够的替代性，随着 $s$ 的增加，市场集中的特点仍然成立。

无论是在内生还是外生沉没成本的情况下，有关集中度和市场规模的关键经验预测取决于特定假设的有效性。最为重要的假设是随着市场规模的增长，博弈的形式——伯川德、古诺和卡特尔——不会发生改变。在给定市场中，这一假设可能成立，也可能不成立。而且，无论是萨顿还是其他人在定义描述竞争过程的博弈形式的产业经济特点方面都没有明显进步。因此，与对早期文献中集中度不一定外生提出的批评类似，这里我们有理由对竞争博弈的形式不一定外生这一点提出批评。

## 经验性研究

萨顿使用六个国家——法国、德国、意大利、日本、英国和美国——的数据写出了两本书来检验他的理论，这其中特别关注了广告和技术的内生性。萨顿的经验研究帮助人们解释了为什么一些产业在大小不同的国家中的集中度是相似的，而另一些则不是。参见案例 8.1。

在萨顿（Sutton，1991）的研究中，他检验了自己有关食品和饮料部门数个产业中集中度和市场规模关系的理论预测。他将产业分为两类，一类是广告很少的产业，另一类是广告明显很多的产业。第一类产业大致对应内生沉没成本的情况，而第二类产业大致对应外生沉没成本的情况。对每类产业，萨顿都进行了形式为 $C4=a+b\ln(s/\sigma)$ 的回归，其中 C4 为四企业集中度，$s/\sigma$为市场规模除以有效工厂规模。[26] 对理论的一个计量经济学检验是第一种类型的 $b$ 为负，第二种类型则为零。利用他的例子，萨顿确实得出了这个结果，这为他的理论提供了令人信服的经验支撑。

273

**案例 8.1**

### 超市和集中度

埃利克森（Ellickson，2000）将萨顿的理论应用于超级市场产业。不同于萨顿关注于广告和技术相关的沉没成本，埃利克森研究了建造大型卖场的商店层面，以及提供不同品牌产品的专业和分销系统的企业层面中沉没成本的作用。埃利克森解释道，这些成本在将高质量企业同低质量商店区分开时非常重要，其中他使用了商店规模、是否拥有熟食店和面包铺、是否拥有扫描器和 ATM 机来衡量质量。

埃利克森检验了 320 个不同的大都市统计区域（MSA）中超级市场的四企业集中度。在不考虑 MSA 的规模时，每个 MSA 中四个或五个拥有多家商店的企业占据了销售额的 70%～80%。而且，无论是随着时间的推移还是市场的成长，城市层面的集中度都是非常高的。埃利克森使用萨顿的内生沉没成本理论解释了这些结论。根据这一理论，市场规模的扩大将会产生高质量的超级市场，但不会增加企业数，这正是埃利克森所发现的现象。

更进一步，和该理论相一致，每个 MSA 中的最大企业比小企业提供了更高质量的产品。而且，不同 MSA 中大企业的质量也是不同的，正如理论所预测的：最大市场中的企业具有最高的质量。

埃利克森同时检验了随着 MSA 的增长，产业是如何随着时间发生变化的。超市产业的趋势是随着时间的推移集中度提高。例如，154 个 MSA 的平均四企业集中度从 1954 年的 45%上升到了 1998 年的 75%。和理论相一致的是，每个商店提供的产品数量从 1980 年的 14 145 种增加到了 1994 年的 21 949 种，而商店的平均规模以每年 1 000 平方英尺的速度扩大。

因此，萨顿的工作增进了我们对集中度和竞争之间关系的理论和经验的理解。但是，我们仍要对萨顿的结论做出两点重要说明。首先，正
274 如他在每个国家每个产业的详细分析中所揭示的，在不同的国家中有相同的竞争性博弈的假设并非始终成立。到目前为止，很少有研究解释为什么一些国家特定产业的竞争要比其他国家的竞争更为激烈。[27]

萨顿充分利用了某一产业各国竞争性博弈的差异。萨顿界定了竞争异常激烈的产业和国家，并发现：和他的理论相一致，这些国家中的产业更为集中。他识别了对卡特尔态度比较宽容的国家，和他的理论再次相一致的是，他发现这些国家趋向于具有更低的集中度水平。

第二个问题是萨顿理论预测了市场规模和集中度关系的下限。预测下限的原因在于均衡的多样性，一些均衡的集中度水平高于下限水平。因此，当下限非常低时，理论不能很好地帮助我们预测特定国家的集中度。

尽管萨顿认为这一下限理论是一般情况下最能解释问题的理论，但是这一理论使得分析者处于一种忧虑的地位，因为这一理论结构并未能有效地缩小可能的均衡范围。萨顿详细描述的每个产业的历史表明，许多特殊的因素通常在解释产业演化时非常关键。因此，他的工作为我们提供了严肃的一课，因为其表明了理论在解释产业结构时的局限。

## 衡量绩效的现代方法

经济学家的猜测尽可能准确。

——威尔·罗杰斯（Will Rogers）

SCP研究集中关注于我们的第二个问题——即绩效和结构之间的关系，而对第一个问题，即绩效测算的关注则相对较少。相反，大部分现代经验方法关注于绩效和市场势力的测算。这些研究首先批判了传统的绩效衡量方法，因为它们存在会计困难而具有显著缺陷。现代经验方法采用了基于前几章所描述的利润最大化行为的规范理论来测算市场势力。

研究者使用了静态和多阶段的模型来测算市场势力。一些经济学家直接和间接地依赖于对边际成本和价格的观察值，其他人则观察产出和价格行为是否和竞争性模型相一致。以下部分将讨论其中的一些方法。

## 静态研究

275 大多数基于静态模型的现代研究可以分为：关于直接测算边际成本的研究、关于测算一个市场整体模型（因此得到了对边际成本和价格加成的估算）的研究，以及关于观察价格和要素成本的变化之间的关系来检验产业是否具有竞争性的研究。

**使用成本数据测算边际成本**。回答我们关于一个产业的市场势力程度的第一个关键问题的最为直接的方法是直接计算价格—成本加成。[28]尽管我们可以得到大多数产业的价格数据，但遗憾的是，我们通常无法得到边际成本数据。

但是如果可以得到有关总成本的信息，那么经济学家就可以通过测算可观察的总成本和总产出之间的关系，而后计算边际成本，于是可以较简单地得到价格—成本加成。韦伊尔等（Weiher et al.，2002）使用总成本信息测算了边际成本，而后直接计算出市场势力的勒纳值。

但是，即便是总成本数据也是很难得到的。测算成本函数的研究通常是检验受到管制的产业，因为管制者会迫使企业提供成本数据。例如，基勒（Keeler，1983，71）、弗里德兰德和斯帕蒂（Friedlaender and Spady，1980，Ch. 4）发现在 20 世纪 60 年代末和 70 年代初，美国东北部散装货物零售服务的价格超过其长期边际成本约 22%。吉恩索夫和马林（Genesave and Mullin，1998）使用来自法庭判例的成本数据计算，发现加成很小。

**使用产业模型测算加成**。如果无法得到成本数据，我们就不能直接测算边际成本 $MC$，那么我们将如何计算价格—成本加成呢？一种方法是使用关于需求和边际成本曲线 $MC$ 的假设，通过观察均衡价格和产量在一段时间内如何变化来推导加成。[29]这一方法被称为新经验产业组织学。

在许多市场中，我们拥有足够的信息来测算需求曲线。图 8.3 给出了特定市场的需求曲线 $D_1$。假设我们相信产业的边际成本 $MC$ 是恒定的，尽管我们并不知道其水平。现在，图 8.3 中的市场均衡点 $E^*$ 在价格 $p^*$ 和产量 $Q^*$ 处。这一均衡可由具有相对较高边际成本 $MC_c$ 的竞争性产业生产，也可以由具有相对较低边际成本 $MC_m$（与垄断者的边际收
276 益曲线 $MR_1$ 在 $Q^*$ 处相交）的垄断企业生产。只有这一信息，我们并不能识别（确定）边际成本和价格—成本加成。

但是，如果下一阶段的需求曲线转移到 $D_2$，即图 8.3 中与 $D_1$ 平行的右侧，那么我们就可以确定产业究竟是竞争性的还是垄断性的。如果产业是竞争性的，新的均衡在点 $E_c$ 处，因此价格仍然为 $p_c = p^*$，产出大幅度

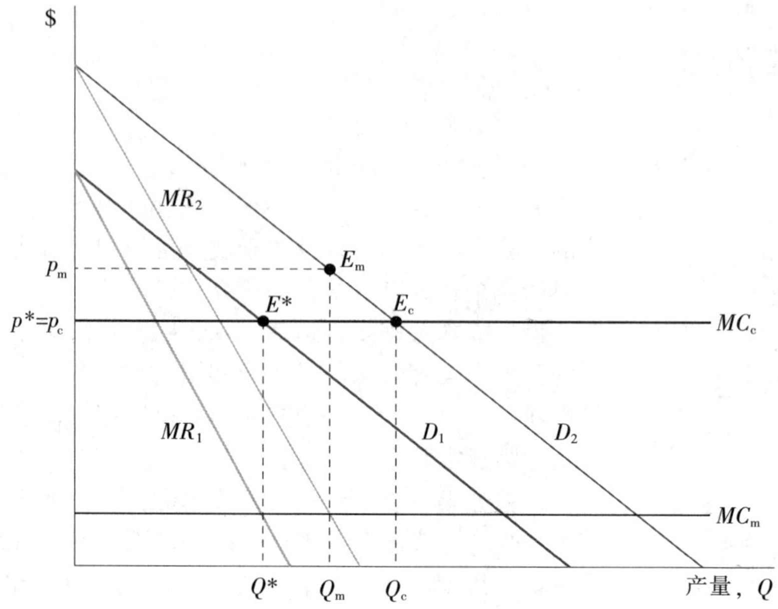


**图 8.3 识别市场势力**

增长至 $Q_c$。也就是说，通过注意到需求的移动没有影响价格，我们知道产业的边际成本为 $MC_c$，勒纳价格—成本加成$(p-MC_c)/p$等于零。

但是如果需求导致了一个新的均衡点 $E_m$，价格从 $p^*$ 上涨到 $p_m$，而产量仅上升到 $Q_m$，那么这一价格的上升与非竞争行为是相一致的。因此，如果我们知道 $MC$ 是恒定的，那么需求曲线的外移可以表明市场是否是纯粹竞争性的。如果价格不变，市场是竞争性的，如果价格上升，则存在市场势力。

经济学家使用这一方法来估计市场势力的程度、勒纳价格—成本加成以及边际成本曲线。通常，他们对需求曲线和边际成本曲线的形状做出特定的假设，使得他们可以通过观察均衡价格和产量随时间的变化来
277 识别价格—成本加成。附录 8B 描述了一种方法。[30]表 8.7 使用这些方法估计了数个产业的价格—成本加成。参见案例 8.2。

**表 8.7　价格—成本加成的测算**

| 有关研究 | 产业 | $(p-MC)/p$ |
|---|---|---|
| 布雷斯纳汉（1981） | 汽车 | 0.10～0.34 |
| 阿普勒鲍姆（1982） | 橡胶 | 0.05 |
| | 电气设备 | 0.20 |
| | 烟草 | 0.65 |
| 波特（1983a） | 铁路（具有卡特尔） | 0.40 |
| 洛佩兹（1984） | 食品加工 | 0.50 |
| 罗伯茨（1984） | 咖啡焙烧（最大的企业） | 0.06 |

续前表

| 有关研究 | 产业 | $(p-MC)/p$ |
|---|---|---|
| 斯皮勒和法瓦罗（1984） | 放松管制前的大银行 | 0.88 |
| | 放松管制后的大银行 | 0.40 |
| 萨斯洛（1986） | 铝业 | 0.59 |
| 斯莱德（1987b） | 汽油零售 | 0.10 |
| 卡普和佩洛夫（1989a） | 大米出口（最大估算） | 0.11 |
| 卡普和佩洛夫（1989b） | 日本小型黑白电视 | 0.58 |
| 巴斯切纳和佩洛夫（1991） | 菲律宾可可油（1974年后期） | 0.89 |
| 万恩和塞克斯顿（1992） | 水果鸡尾酒 | 1.41 |
| 戴德哈尔和塞尔登（1995） | 德国香蕉 | 0.26 |
| 吉恩索夫和马林（1998） | 精炼糖（1880—1914年） | 0.05 |
| 海德和佩洛夫（1998） | 澳大利亚零售肉业 | ≈0 |

资料来源：Articles cited and Bresnahan（1989，Table 1）.

278

**案例 8.2**

## 到底有多甜?

如果我们有边际成本 $MC$ 和市场价格 $p$ 的数据，就可以直接计算出市场势力的勒纳指数$(p-MC)/p$（第4章）。遗憾的是，这样的成本数据通常很难得到。

因此，大多数有关市场势力的新经验产业组织研究通过对需求和边际成本曲线的形状进行假设来识别勒纳指数。因此，这些市场势力的测算只是依赖于曲线形状的（未经验证的）假设。通常，这些研究使用参数 $\lambda$ 来测算市场势力的程度，勒纳指数为（见附录8B）

$$(p-MC)/p=-\lambda/\varepsilon$$

其中，$\varepsilon$ 为测算的市场需求弹性。如果市场是竞争性的，$\lambda=0$，价格和边际成本之间没有差距。如果市场是垄断的，$\lambda=1$。如果 $\lambda$ 介于0～1之间，那么市场势力的程度在竞争性市场和垄断市场之间。

吉恩索夫和马林（Genesove and Mullin，1998）拥有炼糖产业的成本数据。因此，他们就可以比较使用测算方法和直接使用成本数据计算市场势力之间的差距。

由于19世纪后期美国炼糖公司的收购，炼糖产业成为高度集中的产业，最大的公司占据了销售总额的60%。由于反托拉斯诉讼，人们得到了该产业1880—1914年详细的成本数据。吉恩索夫和马林使用这些数据直接计算了边际成本，而后又用它们来计算勒纳指数。根据这些计算，1880—1914年期间勒纳指数的典型值为0.05（几乎为完全竞争），而典型的 $\lambda$ 值为0.1。

接着，吉恩索夫和马林不考虑他们已有的详细的成本数据，而使用类似于附录8B中的方法测算需求曲线、边际成本曲线和 $\lambda$。使用这一方法，他们测算出 $\lambda=0.04$，由此推出的勒纳指数为0.02。尽管他们的计量方法导致了 $\lambda$ 的测算值低于成本方法，但是计量方法成功地告诉研究者，尽管产业存在高集中度，垄断模型（$\lambda=1$）与数据的一致性并不如竞争模型（$\lambda=0$）与数据的一致性好。

**间接方法**。一些经济学家通过考察成本变化时价格的变化情况来检验产业是否具有竞争性，而不必对需求和供给曲线的形状做出详细的假设。在一个边际成本恒定的产业中，如果边际成本上涨一定数量，由于价格等于边际成本，竞争性价格也将会上升同样的数量。例如，在一个竞争性产业中，每单位产品 1 美元的税收会将价格提高 1 美元。通过观察价格变化和成本（或成本的一些要素）变化之间的关系可以检验产业是否为竞争性的。

279 萨默（Summer，1981）检验了州际税收差异对香烟价格的影响。他认为，如果州际香烟的零售价格因税收的差额而有所不同，那么市场是相对竞争的。布洛和弗雷德拉（Bulow and Pfleiderer，1983）指出可以采用一一对应原则构建垄断企业转移成本的需求曲线。沙利文（Sullivan，1985）使用了不同的方法来避免这一批评，并证实了萨默有关香烟市场竞争程度明显的结论。同样，阿申费尔特和沙利文（Ashenfelter and Sullivan，1985）利用国内税收的变化来识别市场结构。

霍尔（Hall，1988a）给出了另一种不用对需求曲线做出特定假设的测算市场势力的方法。他表明，当规模收益不变时，成本的转移足以识别市场势力。[31]当这样的产业对应于需求变动而扩大产出时，如果该产业是竞争性的，那么产出总价值（收入）的增长恰好为其总成本的增长。如果价值增幅大于新增成本，那么价格超出了边际成本，产业是非竞争性的。[32]

霍尔测算出存在很大的加成，但是随后多莫维茨等（Domowitz et al.，1988）和罗杰（Roeger，1995）的工作发现存在较低的加成。[33]罗杰得到的加成为 5%～23%。

## 多阶段研究

几乎所有真实世界的市场都会延续多个时期。在下列情况下应该使用多阶段模型来测算市场势力：如果企业在制定策略时考虑过去的行为；如果调整成本显著，以至于该阶段的成本依赖于先前阶段的决策；或者，如果今天的需求取决于过去的消费。经济学家使用至少两种类型的多阶段模型来测算市场势力：合谋行为模型和具有成本调整行为的模型。

**合谋和重复静态博弈**。施蒂格勒（Stigler，1964a）认为寡头企业合谋（至少是暗中的）的机会和愿望为解释所有的寡头行为提供了基础（第 5 章）。在这一理论中，价格低于垄断水平是因为没有完全实行卡特
280 尔。在这一说法中，市场结构关系重大。例如，产业中的企业越多就越难发现任一企业的欺骗行为，因此会出现更多的欺骗，平均价格就会下降。

博弈论学者将施蒂格勒的思想模型化为建立在重复静态博弈之上的超级博弈。在这样的模型中，由于需求或供给成本的波动而形成的价格的随机波动使得卡特尔成员的"欺骗"难以被发现，因为价格的波动既可能源于欺骗行为，也可能是因为经济条件的改变。为了阻止企业进行欺骗，所有卡特尔成员协定：如果市场价格下降到某一水平——"触发价格"——每个企业将在一段时间内将产出扩张到卡特尔之前的水平，价格会因此而下降。如果企业预期其他企业会遵守协议，那么削价企业可能在短时间内获益，但是当卡特尔遭到破坏后，它将由于这个事先确定的惩罚机制而遭受损失（第 5 章）。

波特（Porter，1983a），李和波特（Lee and Porter，1984），埃利森（Ellison，1994）使用这一理论估算了 19 世纪 80 年代的铁路卡特尔行为模型。通过比较高价格和低价格时期，波特发现卡特尔在成功的合谋时期将价格提高了 60%以上。参见案例 5.6。

**存在调整成本的动态模型**。如果企业在培训新员工、储备投入或产出（存货）、积累资本方面存在巨大的调整成本，为了最大化长期利润，企业必须计划它们多时期的行动。例如，如果企业必须补偿被解雇的工人（一项调整成本），当企业认为在 $t+1$ 期内的需求将会降低，那么它在 $t$ 期内就会雇用较少的工人。同样，如果存在**干中学**（learning by doing，由于经验积累或是采用了更好的生产方法，工人变得愈发熟练，生产成本会降低），企业的成本将会随时间而下降；企业在这一时期的行为会影响它在后阶段的成本和利润。[34]

平狄克（Pindyck，1985）表明，在动态环境下，在每一阶段机械地使用勒纳指数可能会具有误导性。在跨期的情况下，无论是短期需求弹性还是勒纳指数都不能提供一种有意义的市场势力的测度。解决办法之一是讨论稳态的价格—成本加成（如果不存在进一步的成本或需求冲击，这一加成最终会达到并持续），或者将价格与产量的路径与价格接受者假设下的路径相比较。

虽然大量的博弈论文献讨论了寡头垄断的动态模型，但这些模型都很笼统以至无法用于实际估计，为了实际地测算这些模型，人们必须做出进一步的限制。罗伯茨和萨缪尔森（Roberts and Samuelson，1988）使用了较具合理性的一般函数形式的动态寡头垄断模型来驳回香烟市场
281 是竞争性的假设。但是，用他们的一般函数模型并不能测算市场势力的程度。卡普和佩洛夫（Karp and Perloff，1989a，1993a）使用了线性需求曲线和二次调整成本的动态寡头垄断模型来测算国际咖啡和国际大米出口市场的稳态的价格—成本加成。近期有关动态寡头垄断的工作，参见第 6 章中引用的参考文献，特别是埃里克森和培克斯（Ericson and Pakes，1995，1998）、费什特曼和帕克斯（Fershtman and Pakes，2000），以及麦圭尔和帕克斯（McGuire and Pakes，1994）。

## 测算绩效的现代方法的价值

现代方法与SCP方法相比有三大主要优势。第一，它们没有用会计指标来测算市场绩效。第二，它们使用了外生变量（工资、税收和需求增长）的变化来解释绩效的变化，而不是使用集中度和广告等内生变量。第三，它们是基于单个产业最大化模型的，因此有关行为的假设可以得到验证。它们的主要缺陷是许多这些模型都要求对供给和需求曲线的形状，以及寡头垄断企业的行为做出详细的假设。而且，在我们已经讨论过的现代方法中，没有一种方法关注于使用跨产业的横截面变量来进行预测，并由此得出哪些因素使得不同产业具有不同的竞争程度。对这些因素的搜寻才是SCP方法和萨顿方法的核心。

# 小　结

绩效测算（诸如价格—成本加成一类）和市场结构（诸如集中度、进入壁垒一类）间的经验关系尚不明确。严重的度量问题困扰着这样的结构—行为—绩效（SCP）研究。绩效的会计指标可能无法准确地衡量经济利润和成本，当存在长期资本资产时尤其如此。我们可以准确测算单个产业的集中度，但是这种测算只有当单个产业构成相关经济市场时才有意义。最后，通常进入壁垒的测算是主观的，同时无法区分长期进入壁垒和进入发生的速度。

将产业绩效的测算和集中度、进入壁垒联系起来的跨产业研究遇到了一些概念问题。集中度和绩效之间统计上的显著关系并不一定能推出集中度导致价格高于竞争性水平。另一个解释是由于企业有效率而变大了（集中度上升）。如果这样，那么在一个产业中，最大企业的利润会高于最小企业的利润。经验结果表明集中度和进入壁垒要么对绩效没有影响，要么具有较小的正影响，而且这些效应通常是统计不显著的。萨顿和他的同事所做的研究对SCP方法提出了许多批评，同时利用产业信息对产业集中度做出了推测。

282 尽管不能避免所有问题，但单个产业的研究可以避免许多传统SCP横截面研究的概念问题。这些研究通常发现集中度对产业绩效指标（如价格）的影响虽然很小，但却是统计显著的。

现代研究利用统计方法来测算特定产业的价格—成本加成，而不是依靠会计指标。这些研究本身具有缺陷：研究者通常必须对需求、成本函数或是寡头垄断行为做出详细的假设。许多这样的产业研究发现存在大量的加成。这些方法仍未被用来详细探究产业结构与偏离完全竞争行为的程度之间的关系。

## 问　题

1. 为什么经验研究者通常在解释绩效的方程中包含广告—销售和资本—销售比率？

2. 一个产业中价格为 $p^*$，其资产收益率为 $r^*$。产业具有固定比例的生产技术（生产单位产出需要固定比例的劳动和资本——资本和劳动之间不能替代）。令 $p$ 和 $r$ 分别为产业竞争时出现的价格和收益率。$p^*-p$，$r^*-r$ 和资本—产出比率之间的关系如何？

3. 集中度通常是一个企业国内产品的份额。如果美国参与了更多的国际贸易，集中度指标会失去意义吗？这一效应能否解释价格—集中度影响随时间消失的情况？

4. （较难）评价以下的论断："存在垄断企业按一比一的基准将成本上涨转移给价格上涨的需求曲线，因此通过比较价格变动和成本变动不能推断出与产业竞争力有关的结论。"在你的评价中，看看你是否能得出一条具有上述性质的需求曲线（Bulow and Pfleiderer，1983）。

5. 区分零利润和价格—成本加成为零的情况。

6. 假设需求函数为 $Q=s/p$，其中，$Q$ 为总产量需求，$s$ 为市场规模的测度，$p$ 为同质产品的价格。令 $F$ 为企业的固定成本，$m$ 为不变边际成本。如果古诺模型中存在 $n$ 个竞争的企业，计算价格 $p$、一个典型企业的产出 $q$ 和利润 $\pi$。

a. 证明：i. $p=m\left(1+\frac{1}{n-1}\right)$

ii. $q=\frac{s}{m}\cdot\frac{n-1}{n^2}$

iii. $\pi=s/n^2-F$

b. 如果进入自由，$n$ 等于多少？

c. 随着 $s$ 的增长，均衡集中度 $1/n$ 如何发生变化？

d. 随着 $s$ 的增长，均衡企业规模如何发生变化？

奇数问题的答案在本书最后部分给出。

# 附录 8A　赫芬达尔-赫希曼指数（HHI）和价格—成本加成的关系

283 寡头垄断包含 $n$ 个生产同质产品的相同企业。每个企业 $i$ 选择其产出 $q_i$ 最大化利润，

$$\pi_i = p(Q)\, q_i - mq_i$$

其中，$m$ 为每个企业的不变边际成本（和平均成本）；价格 $p$ 为产业总产出的函数；$Q=nq_i$。

企业参与古诺博弈（参见第 6 章），因此每个企业的一阶条件——通过对 $q_i$ 求导并使等式为零——为边际收益等于边际成本：

$$MR = p + q_i p' = m = MC \tag{8A.1}$$

其中，$p'$为价格对 $Q$ 的导数。重新排列等式（8A.1），这一表达式可以表示为勒纳指数：

$$L \equiv \frac{p-m}{p} = -\frac{p'Q}{p}\frac{q_i}{Q} = -\frac{s_i}{\varepsilon} = -\frac{1}{n\varepsilon} \tag{8A.2}$$

其中，$s_i \equiv q_i/Q = 1/n$为企业 $i$ 产出的份额；$1/\varepsilon = (p'Q)/p$为需求弹性的倒数。由于所有企业都是相同的，等式（8A.2）对产业中的每个企业都是成立的。

正如考林和沃特森（Cowling and Waterson，1976）所表明的，使用了份额权数的企业价格—成本加成的产业平均数为

$$\sum_i s_i \frac{p-m}{p} = -\frac{\sum_i s_i^2}{\varepsilon} = -\frac{\text{HHI}}{\varepsilon}$$

其中，HHI 为赫芬达尔-赫希曼指数。也就是说，HHI 除以市场需求弹性的绝对值等于企业价格—成本加成的加权平均数。

# 附录 8B　市场势力的识别

284 如果我们不能直接观察到边际成本，那么在什么条件下我们可以确定价格—成本加成呢？回答这个问题的方法之一涉及对一个完整的市场模型的估算，其中必须指明需求和边际成本曲线的形状，并假设利润最大化行为。[35]

为了表明这一方法，假设一个产业由一定数量生产同质产品的相同企业组成。需求曲线为 $p(Q; Z)$，其中，$p$ 为市场中的单一价格，$Q$

为产出，$Z$ 为影响需求的另一个变量，如收入或是一种替代品的价格。

由于产业利润为 $R \equiv p(Q; Z)Q$，我们定义有效边际收益为

$$MR(\lambda) = p + \lambda p_Q Q$$

其中，$\lambda$ 为待估参数；$p_Q \equiv \partial p / \partial Q$。如果产业是垄断的，$\lambda = 1$，有效 $MR(1)$ 就是通常的 $MR$ 测度：$p + p_Q Q$。如果产业中的企业是价格接受者，那么 $\lambda = 0$，有效 $MR(0)$ 等于价格。其他各种寡头垄断和垄断竞争性产业结构下得到的 $\lambda$ 在 0～1 之间。

利润最大化或最优条件是有效边际收益等于边际成本：$MR(\lambda) = MC$。因此，$\lambda$ 为价格和边际成本差距的测度。也就是说，勒纳指数为

$$L \equiv \frac{p - MC}{p} = -\frac{\lambda p_Q Q}{p} = -\frac{\lambda}{\varepsilon}$$

其中，$\varepsilon$ 为需求的市场弹性。这一表达式和附录 8A 中得到的表达式类似，附录 8A 中的表达式依赖于企业的数量、市场份额或者赫芬达尔-赫希曼指数。

例如，假设需求曲线为特定的线性形式

$$p = \alpha_0 + \alpha_1 Q + \alpha_2 Z + \alpha_3 ZQ + \varepsilon_1 \qquad (8B.1)$$

285 因此有效边际收益为

$$MR(\lambda) = p + \lambda p_Q Q = p + \lambda(\alpha_1 + \alpha_3 Z)Q \qquad (8B.2)$$

利润最大化的企业设定有效边际收益等于边际成本。如果边际成本曲线对 $Q$ 和要素价格 $W$ 是线性的，

$$MC = \beta_0 + \beta_1 Q + \beta_2 W + \varepsilon_2$$

那么最优方程 $MR(\lambda) = MC$ 可以表示为

$$p = \beta_0 + (\beta_1 - \lambda\alpha_1)Q - \lambda\alpha_3 ZQ + \beta_2 W + \varepsilon_2 \qquad (8B.3)$$

采用恰当的统计方法，我们可以将 $p$ 对常数 $Q$、$ZQ$ 和 $W$ 回归得到方程 8B.3 中有关系数的测度。通过将方程 8B.3 中 $ZQ$ 项系数的测度值 $-\lambda\alpha_3$ 除以需求方程 8B.1 中 $\alpha_3$ 的测度值，我们可以得到有关市场结构参数 $\lambda$ 的测度值。我们能够得到 $\lambda$ 的原因是，由于存在影响 $MR$ 曲线和 $MC$ 曲线相交点的 $ZQ$ 互动项，需求和 $MR$ 曲线会围绕着 $Z$ 变化。换句话说，如果我们知道 $MC$，那么就可以使用来自需求曲线的有关价格信息来确定 $\lambda$。转动需求曲线不会改变转动点的需求水平，但是会改变需求弹性。随着需求弹性的变化，价格会发生变化，这就使得我们可以测算 $\lambda$。

如果需求曲线没有 $ZQ$ 项（也就是说如果 $\alpha_3 = 0$），那么可能就无法测算 $\lambda$。方程 8B.3 中包含 $\lambda$ 的唯一项为 $(\beta_1 - \lambda\alpha_1)Q$。尽管我们可以从需求方程中知道 $\alpha_1$，但这并不足以识别 $\lambda$，因为被测算的协系数同样依赖于 $\beta_1$（$MC$ 曲线的未知斜率）。

图 8B.1 表明了旋转需求曲线的必要性。[36]最初，研究者观察到市场均衡 $E_1$、价格和产量。研究者测算需求曲线 $D_1$（因此可以推断边际收

益曲线 $MR_1$），但是不能直接观察到成本。观察到的均衡 $E_1$ 与竞争性产业结构和边际成本曲线 $MC_c$ 相一致，均衡 $E_1$ 处的边际成本曲线由 $MC_c$ 和 $D_1$ 的交点所决定。这一点在卡特尔市场结构和较低的边际成本曲线 $MC_m$ 中也是一致的，其中和 $E_1$ 相关的产量由 $MC_m$ 和 $MR_1$ 的交点决定。

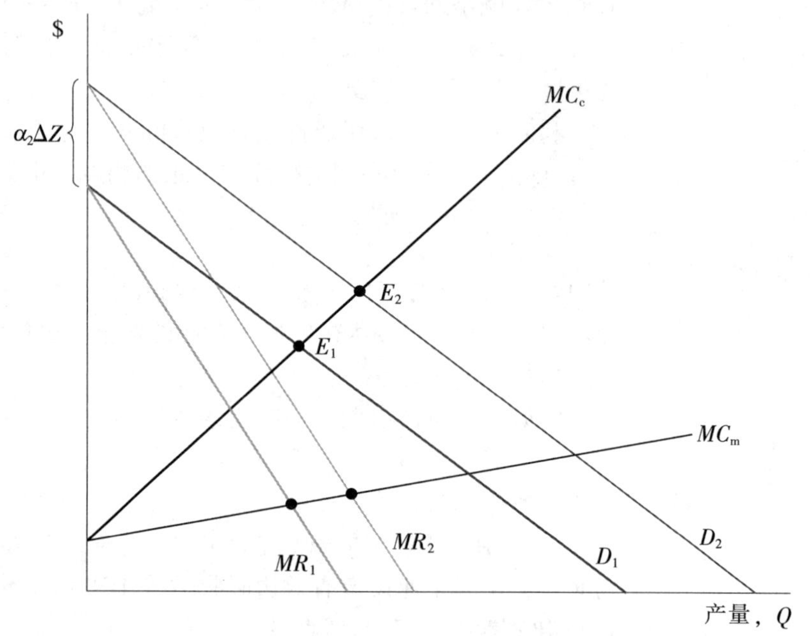


**图 8B.1　无法识别：需求曲线的水平移动**

286　如果 $\alpha_3=0$，$Z$ 增加了 $\Delta Z$，需求曲线的截距向上移动 $\alpha_2\Delta Z$，新的需求曲线 $D_2$ 所示。新均衡 $E_2$ 仍然和两条边际成本曲线一致。这样，研究者就不能从 $Z$ 的移动中判断产业是竞争性的还是卡特尔的。

相反，如果 $\alpha_3\neq0$，那么 $Z$ 的移动反映了 $\lambda$。在图 8B.2 中，当 $Z$ 上升时，新需求曲线 $D_3$ 转动（为了图形的简便，$D_3$ 围绕最初的均衡点转动）。如果产业是竞争性的，而且边际成本曲线为 $MC_c$，那么 $D_3$ 的新均衡仍然为 $E_1$；但是如果产业是卡特尔的，而且边际成本曲线为 $MC_m$，那么 $D_3$ 的新均衡为 $E_3$。这样，均衡是否移动就反映了市场是否为竞争性的。

任何（不仅仅是市场需求曲线中的变量）导致企业面临的剩余需求曲线发生转动的因素都可以使得我们识别 $\lambda$。例如，主导企业的剩余需求曲线为市场需求曲线减去竞争性边缘企业的供给。如果边缘企业的供给曲线转动，即便市场需求曲线不发生转动，剩余需求曲线也会发生转动。同样，增值税率 $t$ 的变动也可以用来识别市场结构。

正如本章所揭示的，有关边际成本曲线形状的信息同样可以帮助我
287　们识别 $\lambda$。即使需求曲线并没有发生转动（$\alpha_3=0$），如果边际成本曲线在 $Q$（$\beta_1=0$）点恒定，则也可能识别 $\lambda$。因为 $MC=\beta_0+\beta_2W$，边际成本

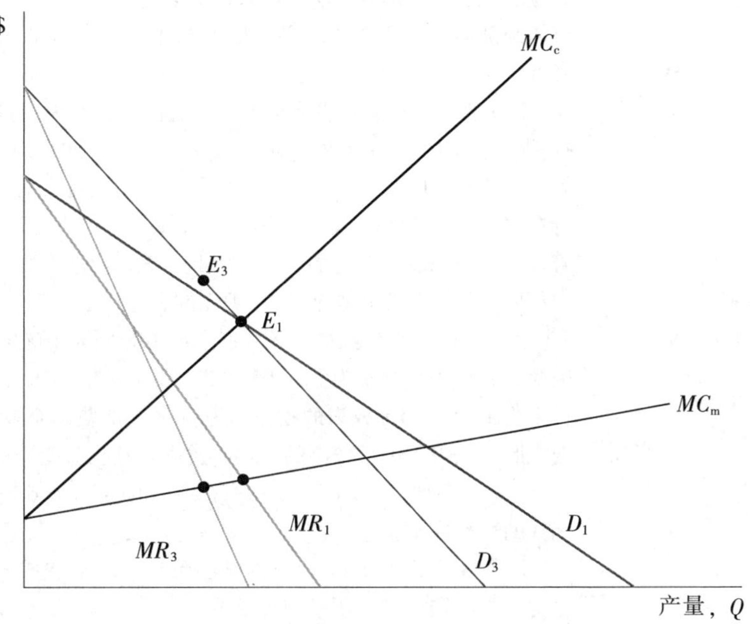


**图 8B.2　可以识别：需求曲线的转动**

在任何给定阶段都为常数，但是该常数会随着时间的变化随外生因素 $W$ 发生变化，导致价格发生变化，使得人们可以测算需求曲线。方程 8B.3 中 $Q$ 项的协系数为 $\beta_1 - \lambda\alpha_1 = -\lambda\alpha_1$，通过从需求曲线中得到 $\alpha_1$，我们可以识别出 $\lambda$。

**【注释】**

[1] 会计对折旧的定义基于涉及历史成本和年限的公式。因此，会计上折旧的测算不同于基于机会成本的经济学家对折旧的测算。

[2] 另一种回报率的衡量尺度是内在回报率，内在回报率是使得现金流贴现的现值为零的利率。内在回报率的价值在于它能够简明地概括出一项持续数年的项目所带来的收益。而当盈利水平随着时间而改变时，它的概括性可能导致其发生误导。由于内在收益率主要依赖于每年所观察到的现金流（除了企业最初值和最终值以外），它使得经济学家不必计算每年的资本价值。

[3] 参见 www.aw-bc.com/carlton_perloff，第 2 章，“将资产价格转化为租金率”。

[4] 在除了夕阳产业外的所有产业中，资本的现值取决于重置成本。在夕阳产业中，资本的价值永远低于重置成本。较低的资本价值是产业不应该投资新建设备的信号。在扩张产业中，资本的现值超过重置成本。较高的资本现值是新增产业投资的信号。调整的速度（和成本）决定了现值和重置成本的差异能持续的时间。

[5] 一个对风险进行调整的常用方法是基于资本资产定价模型的。根据这一模型，资产的预期收益等于无风险投资收益率（例如美国政府国库券就是一个相对来说没有风险的投资）加上一个数（称为贝塔，希腊字母 $\beta$）乘以市场收益（例如，所有股票组合的收益）与无风险收益率之差（Brealey and Myers，2003，Ch. 8）。$\beta$

反应了一项资产的收益率和其他所有资产（整体经济）收益率协动的紧密程度。与整体经济运动相关的风险必须能够产生较无风险收益率更高的收益率才能吸引投资者。

[6] 假设企业最初没有债务，通过出售股票为项目融资 1 000 美元。次年，该项投资除得到 1 000 美元外，还可能带来 80 美元或 200 美元的增值，两种情况概率相等，因此股东的收益率为 8%或 20%，平均收益率为 14%。另外，假设企业通过发行利率为 10%的 500 美元债券和出售 500 美元的股票筹集资金 1 000 美元。债权人必须先于股东获得支付的利息。因此，无论企业获得了 80 美元还是 200 美元，债权人都要获得 500 美元本金和 50 美元的利息。股东所获的是 500 美元加上 30 美元或 150 美元，因此支付给债权人和股东的总金额为 1 000 美元加上 80 美元或 200 美元。因此，股东的收益率为 6%（=30/500），或者为 30%（=150/500）。股东的平均收益率为 18%，而债权人的收益率为 10%。即使该企业的潜在收益并没有发生变化，现在股东获得了一个较高的平均收益率，其收益变动的范围也扩大了。

[7] 少量研究（Keeler，1983；Friedlaender and Spady，1980）测算了基于成本函数的边际成本。

[8] 参见 Fisher（1978）对典型价格—成本加成的批评。有时候做出的另一个更为严重的错误是使用平均总成本。

[9] 表 B—12，《总统经济报告》，2003。

[10] 如果结构的测算取决于盈利能力，这些测算就被称为内生决定的。运用外生的方法来测算会导致统计学家所说的“同步方程估计问题”。

[11] 如果一些生产产品 B 的生产者可以有利可图地转为生产产品 A（产品 B 是产品 A 的一个供给替代品），那么产品 B 的生产商也应该被认为是在产品 A 的市场内。

[12] 参见 www.aw-bc/carlton _ perloff 中“托宾 $q$”有关使用托宾 $q$ 研究的讨论。

[13] 大额资本要求并不构成长期的进入壁垒，除非存在其他条件，如不完备的资本市场或者沉没成本的出现（参见第 3 章）。

[14] 通常表达某系数所具有的置信度的方法是为该系数建立一个置信区间（称为“95%置信区间”），该区间包括位于被估计系数的两个大致的标准误差之间的全部值。系数 C4 的 95%置信区间为 0.06～0.14。

[15] 使用企业而非产业层面的数据来作为观察单位的优点在于，研究者可以区分开产业集中度对某个企业的价格—成本加成所产生的影响，以及该企业的效率对价格—成本加成所带来的影响。例如，一个企业的价格—成本加成高可能是由于企业特别有效率（相对所有其他企业具有低成本），或者产业中所有企业都制定高价格（产业缺乏竞争）。参见 Benston（1985）对使用 FTC 数据进行研究的评论。

[16] Salinger（1984），Ruback and Zimmerman（1984）同样发现工会化对高集中度产业的利润具有负面影响。Voos and Mishel（1986）表明尽管工会可能会减少价格—成本加成，但是价格不会明显高于不存在工会时通行的价格。

[17] Caves and Uekasa（1976），Miwa（1996）讨论了日本的产业组织。

[18] 这一结果的解释之一是，人们难以构建最优的航空网络，使得乘客可以从“边缘”城市飞往“中心”城市，再从“中心”城市飞往与之相衔接的其他“中心”城市和“边缘”城市。只有在非常密集的市场中，城市间的航线非常繁忙（如芝加

哥到纽约)，而且没有中转乘客（因此不需要支线运输）时，市场才可能是可竞争的。Carlton and Klamer（1983）讨论了这类网络的经济性。在拥挤的机场中，有限的通道数量、着陆跑道和起飞跑道也限制了进入的容易程度。

[19] 同时参见 Hurdle 等（1989）；Borenstein（1992）；Brueckner，Dyer and Spiller（1992）以及 Evans and Kessides（1993）。

[20] 尽管20%看上去并不算少，但是它比我们可能预期的垄断及这些企业相互竞争两者间的差异要小。如果一个垄断企业面临的需求弹性为 6，那么这个企业会超额报价 20%。谷类运输的需求弹性被认为远远小于 6。

[21] Bradburd and Over（1982）给出了“集中度对产业绩效的影响取决于过去的集中度水平”的证据。随着高度集中产业集中度水平的下降，该产业的价格仍要高于集中度水平向来不高的产业中所形成的价格。

[22] 有关绩效的各种衡量问题可能没有一开始那么严重。Schmalensee（1989）在一个 SCP 研究中使用了 12 种不同的衡量盈利能力的会计方法。值得关注的是，尽管这 12 种方法并不是高度相关的，他所得出的许多关键的 SCP 结论在各种方法中都成立。

[23] 有关 SCP 的研究仍在继续。值得关注的工作包括 Marvel（1978），Lamm（1981），Cotterill（1986），Schmalensee（1987，1989），Cubbin and Geroski（1987），特别是 Sutton（1991，1998）。

[24] 令卡特尔利润为 $\pi=[p-m]Q-nF$。最大化卡特尔利润的价格与最大化 $[p-m]Q$ 的价格相同。定义 $\pi_m$ 为最大化时的值（也就是说，是忽略固定成本的利润）。那么，每个企业的利润为 $\pi_m/n-F$。均衡时 $\pi=0$，均衡的 $n$ 为 $\pi_m/F$。

[25] 每个企业选择产出 $q_i$ 来最大化利润，可写为 $p_i\left(\sum q_j\right)q_i-mq_i-F$，其中 $p_i\left(\sum q_j\right)$ 为反需求函数。对 $q_i$ 求导可以得到在给定对手产出水平的情况下，每个企业最优产出水平的一阶条件。设对所有 $i$，$q_i=q$，得到对称古诺均衡（假设最后的价格小于 $p_m$）。参见本章最后问题 6。

[26] Sutton 实际使用了更为复杂的方法，因为他的理论预测了集中度和市场规模关系的下限。

[27] 一个奇怪的发现是美国的集中度趋向于比欧洲国家略高。一个解释是美国具有强度更大的竞争，根据 Sutton 的理论，这将导致更高水平的集中度。

[28] Hall 和 Hitch（1939）对经理们做了一系列的访问，内容是有关企业定价的做法。大多数被访问者声称他们设定的价格高于边际成本。

[29] 参见 Bresnahan（1989）的一个更广泛的讨论，以及 Corts（1999）的批评，他解释说这些经验方法取决于理论上并不恰当的推测变差模型的有效性。显然，第一个现代研究是 Rosse（1970）。其他六个有影响的早期研究为 Iwata（1974），Applebaum（1979，1982），Gollop and Roberts（1979），Just and Chern（1980），以及 Bresnahan（1981）。其他主要的早期概念性工作包括 Rohlfs（1974），但他并没有包含经验性应用。

[30] Bresnahan（1989）对许多这样的研究进行了综述，包括 Iwata（1974），Gollop and Roberts（1979），Spiller and Favaro（1984），Roberts（1984），以及 Applebaum（1979，1982）。类似的技术也可以用来测算买方垄断势力（Just and Chern，1980；Azzam and Pagoulatos，1990）。如 Spiller and Favaro（1984），Baker

and Bresnahan（1985，1988），Slade（1986，1987a，1987b，1992），Gelfand and Spiller（1987），Karp and Perloff（1989b）所示，可以测算单个企业的分离价格—成本加成。任何能使得相关的需求曲线和边际成本曲线发生移动的冲击都可以被用来识别市场势力。例如，税收的变化（Kolstad and Wolak，1983，1985，1986；Wolak and Kolstad，1988）或者边缘企业供给的变化（Buschena and Perloff，1991）都可以帮助我们识别市场势力。一些更为有趣的应用（Bresnahan，1981，1987）测算了基于明显考虑了产品差异化的空间竞争模型（第 7 章）的市场势力。

[31] Rosse and Panzar（1977），Panzar and Rosse（1987）和 Shaffer（1982）运用随要素价格变化而变化的收益方面的信息，表明了如何测试一个市场是竞争的、寡头垄断的还是垄断性的。但是，为了测算真实的市场势力，人们必须拥有更多的信息或者给出严格的假设，比如 Hall 有关规模收益不变的假设。

[32] 假设产业具有不变弹性 $\varepsilon$ 的需求曲线和恒定的边际成本。垄断者设定价格等于 $1/(1+1/\varepsilon)$ 乘以不变边际成本（可以重新排列公式 8.2 得到）。如果 $\varepsilon$ 为 $-2$，那么价格两倍于边际成本。如果给定 $\varepsilon$ 恒定，需求增加，从而多出售一单位产品，收益增加 $p$，但总成本增加 $MC$ 仅为 $p$ 的一半。

[33] Domowitz 等（1988）并没有发现集中度在解释价格和边际成本的偏离中起到了一个重要的且在统计上意义显著的作用。但是，Shapiro（1987）使用 Hall 方法的变形，发现加成和集中度之间确实存在很强的关系。

[34] 和成本调整的动态模型相似的是那些目前的需求取决于上一期产量的模型。一些营销研究试图测算具有这一特性的需求函数，正如对铝之类的耐用品进行的研究（Suslow，1986b）。同样，在石油开采中，今天的成本取决于过去的开采量，而且预期价格将随利率上升（根据 Hotelling 公式），因此石油的经验性研究也反映了这些动态问题（Matutes，1985）。

[35] 接下来有关识别市场势力中市场需求冲击的作用的讨论基于 Just and Chern（1980），Bresnahan（1982）和 Lau（1982）。

[36] Lau（1982）解释了除了两种最为常见的形式：线性或对数线性以外，事实上任何需求曲线的方程形式都可以进行识别。如果人们希望能使用基本的线性识别，那么必须加入互动项、一个关于产出的平方项或者其他一些能增加非线性同时使得需求曲线转动的项。即使人们这样做了，仍然会存在其他有关线性识别的严重问题：参见 Perloff and Shen（2001）。

经济科学译丛·现代产业组织
经济科学译丛·现代产业组织

# 第3部分

# 商业实践：战略和行为

# 第 9 章　价格歧视

290　所有……人都有他们的价格。

——罗伯特·沃波尔爵士（Sir Robert Walpole）

完全竞争市场中的企业无权制定自己的定价策略；它们只能接受给定的市场价格。然而，大多数市场是不完全竞争的，此时的企业能在制定自己的定价策略时有所作为。为了最大化利润，这些企业会使用**非统一定价**（nonuniform pricing）：同一产品针对不同的消费者收取不同的价格，或者根据消费者购买的数量对单一消费者制定单一价格。当价格取决于购买量时，价目表是**非线性的**（nonlinear）。价格歧视是指企业利用市场势力来最大化利润的任何非统一定价政策。一个常见的非统一定价形式是**三级价格歧视**（third-degree price discrimination）：企业对购买不同数量同一产品的不同消费者收取不同的价格。并不是所有的价格差异都属于价格歧视，例如，一些价格差异反映了产品特性的差异，或是向不同消费者供给产品时的成本差异。

本章讨论三个主要问题：

1. 非统一定价有哪些一般类型？
2. 进行价格歧视有哪些必要条件？

3. 价格歧视的福利效应如何？

下一章分析更为复杂的价格歧视方法，如两部定价和搭配销售。

## 非统一定价

291 在我们前面所讨论的竞争、寡头垄断和垄断模型中，每单位产品的价格对所有消费者都是相同的。但是，许多企业会设定非统一价格：许多杂志向学生提供优惠折扣；许多电影院向年长的市民提供折扣；美国经济学会针对不同收入的会员收取不同费用；在产品包装盒中放置折扣券，使得消费者可以以较低的价格再次购买，事实上，这些优惠券使得企业可以向第一次购买的消费者收取更高的价格，而对重复购买的消费者的要价较低，参见案例 9.1。

本章讨论价格歧视的一些简单类型，而第 10 章将研究更为复杂的情况，如：

1. **两部定价**：一个企业向某个消费者收取获得购买权的费用（费率的第一部分），而后以某一特定价格（费率的第二部分）针对消费者所期望购买的产品数量收费。例如，健身俱乐部会向成员收取加入俱乐部的年费，而后针对使用不同的设施收取费用。同样，一些娱乐性的公园会向参观者收取门票，以及每次娱乐活动的附加费用。

2. **数量折扣**：企业制定的价格随着消费者购买数量的多少而变化。大批量购买的价格折扣非常普遍。电价通常是根据递减规则计算的，即对第一单位的使用量收取一个价格，对接下来的使用量则收取较低的价格。

3. **搭配销售**：用户购买一件产品时必须同时购买另一件产品。一个常见的搭配销售的例子就是耐用机器的购买，消费者必须同时从厂商那里购买所有的维修服务和维修用零部件。企业可能会在要求消费者同时从销售者那里购买相关产品（如复印粉）的条件下出售其复印机。消费者购买相机时必须同时购买胶卷。有些时候消费者没有选择，只能从企业那里购买胶卷，如宝丽莱的相机只能用宝丽莱的胶卷。[1]

4. **质量歧视**：企业在同一价格，或是并不能真实反映质量差异的价格下向消费者提供不同质量的产品。通过向对产品具有较高价值评价的
293 消费者提供高质量、高价格的产品，向其他消费者提供低质量、低价格产品的方法，企业可以区分两种消费者，并向那些最愿意支付高价的消费者收取高价格。因此，一个垄断者应该选择什么样的质量范围就和价格歧视理论密切相关。

并不是每个收取不同价格的卖者都在进行价格歧视。不同消费者之

间的价格差异还存在许多其他的解释（参见 Lott and Roberts，1991）。例如，数量折扣可能反映了由于交易大批量订单，从而制造商将成本节约让渡给消费者。但是，本章和下一章主要关注于解释非统一定价如何使拥有市场势力的企业获利。

292

案例 9.1

## 优惠券

价格歧视常用的方法之一是使用抵用券或是对部分消费者提供折扣。正如我们在本章接下来的部分中所阐述的，由于特别低价而增加购买的消费者（需求相对具有弹性的消费者）是一批会接受优惠券的客户。有关市场营销的研究发现，运输成本较低（拥有汽车）、拥有储藏空间（自己的家）、时间价值较低或者时间安排较灵活（一个没有小孩和工作的主妇）的消费者最有可能利用这一特别的促销机会。通过使用优惠券，制造商可以为价格敏感和比较喜欢减价且乐意使用优惠券的消费者提供折扣，而不会给其他消费者提供折扣，特别是较为富有的消费者。

1981 年分发的优惠券为 1 000 亿美元，1985 年为 2 000 亿美元，1994 年为3 100 亿美元，但是 1995 年仅为 2 690 亿美元。根据推广营销协会（PMA）的统计，2002 年营销人员发放的优惠券为 3 360 亿美元，在这些优惠券中，消费者只兑现了其中的 38 亿美元（价值 31 亿美元），是自 1980 年以来最低的兑用率。优惠券的平均票面价值为 81 美分。

近期的一个创新是使用在线优惠券。2002 年，消费者下载了 2.42 亿美元的优惠券，比 2001 年多出了 111%，但仍然仅占所有优惠券中的一小部分。（零售商关心的是网络上会产生并交易伪造的优惠券。）

PMA 的报告指出：2003 年美国 79%的消费者使用优惠券。优惠券的使用随着年龄的增长而增长，18～24 岁年龄组的人有 71%使用优惠券，65 岁及以上的消费者有 85%使用优惠券。富人使用优惠券的可能性较小，年收入 25 000 美元以下的人使用优惠券的比例为 82%，而年收入 75 000 美元以上的人使用优惠券的比例则下降为 76%。

优惠券最有可能被用来购买家庭清洁产品，其后依次为快餐食品、清洁剂、药品和家用医药用品、纸类产品、调味品和肉汤、肥皂和洗涤添加剂、冷冻食品、谷类食品以及护肤产品等。超过五分之四（80.4%）的优惠券是在杂货店兑用的，其余为大型购物商店（9.4%）、药店（3.7%）以及便利店（2.4%）。购物时使用的优惠券频率分别为：杂货店 76%，大型购物商店和药店为 54%。

资料来源：Blattberg et al.（1978）；Narasimhan（1984）；Philip H. Dougherty，“Advertising：Redemption of Coupons，” *New York Times*，July 13，1988：C19；Eben Shapiro，“Consumers' Use of Shopping Coupons is Up，” *New York Times*，September 30，1992：C12；George Lazarus，“Coupons Cruising at a Record Clip，” *San Francisco Examiner*，October 4，1992：E5；“Coupon Redemption Rate Down，” *Editor & Publisher Magazine*，January 20，1996：21；M. A. Mariner，“Disappearing Coupons，” *San Francisco Chronicle*，January 29，1997：Food 2；**www.pmalink.org/about/press _ releases/release55.asp**；**www.couponmonth.com/pages/news.htm**；“Coupon Use Is Down，” *Beacon Journal*，September 6，2003；Bob Tedeschi，“E-Commerce Report，” *New York Times*，March 17，2003：C6.

## 价格歧视的动机和条件

293 企业利用价格歧视来增加其利润；但是，企业只有在一定的条件下才能进行价格歧视。我们现在解释为什么价格歧视会增加利润，以及它需要什么样的条件。

### 价格歧视的利润动因

由于对产品估价最高的消费者愿意支付的价格比统一定价更高，因此价格歧视是有利可图的。为了表明为何价格歧视具有一定的优越性，我们回到垄断者向所有消费者收取单一价格的情况。垄断者设定价格使得边际收益等于边际成本（参见第 4 章）。

垄断者的边际收益——多销售一单位产品所增加的收入——是两种效应的总和。首先，多销售一单位产品所得到的收入为最后一单位产品销售的价格 $p$。第二种效应是所有现有产出所损失的收益 $Q\Delta p$，其中 $\Delta p$ 是为了多出售一单位产品所降低的价格。[2] 如果垄断者能够只在多出售的一单位产品上降低价格，那么它将会降低价格直到价格等于边际成本。它的利润为现有利润加上多出售的最后一单位产品的附加值。垄断者可以通过价格歧视获得额外的利润。

所有价格歧视的方法都可以看成是企业试图最小化由于扩大销售后对边际收益造成的第二种效应的影响。本章和下一章定义了各种定价政策，这些政策旨在向某一特定消费者索取低价的同时并不向所有消费者索取同样的低价，从而使试图扩大产出的垄断者实现成本最小化。

### 价格歧视的条件

294 尽管所有企业都希望进行价格歧视，但许多企业并不能这样做。成功的价格歧视必须具备三个条件。[3]

1. 企业必须具有市场势力（将价格设定在高于边际成本水平的能力）；否则，向任何消费者收取高于竞争性价格水平的价格都不会成功。

2. 企业必须知道或是可以推断消费者对每单位产品的支付意愿，这一支付意愿随不同消费者或不同的产品数量而变化。也就是说，企业必须可以识别向谁收取高价。同样，如果每个消费者的需求曲线都是向下倾斜的，那么企业必须能够对任意消费者所购买的不同单位的产品收取不同的价格（比如第一单位产品为10美元，第二单位为5美元）。

3. 企业必须能够阻止或是限制以低价获得产品的消费者向出高价的消费者的转售行为。如果转售非常容易，那么向一部分消费者收取高于另一部分消费者的价格的任何尝试将注定会失败。如果以低价获得产品的消费者可以用低于垄断者向另一部分消费者收取的价格进行转售，那么后一部分消费者中就不会有人直接向垄断者购买产品。限制转售对任何类型的价格歧视都是必需的。

## 转售

如果企业制定非统一定价，在相对较低价格下购买产品的消费者会将产品转售给面临相对较高价格的消费者，从而使得收取不同价格的企图成为徒劳之举。同样，如果企业针对某一产品提供数量折扣，那么企业必须保证折扣没有大到激励大批量买主购买产品后将其转售给小需求量买主。至少有七条理由可以说明在消费者之间进行转售很困难或者不太可能。

**服务**。大多数服务是不能转售的。例如，牙医向莉萨收取较高价格，而向杰基收取较低的价格，但是杰基不可能将服务转售给莉萨。出于这种原因，与存在可交换产品的产业相比，在服务业中更有可能实施价格歧视（Kessel，1958）。参见案例9.2。

类似地，观看一场艺术展，人们无法将其体会传递给他人。2001年，在拉斯维加斯举办了斯蒂夫·马丁（Steve Martin）的艺术收藏展，在贝拉吉奥宾馆的展览馆向每位艺术爱好者收取昂贵的12美元的单位票价，但如果参观者是内华达州的居民，每人仅收取6美元。

295

**案例9.2** ☞

### 谢谢你，医生

电影和电视通常将向贫困的病人收取较低费用的医生塑造成大英雄。在一些很老的电影中，乡下的医生会收取小鸡而不是现金。实行价格歧视的医生是自利的人或是实行利润最大化的人吗？当然，一些医生免费为贫穷的病人看病或仅收取微薄的费用，此乃一种慈善之举。但是，其他医生可能会进行价格歧视。

行为和认知治疗协会（The Association for Behavioral and Cognitive Therapy）公布了其在旧金山区域提供医疗服务的成员的名单和每个成员的收费表。在1990—1991年的版本中，3位医生仅声称他们使用按比例下降的费率，其他10位医生列出了收费范围，31位医生采用单一费率。在第二组中，许多医生通常对某些病人减免表单中所列的费用。

在明确列出收费范围的医生中，一位医生宣称他每次出诊收取0～120美元的费用。其他所有医生将其最低费率设定在40美元或更多。他们的最高费率平均为其最低费率的1.8倍。

**保修担保**。如果产品被转售，那么制造商可以使保修担保失效。例如，制造商可能会说：保修担保只对初次购买者有效，从而使得向先前购买者购买产品的购买者增加了一项成本。

**掺杂处理**。制造商可以对某种产品进行掺杂处理使其不能另作他用。例如，酒精可以饮用（含酒精饮料）以及医用（清洗酒精）。假设生产酒精的垄断者希望向饮用消费者收取高价，向医用购买者收取低价。垄断者可以通过对医用酒精的掺杂处理（加入添加剂，在保留其医用质量的情况下使得其不能内服）来阻止医药酒精的使用者向饮用酒精使用者的转售。但是，如果医药消费者愿意比饮用消费者支付更多，而制造商希望能阻止饮用消费者向医药消费者的转售行为，那么这一消除转售的特别方法就发挥不了作用。

**交易成本**。如果转售产品致使消费者承担了高额的交易成本，那么就不太可能发生转售。例如，假设消费者收到了寄来的优惠券，这使得他们可以用比其他人更低的价格购买某一产品。但是寻找没有消费券的消费者的交易成本太高，以致对于拥有优惠券的消费者而言，不值得购买产品而后转售。在许多市场中，储存成本、搜寻成本或其他交易成本太高使得转售无法进行。

交易成本的两个重要例子是关税（政府对进口产品的税收）和运输
296 成本。希望在美国收取高价，而在欧洲收取低价的制造商会担心从欧洲到美国的转售。但是，从欧洲向美国运送产品需要支付大额的关税或运输成本，这将减少或消除转售。

有时候法律通过阻止其他企业将商品从低价格国家运往其他国家，从而允许一家企业在某个国家销售其产品时索取比在其他国家更高的价格。也就是说，这些法律阻止了价格套利（在价格不同时进行转售以获利）。参见案例 9.3。

**合同补救**。企业会将禁止转售作为销售合约的一部分。例如，许多大学和学院会安排学生和教师以低于市场价的价格购买计算机。为了以此低费率购买计算机，买方可能必须签订禁止转售的合约。如果转售限制不具有法律约束力或不易执行，那么这样的合约条款或许就不能阻止转售。

**纵向一体化**。假设一个制造商在销售铝锭时，希望向铝线生产商收取低价，而向铝制飞机部件生产商收取高价。如果制造商收取两种不同的价格，那么铝线生产商会将铝锭转售给飞机生产商。此时铝锭制造商可以选择自己生产铝线。同时拥有某一生产流程的多个阶段的企业被称为是纵向一体化的。纵向一体化的企业会向铝线的最终消费者收取较低的价格（也就是说，它可以有效地索取低价并将此低价传递给自己的铝线部门），同时仍然向飞机制造商收取高价而不用担心转售。有两个原因致使转售不会发生。首先，垄断者会控制铝线部门的行为，不允许其转售铝锭。其次，对飞机制造商而言，与先购买铝线而后将其转化回铝锭相比，购买铝锭更为便宜。纵向一体化阻止转售的方法和前面所给出的掺杂处理的方法相类似。参见案例 9.4。

**政府干预**。政府可以制定法律，使得竞争性产业中的企业联合行动来阻止转售。例如，政府管制可以控制一个橘子种植者的收成中有多少能被用来作为新鲜水果销售，多少用来进行加工（附录 9A 阐述了农业中政府项目形成价格歧视的情况）。本章剩下的部分假设企业可以阻止或控制其产品的转售，并研究企业进行价格歧视的方法。

297

**案例 9.3** ☞

### 叫停来自加拿大的药品转售

医药公司对不同国家实行价格歧视。事实上，在世界上许多国家中，多数常用药品的价格要远低于美国。Zoloft，一种抗抑郁药，在墨西哥的价格只有美国市场价格的三分之一，在卢森堡和奥地利的价格为美国市场价格的一半。在加拿大销售的许多知名品牌药品的价格仅为美国市场价格的三分之一或是一半。

这些价格差异反映了医药公司的价格歧视。有时价格的差异是由于各国的收入、专利法和法律责任的差异。但是通常，其他国家的管制是价格相对较低的主要原因。

美国医药公司担心药品的转售——即从美国以较低价格出口的药品重新进口回到美国——可能会导致美国市场价格的下降。2003 年，美国众议院通过了允许进口的法案，但是由于迄今为止仍没有成为法律，致使这种进口仍然为非法。而且，美国的老年人通常会乘跨越加拿大和墨西哥边界的公共汽车去购买价格相对较低的药品，许多加拿大、墨西哥和其他地区的因特网站点向美国输送药品。根据各种估算，只有 1%～3%的美国药品支出用于购买进口药品，但是这一比例正在上升。

一些医药公司，如葛兰素史克（GlaxoSmithKline）和辉瑞（Pfizer）等试图通过减少运往加拿大南部港口的药品来减少进口。惠氏（Wyeth）和阿斯利康（AstraZeneca）则观测了加拿大药店和批发消费者的销量峰值以推测进口，而后限量供应。

同时，医药公司向美国食品和药品管理局（U. S. Food and Drug Administration，FDA）施压来阻止进口。到目前为止，FDA 并没有对个人购买做出限制。但是自 2003 年开始，FDA 开始采取措施减少进口。FDA 营造了一种进口药物安全性不如在美国本土购买的药物的幻象（尽管迄今为止 FDA 都未提供什么证据以支持这一断言）。代理商向各州律师提出威胁信，声称从加拿大进口配方药违反了联邦法。针对为马萨诸塞的春田市雇员保险项目提供加拿大药品（据报道，通过从加拿大定购药品，其每年节约了 400 万～900 万美元）的供应商，有一个精心设计的工作计划。FDA 采取行动关闭了向美国运送药品的加拿大药品连锁店（Rx Depot 在 26 个州拥有 85 家商店，并且以加拿大 Rx 品牌在加拿大运营着其他商店）。

资料来源：Tim Harper，"Canada's Drugs 'Dangerous'," *Toronto Star*，August 28，2003：A12；Christopher Rowland，"FDA Sting Targets Medicine Supplier；Springfield Uses Firm to Get Canadian Drugs," *Boston Globe*，August 28，2003：C1；Tony Pugh，"Canadian Online Pharmacies Struggle to Find Suppliers," *San Diego Union-Tribune*，September 7，2003：A－3；Gardiner Harris，"U. S. Moves to Halt Import of Drugs from Canada," *New York Times*，September 10，2003：C2.

298

**案例 9.4**

### 价格歧视手段的纵向一体化：美国铝业公司彰显其本性

由于关税保护和对本国铝土矿的控制，从 1888 年到 1930 年，美国铝业公司在初级铝锭生产中拥有相当大的垄断势力。而且，第一次世界大战的爆发阻止了新企业的进入。

美国铝业公司为什么要前向一体化进入到加工过程（在这些产业中购买企业）呢？传统观点认为它证明了新的铝产品技术和商业方面的可行性。但是近期的研究表明美国铝业公司可能是为了实行价格歧视而进行纵向一体化。

由于铝锭较易获得且可以轻易转售，因此不可能实行明显的价格歧视。美国铝业公司通过纵向一体化进入到一些需要购买铝锭的产业中，从而克服了这一难题。

假设只有两个购买铝锭的下游产业（或产业组），产业 1 中产品需求的价格弹性要小于产业 2。美国铝业公司想在产业 1 中收取比产业 2 中更高的价格。但是，一旦开始这样做，产业 2 的企业会将铝锭转售给高价格产业。

如果美国铝业公司纵向一体化到低价格产业（也就是说，美国铝业公司购买产业 2 中的企业），那么公司就可以通过自己的子公司来阻止转售。而且，由于美国铝业公司可以在内部向子公司提供产品，所以表面上它仅向高价格产业销售铝锭。

美国铝业公司仅对一些使用初级铝的产业实行前向一体化。正如该理论所预测的，美国铝业公司一体化到高弹性产业。下表所列出的铝的五种用途占到了美国铝业公司在这一时期的 90%的产量。在这些用途中，钢铁生产和飞机制造是最缺乏弹性的需求，因为在这些产品的生产过程中没有很好的铝替代品。美国铝业公司并没有一体化进入到这些产业。但美国铝业公司确实一体化进入了其他相对富有弹性的产业。由于在下列产业中有许多铝的替代品：厨具（如锡、玻璃、钢、铁等）、电缆（铜）和汽车零部件（各种金属），它们对铝的需求会相对富有弹性。

**使用铝的主要产业**

| 产业 | 铝的需求弹性 | 是否被美国铝业公司一体化 |
|---|---|---|
| 厨具 | 富有弹性（$\varepsilon \approx -1.6$） | 是 |
| 电缆 | 富有弹性（铜可替代） | 是 |
| 汽车零部件 | 富有弹性（$\varepsilon \approx -1.5$） | 是 |
| 钢铁 | 缺乏弹性（没有替代品） | 否 |
| 飞机制造 | 缺乏弹性（目前没有替代品） | 否 |

资料来源：Perry（1980）.

## 价格歧视的类型

非统一定价有多种类型。本节考察一些最简单的类型。我们将在下一章中讨论更为复杂的类型。我们首先研究完全或是一级价格歧视，其中消费者被剥夺了所有的消费者剩余（消费者得到的大于购买价格的价值）。而后我们研究三级价格歧视，其中每个消费者群体面对着不同的
299 单位产品价格。第 10 章将研究二级价格歧视，其中单位价格取决于消费者购买产品的数量。在二级价格歧视和三级价格歧视中，企业不能攫取所有的消费者剩余。

## 完全价格歧视

所有价格歧视方法背后的目的都是为了尽可能多地攫取消费者剩余（第 3 章）。当一个垄断者可以向每个消费者收取等于其每单位产品支付意愿最大值的价格时，就会发生**完全价格歧视**（perfect price discrimination）或**一级价格歧视**（first-degree price discrimination）。

**每个消费者购买一单位产品**。假设每个消费者都希望购买一单位产品，但是消费者对该产品的支付意愿不同，因此需求曲线如图 9.1 所示是向下倾斜的。假设企业知道每个消费者的最大支付意愿，如果企业可以阻止转售，那么它可以向每个消费者收取等于其最大支付意愿的价格，因此消费者没有剩余。企业向每个支付意愿大于企业的（为简单起见假设为不变的）边际成本的消费者出售产品，$MC=m$。也就是说，完全价格歧视的垄断者出售 $Q^*$ 单位产品，边际消费者的支付为 $p^*$，如图 9.1 所示。

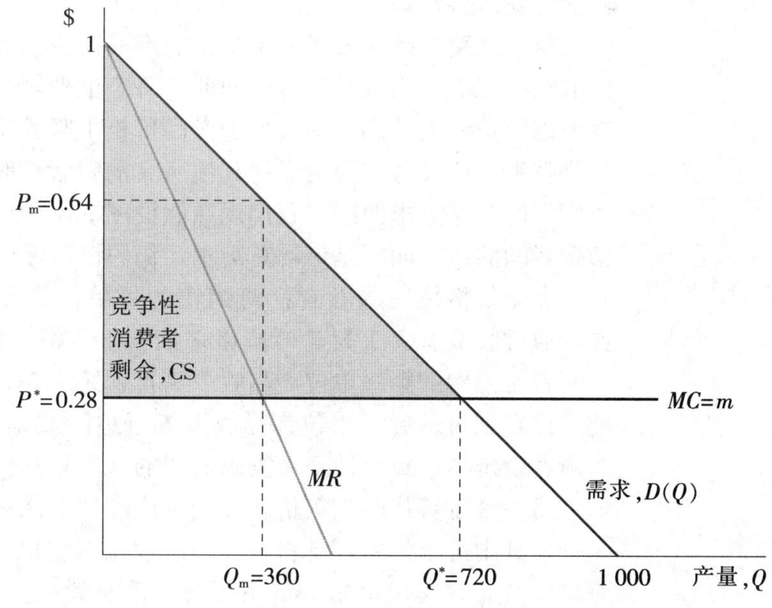


**图 9.1　竞争性、非歧视垄断和完全歧视垄断**

300 竞争性产业同样销售 $Q^*$ 单位产品，而且对每个消费者收取一样的价格 $p^*$，等于边际成本。这样，竞争性产业和完全价格歧视的垄断者对边际消费者收取同样的价格 $p^*$，而且销售同样的产量 $Q^*$。[4]差别在于完全价格歧视的垄断者向除了边际消费者以外的其他消费者收取高于 $p^*$ 的价格，因此这些消费者没有得到消费者剩余。竞争情况下的消费者剩余是最大的（图 9.1 中需求曲线之下，$p^*$ 之上的区域），完全价格歧视垄断消除（攫取）了消费者剩余。因此，完全价格歧视没有效率损失（最后一次购买的价格仍然等于边际成本），但是的确影响了收入的分配。[5]

不实行价格歧视的垄断者收取单一价格 $p_m$，生产 $Q_m$ 单位产品，其中如图 9.1 所示，边际收益 $MR$ 等于边际成本 $MC$。消费者拥有小部分消费者剩余（需求曲线之下，$p_m$ 之上的区域），小于竞争情况下的消费者剩余。与不实行价格歧视、实施单一价格垄断者相比，实行完全价格歧视的垄断者的产量较高。单一价格垄断者的产量过少，是低效率的。

完全价格歧视垄断者的销售量高于非完全价格歧视垄断者，因为它每多销售一单位产品，便会获得增量利润。通过对每个消费者收取不同的价格，完全价格歧视的垄断者就能够避免非完全价格歧视垄断者所面临的第二种效应对边际收益的负面影响。也就是说，价格歧视垄断者在更低价格下销售额外单位的产品时，其销售的前一个单位产品的收益并不会因此而减少。在消除了第二种效应对边际收益的负面影响后，需求曲线就逐渐成了边际收益曲线。[6]垄断者只会对新增消费者降低价格，由此他就从多销售一单位产品中获利。

**每个消费者购买多于一个单位的产品**。我们先前假设消费者具有不同的购买意愿，而且无论价格如何，每个消费者仅购买一单位产品。现
301 在考虑消费者无差别且购买量随产品价格下降而上升时，如何实施完全价格歧视。假设每个消费者同其他所有消费者都是相同的，并且具有向下倾斜的产品需求曲线。我们现在假设图 9.1 中的需求曲线反映了每个消费者的曲线，而不是市场总需求，仍假设边际成本恒定为 $m$。

完全价格歧视垄断者针对销售的每单位产品收取不同的价格，因此，通过收取取决于数量的价格来抽取每个消费者的所有消费者剩余。垄断者对消费的第一单位产品收取高价，第二单位的产品价格较低，以此类推直到对最后一单位产品收取等于边际成本的价格 $m$。也就是说，垄断者设定等于每个消费者需求曲线的（边际）价目表。

另一个可替代的、等价的完全价格歧视方法可能是收取最优的两部定价，其中每个消费者支付一笔一次性总费用以获得购买权，并在消费每单位产品时支付价格 $m$（不管每个消费者购买多少产品）。如果当价格为 $m$ 时，一个消费者的消费者剩余为 CS（见图 9.1），那么垄断者设定的一次性费用等于 CS。由于垄断者攫取了所有的消费者剩余，因此

消费者买或不买没有差异。这一定价方法导致了竞争性的产出结果，并产生了同完全价格歧视垄断情况下相等的利润。案例 9.5 讨论了工会使用的类似方法。

如果每个消费者都具有向下倾斜的需求曲线，但是相互间存在差异，那么为了抽取所有的消费者剩余，垄断者会向每个消费者收取每单位 $m$ 的价格，但是对每个消费者收取不同的一次性总费用。当然，垄断者可能没有足够的有关每个消费者需求曲线的详细信息用以设计能够攫取每个消费者所有消费者剩余的定价政策。如果垄断者缺乏这一详细的信息，那么垄断者会发现使用我们在下一章所讨论的更为复杂的定价政策是有利可图的。但是，有些时候通过监控消费者来获取他们认定的产品的价值信息是可能的。例如，出租复印机的企业可以用复印机上的计数器来追踪每个消费者的使用量，而后根据复印的数量来确定租金。如果复印张数最多的消费者所认定的复印机价值最大，那么这种定价方法就可以最大化利润。

由于完全价格歧视需要单个购买者的详细信息，因此它更有可能发生在（或者尝试使用）一对一的讨价还价情况下。例如，为了估计潜在消费者的最大支付意愿，一个汽车销售人员会询问潜在购买者的职业、住址以及他们曾在何处购买过产品。类似地，如果医生可以辨别出他们所在区域的富人，那么他们就可以成功地实行价格歧视（参见 Kessel，1958；案例 9.2）。

302

**案例 9.5**

### 实行歧视的工会

一个强有力的工会可以像完全价格歧视的垄断者一样行动，并且攫取所有的消费者剩余。由于很难对每小时的劳动服务收取不同的价格，工会使用了另一种方法。工会可以同时设定工资水平和最低劳动时间（Leontief，1946）。

如图所示，如果劳动市场是竞争性的，那么工资水平为 $w$，可以出售的劳动时间为 $H$ 小时。劳动服务购买者的消费者剩余等于区域 $A+B$。相反，如果所有工人都属于工会，那么工会可以像完全歧视的垄断者一样行动，工资等于每小时服务的需求曲线（因此最后一小时的工资价格为 $w$），获得所有消费者剩余。

换句话说，工会会设定单一工资 $w^*$，以及最低劳动时间 $H$，获得同样数量的补偿。工会会向企业提供如下的选择：你可以在价格 $w^*$ 下购买 $H$ 小时的劳动（因此总工资为 $Hw^*$），或者你一个小时也不买。正如图中所表示的，如果工会设定工资为 $w^*$，并且不设定最低工作小时数，那么企业可能会购买较少的工作量（$H^*$）。企业同意在这一工资下购买较多劳动量的唯一原因就是如果不进行购买，那么他们将购买不到劳动力。

正如图中所表示的，企业得到的消费者剩余等于第一个 $H^*$ 小时形成的区域 A，而后在接下来的 $H-H^*$ 小时获得负的消费者剩余（等于区域 $C$）。工会得到的高于竞争性水平的利润等于区域 $B$ 和 $C$。如果正确设定 $w^*$ 使得区域 $A$ 等于区域 $C$，那么工会获得的利润就和其进行完全价格歧视时的情况相同。

码头工人工会使用了这一技术（美国劳工部，1975）。在 20 世纪 70 年代早期，运输产业（不包括铁路和航空）中有三分之二的工会合约存在工资—雇用保障条款。与此相反，在所有产业中只有 11%的工会合约存在这样的保障条款。

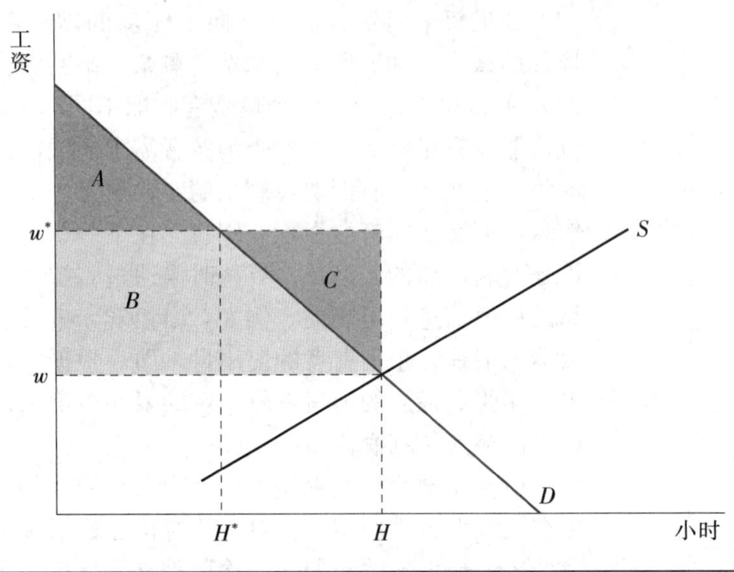


## 对不同群体的差别定价

没有足够信息识别每个消费者并确定其支付意愿的企业将不能进行一级价格歧视，也无法抽取所有的消费者剩余。但是，企业或许拥有足够的信息进行不完全价格歧视。

假设两个群体的总需求曲线具有不同的需求弹性，企业可以确定某
303 个特定消费者是否属于某一群体。如果可以阻止（或者限制）两个群体之间的转售，而且企业知道每个群体的总需求曲线，那么对两个群体设定不同价格是有利可图的。垄断者可以实行**三级价格歧视**（third-degree price discrimination）：它可以向属于不同群体的消费者收取不同的单位价格。例如，如果高交易成本可以阻止转售，企业就可以向加利福尼亚的消费者收取比纽约的消费者更高的价格。

如果垄断者具有不变边际成本和平均成本 $m$，那么其利润 $\pi$ 为

$$\pi = [p_1(Q_1) - m]Q_1 + [p_2(Q_2) - m]Q_2 \tag{9.1}$$

其中，反需求曲线 $P_1(Q_1)$ 为销售 $Q_1$ 单位情况下垄断者向群体 1 收取的价格；$p_2(Q_2)$ 为相似的群体 2 的反需求曲线。也就是说，$p_1$ 仅依赖于销售给该群体的数量 $Q_1$（而不是 $Q_2$），$p_2(Q_2)$ 仅依赖于 $Q_2$。总利润为 $\pi = \pi_1 + \pi_2$，其中，$\pi_i$ 为从向群体 $i$（$i=1$，2）的销售中得到的利润

$[p_i - m]Q_i$。也就是说，$\pi_i$ 为销售给群体 $i$（$i=1$，2）的单位利润乘以销售给该群体的数量 $Q_i$。

垄断者通过分别最大化每个群体的利润来最大化总利润（公式 9.1）。垄断者向给定群体中的每个消费者收取相同的价格。这样，我们就可以确定垄断者如何通过第 4 章介绍的非歧视性垄断方法来设定每组价格。也就是说，当群体 $i$ 的边际收益 $MR_i$ 等于生产最后一单位的边际成本 $m$ 时，垄断者最大化利润：

$$MR_1 \equiv p_1\left(1+\frac{1}{\varepsilon_1}\right)=m \tag{9.2a}$$

$$MR_2 \equiv p_2\left(1+\frac{1}{\varepsilon_2}\right)=m \tag{9.2b}$$

其中，$\varepsilon_i$ 为群体 $i$ 的需求弹性，因此正如我们在第 4 章中所讨论的，群体 $i$ 的边际收益等于 $p_i$（$1+1/\varepsilon_i$）。[7]

由于等式 9.2a 和 9.2b 中的边际成本 $m$ 相同，我们可以得到利润最大化的垄断者使得两市场的边际收益相等：$MR_1=MR_2$。在最优解中，如果垄断者在市场 1 中少销售一单位产品，在市场 2 中多销售一单位产品或者相反，那么利润不受影响。否则，企业必须为重新分配两市场的
304 销售支付代价，这就意味着没有达到利润的最大化。一般边际收益等于边际成本时会得到最大化的利润。[8]

图 9.2 给出了实行价格歧视的垄断者的价格决策。该图表明了两个消费者群体的需求。图左边群体 2 的需求曲线是“映射”的，在阅读时应该和图中右侧的群体 1 的需求曲线相反。设定每个消费者曲线的边际收益等于不变边际成本 $m$，可得到最优定价和产量决策（$p_1$，$Q_1$）和（$p_2$，$Q_2$）。

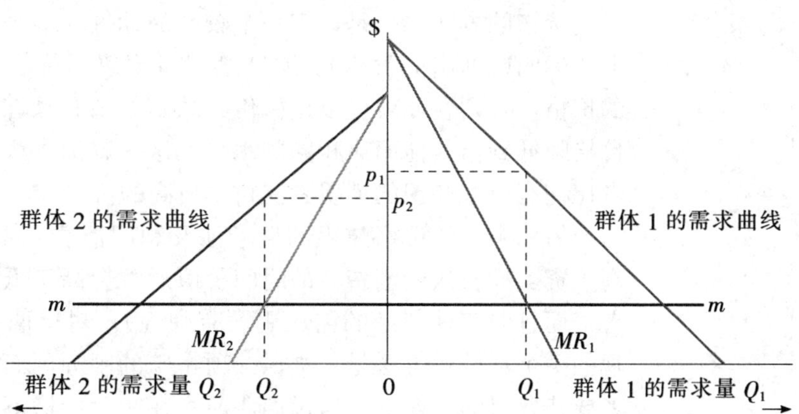


**图 9.2 价格歧视**

我们可以将公式 9.2a 和 9.2b 改写成

$$\frac{p_1-m}{p_1}=-\frac{1}{\varepsilon_1} \tag{9.3a}$$

$$\frac{p_2-m}{p_2}=-\frac{1}{\varepsilon_2} \tag{9.3b}$$

305 也就是说，每个群体 $i$ 的价格高于边际成本的加成的百分比 $[p_i-m]/p_i$ 和需求弹性成反比。群体的需求弹性越高，价格就越低，同时就越接近边际成本。因此，企业向需求对价格相对敏感的消费者群体收取一个较低的价格。结合公式 9.2a 和 9.2b 可以得到两组消费者群体的价格比率取决于它们的相对弹性：

$$\frac{p_1}{p_2}=\frac{1+1/\varepsilon_2}{1+1/\varepsilon_1} \tag{9.4}$$

例如，如果群体 1 接近完全弹性（$\varepsilon_1\approx-\infty$），群体 2 的需求弹性为 $-2$，那么 $p_1/p_2=1/2$。相对需求弹性较低的群体 2 面临的价格两倍于群体 1。换句话说，利润最大化的歧视垄断者向具有较高需求弹性的消费者提供了折扣。参见案例 9.1，9.3 和 9.4。

另一种价格歧视的方法是根据消费者是否愿意提交该产品的老版本以及老版本制造商的特征来制定价格（Fudenberg and Tirole，1998）。例如，微软最新版本的文字处理软件 Word 的价格可能取决于消费者先前使用的文字处理软件是否为 Word 的早期版本。

## 三级价格歧视的其他方法

企业可以采用其他更为精妙的方法实行三级价格歧视。例如，在许多市场中，一些消费者的价格信息优于其他消费者。企业对消费者收取不同价格的方法之一是设定一个较高的标价（即企业为销售产品在标签上所标明或列出的价格）。除非消费者抱怨标价超过了其他商店该产品的价格，否则企业就可以按标价收款。如果有顾客抱怨的话，商店就把价格降低到与其他商店相同的水平。这一定价方法使得信息较少的消费者比拥有更多知识的消费者支付了更高的价格。[9]

另一个三级价格歧视的例子涉及利用消费者不同的时间价值差异。高工资、高收入的消费者的时间价值通常会高于低工资、低收入的消费者（而且对某种产品的需求更没有弹性）。对这两类消费者实行价格歧视的一个巧妙的方法是：提供一项特殊的服务，而为获得这项服务消费者要花费时间。例如，假设商店愿意在一般价格下提供电话销售服务并将产品邮寄给消费者。商店会销售产品，但是仅会给愿意花费时间到商店取货的消费者较低的价格。这是一个有效的价格歧视方法，其中时间价值高的消费者在常规价格下通过邮寄获得产品，而时间价值低的消费者可以到商店取货并支付低价。

306 一个和价格歧视相关的方法是利用消费者等待消费新产品意愿的差

异。例如，一些消费者坚持要第一批观看新电影或是拥有最新的电子小玩意。如果价格随时间的推移而下降，那么早期购买者将比晚期购买者支付更高的价格。但是，并不是所有拥有市场势力的企业都可以有利可图地进行跨期价格歧视。如果消费者知道未来产品的价格将下降，那么一些消费者会推迟购买。只要愿意等待低价格的消费者数量不是很多，那么进行跨期价格歧视将会是有利可图的（Stokey，1979——参见 www.aw-bc.com/carlton _ perloff“跨期歧视”）。

## 价格歧视的福利效应

完全价格歧视的福利效应是确定的。企业的产出处于有效率的、竞争性水平，但是消费者的境况却比在竞争情况下更糟糕；因此完全价格歧视并不会扭曲效率，但确实会影响收入的分配。

三级价格歧视福利的效应分析更为困难一些。我们知道：在一级价格歧视下，消费者最终得到的剩余少于竞争性情况下的水平。而且，从公式 9.3a 和 9.3b 中，我们知道三级价格歧视的价格超过边际成本，因此它们的效率不如完全竞争或是完全价格歧视。

但是从效率的角度来看，三级价格歧视既有可能优于亦有可能劣于非歧视的垄断定价，这取决于需求曲线和成本曲线的形状。不完全价格歧视越接近完全价格歧视，价格歧视就越有可能得出一个比非歧视垄断定价更有效率的结果。

三级价格歧视的无效率源自三个方面。第一个通常是和垄断相关联的：价格超过边际成本，将会导致产出的限制，从而出现产出的无效率。

第二个是消费的无效率。由于不同消费者为每单位产品支付了不同的价格，因此每个消费者的边际支付意愿是不同的，这将导致无效率，因为没有利用进一步交易的机会。例如，假设不可能发生转售，而且存在两个消费者。拉里愿意为第一单位的消费支付 10 美元，为第二单位的消费支付 9 美元，两单位产品消费总共支付 19 美元。如果拉里面临的价格是 10 美元每单位，那么他仅会消费 1 单位产品。安德鲁愿意为第一单位的消费支付 7 美元，为第二单位的消费支付 4 美元，两单位消费总共支付 11 美元。如果安德鲁面临的价格是 5 美元每单位，那么他仅消费 1 单位产品。在边际水平上，拉里所认定的价值要高于安德鲁所认为的价值。拉里对另一单位产品的价值认定为 9 美元，而安德鲁则认为其正在消费的价格为 7 美元。在这种情况下，对拉里而言，消费 2 单位，而安德鲁不消费产品将更为有效。例如，如果拉里向安德鲁支付 8 美元来购买他的一个单位，那么拉里和安德鲁的境况都会变好。由于不可能发生转售，这一交易就不会发生，从而价格歧视导致了消费的无效率。因此，如果歧视垄断的产出等于（或少于）非歧视垄断，那么非歧
307 视垄断者向所有消费者收取相同的价格从而不存在消费的无效率，进而歧视垄断情况下的效率更低。[10]

无效率的第三个来源是：消费者为获得低价必须多耗费一些资源，而耗费这些资源对企业并无帮助。例如，消费者必须排队等候，或者到较远的地方才能获得低价。理解这一在消费者群体间进行价格歧视手段的一个途径是：为了在较低价格下购买商品，垄断者迫使消费者购买了一种差的商品（如排队等待的时间）（Chiang and Spatt，1982）。

如果价格歧视情况下的产出更高，那么三级价格歧视的福利要高于非歧视垄断时的情形。例如，假设存在两类消费者，而且非歧视垄断者发现设定高价使得只有一类消费者购买产品是最优的。而后，由于歧视垄断者服务于两类消费者，进而产出扩大了且使得消费者总体上获得了利益。但是，一般而言，哪类垄断将会产生更大的福利在理论上是模糊的，进而这是一个需要进行经验性研究的问题。[11]当消费者存在差别时，竞争有时会产生意想不到的价格效应。参见案例 9.6。

反托拉斯法（第 19 章）禁止某些类型的价格歧视。显然，对最终消费者进行价格歧视不会违反反托拉斯法，但是影响企业间“竞争”的价格歧视违反了《罗宾逊-帕特曼法》。而且，和某一类型价格歧视密切相关的搭配销售在特定环境下也是非法的。考虑到某些类型的价格歧视的福利效应仍然模糊不清，一些经济学家对完全禁止这些类型价格歧视的反托拉斯法的合理性提出了质疑。

308

**案例 9.6**

### 竞争总会降低价格吗?

格拉博夫斯基和弗农（Grabowski and Vernon，1992）分析了当一个企业的某种品牌药物的专利到期后，而且面临等效药品（普通药品）竞争时，它是如何对零售部门的定价做出调整的。在药品的专利到期之前，企业利用其市场势力设定高于边际成本的价格。在专利到期后，如果所有消费者都认为一般药物的药效等同于品牌药物，那么原来专利药物的价格会下降。但是，在他们所研究的专利到期的 18 种主要药物中，弗农和格拉波夫斯基注意到，在专利到期后的两年中，先前生产专利药物的企业的市场份额下降到 50%左右，而品牌药物的价格则上升了大约 10%。

根据格拉波夫斯基和弗农的研究，存在两类消费者，即品牌忠诚消费者和价格敏感消费者。品牌忠诚消费者不希望承受转换药品的风险（尽管从药效上来看是相同的），而此时价格敏感消费者会在通用药品的价格低于品牌药品时转移购买。在面临通用药物竞争之前，企业会设定一个价格来吸引品牌忠诚消费者和对价格敏感的消费者。当普通药物进入市场时，企业不必选择迎合普通药的价格（通常仅为品牌药物价格的 40%～60%），进而放弃在价格敏感者细分市场的销售。一旦企业没有必要吸引价格敏感者细分市场时，它就会提高价格来维持品牌忠诚消费者这一细分市场。

## 小　结

当拥有市场势力的企业使用非统一价格来最大化利润时会发生价格歧视。并不是所有的非统一定价都是价格歧视，有一些是由于成本的差异产生的。

为了成功实施价格歧视，企业必须拥有市场势力、知道或可以推断消费者的支付意愿，并且可以阻止或控制转售。为了实施本章所描述的价格歧视，企业必须非常了解单个消费者。为了进行完全或一级价格歧视，企业必须知道每个消费者的需求曲线。为了进行三级价格歧视，企业必须能够识别消费者所从属的群体，并且了解群体的需求曲线。有时一个企业并不具备进行一级或三级价格歧视的足够信息，它必须使用更为复杂的定价方法来最大化利润。我们将在下一章中讨论其他的定价方法。

完全价格歧视是有效率的：其销量和竞争性产业一样。完全价格歧视导致了收入的重新分配，垄断者获得所有潜在的消费者剩余。三级价格歧视的效率低于竞争或完全价格歧视。相比非歧视垄断，三级价格歧视既有可能是高效率的，也有可能是低效率的；同时其福利水平既有可能提高，也有可能降低。

## 问　题

309 1. 假设一个企业垄断铝锭生产，并如本章所讨论的那样纵向一体化生产自己的铝线，此时仍然会存在独立的铝线生产商吗？铝线生产商能够承担高价购买铝锭，而后成功地和铝锭生产商生产的低价铝线竞争吗？

2. 假设存在两种类型的消费者，用图表示相对于歧视垄断，简单垄断下的福利既可能提高也可能降低。

3. 人们通常很难从差异产品的不同价格上区分价格歧视。例如，如果教师向学生推荐杂志，把杂志上的文章读给学生听，他们就是在帮助推销杂志。由于他们节约了杂志的一些营销成本，因此杂志社通过向教师提供低价来鼓励教师定购是有利可图的。从企业的角度来看，出售给教师的杂志和出售给其他人的杂志是不同的产品。你能使用“不同产品”来解释电影院对老年人提供的折扣吗？

4. 假设存在两类消费者，非歧视垄断者的最优定价是 10 美元。在该价格下，第一类消费者不会消费。现在，假设垄断者可以进行价格歧视。总产出会增加吗？为什么？

5. 假设消费者只希望得到一单位的产品，愿意最多支付 10 美元。画出需求曲线，计算消费者所能得到的最大消费者剩余。假设存在第二个消费者，同样需要一单位产品，最多愿意支付 9 美元。完全歧视的垄断者向第一个消费者收取 10 美元，向第二个消费者收取 9 美元。为什么此时没有发生类似于三级价格歧视中的消费低效率？

6. 价格歧视垄断者的生产会少于非价格歧视垄断者吗？

奇数问题的答案在本书最后部分给出。

## 推荐阅读

Stole（即将出版），Wilson（1993）和 Varian（1989）提供了有关价格歧视的极好的回顾。Borenstein（1985），Holmes（1989），Katz（1984），Lederer and Hurter（1986）将三级价格歧视的分析延伸到纯粹垄断以外的市场结构（如垄断竞争）。Phlips（1983）涵盖了许多基本理论和一些经验性应用。

## 附录 9A　价格歧视的一个例子：农业销售订单

310 联邦和州政府使用市场订单助长了本是竞争性的农业市场的价格歧视。我们首先讨论市场订单是如何允许农民进行价格歧视的，而后讨论这些项目的效率和福利效应。[12]

### 市场订单规则

许多市场订单要求农民参与分类定价计划，该计划针对不同市场的消费者收取不同的价格。通常，商品至少会在两种市场中出售。在大多数市场订单中，主要的市场是新鲜食品（或国内）市场，该市场的需求弹性相对较低，因此价格相对较高。第二类市场是加工食品（或出口）市场，该市场的需求弹性相对较高，因此价格相对较低。由于加工食品不能再转化为新鲜食品，而且重新进口曾出口的产品的成本很高，因此不可能发生市场之间的转售，所以，就有可能进行价格歧视。市场如何分类将随市场订单的不同而有所变化。

一个常用的计划是数量限制计划，该计划表明了农民在初级市场中可以出售的产出的份额。这些产量份额限制提高了初级市场中的价格，降低了销售多余产量份额的二级市场中的价格。这样的例子包括 A 等牛奶、加利福尼亚杏仁、俄勒冈—华盛顿榛子、太平洋海岸胡桃、加利福尼亚椰枣和加利福尼亚葡萄干（Jesse and Johnson，1981）。允许在订单市场中采用产量份额限制的州包括加利福尼亚、科罗拉多、佐治亚、南卡罗来纳和犹他州，尽管近年来不少项目已经流产（Garoyan and Youde，1975）。

如果没有产出限制，那么当首次引入分类定价计划时，这些计划就会导致农民的利润增加，最终会吸引进入和更多的产出。产出会一直扩张，直到边际农民得到零利润，无论是否存在价格歧视都是这样。当不存在产出限制时，相对于价格歧视垄断或竞争性产业，市场订单会形成不同的均衡结果。

## 市场订单的效率和福利效应

311 正如一个具有固定供给的简化模型所表明的，一个价格分类计划下受益者和受损者同时存在。[13] 如图 9A.1 所示，市场订单将总产出在两个市场中进行配置：类型 1 市场（新鲜产品）和类型 2 市场（加工产品）。通过将类型 1 市场中的产出限制到低于竞争性水平 $Q_1^c$ 的 $Q_1$，市场订单使得类型 1 市场的价格趋近 $p_1$，高于竞争性价格 $p_c$。类型 2 市场中销售的产出过量，因此 $Q_2$ 大于竞争性产出 $Q_2^c$，类型 2 市场中的价格 $p_2$ 低于竞争性价格 $p_c$。

由于新鲜产品市场中的价格高于竞争性价格，$p_1>p_c$，新鲜产品的消费者所损失的消费者剩余等于区域 $A+B$。农民销售 $Q_1$ 单位产品的利润增加为区域 $A$（$=(p_1-p_c)Q_1$），因此新鲜产品市场中的净损失（没有被生产者收益所抵消的消费者损失）为 $B$。

由于较低的价格，$p_2<p_c$，消费加工产品的消费者所得到的消费者剩余等于区域 $C$。如果收取竞争性价格，那么农民在类型 2 市场中生产 $Q_2$ 单位产出的利润将下降区域 $C+D$ 部分。加工产品市场的净损失为 $D$。

消费者在新鲜产品市场损失了区域 $A+B$ 部分，而在加工产品市场中得到了区域 $C$ 部分，因此净损失为 $A+B-C$。农民的利润上升。农民得到的混合（平均）价格为 $p_b=(p_1Q_1+p_2Q_2)/(Q_1+Q_2)$。混合价格高于竞争性价格，否则农民就不会参与这样的价格歧视。农民在新鲜产品

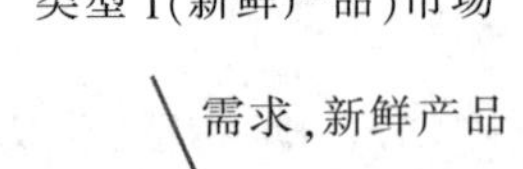


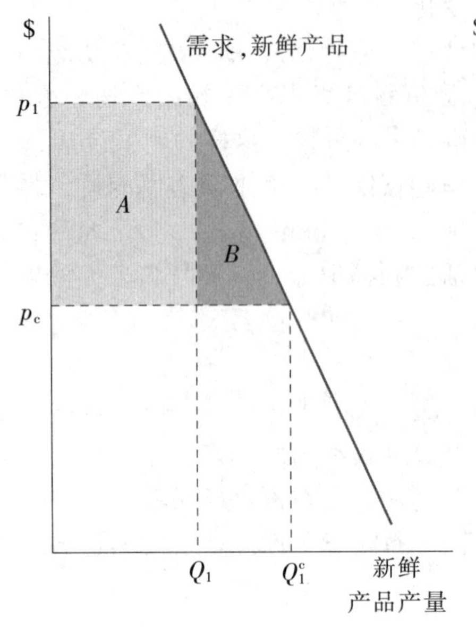


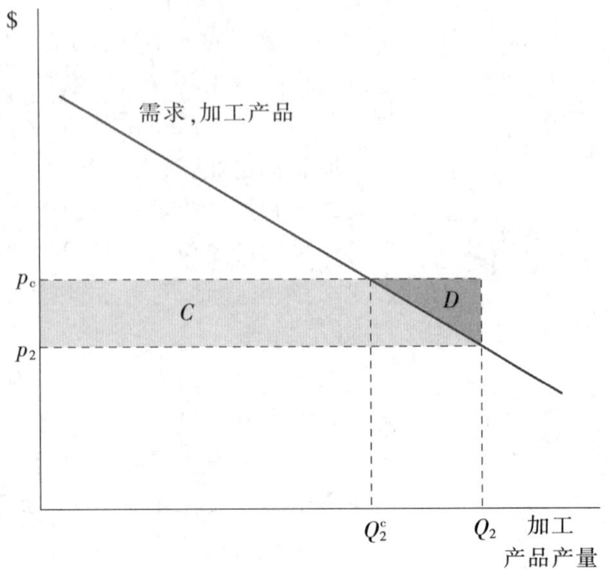


**图 9A.1　农产品市场订单的价格歧视**

市场中获得的利润为 $A$，在加工产品市场中的损失为 $C+D$，因此他们的总净收益为区域 $A-(C+D)$。消费者的损失（$A+B-C$）大于生产者得到的收益（$A-C-D$），因此净总损失为区域 $B+D$。这样，分类定价计划下的福利低于竞争性情况下的福利。

为了简单起见，我们假设供给是固定的，市场配置项目所产生的唯一影响是将新鲜市场中的产品重新引入加工市场。更为一般地说，当供给不固定时，市场订单通过提高农民得到的有效价格（新鲜产品和加工产品的加权平均价格）来增加供应量。许多额外的供给被引入二级市场（为了保证初级市场中的高价）。由于二级市场中的产品价格低于竞争性价格（从而低于边际成本），额外产出的成本超过了其对消费者的价值。这样，当供给曲线不垂直时，社会损失将更大。

由于所在产业较小，因此大多数分类定价项目的社会损失相对较小。但牛奶市场中的社会损失却很大。基于 20 世纪 70 年代早期的数据，据伊波利托和马森（Ippolito and Masson，1978）测算，管制效应使得新鲜牛奶（类型 1）市场中牛奶的价格上升了 9.3%（从农场的角
312 度），加工牛奶（类型 2）市场的价格下降了大约 5.6%，面临管制农民的混合价格上升了 3.7%。因此，相对于没有管制的情况，类型 1 市场中的消费下降了 1.9%，类型 2 市场中的消费增加了 3.7%。他们计算得出分类价格管制相当于每年对新鲜牛奶市场中的消费者征收 33 380 万美元的税收，类型 2 市场中的消费者则得到了 12 090 万美元的补贴。新鲜牛奶生产者的利润每年增加了 21 060 万美元，加工牛奶市场中的生产者

利润则每年减少了 10 520 万美元。包括运营项目的管理成本和由于项目引起的无效运输成本在内，他们测算得出的总社会损失大约为每年6 000 万美元。

大多数其他研究者使用了别的方法，测算出的成本更大。据夸克（Kwoka，1979）测算，1970 年的分类定价和联营计划导致了每年 17 900万美元的效率损失。海恩（Heien，1977）测算的总社会损失为 17 500 万美元。拉弗朗斯和德戈特（LaFrance and de Gorter，1985）指出，这些测算都是基于静态分析的，这样的分析忽略了新建奶场的时间。他们使用一个动态模型测算到的项目的社会损失三倍于静态测算结果。

**【注释】**

[1] 搭配销售使得企业可以有效地向使用较多搭售产品的消费者收取更高的价格。由于某些搭配销售违反反垄断法，因此，在反垄断法通过之前搭配销售较为普遍。但是，正如我们在第 19 章中所讨论的，法律并没有解释清楚到底什么样的行为才构成非法搭配销售。

[2] 因为在产量发生微小变化时，总收益为 $p(Q)Q$，边际收益等于 $p(Q)+Q(\mathrm{d}p/\mathrm{d}Q)$。在文中，$\mathrm{d}p/\mathrm{d}Q$ 为 $\Delta p$。

[3] 和卡特尔一样，单个企业和一群企业都可以实施价格歧视。为了使得叙述更为简单，我们讨论单个企业的行为。

[4] 我们忽略了通过价格歧视实现的收入重新分配效应。相对于竞争的情况，歧视性垄断者可以获得更高的利润，而消费者的收入则更少。

[5] 参见 Edlin，Epelbaum and Heller（1998）有关一般均衡的分析。

[6] 完全歧视性垄断者选择生产 $Q$ 单位产品，从而最大化利润。其利润为反需求曲线 $p(Q)$ 减去成本 $C(Q)$ 的区域（收益）：

$$\pi(Q)=\int_0^Q p(q)\mathrm{d}q-C(Q)$$

内部利润最大化的一阶条件为

$$p=p(Q)=C'(Q)$$

也就是说，利润在产量为 $Q$ 时达到最大化，其中价格等于边际成本。二阶条件为 $p'(Q)-C''(Q)<0$。也就是说，边际成本曲线的斜率大于需求曲线的斜率。

[7] 将等式 9.1 分别对 $Q_1$ 和 $Q_2$ 求偏导可得到利润最大化的一阶条件：

$MR_i=p_i+Q_i p'_i=m=MC$，$i=1$，2。

通过先除以后乘以 $p_i$，我们可以得到

$$MR_i=p_i\left(1+p'_i\frac{Q_i}{p_i}\right)=p_i\left(1+\frac{1}{\varepsilon_i}\right)。$$

[8] 如果边际成本不是恒定的，那么成本会随着总产出发生变化，因此公式 9.1 为$\pi=p_1(Q_1)Q_1+p_2(Q_2)Q_2-C(Q_1+Q_2)$，其中，边际成本为 $C'(Q_1+Q_2)=MC$。一个消费者群体的最优价格和产出取决于其他消费者群体的最优价格和产出。最优定价和产出仍然满足公式 9.2$a$ 和 9.2$b$：$MR_i\equiv p_i+Q_i p'_i=C'(Q_1+Q_2)\equiv MC$（$i=1$，2）。

[9] 这个故事的寓意是不要害怕抱怨高价格。百货商店经常拥有这样的政策，即它们的定价不会低于竞争对手。第13章分析了当出现拥有信息和没有信息的消费者时，企业的行为将如何受到影响。

[10] 假设群体1的总需求曲线为 $Q_1=a_1-b_1p_1$，群体2的总需求曲线为 $Q_2=a_2-b_2p_2$，其中 $a_i$ 和 $b_i$（$i=1$，2）为数字，边际成本为常数 $m$。歧视性垄断者选择利润最大化的产出 $Q_1^*$ 和 $Q_2^*$，因此，

$$Q_i^*=\frac{a_i}{2}-\frac{b_im}{2},\ i=1,\ 2$$

非歧视性垄断者选择单一价格 $p$，面临总需求量 $Q$ 的需求曲线在相关区域内为 $Q=(Q_1+Q_2)=(a_1+a_2)-(b_1+b_2)p$。如果向两个团体销售产品是最优的，那么非歧视性垄断者会选择利润最大化的产量

$$Q_i^*=\frac{a_1+a_2}{2}-\frac{b_1+b_2}{2}m。$$

这样 $Q^*=Q_1^*+Q_2^*$。因此，我们可以得到，在这种情况下，产出和三级价格歧视以及简单垄断情况下是相同的。由于歧视性垄断存在简单垄断所没有的消费低效率，因此三级价格歧视的福利低于非歧视性垄断的情况。

[11] Schmalensee（1981b），Varian（1985），Katz（1987）以及 Ireland（1992）表明在某种特定情况下，正如我们在前面的注释中所给出的，可以在简单垄断和价格歧视间做出清晰的福利和产出比较。Gale and Holmes（1993）使用高峰和非高峰定价检验了航空业的福利情况。

[12] 我们集中关注市场订单的价格歧视方面。据称，为了帮助农民联合抵抗牛奶加工者的买方垄断势力，国会采用了市场订单（Novakovic and Boynton，1984）。现今的市场订单的支持者声称，市场订单对稳定价格和产量是“必需的”，该观点受到许多农业经济学家的质疑（Jesse and Johnson，1981；Gardner，1984）

[13] Ippolito and Masson（1978），Berck and Perloff（1985）讨论了静态模型。Berck and Perloff（1985）同样表明了在一个动态模型中分析是如何发生变化的，在动态模型中产业的进入缓慢。Cave and Salant（1987）模型化了农业市场委员会的投票行为，这样的投票行为决定了市场订单如何运作。

# 第 10 章 高级定价理论

313 傻瓜很快就会和他的钱分开。重要的是，我想知道他们是怎么到一起的。

——西里尔·弗莱彻（Cyril Fletcher）

本章将分析比第 9 章所讨论的更为复杂的价格歧视方法，如非线性定价、两部定价、数量折扣、配售和质量选择。本章将说明当企业拥有市场势力能够控制和限制转售时这些常用的定价方法是如何增加利润的。本章的定价方法不需要企业拥有第 9 章中所需要的有关消费者的大量知识。

本章的要点是：

1. 当企业不知道个体消费者的需求时，可以用非线性定价计划来进行价格歧视。

2. 企业可以通过消费者对数个两部定价的选择来判断消费者属于哪个群体。

3. 配售（消费者必须同时购买多个产品）在增加利润方面的有效性取决于对这些产品的需求是否具有相关性。

4. 具有市场势力的企业可以使用各种其他政策来增加利润，使其高于统一定价情况下的利润水平。

## 非线性定价

当消费者对某一产品的总支出并不随着购买量线性（按比例）增加时，就出现了**非线性定价**（nonlinear pricing）。也就是说，单位价格会随着消费者的购买量的变化而变化。当企业可以阻止或者至少可以控制面临不同价格的消费者之间的转售行为，但是并不知道每个消费者的需求时，企业过去常用非线性定价方法进行*二级价格歧视*。[1]更确切地，企业会利
314 用其关于人口基本需求分布的知识。本节将首先说明非线性定价计划的一个简单类型——单一两部定价，而后以多重两部费率为例讨论非线性定价的一般问题。

### 单一两部定价

使用*两部定价*的企业向消费者收取获得购买权的一次性费用，以及每单位的使用费（参见第 9 章；同时参见 Oi，1971；Schmalensee，1981a）。例如，网球俱乐部通常会收取会员费以及取决于使用次数的使用费。许多租用复印机的企业必须支付最低租用费用，再依据使用量支付一笔费用。又如，假设某企业销售的相机需要特殊类型的胶卷（例如，宝丽莱的即时成像相机），人们可以把相机的购买看成是支付的一次性费用，把胶卷的购买看成是支付的使用量费用。同时参见案例 10.1。

**案例 10.1** ☞

**足球门票的定价**

当 1995 年袭击者球队重新回到奥克兰时，他们改变了出售足球赛场门票的方法。在新的购票方式下，球迷必须为个人的座位权（PSL）支付 250 美元～4 000 美元的费用，该费用使得球迷在以后的 11 年中可以用 40 美元～60 美元的价格购买每场球票。卡罗来纳黑豹队于 1993 年引入了 PSL，到 2002 年，至少有 11 个 NFL 球队使用了 PSL。根据一项估计，由于 PSL 实现了两部定价，球票销售增加了 7 亿多美元。

使用两部定价时，企业必须阻止转售，否则，就会存在一个消费者支付一笔固定费用并购买所有产品，而后进行转售，使得企业只能收取一次固定费用的情形。例如，假设企业向每个消费者收取 100 美元的费

用，而后收取每单位 1 美元的使用费。如果莉萨和丹尼尔每人购买 50 单位产品，他们每人必须支付 150 美元，总支出为 300 美元。但是，如果莉萨购买两人的产品，那么总支出为 200 美元。这样，莉萨和丹尼尔每人可以只支出 100 美元，使各自的境况变好。为了阻止这样的行为，
315 企业必须通过提高分别购买的成本来阻止莉萨的转售行为。本节剩下的部分假设企业采用前面章节的方法来阻止转售。本节讨论企业只能使用一个两部定价的情况；而后在下一节中放松该限制。

当消费者相同时，可以用两部定价来抽取所有的消费者剩余。我们已经在第 9 章的“每个消费者购买多于一个单位的产品”中阐明了这一点。但是，通常存在不止一种类型的消费者，企业不能区分这些消费者。我们假设企业知道人们的需求不同，但是缺乏有关每个消费者需求的特定知识。例如，通过市场调查，企业可能会意识到 50%的消费者认为其产品价值高，而另外 50%的消费者认为可以转为购买其他产品。但即使企业知道总体需求分布，也可能无法确定特定的消费者究竟属于哪一个群体。

假设只有两类消费者，存在如图 10.1 的需求曲线。类型 2 的消费者愿意在价格 $p$ 的水平上购买比类型 1 的消费者更多的产品，此时类型 2 的消费者得到更多的消费者剩余（$T_2>T_1$）。如果企业每单位产品收取的价格为 $p$，并且能识别每一位消费者的类型，那么企业会向类型 1 的消费者收取费用 $T_1$，向类型 2 的消费者收取费用 $T_2$。

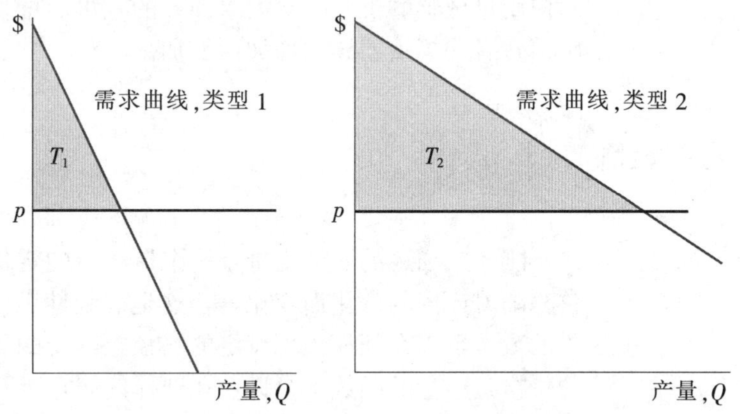


**图 10.1　两条不同的需求曲线**

假设企业必须选择单一的两部定价。企业选择一次性支付 $T$，以及每单位费用 $p$ 来最大化利润。如果 $p$ 超过了平均可变成本，企业从附加的销售中可以获得正的净收益。如果企业不能区分消费者类型，并且实行包含每单位支付 $p$ 的单一两部定价，那么在类型 1 的顾客参与的情况下，其收取的一次性费用不能超过 $T_1$。例如，如果企业收取一次性费用 $T_2$，那么类型 1 的消费者就会拒绝购买产品。

企业将面临两难选择。如果企业收取低价，就可以销售更多的产

316 品，而且可以收取更高的一次性费用（如图 10.1 所示）。但另一方面，企业收取较高的一次性费用来攫取类型 2 的消费者剩余的能力受到类型 1 的消费者较低购买意愿的限制。在很多情况下，企业盯紧类型 2 的消费者并放弃类型 1 的消费者可能会获得更多的利润。类型 1 的消费者和类型 2 的消费者的差别越大，企业就越难通过单一的两部定价抽取类型 2 的消费者的消费者剩余（参见附录 10A 和 10B）。

通常，最优两部定价能比单一定价产生更多的利润，因为单一定价是一种特殊的两部定价类型：一次性支付为零的两部定价。最优两部定价产生的利润可能要少于完全（一级）价格歧视，但是产生的利润可能多于也可能少于三级价格歧视（此时企业向每个消费者群体收取不同的价格）。但是，与三级价格歧视不同的是，企业在使用两部定价时不需要识别消费者属于何种类型。

我们可以设想一个两部定价是由对一个产品收取的固定费用和对另一个产品收取的边际费用所构成。例如，固定费用可以是相机的价格，而取决于使用量的边际费用则是胶卷的价格。附录 10A（和 www.aw-bc.com/carlton_perloff“两个产品的两部定价”）表明对使用量敏感的价格（例如胶卷的价格）趋向于超过边际成本，但是固定费用（例如相机）可能远低于产品的边际成本。通常，固定费用随着平均购买量和边际消费者购买量之间差异的减少而上升，随着需求弹性的增加而上升。对使用量敏感的价格随着需求弹性的减少而增加，随着平均消费者和边际消费者购买量差异的增加而增加。

## 两种两部定价

刚才所描述的两部定价是一个最简单的定价结构的例子，其中平均价格随着产出的变化而变化——这是非线性定价计划的特征。通常，支付的数量可以在任何预先设定的路径上随着购买量的变化而变化：支付的价格是产量的函数，允许企业选择任何它所愿意选择的函数。

寻找最大化垄断利润的一般非线性定价策略是一个复杂的过程。[2] 本节给出了一个简单的例子以说明其核心思想。

假设企业知道两种类型的消费者（类型 1 和类型 2）的需求曲线，以及人群中不同类型的消费者的分布，但是不知道特定消费者属于哪一
317 类型，企业可以向消费者提供两种不同的两部定价计划。每个消费者选择或自我选择能带来更高效用水平的计划。图 10.2 用黑色的直线给出了两种计划。纵轴的截距是固定的一次性费用，曲线的斜率表示不变的边际成本。通过观察，购买少量产品的消费者可以通过选择两部定价计划 1 来花费更少的支出，而购买大量产品的消费者可以通过选择两部定

价 2 计划来减少支出。根据这一推理，消费者会选择两曲线的下“包络”部分，即粗黑线表示的部分。

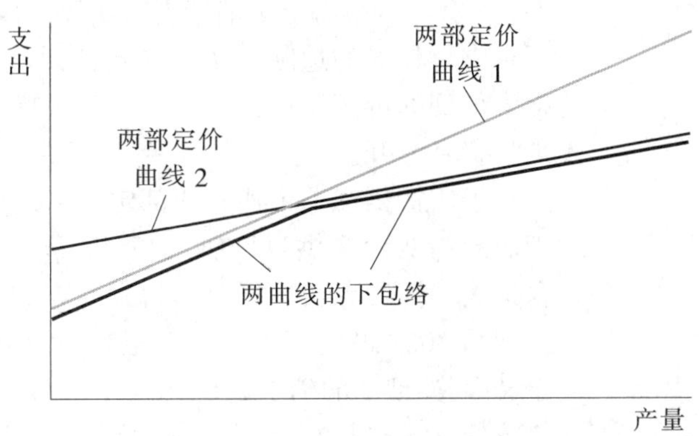


**图 10.2　两部定价菜单**

企业选择两部定价计划来最大化利润。企业识别任意单个消费者支付意愿的能力约束了其定价政策。为了将消费者分类，企业提供了两种不同的两部定价选择，因此可以降低一种的价格而不用担心同样的低价会传递到另一种。这一动机和任何价格歧视计划都是相同的（第 9 章）。

如果企业知道消费者属于哪一类（并且可以阻止转售），那么企业就可以针对每类设计两部定价。从先前我们在第 9 章的完全价格歧视的讨论中可以看出，当企业拥有足够知识时，企业可以向每个消费者收取等于边际成本 $m$ 的价格，通过收取一次性费用来抽取每个消费者的消费者剩余。这样，如果如图 10.1，$p=m$，那么企业能向类型 1 的消费者收取 $T_1$，向类型 2 的消费者收取 $T_2$。

假设企业简单地宣布它拥有两种两部定价：一个为（$T_1$，$m$），另一为（$T_2$，$m$），其中括号中的第一个数字表示固定费用，第二个数字表示边际价格。如果两类消费者的需求曲线如图 10.1 所示，没有消费者愿意选择第二种两部定价，因为 $T_2$ 超过 $T_1$。也就是说，所有消费者会选择第一种两部定价。由于消费者总是会选择（自我选择）对自己最
318 有利的定价结构，因此企业进行价格歧视的能力就受到了约束。在本例中，消费者不愿意选择高价格计划，这就排除了进行完全价格歧视的可能性。企业在**自我选择约束**（self-selection constraint）的条件下设计定价结构来最大化利润：该约束是对企业定价结构的约束，使得任何一类的消费者都不愿意选择针对另一类消费者的两部定价计划。我们重点关注垄断者同时服务于两类消费者的情况下的最优解。

例如，假设在任一价格下类型 2 的消费者的需求量都多于类型 1 的消费者，如图 10.1 所示。那么企业的最优政策是对类型 2 的消费者收取的固定费用 $T_2$ 高于向类型 1 的消费者收取的 $T_1$；类型 2 的消费者面临的边际价格 $p_2$ 低于类型 1 的消费者面临的边际价格 $p_1$，$p_2$ 等于边际

成本（参见附录 10B）。通过向大需求量消费者提供较低的价格，消费者被剥夺了大量的消费者剩余，这部分剩余被企业通过 $T_2$ 来抽取。较高的 $T_2$ 阻止了小需求量消费者（类型 1），这些消费者愿意为其较小的购买量支付较高的边际成本。换句话说，大批量购买者（类型 2）从低价格中得到的价值要远大于小批量购买者（类型 1），从而使企业可以将两类消费者分开。

饭店提供了一个通过两部定价来划分消费者类型的极端例子。许多饭店向消费者提供自助餐（高 $T$，$p=0$）和菜单点餐（$T=0$，高 $p$），食量大的消费者会选择自助餐。

图 10.3 说明了本例中类型 2 的消费者的情形。即使固定费用 $T_2$ 大于 $T_1$，类型 2 的消费者也会偏好（$T_2$，$p_2$）而不是（$T_1$，$p_1$），因为价格较低（$p_2<p_1$），因此消费者在第二种定价情况下可以得到更多的余留的消费者剩余。同样，类型 1 的消费者会偏好（$T_1$，$p_1$）而不是（$T_2$，$p_2$）。由于他们可以利用较低的固定费率，因此在费率（$T_1$，$p_1$）下可以得到更多的余留的消费者剩余。

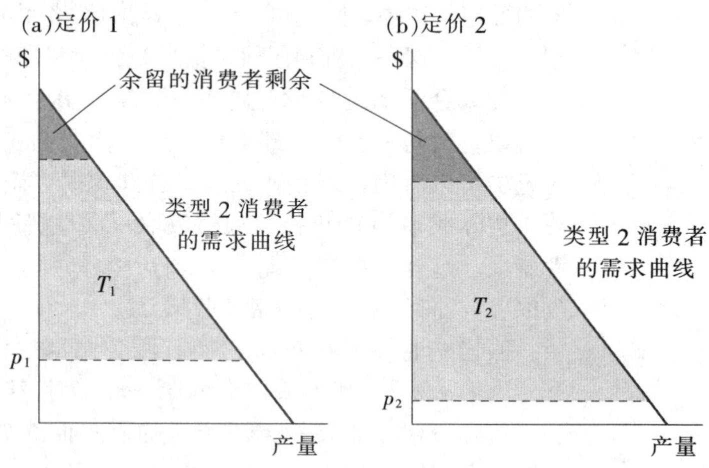


**图 10.3　类型 2 的消费者在两部定价下如何支招**

319 类型 2 的消费者会因存在类型 1 的消费者而获利。没有类型 1 的消费者，类型 2 的消费者将得到零效用。消费者的多样化有利于需求量较大的消费者（参见附录 10B）。

# 配售

配售是指消费者购买一种产品时必须同时购买另一种产品。例如，如果超市在销售一磅咖啡时要求你必须同时购买方糖，那么这就是配售。诉讼的不断增多促成了治理配售的法律约束（参见第 9 章），因此存在很多记录详细的企业使用配售的例子。

配售可以被用于实行价格歧视。我们广义地使用了价格歧视一词，在此意义上，配售使得垄断可以得到大大超过将两件产品在不变价格下分别出售时得到的利润。在所有的价格歧视计划中，进行配售可以增加利润的原因在于：配售使企业可以向对产品估价最高的消费者收取更高的价格。尽管配售可以用于进行价格歧视，认识到进行配售还存在许多与价格歧视无关的其他原因这一点仍然非常重要。

## 配售的合理理由

配售可以增进效率、避免价格管制、给消费者隐性的价格折扣，并且保证质量。本节将在考察完这些动机之后，考察配售是如何被用于实行价格歧视的。[3]

**效率**。配售可以用来增进效率。例如，需要系鞋带的鞋子通常是和鞋带一起出售的；每个购买系带鞋的人都需要鞋带。只要人们对鞋带的偏好不存在巨大的差异，那么销售带有标准鞋带的鞋子就比分开销售鞋子和鞋带更有效率（也就是说，降低了交易成本）。在极端情况下，每个产品都可以看成是由多个产品组成的。例如，收音机包含多个独立的元件。汽车也一样，可将其视为由引擎、轮胎和车身组成的集合。显然，每个产品都可以分开销售，但是由于消费者需要组合的产品，因此它们被搭配在一起。参见案例 10.2。

**案例 10.2** ☞

### 配售为你省购车款

除了购买已经装配好的汽车——一种配售——之外，你还可以分开购买所有的零件，并亲自组装而后上漆。但是，这样做会使你的成本大幅度增加。根据《美国保险杂志》(*Journal of American Insurance*) 的说法，1988 年，从零售商手中购买一辆组装好的 1998 别克 Skylark 的价格为 12 568 美元，而购买汽车零件和喷漆服务的成本为 40 280 美元。

资料来源：Brendan Boyd, "By the Numbers," *San Francisco Chronicle*, March 3, 1989: B5.

配售更有效率的另一个理由是它们节约了评估某一产品独立组件的成本。如果购买者必须一起购买多个产品，相对于分别评估每一产品组件，配售使得总搜寻成本下降。参见案例 10.3。

**案例 10.3** ☞

### 坚持留住钻石口袋

世界上很大一部分的钻石是由戴比尔斯 (De Beers) 联合矿业公司销售的。购买者可以指定所要钻石的平均质量，而后买主得到一个装有几颗钻石的袋子。买主有权整体拒绝或接受这个袋子，拒绝这一袋子的买主将不会再受到邀请。这一营销程序的一个理念是如果购买者可以详细地观察每颗钻石，并且拒绝任一颗钻石，那么戴比尔斯必须耗费资源来更为仔细地对钻石进行分类定级。“接受袋子或者完全不要”的销售政策会避免发生这一成本。

资料来源：Kenney and Klein (1983).

---

**回避管制**。配售的另一个常见原因是避免价格控制。想象政府对钢
320 铁设定价格控制。假设受到控制的价格低于市场出清价格（供给等于需求时的价格）5 美元。避免价格控制的一种方法是以控制价格出售钢铁，但是其条件是消费者在购买的同时必须支付 5.25 美元购买一支生产成本为 25 美分的铅笔。这样，既维持了钢铁的市场出清价格，又符合了价格控制的要求。

该案例的一个变形是使用配售来避免管制。一些公用事业，如电力基础设施，都受到费率管制。如果允许电力公共设施部门销售电灯泡，并且迫使消费者将购买灯泡作为获得电力服务的一个条件，那么电力公共设施部门就可以通过对电灯泡收取高价格来完全避免费率管制，除非管制者同时管制电灯泡的价格。

**隐性价格折扣**。配售的另一个动机是可以实行隐性价格折扣。例如，一个寡头垄断成员可能希望在对手不知道的情况下给消费者提供价
321 格折扣（参见第 5 章）。企业能通过以寡头价格销售一种产品但同时以一个非常低的价格配售另一种产品来维持隐性的价格折扣。例如，当购买者购买价格为 100 美元的产品时，企业作为礼物给买家价值 10 美元的另一种产品，这就等同于给了购买者 10%的折扣。换句话说，与消费者在竞争性市场中购买搭配产品所必须支付的价格相比，在此情况下，企业将会少收取消费者 10 美元。

**保证质量**。配售可以保证质量。例如，柯达宣称之所以将胶卷的冲印和销售联系起来，是因为他们不相信其他独立的冲印商能够像柯达公司一样专业地冲洗柯达胶卷。[4]柯达的推理是：如果独立冲印商出错或者冲洗出的图像质量很差，那么消费者就不能区分到底是胶卷质量差还是冲印水平差，而后消费者可能就不愿意在未来购买柯达的胶卷。

通常，企业通过迫使消费者购买它的另一个产品或服务，或者不使用替代品来保证质量。当西尔公司引入无糖甜味添加物阿巴斯甜时，它宣称该产品是天然的，比其他便宜的糖替代品，例如糖精，味道更好。饮料制造商开始在它们的食用苏打中使用混合后的糖精和阿巴斯甜。西尔公司觉得混合产品的口味不如单独使用阿巴斯甜时的口味好，担心阿巴斯甜会得到不公正的待遇，要求阿巴斯甜的使用者不能将它混合使用。[5]当然，柯达和西尔公司的这一行为可能还另有企图。

## 作为价格歧视手段的配售

配售的最后一个原因——也是本章后部分关注的焦点——是可以增加垄断利润。也就是说，如果企业在一种产品上拥有垄断势力，那么企业可以通过将另一种产品搭配在垄断产品上销售来增加利润。可以在多种情况下使用配售来进行价格歧视，运作的具体方式将因环境的不同而有所差别。因此，在回顾了使用配售作为价格歧视的原因后，我们讨论在各种情况下它们的运用。

存在两种常用的配售。一种是**捆绑**（bundling）（Adams and Yellen，1976）或者**打包配售**（package tie-in sale），这类配售发生在当两个或更多产品以固定比例进行销售之时。例如，商店要求如果购买一罐咖啡就必须购买一包糖。每个购买这些产品的人都以这一固定比例消费掉这些产品，否则他们就必须处理掉其中一种产品的一部分。

另一种常用的类型是**按需配售**（requirements tie-in sale），此时从一个企业购买一种产品的消费者被要求从该企业购买另一种产品。例
322 如，IBM 曾经要求购买其打孔机的企业从该公司购买打孔纸，无论多少都必须从 IBM 公司购买。[6]在这样的按需配售中，不同消费者可能会消费相对不同数量的两种产品。例如，在 IBM 的案例中，一个大型企业会比一个小制造商消费更多的打孔纸。在一些案例中，当相关产品仅由销售另一种产品的同一家企业生产时，会自动产生按需配售。例如，宝丽莱是唯一生产适合其相机的胶卷的企业。

同所有对购买同一产品的不同消费者收取不同价格的非线性定价方法一样，只要能够阻止消费者之间的交易，企业就可以使用配售来实行价格歧视。例如，在（固定比例的）打包配售情况下，如果消费者可以分离打包销售的产品，而且在公开市场中转售各种产品，那么配售就不能被用来进行价格歧视。同样，在按需配售情况下，企业必须保证消费者不能在其他地方以竞争性价格购买配售的产品。

我们现在分别考察两种类型的配售，以及在什么情况下它们可以增加利润，我们首先分析具有独立需求的产品的打包配售。如果消费者对一种产品的估价并不取决于对其他产品的消费，那么这些产品具有独立需求。我们而后转向分析具有相关需求的产品。

## 独立产品的打包配售

为了考察独立产品的打包配售，我们首先假设企业对两种产品都拥有垄断势力，而后我们考察只对两种产品中的一种拥有垄断势力的情况。

**对两种产品都拥有垄断势力的打包配售**。假设企业对产品 A 和产品 B 都拥有垄断势力。例如，向电影院销售影片拷贝的电影公司拥有两部需求量很大的电影 A 和 B。在独立销售 A 和 B 以及打包销售两者的情况下，哪种会产生更高的垄断利润呢？答案取决于不同消费者对分开产品的评价，以及对打包产品的评价（Stigler，1968c）。

垄断者向两种类型的消费者销售产品。类型 1 的消费者在分开销售的情况下，对产品 A 的最大支付意愿为 9 000 美元，对 B 的最大支付意愿为 3 000 美元（参见表 10.1）。类型 2 的消费者对独立产品 A 的最大支付意愿为 10 000 美元，B 为 2 000 美元。每类消费者对产品 A 的支付意愿独立于产品 B 的购买，反之亦然。

**表 10.1　　一个有利可图的打包配售的例子**

| | 类型 1 的消费者 | 类型 2 的消费者 |
|---|---|---|
| 愿意支付给 A 产品的金额（美元） | 9 000 | 10 000 |
| 愿意支付给 B 产品的金额（美元） | 3 000 | 2 000 |
| 愿意支付给 A，B 产品组合的金额（美元） | 12 000 | 12 000 |

假设生产产品的成本为零，垄断者希望最大化来自两类消费者的利
323 润。垄断者存在两种选择：分开销售 A 和 B，或者打包销售两种产品。如果垄断者独立销售产品 A，它可以通过收取价格 9 000 美元来最大化利润。在该价格下，两类消费者都会购买 A，垄断者得到 18 000 美元。同样，为了最大化独立销售 B 的利润，垄断者设定价格为 2 000 美元，得到的收益为 4 000 美元。因此，分开销售 A 和 B 的总收益为 22 000 美元。

现在假设垄断者决定打包销售 A 和 B。类型 1 和类型 2 的消费者都愿意对打包产品支付 12 000 美元。如果垄断者打包销售的价格为 12 000 美元，那么它可以向两类消费者销售产品，得到 24 000 美元。因此，在本例中，通过打包销售产品而不是分开销售产品，垄断者可以实现利润（收益）最大化。通过打包销售产品，垄断者向类型 1 的消费者收取的产品 B 的价格（3 000 美元）高于向类型 2 的消费者收取的价格（2 000 美元），而向类型 1 的消费者收取的产品 A 的价格（9 000 美元）低于向类型 2 的消费者收取的价格(10 000美元)。换句话说，当两类消费者购买同样的打包产品时，他们对组合中的产品赋予了不同的相对价值。这种配售就是一个价格歧视的例子：垄断者对购买同样产品的不同消费者收取了不同的价格。

通过改变表 10.1 中的数字，我们可以表明配售并不一定总是利润最大化的战略。在表 10.2 中，垄断者分开销售比打包销售能获得更大的利润。分开销售产品的最大利润为 20 000 美元（向两类消费者销售产

品 A 得到 18 000 美元，仅向类型 2 的消费者销售 B 得到 2 000 美元），而打包销售 A 和 B（向两类消费者销售）的利润仅为 19 000 美元。

**表 10.2　　一个无利可图的打包配售的例子**

| | 类型 1 的消费者 | 类型 2 的消费者 |
|---|---|---|
| 愿意支付给 A 产品的金额（美元） | 9 000 | 10 000 |
| 愿意支付给 B 产品的金额（美元） | 500 | 2 000 |
| 愿意支付给 A，B 产品组合的金额（美元） | 9 500 | 12 000 |

让我们回到表 10.1 的例子。假设有人购买 A 和 B 的打包组合，而后拆分打包组合，并在转售市场独立销售 A 和 B。诱使类型 1 和类型 2
324 的消费者购买产品 A 的市场出清价格为 9 000 美元，同样，B 的市场出清价格为 2 000 美元。现在，如果类型 1 和类型 2 的消费者意识到购买打包产品后会存在转售市场，产品 A 的价格将为 9 000 美元，产品 B 的价格为 2 000 美元，那么消费者就不会愿意购买打包产品。相反，他们会等待转售市场的发展，而后以 11 000 美元的总价格分别购买两种产品，而不是以本例中的 12 000 美元购买。这样，当存在转售市场时，没有人会购买打包产品，通过打包配售进行价格歧视的努力将成为徒劳之举。也就是说，转售市场破坏了垄断者就同种产品收取不同价格的能力，从而破坏了企业使用配售进行价格歧视的能力。

当不存在转售市场时，在表 10.1 的例子中，打包配售实现了成功的价格歧视，因为每种类型的消费者对两种产品的支付意愿存在反向关系。例如，类型 1 的消费者对 B 的评价相对较高，而对 A 的评价相对较低（参见 McAfee，McMillan and Whinston，1989）。因此，两类消费者对单个产品的估价具有相对的差异性，但是对打包产品的估价则具有相对的同质性。[7] 参见案例 10.4。

**案例 10.4**

### 电视节目的搭配

在美国的大部分地区，垄断的有线电视提供商向消费者提供各种打包的服务。通常，基本的捆绑服务包括本地节目、电视网络节目以及大约 7 个额外的有线网络频道。

有线电视提供商是如何决定捆绑服务中应包含哪些网络的呢？答案之一是所选择的节目可以更好地通过捆绑来实现价格歧视。消费者对单个网络具有不同的评价，但是，有线电视提供商可以捆绑各种网络，使得具有不同偏好的消费者对整个捆绑的评价相对近似。例如，家庭中的年轻人会观看 MTV，而很少看 CNN 新闻，而他们父母的选择可能相反。这样，尽管他们对每个网络的评价不同，但是每个家庭成员认为的 MTV 加上 CNN 的捆绑价格是相同的。如果这样，即使消费者对单个网络的评价存在很大的差异，有线电视提供商仍然可以对捆绑收取单一费用以抽取大部分的消费者价值。

随着越来越多的网络加入捆绑产品，原来不愿意购买特定网络节目的消费者现在将该网络作为捆绑产品的一部分进行了购买。而且捆绑中的网络越多，用户对捆绑的评价相似的可能性就越大，该偏好导致了更富有弹性的需求曲线。克劳福德（Crawford，2001）对美国有线电视提供商捆绑决策的经验性研究证实了该结论。根据克劳福德的模拟，通过将数个网络融合到一个基本的捆绑服务，与没有捆绑销售的情况相比，有线电视提供商可以增加14%的平均利润。相对于没有捆绑销售的情况，消费者损失了13%的剩余。而且，正如价格歧视理论所预测的，相近网络捆绑销售的利润低于不同网络捆绑销售的利润。

---

**两种产品垄断的混合捆绑**。一些企业允许消费者选择是捆绑购买还是分开购买，这被称为混合捆绑（Adams and Kellew，1976）。你可以购买捆绑了软件的计算机，或者分开购买软件和硬件。垒球队会销售赛季球票，也分开销售每场的球票。

如果你经营一家餐馆，你或许想知道以下哪一种定价方法能够使你的利润最大化：

- 单独定价：消费者根据菜单单独点菜。消费者可以点开胃菜、主菜或甜点，并且可以略过任何一道菜。
- 纯粹捆绑：消费者只能购买一个固定价格的套餐——捆绑销售，该套餐包含的每道菜的选择是有限的（可能只有一道）。
- 混合捆绑：消费者既可以点固定价格的套餐也可以从菜单上点菜。

首先你必须确定是否选择捆绑。如果你选择捆绑，你必须确定使用哪种定价方法能最大化你的利润。

325 只有满足了市场势力、转售和偏好等条件时，你才能有利可图地进行捆绑。我们假设饭店是垄断竞争的，因为它们的产品是不完全替代的，因此存在一定的市场势力。当然，你可以忽略转售问题。一个消费者不可能点一份固定价格的午餐，而后向邻座的人转售开胃菜。

你的决策主要取决于消费者的口味，即对一种产品评价相对较高的消费者对另一种产品的评价相对较低。我们将在图 10.4 中说明你的决策是如何取决于顾客口味的。

为了简单起见，假设你的饭店只销售一道主菜大比目鱼，以及甜点派。图中的坐标轴表示消费者对每个产品的估价或保留价格。在图
326 10.4a 中，你的菜单列出了每份菜的价格为 8 美元。区域 $D$ 中每个认为鱼的价值高于 8 美元，甜点派的价值低于 8 美元的消费者都会到你的饭店来点大比目鱼。这种偏好如点 $x$ 所示，该消费者认为鱼的价值为 10 美元，派的价值为 6 美元。保留价值在区域 $A$ 中的消费者只会购买甜点派，区域 $B$ 中的消费者会购买两种菜肴，而区域 $C$ 中的消费者则不会购买任何一道菜（位于点 $z$ 的消费者认为大比目鱼和甜点派的价值均为 6 美元）。

图 10.4b 表明了如果你只提供固定价格的大比目鱼和甜点派套餐

时，消费者将如何决策。认为鱼的价值为 10 美元，甜点派的价值为 6 美元的消费者的对应点为区域 $F$ 中的 $x$，他会购买 12 美元的套餐，因为该消费者愿意为套餐支付 16 美元。如果每个产品分开定价各为 8 美元，正如我们在图 10.4a 中所看到的，该消费者将不愿意购买派，而花费 16
327 美元买两份鱼。认为捆绑产品的价值高于 12 美元的位于区域 $F$ 的任何消费者均会购买捆绑产品。区域 $E$ 中认为捆绑产品的价值低于 12 美元的消费者不会购买固定价格的套餐。点 $z$ 处的消费者既不会购买菜单上的产品也不会从固定价格的套餐单上购买产品。

图 10.4c 给出了混合捆绑的情形。消费者既可以购买价格均为 8 美元的两道菜中的任何一道，也可以购买固定价格为 12 美元的捆绑套餐。位于区域 $H$ 内点 $x$ 处的消费者对鱼的保留价值为 10 美元，对派的保留价值为 6 美元，会购买固定价格的套餐。该消费者可以从固定价格捆绑中得到 4 美元（=16－12 美元）的剩余，但是只消费大比目鱼得到的剩余仅为 2 美元（=10－8 美元）。

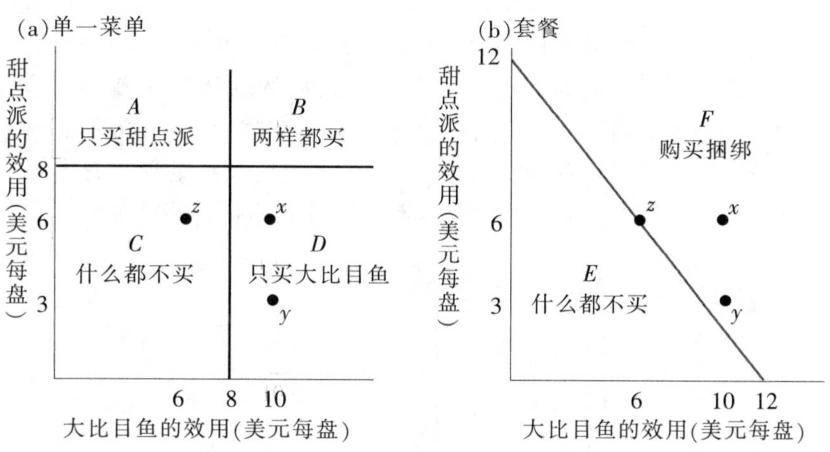


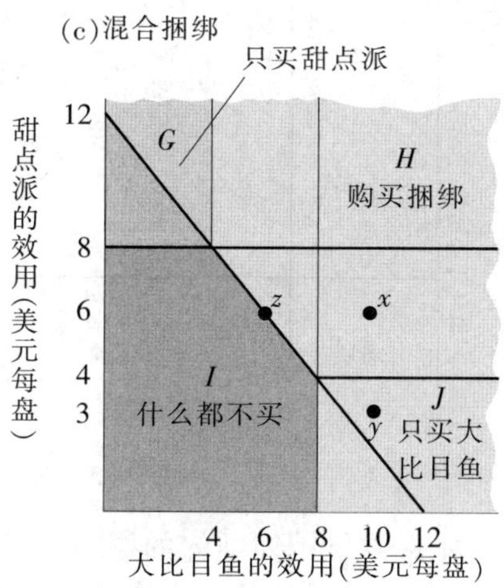


**图 10.4　顾客和混合捆绑**

但是如果该消费者认为派的价值仅为 3 美元，即位于区域 $J$ 的 $y$ 点处，那么消费者仅会购买 8 美元的大比目鱼。由于消费者预期两种产品的价值为 13 美元，他从购买捆绑产品中得到的剩余为 1 美元（=13−12 美元）。但是如果消费者仅购买鱼，那么消费者剩余为 2 美元（=10−8 美元）。这样，消费者仅购买鱼的境况会更好。[8]

通过同样的推理，区域 $G$ 的消费者只会购买派。最后，区域 $I$ 的消费者不会光顾你的饭店，因为捆绑产品的价格超过了消费者对它们的评价，而且每种产品的价格都超过了消费者的保留价格。

何种价目表能为你带来最多的利润将同时取决于消费者对这两道菜的支付意愿和你制作这些菜的成本。进行纯粹捆绑或混合捆绑都会使你比单独定价时销售更多的菜肴。然而，仅当收入的增加大于成本时，更多的销售才会带来利润的增加。

假设你只有三类消费者——a，b 和 c，他们对两种菜的评价如图 10.5 所示——你做菜的成本为：大比目鱼花费 3 美元，派花费 2 美元。如果分开定价，你可以通过对大比目鱼收取 11 美元，对派收取 8 美元来最大化利润。在这种价格下，消费者 a 和 b 只会购买派，消费者 c 只会购买大比目鱼。你可以从派的销售中赚取 6 美元=8 美元（派的价格）−2 美元（派的成本），销售大比目鱼得到 8 美元=11 美元−3 美元，总利润为 20 美元。由于消费者愿意为派支付 10 美元，而价格仅为 8 美元，因此你得不到所有的消费者剩余。

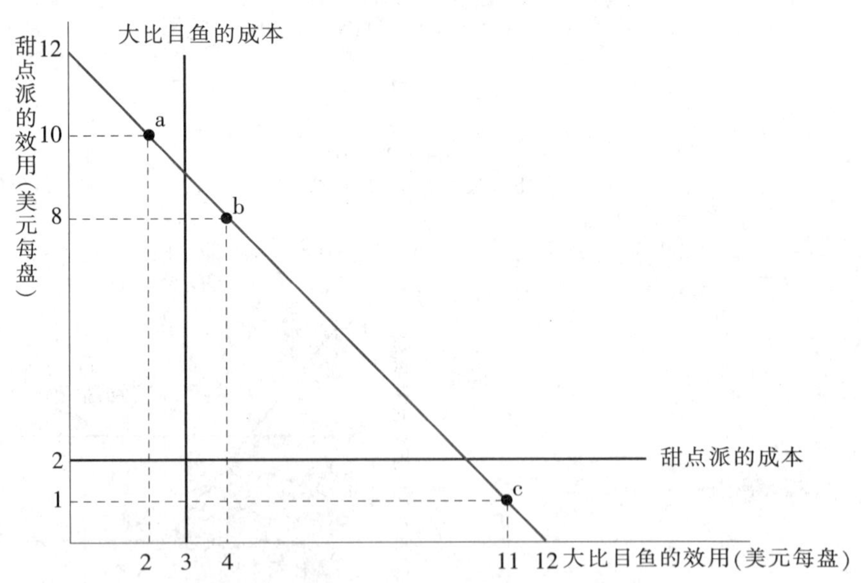


**图 10.5　有利可图的混合捆绑**

如果你仅销售纯粹的捆绑产品，那么你可以收取 12 美元，获得利润 21 美元=（12 美元−5 美元）×3，其中 5 美元是制作两种菜肴的组合成本。由于对一种产品估价较高的消费者对另一个产品的估价较低，因此你可以通过捆绑而得到比分开销售更多的利润。因此，捆绑使得你可以销售更多的菜肴。你可以使用分开的价格销售一份大比目鱼和两份派，而同时你也可以通过纯粹的捆绑销售三份派和三份大比目鱼。

但是，使用混合捆绑可以得到更多的利润。你可以设定捆绑价格为
328 12 美元，大比目鱼的价格为 10.99 美元，派的价格为 9.99 美元。消费者 a 仅购买派（购买捆绑产品会多付出 2.01 美元，消费者对大比目鱼的估价仅为 2 美元），消费者 b 购买捆绑产品，消费者 c 仅购买大比目鱼（你可以销售两份派和两份大比目鱼）。你可以从消费者 a 和 c 处各获得 7.99 美元，从消费者 b 处获得 7 美元，总利润为 22.98 美元。

你可以通过纯粹的捆绑销售更多的产品——每样三份，而混合销售仅能销售两份产品。你在纯粹捆绑情况下利润更低，其原因在于你向认为产品价值低于生产成本的消费者销售了产品。在纯粹捆绑情况下，消费者 a 认为大比目鱼的价值为 2 美元，低于你 3 美元的生产成本，消费者 c 认为派的成本为 1 美元，低于 2 美元的生产成本。因此，销售更多的产品对你来说并没有好处。如果你向消费者 a 销售捆绑产品，那么你可以得到 7 美元的利润。另一方面，如果你向消费者 a 销售派的价格为 9.99 美元，你可以得到 7.99 美元的利润。这样，你可以通过阻止消费者购买大比目鱼来增加利润。在混合捆绑销售中，你基本上可以得到所有的消费者剩余。

面对同样的消费者，如果你没有生产成本，那么你可以通过纯粹的捆绑来最大化利润。如果没有生产成本，你会希望销售足够多的菜肴。总而言之，三种定价方法中的任何一种都可以最大化利润，这取决于消费者的口味和你的生产成本。参见案例 10.5。

**案例 10.5**

## 并不是非常合体——混合捆绑

文字处理程序和表格程序是独立的计算机软件产品。在 20 世纪 90 年代，软件生产商开始从分开销售这两种产品转变到将这两种产品作为一个套装的部分进行销售，其中这两个软件被捆绑在一起。消费者仍然可以分别购买两种产品，因此生产商进行了混合捆绑。

为什么会发生这一混合捆绑呢？答案之一是购买捆绑产品可以保证两个软件一起有效地工作：也就是说，可以保证质量。另一种解释采用了价格歧视理论，认为如果对文字处理程序（如微软的 Word）评价较高的消费者对表格程序（如微软的 Excel）的评价较低，那么混合捆绑可以最大化利润，反之亦然。

甘达尔（Gandal，2003）发现经验性研究支持歧视理论。一项对家用 PC 用户的调查表明，43%的消费者说他们使用这两种程序，50%的消费者只使用其中的一种程序，7%的消费者不使用这两种程序。在商业 PC 用户中，63%的用户使用两种程序，37%只使用其中的一种程序。也就是说，有相当大比例的使用者仅使用一种（并不是两种）软件。甘达尔使用离散随机选择模型对消费者的需求偏好进行了测

算，得出结论是：通常，对表格处理软件评价较高的消费者对文字处理程序的评价较低，反之亦然，因此事实上两者的需求存在较大程度的负相关。

---

**只有一种垄断产品的打包配售**。现在假设企业只是产品 A 的垄断者
329 （没有边际生产成本）。产品 B 的生产和销售是竞争性的，售价为 $m$（边际生产成本不变）。我们继续假设产品 A 和产品 B 的需求是独立的，也就是消费者对产品 A 的评价和是否同时消费 B 无关，反之亦然。那么，产品 A 的垄断者按固定比例一起销售产品 A 和 B 值得吗?

在详细分析这一例子之前，让我们用常识来猜测一下答案。假设垄断者将竞争性产品 B 捆绑在产品 A 的销售上是有利可图的。由于 A 和 B 是相互独立的产品，任何竞争性产品都可以捆绑到产品 A 上来增加垄断者的利润。换句话说，比如汽车的垄断者可以将所有不相关的产品捆绑到汽车的销售上。即使不是绝无仅有，我们也很少看到垄断者将一个完全不相关的产品捆绑到自己产品的销售上。由于我们没有观察到这样的现象，因此对垄断者来说，将竞争性的不相关产品捆绑到垄断产品上进行销售在一般情况下可能是无利可图的。

现在让我们正式地分析这一例子。假设产品 A 的垄断者使用打包配售，要求每购买一单位产品 A 就必须购买一单位产品 B。垄断者在竞争性价格 $m$ 下采购产品 B，将其和产品 A 打包，而后对打包后的产品收取价格 $p^*$。因此销售每个打包产品的利润为 $p^*-m$。如果垄断者单独出售 A 可以获取的利润比 $p^*-m$ 更多，那么这一配售是无利可图的。

330 两种类型的消费者考虑购买产品。一种类型的消费者喜欢产品 B。如果这些消费者不能从产品 A 的打包销售物中得到产品 B，那么他们会在其他地方以价格 $m$ 购买产品 B。对这些消费者来说，就好像是他们在价格 m 下购买 B，购买 A 的价格为 $p^*-m$。他们在分开购买 A 时支付 $p^*-m$，在购买 B 时支付 $m$，或者以价格 $p^*$ 购买组合产品之间是无差异的。

第二种类型的消费者认为一个单位产品 B 的价值低于 m（也就是说，这种类型的消费者不愿意在竞争性价格下购买 B）。如果他们购买打包的产品，那么相对于在竞争性价格下分开购买产品 B，这些消费者被迫消费了更多的产品 B。例如，特定消费者最终会得到 B，而事实上该消费者并不会使用产品 B，因此产品 B 对他来说价值为零。只有当这些消费者认为产品 A 的价值为 $p^*$ 或者更高时，他们才会购买包含产品 A 和 B 的组合。

如果产品 A 本身的销售价格为 $p^*-m$，那么更多的第二类消费者会购买产品 A，支付意愿强于在价格 $p^*$ 下购买打包产品。例如，认为产品 B 没有价值而产品 A 的价值为 $p^*-m$ 的消费者会在价格 $p^*-m$ 下单独购买产品 A，而不会购买价格为 $p^*$ 的打包产品。如果出售组合时垄断者的单位利润 $p^*-m$，以同样价格单独销售 A（以价格 $p^*-m$）得到的利润也为 $p^*-m$，那么如果单独销售 A，垄断者的利润会更多，

因为出售了更多单位的产品 A。通过打包销售 A 和 B，垄断者迫使一些消费者购买包括他们评价不高的产品在内的打包产品，以此增加销售。因此，一些对产品 A 评价较高的消费者不会购买打包产品。因此，如果产品的需求是独立的，垄断者就不会存在按固定比例将其产品与竞争性产品打包的激励。[9]

## 相关需求

消费者对产品的需求经常是相关的。例如，相机的价值依赖于胶卷的可得性，胶卷的价格影响了相机的需求，反之亦然。这一需求的相关关系导致产生了使用打包配售和按需配售来进行价格歧视的激励。在阐明这一点之前，让我们首先考察没有配售时相关需求下的利润最大化问题。

331 **需求相关时的利润最大化**。假设企业是产品 A 和产品 B 的垄断者。如果两种产品的需求独立，那么产品 A 的需求仅依赖于产品 A 的价格，产品 B 的需求也只依赖于产品 B 的价格。在相关需求情况下，产品 A 的需求依赖于产品 A 和产品 B 两者的价格。同样，产品 B 的需求也依赖于产品 A 和产品 B 两者的价格。

产品 A 和产品 B 拥有不变边际生产成本 $m_A$ 和 $m_B$，相应的价格为 $p_A$ 和 $p_B$，相应的需求曲线为 $D_A(p_A, p_B)$ 和 $D_B(p_A, p_B)$。销售 A 产品得到的利润为：

$$\pi_A(p_A, p_B) = (p_A - m_A) D_A(p_A, p_B)$$

其中，$p_A - m_A$ 为出售单位产品 A 的利润。类似地，销售产品 B 的利润为：

$$\pi_B(p_A, p_B) = (p_B - m_B) D_B(p_A, p_B)$$

垄断者的问题是从两种产品的销售中最大化利润，这依赖于两者的价格：

$$\begin{aligned}\pi(p_A, p_B) &= \pi_A(p_A, p_B) + \pi_B(p_A, p_B) \\ &= (p_A - m_A) D_A(p_A, p_B) + (p_B - m_B) D_B(p_A, p_B) \qquad (10.1)\end{aligned}$$

在选择最优价格时，垄断者不仅要考虑生产和销售 A 的利润 $\pi_A$，而且必须考虑产品 A 的价格会如何对产品 B 的利润 $\pi_B$ 产生影响，反之亦然。也就是说，相关产品的垄断者在决定最优价格时必须考虑相关关系。

图 10.6 解释了垄断者的问题。随着 B 的价格从 5 美元下降到 4 美元，A 的需求曲线向外推移。通过改变产品 B 的价格 $p_B$，垄断者可以使得 A 的需求曲线向外推移，因此垄断者可以从更多的销售 A 中得到足够的利润，足以抵消产品 B 的销售导致的利润下降。[10]（如果 $p_A$ 变化，那么 $D_B$ 也会移动。）这样，一个垄断两种互补产品的垄断者比之两种产

品的单独垄断者至少可以对一种产品设定更高的价格，而对另一种产品设定较低的价格。[11]

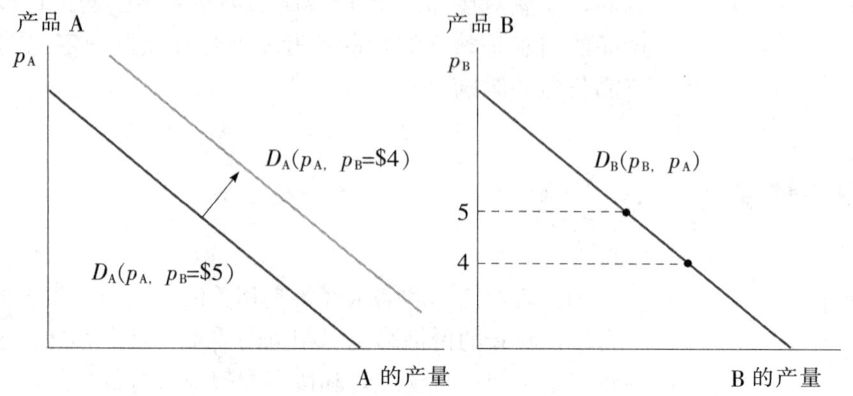


**图 10.6　相关需求**

332 事实上，为了在更高的价格上销售产品 A，垄断者会设定低于生产成本的价格 $p_B$。这一结果类似于两部定价。例如，人们可以将相机和胶卷的销售解释为两部定价，其中相机为一次性支付的费用，而胶卷为使用费。正如我们在两部定价中所解释的，在低于成本的价格上销售相机是有利可图的。现在，我们考察需求相关时的打包配售和按需配售。

**需求相关时的打包配售**。如果需求是相关的，那么垄断者可以用打包配售这一方法来避免消费者的无效率行为从而增加自己利润。例如，汽车是由铝和钢组成的。汽车制造商对铝的支付意愿取决于钢铁的价格。因此，如果可以使用可变比例的两种投入进行生产，那么这两种投入的需求是相关的。

假设汽车和钢铁产业是竞争性的，但是铝由垄断企业提供。汽车制造商以铝的垄断价格和钢铁的竞争性价格的比率为基准选择铝和钢铁的投入组合。由于铝的价格相对较高（高于竞争性价格），它们会使用大量的钢和极少的铝，以至于汽车的生产是无效率的。针对铝垄断者的干扰越大，生产商购买的铝就相对越少。

铝垄断者可以迫使汽车制造商签订合约以要求它们在生产汽车的过程中使用相对较多的铝。例如，它们可以迫使汽车制造商使用有效率的铝和钢的比例（所有相关产业都是竞争性情况下的铝和钢的比例）。垄断者可以通过要求汽车制造商从铝垄断者手中购买有效比例的钢来施加这一限制，而铝垄断者可以在竞争性市场中购买钢。当然，一如所有的配售，如
333 果配售能够运作，那么消费者，在本例中为汽车制造商，就不可能秘密地从公开市场购买钢；也就是说，消费者不能打开打包配售中的产品包。[12]

**需求相关时的按需配售**。最为常见的配售类型可能是按需配售，即要求消费者购买一种产品，而后必须从同一生产商处购买所有相关产品。第 19 章考察了几个已经引发法律诉讼问题的案例。一个著名的案

例涉及 A. B. 迪克公司（A. B. Dick），该公司拥有销售油印机的垄断专利。[13] A. B. 迪克公司要求所有购买油印机的消费者必须从该公司购买油墨，而公司在油墨市场中并没有垄断势力。另一个著名的配售案例我们在前面已经提及：IBM 打孔机案例，其中 IBM 要求该机器的购买者从 IBM 购买所有的打孔纸。

在典型的按需配售情况下，企业设定第一个产品的价格，而后对相关产品收取高价（高于竞争性价格）。与小需求量消费者相比，需求量较大的消费者为购买第一个产品进行的有效支付更多。例如，购买打孔机和 100 张打孔纸的消费者比只购买 10 张打孔纸的消费者为打孔机有效支付了更高的价格。因此，配售实现最大化利润的关键在于消费者对相关产品的需求存在差异。现在，我们更为详细地考察为什么按需配售能有利可图。

假设企业开发了一种可以自动缝衬衫纽扣的新机器。在该机器发明之前，衬衫的纽扣是手工缝制的，劳动成本为一粒纽扣 1 美分。市场上有许多衬衫制造商。假设大制造商每年缝制的纽扣为 10 000 粒。该制造商对机器的支付意愿为每年 100 美元，因为该机器可以节约 100 美元的劳动成本。另一个使用 1 000 粒纽扣的制造商对机器的最大支付意愿为每年 10 美元。

为了使这一例子更为简单，假设机器仅使用 1 年，每个制造商每年缝制纽扣的总量不会因机器的发明而发生变化。机器的需求曲线 $D_M(p_M, p_B)$ 依赖于机器的价格 $p_M$ 和纽扣的价格 $p_B$。图 10.7a 中较黑的曲线为纽扣价格为 5 美分时的需求曲线。

334 假设机器的垄断者决定：只要企业以高于竞争性价格 1 美分的单价 6 美分（或者可能是更少）从机器的垄断厂商那里购买所有的纽扣，那么企业就可以免费使用机器。换句话说，垄断者将纽扣的销售和机器的销售进行了捆绑，并且对每粒纽扣收取 1 美分（或者可能更少）的溢价。任何使用机器的企业都会同意这些条件，因为机器可以使得每粒纽扣的缝制节约 1 美分。

由于这一配售，纽扣的最大用户为机器支付了更高的有效价格。例如，使用 10 000 粒纽扣的企业为机器有效地支付了 100 美元；但是，仅使用 1 000 粒纽扣的企业只为机器支付了 10 美元。这样，纽扣和机器的配售使得机器垄断者可以有效地对顾客收取不同的价格，对机器评价最高的消费者支付的价格最高。这一配售使得垄断者获得了剩余需求曲线下所有的消费者剩余。这样，配售使得垄断者可以达到完全价格歧视的目的。

我们可以将机器和纽扣配售的案例和以前相关需求曲线的检验联系起来。如果垄断者对每粒纽扣收取 6 美分的价格并且攫取所有的消费者剩余，那么消费者不会愿意为机器进行任何支付（机器的需求曲线成为图 10.7a 中水平轴上方的灰线）。

使用机器可以使得纽扣的需求曲线向外移动。正如 10.7b 中所显示的，如果用户可以自由使用机器，那么纽扣的需求曲线将比没有机器的

335 情况向上移动 1 美分（图 10.7b 中的黑线可以被认为是由于机器价格过高而没有人购买机器的情况下纽扣的需求曲线，而灰线为机器价格为零时纽扣的需求曲线）。随着机器价格的上升，纽扣的需求曲线最终下降到最初的需求曲线。[14]这样，设定 $p_{\mathrm{M}}=0$ 美元，$p_{\mathrm{B}}=6$ 美元的配售使得相对于 $p_{\mathrm{M}}>0$，$p_{\mathrm{B}}=5$ 的情况，机器的需求曲线向下移动，纽扣的需求曲线向上移动。配售使得企业进行了完全的价格歧视，因此相对于为机器设定任何单一的正的价格并且不销售纽扣（或者在竞争性价格下销售纽扣）的情况，垄断者可以获得更多的利润。

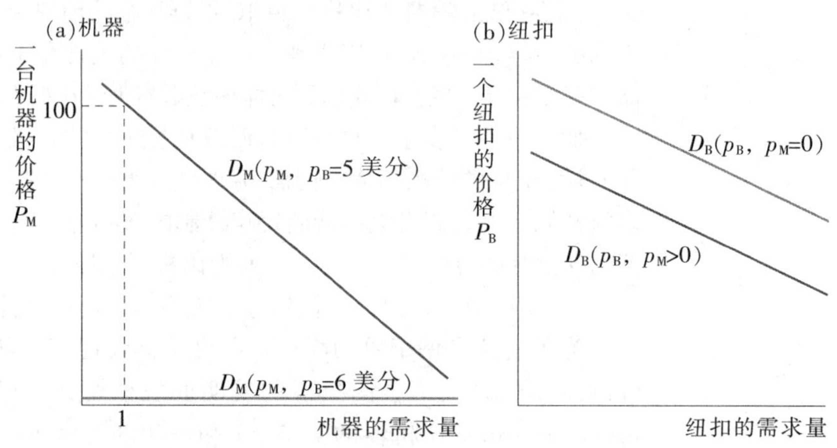


**图 10.7 作为配售结果的机器和纽扣需求的漂移**

从每个企业都有预先设定的需求以及每个企业手工缝制纽扣的成本相同的意义上来说，先前的例子只是一个特例。现实中更有可能的情况是，每个企业在纽扣的使用量上具有一定的灵活性，而且它们对用机器缝制纽扣的评价不尽相同。一些消费者对机器和纽扣的配售（其中纽扣的定价过高）做出了回应，他们可能会减少纽扣的用量。如果这样做，配售就无法实现类似于简单例子中的完全价格歧视。但是，即使不能抽取所有的消费者剩余，配售仍可能是最为有利可图的方法。可将配售视为两部定价，其中机器的价格是一次性费用，纽扣的价格是单位使用价格。由于我们前面讨论中所提到的原因，即两部定价通常不能实现完全价格歧视的效果，因此配售不可能达到完全价格歧视[15]，也就是说，企业不能分开识别并针对每个消费者收取他们的最大支付意愿。

在本节的例子中，配售可被用来测量使用量。换句话说，企业可以明确地测出使用量。例如，IBM 已经安装了测量仪器来测算每个消费者使用 IBM 的机器打孔的次数。消费者可以在任何地方购买打孔纸，但是他们支付给 IBM 的机器的价格将取决于测出的打孔纸使用量。究竟是使用配售，还是采用明确的测量仪器，这一选择取决于两种方法的相对成本。测量仪器可能成本较高，而且很容易造假、掩饰或者失灵。另一方面，配售可能很难控制（例如，消费者可以随处购买打孔纸），而且会扭曲有效使用。复印机、电话和电力设备通常使用明显的测量仪器来监控使用量。

我们已经看到了垄断者是如何用两种产品的配售来提高垄断者利润的。更为一般地，垄断者可能不会仅搭配一种产品，而是在其垄断产品上搭配数种产品。垄断者也可以规定不要将特定的投入品与其垄断产品一起搭配。

## 质量选择

336 想象一个垄断者生产质量不同的几种产品——例如生产高、中、低质量水平汽车的垄断者。通常不同质量产品的需求是相关的，因为消费者可以用不同质量的产品相互替代。如果这些产品的质量是预先设定的，那么垄断者的定价决策将和已经讨论过的需求相关时的情况一样。但是，如果垄断者必须同时对即将投入生产的产品的质量做出决策，那么垄断者不仅要在决策如何对不同质量的产品定价时考虑需求的相关性，而且在决定为销售提供何种质量的产品时也要考虑需求的相关性问题（Mussa and Rosen，1978）。这样，垄断者有关质量水平的决策会受到影响非线性定价计划的那些因素的影响。

例如，汽车垄断者可以选择仅生产质量非常高和非常低的汽车。由于没有提供高质量汽车的相近替代品——中等质量、中等价位的汽车，垄断者可以得到更多的利润。原因在于企业可以对高质量汽车收取高价格，而不用担心消费者会用较低质量较低价格的汽车进行替代，因为它不是一个良好替代品。

总之，当消费者偏好不同质量水平的产品时，为了得到消费者剩余，垄断者可以控制市场中产品的质量。垄断者遵循我们在价格歧视和产品质量选择部分中所讨论的规则，向估价最高的消费者收取高价格，向估价最低的消费者收取较低的价格，同时不必向对产品估价最高的消费者提供此低价（参见 Mussa and Rosen，1978；同时参见 www.aw-bc.com/carlton_perloff“垄断者的质量选择”）。

## 非线性定价的其他方法

本章仅讨论了垄断者为最大化利润而采取的多种可能的定价方法中的几种。一些其他的定价方案也很常见，因此值得一提。

## 最小购买量和数量折扣

许多卖者规定他们的产品存在最小购买数量。这样的限制使得价格成为非线性的。对于较小的消费量来说，每单位产品的平均价格非常高，而一旦消费量达到最小购买水平，每单位的平均价格就会下降。提供数量折扣也能达到类似的效果。

## 价格方案的选择

337 有时消费者必须在决定自己的购买量之前选择指导他们购买的定价计划。例如，一些电话公司要求消费者在月初选择定价计划。一些消费者选择支付较大的固定费用，得到不受限制的呼叫次数；另一些消费者选择支付中等数量的一次性费用使得他们可以打一定数量的电话，并为超出限额的呼叫支付额外的费用。在月末，消费者或许会发现如果没有选择该定价计划可能会产生更低的话费。通过要求消费者提前选择定价计划，垄断者可以区分能精确预计需求的消费者以及不能精确预计需求的消费者。相对于能精确预计需求的消费者，这些不能精确预计需求的消费者将支付更多的费用。

与此相反，电力公司通常不要求消费者提前选择定价计划。电力用户通常面临递减定价计划，即对初始用电量收取高价，而后便收取低价。由于这一安排适用于所有消费者，因此月末的账单与消费者预计自己需求的能力不相关。

另一个相关的例子涉及为了获得更低的价格而预先购买一个固定数量的产品，这一价格低于数量较小的、用多少买多少时的价格。例如，许多出售月票的铁路运输部门销售的单人次票价要远高于月票价。如果消费者错误估计了他们出行的频率，那么铁路公司就会从这些消费者的错误中获得利润。

## 优先权溢价

如果消费者在获得产品的速度的需求上存在差异，那么企业可以对要求快速发货的消费者收取更高的价格。例如，对新产品常用的定价策略是最初定高价，而后随着时间的推移降低价格。航空公司通常对提前一天订票的消费者收取比提前数个星期订票的消费者更高的价格。这一定价行为的一个可能原因是通常需要临时出差的商务人士的需求弹性小于并非临时安排的旅行者的需求弹性。一般说来，当购买一个产品具有不确定性时，就有可能根据购买产品的不同概率制定不同的价格来进行价格歧视（Harris and Raviv，1981；Maskin and Riley，1984）。[16]但是，如果消费者给企业带来的成本不同（比如对提前预订的消费者），那么将价格差异视为价格歧视就可能产生误导。

## 拍卖

338 一些企业使用拍卖的办法来销售有价值的产品，如艺术品、古董、海上石油开采权以及国库券等。拍卖的目的是当卖者并不清楚哪位买者对产品评价最高时，通过拍卖得到最大的收益。拍卖的目标是通过设计定价机制，使得具有最大支付意愿的消费者支付高价。

利用拍卖来获得最大收益的最好办法是什么呢？是首先从低价开始竞标，而后逐渐提高价格直到没有人愿意出更高的价格为止（**英式拍卖**，English auction）的拍卖？还是首先从高价开始，而后慢慢降低价格直到有买主愿意购买产品为止（**荷式拍卖**，Dutch auction）？是否需要设定拍卖的标底？在合理假设下，这些问题的答案出奇简单。如果买者最大化预期消费者剩余，而且在拍卖中对物品具有独立的评价（比如对一幅画具有特别的偏好），那么荷式拍卖和英式拍卖可以得到相同的预期利润，而设定标底是最优的。[17]

当买者们对一个物品具有共同的价值评价时，这一结论并不成立，如物品可以转售给消费者的情形，例如最终会转售给最终消费者的关于批发石油的拍卖。这里，竞价者必须保证不会因为他们高估了共同价值（最终的转售价格）而给出过高的竞价。这种过度竞价被称为赢家灾祸，因为拍卖赢家有可能支付过高，这可归因为他们的信念：与其他竞价者相比，他们自己更有能力估计出商品的预期市场价值。参见案例 10.6。

339

**案例 10.6**

### eBay 的价格歧视

在线企业 eBay 拍卖上百万件物品。在典型的 eBay 拍卖中，卖者设定标底，而后买者根据他们的最大支付意愿投标竞价。如果新的竞价者的投标价超过了已有的最高竞价，那么 eBay 的计算机记录的新的最高竞价为先前的价格加上增量（最小加价单元为 50 美分）。这样，拍卖使最高竞价者获得拍卖品，其价格等于次高竞价者的最大支付意愿加上增量价格。

拍卖中的卖者是垄断者，希望得到最高的价格。垄断者应该如何设定标底呢？布洛和罗伯茨（Bulow and Roberts，1989）使用价格歧视的原理回答了这一问题。

在递增（英式）拍卖中，高竞价者获得拍品的价格恰好高于次高竞价者。这就意味着如果没有人竞价，那么高竞价者在最低价格下获得拍品。因此，卖者有不设定极低的标底的激励。但是，相对高的标底的缺点是它会使得一些竞价者不参加拍卖（迫使最终的获胜者支付略高的价格）。因此，卖者在设定最低竞价时必须考虑这样的权衡问题。

巴亚里和霍塔克苏（Bajari and Hortacsu，2003）使用复杂的计量经济学方法分析了 eBay 对纪念币的拍卖。由于许多收藏者向其他收藏者转售纪念币，他们会对任意给定的纪念币存在共同价值。在共同价值拍卖中，获胜的竞价者必定担心他们是否支付了过高的价格，即由于他们过高地估计了共同价值而遭受赢家灾祸。因此，聪明的竞价者可以随着竞价者数量的增加而降低自己在共同价值拍卖中的竞价。

巴亚里和霍塔克苏发现，在典型的拍卖中，起拍价平均为现有纪念币零售市场价值的 70%。他们同时发现，当标底较低时，会有更多的竞价者参与拍卖。例如，他们测算到，当起拍价为零时，会有四到五个竞价者参与拍卖，但是如果起拍价为零售价格的 80%，那么只有两个竞价者参与拍卖。竞价者会意识到赢家灾祸的存在，因此当拍卖中新加入一个竞价者时，参与者的竞价将会下降 3.2%。最后，他们测算到最大化卖者预期收入的最优标底应该低于现有零售价格10%～20%。他们得出结论，为了攫取高竞价者的消费者剩余，eBay 的卖者在设定标底时做得很好。

## 小　结

338 如果拥有市场势力的企业缺乏有关单个消费者需求的详细知识，那么企业就无法对不同的消费者收取不同的价格来最大化自己的利润。相反，企业必须向所有消费者提供同样的定价政策，使得消费者可以选择（自我选择）支付价格和消费量。但是，一个企业可以通过使用非线性定价策略来获得比设定单一价格更高的利润。许多非线性定价策略——例如一个两部定价菜单——导致不同消费者表现各异，并且支付不同的价格。

配售的运作和两部定价及其他非线性定价方法相似，它们让不同的消费者支付不同的价格。在适当的环境下，打包配售和按需配售都可以增加企业的利润。

除了非线性定价计划外，其他定价策略也得到了广泛的应用。与对每个消费者都收取单一价格相比，这些策略使得拥有市场势力的企业可以获得更多的利润。这些策略包括质量选择、拍卖、优先发货以及最小购买订单等。

# 问　题

340 1. 假设一个企业向经过挑选的消费者发放优惠券，使得他们可以享受价格折扣。为什么企业会限制消费者单次购买时使用的优惠券数量呢？

2. 阅读附录 10A 和 www. aw-bc. com/carlton _ perloff 的“最优两部定价的推导”，它们讨论了最优两部定价的收费问题。解释直觉上为什么向拥有最高支付意愿的消费者收取的价格等于边际成本是最优的。

3. 消费 $X$ 单位产品 1 和 $Y$ 单位产品 2 的消费者得到的效用为 $Y+10X$。假设该消费者拥有 100 美元，$Y$ 的价格为 1 美元[*]，购买 $X$ 单位产品 1 的非线性支出为 $X^2$。那么 $X$ 为多大时可以最大化消费者的效用？

4. 假设制造商销售缝扣机，使得企业每缝一个衬衫纽扣可以节约 1 美分的劳动成本。假设企业具有不同的总缝扣数量。制造商销售机器时采用了按需配售，即要求机器的购买者从制造商手中购买所有的纽扣。假设制造商安装了测度表来测算每个机器缝制的纽扣数量。如果制造商可以根据测度表的不同数量来收取费用，那么配售有优势吗？如果判定配售不合法，但是允许制造商根据测算到的使用量来进行收费有意义吗？

5. 令产品 1 和产品 2 的需求分别为 $q_1=10-2p_1+p_2$，$q_2=10+p_1-2p_2$，其中 $q_i$ 为产品 $i$ 的消费量，$p_i$ 为产品 $i$ 的价格。假设生产成本为零。计算两个单独的垄断者在考虑不受其控制的产品的价格因素时收取的价格。计算垄断两个产品的单一垄断者所设定的价格。

6. 垄断者为离工厂不同距离的消费者生产并发送产品。生产每单位产品的成本为 $m$，每单位产品的运输成本为每英里 1 美元。不可能存在转售。计算垄断者向位于 $t$ 的消费者所收取的价格，该消费者需求为 $q_t=a-bp_t$，其中 $q_t$ 和 $p_t$ 为 $t$ 地的数量和价格。随着 $t$ 的增加，$p_t$ 如何发生变化？谁会承担运输成本？

7. 图 10.5 中，如果你生产大比目鱼和派的成本均为 1 美元，那么在单独定价、纯粹捆绑或混合捆绑中，哪种定价方法能最大化利润？

奇数问题的答案在本书最后部分给出。

# 附录 10A　最优两部定价

341 以下的问题说明了决定最优两部定价的因素。令 $p$ 为单位产品的使

* 原文如此，疑应为“产品 2 的价格为 1 美元”。——译者注

用价格，$T$ 为一次性支付费用，$N$ 为需求者的数量，$Q$ 为产品需求总量。需求量 $Q$ 不仅是 $p$（价格）的函数，而且是一次性支付费（$T$）的函数。想象消费者可以用参数 $\alpha$ 进行排序。$\alpha$ 越高，就会有越多的消费者愿意购买产品。令 $f$（$\alpha$）为类型 $\alpha$ 消费者的数量。

参数 $\alpha$ 在 $\underline{\alpha}$ 和 $\bar{\alpha}$ 之间变动。对任意选择的 $p$ 和 $T$，存在临界值 $\alpha^*$ 使得 $\alpha$ 值超过 $\alpha^*$ 的消费者（他们对产品的价值判断超过 $\alpha^*$ 类型的消费者）会购买产品，$\alpha$ 值低于 $\alpha^*$ 的消费者选择不购买产品。$\alpha^*$ 类型的消费者被称为边际消费者。令 $S$（$p$，$\alpha$）为 $\alpha$ 类型的单个消费者在价格为 $p$，不存在固定的费用 $T$ 情况下的消费者剩余。那么边际消费者（购买产品和不购买产品是无差异的）的消费者剩余等于一次性支付的费用：

$$S(p,\ \alpha^*) = T \tag{10A.1}$$

对于边际消费者来说，支付价格 $p$ 获得的剩余恰好等于一次性支付的费用 $T$，因此购买产品的总剩余为零。购买产品的消费者数量（$\alpha$ 值大于 $\alpha^*$ 的消费者数量，从公式 10A.1 可知，$\alpha^*$ 依赖于 $p$ 和 $T$）为

$$N(p,T) = \int_{\alpha^*}^{\bar{\alpha}} f(\alpha)\mathrm{d}\alpha \tag{10A.2}$$

如果 $q$（$p$，$\alpha$）为一名 $\alpha$ 类型消费者的需求曲线，那么作为 $p$ 和 $T$ 函数的总需求量等于所有 $\alpha$ 值大于 $\alpha^*$ 的消费者的需求量之和：

$$Q(p,T) = \int_{\alpha^*}^{\bar{\alpha}} q(p,\alpha) f(\alpha)\mathrm{d}\alpha \tag{10A.3}$$

如果边际成本为常数，等于 $m$，那么企业的利润为：

$$\pi = N(p,T)T + (p-m)Q(p,T) \tag{10A.4}$$

其中，（$p-m$）为每单位的利润；$NT$ 为收到的总的一次性费用。企业
342 通过选择最优价格 $p$ 和一次性支付费用 $T$ 来最大化利润。www.aw-bc.com/carlton_perloff 中“最优两部定价的推导”的讨论表明了确定价格的一阶条件为

$$\frac{p-m}{p} = -\frac{1}{\varepsilon}\left(1-\frac{q^*}{\bar{q}}\right) \tag{10A.5}$$

其中，$q^* = q$（$p$，$\alpha^*$）为边际消费者的需求；$\bar{q} = Q$（$p$，$T$）$/N$ 为所有发生购买行为的消费者（他们的 $\alpha \geqslant \alpha^*$）的平均需求量；$\varepsilon$ 为购买商品的消费者的需求价格弹性：

$$\varepsilon = \int_{\alpha^*}^{\bar{\alpha}} \frac{q}{Q}\frac{p}{q}\frac{\partial q(p,\alpha)}{\partial p} f(\alpha)\mathrm{d}\alpha \tag{10A.6}$$

注意，$\varepsilon$ 略微不同于正常的需求价格弹性，它要考虑当 $p$ 增加时 $\alpha^*$ 的变化。

公式 10A.5 除了右边括号中的最后一项外，和简单垄断的最优一阶条件（（$p-m$）$/p = -1/\varepsilon$）相同。该项为边际使用者的采购量（也就是 $\alpha^*$ 消费者的需求）和市场中用户的平均采购量的比乘以 $1/\varepsilon$。如果和平常的情况一样，边际采购者的购买少于平均采购者，那么比例 $q^*/\bar{q}$ 小于 1。

假设所有消费者都是相同的，因此 $q^*$ 等于 $\bar{q}$。公式 10A.5 变成

$$(p-m)/p=0 \tag{10A.7}$$

这意味着价格等于 $m$。也就是说，如果所有消费者都是相同的，那么对每个消费者收取边际成本是最优的。所有的利润来自一次性收费 $T$，这是我们在本章中所讨论的结果。

在通常情况下，边际消费者（他们在购买和不进行购买之间无差异）的需求量小于其他消费者的需求量，因此 $q^*$ 小于 $\bar{q}$。（边际消费者的需求曲线在其他消费者之下。）因此，公式 10A.5 右边括号中为正。这样，在通常情况下，价格超过 $m$。对于通常情况而言，随着 $\varepsilon$ 绝对值的增加，以及消费者的多样化，购买敏感价格接近于 $m$ 的程度呈下降趋势，其中消费者的多样化程度由 1 与边际购买和平均购买的比率的差值来衡量。

但是如果从产品中获得额外剩余的消费者在给定价格下仅购买少量产品（例如 5 单位），而此时得到较少剩余的边际消费者却购买大量产品（例如 15 单位），那么向消费者收取低于单位成本的价格将有可能有利可图。图 10A.1 解释了一个这样的例子。这一不寻常例子直观地告诉我们为了提高两类消费者的一次性支付，企业将价格降低到 $m$ 之下是有利可图的。

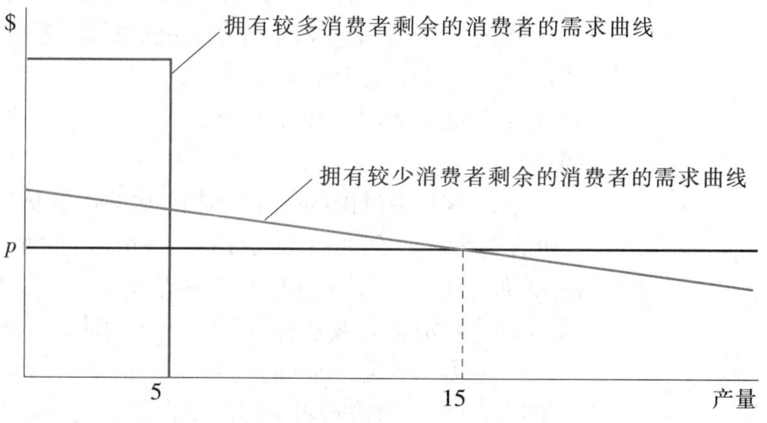


**图 10A.1　需求曲线的不寻常形状**

最优的政策不能包含一个为负值的 $T$，这意味着消费者要支付一次
343 性费用来获得购买权，无论自己消费与否都将如此。显然，如果无论消费者是否消费，制造商都会向消费者提供支付，那么每个人都会签订协议从而使得制造商破产。[18] 因此，在最优解中，一次性支付为正或者为零。两部定价通常能得到比单一定价政策更多的利润，因为单一定价是一次性支付为零的特殊的两部定价。

# 附录 10B　非线性定价的一个例子

344　在非线性定价情况下，消费者 $i$ 面临这样的问题：

$$\max_{q_i, y_i} \quad u_i(q_i, y_i) \tag{10B.1}$$

$$\text{s.t.}\ E(q_i) + y_i = I_i$$

其中，$E(q_i)$ 为消费 $q_i$ 单位产品 1 时的总支出，$y_i$ 表示单位价格单位化为 1 时的所有其他产品，$I_i$ 为消费者收入，$u_i$ 为消费者效用函数。

一个希望提供能最大化自己利润的非线性定价计划的企业所面临的最大化问题是：

$$\text{选择 } E(\cdot) \text{ 来最大化} \sum_i [E(q_i) - mq_i] \tag{10B.2}$$

受到的约束是每个消费者 $i$ 如公式 10B.1 来最大化利润（$i=1$，…，$N$），其中 $m$ 为不变的边际成本，$q_i$ 为消费者 $i$ 的消费量。

企业选择 $E(q)$ 来最大化利润，其利润等于在每个消费者最大化其效用的约束条件下，企业通过向每个消费者提供产品而得到的利润总和。(购买产品 1 的每个消费者的境况会好于完全不进行消费的情况。)

公式 10B.2 表达的问题的解非常复杂（Katz，1983；Spence，1977b；Tirole，1988，Ch. 3）。除了给出一般解以外，我们还通过一个企业仅能使用两部定价的例子解释了出现在非线性定价中的一些关键问题。

考虑本章中讨论的一个企业的问题，它面临两个消费者，即消费者 1 和消费者 2，企业提供给两个消费者两部定价（$T_1$，$p_1$）和（$T_2$，$p_2$）。如果企业生产一单位产品的成本为 $m$，而且如果消费者 1 选择（$T_1$，$p_1$），消费者 2 选择（$T_2$，$p_2$），那么利润为

$$T_1 + (p_1 - m)q_1(p_1) + T_2 + (p_2 - m)q_2(p_2) \tag{10B.3}$$

其中，$q_i(p_i)$ 为消费者 $i$ 的需求曲线。这一问题中均衡的关键性附加要求是消费者 1 更喜欢（$T_1$，$p_1$），而不是（$T_2$，$p_2$），消费者 2 则相反。令 $U_i(T, p)$ 为消费者 $i$ 的效用，它依赖于 $T$ 和 $p$。自我选择约束为

$$U_1(T_1, p_1) \geqslant U_1(T_2, p_2) \tag{10B.4}$$

$$U_2(T_1, p_1) \leqslant U_2(T_2, p_2)$$

345　令 $S_i(p)$ 为没有一次性支付的价格 $p$ 的情况下消费者 $i$ 的消费者剩余。那么效用可以写为 $U_i(T, p) = S_i(p) - T$。企业面临的定价问题为

$$\max_{T_1, p_1, T_2, p_2} T_1 + (p_1 - m)q_1(p_1) + T_2 + (p_2 - m)q_2(p_2) \tag{10B.5}$$

$$\text{s.t.} \qquad S_1(p_1) - T_1 \geqslant S_1(p_2) - T_2$$

$S_2(p_1) - T_1 \leqslant S_2(p_2) - T_2$

$S_1(p_1) - T_1 \geqslant 0$

$S_2(p_2) - T_2 \geqslant 0$

公式 10B.5 的目标函数是当消费 $q_1$ 单位产品时收取价格 $p_1$，消费 $q_2$ 单位产品时收取价格 $p_2$，并且企业分别收取一次性费用 $T_1$ 和 $T_2$ 时，企业所获得的总利润。公式 10B.5 的约束是消费者的自我选择约束。第一个约束保证了消费者 1 在（$T_1$，$p_1$）下得到的效用高于其在（$T_2$，$p_2$）下得到的效用。第二个约束保证了消费者 2 在（$T_2$，$p_2$）下得到的效用高于其在（$T_1$，$p_1$）下得到的效用，这两个约束保证消费者 1 选择（$T_1$，$p_1$），消费者 2 选择（$T_2$，$p_2$）。公式 10B.5 的最后两个约束保证了两个消费者的效用均为正。[19]

为了表明有关非线性定价的原则，假设消费者 2 的需求为消费者 1 需求的 $\lambda$（$>1$）倍：$q_2(p) = \lambda q_1(p)$。也就是说，消费者 2 的需求曲线严格在消费者 1 的需求曲线的右侧。

图 10B.1 表明了消费者在（$T$，$p$）空间中的无差异曲线——使得消费者无差异的 $T$ 和 $p$ 的组合。随着 $T$ 的下降，$p$ 沿无差异曲线上升，消费者在较高的 $T$ 和较低的 $p$ 之间做出权衡。消费者沿着无差异曲线越接近原点，得到的效用越高。当 $p$ 下降时，$T$ 沿着无差异曲线上升的幅度取决于消费者的购买情况。随着单位产品价格的下降，购买大量产品的消费者愿意支付更高的固定费用。因此，正如 10B.1 所示，当两条曲线相交时，消费者 2 的无差异曲线比消费者 1 更为陡峭。

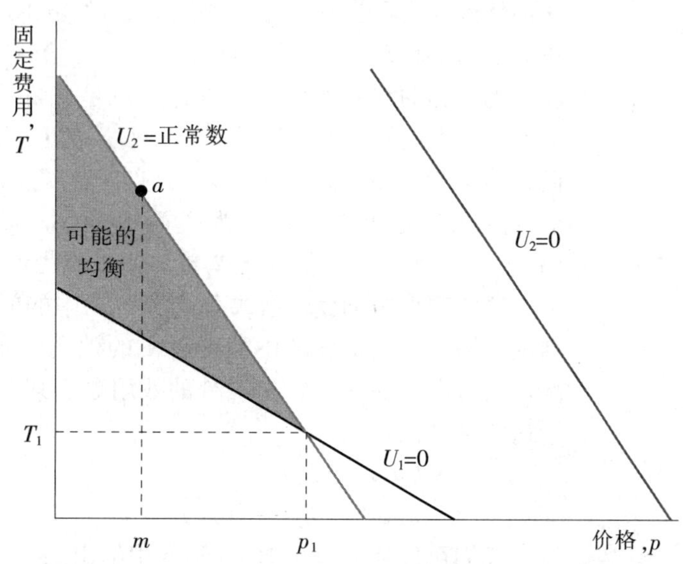


**图 10B.1　（$T$，$p$）空间中 1 类和 2 类消费者的无差异曲线**

$U_2=0$ 的无差异曲线为 $T_2 = S_2(p)$，$U_1=0$ 的无差异曲线为 $T_1 = S_1(p)$。沿着它的零效用曲线，消费者支付的固定费用恰好等于剩余。

346 沿着消费者 2 购买与否并无差异的无差异曲线（$U_2=0$），消费者 1 不会购买产品。因为在任何价格 $p$，消费者 2 所津津乐道的剩余高于消费者 1，而且消费者 2 正好对是否购买并无差异。因此，消费者 1 宁愿不消费产品也不会支付固定费用。

公式 10B.5 的垄断者最优解涉及使得至少一类消费者的效用降为零的情况。如果两类消费者都具有正效用，那么垄断者可以提高固定费用，继续销售产品从而获得更多的收益。这样，垄断者会提高固定费用，直到至少一类消费者的效用为零。

那么哪类消费者的效用会这样呢？假设消费者 2 的效用趋近于零。这就意味着消费者 2 在图 10B.1 中自己的零效用曲线上。那么消费者 1 会怎样呢？沿着 $U_2=0$ 的曲线，消费者 1 的效用为负，因此，使得消费者 1 继续留在市场上的（$T$，$p$）组合是位于 $U_2=0$ 曲线下方的组合。但是如果存在位于 $U_2=0$ 曲线以下的两部定价（$T$，$p$），消费者 2 将宁可盯住 $U_2=0$ 曲线上的组合点。那么除消费者 1 和消费者 2 都正在购买产品之外，消费者 2 不会在最优解情况下有零效用。通过这一推理，在包含两类消费者的最优解中，消费者 1 的效用必须为零。

这样（$T_1$，$p_1$）位于曲线 $U_1=0$ 上。那么（$T_2$，$p_2$）在哪里呢？答案是（$T_2$，$p_2$）不可能在曲线 $U_1=0$ 的下方。否则，消费者 1 更喜欢自
347 己的两部定价。自我选择约束保证了消费者 2 在它的两部定价下得到的效用不低于在（$T_1$，$p_1$）下得到的效用。因此（$T_2$，$p_2$）只会位于图 10B.1 的阴影区域内。因此，垄断者要尽可能地从消费者 2 处得到剩余，并仍然满足自我选择约束。垄断者通过在图 10B.1 中的阴影部分内尽其所能地向上移动 $p_2$ 来达到目标。（$T_2$，$p_2$）位于经过（$T_1$，$p_1$）的消费者 2 无差异曲线的上部。消费者 1 总是偏好（$T_1$，$p_1$），而不是在位于 $U_1=0$ 曲线上方，沿着穿过（$T_1$，$p_1$）的 $U_2$ 曲线的任何（$T_2$，$p_2$）点，而且消费者 2 在（$T_2$，$p_2$）以及它自己穿过（$T_1$，$p_1$）点的无差异曲线上的点之间是无差异的，为了简单起见，我们假设如果消费者 2 对（$T_1$，$p_1$）和（$T_2$，$p_2$）无差异，那么消费者 2 会选择（$T_2$，$p_2$）。

这些观察帮助我们解决公式 10B.5 中的问题。我们已经得到了两个结论。第一，在最优解中消费者 1 的效用为零，因此 $T_1=S_1(p)$。其次，消费者 2 在（$T_1$，$p_1$）处的效用等于其在（$T_2$，$p_2$）点的效用。基于这两个结论，

$$S_1(p_1)-T_1=0 \qquad (10B.6a)$$

$$S_2(p_1)-T_1=S_2(p_2)-T_2 \qquad (10B.6b)$$

我们可以从方程 10B.6a 和 b 中解出用 $p_1$ 和 $p_2$ 表示的 $T_1$ 和 $T_2$，将它们代入公式 10B.5 中，将企业面临的问题重新表示为

$$\max_{p_1,p_2}\ S_1(p_1)+(p_1-m)q_1(p_1)+S_2(p_2)-S_2(p_1)+S_1(p_1)+(p_2-m)q_2(p_2) \qquad (10B.7)$$

由假设，对任意 $p$，$\lambda q_1(p)=q_2(p)$，所以 $\lambda S_1(p)=S_2(p)$。因此，我们可以将公式 10B.7 重新写成

$$\begin{aligned}\max_{p_1,p_2}\quad & S_1(p_1)+(p_1-m)q_1(p_1)+\lambda S_1(p_2)-\lambda S_1(p_1)+S_1(p_1)\\ & +\lambda(p_2-m)q_1(p_2)\\ \equiv\ & (2-\lambda)S_1(p_1)+SP(p_1)+\lambda S_1(p_2)+\lambda SP(p_2)\end{aligned}\qquad(10B.8)$$

其中，$SP(p_i)=(p_i-m)q_1(p_i)$ 为面对需求曲线 $q_1(p_i)$ 的单一价格垄断者在价格 $p_i$ 下获得的“标准利润”。如图 10B.2 所示，函数 $SP(p)$ 在 $p^*$ 处达到最大，该价格为一个标准的单一价格的垄断者所要收取的价格。在 $p^*$ 左边，$SP(p)$ 的斜率为正，在 $p^*$ 右边，$SP(p)$ 的斜率为负。

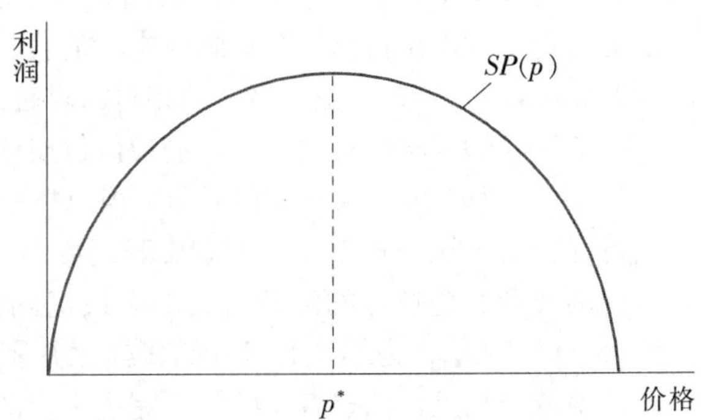


**图 10B.2　垄断利润**

我们现在开始确定最大化公式 10B.8 的 $p_1$ 和 $p_2$。一阶条件为

348

$$(2-\lambda)\frac{dS_1(p_1)}{dp_1}+\frac{dSP(p_1)}{dp_1}=0\qquad(10B.9a)$$

$$\frac{dS_1(p_2)}{dp_2}+\frac{dSP(p_2)}{dp_2}=0\qquad(10B.9b)$$

由于 $dS_1/dp_1=-q_1(p_1)$ 且 $dS_1/dp_2=-q_1(p_2)$，[20]我们可以将公式 10B.9a 写成

$$\frac{dSP(p_1)}{dp_1}=(2-\lambda)q_1(p_1)\qquad(10B.10a)$$

$$\frac{dSP(p_2)}{dp_2}=q_1(p_2)\qquad(10B.10b)$$

从公式 10B.10a 中可以得到，如果 $\lambda>2$，那么最优 $p_1$ 使得 $SP(p_1)$ 的斜率为负；也就是说 $p_1$ 高于 $p^*$。换句话说，当消费者 2 的需求大于（$\lambda>2$）消费者 1 时，消费者 1 将要支付一个非常高的价格——事实上，该价格高于利润最大化的价格水平，因此消费者 2 面临的价格较低，但一
349 次性费用较高。尽管向消费者 1 收取高于 $p^*$ 的价格会损失利润，但是从消费者 2 处得到的额外利润足以弥补该损失。消费者 1 面对的价格很高，以至于（$T_1$，$p_1$）的定价计划对消费者 2 来说没有吸引力，因此消

费者 2 愿意支付较高的 $T_2$。通过对两类消费者使用两部定价，我们有可能区分消费者 1 和消费者 2，防止将较低的价格 $p_2$ 传递给消费者 1，以及将较低的 $T_1$ 传递给消费者 2 的问题的出现。

当 $1<\lambda<2$ 时，由公式 10B. 10a，在 $p_1$ 处 $SP$（$p$）的斜率为正，因此 $p_1<p^*$。正如图 10B. 1 中所示，$p_2<p_1$，因此，$p_2<p_1<p^*$。

对消费者 2 进行价格歧视的最有效方法——不会干涉消费者 1 的自我选择——是设定价格等于边际成本，并且收取较高的一次性费用。因此利润最大化解中的 $p_2=m$，[21] 以及最优（$T_2$，$p_2$）组合是一个类似于图 10B. 1 中的 $a$ 的一个点。

总之，最优费率依赖于 $\lambda$ 的大小。消费者 1 的单位价格总是超过消费者 2 的单位价格，而消费者 1 的固定费用总是低于消费者 2 的固定费用。消费者 2 的单位价格等于边际成本。消费者 1 的出现限制了可以向消费者 2 收取的 $T_2$ 和 $p_2$。消费者 2 的相对需求越大（越高的 $\lambda$），为了向消费者 2 收取较高的一次性费用和较低的单位价格而放弃消费者 1 的利润（即在超过 $p^*$ 时收取 $p_1$）就越有利可图。当市场中出现消费者 1 时，消费者 2 的境况变好。从公式 10B. 5 的解中我们可以知道 $U_2$（$T_2$，$P_2$）$>0$，但是如果消费者 2 是唯一的消费者，那么最优两部定价可以获得所有消费者剩余，因此 $U_2$ 将为零。消费者的多样化有利于对产品具有较高支付意愿的消费者。相反，消费者 1 的效用完全不受消费者 2 存在与否的影响。

**【注释】**

[1] 正如第 9 章中所讨论的，当企业知道每个消费者的需求曲线，企业同样可以使用非线性定价来进行一级价格歧视。使用二级价格歧视的垄断者不能获得使用一级价格歧视时能获得的全部消费者剩余。

[2] 参见 Katz（1983），Spence（1977b），Tirole（1988，Ch. 3），Wilson（1993）和附录 10B 更为详细的描述。

[3] 在下一章中，我们将分析配售如何被战略性地用于伤害竞争对手。

[4] 柯达胶卷曾经将冲印搭配在一起销售。购买者只需将柯达的胶卷邮寄到柯达，就可以免费冲印。

[5] *Newsweek*，January 28，1985：57.

[6] “IBM 公司诉联邦案”（IBM v. United States，，298U. S. 131（1936））。机器基于输进的程序纸上的小孔来进行数值计算。客户从 IBM 购买打孔纸所支付的价格比从其他企业购买的价格要高。

[7] 即使对 A 和 B 的评价不是负相关的，捆绑销售也是有利可图的。例如，假设存在两种产品 A 和 B，消费者对每个产品的评价分别为 7 美元和 13 美元。存在四种可能的价值组合：（7，7），（7，13），（13，7），（13，13）。假设产品的生产无成本，如果产品不是捆绑销售的，那么每个产品的利润最大化价格为 7 美元，每个产品四单位产品销售的总利润（收益）为 56 美元。如果产品是捆绑销售的，那么利润最大化方案为以 20 美元的价格销售三组捆绑产品，总利润为 60 美元。参见 McAfee 等（1989）。

[8] 令大比目鱼的保留价格为 $r_h$，派的保留价格为 $r_p$。大比目鱼的价格为 $p_h$，派的价格为 $p_p$，捆绑产品的价格为 $p_b$。消费者会购买捆绑产品，如果

$r_h+r_p\geqslant p_b$（捆绑产品的价值大于它的价格），

$r_p\geqslant p_b-p_h$（派的保留价值大于捆绑价格和大比目鱼价格的差），而且

$r_h\geqslant p_b-p_p$（大比目鱼的保留价值大于捆绑产品的价格和派价格的差）。

[9] 要求捆绑需求独立产品的案例比打包配售更为复杂。Mathewson and Winter（1977）表明，使用将需求独立的竞争性产品和垄断产品配售的方法可能是有利可图的。他们给出了汽油供应商和加油站的案例，其中汽油供应商将汽油、电池及其他附件（汽油供应商并不生产，通过销售赚取价格加成）进行了捆绑，与单一产品相比，在多产品间"实施扭曲"使价格加成高于了有效交易价格。

[10] 为了选择利润最大化的 $p_A$ 和 $p_B$，垄断者使公式 10.1 中的利润 $\pi$ 相对于每个价格的导数等于零：

$$\frac{\partial \pi}{\partial p_A}=\frac{\partial \pi_A}{\partial p_A}+\frac{\partial \pi_B}{\partial p_A}=0,$$

$$\frac{\partial \pi}{\partial p_B}=\frac{\partial \pi_A}{\partial p_B}+\frac{\partial \pi_B}{\partial p_B}=0$$

这些条件不同于两个垄断者分别设定 $p_A$ 和 $p_B$ 时的情况，而是一个垄断者对价格 $p_A$ 和 $p_B$ 进行控制。当假设为伯川德行为时，两个垄断者的条件为 $\partial \pi_A/\partial p_A=0$，$\partial \pi_B/\partial p_B=0$。

[11] 当产品相互替代时，相对于忽略了两种产品利润的（负的）价格效应的分开的垄断者，两种产品的单一垄断者通常会收取更高的价格。

[12] 另一种方法是铝垄断者控制汽车产业（纵向一体化），从而消除生产的无效率，增加铝需求以及利润（参见第 12 章）。在相关需求情况下，打包配售使得垄断者可以得到和纵向一体化情况下相同的利润增加。同时必须注意到，垄断者可以通过需求配售实现和打包配售相同的结果，其中对铝和钢收取的相对价格等于它们的边际成本比率。这种价格将导致有效率地使用铝和钢。

[13] "Henry 诉 A. B. 迪克公司案"（Henry v. A. B. Dick，224 U. S. 1（1912））。油印机使用原始的蜡纸进行复制。

[14] 是否购买机器以及购买多少纽扣的决策是同时确定的。没有人会既花钱购买机器又多花 1 美分来购买纽扣。机器的价格越高，购买者愿意为每粒纽扣支付的价格就越低。

[15] 如果每件衬衫使用的纽扣数量是变动的，而且为了对纽扣的价格增长做出回应，一些衬衫制造商就会使用更少的纽扣，那么机器所有者会希望明确规定每件衬衫上缝制的最少纽扣数量，以此作为购买机器的条件。

[16] 这种定价计划的福利含义非常复杂。例如，Gale and Holmes（1992）表明，当航空公司不可能针对每天的航运需求运营时，航空公司提供的预订票折扣可以有效分配高峰期和非高峰期的航运能力。而且，社会最优折扣可能比垄断者所提供的折扣更大，也可能不及垄断者提供的折扣。

[17] McAfee and McMillan（1987），Klemperer（1999，2001）回顾了大量拍卖文献的结果。

[18] 如果拿到这只天上掉下的馅饼的成本（如时间）非常大，那么这一结论就有可能过于夸大。

[19] 最优解涉及仅满足一类消费者的情况，另一类消费者不会消费产品。我们考虑了服务于两类消费者的企业利润最大化，因为本章已经检验了仅涉及同质消费者群体的利润最大化两部定价。

[20] 当价格下降 1 美元时，额外的剩余等于消费量（忽略收入效应）。

[21] 通过将公式 10B. 7 对 $p_2$ 微分，并令其结果为零，注意到 $\partial S_2$（$p_2$）/ $\partial p_2 = -q_2$（$p_2$），可以得到这一结论。消费者 2 没有发生边际扭曲的结论和 Mirrlees (1971) 有关最优税收的结论相类似。

# 第 11 章 战略性行为

350 先发制人。

本章分析了企业为了减少实际和潜在对手的竞争而采取的行动。这些行动可概称为战略性行为，它们比简单地设定价格和产量要复杂得多。例如，市场中的第一个企业可以建立一个庞大的工厂，以至于只给潜在对手留下很小的进入空间。

本章首先定义战略性行为，而后分析非合作型和合作型战略性行为。我们将探讨合作型和非合作型战略性行为之间的差异，讨论在美国反托拉斯法下对战略性行为的法律处置问题。

本章考察的主要问题是：

1. 企业在什么情况下能从非合作型战略性行为中获益？
2. 寡头垄断者什么时候可以从合作型战略性行为中受益？
3. 反托拉斯法应该禁止所有的非合作型和合作型战略性行为吗？

## 战略性行为的定义

**战略性行为**（strategic behavior）是一个企业旨在增加其利润所采取的影响市场环境的行动组合。**市场环境**（market environment）包括影响市场产出（价格、产量、利润、福利）的所有因素，如消费者和对手的信念、
351 实际和潜在竞争对手的数量、每个企业的生产技术以及企业进入市场的成本或速度。[1]通过操纵市场环境，企业能够增加利润。正如在寡头理论中所阐述的，战略性行为模型中的均衡主要取决于一个企业对其竞争对手在特定情形下所采取的行为的信念。本章描述了企业如何才能影响竞争对手的环境，并以此来影响对手的产出。

我们研究了两种类型的战略性行为：非合作型和合作型行为。尽管非合作型行为和合作型行为之间的差异并不明显，但从便于阐述的角度来看，将其分开考虑是有帮助的。**非合作型战略性行为**（noncooperative strategic behavior）包括企业通过提高它相对于对手的地位来最大化自身利润的行动。非合作型战略性行为通常会提高一个企业的利润而降低竞争对手企业的利润。**合作型战略性行为**（cooperative strategic behavior）包括一个市场中的企业所采取的便于它们协同行动并限制竞争性行为的行动。[2]合作型战略性行为通过减少竞争提高了市场中所有相关企业的利润。

企业炸毁其竞争对手商店的行为即是一个非合作型战略性行为的例子。互不信任的两个竞争对手坐在一起商量制定价格操纵协议是一个合作型行为的例子，他们的后续行为（如试图在价格操纵协议上进行欺骗）可能是非合作型的。

反托拉斯法旨在限制对市场力量不恰当的获取，通常被用来打击某些类型的战略行为。1890年，美国通过了第一个，也许是最为重要的反托拉斯法——《谢尔曼法》（the Sherman Act）。该法的第一部分禁止所有限制贸易的合约、联合和阴谋，第一部分通常被用来打击公开的合作行为，比如价格操纵协议。该法的第二部分禁止企业的垄断企图，第二部分通常被用来打击非合作型战略性行为，如定价低于成本以驱逐对手的做法。

## 非合作型战略性行为

所有商业远见最后都不过是阴谋破坏的明智应用。

——索尔斯坦·凡勃伦（Thorstein Veblen）

采取非合作型战略性行为的企业会损人利己。企业使用多种技术来阻止对手进入市场、将对手驱逐出市场或是减小对手的规模。其中一些
352 战略行为使得企业通过改变竞争对手有关该企业将在未来表现出的侵略性程度的信念来吓退潜在的竞争对手。非合作型战略性行为的成功必须具备两个条件。

1. 优势：通常，企业必须比对手更具优势。例如，企业可以先于对手采取行动。也就是说，企业必须能够在对手对它采取行动之前采取先发制人的行动。

2. 承诺：企业必须表明不管对手行为如何它都将执行其战略。

如果两个企业是势均力敌的，那么两者在威胁对方上具有相同的地位。而后，为使战略奏效，一个企业必须具有一定的优势，使其可以在对手以牙还牙进行报复之前伤害对方。企业之间的不对称使得企业可以做出承诺，使其威胁行为是可置信的。

为使战略行为奏效，必须让对手相信只要有必要，企业会一如既往地信守其战略承诺。例如，在位企业可能会宣布如果其他企业进入市场，它将会采取激烈的行动（例如增加产量，这是迫使价格下降的方法之一）。但是说易做难，所以竞争对手不会相信在位者的断言，除非当进入发生后在位者采取这一战略是理性的。[3] 在位企业为了使自己的断言成为一个**可置信威胁**（credible threat），必须要让对手相信：该企业的战略是理性的，企业信守其承诺符合企业自身的最优利益。通过做出不改变自身战略（即便是今后希望改变）的承诺，企业可以使其做出的威胁可置信。

本节首先分析四个著名的战略：掠夺性定价、限制性定价、降低成本的投资和提高对手的成本。当存在快速进入和退出的壁垒，阻止其他相仿企业使用同样的战略时，这些战略才能起作用。没有这些壁垒，企业之间将会相互对称，这些战略也就不再奏效。其次，本章考察了为何在位者比后进入者具有天然的优势。本节以针对此类战略行为的反托拉斯政策的讨论作为结论。

## 掠夺性定价

只有死人不会咬人。

——普卢塔赫（Plutarch）

为了驱逐对手出局并吓退潜在的竞争对手，企业可以进行**掠夺性定价**（predatory pricing），即首先降低价格，在对手退出市场后再提高价格。在大多数定义中，企业将价格定得低于某些成本指标（我们将在后面讨论其法律定义）。也就是说，企业承担了短期损失以获取长期收益。

为了将对手赶出市场，企业应该如何做呢？企业首先要让对手相
353 信，它会把价格降低到低于成本的水平，直到对手退出市场。只有企业可以在低价格水平上比竞争对手存活更长的时间，该战略才会有效。但是，在多数情况中，企业没有能力说服对手让其相信它愿意保持低价格，直到对手退出市场。

如果企业成功地赶走了现有的对手并且提高了价格，新竞争者就会进入市场，在位者必须再次降低价格以驱赶进入者。成功的掠夺性定价必须使得潜在进入者相信：由于在位者的定价行为，进入该市场将得不偿失。只有这样，在位者才能将价格提高到垄断水平而不用担心会引来进入。

如果掠夺者成功地迫使竞争对手破产，那么它必须试图控制破产对手的资产，或者目睹它们确实永远退出了市场。否则，当在位者提高价格时，竞争对手会再次使用那些资产，或者其他企业会购买那些资产来进行竞争。即使对手的资产被另一个市场中的企业所购买，它也能重新配置这些资产来和掠夺性定价者进行竞争。

我们对掠夺性定价的讨论开始于对一个同质企业模型的考察，在该模型中，掠夺不可能成功。而后我们考虑这样一个模型：其中一个企业具有竞争优势（相对于其竞争对手），这使得掠夺性定价成为一项有利可图的策略。接着，我们考察法庭如何识别掠夺性定价，最后以经验性研究的回顾作为结尾。

**同质企业的掠夺性定价**。如果企业是同质的，掠夺性定价模型有意义吗？在掠夺性定价阶段，与具有同等效率的企业相比，进行掠夺性定价的企业会损失更多的利润。为了维持低价，掠夺性企业必须满足在低价位上的所有需求，而对手可以通过毫无成本的减少产出来最小化自身的损失。因此，掠夺性定价不太可能成功。

为了解释这一结论，假设存在两个企业，一个在位者和一个进入者，它们具有相同的成本函数，如图 11.1 所示。在位企业将市场价格降

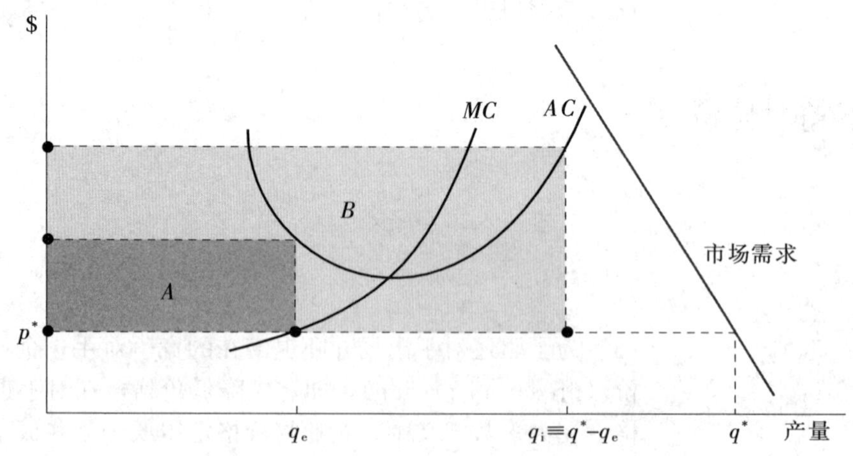


**图 11.1　掠夺性定价**

低到 $p^*$ 使得对手遭受损失，将其赶出市场。为了维持 $p^*$，如图 11.1 中市场需求曲线所示，产出必须为 $q^*$。

如果进入者没有退出市场，其产量为 $q_e$ 单位，$p^*$ 为其边际成本，进入者遭受的损失为图中 $A$ 区域。为了保证价格为 $p^*$，在位者必须生产 $q_i \equiv q^* - q_e$ 单位，使得市场总产出为 $q^*$。这样，在位者就在比对手更高的边际成本和平均成本下进行生产，遭受的损失为区域 $A$ 加上区域 $B$。因此在位者的损失比对手多出了区域 $B$。

消费者在掠夺性定价期间能够获益，因为他们可以在价格 $p^*$ 下购买产品，该价格低于双寡头垄断价格。如果掠夺性定价成功，消费者会在对手企业退出产业后遭受损失，因为价格会达到垄断水平（高于双寡头垄断的价格）。

当企业拥有相同的成本函数时，这个掠夺性定价分析的主要问题是：正像假设在位者威胁进入者一样，假设进入者威胁在位者也是完全合理的。如果企业间没有差异，为何其中一家企业会相信只要有必要，另一家企业将甘愿一直承担比其竞争对手更大的损失直至将对手逐出市场？

354 为使掠夺性定价奏效，必须让对手相信企业将一直保持低价直至将对手逐出市场。由于对手认为在位者的行为是非理性的，因此就不会将此视为一个可置信的威胁。参见案例 11.1。

---

**案例 11.1** ☞

**最高法院发话所指控的掠夺性定价必须可置信**

1986 年，美国最高法院受理了“Zenith 广播公司等诉松下电器产业有限公司”（Matsushita Electric Industrial Co., Ltd v. Zenith Radio Corporation et al., 106 S. Ct. 1348 (1986)）的掠夺性定价案，并得出了重要的判决（1986）。一些美国制造商宣称某些日本企业已经合谋 20 多年，为了将美国生产商逐出市场而在美国市场上以低于成本的价格出售家电产品。

最高法院做出的结论认为：任何企业或是企业团体都不太可能愿意为了最终驱赶对手而承受 20 多年的损失。只有不会计算掠夺性战略实施成本和收益现值的企业才会在如此长的时间内进行掠夺性定价。最高法院认为掠夺性定价并不是低价的原因，其他原因例如合法的竞争等，能更好地解释为什么日本企业的价格能低于美国生产者的价格。

---

如果进入者害怕它的进入会引起价格战，使得价格低于成本，那么它可以通过几种途径来避免这一问题。第一，进入者可以尝试说服在位
355 者进行合并，从而使得进入者自己可以立即收取高价，避免耗费成本的掠夺性定价阶段。但是美国的反托拉斯法禁止导致垄断的兼并和掠夺性定价（参见第 19 章）。

第二种方法是在进入前，进入者就和购买者签订设定价格的合约。由于进入者可以在事前设定的价格下销售产品，在位者价格的下降就不

会对其造成损失。购买者会愿意签订低于在位者最初收取的垄断价格的固定价格合约。[4]当然，事前签订固定价格合约之时并非总能找出足够的消费者，尤其当消费者都是些小购买者之时。但是，当存在大量意识到进入者会阻止在位者实施市场势力的顾客时，进入者应该会相对容易地提前和消费者签订协议。

正如我们在上面所提到的，第三种方法是竞争对手在掠夺性定价阶段减少产出来最小化损失。在一些市场中，对手可以无成本地退出市场，在掠夺性定价阶段重新配置资产来进入另一个市场。当在位者提高价格时，对手重新进入市场。只要掠夺性定价不会给对手造成很大的损失，进入和退出就会反复发生。

例如，假设在位者生产办公桌，对手进入市场，为了对进入做出回应，在位者将办公桌的价格降低到成本之下。假设对手可以很快而且有利可图地转向餐桌生产而不是办公桌，只要生产办公桌和生产餐桌的转换成本相对较低，在位者就不能把对手赶出市场，也不能可置信地威胁对手它将这样做。

如果不需要大量的*沉没成本*（只要一进入市场就不能重新收回的成本——参见第2章），对手就可以轻易地在各产业之间转移。因此，如果对手拥有最低的沉没成本，在位者就不可能成功地利用掠夺性定价将其赶出市场，因为它无法增加其对手的成本。也就是说，在完全可竞争市场中（其中可能存在无成本的即刻的进入或退出），掠夺性定价永远不会成功。

因此，竞争对手至少可以采用三种方法来避免和减少掠夺性定价所带来的损害，即进入者可以和在位者合并、在掠夺性定价前签订长期合约或者在掠夺性定价期间减少产出。

**一个企业具有优势的掠夺性定价**。两个企业拥有相同生产成本时可能无法成功实施掠夺性定价的原因在于，实施掠夺性定价的企业比潜在受害者的损失更大。因此，为了成功实行掠夺性定价，掠夺性定价企业必须要比其对手具有内在优势。

但是，并非掠夺性定价企业和其他企业的所有差异都会导致成功的掠夺性定价。许多有关掠夺性定价的早期研究将在位者描述成大企业，
356 进入者为小企业，认为大企业比小企业能够更好地在掠夺性定价期间承受损失。这些假设是值得质疑的：如果大企业将会永远持续地承担损失并不可信，那么为什么有些人不愿将钱借给小企业呢？

而且，这样的理论不能解释为什么其他大企业无法进入。例如，如果小企业在和大企业竞争时处于不利地位，大企业之间的竞争最终会主导整个经济。因此，即使小企业是无效率的竞争者，掠夺性定价也并非必定会产生垄断利润。

最近有关掠夺性定价行为的模型解释了这样的现象：企业间关于它们对手的信念的差异能够导致成功的掠夺性定价。[5]例如，假设一个企

业既可能是高成本企业，也可能是低成本企业，只有企业自己知道自身的确切成本。为了对进入做出回应，在位企业可以由于以下两个原因之一而降低价格。第一，如果在位企业为低成本企业，价格的下降可能仅仅代表了低成本在位企业所追求的、有利可图的激烈的价格竞争。即使企业的新价格低于进入者的成本，该价格也可能高于在位者的成本。第二，如果在位者为高成本企业，它可能会进行掠夺性定价。

这一模型和前面掠夺性定价模型的差异在于它解释了为什么对进入做出回应而降低价格会最大化在位企业的利润。在观察到在位者的定价行为后，其他企业就会推断在位者是低成本还是高成本的。在位企业的成本越低，它就越有可能以极低的价格面对进入。

因此，在位企业可以用低价格应对进入，进而获得它是一个低成本企业的声誉。其他潜在进入者会将该企业以往的定价作为判断在位者成本高低的指示器，尽管这不是一个完美的指示器。因为以往的定价仅是一个粗略的信号，高成本企业可以进行掠夺性定价，从而使潜在进入者相信它的确是一个低成本企业。当然，只有当高成本企业使用低价的频率低于低成本企业时，以往的定价史才能成为企业成本的指示器。

一个没有相关定价历史的进入者不能影响在位者对其成本的信念，因此企业之间存在天然的不对称。由于进入者没有前期的历史而在位者拥有历史，因此在位者有关进入者的信念不同于进入者有关在位者的信念。在这一模型中，掠夺性定价可能是存在的。如果高成本企业可以制造本身成本很低的假象来阻止进入，那么高成本企业低于成本的定价就是理性的。

尽管这些近期的模型表明有可能构建掠夺性定价的可信模型，但实施这一行为对在位企业来说仍是高成本的。[6]而且，进入者和消费者预先签订固定价格合约的应对战略也将会妨碍掠夺性定价的成功实施。

357 最后，进入者可能具有声誉。例如，企业在原先市场的声誉会带到任何其新进入的市场。如果这样，在位者和进入者之间的不对称性就很小，因此几乎没有成功进行掠夺性定价的可能性。

**掠夺性定价的法律标准**。大量经济和法律文献给出了数个判断企业是否在实施掠夺性定价的标准。许多法院已经采用了阿雷达和特纳（Areeda and Turner，1975）提出的标准：如果企业的价格低于其短期边际成本，那么企业就是在实施掠夺性定价。这一判断标准背后的逻辑是：除非出于战略考虑，否则没有企业会选择低于短期边际成本的价格。[7]如果价格低于短期边际成本，一种可能性是企业为了最终实现利润最大化，试图将其他企业赶出市场。如果不是出于对未来利益的预期，低于短期边际成本的价格就没有意义。

阿雷达和特纳进一步建议，如果数据的限制使得人们不能确定短期边际成本，可以使用平均可变成本作为短期边际成本的代替量。[8]阿雷达—特纳规则的优点是它明确地意识到低于平均总成本的定价本身并不足以证明掠夺性行为的存在。事实上，在诸如农业等竞争性产业中，价格经常会低于平均总成本，这是由于短期内的需求和供给的波动造成的(参见案例 11.2，使用价格低于平均成本规则的案例)。

358

**案例 11.2** ☞

### 烟草业掠夺性定价的证据

一个企业能通过实施掠夺性定价迫使竞争对手在低价位上将企业卖给它。如此一来，企业可以廉价收购竞争对手并获得市场势力。

在世纪之交，烟草托拉斯被认定从事了针对其竞争对手的掠夺性定价。在1881—1906 年期间，烟草托拉斯收购了 40 多个竞争对手，控制了大部分的香烟、雪茄、鼻烟和细切香烟产业的销售份额。烟草托拉斯还频繁锁定它想收购的竞争对手，而后在低价格水平上引入竞争性品牌。较低的利润迫使其对手以低价将企业出售给烟草托拉斯。

例如，1901 年，烟草托拉斯在北卡罗来纳的香烟品牌美国丽人（American Beauty）和北卡罗来纳温斯顿的 Wells-Whitehead 烟草公司的类似产品展开竞争。美国丽人的价格为每千支 1.5 美元，恰好等于缴纳的税额，因此明显地低于生产成本。烟草托拉斯宣称低价是一种将产品推向市场的引入价格。1903 年，烟草托拉斯收购了其竞争对手。

1881—1906 年间烟草托拉斯收购的竞争对手价值的详细分析表明，掠夺性定价对支付的购买价格产生了很大的负效应。掠夺性定价使得收购成本降低了大约 25%。

由于触犯了反托拉斯法，1911 年，烟草托拉斯被迫解体，拆分成数个独立的企业（主要是美国烟草公司、Liggett&Myers 公司以及 Lorillard 公司)。到 20 世纪 20 年代，三家企业主导了烟草产业，它们分别是 Reynolds 公司（骆驼品牌)、Liggett & Myers 公司（Chesterfield 品牌）以及美国烟草公司（Lucky Strike 品牌)。

在一个著名的反托拉斯诉讼中（“美国烟草公司诉联邦案”，American Tobacco Co. v. United States 328 U. S. 781 (1946)），三家企业因进行了收取低价以驱逐竞争对手的显性合谋而被起诉。在大萧条时期，尽管成本下降，三大烟草公司还是提高了价格。新企业抓住了这一利润契机，进入该产业，以低于三大制造商品牌 5 美分的价格进行销售被称为 10 美分品牌的产品。在 1931—1932 年期间，新品牌的市场份额从低于 1%增加到了 23%。

在 1933 年初，三大制造商的批发价格下降了大约 20%，因此它们的零售价格仅仅比 10 美分品牌略高，这使 10 美分品牌的市场份额下降到了 6%左右。这一证据表明，这些价格并没有低于主要烟草公司的平均总成本。10 美分品牌直到 20 世纪 40 年代消失之前，都维持着一个相当数量的市场份额。即使价格超过了平均成本，而且 10 美分品牌已经得以生存，法院还是发现这些公司旨在驱逐 10 美分品牌出局而进行合谋，进而降低价格的行为违反了反托拉斯法。

资料来源：Burns (1986), Tenant (1950, 43), Koller (1971), and *American Tobacco Co. v. United States*, 328 U. S. 781 (1946).

许多经济学家和律师对阿雷达和特纳的文章做出了回应。一些学者建议使用长期边际成本，而另一些则建议使用平均成本，而其他人则建议通过观察随时间变化的价格模式，或者随时间变化的产量来确定是否真正发生了掠夺性定价。[9]

遗憾的是，大多数有关掠夺性定价测算的建议很难实施，原因有二。首先，通常很难获得确定短期边际成本或平均可变生产成本所需的数据。其次，其他和掠夺性定价无关的因素可能会对检验产生干扰。

对企业来说，在进入市场后通过价格促销来吸引消费者的注意力是很常见的现象。在业务的起步阶段，许多企业会分发其产品作为样品。发放产品是一种构建未来业务的十分有效的促销手段，同时它反映了理性的利润最大化行为。这一行为似乎违反了阿雷达—特纳规则和大多数其他的掠夺性定价检验。

359 对大多数企业来说，零价格低于短期边际成本。但是另一种合理的观点认为零价格是短期的促销行为，而且是一种旨在吸引未来消费者的投资。促销阶段后的价格应该高于恰当的边际成本指标，减价被视为一种促销行为或是成本。正如厂房和设备投资不能采用支出法而应采用跨期摊销法一样，价格促销也应采用跨期摊销法。遗憾的是，进行这样的计算往往很困难。

同样，利润最大化的企业会以短期的损失为代价来提供产品，作为在未来提供产品的市场信号。当企业能有效地利用成本进行生产时，它可能会关心潜在消费者是否会购买对手的产品并且不愿在未来转换购买。皮特曼（Pittman，1984）认为，当 IBM 在引入超级计算机，但没有参与掠夺性定价时，它应该已经预期到了损失。相反，IBM 向潜在消费者发出信号，表明它会在现在和未来提供超级计算机。

同样，当存在干中学时，价格可能会表现得低于短期边际成本，干中学就是企业的生产成本会随着产量的增加而下降，因为企业学会了怎样才能更有效率地生产。由于这一效应，企业的初期成本会很高，但是随着时间的推移会下降。通过最初设定一个非常低的价格，企业可以实现很大的销量，因此积累了在未来降低成本的经验。即使现期价格低于现期生产成本，未来通过知识的积累而导致的成本下降也会使得现期的低价成为对未来的投资。即今天的低价可以看成是对未来的投资。当企业涉及随时间变化的动态学习时，忽略未来成本节约的短期边际生产成本并不能作为相关产品的测度指标。事实上，人们必须观察今天的边际生产成本加上由于现期扩大生产所致的未来生产成本的变化（的贴现值）。

大多数指控掠夺性定价的诉讼案件都是由一家企业针对其竞争对手所提起的。这些竞争企业可能并不会抱怨价格低于成本，而是关心来自更为有效率的企业的价格竞争。如果一个企业比其他企业更有效率，那么人们可以预期有效率的企业将收取更低的价格并且占领市场。事实上，市场价格必然低于无效率企业的成本，但是等于或高于有效率企业的成本。

因此，掠夺性定价的诉讼可能是效率相对较低的企业保护自身市场地位的一种战略。在掠夺性定价案中，价格降低致使对手承担损失的证据恰是一个更有效率的企业参与市场竞争的结果。如果盲目地执行掠夺性定价法致使有效率的企业担心受到掠夺性定价起诉，进而阻止了有效率的企业降低它们的价格，那么将有害于而非有利于消费者。

出于此原因，伊斯特布鲁克（Easterbrook，1981）建议只有当一家企业被逐出市场且被指控的掠夺性定价企业而后又提高了其价格时，法院才能受理这一掠夺性定价起诉。只有到那时，人们才能确定是掠夺性定价，而不是激烈的竞争将企业驱逐出了市场。

**掠夺性定价的证据**。在指出进行成功掠夺性定价的所有理论困难之
360 后，人们就不会奇怪为什么经济学家和律师几乎没有发现成功的掠夺性定价的案例，其中竞争对手被逐出市场，而后市场价格上升。尽管在法律诉讼中频繁出现掠夺性定价指控，但对这些案例的仔细审查表明通常不会发生低于成本定价的掠夺性定价。

例如，被广泛引用的掠夺性定价案例之一是标准石油公司的建立。一般推测，洛克菲勒先靠低价将小型独立炼油企业驱逐出市场，而后购买这些企业。麦吉（McGee，1958）在对这一时期的有关事件做了仔细的考察后，驳回了这一观点，得出的结论是洛克菲勒的竞争对手都是在相当有利的条款下被洛克菲勒所收购。

科勒（Koller，1971）回顾了自1890年以来有记录的掠夺性定价案例。在存在合理数据的26个案例中，科勒发现其中的7个案例中存在低于成本定价的证据。在这7个案例中，只有4个案例表现为成功的掠夺性定价，因为竞争对手消失了。另外3个案例涉及兼并。[10]对数个掠夺性定价案例的回顾表明大多数案例中掠夺性定价的证据都很脆弱，而且被告在90%的场合下都会胜诉（Hurwitz et al.，1981）。伊萨卡和史密斯（Isaac and Smith，1985）表明在实验环境下，掠夺性定价很少出现。

掠夺性定价的理论依赖于在位者所建立的它是一个积极的竞争者的声誉。对此理论的批评是：人们并不清楚在位者如何建立这样的声誉以及为何竞争对手会相信如此的伎俩。[11]但是，任何基于一系列信念假设的理论是不能从逻辑上进行证伪的。因此，认为掠夺性定价不可想象是一种错误的观点（参见案例11.2和Weiman and Levin，1994；Genesove and Mullin，1997；Morton，1997）。

## 限制性定价

如果碰巧没有第二位参赛者，任何人都会赢。

——乔治·埃德（George Ade）

如果一个企业设定价格和产出使得剩余的需求不足以使其他企业有利可图地进入市场，那么该企业就是在实施**限制性定价**（limit pricing）。限制性定价的早期模型是由贝恩（Bain，1956），莫迪格利亚尼（Modigliani，1958）和塞洛斯-拉比尼（Sylos-Labini，1962）提出的。在早期的限制性定价模型中，潜在进入者相信在位企业在新企业进入后不会改变产出。因此，试图进入的企业相信总体市场份额等于自己的产出加上在位者的现期产出。更多的产出会导致价格的下降。在这一模型中，潜在进入者对在位企业具有如此的信念：在位企业通过选择产出水平以及相关的价格来消除企业进入的激励。

假设在位者和进入者都拥有相同的平均成本 $AC$（见图 11.2）。如果在位企业选择 $q_i$ 单位的产出（而且将会在面对进入后仍保持该产出），
361 那么进入者面临的需求曲线等于市场需求曲线减去 $q_i$。如果进入者相信在位者仍将生产 $q_i$ 单位产出，那么它就会相信自己的剩余需求曲线为总需求曲线减去 $q_i$ 单位的产出。

如果潜在进入者选择不进入，那么在位企业在价格 $p^*$ 下出售 $q_i$ 单位的产品，如图 11.2 所示。如果新企业进入市场并生产 $q_e$ 单位的产出，那么总市场产出为 $q_i+q_e$，市场价格为 $\bar{p}$。由于在位者选择生产 $q_i$ 单位产出，对于生产 $q_e$ 单位产出的潜在进入者来说，$\bar{p}$ 恰好等于平均成本，进入者在进入和不进入之间是无差异的（因此假设它不进入）。

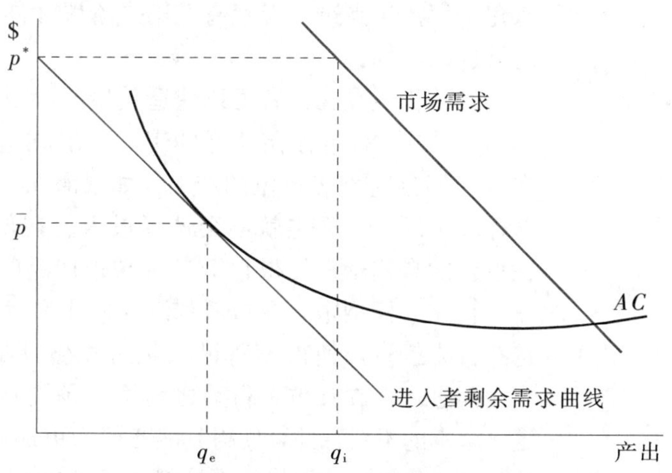


**图 11.2　限制性定价**

如果通过选择 $q_i$ 使得潜在进入者面临的剩余需求曲线恰好低于（或者等于）平均成本曲线，那么进入者就不可能生产使得它在该市场获得正利润的产量。正如图 11.2 中所表示的，在位者在价格 $p^*$ 出售 $q_i$ 单位的产品，但是不会发生进入。也就是说，潜在限制价格 $\bar{p}$ 阻止了进入。事实上，在位者不必一定生产 $q_i$ 来阻止进入，它只需说服潜在进入者相信，如果它们进入，在位者就会生产 $q_i$ 单位产品。

**同质企业的限制性定价**。这一战略性行为模型的主要问题和掠夺性定价模型相同：为何具有相同成本的进入者会相信如果发生进入，在位者会兑现生产 $q_i$ 单位产量的威胁？对于在位者来说，发生进入后持续生产 $q_i$ 单位的产品并不能实现利润最大化。因此，对同质企业来说，在位企业如此的威胁是不可置信的。

由于在位者和潜在进入者都具有相同的成本，基于对进入后行为的
362 假设，很难看出一家企业是如何威吓另一家企业的。和假设在位者可以通过限制性定价威慑进入一样，潜在进入者通过威胁进入和生产 $q_i$ 单位产出来恐吓在位者同样也是似是而非的。

进一步而言，正如在掠夺性定价情况下一样，进入者的应对战略可以是在已有固定价格合约的情况下进入市场，进入者可以引导消费者在略低于 $p^*$ 的价格（高于最小平均成本的价格）下签订这样的合约。

**一个企业具有优势的限制性定价**。为了使得限制性定价可信而且有效，在位企业必须坚持的战略是在进入发生后在限制性定价 $\overline{p}$ 下生产 $q_i$ 单位的产品。[12]如果两个企业具有相同的平均成本曲线，那么在位企业在面临其他企业的大规模进入后不做改变，保持原有的产出就是不可信的。使得限制性定价可信的关键之处在于当进入发生时，在位企业可以在某种程度上控制市场环境，因此在位企业有生产 $q_i$ 单位产量的激励。

例如，假设在在位企业和潜在进入者博弈的第一个阶段，在位企业兴建工厂。潜在进入者只有在第二阶段才能决定是否兴建工厂，以使其能够进入市场。

进一步假设在位者可以建造其生产设备，使得其只能恰好生产 $q_i$ 单位的产品。[13]给定存在这样的工厂，潜在进入者相信无论其是否进入，在位者都会生产 $q_i$ 单位的产出。如果潜在进入者知道在位者已经建造了这样的工厂，那么它就不会选择进入。在位者成功实施了限制性定价：在位者的自我*承诺*使得它生产 $q_i$ 单位产品的威胁是可置信的。[14]

在这一模型中，在位者和潜在进入者存在内在的不对称性。在位者选择首先投资，使得不管进入是否发生其都可以承诺生产 $q_i$ 单位的产
363 出，而进入者在在位者行动之前不能预先承诺产出水平。在位者利用了这一基本的不对称性，使得其战略行为更加可信。[15]在位者通过为自己创造超越竞争对手的优势从而控制了基本的环境（在位企业的生产能力）。

在博弈的第一阶段在位者花费资金限制其生产性选择。也就是说，如果没有这样的投资，在位者可以在更大的产出范围内进行选择，而不是仅生产 $q_i$ 单位的产出。粗略看来，在位者通过减少生产选择来*故意搬起石头砸自己的脚*。但是，在位者会从这些限制中获利，而不是伤害自己。这些限制使得在位者在面对进入时做出生产 $q_i$ 单位产量的威胁是可置信的，因此潜在进入者不会进入。

总而言之，如果企业可以预先做出承诺（限制未来的选择），那么

企业就可以获益。通过做出承诺使其威胁可置信，即使企业限制其未来的选择，它的利润仍会增加。

图 11.3 给出了使用博弈扩展形式（第 6 章）的限制性定价的例子，表明了所有可能行动的次序和两个企业的最后结果。每行表示一个行动，每个方框表示一个决策点。括号表示行动的结果，其中第一个数字表示在位者的利润。在博弈的第一阶段，在位者在两种生产技术中做出选择：允许选择较大范围产出水平的柔性生产技术和只能生产 $q_i$ 单位产出的非柔性生产技术，其中 $q_i$ 为阻止进入的产出水平。在第二阶段，潜在进入者决定是否进入。

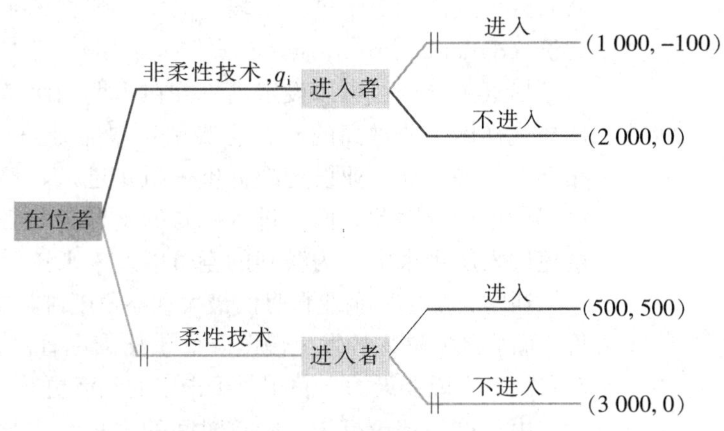


**图 11.3　限制性定价博弈的扩展表达**

说明：括号中的第一个数字表示在位者的利润。

364 为了确定其第一阶段的最优战略，在位者从图的右上部分开始由后向前求解这一博弈。潜在进入者必须决定是否进入。当在位者选择非柔性的技术时，必定生产 $q_i$ 单位产品，因此潜在进入者如果不进入，则获得零利润，如果进入则会损失 100 美元。这样，潜在进入者会选择不进入。进入行为线上的两条叉线表示排除该战略。

而后在位者考虑图 11.3 中的右下部分。当在位者选择柔性技术时，潜在进入者如果选择进入会获得 500 美元利润，如果不进入则为零利润。因此，排除不进入的行为。通过这一推理，在位者可以推断进入者是如何基于在位者第一阶段的博弈行为决定自己的行为的。

基于此，在第一阶段，在位者决定究竟采用柔性技术还是非柔性技术。如果在位者选择非柔性技术，那么进入者不会进入，因此在位者可以获得 2 000 美元。如果在位者选择柔性技术，那么潜在进入者会进入，因此在位者只能获得 500 美元的利润。这样，选择非柔性技术可以获得更多的利润。[16]因此，在柔性技术选择线上出现了两条叉线，表示在位者不会选择这样的技术。选择非柔性技术的解是子博弈完美纳什均衡解（参见第 6 章），因为威胁生产 $q_i$ 单位产品是可置信的。[17]

即使在位者选择柔性技术，它仍可以威胁进入者：如果你进入，我就生产 $q_i$ 单位产出。为了这样做，在位者可以从两方面努力：通过威胁来阻止进入或者在没有发生进入时采用柔性技术。对在位者来说，遗憾的是，如果没有承诺，它的威胁是不可置信的。潜在进入者知道如果它进入，在位者会像双寡头垄断者一样行动来赚得更多的利润，并且将产出降到 $q_i$ 之下。也就是说，在位企业威胁如果进入发生就要生产 $q_i$ 产量的战略不是子博弈完美纳什均衡解。因此，在位者阻止进入的唯一方法是承诺非柔性生产战略。

**动态限制性定价**。如果企业设定的价格（或产量）随着时间变化，从而减少或消除对手进入市场的激励，那么该企业正在实行**动态限制性定价**（dynamic limit pricing）。[18]

尽管主导企业可以设定高价并在短期内维持高价，但它并不一定会
365 选择这样做。非常高的价格会吸引边缘企业进入，导致市场价格降低。相反，如果主导企业设定超低价来阻止进入，那么它在短期和长期的利润都会很低。因此，面临进入威胁的主导企业必须牺牲短期的高利润以避免进入所带来的更为激烈的竞争以及未来较低的利润。

通常，从主导企业自身的最大利益角度讲，主导企业最好首先设定高价，而后随着进入的发生慢慢降低价格。尽管高价格加快了进入的速度，对在位者来说今天的利润相对于未来的利润更有价值（给定正的利率）。

由于这一定价行为，随着时间的推移，主导企业通常会失去部分市场份额（见案例 11.3）。当 1901 年美国钢铁公司创建时，该公司在钢锭市场的份额为 66%，而到 1982 年，其市场份额已经下降到 19%。

**案例 11.3**

### 主导企业市场份额的下降

通常，产业中主导企业的销售份额会随着时间的推移而缩减。考虑 13 个不受管制的主要产业，其中的企业在全美或国际范围内进行竞争。使用《财富》500 强的排名决定每个产业中的主导企业，帕斯卡尔（Pascale，1984）对这些企业 20 年来在产业中的销售份额进行了追踪：

**13 个主要产业的市场份额趋势**

| 主导企业 | 产业 | 市场份额（%） | | |
|---|---|---|---|---|
| | | 1962 年 | 1982 年 | 份额变化 |
| 西尔斯 | 大型市场零售 | 5 | 5 | 0 |
| 国际收割机 | 农用拖拉机 | 24 | 18 | −25 |
| 美国钢铁 | 成型钢 | 26 | 19 | −27 |
| 固特异 | OEM 轮胎 | 29 | 27 | −7 |
| 通用电气 | 家用电器（冰箱） | 40 | 53 | +33 |
| RCA | 彩电 | 49 | 20 | −59 |
| 波音 | 商用大型喷气飞机 | 51 | 60 | +18 |
| 通用汽车 | 乘用车 | 52 | 46 | −12 |

续前表

| 主导企业 | 产业 | 市场份额（%） | | |
|---|---|---|---|---|
| | | 1962 年 | 1982 年 | 份额变化 |
| 通用电气 | 发电机 | 59 | 61 | +3 |
| IBM | 大型计算机 | 60 | 68 | +13 |
| 柯达 | 胶卷 | 85 | 65 | −24 |
| 哈雷-戴维森 | 摩托车 | 100 | 36 | −64 |
| 施乐 | 普通复印 | 100 | 42 | −58 |

在 13 个主导企业中，8 个失去了部分市场份额，在此期间 1 个企业的市场份额没有发生变化。3 个企业失去了半数以上的市场份额（RCA、施乐、哈雷-戴维森），包括 2 家 1962 年占据了全部市场份额的企业。

366 在许多新兴产业的例子中，产品引入时价格很高，随后会迅速下降到竞争性水平。当一个产业是新兴产业时，一个或少量企业拥有较大的市场份额，面临相对较少的竞争者。只有随着时间的推移，新进入者才能够迫使价格下降。我们在案例 11.4 中给出的早期的圆珠笔产业就是一个特别引人注目的案例。

**案例 11.4**

## 只有微笑仍存

[柴郡猫] 非常慢地消失了，从尾巴的末端开始，结束于咧嘴一笑，那微笑在它已经离开后还维持了一会儿。

——刘易斯·卡罗尔（Lewis Caroll）

1939 年，拉兹罗·约瑟夫·比诺（Laszlo Jozsef Biro）在巴黎获得了圆珠笔的专利。第二次世界大战期间，他移居阿根廷，在那里，他的公司 Eterpen S. A. 于 1943 年开始生产并销售圆珠笔。与传统的自来水笔不同的是，这种笔有一个装有圆珠笔头的凹口，采用一种即写即干的特殊墨水，这样的墨水可以使用数月而不用重新灌入。

同样不同于自来水笔，这种笔可以在高海拔的地方使用而不用担心渗水。因此，美国空军对此很感兴趣。空军向不同的美国制造商送出圆珠笔，声称他们希望购买上万支这样的笔。三大钢笔制造商——派克、谢弗和埃弗夏普——寻求获得专利权，但是铅笔制造商埃伯哈德·费伯已经获得了专利许可，不过笔的生产过程遇到了困难。埃弗夏普于 1945 年获得了专利许可。

埃弗夏普为这种笔的大批量生产进行了重新设计，并为将这种新的"神奇笔"推向公众进行了广告宣传。这一广告使米尔顿·雷诺兹受益匪浅，他最后在市场中击败了埃弗夏普。

之前雷诺兹已经在南美看到了这样的笔。当他发现从比诺处购买专利为时已晚时，就围绕比诺的专利开发了新的途径。比诺笔的独特之处在于其控制墨水供给的压力供应系统。雷诺兹开发了一种使用重力的不同的系统。

1945 年 10 月 6 日，雷诺兹国际制笔公司开始生产。纽约的一家大百货公司金贝尔公司对此大做广告，宣称该笔可以连续使用两年而不用重新灌墨水，可以在水下和海拔很高的地方书写，可以在6～8页厚的复写纸上留下清晰的字迹。这些宣传使得金贝尔公司售价12.50美元（价格管理委员会在战争时期所限定的最高价格）的该种笔看起来即使不是廉价货，至少也不是让人感觉到空前昂贵的奢侈品。

最初每支笔的生产成本大约为80美分，金贝尔公司在销售的第一天，即1945年10月29日卖出1万支笔（大约为该百货商店平均每天销售总额的三分之一），公司得到了很高的利润。这一成功激励了雷诺兹扩大生产，到1946年早期，该公司的800名员工每天生产3万支笔。

由于生产还是跟不上订单，公司印发了可延期取货的礼品券。到1946年3月，雷诺兹已经赚了300万美元。在一个10天的订货周期中，他从笔的订单中得到的定金就达到了150万美元。1946年2月，雷诺兹的税后利润为1 558 607.81美元。

这些巨大的利润鼓励了进入。金贝尔公司的竞争对手梅西百货公司售出的比诺笔的价格为19.98美元。该公司也取得了成功，进而激励了更多的进入。到4月的后半月，埃弗夏普最终以每支笔15美元的价格进入了市场。1946年7月期的《财富》杂志报道，谢弗也将要以15美元的价格出售圆珠笔。而后埃弗夏普宣布计划以25美元的价格出售一种可伸缩的圆珠笔。

同时，雷诺兹推出了具有可缩回笔尖的保护装置的新款笔，每支笔的生产成本为60美分，最初以12.50美元的价格出售。到1946年夏末，他的笔已经在37个其他国家和地区出售（香港地区市场的价格达到75美元）。由于利润很高，更多的企业开始进入市场。

好莱坞圆珠笔公司无视一项专利侵权诉讼，以9.95美元的价格出售产品。另一家制造商戴维·卡恩宣传计划以低于3美元的价格出售圆珠笔。到10月份，雷诺兹引入了成本为30美分的新款笔，售价为3.85美元。

到1946年圣诞，大约有100个制造商生产笔，一些制造商的销售价格仅为2.98美元。雷诺兹再次引入了新型笔，定价为1.69美元，但是金贝尔公司在和梅西的价格战中售出价仅为88美分。有时，金贝尔公司能在营业时间内五次调整价格。雷诺兹而后引入一款新的双色笔，售价为98美分，但仍有很高的利润。

到1948年年中，一些圆珠笔被卖到39美分，其成本为8～10美分。到1951年，一些笔的价格下跌到25美分，不久后花19美分也能买到。到了这一时刻，产业中庞大的企业数量迫使价格下降到赚不到超额经济利润的水平。雷诺兹公司的市场份额降为零，并且停止在美国生产新笔。

这一案例表明如果一个企业没有成本优势或者其他优势，它就不能长期维持大量的市场份额。但是，即使是短期的主导也会是高度盈利的。据测算，雷诺兹单月内获得的利润高达50万美元，或者说大致是其原始投资2.6万美元的20倍。

资料来源：Lipsey and Steiner (1981) and Thomas Whiteside, "Where Are They Now?" *New Yorker*, February 17, 1951: 39-58.

## 降低生产成本的投资

367 在寡头行为模型中，市场结果通常取决于竞争性企业的成本（第6

章）。也就是说，市场环境决定企业间竞争的结果，而每个企业的成本
368 又是市场环境的组成部分。在接下来的模型中，在位企业控制市场环境以使其获得竞争优势。我们考虑两个这样的例子，其中一个企业存在优势，使得其战略可能获得成功。在第一个例子中，一个企业从事研发（R&D）活动以降低未来的成本。在第二个例子中，一个企业通过干中学降低成本。

**投资于研发**。假设存在两个时段，两个企业拥有相同的最初成本函数。在第一阶段，在位企业是垄断者，投资于研发（R&D）活动从而降低第二阶段的成本。在第二阶段，第二个企业可能会进入。该模型中的不对称性来自于：只有在位企业可以投资于降低成本的研发，而进入企业无法进行此类投资。当一个企业先于另一企业进入市场时自然会产生这样的不对称性。

在位企业存在投资于研发活动从而降低第二阶段成本的激励吗？为了表明在位企业的战略选择，考虑第二阶段双寡头垄断者使用古诺战略（第 6 章）的特殊例子。[19] 在第一阶段，在位企业的固定成本为 1 美元，不变的边际成本为 6 美元。如果在位企业在第一阶段没有投资于研发，那么它的固定成本和边际成本在第二阶段不变。第二阶段进入者的成本和第一阶段在位者的成本相同。线性市场需求曲线为 $q=12-p$。

为了决定是否在第一阶段进行研发投资，在位者需要比较进行和不进行研发投资情况下的利润。表 11.1 表明了取决于第二阶段是否发生进入以及在位者是否投资于研发的价格和利润。

**表 11.1　　战略性研发投资：第一阶段寡头垄断，第二阶段古诺竞争**　　单位：美元

| | 第一阶段 | 第二阶段 | 两阶段的总利润 |
|---|---|---|---|
| 进入 | | | |
| 无研发投资 | 在位企业利润＝8 | 在位企业利润＝3 | 11 |
| | | 进入者利润＝3 | 3 |
| | 价格＝9 | 价格＝8 | |
| 进行研发投资 | 在位企业利润＝8－7.01＝0.99 | 在位企业利润＝10.11 | 11.10 |
| | | 进入者利润＝0.77 | 0.77 |
| | 价格＝9 | 价格＝7.33 | |
| 无进入 | | | |
| 无研发投资 | 在位企业利润＝8 | 在位企业利润＝8 | 16 |
| | 价格＝9 | 价格＝9 | |
| 进行研发投资 | 在位企业利润＝8－7.01＝0.99 | 在位企业利润＝15 | 15.99 |
| | 价格＝9 | 价格＝8 | |

首先，考虑在位者不进行研发投资和在第二阶段有第二个企业进入时的均衡。在第一阶段，在位企业是垄断者，使得基于市场需求曲线的边际收益等于边际成本。在位者制定的价格为 9 美元，生产 3 单位产品，因此第一阶段的利润为 8 美元。[20]在第二阶段，在位者和进入者面临相同的成本条件，进行古诺博弈。在第二阶段的均衡中，每个企业在价格 8 美元下生产 2 单位产品，获得 3 美元利润。[21]这样，在位者在两
369 阶段的总利润为 11 美元（为了简单起见，假设贴现率为零）。表 11.1 总结了最后的结论。

现在假设在位企业会在第一阶段投资研发，对手在第二阶段进入市场。由于 7.01 美元的投资，在位者可以使得下一阶段的边际成本下降 2 美元（为明确和简单起见，确定为 2 美元）。如果在位者进行该项投资，它在第一阶段的收益将减少。如果不进行投资，在位者在第一阶段获得 8 美元的收益，而如果在位者进行研发投资，则其第一阶段的收益为 8 美元－7.01美元＝0.99 美元。该项投资可以使得在位者第二阶段的边际成本从 6 美元下降到 4 美元。在第二阶段的古诺均衡中，在位者生产 $3\frac{1}{3}$单位的产品，进入者生产$1\frac{1}{3}$单位产品，价格为 7.33 美元。[22]在位者第二阶段的利润为 10.11 美元（参见表 11.1）。

加上第一阶段的利润 0.99 美元，两个阶段的总利润为 11.10 美元，超过了在位者在第一阶段不进行投资所得的 11 美元利润。这样，给定第二阶段存在进入，在位者投资研发会获得更多利润，因为研发导致的第一阶段的利润减少将被第二阶段的收益所抵消。而且，当企业 1 投资研发时，消费者的境况会变好，因为研发使第二阶段的价格下降。

现在假设第二阶段不会发生进入。在位者投资研发仍然是有利可图的吗？如果企业在两阶段都不进行研发投资，那么每个阶段获得垄断利
370 润 8 美元，总利润为 16 美元。如果企业进行研发投资，其第一阶段的垄断利润为 0.99 美元，第二阶段的垄断利润为 15 美元（见表 11.1）。[23]也就是说，在位者在第一阶段的收益少了 7.01 美元，而在第二阶段多挣的收益为 7 美元。总利润为 15.99 美元，少于不进行投资所得到的利润 16 美元。这样，在位者就不会进行投资。

图 11.4 表明了研发博弈的扩展形式。该图表示不管企业 1 是否进行研发投资，它的对手都会进入市场（双叉线表示“不进入”行为不会发生）。因此，在位者投资研发是有好处的：它在两阶段的总收益为 11.10 美元，而不是 11 美元。

在位者在第一阶段进行投资，从而改变第二阶段的环境，以使其有利于在位者。这一战略行为对在位者是有吸引力的，因为不对称性使得在位者可以先于进入者采取行动。这一例子和斯坦克尔博格模型（第 6 章）相似，其中在位者由于先于进入者行动，并且可置信地承诺自己生产相

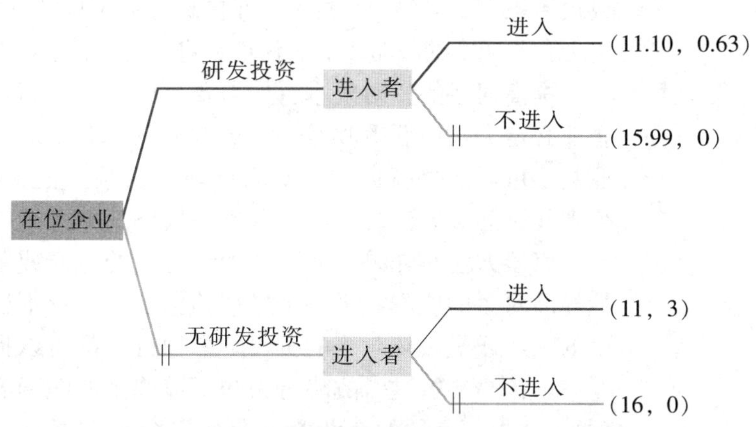


**图 11.4　研发博弈的扩展式表达**

说明：括号中的第一个数字表示在位者的利润。

对较大产量的产出，从而获得利益。在这一例子中，在位者投资研发的能力既有利于消费者亦有利于在位者。若没有进入威胁，在位者不会投资于研发。

**干中学**。如果在位者通过第一阶段的干中学降低了第二阶段的成本，那么它会取得比第二阶段进入的对手更多的优势。为了在第二阶级得到相对于对手更低的成本，在位者拥有在第一阶段销售更多的产品从
371 而获得经验的激励。为了增加第一阶段的销售，在位者必须降低销售价格。这样，在位者在第一阶段的利润将会低于如果忽略产出增加对第二阶段成本的好处时的所得。因此，可将干中学视为一种使得企业在后续阶段获得更多利润的投资。

在干中学模型中，先动优势取决于企业相对于对手能在多大程度上降低成本，以及学习的时间有多长。如果学习非常迅速，或者非常慢，那么先动优势并不明显。当学习非常快时，后来的进入者可以很快地跟上在位者。相反，当学习很慢时，先动的企业得到的收益也不大。在学习速度不是非常快，也不是非常慢的中间情况下，此时对于增加利润而言，干中学具有最为重要的战略地位（Spence，1981a）。事实上，如果干中学的成本优势足够大，那么第二个企业会选择不进入市场。

## 提高对手的成本

企业可以从提高对手成本的战略性行为中获益。[24] 在寡头垄断模型中（第 6 章），企业的利润取决于相对于对手的竞争成本。如果企业可以无成本地提高对手相对于自己的成本，那么该企业就能牺牲对手的利益从而增加自己的利润。为了影响对手的成本，通常企业必须拥有一定的市场势力

或政治势力。本部分考察了企业提高对手相对自身成本的战略，以及提高每个企业成本的战略。而后讨论了进入者可能会采用的战略。

**提高对手的相对成本**。如果企业可以仅提高竞争对手的成本，那么企业必定会从中获得收益。事实上，只要对手成本增加的幅度更高，企业甚至可以从提高自己成本的行动中获益。企业可以使用直接的方法，或者几种间接方法之一来实施这一战略。

**直接方法**：如果企业可以干预对手的生产或销售方法，它就可以直接提高对手的成本。举一个极端的例子，一个不道德的企业可以炸毁对手的工厂或是破坏对手的机器。两种行动都可以提高对手的成本，减少竞争，提高实行这一战略行为的不道德企业的利润（假设该企业没被抓到）。如果不道德的企业必须花费资金来提高对手的成本，那么它就必须权衡破坏行动增加的支出和提高对手成本获得的收益。

1993 年，英国航空公司（British Airways，BA）在法庭上承认对较小的竞争者维珍大西洋航空公司（Virgin Atlantic Airways，VAA）采取了不正当的手段，为此它花费了 250 万美元以平息 VAA 所有者控告的诽谤案件。BA 的职员潜入 VAA 的计算机系统获得了他们旅客的数量和名单；打电话或者面见 VAA 的乘客，谎称他们的航班延误或者超员，诱导他们使用 BA 的服务；骚扰 VAA 员工的住宅和汽车；雇用侦探揭发 VAA 股东的丑闻并制造负面新闻；撤销和该公司的维修和培
372 训合作。[25]难怪 VAA 总裁理查德·布兰森曾经说过和 BA 的竞争“就像是在血库里的一场放血竞争”。[26]

法国政府曾经将窃听器藏匿在法国航空公司飞往巴黎的航班上，从而收集美国企业有关营销和技术计划的信息。[27]法国外交部声称使用间谍是法国跟上国际商业和技术节奏的必备方法。法国通过得到竞争性投标的内部信息而得到了数十亿美元的向印度提供喷气式飞机的合约。FBI 同时报告了法国渗透到 IBM 和得州仪器公司在国外的办事处，或许就是为了掌握大型国有企业的信息。偷盗行为降低了企业相对于对手的成本，相当于增加了对手的相对成本。

另一个直接方法的案例是使得竞争对手难以收集信息。比如，如果进入者实施试销来观察产品在某一地方是否受到欢迎，那么在位者可以通过在该地提供大量的促销折扣来对该实验做出回应，使得进入者难以判断自己的产品相对于在位者的产品哪个更能为消费者所接受（Fudenberg and Tirole，1986a）。

**通过政府管制干预**：企业可以通过政府管制来提高对手的成本。许多政府管制给予在位企业“关照”（免于受到管制），使得新企业在市场中的运营更为艰难。例如，一些环境管制对新设备的要求比旧设备更为苛刻，从而偏袒了在位企业，不公正地对待了进入者。通过支持政府管制使得新进入者难以采用它们的生产技术，在位企业可以保持和保护它

们的市场势力，并使得进入者的竞争成本变得高昂。

**与其他产品的配售**：有时在位者会生产必须一起使用的两种产品，而进入者只生产这些产品的其中之一。互补性产品的例子包括相机和胶卷，或者计算机和外围设备（打印机、磁盘驱动器等）。当产品必须一起使用时，在位者可以通过和消费者签订必须同时从在位者处购买产品的合约，或者通过产品设计使得进入者的产品不能兼容或很难和在位者的产品一起使用，从而使进入者处于不利地位。例如，计算机制造商可以使用非标准接口来连接打印机。即使产品的这种设计减少了消费者所
373 愿意购买的数量，也可以通过损害竞争者而增加的利润来弥补这一损失（Farrell and Saloner，1986a；Matutes and Regibeau，1988；Whinston，1990）。案例 11.5 就是一个例子。附录 11A 提供了有关网络产业（如铁路、计算机）中战略性地使用互补产品的详细分析。即使产品是独立的，配售也会减少对手有效生产所需的需求（参见 Nalebuff，即将出版）。

374

---

**案例 11.5** ☞

**战略性行为和快速的技术变革：微软案例**

在一些市场中，主要产品（如 CD 机）和互补产品（如 CD 碟片）的产品设计会发生快速的变革。在这种情况下，采用战略性行为具有一定的范围经济，其中拥有主要产品市场势力的企业使用互补产品来增加其主要产品的市场势力（参见附录 11A）。最近，政府的一个反托拉斯诉讼案就瞄准了微软的这些行为。

政府宣称，在该案中，微软在其主要产品——个人计算机操作系统市场中拥有市场势力，因为微软的视窗操作系统是目前使用的主流系统。政府认为微软为了维持和增强这一市场势力，将其操作系统和其互补产品浏览器（用于连接万维网的软件）进行捆绑销售。然后政府认为，竞争对手网景公司网络浏览器的需求因此大幅度下降，网景不得不停止对其浏览器的收费。

尽管终端用户会从得到免费浏览器中获得利益，但是政府关心微软 Windows 操作系统的潜在竞争者是否会被逐出市场。网景浏览器可以在所有主流操作系统下运行，包括 Windows。尽管网景浏览器最初是用来使得用户可以阅读网页的，但是政府认为微软关心的是网景的浏览器是否会演化为另一个“程序平台”。根据政府的说法，微软掌门人担心网景会及时加上它的产品“应用程序界面”，软件开发者可以使用该界面来书写应用程序。因而如果应用程序可以在网景的操作系统上应用，那么这将会侵蚀微软在应用程序上的相对优势，这样的界面会对微软构成威胁。网景浏览器的成功有利于网景在操作系统上的竞争，这可能会导致微软在操作系统上主导地位的丧失。在辩词中，微软认为将浏览器和 Windows 操作系统整合在一起将会实现经济效率，而在分开出售产品且未将其整合为一个单独程序时将无法实现如此的效率。法院判决微软违反了反托拉斯法。

说明：卡尔顿曾为太阳微系统公司的顾问，而该公司曾在相关方面控诉过微软公司。

资料来源：Carlton（2001），Carlton and Waldman（2002），and *U. S. v. Microsoft*，253 F. 3d 34. See also Evans et al.（2000）.

---

373 **提高转换成本**：在位者可以为使用其产品的消费者设置障碍，使他

们很难在将来转为使用进入者的产品（Schmalensee，1982；Klemperer，1987，1990；Segal and Whinston，1996）。也就是说，在位者可以提高进入者吸引消费者的营销成本。例如，恰当的设计可以使得为一种计算机所编写的程序不可能用于其他计算机。尽管这种特殊设计也会使得在位者的产品吸引力下降，但是可以用来提高消费者的转换成本。因此，潜在进入者面临的需求将小于其他情况下所面临的需求，进而减少了进入的激励。

**提高工资或其他投入的价格：**使用不同于其他企业的生产技术的在位者可以通过提高市场中所有企业的投入成本，从而不成比例地提升其竞争对手的成本。例如，如果对手使用的单位产出劳动量大于在位企业，那么在位者由于提高工资所带来的成本的增加将少于进入者。尽管市场上的总利润会由于工资的提高而下降，但是使用更少劳动力的企业的市场份额会增加，因此利润也会增加。这一战略性行为利用了生产的天然不对称性，并且假设在位者可以影响市场上的工资。

在位企业可以通过支持工会的活动来提高工资（Williamson，1968）。例如，所有美国汽车制造商面临唯一的一个工会。每当工会合同到期续约时，工会就会和这些企业中的一个进行谈判（如果必要，会举行罢工），其他企业接受协商的结果。因此，单个企业就可以协商得到一个异常高的工资率。

同样，在位企业可以通过直接的市场购买来提高工资，如果在位者可以购买市场中足够多的劳动力，使得市场上的工资上升，那么它就具有买方垄断势力。如果其他企业是更为劳动密集的，那么在位者可以战略性地使用市场势力来使得其他企业增加的成本高于自身增加的成本。

为了解释在位企业如何在即便是自己的成本也上升的情况下，通过提高对手的成本来增加自己的利润，我们考虑在位者的单位产出所使用的劳动少于竞争对手的情况。假设在位者在达到产量 $\hat{q}_i$ 之前具有不变边际成本 $m$，达到该产量后的边际成本为无穷大，如图 11.5 所示。存在多个竞争对手，竞争性边缘企业都具有相同的不变边际成本 $m_1$，如图所示。

在没有战略性行为的情况下，市场的均衡价格为 $m_1$，在位者的最优
产量为其生产能力 $\hat{q}_i$，获得的利润等于（$m_1-m$）$\hat{q}_i$。现在假设在位者
374 可以提高市场上的工资率。由于在位者的技术不同于其他企业的技术，
工资上升对 $m_1$ 的影响不同于对在位者边际成本的影响。考虑一个极端
的例子，即在位者的边际成本不变，对手的边际成本从 $m_1$ 增加到 $m_2$。
375 均衡价格从 $m_1$ 增加到 $m_2$，在位者的最优产出水平不变，仍为 $\hat{q}_i$，利润
增加到（$m_2-m$）$\hat{q}_i$，如图 11.5 所示。通过战略性行为和将竞争性边缘
企业的价格从 $m_1$ 增加到 $m_2$，在位者可以提高利润。而且，即使工资增
加了在位者的成本，只要在位者成本的增加小于图 11.5 中收益的增加，

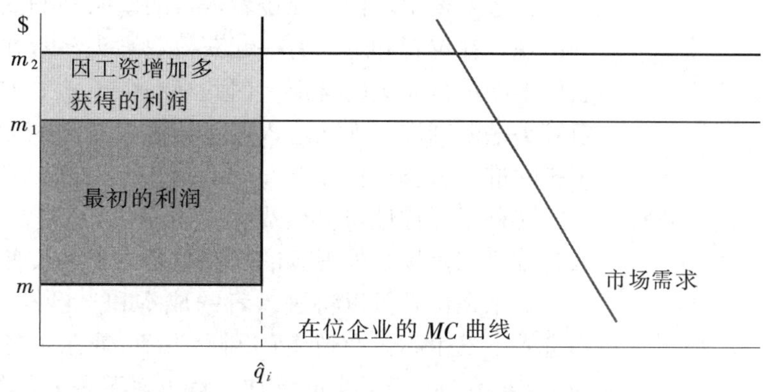


**图 11.5　提高对手的成本**

那么对在位者来说也是有利可图的。

另一种提高对手成本的方法是增加产品分销的成本。如果在位者可以控制大部分分销商（比如批发商或者零售商），那么就可以提高对手的成本（Ordover, Saloner and Salop, 1990; Salop and Riordan, 1995）。

**提高所有企业的成本**。在位者提高所有企业的成本也可能从中得到收益。在位者和潜在进入者之间通常会存在天然的不对称，因为在位者已经付出了资金（也就是沉没成本），这使得在位者不太可能退出市场[28]。通过先于其他企业付出这些开支，在位者可以比其他人更早地承诺它将在市场中运营，并从该承诺中得到战略优势。这一战略优势为在位者提供了花费更多支出以将进入者逐出市场的激励，这笔支出超过新进入者为进入该行业的支付意愿（Salop, 1979b; Gilbert, 1989），图 11.6 表达的例子就解释了这一现象。

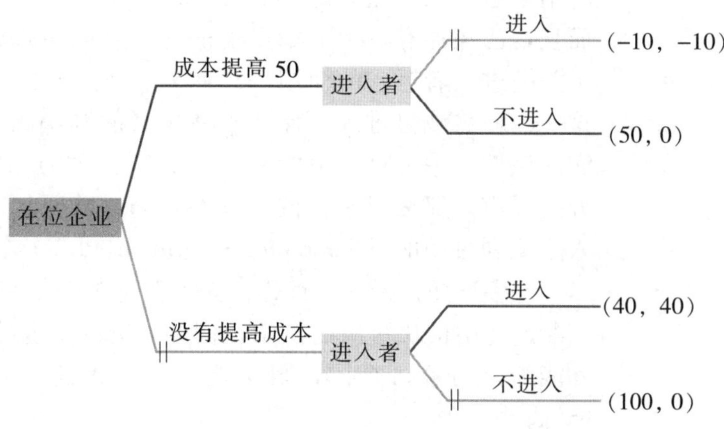


**图 11.6　提高成本博弈的扩展式表达**

说明：括号中的第一个数字表示在位企业的利润。

在进入发生之前，在位者获得的垄断利润 $\pi_m=100$ 美元。随着进入的出现，在位者和进入者一起获得双寡头垄断利润，$\pi_d=80$ 美元，由于它们不能进行完美的合谋，因此利润少于 $\pi_m$。如果在位者和进入者均分双寡头垄断利润，那么进入者将为进入支付 $\pi_d/2=40$ 美元，而在位者为了排除进入者将支付 $\pi_m-\pi_d/2=60$ 美元。

376 这种不对称性将自然成立。由于 $\pi_m$ 总是高于 $\pi_d$，因此垄断者将进入者排除在市场之外得到的收益总是高于进入者进入后的情形。

如果在位者可以将进入者的成本和自己的成本提高 50 美元，那么当进入不发生时，在位者的利润为 50 美元，当进入发生时，它的损失为 10 美元。随着成本的增加，竞争对手进入将损失 10 美元，因此对手不会进入。由于在位者获得的 50 美元利润超过在位者不采取战略行为时所得到的 40 美元，因此在位者具有将对手和自己的成本提高 50 美元的激励。

在位者提高成本的方法之一是支持政府可能提高自己和对手 50 美元成本的立法，如有关环境控制的立法。这 50 美元也可以用于做广告。假设广告不会改变总消费，但是会影响市场内企业的相对市场份额。如果人们购买竞争对手的产品，那么竞争对手的广告支出势必和在位者的广告支出相当。考虑到该例子中的给定不对称性假设，在位者可以首先承诺广告支出。正如本例所显示的，在位者从提高自己和对手成本的战略性行为中获得了收益。

在位者和竞争对手之间天然不对称性的另一个含义是：与进入者相比，在位者愿意出高价用以购买某种进入所需的稀缺资源（参见案例 11.6）。例如，假设对某一产品市场的进入者来说只存在一个分销渠道用以分销其产品。回到我们前面那个数值化的例子，为了获得该分销渠道，在位企业愿意出价 60 美元，进入者仅愿意出价 40 美元。而且，已经拥有一个分销渠道的在位者购买额外分销渠道的目的是为
377 了关闭进入者对它的使用——事实上，它本身可能并不会使用该渠道。这一战略将威慑进入，保证了在位者的利润高于存在进入情况下的利润。该例子中分销渠道的稀缺是非常关键的。如果可以很容易地获得分销渠道，那么对于在位者来说，通过购买所有的分销渠道来阻止进入是无利可图的（Salop and Scheffman，1987）。

许多反托拉斯诉讼宣称：为了阻止对手使用稀缺资源，在位企业会买断产业中稀缺资源的供给。例如，美国铝业公司（铝生产的垄断者）和能源公司签订合同，阻止能源公司为任何其他的铝生产公司提供能源。[29]

类似地，企业会战略性地获得休眠专利即公司获得某项专利后，就让它“睡大觉”（Gilbert，1981）。如此一来，企业可以阻止对手获得并使用这些发明。

**案例 11.6** ☞

**阻止进入的价值**

17 世纪的时候，荷兰人疯狂迷恋郁金香。在经过大量试验后，一个荷兰鞋匠成功地培育了最受追捧的品种：一种黑色郁金香。他将该品种以 1 500 荷兰盾的价格出售给来自哈勒姆的种植商。但购买者很快将其尘封了。该种植者已经生产了自己的黑色郁金香，购买鞋匠的品种只是希望能阻止竞争。

为什么哈勒姆的种植商非要购买鞋匠的品种呢？这是因为垄断利润超过了双寡头垄断利润，因此该植物对垄断者的价值更大。如果可以培育许多类似的郁金香球根，那么这一阻止进入的策略就将是不可行的。

资料来源：Don Paarlberg，“Economic Pathology：Six Cases.” *Choices*，1994：17 - 21.

**进入者的优势**。尽管在位者通常在其战略中运用自身的天然优势，但有时进入者也具有优势。例如，当一个在多地区销售或者拥有多产品的大型企业仅在一处或一个产品上面临新的竞争时，它可能不希望为此四处降价。如果大企业降价的损失大于小企业，那么大企业宁愿让小企业先起步，也不愿意参与价格战。这样，进入产业并维持较小规模的企业可以参与竞争而不必担心报复。

如果一个大企业在许多地方都开设商店，并收取相同的价格（或许是由于全国性广告的规模经济），如果另一家企业仅进入了其中的一个地区，那么大企业可能会宁可放弃该地区而非四处降价。当然，如果大企业相信小企业（或者其他进入者）会继续扩张，那么大企业会选择猛烈的反击。

如果大企业决定进攻，替代降低统一价格的一个方法是引入新品牌，有时被称为**进攻品牌**（fighting brand），该品牌产品的价格较低，而且只会投放在（小规模）竞争者能获得成功的区域。这样，大企业可以参与竞争而且不用向所有消费者降价。参见案例 11.2。

类似地，生产多个替代产品的企业认为一种产品的价格竞争是高成本的，因为这样的竞争同样会影响其他产品的收益。相反，如果一种产品的损失可以被其他产品的收入所抵消，那么生产互补产品的企业就不会认为单产品价格战的成本高昂。如果竞争对手生产数种替代产品，规模相对较大，并且相信进入企业只希望争取一小块的细分市场，那么采用进攻型定价战略的进入企业就不必太担心竞争性的反击（Bulow et al.，1985a；Fudenkerg and Tirole，1984）。[30]

## 福利的含义和法庭的作用

378 人们很难确定战略行为究竟是提高了还是降低了福利，而且很难区别战略行为和竞争的情况。

一些战略行为会减少竞争，并伤害消费者。例如，从长期来看，导致产生市场势力的成功的掠夺性定价对社会毫无益处。

但是其他类型的战略性行为可以产生社会合意的结果。例如，即使研发投资是一种战略行为，消费者也可以最终从较低的价格中获益。即便当战略行为导致了垄断时，消费者仍会受益。事实上，由于垄断利润的激励刺激了企业开发新知识，因此企业可以设计专利来创造垄断（参见第 16 章）。这些案例表明战略行为的福利意义需要依据实际情况来考虑。在某些环境下，战略性行为可能并不是社会合意的；而在另一些环境下，它便可能是社会合意的。

在实践中，很难区分战略性行为和合意的竞争行为。例如，通过降低价格节约成本、投资于降低成本的研发、收集市场营销信息和安排产品分销渠道等都是有利于竞争的特征，人们难以将这些行为与战略性行为区分开来。

如果美国反托拉斯法（第 19 章）认为企业正在采取弱化竞争的行为，它便授权政府进行干预。反托拉斯法同时赋予受到这种行为侵害的原告提起诉讼的权利。摆在政府执法机构和法院面前的一道难题是：很
379 难区分有益的竞争和不合意的战略行为。太少的干预会导致不良行为和垄断势力，而过于激进的干预可能会阻止企业采取合意形式的竞争，因为企业担心合意的竞争行为会被误解。例如，如果试图降低价格的竞争会引发掠夺性定价的诉讼，那么纯粹为了竞争而降低价格的企业就要承担遭受掠夺性定价起诉的风险。因此，很难定义在处理战略性行为中执法机构和法院的合理角色。

在设计恰当的干预政策时，人们必须考虑犯错误的成本。成功的战略性行为依赖于实施战略性行为的企业和目标企业之间的不对称性。如果新企业最终模仿在位企业（例如采用在位企业的技术以消除劳动使用中的不对称），那么战略行为注定会失败。在这种情况下，即使法院不能阻止这样的行为，战略行为所带来的暂时性市场势力最终也会由于新企业学会了如何模仿在位企业而逐渐消除。（当然，这种市场势力阻止新企业进入的时间越长，它所导致的损失就越大。）相反，如果法庭错将某种合理性行为宣判为战略性行为，那么在未来的行动中将无法消除这一损害。

## 合作型战略性行为

合作型战略性行为包括竞争企业出于自身利益所采取的将寡头垄断价格提高到接近垄断水平一类的行动。合作型战略性行为的理论基于卡

特尔理论（第 5 章和第 6 章），该理论认为寡头垄断利润取决于卡特尔的每一个成员使其他成员相信它不会尝试窃取他人的顾客的能力。[31] 企业间愈发相互信任彼此不会窃取对方的顾客，那么对它们而言，就越容易收取一个高于竞争性水平的价格。

在第 5 章中，我们考察了便利于合谋的几种方法（同时参见 Salop，1986）。这里，我们考虑几种其他的方法，以及反托拉斯法对它们的处置。

## 便利合谋的方法

寡头垄断者使用各种合作战略性行为来提高价格（例如，通过便利合谋）。第 5 章讨论了合约中的最惠国待遇和相遇—竞争条款、信息共享、市场划分和其他方法。接下来我们讨论一些其他的重要方法。

**统一定价**。如果一个企业向所有消费者收取一样的价格，那么企业很难通过略微降低价格的方式来窃取竞争对手的顾客。原因在于假设企业小
380 幅度降价，那么必须向全体现有消费者提供这一价格（这一方法可以通过使用合约中的最惠国条款来施行；Edlin，1997）。统一定价降低了企业从窃取竞争对手顾客中所得到的收益。而且，如果企业的所有消费者都支付统一价格，那么对手很容易了解到企业何时降低了价格。

随之而来的问题是：是什么促使企业向所有消费者收取统一价格。答案之一是政府立法。《罗宾逊-帕特曼法》要求企业向所有购买同样产品的消费者收取同样的价格。[32] 企业有时会使用该法律来作为不向特定消费者提供有选择的折扣的正当理由。因此，《罗宾逊-帕特曼法》可能有利于合谋。

**价格折扣的惩罚**。在降低企业窃取另一家企业顾客的激励方面，一个更值得关注的方法是：每个企业都采取一种政策，在一定时期内不仅为企业现有顾客提供较低的价格（正如统一定价适用所有消费者），而且为过去所有的顾客提供低价。例如，如果企业和购买者签订合约，使得购买者可以得到下一年中所有的价格折扣，那么企业降低价格的激励就会减弱。它的竞争者知道由于折扣的成本会传递给过去的消费者，该企业不太可能提供价格折扣。

**预先告知价格变化**。当价格发生变化时，卡特尔很难维持价格协议（第 5 章）。在价格变化的时期，企业互不信任，因为每个企业都很有可能在不同价格下出售产品。

假设一个非卡特尔的寡头垄断市场中价格提升已几成定局，哪家企业会提高价格呢？一些产业存在天然的价格领导者，但是另一些产业中则没有。第一个提高价格的企业会处于非常不利的地位，因为它会由于相对高的价格而损失销售量。当然，如果对手随后收取更高的价格，那么所有企

业的境况会由于高价而变好。但是，如果最初提高价格的企业相对于较慢跟进的企业遭受了损失，那么就没有企业愿意成为价格领导者。

处理这一问题的方法之一是预先告知价格的上升，使得市场中的其他企业在提价生效之前决定是否提高价格。如果对手们决定不跟进，那么宣告提高价格的企业会打消提价的念头。在这种情况下，企业会发现它们不必在市场中采用不同的价格，从而消除了提高价格的激励。[33]

使用这一逻辑，在需求降低的时期，最初降价的企业相对于需要时
381 间做出削价反应的对手获得更多的收益。因此，每个企业都存在首先进行削价的激励。预先告知降价会通过保证没有企业会得到首先降价的好处而缓解这一问题。

一些产业会预先告知提价，而某些产业则已经成为司法起诉和调查的目标。例如，在 20 世纪 90 年代，美国司法部调查了主要航空公司提前通知费率变化的情况，而且宣称航空公司之间交流定价的行为导致了价格的提高。尽管消费者团体支持这样的行为，但该案最终以航空公司同意停止这一行为而结束。然而，没有证据表明终止预先告知价格变化的做法对费率存在影响（参见 Calton，Gertner，Rosenfield，1997；Borenstein，2003）。[34]同时参见案例 11.7。

382

**案例 11.7**

### 联邦贸易委员会对四家生产商的指控

1979 年，联邦贸易委员会（FTC）对四家含铅汽油添加剂生产商（du Pont，Ethyl，Nalco 和 PPG）提起了反托拉斯诉讼（E. I. du Pont de Nemours Co. v. FTC，729 F. 2d 128（2d Cir.，1984））。FTC 认为这四家企业的某些商业行为便利于产业中的合谋。FTC 所指控的行为包括采用提前 30 天告知购买者价格上升（而不是价格下降）的机制、最惠国条款、所有价格变化的公开宣布。尽管证据表明该产业并不是完全竞争性的，但实际的问题并不是产业的竞争性，而是这些行为是否降低了产业的竞争性。

FTC 依据的主要经济学理论是产业中企业的行为消除了产业中的不确定性，提高了对手对比相互价格的能力。可以对其中某些行为的效果进行经验性检验。例如，产业中的企业已经停止了公开宣告价格变化的行为。但是在停止公开宣告行为前后，对手追随相互价格的速度似乎并没有发生什么变化。即便预先告知仅限于价格的上升而不是价格的下降，但对手追随相互价格下降的速度会和它们追随价格竞争的速度一样迅捷。

法庭记录表明：由于采用的许多行为仅发生在产业中仅有一个企业之时，因此它们采用这些行为并非意在便利合谋。因此，这些实践同样可以起到增加效率的作用。例如，购买者可以对预先告知价格上升做出价值判断，使得他们可以更好地计划。而且案件中的一些问题，如《华尔街日报》所说的阻止公开公布价格的企图，引发了许多议论。FTC 的判决不利于产业中的企业；但是第二轮上诉法庭驳回了这些指控。

说明：卡尔顿在该案例中是作为 Nalco 的专家出现的。

**信息交换**。企业之间的信息交换有利于形成卡特尔或提高效率。企业说服竞争对手它不会通过价格折扣来窃取消费者的一种方法是：宣告其新消费者的身份，以及它所提供的销售价格和数量条款。企业做出如此宣告，使得当消费者由其他供应商改投自己时，原供应商不会发起价格战，而是错误地认为是价格下降导致了消费者的转移。另一种传递信息的方法是公开发布有关企业战略的信息，使得对手不会误解企业的行为，并有可能协调企业的战略。参见 Farrell（1987）。

产业成员之间交换信息也有可能是出自合法的效率原因。当不存在集中市场时，散布价格信息可以提高市场效率（参见案例 11.8）。而且，如果企业可以将自己的成本和其他企业进行比较，那么就可以更好地监控它们自身的效率。

383

---

**案例 11.8** ☞

### 信息交换：硬木加工案件

在硬木案件（“美国木材公司等诉联邦案”，American Column and Lumber Co. et al. v. United States，257 U.S. 377（1921））中，一些木材加工厂被控违反了《谢尔曼法》。这些生产商组成了美国硬木制造商协会，它们在开放性竞争计划下收集并公开有关价格和生产的信息。产业中木材加工厂的数量很多，20 个州中有大约 9000 个木材加工厂。是否加入开放性竞争计划是自愿的，有 465 个工厂加入了该计划（占产出的 30%）。

尽管监督产出和价格便利了合谋，但是由于产业中存在大量的独立企业，合谋很难形成。即使当产业中的企业数量少到足以进行合谋时信息共享协议受到了特别的质疑，最高法院还是裁决信息交换违反了《谢尔曼法》的第一节，信息发布终止了。亚历山大（Alexander，1988）认为信息交换对市场产出并没有产生反竞争的影响，相反，信息交换更像是一种向竞争性产业发布有价值但昂贵的信息的尝试。

---

**交货定价**。交货定价系统明确了一个购买者必须支付的总交货价格（包含运费在内）是购买者到某一特定地点（基准点）距离的函数，而不是到销售者所在地的函数。通过将基准点的通行市场价格与以该基准点计算的运费之和定义为总交货价格，可以构建一个交货定价系统。例如，钢铁的销售通常将匹兹堡看成是基准点。如果俄亥俄的钢铁工厂将钢铁运送到芝加哥，那么购买者必须支付的价格等于匹兹堡的钢铁价格加上匹兹堡到芝加哥的运费。货物的运费可以用公布的标准费率单来计算。

起初看来，交货定价系统似乎很奇怪，以至于人们对此产生了疑问。事实上，许多经济学家认为交货定价只是一种用来便利合谋的古怪的机制。[35]交货定价便利合谋的原因在于，这种定价方式阻止了竞争性企业秘密将折扣伪装成较低的运费。交货定价迫使所有企业都收取同样的运费和同样的价格，因此违反了合谋价格协议的行为很容易被察觉。

382 许多经济学家断言会在竞争中出现的定价系统被称为 FOB **定价**

(FOB pricing)：购买者支付**离岸**（free-on-board，FOB）价格加上实际
383 的运费，卖者免费将货物装载到运输工具上。[36]在这样的体系下，运费会随着购买者的地点而发生变化，卖者可以通过收取较低的运费来进行削价（竞争者不能轻易地观察到）。在这样的定价体系下，不同地点的企业通常会对购买者报出不同的价格，因此很难实施价格合谋协议。

这一叙述暗含的假设是合谋企业通过观察对价格协议的违背来发现欺骗行为。企业判断是否存在欺骗的另一种方法是监督市场份额的变化：如果企业发现对手在暗中拉拢顾客，那么它们就可能在进行欺骗。当采用后一种方法来判断是否存在欺骗时，交货定价在便利合谋方面的有效性不如FOB定价。

通过使用交货定价来进行合谋的一个较大的缺陷是，这样的定价方式无法在卖者之间分配市场。例如，假设存在两个钢铁销售者，一个在芝加哥，另一个在匹兹堡。如果将匹兹堡作为发货定价的基准点，那么无论是芝加哥还是匹兹堡的企业，将钢铁销售到芝加哥附近总是有利可图的。在这样的情况下，如果匹兹堡的企业将产品出售到芝加哥，那么就无法推断是否存在欺骗。如果企业采用FOB出厂价格加上运费，那么就可以清晰地划分市场：芝加哥附近的消费者从位于芝加哥的企业购买产品，匹兹堡附近的消费者则从位于匹兹堡的企业购买产品。

图11.7说明了由于企业对大多数消费者收取不同的价格，FOB定价可以精确地对市场进行划分。正如图中所表明的，假设每个企业都同意采用FOB定价，即出厂价格加实际的运输费用。价格线表明了任意地点购买者所必须支付的价格。当企业的地点发生变化时，价格也会上升来反映运输成本的上升。所有克利夫兰西部的消费者从芝加哥购买商品，而所有克利夫兰东部的消费者则从位于匹兹堡的企业购买。

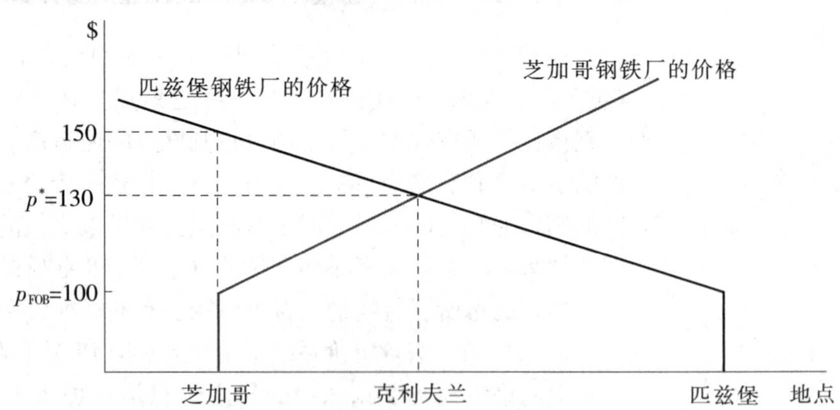


**图11.7　FOB定价瓜分市场**

如果发现位于匹兹堡的钢铁厂在芝加哥进行销售，那么就可以推断
384 它没有执行FOB定价协议。相反，在交货定价体系中，所有企业都收

取相同的价格，没有明显的市场划分。而且，在交货定价下，芝加哥的企业可以在匹兹堡进行销售，匹兹堡的企业也可以在芝加哥销售产品，因此存在大量由于产品交叉运输而引起的无效率。总而言之，企业之间的距离越远，运输成本就越重要，作为市场分配和合谋的方法，FOB定价比交货定价更好（Carlton，1983）。

交货定价和FOB定价之间存在重要的差异。在FOB定价的均衡中，所有企业向边际购买者收取同样的价格（图11.7中在克利夫兰收取的价格为130美元）。但是在克利夫兰之外的其他地区，FOB定价就会向位于匹兹堡和芝加哥的消费者收取不同的价格，而发货定价下向两者收取的价格相同。尽管发货定价和FOB定价存在差异，但有时这两种定价体系是相似的。

假设匹兹堡和芝加哥都有许多钢铁消费者，但是最初大部分钢铁企业都在匹兹堡。在竞争性均衡中，如果一吨钢铁的生产成本为100美元，芝加哥的购买者必须支付100美元加上50美元的运费，最终的价格为150美元。如果在芝加哥开了一个很小的钢铁厂，那么均衡会怎样变化呢？在任何低于150美元的价格下，芝加哥钢铁厂的生意都会非常多，以致无法满足所有需求，因为这个钢铁厂太小了。因此芝加哥钢铁厂没有理由收取150美元之下的价格！在这一竞争性均衡中，芝加哥钢铁厂制定的价格是基于匹兹堡运费的发货价格的，但是这是一个竞争性均衡。小型芝加哥钢铁厂由于地理位置的优势而获得了租金。

若无法理解某些地区（例如本例中的芝加哥）的价格接受企业会收取150美元的价格，那么人们就会错误地将竞争性FOB价格协议理解为合谋的交货定价。随着芝加哥地区的钢铁企业的增加，它们最终将不能以150美元的价格在芝加哥地区出售所有的钢铁，因此它们会开始在芝加哥以外的地区（如克利夫兰）进行销售。当发生这样的情况时，芝加
385 哥的FOB价格就不再是150美元。如果芝加哥的FOB价格为150美元，而且芝加哥的工厂在向克利夫兰消费者销售时加收运费，那么克利夫兰的价格就会超过匹兹堡的FOB价格加上运费（30美元），因此芝加哥的企业就不能在克利夫兰进行销售（参见图11.7）。因此，新的竞争性均衡就会包含芝加哥低于150美元的FOB价格。最终，芝加哥区域钢铁企业的竞争性进入会使得芝加哥的价格逼近100美元。匹兹堡附近的购买者就会从匹兹堡的钢铁企业购买产品，芝加哥附近的购买者则从芝加哥的企业购买产品。

政府对空间定价计划的监督强度会随着时间的推移而发生变化。在"FTC诉水泥协会案"（FTC v. Cement Institute，333 U.S. 683（1948））中，FTC宣称，使用具有基准点的交货定价有利于水泥生产商之间的密谋。FTC赢得了诉讼，但是随后来自产业界人士的政治压力使得国会的听证会阻止了FTC提起更多的相关诉讼。

最近，在“Boise Cascade诉FTC案”（Boise Cascade v. FTC，63 F. 2d 323 (9th Cir. 1980)）中，木材产业的定价政策受到了抨击。所有胶合板通常都来源于大西洋西北岸。20世纪60年代早期，一些胶合板来自南方。最初，只有小部分来源于北方，但是最终该比例变得很大。南部胶合板的价格总是等于木材的价格加上运费，运费则是基于大西洋西北岸的。南部胶合板最初会这样的报价原因遵循了钢铁案中的逻辑（见图11.7），但是很难解释为何南部胶合板产业在成长起来后仍继续采用这样的政策。

实施这一政策的木材企业宣称，这样的政策只是用来比较南部和大西洋西北岸的价格的工具。它们同时宣称，南部FOB价格不同于大西洋西北岸的FOB价格。这就意味着每个FOB价格都是由供给和需求确定的，最终的价格均衡是我们在钢铁案中所预测的竞争性FOB定价均衡。例如，假设对纽约的购买者来说，南部胶合板的真实竞争性价格为200美元，这一价格由两部分组成：100美元的真实运费加上100美元的真实FOB价格。如果大西洋西北岸的运费为150美元，那么南部胶合板的报价为50美元的FOB价格加上150美元的运费，总价格为200美元。法院认为定价机制并没有构成非法的合谋行为。吉利根（Gilligan，1992）表明，随后用FOB定价来替代特定的价格机制的行为导致南部的价格下降，而大西洋西北岸的价格没有下降。

总之，空间定价方法可以影响合谋的能力。尽管采用交货定价可以便利合谋，但是事情也并不总是这样。在一些情况下，相对于FOB定价，交货定价会带来更多的竞争。而且，交货定价比FOB定价更有效率（减少了交易成本），因此更有可能出现在竞争性产业中。

**互惠和交换**。位于芝加哥的企业C在波士顿有一个客户，位于波士顿的企业B在芝加哥有一个客户。为了最小化运输和服务成本，企业C
386 将芝加哥的一单位产出与企业B在波士顿的一单位产出进行互换。尽管这样的协议看起来很奇怪，但这样的行为在产品（比如化工、汽油和纸）同质性相对较高而且运输成本较高的产业中十分常见。互换并不等于两个独立的买卖交易。事实上，互换中通常并不涉及价格，最终消费者仅和一个企业进行交易。

在反托拉斯案中，互换常常被抨击为便利了合谋。这样的理论认为，互换是用来瓜分市场的一种机制，使得竞争对手可以进行交流，进而阻止了竞争的发生，而且仍允许企业服务于距离较远的客户。由于新进入者可以用来互换的地点很少，因此互换同时可以被用来阻止小的新进者为远距离客户提供服务。

尽管这样的解释在理论上是可能的，但互换的存在还有一些其他解释。互换可以作为一种机制来保证一些产业中的及时送货，在这些产业中，供给的可得性是关键因素。企业C有理由确信它可以用波士顿的企业B来保证波士顿客户的供给，因为企业C知道企业B同时也依赖于自己来服务芝加哥的客户。如果企业B不能向企业C在波士顿的客户及时提供产品，那么企业C将不会为企业B在芝加哥的客户提供产品。通常，企业会密切监督它的互换企业来保证企业C和企业B是“平衡的”，在长期中不会“亏欠”对方的产品。

## 合作型战略性行为和法庭的作用

相对于其他类型的战略行为，企业都选择类似的合作型战略性行为（正如其所做）似乎可以非常容易识别并且易于受到处罚，毕竟，任何趋向于减少竞争的协议或行为都可能对社会造成损害。问题在于许多措施并不是用来限制竞争的，而是出于效率的考虑（参见案例11.7）。

例如，即便预先告知价格便于合谋，但它同样也有利于消费者。对通过协议限制竞争的行为进行处罚的政策似乎是正确的；而反对便利合谋的商业行为的政策，不管是如何选择的（例如为购买者所坚持），都有可能过于宽泛，而且可能会使企业陷入政策选择受到反托拉斯审查约束的窘境。这一结果可能会阻止企业采用对消费者有利的有效率行为。

# 小　结

企业试图利用战略性行为来影响其进行竞争的市场环境。该环境包括对手和消费者的信念、企业的技术和成本，以及消费者的知识。为了成功实行非合作型战略性行为，该战略对其对手来说必须是可信的。企业之间的不对称性是成功的战略行为的关键要素。

对追随企业来说，掠夺性定价是高成本的。很少有关于价格低于某些成本指标的掠夺性定价的成功记录。其他非合作型战略行为，如将价格降低到（但不会低于）成本水平、战略性研发和提高对手的成本，可能会更加有利可图，而且可以预计这些战略比掠夺性定价使用得更为频繁。

387 合作型战略性行为要求企业采用相似的行动，是第5章和第6章有关寡头垄断理论的直接应用。企业用来减少相互不确定性的任何行为都可能利于合谋。

对待战略性行为的合适的法律态度非常复杂。一些战略行为有利于消费者，例如刺激投资，而其他类型的战略性行为会对消费者造成损害。即便是成功的战略性行为也只能维持进入发生前的市场势力。因此，战略性行为只有在难以进入的产业中才可能是有害的。

无论是经济学家还是法院都很难将有利的战略性行为和不良的战略性行为区分开来。因此，在应用反托拉斯法处理明显的战略性行为时要格外小心。社会面临着在过少的规范（将会导致市场势力）和过多的规范（会阻碍健康的竞争）之间的权衡。

## 问　题

1. 在一些产业中，企业会参与互换。例如，一个工厂在加利福尼亚而客户在纽约的造纸企业会和一个工厂在纽约而客户在加利福尼亚的造纸企业互换一吨的纸产品。通常，消费者会得到遍布全国的多个工厂的供货。请提供有关互换的一个有效解释，并提供一个反竞争的解释。（**提示**：考虑为什么对企业而言，多工厂供货的消费者的存在会使得对一个卡特尔的监督更容易。）

2. 给出前面所讨论的掠夺性博弈的扩展表达形式，其中潜在进入者并不能确定在位者的边际成本。（**提示**：参见第 6 章有关不确定性的例子。）

3. 如果企业有负债，则必须给债权人支付利息。假设如果企业破产，那么管理者的记录上就会有污点。讨论市场中所有企业使用的高负债权益比是否会成为便利合谋的行为。考虑如果企业在不同年份负债，以及每年的利率发生变化所产生的后果。

4. 使用价格掠夺模型解释为什么迫使对手破产本身并不能使得掠夺性定价者收取垄断价格。（**提示**：破产企业的资产会发生什么变化？）

5. 假设案例 11.1 中的日本企业打算进行为期 20 年的掠夺性定价，希望第 21 年和以后时期它们可以收取垄断价格。假设前 20 年每年的损失为 100 万美元，令 $\pi_{\mathrm{m}}$ 为以后每年的垄断利润流。如果利率为 10%，为了使得掠夺性定价有利可图，计算 $\pi_{\mathrm{m}}$ 应该为多大。（**提示**：20 年中每年损失的现值为 $\frac{1}{r}\left[1-\left(\frac{1}{1+r}\right)^{20}\right]$，第 21 年开始年利润 $\pi_m$ 的现值为 $\frac{\pi_{\mathrm{m}}}{r}\left(\frac{1}{1+r}\right)^{20}$，其中 $r$ 为利率。）

奇数问题的答案在本书最后部分给出。

## 推荐阅读

388 Gilbert（1989），Ordover and Saloner（1989），Tirole（1988），Wilson（1992）提供了关于战略性行为现代理论的很好的综述回顾。Farrell and Klemperer（2003）回顾了转换成本和网络效应的文献。

## 附录 11A 战略性使用配售和产品兼容性以创造或维持市场势力及其在网络产业中的应用

389 在该附录中，我们将研究使用配售和产品差异来创造或维持市场势力的战略动机。（在第 10 章中，我们研究了作为一种价格歧视方法的配售。）我们将战略性概念用于网络产业。

### 配售

在某种情况下，将产品 B 搭配给产品 A 销售会影响产品 A 的垄断生产商在产品 A 或 B 市场中的市场势力。通过将产品 B 与产品 A 配售，产品 A 的垄断生产商可以减少生产产品 B 的竞争对手可以得到的市场份额。如果 B 不是在一个不变回报的竞争性环境下生产的，那么配售可以影响产品 B 的市场结构（Whinston，1990），并且使得垄断生产者获利。当 B 的生产规模报酬不变时，这样的搭配在某种情况下并不会使得垄断生产商获利（参见第 10 章）。

例如，假设本地居民和一家旅馆共处一个岛屿。[37] 当地居民经常光顾两个当地的网球俱乐部，每个俱乐部同样为旅馆的部分顾客提供服务。如果旅馆建造了一个健康俱乐部，并且将旅客和该俱乐部绑定（例如允许其免费使用运动设施），这样的行为可能会夺走当地俱乐部得以维持下去的必要客源，导致旅馆成为岛上网球俱乐部的垄断者。这一结果主要取决于网球俱乐部的服务提供中存在的规模效应。对产品 B 的这一“竞争前向关闭”已经成为传统的反托拉斯法关注的配售。纳勒巴夫（Nalebuff，即将出版）表明产品 A 的垄断者会将它的产品和另一个独立产品 B 配售，从而阻止对手获得进入产品 B 市场的有效规模。

配售同样会对市场 A 中的竞争产生影响，使得产品 A 的垄断者保有

其市场势力，甚至将市场势力延伸到新产品市场（Carlton and Waldman，
390 2002)。例如，假设只有当 A 和 B 同时消耗时，消费者才会愿意消费产品 A 和 B，同时，一个企业是产品 A 的垄断生产者，而将产品 B 作为互补产品。通过将 B 搭配给 A 一起销售，产品 A 的垄断生产商就垄断了产品 B。到目前为止，有关情形和以前一样。但是，现在想象另一个企业希望进入市场，并且在产品 A 市场进行竞争。即使该企业是一个特别有效的进入者，进入仍然会受阻，因为最初该企业不能供给产品 B。

通过使用搭配控制进入者生产 A 所必需的关键互补产品（或提高其成本），最初的垄断者可以维持对产品 A 的垄断。事实上，控制产品 B 的企业可以阻止任何需要产品 B 的新市场 A* 中的进入，这样可以将对 A 的原始垄断扩展到对产品 A* 的垄断。这一情形在技术变化很快的市场中更容易出现，因为技术变化很快，产品 B 的市场规模在一个扩展的阶段中并不会很大，其中沉没成本（如研发成本）相对于产品 B 市场的规模来说相对较大，而且进入市场 B 需要很长的时间（如果没有这些条件，不少企业将进入市场 B）。

这一战略性行为的一个可能的例子来自计算机产业。假设一个企业是个人电脑操作系统的唯一生产者，因此所有的软件都必须能在（而且只能在）该操作系统中运行。新发明的设备——掌上计算机虽然可以使用多种不同的操作系统。但是，由于可以得到的软件只能在垄断者的操作系统中运行，垄断者具有向新设备销售操作系统的优势，因此可以成为新设备操纵系统的垄断供应商。

## 产品兼容性

许多系统包含一起工作的互补产品 A 和 B，如音响设备和耳机，计算机和键盘，照相机和胶卷。计算机制造商应该生产和竞争对手计算机相兼容的键盘吗？

为了解释兼容的作用，我们考虑两种情形。最初，两个企业都生产产品 A 和 B。第一个企业的单位成本为生产 A 需要 1 美元，生产 B 需要 2 美元；而对第二个企业来说，生产 A 需要 2 美元，生产 B 需要 1 美元。在每种产品都为伯川德竞争的情况下，A 的价格为 2 美元，B 的价格为 2 美元，因此整个系统的价格为 4 美元。

相反，假设每个企业生产和竞争对手的产品 A 不兼容的产品 B。现在消费者只愿意从一个企业处一道购买产品 A 和 B。伯川德情况下两种产品的系统价格为 3 美元。

这一数字化示例表明了一个有点违反直觉的原理：产品的不兼容性会导致更激烈的竞争。当产品兼容时，一个元件价格的下降会刺激该元

件的需求，但是不会刺激同一企业生产的互补产品的需求（因为一些消
391 费者使用其他企业生产的互补元件）。相反，如果企业生产和其他企业不兼容的产品，那么企业降低一个元件的价格自然会增加对互补元件的需求。因此，削价的收益在产品不兼容的情况下会更大，因而存在的竞争也会更激烈，并且价格会下降。因此，企业为了避免竞争会选择生产兼容的产品。[38]

如果竞争对手生产的不同元件存在特性的差异，那么配套的能力会导致产品产生更大的差异，而这一更大的差异又刺激了需求，使得一些消费者受益。而且，在兼容的情况下，效率更高的企业会生产该元件。马图特斯和雷吉布（Matutes and Regikeau，1988，1992）的研究表明当忽略获得兼容性的成本时，完全兼容将最大化社会福利。

## 网络

在过去的十年中，被称为“网络产业”的行业受到了越来越多的关注。大致说来，这些产业是网络中一方的行为会影响另一方的产业。一个例子是电话网络，其中消费者价值依赖于连接到网络的消费者数量。虽然文献通常会强调网络产业中竞争的失效，但遗憾的是人们并不总能精确地追踪具有网络特性的竞争失效的轨迹。在本部分中，我们首先定义网络效应，而后讨论网络中配售和产品设计的战略性使用。

一个物理网络包括连接节点的通道，铁路网络（铁轨连接车站）、电话网络（电线连接电话）和电网（电线连接发电厂和用户）就是很好的例子。在这样的网络运营中，各种不同的网络部件相互作用。例如，一条线路上的输电成本依赖于另一条线路上的用电负荷。从 $A$ 点到 $B$ 点的铁路运输成本依赖于 $A$ 点和 $B$ 点之间的其他运输方式的运输量，以及该运输能否轻易地转换为另一种方式进行。

在这样的网络中，库普曼斯和贝克曼（Koopmans and Beckman，1957）表明，如果一些分散企业各自拥有网络的不同部分，那么单独使用价格策略并不一定会导致连接这些分散企业的网络实现最优使用。如果网络属于一个单独的企业，那么该企业会内部化这些网络的相互作用，并存在有效地运营网络的激励。因此，单个企业存在运营网络的激励。这里产生的问题和科斯的有关思想相一致，即只有在能比市场更有效地生产和配置产品时企业才会存在（第 12 章）。通过利用其相对于分散价格系统更有利的配置能力，控制网络的企业可以试图协调一个网络中的独立部分，从而实现范围经济（Carlton and Klamer，1983）。最近航空、铁路和电信产业融入更大的全国性网络的趋势正是这一力量的生动体现。

392 即使可以从全国性网络中获得效率收益，但效率的相互抵消问题也会因垄断而生。网络产业是否为自然垄断取决于随着网络的扩大而带来的成本变化。正如可以存在许多竞争性多产品企业一样，也可以存在许多竞争性的全国性网络。[39]

对于任何一个企业来说，获得某些网络的所有权是不可能的。没有企业可以拥有芝加哥的部分公路，而后对街道上的汽车进行配置。而且，在有些环境中，网络是无形的，同时不存在被网络排斥在外的情况。例如，想象有三个人：A，B和C。A和B希望在一起说话，B和C希望在一起说话，三者就形成了一个“网络”。如果A，B和C都会英语，那么会比只有A和B会英语，而B和C会法语的情况更有效率。但是没有人或企业拥有设定语言标准的“权力”。（当然，国家常常会试图影响语言的选择。）当标准被自动采用，而且没有人可以对标准的使用行使所有权时，我们所熟悉的由未定价资源所导致的经济无效率问题就会产生。

## 相互作用类型取决于规模的网络

最近的文献关注于相互作用类型取决于规模的两种网络效应。在“直接”网络效应中，网络使用者得到的收益直接取决于连接到网络上的消费者数量，如电话网络。在“间接”网络效应中，使用者的收益会间接地产生，因为网络使用者的数量影响了价格和互补产品的可得性。例如，Windows操作系统用户的增加会导致开发更多的和Windows兼容的软件。现在让我们更详细地考虑这两种效应。参见德兰诺夫和甘达尔（Dranove and Gandal，2003），萨洛纳和谢泼德（Saloner and Shepard，1995）有关网络效应的经验性测度。

**直接网络效应**。电话网络用户获得的价值随着使用电话人数的增加而增加。而且，更多用户加入该网络的决策会使得现有用户受益，因为他们可以和新用户进行通话。

有时人们认为由于新用户为老用户提供了收益，因此存在外部性和市场失灵。这并不一定正确。俱乐部理论（Buchanan，1965）提出了企业规模影响其产品质量的情况。在这种局面下，竞争性企业具有恰当选
393 择有效规模[40]的客户基数——确定的规模——的激励。尽管存在规模收益，但是也会存在成本；因此，最优网络规模可能是有限的。企业通常会收取可变的用户费用和会员费。

如果网络的最优规模可以无限大，那么市场将具有自然垄断性。即使这样，只要规模经济不是特别显著，竞争也可以在少数网络之间发生而且存在稳定的均衡结果。事实上，对于许多电信产品来说，新的通信技术使得许多通信产品在数个电话网络之间竞争已经成为现实。

**间接网络效应**。当规模收益导致了互补产品多样性增加或者价格下降时，就产生了间接的网络效应。这样的效应通常是由于互补产品生产的规模经济，这使得在更大的市场中存在着更低的成本和更多的竞争者。随着更多的人使用特定的操作系统，便会有更多的为此设计的软件。这种类型的效应和非网络产业中所发生的效应是相同的：随着更多的人参与网球运动，网球的多样性可能会增加，同时价格可能会下降。[41]

## 网络和战略

我们现在考察配售和产品设计是如何被战略性地用于网络产业的。出于数个原因，这一分析可能会变得非常复杂。[42]

第一，由于在我们的案例中，产品兼容下的价格竞争减少且利润上升，因此新企业存在进入市场的激励，老企业存在从事研发从而生产更高质量产品的激励。换句话说，由于产品兼容而带来的对价格竞争的压制导致了一份补偿性收益，这一收益是由非价格竞争的激励增加所引起的。即使理论可以引导我们知晓这些权衡问题的出现，但这些权衡的经验测度是不确定的，这是未来研究的一个领域。在评价这些权衡时，我们需要铭记于心的关键一点是，创新的社会收益率通常超过个人收益率（第16章）。

第二，在网络产业中，竞争性网络会出现“颠覆性”结果，如果一个网络完全取代了另一网络，那么另一网络将会变得无足轻重。例如，
394 VHS（录制机）的制式占优势地位，使得它的对手Beta制式不得不退出市场。在这种情况下，阻止竞争对手占据更大市场份额的战略性行为存在巨大的竞争收益。通过使用标准设定过程来排挤对手，或者通过形成不必要的产品不兼容，如使得对手难以生产兼容产品，可以使企业拥有并维持主导地位。

第三，关于未来网络规模的预期会影响将延续到未来的对现期产品的购买意愿。生产耐用产品的企业最关键的营销宣传是使用者可以得到新的网络兼容产品，而且将来的网络会更大。如果人们相信对未来新产品的宣传，那么将对竞争者造成损害。计算机企业为了防止消费者在现期购买竞争对手的产品，会宣称明年会推出新的软件产品。有时这些宣传可能导致错误的出现：这些宣传的产品只是不存在的“水月镜花”。

企业可以通过提前和互补产品提供商签订合约，或者提前向其他人提供知识产权的许可，来让消费者确信未来产品的可得性和未来的生产规模。如果预期的规模对消费者来说非常重要，那么在这样的网络产业中，会存在具有不同的竞争者数量的多个均衡。

第四，未来网络情况的预期会受到网络增长速度和消费者在不同网络之间转换所需成本的影响。如果消费者被锁定在他们的网络中，那么网络会发现引入只吸引新消费者的新产品才是有利可图的（除非可以使用价格歧视）。这就会导致过度的产品引入，在快速增长的网络中尤其如此。相反，在稳定的环境下，一个网络在引入使已锁定消费者受益的新的可行技术时，可能会面临失败，除非企业可以控制创新，这将导致出现迟缓的技术变革。避免这一问题的一个方法是根据新老顾客分别进行定价：购买最新版本产品的新客户所付出的价格通常要高于现有消费者升级的价格。

**【注释】**

[1] 市场环境一词包含的内容比市场结构要多一些，因为后者并不包括市场参与者的信念。

[2] 合作一词并不一定意味着企业之间具有协调行为的明确协定。

[3] 虽然说易做难，但是这类断言在一个竞争者就复杂的战略和其他对手进行交流方面是有效的，而且能树立一个企业讲真话的声誉。参见 Farrell（1987）。

[4] 相反地，面临进入威胁的在位者可以和购买者签订限制某些低成本企业进入的长期合约（Aghion and Bolton，1987）。

[5] 例如，参见 Williamson（1977），Selten（1978），Ordover and Willig（1981），Easterbrook（1981），Kreps 等（1982），Kreps and Wilson（1982a），Milgrom and Roberts（1982b）。

[6] 参见 www.aw-bc.com/carlton_perloff 的“空间掠夺性定价”中有关利用区域定位来支配对手的模型。

[7] 在单阶段模型中，利润最大化的企业设定边际收益等于边际成本，因此价格大于或等于边际成本。但是如果企业想要最大化其利润，它也会在低于短期边际成本的价格下运营，正如我们在下面所要讨论的，即便没有掠夺性定价策略也会如此。

[8] 在多产品情况下，法院必须使用能测算涉及企业生产的部分产品成本的定义。例如，一种产品的价格必须不低于产品的平均增量成本即是一种标准：生产 $q$ 单位产品的总成本除以 $q$，在预期水平保持所有其他产品的产出水平不变（附录 2A）。这一标准被用于“MCI 通信公司诉 AT&T 案”（MCI Communication Corp. v. AT & T，708 F. 2d 1081（7th Circuit），cert. denied，486 U. S. 891（1983））。

[9] Easterbrook（1981）和 Posner（2001）讨论了数个检验方法。

[10] 导致市场势力显著增加的兼并在美国反托拉斯法下是非法的；这样，如果成功的掠夺需要通过兼并来实施市场势力，法律也没必要针对掠夺性定价，因为兼并政策可以用来保护消费者。

[11] 参见 Lott（1999），他认为官办企业比私人企业更可能参与掠夺性定价。

[12] 例如，参见 Spence（1977a，1979），Dixit（1979，1980），Salop（1979b），Milgrom and Roberts（1982b），Fudenberg and Tirole（1983），Bulow，Geanakoplos and Klemperer（1985b），Eaton and Ware（1987），Gilbert and Lieberman（1987），

以及 Waldman（1987）。在这些文章中，许多都强调在位者维持过剩能力的作用。LeBlanc（1992）指出一个企业可以选择使用限制性定价或掠夺性定价。较强的在位者（相对于进入者）更倾向于选择掠夺性定价；而较弱的在位者则会选择限制性定价。对处于中间情况的企业来说，可以使用两种方法的组合。对进入威慑的经验性分析参见 Geroski（1991）。有关寡头垄断下限制性定价的分析参见 Bagwell and Ramey（1991）和 Martin（1995）。

[13] 更为合理的是，企业可能会兴建大工厂，使得其生产单位产品的边际成本很低。

[14] 由于在位者可能无法维持来自先动优势的天然不对称性，如果随着时间的推移资产不断折旧，那么承诺一个未来的固定生产能力将更为困难。当存在快速的折旧时，在位者的优势会迅速受到侵蚀。随着在位者优势的消失，在位者和新进入者在预先承诺能力方面应该是等同的。

[15] 在位者使其承诺可信的另一种方法是签订合约，合约约定如果在位者不生产 $q_i$ 单位产出就会受到惩罚。但是，由于这样的合约通常无法合法执行，因此它们不能使得在位者的威胁可置信。

[16] 如果不存在进入威胁，在位者会偏好柔性的技术，因为柔性技术下的利润（3 000 美元）要高于非柔性技术下的利润（2 000 美元）。但是，正如在例子中所表明的，当存在进入时，非柔性的技术对在位者来说更好。

[17] 如果原始的战略在任何子博弈中都是纳什均衡（最优反应），那么该战略的纳什均衡是子博弈（一个在第 $t$ 个阶段开始延续到结束的新博弈）完美纳什均衡。也就是说，没有参与者会在后一阶段改变策略。

[18] 参见 www. aw-bc. com/carlton _ perloff 中“动态限制性定价”，Judd and Peterson（1986），Kamien and Schwartz（1971），De Bondt（1976），Gaskins（1971），Baron（1973），Stigler（1965），Berck and Perloff（1988，1990）。

[19] 尽管数量结论依赖于特定的寡头垄断行为，但从这一模型中得到的通用结论适用于所有标准的寡头模型。该例子的关键特征是在位者第一阶段的行为影响第二阶段的均衡。

[20] 在位者第一阶段的利润为总收益减去总成本：$\pi_i = q_i(12 - q_i) - (1 + 6q_i)$，利润最大化的一阶条件为 $12 - 2q_i - 6 = 0$，即 $q_i = 3$。因此，$p$ 为 9 美元，$\pi_i$ 为 8 美元。

[21] 在第二阶段，在位者最大化其利润 $\pi_i = q_i(12 - q_i - q_e) - (1 + 6q_i)$。因此，在位者的最优反应函数（参见第 6 章）为 $q_i = 3 - q_e/2$。进入者最大化利润 $\pi_e = q_e(12 - q_i - q_e) - (1 + 6q_e)$，因此其最优反应函数为 $q_e = 3 - q_i/2$。在由最优反应函数的交点决定的古诺均衡中（第 6 章），$q_i = q_e = 2$，$p = 8$，$\pi_i = \pi_e = 3$。

[22] 在位者选择 $q_i$ 最大化第二阶段的新利润 $\pi_i = q_i(12 - q_i - q_e) - (1 + 4q_e)$。新的最优反应函数为 $q_i = 4 - q_e/2$。进入者的最优反应函数仍为 $q_e = 3 - q_i/2$。最优反应函数的交点为 $q_i = 3\frac{1}{3}$，$q_e = 1\frac{1}{3}$。

[23] 如果在位者投资研发，第二阶段的垄断利润为 $q_i(12 - q_i) - (1 + 4q_i)$。一阶条件要求边际收益等于边际成本，使得 $q_i$ 等于 4。因此，价格为 8 美元，利润为 15 美元。

[24] 参见 Salop and Scheffman（1987），Krattenmaker and Salop（1986），Rior-

dan and Salop（1995），以及 Salop（1981）的文章。

[25] Paula Dwyer，“British Air：Not Cricket，” *Business Week*，January 25，1993：50－1；“Tactics and Dirty Tricks，” *The Economist*，January 16，1993：21－2.

[26] *London Times*，September 20，1984.

[27] Larry Reibstein，Christopher Dickey，and Douglas Waller，“Parlez-Vous Espionage?” *Newsweek*，September 23，1991：40.

[28] Ghemawat and Nalebuff（1985）讨论了当企业考虑退出一个衰退产业时的战略性问题。Lieberman（1990）给出了经验性分析。

[29] 联邦诉美国铝业公司案（United States v. Aluminum Co. of America，148 F. 2d 416（1945））。Lopatka and Godek（1992）质疑了这一诉讼。

[30] Bernheim and Whinston（1990）和 Whinston（1990）提供了多市场联系和其他方法是如何预知可能的竞争性反击的例子。如果一种产品的攻击性行为导致了攻击性的反击（如一个企业回应另一企业的削价行为），那么我们称该产品是战略互补的，如果所引起的反击与此相异（企业削减产出来回应对手的扩张），那么产品是战略替代的。参见 Bulow 等（1985a）。

[31] 明显的协议并不一定是寡头垄断者成功地将价格提高到竞争性水平之上的条件（第 5 章和第 6 章）。

[32] 如果是相互竞争消费者的企业，而且价格歧视的效果是大幅度地降低了竞争，那么可以应用《罗宾逊-帕特曼法》的相关部分进行裁决。

[33] 在预先告知价格变动的产业中，企业在价格上升之前的购买量上竞争。一些企业允许消费者在旧价格上得到额外一个月的供应。更为常见的是，不同企业不同时间会存在不同的旧价格购买量。

[34] Carlton 是航空行业的专家，Borenstein 是司法部专家。

[35] 参见 Thisse and Vives（1992），其研究了仅在某些精心设计的环境下的静态博弈中如此一个定价计划如何得以出现，而在重复博弈中定价计划如何成为一种有效的惩罚工具。

[36] 由于价格反映了竞争情况下的成本，因此经济学家预期竞争中的购买者会支付 FOB 价格和实际的运费。事实上，竞争性产业中的企业通常采用交货定价，因为交货定价方式简单而且节约了管理成本。例如，只要顾客的运费不会发生很大的变化，企业就会使用统一的交货定价。通常，只要顾客和商店的距离远近合理，家具商店的产品价格都包含了运费。一些企业制定区域价格，在企业所划定区域内的购买者支付的运费要低于更远区域内的购买者。这样看来，只要消费者之间的运费变化为 10%或是更少，那么企业通常会采用交货定价方式（Carlton，1983c）。

[37] 我们感谢 R. Gertner 提供了该例子。

[38] 产品不兼容会增加价格竞争的观点直白地表达了使用配售的动机。配售有效地增加了产品的不兼容性，从而加剧了竞争，阻止了进入（参见 Whinston，1990）。

[39] 当不同网络发生相互作用时会产生更为复杂的问题。而后，独立的网络不会被认为是独立竞争者。而且，在增加竞争对手成本的同时会发生战略性的拒绝互联互通。参见 Laffont，Rey and Tirole（1998a，1998b）。

[40] 第 17 章提出了关于该点的一个变形，其中我们讨论了当消费者的差异性影响企业成本时，企业形成最优差异性消费者组合的动机问题（Carlton，1991）。

[41] 一些人认为由于降低互补产品的价格并不是网络主要使用者所愿意的，因此这一间接效应必然导致市场失败。这种推断至少从两个理由上来看是不正确的。首先，考虑到通常对市场运作的假设，我们可以表明这一间接效应导致了对市场激励的精确纠正。其次，即使效率条件失败，对最后低效率的相关经验性证据也是存在争论的。参见 Liebowitz and Margolis (1994)。间接效应出现时导致竞争失败的观点和标准设定无效率的说法相关。

[42] 存在大量有关网络和战略行为的文献。参见 Farrell and Saloner (1985, 1986a), Economides (1988a), Katz and Shapiro (1985b, 1994),《国际产业组织杂志》(*International Journal of Industrial Organization*) 网络特刊 (1996)，特别是 Economides (1996) 的文章。有关微软案中战略问题的讨论，参见 Carlton (2001), Carlton and Waldman (2002), Evans 等 (2000) 和 Whinston (2002) 以及他们所引用的参考文献。

# 第 12 章　纵向一体化和纵向约束

395　在企业之外，价格变动引导生产，这与市场上的一系列交换交易相协调。在企业内部，这些市场交易不见了，存在交换交易的复杂市场结构由企业家协调所替代，企业家们引导生产。很明显，这些正是可供选择的协调生产的方式。

——罗纳德·科斯（Ronald Coase，1937）

参与多于一个生产或分销产品或服务的连续环节的企业被称为**纵向一体化**（vertically integrated）企业。非纵向一体化企业向其他企业购买它们生产或分销过程中所需要的投入或服务。一个非一体化企业可能会和它所交易的企业签订长期的约束性合约，不仅写明价格，而且包括其他条款或行为方式。非价格条款的合约约束被称为**纵向限制**（vertical restriction，或约束）。例如，垄断制造商通过限制销售区域、设定存货规模，以及合法地设定它们所收取的最低零售价格来限制分销商。

一些企业选择纵向一体化，自己实现所有的生产和分销行为。大多数企业是部分纵向一体化的。例如，它们生产产品，但是依赖于其他企业销售产品。一个自己烘焙面包而不是购买现成面包的饭店是部分一体化的。

一些企业并不是纵向一体化的，而是从少量供应商处采购，或者通过少量的分销商销售产品。这些企业通常会签订复杂的合约来限制和它们进行交易的企业的行为。这些纵向约束或许会近似于纵向兼并的结果。其他企业从公开市场中的许多非指定企业处购买。例如，它们会从小麦经纪人处购买小麦，而不用知道是谁种植了小麦，也不用使用任何
396 正式的长期合约。这些企业不会对它们的供给者来自何方进行限制。

一个一体化企业的例子是著名的鸡肉供应商珀杜公司（Perdue）。[1]在 20 世纪 50 年代，弗兰克·珀杜开始自己配制饲料，而不是购买市场上销售的他认为劣质的混合饲料。1961 年，他收购了一家大豆加工厂生产饲料。1968 年，他通过收购拥有了第一家珀杜加工厂，使得他的企业可以宰杀、包装和配送鸡肉，而并不依赖于肉类包装商。1969 年，珀杜开始出现在自己的电视广告中。

企业究竟采用纵向一体化、签订复杂的纵向限制合约还是依赖于市场，这是一个基本的战略决策，它会影响该企业以及其他相关企业随后的定价和促销行为。第 2 章注意到一个企业之所以选择纵向一体化是因为它这样做是成本有效的。本章将扩展这一分析，检验纵向约束。制造商和分销商的纵向约束特别有意思，而且是冗长的反托拉斯诉讼的主体。本章将探究这些约束促进竞争，但有时又反竞争的原因。

我们的分析开始于考察为什么一些企业选择纵向一体化，而同时另一些企业却没有这样做。这一分析给出了企业生命周期现象，它们在某些时期会一体化，而另一些时期则不会。我们而后考察一些企业是如何使用纵向限制来获取纵向一体化所能得到的许多优势的。最后，我们给出一些有关一种正日益重要的纵向关系——特许权经营的经验性证据，以及纵向一体化和纵向约束的动机。

我们分析四个主要问题：

1. 为什么一些企业会纵向一体化？为什么不依赖于市场（上的其他企业）来供应投入和分销产品？

2. 应该如何制定针对纵向一体化的公共政策？我们知道横向兼并有时会存在反竞争效果，纵向兼并也会存在同样的效应吗？

3. 为什么一些制造商要建立纵向约束，将它们的一部分垄断势力赋予它们的经销商？

4. 应该如何制定针对纵向约束的公共政策？这些约束一定会损害零售商和消费者吗？

## 支持和反对纵向一体化的理由

要想做好事情，就要自己动手。

他是伟大的奴隶中的一个，仅仅为自己效劳。

企业选择纵向一体化的大多数原因是为了降低成本和消除市场外部性。企业选择成本最低的方式：只有当企业自己能比其他企业以更低的成本完成必需的生产过程时，企业才会选择纵向一体化。总之，企业需要一个很好的纵向一体化的理由，因为一体化会涉及巨大的成本。在一些情况下，企业可以通过利用外部企业来为自己实现某些功能（案例 12.1），或者使用细致的合约（案例 12.2）进而避免一体化。

397

**案例 12.1**

## 外包

企业是自己完成任务还是依赖于市场取决于相对成本。一个企业可能会发现利用外部企业提供原先由自己完成的服务会节约资金。这一行为分离被称为外包。

许多产业使用外部企业来完成特定的行为，如发工资。据《2003 年管理者工资报告》中的调查发现，多于半数被调查企业的工资支付是外包的。同样在 2003 年，咨询公司 Accenture 报告，三分之二拥有至少 30 亿美元资产的美国零售商和商业银行外包了一个或多个商业功能。

外包在高科技产业中特别常见。世界上最大的计算机批发分销商 Ingram Micro 公司为销售占美国计算机三分之一的互相竞争的企业组装和分销个人电脑，这些企业包括宏碁、苹果、惠普和 IBM。到 2004 年年末，可以预计美国的高科技企业在成本较低的新兴市场中外包了十分之一的工作。从全球看，五分之一的主要企业外包程序设计项目——通常会向印度外包。其动机在于节约成本。雇用爱尔兰的程序员耗费的成本是印度训练有素的程序员的 10 倍。其他能有效竞价软件工作的国家包括加拿大、中国、墨西哥、菲律宾、俄罗斯和新加坡。

政府同样依赖于外部企业。2003 年 Accenture 报告说，亚洲、欧洲、南美洲和北美洲的 23 个政府中 90%的政府官员外包各种功能。新泽西州从亚利桑那州的一家企业购买福利管理程序，而该企业的一个服务中心在印度孟买。一个顾问委员会督促日本政府外包部分国际空间站的测试模块的管理工作来削减成本。

即使学院和大学也会采用外部企业来为其提供门卫、会计和教学等服务。事实上，本书的格言工作也曾外包，但当我们考虑到可能存在的缺陷时，最终决定不予采纳。

资料来源：Saul Hansell, "Is This the Factory of the Future?" *New York Times*, July 26, 1998, Section 3: 1, 12, 13; Jon Surmacz, "Offshore Outsourcing Still Popular Despite Political Tensions," *CIO Metrics*, July 17, 2002; "Two-Thirds of U. S. Banks Outsource One or More Functions," *Business Wire*, February 24, 2003; "Vast Majority of Government Executives Report Outsourcing 'Important' or 'Critical' Activities, Accenture Report Finds," *Financial News*, May 15, 2003; "Exclusive ONR Survey," *2003 IOMA payroll Manager's Report*, June 2003; "Cheap Labor at America's Expense,"

*Insight on the News*, June 9, 2003: 32; "Japan to Outsource Management of Space Module Kibo," *BBC Monitoring International Reports*, June 25, 2003; "One Out of 10 Jobs at US Tech Firms to Go Offshore by 2004," *Agence France Presse*, July 29, 2003.

398

**案例 12.2**

## 阻止敲竹杠

当中欧和东欧国家向市场经济转型时，曾面临一些问题。社会主义的中欧和东欧国家拥有相对较少的大型高度纵向一体化企业。向资本主义的转型导致了传统交易系统的瓦解，上游和下游企业的重组带来了严重的合约问题。

一个主要的问题是当时在这些国家中合约条款很难执行。当合约条款不能被执行（或者被充分确认）时，就会产生敲竹杠问题，通常会导致特定关系资本的投资不足。

高和斯温纳恩（Gow and Swinnen，1998）仔细考察了斯洛伐克的食糖加工产业。典型的敲竹杠问题是食品加工企业推迟向农民的支付。通过推迟支付，加工商有效地获得了无息的贷款，减少了由于高通货膨胀率带来的债务。根据 1994 年和 1995 年的调查，对已送达的产品的支付平均拖延时间为 94 天——商业农场 77 天，国家农场超过 100 天。

面临这些不利条件，一些农民离开市场，而另一些减少了对土地、设备和种子的投资。因此，加工商所能得到的甜菜糖数量减少。

当存在大量的农民时，纵向一体化是不可行的，即便外商直接投资也是如此。相反，斯洛伐克的 Juhocukor a. s. 公司采用长期合约和通过长期关系建立的信任来处理敲竹杠问题，刺激特定关系资产的投资。Juhocukor a. s. 是东部糖业 BV 公司的一家子公司，BV 公司同时在其他中欧和东欧国家运营，包括捷克共和国和匈牙利。1993 年，东部糖业 BV 公司从斯洛伐克私有化项目中购买了 Juhocukor a. s. 公司 51%的股份。随后，它持有的股份增加到 76%，并开始了一项四年发展计划来注入资本。

在接管之前，Juhocukor a. s. 公司就有拖延农民钱款的名声。为了确保得到足够的高质量甜菜并刺激农场的投资，新管理办法做出了三点改变。首先，公司根据合约及时支付高于其他企业的价格，并且会向含糖量高的甜菜支付更高的价格。其次，公司开始了一项开发计划，包括提高加工和生产过程的劳动生产率，使农民可以得到高质量的种子、肥料和收割机，并向种植者提供融资。第三，公司实行了一个面向农民和农业地区的两年期的信息和媒体宣传，解释企业提供给农民的长期合约以及合约如何有利于种植者。

简而言之，新的管理旨在使用各种方法建立信任。通过提供及时的支付和高于市场的价格，公司表明了它不会进行进一步的敲竹杠行为。新企业同样显示了它们希望与农民建立基于共同信任的长期合约和关系。通过企业对自身工厂的大额投资，企业表明了它会长期在该产业运营。同样，如果企业希望长期从农民手中购买原料，那么企业只有通过向农民提供资金、信息、较高质量的种子、肥料和收割机才能受益。最后，企业通过对不同含糖量的甜菜提供额外的报酬或是惩罚来提高甜菜质量。

开发计划的确起了作用。从 1992—1997 年，企业签订合约的土地面积增加了 91%，每公顷的产出增加了 140%，含糖量提高了 119%，总的糖生产增加了 234%。这些增长并不是对市场条件的回应，这一阶段的市场价格是稳定的，与其他企业相比，该企业的增长较大，而那些试图模仿这些做法的企业则收效有限。

纵向一体化至少存在三种可能的成本。第一，自己供给生产要素或分销自己产品的纵向一体化企业的成本可能要高于依赖竞争性市场的企业，竞争性市场可以更有效地满足这些需求。第二，随着企业逐渐变大，管理的难度和成本增加。在竞争性市场中交易的优点在于其他人会监督生产。第三，企业在兼并另一些企业时会面临大量的法律费用。例如，聘用律师在美国联邦贸易委员会或者美国司法部面前为兼并行为进行辩护。

由于这些成本，只有当收益超过成本时企业才会进行纵向一体化。一体化的六个主要优点是：[2]

399 1. **降低交易成本：**企业可以通过纵向一体化来降低交易成本。例如，可以避免向其他企业进行购买或者销售的交易成本。

2. **保证供给：**企业纵向一体化或许是为了保证关键投入的稳定供给。为了达到这一目的，企业会后向一体化，购买或新建生产该投入的能力。这样可以减少配送问题，因为通常企业内信息的交换比在企业间进行更加容易。

3. **纠正市场失灵：**企业纵向一体化或许是为了通过内部化外部性来纠正由于外部性而产生的市场失灵。例如，通过拥有或控制所有的餐
400 厅，麦当劳可以保证统一的质量，产生正面声誉（外部性）。无论消费者到哪里旅行，人们都知道可以在任何麦当劳连锁餐厅中得到某种有最低质量标准限制的服务。

4. **避免政府控制：**企业可以通过纵向一体化来规避政府限制、管制和税收。政府干预的例子包括价格控制、限制利润率的管制（参见第20章）以及收入税和利润税。

5. **获得市场势力：**企业可以通过纵向一体化更好地利用和创造市场势力。例如，唯一的关键投入品供应商可以前向一体化，通过购买制造企业来垄断最终产品市场，从而增加垄断利润。同样，试图购买唯一投入供应商的企业可以增加组合利润。通过纵向一体化，企业可以通过价格歧视、消除竞争和前向进入关闭来创造或增加垄断利润。

6. **消除市场势力：**被另一家企业垄断势力损害的企业可以通过纵向一体化来消除该势力。例如，在世纪之交，奶牛场的农民抱怨他们面临唯一的加工商，以一个较低的垄断性价格购买产出的牛奶。为了提高牛奶的价格，奶牛场的农民前向一体化形成了他们自己的加工厂。

## 为降低交易成本的一体化

企业自己进行生产而不是依赖于其他企业的关键原因是交易成本问题，如与签订和履行合约相关的费用（Williamson，1975，1985；

Alchian and Demsetz，1972；Klein，Crawford and Alchian，1978）。当这些成本很高时，企业会采取**机会主义行为**（opportunistic behavior）：当环境允许时利用他人。双方都会试图从对自己有利的方面解释合约条款，当合约条款模糊或存在误导性时尤其如此。

如果合约简单（例如，涉及特定时间芝加哥特定种类的一蒲式耳谷物的交易），机会主义行为就不太可能发生。但是，未来越难以预测、合约越复杂，就越难确定合约的条款。人们具有*有限理性*：解释和理解所有未来可能性的能力有限。在复杂的合约中，通常很难特定化所有可能的意外，合约的签订可能会包含对某一方不利的条款。

当一个企业依赖于另一个企业时，机会主义的利用更为严重。例如，为了对需求的快速增长做出回应，汽车制造商需要更多的零部件供给。如果一个关键零件只有一个供应商，那么该供应商可以提高价格，短期内汽车制造商无处寻找替代品。即使可以预见这种复杂的关系和依赖性，也很难构架出完全消除一个企业对另一个企业实行机会主义的激
401 励的合约。例如，英特尔公司设计和销售许多内置化功能控制的半导体芯片，专门用于快速和高质量地完成一项客户化定制工作。但是在产品中使用这些芯片的买者们只有这么一个来源，因为英特尔不允许其他公司生产新芯片。正如一位观察家所提出的："如果他们可以使得消费者发生转变，那么他们现在就已经被控制了。"[3]

当交易成本特别高时，企业选择自己采取行动而不是依赖于市场。纵向一体化使得企业之间的相互监督问题转化为企业对员工的监督问题。在企业内，老板可以协调不同部门的决策，以企业完全独立时不可能使用的方式来监督员工。另一方面，拥有固定工资的员工在工作时将不如分包合同企业的所有者那样努力。

随着使用市场时交易成本的增加，一体化的意愿将增加。存在四类交易，其交易成本可能非常高以至于企业进行纵向一体化是合理选择。它们包括*专用性资产*、使得监督更为困难的*不确定性*、*信息*以及*广泛的协调*。

**专用性资产**。一份**专用性资产**（specialized asset）是为一个或少数购买者量身定做的资产。为了表明为什么专用化资产会成为一体化的原因，考虑一个需要特别设计自己的设备以满足特定消费者需求的供给者。在供应商建好工厂后，当发生任何分歧时，它都会受到买者的控制。在这种情况下，我们希望能看到由于资产专用性而带来的纵向一体化，专用性资产包括特定有形资本、特定人力资本以及特定地点资本（Williamson，1985，95－96）。

*特定有形资本*包括仅用于一个或少量买者的建筑和机器。例如，假设为一个购买者生产特定的部件需要特定的金属模具（用来生产部件的模具）。如果拥有冲压机器的供应商同时拥有模具，那么存在机会主义

行为：供应商可以提高价格，购买者发现短期内转换供应商成本很高。如果购买者拥有自己的模具，同时另一些企业参与提供冲压机器的竞标，那么就不会产生机会主义行为。在这种情况下，没有必要进行完全的纵向一体化，只需要进行部分或**准纵向一体化**（quasi-vertical integration 或准一体化）来避免机会主义行为，即企业拥有特定的有形资产（如金属模具）而不是整个供应侧企业。但是如果冲压机器本身就是独特的，就不能使用该方法，而是需要纵向一体化。

购买者的所有权会减弱双方采取机会主义行为的激励。例如，依赖
402 于外部供应商定制部件的汽车制造商，通常拥有生产这些部件的特定模具。蒙蒂韦尔德和蒂斯（Monteverde and Teece，1982）发现，模具越特定化，汽车公司拥有这些模具的可能性就越大。[4]

企业可能会需要经过特殊培训的员工（特定人力资本），如工程师，来生产特定的产品。如果企业使用外部承包人而不是自己的雇员，就可能发生机会主义行为。例如，知道企业最后期限的承包人会要求得到更多的报酬。以雇用形式进行的纵向一体化可以避免这样的问题。

如果连续的生产过程必须相邻近（也就是说涉及特定地点资本），那么也可能会发生纵向一体化。原因是如果制造商不再需要将供应商的产品作为自己的投入，那么供应商必须重新选择地点进行生产，而这将花费非常高昂的成本。可以通过一体化来避免机会主义行为。本章最后的实证部分讨论了汽车和飞机制造产业以及整个制造业中特定有形资本和特定地点资本重要性的三个案例。

当企业在特定产品上严重依赖于一个供应商时，不仅会面临供应商机会主义行为的风险，而且会面临竞争对手试图对供应商供给进行的战略性干预。例如，1990 年，磁盘驱动器制造商考纳公司（Conner Peripherals）起诉拥有磁盘驱动器半数市场的竞争对手希捷（Seagate technology）公司，控告其干预了考纳公司一个关键部件的供应。考纳公司从 Imprimis 技术公司购买薄型影像磁头，该公司是三大薄型影像磁头企业中的主导供应商。根据考纳公司的指控，希捷公司在收购了 Imprimis 公司后切断了对考纳公司的供应。[5]

**不确定性**。我们考虑一个有关不确定性的例子，不确定性是纵向一体化有关交易成本的第二个原因，假设购买者不能确定耐用机器能用多久，预测质量（寿命）的最好方法是观察机器建造的方法。如果外部企业不能对建造的质量控制进行监督，那么当质量非常关键时，企业可能会进行纵向一体化。

**涉及信息的交易**。纵向一体化有关交易成本的第三个原因是涉及信息的交易。很难构建一个合约能给供应企业以合理的激励以获取信息。例如，如果一个企业支付给另一个企业一笔固定费用来获得新开发市场
403 的信息，受雇用的企业将缺乏努力工作以发现所有的信息的激励，购买

者也没办法确定供应商是否很好地完成了工作。同时还会产生有关支付的分歧，这也是一个很难解决的问题。这些问题都可以通过纵向一体化来避免。

**广泛的协调**。纵向一体化有关交易成本的第四个原因是它有利于进行广泛的协调，如拥有网络的航空和铁路产业。铁路在很大程度上依赖于全路网的反馈型交通控制。尽管在网络的每个节点开发基于反馈型交通的价格系统是可能的，但是该系统会非常复杂。因此，铁路企业就存在通过兼并来处理这些协调问题的激励（Carlton and Klamer，1983）。

单独的技术条件本身并不能解释一个企业的纵向一体化。例如，一个常见的纵向一体化例子是自己生产生铁的钢铁厂。熔化后的生铁可以直接进入炼钢炉。尽管使得生铁先冷却而后运往炼钢厂重新加热是没有效率的，但一家企业也没有必要同时生产生铁和钢：两家企业可以紧挨着。但是由于生铁的生产和钢的生产相关性很大，因此如果涉及两个分开的企业就会产生潜在的机会主义行为。因此，当生产过程的不同阶段紧密相关时，通常会发生纵向一体化（参见 www.aw-bc.com/carlton_perloff 的“生物技术企业”。）

## 为保证供给的一体化

纵向一体化的一个常见原因是为了保证重要投入的供给。一项产品的及时供应相当关键，而标准的市场行为模型忽略了这一问题。在价格并非唯一产品配置工具的市场中，保证供给是非常重要的（参见第 17 章）。在许多常见的情况下都会出现非价格配置。例如面包店的面包经常在一天营业快结束时脱销，而它并不会提高价格。相应地，晚来的消费者就买不到面包。类似地，杂货店的商品经常会脱销，但它们也不会提高价格。在许多卖方市场的产业中，与卖方关系好的消费者通常可以在“急迫”期得到产品，而其他消费者则必须等待。配置产品的是营销部门而不是消费者在对短期价格波动做出的回应。定制式生产会在许多产业中发生，包括纸张、化学品和金属产品。丰田公司和戴尔计算机公司强调使用准时制生产方式投放零部件以最小化库存成本，同时保证及时供应。

当生产采用零部件定制方式进行时，为了提高获得产品的可能性，就会存在纵向一体化的激励。企业有动机自己提供供给来满足可预测的需求水平，而依赖于其他供给企业来满足不太稳定的需求。外部供应商通过提高价格来对此风险性环境做出反应。这一使得外部企业承受需求风险的安排可能并不是能够可靠地提供产品的最有效率的体系，但是这可以为企业纵向一体化提供一个很强的激励（Carlton，1979b）。

## 为消除外部性的一体化

404 企业会通过一体化来内部化外部性。如果所有 Radio Shack 商店都出售同样的产品、维持一定的服务水准、提供产品使用的建议，那么从一个城市到另一城市的经常性消费者就会知道在刚到达城市的 Radio Shack 商店里能得到些什么，也就是说有一个正的信誉外部性。喜欢一个商店的消费者知道同一品牌的商店都是类似的。因此，连锁店最关心的莫过于维持统一的高标准。一家糟糕的商店可能会损害所有分销商的业务，降低为这些分销商提供产品的 Tandy 公司的利润。这样，Tandy 公司就拥有前向一体化进行分销（拥有 Radio Shack 商店）来控制这种外部性的激励。

## 为避免政府干预的一体化

*唯一能从官僚主义中拯救我们的就是它的无效率。*
*——尤金·麦卡锡（Eugene McCarthy，前美国参议员和总统候选人）*

企业会纵向一体化来规避或避免政府的价格控制、税收和管制。一个纵向一体化的企业可以通过内部销售来避免价格控制。例如，第二次世界大战后，联邦政府会在某些情况下控制钢铁价格：政府会设定钢铁的最高价格。在约束价格的控制下，一个需要钢铁的企业无法在价格控制下采购到所需的全部钢铁，因为在价格控制下生产商选择了配额生产，而不是满足所有的需求。生产过程中急需更多钢铁的企业会发现购买向它供应钢铁的公司是值得的。由于一个公司内部的交易不会受到价格控制的影响，真正需要钢铁的买者可以通过购买钢铁公司来生产它所需的所有钢铁。因此，购买钢铁公司就是避免价格控制的一个简单方法
405 （参见案例 12.3）。事实上，如果购买钢铁公司不存在交易成本，而且钢铁厂的所有者按其所有权比例生产钢铁，那么对钢铁的价格控制将完全失效，因为所有使用者都会通过收购钢铁厂的股份来进行纵向一体化。

**案例 12.3** ☞

### 拥有自己的钢铁厂

“Perlman 诉 Feldmann 案”（Perlman v. Feldmann，219F. 2d 173（1955），cert. denied）说明了企业面对配额时纵向一体化的动机。菲尔德曼原先控制生产钢铁制品的 Newport 钢铁公司的大部分股份。1950 年，钢铁供应趋紧，显然是由于担心朝鲜战争导致的价格控制。菲尔德曼计划将 Newport 股份的控制性权益出售给将钢铁作为原料的用户 Wilport 公司。通过获得控制性权益，Wilport 公司可以在短缺的时候控制钢铁的（自我）配置。

该案的原告是一位股东，他抱怨道：由于菲尔德曼以高价卖掉的他所持有的那部分股票（20 美元，而非控制性部分的价格为 12 美元）代表了市场价格不受控制时期钢铁的价值，因此也包含了其他股东的利益。法院判决菲尔德曼并没有获得控制配置权利的全部收益，仅仅是获得了属于他的那部分股票的价值。即便菲尔德曼被允许出售他名下的份额，他的行为仍反映了为了进行价格控制所产生的纵向一体化动机。

同样，税收也会激励纵向一体化。依据企业的地理位置，它们会面临不同的税收。例如，各国和各州都会有不同的税率。一个纵向一体化的企业可以通过内部不同部门之间转移价格来将利润从这儿转移到那儿（参见 www. aw-bc. com/carlton _ perloff“石油消耗配额”的例子）。通过将利润从高税收区域转向低税收区域，企业可以增加利润。当然，税务机构会意识到这种转移，并坚持要求企业必须使用反映市场价格的内部转移价格（参见第 18 章）。

如果仅对企业的一个部门的利润进行管制，那么政府管制创造了企业纵向（或者横向）一体化的激励。例如，本地电话公司有关本地业务的利润是受到管制的，但是其他服务的利润，如与其他供应商竞争的电话销售业务所得的利润并没有受到管制。如果电话公司可以将利润从受管制的部门转移到未受管制的部门，那么它可以有效地避免对本地电话服务的管制。

例如，假设一个企业可以通过会计惯例将成本从不受管制的部门转向受管制部门，从而降低其受管制业务的账面利润，增加不受管制部门的利润。在下一次费率听证时，电话公司会认为它必须增加收费来提高受管制部门的利润。通过将利润从受管制的部门转向不受管制的部门，电话公司可以增加总体利润。在电话垄断解体后，对从受管制业务向不受管制业务转移利润的担心，以及发现这些转移的难度，促使美国政府在打破电信垄断以后对本地电话公司进入不受管制的业务领域加以控制。[6]

## 为增加垄断利润的一体化

自助者，天助之。 ——本杰明·富兰克林（Benjamin Franklin）

一个企业可以通过纵向一体化从两方面来增加垄断利润。[7]首先，竞争性产业生产过程中关键投入品的垄断供应者可以前向一体化，垄断生产领域，以增加利润。或者作为买者的企业可以从收购其专业供应商中获益。其次，纵向一体化的垄断供应商可以进行价格歧视。

406 **纵向一体化垄断其他产业**。在一些情况下，投入品的垄断供应者可以通过纵向一体化垄断生产来增加利润。什么时候前向一体化延伸垄断势力才是有利的呢？答案取决于生产过程的特性，如以下的模型所示。

在图 12.1 给出的产业中，消费者在价格 $p$ 下购买 $Q$ 单位的竞争性产品。竞争性产业按照生产函数来生产产品，该函数 $f$ 依赖于能源的投入 $E$ 和劳动的投入 $L$：

$$Q=f\ (E,\ L) \tag{12.1}$$

这些投入分别以价格 $e$ 和 $w$（工资）出售给竞争性企业。提供生产过程投入品的企业被称为**上游企业**（upstream firm），生产产品的企业被称为**下游企业**（downstream firm）。（在过去，企业通常位于河边，上游的企业借助河流将产品用小艇或是驳船运送给下游的企业，而后再销售给下游的消费者。）

我们对图 12.1 中的市场做出五个假设：

1. *规模报酬不变*：生产函数 $f$（$E$，$L$）显示规模报酬不变。也就是说，如果两种投入都加倍，那么产出加倍。

2. *投入品以不变边际成本生产*：生产企业可以在工资水平 $w$ 下购它们所希望的任意多的劳动 $L$（劳动的供给曲线在 $w$ 处是水平的）。能源被以不变边际成本生产出来。

3. *上游垄断*：仅有一个上游企业供应能源，不用担心其他企业的进入会减少它的垄断势力。

407 4. *下游竞争*：下游产业是竞争性的。我们将在以后放松这一假设。

5. *有成本的纵向一体化*：某些成本和纵向一体化相关，如谈判和法律费用。这样，除非纵向一体化能产生收益，否则企业不会进行一体化。

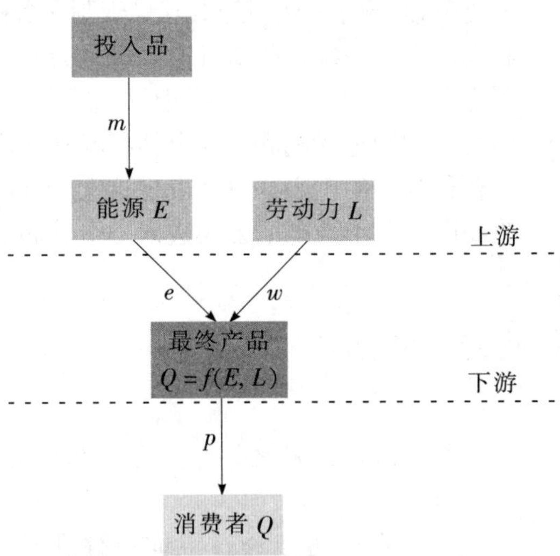


**图 12.1　一个产业的纵向构成**

在怎样的附加条件下能源 $E$ 的垄断供应企业前向一体化来接管下游生产才是值得的呢？答案取决于产业拥有的究竟是固定比例生产函数，还是可变比例生产函数。在**固定比例生产函数**（fixed-proportions production function）中，投入通常是同比例使用的，因此使用的比例独立于相关要素的价格。在**可变比例生产函数**（variable-proportions production-function）中，一种要素可以在某种程度上由另一种要素所替代，因此使用的要素比例对于相对要素价格是敏感的。

给定四个假设，我们可以得出两个主要结论：

1. 如果下游生产过程使用固定比例生产函数，上游垄断者就没有进行纵向一体化的激励。无论它是否进行一体化都会得到相同的利润。

2. 另一种情况是，如果下游生产过程使用可变比例生产函数，垄断者就存在进行纵向一体化的激励。它进行一体化得到的收益超过一体化的成本。

在接下来的部分里，我们先后研究了固定比例生产函数和可变比例生产函数，并通过数字实例阐释了两种情况的差异。

**固定比例生产函数**。在固定比例生产过程中，不可能采用一种投入来替代另一种投入。生产企业从一个投入品市场中购买纸盒子，从另一个市场购买蛋糕。生产企业使用一个盒子和一个蛋糕生产一份“盒装蛋糕”，并销售该产品。如果蛋糕的成本翻倍，盒子成本不变，那么生产企业仍然会使用同样比例的蛋糕和盒子（每样一个），因为不可能用盒子代替蛋糕。

如果用图形来表达的话，这样的生产过程如图 12.2 所示，具有形状为 $L$ 的等产量曲线（表明生产给定产出时投入组合的变化的曲线）。等产量曲线表明可以用来生产盒装蛋糕的盒子和蛋糕的组合。如果企业拥有两个盒子一个蛋糕，或者两个蛋糕一个盒子，那么企业都只能做出一份盒装蛋糕。

图 12.2 还显示了等成本线（给定成本的各种投入的组合），其中一条线表示盒子和蛋糕的价格相当（1∶1），另一条线表示蛋糕的成本是盒子的三倍（3∶1）。无论两种投入品的相对价格如何，投入品的成本最小组合是使用一单位的蛋糕和一单位的盒子：图 12.2 中等成本曲线和等产量曲线在点（1，1）处相交。

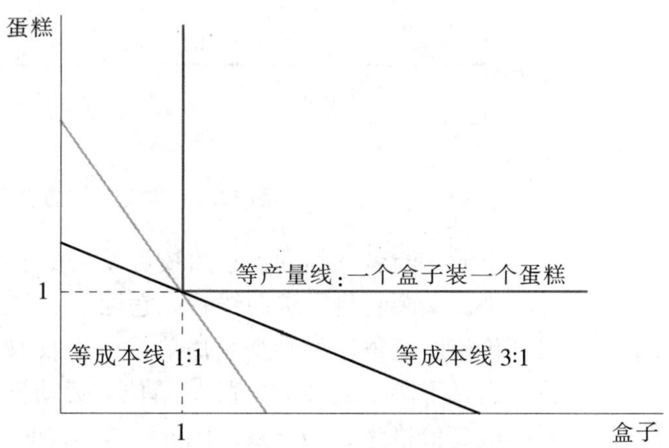


**图 12.2　固定比例的等产量和等成本曲线**

现在我们可以比较纵向一体化和没有纵向一体化情况下能源垄断者的利润了。为了简单起见，假设生产一单位 $Q$ 需要一单位 $E$ 和一单位 $L$。

408 一体化垄断者生产一单位 $Q$ 的成本为 $m+w$。也就是说企业耗费 $m$ 生产一单位 $E$，耗费雇用成本 $w$ 得到一单位 $L$。图 12.3（a）表明了每单位成本或边际成本为 $MC_Q=m+w$。同样在图中可以看到最终产品的反需求曲线 $p(Q)$，它表明消费者购买 $Q$ 单位产品所愿意支付的价格，图中还能看到相应的边际收益曲线 $MR_Q$。

通过生产 $Q^*$ 单位的产品使得边际成本等于边际收益，即 $MC_Q=m+w=MR_Q$，企业可以最大化垄断利润。企业使用 $E^*=L^*(=Q^*)$ 单位的投入品。企业收取的价格为 $p^*$，得到的利润（图 12.3a 中的矩形）为

$$\pi^*=[p^*-(m+w)]Q^* \tag{12.2}$$

我们可以比较纵向一体化产业和能源垄断者向竞争性产业提供产品的情况。没有一体化的能源垄断者生产 $E$ 的边际成本 $MC_E$ 为 $m$，在图 12.3b 中为粗黑线。它所面临的来自竞争性产业的反需求函数为 $e(E)$，在图中用粗灰线表示，该线表明了竞争性产业为 $E$ 单位能源所愿意支付的最高价格 $e$。相应的边际收益曲线为 $MR_E$（粗浅灰线）。

图 12.3a 中的产出的市场需求曲线在图 12.3b 中用细灰线表示。两组曲线可以在同一图中表示，因为两者的度量是一样的（生产一单位 $Q$ 需要耗费一单位 $E$）。

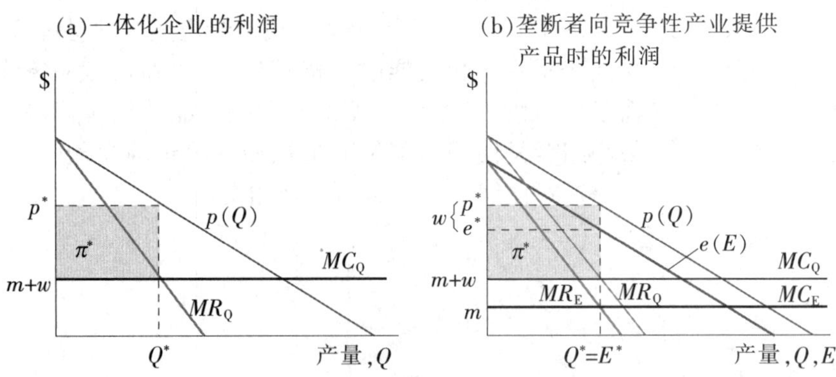


**图 12.3　固定比例的生产函数**

下游垄断者面临的需求曲线可以从竞争性下游产业的需求曲线中推导出来。垄断者将需求曲线看成它能向下游企业收取给定 $E$ 单位产量的
409 最高价格。竞争性下游企业每单位产出收取的价格为 $p$。为了生产该单位产出，下游企业必须耗费 $w$ 单位的劳动。这样它为一单位 $E$ 所愿意支付的最高价格为 $e=p-w$。因此，投入垄断者面临的需求曲线等于竞争性产业面对的需求曲线减去 $w$。正如我们在图中所表示的，垄断者的需

求曲线 $e(E)$ 恰好是产业需求曲线 $p(Q)$ 下移 $w$ 单位。[8]

能源垄断者将产出设定在点 $E^*$，使得边际收益 $MR_E$ 等于边际成本 $MC_E=m$。这样能源垄断者可以最大化利润 $[e(E)-m]E=[(p(E)-w)-m]E$，等于纵向一体化企业最大化利润的等式12.2，因为 $E=Q$。垄断者收取 $m$。正如图中所示，$E^*=Q^*$，也就是说，无论产业是否一体化，产业产出和使用的能源数量是相同的。能源垄断者的利润（图 12.3b 中的矩形）

$$\pi^*=(e^*-m)E^*=[(p^*-w)-m]E^*$$

和以前一样。现在垄断者销售每单位产品只能得到 $e^*$（即 $p^*-w$）而不是 $p^*$，但是每单位生产的成本仅为 $m$ 而不是 $m+w$。

410 这样，由于上游企业无论一体化与否都赚取相同的利润，如果一体化存在成本，它就不会选择一体化。这一结论背后的含义是什么呢？当没有一体化的垄断者每单位 $E$ 的价格上升 1 美元时，下游企业的边际成本（$m+w$）提高 1 美元，因此消费者面对的价格同样提高 1 美元。也就是说，能源垄断者在没有进行纵向一体化时可以完全控制最终消费者支付的价格。它不仅可以提高价格，而且可以得到最后的利润。竞争性产业不会得到额外利润，只是将更高的能源价格转嫁给消费者。没有一体化的垄断者可以完全控制下游价格的原因在于，下游企业不能用其他生产要素替代垄断者所提供的投入品。

**可变比例生产函数。**我们可以直观地知道：如果竞争性下游企业面对可变比例生产函数，当垄断者提高价格，下游产业可以用其他投入品来替代垄断投入品，那么情况就会有所不同。

图 12.4 表明了可变比例生产函数的等产量线。不同于固定比例生产函数，可变比例生产函数是一条光滑曲线，表明产品是可（不完全）替代的。因此，随着投入品价格的相对变化（用等成本线的移动表示），企业可以用现在较为廉价的投入来替代昂贵的投入。当存在可变比例生产函数时，如果上游能源垄断者提高针对下游竞争性产业的价格，那么产业中的企业会用更多的劳动来替代垄断产品。如果垄断者的价格提高 1 美元，最终产品的价格并不一定提高 1 美元，$E$ 使用量的下降比 $Q$ 的增加更快。

考虑生产过程中两种投入完全替代的极端例子。这里，等产量曲线为直线。例如，下游食品加工企业（饼干生产者和其他类似产品生产者）认为棕榈油和椰子油是完全替代的，因此等产量线为斜率为－1 的直线。如果棕榈油垄断者提高价格使其高于椰子油，那么所有下游企业会转而使用椰子油。这样，上游垄断者就不能将棕榈油的价格提高到椰子油之上。

简而言之，如果下游企业拥有一些投入品替代的能力（可变比例生产过程），那么上游垄断者就不能完全控制下游企业。垄断者每次提

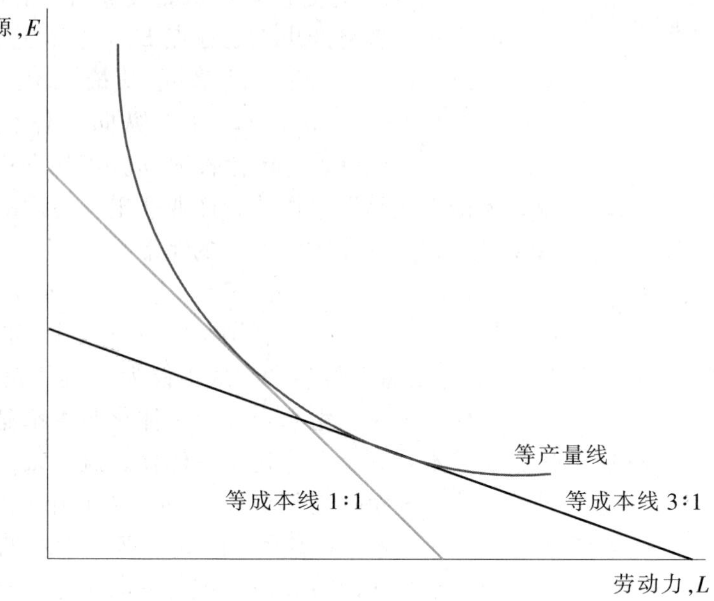


**图 12.4 可变比例的等产量和等成本曲线**

高价格，下游产业就会替代该投入品，尽管这样会限制垄断者的势力，但是由于效率要求等产量线的斜率等于等成本线的斜率，因此会导致无效率的生产。斜率等于投入品边际成本之比。下游企业使用了太多的 $L$ 和太少的 $E$。这一无效率意味着垄断者能攫取的利润变少了。

如果上游企业前向一体化来垄断下游产业，那么上游企业可以实现完全控制并使用最有效的投入品组合进行生产。这样，其利润就会
411 上升。如果利润的增加大于纵向一体化的成本，企业就会进行纵向一体化。在 www.aw-bc.com/carlton_perloff“固定与可变比例”中，我们提供了一个例子，该例子表明如果下游企业生产过程使用可变比例投入而不是固定比例，纵向一体化可以提高上游投入品垄断者的利润。我们同时解释了当生产函数为可变比例生产函数时，相对于消费者的价格的上升或下降取决于效率效应是否超过了增加的市场势力（参见 Mallela and Nahata，1980）。

**价格歧视**。一个垄断供应商可以通过纵向一体化来成功地进行价格歧视。第 9 章解释了成功进行价格歧视的一个基本要素是具有阻止在低价购买者和高价购买者之间转售的能力。如果不能阻止转售，那么就不可能进行价格歧视。纵向一体化可以用来阻止转售。[9]

例如，铝锭可以用来生产多种产品（参见案例 9.4）。为了简单起见，假设铝锭只能用来生产铝线和飞机。电缆中的铝线存在许多
412 很好的替代品，如铜，但是飞机制造中的铝并没有很好的替代品。因此，线材制造商对铝锭的需求弹性要比飞机制造商高出很多。这样，对飞机制造商收取高价比对铝线生产商收取高价要更有利可图。

如果没有进行一体化的铝的垄断者向飞机制造商收取高价，那么铝线生产商就会在相对较低的价格下购买铝锭，然后以低于铝锭制造商销售价的价格转售给飞机制造商。为了阻止这一转售，铝垄断者会前向一体化，并成为铝线的唯一生产者。而后垄断者可以向飞机制造商收取很高的价格，而不用担心铝线生产商的转售。通过将产品从铝锭转向铝线，纵向一体化的企业可以阻止转售。

### 为消除市场势力的一体化

正如一个企业可以通过纵向一体化来增加垄断利润，其他企业也可以通过纵向一体化来减少或消除垄断势力。例如，假设只有一个企业销售你生产过程的关键投入品。如果该企业对你的要价很高，收取垄断价格，你必须确定如果你进行后向一体化并自己生产投入品是否是成本有效的。例如，你必须新建生产厂房来生产该投入品。

如果你的企业试图购买供应商而不是新建工厂，那么企业面临同前面的分析一样的问题。只有当存在可变比例生产函数时，购买方和供应方的联合利润才会提高。如果生产过程是固定比例的，一体化将没有收益。在这种情况下，买者购买垄断供应商不会影响总利润或是单个企业的利润。一般而言，垄断供应商会以未来垄断利润的贴现价值来销售该企业，因此无论是否发生纵向一体化，企业都会支付同样的总垄断溢价。

## 企业的生命周期

*如果你想从头开始做一个苹果派，你必须首先创造宇宙。*

——卡尔·萨根（Carl Sagan）

如果纵向一体化的收益超过成本，企业会进行纵向一体化。施蒂格勒（Stigler，1951）和威廉姆森（Williamson，1975）基于亚当·斯密“劳动分工受到市场范围限制”的理论，使用前面讨论的思想，提出了企业生命周期理论。他们解释了为什么企业会在某段期间依赖于市场，而在其他时候，它们会进行纵向一体化。

如果某种产品的需求很小，那么产业中所有企业的联合产出也会很小，每个企业必须自己承担和最后产出相关的生产行为。为什么一些企业不专业化于制造某几项投入品之一，而后将其出售给其他企业来组装

413 最终产品呢？答案是当产业规模很小时，即使存在规模报酬递增，它也不能支撑一个企业专业化于某一项活动。专业化的企业可能会有较大的启动（固定）成本。如果专业化企业生产大量产出，每单位的平均启动成本或固定成本就很小。但是如果产业规模很小，每单位的启动成本就很大，因此如果专业化企业要想赚取利润，专业化企业产品价格的总和必须高于自己生产所有部件的企业的成本。

随着产业的扩张，由于单位交易成本的下降，企业专业化可能会逐渐有利可图。[10]也就是说，随着产业的成长，企业纵向分离。当产业很小时，每个企业参与连续生产过程中的每一步，因此企业是纵向一体化的。在较大的产业中，企业并不会自己处理每个生产阶段，而是从专业化企业处购买服务或产品。

例如，19 世纪 60 年代，英国的伯明翰是主要的小型武器生产中心。[11]事实上所有在这一产业工作的 5 800 人都属于圣玛丽教堂的教区。企业是本地化的，因为大量企业专业化于某一特定过程，因此部件必须经常从一个工场运送到另一个工场。典型的枪械制造商拥有一个仓库而不是工厂或工场。这些企业家从“材料制造商”手中，比如枪筒制造商、开关制造商、瞄准器制造商、扳机制造商、推弹杆制造商和刺刀制造商那儿购买半成品部件。然后枪械生产者将各种部件交递给后面的“组装商”或者专业工匠将这些零件组装为成品枪。例如，一部分工人做枪托，另一些工人处理枪管、扳机和成形的枪筒，负责枪筒部分的人准备枪的膛线和检验，而后交给加固工、抛光工、钻孔工、雕刻工、油漆工，最后监工们协调各个工作步骤。

随着产业的逐渐成熟，通常会开发出新产品，对原产品的需求减少，这使得产业规模逐渐缩小。因此，企业会再次纵向一体化。

1919 年，被研究的制造业公司中 13%拥有两个或更多的工厂来生产前后相续的产品，即其中一个的产品是另一个的原材料（Stigler，1951，135）。1937 年，连续性功能单位占据了 10%。同样，在 1919 年，所有复合型中心机构中的 34.4%拥有前后相续的机构（公司在两个或更多相关产业中拥有部门），而 1937 年该比例仅为 27.5%。1970 年前的研究发现，1929 年以后没有总体上的纵向一体化趋势（Adelman，1955；Laffer，1969；Livesay and Porter，1969）。塔克和怀尔德（Tuck and Wilder，1977）同样发现，从 20 世纪 50 年代中期到 70 年代早期，纵向一体化指数的变化很小。但是，马迪根（Maddigan，1981）得出的结论是，从 1947—1972 年，“主要”企业越来越纵向一体化。奥华拉金（O'Huallacháin，1996）记载了 1977—1987 年间，尽管产业之间存在显著的不同，纵向一体化趋势仍小幅度下降了。

# 纵向约束

414 我不信任他。但我们确定是朋友。

——贝托尔特·布雷赫特（Bertolt Brecht）

一个制造商和销售其产品的分销商签订合约，除了要求分销商支付产品的批发价格外，还会对分销商的行为做出纵向约束。这些纵向约束通过制造商和分销商之间的合约谈判来确定。制造商设置这些限制从而近似地得到企业垂直一体化情况下的结果。纵向限制的例子包括要求分销商应销售最低数量的产品，分销商之间不能相互邻近，分销商不能销售竞争性产品以及分销商的价格不能低于某一特定价格等。

为什么使用约束而不是纵向一体化呢？制造商通常依赖于独立企业来分销产品，而不是自己进行分销，因为分销阶段监控员工的成本超过了借助于独立企业的成本。例如，分销地点可能相距很远，这使得管理者到达那里，并花费时间熟悉当地市场情况，以判断某一特定分销渠道的效率的成本非常高。

无论是垄断者还是竞争性企业，每个制造商都希望以最低的成本来分销其产品。制造商同时希望分销商以对自己最有利的价格和销售方式来进行销售。

经济学家将制造商和分销商之间的关系描述为**委托—代理**（principal-agent）关系：委托人雇用代理人来完成委托人不能完全控制的行为。这里，制造商（委托人）和分销商（代理人）签订合约来销售产品。制造商不能完全观察到分销商的销售努力，并且意识到他们可能会存在机会主义行为。

例如，为了节约资金并搭乘制造商声誉的便车，分销商的广告可能会少于合约中所规定的广告量。当一个企业从另一企业的行为中获利，而不用进行支付时，就会产生**搭便车**（free riding）问题。搭便车是一种外部性。当可能存在搭便车问题时，每个分销商具有不恰当的广告激励；分销商希望依赖于其他分销商的努力而自己不用分担成本。这些委托—代理问题通常可以通过制造商对分销商除支付批发价格以外的纵向约束来表述。

经济学家和法院最初对纵向约束感到不安，因为某些类似的约束——如禁止分销商降低价格或销售竞争性产品——似乎限制了竞争，而且不应发生在一个完全竞争市场中。但是这一观察仅能告诉我们，经济学将分销视为无成本行为的完全竞争模型在这里并不适用。简单的竞争模型忽略了销售努力的成本。当分销产品需要耗费资源时，制造商必须对分销企业进行支付，并希望控制分销的情况。这样，忽略分销成本的完全竞争模型无法为依赖于大量销售努力的市场提供良好的直觉性解释。

415 在后面的章节中，我们将提出一些在纵向一体化不可能发生时产生的问题，并描述用来处理这些问题的纵向约束。而后，我们将讨论这些纵向约束促进竞争和反竞争的含义。

## 用来解决分销中问题的纵向约束

当分销成本很大而且制造商利用分销商零售产品时，通常会产生四个问题：

1. 在制造和销售环节前后相继的垄断会产生双重垄断加成（也被称为双重加成）。

2. 一些分销商会搭另一些分销商的便车（在促销产品的过程中不作为）。[12]

3. 一些制造商会搭其他制造商的便车。

4. 分销商之间缺乏协调导致产生外部性。

我们依次讨论每个问题，以及用来处理每个问题的纵向约束。

**双重垄断加成**。如果制造商和分销商都是垄断者，每个人都加上垄断加成（价格与边际成本相减为正），消费者将面临双重加成，而不是一个加成。这一双重加成为企业提供了纵向一体化的激励，或使用纵向约束提高效率从而增加联合利润的激励。我们首先解释双重加成带来的损失，而后表明当纵向一体化不可行时，如何用纵向约束来阻止这些损失的发生。

**一个双重垄断加成造成损失的例子**。为了说明双重加成的影响，我们比较了一个存在纵向一体化到销售领域的制造商的市场和拥有两个前后相继的垄断者的市场。消费者和企业都会由于双重加成而遭受损失。[13]

假设纵向一体化的垄断性制造商—分销商的产品面临如图 12.5a 所
416 示的向下倾斜的需求曲线 $D_1$。企业生产 $Q^*$ 单位产品使得生产的边际成本 $m$ 等于边际收益 $MR_1$。为了做图的简便，我们假设分销的成本为零。企业的利润 $\pi^*$ 为图中的阴影区域，等于每单位的垄断加成（每单位销售价格 $p^*$ 和成本的差）乘以销售数量 $Q^*$。

现在假设垄断性上游制造商使用垄断性下游企业来分销产品。由于每个企业会在单位成本上加上垄断加成，因此存在双重垄断加成。这里，分销商面临如图 12.5a 所示的同样向下倾斜的需求曲线 $D_1$ 和边际

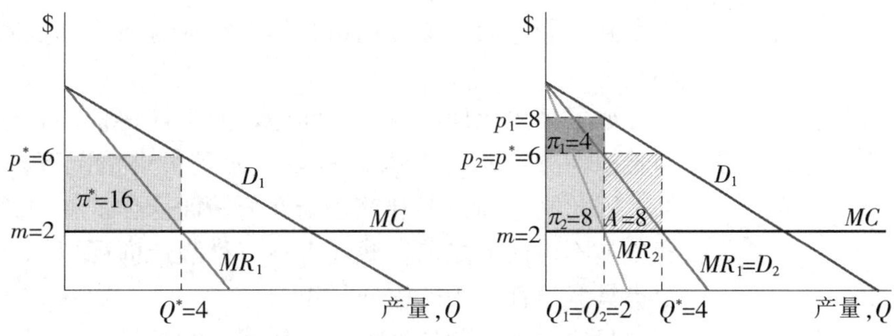


**图 12.5　制造和分销都为垄断的情形**

收益曲线 $MR_1$。制造商向分销商收取每单位批发价格 $p_2$。分销商将这一批发价格看成边际成本。分销商通过销售 $Q_1$ 单位产品使得其边际成本 $p_2$ 等于边际收益 $MR_1(Q_1)$ 来最大化利润，其中 $MR_1(Q_1)$ 为 $Q_1$ 的函数，如图 12.5b 所示。由于假设分销成本为零，而且需求是线性的，因此 $p_2=p^*$。

分销商需要的制成品数量依赖于制造商的批发价格 $p_2$，由 $MR_1$ 曲线和经过 $p_2$ 点的水平线的交点确定。制造商面临的需求曲线 $D_2$ 等于分销商的边际收益曲线 $MR_1$。制造商通过选择产出水平 $Q_2$ 使得其边际成本 $m$ 等于边际收益 $MR_2$（$D_2$ 的边际曲线）来最大化利润。

图 12.5b 表明了最后导致的双重加成。制造商收取的价格 $p_2$ 高于其边际成本 $m$；分销商收取的价格 $p_1$ 高于其边际成本 $p_2$。由于边际收益小于价格，$p^*=p_2<p_1$，面临双重加成的消费者购买的产出 $Q_2$ 少于一体化
417 企业情况下的 $Q^*$，因此消费者的境况变差。使用需求曲线 $p=10-Q$，设定边际成本 $m$ 等于 2，$p^*=p_2=6$，$p_1=8$。[14]这样，消费者由于前后相继垄断的双重加成，比企业一体化情况下多支付了三分之一（8 美元而不是 6 美元）。他们购买的数量 $Q_1=Q_2=2$，为原来 $Q^*=4$ 的一半。

企业的联合利润同样也降低了。一体化企业的利润为 $\pi^*=16$。当存在前后相继的垄断时，零售商的利润 $\pi_1$ 为 4，制造商的利润 $\pi_2$ 为 8。如图 12.5b 所示，$\pi^*$ 等于 $\pi_2$ 加上区域 $A$，由于较高的价格减少了销售，导致利润损失。总利润减少了 $A-\pi_1=8-4=4$。也就是说，前后相继垄断的总利润比一体化企业的利润低 25%。

**减少双重加成的纵向约束**。这样，当存在前后相继的垄断时，相对于单个一体化垄断者，消费者和企业的境况都会变差。这些损失提供了很强的一体化激励。[15]但一体化并非总是可行的。例如，当制造商为日本企业而分销商为法国企业时，日本企业纵向一体化到分销领域的成本会很高。一种替代方法是使用纵向约束。

前后相继的垄断问题使分销商具有限制产出和抬高价格的激励。制

造商不希望分销商进一步限制产出，或者换句话说不希望抬高价格 $p_1$，使其高于批发价格 $p_2$，因为分销商加成的利润为分销商所独占，制造商得不到。制造商希望分销系统尽可能地有效率（也就是说，分销加成最小）。

如果理想化地看待这一问题，为了使得价格趋近于批发价格，制造商希望在分销水平上引入竞争。但是很多情况下分销的竞争是不可能的，因此制造商只能和该垄断性分销商合作。在讨论为什么分销层次的竞争是不可能的之前，我们考察三种制造商可以用来引导垄断分销商采取更具竞争性行为的纵向约束。

只要合法，制造商就可以使用合约来设定分销商所能收取的最高零售价格 $\overline{p}$。通过这样做，制造商防止分销商将价格提高到批发价格 $p_2$。因此，分销商会销售更多产品。如果设定 $\overline{p}$ 等于 $p_2$，分销商就会像竞争性企业一样行动，销售 $Q^*$ 单位产品，结果和一体化企业的情况一样。如果分销商不接受这一约束，$\overline{p}$ 设定在 $p_1 \sim p_2$ 之间，那么销售量会在
418 $Q_1 \sim Q^*$ 之间。1976 年前，这样的约束在美国非常常见，1976 年后，法律发生了变化，使得制造商控制独立分销商零售价格的行为成为非法行为。

如果制造商对分销商施加**数量约束**（quantity forcing），那么制造商即使用了销售配额，也就是说分销商必须至少销售一定数量的产品。在这一约束下，制造商不用限制分销商的价格。销售配额引导分销商通过降低价格来扩大输出量。许多汽车经销商和计算机零售商都被施以销售配额。

另一种策略是制造商采用更为复杂的定价计划，而不是仅仅向分销商收取每单位 $p_2$ 的价格。制造商可以使用第 10 章中所讨论的两部定价。制造商可以向分销商收取一个产品的价格，而后再收取一个产品销售权的价格。例如，制造商可以向分销商出售**特许权**（franchise），或者说产品销售权（通常是和品牌一起的），来获取特许权费。

为什么制造商希望设定两个价格呢？假设制造商向分销商收取边际成本 $m$，而不是高于边际成本的价格 $p_2$。这里，分销商使得边际收益等于边际成本 $m$，销售和纵向一体化企业相同的产出 $Q^*$。这样，通过设定 $p_2=m$，制造商阻止了第二次垄断扭曲。

但是，如果制造商收取每单位 $m$，它将获得零利润，分销商获得所有的垄断收益。但是制造商可以从特许权费中获得正的利润。事实上，只要存在许多潜在的分销商，特许权费的使用就可以使得制造商获得和企业一体化到分销领域时相同的利润。制造商可以将销售权利提供给唯一的分销商，并且签订合约保证分销商的批发价格为每单位 $m$。分销商愿意支付的最高特许权费为垄断利润的价值 $\pi^*$，如图 12.5a 所示。如果大量企业希望得到垄断特许权，竞争性竞价保证了特许权费等于垄断利

润的现值。这样制造商可以通过收取特许权费和对产品收取等于边际成本的价格来达到和纵向一体化一样的目的。

总而言之，如果只有一个分销商，那么就会发生双重加成问题。如果纵向一体化不可行，最大零售价格、配额或特许权费等纵向约束可以减少或消除这个问题。参见案例 12.4 和案例 12.5。

419

**案例 12.4**

### 双重加成

食品制造商和杂货店零售商在设定价格时都会运用市场势力，使得消费者面临双重加成吗？在过去，许多产业观察家相信只要超市是相对被动的竞争性企业，食品加工商就拥有大量的市场势力。但是最近产业专家报告说，超市相对于制造商已经获得了更强的讨价还价能力。对这一转变的解释包括自有品牌（商店自己拥有的品牌）的日益增长以及零售业层面集中度的日益增加（100 个最大的城市区域内平均四企业集中度为 70%）。零售商市场势力的增加和有限货架空间的竞争使得制造商不断增加支付给零售商出售新产品的货架费用。

酸奶销售为双重加成是否存在提供了有趣的例证。达能和 General Mills 一起占据了全美酸奶销售的 62%和私有品牌销售的 15%。这样，较大的制造商和零售商一样拥有市场势力。

维拉斯-博厄斯（Villas-Boas，2002）检验了酸奶的杂货店销售的双重加成假设。她在不同的关于超市行业中制造商和零售商间纵向合约的模型下，使用她的酸奶需求曲线来测算零售商和制造商的价格—成本加成。这些模型包括双重加成定价、纵向一体化模型和其他各种替代模型：战略性供给情形，允许存在对自有品牌产品的合谋、非线性定价和战略性行为。在统计检验的基础上，她推翻了双重加成假设。她的结论是，制造商的批发价格接近于边际成本，零售商在纵向环节拥有垄断势力。这一结论和两个解释是一致的：制造商缺乏市场势力，或者它们通过参与某种形式的二级价格歧视（非线性定价）来实施市场势力，其中边际价格等于边际成本。

资料来源：Ellickson (2000)，Sexton et al. (2002)，Villas-Boas (2002)，and Ward et al. (2002).

420

**案例 12.5**

### 双重加成问题的布洛克巴斯特解

1998 年前，电影录像的分销商在向出租商店销售录像带时使用市场势力，无论什么电影都收取 65～70 美元的固定价格。零售商决定储备多少录像带以及出售录像带的价格。零售商同时也实施垄断势力，由于双重加成，消费者租用的电影录像带较少，电影分销商的利润相对下降。

正如我们在本章中所看到的，双重加成问题的结果之一是使得分销商向零售商收取较低的单位收费（边际成本），而后通过专门的费用获得所有随后的利润。这样做的一种机制是签订在每盒录像带的单位收费基础上的收益分享合约。布洛克巴斯特于 1998 年引入了这样的合约，其他电影录像带出租企业很快跟进。典型的合约设定收益分享百分比为 40%～60%，对零售商单盘带的收费为 8 美元。

使用有关电影出租商店的详细数据，莫蒂默（Mortimer，2002）测算出，由于这一更有效率的合约，零售商与分销商的利润总和增加了3%～6%，消费者得到了更大的收益。她测算，出租价格从4.64美元下降到了4.08美元，商店存货中最流行影片的平均录像带数量从20.1部增加到24.2部。第二流行的电影类别，出租价格从3.47美元下降到3.01美元，每个主题电影的平均存货从9.7部上升到11.7部。莫蒂默的结论是，如果所有录像带出租店都采用收益分享合约，那么收益分享必将具有更大的效果。对最为流行的一类影片，她测算出出租价格将从4.08美元下降到2.88美元。

---

**分销商之间的搭便车。**在典型的分销协议中，数个独立企业分销一个制造商的产品。每个分销商可以从其他分销商的促销行为中获利，而不用进行支付。以下部分给出了可能发生分销商搭便车行为的几种情况，而后讨论了可以最小化搭便车行为的一些纵向约束。

当分销商需要耗费大量支出（广告、展示场地、培训销售队伍、培训采购代理、维持质量水平）来销售产品时，就可能会产生搭便车的现象，因为一些销售努力有利于其他分销商。分销商不能得到自己销售努力带来的所有收益，因此存在减少这些努力的激励，从而使得制造商的产品销售减少。搭便车问题的产生是因为无法分别补偿各分销商的销售努力；只有当它们销售某一特定产品时，它们的销售努力才能获得补偿。

假设一个分销商努力为一个制造商的产品做广告，而其他分销商也在销售该产品。第一个分销商创造了对产品的需求，这对两个分销商都有利，但是第二个分销商却根本没有承担成本。除非第二个分销商也能有所行动，否则第一个分销商不会有做广告的激励，因为它不能得到广告带来的所有收益。

420 除了广告以外还存在很多搭便车的例子。销售许多耐用品（例如汽车、音像设备和家用电器）需要大面积的展示厅来展示产品，使得消费者可以挑选满足他们特定需要的最好的款式。当然，展示厅和展示品的积压都需要耗费资金。如果只有一个分销商拥有一个设备很好的展示厅，所有的消费者都会去展示厅来决定购买什么产品，但是他们可以从其他拥有吸引力较差的展示厅以及存货较少的分销商处购买产品。这些分销商的价格低于第一个分销商，因为它们的成本较低。这样，没有一家经销商会有维持一个设备良好的展示厅的激励。

加州大学的伯克利分校校园附近就存在关于这一行为的一个明显例子。在一家拥有华丽地毯、迷人灯光和充足存货的音响店旁边开了一家廉价零售商店。该零售商店用原装的盒子将商品堆在铺油布的地面上，店内灯光也不甚明亮。商店的橱窗内用粗糙的手写体写着“到隔壁商店看好你所喜欢的东西，然后到这儿来以更低的价格购买”。

421 当分销商为了销售产品必须很好地培训销售人员时，另一个搭便车的例子产生了。计算机销售人员就是一个很好的说明。如果一个分销商拥有受过良好培训的销售人员，消费者会在该商店了解很多有关产品的信息。其中的一些消费者可能会以更低的价格从其他没有良好销售队伍的分销商处购买（通常是邮购商店或是网络企业）。折扣分销商可以以更低的价格销售，因为它们不用发生培训成本。因此，第一个分销商维持受过良好培训的销售队伍的激励就会减弱。

另一个搭便车的例子与资质有关。这里不存在明显的服务——只有分销商的声誉可以表示它的产品线是高质量的。例如，某个百货商店以拥有高质量、新潮的服装而出名。一般而言，它们已经通过雇用高质量的员工，即可以介绍流行趋势以及识别高质量服装的销售人员建立了自己的声誉。

一些商店可以得到"认证"时尚商店的利益：时尚商店证明了它们的产品是高质量和新潮的。另一些销售同样商品的商店就搭了得到大家认可的商店的便车，而不用投资建立它们自己的声誉。这一搭便车问题为制造商带来了两难困境（Marvel and McCafferty，1984）。如果制造商只向最高质量的商店销售产品，那么就没法大量分销其产品。如果向每一家商店销售产品，高质量的商店就不能获得来自其声誉的合理收益。

我们解释的最后一个搭便车的例子发生在产品声誉影响产品总需求之时，其中经销商可以影响到产品声誉。例如，想象在同一品牌下销售食品的独立连锁店（例如麦当劳、汉堡王或温迪斯），品牌承载了一定的能够吸引消费者的声誉。如果一家商店决定降低质量，生产比其他商店质量低的产品，品牌的声誉将下降，所有分销商将受损。降低质量的企业损失了声誉，但是如果消费者主要信赖于品牌声誉而不是个体商店的声誉，那么降低质量的商店所损失的需求可以被该商店成本的下降所抵消。例如，如果商店位于跨州的高速公路附近，回头生意很少，那么对商店来说，降低质量、搭品牌的便车就是有利可图的。

制造商通过鼓励分销商的促销努力来增加产品的需求，从而增加制造商的利润。由于搭便车减少了分销商促销制造商产品的激励，制造商使用各种纵向约束来处理搭便车问题。其中的一些约束在分销商代表制造商所开展的销售努力中创造了一份所有权。也就是说，设计这些约束是为了使分销商可以获得它们的销售努力所带来的大部分收益。

最为常用的纵向约束之一是**排他性区域**（exclusive territory），即每个区域内只有一个单独的分销商销售产品：分销商获得垄断在该区域购买产品的消费者的权利。排他性区域通常涉及制造商的承诺，即不允许其他分销商在距离现有分销商特定区域的一定范围内销售。例如，卡迪
422 拉克的分销商和通用汽车公司（GM）的合约中包含不允许通用在距其半径数英里的范围内开设任何其他卡迪拉克交易店的协议。通过授予分销商一定地理范围的垄断权利，制造商可以使其免于竞争。如果分销商

想要得到销售努力所带来的收益，那么这一隔离是必要的（参见案例12.6）。当然，分销商市场势力的形成制造了双重垄断加成的问题。这样，制造商必须同时加以其他的纵向约束。

**案例 12.6**

### 因特网上的搭便车

作为一个重要的销售渠道，因特网的兴起产生了一些搭便车问题。例如，假设哈里的相机商店对给定品牌的相机拥有排他性区域。排他性区域为零售商提供了培训能向消费者解释相机性能的销售人员的激励。但是，如果消费者在访问了商店后发现她可以以更低的价格在网上购买，那么因特网商店的搭便车就减少了哈里商店提供一份强有力的销售努力的激励。最终哈里不再拥有排他性区域。

随着因特网的兴起，汽车经销商越来越关心汽车生产商绕开它们的能力，以及通过因特网销售搭便车的可能性。作为有效的政治行动的结果，汽车经销商长期以来得益于保护它们排他性区域权利的州法律，经销商使用这些法律来劝说通用公司和福特公司放弃在其网站上直接向消费者销售汽车的计划。酒类和保险经销商同样使用州法律来威胁制造商，使其不能直接通过因特网进行销售。

但是如果经销商不能阻止制造商或其他零售商建立自己的网站，会发生什么情况呢？对搭便车可能会成为问题的产品来说，制造商有试图阻止搭便车行为发生的激励。因此，人们不会看到谁会在制造商或其他特许经营商的网站就可能产生搭便车问题的产品进行讨价还价。

卡尔顿和谢弗利尔（Carlton and Chevalier，2001）在他们对香水和 DVD 播放机的研究中发现了这一结论。针对具有排他性——即限制零售商的数量——的香水品牌，制造商通过只使用不打折的零售网站或是通过避免使用零售网站来控制搭便车问题，要不就是仅在它们自己的高价网站上进行销售。

同样，美国销量最大的两个 DVD 制造商索尼和 RCA，在自己网站上收取的价格要比授权零售商网站的价格高出 5%。不同于香水的例子，存在一些未经授权的零售商网站，在那里人们能够以打折的价格购买 DVD。为了控制搭便车问题，DVD 制造商已经不断加倍努力于限制它们的产品从这些未经授权的零售商处流出。

制造商用来刺激销售努力的第二种类型的纵向约束是限制分销商的数量。这一限制的效果和排他性区域相同。也就是说，限制价格竞争，
423 让分销商得到更多的来自销售努力的收益。当然，制造商必须处理由于其施加给个体分销商的市场势力而产生的双重垄断加成问题。

另一种控制搭便车的方法是**转售价格维持**（resale price maintenance）协议，制造商设定向零售商所收取的最低价格。[16]这样的协议为零售商创造了在其他方面为争夺消费者而进行竞争的激励。例如，如果分销商支付的批发价格为 10 美元，最低转售价格为 20 美元，每个经销商都有花费 10 美元来吸引消费者的激励。这样，每单位产品最多可以有 10 美元来用于广告投入、销售力量的培训或装饰豪华的展示厅。最低价格限制引导了分销商之间销售努力的竞争，使其不再进行削价竞

争。与没有最低价格限制相比，最低价格限制促成了更多的销售努力。

许多国家禁止转售价格维持。加拿大于1951年宣布转售价格维持不合法，瑞典为1954年，丹麦为1955年，英国为1965年（尽管允许存在豁免），美国为1976年。但是合法的转售价格维持仍被广泛使用。[17]一项研究测算出，英国在1965年禁止转售价格维持之前，44%的消费品是价格维持项目中的。还有研究表明到1960年，该比例为25%～40%。加拿大的一项研究测算表明，杂货店销售的20%的产品以及药店销售的50%的产品存在转售价格维持。另一项研究表明，在禁止转售价格维持之前，美国的零售业存在转售价格维持的比例为4%～10%。

处理搭便车问题的第四种方法是制造商*做让分销商受益的广告*。如果制造商接管分销商的销售努力并经手广告，那么就不用担心分销商之间的搭便车，即一个分销商搭另一分销商销售努力的便车。以做广告来刺激产品需求的制造商可以通过更高的批发价格或更高的特许权费来向每个分销商收取该服务的费用。由制造商承担营销和广告功能将出现的问题是：适合地方的广告和营销方案不同，本地分销商比制造商拥有更多关于该区域最优战略的信息。如果其他情况相同，本地分销商在营销上没有比较优势，制造商就会采取纵向一体化。

解决这一信息问题的方法之一是合作做广告，其中制造商同意向分
424 销商支付一定的广告成本。合作协议使得选择广告的权利在拥有更多知识的一方，即本地分销商一方，来自制造商的广告补贴可以帮助经销商防止搭便车问题侵蚀分销商做广告的激励。

处理搭便车问题的第五个方法是制造商监督每个经销商的销售努力，根据每个经销商的情况进行补偿，可以通过在需求出乎意料地高涨时向经销商发出更多的或更为及时的货物来奖励它们。这种监督的成本很高。

**制造商的搭便车**。竞争性制造商相互之间也可能搭便车。假设两个竞争性制造商都使用同一个分销商来销售它们的产品，一个制造商花费大量资金用于做广告，引导消费者在分销商处购买它的产品。第二个制造商可以从增加的顾客流中得到好处。事实上，由于搭便车的制造商不用做广告，使得其相对于做广告的制造商成本更低，可以在更低的价格上销售产品。而后，分销商可以（正确地）告诉被第一个制造商的广告吸引到商店购物的消费者，以更低的价格购买第二个制造商的产品会更好。参见 www.aw-bc.com/carlton _ perloff“排他性要求”。

另一个制造商之间搭便车的例子发生在一个制造商培训分销商修理或销售它的产品的时候。由于这些培训需要耗费大量成本，而且可以用于其他产品，第二个制造商通过使用和第一个制造商相同的分销商来搭培训支出的便车。而且，搭便车的制造商具有更低的成本，可以在竞争中优于支付培训费用的制造商。

最后一个制造商之间搭便车的例子发生在当一个制造商向分销商提

供一系列潜在消费者名单之时。如果分销商告诉生产竞争性产品的第二个制造商这一名单，那么第二个制造商可以从第一个制造商的消费者名单中获利。这些制造商搭便车的例子所产生的效果和分销商之间搭便车的情况相同。如果无法确认搭便车的情况，那么制造商做广告、为分销商提供培训和开发客户名单的激励会减弱。解决这些搭便车问题的方法是建立一个机制，使得制造商可以完全获得销售努力带来的回报。一个常用的解决方法是**排他性交易**（exclusive dealing），即制造禁止其分销商销售竞争性制造商的产品（Marvel，1982）。

**由于分销商之间缺乏协调而产生的外部性**。依赖于相互竞争的独立分销商的制造商通常希望协调或限制分销商之间竞争的方式。例如，分销商经常就选址展开竞争（参见第 7 章有关垄断竞争的内容）。从制造商角度来看的最优地点可能不同于垄断竞争下独立零售商所认为的最优地点。

一个制造商希望确保所有地方的消费者都可以购买到它的产品。例如，通过在无利可图的地方进行销售，制造商可以避免购买者尝试使用
425 其他产品，从而培育品牌忠诚度。这一战略会在其他地方产生利润，从而增加总利润。由于独立经销商不可能在没有盈利的地方销售产品，制造商的选址设想和独立分销商的愿望就会发生冲突。

分销商之间的竞争依赖于每个分销商如何设想其他分销商对自身行为的反应。经销商之间的竞争性互动会导致不同于制造商所希望的价格和服务质量。正如我们在第 6 章和第 7 章中所表明的，价格和质量根据对手之间行为的不同而产生差异，因此不可能产生制造商所希望的任何寡头垄断的产量。进而，制造商的意愿和分销商之间的竞争结果会出现背离。

例如，假设一个垄断者使用竞争性零售商来分销产品，其中竞争性零售商的销售努力异常重要。即使没有搭便车行为，由于竞争性零售商针对每单位额外销售得到的利润很少（不同于垄断者），因此零售商销售产品的激励也会不同于垄断者的想法。同样，零售商愿意承担的存货和产品滞销带来的风险均小于垄断者的预计（Kandel，1996）。总而言之，通过控制所有经销商之间的竞争，制造商可以有利可图地协调它们的定价、销售努力和选址，获得高于分销商之间没有协调情况下的利润。表 12.1 总结了分销的主要问题，以及制造商可能的解决方法。案例 12.7 检验了酒精饮料产业的问题。

**表 12.1　　分销中出现的问题和制造商的反应**

| 分销中的问题 | 制造商的反应 |
| --- | --- |
| 双重垄断加成 | 鼓励分销商之间的竞争<br>在边际成本上设定销售价格并收取特许权费<br>设定销售配额或最高价格 |

续前表

| 分销中的问题 | 制造商的反应 |
|---|---|
| 经销商之间的搭便车 | 设立排他性区域和限制经销商的数量<br>设立最低价格（转售价格维持）<br>掌控营销方面的努力<br>监督、补贴经销商的销售努力 |
| 制造商之间的搭便车 | 向经销商施加排他性交易 |
| 经销商之间缺乏协调导致的外部性 | 使用上述策略的组合 |

426

案例 12.7 ☞

## 酿造麻烦：酒精饮料产业的纵向一体化限制

管制已经使得美国酒精饮料产业产生了奇怪的纵向关系，它常会制造垄断并影响纵向关系。美国宪法的第21修正案结束了1934年的禁令，在第2款中声称“在美国任何一州、未设州的领土或属地运输、进口、分销或使用含酒精的烈酒违反了法律，因此应该被禁止”。这一法案的通过被解释为是给了各州继续限制含酒精饮料营销的许可。（与此不同的解释参见案例3.3。）

几乎所有州都存在形成三层分销渠道的法律：供应商（酿酒者、酒商和进口商）、批发商和零售商（出售酒的商店和饭店）。依其申述，这些法律的最初目的就是阻止产业的纵向一体化，因为一体化可能会导致零售商在超过人们可接受的社会限度下力推本企业的品牌。《联邦酒类管理法》（Federal Alcohol Administration，FAA）是用来阻止这类营销滥用的法案。FAA法禁止诱导零售商仅销售一个供应商的品牌，并且阻止供应商拥有零售商的股权，尽管法案允许它们完全拥有零售商。

从20世纪70年代开始，批发商成功地依靠各种法律致富。23个州要求供应商仅推销产品给本地授权的批发商销售，禁止供应商利用批发或零售的设施谋利。而且，18个“受到控制”的州（和马里兰州的一个县）垄断了酒精饮料的分销，只在批发（或者有时在零售）水平销售产品。因此，几乎所有的酒精饮料都由批发商控制，因为供应商不能直接和零售商进行交易。这样，这些法律阻止了纵向一体化，使得处于供应商和零售商之间的中间人拥有强大（并且可以进行谋利）的力量。

427 几乎所有的州的法律都保护批发商，使其不会被供应商“解雇”。除了阿拉斯加和夏威夷（这两个州拥有更一般化的法律）以外的所有州都拥有特许权终止法律，特别涵盖了部分或者所有的啤酒、葡萄酒和烈酒的分销。这些法律通过禁止供应商终止和批发商的特许权关系，使得供应商不能执行用来限制下游加成的条款，从而加剧了双重加成问题，其结果是批发加成的增加，这些加成经常占据了零售商葡萄酒价格的18%～25%、烈酒价格的15%～25%，这些比例超过了可比产业中的典型比例。

至少在1977年前，联邦反托拉斯法律禁止设立排他性区域，除非得到州法律的授权。现在，美国已经有24个州许可排他性交易，批发商可以在区域内进行垄断。即使在不存在垄断批发商的州中，法律仍然使得进入非常困难，因此只有少量批发商。加利福尼亚只有两个蒸馏酒批发商：Young's Market以及南方酒业饮料公司（Southern Wine&Spirits）。这两个企业控制了70%的白酒分销。在马萨诸塞州，两个大企业控制了烈酒分销的43.5%，前四大企业控制了65.3%。一些供应商，如Joseph E. Seagram & Son公司希望分销其产品的批发商能在整个州和区域内经营。

显然，它们的推理是大分销商的成本较低，批发商可以在促销品牌和维持质量方面避免溢出和搭便车效应。但是，限制批发商的数量增强了批发商的市场势力。纽约消费者事务部的一项研究发现，在 Miller 酿造公司和 Anheuser-Busch 公司设立排他性协议的那一年，啤酒的价格上升了 30%。

资料来源：*Fortune*，December 9，1985：135；Jordan and Jaffee（1987）；Whitman（2003）；www.nabca.org.

## 纵向约束的效果

总而言之，制造商使用各种不同的纵向约束组合来减少双重加成、搭便车和竞争性互动问题。这些约束通常限制了市场中的竞争，同时鼓励了销售产品的额外努力。

对竞争的限制往往是经济学家所厌恶的，因为限制竞争可能会增加市场势力。另一方面，销售努力的增加却往往是经济学家所赞成的。因此，一个经济学家如何得出纵向约束合理还是不合理的结论呢？这一问题没有明确的答案，但是人们可以观察到限制和额外努力之间的权衡。在以下的部分中，我们描述纵向一体化对消费者和企业都有利的市场、效果模糊的市场以及纵向约束损害消费者的市场。最后，我们关注限制纵向约束的意义。

**纵向约束的理想效果**。既有利于消费者又有利于企业的纵向约束无疑是合意的。通常只是从制造商自身利益角度出发使用的纵向约束此时也有利于消费者。任何制造商，即使具有强大的市场势力，也都希望自己的产品能以最低成本分销。制造商将分销看成是产品销售的必要投
426 入，正如原材料是制造过程的投入一样。垄断制造商试图尽可能高效率地分销产品，正如它希望以最低成本生产产品一样。[18]这样，尽管在一些情况下纵向约束被用于反竞争的目的，但是大量经济学家认为许多（即使不是多数）纵向约束通过降低价格或增加服务使得消费者获益。

由于纵向约束提高了现有企业的产出或者刺激了新企业进入市场，因此可以降低价格。允许企业更有效地促销产品和导致企业在较低价格
427 下销售更多产品的纵向约束有利于消费者和企业。例如，如果竞争性企业可以有效地促销产品，那么不同品牌之间的竞争就会加剧。也就是说，尽管同一品牌经销商的竞争受到了限制，但不同品牌之间的竞争得到了强化，因为纵向约束刺激了每个品牌的销售努力。纵向约束也使得进入更加容易，从而导致价格下降。如果没有纵向约束，很大程度上依赖于销售努力的新产品将很难进入市场。

在许多情况下，消费者将产品以及所提供的服务看成是**相关产品**。

如果出售的产品没有服务，那么由于没有指导而不能完全使用该产品的消费者就会遭受损失。例如，如果在本地商店购买相机的新手能得到使用相机的指导，那么对他而言在此购买就是值得的。尽管可以通过邮购等方式以更低的价格购买相机，本地商店的额外服务也会使得价格差异
428 变得有价值。在这种情况下，拥有服务的产品相对于没有服务的产品是真正完全不同的产品。纵向约束允许产品和服务（销售努力）一起出售。如果没有约束，价格会更低，但是所提供的服务也会更少。

**纵向约束的模糊效果。**一项纵向约束是否合意所取决的因素和影响产品选择的社会合意性的因素相同。想象两组购买者：知道怎样使用产品的消费者（有经验的使用者）和不知道如何使用产品的消费者（新手）。如果不提供培训，有经验的使用者会在 10 美元的价位上购买产品，而新手则不会购买产品。如果纵向约束使得新手可以得到指导，那么两组消费者会在 11 美元的价位上购买产品。由于有经验的购买者在纵向约束下花钱更多却没有从培训中得到收益，因此他们的境况变差。但是新手的境况变好，因为如果他们购买产品，产品对他们来说至少值 11 美元，一些消费者就会得到消费者剩余。

培训并不是销售努力的唯一方式。展示厅对消费者来说也同样有用——如对汽车、相机、计算机和音响设备的消费者来说。如果没有展示厅，潜在消费者就不能在购买前方便地检验各种产品。即使不是多数，也有许多消费者更愿意支付略高的价格以便获取购买前试驾汽车的机会。

和纵向一体化一样，纵向约束可以被用来进行价格歧视。假设加利福尼亚的消费者对某种产品的价格弹性很低，而伊利诺伊的消费者对该产品具有较高的弹性。制造商希望对加利福尼亚的分销商收取较高的批发价格，对伊利诺伊的批发商收取较低的批发价格。但是，如果制造商试图这样做，那么独立的伊利诺伊分销商可以在加利福尼亚转售其从制造商处购得的产品。通过向独立分销商授予排他性权利来交换不进行转售的协议，制造商可以在伊利诺伊收取低批发价格，而在加利福尼亚收
429 取高批发价格。但是，正如在第 9 章和第 10 章中所解释的，不完全价格歧视的福利效应是模糊的，相对于简单的垄断定价，其福利可能增加也可能减少。

日益增多的文献表明，各种纵向合约（或纵向一体化）可能会削弱竞争。从我们早期的讨论中可以知道，如果产品 A 的垄断生产商纵向一体化到拥有固定生产比例的竞争性下游市场的产品 B，那么产品 A 的垄断生产商将什么也得不到。而且，如果市场 B 不是竞争性的，以至于存在对产品 B 价格的进一步加成，那么纵向一体化（或者是一个涉及非线性定价的纵向合约）到 B 消除了双重加成的低效率，使得消费者受益。这样，当存在固定比例生产函数时，纵向合约（或纵向一体化）不会损

害消费者，而且可能会有利于消费者。

但是，至少存在两种可能的抵消效应。首先，正如我们已经看到的，如果生产过程是可变比例的，那么投入端的垄断可以通过前向一体化（它趋向于提高价格）获得市场势力，即使它的生产更有效（它趋向于降低价格）时也会如此，因此价格会上升或下降。其次，如果市场B中的企业差异化它们的产品，此时投入端的垄断者或许不能限制B的最终价格，即使投入端的垄断者前向一体化，价格仍然会很高。而且，我们并不清楚在纵向一体化情况下价格究竟会上升还是下降。我们要提醒读者的是在计算社会福利时，效率的收益通常会超过净损失的增加。解释这两个条件为何改变了纵向一体化合意性效应的原理来自于讨论有关纵向合约和纵向一体化可能的不良效应的数篇论文的思想。在这些模型中，不良效应的理论可能性依赖于非常特殊和难以证实的条件，如果假设条件稍有变化，不良效应的理论可能性就会消失。即使有人试图从经验角度检验这些条件在任何一个产业中的有效性的话，这样的人也非常之少。[19]这是一个可以产生大量研究成果的领域。

**不合意的纵向约束**。在一些情况下，纵向约束（和纵向一体化）可以用来达到反竞争的目的。例如，它们可以被用来卡特尔化一个产业或者阻止进入，或者通过提高对手的成本来伤害对手（第11章）。[20]

430 纵向约束可以导致分销商或制造商的卡特尔化。一群经销商可以实施能导致垄断的纵向约束。例如，假设一群特定的经销商可以单独分销一种产品，它们会迫使制造商授予排他性区域，导致当地的垄断并限制经销商之间的竞争。正如我们在第5章中所讨论的，分配区域是卡特尔的有效方法，这会产生较高的消费者价格。只有当进入分销领域很困难时才会出现这一结果，此时制造商没有选择，只好帮助形成经销商卡特尔。

纵向约束（或纵向一体化）同时有助于制造商卡特尔的存续。假设一群制造商希望进行合谋。对这些制造商来说，如果它们不能纵向一体化进入分销领域，将很难观察到每个经销商的价格。但是，如果它们协议收取同样的零售价格，并且利用和经销商的纵向约束（如转售价格维持）来实施这一协议，那么如果任何制造商通过降低价格进行欺骗，它们就很容易察觉，因为观察零售价格比观察批发价格更为容易。

纵向约束（或纵向一体化）可以被用来增加进入一个产业的难度。例如，第11章说明了在位者如何通过占用稀缺的分销渠道来使得竞争者的进入很困难，或者根本不可能。排他性交易是制造商绑定分销的一种方法。在这样的协议下，双方签订协议同意相互依赖，而和其他企业无关。只有当分销渠道有限时，这样的战略性行为才能成功地提高进入者的成本。

拉斯缪森等（Rasmussen et al.，1992）、西格尔和温斯顿（Segal

and Whinston，2000）解释了制造商如何通过绑定分销而不用进行支付来成为垄断者。想象存在 100 个经销商（没有更多的能够进入），一个制造商至少需要 30 个经销商进入才能有利可图。通过和 71 个经销商签订排他性协议，在位企业可以前向关闭一个竞争者的进入，成为一个垄断者。垄断者对这一特权必须给经销商多少的支付呢？根本不用！只要每个分销商认为至少其他 71 个经销商会和垄断者签订合同，那么经销商会不求支付地急于签订排他性协议。[21]

## 禁止纵向约束

即使在有些地方纵向约束是不合意的，但在有些情况下禁止它们也无法得到什么结果。如果纵向约束是非法的，制造商就会存在纵向一体化并自行分销产品的激励，这样它们可以施加合意的约束。如果一个企
431 业可以通过纵向一体化轻易地绕开禁止独立企业之间合约的法律限制，自己分销产品，那么颁布这样的法律将无法如人所愿。[22]只有当纵向一体化的成本大大高于施加纵向约束的成本时，限制纵向约束的禁令才能有效地终止这样的行为。

总之，尽管制造商通过付出更多销售努力的纵向约束增加了利润，但消费者一方却有可能受益也有可能遭受损失。法院已经意识到鼓励促销努力所带来的增加竞争强度的价值。法院已经试图阻止某些纵向约束，比如能增进或形成经销商和制造商卡特尔或者提高进入成本的纵向约束。遗憾的是，即使纵向约束并不合意，禁止纵向约束也不能阻止相关的损害发生，除非纵向一体化的成本比纵向约束更高。参见第 19 章和 www. aw-bc. com/carlton _ perloff 中“纵向关系反托拉斯法律”有关涉及纵向一体化和纵向约束的美国法律的详细介绍。

## 特许权

特许权授予者和特许权经销商之间的关系是一种特殊的纵向关系（Caves and Murphy，1976；Rubin，1978）。一个类似麦当劳的企业作为特许权授予者向特许权经销商（一家麦当劳店的拥有者）销售某种经过确认的经营方法，或者有时仅销售使用特许权授予者品牌的权利。特许权涉及快餐店、汽车修理中心、服务站、汽车经销商以及饮料销售铺等。提供某种全套经营体系的特许权授予者被称为商业模式特许权授予者。除加油站、汽车经销商和饮料销售店外，大多数特许权都是商业模

式特许权。

特许权正变得越来越重要。1975—2003 年，美国特许商店的数量已经从 22 万家增加到 58 万家。[23]根据一项测算，40%的美国零售销售都采用了特许商店的形式。[24]表 12.2 列明了美国 2003 年特许权增长最快的前 10 位。表中排第一的赛百味现在已经在 75 个国家 1.7 万个地点拥有它的特许商店。

**表 12.2　　美国增长最快的特许经营店，2003 年**

| 特许权授予者 | 美国特许权店数 | 公司拥有的分销商店 | 特许权加盟费（美元） | 销售的特许权使用费 |
|---|---|---|---|---|
| 赛百味（三明治） | 15 257 | 1 | 12 500 | 8% |
| Curves（女性健身及减肥服务） | 4 671 | 0 | 24 900 | 395 美元/月 |
| 7-11 公司（便利店） | 3 761 | 2 547 | 不定 | 不定 |
| 麦当劳（汉堡） | 11 465 | 8 094 | 45 000 | 12.5%+ |
| Jani-king（商业清洗） | 7 843 | 33 | 8 600～16 300 | 10% |
| 塔科贝尔公司（墨西哥快餐） | 5 363 | 1 331 | 45 000 | 5.5% |
| Taco Bell Corp.（三明治） | 2 000 | 0 | 25 000 | 7% |
| 速 8 酒店（经济型旅馆） | 1 987 | 0 | 不定 | 5% |
| Jackson Hewitt Tax Service（收入税业务） | 3 709 | 516 | 25 000 | 15% |

资料来源：EntrepreneurMag. com.

商业模式特许权授予者为特许经营人提供培训和其他帮助，通常包括有关购买、定价、选址、会计程序和广告等方面的建议。[25]特许权经销商同意以特许权授予者所提出的方式运营，特许权授予者将持续地监督特许权经销商的绩效，以确信它没有偏离特许权授予者的轨道。尽管联邦反托拉斯法和州法律通常限制各方面的特许权授予者的控制，特许权授予者的纵向约束仍然大大限制了特许权的运营（参见第 19 章）。
432 （参见 Brickley，Dark and Weisbach，1991，有关特许权授予者如何对各种限制其行为的法律做出回应的分析。）特许权经销商协议通常被特许权授予者终止。作为对特许权授予者的补偿，特许权经营人通常要支付特许权加盟费加上销售的百分比或特许权使用费，比例通常为 0～10%。

特许权授予者—特许权经销商关系需要双方相互依靠对方的努力——而这一努力通常难以观察。由于特许权授予者很难监控特许运营状况的好坏，因此特许权经销商存在保留额外利润的激励。这样，特许权经销商存在比特许权授予者雇用的员工更加努力工作的激励。

在监督特许权经销商的行为并不困难的情况下，特许权授予者可以拥有自己的商店。许多特许权授予者拥有并运营大部分自己的商店。在美国，除了一些特许权非常普遍的部门，如汽车交易和加油站外，大约13%的特许权授予者的销售来自自己公司的商店（《2003年特许权年鉴》，2003 *Franchise Aunual*）。汽车交易商是100%特许的，加油站的85%是特许的，而快餐商店的特许权比例为79%，便利店为85%（Hadfield，1990；《2003年特许权年鉴》）。公司自己拥有的商店往往比独立的特许商店更大，而且通常比独立特许商店更靠近于特许权授予者的地区总部。随着特许权授予者的持续扩张，公司自己拥有商店的比例似乎呈现下降趋势（Martin，1988；Brickley and Dark，1987）。拉方丹（Lafontaine，1992）发现，当在特许层面上出现激励或监督问题时，特许经营的意外更多。和拉方丹的发现相一致的是，谢泼德（Shephard，1993）、布拉斯和卡尔顿（Blass and Carlton，2001）发现如果加油站没有修理站，则出售的汽油越多，加油站越有可能是石油公司在运营。

433 在进入特许经营圈后，特许经营人期望特许权授予者继续提供服务并确保其他特许经营人维持品牌的信誉。如果特许权授予者将特许权出售给了没有能力的人，那么品牌价值将下降，即使经营人在有效率地运营，每个经营者的生意也会受损。通常的做法是，通过将特许权费和销售比例相联系，特许权授予者拥有继续监督和帮助特许权经销商，保证其能够成功的激励。因为如果总体销售下滑，特许权授予者的收入就会下降。

一个更为困难的问题是为什么特许权费取决于销售额而不是利润。毕竟，特许权授予者和特许权经销商所希望的是利润最大化，而不是销售额最大化。答案之一是销售额比利润更好测度（例如，利润的测度需要确定折旧）。另一个难以证实的答案是，特许权费基于销售额而不是利润更有利于引导特许权授予者监督特许权经销商，从而保持品牌声誉。

由于独立的特许权经销商自己设定零售价格，同时公司自有的特许店能消除双重加成，因此人们有可能考察公司自有特许店的价格是否低于独立的特许权经销商的价格。拉方丹（Lafontaine，1995）比较了匹兹堡和底特律地区的Arby's、DQ、肯德基、麦当劳、Wendy's和其他快餐特许经营中同种产品的公司自有商店和独立特许权经销商的价格。她发现公司自己运营的特许店价格要比平均水平低2%。她得出的公司自有特许店的价格较低的结论与巴伦和厄姆贝克（Barron and Umbeck，1984）以及谢泼德（Shephard，1993）有关汽油价格的结论是一致的。

# 经验性证据

有关企业为什么进行纵向一体化或者施加纵向约束的理论有很多。现实世界的证据表明了各种理论在预测哪儿会发生纵向一体化和纵向约束时的解释力究竟有多强。我们首先考察纵向一体化的证据，而后是有关纵向约束的证据。

## 纵向一体化的证据

现有的大多数有关纵向一体化原因的研究聚焦于本章所讨论的交易成本或市场势力。当纵向关系的企业必须投资于专用性资产（它没有其他用途），或者纵向一体化能被用来避免机会主义行为时，威廉姆森（Williamson，1975，1985）的交易成本或专用性资产理论是成立的。机会主义行为通常涉及违反显性或隐性的合约或承诺，试图得到交易所产生的大部分租金。企业在考虑另一方可能的机会主义行为后会选择成本较低的行动，即纵向一体化或依赖于市场。市场势力理论认为企业纵向一体化是为了增加利润或消除市场势力。本节讨论考察为什么企业会内部生产部分产品，而依靠市场采购获得另一些产品的经验性研究。

434 蒙蒂韦尔德和蒂斯（Monteverde and Teece，1982）检验了汽车制造商的准一体化情况。他们解释了为什么在一些情况下，制造商宁可拥有生产某一部件的必要设备，而不是从其他拥有同样设备的企业处购买这一部件。例如，假设制造某一特定部件的机器只能用于该制造商，因此必须专门定制。如果另一企业拥有该机器，它会被制造商所掌控，因为制造商可能会突然宣布不再购买该种部件，从而使得机器失去价值。能够避免这一机会主义行为的方法是制造商后向一体化并且拥有其他企业。一个不太极端的解决方案是准一体化，其中制造商仅拥有机器，而不是完整的另一个企业。另一个企业为制造商开动机器，按小时收费。

蒙蒂韦尔德和蒂斯（Monteverde and Teece，1982）考察了美国主要汽车供应商中涉及两个部门的一批部件的情形，所有这些部件都需要特殊的机器设备，不能从公开市场中购买。蒙蒂韦尔德和蒂斯检验了机会主义导致准一体化的可能性。如果专用性资产对下游企业的价值比其用于次重要用途时高出很多，那么就有可能出现机会主义行为。为了表明这一点，假设生产专用部件的机器可以容易地转换为生产其他企业部件的机器。在这种情况下，制造商利用该企业的机会就比机器没有其他用途的情况下要小。工具化成本（生产专用机器以加工部件的成本）越高，部件越专业化（机器转换为它次优用途的成本越高），机会主义行为就越有可能发生。蒙蒂韦尔德和蒂斯的经验性证据证实了准一体化在这些情况下更容易发生。

但是，不同的企业会做出差别很大的决策。例如，通用汽车公司57%的零部件是从自己的部门中内部采购的，而克莱斯勒的部件则只有30%来自于自己的部门。[26]

马斯滕（Masten，1984）研究了航空产业的纵向一体化。企业会自己生产或从其他企业购买各种本产业用的部件。正如前面研究中所提到的，当使用专用性资产时，一体化更容易发生。马斯滕使用了两种资产专用化的测度。第一种是设计的专用化，反映了被该公司排他性使用的元件（高度专业化）是否可以轻易地为其他航空企业（一定程度上专业化的）所使用，或者用于其他产业（相对标准化的）。例如，晶体管和电阻器是标准元件，而被设计用于特定企业的集成电路则是高度专业化的。第二种是地点的专用化，反映就近生产是否能减少成本。马斯滕还测度了产品的复杂性：产品越复杂，就越容易出错，机会主义行为发生的可能性也就越大。

马斯滕的统计分析表明，产品高度复杂、设计高度专用化的产品更
435 容易内部化生产，但是至少在该产业中，地点专用化不是重要因素。如果产品是设计专用化的而且复杂，那么存在92%的可能性内部生产。如果是设计专用化的但是并不复杂，那么存在31%的可能性内部生产。如果不是设计专用化的，那么不管是否复杂，产品内部生产的可能性下降到2%。这样，设计的专用化看来是最为重要的因素。其他表明资产专用化重要性的研究包括斯皮勒（Spiller，1985）、韦斯（Weiss，1992）、克罗克和雷诺兹（Crocker and Reynolds，1993）、明克勒和帕克（Minkler and Park，1994）、怀特（Whyte，1994）、温默和加伦（Wimmer and Garen，1997）。

利伯曼（Lieberman，1991）检验了资产专用性、市场势力和保证供给在化学产业中解释纵向一体化的重要性。他的研究严格证明了卡尔顿（Carlton，1979a）有关保证供给重要性的理论。利伯曼的发现有力地支持了资产专用性和供给保证才是解释纵向一体化的重要原因，而非市场势力。

## 纵向约束的证据

大多数有关纵向约束的经验性研究关注于转售价格维持的效果。本节考察了转售价格维持和其他类型的纵向约束。

1975年是国会就转售价格维持是否非法问题展开讨论之时，递交给国会的大多数研究发现在实行公平贸易法律的州受到维持的价格比没有实行公平贸易法律的各州高出了16%～19%。国会图书馆研究库的测算表明，相对于实行自由贸易的各州，实施公平贸易法律的各州中消费者有关零售交易的支付要高出16.6亿～62.3亿美元。这样，实施公平贸易法律的各州中的家庭每年必须为受到维持的价格多支付150美元（Shepard，1978）。

几项有关转售价格维持的研究比较了1976年联邦法律禁止转售价格维持前后两个阶段的情况。[27]通过观察两阶段的价格和产出，这些研究试图检验转售价格是有利于还是有损于消费者。这些研究的困难之处在于人们并不清楚价格和产出行为是否能够帮助他们区分有利于和有损于消费者的情况。例如，如果转售价格维持是反竞争的，那么禁止转售价格维持后价格会下降，产出会上升。但是当转售价格维持本身能促进竞争时，也会发生这样的情况。原因在于如果转售价格维持促进了销售努力和促销行为，那么短期内仍会存在销售努力和促销行为所产生的影响。一旦转售价格维持被禁止，价格将随着企业的竞争而下降，产出会上升。但是最终，过去促销努力的收益将得不到补
436 偿，搭便车行为将减少额外的销售努力，导致产出下降。价格将会更低，因此促销活动也会减少，从而产出会高于或低于存在转售价格维持的时候。这样，禁止转售价格是否会有利于消费者取决于消费者对销售服务的价值判断。

谢泼德（Shephard，1978）的一项关于联邦委员会禁止转售价格维持后18个月（1976年1月—1977年6月）的境况的研究表明，消费者在实施公平贸易法律的各州中节约了65亿美元。他测算到折扣企业的价格相对于其1975年12月的价格下降了11.6%，专卖店（非折扣商店）的价格仅下降了1.8%。在家具、服饰和工具销售业中，折扣和非折扣的价格差异非常大，达到20%～30%。非价格竞争可能会因此而减弱。在一项有关加利福尼亚（该州实施公平贸易法律）零售商的调查中，我们发现无折扣的专卖店对一些在附近的折扣商店中有售的产品也打了折。而且在所调查的零售商中，15%的零售商宣称它们或它们的竞争对手在转售价格维持受到禁止后减少了广告预算。这一说法得到108个美国最大城市的主要报纸零售商的平均广告费用的证实。在禁止转售价格维持之前的1975年，82个实施公平贸易法律的城市的平均广告预算要比自由贸易城市高出13.2%。在禁止转售价格维持后的1976年，这些城市的广告预算仅高出了12.7%。

奥恩斯坦和汉森斯（Ornstein and Hanssens，1987）思考了酒类的转售价格维持是否能增加或降低福利。大致看来，如果转售价格维持增加了分销的效率，那么就会增加产出，从而提高消费者福利。[28]他们比

较了从 1974—1978 年间存在转售价格维持和不存在转售价格维持的各州的情况。他们发现，保持其他要素不变，转售价格维持的出现使得人均消费下降了 8%。他们同时比较了禁令开始前八年到 1984 年加利福尼亚各县的情况。禁止转售价格维持对酒类商店的特许权产生了负面影响，使其价值下降了 23%～25%。这一巨大的损失和转售价格维持可以被用于设定高于竞争性水平的价格的信念是一致的。同时，这一损失也和下列观点相一致：为了激励销售，转售价格维持可以被用于创造分销部门的一些利润。

使用跨州的分析，奥恩斯坦和汉森斯在忽略饮酒负外部性的前提下，测算了来自转售价格维持的福利损失。基于测算到的－0.5～－1.5 的酒类需求价格弹性，他们测算的直接福利损失为 250 万～750 万美元。从消费者向企业的财富转移是巨大的：1978 年为 2.266 亿美元，或者说是受到影响的各州中零售价值的 4.5%。考虑到用于测算的数据的难度，奥恩斯坦和汉森斯认为这些数据只具有建议性质。

437 伊波利托（Ippolito，1991）和奥弗斯特里特（Overstreet，1983）研究了采用转售价格维持的数个产业。他们得出的结论支持了下述假设：转售价格维持可以被用于便利销售努力，而不是便利经销商或制造商之间的卡特尔。

除了转售价格维持的研究外，还存在其他类型纵向约束的研究。例如，埃克隆等（Ekelund et al.，1987）分析了排他性区域对啤酒价格的效应。他们的结论是，当考虑各州对价格的广告限制后，并没有证据表明排他性区域会提高价格。

米勒和盖斯曼（Mueller and Geithman，1991）检验了床垫制造商西利（Sealy）使用的分销系统的效果。1968 年，西利构建了新的特许权协议，授权各个特许经销商以前的排他性销售区域为“主要责任区域（APR）”。当一名特许经销商在他的 APR 外销售产品时，必须向受到侵权的 APR 支付“越界费用”和“维修保证金”。因此，分销商很少在自己的 APR 之外销售。作为一个非政府的反托拉斯行为，人们发现这一实践限制了贸易。从 1981 年开始，西利的特许经销商开始在其他人的 APR 内销售。零售商在自有 APR 以外区域的销售从 1980 年的 0.9%增加到了 1985 年的 4.6%。

米勒和盖斯曼得出结论，特许权系统为本地经销商创造了垄断势力，对西利产生了不利影响。当这一体系结束时，消费者得到了大量的折扣。显然，没有因搭便车问题而出现减少广告的情况。本地和全美范围内的广告水平都上升并超过 20 世纪 80 年代的水平。埃卡德（Eckard，1994）对米勒和盖斯曼有关证据的解释提出了质疑，并注意到该解释和本地经销商市场势力的降低并不一致，西利的利润在 1980 年后开始下降。

我们需要更多的经验性研究来检验纵向约束的理想和非理想效果。尽管许多理论文章表明了纵向约束是如何有害或有益的，但是来自美国反托拉斯案件的证据只提供了该行为产生有害效果的微薄的证据。这样伊斯特布鲁克（Easterbrook，2002）认为法院对纵向协议采取严厉的态度可能是不可取的。

## 小　结

产生纵向一体化的理由和企业最初为什么形成的原因相同。尽管企业能以纵向一体化来增加垄断利润，但它们同时也有许多与效率相关的动机。当企业不准备进行纵向一体化时，它们会向与其交易的企业提出纵向约束。通常，对制造商最为有利的是利用纵向约束来限制分销商的垄断势力。通过这样做，制造商可以引导分销商付出更多的销售努力。这些纵向约束可以刺激产品销售和促进竞争。在一定的环境下，也可因纯粹的反竞争理由使用纵向一体化和纵向约束。尽管存在一些例外，通常很难表明纵向一体化和纵向约束会降低福利。

## 问　题

438 1. 对特许权授予者来说，基于利润向特许权经销商收取特许权使用费比基于销售额更为有效（更多的联合利润）。请说明为什么多数特许权授予者收取的特许权使用费是销售额的百分比？

2. 假设一个垄断性上游企业向大量的下游企业销售产品，其中一个在它的零售市场中是垄断者。如果没有可能实现纵向一体化，那么政府应该如何做才能减少双重垄断加成所带来的损失？

3. 如果在零售层面上收取纯利润税（经济利润的百分比），那么下游垄断者纵向一体化的激励会改变吗？如果在上游和下游层面都收税，那么激励会发生改变吗？销售税（在零售层面）会影响纵向一体化的激励吗？

4. 一个垄断生产商拥有一个经销商网络，在这个网络中，生产商可以限制经销商的数量，限制它们的排他性区域，生产商用这个网络在其他国家销售它的产品。一些进口商在其他国家购买这一产品，在美国进行返销，据说这样的进口产品在灰色市场出售。解释为什么制造商可能不会阻止这样的灰色市场销售。

5. 一位女士希望给朋友买一份礼物，她想开一个玩笑，买一个空的肯德基炸鸡桶来装礼物。她试图从销售肯德基炸鸡快餐店购买空炸鸡桶，被告知需要 10 美元，而一整桶鸡只需要 10.99 美元，原因在于公司总部通过控制炸鸡桶的销售来控制存货。[29]为了保证核算的准确，母公司要求特许权经销商仅从母公司购买炸鸡桶。社会必须阻止特许权授予者这么做吗？为什么特许权授予者希望使用这种方法？特许权经销商如何摆脱这种限制？

6. 测度纵向一体化程度的一个可能指标是增加值（销售额减去材料和能源的成本）与销售额的比例。比较煤矿企业和汽车制造商的这一测度。

奇数问题的答案在本书最后部分给出。

# 推荐阅读

参见 Perry（1989）有关纵向关系和 Katz（1989）有关纵向合约关系的精彩的、相对非技术性的文献回顾。纵向一体化的经典文献包括 Coase（1937）和 Stigler（1951）。相对而言，交易成本方法的拥护者 Williamson（1975，1985）的两本书技术性并不强，但很吸引人。Blair and Kasermna（1983）有一个较为清楚但是更为技术性的分析。Telser（1960）提出了第一篇纵向关系现代理念的文章，而且是非技术性的。White（1985）对这一主题进行了清晰的讨论。参见 Martin（1988），Hadfield（1990，1991），Gallini and Lutz（1992），Lafontaine（1992，1995），Katz and Owen（1992），Brickley（1999，2000，即将刊出）有关特许权的最新工作。Preston（1994），Noll and Owen（1994），Warren-Boulton（1994）和 Guerin-Calvert（1994）使用经济学分析了涉及纵向协议的五个重要案例。

**【注释】**

[1] Glenn Plaskin，"How Perdue Found Success，" *San Francisco Chronicle*，January 27，1993：B4.

[2] 参见 Perry（1989）有关讨论这些和其他解释的精彩回顾。

[3] Michael Slater，《微处理器报告》的编辑，引自 Don Clark，"Intel Corp. Planning New Chip Campaign，" *San Francisco Chronicel*，April 2，1988：B1，B20。

[4] 同时参见 Masten（1984），表明了专用化资产影响航空业的资产所有权，Anderson and Schmittlein（1984）检验了资产专用化和企业拥有自身销售力量的决策，Crocker and Reynolds（1993）研究了资产专用化如何影响空军的采购过程。

[5] Ken Siegmann，"Conner SuesSeagate over Component Cut-Off，" *San Fran-*

*cisco Chronicle*，April 19，1990：C1. Roxanna Li Nakamura，"Conner Sues Seagate for Contract Reneging，" *InfoWorld*，April 30，1990.

[6] 即使确实放松了一些管制，但是允许电话公司进入新业务领域仍然会抵消一些贡献给社会的效率。参见第 20 章有关管制的内容和 www. aw-bc. com/carlton_perloff "AT&T 的解体"。

[7] 正如第 11 章中所讨论的，纵向一体化的另一个理由是战略性的。控制稀缺投入的企业可以使其竞争对手处于劣势。

[8] 竞争性下游产业的价格 $p$ 等于边际成本 $MC(Q)=e+w$。也就是说 $p=e+w$。价格（需求函数）是 $Q$ 的减函数，$e$（垄断者收取的价格）是 $E$ 的减函数。由于 $Q=E$，这一价格等式可以重新表示为 $p(E)=e(E)+w$，或者 $e(E)=p(E)-w$。也就是说，上游垄断者面对的由推导而得出的需求曲线等于竞争性产业面临的需求曲线减去单位劳动成本。

[9] Carlton and Perloff（1981）表明防止纵向一体化的努力能消除拥有市场势力的企业进行价格歧视的能力，从而影响石油等非可再生能源的耗尽速度。

[10] 专业化企业收取的产品价格不能高于非专业化企业自己生产产品的最小平均成本。

[11] 这一讨论基于 G. C. Allen，*The Industrial Development of Birmingham and the Black Country*，1860—1927，(London：1929)，56-7 and 116-7，cited by Stigler（1951)。

[12] 大多数有关纵向约束的已有文献都强调搭便车的作用。但是，Winter（1993）提出了一个更为一般的方法以解释为何制造商希望使用纵向约束。

[13] 假设零售商从制造商手中购买产品，而后转售。零售商除了支付批发价格外没有额外成本，面临不变需求弹性 $\varepsilon_1$。由于零售商具有垄断势力，它可以设定价格 $p_1$ 等于 $\mu_1 p_2$，其中 $p_2$ 为制造商的产品价格，$\mu_1=1/(1+1/\varepsilon_1)>1$ 为一般垄断加成（第 4 章）。制造商设定价格为 $p_2$，等于 $\mu_2 m$，其中 $\mu_2=1/(1+1/\varepsilon_2)>1$，$\varepsilon_2$ 为制造商面对的需求弹性，$m$ 为不变边际成本。这样 $p_1=\mu_1\mu_2 m$，存在制造成本的双重垄断加成 $\mu_1\mu_2$，大于单独的 $\mu_1$ 或者 $\mu_2$。

[14] 在这个例子中，$p_1=D_1(Q_1)=10-Q_1$，$MR_1=10-2Q_1=p_2=D_2(Q_2)=10-2Q_2$，$MR_2=10-4Q_2$。令下游企业的边际成本与边际收益相等，即 $m=2=10-4Q_2=MR_2$，意味着 $Q_2=2$，因此 $p_2=10-(2\times2)=6$。结果为 $p_2=6=10-2Q_2=MR_1=10-2Q_1$，$Q_1=2$，$p_1=10-2=8$。

[15] 如果一体化企业的生产和独立企业同样有效率，那么一体化会使得消费者和企业的境况都变好。即使一体化企业的效率变低，消除两个垄断加成之一的理想效果可能仍会超过负面效应。但是一些一体化兼并可能对私人是有利可图的，但是并不是社会所需要的，而一些社会需要的兼并对私人来说却没有利润（Ross，1990)。

[16] 参见 Overstreet（1983）和 Yamey（1966）有关几种转售价格维持的详细讨论。参见 Telser（1960）有关为什么制造商希望签订转售价格维持协议的讨论，美国允许在公平贸易法下使用该协议。参见 Mathewson and Winter（1984），Marvel and McCafferty（1984），Perry and Porter（1986），Klein and Murphy（1988）对处理搭便车问题的纵向约束的进一步讨论。

[17] 参见 Overstreet（1983，113，152-6）的研究综述。以下转售价格协议包

含的产品数量百分比就基于他的总结。Yamey（1966）提供了有关各国法律的深入讨论。

[18] 有关纵向约束促进竞争的例子，参见 Lafferty，Lande and Kirkwood（1984）和 Ippolito（1991）研究的几个案例。

[19] Rey and Stiglitz（1995）表明了竞争性制造商如何使用和分销商的排他性合约来缓解制造商之间的竞争强度。Ordover 等（1990）解释了纵向一体化（或者等价地通过纵向合约得到）如何对差异化产品的竞争造成损害。也可参见 Bernheim and Whinston（1998），Chen（2001），Rey and Tirole（1986），Riordan and Salop（1995），Segal and Whinston（2000a）。

[20] Salinger（1988），Riordan（1998），Ordover，Salop and Saloner（1990），Hart and Tirole（1990），Riordan and Salop（1995）讨论了纵向兼并是否会损害竞争。反对的意见参见 Carlton（1990），Reiffen and Vita（1995）对这一文献的批评。当不存在交易成本（或者签订合约的法律障碍）时，如果存在有损消费者的纵向兼并的激励，那么同样存在通过纵向合约而不是兼并来达到同样结果的激励。因此，只有当不会发生这样的合约时，人们才会担心纵向兼并的反竞争结果。这些反竞争效果和我们此处讨论的纵向合约关系相似。

[21] Carlton and Waldman（2002），Nalebuff（即将出版），Whinston（1990），Stephandis and Choi（2001）表明，在规模因素起作用的其他情况下，纵向约束可以前向关闭市场竞争。参见 Carlton（2001）更为详细的讨论。

[22] 有时纵向一体化是被禁止的。参见 Barron and Umbeck（1984），Blass and Carlton（2001）有关禁止石油公司拥有自己加油站的高成本后果的分析。

[23] *The 1986 Franchise Annual and The 2003 Franchise Annual*，Lewiston，N. Y.：Info Press.《特许权年鉴》排除了某些类型的特许权，如汽车交易和加油站。如果包括被遗漏的特许权，该报告的数据会高很多。

[24] "Franchising in the United States," *AP Newswire*，July 6，2002.

[25] 这些帮助通常并不会导致特许店相对于非特许店存在较低的失败率。相反，证据表明两种失败率是相似的，小型特许店在最初几年的失败率稍高，但是随后年份中的失败率低于独立企业（Bates，1995；Stanworth 等，1998）。

[26] David Woodruff and Zachary Schiller. "Smart Step for a Wobbly Giant." *Business Week*，December 7，1992：38.

[27] 尽管联邦法律禁止转售价格维持，制造商仍可合法地通过控制零售价格来挤压分销商。例如，制造商可以建议零售价格、选择和不打折的零售商店交易、构建促销激励来使得零售商收取的价格不会低于制造商确认的最低广告价格。

[28] 在更低的价格下售出更多的酒类使得消费者从直接消费中得到的福利增加。当然，更多的消费会导致大量的损害，例如酒后开车。这些间接的损害在我们后面的福利计算中并没有包括在内。

[29] Clark DeLeon，"The Colonel：That Will Work，Won't It?" *Philadelphia Inquirer*，December 30，1980：2-B.

经济科学译丛·现代产业组织 经济科学译丛·现代产业组织

# 第4部分

# 信息、广告和披露

# 第 13 章　信　息

440　并无绝对的知识……所有信息都是不完美的。我们要谦卑地对待。

——J·布罗诺夫斯基（J. Bronowski）

本章研究由消费者的有限信息引起的问题。消费者通常并不了解哪家商店以最低价格销售商品，或者品牌之间有怎样的质量差异。向消费者提供有关产品价格、特性或质量等的信息会改变他们的消费行为，从而改变市场结构。最近关于消费者有限信息市场的研究得到的结果令人惊叹，而且和基于完全信息的标准经济模型得出的严谨结论相矛盾。在消费者具有有限信息的市场中，可能并没有高质量产品的供给，完全竞争市场的一些理想的效应消失了，同时企业具有减少消费者信息的激励。

本章所讨论的五个主要问题是：

1. 如果消费者只拥有关于产品质量的有限信息将会出现什么样的现象？

2. 如果消费者只拥有关于产品价格的有限信息将会出现什么样的现象？

3. 如果一些消费者具有完全信息，而另一些消费者只拥有有限信息，那么能得到完全信息均衡吗？

4. 企业具有降低消费者信息水平以进行价格歧视的激励吗？

5. 什么时候给消费者提供更多的信息会降低均衡价格？

441 本章伊始即提出，如果消费者关于产品质量只拥有有限信息，那么会出现以下问题：要么市场不存在，要么即便市场存在，产品的质量也会不同于（通常会低于）完全信息的情况。[1]例如，通常企业只生产低质量的产品。如果消费者得到的收益大于收集和传播信息的成本，那么通过专家、标准和认证来提供信息对社会而言就是有利的。担保或保证有时也能消除有限信息所带来的问题。

而后，我们证明了消费者对于价格的不完全信息会使市场消失，使得即便是小企业也可以将价格设定在高于边际成本的水平，或者导致对同质产品收取不同的价格。也就是说，当存在有关价格的不对称信息时，将不可能实现完全竞争。从这一意义上来说，供给和需求定律以及单一价格定律在不完全信息市场中将不成立。

接下来，我们考虑了为了获得市场势力，企业会故意提高消费者的搜寻成本。例如，企业会对不同地点，或是不同品牌下的同一产品制定不同的价格，使得消费者难以发现低价格的品牌。最后，我们发现提高消费者的信息优势有时可以降低平均价格。

## 为什么信息是有限的

心理学家、经济学家、市场营销学家和其他专家的研究都发现，消费者在他们购买商品的市场中对价格和质量具有不完全知识。产生有限知识的原因主要有五方面（联邦贸易委员会，1978）。

第一，信息的可靠性不同。并不是所有的“信息”都是精确的，因此理性消费者不会无差异地信赖所有来源的信息。曾经准确的信息有时也会过时，因此并不精确。

第二，收集信息存在成本。如果收集信息的边际收益低于边际成本，那么对消费者来说收集信息不能获得收益。例如，搜寻几家商店来比较最低的方糖价格几乎没有什么意义。参见案例 13.1 和 www.aw-bc.com/carlton _ perloff 有关“消费者信息来源”的文章。

第三，消费者只能记住或是回忆起有限的信息（参见 www.aw-bc.com/carlton _ perloff“消费者知道他们所支付的价格吗?”）。当然，他们会记得相对重要的信息。

第四，对消费者而言，使用简单规则来处理信息通常是有效率的。也就是说，他们仅仅理性地使用他们已经收集的信息的一部分，因为对收集到的信息进行处理需要成本。消费者会核对餐馆的账单，检查其中是否包括没点的菜肴，但不会检查其他项目。一个明智的消费者只会将
443 信息处理到这种程度：其边际收益等于处理更多信息的边际成本（这一行为被称为有限理性）。[2]

第五，一些消费者由于未受过足够的教育或是缺乏能力去正确处理所有产品的可得信息。例如，一些非常聪明的消费者并不知道怎样确定各种计算机或产业经济学教科书的质量、食品的保健程度，以及某种庭院花木在他们家院子里成活的可能性等。另一些人缺乏数学技能来比较购买汽车时一次性付款和多年的按月小额分期付款究竟哪种更划算。参见案例13.2。

442

**案例13.1**

## 转基因食品：消费者不关心或不阅读标识吗？

所有的西方国家都严格管制食品的标识。标识必须能够准确和有效地标明有关产品成分或特点的信息。尽管产品标识并不一定会明显地误导消费者，但生产者具有只标明产品的正面特性，而将负面特性用不起眼的方式标出的动机。因此，管制者对包装上有关信息的尺寸规格、颜色和位置做出了严格的规定。

对于食品中是否含有转基因成分（GMO）这一关键问题，不同国家的处理是不同的。欧洲国家规定有关GMO说明的字体规格至少和有关成分的其他说明一样大。调查研究表明，欧洲消费者对含有GMO的产品心存反感。但是诺塞尔、罗宾和拉菲尤克斯（Noussair，Robin and Ruffieux，2001）的实验发现，这种厌恶感并没有影响到购买行为。

他们的研究表明消费者并不会对标识的内容做出反应，这或许是因为他们甚至都没有注意到标识，因此就没有意识到产品中含有GMO。在对法国格勒诺布尔消费者进行研究时，实验者使用了维克里拍卖来决定消费者的支付意愿。在这些拍卖中，每个参与者同时且独立地给出报价。产品卖给报价最高的消费者，价格为次高报价。根据该理论，每个竞价者具有显示真实支付意愿的主导战略。

在实验的第一阶段，拍卖未经包装的四根巧克力条，其中两根的外观相同，分别记为S和U。每个购买者可以得到四种口味的产品，而后进行拍卖。在第二阶段，购买者可以看到原始包装（没有价格但是有成分说明）。S的包装说明原料为谷物，而U关于原料的说明为“转基因谷物”。然后进行第二轮拍卖。在第三阶段，消费者可以在包装上看到放大的成分说明，并被要求阅读该说明。

在最初的两个阶段中，产品S和U的平均竞价基本相同。但是，在第三阶段，GMO产品U的平均报价只有非GMO产品报价的75%。而且，80%的购买者愿意为U支付正的价格。因此，尽管据称人们存在对GMO产品的疑虑，但是显然多数消费者仍然愿意购买，而且愿意支付和非GMO产品一样的价格，因为他们并不会仔细阅读产品标识的内容。

# 有关质量的有限信息

443 鲍恩勋爵对于困难工作的定义是：在不完全信息的情况下回答“是”或“不是”。

消费者通常并不清楚市场中不同品牌产品的质量是如何变化的，如专业性服务（医生、律师、修理工、电器工或是经济学家）、经过加工的食品、用过的商品、复杂的机械或是电子产品。这就存在**不对称信息**(asymmetric information)：交易的一方（卖者）知道产品的具体信息(产品的质量)，而交易的另一方（买方）并不清楚这些具体信息。有关质量的不对称信息具有两个负面结果：要么不存在均衡，要么如果均衡存在，资源的利用效率低于完全、对称信息的情况。

## “柠檬”市场

有关有限信息会摧毁一个市场的最为著名的研究是阿克洛夫（Akerlof，1970）关于“柠檬”市场的经典分析。阿克洛夫表明了当卖者具有完全信息而消费者具有极度有限的信息时，交易可能不会存在，或者市场中仅出售低质量的产品。

例如，在二手车市场中，卖者（目前车的主人）早已知道汽车是几乎不需要修理的（好车）还是经常需要修理的（一个“柠檬”），而潜在的买者仅仅知道能买到好车的概率。如果买者不能区别好的二手车和坏的二手车，那么车的销售价格将是一样的。

**劣质品驱逐优质品**。在市场上坏车的价值被高估了，而好车的价值则被低估了。例如，假设消费者相信市场上半数的二手车是柠檬，估价为100美元，对另外半数好车的估价为200美元。消费者是风险中性的：消费者对拥有1美元和拥有一件毫无价值及价值2美元的概率各为
445 50％的物品的感觉是一样的。因此，典型的消费者对随机挑选的汽车的估价为150美元（＝1/2×100＋1/2×200)。也就是说，买者愿意为坏车支付的价格要高于坏车的价值（150美元＞100美元)，因为该车或许是好的；但是买者愿意为好车支付的价格则低于好车的价值（150美元＜200美元)，因为该车可能为“柠檬”。

案例 13.2

## 了解消费者信息

"脂肪免费"的标签不是误导！脂肪是免费的，我们只对其他配料收费。

许多消费者并不了解潜在的有价值信息。

**单位定价**：杂货店购物者可以使用单位定价来决定哪个品牌或是哪种规格的产品单位价格相对较低。1975 年的 300 份售后调查表明，39%的购物者声称经常使用单位价格，另外 32%人称偶尔使用，而 19%的购物者很少和几乎不用标签做价格比较，10%的购物者承认他们从来没有注意过标签。因此，超过 7/10 的消费者至少偶尔使用单位定价，只有 22%的人认为单位定价是"没有帮助的"。

其他消费者并未使用单位定价，可能是因为他们不能处理该信息。一个实验表明，对单位价格信息的理解随着教育水平的增长而增长。了解单位价格信息的人中有 48 人是小学毕业，71 人受过部分高中教育，75 人高中毕业，81 人受过部分大学教育，83 人为大学毕业生。

**保险成本**：调查表明，一般消费者并不理解国家保险委员会所采用的寿险成本披露表格。只有 38%的寿险购买者知道政策指数可以用来比较不同的寿险政策成本。只有 21%的消费者知道政策指数越低则成本越低，61%的消费者并不知道怎样使用这一指数。

**灯泡的亮度**：1970 年以来，联邦贸易委员会就要求企业披露有关灯泡亮度的信息。该法执行 5 年以后，多数消费者并不了解灯泡亮度的指标"流明"的概念。在对 168 个消费者的调查中，只有 1 个消费者提到流明是选择灯泡的一个相关因素。

**营养**：根据 1991 年哈里斯的民意测验，22%的消费者声称他们在了解食品标签信息时存在困难。而且，尽管食品和药品管理局要求企业标明非标准食物的标签，但许多消费者（包括本文作者）发现理解某些条款存在困难。例如，如果产品并不是天然的，而且在营养价值上确实不如天然之物，它必须被标明是仿造品。如果产品虽不是天然的，但在营养价值上与天然之物相同，它可以被称为替代品。像无盐、没有盐、无添加盐、未盐化和没有盐分等标识可能会误导消费者。这也许意味着在生产过程中没有加盐，但是原产品可能是高盐含量或高钠含量的。

资料来源：*The Progreesive Grocer*，October 1975：48；D. McCullogh and D. I. Padberg，"Unit Pricing in Supermarkets，" *Search*：*Agriculture* 1971：1：18，Table 22；Federal Trade Commission（1979，93—4）；Sheldon Margen and Dale Ogar，"To Your Health：The Writing on Food Labels Often Confuses，" *San Francisco Chronicle*，October 22，1986：FF4；Sheldon Margen and Dale Ogar，"To Your Health：Labels on Our Food Don't Tell the Whole Story，" *San Francisco Chronicle*，October 29，1986：FF3；Associated Press，"20% Confused by Food Lables，" *San Francisco Chronicle*，March 12，1991：B4.

在这样的市场中，坏车驱走了好车。尽管坏车的拥有者愿意以高于其价值的价格出售汽车，但是好车的拥有者不愿意低于价值出售，而是选择继续拥有它。因此，在只有两种类型汽车的市场中，只有坏车会出售。由于只有坏车出售，购买者知道他们所买到的是柠檬，因此只愿意支付柠檬的价格，即 100 美元。优质的二手车就没有市场。

这个例子可以延伸到具有多种质量二手车的市场中，但结果是一样的。和先前所提到的原因一样，最差质量的汽车最终将所有其他汽车驱逐出市场。[3]

这类问题同样出现在保险和家庭维修市场中。由于老年人更需要家庭保险，因此家庭保险的价格随着年龄的增长而增加。但是健康的老年人由于保险的风险溢价过高而不愿意购买。正如在二手车市场中一样，存在**逆向选择**（adverse selection）：随着一项保险产品价格水平的上升，只有风险状况最糟的人会购买。如果个人能比保险公司更好地确定自身的健康状况，那么保险公司只能向社会中健康状况最差的消费者售出不成比例的保单。

同样，假设一些修理屋顶的工人会使用好材料，而另一些会使用差一点的材料。如果房屋的主人多年以来都不能辨别工人的诚信程度（例如较差材料的使用期限为 5 年，好材料可以使用 10 年），而且必须给使用两种材料的工人支付同样的价格，那么使用差材料的工人将会把使用好材料的工人驱逐出市场。在所有例子中，如果卖者和买者之间具有完全信息，那么交易的是高质量产品；如果卖者和买者之间具有不完全信息，那么交易的只有低质量产品。消费者因此被剥夺了消费一些产品的能力。

**不对称信息降低质量**。尽管并非所有具有不对称信息的市场都会退化，以至于只有质量差的产品在进行交易，但相比具有完全信息的情况，这些市场常常存在低效率：质量水平太低（Leland，1979a，1979b）。遗憾的是，由于提供完全信息通常是非常昂贵的，因此这些相对于完全市场的低效率通常并不能由政府干预来弥补。

这些低质量无效率是由外部性引起的——企业不能完全得到出售高
446 质量产品所得到的收益。当卖者提供了相对较高质量的产品时，市场中产品的平均质量就会上升，因此买者愿意为所有产品支付更高的价格。也就是说，由于平均价格水平的上升，高质量卖者和低质量卖者分享了出售高质量产品所带来的好处。由于基于平均质量水平的价格低于生产高质量产品的成本，因此企业不愿意生产和出售高质量产品。

## 问题的解决：信息平等

> 我只需要信息。
>
> ——查尔斯·狄更斯（Charles Dickens）

低质量产品驱逐高质量产品问题的出现是由于信息的不对称引起的。当信息对称时，交易更易成功。我们考虑两种类型的对称信息：双方都可以无成本地得到有关产品质量的信息，或者双方都无法知道有关产品质量的信息。

如果卖者和买者都知道二手车的质量，价格反映了车的真实价值，高质量汽车的销售价格将会高于低质量汽车。市场是完全竞争的，不存在低效率。

如果卖者的信息并不比买者多（比如对新车），那么好车和坏车的出售在一个反映两种质量的平均价格上进行。也就是说，价格并没有反映给定汽车的价值，但是等于预期价值。只要存在对称而不是不完全信息，市场就不会消失。

然而，获取信息对于消费者（或是卖者）来说是否值得，取决于这样做的成本及其收益。如果获得信息的成本相对较低，那么消费者可以获得信息，市场运行平稳。如果成本太高，信息就不会被收集，低效率就产生了。[4]

信息不对称问题的一个可能的解决方法是要求卖者披露信息（第 14 章）。消费者也可以通过其他五种途径获取信息。

**承诺或保证**。通过提供可信的承诺或是保证书，高质量产品的卖者可以将产品的高质量信息可信地传达给消费者。通过向消费者提供信息，企业可以收取能反映产品高质量的较高价格。

但是，保证书只有当它们是可信的时候才能传递信息。例如，具有固定营业场所的二手车卖者的保证书可信度要高于个人卖者。只有买者相信可以找到卖者并且该承诺在未来可信时，保证书才会有价值。[5]参见案例 13.3。

447

**案例 13.3**

### 虚假的清真肉

许多穆斯林——占美国 600 万～800 万名穆斯林的四分之一——只食用严格按照穆斯林规定准备的食品，即清真肉。遗憾的是，许多商店出售虚假的清真肉。清真肉非常贵，零售商通常将其他肉类标为清真肉，从而误导消费者。

解决这一问题的办法之一是法律干预。一些州已经通过了法律，将销售虚假清真肉视为犯罪。在英国、威尔士、北爱尔兰和以色列共和国，政府已经开始追查出售虚假清真肉的商贩。

解决这一问题的另一个办法是使用保证书。芝加哥杂货店店主穆罕默德·帕特尔在商店橱窗中标出："如果你能证明我们卖的肉不是清真肉，我们将给你 5 万美元。"这一标志大大增加了该商店的生意。

资料来源：Charles Osgood, "Laws to Stop Counterfeit Halal Foods," August 19, 2003; wcbs880.com/siteSearch/osgood_story_231115949.html; www.ehn-online.com/cgi-bin/news/news1/EpVyykuAyFLWiuELJf.html; www.muslimconsumergroup.com/news.htm.

通常，只有在产品寿命并不是严重依赖于消费者使用方式的情况下，企业才会提供保证书。否则，买者存在相对随意粗心地使用产品的激励，并在产品出现问题后依靠卖者来修理保证书中所承诺的问题。道德风险是指，当卖者承诺处理保证书中所列的问题（即便这些问题是由消费者引起的）时，消费者会存在随意使用产品的激励。

**责任法。**责任法的作用和明确保证的作用是相同的。如果消费者知道责任法或是合同法可以使得制造商生产高质量产品，那时制造商就不需要将它的承诺写入保证书。但是，依赖于法律保护而不是明确的保证书所存在的问题是，制造商的明确责任是含糊的，导致交易成本（如诉诸法院）会很高。因此，制造商会发现明确的保证书还是有必要的。

**声誉。**商店或是制造商会依赖于声誉来显示其产品的高质量。希望
448 顾客进行重复购买的商店具有很强的激励来提供高质量产品，而不是伪劣产品。总的说来，在相同的消费者和企业之间频繁发生交易的市场中更容易建立声誉，而在交易不太频繁发生的市场中很难建立声誉。

**专家。**客观的一方——专家可以为消费者提供可信的信息。例如，如果二手车的潜在购买者可以将车开到修理厂并进行评估，那么任何信息不对称都可以消除。

消费者团体可以公布专家对不同品牌的比较，比如消费者协会的《消费者报告》（*Consumer Reports*）。由于信息是**公共产品**（一旦提供给任何一个人，就可以无任何附加成本提供给其他人的产品），外部组织所提供的客观信息是很少的。如果提供信息所得到的价值（对于消费者来说）高于提供的成本，那么信息是有效的。尽管对社会有用的信息可能是存在的，但是由于企业不能得到提供有用信息的所有收益，因此没有企业愿意提供信息。消费者协会没有得到定购杂志的所有信息的价值，因为《消费者报告》的订购者可以将其借给朋友，图书馆可以收藏该杂志，而报纸可以报道它的发现。因此，消费者协会并没有像它所应该做的那样开展足够多的研究工作。

**标准和认证。**政府、消费者团体、行业协会或是其他组织可以通过标准和认证的方式提供信息。**标准**（standard）是评价特定产品质量的规格或是尺度。例如，绝缘体的"R 值"表明了该绝缘体的工作效率。**认证**（certification）是指某一特定产品已经符合或是超过了某个标准。

**标准的设定：**行业协会可以设定自己的标准，并且获得外部团体或是企业，如美国保险商实验所（Underwriters' Laboratories，UL）或是美国工厂联合防火保险公司（Factory Mutual Engineering Corporation，FMEC）对它们的产品已经达到了特定的标准水平的认可。通常，标准被设定来保证品牌之间的一致性。例如，保证 VHS 制式录像机的所有者可以使用另一家工厂生产的 VHS 制式的录像带。

政府部门通常需要制造商披露有关产品的信息，如家电产品的能耗或是某种药品的潜在副作用。政府可以通过要求专业的证书来证明药品的有效性，或者直接对产品进行检验来设定并执行最低质量标准。例

如，1988 年美国食品和药品管理局对 11.5 万个避孕套进行了不合格测试，认定 3 000 万个进口的避孕套为残次品，并且下令召回了 300 万个国内生产的避孕套。[6]政府同时可以设定罚款来保证企业的产品符合某一标准，或是设定责任规则来要求企业对购买了故障产品的消费者进行赔偿。

449 **标准的影响：**遗憾的是，标准和认证既有帮助也有坏处。若它们的信息是退化的或者是误导的，或者这些信息被用来达到某种反竞争目的，那么这些标准和认证将是有害的。当消费者在较低成本的情况下拥有了市场所有产品相对质量的信息，这些信息无疑是有用的。但是，通常信息是退化的。

例如，尽管质量会沿着一个连续的等级变化，但是可能只使用了高质量和低质量的划分标准。在这样的标准下，可能只会生产两种质量的产品：质量尽可能低的产品（因此生产成本也尽可能低），或是刚达到进入高质量等级的质量水平的产品。

这种高—低质量的等级安排通常与排除低质量的产品和服务的计划一起实施。例如，许多州和地方政府都发放职业牌照，只有符合某些最低标准的人才能得到牌照，在该行业经营。在大多数州有几十种（就算没有几百种）的职业和工种须颁发执照，比如电工、管道工、牙医、心理学家、承包商和美容师等。1991 年加利福尼亚的工人中，四分之一有执业执照，包括 40 多万名美容师、20 多万名承包商和 20 多万名私人调查员。

执照有两个相互抵消的影响（Leland，1979a，1979b）。首先，通过消除低质量产品和服务强制性地提高了产业的平均质量水平。其次，这些强制性措施增加了消费者的支付价格。由于这些强制性措施排除了一些潜在的供应商，提供这些服务的人员减少了。而且，消费者不能得到低质低价的产品和服务。因此，福利的增加或减少就取决于究竟是质量的增加效应还是高价格效应占主导地位。只有正确设定标准，并在必要时候修改标准，才能提高福利。政府是否能够正确且节约成本地设立这些限制是一个有争议的问题。

除了设定最优可能标准外，一个更好的解决办法是向消费者提供有关每个品牌或是服务相对质量的客观信息，让他们自己判断购买低质量的产品或服务是否值得。只有当消费者不能了解更为精妙的分级系统，或是消费者训练自己来使用这些信息的成本过高时，对供给的限制才会优于提供这些信息。

执照和强制性标准及认证的一个深层问题是它们可能会被用于某种反竞争目的，如为新企业和产品设置进入壁垒等。例如，许多标准的用于维修与建造的管道需要用铜或是其他几种材料制造，而且规定有一定的尺寸（联邦贸易委员会，1978，162－163）。因此，塑料管道生产商在将产品引入市场时就会面临问题。[7]这些有关建筑用途的强制性标准阻碍了创新的推广（Oster and Quigley，1977）。

450 由于许多职业在政府的支持下实行自律，因此会产生类似的问题。医生、律师、电工和其他工人会设定自己的执业标准。这些团体定义的标准会阻止其他州或是刚刚结束学业的人员的进入，使得现有的执业者保持较高的工资水平。这里的执业执照很有可能对社会有害，因为它排除了合格的专业人员，并且提高了消费者的成本。不幸的是，对经济学家来说，他们的职业没有执照，因此他们不能采取反竞争行为来限制供给并提高工资。

## 柠檬市场的证据

柠檬市场理论已经得到了经验和实验的验证。这些证据可以用来检验柠檬市场问题是否存在，以及各种可能的解决方法。

**经验性证据。**经验性证据可以用来确定二手车市场中是否存在柠檬问题，以及法律要求卖者向买者提供的所有有关汽车缺陷的信息能否消除柠檬问题。拉科（Lacko，1986）分析了 1978 年 10 月—1980 年 1 月期间美国贸易委员会有关二手车购买的电话调查数据，并回答了这些问题。关于柠檬市场的一项测试是观察质量是否会随着卖者类型的变化而变化。如果保证书、声誉或是朋友关系可以阻止柠檬问题的发生，那么经销商、朋友和亲戚处可得到比通过广告从陌生人处得到的质量更好的汽车。

为了检验这一假设，拉科使用了统计分析，将二手车的车龄、里程数和修车记录等作为控制变量。对车龄为 1～7 年的二手车来说，卖者类型（通过广告、朋友和亲戚，新旧车经销商，仅进行二手车交易的经销商，或者买者听说过的某个人）对质量变化的影响差异不大。对旧车（车龄为 8～15 年）来说，车的质量水平随卖者类型的变化有明显差异。从朋友处购得的汽车以及从新旧车经销商处购得的车具有较好的质量。相对于通过广告购得的车来说，从朋友和亲戚处购得的汽车从统计上来看很少需要进行修理。最后，和通过广告购得的车相比，从朋友处购得的车的修理费用要低 418 美元，从新旧车经销商购得的车要低 533 美元，从听说的某个人处购得的车要低 449 美元。

人们用调查数据来检验威斯康星州要求汽车经销商披露二手车缺陷的法律的有效性。从统计意义上来看，威斯康星缺陷披露法对质量并没有显著影响（相比其他州销售的汽车）。一个可能的原因是该法只适用于柠檬问题尚不十分严重的汽车经销商。

因此，对车龄少于 8 年的二手车市场，柠檬问题的证据不多，但是 8～15 年车龄的二手车市场存在很多证据。显然，声誉或是忠诚度可以阻止柠檬问题。你可以从朋友、亲戚或是相比广告你略有所知的人处购买质量较好的汽车。为了保持声誉，新旧车经销商也会提供质量较好的汽车。

451 所有 50 个州以及华盛顿特区都制定了柠檬法律（autopedia. com/html/ Hotlines _ lemon2. html），但是消费者并没有充分利用这些法律。例如，在康涅狄格州的柠檬法律生效后的 13 个月中，11. 3 万辆领有牌照的汽车中只回收了 40 辆（Smithson and Thomas，1988）。参见案例 13. 4。

**案例 13. 4** ☞

## 纯种马的认证

不同于买者，马的饲养者知道所有纯种马的病史、性情、物理特性和其他有价值的信息。由于质量优劣不同的马之间的差异非常大，因此这样的信息是有价值的。只有少于 1%的纯种马赢得了赌注最高的比赛，许多人从赛马中一无所获。

纯种马的拥有者有三种选择：保留马并让他参加比赛，在经过认证或未经认证的公开拍卖中将马出售。通过向拍卖行支付一笔不返还的费用，养马者可以在经过认证的拍卖中对马进行“提名”，并提供如马的血统等信息。拍卖行会对马匹进行体格检查，只允许拍卖高质量的马匹。相反，在没有经过认证的拍卖中，拍卖行可以出售所有经推荐的马匹。大约有五分之一的马匹在经过认证的拍卖会上成交。

通常，在所有马匹出售之前，允许买者对马进行检查，进行如 X 光或是超声波扫描等最低程度的深层次检查。通过排除低质量马匹，经过认证的拍卖通过只检查相对高质量的马匹而节约了资源。

通过提供最低质量标准，认证可以减少但并不能完全消除逆向选择。温默和切祖姆（Wimmer and Chezum，2003）通过向消费者提供更多的信息，进行了数项有关认证能否消除柠檬问题的检验。

例如，他们发现，当控制其他的可观察特征时，没有经过认证的马匹在售后参与比赛时的每场所得要少于经过认证后拍卖或主人自己保留的纯种马。同样，他们测算了在没有经过认证的拍卖中逆向选择对价格的影响，他们还发现基于可观察的特点，经过认证的马匹销售的预期价格为 88 259 美元，而没有经过认证的预期价格仅为 9 253 美元。控制其他可观察特征，他们估计随机选择的马的价格在认证销售和未经认证的销售之间差异的 87%是因为卖者选择的过程。因此，他们得出结论，认证通过向买者提供信息而减少了柠檬问题。

**实验证据。**联邦贸易委员会资助了一项市场中买者信息不如卖者信
452 息情况下的实验性研究（Lynch et al.，1986）。由大学生扮演卖者和买者，实验者向他们同时提供两种质量类型的产品：低质量产品（柠檬）和高质量产品。在一些实验中，卖者是不可识别的，即他们没有品牌名称。而在另一些实验中，卖者通过号码或品牌名称被区别开来。在一些实验中，卖者可以通过宣传产品的质量做广告。在一些情况下，还允许卖者做虚假的宣传，而在另一些实验中只许做真实的广告。实验的主要结果如下：

- 在没有品牌名称或未做广告的情况下，几乎只卖出了柠檬产品。

这一结论证实了阿克洛夫的推断。

• 当只存在真实信息时，市场运作几乎是完美有效的。不管是否存在品牌，供给的都是高质量的产品。

• 单有声誉并不足以克服柠檬问题。也就是说，当卖者有品牌但是并没有被限制只能真实地披露产品信息时，几乎只有柠檬产品售出。

最后的结论出乎意料，因为人们预期只要存在声誉就能解决柠檬问题。因为良好声誉的长期收益不够高，所以实验中品牌的价值不足以为真实性树立声誉。

## 有关价格的有限信息

> 成功的人将是拥有最优信息的人。
>
> ——迪斯雷利（Disraeli）

企业能够由于消费者缺乏关于价格和质量的知识而获得市场势力。有限信息会使得原本应该为竞争性的市场价格成为垄断价格。参见案例 13.5。

453

**案例 13.5** ☞

### 《犹太法典》中的价格分散和搜寻成本

由犹太学者于 1500～1800 年前撰写的《犹太法典》（*Talmud*）包含了有关法律的解释和讨论。在其中一节中，犹太学者分析了价格分散的结果。一些犹太学者认为如果买者支付的价格高于公平市场价值的 1/6（这一数据从来没有被精确定义），那么买者可以要求取消交易，并且得到所有退款。买者收回退款的权利是需要花费时间的，他需要把商人的表现告诉另一个有知识的人，比如另一个卖者。

洛德（Lod）地区的犹太学者塔方（Tarfon）不同意这些看法，并认为只有当买者支付的价格高于公平价格的 1/3 时，才有权利要求取消交易并退款。洛德是贸易的中心，最初，洛德的商人都同意犹太学者塔方的规则。

但是，当塔方宣称买者有一整天的时间执行这一权利时，商人们开始改变他们的看法。显然，商人们相信由于洛德有大量的商人，因此搜寻成本会很低，以至于以高价购买商品的买者不用花一天的时间就能找到一个认同买者支付的价格偏高的卖者。

**资料来源**：The Talmud，Steinsalz Edition，1990，Random House，Volume Ⅲ，Part Ⅲ，Tractate Bava Metzia：99－100.

例如，假设某一区域的许多商店销售同一种产品。如果一家商店将价格提高，而且所有消费者都知道这一信息，也就是说消费者具有完全信息，那么这家商店将会失去所有顾客。因此，商店所面临的是现有市场价格下的水平需求曲线，没有市场势力。市场价格是完全信息下的竞争性价格 $p^c$。

相反，假设一些或是所有消费者都不知道其他商店的价格更低，即消费者对价格只有有限信息。现在，商店可以在不损失销售的情况下提高价格（Diamond，1971）。[8]商店面对的是向下的需求曲线，具有一定的市场势力。正如我们在接下来的模型中所阐述的，如果市场中只有单一价格，那么该价格要高于 $p^c$。但是，可能要么没有市场均衡，要么有多价格均衡（商店按不同的价格销售产品）。

## 旅行者—陷阱模型

一个典型的旅行者莉萨来到了一个有很多卖纪念品的小摊的小镇，每个卖者销售印有小镇议事堂图片的杯子。莉萨停留在一个小摊前，准备购买一个这样的杯子。她在车开之前只有一点时间，而且她不太可能再回到该小镇来。因此，她没有时间来一家一家地比较价格，同时，即便能进行一些有限的比较，她也不会使用这些信息。

如果有许多旅行者，那么卖者对这些杯子开出的价格应该是多少呢？为了回答这个问题，我们首先做出四个特别的假设：

- 所有企业（卖纪念品的小摊）都具有同样的成本，销售同样的产品。
- 所有消费者都具有相同的需求函数。
- 旅行指南为每一位消费者提供了有关价格分布的一般信息（每个价格水平上小摊的数量），但是没有给出每个小摊的特定价格。
- 旅行者到达一个小摊确认价格或者购买商品的成本为 $c$，它反映了旅行者的时间和花费（打车的花费）。

因此，如果莉萨比较了两个卖纪念品的小摊，那么她的搜寻成本为 $2c$。如果她在一个小摊上以价格 $p$ 购买了纪念品，那么她的总成本为 $p+2c$。莉萨购买一个杯子的最低成本为 $p+c$，因为她必须至少走到一个小摊来购买纪念品。

454 **固定企业的数量。**最初，假设卖纪念品小摊的数量是固定的 $n$。那么每个小摊上杯子的价格是多少呢？我们首先考虑是否每个小摊都收取完全信息、竞争性条件下的价格 $p^c$，该价格等于不变边际成本。

**完全信息的竞争性均衡的打破：**为了决定当消费者具有有限信息时是否能保持完全信息、竞争性均衡（价格等于边际成本）价格，我们需要确定是否有企业具有偏离该价格的激励。如果企业可以从偏离这一预设的均衡中获得收益，那么它们将会**打破均衡**（break the equilibrium），也就是说预设的均衡并不是均衡。

如果所有其他的小摊都收取完全信息的竞争性价格 $p^c$，那么设定较高价格的偏离企业将会得到收益。偏离均衡价格的企业能有利可图地收取价格 $p^{*}=p^{c}+\varepsilon$，其中 $\varepsilon$ 是个不大的正数，企业不会失去它的顾客。

例如，莉萨走到小摊前发现杯子的价格为 $p^{*}$。她的旅行指南告诉她所有其他小摊收取的价格为 $p^{c}$。“多倒霉啊，”她自言自语说（或者具有同样效果的其他做法），“我遇到了镇上唯一一个收取高价的小摊。”她非常恼火，并且会考虑是否去其他小摊，因为她知道一定有更为便宜的小店。但是如果小摊收取的价格 $p^{*}$ 低于另一个小摊的价格加上她到达那个小摊的路费，即 $p^{*}<p^{c}+c$，那么她不会考虑去其他小摊。也就是说，如果她的搜寻成本 $c$ 大于价格的溢出 $\varepsilon$，那么她不会去其他小摊购买。

如果偏离者所偏离的价格小于旅行者的搜寻成本，那么偏离就是有利润的。因此，所有小摊收取完全信息的竞争价格 $p^{c}$ 的均衡就会被打破：当消费者具有有关价格和正搜寻成本的有限信息时，完全信息的竞争性价格的均衡并不是一种均衡状态。

是不是所有的小摊都收取价格 $p^{*}$ 就是一种均衡呢？不是，正如我们用同样的证据所阐述的，那样的均衡同样会被打破。如果一个偏离者收取价格 $p^{**}=p^{*}+\varepsilon=p^{c}+2\varepsilon$，那么对旅行者来说搜寻其他小摊也是不值得的。因此，$p^{*}$ 不是均衡价格。沿着类似的线索，所有小摊收取价格 $p^{**}$ 也不会是一种均衡。

那么什么才是均衡价格呢？我们知道均衡价格不会小于 $p^{c}$，因为企业如果在小于完全信息的竞争价格下销售会损失金钱。同样，我们已经说明了 $p^{c}$ 或是略高于 $p^{c}$ 的价格也不是均衡价格，因为所有厂商都有偏离的激励。

还有一种我们没有拒绝的可能性。如果所有小摊收取垄断价格 $p^{m}$，那么没有小摊会愿意收取更高的价格。如果存在单一的价格均衡，那么只能是 $p^{m}$。在任何低于价格 $p^{m}$ 的水平，企业都有提高价格的激励。

当莉萨知道纪念品小摊的价格，她会决定是否购买。如果价格过高，小摊会失去生意从而失去利润（边际收益超过边际成本）。只有当价格被设定为小摊的边际收益等于边际成本，即在垄断价格水平下，利润才能达到最大化。即使小摊可以在不失去所有销售的情况下将价格定得更高，它也不会有激励这样做。

455 剩下的问题是如果所有小摊收取价格 $p^{m}$，那么小摊是否有激励来收取低于 $p^{m}$ 的价格。如果没有降低价格的激励，那么 $p^{m}$ 为单一价格均衡。如果卖者具有降低价格的激励，那么就不存在单一价格均衡。

只有当价格的降低程度足以使得消费者搜寻低价格的小摊时，卖者才会有降低价格的激励。[9] 如果搜寻成本为 $c$，那么小摊价格降低的程度小于 $c$，消费者就不会进行搜寻。因此，小摊的每次销售都会有所损失，因此总体利润会下降。但是，如果小摊价格下降的水平大于 $c$，那么可能是有利的。如果只有几个小摊，消费者可以找到价格最低的卖者。尽管小摊每笔销售的利润较少，但是大量的交易可以弥补低价格带来的损失。这里将不存在单一价格均衡。

如果存在很多小摊，由于消费者发现低价格小摊的可能性较小，因此消费者不会去搜寻。所以，当存在大量卖者使得搜寻低价格并不现实时，预想的在 $p^{m}$ 处的单一价格均衡即是均衡。[10]

**减少搜寻成本**：搜寻成本的减少能降低均衡价格吗？奇怪的是，只要搜寻成本是正的，而且存在单一价格均衡，均衡价格就不会改变。

假设政府和一个私人企业出售特定企业的价格信息。其结果将是搜寻（了解某个商店的价格）成本将会从 $c$ 降低到 $c/2$。由于我们只要求 $c$ 是正的，并没有限制 $c$ 的大小，因此我们可以重复前面的分析。一个偏离的企业仍然可以通过将价格提高 $\varepsilon < c/2$ 而打破任何预想的位于低于 $p^{m}$ 处的单一价格均衡。

因此，降低搜寻成本对单一价格均衡没有影响，除非成本降到零。[11] 如果搜寻成本为零，那么消费者具有完全信息，唯一可能的均衡价格为等于边际成本的价格 $p^{c}$。

**不存在单一价格均衡**：当搜寻成本为正时，是否会打破所有企业收取垄断价格 $p^{m}$ 的单一价格均衡呢？答案取决于消费者需求曲线的形状、产业中企业的数量及搜寻成本。

正如我们已经注意到的，如果企业的数量很少，那么企业可以通过降价来打破单一价格均衡 $p^{m}$。一个更具冲击力的结论是，对一定形状的需求曲线，如果企业的定价为 $p^{m}$，那么消费者将不会光顾小摊购买任何商品，交易将不会发生（Stiglitz，1979，340）。假设每个旅行者希望至多购买一个杯子，而且只有在价格低于 $p^{u}$ 时才会购买。也就是说，一
456 个旅行者的需求曲线是在数量 1 处上升至价格 $p^{u}$ 的垂线。给定该需求曲线中的 $p^{m}=p^{u}$。

即便只去一个摊位，消费者也必然会发生搜寻成本 $c$。因此，一个杯子的成本即价格加上搜寻成本为 $p^{m}+c$。这样，购买杯子的总成本 $p^{m}+c=p^{u}+c$，超过了消费者认为杯子应该有的最高价值 $p^{u}$，因此消费者根本就不会进行消费！

为了吸引旅行者，纪念品小摊的卖者会将价格提高，直到消费者发现不值得购买。因此，如果消费者具有这种类型的需求曲线，$p^{m}$ 就不是均衡，不存在单一价格的均衡。

如果单一价格均衡不存在，那么唯一可能的均衡是不同卖者收取不同的价格。但是，在这个简单的旅行者—陷阱模型中，低价格企业由于上述原因，具有提高价格的激励。因此，不可能存在多价格均衡，可能将会没有均衡状态。我们在稍后对进入效果进行考察后，将用一个更为复杂的模型讨论多价格均衡问题。

**自由进入**。当小摊的数量较少时，每个卖者可以收取垄断价格，获

得巨大的利润。如果不存在进入壁垒，这些利润会吸引新的卖者。随着新企业的进入，到每个小摊购买纪念品的旅行者就会减少，利润会下降。进入一直会发生，直到利润变为零。垄断性竞争均衡的结果是：价格高于边际成本，但是每个企业的利润为零。[12]

不同于消费者具有完全信息的市场，如果消费者具有有限信息，额外的进入并不一定会降低价格。额外进入必定沉没一定的成本（购买一个出售纪念品的摊位），因此自由进入对社会是不利的：消费者并没有从进入中获得利益，所有的垄断利润由于过度进入而分散了（企业获得零利润），社会支出随沉没成本而上升。

事实上，在一定的情况下，企业数量的减少会增加有效竞争。例如，如果存在大量的企业，那么企业将价格降低到低于 $p^m$ 的水平并不能获利。如果几个小摊合并形成一系列卖纪念品的小摊，并且联合降低价格，那么它们会诱使消费者在低价连锁摊中进行搜寻（Stiglitz，1979，340）。因此，通过减少独立小摊的数量（尽管并不一定是纪念品小摊的总数），可以增加有效竞争，降低价格。

这个推理得出的结论和完全信息市场中的恰恰相反。在不完全消费者信息情况下，由于进入是有成本的，竞争可能对社会来说是浪费，因此随着企业数量的下降，福利将会上升。[13]

## ★旅行者—本地人模型

457 *如果是旅游季节，为什么我们不能宰他们？*

——史蒂文·赖特（Steven Wright）

我们有关旅行者—陷阱模型的分析提出了消费者有限信息市场中关于价格的两个问题。首先，是否可能存在多价格均衡？也就是说是否存在摊主就同一物品收取不同价格的均衡，使得存在**价格分散**（price dispersion）现象？其次，如果一些消费者具有完全信息，即使其他人只具有不完全信息，是否可能存在价格等于边际成本的完全信息均衡？

两个问题都可以通过对旅行者—陷阱模型的修改得以解决，我们将模型修改为存在两种类型的消费者。持续的价格分散需要至少一些消费者不可能或是不愿意知道哪个小摊的价格是最低的。[14]接下来的讨论表明当一些消费者具有完全信息，而另一些消费者具有有限信息时，要么存在一个多价格均衡（见案例 13.6），要么存在一个边际成本处的单价格均衡。

考虑一个所有企业都具有相同成本的市场，存在具有不同搜寻成本的两种类型消费者。本地人是拥有信息的消费者，搜寻成本为零。他们知道市场中的整个价格分布。旅行者是具有搜寻成本 $c$ 的不拥有信息的消费者。例如，本镇的当地人知道每个饭店的价格，但是旅行者必须花费时间（搜寻成本）去了解任何特定饭店的价格。

本地人只会在价格较低的商店购买。因此，即使旅行者不知道不同商店的价格分布，本地人的购买行为也可以使得市场价格为完全信息的竞争情况下的价格 $p^c$。为了让价格等于边际成本，必须存在大量具有知识的消费者。

在本模型更为严格的版本中，萨洛普和斯蒂格利茨（Salop and Stiglitz，1977）表明假如市场中存在拥有信息和不拥有信息的消费者，一个单一的竞争性价格均衡可能存在，但是也可能存在一个更高价格水平上的单一价格均衡或一个多价格均衡。为了解释他们得到的结论，我们增加如下假设：

- 在这一市场中的所有 $L$ 个消费者中，拥有信息的本地人为 $\alpha L$ 个，不拥有信息的旅行者为（$1-\alpha$）$L$ 个。
- 只要价格不高于 $p^u$，每个消费者会购买一单位的产品。
- 存在 $n$ 个企业。

458

**案例 13.6**

### 价格分散

许多产品的价格在不同商店具有很大的差异。一些差异反映了商店的特性，比如地理位置的差异。其余的价格分散反映了单个商店的定价策略（包括暂时的销售）。

不同产品和不同城市的价格都存在差异。我们计算了 1999 年大瓶装可口可乐（67.6 盎司）和大瓶装 Tropicana 纯橙汁（64 盎司）所观察到的最高价格和最低价格的比率。下表给出了这一比率在不同杂货店是如何变化的，以及我们拥有数据的城市中杂货店的数量。

| | 可口可乐 | | Tropicana 橙汁 | |
|---|---|---|---|---|
| 城市 | 比率 | 商店（家） | 比率 | 商店（家） |
| 亚特兰大 | 1.6 | 6 | 1.3 | 6 |
| 波士顿 | 1.6 | 3 | 1.3 | 3 |
| 锡德皮兹，艾奥瓦州 | 1.6 | 12 | 1.4 | 12 |
| 芝加哥 | 1.9 | 8 | 2.0 | 8 |
| 底特律 | 1.1 | 3 | 1.0 | 3 |
| 丹佛 | 1.8 | 4 | 1.4 | 4 |
| 奥克莱尔，威斯康星州 | 6.4 | 11 | 1.9 | 8 |
| 大章克申，科罗拉多州 | 1.5 | 10 | 1.5 | 10 |
| 休斯敦 | 2.0 | 7 | 1.3 | 3 |
| 堪萨斯城 | 1.5 | 6 | 1.4 | 6 |
| 洛杉矶 | 1.6 | 8 | 1.6 | 8 |
| 孟菲斯 | 1.3 | 5 | 1.4 | 5 |
| 米德兰，得克萨斯州 | 2.9 | 9 | 1.4 | 7 |
| 明尼阿波利斯/圣保罗 | 1.6 | 3 | 1.7 | 3 |
| 纽约 | 2.2 | 8 | 1.5 | 8 |
| 费城 | 1.8 | 3 | 1.4 | 3 |

续前表

| 城市 | 可口可乐 | | Tropicana 橙汁 | |
|---|---|---|---|---|
| | 比率 | 商店（家） | 比率 | 商店（家） |
| 匹兹堡 | 1.9 | 3 | 1.8 | 5 |
| 匹兹菲尔德，马萨诸塞州 | 1.6 | 12 | 1.6 | 7 |
| 罗马，佐治亚州 | 1.4 | 3 | 1.2 | 3 |
| 圣路易斯 | 1.3 | 7 | 1.7 | 7 |
| 旧金山/奥克兰 | 2.2 | 4 | 1.7 | 4 |
| 西雅图/塔科马 | 2.8 | 5 | 1.6 | 3 |
| 坦帕/圣彼得堡 | 1.6 | 3 | 1.4 | 3 |
| 维萨里亚，加利福尼亚州 | 2.5 | 16 | 1.6 | 10 |

梅恩斯和阿萨姆（Maynes and Assum，1982）发现，消费者关于相对而言真实的价格分散程度较小的商品的价格分散程度的预估与现实较吻合，例如许多食品和烹饪用油。消费者趋向于低估耐用消费品等高度价格分散物品的价格波动幅度。

资料来源：Maynes and Assum（1982）and author's calculations.

459 该模型具有几个可能的均衡，如完全信息的竞争性价格均衡和两价格均衡。在什么情况下完全信息的竞争性均衡才会被打破呢？在这个预设的均衡中，所有企业设定相同的价格 $p^c$，假定每个企业获得等份额的消费者，因此它销售了 $q^c=L/n$ 个产出单位。假设偏离的企业将价格抬高到 $p^*=p^c+\varepsilon$。通过和旅行者—陷阱模型中相同的推理，只要 $\varepsilon<c$，该企业就不会获得拥有信息的顾客，但是仍能得到属于它的那部分不拥有信息的消费者。因此，企业的销售下降到 $(1-\alpha)\ q^c$。

**众多拥有信息的消费者。**如果存在众多拥有信息的消费者，企业将价格提高到 $p^c$ 以上水平并不能得到收益。正如在表 13.1 中所指出的，偏离企业面临的需求曲线由四部分组成。如果企业的价格高于 $p^u$，销售为零。[15] 如果价格在 $p^u$ 和 $p^c$ 之间，那么它将销售 $q^u=(1-\alpha)\ q^c$ 单位，因为它损失了它的所有拥有信息的消费者。如果价格等于 $p^c$，那么它的销售等于 $q^c$。如果价格略低于 $p^c$，所有拥有信息和部分不拥有信息的消费者都会在该企业消费，销售为 $\alpha L+(1-\alpha)\ q^c$。偏离企业将没有兴趣收取低于 $p^c$ 的价格，因为该价格低于平均成本，如果收取该价格，它将获得负利润。

当需求曲线如图 13.1 所示时，企业偏离和提高价格将没有收益，因为这会使它损失收益。尽管企业得到的单位销售收益更多（$p^u>p^c$），但是销售量很少，以至于成本超过了收益：当销售量为 $q^u$ 时，它的平均成本高于 $p^u$。

价格为 $p^c$ 的预设均衡并不会打破。存在很多拥有信息的消费者，使得价格高于 $p^c$ 的企业将损失收益。因此，如果存在足够的拥有信息

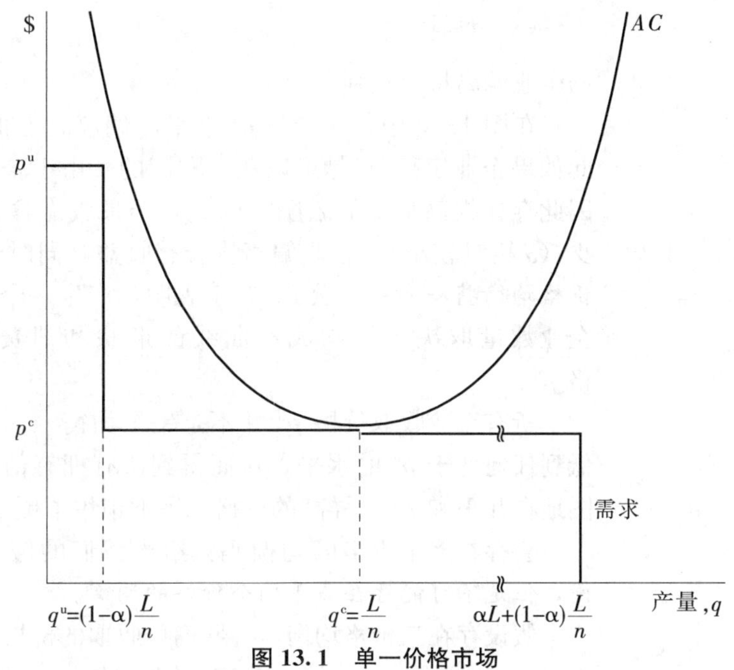

图 13.1 单一价格市场

的消费者，所有消费者将会得到完全信息下的竞争性均衡价格。

**少量拥有信息的消费者。**相反，如果存在相对少量的拥有信息的消费者，一个偏离企业可以提高价格而不会失去太多的消费者。令 $q^a$ 为平均成本等于 $p^u$ 时的产量，$AC(q^a)=p^u$，如图 13.2 所示。如果 $q^u=(1-\alpha)L/n=(1-\alpha)q^c>q^a$，或者

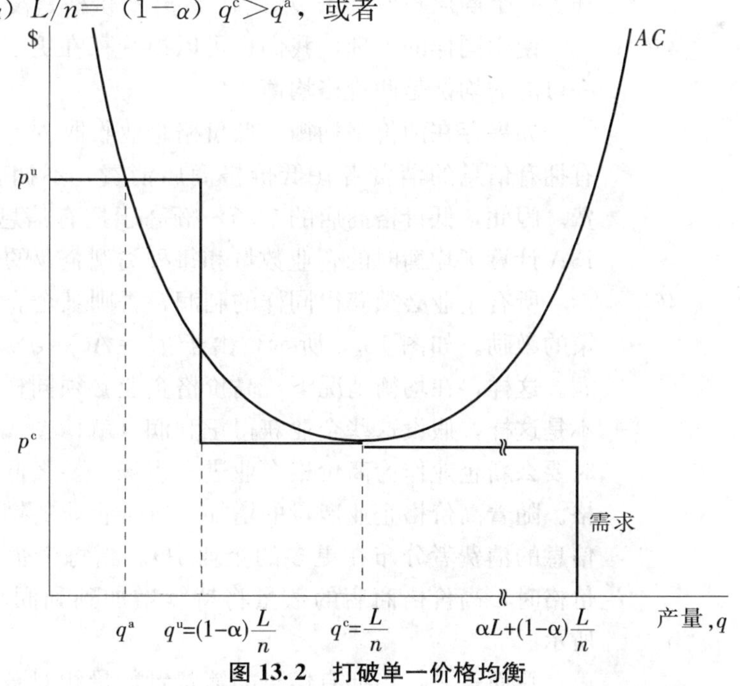

图 13.2 打破单一价格均衡

$$\alpha<1-\frac{q^{a}}{q^{c}} \tag{13.1}$$

则企业偏离将会获利。

在图 13.2 中，在产量 $q^{u}$ 水平，偏离企业的平均成本低于 $p^{u}$，因此如果企业定价 $p^{u}$ 是可以获得利润的。由于企业在 $p^{c}$ 获得了零利润，因此存在提高价格的激励。因此，如果拥有信息的消费者数量相对较
460 少（$\alpha$ 相对较小），企业偏离将会有收益，同时预设的完全信息的竞争价格均衡将被打破。公式 13.1 表明，产生一个单一价格均衡所需要的企业数量取决于平均成本曲线的形状和消费者愿意支付的最大价格 $p^{u}$。

所有企业收取价格 $p^{u}$ 并不是一个均衡。一个企业可以将其价格降低到任何低于 $p^{u}$ 的水平，从而得到所有拥有信息的消费者。它有利可图地在几乎和 $p^{u}$ 一样高的价格水平下销售了更多的产品。

会存在多个价格的均衡吗？给出我们的假设，可能存在两价格均衡，但是不可能存在多于两个价格的均衡。

假设存在三价格均衡，一些商店收取的价格为 $p^{1}=p^{u}$；一些商店收取 $p^{2}$，$p^{u}>p^{2}>p^{c}$；剩下的商店收取 $p^{3}=p^{c}$。收取价格 $p^{2}$ 的商店无法将商品销售给拥有信息的消费者。平均来看，它们拥有和收取价格 $p^{u}$ 的商店同样数量的不拥有信息的消费者，但是它们的收益少于这些商店。因此，如果一个收取价格 $p^{2}$ 的商店提高价格，它不会失去消费者，而且会获得更高的利润，因此这一预设的三价格均衡就被打破了。[16]这样，一个商店收取低于 $p^{u}$ 或高于 $p^{c}$ 的价格是没有意义的。

461 使用同样的推理，我们也可以拒绝存在更多价格的均衡。因此，唯一可能的均衡是两价格均衡。[17]

如果存在两价格均衡，低价格企业收取 $p^{c}$，高价格企业收取 $p^{u}$。所有拥有信息的消费者在低价格商店消费，不拥有信息的消费者随机消费。因此，低价格商店的市场份额高于拥有信息的消费者比例。[18]附录 13A 计算了均衡时的企业数量和每种类型企业的份额。

462 所有企业必须获得同样的利润，否则某个企业就具有改变其定价政策的激励。如图 13.3 所示，由于 $p^{c}=AC(q^{c})$，低价格企业获得零利润。这样，在均衡情况下，高价格企业必须同样获得零利润。如果情况不是这样，假设这些企业获得正利润（就像图 13.2 所表达的那样），此时要么新企业作为高价格企业进入市场，要么低价格企业开始收取高价格。随着高价格企业数量的增加，每个企业的销售量减少（因为不拥有信息的消费者分布在更多的企业中）。当每个企业都收取利润最大化的价格时，高价格商店的数量将持续增加到利润趋于零为止，如图 13.3 所示。

总而言之，当拥有信息的消费者数量相对较小时，可能存在两价格

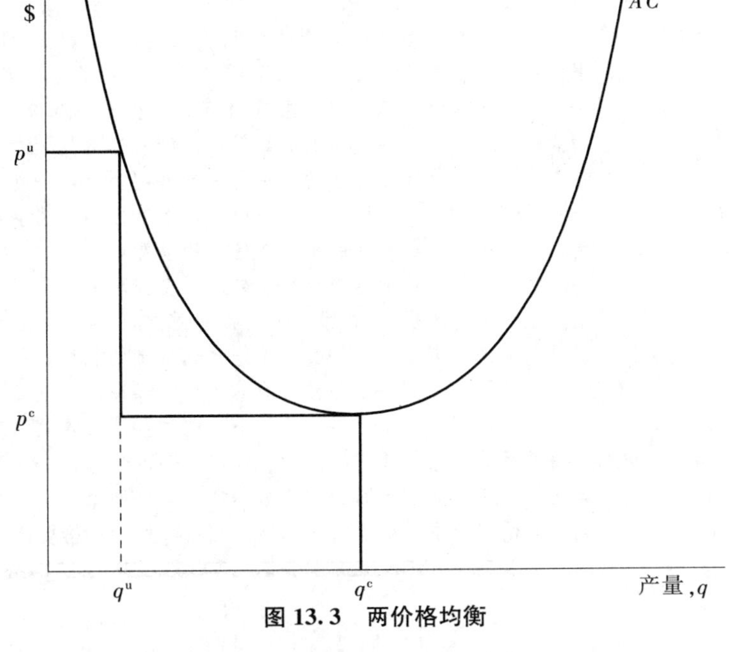


**图 13.3　两价格均衡**

的垄断竞争性均衡。[19]低价格商店收取的价格等于边际成本（完全信息的竞争性价格），高价格商店收取的价格是利润最大化的价格。参见案
463 例 13.7。由于进入，均衡时两种类型的企业都只获得零利润。所有拥有信息的消费者和部分不拥有信息的消费者都在低价格商店消费，因此这些商店相应拥有更大份额的市场。在 www.aw-bc.com/carlton_perloff 的“垄断价格分散”中，我们表明了垄断者会在市场中制造噪声——对几乎相同的产品，或在不同商店出售的同一种产品收取不同的价格——作为一种区分消费者的方式以便进行价格歧视。

---

**案例 13.7** ☞

### 旅行相机

许多经济学家预测，通过使用商店导航（比较不同企业价格差异的网站）向消费者提供较低成本的搜寻，因特网可以使得许多制造品使用竞争性定价。遗憾的是，这一预测并不像预想的那样准确。

如果电子市场是高度竞争性的，我们将会预期要么存在单一价格，要么存在价格、服务或费率之间的权衡。我们原本预期提供更多服务、担保或是收取较低运输费和其他费用的企业将会设定较高的价格来弥补其多出的成本。但是，两种假设对流行的奥林巴斯数码相机或是惠普平面扫描仪来说都不成立（Baylis and Perloff, 2002）。

事实上，人们发现存在“好”的企业和“坏”的企业。好企业既提供低价格又有优质的服务，而坏企业收取高价格，提供较少的服务和担保。

例如，对奥林巴斯数码相机来说，提供返回担保——无条件退货——的地方收取的价格反而比不提供此类担保的企业低 42 美元。而且，许多高价格的场合收取一次性处理费用和成员会费——对相机平均来说为 11.66 美元——而低价格企业则没

有这些费用。

这一结果与萨洛普和斯蒂格利茨（Salop-Stiglitz，1977）表明企业会向拥有信息和不拥有信息的消费者收取不同价格的模型的结论是一致的。在2002年的研究中，一些不拥有信息的消费者（旅行者）在搜寻低价格企业时存在正的搜寻成本，因为他们不知道如何使用商店导航，而拥有信息的消费者（本地人）事实上没有搜寻成本。如果存在足够多的不拥有信息的消费者，一些企业会收取高价格，而且对不拥有信息的消费者的销量相对较少；而其他企业将会收取低价格，销售给拥有信息的消费者和一些幸运的不拥有信息的消费者。

事实上，一些网站设计得看起来存在较高的搜寻成本。潜在消费者需要在一个页面上选择“相机”，在另一个页面上选择品牌，而在其他页面上选择型号。一些网站需要消费者翻阅九个页面才能找到特定的相机。一个可能的解释是这只是无意识的劣质设计。另一个解释是网站故意这样设计，以便选择具有较低的搜寻成本或较弱的时间偏好的消费者。如果企业向这些消费者收取较低的价格，而向另一些在容易搜寻的网站上寻找的消费者收取较高的价格，那么这样的行为是有意义的。事实上，许多企业以不同的企业名称拥有多个网站。在至少需要倒腾三页才能找到所需产品的网站中，企业对奥林巴斯相机收取的价格要低48.25美元。

# 为消费者提供信息能降低价格

*知识只能靠努力来获得的说法令人讨厌。如果我们能吞下因包裹着虚幻的果酱而变得美味的有利信息的只言片语就够好的了。*

——W·萨默塞特·毛姆（W. Somerset Maugham）

从直觉上来看，向消费者提供相对价格信息将会降低市场上被观察的平均价格。正如旅行者—陷阱模型所示，只要搜寻成本为正，降低这一成本就没有什么效果。由于单纯的降低搜寻成本并不会向消费者提供额外的信息，这一结论并不像第一次出现时那样复杂。事实上，在旅行者—陷阱均衡中，当搜寻成本降低时，并不会出现更多的搜寻，因此消费者信息不会增加。

真正为消费者提供比较性价格信息的信息项目是有效果的，而纯粹降低搜寻成本并没有效果。接下来的讨论首先总结了提供更多的消费者信息将会导致均衡价格降低的论断，而后提出了支持这一结论的一些经验性证据。

## 信息如何降低价格

至少两类模型表明了改善信息将会降低价格。首先，正如具有多个企业的旅行者—本地人模型所表明的，随着越来越多的消费者拥有信息，低价格企业的市场份额将会增加。事实上，随着更多的消费者拥有信息，所有商店都会收取低的竞争性价格。第二类模型正如 www.aw-bc.com/carlton _ perloff 的“信息和价格分散”中所表明的，只要为消费者提供能更好测算真实价格的信息，平均价格就会下降。后一类模型解释了单一价格均衡的存在性，此时价格位于垄断性价格和完全信息的竞争性价格（边际成本）之间。

在第二个模型中，那些希望在低价格商店消费、但是并不知道哪些商店具有低价格的消费者会收集信息。他们通过光顾各种商店，阅读广
464 告，观察商品和向朋友了解来收集信息（参见案例 13.7）。消费者基于从每个商店得到的价格信息做出估计，而后在他们估计价格最低的商店进行购买（Perloff and Salop，1986）。

465 但是，由于消费者并不知道确切的价格，一个商店可以提高价格而不会损失所有消费者。也就是说，每个商店面临的需求曲线从完全信息下的完全弹性，变为有限消费者信息下的较小弹性。随着消费者变得更具知识，企业面临的需求函数就更具弹性。这样，如果消费者获得更多信息，价格就会下降。

## 案例：杂货店信息项目

向消费者提供信息会增加低价格商店的相对市场份额，降低市场上的平均价格，减少不同商店的价格差异吗？加拿大食品价格检查委员会 1974 年的实验回答了杂货店的这些问题。[20]

这一实验分为三个阶段。在第一阶段（一个 17 周的实验阶段），控制性城市温尼伯和实验性城市渥太华-赫尔的超市价格信息被加以汇集。在第二阶段（一个 5 周的实验阶段），报纸公布了渥太华-赫尔的杂货店的价格信息，并将其邮寄给消费者，而后消费者的行为受到了详细的监控。同时，控制性城市温尼伯的价格信息则没有被进行宣传。在最后阶段（一个 6 周的实验阶段），再次对两个城市的价格信息进行汇集，但是没有进行宣传。

在第二阶段的第一个星期中，渥太华-赫尔的食品平均价格下降了 1.5%，随后一星期下降了 3%，接下来的三个星期保持稳定。在第二阶段结束后的第一星期，价格又下降了 2.5%。这样，六个星期总共下降了 7.1%。受控市场的价格在第二阶段下降了 0.6%。这样，在包括第三阶段第一个星期在内的六个星期内，实验城市的价格相对于受控城市下降了 6.5%（参见图 13.4）。

在实验过程中，高价格商店（和连锁店）的价格比原先就以低价格

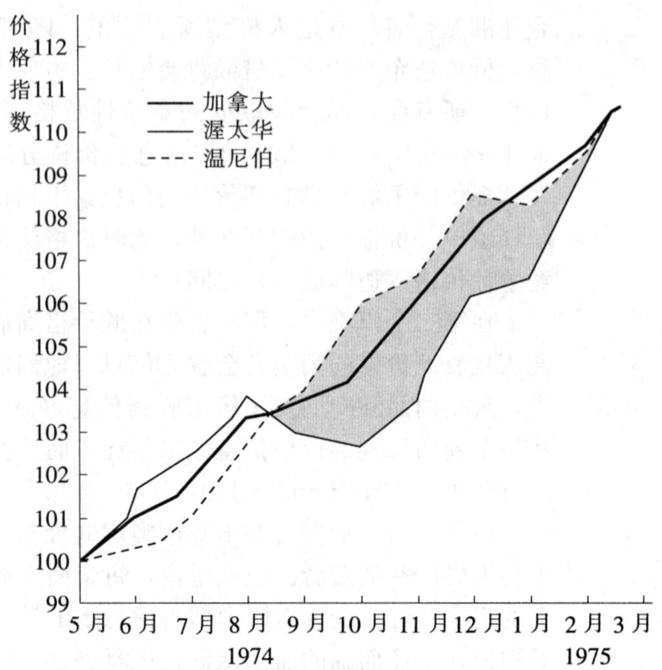


**图 13.4　家庭食品消费的消费者价格指数，1974 年 5 月—1975 年 3 月（以 1974 年 5 月为 100）**

说明：观察为每月一次，在每月的头两周中进行。

资料来源：Devine and Marion（1979）from Statistics Canada.

销售的商店下降得更多。高价格和低价格商店的价格指数差异水平从未公布信息前的最大 15%，下降到了第二阶段某日的 5.4%。连锁店和低价格商店的差异从最大的 7.3%下降到了 3.1%。在信息公布项目实施之前的 12 周中，价格的平均变化范围为 9.71%，相比而言第二阶段为 7.83%。

消费者调查发现，被测试市场中 43%的消费者表明，比较价格项目的直接效果是他们改变了采购的商店。由于这一转变，四家最大的连锁公司的市场份额从 74%增加到 81%。低价连锁的市场份额相对于其他商店也有所增加。

被测试市场的平均零售食品价格在信息项目结束后的两星期内开始上涨，研究结束时，上涨了 8.8%。这一结果的解释之一是在信息测试阶段会发生平均价格的一次性下跌。随着信息项目的结束，价格上升到
466 信息项目之前的水平。商店似乎已经意识到实验是短期的，而且积极地试图说服消费者它们具有相对较低的价格。显然，为了维持低价格，信息必须是连续提供的。

一项关于福利收益（消费者剩余加上利润的总量变化）的“信封背面”计算（back-of-the-envelope-calculation）表明，福利收益大大超过了搜集信息的成本。萨斯喀彻温省 1975 年 10 月进行的确定信息项目长

期效应的另一项实验在很大程度上得出了相同的基本结论（Devine，1978）。

美国普渡大学和美国农业部也对四个美国城市进行了相同的实验(Boynton et al.，1981；McCracken，Boynton and Blake，1982)。和受控市场相比，实验市场的相对价格降低了 0.2%～3.7%。根据各自的报告，四个实验城市中的三个，26 项产品的价格从统计意义上来说明显下降。在所有四个实验城市中，总指数（100 项）存在统计上的明显下降。[21]

因此，许多研究已经表明，向消费者提供信息将会降低平均价格。但是，当信息项目结束时，平均价格趋向于回升到原来的水平。向消费者提供信息将会增加福利（参见 www.aw-bc.com/carlton _ perloff，“影响市场的警告”和“提供更为精确信息的成本—收益分析”）。

## 小　结

有关消费者具有价格或质量有限信息的模型得出了五个主要结论。第一，如果消费者只具有关于产品质量的有限信息，将要么不存在交易，要么虽然存在市场，但质量水平通常都低于消费者具有完全信息时的状况。专业信息、声誉、标准和认证会为消费者提供有关质量的信息，从而解决这些问题；然而，标准制定者的行为似乎可以是反竞争的。

第二，当消费者具有有关价格的有限信息时，均衡可能并不存在，或者，如果存在均衡，即便小企业也可能设定高于边际成本的价格。从此种意义上来说，供给和需求法则是不成立的。事实上，在这种有限信息的类型中，少量企业情况下的福利水平可能会高于存在许多企业时的情形。

第三，当一些消费者知道所有商店的价格，另一些消费者必须承受搜寻成本来确定任意给定商店的价格时，可能发生两种类型的均衡。如果拥有信息的消费者足够多，均衡价格将等于边际成本。如果拥有信息的消费者相对较少，将可能发生两价格均衡，即使产品同质，一些商店收取高价，而另一些则制定等于边际成本的价格。单一价格法则不成立。

第四，当存在拥有信息状况不同的消费者时，可能会发生价格歧视。为了在拥有信息的消费者和不拥有信息的消费者之间实行价格歧视，垄断者可能对麾下的不同商店收取不同的价格。

第五，降低搜寻信息的成本可能并不会降低平均价格。例如，在单一价格均衡中，降低所有消费者的搜寻成本可能并没有效果。相反，向消费者提供有关低价格商店地址的信息更可能降低平均价格。

因此，拥有有限信息的市场不同于拥有完全信息的市场。当考虑到
468 提供信息的成本，或是降低搜寻信息的成本时，提供信息或是降低获得信息的成本并不总能增加福利。下一章将考察单个企业通过使用广告来给消费者提供信息，或是减少向消费者提供信息的激励以及这种广告的效应。

## 问　题

1. 解释为什么新汽车第一年的折旧会非常高。（如果你购买一辆新汽车，并且试图在第一年——事实上，即使你在刚买的几天之后——出售新车，那么你的售车所得也将远远低于原始价格。）

2. 假设存在两种类型的企业。所有企业拥有U形平均成本曲线，其中$n$个企业的平均成本为$AC(q)$，$m$个企业的平均成本为$AC(q)+k$。存在两种类型的消费者：本地人具有零搜寻成本，旅行者具有非常高的搜寻成本。描述将导致的均衡。

3. 假设两个经济学家撰写一本教科书。他们的出版商提供了等于销售收益$\alpha\%$的版税。经济学家不无担忧。他们认为这样的版税体系将导致出版商的销售量会小于联合利润最大化情况下的图书销售量。解释这一推理。他们相信使用一次性的收入$L$，或是利润的$\delta\%$不会导致出版商发行的册数过少。他们为什么会同意$\alpha\%$的版税？（提示：一种解释是有关出版商出版成本的不对称信息。）

4. 如果消费者具有向下倾斜的线性需求函数$q=a-bp$，其中$a$和$b$为正常数，确定旅行者—本地人模型中的均衡价格、产量以及高价格和低价格企业的数量。

5. 某公司在广告上花费了大量资金向消费者推广某一香蕉品牌。消费者会认为该品牌香蕉的质量高于没有品牌的香蕉吗？为什么会有这一结果以及为什么不会？

奇数问题的答案在本书最后部分给出。

## 推荐阅读

Salop (1978)；Beales，Craswell and Salop (1981) 的两篇非技术性文章给出了涵盖本章许多主题的很好的综述。Colantoni，Davis and

Swaminuthan (1965); Allen (1981); Kahnemann, Slovic and Tversky (1982) 有关不确定性、信息和福利的论文则更具技术性。有关信息价值的重要工作包括 Lave (1963), Gould (1974), Antonovitz and Roe (1986)。有关企业的搜寻和战略行为的工作包括 Wilde and Schwartz (1979); Varian (1980)。Shapiro (1982), Wolinsky (1986) 和 Ross (1988) 讨论了寡头垄断和垄断竞争市场中信息的作用。Stiglitz (1979) 提供了 1990 年以前文献的很好回顾。

## 附录 13A 旅行者—本地人模型中的市场份额

469 在旅行者—本地人模型的两价格均衡中，低价格商店制定的价格为 $p^c$，销售量为 $q^c$，其销量占 $n$ 个商店总销量的份额为 $\beta$，高价格商店制定的价格为 $p^u$，销售量为 $q^u$，其销量占 $n$ 个商店总销量的份额为 $1-\beta$。高价格商店仅向它们的 $(1-\alpha)L$ 位不拥有信息的消费者进行销售，销售量为 $(1-\alpha)L(1-\beta)$，因此每个高价格商店的销售量为

$$q^u=\frac{(1-\alpha)L(1-\beta)}{n(1-\beta)}=\frac{(1-\alpha)L}{n} \tag{13A.1}$$

一个高价格商店占总销量的份额为

$$1-\beta=\frac{q^u}{L}=\frac{1-\alpha}{n} \tag{13A.2}$$

每个低价格商店向 $\alpha L$ 个拥有信息的消费者，以及 $(1-\alpha)L\beta$ 个足够幸运发现了低价格商店的不拥有信息的消费者销售：

$$q^c=\frac{\alpha L+(1-\alpha)L\beta}{n\beta} \tag{13A.3}$$

一个低价格商店占总销量的份额为

$$\beta=\frac{q^c}{L}=\frac{\alpha+(1-\alpha)\beta}{n\beta} \tag{13A.4}$$

在均衡时，低价格商店得到所有拥有信息的消费者和部分不拥有信息的消费者（幸运的旅游者），因此它们的市场份额大于拥有信息的消费者的比例：$\beta>\alpha$。

在均衡时，由于存在进入，低价格和高价格企业都获得零利润。令 $q^a$ 为平均成本等于 $p^u$ 时的产量。在均衡状况下，$q^a=q^u$，因此

$$q^a=\frac{(1-\alpha)L}{n} \tag{13A.5}$$

同样，$q^A$ 为平均成本等于 $p^c$ 时的产量，故

470

$$q^A=q^c=\frac{\alpha L+(1-\alpha)L\beta}{n\beta} \tag{13A.6}$$

这样，方程 13A.5 和 13A.6 中的 $q^a$ 和 $q^A$ 为含有两个未知量 $\beta$ 和 $n$

的方程。解 13A.5 中的 $n$ 得到

$$n=\frac{(1-\alpha)\ L}{q^{a}} \tag{13A.7}$$

将方程 13A.7 代入 13A.6，重整后得到

$$\beta=\frac{\alpha q^{a}}{(1-\alpha)\ (q^{A}-q^{a})} \tag{13A.8}$$

两价格均衡被 $n$ 和 $\beta$（方程 13A.7 和 13A.8）所表证。$\beta n$ 个低价格商店在价格 $p^{c}$ 下销售了 $q^{A}=q^{c}$（方程 13A.6）个单位的产品，$(1-\beta)$ $n$ 个高价格商店在价格 $p^{u}$ 下销售了 $q^{a}=q^{u}$（方程 13A.5）个单位。

**【注释】**

[1] 许多经济学家将有限信息均衡称为非最优或无效率，或者说市场失灵。采用通常的术语，我们将偏离完全竞争的情况称为无效率。但是这一术语并不精确，因为它意味着存在需要修正的问题。提供完全信息是有成本的，而且该成本或许会超过收益。因此，即使这种对完美世界的偏离通常被认为非最优，但是修正这一“无效率”或“市场失灵”也可能并不是最优结果，甚至根本无法做到。

[2] Simon（1957，1959），Cyert and March（1963），Williamson（1964）。

[3] Akerlof 的模型更适用于保险和类似的市场，这些市场中的消费者不能轻易地转换卖者和买者的角色。Kim（1985）表明当人们能够决定到底是成为买者还是卖者时，结论将会不同。

[4] 在一些市场中，价格会给消费者传递必要的信息以推断不同产品的相对质量；而在另一些市场中，价格并不是好的指示器。参见 Grossman and Stiglitz（1980），Cooper and Ross（1984）。Ginter，Young and Dickson（1987）调查了不同类型市场（服装、相机、鞋、食品、小型家电及其他）中价格和质量的关系，发现价格和质量之间的相关性通常很低（在所有研究中，平均相关系数小于 0.29）。另一方面，价格和一些主要耐用品购买之间的相关性很强（Gerstner，1985；Tellis and Wernerfelt，1987；Curry and Reisz，1988）。Smallwood and Conlisk（1979），Chan and Leland（1982）认为，当消费者具有较多信息时，高价格和高质量是相关的。Bagwell and Riordan（1991）表明，当质量固定时，如果高质量产品的生产成本高，那么高价格可以显示高质量。Klein and Leffler（1981）认为由于消费者会重复购买高质量产品，那么高价格显示了高质量。这些理论问题将在稍后以及下一章中详细讨论。

[5] 联邦贸易委员会的一项研究发现只有 4.8%～14.8%的消费者在购买产品之前仔细研究过保证书或是承诺书。因此，在许多市场中，在购买之前会保证书或承诺书被提供用来解释原理而不是演示质量（Crocker，1986）。

[6] Robert M. Andrews，“His Job：Condom Tester，” *San Francisco Chronicle*，February 9，1990：B6. FDA 和制造商合作来保证乳胶避孕套没有受到损害。在 1 000个抽样检查的避孕套中，996 个通过了渗水试验。1997 年，迫于 FDA 的压力，一个制造商召回了 5 700 万个避孕套。2003 年，所有而不仅是一个制造商进行了召回。

[7] 有关限制塑料管道用于建筑的一个原因是，相比铜制管道而言，塑料管道的安装更快，而且对工人的技术要求也不高。因此，管道协会支持有关标准的限制

是为了增加对高技术工人的需求。

[8] 首先清楚地指出这一问题的文章可能是 Scitovsky (1950)。Diamond (1971) 首先提出了一个正式的数学分析。Salop (1976) 和 Stiglitz (1979) 提供了更为精彩的、相对技术成分较少的早期文献回顾。

[9] 我们仍然使用模型中的假设，即消费者知道价格的分布，但是不知道到底哪个小摊具有最低价格。当然，如果只有几个小摊，那么这一假设的后半部分是不现实的。

[10] 正如我们在下一章中所讨论的，企业可以通过广告宣传低价格，从而克服高搜寻成本的问题。

[11] 参见 Stahl (1989)，他提出了随着搜寻成本的变化，寡头垄断定价在边际成本定价和垄断定价之间平滑变动的模型。

[12] 如果消费者的需求曲线是向下倾斜的，均衡和标准垄断竞争产业中的均衡相类似。价格高于边际成本（在边际收益等于边际成本的产量水平上），需求曲线和平均成本曲线相切（因此利润为零）。

[13] 当存在重复交易时，旅行者—陷阱模型的一些令人惊奇的结论将会发生变化。我们将在下一章更详细地讨论重复交易和声誉的作用。

[14] Stigler (1961) 发现如果存在价格分散，消费者会搜寻低价格，如果搜寻是有成本的，他们就不能进行足够的搜寻来知道整个价格分布。一些文章提出了企业具有不同成本，随机的变化会影响市场，使得具有最低价格的商店一直在变化，而消费者不能在给定时间段内轻易地知道最低价格商店的模型。接下来的解释假设企业具有相同的成本函数，没有随机变化。参见 Reinganum (1979) 有关企业成本变化情况下的分析。

[15] 在图 13.1 中隐含假设了偏离者将其价格提高到 $p^u$。正如我们在旅行者—陷阱模型的讨论中所解释的，无论 $\varepsilon$ 怎么小，偏离企业的价格 $p^u$（消费者愿意支付的最大价格）总是比其他企业正在收取的价格高 $\varepsilon$。对于偏离企业而言，索取价格 $p^u$ 要能获利，搜寻成本 $c$ 必须足够大，满足 $p^c+c\geqslant p^u$。

[16] 即使 $p^1<p^u$ 而且 $p^3>p^c$，该推理仍然成立。

[17] 当放松假设时，一个市场中可能存在许多不同的价格。例如，如果消费者知道部分而不是全部企业，企业就可以在一个完全范围内定价（Butters，1977）。Rothschild (1974) 提供了一个很好的关于搜寻理论的调查，解释了价格分布。当存在许多价格时，随着企业数量的增加，获得信息的成本也会增加。因此，随着新企业的进入，一些企业会收取更高的价格。一个有关 92 个大城市区域基础医疗服务价格的研究得出了结论，增加影响搜寻成本的因素，比如供给者的数量，将会提高平均价格（Pauly and Satterthwaite，1981）。

[18] 因此，去大商店消费，并购买具有较大市场份额品牌商品的消费者，其行为可能是理性的（Smallwood and Conlisk，1979）。如果不拥有信息的消费者观察到了市场份额，他们将会成为拥有信息的消费者。但是，如果消费者将市场份额作为信号，那么第一个市场进入者可以维持较高的市场份额，这是历史垄断而不是产品优越的结果。

[19] Albrecht，Lang and Vroman (2002) 扩展了这一结论，检验了当增加拥有完全信息消费者的份额时的价格和质量效应。在均衡情况下，存在三种可能的企业类型：高价格/高质量，低价格/高质量，高价格/低质量。最后一种类型的企业通过模

仿高质量企业的价格，但是提供低质量来从不拥有信息消费者的消费中获利。增加拥有信息消费者的份额将会通过改变企业性质的组合而损害不拥有信息的消费者。

[20] Devine and Marion (1979)，Devine (1978)，Lesser and Bryant (1980) 对 Devine and Marion (1979) 提出了批评，该文对 Devine and Marion (1980) 做出了回应。

[21] 有关这一信息项目效应的最强证据可能是研究中所覆盖的许多商店阻止了价格的报道（Don Yaeger，"U. S. Price Study Goes on Despite Two-City 'Lock-out,'" *Supermarket News*，February 11，1980：1）。在一些城市中，价格指数受到了商店的挑战（Don Yaeger，"Purdue Price Study to Be Ended Early," *Supermarket News*，February 25，1980：1，34）。

# 第 14 章 广告和披露

471 广告包含报纸上唯一值得信赖的事实。

——托马斯·杰斐逊（Thomas Jefferson）

广告是骗局……它对人类的建设性贡献只等于零甚至为负。

——F·斯科特·菲茨杰拉德（F. Scott Fitzgerald）

发布广告的目的有多种。一则广告能够告诉消费者某家企业推出了一种新产品或是它的价格最低，或者可以使企业的产品区别于竞争对手。企业使用广告告诉消费者其产品的优点而不是缺点。企业勉强地向消费者披露一些实情，热情地宣传其他想表达的内容，同时也隐瞒另一些有关产品的属性。本章研究了做广告和披露真实或虚假信息的动机。

2003 年，微软为了引导用户升级新版本的微软 Office，在一场广告战中花费了近 2 亿美元。正如表 14.1 所表示的，美国广告费用预算最高的通用汽车公司 2002 年在小汽车和卡车上的广告投入为 36.5 亿美元。第二大广告客户美国在线时代华纳公司花费了 29.2 亿美元推销它的媒体帝国。第三大广告客户宝洁公司在引导消费者购买它的肥皂、洗洁剂和其他产品时花费了 26.7 亿美元。美国政府的广告支出为 10.8 亿美元，排在第 24 位。

表 14.1　　美国前 25 位广告客户

| | 排名 | 2002 年在美国国内的广告支出（百万美元） | 广告支出占其美国国内收入的百分比（%） |
|---|---|---|---|
| **汽车** | | | |
| 克莱斯勒 | 6 | 2 032 | 2.8 |
| 福特 | 5 | 2 252 | 2.1 |
| 通用汽车 | 1 | 3 652 | 2.6 |
| 本田 | 18 | 1 193 | 3.1 |
| 丰田 | 13 | 1 553 | 3.0 |
| **电器及办公设备** | | | |
| 索尼 | 11 | 1 621 | 8.2 |
| **娱乐和传媒** | | | |
| 美国在线时代华纳 | 2 | 2 923 | 9.0 |
| Viacom 公司 | 16 | 1 260 | 6.1 |
| 迪士尼 | 7 | 1 803 | 8.7 |
| **食品，餐馆和软饮料** | | | |
| 菲利普·莫里斯集团 | 17 | 1 206 | 2.7 |
| 麦当劳 | 15 | 1 336 | 24.6 |
| 雀巢 | 25 | 1 073 | 5.8 |
| 百事可乐 | 21 | 1 114 | 6.7 |
| **政府** | | | |
| 美国政府 | 24 | 1 083 | n. a. |
| **个人护理** | | | |
| 欧莱雅 | 20 | 1 118 | 26.3 |
| 宝洁 | 3 | 2 673 | 12.6 |
| 联合利华 | 10 | 1 640 | 14.2 |
| **制药** | | | |
| 葛兰素史克 | 12 | 1 554 | 9.7 |
| 强生 | 8 | 1 799 | 8.0 |
| 默克 | 19 | 1 158 | 2.4 |
| 辉瑞 | 4 | 2 566 | 12.4 |
| **零售** | | | |
| J. C. 彭尼 | 22 | 1 108 | 3.4 |
| 西尔斯-罗巴克 | 9 | 1 661 | 4.5 |
| **电话** | | | |
| SBC 通信 | 23 | 1 092 | 2.5 |
| Verizon | 14 | 1 528 | 2.4 |

资料来源：*Advertising Age* Web site http：//adage. com/dataplace/archives.

正如表 14.1 所表达的，企业间广告支出占销售额的百分比存在很大的差异。例如，第 14 大广告客户 Verizon 仅花费了其销售收入的 2.4%来做广告，而第 20 大广告客户欧莱雅却花费了 26.3%。

美国的广告支出占全球总广告支出的一半以上（53.7%），是日本
473 （全球第二大广告支出国）的 6 倍，是德国（全球第三大广告支出国）的 10 倍。[1]

广告客户支付费用给电视台和广播电台。人们很难想象星期六早上电视中没有卡通片的生活，这些卡通片是由玩具和麦片的广告客户所赞助的。同时企业会通过威胁撤销广告来影响杂志和报纸。[2]广告收入占据了杂志总收入的 50%，报纸总收入的 80%。美国的垃圾邮件占世界垃圾邮件的六分之一。[3]网络上的广告呈指数增长趋势。

新近的另一个趋势是将电影广告活动和其他企业制造的相关产品相捆绑。胡椒博士（Dr Pepper）为电影《X 战警 2：X 战警联盟》（*X2：X-Men United*）做了广告。另一部电影，《黑客帝国：重装上阵》（*The Matrix Reloaded*）的推广和可口可乐公司（PowerAde）、通用汽车（凯迪拉克）、喜力以及三星捆绑。受到电影的影响，PowerAde 运动饮料以瓶装形式出售。电影制作人同时向制造商销售“产品置换”——为收取费用，在电影中重点展示该企业的产品。正如吉普副主席杰夫·贝尔所述，由于电影《古墓丽影 2》（*Lara Croft Tomb Raider：The Cradle of Life*）中“出现劳拉以吉普为工具来完成她英勇的、冒险的使命”的场景，吉普公司和电影制作公司派拉蒙特签订了交叉营销协议。[4]

虽然广告渗透到我们日常生活的每一个角落，但有关竞争的标准模型却忽略了促销的作用。本章将把这些作用融入竞争性和非竞争性行为的模型中。

我们的讨论将从考虑产品类型如何影响广告的信息内容开始，然后比较信息性广告和没有使用很多事实的劝说性广告。接下来，我们将检验利润最大化的广告水平，然后考虑利润最大化的广告水平是否为社会最优。同时描述广告对价格、进入壁垒和消费者福利的影响。

而后，我们将考虑企业何时会如实进行广告，以及何时会撒谎，讨论关于执行广告真实性法律的最优水平。最后，我们将分析企业披露和隐藏信息的决策。尽管企业具有很强的激励告诉消费者其产品的高质量和低价格，但是它们会犹豫是否披露其产品的弱点，比如产品的副作用和较差的维修记录。事实上，正如我们在第 13 章中所表示的，企业可以通过减少消费者信息来获得市场势力。但是，在许多情况下，对企业最有利的还是披露信息。尽管广告真实性法律鼓励真实信息的披露，但我们将说明强制性的披露法律可能具有不当的效应。

474 本章所得出的四个主要论点是：

1. 促销的目的是通过改变消费者的偏好或告知他们机会来增加销售。

2. 尽管有些类型的广告是有害的，但不少其他类型的广告可以增进福利。尽管适度的广告是有益的，但是，可能仍存在过多的广告。

3. 消费者的怀疑态度阻碍了虚假广告的投放。部分地执行反虚假法律可能会同时增加真实和虚假广告的数量。

4. 当反虚假法律完全执行时，通常企业具有向消费者披露相关信息的激励。但是，在某些情况下，强制披露法降低了这些披露的程度。

## 信息和广告

广告可以传达确凿的事实，做出含糊的表达，或者为产品塑造良好的形象。一些广告会列出某家商店的价格。如果消费者知道一家企业在小镇上价格最低，该产品的需求就会增加。相反，另一些广告只是展示了在一个愉悦的环境下使用该产品的场景。一个有魅力的人在瀑布旁边喝着软饮料，这给消费者传达了该产品会令人愉悦的信息。通过说服消费者该产品具有某种人们所期望的特性，企业可以将自己的产品区别于其他产品。当它的产品的特点日益鲜明时，企业将面临更大且弹性较小的需求，因此它可以收取更高的价格，并且获得更多的利润（参见第7章）。例如，一个大幅度促销的漂白剂品牌可以比其他物理上同质的漂白剂在更高的价格上进行销售。

### 促销

广告可以是隐晦和间接的，或者它可以用它的率直来冲击你的头脑。广告只是促销产品的方式之一，企业同时可以使用价格折扣和人员促销。当一种产品较难被描述时，企业会在广告中包含折扣券来促使消费者尝试该产品。除了报纸、广播和电视上的广告外，企业可以通过创建品牌或者建立其他正面的声誉来间接地进行广告。

例如，一些农业企业现在开始利用品牌来销售其水果和蔬菜（参见案例14.1）。不同于没有品牌的销售者，这些农民试图为一个特定（假设为高）质量的产品建立声誉。正如我们在第13章中所讨论的，这样的品牌可以克服“柠檬”问题。尽管本章集中于广告问题，但是多数讨论同样适用于其他类型的促销。

475

**案例 14.1**

**品牌和商标**

大多数出售的水果和蔬菜是没有品牌的。消费者假设西红柿就是西红柿，各个企业之间的产品差异性很小。也就是说，这些市场竞争性地提供了完全同质的产品。但是最近，几家企业（Natural Pak Produce Inc.，Campbell Soup Co. and Dart

& Kraft Inc.）开始销售品牌西红柿。

消费者愿意为他们认为更为优越的产品支付更多。新奇士橙、都乐菠萝和Chiquita香蕉的总利润比一般的产品高出10%～60%。当引入品牌时，拥有品牌的西红柿与无品牌的西红柿相比，价格每磅大约高出1美元，或者30美分。

建立一个品牌存在风险。除非企业可以持续提供更好的产品，否则消费者最终会对某一品牌产生反感。毕竟，当一件产品并不比无品牌的产品更好时，为何要为它支付得更多呢？而且，即使消费者认为该产品更为优质并支付了更多，多出的支付可能并没有高到可以弥补生产更高质量和建立品牌所需要的成本。Castle & Cooke，Budd公司和其他小公司并没有从它们对品牌菜花、葡萄和花椰菜等的投资中获益。

同样，商标也可以被用来促销产品。因此，生产者会为限制它们品牌名称的使用权利而战。

2003年，欧盟列出了41种酒、奶酪和其他希望受到全球贸易法保护的产品名称。欧盟农业委员会的官员声称原产地标识是一种质量保证，可以防止消费者产生混淆。欧盟对其他国家使用它所拥有的品牌提出了起诉。它希望能建立地域特色产品的全球注册系统，可以防止其他地方的生产者冒用品牌。

美国和加拿大属于拒绝这一提议的国家之列，这些国家认为应该限制使用诸如此类商标的产品：博若莱葡萄酒、香巴尼香槟酒、基安蒂红葡萄酒和美德拉酒；羊乳酪、戈贡佐拉干酪和罗克福尔干酪；帕尔玛火腿和摩泰台拉香肚腊肠，等等。同样，印度希望能保护大吉安岭茶叶，斯里兰卡希望保护其锡兰茶，危地马拉声明保护安提瓜咖啡。

在一些国家中，当地生产者已经将这些名字注册为商标。意大利帕尔玛火腿由于商标“帕尔玛火腿”已经被加拿大一家火腿生产商注册而无法在加拿大出售。

资料来源：Christopher S. Eklund，“Will a Tomato by Any Other Name Taste Better?” *Business Week*，September 30，1985：105；Naomi Koppel，Associated Press Worldstream，June. 11，2003.

## “搜寻”与“经验”产品

广告信息内容的好坏取决于消费者是否可以在购买之前确定产品的
476 质量（Nelson，1970，1974）。如果消费者可以通过购买之前的观察确定产品质量，那么产品具有**搜寻质量**（search qualities）。这样的例子包括家具、衣服（取决于样式）和其他主要特点可以通过视觉和触觉来判断的产品。如果消费者必须通过消费来确定产品的质量，那么该产品被称为具有**经验质量**（experience qualities）。这样的例子包括加工食品、软件程序和心理治疗。[5]

广告提供有关具有搜寻质量的产品特性的直接信息，有关搜寻品的广告通常包含图片。在一些情况下，消费者不能直接观察物理特性，但是可以对其进行精确描述。例如，食品和饮料广告可以宣称它们的产品具有低卡路里的特点。相反，对经验品来说，最为重要的信息可以简单地通过广告来传达。一些广告商在提高公司声誉方面至多不过是提及一下企业的名称。这样的广告商希望消费者通过广告的频率和费用来推断产品质量或是企业声誉：不可信的企业较不可能在费用高昂的出版物或全国性电视台做广告。

一些企业宣称它们所有的产品都是优秀的。它们的广告声称如果你使用过或喜欢它们的一种产品，那么你将喜欢它所有的产品（Duncan Hines，绿巨人）。这样的广告仅仅在宣传公司的名称，它们并没有描述每种产品的特性。另外，企业可能试图说服消费者它们的产品不同于其他产品，并且比其他相同的品牌更为优越——也就是说，它试图将其产品与竞争性产品区分开来（例如，拜耳与通用的阿司匹林，克劳洛克斯与通用的漂白剂，可口可乐与百事可乐，汰渍与所有其他洗涤液）。

## 信息性与劝说性广告

一些经济学家区分了描述产品客观属性的**信息性广告**（informational advertising）和用来转移消费者偏好的**劝说性广告**（persuasive advertising）。例如，信息性广告会给出产品的价格，比较该商店的价格和其他商店的价格，描述产品特点或列举其用途。劝说性广告可能会明显或含蓄地进行表达来达到刺激购买的目的，例如，“抽这种香烟会让人显得更为成熟和性感”。

在公司无法真实地改变其信息性广告的情况下，一些公司会使用劝说性广告试图改变消费者对它们产品的看法（重新定位它们的品牌在产品空间的位置）。例如，1991—1992年，当胡椒博士改变产品形象后，它在软饮料市场的份额增加了大约十分之一。在70年代和80年代，这
477 一品牌的广告宣称胡椒博士饮料的品牌含义被误解了，它吸引着想要与众不同并且渴求“远甚于”可乐的饮料的消费者。并不令人惊奇的是，这一策略使胡椒博士降到了一个狭小的细分市场。而后，胡椒博士发现自己产品的消费者群体中许多人都是可乐的消费者，同时它意识到攻击可乐消费者也会伤害到自己的消费者。于是他们不再强调喝胡椒博士是因为不爱喝可乐；转而宣传由于喝了太多的可乐，喝胡椒博士是另一种选择。

搜寻品生产者更倾向于使用信息性广告，而经验品生产者更倾向于使用劝说性广告，这看起来是非常合理的，但是这种区分并不全面。经验品生产者的广告支出/销售额比率三倍于搜寻品生产者，而且差异在统计上是显著的（Nelson，1974，738－740）。一个可能的推断是图像（使用在劝说性广告中）比事实（使用在信息性广告中）更快被遗忘。

这样，经过一次或几次的广告，消费者就可能会知道并记住某种的产品卡路里含量较少（含有“较少添加剂”），而需要不断重复的广告展示才能使消费者相信某一产品“味道很好”。

但是，我们必须小心看待这样的实证证据，因为我们很难区分产品是经验品还是搜寻品、正在使用的是信息性广告还是劝说性广告。如果你的弟弟需要塑造“酷”的自我形象，而且他看到一个很酷的人（如某著名演员或歌手）使用某一品牌太阳镜的广告，那么他可能会认为这则广告是信息性的（参见案例 14.2）。[6]广告告诉他和他的朋友某种特定品牌的太阳镜很酷。另一方面，你认为这样的布道型广告是劝说性的，基本上没有信息含量。

---

*478*

**案例 14.2** ☞

## 名人效应

*名人就是因著名而出名的人。*

——丹尼尔·J·布尔斯廷（Daniel J. Boorstin）

名人的效应有用吗？当然。一些广告客户相信只要他们花费足够多的钱来雇用有名的“托儿”，效应就是显著的。前高中篮球明星勒布朗·詹姆斯在为克里夫兰骑士队效力之前，就已经和耐克公司签订了 1 亿美元的为期四年的促销协议。1999 年，伊利诺伊州立大学的一项研究得出结论，大约所有电视广告的五分之一使用了体育、电视、电影或者音乐界的明星。

但是，学术和产业研究表明，名人广告的效果有喜有忧。产业知识表明名人广告在日本、韩国和中国台湾特别有效。2004 年最大的广告战可能会发生在两种男性药物利维它和伟哥之间，即前美国国家橄榄球联盟教练迈克·迪特卡和棒球手拉斐尔·帕尔米罗之战。相反，第三大男性药物希亚力斯并没有使用名人——希亚力斯的制造者莉莉强调这种药物具有很强的持久性。

企业选择不同的名人做广告，广告费用和个人出场费也会有巨大差异。2003 年，当红明星（如卡马·德洛斯雷耶斯和卡西·德派瓦）两到三小时的出场费通常为 5 000～10 000 美元。选用体育界人士（如吉姆·帕尔默，迈克·迪特卡和玛丽·露雷顿）的成本为 10 000～35 000 美元，相比之下一些体育明星（如 马克·麦奎尔，乔·蒙塔纳和马吉克·约翰逊）的费用则为 50 000～100 000 美元。一些电视、电影明星和歌星（詹妮弗·安妮斯顿，费思·希尔和金·凯利）的费用可能会高于 250 000 美元。

当然，当企业围绕一位明星做广告时，如果这位明星的公众形象受损，那么企业会搬起石头砸自己的脚，一如 O.J. 辛普森受到谋杀指控时阿维斯所面对的局面。更为敏感的是，耐克收到了坏消息，因为其首席代言人泰格·伍兹承认，为了提高运动成绩，他从耐克高尔夫俱乐部转到了泰托伊斯特俱乐部。减少这种令人尴尬的风险的方法之一是使用一组明星。在英国，耐克的广告聚集了一批世界一流的足球运动员。

资料来源：“Celebrity Scares,” *Marketing Week*, August 7, 2003: 23; “Asking the Right Questions Before You Hire a Celebrity Spokesperson,” *PR News*, May 19, 2003; “Companies Need to Forge Brands,” *Korea Herald*, September 3, 2003; Matt Schiering, “Celebrity Endorsements," *Brandweek*, September 15, 2003; Luke Timmerman, "Ads for Viagra Competitor Cialis to Focus on Results, Not Celebrities," *Seattle Times*, October 10, 2003.

## 利润最大化广告

不管使用事实还是虚无缥缈的材料，所有的广告都被用来增加对企业产品的需求。信息性或说服性广告支出从 $\alpha$ 增加到 $\alpha'$ 导致了企业面临的需求函数从 $D(Q, \alpha)$ 向外延伸到 $D(Q, \alpha')$，如图 14.1 所示。[7] 给定广告支出，通过设定对应产量的边际收益 $MR(Q, \alpha)$ 等于其边际成本 $MC$（为简单起见，我们假设其等于平均成本），企业选择自身产出。[8]

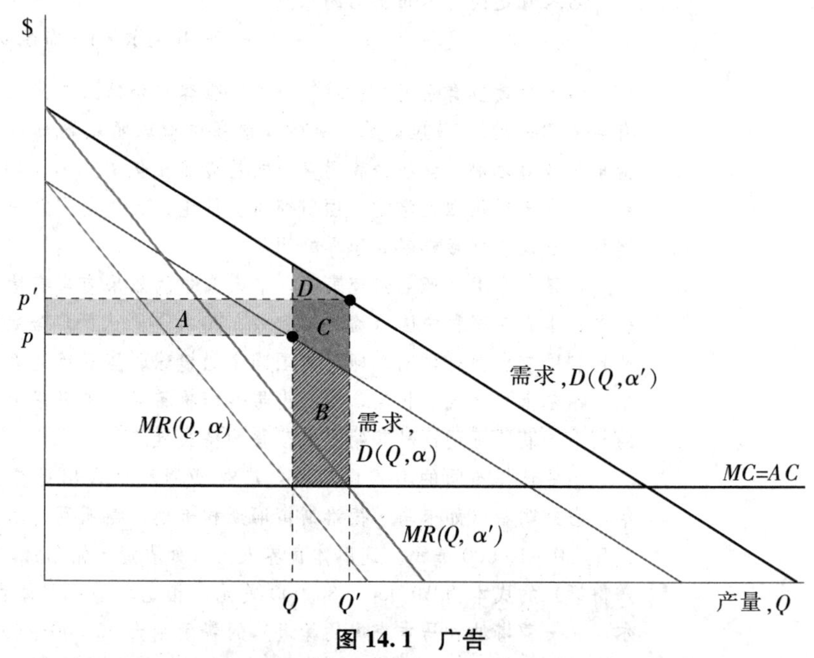


**图 14.1 广告**

需求曲线向外移动导致利润增加（并没有调整相应广告支出）的原因有两个。首先，由于企业销售量从 $Q$ 增加到 $Q'$，利润增加的区域为 $B$ 和 $C$。额外的利润为 $(p'-AC)(Q'-Q)$，其中 $AC$ 为平均（和边际）生产成本，因此 $(p'-AC)$ 为单件产品的利润。其次，当企业的销售为原来的 $Q$ 单位时，可以得到更多的利润为区域 $A$。由于价格从 $p$ 增加到
479 $p'$，前 $Q$ 个单位的利润增加为 $(p'-p)Q$。这样，由于新增的广告支出，利润（忽略广告成本）增加额为区域 $A$，$B$ 和 $C$ 之和。

如果广告的新增支出 $E=\alpha'-\alpha$ 小于或等于增加的利润 $A+B+C$，那么额外的广告是有益的。如果利润的增加多于广告支出，那么广告支

出应该增加。利润最大化的企业设定其广告支出，使得最后1美元的广告支出增加的利润恰好为1美元（参见附录14A）。也就是说，企业通过设定边际广告成本等于边际收益来达到利润最大化（案例14.3表明生产者群体可能并不能这样做）。

480

**案例14.3**

## 牛奶广告

美国联邦和州的牛奶营销项目每年花费2亿美元宣传和促销普通牛奶。48个州的所有商用牛奶都要被强制性地收取每百磅15美分的市场推广费用。在这15美分中，至少三分之一用于全国性的广告和促销项目，其余的则用于有效的地方性促销项目。

刘和福克（Liu and Forker，1988）假设消费者的遗忘率是恒定的，因此有必要连续做广告。他们估计，对纽约市来说，广告费用保持1%的持续增长会导致牛奶需求的增长并在大约六个月内达到一个新高。广告的长期需求弹性为0.002 8。在现有广告水平下，人均每月消费牛奶18.27磅。如果其他条件相同，广告费用只有历史水平的10%，那么消费量将下降1.5%，减少到人均每月消费17.99磅。他们计算的广告利润最大化水平（其中边际收益等于边际成本；参见附录14A）为历史水平的55%。德普肯、卡默斯切恩和斯诺（Depken，Kamerschen and Snow，2003）发现美国的牛奶广告支出低于利润最大化水平。

同样，铃木（Suzuki et al.，1994）检验了具有可比性的日本普通牛奶促销对销售的影响。他们测算促销的边际回报率在1981年为6.04，1989年为4.33，因此日本的牛奶营销委员会需要增加广告来达到利润最大化。希尔、皮戈特和格里菲思（Hill，Piggott and Griffith，2001）的报告称澳大利亚奶制品产业在普通牛奶促销上投资过少。

广告成本越低，社会上的广告就越多。在古埃及，一些企业家使用传令员来宣布商船和货物的到港。到1630年，印刷大大降低了广告的成本，使得大范围的公开广告成为普遍现象。最近，广播和电视的发展再次降低了广告成本。今天，最大的广告客户们每年在广告上的花费超过了10亿美元，以保证我们能经常看到它的广告。

完全竞争模型忽略了销售成本，并假设企业可以在市场价格下销售它们生产的所有产品。事实上，多数企业存在销售成本。通常，具有市场势力的企业会发生促销成本，使得其需求曲线向外移动，或者变得更缺乏弹性，因此它们可以在更高的价格下进行销售。但是，对于一个做广告的企业来说，仍可能面对弹性很高的需求曲线。例如，这样的企业可能是一个价格接受者，但仍需要通过广告来告知消费者其店铺的地点。也就是说，广告并不一定和价格接受行为相一致。例如，加州农民每年的广告花费为1亿美元（Carman，Green and Mandour，1992）。舞会葡萄干的广告支出占加州葡萄干产值的5.8%。

# 广告对福利的影响

*广告可以被描述为长久地抑制人类智力以从中获得金钱的科学。*

——斯蒂芬·利科克（Stephen Leacock）

许多社会评论员攻击广告。但是以保护消费者为目的的联邦贸易委员会（FTC）却认为一些广告对消费者是有利的，反对试图禁止广告的
481 组织。本节将考察有关广告对福利影响的研究。大量经验性证据表明有关价格的广告会增加竞争并提高福利。在一些情况下，非价格广告可以克服第13章中所讨论的柠檬问题。但是理论模型在广告是否总能提高福利上存在分歧。

## 价格广告增进福利

提供价格信息的广告趋向于降低市场价格。真实的广告使得消费者了解在哪儿可以以最低价格购买商品。由于广告是存在成本的，因此除非由需求增加而带来的额外收益可以弥补成本，否则企业不会做广告。

如果价格相对低的商店宣传它们的价格，吸引更多的消费者，那么这些商店可以得到更大的市场份额，市场的平均价格会下降（Smallwood and Conlisk，1979）。在旅行者—本地人模型中（第13章），如果旅行者只能收集到所到过的商店的信息，那么收集信息的成本非常高，这样就会形成两价格均衡，其中一些商店对本地人收取低价，其他商店对旅行者收取高价。但是，如果相对低价的商店可以在本地报纸上登广告，旅行者收集广告的成本就会降低，更多的消费者可以得到信息，低价格商店的市场份额会增加。如果足够多的消费者得到信息，所有商店都会收取低价格。因此，如果没有广告，将没有商店会发现收取低价格有利可图，但是当存在广告时，所有商店都可能收取低价格。[9]

许多经验性研究表明，有关价格的广告降低了消费者支付的平均价格，这样的现象出现在许多产品中，例如药品（Cady，1976）、眼镜（Benham，1972；案例14.4）、酒类（Luksetich and Lofgren，1976）、玩具（Steiner，1973）以及零售汽油（Maurizi，1972）。另一些研究表明，尽管广告能够降低法定和可见服务的价格，但它同时也降低了这些市场中产品的质量（Arnould，1972；Muris and McChesney，1979；Kwoka，

1984；Schroeter，Smith and Cox，1987）。

由于广告可以降低市场价格，因此职业团体禁止广告是符合其自身利益的。在最高法院勒令停止之前，医生、牙医和律师都以违反行规的理由来禁止做广告。

**案例 14.4**

### 价格广告的社会收益

在过去，一些州禁止眼镜的价格广告。贝汉姆（Benham，1972）表明，1963年，在禁止眼镜广告的州中，眼镜的价格比没有限制广告的州要高出许多。在调整了各州之间收入、年龄、性别和家庭结构的差异后，完全限制广告的州的眼镜支出要高出 7.37 美元。由于没有限制广告的州中眼镜的平均价格为 26.34 美元，因此限制广告导致平均价格上升了 28%。

存在价格广告限制而没有其他形式广告限制的州和不存在限制的州，仅存在 1.32 美元的差异（统计上并不显著）。因此，完全的广告限制对价格具有更显著的效应。

联邦贸易委员会的研究（Bond et al.，1980）也报告，在允许做广告的城市中，价格要比限制广告的城市更低。而且他们发现两类城市中眼镜的质量是相同的。在没有广告限制的城市中，即便是没有做广告的验光师针对一次检查和配眼镜所收取的价格也会比限制广告城市的同行低 20 美元。

在 20 世纪 70 年代后期，联邦贸易委员会颁布了贸易管制法案，该项法案禁止州和贸易组织对眼镜和相关服务的价格广告做出限制。该法令的基础是表明这种限制会提高平均价格的经济学文献（参见 Ippolito，1986）。

最近，法庭决议取消了罗得岛州在 1996 年有关酒类价格广告的限制。罗得岛州的酒类商店协会反对终止该项限制。通过将罗得岛州的酒类价格和马萨诸塞州的酒类价格做出比较，米利奥和瓦尔德弗格尔（Milyo and Waldfogel，1999）发现做广告的商店，其广告产品的价格下降了 20%多，并且降低了对手广告产品的价格。没有做广告的企业为了回应对手的广告，并没有降低价格。米利奥和瓦尔德弗格尔得出结论，终止广告限制对酒类的总体价格水平影响很小。

## 解决柠檬问题的广告

在一些市场中，由于消费者不能区分高质量产品和低质量产品，如
在柠檬模型中（第 13 章），因此企业不能从销售高质量产品中获利。如
482 果企业可以使用认证或担保来显示其高质量，那么就可以避免柠檬问
题。同样，如果广告可以显示质量，那么就可以解决柠檬问题。[10]

例如，假设一个企业希望开始销售高质量体验性产品。企业相信如
果消费者尝试该产品，他们就会喜欢该产品并重复购买。也就是说，企
483 业提供高质量产品的激励来自于重复销售（Klein and Leffler，1981；
Shapiro，1983；Rogerson，1986）。企业通过显示其高质量并让消费者

试用它的产品来获得更多的利润。

为了使得该例子更为简单，我们做出两个额外的假设。首先，假设消费者只有通过试用该产品才能了解产品质量，或者企业可以做一些样品，分发给一些消费者，并通过他们的口碑来销售产品（Dodson and Muller，1978）。其次，假设企业生产的边际成本和平均可变成本与生产低质量产品的企业相同（我们将在下一章中放松该假设）。因此，如果高质量企业在同一价格下比低质量企业销售更多，那么它将会获得更多的销售利润。

高质量产品企业比低质量产品企业具有更强的广告激励。高质量企业的广告形成了重复销售，而低质量企业的广告只能形成现阶段的销售。由于两种类型的企业具有相同的生产和广告成本，而且高质量产品企业的广告回报更大，因此高质量企业会做更多的广告。[11]

## 广告何时过量

*在弗吉尼亚的罗阿诺克，在墓碑上做广告是违法的。*

报纸专栏作家和社会哲学家通常认为由于广告引导消费者购买他们所不“需要”的产品，因此存在过多的广告。这一观点已被正式化地表述为：当产品存在差异时，企业说服性和信息性广告的数量都超过了社会最优水平。我们来解释为什么这一结论并不是总能成立的。

**★针对单一产品的广告。**直到最近，多数经济学家认为人们对劝说性广告的福利效果并无多少发言权。[12]他们的理由为：如果广告改变了消费者的偏好（由消费者效用函数来表达），那么比较广告前后的福利就没有固定的基础。

假设一个广告让许多消费者认为使用古龙水可以使他们更加富有魅力，那么这将会导致更高价格下的更多销售。消费者的境况会更好吗？价格比以前更高，但是一些消费者从使用古龙水中得到了比以前更多的快乐。多数社会评论者（不是经济学家）认为消费者只是“感觉他们的境况比以前更好了”，因此认为在这种广告发布后消费者得到的更多的快乐是虚假的，必须打折扣。但是，经济学家通常认为消费者可以对自己的偏好做出最好的判断。遗憾的是，如果评价快乐的标准改变了，那么就很难对做广告前和做广告后的快乐程度做出比较。

484 在一篇充满智慧但却存在很多争议的文章中，迪克西特和诺曼（Dixit and Norman，1978）认为广告可以使消费者得到很强的福利。他们使用了消费者在广告前后偏好（效用）的两个自然的极端情况作为结论的基础。例如，如果你相信广告是纯粹欺骗性的，那么你可以使用广告前的偏好来估算福利。相反，如果你相信广告后的偏好代表了消费者的真实兴趣，那么你可以使用广告后的偏好。如果基于两类偏好得出了同样的福利效应，那么迪克西特和诺曼认为无论适当偏好集合的假设如何，结论都将成立。

我们首先验证广告对垄断者及其消费者的福利效应。垄断者有一个不变的边际生产成本。持续做广告的成本不变，因此广告代理人并未得到超常利润，广告成本对企业和社会来说都是相同的。因此，福利分析可以忽略广告代理人，因为无论广告数量如何，他们都得到零利润。

令 $\alpha$ 为最初的广告水平，随后增加到新水平 $\alpha'$。我们认为 $\alpha$ 为做广告前的水平，$\alpha'$ 为做广告后的水平。在图 14.1 中，额外的广告支出 $E=\alpha'-\alpha$ 导致需求函数向外推移到 $D$（$Q$，$\alpha'$）。也就是说，在给定价格下，消费者广告后的需求更多。如果产出下降，福利无疑会下降，因此不需要进一步分析。而后，我们假设广告后垄断均衡下的均衡价格 $p'$ 和产量 $Q'$ 高于最初均衡中的价格和产量（价格 $p$ 和产量 $Q$），如图 14.1 所示。

我们使用广告前消费者偏好作为初始标准，由 $\alpha$ 广告水平下的广告前需求函数 $D$（$Q$，$\alpha$）反映。在广告后的均衡中，消费者比以前更喜欢该产品，因此消费者购买量多出 $Q'-Q$ 单位。由于我们以做广告前的水平来估算福利，因此从额外单位产品中获得的额外消费者剩余为广告前需求曲线与 $Q$ 与 $Q'$ 所夹的区域。制造额外产量所需的成本为边际成本（和平均成本）曲线 $Q$ 与 $Q'$ 所夹的区域。这样，额外单位的净社会福利 $B-E$ 区域为额外消费者剩余和生产成本减去额外的广告 $E$。

使用做广告后的偏好作为标准，消费者增加的区域为做广告后的需求函数和 $Q$ 与 $Q'$ 所夹的区域。因此，福利的变化为高于边际成本曲线的消费者福利的增加 $B+C+D$，减去额外的广告成本。这样，使用做广告后的偏好，福利的变化为 $B+C+D-E$，而不是使用做广告前的偏好情况下的 $B-E$。对于少量广告，$C$ 和 $D$ 相对于 $B$ 来说较小，因此两种标准之间的福利变化差异很小。

在任一情况下，广告收益为相关需求曲线（做广告前和做广告后的需求曲线）$Q$，$Q'$ 与边际成本曲线所夹的区域，减去额外的广告支出 $E$。也就是说，我们使用相关标准测算产出从 $Q$ 到 $Q'$ 的变化所引起的社会价值的变化。

485 正如我们前面所讨论的，由额外广告引起的消费者需求曲线向外移动增加了垄断者利润的原因主要有二。首先，垄断者多销售了 $Q'-Q$ 单位的产出。其次，垄断者每单位产出的销售价格相比原先要高出 $p'-p$ 美元。这样，垄断者的利润增加额为区域 $A$，$B$，$C$ 之和减去广告成本 $E$。由于广告而上升的价格使得企业境况更好，增加的利润为 $A+B+C-E$，而消费者境况变坏，因为较原先支出的成本增加了 $A=$（$p'-p$）$Q$。使用任一标准福利的变化大致等于垄断者利润的增加减去消费者的额外支出 $A$。

若使用做广告前的偏好，除非垄断者发现广告是有利可图的，否则福利不会增加。福利的变化 $B-E$ 小于利润的增加 $A+B+C-E$。[13]这样，除非广告支出的增加提高了利润，否则福利不会上升。换句话说，有利可图是额外的广告增加福利的必要条件；由于利润会上升（$A+B+C-E>0$），而福利会下降（$B-E<0$），因此这并不是充分条件。

若使用做广告后的偏好，福利的变化为 $B+C+D-E$。对广告的微小增加，$C$ 和 $D$ 相对于 $A$ 和 $B$ 来说较小。再次，除非利润 $A+B+C-E$ 为正，否则福利不会增加。因此，使用任一偏好集，有利可图均是增加福利的必要条件。

在均衡时，垄断者会增加广告直到广告的额外支出 $E$ 恰好等于广告边际利润的增加 $A+B+C$。也就是说，均衡时，垄断者边际利润的变化减去一美元额外广告带来的广告支出为零。由于福利的变化为边际利润（均衡时为零）减去广告带来的消费者额外支出（它为正），最后一美元广告带来的福利的边际变化为负。无论使用做广告前或做广告后的福利标准，广告的边际增加导致福利下降，大致为区域 $B$ 的消费者额外支出。也就是说，广告是过量的：*在均衡时，广告的小幅下降会增加福利。*

迪克西特和诺曼（Dixit and Norman，1978）表明，这一结论在寡头垄断和垄断竞争市场中同样成立。他们认为在这些市场中：

- 仅当企业发现有利可图时，广告的小幅变化会增加福利。如果社会可以从广告中获益，而企业也发现提供广告有利可图，那么广告不会过少。

- 在利润最大化水平下减少广告会增加福利。即使采用做广告后的消费者偏好，这一结论也同样成立。

486 也就是说，低水平的有利可图的广告会最大化福利，但是企业会在较高的水平上做广告。不过，即使在广告过量的水平下，福利仍可能会高于未做广告的情况。

针对迪克西特和诺曼（Dixit and Norman，1978）的结论的批评主要有两类。[14]第一种批评正如麦高恩（McGowan，1979）的观点。总体而言人们不应仅基于做广告前或做广告后的偏好来估计福利。假设产品质量的提高，而不是广告，使得需求发生移动。迪克西特和诺曼的分析意味着存在对产品质量的过度投资。得出这一反直观的结论的原因是：迪克西特和诺曼使用了均衡情况下做广告前和做广告后的偏好基准来比较做广告前后的福利。如果比较基于做广告前偏好的广告前均衡和基于做广告后偏好的广告后均衡，那么广告的福利效应是模糊的。如果广告（或质量的提高）改变了偏好（消费者的支付意愿），那么就不能直接比较消费者在做广告前后的效用水平。这里想要说明的是仅使用一类偏好集合或另一类偏好集合来评价福利效应是不恰当的。

其次，夏皮罗（Shapiro，1980）解释了如果广告只用来告知消费者产品的存在性而不是改变偏好，那么广告就会太少。在夏皮罗的例子中，一些消费者在接触广告之前并不知道产品的存在。在广告出现后，他们开始意识到该产品并购买它，但是消费者的偏好并没有发生变化。除非垄断者能进行价格歧视，否则它的广告就太少，因为它承担了广告的全部成本但是并没有得到全部收益（垄断者并没有获得全部的额外消费者剩余）。[15]当广告涉及差异化产品时，广告的福利效应同样是模糊的（参见 www. aw-bc. com/carlton _ perloff“广告和差异化产品”）。案例 14. 5 讨论了罪恶产品的广告福利效应。

**作为进入壁垒的广告。**迪克西特和诺曼（Dixit and Norman，1978）、格罗斯曼和夏皮罗（Grossman and Shapiro，1984）并不认为所有广告都是有害的；他们只是强调在一定的情况下存在过多的某些类型的广告。但是许多人认为，劝说性广告是反竞争的，因此应当被制止。

人们认为劝说性广告反竞争主要有两个原因（Bain，1956；Comanor and Wilson，1974）。首先，广告可能会导致一些消费者错误地认为效果相同的品牌存在差异，这种效应被称为**虚假产品差异**（spurious product differentiation）。例如，一些人愿意为某一品牌的混合漂白剂支付更多，而这种漂白剂和许多普通品牌从化学性能上看是相同的。由于购买行为取决于消费者对产品的感知而不是产品的物理特征，因此广告可以使得一些品牌的产品价格比其他品牌价格更高。在一些声称某种特
488 定品牌有特殊的未列明的优越性能的例子中，人们并不清楚消费者是否受到了愚弄。例如，广告会使得消费者错误地认为一些普通品牌不耐用或者受到了污染，因此通过为品牌产品支付更多来避免这一（错误的）担心。

487

**案例 14. 5**

### 限制酒类广告的福利效应

政府通常试图阻止一些“罪恶的”行为，如饮酒、抽烟和赌博。相对于彻底禁止这些行为或征税，政府更有可能限制它们的广告。

为了阻止政府过多地干预它们的产业，企业会自发限制广告。例如，1936 年，美国蒸馏酒生产者自发限制电台广告，1948 年开始限制电视宣传。但是，最近随着蒸馏酒生产者的市场份额被啤酒和酒类公司抢占，这一协议开始瓦解。1996 年 6 月，皇冠威士忌使用电视宣传而打破了自发协议。在其他蒸馏酒生产者效仿以后，美国蒸馏酒委员会于 1996 年 11 月 7 日通过投票废除了该项自发限制。随着自发限令的结束，公共舆论开始了州或联邦政府是否应该限制这种广告的热烈讨论。

由于人们相信广告促进了酒类的消费和滥用，酒类广告限令受到了广泛的支持。在欧洲，75 岁以下人中 6%的死亡和 20%的急性医疗费用都和酒类的使用相关。但是，酒精饮料的广告仍非常广泛。根据《广告时代》的材料，2003 年美国啤

酒、葡萄酒和白酒企业的广告费用为17亿美元，占据了销售总额的近15%。

美国、加拿大和各个欧洲国家在20世纪80年代后期和90年代早期的研究表明，广告对酒类饮料的总市场需求的影响效应较小（尽管广告可能对进行了广告宣传的产品的销量具有很强的影响）。因此，一些人得出结论，由于电视或广告牌广告的限制将不会影响总需求，因而这种限制的效果有限。但是，这样的限制可能会影响饮料产业内的竞争，影响对其他产品的需求，以及影响其他非限制媒体广告的使用。

基于对20个国家酒类广告限制和酒类销量之间关系的研究，塞弗和戴夫（Saffer and Dave，2002）认为，对酒类广告的限制减少了酒类的消费。他们得出的结论是，这样的限制减少了5%～8%的酒类消费。特伦布莱和奥山（Tremblay and Okuyama，2001）注意到，取消对酒类广告的限制将趋于增加竞争，而这将导致酒类销售量的增加。

尼尔森（Nelson，2003）得到一个并不令人惊奇的发现，仅仅应用于一种饮料（或者一种形式的广告）的限制性法律导致了对其他饮料（或非限制性媒介）的替代性需求。特别是，他发现限制蒸馏酒价格广告的法律导致了白酒和葡萄酒消费的减少，但啤酒的销售却增加了。他同时发现，如果政府希望限制酒类消费，要求对酒类实行垄断性销售或者出台饮酒法律的效果要大于对广告的限制。

资料来源：Tremblay and Okuyama（2001），Saffer and Dave（2002），and Nelson（2003）.

488 其次，一些经济学家认为产业中已有企业的广告会使得新企业的进入更加困难。一个潜在进入者必须多做广告来克服在位企业由于广告而形成的声誉，而在位者在进入产业时并没有花费这么多的引入性广告支出。这样的进入壁垒增加了在位企业的市场势力，因此它们收取较高的价格。这一进入壁垒的重要性依赖于广告的效应能持续多久。关于这方面的实证证据并不是非常清晰。一些研究者，其中包括阿亚尼安（Ayanian，1983）发现一些产品的广告效应能持续几年，而另一些研究者，如博伊德和塞尔登（Boyd and Seldon，1990），则发现广告效应在一年之内就可能消失。

如果在位者相对于潜在进入者没有广告上的优势，那么即使在位者通过过去的努力建立了声誉，广告也不会限制进入（Schmalensee，1974）。如果潜在进入者的广告效应和在位者相同，那么进入者最终将会和在位者在同一平台上。在预计到这些后，潜在进入者并没有受到进入威慑，因此不存在我们在第3章中所定义的长期进入壁垒（同时参见von Weizsäcker，1980）。而且，在很多情况下，进入者的广告成本要低于在位者，特别是当在位者已经说服消费者这种产品值得拥有后。另一方面，如果（正如在第11章中讨论的）第二个进入者比第一个进入者面临更高的营销成本，那么存在进入壁垒。由于这一问题的两个方面都有理论证据，因此只能采用实证研究来解决这一争论。然而，证明广告不是反竞争的经验性研究数量与证明广告是反竞争的研究数量几乎相当。

许多研究检验了集中度是否和广告相关。[16]研究发现，有关广告增加了集中度（Mann，Henning and Meehan，1967；Ornstein et al.，1973；Strickland and Weiss，1976）的说法和广告要么没有影响集中要么降低了集中度（Telser，1964，1969；Ekelund and Maurice，1969；Ekelund and Gramm，1970；Vernon，1971；Edwards，1973）的说法同样普遍。这些研究是否真实地检验了广告产生进入壁垒，仍是一个可以公开质疑的问题（Schmalensee，1976）。例如，韦斯、帕斯科和马丁（Weiss Pascoe and Martin，1983）推断部分由市场集中度衡量的市场结构决定了广告/销售比率。集中度和市场势力之间的联系往往含糊不清，集中度和广告之间的因果关系也并不明确。事实上，两者更趋向于相互制约，而不是一方决定另一方。[17]

489 另一种方法（Comanor and Wilson，1974；Miller，1969；Weiss，1969）检验了各种利润和广告的会计测算方法之间的关系。再次，这些关系之间的因果联系是一个易受质疑的问题。而且，如果从今天的广告将影响未来购买决策的意义来说广告是长期的，那么和广告相关的短期利润就存在误导性。[18]企业会在今天发生成本，降低现期利润，增加将来的利润。阿亚尼安（Ayanian，1983）测算出通常的广告存量效应（许多广告的加总效应）能持续七年。在对广告存量进行利润调整后，他得出的结论是广告不会引起进入壁垒及由此导致的超常利润。

正如我们先前所讨论的，许多研究表明，有关价格的信息性广告会降低市场的平均价格。通过使得新企业实现其产品的差异化，劝说性广告有时会有利于进入。这样，即使人们发现劝说性广告能制造进入壁垒，限制广告的同时也会减少有利于进入的理想效应。

## 虚假广告

*广告是在合法地说谎。*

——H·G·韦尔斯（H. G. Wells）

不真实的广告通常是非法的。但是，如果执法不严，企业可以常年使用虚假、欺骗性或具有误导性的广告，仅会收到少量的罚单，甚至没有罚单。本部分考虑了在何种环境下企业最有可能采用虚假广告，以及真实广告或反虚假广告的法律是否合理。结论令人非常惊奇：在一些情况下，反虚假法律会导致更多的虚假广告。

## 对撒谎的限制

事实是最安全的谎言。

为什么并不是所有的企业都会用虚假广告？答案之一是多数消费者并不是那么容易受骗的（Nelson，1974；Schmalensee，1978a）。[19] 尼尔森（Nelson，1974，749）提出了通常可以避免受到误导的消费者决策规则："当广告告知有关品牌的功能时……相信广告；当广告告诉
490 你该品牌的功能如何好时，不要相信广告。"人们可以在购买之前较为容易地测试出品牌的功能（搜寻质量），而功能的效果如何则要等到购买之后才能确定（体验质量）。一个宣传销售大型号床的广告要比宣传床能使用 50 年的广告其真伪更容易确定。这样，第一个广告宣传比第二个更为可信。

经验品比搜寻品更容易出现虚假广告。例如，联邦贸易委员会在六个月中涉及的所有 58 个有关产品特性的虚假广告案都涉及经验质量而不是搜寻质量（Nelson，1974，750）。如果可以在购买之前以较低成本确认宣传的正确性，那么有关搜寻品的虚假宣传将不会导致购买的增加。做出这样的虚假宣传只会损害企业的声誉，因此，企业没有动机去做出这样的宣传。相反，由于对体验产品的虚假宣传会刺激消费者进行尝试性购买，因此企业存在对体验产品做虚假广告的动机。

然而，高质量企业宣示其产品事实的动机可以用来最小化有关体验产品虚假广告的数量。[20]尝试并享受高质量产品的消费者更容易进行重复购买，而对低质量产品失望的消费者不会进行再次购买。这样，如果生产高质量产品和低质量产品的企业具有相同的成本，那么对高质量企业来说，让消费者尝试产品所带来的收益要高于低质量企业。因此，高质量企业的广告要多于低质量企业，这样，即便是劝说性广告的数量也可能成为质量的信号。

这一论断似乎很有道理：假设两者具有相同的成本，相比低质量企业，高质量企业具有进一步做广告的激励。但是，在许多市场中（如果不是全部）低质量或虚假企业具有相对较低的成本。一个没有信誉的企业可以销售几乎没有生产成本的产品，因此它的成本会大大低于高质量企业的成本。由于没有信誉的企业的单位利润较高，它们在最初的销售中获得较大的利润，但是它不会期望重复购买，并且不会期望能长期生存。因此，在这样的市场中，人们并不清楚具有相对较高生产成本的高质量企业的广告是否比低质量企业多（Schmalensee，1978a；Kihlstrom and Riordan，1984；Milgrom and Roberts，1986）。

如果高质量企业的可变成本并不高于低质量企业，而且消费者只有在消费过后才能了解产品质量，那么我们希望高质量产品的广告越多越
491 好（Shapiro，1983；Rogerson，1986）。[21]但是，如果高质量企业具有相对较高的成本，那么大量的广告可能并不能显示高质量。[22]这样，无论高质量还是低质量产品都会多做广告，因此过多的广告并不一定和高质量相联系。例如，科托维茨和马修森（Kotowitz and Mathewson，1986）并没有发现在汽车或寿险业中广告较多意味着拥有更多的购买者或者显示了具有更高质量的信号。

广告产业承诺在某种程度上的自律。1974 年，代表生产了 80%的电视和印刷广告份额的美国广告代理人协会建立了一个儿童广告评估组织。自此以后，他们已经劝说公司对 270 种可能误导或迷惑儿童的广告进行修改或停止播放。[23]

## 反虚假法

一则节油的内燃机汽化器广告结尾是："……如不满意则退款。"当顾客投诉时，他们会被告知："目前为止，我们收到的所有钱都意味着满意。"[24]

销售不安全或是低于标准的产品的企业通常都比销售安全或符合标准的产品的企业成本低。为了吸引消费者购买，这样的企业可能会参与进行虚假广告，表明其产品是安全有用的。尽管可能不会得到消费者的重复购买，但是如果生产成本足够低，公司还是会盈利。处理这种虚假广告的方法之一是利用反虚假法对进行虚假广告的公司提起诉讼。

令人觉得荒谬的是，当温和地执行反虚假法时，会比完全不执行时出现更多的虚假广告（Nelson，1974，749 - 751）。例如，假设法律禁止标签错误地标注衣服的织物材料。如果始终执行这一法律，消费者就会相信衣服的标签总是正确的，因而制造商具有错误进行标识的激励。也就是说，如果消费者相信标签通常是正确的，那么错误的标签会愚弄他们（参见 www.aw-bc.com/carlton _ perloff，"从婴儿手中夺走糖果"）。相反，当不存在任何可执行的法律时，消费者通常并不相信衣服的标签。[25]这时，由于没有人相信它，虚假标签的危害很小。结果是，企业没有做出虚假声明的激励。

这是否就意味着我们不应该制定反虚假法呢？这一结论太偏激了。这些法律引导企业带给消费者更多信息。如果企业知道消费者在没有反
492 虚假法的情况下不会相信广告内容，那么企业就不会惹麻烦来做广告。

这样，在更多的广告（而且可能会带来更多的信息）和更多的虚假之间就存在一个权衡。

考虑到执行的成本，政府必须确定最优的执行水平。最优执行水平居于不执行法律和对所有广告的内容进行检查之间。

## 披露法

*你承诺说真话吗？所有的都是真话，除真话外不言其他？*

披露法要求企业真实地向消费者披露有关产品的特定信息。反虚假法只要求企业自愿披露的信息是真实的。企业做广告主要是向消费者提供有关产品的理想特性，但由于各种原因，它仍可能会披露一些不理想的特性，例如药的副作用。例如，向消费者提供恰当的警告会保护企业免受诉讼，或者企业会认为披露可以达到利润的最大化。在一些市场中，政府要求企业披露所有重要的事实：影响消费者购买决策的所有好的和坏的因素。

正如我们在第 13 章中所讨论的，如果高质量企业不能使得它们的产品区别于低质量销售者，从而导致消费者仍然得不到信息，那么可能会形成柠檬市场。但是，在这里我们考虑高质量销售者既有激励又有能力来区分它们产品的市场的情况。[26]

我们可以回忆前一章的内容，当有关产品质量的陈述可以在销售之后以较低成本证实时，企业不仅会告知事实，而且会提供担保和保证来说明它们所陈述的都是事实。例如，企业宣称一箱橘子有六个，消费者可以在几乎没有成本的情况下打开箱子来证实这一说法。

当有关产品质量的陈述需要耗费成本来传递给消费者或需要在购买后证实，企业就不会进行标准担保。例如，汽车生产商很难描述汽车制造的质量，消费者即使在购买之后也很难证实这一质量。我们不会期望看到保证汽车所有部件都是高质量而且安装到位的证明。但是，确定汽车是否存在故障则相对较为容易。如果高质量汽车比低质量汽车具有较低的故障率，那么汽车生产商可以使用故障担保来代替直接的保证。现在，我们考虑在有关买者和卖者的不同假设条件下，对披露法的要求及其效果。

当购买者知道销售者拥有通过测试或其他方法获得产品信息的能力时，企业具有披露产品信息的激励。企业也可能由于害怕必须披露不利的结论而不进行测试（参见 www. aw-bc. com/carlton _ perloff“产品披露”）。

**经验性证据。**披露法在金融市场、房地产市场和其他产品质量复杂，并且销售者比购买者具有更多信息的市场中较为常见。现在，我们检验使用披露法的两个市场——证券市场和二手车市场。有关另一个市场的重要案例参见案例 14.6。

493

**案例 14.6** ☞

**饭店评级**

多年来，洛杉矶的健康检查员按照卫生情况对饭店进行排序。1998 年以前，饭店通常不会选择披露它们的卫生级别。从 1998 年开始，饭店被强制性地要求披露它们的卫生等级是 A（饭店得分为 90～100）、B（80～89）、C（70～79）或者更低。吉恩和莱斯利（Jin and Leslie，2003）发现这一使得消费者得到更好信息的活动具有明显的效果。强制性披露将卫生评分平均提高了 5.3%。得到 A 等级的饭店发现它们的收益上升了 5.7%，得到 B 等级的饭店的收益上升了 0.7%，而得到 C 等级的饭店发现它们的收益下降了 1%。对医院记录的分析表明，虽然与食物无关的病例增加了 2.9%，但和食物相关的病例减少了 13.3%。简言之，强制性信息披露增加了福利。

联邦证券法被用来防止买者由于忽略新股票的不理想特性而造成的新股票定价过高（Benston，1973；Hilke，1984）。施蒂格勒（Stigler，1964b）和贾雷尔（Jarrell，1981）将 1933 年证券法案生效前后投资新股票的收益率和相关风险做了比较。他们发现，尽管一个研究者发现披露要求出台后新股票风险较小，但不同阶段的相对绩效至多只有较小的差别。[27]

另一类研究检验了耐用消费品的购买。消费者在购买前确定质量时、在讨价还价时以及当他们觉得满意并向企业进行支付时的能力有所差别。麦克尼尔等（McNeil et al.，1978）发现穷人购买二手车时支付
494 较多，而且购买后发现缺陷也较难得到赔偿，他们的满意程度较低而且更可能相信一些信息被扭曲了。这一研究还发现威斯康星州的披露管制并没有给人们带来帮助。简言之，很少有证据能证明金融或二手车市场中的披露法确实有用。

# 小　结

企业存在向消费者展示其产品的优点，并试图转移消费者偏好的激励。除了在报纸、广播和电视中播放广告外，企业通过创建品牌或建立正面声誉来间接地做广告。

企业通过设定边际广告成本等于广告带来的边际收益来确定利润最大化的广告数量。现有的经验性研究发现体验产品（消费者必须进行尝试才能确定他们是否满意的产品）的广告支出通常大于搜寻品（消费者可以立即做出评价的产品）。

广告的福利效应是复杂的，而且依赖于产品和广告的类型。正如我们在眼镜和其他产品的案例中所表明的，同质产品的价格广告通常会降低消费者支付的平均价格。但是这些研究仅仅表明一些广告是合理的；它们并没有表明企业所参与的广告数量为社会最优。当劝说性广告改变消费者效用时，人们并不能确定广告是过多还是太少了。

导致产品的虚假差异和消费者支付更高价格的广告是有害的。广告可能会制造进入壁垒，但是支持这一观点的证据并不明朗。这样，广告对消费者福利的效应通常是模糊的。在一些市场中，广告可以使得没有声誉的企业的进入相对容易，但是同时它也可能会导致市场势力的形成。

消费者的怀疑态度阻止了虚假广告。自相矛盾的是，反虚假法会同时增加真实和虚假广告的数量，因此，为了确定执法的力度，社会必须在执行反虚假法的成本和虚假广告带来的危害，以及与真实广告增加带来的收益之间做出权衡。

当反虚假法被全面执行时，企业通常具有向消费者披露相关信息的激励。令人惊奇的是，在某些情况下，强制性披露法可以通过减少企业获取信息的激励来减小这些披露的程度。现有的有关强制性披露法的实证研究并没有证明其在证券和二手车市场中具有有益的作用。

## 问　题

1. 用图来表示夏皮罗（Shapiro，1980）对迪克西特和诺曼（Dixit and Norman，1978）论断的批评，迪克西特和诺曼认为如果垄断者的广告仅仅是向消费者提供某种产品存在的信息，而不是转移消费者偏好，那么广告的数量就会太少。假设需求是线性的，边际成本不变。

495 2. 如果存在广告贬值（也就是说如果不重新提醒，消费者会随着时间的推移而忘了该广告内容），那么广告的利润最大化规则是什么?

3. 如果企业做广告，但是只有部分人能看见，会发生什么情况?（提示：考虑第 13 章中的旅行者—本地人模型。）

4. 生产商为了鼓励经销商在本地多做广告，在经销商网络中使用了纵向约束合同（参见第 12 章）。在什么条件下，这样的纵向约束对社会有利?

5. 使用附录 14A 中的模型，假设垄断者面临反需求函数 $p=a+\alpha-bQ$，其中 $\alpha$ 为广告数量，成本函数为 $mQ$。确定广告和产出的最优水平。

奇数问题的答案在本书最后部分给出。

## 推荐阅读

此章推荐文献的技术性相对欠强（或者有非技术性的表达部分）。为了对以往关于广告的文献进行很好的回顾，请参见 Schmalensee（1973），Comanor and Wilson（1974，1979）。最近的工作包括 Bagwell（2001），Ekelund and Saurman（1988）；Leahy（1997）。

## 附录 14A　利润最大化的广告支出

假设企业的定价 $p$ 为其产出 $Q$ 和广告支出 $\alpha$ 的函数。也就是说，它的反需求曲线为

$$p=p(Q,\alpha) \tag{14A.1}$$

那么它的收益为

$$R=p(Q,\alpha)Q\equiv R(Q,\alpha) \tag{14A.2}$$

企业的成本为生产成本 $C(Q)$ 与广告成本 $\alpha$ 之和，1 美元的广告成本为 1 美元。

在忽略广告对未来购买行为效应的单阶段模型中，企业通过选择产量和广告水平来达到利润最大化：

$$\max_{Q,\alpha} \pi=R(Q,\alpha)-C(Q)-\alpha \tag{14A.3}$$

两个一阶条件为

$$\pi_Q=R_Q-C_Q=0 \tag{14A.4}$$

$$\pi_\alpha=R_\alpha-1=0 \tag{14A.5}$$

其中，$R_Q\equiv\partial R/\partial Q$，$R_\alpha\equiv\partial R/\partial\alpha$，$C_Q\equiv\partial C/\partial Q$。最优 $Q$ 和 $\alpha$ 必须同时满足公式 14A. 4 和 14A. 5。根据公式 14A. 4，产出的选择必须使得额外单位产品的收益 $R_Q$ 等于额外单位生产的边际成本 $C_Q$。根据公式 14A. 5，企业会做广告，直到由于广告带来的边际收益 $R_\alpha$ 等于广告的边际成本 1。

**【注释】**

[1] http：//adv. asahi. com/english/market/advertising. html.

[2] 一份健康杂志宣称两种减肥产品支付了 25 000 美元来使杂志对其进行正面报道（"The End of Advertising?" *Newsweek*，August 19，1991：40）。

[3] L. M. Boyd, "Grad Bag," *San Francisco Chronicle*, January 23, 1993: C20.

[4] Stuart Elliott, "Summer Movie Tie-Ins Coming Early and Often," *New York Timer*, April 30, 2003: C1 and C5.

[5] 一些经济学家区分了第三种类型，即一些产品的质量即使在消费之后也无法确定，Darby and Karni（1973）将之称为信任产品。这样的例子包括许多维修服务和医疗服务，其中消费者必须依赖于提供者担保来保证工作的正确进行。同时参见 Becker and Murphy（1993），他们将广告视为消费产品的互补品，Becker（1996）分析了偏好的形成。

[6] 利用名人效应具有很长的光荣历史。19 世纪中期，Buffalo Bill Cody 就像老鹰抓小鸡那样控制了 Kickapoo Indian Oil，1905 年 Honus Wagner 允许将他的亲笔签名刻在 Louisville Slugger 的球棒上。

[7] 接下来的分析忽略了企业广告和产量决策对其他企业的影响。但是实证证据表明，广告的数量受到市场结构的影响（Weiss，Pascoe and Martin，1983）。Lambin（1976）发现对手的广告降低了企业的市场份额，其幅度大致为自身广告所能增加的份额。Dorfman and Steiner（1954）首先撰写了关于模型化广告对需求影响的文章之一。

[8] 也就是说，$MR(Q, \alpha) \equiv \partial R(Q, \alpha)/\partial Q$，其中收益 $R$ 等于 $D(Q, \alpha)Q$。

[9] Butters（1977）表明广告或消费者搜寻的花费越低，市场平均价格就越低。他同时还证明一个自由的市场会产生最优广告数量和最大可能的福利。Stigler and Becker（1977），Nichols（1985）同样得到结论，竞争性企业购买了社会最优广告数量。Stegeman（1991）认为，在一定情况下，当消费者只能从广告中得到价格信息时，竞争性企业的广告低于社会最优水平。

[10] Nelson（1974），Schmalensee（1978a），Klein and Leffler（1981），Shapiro（1983），Wolinsky（1983），Kihlstrom and Riordan（1984），Milgrom and Roberts（1986），以及 Rogerson（1986）。不同观点参见 Allen（1984）。Bagwell and Riordan（1991）指出，相对下降较慢的高价格同样显示了产品的高质量。高价格导致了销售量的损失，而这种损失对低价格、低质量产品来说更大。

[11] Rogerson（1986）讨论了这类模型的一些复杂情况。Fluet and Garella（2002），Linnemer（2002）表明企业是否使用价格或广告来显示质量依赖于企业之间竞争的类型和消费者的知识。

[12] 有关早期广告福利效应的争论，参见 Kaldor（1949—1950）和 Telser（1966）。

[13] 福利的变化大致为垄断者的额外利润 $A+B+C-E$ 和消费者对最初产出的更高支付 $A$ 之间的差额，或者 $B+C-E$。对广告支出的微小变化，$C$ 相对于 $B$ 较小，因此 $B+C-E$ 大致等于福利的变化 $B-E$。区域 $A$ 表示从消费者向垄断者转移的福利，因此并不影响总福利：垄断者的收益抵消了消费者的损失。

[14] Dixit and Norman（1979，1980）对这些批评做出了回应。

[15] 参见 Shapiro（1980）的图表分析。Diamond and Rothschild（1978）指出了相同点。Shapiro（1980），Dixit and Norman（1980）同样讨论了当广告对消费者具有不同影响时的福利效应。参见 Becker and Murphy（1993）。

[16] Telser（1964）可能是第一个做此研究的学者。Ornstein（1977），Coman-

or and Wilson（1979）对许多这样的研究做出了回顾。

[17] Lambin（1976）和 Schmalensee（1973）试图分开测算广告对企业自身需求和对产业需求曲线的影响。遗憾的是，他们掌握的数据并不允许他们对这些效应做出精确的测算。

[18] Lambin（1976，97）报告道，销售对广告支出的弹性通常在长期中更大。电动剃须刀的短期弹性为 0.229（广告支出增加 1%导致销售增加 0.229%），但是长期弹性是其两倍，即 0.597。同样，香烟的短期和长期弹性分别为 0.154 和 0.752；清洁剂为 0.055 和 0.659；软饮料为 0.057 和 0.415。

[19] 但是并不是总是这样：1945 年《财富》杂志的一篇文章报道，至少有 10 人已经写信向一个食品公司的虚假发言人 Betty Crocker 提出抗议。

[20] Nelson（1974），Schmalensee（1978a），Klein and Leffler（1981），Shapiro（1983），Wolinsky（1983），Allen（1984），Kihlstrom and Riordan（1984），Milgrom and Roberts（1986），Rogerson（1986，1988）讨论了在什么条件下广告可以作为质量信号。

[21] 如果潜在消费者可以通过已经尝试过产品的消费者的口头传播来了解产品质量，那么高质量企业只需要在较低的导入率下销售少量产出来说服消费者他们的产品是高质量的，因此没有进一步广告的激励。

[22] 但是，即便是在这里，在一些情况下，延伸性广告仍显示了质量（Milgrom and Roberts，1986）。

[23] Anthony Ramirez，“Advertising：Campaigns for Children Criticized，” *New York Times*，July 18，1990：C9.

[24] L. M. Boyd，“Grab Bag，” *San Francisco Chronicle*，April 2，1988：C12.

[25] Eaton and Grossman（1986b）表明，如果企业的产品和对手的产品存在很大差异，那么该企业具有准确揭示信息的激励。

[26] 接下来的讨论基于 Grossman and Hart（1980），Milgrom（1981），特别是 Grossman（1981b）。

[27] Hilke（1984）对这些研究做出了评论，并质疑 1933 年的《证券法案》(Securities Act）的强制性披露要求是否明显增加了披露需求。

经济科学译丛·现代产业组织
经济科学译丛·现代产业组织

# 第5部分

# 动态模型和市场出清

# 第 15 章 跨期决策：耐用性

498 时间是阻止所有事情马上发生的自然方式。

接下来的两章都将讨论企业跨期决策的制定问题，本章是第一部分。这里，我们研究**耐用品**（durable goods）市场，耐用品即能持续使用几个时间段的产品，包括灯泡、汽车、洗衣机和 X 射线仪等。在美国，耐用品的支出占所有个人消费支出的 10%，以及所有产品销售的半数。[1]

耐用品的制造者必须决定产品的使用期限。通过初期投入更多花费，制造者可以生产出更加耐用的产品。制造者有关耐用性的决策依赖于几个要素。特别地，制造者要考虑消费者是否仅仅关心他们从耐用品处得到的服务流（如灯泡的照明或是汽车的运输），或者还关心为他们提供服务的产品的耐用性（如消费者更希望驾驶新汽车而不是旧车）。本章将回答有关耐用品的两个问题：

1. 市场结构影响了产品的耐用性吗？例如，垄断者和竞争性生产者所生产的产品是否具有相同的耐用性？

2. 垄断者出租或是出售其产品的效果究竟如何？

# 耐用品的寿命应该多长

从长期来看，我们都会死去。

——约翰·梅纳德·凯恩斯（John Maynard Keynes）

消费者购买耐用品时会考虑耐用品的寿命和在未来转售的价值。例如，高质量、高价位汽车的制造商通常宣称，由于高档车寿命较长，而
499 且可以在未来几年内以较高比例的价格（以初始购买价格计）出售，因此消费者购买它们生产的汽车会比购买廉价的、低质量汽车得到更多好处。

企业必须就其产品在最初的高生产成本和能卖出高价的长使用寿命之间做出权衡。企业的最优政策是增加最初支出，直到更久耐用性的边际成本等于更高销售价格所带来的边际收益。企业的决策会受到许多因素的影响，包括它的市场势力、是否存在转售市场。我们首先考察竞争性企业的决策，而后考察垄断企业的决策，其中消费者仅关心耐用品所提供的服务流。

## 竞争性企业的耐用性选择

我不怕死，只是当它发生时我不想在那儿。

——伍迪·艾伦（Woody Allen）

考虑一个竞争性灯泡生产企业的权衡。企业生产在正常水平下能使用 $N$ 个阶段的灯泡。$N$ 期寿命内的旧灯泡仍然是有用的——能提供相同的亮度——就和新灯泡一样。在第 $N$ 期期末，旧灯泡报废，必须换用新灯泡；它不能被修复。[2]

当人们说灯泡有用时，是指它的服务——即一定强度的光亮——它由灯泡提供。灯泡是一台机器或**资本性资产**（capital asset）：能使用很多阶段而且在每一阶段提供服务。[3]

生产者必须决定灯泡的耐用性，即生产者必须选择 $N$。假设生产一个寿命为 $N$ 阶段的灯泡的不变边际成本为 $C$（$N$）。灯泡越耐用（发光的时间），制造成本越高，但是灯泡也就越不需要频繁更换。因此，企业面临耐用性和制造成本之间的权衡。竞争性企业会选择最优的权衡，因为如果它们不能更为有效地生产，其他企业将会把它们赶出市场。

提供一个能永久使用的灯泡的成本是什么呢？在第一阶段，灯泡成本为 $C$（$N$）。$N$ 期期末前都不需要换用灯泡，$N$ 期后必须再花费 $C$（$N$）美元来生产灯泡。因此，每 $N$ 阶段，灯泡必须以成本 $C$（$N$）美元进行再生产。

但是由于未来的货币价值较小，所有未来成本没有现期成本重要。例如，如果利率为 10%，那么今天的 1 美元在下一阶段的价值为 1.10
500 美元。换句话说，下一阶段的 1 美元值 0.91 美元（1/1.1）的现值。为了计算未来支出的现值，我们将未来的支出进行贴现。因此，如果承诺今年和明年各支付 1 美元，假设利率为 10%，那么这一承诺的现值是 1.91 美元。因此，提供能长久使用的灯泡的成本现值为今天的制造成本加上 $N$ 期后制造灯泡的成本的贴现，再加上 $2N$ 期后生产的成本贴现，依此类推。[4]

图 15.1 描述了利率对提供一个可长久使用的灯泡的成本的影响。对特定的成本函数，成本的现值是灯泡耐用性 $N$ 的函数。[5]其中一条曲线是利率为 10%时的成本现值，另一条曲线为利率为 20%时的现值。竞争性企业选择耐用性 $N$ 来最小化长久提供一单位灯泡服务的成本的现值。如果利率为 10%，成本的现值在 $N$ 为 13 年时达到最小。如果利率为 20%，那么在 $N$ 为 7 年时达到最小。因此，利率越高，由于灯泡替换延迟带来的未来成本的节约逐渐减少，灯泡的耐用性就越差，因为生产更耐用产品的成本由现期担付，而不是贴现。

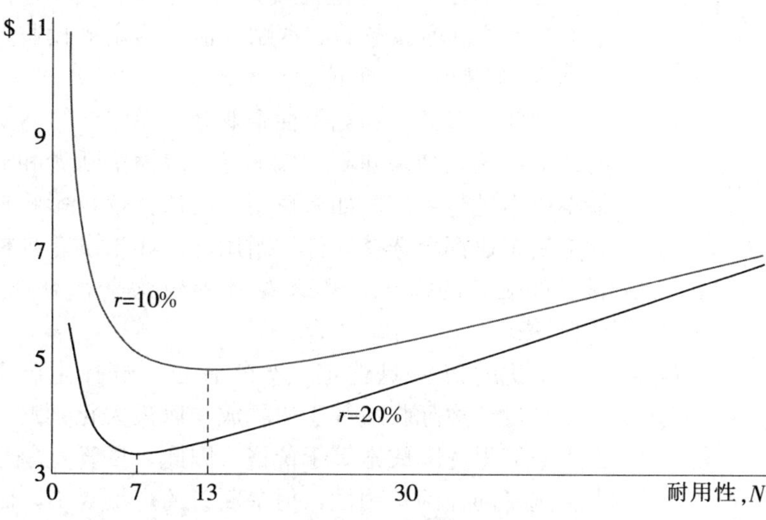


**图 15.1　长久提供一个单位服务的成本的现值**

## 垄断者的耐用性选择

生命的意义在于它会停止。

——弗朗兹·卡夫卡（Franz Kafka）

垄断者有关耐用性的决策会与竞争性企业不同吗？假设只有一个公司可以生产灯泡，那么它有关耐用性的决策依赖于出租还是出售产品。我们首先分析垄断者出租产品的情况，即出售灯泡的服务而不是灯泡本身；而后讨论出售问题。

**出租。**令 $Q$（$R$）为出租价格为 $R$ 的情况下消费者在每阶段对灯泡服务的单位需求。需求曲线 $Q$（$R$）不随时间改变。如果垄断者在每阶段以价格 $R$ 出租灯泡，它可以得到连续的每阶段收益 $RQ$（$R$）。相反，垄断者生产$Q$（$R$)产品的成本并不是连续的。为了在每阶段提供$Q$（$R$）单位的灯泡，垄断者必须首先生产 $Q$（$R$）个灯泡，而后在每 $N$ 个阶段生产 $Q$（$R$）个灯泡，依此类推。

垄断者选择出租价格 $R$ 和耐用性 $N$ 来最大化利润，其中利润等于租金的贴现值减去生产成本。但消费者并不关心耐用性的选择，他们仅关心灯泡服务的租金成本。如果垄断者不断用新灯泡更换坏灯泡，那么
501 消费者并不会关心灯泡的耐用性。因此，垄断者选择 $N$ 来最小化生产 $Q$（$R$)单位灯泡服务的成本贴现值。给定规模收益不变，最小化总成本的 $N$ 同样最小化了单位生产成本。

因此，垄断者和竞争性企业会选择同样的 $N$ 来最小化生产单位服务的成本。这一结果并不令人惊讶，因为垄断者和竞争性企业通常都会以最小成本进行生产。如果耐用性的选择仅仅影响成本，那么竞争性企业和垄断企业都会选择同样的耐用性。如果没有规模经济而且耐用性不会影响对服务的需求，那么垄断者和竞争性企业对最优耐用性的选择相同。[6]

502 最优的 $N$ 一旦选定，垄断者必须选择生产多少灯泡 $Q$ 进行出租。垄断者设定边际收益等于边际成本以最大化利润。竞争性企业选择的产出水平使得边际成本等于价格。因此，尽管竞争性产业中的企业和垄断者会选择同样的耐用性，但垄断者的产量要小，而且价格相对较高。

**出售。**如果垄断者可以使得消费者相信在未来它将会坚守一个特定的定价政策，那么垄断者出租或是出售都不会影响此处的分析。我们假设总需求不随时间改变。表 15.1 表明了垄断者随时间变化的收益和成本。第一行表示出租所得到的收益。企业对每个灯泡在每阶段获得的租金 $R$。最后一行表示垄断者随时间变化的生产成本，企业选择 $R$ 和 $N$ 来

最大化利润。

表 15.1 收益和成本的时间模式

| 阶段 | 1 | 2 | 3 | 4 | … | $N$ | $N+1$ | $N+2$ | $N+3$ | … |
|---|---|---|---|---|---|---|---|---|---|---|
| 每单位租金收益 | $R$ | $R$ | $R$ | $R$ | … | $R$ | $R$ | $R$ | $R$ | … |
| 每单位出售收益 | $R\lambda$ | 0 | 0 | 0 | … | 0 | $R\lambda$ | 0 | 0 | … |
| 每单位成本 | $C(N)$ | 0 | 0 | 0 | … | 0 | $C(N)$ | 0 | 0 | … |

现在假设垄断者并不是在每阶段收取租金 $R$，而是允许租金累积，而且只在每 $N$ 阶段收取租金。垄断者收到的租金为 $R\lambda$，是企业在 $N$ 阶段中一次性租金的现值，而不是在每一个阶段都收取租金。[7] 例如，如果租金 $R$ 为每阶段 1 美元，耐用性 $N$ 为三阶段，利率为 10%，那么三阶段租金的现值为 $R\lambda=1+0.9048+0.8187\cong 2.72$ 美元。由于未来的租金没有现期租金值钱，企业得到的租金仅为 2.72 美元，而不是 3 美元。

如果可以忽略交易成本，而且消费者相信未来的价格不变，那么垄断者和消费者在每阶段 1 美元的租金和每三阶段收一笔 2.72 美元的收益之间是无差异的。垄断者对每三阶段收取 2.72 美元和每阶段 1 美元的租金亦无差异。如果该租金是利润最大化水平下的结果，那么垄断者将没有收取不同于 2.72 美元的租金的激励。降低和提高租金都会减少利润。

因此，如果灯泡是出售而不是出租，垄断者的出售价格将为 $R\lambda$，等
503 于未来租金流的现值。出售和出租灯泡的利润现值都是一样的。由于成本在两种情况下都相同，而且 $N$ 阶段收益的现值相同，租金分析的结果对出售的情况同样适用，垄断者和竞争性情况下一样，会选择最小化成本水平的耐用性。

## 高成本安装和维护

我们已经说明在一定条件下，竞争性环境下的耐用性既和垄断者出租产品时的耐用性相同，又和垄断者出售产品时的耐用性相同。但是，如果存在安装成本或是更好地维护能延长产品寿命，不同市场结构下耐用性的选择就会存在差异。

**高成本安装。**假设安装灯泡存在成本。例如，假设需要由一名维修人员来更换灯泡。如果每个消费者的成本都是相同的，垄断者和竞争性企业都会选择同样的耐用水平来最小化更换灯泡的总成本，包括安装。

相反，假设每个消费者安装灯泡的成本都不相同，那么消费者购买和安装灯泡的总成本也会不同。具有相对较高更换成本的消费者会选择

价格相对较高、寿命较长的灯泡；具有较低更换成本的消费者会选择便宜但寿命较短的灯泡。这里，耐用性影响了对服务的需求，因此，消费者是异质的，先前的结论不再成立。耐用性是垄断者可以用来区分消费者群体的产品特性。在此情况下的问题变成了质量的选择。第 10 章的分析表明了垄断者通常会比竞争性企业生产更多类型的耐用性产品。

**维护。**现在我们来分析更为现实的问题。假设消费者行为和生产者共同决定了产品的耐用性（“如果我知道我能活这么久，我会更好地善待自己”）。例如，消费者可以使用工人来维护机器，比如汽车，来延长其使用寿命。消费者在竞争性市场中购买劳动力，使得劳动力和机器联合以提供机器的服务。

许多不同的耐用性机器和劳动力的组合可以使得机器提供稳定的服务。如果机器的价格相对较高，消费者就会维护机器使其运转更长时间，以减少购买这种昂贵机器的次数。例如，当新汽车的价格上升时，消费者会更长时间地使用他们的旧车。

这一问题类似于我们在第 12 章中所讨论的具有变动组合比例的纵向一体化问题。机器的垄断提供者不希望它的消费者用劳动力来替换机器。企业试图通过对消费者的纵向约束合约来阻止这一替换。例如，企业会在机器购买时搭售维护服务。[8] 如果企业拒绝出售机器，而只愿在包含维护的前提下将其出租，那么机器就搭售了维护服务。

在一个著名的反垄断案例中，联合鞋业公司被控试图垄断制鞋设备市场。联合鞋业受到攻击的策略之一是它拒绝完全出售某些特定机器。在反垄断案例败诉之前，联合鞋业仅以搭售维护服务的形式出租一些机器。从企业的观点来看，这种仅供租赁政策的可能解释之一是这样的政策使消费者无法通过维修使机器的使用年限比预期的更久。参见案例 15.1。

504

案例 15.1

### 联合鞋业

联合鞋业公司（United Shoe）现已拥有鞋业制造设备市场 80%以上的份额，它最初只是出租某些设备。在反垄断案例败诉后（U. S. *v*. United Shoe Machinery Corporation，110 F. Supp. 295（1953）），联合鞋业公司不得不开始出售产品。联合鞋业案例通常被用来说明垄断者，例如鞋业制造设备商，如何仅仅希望出租而不是出售它们的设备。

基于对这一案例事实的检验，马斯滕和斯奈德（Masten and Snyder，1993）认为有关联合鞋业租赁策略动机所做的法庭结论和随后的经济分析是错误的。他们相信仅进行租赁的策略是对要求迅速维修服务需求所做出的反应。复杂的制鞋机器经常会被损坏，因此需要持续的服务和开发。如果企业购买了一台这样的机器，它可能会担心联合鞋业或许不会提供可靠的服务。

联合鞋业的租赁合约创造了修理的自行激励。如果机器失灵，联合鞋业将得不到租赁费用，直到公司修好机器为止。这一惩罚为联合鞋业迅速修理机器提供了激励，而这正是关键性机器失灵时消费者所需要的。

马斯滕和斯奈德指出了两项证据以支持他们观点。首先，他们发现事实上联合鞋业并没有仅出租机器。实际上，在它所生产的343种机器类型中，联合鞋业有42种机器只供出售，122种机器既出售又出租，而有179种机器只供出租。这样，基于耐用品垄断者仅有进行出租愿望的理论并不能解释公司的行为。

第二，他们发现联合鞋业仅供出租的政策主要是针对购买者生产中的关键性昂贵复杂机器的。这一模式和仅供出租的合约相一致，此时提供快速服务是基本内容。

---

这一维修案例给出了市场结构将影响耐用性选择的条件。当消费者为了回应新机器的价格而改变现有机器的使用寿命时，消费者的最优决策会限制出售产品的垄断者而不是出租产品的垄断者。原因在于出租案例中不存在消费者的最优决策。例如，随着产品寿命的增加，它们的运营成本通常会增加。随着新产品价格的上升，消费者会选择尽量继续使
505 用低质量的旧产品。消费者进行替换的能力限制了出售产品的垄断者，导致了其行为不同于出租产品的垄断者（Rust，1986）。

## 垄断者出租和出售的比较

用便士买一夸脱的牛奶比养头母牛好。

——詹姆斯·豪厄尔（James Howell）

即使机器不需要维护，垄断者也希望进行出租而不是出售机器。在先前的案例中，就出租和出售而言，垄断者和消费者是无差异的，我们假设：消费者相信垄断者将会在未来坚持某种定价政策。但是，如果垄断者不能让消费者相信它将这样做，那么进行出租得到的收益将大于出售得到的收益。事实上，只要垄断者必须出售耐用产品，它就会失去大部分（甚至全部）市场势力。为了说明这一结论，接下来的部分首先讨论消费者所拥有的转售产品能力的影响，而后讨论消费者行为，最后讨论垄断者的行为。

### 转售市场

直到现在，我们一直假设消费者会一直使用机器，直到机器报废。本部分将考察如果消费者可以转售机器，将会对耐用品垄断者产生怎样的影响。

考虑一个生产非耐用品（完全在一个阶段内被消费的产品）的垄断者，它以 10 美元的单位价格向对产品评价最高的消费者出售 $Q^*$ 单位产品。即使这些购买 $Q^*$ 单位产品的消费者能将产品全部转售，也不会存在进一步的交易，因为我们假设对产品评价最高的消费者拥有这 $Q^*$ 单位产品，没有人愿意再通过竞价得到这些产品。市场价格仍然为 10 美元。转售的能力不会改变最优定价。

只要对机器评价最高的消费者不随时间发生变化，则同样的结论对耐用品也将成立。假设垄断者出售寿命为 $N$ 的机器，每 $N$ 阶段销售 $Q^*$ 单位产品可以达到利润最大化。也就是说，消费者在每阶段消费 $Q^*$ 单位的服务（例如灯光）。机器的最初消费者是对机器评价最高的人，而且我们假设他们一直是对机器评价最高者，因此不存在转售。转售的机会不会影响最优（出售）解。

现在假设每阶段机器服务的总需求函数不会随时间发生变化，但是对机器评价最高的消费者将发生变化。在这种情况下，转售就可能在现在降低了对机器的评价的消费者和现在评价更高但不拥有机器的消费者之间发生。由于每阶段可以得到 $Q^*$ 单位的机器（垄断者的最优产量），则消费者对每阶段消费的产品的评价（隐性出租价格）就不会随时间而
506 变化，这是因为总需求不变的假设。机器最初的销售反映了这些消费者价值的贴现值。正如表 15.1 所示，转售并不影响 $R$（隐性出租价格），因此结果就和最高价值的顾客不随时间而改变时相同。

我们在一个灯泡案例中解释这些结论。消费者愿意为每个灯泡在每阶段支付 1 美元，利率为 10%，垄断者的最优解是生产能持续使用 3 个阶段的灯泡 50 个。给定三阶段的租金为 1 美元，那么其现值为 2.72 美元（=1 美元+0.90 美元+0.82 美元）。

现在假设消费者的意愿随时间发生变化，以至于每阶段都会发生转售，但每阶段的总服务需求不变。如果一个第一阶段的最初拥有者在一年后将灯泡出售给另一消费者，那么第二阶段开始时转售之初的贴现值为 1.72 美元。[9]也就是说，在灯泡转售后，最初的用户使用一年灯泡的支付为 2.72−1.72=1 美元，等于第一年的租金。当然，如果总需求不变，那么对垄断者来说发生转售将没有意义：当消费者意愿没有发生改变时，每阶段的灯泡需求数量相同。当存在二手产品的转售市场时，由于可以从最初灯泡的销售中得到完全垄断利润，因此垄断者的最优解在消费者偏好没有改变和改变时是一样的。[10]转售市场的出现的确限制了垄断者在最初销售的后续阶段收取的价格。参阅案例 15.2。

在没有转售市场的情况下，当对物品评价最高的消费者随时间发生改变时，那么垄断者就无法获得在同样的消费者总是对物品评价最高的情况下的利润。例如，假设你希望只是在这一学年使用冰箱，如果你不能进行转售，那么你的支付意愿就会低于你计划在整个产品寿命期拥有

该产品的情况。转售通过有效地降低向消费者提供每单位服务的成本，以及使得垄断者在最初购买价格下获得随后转手的价值，帮助了消费者和垄断者。

转售市场不同于一个可循环利用的市场。为了表达这一差异，我们考察一个铝业垄断者。铝材被销售给向消费者出售铝锅的铝制品生产商。假设当铝锅变旧时，消费者会扔掉铝锅。一个回收企业得到了铝锅。铝锅经融化后又成为铝材。这些重新得到的铝材可以在二级市场出售，同原先的垄断者竞争。如果铝可以转售，那么消费者就不愿意像原先那样购买铝材。二级市场限制了垄断，而消费者的支付意愿比他们接受的再次制作的铝锅的价值更低。

507 涉及美国铝业公司（Alcoa）的著名反垄断案例引起了对二级市场的重要性的争论。美国铝业公司是唯一的铝锭制造商，但是铝产品可以被回收再次制作成铝锭。由此产生的法律问题是即使美国铝业公司并没有直接控制二级市场，它是否具有市场势力。回收市场限制了美国铝业公司在随后阶段的价格。当需求随时间增长时，二级市场对垄断定价的限制成为一个经验性问题（参见案例 15.3；Martin，1982）。如果需求增长特别快，以至于转售材料的供给并没有占据需求的很大部分，那么二级市场对垄断者的限制很小。对于美国铝业公司案例（案例 15.3）的理论分析发现：由于需求的增长，美国铝业公司受二级市场的限制很小。

现在，我们了解了销售产品的垄断者为何具有介入旧货产品市场的激励，购买和处理掉旧货，就会减少旧货的供给。另外，垄断者可能会生产寿命较短的耐用品。假设消费者认为新产品和旧货之间无法完全替代，那么对旧货市场的控制（或者介入旧货市场）可以使垄断者更好地进行价格歧视（Fudenberg and Tirole，1998，1999；Waldman，1997；Hendel and Lizzeri，1999a）。进行出租的垄断者可以自动控制新旧产品的比例，但是进行出售的垄断者却做不到这一点。据此，对旧货市场的干预可以使得出售新品的垄断者降低二手产品的可得性，通过减少可替代的二手产品来对新产品收取更高的价格。因此，法律或垄断者的行为可能会增加利用转售市场的交易成本，从而限制了垄断者面临的由二手销售带来的竞争（相反，因特网可能会降低交易成本，这样做会加剧垄断者的问题）。许多发达国家制定了法律，要求艺术家收回部分转售的产品。至于执行的程度，通常只有少数欧洲国家的主要艺术家在拍卖销售中执行，这些法律减少了转售（Perloff，1998；Solow，1998）。

近期文献考虑了存在逆向选择问题时的租赁效应，其中耐用品的转售者知道产品的质量，但是潜在购买者并不了解质量（参见第 13 章的柠檬问题）。参见案例 15.4。

508

**案例 15.2**

## 旧货的重要性

1985 年，Deere & Co. 提出收购加拿大 Versatile 公司的农业机械部门。Deere & Co. 是世界上最大的各种型号拖拉机的生产商之一。Versatile 是四轮驱动拖拉机的最大生产商之一，所谓的四轮驱动是指四个轮子都具有动力。

Versatile 和 Deere 是 1985 年北美四轮驱动拖拉机的两个最大生产商，市场份额相当，而且它们拥有大量的新拖拉机市场份额。四轮驱动拖拉机只有两个另外的主要生产商。仅仅在几年以前还存在双倍的企业，但是农业经济的滑坡使得 1985 年拖拉机的需求量从 14 000 台下降到 5 000 台，大约为 1981 年的 30%。

拖拉机是耐用品，而四轮驱动拖拉机特别耐用，可以使用 15～30 年。存在着健全的二手拖拉机市场，许多农场主可以在新设备和老设备之间取舍。因此新老产品的价格波动具有很强的关联性。

如果新老产品是相互替代的，那么基于新品销售的市场份额就没有多大意义。即使企业突然成为新品销售的垄断者，但是由于新品的销售仅占全部在用拖拉机数量的一小部分，因此垄断者也不能大幅度提高新拖拉机的价格。

拖拉机的租金率取决于拖拉机服务的供给曲线和需求曲线的交点。价格等于未来租金的贴现值。在任意年中，拖拉机服务的供给等于新机器的服务和老机器的服务之和。老机器的供给等于以前年份出售拖拉机的残留服务（折旧后）。$t$ 年的供给曲线可以写成年份 $t$ 和租金率 $R$ 的函数：

$$S(R, t) = S_o(R, t) + S_n(R, t),$$

其中，$S_o(R, t)$ 为在 $t$ 年租金率为 $R$ 的情况下老机器的供给，$S_n(R, t)$ 为在 $t$ 年租金率为 $R$ 的情况下新机器的供给。

如果我们忽略维修，租金率 $R$ 并不会影响以前年份的供给，因此我们无须将以
509 前年份的供给写成租金率的函数。一个计量经济学的分析表明，年折旧率为每年 8%。由于在给定年份中可以得到以前年份的供给的 92%，1985 年的供给为

$$S_o(1985) = 0.92S_n(1984) + 0.92 \times 0.92S_n(1983) + \cdots$$

基于这一公式和销售数据，1985 年新拖拉机与仍在使用的老机器的比率小于 10%。由于老拖拉机在使用中的拖拉机中占多数，而且今后几年中也将占据主导地位，因此在随后几年中，即使是新拖拉机的垄断者也不能有利可图地大幅度减少产业的总供给（并因此明显地提高价格）。

美国司法部在决定是否允许兼并时，主要关心兼并对价格的影响。这样，司法部更趋向于允许能制造更大市场份额但是不会提高价格的兼并。

司法部认为 Versatile 的兼并出现了反竞争的问题。司法部了解老设备的限制作用，但是发现这种限制作用并不足以在可预见的将来阻止价格的提高。在对加拿大政府所说的 Versatile 不然会退出产业一说的反驳中，司法部认为如果没有其他潜在购买者，它将允许其进行收购。而这一交易最终没有完成。

分析表明任何具有较低折旧率和大量存货的耐用品都很难进行垄断，至少在初期是这样（Carlton and Gertner，1989）。例如，在汽车产业中，折旧率（23%）比拖拉机高出三倍。其他条件相同，由于汽车产业中老产品限制市场的时间较短，汽车的垄断比拖拉机的垄断能更快地提高价格。

而且，这表明在耐用品产业中，寡头垄断者之间的竞争相对于非耐用品产业更为激烈（Carlton and Gertner，1989）。这一结论背后的直觉意义是现期销售更多产

品的企业正从对手手中获得现期和未来的租金，相对于非耐用品增加了在现期销售更多产品的激励。

注：卡尔顿为 Deere & Co 公司的顾问。

资料来源：Farm and Industrial Equipment Institute. *State of the Industry* 1985 *Update* and *The State of the Industry* 1978—1980；Canadian Firm and Industrial Equipment Institute. *Industry Outlook* 1986；U. S. Department of Agriculture，Economic Research Service. *Outlook and Situation Report*，August 1985.

510

**案例 15.3**

## 美国铝业公司案例：二手货的经济学

1945 年，为一个三人法官小组执笔的勒尼德·汉德法官发现美国铝业公司因垄断国内的铝业市场而违法。这个案子的逆转在很大程度上是因为法庭发现相关市场仅由国内的铝业生产和净进口的原生铝锭构成。法庭认为通过铝屑融化而得到的再生铝并不属于市场的一部分，即便再生铝是原生铝锭的相近替代品。汉德法官的推断是美国铝业公司通过首次生产的主导地位进而控制了再生铝的生产。关键之处在于，他认为再生铝生产者的存在并没有实质性地阻碍美国铝业公司从初级铝的销售中得到的利润。

一些经济学家检验了汉德法官是否正确。加斯金斯（Gaskins，1974）测算了铝的需求和再生铝的供给，并使用其他数据模拟了存在一个再生铝市场的长期影响。他比较了存在和不存在再生铝市场两种情况下的模拟结果，得到了两个关键结论。首先，再生铝（循环）市场的出现导致了耐用品垄断者在初期会设定较高的价格。其次，由于对铝的需求会随着时间增长，再生铝市场的抑制效应很小。

针对一组参数，他发现当没有再生铝市场时，最初生产市场的价格比垄断价格高 6%，几乎比竞争性价格（长期边际成本）高出 3.5 倍。当存在再生铝市场时，长期垄断均衡价格比没有再生铝市场时低 14%，但是仍比竞争性价格高出 2.8 倍。根据模拟的结果，存在再生铝市场时的垄断价格随着时间的推移下降得非常慢，以至于耗时百年价格仅下降了不足长期均衡价值的 5%。

斯旺（Swan，1980）使用不同的模型，采用其他模拟过程得到了同样的结论：美国铝业公司的预期价格会略低于没有再生铝市场时的垄断价格，但大大高于竞争性价格（基于美国铝业公司自身的成本数据）。

511 加斯金斯解释了为什么第一阶段的价格要高于短期垄断价格。他的论证分三步。(1) 最初不存在多余的铝，因此没有再生铝市场。后来，当世界上存在一定量的多余的铝时，铝价越高，从铝屑转化为纯铝的收益就越高，因此再生铝的供给随着价格的上升而上升。(2) 当考虑最大化现期贴现利润时，企业必须在短期和长期利润中做出选择。这样，企业必须关心短期较高的生产会导致未来多余铝的增加，以及再生铝市场竞争的加剧。(3) 因此，在最初阶段，原生铝垄断生产商的销售甚至会少于短期利润最大化时的产出，并收取高于垄断价格的价格。

加斯金斯得出结论，汉德法官认为在该案例中原生铝生产的垄断控制从福利意义上来说几乎等同于纯粹垄断的观点大体上是正确的。也就是说，不考虑再生铝市场并不会使结果发生实质性偏差。存在再生铝市场仍然给美国铝业公司留下了很大的市场份额，因此得到了同样的结论。就一般而言，由于在其他判案中再生铝市场会约束初级生产市场的定价，忽略再生铝市场会是一个错误（Fisher，1974）。

萨斯洛（Suslow，1986b）的观点是，由于新铝锭和再生铝锭并不能完全替代，美国铝业公司的市场势力并没有像在两者完全替代的情况下那样受到边缘市场的抑制。同样，她注意到存在很长的循环滞后，因此美国铝业公司在早些年中面临着有限的循环效应。她估算1940年以前美国铝业公司的价格加成是短期边际成本的59%。也就是说，她认为“铝问题”其实对美国铝业公司并不重要。

技术性注释：在加斯金斯和斯旺的模拟中，假设美国铝业公司可以在最初阶段定价并一直执行这一价格。这样，这些结论就不同于假设美国铝业公司的政策随时间变化的更为恰当的模型。参见本章对消费者预期的讨论和Suslow（1986a）。

---

512

**案例 15.4**

## 逆向选择下的出租

汽车制造商必须考虑二手车市场对它们未来销售的影响。对质量有较高评价的人会购买新车，他们最终会将这些新车转售给评价较低的消费者。正如我们在柠檬市场模型（第13章）中的讨论所表明的，由于销售者已经驾驶和保养过汽车，因此更有可能比潜在的购买者拥有更多的质量信息，所以在二手车市场会出现逆向选择。事实上，埃蒙斯和谢尔登（Emons and Sheldon，2002）发现柠檬模型的预测是正确的：瑞士的二手车购买者拥有的信息比销售者少，私人销售者（尽管并不一定是经销商）交易的是低于平均水平的车。

如果所有出租的车都回到经销商手中，二手租用车的销售商（经销商）并不一定比潜在买者具有更多的信息，因为当出售的只有质量最差的汽车时，不存在自我选择问题。由于出租而不是出售，新车避免了在二手车市场中出现的逆向选择问题。我们预期用于出租的二手车价格会超过最初购买的新车经过使用后成为二手车的价格（Hendel and Lizzeri，2002；and Waldman，2003）。这一预期得到了有关价格数据的证实。因此，新车的垄断销售者可以通过出租来避免在二手车市场上由于信息不对称而造成的无效率。垄断者从先出租新车而后再转售中所赚得的利润要比直接出售新车所赚得的利润高，直接出售新车会给初始购买者留下转售二手车时存在的柠檬问题。

消费者可以在是购买还是租用一辆车之间进行选择。选择租用汽车的消费者还有一个额外的选择：在租用的最后阶段购买这辆车，或者将车还掉。汽车租赁合约通常会写明租金率和好的二手车在租期最后时刻可选择的价格。这一价格并不一定和二手车的预期价格相关。

通过做出这样的选择，消费者市场可以被细分。消费者购买、租用而不购买或者先租用后购买的决策提供了影响二手车市场逆向选择程度的信息。引人注意的

513 是，高收入消费者比低收入消费者更倾向于租车（不同于流行媒体经常宣称的，认为低收入消费者偏好占用较低现金流的租车）。

亨德尔和利泽里（Hendel and Lizzeri，2002）预测租用的车比购买的新车具有更高的周转率，因为租用车的所有者对最新款车的评价很好，而且租用车的转售市场避免了通常二手车市场中存在的严重的逆向选择问题。事实上，租用车的消费者更偏好在租期的最后返还汽车，而不是像购买者那样在两三年以后的二手车市场出售。只有四分之一用于出租的汽车在合约的最后以被购买脱手。由于多数租赁合约

会在两到三年内到期，大量的租用车在使用三年后在二手车市场中出售。1996年，以前用于出租的车占所有用过二到四年的“高价值”的二手车的42%。在这一时期中，被租用的二手车的转售比自有二手车的转售多出20%。因此，租用过的旧车比相同使用年份的没有租用过的旧车具有更高的质量。

在汽车所有者重新出售汽车的柠檬市场中，我们预期用来出售的二手车的价格要小于旧车的平均价格。相反，通过设定租用车再销售的价格高于旧车市场的出清价格，制造商可以确保它们所转售的租用车比旧车的平均价格要高。

消费者租用新车的份额随着时间的推移一直在大幅度上升：根据CNW营销/研究公司的调查，1985年租用新车的比例为3.5%，1990年为7.3%，1995年为24.2%，1998年和2002年为31.5%。亨德尔和利泽里注意到租用人数的增加可以用近来耐用性的改善来部分地解释。制造商出租的激励随着产品耐用性的增强而增加，因为通过提高转售市场的价格（通过减少逆向选择问题），制造商可以大幅度提高新产品的全部价值（包括最初的租用价格加上转售价值）。

资料来源：http：//www.eere.energy.gov/vehiclesandfuels/facts/2003/fcvt _ fotw269.shtml，Hendel and Lizzeri（2002），and Waldman（2003）.

## ★消费者预期限制垄断

我们都应该关注未来，因为我们必须在未来度过剩下的生命。

——查尔斯·弗朗西斯·凯特林（Charles Francis Kettering）

当可能转售时，消费者愿意为耐用品支付的价格既依赖于消费者拥有耐用品阶段能够获得的服务的价值，又取决于最后阶段转售的价值。也就是说，消费者对未来转售价格的预期影响最初的价格。例如，如果你购买一栋房屋，你愿意支付的数量部分依赖于你所认为的几年后出售房屋所能得到的收入。本部分将分析消费者的价格预期对于垄断者的影响。

时尚的产品在未来可能很不值钱，因此其售价要低于能够保值的产品。总而言之，消费者的价格预期依赖于他们对未来需求以及随后阶段垄断者产出的信念，因为需求和产出水平决定了转售价格。

消费者预期的限制作用引出了令人惊讶的结论，有时也被称为**科斯猜想**（Coase Conjecture；Coase，1972）：相对于出租产品的耐用品垄断者，出售产品的耐用品垄断者拥有较小的市场势力——事实上，在极端情况下不存在市场势力。[11]这一结论背后的直觉意义是进行销售的垄断者有在未来削减价格的激励，而如果垄断者只出租产品，这种行为就不会发生。现在，我们通过例子来阐述这一结论。

**消费者未能预见价格下降的例子。**首先，假设垄断者生产一种只

能持续一个阶段的非耐用品，不存在生产成本。产品服务的需求曲线为

$$Q(R)=20-R \tag{15.1}$$

其中，$R$ 为租金；$Q(R)$ 为租金为 $R$ 时的总需求。在这一单阶段市场中，垄断者的最优策略是收取 10 美元的价格，销售 10 单位产品。[12]垄断者的利润（收益）为 100 美元。由于不存在未来的阶段，出租等于出
512 售，因此垄断者出租或出售并没有差异。

假设这一耐用品能使用两个阶段，其中每一阶段服务（而不是产品本身）的需求曲线为公式 15.1，此后为零。如果垄断者仅仅出租产品，服务的需求曲线保持不变，对垄断者来说最优策略是在第一阶段和第二阶段都以 10 美元的价格出租 10 单位，在第一阶段生产 10 单位产品，在第二阶段不生产。在这一策略下，垄断者总共可以获得 200 美元（为简单起见，假设利率为零）。

513 现在考虑如果消费者没有预见到第二阶段会降低价格，垄断者可以承诺在第二阶段不进行销售的情况下的最优出售政策。垄断者在最初的第一阶段以每单位 20 美元的价格出售 10 单位。消费者愿意为每单位产品支付 20 美元，因为根据公式 15.1，消费者愿意在第一阶段和第二阶段每阶段为每单位产品支付 10 美元。垄断者在第一阶段获得 200 美元收入，在第二阶段没有收入。这一论点和我们在前面的表 15.1 中给出的论点是相同的。这样，最优出售政策等同于最优出租政策，垄断者获得 200 美元的利润。

514 **消费者预见到未来价格会下降。**当最优出租政策和最优出售政策等同时，垄断者必须在第一阶段销售 10 个单位，而在第二阶段不销售产品。这样的政策可信吗？我们现在来说明垄断者具有在第二阶段进行生产的激励，因此第二阶段的价格低于第一阶段的价格，理性消费者预见未来的价格会下跌。

考虑垄断者在第二阶段所面临的需求曲线。由于在第二阶段开始时只剩下一个阶段，愿意在第二阶段付出租金 $R$ 的消费者愿意支付 $R$ 购买产品。也就是说，在最后阶段，对耐用品来说出售价格和租金之间没有差异。因此，垄断者在第二阶段面临的需求曲线等于公式 15.1 给出的需求减去市场中已经存在的 10 单位产品。公式 15.2 给出了第二阶段的这一剩余需求曲线，其中，$R_2$ 是等同于第二阶段产品出售价格的出租价格，$Q_2(R_2)$ 为除了第一阶段已经出售的产品以外所剩下的、垄断者将以 $R_2$ 价格在第二阶段出售的产品：

$$Q_2(R_2)=(20-R_2)-10=10-R_2 \tag{15.2}$$

给定第二阶段的剩余需求曲线，垄断者会决定在第二阶段不进行生产吗？答案显然是不会。面临公式 15.2 所给出剩余需求曲线的垄断者设定 $R_2=5$ 美元，销售 $Q_2=5$ 单位，在第二阶段获得 25 美元的收

益。[13]这样，垄断者具有在第二阶段进行生产的激励。垄断者在第一阶段生产 10 个单位产品，而在第二阶段不进行生产的销售政策对消费者来说是不可置信的，因为消费者意识到垄断者具有在第二阶段进行生产的激励。

第二阶段的这些销售难道不利于垄断者吗？令人惊奇的是，如果消费者预见到这一行为，第二阶段的销售将不利于垄断者。为什么呢？如果垄断者在第一阶段销售 10 个单位得到 200 美元，而后在第二阶段销售 5 个单位得到 25 美元，垄断者总共获得 225 美元，多于先前的 200 美元。遗憾的是，对垄断者来说，这样的计算是错误的。

进行出租的垄断者并没有受到设定利润最大化租金的约束。在上述计算中，垄断者可获得的最大利润为 200 美元；因此获得更多的利润是不可能的，因为 200 美元是利润最大化解。销售计算推理中存在的问题是如果垄断者将要在第二阶段以每单位 5 美元的价格销售，那么没有人愿意在第一阶段支付每单位 20 美元的租金。[14]换句话说，第一阶段的消
515 费者只愿意支付 $R_1+R_2$ 购买机器，其中 $R_1$ 为消费者在第一阶段愿意支付的显性租金的价值（10 美元），$R_2$ 为其在第二阶段的租金价值（5 美元）。如果垄断者在第二阶段继续生产，使得 $R_2$ 等于 5 美元而非 10 美元，那么消费者只愿意在第一阶段支付 10 美元（而不是 20 美元）来购买产品。这样垄断者从销售中获得的总收入实际上是 $15\times10+5\times5=175$ 美元，少于它如果仅出租时获得的 200 美元收入。

这一例子阐述了一个重要的道理：当垄断者出售而不是出租产品时，它具有在第二阶段生产并销售更多产品的激励。这些额外的销售使得第二阶段的价格下降，低于如果不生产额外数量的产品时的情况。这一较低的价格反过来导致了消费者第一阶段的产品支付意愿的下降。消费者会意识到垄断者在第二阶段存在继续生产的激励，并且预期这样的行为会发生。他们的预期将影响其在第一阶段的行为。

如果垄断者进行出租，它就不会面临来自消费者价格预期的约束。因为消费者并不关心未来的生产，因此垄断者可以在后一阶段继续生产，而不用担心会影响第一阶段的租金。垄断者在第二阶段生产并出租更多单位的产品并不是最优的：如果垄断者试图在第二阶段出租更多的产品，那么会致使租金低于利润最大化水平。

这样，出售产品的垄断者事实上受到了限制，这些限制在产品被出租时并没有发生。当垄断者进行出售时，它无法对消费者做出其第二阶段不进行生产的可信承诺，这点不同于出租产品时的情况。垄断者之所以无法在出售的情况下做出可信的承诺，是因为消费者知道垄断者在第二阶段不进行生产对垄断者来说并不是最优策略，而如果垄断者仅出租产品，那么该政策应该是最优的。

由于出租情况下的解不受利润最大化的限制，垄断者可以从出租中

获得和出售情况中相同，甚至更高的利润。由于无法可置信地约束自身在未来的生产行为，因此在出售产品的情况下垄断者会遭受损失。换句话说，由于在第二阶段额外的生产会降低第一阶段的价格，垄断者受到了可以在第二阶段生产更多产品的伤害。联合鞋业公司、IBM和施乐公司最初都只出租其部分耐用商品；但是现在，法律要求它们出售这些产品（Bulow，1982，318）。（但是参见案例15.1。）

垄断者可以使用几种方法来克服由消费者预期引起的问题。但是，在对这些方法进行讨论之前，让我们首先回到销售耐用产品的垄断者两阶段问题中去，确定其次优政策（它的“最优”政策假设它必须出售而不是出租）。

**垄断者的最优销售政策。** 为了确定垄断者的次优销售政策，我们必须首先从第二阶段开始逆推（参见附录15A更为详细的讨论）。假设垄断者在第一阶段销售 $Q_1$ 单位产品。而后，垄断者在第二阶段面临的剩余需求曲线为

$$Q_2(R_2)=20-R_2-Q_1 \tag{15.3}$$

516 它可以由公式15.2推导而得，其中我们将10换为 $Q_1$。垄断者解出了最大化利润的最优租金 $R_2$，其中需求依赖于第一阶段售出的数量。

图15.2中的剩余需求曲线与 $R_2$ 轴和 $Q_2$ 轴相交于 $20-Q_1$。由于需求函数是线性的，边际收益曲线 $MR$ 对应的剩余需求曲线与 $Q_2$ 轴相交于离原点距离的一半处，即 $10-Q_1/2$，正如需求曲线一样。由于成本（因此边际成本）为零，最大化的利润发生在 $MR=0$ 处。正如图中表明的，发生在 $R_2=Q_2=10-Q_1/2$ 处。第二阶段的总利润 $\pi_2$ 为图中的阴影部分。这样，第二阶段的产出、租金和利润都依赖于第一阶段的产出 $Q_1$。垄断者希望最大化两阶段的贴现利润，即第一阶段的利润加上第二阶段的利润（假设利润率为零，因此第二阶段的利润不用贴现）。这样，利润的现值（$PVP$）为：

$$PVP=\pi_1+\pi_2=(R_1+R_2)Q_1+R_2Q_2 \tag{15.4}$$

第一阶段的销售价格等于该阶段的租金加上第二阶段的租金。第二阶段的销售价格等于该阶段的租金，第二阶段的租金取决于第二阶段的总消费 $Q_1+Q_2$。

在说明了垄断者对 $R_2$ 和 $Q_2$ 的选择依赖于 $Q_1$ 后，现在我们检验利润是如何依赖于 $Q_1$ 的。由于 $R_1$ 依赖于 $Q_1$（公式15.1），$PVP$（公式15.4）可以仅用 $Q_1$ 来表示。表15.2表明利润如何随着 $Q_1$ 而变化。当 $Q_1=8$ 时，利润的贴现值最大为180美元。

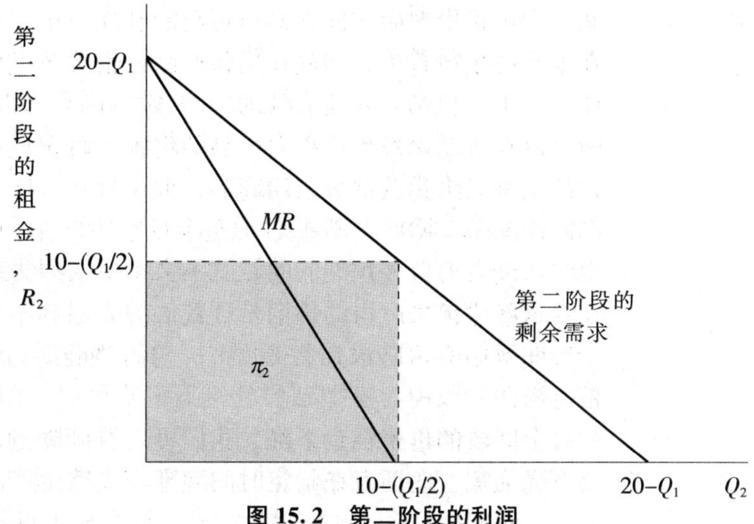


**图 15.2　第二阶段的利润**

517

**表 15.2　　两阶段模型中的利润**

| 第一阶段销售量 $Q_1$ | 第一阶段租金（美元）$R_1$ | 第二阶段销售量 $Q_2$ | 第二阶段租金（美元）$R_2$ | 第一阶段利润（美元）$\pi_1$ | 第二阶段利润（美元）$\pi_2$ | 利润的现值（美元）$PVP=\pi_1+\pi_2$ |
|---|---|---|---|---|---|---|
| 1 | 19 | 9.5 | 9.5 | 28.5 | 90.25 | 118.75 |
| 2 | 18 | 9 | 9 | 54 | 81 | 135 |
| 3 | 17 | 8.5 | 8.5 | 76.5 | 72.25 | 148.75 |
| 4 | 16 | 8 | 8 | 96 | 64 | 160 |
| 5 | 15 | 7.5 | 7.5 | 112.5 | 56.25 | 168.75 |
| 6 | 14 | 7 | 7 | 126 | 49 | 175 |
| 7 | 13 | 6.5 | 6.5 | 136.5 | 42.25 | 178.75 |
| **8** | **12** | **6** | **6** | **144** | **36** | **180** |
| 9 | 11 | 5.5 | 5.5 | 148.5 | 30.25 | 178.75 |
| 10 | 10 | 5 | 5 | 150 | 25 | 175 |
| 11 | 9 | 4.5 | 4.5 | 148.5 | 20.25 | 168.75 |

$\pi_1=(R_1+R_2)Q_1$

$\pi_2=R_2Q_2$

$Q_2=10-Q_1/2$

180 美元的 $PVP$ 大于当 $Q_1=10$ 时所得到的 175 美元。设定 $Q_1=10$ 使得第一阶段的利润高于当 $Q_1=8$ 时的情况，但是第二阶段的利润非常低，使得 $PVP$ 在 $Q_1=10$ 时变低。然而，180 美元的 $PVP$ 低于仅出租情况下 200 美元的 $PVP$ 值。

**悖论。**先前的分析表明当进行出售而不是出租时，垄断者的利润较低。进行出售利润较低的原因是垄断者在后一阶段生产过多。在我们的例子中，垄断者承诺在第二阶段不进行生产并不能使得垄断者的境况变好。对于一个销售机器的垄断者来说，不幸的是它的政策是不可置信的。消费者意识到垄断者会在第二阶段进行生产，因此第二阶段的价格会低于第一阶段的价格，因此消费者在第一阶段愿意支付的数额要小于他们预期第二阶段垄断者不会进行生产时的情况。当垄断者仅仅进行出租时，这一消费者预期的问题就不会产生，因为出租产品的垄断者不会在未来阶段扩大产出的预期是可置信的。

在我们的两阶段销售模型中，第二阶段的价格低于第一阶段的价格。当两阶段销售模型延伸到覆盖多阶段时（附录 15A），垄断者在后
518 续每个阶段的价格都会下降。我们可以看到随着阶段数量的上升，价格会下降为零。垄断者在给定时间跨度内连续生产的行为可以由具有数量无限、时间阶段很短的模型来近似。随着期间长度的缩短，阶段数增加。模型暗示随着阶段数的增加，价格会迅速趋近于零（附录 15A）。因此，我们可以得出销售耐用品的垄断者将永远不会得到高于竞争性价格（在我们的例子中为零）的价格，即便在一个短时间内也是如此。想象这一令人困惑的结论的方法之一是，如果垄断者无法令人信服地承诺未来不生产的政策，这一情况就好像垄断者在未来阶段是一个不同的企业。当未来阶段的数量有限时，这就好像存在有限数量的竞争者。这样，未来的垄断者会和今天的垄断者竞争，这一竞争立即使得价格下降到竞争性价格水平。[15]

这一结论事实上很牵强，而且部分是由于已经做出的有关成本条件的极端假设。这并不意味着成本为零的假设非常关键。该结论对任何（常数）正边际成本水平都成立。关键的假设是产出水平可以随着垄断者的意愿无成本扩张。如果消费者知道垄断者不能无成本地扩张产出，那么消费者会有理由相信未来的产出受到限制，因此在一段时间内，价格仍然高于竞争水平。这一洞察导致了垄断者可以用来避开预期问题的政策。

**垄断者如何解决预期问题。**我们已经表明了当消费者形成对垄断者未来行为的预期时，出售自己产品的耐用品垄断者会损失市场势力。[16] 垄断者只能通过承诺自己不会利用未来某种盈利的机会来克服这一问题。垄断者至少可以采用五种方法来避免预期问题（Bulow，1982，329 -331）。

第一，垄断者可以拒绝出售产品，仅仅出租或租借产品。出租或租借可以减少或避免预期问题（Bulow，1982）（参见案例 15.5）。耐用品通常是租借的。美国公司使用的重要设备有三分之一是租借的。

第二，垄断者可以尽力说服消费者以使其相信它会限制产量，以此来阻止未来价格的下降。如果消费者意识到垄断者面临向上倾斜的边际

成本曲线，他们就会知道垄断者生产的产量会少于当它面临水平边际成本曲线的情况。[17]因此，如果垄断者可以在两种技术中选择，它就可能
519 选择具有较陡峭边际成本曲线的效率较低的技术（Karp and Perloff，1996）。在极端情况下，即垄断者的边际成本曲线垂直时，垄断者最多只能生产固定单位的产品。例如，画家可以通过毁掉图版来承诺只生产有限的版画（每幅都有明显的编号）。

第三，如果不能明确签订合约来控制未来的生产，企业可以尝试获得永不降价的声誉。例如，南非钻石垄断者戴比尔斯承诺采取永不降低其钻石名义价格的政策（显然偶尔会破例）。参见 www.aw-bc.com/carlton_perloff“钻石价格是永恒的吗?”。

第四，由于只有耐用品才会产生预期问题，垄断者可以生产较低耐用程度的产品。垄断者可以使用**有计划的淘汰**（planned obsolescence）——即故意缩短耐用品的寿命——来限制其在未来时期降价的能力（Bulow，1986；Waldman，1993；Fishman and Rob，2000；Kumar，2002）。汽车和高档服装每年推出新的款式就是有计划的淘汰的例子，但是频繁地重新设计产品的成本通常会限制垄断者使用这一策略的能力。微软和其他企业软件升级其产品就相对较为容易。参见案例 15.6。

第五，垄断者可以保证以消费者支付的价格重新购回产品。当垄断者扩张产出从而使得未来的价格下降时，这一回购条款保护了消费者。当消费者的滥用使得诸如汽车一类产品的价值下降时，或者诸如火车轨道一类产品不能被轻易地转移时，那么这一政策并不可行。同样，垄断者可以使用其他的合约条款，如最优价格和最惠国待遇条款，来保证消费者未来的价格（Butz，1990）。

这样，耐用品制造商可以采用多种方法来预先做出承诺，保证消费者现期购买的产品的价值在未来的时间内不会下降。耐用品垄断者可以
520 通过租用或者“系列条款”下的销售来维持其市场价值。在这一例子中，令人惊奇的是条款约束了垄断者而不是消费者，而且垄断者愿意这样做。

---

**案例 15.5**

### 出售与出租的比较

一个垄断者具有出租的动机以避免消费者对未来价格的预期产生的问题（科斯猜想问题）。相反，具有竞争对手的企业可能愿意出售产品。和耐用性的增强一样，出售的增加使得企业可以在现期锁定消费者（防止他们在未来向竞争对手购买产品）。这样，我们可以预期企业面临的竞争越多，出售/出租的比值就越大。

1968—1983 年，随着竞争的明显增加，IBM 和施乐公司都大幅度增加了它们的出售/出租之比（其中租金包括出租和提供服务所得到的收益）。IBM 的这一比例从 1966 年的 0.46 增加到了 1983 年的 1.38。施乐的这一比例从 1968 年的 0.28 增加到

了 1983 年的 0.85。包括竞争增加在内的各种因素可能有助于出售的增加。

资料来源：Bulow (1986)，Carlton and Gertner (1989).

**案例 15.6**

### 降低旧教科书的转售价格

耐用品的垄断生产者或者寡头垄断生产者可以通过随着时间推移生产新的更优质的产品来减少与旧产品的竞争。大凡成功的教科书会相对频繁地进行修订（我们希望能有所提高），通常周期为 3～4 年。正如我们在本书第四版的修订中所做的那样，我们使用网络书本价格搜寻站点来检查第三版的定价。（目前）第三版在美国的价格为 98 美元。外观较好的第三版旧书的售价为 50～90 美元。用过的（甚至是没有使用过的新的）第二版的售价为 7.50～65 美元。因此新版本的发行降低了旧版本的转售价值。

出版商从发行修订版教科书中获利，因为新版教科书中包含的新材料使得其比旧版本价值更高，这一特点使得出版商对新版本的定价要高于其对旧版本的定价。但是，由于经常重版降低了学生对课本转售价值的预期，出版商知道经常再版会导致学生忽略其质量的提高，降低学生对新版本的支付意愿。出版商在决定出版修订版本的频率时必须在这两种相互抵消的效应中做出权衡。最后，有些书籍很经典，因此学生不会将其卖掉。我们对你的建议是，将本书用做参考书（或书镇），永远不要考虑卖掉它！

## 小　结

未来不会是它过去的样子。

当耐用性本身对消费者来说并不重要，而且企业不受消费者预期约束时，市场结构通常并不会影响产品的耐用性。企业选择使得提供服务的成本最小化的耐用性。如果消费者对某一特定耐用性存在偏好（如新款汽车），那么这一结论不再成立。

通常，垄断者可以出租产品时的境况要优于它必须出售产品的境况。当垄断者在没有约束的条件下必须出售产品时，消费者可以在维护上投资更多，使得他们可以在未来购买更少的耐用品。而且，理性消费者预期垄断者将会在未来生产更多产品，从而降低未来价格和转售价值，因此也会降低最初的购买价格。销售产品的垄断者意识到转售市场会增加消费者对新产品的支付意愿，但是同时也会限制垄断者在希望获得新产品的消费者和希望获得旧产品的消费者之间进行价格歧视的能力。在特定情况下，出售耐用品的垄断者可能根本得不到垄断利润。因

521 此，对垄断者来说，符合其最佳利益的是做出可置信的承诺：在未来，自己不会扩大产量以及降低价格。如果垄断者可以做出这样的承诺，无论其出售产品还是出租产品都会得到垄断利润。

## 问　题

1. 使用案例 15.2 计算四轮驱动拖拉机的垄断生产者面临的需求弹性，假设垄断者在未来出租产品，但是已经在前期出售过产品，还剩下 20 单位产品。说明弹性如何受新旧设备比例的影响。

2. 解释如果农民可以永远维修拖拉机，问题 1 中的分析将受到怎样的影响。

3. 解释如果农民从不出售或购买二手拖拉机（也就是说发展二手拖拉机市场的交易成本太高），问题 1 中的分析会受到怎样的影响。

4. 解释如果投资税收信贷刺激对拖拉机的过度消费（它会降低企业税收与新设备投入的比例），问题 1 中的分析会受到怎样的影响。

5. 解释如果四轮驱动拖拉机是其他类型拖拉机的近似替代品，问题 1 中的分析会受到怎样的影响。

6. 假设生产一台能使用 $N$ 阶段的机器的成本为 $C(N)=N^{1/2}$。如果利率为 5%，企业会如何选择机器的耐用性？如果消费者多维持一阶段机器的成本为 1 美元，描述决定它是否修正其行为的条件。你的答案依赖于制造商是出租还是销售机器吗？

7. 为什么艺术家在制作了固定数量的版画后会毁掉其模板？

奇数问题的答案在本书最后部分给出。

## 推荐阅读

参见 Schmalensee（1979a）和 Liebowitz（1982a）有关早期耐用性文献的综述。Waldman（2003）提供了现代耐用品理论的非技术性讨论。

## 附录 15A　多阶段耐用品垄断

522 正如我们在本章中所讨论的，在多个时期出售而不是出租的耐用品垄断者所获得的收益要小于仅仅出租的垄断者。现在我们确定每个阶段的产出和价格。我们首先考虑两阶段情况。

### 两阶段

一个垄断者出售耐用品。为了简单起见，我们假设

- 生产没有成本（因此边际成本为零）。
- 利率为零。
- 产品的耐用性给定，为两阶段。
- 允许存在转售。
- 两阶段中服务的总需求不变，等于

$$Q_i = 20 - R_i \tag{15A.1}$$

其中，$Q_i$ 为第 $i$ 阶段的产出；$R_i$ 为该阶段的租金率。

为了确定垄断者的最优政策，我们必须从第二阶段开始倒过来推理。假设垄断者在第一阶段销售 $Q_1$ 单位产品。那么垄断者在第二阶段面临的剩余需求曲线为

$$Q_2(R_2) = 20 - R_2 - Q_1 \tag{15A.2}$$

垄断者解此方程得到第二阶段最大化利润的租金率 $R_2$，其中需求依赖于第一阶段出售的产品数量。

由于我们假设生产没有成本，垄断者在第二阶段的利润等于其收益，即

$$\pi_2(R_2, Q_1) = R_2 Q_2(R_2) = R_2(20 - R_2 - Q_1) \tag{15A.3}$$

第二阶段的利润是第二阶段租金和第一阶段产出的函数：$\pi_2(R_2, Q_1)$。

对等式 15A.3 中的 $R_2$ 求导，设定偏导为零，重新排列等式得到第二阶段利润最大化的租金：

$$R_2 = \frac{20 - Q_1}{2} \tag{15A.4}$$

523 图 15.2 给出了同样的结果。将公式 15A.4 代入公式 15A.2，我们发现第二阶段利润最大化的产出为：

$$Q_2 = \frac{20 - Q_1}{2} \tag{15A.5}$$

通过替代公式 15A.3 中的 $R_2$ 和 $Q_2$（使用公式 15A.4 和 15A.5），我们发现第二阶段的利润为

$$\pi_2=\frac{(20-Q_1)^2}{4} \tag{15A.6}$$

这样，第二阶段的产出、租金率和利润都依赖于第一阶段的产出 $Q_1$。

垄断者希望最大化两个阶段的利润的现值。利润的现值等于第一阶段的利润加上第二阶段的利润贴现（我们假设利率为零，因此第二阶段的利润不用进行贴现），或者

$$PVP=\pi_1+\pi_2=(R_1+R_2)Q_1+R_2Q_2 \tag{15A.7}$$

因为第一阶段的出售价格等于第一阶段的租金率加上第二阶段的租金率。通过将 15A.6 中的 $\pi_2$ 代入 15A.7，并且注意到第一阶段的需求为 $Q_1=20-R_1$ 或者 $R_1=20-Q_1$，我们可以得到

$$PVP=\left[(20-Q_1)+\frac{20-Q_1}{2}\right]Q_1+\frac{(20-Q_1)^2}{4} \tag{15A.8}$$

等式 15A.8 将利润的现值表示为仅是 $Q_1$ 的函数。一旦 $Q_1$ 确定，通过等式 15A.5 就可以确定 $Q_2$，反过来就可以确定两阶段的出租和出售率。

为了最大化现期利润，我们可以对等式 15A.8 的 $Q_1$ 求导，设定偏导数为零。简化后的表达式说明了最大化 $PVP$ 的 $Q_1$ 为 8。将 $Q_1=8$ 代入其他公式得到 $R_2=6$，$Q_2=6$，$R_1=12$，$\pi_2=36$，$\pi_1=144$，$PVP=180$（小于最优租金利润 200 的现值）。

## 无限阶段

现在假设垄断者在 $T$ 阶段的每个阶段出售产品，其中 $T$ 为任意大。我们可以表明阶段 $i$ 的租金率为

$$R_i=\beta_i R_{i-1} \tag{15A.9}$$

524 其中，$\beta_i<1$ 为关于 $i$ 阶段的一个常数。从等式 15A.9 可以得到，$i$ 阶段的租金率同样可以表示成最初阶段租金率 $R_0$ 的函数：

$$R_i=(\beta_i\beta_{i-1}\beta_{i-2}\cdots\beta_1)R_0 \tag{15A.10}$$

随着 $i$ 的增加，$\beta$ 的乘积必然趋近于零（Stokey，1981）。由于时间段的长度是任意的，如果时间段非常短，以至于在任何给定时间间隔内都存在许多阶段，那么租金率将会由于这一推理而迅速下降。[18]这一结论的惊人含义在于，具有零生产成本的耐用品垄断者得到的价格为零——竞争性价格。另外，可参阅卡恩（Kahn，1986）边际成本曲线向上倾斜的模型和巴格诺利等（Bagnoli et al.，1989）的异质消费者模型。

**【注释】**

[1]《2003 总统经济报告》（表 B-2 和 B-9）。

[2] 灯泡不同于许多其他产品，旧灯泡的亮度在灯泡报废之前和新灯泡是一样的。但是本节的主要结论并不依赖于这一特性，而是依赖于消费者并不关心灯泡的寿命期限，因为他们认为只能使用一年的灯泡等于两个只能使用六个月的灯泡之和的假设。

[3] 作为机器的灯泡是一项存货，没有时间维度。服务是一种流，具有时间维度，即每阶段的灯光。

[4] 利率是连续性复利，而不是一年计一次。在10%年利率的复利计算情况下，下一年1美元的现值为 $1e^{-0.1}\cong 90$ 美分。在接下来的分析中，除非特别注释，我们均使用连续性复利进行计算。

[5] 图 15.1 中的成本函数为 $C(N)=N^{\alpha}$，其中 $\alpha=0.487$。参见 www.aw-bc.com/carlton_perloff“竞争和垄断情况下的最优耐用性”中的数学分析。

[6] 参见 www.aw-bc.com/carlton_perloff“竞争和垄断情况下的最优耐用性”。Schmalensee（1979a）和 Liebowitz（1982a）调查了有关耐用性的文献。Swan（1970）首先发现在规模收益不变的情况下，垄断性企业和竞争性企业都会选择同样的耐用性（成本会随着耐用性的上升而上升，但相对于产出水平的单位成本不变）。Sieper and Swan（1973）通过引入固定生产能力成本放松了规模经济不变的假设。他们的研究表明在长期均衡中，耐用性独立于市场结构（但在短期内并不一定）。Kamien and Schwartz（1974）的研究表明当平均成本曲线递增时，垄断者选择的耐用性要比竞争性企业低。但是 Swan（1977）发现如果垄断者具有和竞争性企业相同的技术，那么独立性结论仍然成立。更近的结果是，Abel（1983）发现在比规模收益不变更弱的条件下，独立性结论也会成立，但是如果没有规模收益不变的假设，独立性结论不一定成立。我们认为当产品是出售而不是出租时，垄断者将会选择生产生命周期较短的产品。

[7] 连续复利的贴现因子为 $\lambda=(1-e^{-rN})/(1-e^{-r})$，其中 $r$ 为年利率。

[8] Epple and Raviv（1979）的研究表明当耐用性随机时（在平均水平附近随机波动），结论同样成立。

[9] 最初的拥有者在第二阶段得到 1.9048 美元，因此最初阶段转售的贴现值为 1.72 美元。

[10] 这一结论的一个特征就是最优出租解（阻止转售）并不要求垄断者随着时间的推移降低产出。当要求产出随时间推移降低时，销售政策不能总是重复租赁政策。而且，如果消费者之间存在差异，那么阻止转售有时会允许存在价格歧视。

[11] 参见 Stokey（1981）；Bulow（1982）；Gul，Sonnenschein and Wilson（1986）对不同条件下科斯猜想的证明。Bagnoli，Salant and Swierzbinski（1989）指出：Gul，Sonnenschein and Wilson（1986）对于科斯猜想的证明取决于他们的消费者连续假设（两个相邻的消费者实际上是同质的），同时，当需求类型离散时，科斯猜想就不成立。

[12] 垄断者的利润等于收益，即 $20R-R^2$。利润最大化的一阶条件为 $20-2R=0$，或者 $R=10$。

[13] 垄断者的利润为 $\pi_2=(10-R_2)R_2$。从 $R_2$ 的一阶条件中可以得到 $R_2=5$，将之代入公式 15.2，得到 $Q_2=5$。

[14] 我们假设消费者是理性的，而且能够完全预见到垄断者在第二阶段的行为。如果消费者是短视的，而且不能预见到垄断者会在第二阶段继续生产，那么消

费者的预期不仅不会限制垄断者，而且有利于垄断者，使其可以获得 225 美元的收益。也就是说，如果消费者不容易被愚弄，那么垄断者的最大利润为 200 美元，如果消费者容易被愚弄，那么垄断者可以获得更多利润。例如，如果消费者容易上当，垄断者可以告诉他们下一阶段的价格将会上涨，诱导他们最初支付更多。事实上，如果消费者相信垄断者所说的任何话，那么利润是无限的。

[15] 我们的讨论忽略了耐用品的折旧。Bond and Samuelson（1984），Suslow（1986a）和 Karp（1996）检验了考虑折旧问题的耐用品垄断问题。

[16] 有关耐用品和寡头垄断的讨论，参见 Ausubel and Deneckere（1987），Gul（1987），Carlton and Gertner（1989）。

[17] Kahn（1986）表明如果垄断者在边际生产成本递增情况下出售无限耐用的垄断产品，那么销售政策将会导致存货水平（也就是累积销售）低于社会最优水平，但是垄断竞争的存货渐近于长期社会最优解。如果产品并不是无限耐用的，那么垄断销售政策下的渐近存货量少于长期社会最优解。

[18] 垄断者在给定时间段内连续销售的情况可以大致模型化为在多个很短的时间段内销售。随着各个时间段长度的下降，时间段的数目越来越大，这一近似将越来越合理。

# 第 16 章　专利和技术变革

525 国会拥有权力……通过保证作者和发明人在有限时间里对他们相关作品和发明的排他性权利来促进科学和实用性艺术的进步。

——美国《宪法》，第 1 章，第 8 节

赋予新产品的发明人或创造者出售产品的排他性权利的专利具有有利和不利的双重影响。专利的主要收益是可能获得垄断利润，它鼓励了更多的创新性行为。如果没有专利或其他相似的激励，就不会存在足够的创造性活动。专利的主要缺点是如果没有相近替代品，新产品会在很高的（垄断）价位上出售。

如果没有这些排他性权利，制药公司就不会投资巨额资金来开发能治疗癌症或者防止心脏病发作的药物。但是一旦新药开发出来，数倍于生产成本的价格使得许多非常愿意支付竞争性价格的消费者——即使他们倾家荡产也——无法得到药品。

本章首先讨论授予发明人和其他创造者排他性权利以鼓励他们工作的方法。余下部分关注回答有关专利和不完全竞争的五个问题：

1. 如果没有专利或其他政府激励，研发活动会过少吗？

2. 如果研究过少，可以用专利制度而不是其他激励，如奖金、研究

合同和合资（数家企业共同进行的研究项目）来鼓励研究吗？

3. 假定我们实行专利制度，专利保护期应该多长才可能在投资激励和垄断损害间做出可能的最佳权衡？

526 4. 如果专利持有者将发明投入生产或者将其授权给其他企业进行生产，垄断利润会增加吗？

5. 产品市场的结构如何影响进行研究的动机和创新时机的选择？

## 专利、版权和商标

知识产权的保护需要形成对创造性努力的激励。这些努力大部分有利于创新和其他对经济增长非常重要的技术进步。事实上，国家的收入与法律对知识产权的保护力度存在很强的相关关系（Ginarte and Park，1997）。专利、版权和商标是知识产权保护的三种重要类型。这三种保护措施在它们的适用范围以及持续时间上存在差异。第四种类型的知识产权保护是商业机密，比如可口可乐的配方，即仅以保密的形式来保护创新。

### 专利

一项**专利**（patent）赋予了创造者对于一项新型实用的产品、工艺、物质和设计的排他性权利。新产品包括机器（具有运动部件的机械装置）或者生产部件（没有运动部件）。新工艺和方法包括处理金属或者生产药品的化学工艺、生产产品的机械工艺或者电气工艺。新物质包括化学合成物和混合物。这一概念包含了物质的合成，动物和植物的新形式也包括在内。新设计包括服务于功能目的的有形产品的外形。

由托马斯·杰斐逊（Thomas Jefferson）起草的美国第一部专利法被用来“自由地激励”人类智慧，并于 1790 年由国会通过。第一个专利在那一年授予了制造碳酸钾的塞缪尔·霍普金斯（Samuel Hopkins），碳酸钾可以用于生产肥料、肥皂和其他产品。另一个早期的专利于 1794 年授予伊莱·惠特尼（Eli Whitney）的轧棉机。其他美国专利包括亚伯拉罕·林肯（Abraham Lincoln）的可以在较浅水域浮起船舶的可充气气垫（1849）；马克·吐温（Mark Twain）的可自贴式杂记簿（1873）和历史游戏用具（1885）；赫蒂·拉玛尔（Hedy Lamarr，原名 Hedwig keisler Markey）和乔治·安塞尔（George Antheil，一名电影音乐作曲家）的用于应对纳粹雷达的反干扰设施；达尼·卡耶（Danny kaye）的宴会用音响（1952）；约翰·达斯·珀索斯（John Dos Passos）的口香糖（1959）；埃德温·E·（巴茨）小阿尔德林（Edwin E.（Buzz）Aldrin Jr.，在月亮上行走过的人）的太空站（1993）。美国专利记录数最多的前三位分别是：托马斯·爱迪生（Thomas Edison）有1 093项；埃德温·兰德（Edwin Land，宝丽来的发明者）有533项；杰罗姆·勒梅尔逊（Jerome Lemelson）大约有500项并且仍在增长（www.lemelson.org/about/patents.php）——专利记录涉及的远远不止这些名人。

美国专利商标局（US Patent and Trademark Office）每年都会收到
527 大约10万份申请，自1790年以来已经授予了500多万件专利。表16.1给出了美国专利商标局从1790年的3项专利到2001年166 039项专利过程中，专利申请以及批准数量的变化。生物技术和计算机软件专利在1990—2000年之间翻了一番（Gallini，2002）。国外居民获得的专利占美国专利的份额正大量上升。1850年，外国人获得的专利仅占美国专利总数的2%。这一份额在1875年增加到4.2%，1900年为14.1%，1950年下降到10.2%，自1975年以来大致为50%，到2001年增加到51.3%。2001年，日本居民在美国获得的专利占美国专利总数的19%，德国居民为6.5%，中国台湾居民为3.6%。

**表16.1　美国的专利申请和授权**

| 年份 | 申请数 | 总授权数 | 对外国人的授权数 |
|---|---|---|---|
| 1790 | n. a. | 3 | n. a. |
| 1800 | n. a. | 41 | n. a. |
| 1825 | n. a. | 304 | n. a. |
| 1850 | 2 193 | 884 | 20 |
| 1875 | 21 638 | 13 291 | 563 |
| 1900 | 39 673 | 24 656 | 3 483 |
| 1925 | 80 208 | 46 432 | 5 347 |
| 1950 | 67 264 | 43 039 | 4 408 |
| 1975 | 101 014 | 72 000 | 36 271 |
| 2000 | 295 926 | 157 495 | 78 869 |
| 2001 | 326 508 | 166 039 | 85 170 |

说明：n. a. 表示没有可采用的数据。

资料来源：http://patents.uspto.gov/web/offices/ac/ido/oeip/taf/h_counts.htm.

多数专利为公司所拥有。截至2001年，美国IBM公司在所有组织中连续第9年拥有的专利最多，其次为NEC和佳能。拥有专利最多的前10位组织包括2个美国公司、7个日本公司和1个韩国公司。美国政府在拥有专利最多的组织中列第16位。在所有美国发明者的专利中，独立发明人所占的份额为 19.1%。

在美国，1994 年以来，专利通常对这些发明提供自申请专利之日起 20 年的保护期。外观设计专利是个例外，从专利授予起有 14 年的保护期。2004 年，对小规模的实体（独立发明人、小企业和非营利组织）收取的专利费为 385 美元，对大型实体则为 770 美元。小实体的专利持有者在 3.5 年、7.5 年和 11.5 年后必须支付专利维护费，分别为 445 美元、1 045 美元和 1 610 美元。大型实体的相应费用分别为 910 美元、2 090美元和 3 220 美元。

为了得到专利，发明人必须保证专利是有用的（特别是对新化学药品而言）、新颖的和非显而易见的（你不能仅仅对众人皆知的东西进行
528 少许修改后就申请专利）；必须公开描述创新；而且如果合适，必须提供工作模型。以色列专利申请授予的比例为 2%，爱尔兰为 5%，中国为 11%，加拿大为 12%，英国为 14%，德国为 16%，法国为 25%，美国为 44%。[1]

美国专利商标局受理三类专利：实用或原理性专利、外观设计专利和植物专利。最为常见的是实用专利（就是人们通常所说的专利）。实用专利包括许多类型的发明，如机械装置、化学合成物和工艺、制造方法、计算机软件、生物技术和商业方法。外观设计专利仅包括有用产品的装饰外观。植物专利包括花卉、水果、灌木和藤蔓等类型的植物。

在过去，并不是所有类似的发明都可以成为专利。1980 年，法庭将专利保护的范围扩大到一般的工程用细菌，1981 年延伸到软件，1998 年扩展到商业方法和金融服务产品。[2]这些扩展衍生了许多显而易见的并且非常奇特的商业方法专利，如亚马逊公司（Amazon.com）的一键式网上订购过程和价格在线公司（Priceline）的用于订购产品（如从因特网订购机票）的逆向拍卖方法。

1999 年的《发明人保护法》（*Inventors Protection Act*）要求所有在美国和国外递交的专利申请都必须经过 18 个月的公示期，从最早的国内或国外提交时间算起。这一规则通过减少潜在发明者对别人取得他们工作思路的专利权的担忧，为从事研发工作创造了更为稳定的环境。

## 版权

对上帝而言唯一不可能的是：在这星球上的任何专利法中找到任一点意义。

——马克·吐温（Mark Twain）

**版权**（copyright）授予它们的创作者对艺术、戏剧、文学和音乐作

品的排他性生产、出版和销售的权利。这些作品包括文章、书籍、图画、地图、乐曲、与众不同的设计项目或者照片。版权法涵盖原始的"原创著作"，只要它们能"固定"在一种"实体媒介"上，比如一本书中或作为一篇在因特网上公布的文章被保留在计算机硬盘上。其他以实体媒介保存的作品的例子有软盘上的计算机软件和唱片上的音乐。版权注册需要花费 30 美元。

专利保护了功能和目的（创意、设计、原理、方法和工具），而版权保护了艺术表达方式。事实上，版权法（第 102（b）节）阐述为：

529 对原始的原创著作的版权保护决不延伸到任何创意、程序、工艺、系统、操作方法、概念、原则或发现，不管其以何种形式描述、解释、阐明或表达。

从 1998 年起，美国的商业版权持续 95 年（如果这还太短，可以从作品完成时起保护 120 年），而对个人版权的保护期为其一生加上 70 年。许多国家给出了不同的保护期。例如，在日本，版权保护维持到艺术家去世后 50 年，对唱片的保护也是 50 年。版权也有例外情况，如"合理使用条款"允许个人可以从著作中复制片段做短期使用。[3]《国际版权法》是一个互惠协议，扩展到了对其他参与国家国民版权的保护。美国已经和 100 多个国家实现了互惠关系，由此国外作者会受到国民待遇：国外作者的作品就像本国作者的作品那样受到同样条款的保护。

## 商标

**商标**（trademark）是将一个企业提供的产品或服务与其他企业所提供的产品或服务区别开来的词语、标记或其他符号。在美国，商标可以在专利局进行注册，[4]比如柯达胶卷、埃克森汽油、苹果计算机、克洛罗克斯漂白剂、代表米其林公司轮胎形象的米其林人比勃，以及代表企鹅图书公司平装本图书形象的企鹅标识。在美国专利局注册的第一百万个商标是 Sweet'N Low。不同于版权和专利，商标在固定时期后不会过期，尽管企业或许会失去其对产品商标的保护。如果一个单词表示某产业中的所有产品，那么它就不再代表特定的品牌，则商标的保护就会终止。

为了防止失去商标，通用食品公司强调"萨恩卡牌无咖啡因咖啡"，这样萨恩卡就不会成为能代表所有无咖啡因咖啡的词。施乐的广告有一部分是这样说的："有时一个商标并不总是商品的标牌……我们需要你们的帮助……你无论何时使用我们的名字，请将其作为我们产品和服务的形容词：如施乐复印机或施乐金融服务。请绝对不要将其作为动词：
530 用‘去施乐’来代替‘去复印’，或者作为名词：用‘施乐品’来代替‘复印品’。在你们的帮助和我们的一再提醒下，情况将会是‘一旦施乐成为商标，它将永远是施乐的商标’。”商标成为通用名称的案例包括阿司匹林、移动电话、脆玉米片、干冰、电梯、高辛烷值汽油、煤油、油布、油印机、尼龙、葡萄干麦片、碎麦、热水瓶、蹦床和溜溜球（Landes and Posner，1987）。

## 专利、版权和商标的区别

本章的余下部分将关注于专利。对版权可以采用和专利同样的分析，因为这一保护旨在鼓励创新。商标也可以用类似的分析，它鼓励企业树立可以传递信息给消费者的声誉，使得消费者可以区分他们喜欢或是不喜欢的产品，以此为企业提供保护（Landes and Posner，1987）。

专利和版权的重要区别之一是版权保护创意的特定表达，而专利保护创意本身的任何有形表达。同一个故事采用两种不同叙述方式形成的两个版本（例如，《罗密欧和朱丽叶》（*Romeo and Juliet*）和《西部故事》（*West Side Story*））都可以获得版权，但是专利禁止他人在其产品中使用已申请专利的创意。

因此，专利具有更大的排他性，而且可能具有更强的垄断势力。但是专利比版权更难获得。正如接下来的讨论所要表明的，一个社会的专利政策反映了在更多的创新刺激和更强的垄断势力之间的权衡。由于垄断势力越大，人们积累大量利润所需的时间就越短，因此社会设定专利期限要短于版权的期限就不足为奇了。

# 针对发明的激励是必要的

如果你把这个世界上所有被发明的东西带走，那么，除了许多饱经风霜的人之外，什么都不会留下。

——汤姆·斯托帕德（Tom Stoppard）

许多经济学家和政策制定者相信，如果没有专利或其他政府激励，研究活动就会太少。根据琼斯和威廉姆斯（Jones and Williams，1998）、曼斯菲尔德（Mansfield，1998）的研究，测算的私人研发回报率远远低于社会回报率。主要原因在于发明基本上是新信息，而信息是公共产品。[5]如果我吃一个热狗，你就不能吃同一个热狗。但是，如果我拥有一些信息，你也可以拥有同样的信息并从中获益。因此，我对信息的了解并不妨碍你对它的使用。如果一些信息消费者可以无成本地获得信息
531 (例如，你可以在图书馆阅读书籍)，那么相对于每个人必须为信息进行支付的情况，信息生产者就缺少生产信息的激励。如果人们可以无成本地从信息中获益，那么谁会愿意承担开发新信息、新工艺或新产品的所有成本呢？尽管一些人会由于自身兴趣或是服务于人类的目标而进行发明创造，但是多数现有的发明者和企业进行研究是为了得到金钱上的回报。[6]因此，如果他们不能从新进展中获益，之后的团体就不会从事研究。

因为这些研究具有社会价值，所以放弃大多数这样的研究会对社会造成危害。新制造方法可以降低生产现有产品的成本，使得社会可以在同样的投入下生产更多的产出。新产品提高了劳动生产率（例如，具有更高产出或更优质量的经改进的种子）或者带来了快乐（录像机）。事实上，社会越来越依赖于许多新发明。例如46%的美国人声称他们不知道没有“双面胶带”的日子该如何度过。[7]尽管11%的美国人认为车轮是历史上最伟大的发明，但10%的人却认为汽车是最伟大的发明。[8]如果没有19世纪80年代英国制造商沃尔特·詹姆斯·阿尔科克（Walter James Alcock）发明的高吸水性卫生纸、芝加哥工程师惠特科姆·L·贾德森（Whitcomb L. Judson）为靴子和鞋子设计的拉链（他在1893年申请了专利），或者露丝·汉德勒（Ruth Handler）于1959年开发的芭比娃娃，我们的世界该如何为继？[9]当然，并不是每个人都相信所有的新产品都是社会需要的：67%的艾奥瓦州人认为音乐录像是现代生活中“最无用的变革”之一。[10]而且，美国几乎所有的汽车拥有者都不会将手套放在他们的手套格中。[11]

为了创造新产品，许多企业投入了大量资金。例如，IBM公司2002年花费了47.5亿美元，即收益的5.9%。但是不同企业的研发支出占收益的比例存在很大的差别：2002年，雪佛龙·德士古（Chevron Texaco）公司（石油）将收益的0.2%用于研发；惠普公司（设备，计算机）的这一比例为5.8%；微软（软件）为15.2%；AMD公司（Advanced Micro Devices，微处理器芯片）为30.3%；倍捷公司（Biogen，生物技术）为32%；基因泰克公司（Genentech，生物技术）为22.9%。[12]在美国2000年授予的71 000项法人单位拥有的专利中，大学仅占了4.4%。[13]

532 2000年，美国在知识方面的投资——定义为研发、软件和高等教育投资的总和——几乎占了国内生产总值（GDP）的7%，大大高于欧盟或日本。[14]经济合作与发展组织（Organization for Economic Cooperation and Development，OECD）国家（大部分为发达国家）的平均投入

为 GDP 的 4.8%，其中几乎一半为研发投入。2001 年，OECD 国家的研发投入为 6 450 亿美元，其中美国的研发投入占 OECD 研发投入总数的 44%，欧盟为 28%，日本为 17%。在挪威、丹麦、澳大利亚和美国，整个经营性研发的 30%以上在服务部门，但在德国和日本，这一比例下降到 10%。2000 年，高技术产业的投入占整个制造性研发投入总数的 52%以上：美国为 60%以上，欧盟为 47%，日本为 44%。同样在 2000 年，以色列国内研发支出的总数超过 GDP 的 4%，瑞典和芬兰为 3%～4%，美国、韩国和大多数 OECD 国家为 2%～3%，加拿大和英国为 1%～2%。根据 OECD 的统计，美国有 37%、日本有 34%的国民受过高中以上的教育，但是欧盟的这一比例仅为 21%。

相比商业应用领域来说，美国显然比其他国家在理论研究上投入了更多资源，1950 年以来，美国获得的诺贝尔奖人数超过了世界上其他国家获奖人数的总和。但是，2001 年美国国防研发投入的比例为 14%，相比 OECD 国家来说几乎不算什么。

## 模仿阻碍了研究

> 人们往往对模仿鼓掌欢迎，而对真正的创造嗤之以鼻。
>
> ——伊索

如果没有专利，那么任何人都可以使用新信息，并且可以合法地出售新发明的仿制品。假如你发现了一种能治愈艾滋病的方法，如果专利赋予你排他性权利，你就可以通过出售新药来获得大笔收入。如果没有专利，其他公司就会仿制你的新药，竞争就会使得价格降低到竞争性水平。你承担了所有的研发成本，但是却没有得到全部私人收益（利润）。例如，福特公司流水线的创新很快被其他企业所模仿。每个企业都希望模仿其他企业的发明，没有企业希望自己花费任何发明成本。因此，如果没有专利，消费者就可以在竞争性价格下得到新产品，但是此时很少会有新发明。事实上，社会试图通过不提供专利保护来减少某些类型新发明的数量。例如，在美国，你就不能为老虎机一类的赌博设施申请专利。

即使存在专利，新发明给发明者带来的回报也可能小于其为社会带来的价值。例如，尽管施乐公司从复印机中获得了大量的回报，但是其他公司看到了施乐的成功，可以发明相似但并不相同的产品。尽管存在
533 专利，它们仍然可以获得施乐复印机的部分生意。在 1974 年的 10 个月内，包括 IBM、柯达、3M、Addressograph-Multigraph、贝灵巧（Bell & Howell）、GAF、Litton 和 Pitney-Bowes 公司在内的 16 家公司获得

了静电复印技术领域的390项专利（Scherer，1981，292）。而后，在许多情况下，竞争者可以“围绕”一项专利来进行发明，从而降低了专利对发明者的价值。[15]

1992年，上诉法庭法官裁决，逆向工程（分解）是对软件的“公平使用”。法庭裁决[16]：

> 从法律角度看，对拥有版权的目标代码的分解是对已获版权作品的一种公平使用，只要这样的分解是进入这些代码中未受版权保护部分的唯一方法，而且复制者拥有寻求进入的合法理由。

软件制造者用逆向工程来创造和某种硬件相容的应用产品，或者模仿其他软件项目功能的应用产品。

而且，许多专利和版权并没有得到执行（案例16.1）。曼斯菲尔德等人（Mansfield et al.，1982）测算出模仿者的成本平均仅为发明者研发成本的65%。对129个业务流程中高水平研发经理的调查发现，即使是主要的新产品或改进产品，许多企业仍能够模仿创新（Levin，Klevorick，Nelson and Winter，1987）。在这些案例中只有2%不被其他企业模仿。但是其中19%的案例中，总有1或2个企业有能力模仿；57%的案例中有2～5个企业可以模仿；20%的案例中模仿者为6到10个企业；3%的案例中则有10个以上企业可以模仿。对一个典型的新产品来说，相应的数字为1%、4%、26%、49%和20%。也就是说，对一个典型的新产品来说，在70%的案例中，有6个或更多的企业能够生产仿制品。

534

**案例16.1**

### 盗版

如果权利没有被行使，那么专利、版权或商标的价值就很小。保护音乐和计算机软件等知识产权避免未授权的复制已被证明非常困难。音乐和软件发行者已经对盗版的威胁做出了多方面回应。例如，他们起诉便利复制的纳普斯特（Napster）公司，并且已经制定了复制保护计划。到目前为止，在世界上的任何地方，这些阻止盗版的努力至多只是取得了有限的成功。根据一些测算，中国90%的电影、音乐和软件都有非法复制品，且以仅为原价一小部分的价格出售（许多新DVD的盗版价格为正版的五分之一）。至少在发行者于2003年提出一系列诉讼之前，纳普斯特和卡扎（Kazaa）公司提供的世界范围的音乐共享服务就已经开始流行。这些诉讼显然在美国已经取得了部分成功。根据一项调查，使用文件共享方式下载音乐的计算机用户已经从2003年春的29%下降到2003年年末的14%。

音乐和软件发行商宣称，在2002年由于盗版而给它们造成的损失超过了176亿美元。但是，也有一种可能是：使用盗版的消费者最终决定购买正版产品或是相关产品。这样，盗版对合法产品需求的影响就成为一个实证问题。胡和普恩格（Hui and Png，2003）使用1994—1998年间28个国家音乐CD的数据检验了这个问题。他们得出结论，发行商由于盗版遭受的损失超过了盗版的正面效应。经过对正面效应的调整，他们得出结论，1998年该产业的损失为产业估计值的42%，或者销售值的6.6%。

但是胡和普恩格也注意到，如果没有盗版，发行商就会抬高价格，因此产业会受到额外收益的损失。例如，为了应对日益严重的在线盗版，世界上最大的唱片公司全球音乐集团（Universal Music Group）在2002年宣布，它将出售不用支付月租或不受版权限制的43 000首可下载歌曲，2003年，该公司为了吸引消费者，决定将CD价格削减30%。这样，尽管盗版伤害了生产商，盗版对总体福利的意义仍是模糊的。

资料来源：Joseph Kahn, "The Pinch of Piracy Wakes China Up on Copyright Issue," *New York Times*, November 1, 2002: C1, C5; Benny Evangelista, "Universal to Sell Songs Online for 99 Cents," *San Francisco Chronicle*, November 20, 2002: B2; Hui and Png (2003); Amy Harmon, "Universal to Cut Prices of its CD's," *New York Times*, September 4, 2003: C1, C2; Nick Wingfield, "Online Swapping of Music Declines in Wake of Suits," *Wall Street Journal*, January 5, 2004: B4.

模仿创新的工作可以迅速展开。在做出开发决策后，制造业中有关研发项目的信息可以在12～18个月内被至少部分竞争对手所掌握（Mansfield，1985）。由于企业之间的人员流动、不同企业的工程师和科学家之间的正式和非正式交流（特别是学术会议）、投入端供应商和消费者的报告以及新产品的逆向工程等，信息将会扩散。

正如表16.2所显示的，即使可以绕开专利限制，专利还是增加了模仿的成本。专利至少延迟了模仿者进入市场的时间。曼斯菲尔德（Mansfield，1968）称，在美国，主要发明的首次使用时间和60%的相关产品存在模仿创新的时间之间可以短至一个月（参见案例11.4），也可能是一年（听装啤酒的包装），或者长达数十年（钢铁厂的焦炉副产品和后续的镀锡钢板的退火）。在所调查的48个企业中，由于专利而引起的模仿成本的上升的中位估计数为总量的11%，处方药为30%，化学产品为10%，电子和机械为7%（Mansfield et al.，1982）。

535 **表16.2　对化学、医药、电子和机械产业33种新产品由于专利而增加模仿成本的百分比测算**

| 模仿成本增加的比例 | 产品数量 | 占所研究案例的比例（%） |
|---|---|---|
| 10%以下 | 13 | 39 |
| 10%～19% | 10 | 30 |
| 20%～49% | 4 | 12 |
| 50%～99% | 0 | 0 |
| 100%～199% | 3 | 9 |
| 200%或更多 | 3 | 9 |
| 总计 | 33 | 100 |

资料来源：Mansfield (1984).

同样，莱文、克勒沃里克、纳尔逊和温特（Levin，Klevorick，Nelson and Winter，1987）的调查发现（见表 16.3），相比未获专利的典型工艺或产品，模仿已获专利的典型工艺或产品创新的成本（计为占创新者成本的百分比）更高。他们同时表明，如果主要新产品得到专利保护，那么平均来说模仿的时间要长于没有得到专利的情况。因此，即使获得专利需要向潜在模仿者披露信息，但许多企业仍会申请专利。

**表 16.3　　复制一种创新的成本占创新者研发成本的百分比：与中位数对应的频度分布**

| 创新类型 | 少于 25% | 26%～50% | 51%～75% | 76%～100% | 多于 100% | 不可能及时复制 |
|---|---|---|---|---|---|---|
| 主要的新工艺 | | | | | | |
| 拥有专利 | 1 | 5 | 19 | 66 | 26 | 10 |
| 没有专利 | 5 | 10 | 55 | 49 | 6 | 2 |
| 典型的新工艺 | | | | | | |
| 拥有专利 | 2 | 15 | 61 | 41 | 6 | 2 |
| 没有专利 | 8 | 43 | 58 | 14 | 4 | 0 |
| 主要的新产品 | | | | | | |
| 拥有专利 | 1 | 4 | 17 | 63 | 30 | 12 |
| 没有专利 | 5 | 13 | 58 | 40 | 7 | 4 |
| 典型的新产品 | | | | | | |
| 拥有专利 | 2 | 18 | 64 | 32 | 9 | 2 |
| 没有专利 | 9 | 58 | 40 | 15 | 5 | 0 |

说明：每行加总为 127，反应了所调查的 127 个行业。

资料来源：Levin，Klevorick，Nelson，and Winter（1987，Table 8，809）.

## 专利鼓励了研究

536 通过增加潜在模仿者的成本，专利可以使其持有者拥有市场势力。由此得到的利润可以强烈地吸引企业成为开发一种新产品的首创者。

当进一步研究得到的预期边际回报至少等于边际成本时，一个理性的发明者会参与有成本的研发。如果投资者的回报少于社会回报，投资者倾向于少量投资。专利通过使投资者免于竞争，进而使他们获得大部分知识生产的回报（内部化外部性）。专利赋予了这些排他性权利，社会可以鼓励一些产业产生更多发明（参见案例 16.2 和 www.aw-bc.com/carlton_perloff“不同产业专利的重要性不同”。）但是，即使专利可以保护发明者免于被模仿，专利持有者的垄断利润仍然少于全部的社会收益（除非专利持有者可以进行价格歧视）。这样，尽管专利鼓励了更多的研究，但仍低于最优水平。

另外，专利也可能鼓励了过多的创新（Hirshleifer，1971；Mansfield et al.，1977）。例如，假设天气预报方法得到改进，使得在做出所有播种决策前可以精确预测农作物收成。发明者可以通过做农作物价格期货的投机交易而获利。尽管投机交易产生利润，但社会从新预测技术中所得到有效收益却很少。

537

**案例 16.2** ☞

### 专利和商业秘密的比较

作为获取专利及保护的交换，发明者的创意必须向全世界公开。因此，许多企业选择保守创新的详细机密，而不是获取专利和公开它们的新创意。而且，一些国家并没有涵盖所有创意的、完善的专利系统。

专利对创造性行为非常关键吗？商业秘密是一种很好的替代吗？为了回答这些问题，莫泽（Moser，2003）从两个19世纪的世界性技术市场中收集了有关数据：1851年展出了30个产业13 876种产品的伦敦水晶宫博览会和1876年展出了344个产业19 076种产品的费城世纪博览会。国家委员会挑选了最具创新性的产品进行展出，展览会上展出的产品均是经济实用（也就是说商业化）的创新。只有一部分创新拥有专利，而且并不是所有的专利都会形成经济上有用的创新。事实上，许多产品无论是在国内还是在展出国，都没有申请专利。

许多经济学家（例如，Nordhaus，1969；Gilbert and Shapiro，1990）都认为强大的专利法可以增加国内创新的数量。人们可能会根据这些结论推断，没有专利法的国家只会展出少量的重要的新技术。但是，没有专利法的国家带来了许多重要的创新，并且获得了一些杰出发明奖章。

在所有参加水晶宫博览会的国家中，瑞士的单位资本展出量居第二。瑞士发明者专注于手表制造，并且擅长制造用于科学和光学设备的钢材，他们选择保守创新机密而不是申请专利。这一策略是成功的，因为他们潜在的英国竞争对手发现这些创新很难进行逆向工程。如果瑞士发明者获得了专利，他们的竞争对手就会学到最为重要的秘密。

莫泽并没有发现专利法会增加创新行为水平的证据，但是他得出的重要证据证明专利系统影响着发生创新行为的产业。在没有专利法的国家中，发明者集中在相对于专利而言机密更为有效的产业里。由于科学仪器的制造在这一阶段越来越机械化，这一产业的进步需要制造机械的创新，而这又非常依赖于专利的保护。食品加工业是另一个有效实行保密的产业，在没有专利法的国家中，发明家开始在食品加工业进行专业化生产。迫于自由贸易组织的压力，当荷兰于1896年废止专利法以后，其食品加工中创新的份额从11%增加到33%。莫泽得出的结论是，与增加创新的数量相比，在没有专利的国家中引入有力而有效的专利法可能会对改变创新行为的方向产生更强的影响。

**资料来源**：Moser（2003）.

## 专利鼓励信息披露

发布新创意对社会来说是有价值的（参见案例 16.3）。越早采用新创意，社会就越快得到收益。而且，一个创意会激发更多的创意。因此，促进发明扩散的政策就是合意的。

一些国家的专利法在鼓励新发现快速披露方面做得要优于其他国家。为了获得专利，发明人必须表明该发明是新颖而且非显而易见的。通过向发明者提供专利保护，社会可以得到两个有价值的结果：对新增研发的更大激励，以及通过发明的披露而带来的创新的加速。[17]《专利法》的第 112 款这样表述：

> 详细说明书必须包含书面描述……使用完全清楚、精确和详细的术语使得任何人都可以了解……可以同样地制作和使用。

这样的披露加快了创新的步伐，使得一个发明者的工作可以建立在他人的工作基础之上。例如，在马里兰的洛克维尔，政府维持着一个“微生物动物园”，只要支付 70 美元（非营利性组织为 40 美元），几乎所有具有大学学历的人都可以购买一小瓶相同的、经过基因改良的细胞，该细胞由基因泰克公司（Genentech）花费 2 亿美元所开发并用来生产 TPA——一种防止心脏病发作的溶血栓药物。[18]购买者可以将这一小瓶细胞用于研究，但是不能侵犯基因泰克公司的专利或将其销售给基因泰克公司的竞争对手。TPA 生产的细胞仅仅是“美国分类细菌集”中 8 000 多个已获专利的生命科学产品之一。只需支付 560 美元，一个企业就可以将 6 小瓶活性物质储存在这里，该费用包含了 30 年的储存费用。通过在这里进行储存，公司可以在某种程度上达到提供足够信息使得专业人员可重新复制该发明的专利要求。但是，据估计，今天只有 1%的重组 DNA 专利需要储存；科学界人士都很了解相关技术，因此书面描述就已经足够了。一个寄存者可以花费 100 美元来获得所有需要这一专利生物样本的人员名单，这有助于检查是否存在专利侵权行为。

538

**案例 16.3**

### 猴子看到就会做

人类的一些“近亲”也可以进行发明。1953 年，日本南部一只年轻的雌性短尾猴发明了一种改进的食品预处理方法——在送进嘴巴之前在小溪中冲洗沾有泥巴的甜马铃薯。一些猴子很快地模仿她的行为，而且在 10 年之内这就成为其团体中普遍的模式。到 1983 年，日本所有的短尾猴都使用这种方法。

这位猴子中的爱因斯坦在 1956 年又有了一项发明。她发明了一种新方法，将一把沙和小麦的混合物扔到海里，而后挑选出浮在表面上的小麦。到了 1983 年，几乎所有的日本短尾猴都使用她的方法。

猴子可以发明，可以通过观察向其他猴子学习，并且愿意用先进的方法来替代旧方法。但是，创新的扩散，即其他人采用创新需要时间。在这些案例中，完全的扩散花费了 30 年。

资料来源：Kawai，Watanabe and Mori (1992)；Hall (forthcoming).

---

一些企业不会为发现申请专利，这样竞争者就不会从它们那里学到东西。这些企业必须确保自己的秘密知识（商业秘密）不会被泄露给其他人，而员工跳槽到竞争对手的企业就会发生商业秘密的泄漏。员工泄露以前工作企业的商业秘密是非法的。相对于保护商业秘密的企业，使用专利系统的企业的披露程度更大。

美国 1951 年以《发明保密法》(*Invention Secrecy Act*) 限制了专利的公告，而且在一些情况下，政府还能以国家安全受到威胁为由禁止发明人向政府以外的任何人销售或特许使用他们的技术。接近 6000 项技术至今仍受到保护，即使在冷战结束以后依然如此。其中大多数是政府不希望出口的非核技术，如计算机硬件、高级陶瓷材料、激光系统和其他技术。

539 竞争性企业可能会同时创造出本质上类似的发明，尽管两个或更多的针对几乎相同的发明的申请仅仅占了所有美国专利申请的 1%。

新颖性要求大大影响了可能的利润和披露的激励。对一项创新的独特性的要求越为苛刻，获得新专利就越难，现有专利所有者获得垄断利润的时间也就越长。因此，新颖性要求越严格，专利的回报就越大，人们进行研究的激励也就越大。另一方面，专利授予的频率越低，人们能得到专利的概率就越小，因此人们进行研究的激励就越少。而且，专利授予的频率越低，有关的信息披露也就越少，这就会延缓他人的研究。因此，新颖性规则的严格程度影响了回报和激励间的权衡，它对研发活动的激励具有捉摸不定的影响。[19]

## ★专利、奖金、研究合同和合资研究

大多数有关如何鼓励创新活动的经济研究关注于选择最优专利制度。但是为什么社会仅仅使用专利呢？为什么不选择用其他的激励如奖金、政府研究合同呢？[20]例如，政府可以提供现金来奖励第一个发现治愈艾滋病的药品的人，或者将研究合同交给企业或个人研究者用以开发治疗艾滋病的药品。政府还可以放松反托拉斯限制（正如美国政府已经做的），允许企业通过**合资**（joint ventures）性质的研究来协调研究活动。

以下的案例阐明了专利、奖金、研究合同以及合资研究如何影响研究努力（参见 www. aw-bc. com/carlton _ perloff 中对“专利、奖金和研究合同”的相应的数学分析）。假设某个产业中的研究具有以下特点（如表 16.4 所示）：

• 存在无限个可以承担一项研究项目的相同的企业。表 16.4 的第一列给出了产业中现有的企业数量，以及因此可以承担的项目数量 $n$。

• 每个研究企业以不变边际（和平均）成本 $m=1$ 进行一项研究。这样 $n$ 个企业研究的总成本为 $C(n)=nm=n$（第 6 列）。

• 积极探索某一特定发明的企业越多，至少一个企业能成功进行新
540 发明的概率就越大。这样，（至少一个）企业成功的概率 $\rho(n)$（第 4
列）为企业数量 $n$ 的增函数。

• 研究在第 $t=0$ 阶段开始。如果在该阶段就已经成功进行发明，社会将在后续阶段受益（$t=1, 2\cdots$）。为简单起见，我们假设如果没有在最初阶段成功进行发明，后续阶段将不会发生研究活动。

• 如果成功，该研究可以使得新产品以不变边际成本进行生产。如
541 果一个成功发明的社会潜在收益的现值（竞争性价格下消费者剩余的现
值）为 $B=25$ 美元，那么 $n$ 个企业进行研究竞赛来进行发明的预期社会
收益为 $B\rho(n)$：收益乘以成功的概率（第 5 列）。

我们的分析从确定争夺成为第一个发明者的最优企业数量开始。接下来，我们假设政府拥有与企业同样多的有关所有可能的研究项目的信息，并且分析在五种可能的政府激励项目下，多少企业会参与竞赛。这五种政府激励项目是：没有政府激励、政府研究项目、政府奖金、合法的合资研究（两个或两个以上企业资助的研究项目）和专利。最后，我们考察当政府比研究企业拥有的信息少时有关分析结果的变化。

## 最优企业数量的确定

社会应选择能最大化预期社会净收益的参加发明竞赛的企业数量（表 16.4 的第 7 列），其中社会净收益等于预期社会收益 $B\rho(n)$ 减去社会成本 $C(n)=nm=n$。在我们的例子中，社会净收益在企业数量为 8 个时达到最大，如表 16.4（加粗行）和图 16.1a 所示。

图 16.1a 表明一项研究项目的社会成本 $C(n)=n$ 和预期社会收益 $B\rho(n)$ 都会随着研究项目数量的增加而增加。当企业数量较少时，新加入一个企业会较大幅度地增加成功的概率。但是，在这个例子中，随着更多的企业加入竞赛，成功的概率接近 1（肯定成功），因此新加入一个企业参与竞赛对预期收益 $B\rho(n)-C(n)$ 的影响很小。这样，预期

社会收益最初会快速增加，而后下降。图 16.1a 中的细灰线为预期社会净收益，等于预期社会收益和社会成本之间的差距。社会收益和社会成本之间的差距，以及净社会收益曲线的高度在企业数量为 8 个时达到最大值。

另一种描述这一结论的方式是说边际（社会）成本在企业数量为 8 个时等于边际社会收益（参见图 16.1）。一个新加入的研究项目的边际社会成本为 $m=1$，即图 16.1b 中边际成本曲线的高度和图 16.1a 中成本曲线的斜率。图 16.1b 中边际收益曲线等于图 16.1a 中预期收益曲线的斜率。在图 16.1a 中，预期收益和成本之间的距离在 $n=8$ 时达到最大——此时收益和成本曲线的斜率相等（见图 16.1b）。

假设新加入一个企业承担研究项目。预期收益增加了 0.9，从 20.08 上升到 20.98（见表 16.4），但是额外的研究项目的边际成本为 1，因此净收益减少了 0.1（=1－0.9），从 12.08 减少到 11.98。[21]

**表 16.4　　研究项目的成本和收益**

| 项目数量 $n$ | 预期边际社会收益 | 奖金＝$B$ 时的预期报酬 | 成功的概率 $\rho(n)$ | 预期社会收益 $B\rho(n)$ | 社会成本 $C(n)$ | 净社会收益 $B\rho(n)-C(n)$ |
|---|---|---|---|---|---|---|
| 1 | 4.14 | 4.60 | 0.18 | 4.60 | 1.00 | 3.60 |
| 2 | 3.38 | 4.17 | 0.33 | 8.35 | 2.00 | 6.35 |
| 3 | 2.76 | 3.80 | 0.46 | 11.41 | 3.00 | 8.41 |
| 4 | 2.25 | 3.48 | 0.56 | 13.91 | 4.00 | 9.91 |
| 5 | 1.84 | 3.19 | 0.64 | 15.94 | 5.00 | 10.94 |
| 6 | 1.50 | 2.93 | 0.70 | 17.61 | 6.00 | 11.61 |
| 7 | 1.23 | 2.71 | 0.76 | 18.97 | 7.00 | 11.97 |
| **8** | **1.00** | **2.51** | **0.80** | **20.08** | **8.00** | **12.08** |
| 9 | 0.82 | 2.33 | 0.84 | 20.98 | 9.00 | 11.98 |
| 10 | 0.67 | 2.17 | 0.87 | 21.72 | 10.00 | 11.72 |
| 11 | 0.54 | 2.03 | 0.89 | 22.32 | 11.00 | 11.32 |
| 12 | 0.44 | 1.90 | 0.91 | 22.81 | 12.00 | 10.81 |
| 13 | 0.36 | 1.79 | 0.93 | 23.22 | 13.00 | 10.22 |
| 14 | 0.30 | 1.68 | 0.94 | 23.54 | 14.00 | 9.54 |
| 15 | 0.24 | 1.59 | 0.95 | 23.81 | 15.00 | 8.81 |
| 16 | 0.20 | 1.50 | 0.96 | 24.03 | 16.00 | 8.03 |
| 17 | 0.16 | 1.42 | 0.97 | 24.21 | 17.00 | 7.21 |
| 18 | 0.13 | 1.35 | 0.97 | 24.35 | 18.00 | 6.35 |
| 19 | 0.11 | 1.29 | 0.98 | 24.47 | 19.00 | 5.47 |
| 20 | 0.09 | 1.23 | 0.98 | 24.57 | 20.00 | 4.57 |
| 21 | 0.07 | 1.17 | 0.99 | 24.65 | 21.00 | 3.65 |
| 22 | 0.06 | 1.12 | 0.99 | 24.71 | 22.00 | 2.71 |

续前表

| 项目数量 $n$ | 预期边际社会收益 | 奖金＝$B$时的预期报酬 | 成功的概率 $\rho(n)$ | 预期社会收益 $B\rho(n)$ | 社会成本 $C(n)$ | 净社会收益 $B\rho(n)-C(n)$ |
|---|---|---|---|---|---|---|
| 23 | 0.05 | 1.08 | 0.99 | 24.77 | 23.00 | 1.77 |
| 24 | 0.04 | 1.03 | 0.99 | 24.81 | 24.00 | 0.81 |
| 24.84 | 0.03 | 1.00 | 0.99 | 24.84 | 24.84 | 0.00 |
| 25 | 0.03 | 0.99 | 0.99 | 24.84 | 25.00 | －0.16 |

$m=1$，每个企业从事一项研究项目的成本

$B=25$ 美元

$\alpha=0.031$

$\rho(n)=(1-e^{-\alpha n})$，$n$ 个项目成功的概率

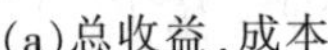

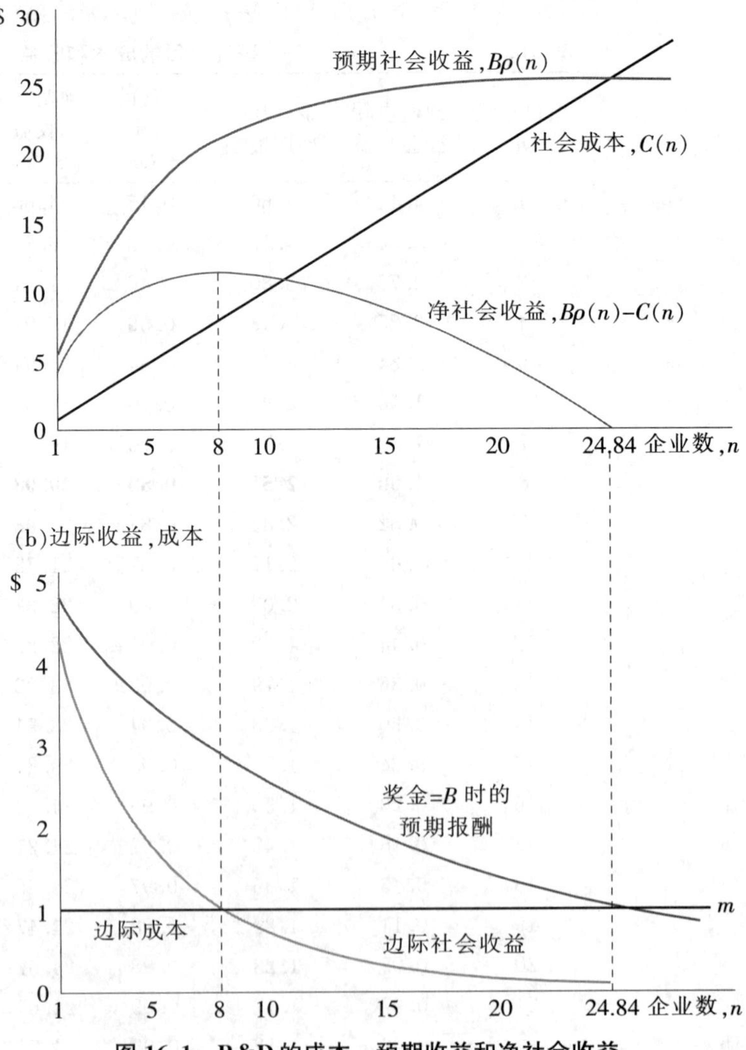


**图 16.1 R&D 的成本、预期收益和净社会收益**

## 没有政府激励的情形

542 *食人兽使用了刀和叉就算是进步吗？*

——*斯坦尼斯拉夫·莱姆*（Stanislaw Lem）

当不存在专利和其他创新激励时，即使不是全然没有，也将很少有
543 创新。如果一旦一项发明使得所有人都可以复制它，那么新产品就会在竞争性价格下出售，发明者不会得到经济利润。如果发明者承担了研究的全部私人和社会成本（$m=1$），但是却不能从发明中得到私人的财务收益，那么发明者的利润最大化的解将为不参与研究。

## 政府资助的研究

政府可以通过补贴研究成本来鼓励更多的研究。例如，美国政府对R&D项目支出实行20%的课税减免。这些减免会随着时间而增加。例如，1992年美国税收法庭的一项判决允许公司在计算R&D税收扣除时向工程师使用股票期权（对员工的激励）。印度对软件开发者提供税收折扣和特别的免税出口区。

更为直接地，政府可以为企业的研发行为提供资助。在之前的案例中（见表16.4），政府可以通过向最低的竞价者提供8个研究合同和保留成功产品的权利，来保证最优数量的研究项目。竞争性竞价使得价格为$m=1$。假设即使支付独立于研究是否成功，企业都积极参与研究，这一方法仍可以得到最优解。当然，如果政府知道真实的研究成本和预期收益，它可以仅选择最优的企业数量。当拥有正确信息时，如果研究能得到有效的资助，这种方法是有效的（例如，政府通过非扭曲性税收，如一次性税收来提高资助）。[22]

在2002年，联邦政府资助了美国28%的预计总额为2 640亿美元的R&D支出。国防占整个R&D的15%。私有产业支付了65%。[23]

日本经济产业省（Ministry of Economy，Trade and Industry，METI——以前的MITI）对生产商业产品的实验室提供资助。通常，一项发明会许可给尽可能多的日本企业。其他时候，日本政府会准许一个企业持续3～5年来开发技术，而后再广泛地进行许可。2001年，METI花费了5 700亿日元，约占日本R&D支出的1/8～1/2。[24]日本其他部门，如日本研究开发公司（Japan Research Development Corp.），提供了额外的支持。

基于对美国化工、石油、电气设备和主要金属产业中 25 个主要企业的研究，曼斯菲尔德（Mansfield，1984）得出结论，如果没有政府支持，这些企业所能提供的经费仅占它们所执行的有政府资助的能源 R&D 的 3%～20%。利希滕伯格（Lichtenberg，1987）发现，对整个私人部门来说，联邦 R&D 支出从统计上来看并没有明显增加或者降低私人部门的支出。这样，政府可以通过提供政府合同来增加研究总量，因为政府的资助并不会等量减少私人部门的研究努力（不同的观点参见案例 16.4）。如果政府资助那些私人产业可能会忽略的研究，那么私人研究的减少将更不可能。

544

**案例 16.4** ☞

**公共—私人合资的研发**

在美国地方大学和其他公共研究机构中，许多研究项目都是由公共和私人部门共同资助的。对此的担心之一是私人资金会扭曲研究，使其目标从公共产品的最大化转为私人回报的最大化。

加拿大的一项对用于酿造啤酒的大麦的研究表明了资金来源会对研究产生怎样的影响。该研究由加拿大政府、大学和相关研究机构以及酿造和麦芽发酵研究所（Brewing and Malting Barley Research Institute，由私人企业资助）共同资助。私人企业资助经费所占的比例在 1951 年为 28.3%，而到 1981 年则下降到了 6.7%。

研究可改善大麦的产出或质量。尤尔维奇、福特安和施密茨（Ulrich，Furtan and Schmitz，1986）计算了公共（社会）回报和私人（产业）回报。他们得出结论，如果仅对有关产出的研究进行资助，社会回报率至少高出 40%。但是来自私人部门（相对较少）的资助和联络工作倾向于使得公共研究机构关注于能提高产出和质量的研究路径。私人部门的最优战略是提供适量的资金来激励“正确类型”的公共资助研究。他们通过计算得到，私人部门每支付 1 美元都会耗费公共部门 25.74 美元来进行扭曲的研究，这将会降低社会福利。

这样，公共部门和私人部门的互动会产生两个问题。经济学家一直担忧的问题是用于研究的公共投资会替代私人投资。私人部门对大麦研究 R&D 支出的份额随着时间大幅度下降。第二个问题是相对较少的私人资助会扭曲公共研究项目。至少在大麦的案例中，这种扭曲带来了较大的社会损失。

## 奖金

我可以原谅阿尔弗雷德·诺贝尔发明了炸药，但是只有人形魔鬼才会发明诺贝尔奖。

——乔治·伯纳德·肖（George Bernard Shaw）

政府可以通过为成功的研究提供奖金来激励企业参与研究，这对政府来说风险是很小的，因为如果没有人成功地进行了发明，那么政府也就没有成本。即使一旦授予奖金就会有人模仿发明，但一笔足够高的奖金可以吸引企业和发明家投入研究（参见案例 16.5）。如果政府合理设定奖金，将会有最优数量的企业参与竞争并赢得奖金；但是设定过高的奖金会激发过量的研究。

545

**案例 16.5** ☞

## 奖 金

奖金可被用来刺激研究，这方面三个最为重要的历史案例是天文钟的发展、罐头的引入和赛璐珞的发明。更为近期的案例与冰箱有关。

1713 年，英国提供奖金来促进有关海上经度测量的发明。重要发明之一来自于梅耶（Mayer），他的发明能精确预测月亮的位置，从而得出船只所在的经度。由于这一发明，梅耶的遗孀获得了 3 000 英镑奖金。精度为 60 分、40 分和 30 分的测量经度的天文钟的发明分别得到了 10 000 英镑、15 000 英镑和 20 000 英镑的奖金。1762 年，也就是 49 年后，约翰·哈里森（John Harrison）取得了 20 000 英镑的奖金。该奖金的支付到 1773 年结束。到 1815 年为止，为此已经颁发了 101 000 英镑的奖金。

1795 年，拿破仑的产业促进会为可以用于军用食物储存的方法的发明提供了 12 000法郎的奖金。15 年以后，即 1810 年，尼古拉斯·阿珀特（Nicolas Appert）凭借将经过热处理的食品放入密封的香槟瓶的食物罐装方法获得该奖金。

在 19 世纪 60 年代，约翰·威斯利·海厄特（John Wesley Hyatt）发明了第一种合成塑料赛璐珞。由此，他在开发象牙台球替代品的竞赛中赢得了 10 000 美元的奖金。

由于政府的管制（参见第 20 章），电力公共部门通常希望抑制电力消费。冰箱的电力需求占据了家电电力需求的五分之一。1992 年，25 个电力公司提供了 27 500 美元的奖金，希望能发明一种新的冰箱，其耗电量只有政府标准的 25%，而且不使用氟利昂（一种会破坏臭氧层的制冷剂）。他们得到了 500 个回应。1993 年，惠而浦（Whirlpool）赢得了这一奖金。

资料来源：Wright（1983，704）；Stigler（1986）；Morris（1991）.

**最优奖金。**如果企业预期承担研究项目将赢得的奖金至少和成本相同，那么企业就会承担项目并试图获得奖金。[25]参与争夺奖金竞赛的企业数量 $n^*$ 是由奖金的规模来决定的。为了吸引最优数量的企业来竞争奖金，政府必须设定额度，使得如果 $n^*$ 个企业展开竞赛争夺第一，那么每个企业的预期收益等于其研究成本。

546 至少一个企业能进行发明的概率为 $\rho(n)$。如果 $n$ 个企业中的每个企业都相信赢的概率是均等的，那么其预期收益为 $\rho(n)/n$ 再乘以奖金。从之前的分析中我们知道，当最优企业数量为 $n^*=8$ 时，一项研究项目的成本为 $m=1$，恰好等于 $n^*$ 个企业参与发明竞赛的预期边际社会收益。那么最优奖金由在 $n^*=8$ 时的预期边际社会收益（为 1）除以企

业获得奖金的概率 $\rho$（8）/8 得到。使用表 16.4 中的数据可知，最优奖金为 9.96 美元，即 1 美元/（0.803 04/8）。[26]

在这一奖金水平下，每个企业的预期奖金等于 $n=8$ 时的预期边际社会收益，如表 16.4 所示。当 $n=8$ 时，每个企业的预期收益为 1 美元，等于其成本。第 9 个考虑加入竞赛的企业计算其预期收益为 0.93 美元（$9.96\times\rho$（9）/9），低于其成本，因此它会觉得参加竞赛不值得。因此，只有最优数量的企业，即 8 个企业竞争奖金。净社会收益在 12.08 美元时达到最大。只要政府拥有设定最优奖金的必要信息，而且奖金的资助不存在扭曲，那么奖金就能有效地引导创新。

## 过高的奖金和公共池塘问题

设定奖金使其等于发明的社会收益 $B=25$ 美元，而不是 9.96 美元看上去非常合理，但是这么高的奖金会刺激过度研究。

表 16.4 中“奖金 $=B$ 时的预期报酬”这一列表明了如果奖金为 25 美元时企业从事研究的预期收益。如果 24 个企业参与研究，至少一个企业成功的概率 $\rho$（24）为 99.24%，一个特定企业赢得奖金的概率为 0.992 4/24=4.13%。因此，每个企业的预期奖金为 25 美元乘以 4.13%，即 1.03 美元，如表 16.4 所示。当存在 25 个企业进行竞争时，每个企业的预期收益为 0.99 美元（少于一个研究项目的成本）。这样，将会存在 24 个企业参与竞争奖金。

如此多的研究将会过量，因为竞争耗尽了几乎所有可以从研究中得到的租金。表 16.4 表明当 $n=24$ 时的净社会收益为 0.81 美元：研究的社会成本几乎等于预期收益。这一问题类似于过度捕鱼和公共池塘问题（参见 www.aw-bc.com/carlton _ perloff 的“公共物品”）。当做出是否参与研究的决策时，每个企业考虑的是个体收益而不是社会收益。如果可以给出具有小数位的研究项目数量，那么将会存在 24.84 个项目，净社会收益将完全损耗。图 16.1b 表明当存在 24.84 个项目时，每个研究
547 项目的预期收益等于边际成本 1 美元。相反，对社会而言从最后一个项目中得到的预期边际收益只有 3 美分，如表 16.4 所示。

总之，当设定奖金为 9.96 美元时，只有 8 个企业参与竞争，至少有一个企业成功开发产品的概率只有 80%。当设定奖金为 25 美元时，24 个企业参与竞争，成功的概率上升到 99%。但是，概率增加的 19 个百分点需要研究的社会成本从 8 美元上升到 24 美元，上升了 300%。因此，概率上升的 19 个百分点并不值得。当奖金为 9.96 美元时，净社会收益达到 12.08 美元，而当奖金为 25 美元时，净社会收益基本上被耗光。

## 放松反托拉斯法：合资研究

如果没有奖金和政府研究合同等附加激励，研究就会过少的原因在于，如果发明者不能获得新发明带来的所有价值，就会存在外部性。当缺少专利法时，每个企业都希望能从开发产品的其他企业处进行模仿来生产新产品。因此，每个企业都有可能等待其他企业承担成本，实际进行的研究就会很少。

但是，如果产业中所有企业都同意分担一项合资研究项目的开发成本，这个外部性问题就可以避免。但是企业会担心这样的合作研究行为将会遭到反托拉斯法的起诉。当企业开会达成有关研究基金和分享现有知识的协议时，政府会怀疑它们同时会密谋将新产品的价格设定在垄断水平。许多政策制定者和经济学家主张修改反托拉斯法和政策，从而促进合作研究行为（但并不是联合设定价格）。[27] 1984 年的《国家合作研究法案》（National Cooperative Research Act）试图通过降低反托拉斯诉讼对合资研究造成的损失来减少企业对反托拉斯惩罚的畏惧。这一法案的其中一条是，已经注册的合资研究不会受到反托拉斯法规定的严厉惩罚和三倍罚款。

当有关某个流程的数个专利被多个企业所拥有时，企业会担心如果不能以合理的条款获得其他相关专利许可，它的发明将没有价值，从而降低其参与研发的激励。在这种情况下，企业可以形成专利共享，其中它们可以协议相互之间以合理费率对专利实行交叉许可（Lerner and Tirole，2002b）。但是，具有竞争性专利的一批企业会使用专利共享（专利池塘）来进行合谋，或者排斥“池塘”以外的企业，或者对它们制定垄断价格（Gilbert，2002）。

美国司法部已经在许多反托拉斯案例中批准了专利共享（Gallini，2002）。例如，1997 年，批准了 MPEG -2 视频压缩技术的专利共享，涉及 9 个专利持有者和 27 个专利。同样，在 1998—1999 年期间，批准了数字化视频光盘（DVD）技术的共享。

548 在前面的案例中，我们并不清楚一项合资研究是否资助了最优数量的研究项目。一方面，一项合资研究可能会避免研究项目的不必要的重复，因此研究成本可能低于存在竞争时的情况。另一方面，如果合资研究不能获得所有的预期社会价值 $B\rho(n)$，那么合资研究项目从事的研究会过少，因为它们必须承担全部社会成本。[28] 除非可以像歧视性垄断者一样行动，否则合资研究获得的收益通常会少于新产品全部的社会价值，包括消费者剩余。而且，当研究可以轻易地被合资研究项目以外的企业模仿时，合资研究只能获得发明的一小部分社会价值。在这样的市场中，合资研究不会产生大量的研究。

在美国，研发成本较高的技术领域中的合资研究越来越普遍。在《国家合作研究法案》(National Cooperative Research Act) 下，从1985年1月—1988年6月，已经有111个合作项目进行了注册（Jorde and Teece，1988)。在日本和欧洲，合资研究更为普遍。

跨国的合资研究正明显增加。例如，1992年，日立、IBM和西门子宣布，他们将合作开发高级记忆芯片，同一天，富士通和高级微设备公司说，它们将联合制造闪存（用于数据存储而不是磁盘驱动）。从1991年4月—1992年7月，在美国和日本企业之间，至少形成了7个生产记忆芯片的技术联盟。

## 专利

授予成功发明者排他性权利的专利同样可以吸引研究。但是，不同于奖金和政府研究合同，专利会导致由于垄断定价而产生的扭曲。因此，如果政府拥有可以引导最优研究数量的充分信息，那么专利的效率低于最优奖金或政府合同。但是，使用专利是有原因的，因为政府通常具有有限信息。在任何情况下，专利都是全世界引导研究的最为通用的方法。例如，尽管苏联被认为主要依赖于政府直接研究，但其颁布的专利数是美国的1～1.5倍。[29]

**专利的价值。**假设第一个成功的企业能够得到排他性销售产品权利
549 的专利，这一垄断利润的奖励会吸引最优数量的企业进行研究吗？为了确定有多少企业会参与**专利竞赛**（patent race)，即几个企业竞争于首先做出发明并被授予专利，我们需要确定专利的价值。

继续使用同样的例子，我们在计算专利的价值时加入了四个假设：

(1) 每阶段新产品的需求是线性的：$p=6-5Q$，其中 $p$ 为价格，$Q$ 为销售量。

(2) 生产的边际（和平均）成本为1。

(3) 如果两个企业同时发明了产品，它们分享专利权。

(4) 利率 $r$ 为10%。

获得专利排他性权利的企业可以像垄断者一样行动，通过设定边际收益等于边际成本来最大化利润。在这一例子中，垄断者收取价格 $p_m=3.50$ 美元，销售 $q_m=0.5$ 单位的产品，得到的年利润 $\pi_m=1.25$ 美元。在垄断价格下，年消费者剩余为0.65美元，为竞争性产业消费者剩余的1/4。这些计算表明了每年排他性销售新产品的垄断所带来的价值。专利随时间变化的价值依赖于专利能维持多久。我们考虑两种情况，即专利可以永久维持和只能维持数年。

**永久性专利。**如果一个专利永久有效，专利持有者就可以永远获得垄断利润。这一巨大的潜在收益可能会引导许多企业竞争来获得专利，从而导致过量的研究努力。[30]

如果专利是永久的，利率 $r=10\%$，那么专利的现值为 $\pi_m/r=12.50$ 美元。也就是说，以每年 1.25 美元的速度源源不断流入的垄断利润的现值为 12.50 美元。在我们的例子中，如果产品在竞争性价格下售出，那么永久性专利的现值为发明的净社会价值的 50%（=12.50/25）。

每个企业获得专利的机会相当，因此企业进行研究的预期回报为 12.50 美元乘以首先开发成功的概率 $\rho(n)/n$。只要其研究成本 $m=1$ 小于赢得竞赛的预期收益，企业就会加入专利竞赛。

在这个例子中，在给予永久性专利权的前提下，如果可以存在用小
数表达的数量的话将会有 11.22 个研究项目（参见 www.aw-bc.com/
550 carlton_perloff 中的“专利、奖金和研究合同”），如果不能存在用小数
表达的数量的话则为 11 个。这样，在例子中，永久专利将会导致过度
的研究：研究项目比最优数量 8 个多近 40%。[31]

**有限的专利有效期。**通过授予专利相对较短的有效期限 $t$，政府可以减少过度研究的激励。只给予 $t$ 年的排他性权利能减少垄断利润流的现值，这样，每个企业的预期私人收益降低，参与研究的企业就会减少。

不同于奖金或研究合同，专利会导致发明之后的定价扭曲——一个垄断价格。政府面临一种权衡：专利的有效期限越长，可以吸引的研究就越多，但是成本也会由于更多的研究项目和垄断损失而增大。假定政府使用专利，那么考虑垄断价格因素后，政府会选择专利有效期 $t$ 来最大化预期的净社会收益。表 16.5 和图 16.2 表明了对应于不同专利有效期的净社会收益。[32]两者都表明了在允许用小数表达项目数和只能用整数表达项目数的情况下，项目的数量和相关的净社会收益。

**表 16.5　　最佳专利有效期**

| 专利有效期 $t$ | 允许企业数为小数 | | 不允许企业数为小数 | |
|---|---|---|---|---|
| | 项目数量 $n$ | 净社会收益(美元) | 项目数量 $n$ | 净社会收益(美元) |
| 5.35 | 0.50 | 1.66 | 0.00 | 0.00 |
| 5.71 | 1.00 | 3.10 | 1.00 | 3.20 |
| 6.53 | 2.00 | 5.35 | 2.00 | 5.35 |
| 7.47 | 3.00 | 6.91 | 3.00 | 6.91 |
| 8.56 | 4.00 | 7.91 | 4.00 | 7.91 |
| 9.00 | 4.35 | 8.14 | 4.00 | 7.84 |
| 9.87 | 5.00 | 8.44 | 5.00 | 8.44 |
| 10.00 | 5.09 | 8.47 | 5.00 | 8.42 |
| 11.00 | 5.74 | 8.60 | 5.00 | 8.29 |

续前表

| 专利有效期 $t$ | 允许企业数为小数 | | 不允许企业数为小数 | |
|---|---|---|---|---|
| | 项目数量 $n$ | 净社会收益(美元) | 项目数量 $n$ | 净社会收益(美元) |
| **11.4408** | **6.00** | **8.608906** | **6.00** | **8.60891** |
| **11.4475** | **6.004** | **8.608908** | **6.00** | **8.60793** |
| 12.00 | 6.31 | 8.59 | 6.00 | 8.53 |
| 13.00 | 6.82 | 8.51 | 6.00 | 8.41 |
| 13.40 | 7.00 | 8.47 | 7.00 | 8.47 |
| 14.00 | 7.26 | 8.39 | 7.00 | 8.39 |
| **15.94** | **8.00** | **8.08** | **8.00** | **8.08** |
| 19.51 | 9.00 | 7.48 | 9.00 | 7.48 |
| 25.36 | 10.00 | 6.72 | 10.00 | 6.72 |

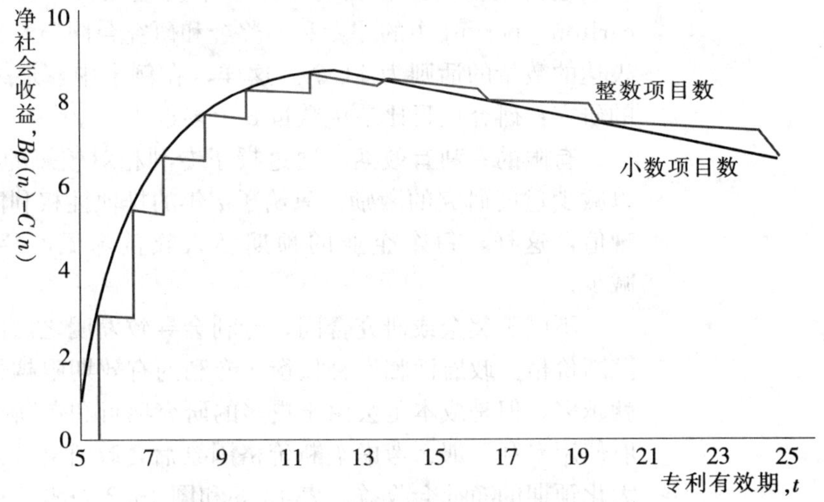


**图 16.2 随专利有效期变动的净社会收益**

正如表 16.5 所给出的，如果可以存在用小数表达的项目数，社会净收益在$t=11.447\ 5$时达到最大，此时存在$n=6.004$个项目，社会净收益=8.608 908 美元。如果只能存在用整数表示的项目数，那么最优解为$t=11.440\ 8$，$n=6$，社会净收益=8.608 906 美元。如果设定 $t$ 为 15.94，那么存在 8 个项目，社会净收益为 8.08 美元。

由于存在和专利相关的社会扭曲，社会希望大约为 6 个项目，而不是奖金或研究合同下所希望的 8 个项目。为了得到 8 个项目而不是 6 个可以使用的专利，排他性权利授予的期限就必须从 11.44 上升到 15.94，增加了 39%。项目数量从 6 个增加到 8 个仅仅使得成功的概率从 70%增加到 80%（见表 16.4），并不能完全抵消额外的成本。社会净收益降低了 6.2%，从 8.61 美元下降到 8.08 美元（见表 16.5）。

在 1995 年专利法修改之前，美国的专利年限为 17 年（自此以后，改为 20 年）。为什么是 17 年呢？在国会通过而后由乔治·华盛顿于

1790 年签署成为法律的第一稿中，专利保护的年限长度和学徒的年限相关，而学徒年限为 7 年。[33]一些国会议员希望提供两倍于学徒期年限的专利保护。但是另一些代表希望专利在 7 年以后能有一个 14 年的重新保护时间。国会决定消除分歧，提供了 17 年的单一期限。

对所有类型的产品设定固定的专利保护期可能意味着，对一些类型
552 的产品来说，垄断势力维持的时间太长，而对另一些产品来说这个时间可能太短。[34]而且，由于对一些产品来说，企业会在销售产品之前获得专利批准，因此有效专利年限就缩短了。为了在某种程度上弥补这一问
553 题，1984 年的《药品价格竞争和专利年限修正法》(Drug Price Competition and Patent Term Restoration Act) 延长了药品的专利年限，抵消了由于管制需要而导致的引入新药品的延迟（Grabowski and Vernon, 1986)。在 1991—1992 年期间，宝洁公司要求国会延长其药品的专利（该药品专利将在 1994 年过期），因为食品和药品管理局批准药品的速度很慢（一些人认为是宝洁推迟了安全报告的提交）。Upjohn 和美国生物科学公司（U. S. Bioscience Inc.）同样试图在国会采取行动以前通过私下的议案来延长专利期限。参见有关版权的案例 16.6。

**案例 16.6** ☞

### 米老鼠的立法

2003 年，当沃尔特·迪士尼公司 1928 年有关米老鼠形象的原始版权过期时，米老鼠将为公众所有。为了应对迪士尼和其他公司的积极游说，国会的立法者通过了一个有关米老鼠的紧急行动法律，即 1998 年的《桑尼·勃诺版权期限延长法案》(Sonny Bono Copyright Term Extension Act)。这一法案通过延长自 1923 年以来所有图书、歌曲和图画等"原创作品"的版权而增加了对版权的保护。这样，米老鼠的立法将迪士尼的米奇版权延长到了 2023 年。

这一立法背后的逻辑是什么呢？我们向创新者授予垄断势力（它是有害的）来激励新艺术和其他创新（它是有利的）的产生，并且希望其净效应是正的。但是作品一旦被创造出来，通过延长版权期限来授予更多的垄断权无疑是有害的。这一法案的通过是以公共的利益为代价为现有版权的所有者，包括发行集团（如美国在线时代华纳）和电影公司（如迪士尼）提供了一笔横财。

法案同时向 1978 年以来的任何著作版权提供了作者或艺术家生命期及其后 70 年（对原先 50 年的增加）的版权保护。1978 年以前的版权年限为 95 年。而原先 1790 年的立法设定的版权年限为 14 年，其后拥有 14 年再签约的期权。

19 世纪的漫画家托马斯·纳斯特创作了为人们所熟悉的山姆大叔和圣诞老人的形象。如果纳斯特是在桑尼·勃诺规则下创造这些形象的，那么从美国国防部到零售商都必须支付肖像版权费，或者，可能性更大的是，这些形象就不可能成为美国文化的重要部分。将这些作品移出公众视线就可以防止别人使用或扩展其原始的创意，正如迪士尼利用格林兄弟的作品制作《灰姑娘》和《白雪公主》一样。

2002 年，埃尔德雷德诉阿什克罗夫特案（Eldred v. Ashcroft, 57U. S. 1160, 2003)，对《版权期限延长法案》是一个挑战，案件递交到美国最高法院。埃里克·埃尔德雷德希望能允许人们自由链接他的网站，从而可以得到罗伯特·弗罗斯特的

诗和 F. 斯科特·菲兹格拉尔德的小说《了不起的盖茨比》(*The Great Gatsby*),而这些作品的版权如果不是作为赠品的话就已经过期了。他的律师,斯坦福法学院教授罗伦斯·勒西格认为,如果不是用书面的措辞来表达,版权保护的追溯(并不是新作品保护的延期)违反了宪法授予国会通过颁布"有限时期"内的版权来"促进科技进步"的宗旨。具有政治影响力的15位经济学家,包括诺贝尔奖得主米尔顿·弗里德曼(Milton Friedman)和肯尼思·阿罗(Kenneth Arrow)撰写了简要的文章来支持这一起诉。在听证会上,法官桑德拉·戴·奥科诺说:"如果版权法的所有目标都是鼓励创造性工作……则很难理解一些追溯条款如何能做到这一点。"正如许多人所认为的,她总结说:"人们困惑于国会到底在想什么。"遗憾的是,最高法院在2003年以7票对2票驳回了这一起诉:国会已经在过去的许多版权保护案中犯了追溯的错误,过去40年中发生了11次。

幸运的是,欧洲的版权保护只能延续50年。因此,20世纪50年代的爵士乐(埃拉·菲兹格拉尔德)、歌剧(马里拉·卡拉斯)和早期摇滚唱片(埃尔维斯·普雷斯利)的版权保护都将过期或者很快就要过期。这些唱片将进入欧洲的公共领域,任何欧洲唱片公司都可以重新发行先前只能由一家特定公司发行的唱片。美国唱片公司号召欧洲国家延长版权条款,或者要求阻止进口那些在美国的版权法(拥有95年的版权)下仍受保护的唱片。

资料来源:Amy Harmon,"Debate to Intensify on Copyright Extension Law",*New York Times*,October 7,2002:C1;Amy Harmon,"Challenge in Copyright Case May Be Just a Begining,"*New York Times*,October 14,2002:C4;Seth Shulman,"Freeing Mickey Mouse,"*Technology Review*,November 2002:81;Anthony Tommasini,"Labels Ready for Battle on Copyright,"*San Francisco Chronicle*,January 3,2003:B2;Linda Greenhouse,"20-Year Extension of Existing Copyrights Is Upheld,"*New Yourk Times*,January 16,2003:A22;http://eldred.cc/eldredvashcroft.html;  http://cyber.law.harvard.edu/openlaw/eldredvashcroft.

---

不同的产业从美国专利局获得专利的时间有所不同。根据美国会计总署(U.S. General Accounting Office)的规定,通用性工程行业中的
554 公司获得专利必须等待4年,而生物技术则为3年,其他类型的专利平均为18个月。[35]

当创新速度很快时,专利的有效期似乎并不重要,因为新产品减少了消费者对旧产品的需求,即使后者仍在专利保护年限内。在许多欧洲国家,专利持有者必须支付年费来维持专利下的垄断权利,而且可以选择在几年以后废止专利,因此会存在不同的专利年限(见案例16.7)。

555

---

**案例 16.7** ☞

**欧洲专利**

在许多国家中,除非专利持有者交纳年度续签费,否则将失去他们对专利的垄断性权利。只有当下一年排他性权利的预期收益超过续签成本时,企业才会接续专利。帕克斯(Pakes,1986)测算了法国和德国持有专利价值的分布,表明了这一分布是如何随专利年限而发生变化的。这一信息告诉我们专利授予后,每年给其所有者带来的价值。

在法国,2年以内的专利不收续签费用,在德国为3年,英国为5年。在英国,

专利只能被续签到16年为止，德国为18年，法国为20年。在早些年中，三个国家的续签费用都相对较低，但是后来德国的费用明显增长较快。

根据20世纪50年代、60年代、70年代的更新数据，估计法国和德国一项专利前5年所带来的年均净利润（以1980年的美元为基准）如下表所示：

| 年份 | 法国（美元） | 德国（美元） |
|---|---|---|
| 1 | 380 | 1 609 |
| 2 | 1 415 | 3 401 |
| 3 | 1 432 | 3 225 |
| 4 | 1 339 | 2 899 |
| 5 | 1 193 | 2 641 |

在法国，专利在开始年份的平均净利润为380美元。在该年中，法国五分之一的专利持有者为其专利开发了一种应用，使得他们可以增加后期收益。6%以上的专利持有者发现他们的专利创意无利可图，因此不会在第2年支付续签费用。其余的会续签，在维持其专利保护权的同时继续寻找可以获得利润的使用方法。这些专利的平均年净利润提高到1 415美元。在下一年中，9%的专利持有者会停止续签，平均净利润会增加到1 432美元。企业发现有利可图地使用专利的机会随着时间的推移而减少，因此到第5年时，专利基本不会再有新的用途，此时企业会选择淘汰该项专利而非继续持有它。剩下专利的平均年净利润下降到1 193美元。

相反，德国专利最初的平均净利润为1 609美元，比法国高出许多。原因之一是93%的法国专利申请者都被授予专利，而德国的这一比例仅为35%。因此，很少有德国人会自寻烦恼为价值值得怀疑的东西去申请专利。第二个因素是法国的数据包含所有申请者，而德国的数据仅包括成功申请者。德国专利第二年的平均年净利润为3 401美元，第三年为3 225美元，第四年为2 899美元，第五年为2 641美元。

这些结论表明多数专利最初的年净利润较低。事实上，多数专利持有者在前几年并没有发现专利的用途，因此在五年后就不会续签专利。在那些专利用途被发现的案例中，用途通常都是在最先几年中发现的。（参见 Schankerman，1998；Lanjouw，1998，有关欧洲专利续签的更为近期的证据。）

## 政府不确定性

表16.4和16.5中的例子表明，如果政府拥有和研发企业同样多的信息，那么政府可以设定能吸引最优研究水平的奖金或研究合同，以最大化社会净收益。当政府拥有完全信息时，专利和合资研究的理想效果就会劣于奖金和研究合同，因为前者会带来定价的扭曲。当采用奖金或研究合同时，在发明成功后，新产品就会在竞争性价格下出售，消费者剩余达到最大。[36]新产品在整个专利有效期内在垄断价格下出售，会导

致销售量较少。但是，如果在研究开始之前发明者就比政府官员拥有更多的信息，这样专利和合资研究可能将会更优。

假设政府在人们知晓发明的价值之前就设定奖金、研究合同或专利有效期。如果研究者确信发明的价值要高于政府所设定的价值，那么专利会比奖金或政府合同能吸引到更多的研究。当然，如果专利的有效年限非常短，那么即使奖金或研究合同价值设置得很低，也可能要优于专利。[37]

通常，任何人，即使是潜在的发明者也很难在发明之前预测其价值。事实上，即使在发明成功之后，由于需求很难预测或者关于专利所有权的法律的不确定性，发明的价值也是很难确定的。例如，鞋带的发明者从专利中获得了 250 万美元，而安全别针的发明者只获得了 400 美元。[38]据预测，每 50 个专利持有者中，最多只有一个人能从他的专利中获利。[39]

## 专利持有者的生产或许可

专利赋予发明者固定时段的垄断权利。专利持有者可以生产产品（或者使用他的新流程）或者**许可**（license）（允许）给其他人来生产，
556 从中获得被称为**特许权使用费**（royalty）的收入。现在，我们表明只要产品市场在发明之前是竞争性的，利润最大化的发明者在成为产品出售者和颁发特许给其他人生产和销售之间是无差异的。[40]

**一个特许模型。**假设一个市场最初是竞争性的，所有企业在不变（边际和平均）成本 $m$ 下生产。产品的竞争性价格为 $m$，出售 $Q$ 单位产品。现在假设某人开发了一种新工艺，使得同样的产品可以在更低的成本$\underline{m}$ 下生产，如图 16.3a 所示。

如果拥有新专利的企业决定自己销售产品，那么它将成为面临竞争性边缘进入者的低成本主导企业（见第 4 章）。[41]企业能考虑的最低价格是$\underline{m}$：任何更低的价格都会导致损失。企业能制定的最高价格为 $m$：任何更高的价格都会导致边缘企业削减它的价格。假设主导企业最优的方案是收取略低于 $m$ 的价格，以阻止边缘企业的销售。创新的利润为新旧成本之间的差异乘以销售量。在图 16.3a 中，我们将这一数量标记为特许权使用费。

现在假设企业考虑授权其他企业使用新技术。企业向其他企业售出的每单位产出收取特许权使用费（特许权使用费率）。

特许权使用费率为多大时才能最大化企业利润呢？为了回答这一问题，我们必须确定专利特许权所推动的需求：生产者愿意为一项特许权支付的最大价格。图 16.3a 表明了仅仅略微减少生产成本的普通微小发

明的例子。特许权所推动的需求为专利持有者面临的剩余需求曲线和在新工艺下以成本$\underline{m}$生产之间的差异。也就是说，竞争性企业所愿意支付的最高特许权使用费为竞争性价格和在专利工艺下生产成本的差额。这样，对前$Q$个单位（竞争性产业售出的数量）来说，竞争性价格为$m$，因此最高特许权使用费为$m-\underline{m}$，在图 16.3a 中标记为*特许权推动的需求*。如果售出的产量更多，特许权的价值就会下降，表明推动的需求的曲线会在$Q$单位后向下倾斜。事实上，当产量为$Q^*$时，特许权的价值为零，因为竞争性价格等于在新工艺下生产的成本。

当多出售一个特许权所得到的边际收益$MR$等于特许权的边际成本时，达到特许权的利润最大化。这样，利润最大化的特许权由特许权的边际收益曲线和产量轴的交点确定。在给出的例子中，当产量为$Q$，特许权使用费率为$r=m-\underline{m}=p-\underline{m}$时达到最大化。也就是说，利润最大化的特许权使用费是使用新工艺得到的每单位节约的*加总*。这就等于企业不出售特许权而是自己销售产品时的收益。

557 图 16.3b 使用同样类型的曲线检验了主要新工艺的发明使得生产成本大幅度减少的情况。这里，特许权推动的需求的边际收益在$\underline{Q}$处为零。利润最大化的价格$p$在$m$和$\underline{m}$之间。因此，特许权使用费率（$r=p-\underline{m}$）小于成本的减少（$m-\underline{m}$），但是$\underline{Q}>Q$，特许权被出售。

从这一分析中我们可以得出两个结论。首先，如果发明者可以和其
558 他人一样有效率地生产，那么出售产品和特许权之间将没有差异，因为在两种情况下，竞争性边缘企业都同样地限制了垄断者。当获得特许权的生产者可以比发明者以更低的制造成本生产时，发明者更有可能颁发特许权（得到的利润比不颁发特许权时更多）。颁发特许权为新发现在全世界范围的实施提供了一个重要的机制（参见 www.aw-bc.com/carlton_perloff 的“国际特许权”）。

第二，发明者能够得到普通微小发明的所有社会收益，但是不能得到主要新工艺发明的所有收益。当发明较小时，消费者继续在同样的价格下购买同样产量的产品，因此他们不受发明的影响。但是当出现重大发明时，价格会下降，产量会上升，从而使得消费者剩余增加。因此，当出现重大发明时，发明者的收益将小于社会总收益。

**特许权使用费的例子。**特许权的颁发和特许权使用费的收取非常普遍。我们来讨论两个著名公司的情况，借此探讨颁发特许权和唱片业收取特许权使用费的情况。

IBM 拥有与计算有关的所有阶段的影响广泛而且重要的专利。例如，它拥有一个包含计算机显示屏操作的专利，比如当光标停留在计算机显示屏最后一行的最后位置，你敲回车键，屏幕向上滚动一行。IBM 的这个专利已经注册了 30 多年。到 1990 年，IBM 宣称和全世界 90%的计算机生产商签订了特许权协议，收取所有计算机销售价格的 1%～3%

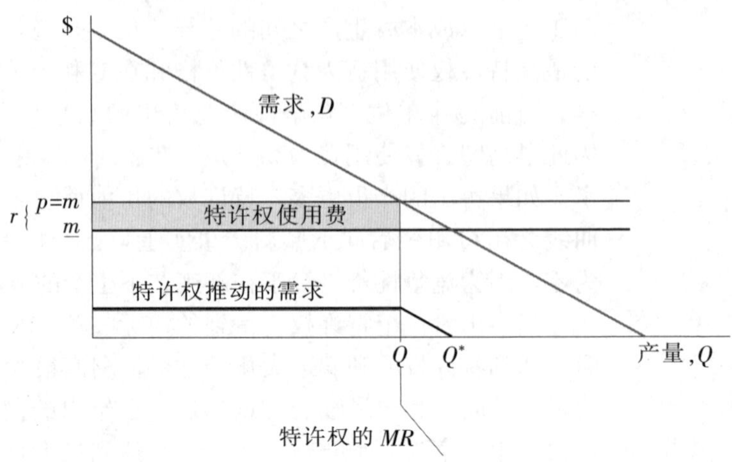


(b)主要新工艺发明

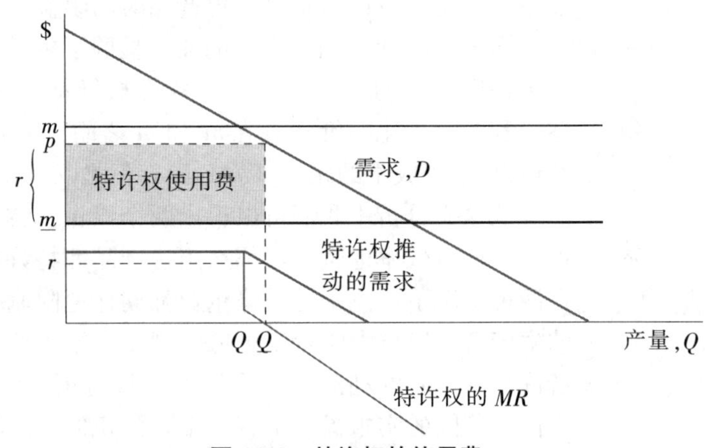


**图 16.3 特许权的使用费**

的特许权使用费。其他企业通过签订相互使用专利的交叉特许权协议以免于支付特许权使用费。

唱片公司多年来一直设法向可以用来复制节目的磁带录音机和空白录音带征收特许权使用费。当 1991 年出现新的数字音频录音和压缩磁带时，他们再次进行尝试。在数字音频技术公司和唱片及消费者电子产业的协议下，所有在美国出售的数字音频磁带录音机都可以安装拥有者可以自己复制歌曲的特别的“系列复制管理系统”芯片，但不允许他们复制以商业销售为目的的磁带。而且，产业集团答应为空白数字录音磁带和盒式磁带支付 3%的特许权使用费，为数字音频录音机支付 2%的特许权使用费。1992 年的《家用录音法》(Audio Home Recording Act) 批准了这一协议。[42]

## 专利的废止

并不是所有的人都支持专利。目前，全球兴起了对一般专利，特别是医药专利的热烈讨论。20 世纪 80 年代末，至少 40 个发展中国家不会
559 给药品创新授予专利（Lanjouw and Cockburn，2001）。但是，在 1995 年的《与贸易有关的知识产权协议》（Agreement on Trade-Related Intellectual Property Rights，TRIPS）下，到 2005 年为止，世界贸易组织的成员都必须承认并执行所有技术领域的产品专利，包括药品。这样做引发的一个争议是这将会引导制药公司开发针对贫困国家的新药（例如，治疗热带疾病的药品）。许多低收入国家反对这一协议，它们预计制定和美国及欧洲国家相似的专利系统会增加救命药品的价格，威胁它们国民的健康。显然发展中国家接受这一协议是为了未来在它们的商品（如纺织和服装）出口时获得贸易让步。[43]

在印度附加药品的专利保护可能会产生什么样的影响呢？印度不同意 TRIPS 协议。在 2003 年之前，印度并不承认药品专利，国内企业生产在其他国家受到专利保护的许多不同类型的药品。

乔杜里、戈德堡和吉亚（Chaudhuri，Goldberg and Jia，2003）测算了如果印度的全身作用型抗菌药（抗生素）市场和在美国一样受到专利保护，短期内会发生什么情况。他们计算得出取消四种国内产品组合对印度经济的总的年均福利造成的损失大约为 7.13 亿美元，或者说是 2000 年这一细分市场销售额的 118%。消费者剩余的损失几乎涵盖了所有这一福利损失。国内生产者损失的利润为每年 5 000 万美元（7%），国外生产者每年的利润收入只有 5 700 万美元。但是这一计算忽略了对未来激励行为的影响。大概是因为专利对印度创新行为的影响要远小于美国和欧洲的缘故。

休斯、穆尔和斯奈德（Hughes，Moore and Snyder，2002）探讨了如果美国政府突然终止对现有和未来药品专利的保护，在长期中会发生什么样的情况。尽管更多的企业可以生产现有的药品会对现在的消费者产生大量的收益，但这些收益会使医药公司减少它们的研发从而导致新药品的减少，进而使得未来的消费者的利益遭受损失。为了确定哪种效应会成为主导效应，休斯等模拟了政策的变化所产生的影响，他们将之称为“网景化”药品（网景公司帮助个人获得了从网上自由下载拥有版权的音乐的权利）。

善意的人会怀疑这些模拟的可信度，作者使用了尽可能多的可得证据来产生可靠的测算结果。为了确定价格效应，他们的测算包括了普通药品的进入对品牌药品和普通药品的价格的影响。他们同时注意到，在

普通药品进入市场后，品牌药品的价格并不会降到普通药品的价格水平，因此制药厂仍然存在进行创新的激励。他们得出的结论是，由于可以消费更多的现存药品，消费者可以得到额外的收益。但是这样的额外收益每增加 1 美元，未来的消费者就要承担由于创新的减少而带来的 3 美元现值的损失。

## 市场结构

560 进行研究的激励、创新的时机选择以及专利竞赛的特性都由产品和研究产业的市场结构所决定。约瑟夫·熊彼特（Joseph Schumpeter, 1950）通过强调经济主体在技术进步中的作用，首创了市场结构对创新影响的现代研究。在舒姆彼得（Schumpeterian）看来，创新和市场势力间存在正向关系，大企业的创新要多于小企业。[44]

舒姆彼得认为，由于创新是超越竞争对手的更为有效的方法，因此创新比价格竞争更为重要。市场结构和创新之间存在两种联系。首先，专利使得人们可以通过创新来获得市场势力。其次，具有市场势力的企业可以通过防御性专利阻止进入和模仿，或者通过引入新产品来维持市场势力。

本节剩下的部分主要考虑两个关键问题：

1. 竞争性产业和垄断者谁具有更大的创新激励？[45]

2. 哪一类产业的创新速度会更快？

我们首先说明如果企业不必担心其他企业首先创新产品，那么一个竞争性企业将比一个垄断者具有更强的创新激励。而后，我们表明竞争性企业有时会创新过快，而且一定会比垄断者快。最后，我们表达了一个垄断者只有在担心潜在对手通过创新进入它的市场时才具有进行创新以阻止进入的激励。这一竞争的威胁使垄断者比竞争性企业具有更大的激励来进行创新。因此，市场结构能否提供更强的创新激励将依赖于专利竞赛是否可能。

## 无专利竞赛的市场结构

假设一个唯一适合创新的企业相信，如果它不创造新工艺，其他企业就不会创造。如果企业最初是在竞争性市场中，它将较垄断的情形有更强的激励来发明节约成本的工艺。基本的直觉是竞争性企业由于使用了新工艺进而可以比垄断者销售出更多单位的产品，并从中获益（Arrow, 1962）。

让我们继续讨论前面部分所提到的微小的成本节约发明。我们假设

可以向最终产品市场中每个生产产品的企业收取特许权使用费，并且考
561 虑两个不同的市场结构。在一类市场结构中，进行发明的企业最初处于竞争性市场；而在另一种情况下，进行创新的企业已经是产品市场的垄断者，而且进入壁垒阻止了未来的竞争。

如果产品市场是竞争性的，而且发明前的竞争性价格为 $m$，发明后的价格为$\underline{m}+r$，其中 $r$ 为每单位的特许权费，如图 16.4 所示。对一个微小的发明来说，正如前面所讨论的，新价格$\underline{m}+r$ 等于 $m$。这样竞争性价格和产量 $Q$ 在发明前后是相同的。相反，垄断者设定边际收益等于边际成本。图 16.4 给出了原始价格 $p_m$ 及其相对应的原始成本 $m$，以及新价格$\underline{p}_m$ 及其对应的新成本$\underline{m}$。相应的产量分别为 $Q_m$ 和$\underline{Q}_m$。

由于发明，垄断者可以在 $Q_m$ 的销量上挣得更多利润，并且可以在额外的$\underline{Q}_m-Q_m$ 单位销量上获得利润，因此利润必然上升。其原始成本为 $mQ_m$＝区域 $A+B$。在发明成功后，其成本为 $m\underline{Q}_m$＝区域 $B+E$。这样，成本的变化为（$A+B$）－（$B+E$）＝$A-E$。其收益的增加为边际收益曲线和 $Q_m$ 及$\underline{Q}_m$ 之间所夹的区域，或者说是区域 $D+E$。这样，利润上升了（$D+E$）＋（$A-E$）＝$D+A$。

这一图示表明，一个垄断者从发明中的所得要少于一个竞争性产业中的发明者。竞争性市场中发明者的最优特许权使用费水平为 $r=m-\underline{m}$。这样，在竞争性市场中，发明者获得 $rQ=(m-\underline{m})Q$，等于图 16.4 中的区域 $A+D+F+G$。换句话说，竞争性产业中发明者的收益为 $F+G$，高于垄断者。事实上，仅在最初的$\underline{Q}_m$ 的销售中，竞争性产业中发明者所获得的收益为 $A+D+F$，而垄断者仅获得 $A+D$。在竞争性产业 $Q-Q_m$ 的额外销售中，特许权使用费是“外快”。这样，在本例中，一个具有产品市场垄断者的产业对产品研究所提供的激励要小于竞争性产业。

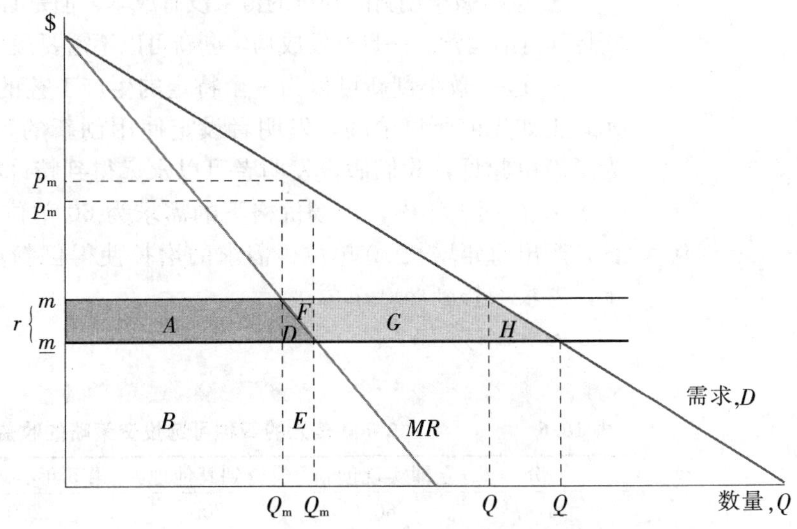


**图 16.4　随市场结构变化的发明收益**

然而，即便对竞争性产业而言，其收益仍会小于全部社会收益 $A+D+F+G+H$，即 $m$，$\underline{m}$ 线和如果产出为 $\underline{Q}$ 时的需求曲线所夹的区域。因此，竞争性市场对研究提供的激励要小于社会最优水平，但是比产品垄断性市场提供的激励要多。

在本例中，需要重点强调的是，发明者并不会畏惧专利竞赛。在本章的后面部分，我们将要检验当存在专利竞赛时，创新激励将如何依赖于市场结构。

## 创新的最优时机

历史上，一切从未像今天这样过。

——德怀特·戴维·艾森豪威尔（Dwight David Eisenhower）

如果只有第一个生产和获得创新专利的企业可以收取特许权使用费，那么竞争性企业就存在很强的激励去成为首创者。这一激励非常强烈，使得竞争性企业会先于垄断者进行创新。垄断者不用担心会存在专利竞赛，因此它会在自己认为最优的任何时刻进行创新。

562 几十年前，数家企业拥有制造超音速运输机（SST）的知识和能力。但是，实际的生产需要耗费大量投资。在美国、英法协和式飞机团队和俄罗斯人的竞赛中，SST 可能被生产得过早了。事实上，SST 从来没有盈利。

为了表明竞争性企业会先于垄断者进行创新，我们考虑一个新的案例（见表 16.6）：[46]

• 进行微小创新的知识的得来没有成本，但是必须花费 2 000 美元的投资将其付诸运营。一旦开发成功，创新可以不需要额外成本而永久使用。

• 这一微小创新可以为一个特定的生产工艺的每单位产出节省 1 美元。正如先前所讨论的，发明者设定使用创新的特许权费率为 1 美元。为了简单起见，我们假设发明者可以永远得到特许权使用费。

• 在第 1 年中，市场价格下的需求为 60 单位。价格恒定，需求增
563 长，产出每年增长 10 单位。需求的增长使得创新更有利可图。到第 15 年，需求增长到 200 单位。

• 利率为 10%。

**表 16.6　　2 000 美元的四种可选投资策略的收益流**　　单位：美元

| 年份 | 立即实现创新 | 投资到其他地方 | 第 5 年实现创新 | 第 15 年实现创新 |
|---|---|---|---|---|
| 1 | 60 | 200 | 200 | 200 |
| 2 | 70 | 200 | 200 | 200 |

续前表

| 年份 | 立即实现创新 | 投资到其他地方 | 第5年实现创新 | 第15年实现创新 |
|---|---|---|---|---|
| 3 | 80 | 200 | 200 | 200 |
| 4 | 90 | 200 | 200 | 200 |
| 5 | 100 | 200 | 100 | 200 |
| 6 | 110 | 200 | 110 | 200 |
| 7 | 120 | 200 | 120 | 200 |
| 8 | 130 | 200 | 130 | 200 |
| 9 | 140 | 200 | 140 | 200 |
| 10 | 150 | 200 | 150 | 200 |
| 11 | 160 | 200 | 160 | 200 |
| 12 | 170 | 200 | 170 | 200 |
| 13 | 180 | 200 | 180 | 200 |
| 14 | 190 | 200 | 190 | 200 |
| 15 | 200 | 200 | 200 | 200 |
| 16 | 210 | 200 | 210 | 210 |
| 17 | 220 | 200 | 220 | 220 |
| 18 | 230 | 200 | 230 | 230 |
| 19 | 240 | 200 | 240 | 240 |
| 20 | 250 | 200 | 250 | 250 |
| ⋮ | ⋮ | ⋮ | ⋮ | ⋮ |
| 现值 | 1 600 | 2 000 | 2 000 | 2 263.33 |

存在四种可选的收益流。第一种情况是，创新企业可以立刻将创新付诸实施（见表16.6的第2列）。由于该年售出的产量为60单位，特许权费用为每单位1美元，企业在该年获得60美元的收益，在接下来每一年中多获得10美元。按10%的利率计算，这些收益的贴现值为1 600美元，少于最初的投资2 000美元。

第二种策略（见表16.6的第3列）是将2 000美元投资到其他地方，永远获得10%的利息，即200美元。这一战略的贴现值为2 000美元。

第三种战略（见表16.6的第4列）是将2 000美元存入银行，每年
564 获得10%的利息，直到第5年实现创新。企业在第1到第4年获得200美元，第5年获得100美元，第6年110美元，以此类推。这些收益的贴现值为2 000美元。

最后一种战略可以得到最大的现值：企业将2 000美元存入银行，直到第15年取出将其用于将创新付诸实施。收益现金流的贴现值为2 263.33美元。在这之前和之后将银行存款转为对创新的投资都会降低收益的贴现值。第四种选择的收益现值是最高的。正如表16.6所示，这一战略相比其他战略每年都可以得到同样高或者更高的收益。

创新的最优时机是当创新收益的现值等于将原始投资用于其他用途

所得的现值之时。也就是说，当边际收益（来自特许权使用费）大到足以弥补以前利率的边际成本（200 美元）时将会出现创新。一个面对这一计划的垄断者将选择该战略。

但是竞争性企业并不能像垄断者一样行动，因为它们必须通过竞赛来决出谁会首先创新。假设你拥有一个可以进行创新的企业，你知道如果你第一个进行生产并获得专利，那么你将会永远获得特许权使用费。而且，你知道如果你第一个创新而且你的创新会在第 15 年发生，那么你从特许权使用费中获得的收益将达到最大。但是你可能不必等 15 年。你知道在第 5 年后的任一年份中进行创新都是有利可图的。你同时还清楚如果你等待，其他人可能会首先创新。若试图成为首创者，你在第 5 年创新，那么对你来说投资于创新和将钱存入银行并没有什么差别。

这样，给定表 16.6 中的方案，竞争性产业更可能先于垄断者进行创新。具有信息垄断的企业会在最优时机引入创新。在本例中，当存在永久专利时，正如前面所表明的，竞争性产业会存在对研究的过度投资，而且研究发生得过快。

总之，企业选择创新的年份依赖于各种因素，如成本和需求函数以及竞争企业的数量。一个竞争性企业的创新时机将紧随零利润导入时间之后（Kamien and Schwartz，1982）。我们可以构建竞争性企业在垄断者之前或者之后进行创新的例子。产生这一不确定性的原因之一是：垄断者对新产品的定价高于竞争性企业，因此它们一般面对着不同的创新收益计划表。

到目前为止，我们已经说明了竞争性企业能比不参与专利竞赛的垄断者更快地进行创新。考虑新技术采用率时的分析是相似的（参见 www. aw-bc. com/carlton_perloff“新技术的采用：光学扫描仪”）。我们现在开始讨论有关垄断者面临专利竞赛的情况。

## 垄断者参与专利竞赛

假设垄断者担心潜在竞争对手会发明新的类似产品，并且进入垄断市场。两个企业都具有发明新产品的激励。如果垄断者首先发明，它能
565 维持其垄断势力。如果潜在进入者首先发明，它将和在位者竞争并且形成双寡头垄断的结果。这样，收益是不对称的：垄断者未成为首创者的损失要大于竞争对手。竞争对手仅仅损失 R&D 支出，而垄断者不仅损失了 R&D 支出，而且失去了部分垄断利润。

不发生损失是垄断者的首要目标；它并不会特别关心它是否会得到新发现或者实施新发明——它仅在意它的对手不能得到或实施新发明。

事实上，如果垄断者首先发现，那么它会让专利“休眠”。也就是说，垄断者可能会申请相关产品的专利，以此来阻止其他人这样做，而后并不使用新专利（参见 www. aw-bc. com/carlton _ perloff “强制注册和休眠专利”和案例 16.8）。

假设某人发明的产品略微优于垄断者现在销售的产品，垄断者愿意比潜在对手支付更多来得到专利。垄断者可以使用新发明来维持其垄断势力，而竞争对手只能使用它来成为双寡头垄断者。这样，垄断者愿意比潜在竞争者支付更多，最多为垄断利润和双寡头垄断利润的差额。同样地，在位企业可能会由于经验而具有获得新发明的优势（参见 www. aw-bc. com/carlton _ perloff 的“干中学、创新和市场结构”）。

遗憾的是，对垄断者来说，它不可能总是在新发明中成功。如果垄断者首先发明，它会得到专利；否则潜在竞争者得到专利。如果潜在竞争者能将专利卖给垄断者，那么潜在竞争者会得到比参与竞争成为双寡头垄断者更多的利润，但是反托拉斯法倾向于禁止这样的行为。

那么垄断者如何维持垄断势力呢？或者换句话说，垄断者怎样才
566 能保证成为首创者呢（Gilbert and Newbery，1982；Kamien and Schwartz，1982；Fudenberg et al.，1983；Harris and Vickers，1985）？一种方法是在专利竞赛一开始就取得足够多的优势，使得所有潜在竞争对手都退出竞赛。具有相对较短进入时间的企业可以阻止其所有对手参与专利竞赛。一个行动缓慢而没有机会跟上的企业将会被立刻淘汰出局。在这种情况下，垄断者可以维持市场势力，但它将被迫进行比它所预想的更快的创新。另外，如果行动缓慢的企业得到了一个很好的技术跳跃的机会（向前“蛙跳”），那么它会仍然留在竞赛中。

但是，一个针对美国高层 R&D 管理者的调查表明，在很多情况下，专利并不是保护竞争优势的重要方法，如表 16.7 所示（Levin，Klevorick，Nelson and Winter，1987）。专利可能是从新工艺的竞争优势中获得适当回报的最没有效率的机制。秘密、时间上的领先、学习曲线的快速下降（获得能带来更低生产成本的经验）以及销售或服务的努力都具有较高的排名。专利的排名高于秘密，但是低于时间上的领先、学习曲线的快速下降和新产品的销售或服务的努力。但是，这些各个产业的均值也不能概括全貌。专利被认为是保护无机化学、有机化学、药品和塑料材料方面的新产品的最为有效的方法。因此，在具有高研发水平的特定产业中，有关新工艺的专利竞赛相对不太可能，而更有可能发生有关新产品的专利竞赛。

565

**案例 16.8**

## 专利丛林

20世纪70年代期间，联邦法院将计算机程序视为数学运算，而数学运算在美

国的法律下是不能申请专利的。你可以为使用软件的系统申请专利，但是发明的创新之处可能无法完全置于软件之中。国会决定在版权法下保护计算机程序。始于最高法院对戴蒙德诉迪尔案（Diamond v. Diehr，450U. S. 175，1981）的裁决，美国专利和商标局一系列的法律和行政决策使得对软件相关发明的专利保护出乎意料地容易。现在，所有专利中有15%是软件专利。

多数软件专利由制造企业和大公司得到，软件发布商拥有的软件专利只占6%。贝森和亨特（Bessen and Hunt，2003）检验了软件专利和研发究竟是替代还是互补的。他们发现软件专利和公司的研发之间是相互替代的，并且和较低的研发强度相关。他们得出结论，企业主要使用软件专利来形成一个战略性“专利丛林”，从而限制竞争者进入市场或者保护其免受潜在的敲竹杠威胁。

566

**表 16.7　保护新的或改进的工艺和产品的竞争优势的其他有效方法**

| 占有专利的方法 | 平均* | |
|---|---|---|
| | 工艺 | 产品 |
| 阻止复制的专利 | 3.52 | 4.33 |
| 保证特许权费用收入的专利 | 3.31 | 3.75 |
| 秘密 | 4.31 | 3.57 |
| 时间上的领先 | 5.11 | 5.41 |
| 学习曲线的快速下降 | 5.02 | 5.09 |
| 销售服务的努力 | 4.55 | 5.59 |

*基于对美国公司综合部门的650个高层研发管理者的调查。每个管理者在7个评分等级上回答问题，其中1表示基本没有效率，7表示非常有效。

资料来源：Levin，Klevorick，Nelson，and Winter（1987，Table 1 794）.

# 小　结

本章考察了有关专利和技术进步的五个问题，并得出了以下的结论。第一，如果没有专利和政府对研究行为的其他形式的激励，通常研
567 发会过少，因此导致了太少的技术进步。由于在缺乏知识产权的情况下，信息的外部性阻碍了发明者获得发明的所有价值，因此对研发投入的努力过少。专利、奖金、政府研究合同和合资研究都可以帮助克服这一问题。

第二，尽管专利鼓励了创新行为，但是它们也会带来垄断定价的扭曲。通过调整专利的有效期限，政府可以在更多地鼓励创新活动和更有效地定价之间做出权衡。缩短专利保护的期限会减少垄断定价带来的危害，但同时也减少了对创新的激励。许多国家的政府主要依赖于通过专利的形式授予固定的最长年限的垄断势力来鼓励研究。在一

些情况下，福利会随着专利有效期限的变化、更多的使用奖金或研究合同，以及对未使用专利的强制许可的可能性的增大而增加。

第三，政府奖金和研究合同刺激了研发，而且没有专利和合资研究所带来的缺点——垄断定价。但是如果政府缺少信息或能力来合理设定价格或研究合同，那么专利更有利于激发最优数量的研发。如果政府拥有的有关发明的潜在价值或发明成功的概率的信息少于研究者，那么政府可能无法正确地设定最优值。

第四，专利持有者通过成为产品的唯一生产者来获得的利润，和当生产者成本相同时通过注册专利来获得特许权使用费所得到的利润是相等的。专利持有者可以获得许多微小的节约成本型发明的所有社会收益，但却不能得到主要发明的全部社会收益。

第五，市场结构影响研究的速率。如果只有一个创新者，那么垄断者的创新可能比竞争性企业慢。当竞争性企业或垄断者面临专利竞赛时，此时的创新速度要大于其他情况。但是，如果企业可以在研究中一开始就充分领先，那么它可以阻止专利竞赛。垄断者希望通过参与专利竞赛来取得相对于其他企业的优先权，因为专利对垄断者的价值要大于专利对竞争性企业的价值。如果垄断者首先获得了发明，那么它可以获得垄断利润，而如果竞争性企业首先获得了发明，那么它必须和以前的垄断者竞争从而获得双寡头利润。人们尚不清楚从理论上看一个特定产业中更大的垄断势力是否会激励更多的创新，相反，这是一个实证问题。

# 问　题

1. 销售（收入）税对专利系统下的创新激励有何影响？

2. 利润税对创新激励有何影响？

3. 用图表说明（使用图 16.1 中的收益和成本曲线）更长的专利年限对激励创新的影响。

4. 如果政府只能观察到价格、产量和特许权费率（但是不知道需求曲线或边际成本曲线），那么它如何确定特许权费是用于微小发明还是重大发明？

5. 使用和垄断竞争相同的论据来说明企业在平均成本向下倾斜区域运营的创新激励。

奇数问题的答案在本书最后部分给出。

## 推荐阅读

568 Arrow (1962) 和 Barzel (1968) 是相对非数学化的重要的早期文献。为了更好地回顾创新理论，参见 Kamien and Schwartz (1982)，Reinganum (1989)。Griliches (1984) 包含了有关专利实证研究的有趣案例。Griliches (1990) 综述了专利统计显著性的近期工作，Mairesse (1991) 综述了研发和劳动生产率之间关系的计量研究。Novos and Waldman (1984) 研究了版权，Landes and Posner (1987)，Economides (1988b) 分析了商标。Wright (1983) 讨论了专利和其他。Katz and Shapiro (1987) 分析了存在特许或模仿时，专利所产生的问题。《兰德经济学杂志》(*Rand Journal of Economics*) 1990 年第 21 卷是有关专利和技术的特刊。Riordan (1992) 采用其在有线电视产业的应用来讨论管制对技术应用的影响。

较新的文献讨论了计算机软件、音乐和其他知识产权盗版的作用。例如参见 Shy and Thisse (1999)，Banerjee (2003)。

近年来，美国专利系统已经经历了数次重要变化。有关这些变化所带来效应的有趣观点可参见 www. bustpatents. com，它认为许多美国专利是无效的，特别是软件和生物医药的专利。Jaffe (2000) 和 Gallini (2002) 提供了关于专利系统的改变及其影响的正式调查。Gallini and Scotchmer (2001) 对最近的理论文献做了综述，而 Landes and Posner (2003) 提供了有关知识产权法的经济基础的普适性方法。

**【注释】**

[1] 世界知识产权组织：www. wipo. int/ipstats/en/publications/a/pdf/patens. pdf。

[2] "Diamond 诉 Chakrabarty 案" (Diamond v. Chakrabarty，447 U. S. 303，206 U. S. P. Q. (BNA) 193 (1980))；"Diamond 诉 Diehr 案"，(Diamond v. Dienr，450 U. S. 175 (1981))；"州立 Street 银行和信托公司诉 Signature 金融集团案" (State Street Bank and Trust v. Signature Financial Group，149F. 3d 1368 (Fed Cir. 1998))。

[3] 可能会存在其他奇怪的版权豁免。在一个最近的判案，"BV 工程公司诉加利福尼亚大学洛杉矶分校案" (BV Engineering v. University of California，Los Angeles，858 F. 2d 1394 (9th Cir. )) 中，联邦上诉法庭判决州级机构可以"免责性违反联邦版权规定"，其依据是国会修正法案的第 11 条豁免条款 (禁止提起针对跨州损害的诉讼) 和版权法 (含辖免州际行为的章节)。显然，一名版权拥有者虽然可以得到一个让州级机构停止违反版权法行为的禁令，但是他得不到赔偿。国会试图弥补这一漏洞，但是显然法院的作为过度。

[4] 商标从字面意义上来说是表示一个产品的一个单词或者口号性的标记。服务标记是对服务而不是产品的标记。普通法意义上的商标是一个虽然没有正式注册，但是通过使用已经获得最低权利的标记。州注册能对商标或服务标记提供比普通法更好的保护，但仅在州内适用。交易名称是指企业进行经营时使用的名称。

[5] 例如，也可参见 Arrow (1962)。当一项发明的秘密可以被保密，这一问题就可以被消除（Taylor and Silberston，1973，ch. 9；Kitch，1975；Cheung，1982)。

[6] John Walker（火柴的发明者），Pierre 和 Marie Curie（镭提炼过程的发明者）从来不会去申请专利，因为他们相信他们的发明属于全人类。最近，许多计算机软件，如 Linux 开始公开源程序，发明者采用此种方式使得人们可以公开得到软件代码（Lerner and Tirole，2002a)。

[7] Roper Organization，引自 Lapham，Pollan and Etheridge (1987)。

[8] R. H. Bruskin，引自 Lapham，Pollan and Etheridge (1987)。

[9] Irving Wallace，David Wallechinsky，and Amy Wallace，"The Column of Lists：Anonymous Inventions，" *San Francisco Chronicle*，August 10，1988：B3.

[10] Des Moines Register and Tribune 公司的报告，引自 Lapham，Pollan and Etheridge (1987)。

[11] Runzheimer International 公司的报告，引自 Lapham，Pollan and Etheridge (1987)。

[12] 数据来自各个公司的 10-K 表格。这些比较在某种程度上有可能具有误导性。例如，看上去石油公司的研发投入很少，主要是因为其增加值占销售的比例很低。如果我们用研发投入与增加值或科学家人数与员工总人数来做对比的话，石油公司看上去更像是研发密集型的。

[13] 美国专利和商标局，www. uspto. gov/web/offices/ac/ido/oeip/taf/univ/asgn/table_1. htm。

[14] OECD，STI 记分板 2003。www. oecd. org/dataoecd/41/0/17130709. pdf。

[15] 为了阻止对手的进入，最初的发明者可以申请防御性的**休眠专利**。这些相似的专利不会被使用，但是可以阻止其他人使用相似的产品。参见 Gilbert and Newbery (1982)，第 11 章，以及接下来的讨论。

[16] Shawn Willett，"Appeals Court Judge Rules Reverse Engineering Is Fair Use of Software，" *InfoWorld*，November 2，1992，14：24.

[17] 本节基于 Scotchmer and Green (1990)。

[18] Sabin Russell，"'Microbe zoo' stores Life Forms，" *San Francisco Chronicle*，May 23，1988：C1，C5.

[19] Scotchmer and Green (1990) 表明，在一些市场中，较宽松的新颖性规则要优于较严格的规则，然而他们并没有强调这一结论在所有市场中成立。但是他们的争论表明，在几乎所有案例中，第一申请者总是优于第一发明人。

[20] 以下对奖金、研究合同和专利的比较大部分基于 Wright (1983)。

[21] 在 $n=8$ 时 $B\rho(n)$ 对 $n$ 求导，即边际收益约等于 $n=9$ 时的收益减去 $n=8$ 时的收益。

[22] 但是，近些年来，人们纷纷抱怨尽管美国政府资助了医疗研究，但垄断权利还是给了一个公司。例如，美国卫生署花费 3 000 万美元开发抗癌药 Taxol，而后在 1991 年给了 Bristol-Myers Squibb 公司排他性商业权利。Tim Smart，"How Many

Times Must a Patient Pay?" *Business Week*, February 1, 1993: 30－1。

[23] 美国科学基金会：www. nsf. gov。

[24] www. nsftokyo. org/rm97-06. html # mitibgt; www. meti. go. jp/policy/tech _ research/indicator/english (h13. 10) pdf.

[25] 为了简单起见，本例假设企业是风险中立的，并且愿意参与一个公平的赌博。也就是说，企业会参与赌博，如果它们预期的收益等于预期成本。而且，如果打成平手，奖金会平分或者随机授予成功企业之一。

[26] 奖金等于$B\rho'(n^*)/[\rho(n^*)/n^*]$，其中 $B\rho'(n^*)$为 $n^*$ 个企业竞争的预期边际社会收益，$\rho(n^*)/n^*$ 为其中一个企业首先进行发明的概率。参见 www. aw-bc. com/carlton _ perloff "专利、奖金和研究合同"。

[27] 例如，参见 Ordover and Willig (1985), Grossman and Shapiro (1986), Brodley (1990), Jorde and Teece (1990), Shapiro and Willig (1990)。

[28] 如果产业中现有的企业可以获得由它们合资研究开发出来的成果的专利保护，它们会使得其他企业更难进入该产业。这一进入壁垒源于专利，而非合资研究。如果没有专利保护，企业进行合资研究的意愿就会减少，因为新企业可以从它们开发出的产品中获得利润。

[29] L. M. Boyd, "The Grab Bag," *San Francisco Examiner*, July 24, 1988: "This World" section, 7. www. aw-bc. com/carlton _ perloff 的"贝尔专利垄断"讨论了一个专利影响产业的重要的美国案例。

[30] 有关专利竞赛的文献很多。早期文章包括 Usher (1964) 和 Barzel (1968)。Reinganum (1984) 对后来包括 Loury (1979), Dasgupta and Stigler (1980), Lee and Wilde (1980), Reinganum (1982) 等在内的文献进行了综览，调查了泊松专利竞赛，在该竞赛中，企业首先进行发明的概率仅依赖于它现有的研发支出，而不是其现有的经验。更为近期的文献认为经验也会有关系，本章将在后面对这些文献做出讨论。

[31] 这一结论部分源于例子中使用的特定概率函数：$\rho(n)=1-e^{-\alpha n}$，其中 $\alpha=0.2031$。如果我们选择 $\alpha=0.1342$，最优项目数量为 9 个，但是一项永久专利可以导致 8.51 个项目，少于最优数量。

[32] 我们假设专利持有者不能进行价格歧视。相反的情形参见 Hausman and MacKie-Mason (1988)，他们讨论了专利持有者价格歧视的社会合理性，以及这样的歧视对最优专利有效期的影响。

[33] Michael Schrage, "Patent System Outmoded," *San Francisco Examiner*, November 3, 1991: E－14.

[34] 但是 Nordhaus (1969) 认为对许多产业来说，17 年是接近最优的。可以和 DeBrock (1985), Dasgupta and Stiglitz (1980) 做出比较。参见 Gilbert and Shapiro (1990) 关于专利的最优范围的讨论。Caves, Whinston and Hurwitz (1991) 检验了当专利过期时药品价格会发生什么变化。他们表明一些药品的价格仍然很高，可能说明了垄断势力会在专利年限之后仍然延续。

[35] *San Francisco Chronicle*, "How Slow Patent Process Hurts Biotechnology Firms," July 19, 1990: C2.

[36] 但是，如果发明者可以获得政府资助研究的专利，那么这一优势就会消失。这样的专利授权在澳大利亚发生过 (Tisdell, 1974)。

[37] Wright (1983) 给出了在不确定的世界里，专利、奖金或研究合同何者可能最优的条件。当成功的概率较低、研究的需求弹性相对较高时，专利可能是最优的。

[38] L. M. Boyd, "The Grab Bag," *San Francisco Examiner*, March 27, 1988: "This World" section, 7.

[39] L. M. Boyd, "The Grab Bag," *San Francisco Examiner*, September 6, 1987: "Sunday Punch" section, 7.

[40] 本部分仅关注于特许的一个次要方面。Gallini (1984), Gallini and Winter (1985), Katz and Shapiro (1985a, 1986) 讨论了这些以及其他重要的问题。例如，Gallini (1984), Gallini and Winter (1985) 注意到，在某些条件下，特许可能会减少无效的 R&D 支出。

[41] 有关图形的表达源于 Arrow (1962), McGee (1966), Nordhaus (1969), Dasgupta and Stiglitz (1980)。

[42] Michael Schrage, "Innovation: Cough It Up, Music Lovers (You Tieves)," *San Francisco Examiner*, September 1, 1991: E7; "Audio Recording Bill for Digital Machines Is Cleared by Senate," *Wall Street Journal*, October 8, 1992: B3.

[43] 19 世纪时，美国作为知识产权的净进口国并不理会英国的版权。只有当账面上的贸易平衡改变了其有利地位时，美国才签订了双边版权协议 (Ethier, 2003)。

[44] 参见 Schumpeter (1950), Galbraith (1952), Nelson and Winter (1982), Kamien and Schwartz (1982), 以及 Geroski (1991)。同时参见 www.aw-bc.com/carlton_perloff "规模和创新"。

[45] 我们严格关注于垄断者或者由同质企业构成的竞争性产业。当然，在任何产业中，企业可以是异质的，可能会追求不同的 R&D 政策 (Scott, 1984, 1991b)。

[46] 接下来的案例基于 Barzel (1968)。参见 Kamien and Schwartz (1982, ch. 4) 有关一个相似模型的严格讨论。

# 第 17 章　市场如何出清：理论和事实

569 财富正如市场，在市场上很多时候如果你能停留一会儿，价格就将下降。

——弗朗西斯·培根（Francis Bacon）

前面的章节假设**市场出清**（market clearing）——供给量和需求量达到均衡——可以完全通过价格机制实现。[1]价格单独决定了消费者的购买量和企业的销售量。然而，在许多市场（即使不是绝大多数市场）中人们还是使用了除价格调整以外的其他方法来配置产品。本章将考察产品如何被配置给消费者的证据，并给出一些近期的理论以解释其中的一些现象。[2]

本章首先将简单回顾三个简单的有关市场如何出清的传统理论。这些理论关注价格机制如何实现资源的配置，并且考察在完全竞争、寡头垄断或是垄断的市场条件下，价格的出清功能将如何变化。我们随后将提供有关价格行为的已知证据。这些证据与简单理论的预计之间存在很大的偏差，简单理论在解释许多市场的价格行为时的有效性存在着令人担忧的问题。

接下来，我们将考察其他几种理论，这些理论有助于解释一些被观察到的令人疑惑的价格数据。特别地，我们给出了市场行为的一般理论，该理论并不将价格作为唯一的市场出清机制。最后，我们采用市场结构的特征，而不是市场集中度来表明在解释各个产业对供应或需求的波动做出反应时，市场结构将如何发挥作用。由于通过价格变化导致的市场出清的失灵是一些宏观经济理论的关键假设，本章所讨论的问题得到了宏观经济学的广泛关注（比如 Mankiw and Roemer，1991）。

570 本章所讨论的五个关键点是：

1. 认为价格可以独自出清市场的简单理论和我们在许多市场中观察到的事实并不相符。

2. 其他出清市场的机制包括随时间动态调整消费和投资，改变质量和配给。

3. 由于交易成本和其他因素，企业改变价格的过程很慢。

4. 企业之间的长期关系影响着使用何种机制来出清市场。

5. 市场如何对需求和成本的冲击做出反应不仅仅取决于市场集中度。

## 市场如何出清：三个简单理论

本节将简要回顾市场运作方式的三个最为重要的简单模型。这些模型构成了下一小节对有关价格的证据进行分析的基础。只有了解这些模型什么时候会失灵，经济学家才能开发更好的模型。

### 竞争

标准的竞争模型假设价格调整使得供给与需求相等。[3]价格调整的幅度不仅取决于供给和需求变化的幅度，而且取决于供给和需求曲线的形状。在标准的竞争模型中，既不存在没有得到满足的购买者，也不存在希望销售但却无法卖出产品的卖者。所有卖者和买者都在同一价格下交易，价格变化在不同的买者之间完全相关，交易成本为零。

### 寡头垄断模型

迄今为止，还没有一个有关寡头垄断行为的模型为人们所广泛接受，但是，多数寡头垄断模型均假设不存在没有满足的需求者，或者想要销售却不能在任何设定的价格处销售的卖者，价格变化可以同时传递给所有买者，市场中不存在交易成本。在多数寡头垄断模型中，价格行为不同于竞争性市场。

许多寡头垄断理论推测价格不会对一些成本波动做出回应。寡头垄断企业在任何时间改变价格都将面临引发价格战的危险。因此，企业不愿意改变价格。

## 垄断

垄断者的边际收益等于边际成本。因此，垄断价格超过边际成本。正如在竞争模型和寡头垄断模型中所假设的，在市场价格下不存在没
571 有得到满足的需求，而且配置产品的成本（使用一个市场价格来配置产品的成本）为零。理论假设在不同买者之间的价格变化是完全相关的。

理论解释了垄断者如何对供给或需求的变动做出反应。例如，如果边际成本变化，新价格将由新边际成本曲线和边际收益曲线的交点决定。

人们通常认为，作为对成本变化的反应，垄断者价格变化的幅度要小于竞争价格变化的幅度。这一结论基于假设需求曲线为线性的，因此边际成本的任何变化转化为的垄断价格的变化都要小于边际成本的变化。在竞争性情况下，由于价格等于边际成本，价格的变化和边际成本的变化是相等的。例如，如果需求曲线为

$$Q=9-p$$

同时（不变的）边际成本为 1 美元，垄断价格为 5 美元。如果边际成本从 1 美元上升到 3 美元，垄断价格将从 5 美元上升到 6 美元。也就是说，价格的上升是边际成本上升的一半。相反，如果产业是竞争性的，价格上升的幅度等于边际成本上升的幅度。

我们也可以构建在应对成本的变化方面垄断价格的变化大于竞争价格变化的例子。例如，如果垄断者面临弹性不变的需求曲线和不变的边际成本，它的价格等于一个超过边际成本的不变的加成。由于加成超过 1，即使得价格的增长大于边际成本的增长。例如，如果弹性为－2，垄断者的边际成本为 1 美元，垄断价格为 2 美元。如果边际成本上升为 3 美元，最优价格上升为 6 美元，则价格上升的 4 美元超过边际成本上升的 2 美元。如果产业是竞争性的，价格增长的幅度将等于边际成本增长的幅度。

这些有关价格变动的例子表明，价格变动和成本变动的关系随需求曲线形状的改变而变化。因此，我们不可能基于一个市场是竞争的还是垄断的得出价格变化和成本变化之间关系的一般结论。而且由于寡头垄

断市场介于近乎完全竞争市场和近乎完全垄断市场之间，我们也不能得出有关寡头垄断的一般性结论。（但是，当成本变动较小时，一些关于寡头垄断的理论认为价格仍不会发生变化。）

## 产品配置中价格作用的经验性证据

无论是对价格随意的观察还是正式的调查，都能提供价格在出清市场中起作用的证据。这些证据可以被用来考察价格的刚性和价格随商业周期变动的情况。

### 价格刚性

572 不少证据表明价格与大多数简单理论所认为的相比更具有刚性，而且消费者有时还不能找到想购买的商品。消费者知道如果在加油站还要等三辆汽车才能轮到他们时，他们不需要担心加油机里汽油的价格会因为要加油的汽车多而上涨，只是需要排队等待而已。事实上，对许多日常购买的产品来说，价格一旦设定就会在一段时间内固定不变。消费者知道去超市买一件商品时发现货架缺货并不稀奇，他不会因此而担心涨价。

报纸上的文章常常描述一些公司在需求旺季如何难以保证它们的供给。商业发展的历史（Chandler，1977）向我们详细描绘了许多企业的纵向一体化并不一定是为了以更低的价格得到某一产品，而只是想更为可靠地得到该产品。在许多市场中，等待货物的送达或有需求时无法买到产品是常有的事，并不是数年一遇的情形。在供给紧张的时期，拥有优先权的顾客会得到产品，新顾客却对是否能以与老顾客相同的价格得到供给心无定数。事实上，短期消费者可能根本得不到产品。

这些现象表明，在许多市场中，价格并不是用来出清市场的唯一机制。前面提到的简单理论都无法解释未得到满足的需求者的存在性，但他们的存在确实是许多市场的一个可观测特征。

**早期的价格调查。**弗里德瑞克·米尔斯（Frederick Mills，1927）进行了有关价格的行为和灵活性的最早期研究。米尔斯检验了美国劳工
573 统计署（U. S. Bureau of Labor Statistics，BLS）汇总的有关价格变动频率和变动幅度的大量数据。他的工作为我们了解价格行为做出了突出的贡献。

图 17.1 给出了米尔斯关于价格随时间变化的一些发现。此图表明

不同市场价格变化的频率分布呈 U 形，也就是说，一些产品的价格经常变化，而一些产品的价格很少改变。

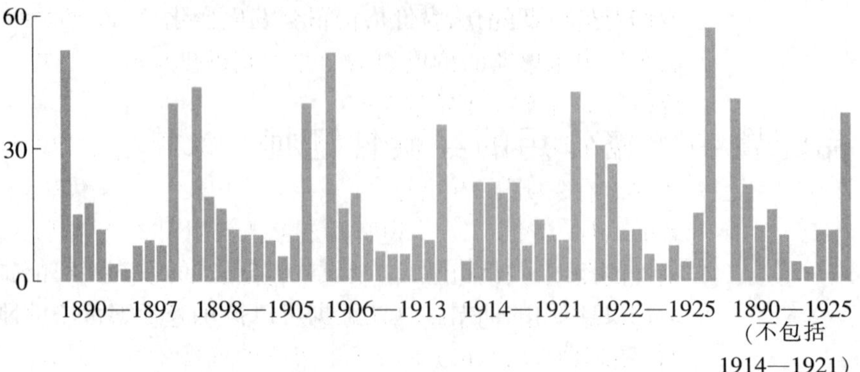


说明：横轴表示价格变化的频率。在任一时间段内频率沿着横轴向右增加。纵轴表示具有某一特定变化频率的商品数量。

资料来源：Mills（1927，371）.

**图 17.1　价格变化的频率**

所有产业中供求处于均衡是可能的，米尔斯给出的现象显示了对各种供给和需求冲击的反应的简单分布。因此，在许多市场中，市场冲击和由此导致的价格变化很频繁；同时在另一些市场中，市场冲击和由此导致的价格变化很少。另一种可能性是在一些市场中，价格经常变化而且是市场出清的唯一机制；而在其他市场中，价格并不会经常变动，其他某种机制可以出清这些市场。当价格并不会随着成本和需求的波动而变动时，我们称其为**价格刚性**（price rigidity）。[4]

另一个著名的价格研究由加德纳·米恩斯（Gardiner Means）于1935 年进行。不同于米尔斯，米恩斯不仅对经济学家，而且对政策制定者产生了巨大的影响，他的影响延续到了今天。米恩斯宣称传统经济学家的模型并不能解释许多市场中的价格行为。他认为大萧条的发生是因为许多市场中的供求法则被“废除”了，因此价格不再波动以出清市场。米恩斯的观点得到广泛的关注。他对令大多数经济学家感到费解的大萧条的解释建立在市场出清的瓦解的基础之上，而市场出清形成了所有经济学家信念的基础。[5]米恩斯的假设对经济学界提出了挑战，尽管（正如我们在后面所解释的）他的推论误入了歧途，但是这些推论确实起因于简单理论无法解释许多市场中的价格行为。

574 米恩斯的理论认为许多市场存在**被操纵价格**（administered prices）：价格受到企业的控制，而不是供求规律。在这种观点下，企业由于某些不能解释的原因，会选择不变动价格来出清市场。米恩斯认为价格受到操纵的市场中的价格变动频率比竞争性市场中的价格变动频率要小，当价格发生变动时，该市场中的价格变化较大。根据米恩斯的观点，由于受到操纵的市场具有较长时期的不变或刚性价格，因此价格就不能出清市场，导致了类似大萧条的不均衡现象。

米恩斯并不认为被操纵价格只是存在于集中度较高的市场中，因此人们对他所谓的受到操纵的价格感到疑惑。一部庞大而富有争议的文献试图给出米恩斯的论点的结构并对其做出检验[6]，这一文献证实了一些价格行为确实存在异常。[7]

米尔斯（Mills，1927）早期的工作受到的关注要比米恩斯少，同时他并没有表明从 19 世纪 90 年代到 20 世纪 20 年代中期价格刚性存在显著的增加（图 17.1）。我们并未发现表明 1929 年以后价格的确存在更大刚性的研究。在指出经济学家没有足够的理论来预测价格灵活性这一点上，米恩斯是正确的，但是他所讨论的这种现象并不局限于大萧条时期。事实上，正如以下所述，价格刚性现象是今天美国经济的特征。

**后续研究**。对米恩斯工作的主要批评是：他的工作依赖于美国劳工统计署所收集的价格统计数据。麦卡利斯特（McAllister，1961）为国会价格统计委员会所做的研究表明，美国劳工统计署的数据通常并不能反映价格折扣。而且，对美国劳工统计署收集数据方法的检验表明：不同的市场向美国劳工统计署报告价格的企业数不同。报告价格的企业越多，就越有可能观察到一些平均价格的波动。当产品异质时，这一点尤为正确。

在意识到美国劳工统计署价格统计数据的缺陷后，施蒂格勒-金达尔（Stigler and Kindahl，1970）收集了基于买卖双方的真实交易的个人交易价格的数据。尽管施蒂格勒和金达尔的数据无疑会存在报告误差，但这些数据可能是经济学家迄今为止可以得到的有关价格行为的最好信息。施蒂格勒和金达尔为单个商品构造了价格指数（单个价格的平均值），并发现他们得到的价格指数比美国劳工统计署指数变动得更为平滑，基于真实交易价格的价格指数比基于美国劳工统计署数据得到的结果更灵活。施蒂格勒和金达尔进而得出结论，美国劳工统计署的数据具
575 有误导性。尽管施蒂格勒和金达尔并没有明确表示他们的发现和市场出清的简单理论完全一致，但是他们的确表明了他们的工作在解释基于美国劳工统计署数据的非正常发现的问题上更进了一步。

施蒂格勒和金达尔意识到在他们自身的数据集中也存在一些令人困惑的特征。例如，他们注意到典型模式是买卖双方在长时期内保持相互联系，即使这些交易包括明显的同质产品。也就是说，买卖双方认为他们相互之间的关系对商业活动具有价值，并且相信这种关系值得保持下去。正如我们在后面所要表明的，这一洞察可以用来解释许多看上去不正常的价格行为。

施蒂格勒和金达尔价格不仅就变动而言比美国劳工统计署的数据更为平滑，而且在一些时间阶段内，这一价格预示了和美国劳工统计署不同的一般趋势。美国劳工统计署的数据主要是基于立即发货的报价单。

施蒂格勒和金达尔数据则是基于买卖双方长期关系的价格。因此，与施蒂格勒和金达尔的数据相比，美国劳工统计署的数据较少地反映长期合约关系（Stigler and Kindahl，1970，6）。施蒂格勒-金达尔价格和美国劳工统计署价格的比较表明，在繁荣时期，即期价格（即时交货价格）相对于长期合约价格是上升的。[8]

施蒂格勒和金达尔指出的另一个有趣的特征是，尽管多数交易会持续很长时间而且可能会依据合约进行，但它们既没有确定价格，而且在许多情况下也没有指定数量。因此，通常关于市场中的多数合约刚性地设定了价格和数量的理解实际上并不正确（Williamson，1975）。

韦斯（Weiss，1977）比较了施蒂格勒和金达尔的证据与米恩斯（Means，1935，1972）提出的证据。尽管意识到将米恩斯的假设理论化非常困难，韦斯还是认为，从简单理论并不能很好地解释价格行为的意义上来看，有关定价的证据的确不太正常。

卡尔顿（Carlton，1986）重新分析了施蒂格勒和金达尔的价格数据。不同于施蒂格勒和金达尔，卡尔顿并没有通过构建价格指数体系的方法来检验单个价格指数随时间的变化，因为指数会掩盖有趣的行为。例如，如果新老顾客支付的价格不同，那么即使多数合约存在刚性价格，价格指数也可能是完全灵活的。无疑，重点在于价格是否被用于在消费者之间配置产品，或者有其他机制被用于产品的配置，例如卖者对于每位顾客需求的了解。

卡尔顿检验了一旦对单个买者设定价格后的价格变动频率。价格刚性的程度——价格不变的平均时间长度——在不同产业间相差很大：从大约
576 6个月的家具到超过18个月的化工产品（见表17.1）。施蒂格勒和金达尔的数据中存在一些买者支付的价格保持5年以上不变的交易案例。[9]

**表 17.1　　不同产业的价格刚性**

| 产业 | 价格刚性的平均持续时间（月） |
|---|---|
| 钢铁 | 17.9 |
| 有色金属 | 7.5 |
| 石油 | 8.3 |
| 橡胶轮胎 | 11.5 |
| 造纸 | 11.8 |
| 化工 | 19.2 |
| 水泥 | 17.2 |
| 玻璃 | 13.3 |
| 发动机 | 8.3 |
| 胶合板 | 7.5 |
| 家居用品 | 5.9 |

资料来源：Carlton（1986，Table 1）.

表 17.1 中的证据和一些极端假设下的简单理论是一致的。例如，人们或许会认为在一个价格刚性程度很高的产业中，随着时间的推移，供给和需求的条件实质上是稳定的，而在另一些具有灵活价格的产业中，供给和需求的条件频繁变化。不过，某些价格对具体买者的刚性持续时间之长使得这一解释并不能令人信服。

人们也可以使用施蒂格勒和金达尔的数据来检验同一商品在不同买者间的价格变动的相关性（联动）。在所有简单的市场出清理论模型中，同一商品在不同消费者之间的价格变化是高度相关的。尽管价格变化在一些市场中高度相关，但在某些市场中不同消费者之间价格变化的相关关系似乎很小。

卡尔顿的发现之一是产业集中度和价格刚性之间存在很强的正相关关系。产业集中度越高，价格长时期不变的可能性越大。由回顾可知简单模型并无法推测出市场集中度和价格刚性之间的关系。[10]

577 总之，对施蒂格勒和金达尔数据的详细检验表明了和简单市场出清模型所不一致的价格行为。这些发现并不一定证明市场在无效运作，它们只是证明了简单的价格出清模型在某些市场中并不适用。参见案例 17.1。

---

**案例 17.1** ☞

**价格刚性——真实的故事**

1886 年，药剂师约翰·彭伯顿将黑色添加剂与含糖果汁相混合，生产了一种当今最为成功的产品——可口可乐。他和他的搭档弗兰克·罗宾逊计划用玻璃瓶销售这种“药剂”（它原来含有可乐叶和可乐果等制药成分）。他们并未按通常做法收取和专利药品相关的高价，而是每瓶卖 5 美分。到 20 世纪 50 年代——当可乐主要用 6.5 盎司的瓶子而不是汽水瓶装瓶时——该价格仍为 5 美分！这样，可乐的价格在过去的 70 年中是刚性的。

为什么他们能保持刚性，可口可乐是如何控制零售价格的？利维和杨（Levy and Young，2002）认为这一刚性的主要原因是其忠实消费者对于可口可乐的固有的理解。可乐公司投入了大量资金用于广告，而且消费者相信可乐的价格和质量都不会发生变化。另外，对于广泛使用的自动售货机，将机器重新设置为接受除 5 美分以外的其他硬币需要花费成本（同时如果价格上升到 10 美分将会被认为过高）。即使可乐公司常常并没有法定的途径来限定 5 美分的零售价格，它也可以通过大量的广告战促销其 5 美分的可乐来达到它的目的。

---

比尔斯和克莱劳（Bils and Klenow，2002）采用美国劳工统计署没有公开的 350 种详细的消费者产品和服务的数据检验了美国劳工统计署的消费者产品价格。他们发现半数价格会五个月以上保持不变。四分之一的消费者产品价格平均每月变化一次，其中耐用品频率最高（32%），非耐用品居中（29%），服务价格变化频率最低（20%）。他们同时发现，在通货膨胀期间，相对于灵活价格产品的相对价格，黏性价格产品

的相对价格有大幅度的下降，相对价格的这一变化导致了消费明显从黏性价格产品上转移出来。这种情况的发生意味着价格刚性和产品是否紧密相关于初级投入品之间存在很强的负相关关系（米恩斯发现，20世纪30年代，农业部门的价格比制造业更为灵活），以及价格刚性和产业集中度之间存在很强的正相关关系。当控制了产品是否为初级投入品时，后一结论消失。

**国际研究。**戈登（Gordon，1983）、恩考瓦和格罗斯基（Encaoua and Geroski，1986）以及其他研究者分析了各个国家不同的价格灵活程度。恩考瓦和格罗斯基采用详细的数据库来估算在几个不同国家（加拿大、日本、瑞典、英国和美国）不同商品的价格、成本和集中度的关
578 系。他们发现，总的说来，市场集中度越高，价格相对于成本变化的调整就越慢。[11]他们表明产业中新企业的进入和竞争（由进口测度）越强烈，价格相对于成本变化的调整可能就越快。他们同时发现不同国家的价格灵活性不同，例如，日本的价格比美国更为灵活。了解造成各国价格灵活性差异的原因仍然是一项重要的任务。

## 价格和价格—成本加成随商业周期变化

许多人展开了对价格、价格—成本加成、商业周期和集中度之间相互关系的实证调查。[12]这里，我们介绍一些最近的研究，这些研究得到了不同的结论，因此这一领域仍然是较为活跃的研究领域之一。

多莫维茨、哈巴德和彼德森（Domowitz，Hubbard and Petersen，1986a，1986b，1987）使用400多个产业的数据，检验了1958—1981年期间美国制造业的价格行为。他们得到了三个有趣的结论。首先，在集中度较高的产业中，价格—成本加成（理论上等于价格减去边际成本除以价格的比值）*和周期一致*：繁荣时期价格—成本加成上升，衰退时期下降（也可参见Qualls，1979）。其次，在相对不太集中的产业中，价格—成本加成趋向于*反周期*：繁荣时期价格—成本加成下降，衰退时期上升。第三，在集中度高的产业中常存在庞大的工会，使得这些产业的工资在商业周期中相对稳定。

通过表明成本（特别是实际工资）在这些产业中更具刚性，他们解释了在集中度较高的产业中和周期一致的加成。也就是说，在繁荣时期，集中产业中的企业经历了伴随着成本小幅上升的价格上涨，因此价格和（边际）成本的差距变大。由于工会化程度和集中度是正相关的，因此工会为集中产业具有更高的刚性工资提供了一种解释。

集中度较高的产业中与周期一致的加成的发现对揭示集中度较高的市场如何工作具有重大意义。只有当需求曲线变得缺乏弹性时，企业才

能提高价格—成本加成。没有明显的原因说明为什么产业需求弹性会在繁荣时期下降。因此，需要一些其他的说明来解释集中度较高的产业存在与周期一致的加成的现象。可能的解释要么在于寡头垄断的相互依赖（例如，在繁荣时期和衰退时期寡头价格欺骗的激励），要么是买卖双方的长期关系。

一些研究者得出了和多莫维茨等相反的结论。例如，比尔斯（Bils，1987）发现边际成本和周期是一致的，而且通常加成是反周期的。他发现集中度对该关系没有影响；但是，相对于多莫维茨等人的工作，他对集中度效应调查的观测值较少。比尔斯特别关注了边际成本的测度，而
579 不是平均可变成本。相反，多莫维茨等人在他们对加成的测度中使用了平均可变成本。如果边际成本上升，即便多莫维茨等人测度出一个递增的加成，但是真实的价格—成本加成（它基于边际成本）可能不会发生变化，甚至会在商业周期中下降。尽管成本定义的差异无法完全解释比尔斯和多莫维茨等人之间的观点差异，但它至少消除了部分的分歧。

相悖于集中度较高产业中和周期一致的加成的其他的证据来自谢瓦利尔（Chevalier，1995），谢瓦利尔和沙夫斯坦（Chevalier and Scharfstein，1995）。谢瓦利尔（Chevalier，1995）证明当超市类企业负债很高因此破产的几率上升时，它们会倾向于提高价格，特别是在集中度较高的产业中——因为其中的企业可能具有更强的设定价格的能力。谢瓦利尔和沙夫斯坦（1995）的经验性结果证实了加成是反周期的观点，且证实了以下观点：与典型的加成相比，在集中度较高的产业内的加成以及在萧条时期许多企业面临破产的可能性显著上升的市场中的加成反周期程度更大。参见案例 17.2。

---

**案例 17.2** ☞

**橱窗中的火鸡值多少钱？**

谢瓦利尔、卡什亚普和罗西（Chevalier，Kashyap and Rossi，2000）检验了存在需求季节波动的杂货店商品的价格—成本加成的波动。例如，感恩节的火鸡和国庆节的啤酒的加成会发生什么样的变化？他们发现季节性商品的加成通常会在需求高峰时期下降，因为商店会通过流行的季节性商品的低价广告吸引消费者来进行竞争。麦克唐纳（MacDonald，2000）发现了同样的结果，并且得出多竞争对手市场中价格的下降幅度大于单一企业主导市场的结论。

---

最后有关和周期一致的加成相矛盾的一个证据来自米尔斯（Mills，1936）。米尔斯研究了大萧条前后时期的加成行为，并且发现它们具有强烈的反周期性。尽管米尔斯没有考察加成和集中之间的关系，但他涉及所有产业的重要发现的确和多莫维茨等人的发现相反，后者仅发现了加成的反周期行为趋势，而且该趋势仅在集中程度较低的产业中才会发生。

## 解释证据

有关价格行为的证据表明：市场出清的简单模型可以很好地解释某些市场的情况，但却不能解释另一些市场的情况。不同市场中的价格灵活性存在很大的差异，其中集中度是决定灵活性的重要因素。在一些市场中，一个买者价格的变化和其他买者价格的变化是不相关的，这意味
580 着其中包含着像卖者对买者的了解之类的其他因素。在许多市场中，买卖双方的长期关系非常重要。

有几种方法（始于 Tucker，1938）可以使经济理论和观察到的证据相统一。方法之一是扩展并改进简单理论。这种方法是相当有成效的，我们将阐述一些最为有用的扩展。但是，对简单理论的扩展仅能帮助我们解决一部分理论和证据不一致的问题。本节的余下部分将探讨其他能有效解释证据的理论。[13]

## 简单理论的扩展：时间的引入

简单理论的解释强调将价格作为市场出清机制，而忽略了将消费和生产延迟到以后的可能性，即**跨期替代**（intertemporal substitution）。我们可以将简单竞争模型直接扩展至考虑了时间的产品，并且将一个时点上的产品和在不同时点上的同一产品相区别（Debreu，1959，ch. 7）。在一个动态模型中，消费者面临今天消费产品的许多替代——不仅包括其他产品，而且包括在未来消费同种产品。同样，供给企业可以通过拥有存货来实现用今天的生产替代明天的生产。

通过强调供给侧和需求侧跨期替代的重要性，在有关竞争、寡头垄断或垄断的简单模型中引入时间因素使得这些模型更加具有现实意义。接下来的部分将阐述在引入时间后，三个简单理论将分别发生怎样的变化。

**竞争。**特定时间产品的需求曲线不仅依赖于现期的价格，而且依赖于消费者对未来该产品价格的预期。如果消费者愿意等待至少一小段时间再消费产品，那么如果不去引导消费者停止现期采购等待在未来购买，今天的价格就不能和未来预期的通行价格相差太大。也就是说，今天购买的需求价格弹性（在其他因素不变时）非常高。

同样，特定时间的供给曲线不仅依赖于现期价格，而且依赖于未来的预期价格。跨期替代影响企业在给定价格下在现期供给产品的意愿。

企业意识到今天生产并销售产品的另一个替代性选择是现期生产，然后把产品放在仓库里留待未来销售。企业决定生产的最优时间路径和最优生产要素（其中包括存货）的能力，影响着短期边际成本曲线的形状。

在竞争性均衡下，每一时点消费的每一种商品都有独自决定的价
581 格。一切可以改变现期或未来的成本或需求的因素都会影响不同时期的所有价格。因此，今天对需求的冲击不仅影响现期的价格，而且影响未来的价格。其结果是，对现期供给或需求的冲击主要由另一些因素来承受，而不是现期价格。例如，现期需求的增长可能会对现期和未来的价格产生很小的影响，但是可能会使大量的现期消费转移到未来。

源自这种竞争观点的重要结论是：即使价格正在平衡需求和供给，使市场达到均衡也只需要价格的微小变动。在不同产品（尤其是，在不同时期消费的同一产品）间转移的数量可能会承受调整带来的冲击，而不是价格。[14]

如果需求或供给条件的变化使得消费时间发生了很大的变化，那么数据必须能够反映交货时滞（订单的确定和运达间的时间间隔）的波动。扎诺维茨（Zarnowitz，1962，1973）、曼奇尼（Maccini，1973）和卡尔顿（Carlton，1983b）强调了作为市场出清现象之一的交货时滞的重要性。许多市场具有交货时间波动较大，而价格波动较小的特点。例如，表 17.2 给出了几个主要的制造产业价格和交货时滞变动的有关数据（变量对数值的标准差是一个关于变量变化百分比的测度）。正如表中所示，在许多产业中，交货时滞变化的指标值比价格变化的指标值大 1.6～8.3 倍。这样，动态竞争理论的含义——出清市场的价格波动程度小于忽略跨期替代重要性的简单模型所预测的波动程度——和证据相符。

**表 17.2　　　　价格和交货时滞波动**

| 行业 | 标准差 | | 交货时滞中值（月） | 需求弹性 | |
|---|---|---|---|---|---|
| | 价格的对数 | 交货时滞的对数 | | 价格 | 交货时滞 |
| 造纸与相关产品 | 0.05 | 0.08 | 0.46 | −1.37* | −0.40* |
| 钢铁 | 0.03 | 0.25 | 1.95 | −14.36* | −0.78* |
| 金属制造 | 0.03 | 0.18 | 3.06 | −1.75 | −0.30* |
| 非电类机械 | 0.04 | 0.25 | 3.63 | −3.50* | −0.35* |
| 电类机械 | 0.05 | 0.10 | 3.86 | −1.60* | −0.64* |

* 表示在运用通常使用的统计标准时，估计的系数在统计上不为零。

资料来源：Carlton（1983b，表 1），and Carlton（1985）.

卡尔顿（Carlton，1985）测算了在确定需求时价格和交货时滞的重要性。正如表 17.2 所示，对许多市场来说，交货时滞的波动对需求和

供给的均衡同样非常重要。例如，根据表 17.2，钢铁价格的对数值每增加一个标准差将会导致需求下降大约 0.43（=0.03×14.36）个百分点，而交货时滞的对数值每增加一个标准差会导致需求下降大约 0.20（=0.25×0.78）个百分点。

纳迪瑞和罗森（Nadiri and Rosen，1973）、霍尔蒂万格和曼奇尼（Haltiwanger and Maccini，1988）以及托佩尔（Topel，1982）测算了企业为了适应需求波动而调整生产要素的时间路径。这些研究明显认识到企业为了达到理想的销售，可以改变价格、存货、劳动和其他生产要
582 素。有关生产跨期替代的研究有助于我们更好地了解跨期的价格行为。例如，如果储存存货没有成本，人们就不会预期价格上涨。如果预期到价格要上涨，那么企业就会有减少当期销售，为将来的销售保持更多存货的激励，这会推动现期价格的上升。如果预期到价格要下降，那么企业就会在现期销售当前的存货，从而助长价格的下降。因此，保有存货的可能性有助于稳定价格。

企业生产技术的选择影响其跨期替代的能力，并影响企业的供给曲线，从而影响供给对需求变化的反应速度（Stigler，1939）。米尔斯和舒曼（Mills and Schumann，1985）考察了哪些企业会采用灵活的生产技术，即企业能以较低的成本在较大的产出范围内改变其生产的情况。米尔斯和舒曼发现，小企业通常比大企业具有更为灵活的生产技术。因此，在繁荣时期，相对于大企业来说，小企业会扩张。

总之，动态竞争理论解释了在现期价格变化不大的情况下，市场如何对冲击做出反应。与大幅度的价格变化不同的是，当企业或消费者利用跨期替代时，可能会发生消费和生产数量随时间而大幅度变化的情况。

**寡头垄断。**我们有许多和前面所讨论的竞争模型相同的理由将时间因素引进寡头垄断模型。也就是说，消费者跨期替代的能力以及企业跨期生产的能力影响着市场如何对供给或需求的变化做出反应。在第 5 和第 6 章中，我们讨论了几个不同的跨期寡头垄断模型的定价含义。罗特博格和萨洛纳（Rotemberg and Saloner，1986）、罗特博格和伍德福德（Rotemberg and Woodford，1991）认为，繁荣时期会发生价格战，而施蒂格勒（Stigler，1964a）、波特（Porter，1983b）、格林和波特（Green and Porter，1984）认为，价格战会发生在商业活动低迷时期或
583 者经济不确定增长的时期，例如通货膨胀时期（Vining and Elwertowski，1976）。[15]当卡特尔解体时，第 5 章所讨论的经验性证据并不能支持罗特博格和萨洛纳模型的预测。[16]

**垄断。**将动态因素引入垄断的研究产生了与在竞争情况下相同的关于需求和供给的跨期替代问题。例如，可以储存存货的垄断者在设定价格时会考虑不同时点边际收益曲线之间的关系。因此，相对于简单垄断

模型中的选择来说，垄断者会选择更为稳定的价格策略（Amihud and Mendelson，1983；Blinder，1982；Philips，1983；Reagan，1982）。

在垄断的情形下（或者可能在寡头垄断的企业之间）引入时间因素产生了竞争情况下所不会产生的其他问题。垄断者不仅关心今天的价格对现期需求的影响，而且关心今天的价格对未来需求的影响（第 15 章分析了耐用品垄断者的这一效应）。例如，钢铁废料的价格使得一些钢铁生产者改变它们新建熔炉的计划，而这反过来又会影响钢铁废料的未来需求。从消费者会依据今天的价格变化调整未来行为的角度来看，垄断者会在设定价格时考虑这一因素。相反，竞争性企业无法控制其现期和未来的价格，因此不会对影响未来需求的激励做出回应。

例如，如果在短期内成本发生预期之外的增加，而垄断者知道成本的这一增加只是暂时的，垄断者就不会提高价格并将这些成本转嫁给消费者，因为它担心消费者会误认为现期价格的上升会持续下去并以减少长期需求的方式对此做出反应。因此，垄断者存在消化当期新增成本的激励，从而使当期价格成为消费者未来价格的良好的指示器。

## 改变价格的固定成本

如果每次价格改变时都会发生固定成本，那么正如竞争和垄断情况下简单市场出清模型所预测的，企业不会持续不断地变动价格。相反，在新价格超过原来价格的部分足以弥补因价格改变而发生的固定成本之前，已经确定的价格将会一直保持不变（Barro，1972）。[17]

584 这一理论明确地考虑了价格刚性，但是为了使人信服，它必须解释改变价格时发生的固定成本到底源于何处。例如，可能是由于发行新的价格目录、印刷新的价格单或者改变货架上已有商品的价格标签需要有所花费。

除了存在重新设置产品标价牌、发送新的价格目录或者印刷新价格单的成本以外，还有一个原因可以解释为什么企业不愿意改变价格，就像它们在改变价格时会面临固定成本一样。一些消费者只有在比较了各个企业的价格之后才会确定在哪家企业购买。只要消费者相信并没有发生什么变化，他们就会选择原先的企业。如果消费者认为企业做出的价格改变是一个关于市场条件已经变化的信号，那么他们会重新进行搜寻，以确定原来所选的企业的价格是否仍具有吸引力。

如果花费在改变价格方面的固定成本很高，那么就不会发生小幅度的价格变化。卡尔顿（Carlton，1986）用图表说明了中等规模的制造业中大量产品可观测的价格最小变化，并发现对被考察的大量商品而言，价格最小变化非常小。许多产品中这些幅度较小的价格变化暗示至少对这些产品来说，变动价格的固定成本很小。[18] 相反，利维等（Levy et al.，1997）发现超级市场价格变化的成本等于其净加成的 35%（参见案例 17.3。也可参见 Lach and Tsiddon，1996）。

585

**案例 17.3**

### 改变价格的成本

研究价格形成的经济学家常常认为刚性价格反映了价格改变的相对高成本。但是这些成本到底是什么呢？为了回答这一问题，兹巴拉基等（Zbaracki et al.，2003）跟踪了一个大型工业企业的 8 000 种产品的价格制定过程。

他们将成本分为三类：物化成本、管理成本和消费者成本。物化成本包括印刷和发放新价格单的成本，通常被称为菜单成本。管理成本包括搜集改变价格的信息和分析这些信息的成本。消费者成本反应了将新价格传递给消费者，以及后续价格协商的努力。这个特定的公司在夏天开始价格分析，在 11 月份列出新价格单。

研究揭示了所有价格变化的几乎四分之一（23%）的成本是管理者分析定价和将定价政策传递给销售部门的时间。例如，在将新价格传递给消费者之前，公司涉及销售、市场、财务和定价的所有人员都花费了大量时间来进行定价分析。到目前为止，价格变化成本最大的部分（73%）是管理者和销售代表与消费者开会并协商价格的时间。价格变化成本中最小的部分（4%）是物化成本。

总而言之，改变价格的总成本占公司收益的 1.2%、公司运营成本的 6%和公司净加成的 20%。尽管企业改变了 8 000 多种产品的价格，但是由于存在单个的价格协商，因此会有更多的价格变化。单个价格变化的成本为 22～122 美元。这一测算结果远大于其他学者对零售类超市和杂货店测算的结果，主要是由于其中很大的部分涉及该工业公司与消费者之间的互动。

## 存货价格不变的含义

由于许多产品的价格一旦设定，在一段时间内就不会变化（Cecchetti，1985；Carlton，1986），因此存在消费者可能暂时无法购买到产品的风险。通常的理论从不考虑产品不可得的可能性，但在许多市场中产品不可得的确在生活中出现。

米尔斯（Mills，1962）检验了一个垄断者必须在观察到需求之前设定价格并进行生产的行为。一个风险中立垄断者的最优策略是生产出足够多的产出，使得预期价格等于边际成本。预期价格等于支付的价格乘以消费者前来购买产出的概率。[19] 企业的最优存货策略取决于超过边际成本的价格加成。价格越接近边际成本，最优存货量越小；反之，加成越高，最优存货量越大。保有存货的激励随着加成的下降而下降，因为每个产品销售的利润减少了，而持有的未售出产品的成本却没有发生变化。这一关系的有趣之处在于当市场价格相对于边际成本下降时，存货短缺（存货不足）的可能性会增加。

在卡尔顿（Carlton，1977，1978，1984b，1991）、德内克里和佩克（Deneckere and Peck，1995）、德万尼和萨文（DeVany and Saving，1977）以及古尔德（Gould，1978）的研究中，消费者不仅通过定价策略，而且通过存货策略来判断一个企业。消费者不仅关心价格，而且关心得到产品的可能性。存货策略会影响一个企业保有可得产品的可能性。一些消费者喜欢在高价但不经常缺货的商店购物，而另一些则喜欢在经常缺货但低价的商店购物。

由于企业必须维持相当数量的存货来满足波动很大的消费者需求，消费者对产品需求的变化会影响企业的成本。这样，企业的成本函数将依赖于消费者的需求特征。需求曲线和供给曲线的简单分离在这些模型中并未得到反映。

如果需求变动影响企业的成本，那么企业会希望基于消费者各自的
586 需求变化向不同的消费者收取不同的价格。这些价格差异并不代表价格歧视，而是反映了成本差异。即使每个消费者在长期来看都购买同样数量物理上相同的产品，消费者面对的价格也会根据各自需求的变化而不同。而且，如果某个消费者需求的变化情况发生了变动，那么该消费者面对的价格将会在其他消费者价格不变的同时有所变化。结论是不同消费者之间价格变化的相关度很低——这一发现符合许多市场的特点。

普雷斯科特（Prescott，1975）、伊登（Eden，1990）和达纳（Dana，1999，2001）使用了另一个模型，即企业在了解需求之前设定价格，同时消费者可以在消费之前走访所有商店，而不是只会去他认为最有可能满足其需求的一家商店。想象经常有旅行者驱车经过一条路进入小镇寻找旅馆，每天旅行者的数量都不一样。每天早晨旅馆在旅行者到达之前设定价格，而且该价格整天都不会变化。价格最低的旅馆首先客满，因此均衡时的价格分布是高价格旅馆的客满次数少于低价格旅馆，但是每个旅馆都得到零预期利润。当需求很高时，由于较高价格的房间也会被租出，因此平均价格上升。因此，即使所有旅店的价格不随时间发生变化，平均价格也会变化。

现在假设一些旅行者可以提前预订旅馆。由于预订能保证旅馆的房间被租出，因此一些旅馆偏好接受提前预订。结果是，旅馆使用和航空公司类似的定价系统，早预定的消费者和那些不能提前预订的消费者面临不同的价格。达纳（Dana，1998）表明了这样的定价会导致无效率。

## 不对称信息和道德风险

在许多经济交易中，买卖双方具有不同的信息。这类不对称信息的导入会影响市场的均衡吗？正如我们在第 13 章中所讨论的，阿克洛夫

(Akerlof，1970) 表明答案是肯定的。

阿克洛夫的模型可以被引申到用来说明均衡是如何通过过量需求或者供给来实现的 (Stiglitz，1976，1984)。例如，假设一个企业希望雇用一名具有特定技能水平的工人。企业显然希望对工人的支付越少越好。但是，如果企业给出的工资很低，那么应聘者更可能是一名低技能的工人。企业所提供的工资越高，应聘者的平均质量就越高。因为随着工资的增加，高质量的工人（加上愿意在较低工资水平上工作的低质量工人）前来应聘，平均质量会随着工资的上升而上升。因此，当企业无法提前估计工人的质量时，企业可以设定一份充分高的工资来吸引更多的应聘者。[20]这样，均衡就包括设定一份高工资和企业拥有过多的就业申请的供给。

## 有关配置的一般理论

587 本节将简要描述一个能够解释我们已经回顾的价格行为中一些令人困惑的事实的理论。这一理论依赖于一个简单的观察结果：如果使用一个价格系统颇费成本，此时便可能出现其他的配置机制。[21]

## 创造一个仅由价格出清的市场的成本

市场出清的简单理论忽略了创造一个通过价格向消费者配置产品的市场的成本。标准理论的表述通常假称存在一个虚拟的拍卖人来调节价格以出清市场。但是，几乎没有存在这类拍卖人的市场。

最接近于教科书中竞争性市场模型的市场可能是金融市场，如期货市场。在一个期货市场中，交易的是未来发生的买进或售出的权利。例如，丹尼尔承诺在来年的 4 月 1 日以协议价格、在协议地点购买莉萨承诺出售的 1 蒲式耳小麦。运作期货市场是要花费成本的，除了所需的真实的物理空间外，所有参与该市场的人都存在时间成本。例如，在芝加哥交易所内，存在场内交易人和经纪公司的雇员，以及相关清算行的成员。在某种程度上，做期货的人必须向所有直接或间接促成交易的人支付报酬。[22]这些支付可采用多种形式，如向交易人员直接支付佣金，或者向交易商支付买卖差额。如果交易者在一项价格下购进（称为出价），但是在较高价格下卖出（称为要价），那么即使是在一个稳定的市场中，交易者也可以获得利润（要价和出价的差额）。

制造市场的一项重要成本是真实消费者的时间成本 (Becker，1965)。为了进行交易，消费者不得不花费大量自己的时间，这样的市场是没有效率的。一个市场的目标不仅仅是创造交易，而且要在低成本水平上创造交易。

由于市场创造本身就是耗费资源的生产性行为，因此将市场创造作为一个产业来考虑是有意义的。正如生产更好的捕鼠器存在竞争一样，创造更好更有效率的市场也存在竞争（Carlton，1984a）。纽约证券交易所和纳斯达克交易市场之间存在竞争，芝加哥商品交易所和芝加哥期货交易所之间也存在竞争。创造成功的市场并非易事（参见案例 17.4）。

588

**案例 17.4** ☞

### 创造期货市场

创造一个成功的期货市场很难。期货市场是仅靠价格出清的市场，而且这样的市场仅交易少数商品。由于创造这样的市场无疑会产生社会收益，而且至少这些收益的一部分可能会被私人获取，这种市场的缺乏说明创造它们的成本很高。

下表表明了美国新的、成功引入的交易市场的平均失败率(这些数据列在《华尔街日报》上)。该表表明所有期货市场中的40%在五年后宣告失败。成功创造市场是一个有风险的行为，正如交易的操盘手所了解的，很难预测哪个市场会成功或者失败。

**期货市场的失败率**

| 寿命（年） | 给定年限或更短年限内失败的概率 |
|---|---|
| 1 | 0.16 |
| 2 | 0.25 |
| 3 | 0.31 |
| 4 | 0.37 |
| 5 | 0.40 |
| 10 | 0.50 |

资料来源：Carlton（1984a）.

## 产品的异质性

产品的异质性可能是决定能否创建仅由价格出清的有组织市场（例如有一个拍卖者的市场）的最为关键的特征。如果买者偏好在不同企业
588 或在不同时间购买，或者具有不同的质量偏好，那么创造一个仅仅靠价格出清的有组织市场将会变得更加困难。在具有广泛的产品差异性的情况下，试图创造这样的市场会导致给定产品的市场仅存在数个交易者，而且交易商将无力支付运营市场的成本（Telser and Higgenbotham，1977）。

假设每个买者要么可以购买一个标准产品，要么可以购买一个为买者定制的产品。定制产品的优势在于可以满足买者的个性需求，缺点在于买者必须在流动性较小的市场（较高的交易成本）中交易。如果能向买者供给产品的企业很少，那么交易成本就会上升。从满足买主特定要求的定制产品中得到的收益越大，创造的市场仅靠价格单独出清的可能性就越小。事实上，在极端情况下，即每个买者都需要具有微小差异的产品，那么交易者就必须花费大量时间来明确每个产品的特点，因此创造一个有组织的市场的激励就很小。

**有组织市场缺失情况下的市场出清。**当不存在有组织的市场时，企
589 业不能无成本地发现市场出清价格，它们必须依靠其他方法来确定如何向消费者配置产品。一种可选择的方法是企业公告价格，消费者搜寻企业（参见第 13 章）。

另一种方法是企业雇用销售人员，这些销售人员的任务是了解单个消费者的需求。即使企业很难设定市场出清价格，它也有可能识别需要其产品的消费者，以有效地配置产品。[23]企业可以首先使用价格来排除对产品评价最低的消费者，而后使用其对每个消费者需求的了解来确定余下的消费者谁会得到产品。因此，例如，人们经常会看到在供给紧张时期，稳定的顾客会首先得到发货，而新顾客则必须等待。人们还会经常发现买卖双方会保持长期关系，使得他们可以更好地了解各自的需求。参见案例 17.5。日本企业经常使用这一方法。

如果价格不是配置产品的唯一机制，那么即使产品正在被有效配置，价格仍会是刚性的。尽管在任何认为价格是有效配置资源的唯一机制的简单模型中，价格的刚性意味着无效率，但是当价格是企业用于配置产品的众多方法之一时，刚性并不一定意味着无效率。综合使用价格和非价格配置方法的理论得出了五个重要推论：[24]

*了解需求*：买卖双方相互交易的时间越长（他们相互越了解），就越不需要依靠价格来有效地配置产品。卖者对买者需求的了解可以替代仅依靠价格出清的非个人（拍卖）市场。例如，卖者可能知道特定买者的需求会在夏季达到最大，他将会在这一阶段保证充足的供给来满足买者。

*区别对待长期顾客和短期顾客*：买卖双方交易的历史是交易的特点之一，这使得不同买者在卖者看来是不一样的。有规律地在每周购买一单位产品的消费者和其他仅仅一次性购买一单位产品的消费者购买的是不同的产品。因此在一次购买中，当人们看到购买同种产品的不同消费者的价格变动不同时，并不能说明配置效率的高低；针对不同的消费者，不同“产品”的价格变动应当有所不同。即期价格指数和长期合同价格指数并不总是同步的证据（Stigler and Kindahl，1970）和这一推论是一致的，正如同一产品在不同买者之间的价格相关度通常很低的证据一样。

590

**案例 17.5** ☞

## 那面星条旗是否还在飘扬？

在恐怖分子制造了 2001 年的“9·11”恐怖袭击后，美国人的爱国主义精神达到了顶峰，美国人联合起来应对这一灾难。这一爱国主义热情的结果之一是：对美国国旗的需求量出现了难以预期的增加。国旗制造商和零售商是如何应对的呢？

答案是主要的国旗零售商和制造商并没有提高价格，而且国旗制造商不得不对其稀缺的国旗供给制定配额。所有国旗制造商都面临来自国旗零售商的超额需求。国旗制造商发货给以前就向它们采购的零售商，而并未向希望利用这一需求剧增谋利的新零售商供货。因为国旗的供给有限，制造商限制了传统零售商店购买国旗的数量，这一限量通常和过去的购买量成比例。自然，潜在消费者会感到不满意。国旗供应商之一瓦利·福格说：“我们所尽力做的事情是使得不满意度在我们的顾客群中保持一致。”无论是现有的国旗零售商还是国旗供应商都没有提高价格，因为它们害怕提价会使得消费者对其产生不良印象。正如一个零售商——旗帜地带(Flag Zone) 所宣称：“没有人会提高价格。”如果任何国旗供应商抬高它对扬基·杜德尔国旗公司的价格，这个零售商会宣称它将停止未来和该制造商的生意往来。

而且国旗制造商使用了各种方法来增加其面临空前需求的情况下的产出。例如，瓦雷·福基将其供应的国旗品种从 100 种减少到了 12 种。另一公司使用印刷而不是刺绣五角星来增加其产量。

资料来源：Jeff Bailey，“Lessons for Small Firms from a Spike in Sales，” *New York Times*，December 31，2002：A11.

对消费者收取不同价格：购买者在商业周期中的需求模式，或者一个购买者的需求和其他购买者需求之间的协动对销售者来说是关键信息，因为该信息使得销售者可以计划和消费者需求相当的产出。即使两个消费者购买同种商品的总量相同，他们也可能面临不同的价格和不同的价格变化，仅仅是因为他们以往具有不同的需求模式。而且，购买同类产品的不同消费者面临着不同的价格变动的证据和这一观察是一致的。

流动性和价格刚性：消费者的快速流动会妨碍销售者对长期关系的应用，在长期关系中，卖者用对消费者的了解来配置产品。在具有明显的新进入，或者消费者的品牌忠诚度很低的产业中必须以价格作为主要的产品配置机制。

591 企业反对新的期货市场：新期货市场的建立打乱了一个产业中现有企业的传统定价政策，这些企业通常会抱怨新期货市场的引入。例如，铝期货市场成立于 20 世纪 70 年代后期，铝生产商反对这一市场的建立(*American Metal Market*，January 6，1978，9)。如果产品的配置是一种需要资源的生产性行为，那么期货市场就扮演了产业中现有企业营销部门的竞争者的角色。期货市场创造营销信息。当没有期货市场时，其他代理人，如销售人员必须创造这些影响信息，而且为此得到报酬。如果建立一个期货市场，营销的竞争就会加剧，营销技巧的价值就会下降。因此，在引入期货市场之前，已经成功实现营销功能的企业当然会抱怨这些增加的竞争。

## 集中度以外的市场结构内涵

产业组织方面的经济学家通常检验随着一个市场中集中度的变化，市场行为有什么不同。[25]但是，市场结构的其他许多特征也会对解释市场行为产生重要影响，特别是它们如何对供给或需求的冲击做出反应。例如，前一小节表明市场运作受到消费者和供给者的跨期替代能力以及市场依赖价格配置产品等因素的重要影响。

本小节给出了影响产业对供给或需求变动做出回应的市场特征的两个解释。[26]这两个解释包括产业是否应该保有存货，以及产业在面对随机需求时是否应该固定价格。为了简单起见，我们将这些特征视为给定的，接着分析随后的产业行为；然而，这些特征可能会取决于潜在的经济条件。

### 定制与存货生产

产业是按照两种方法组织的：**订单生产**（produce-to-order），即企业等待订单而后进行生产；或者**存货生产**（produce-to-stock），企业先生产，持有存货，而后销售库存的产品（Zarnowitz，1973；Belesley，
592 1975）。随着近期服务业的相对增长，我们的经济在产业层面可能越来越依赖于订单生产而不是存货生产。近些年来，日本企业强调使用准时制生产方式制造需运送的零部件来最小化维持存货的成本。

相对于采用订单生产方式的产业来说，采用存货生产方式的产业可以更快地满足消费者的需求，并且更好地利用规模经济的优势。但另一方面，采用订单生产的产业消除了保存最终产品存货的成本（尽管并非为投入品的必要成本），可以按照消费者的要求设计产品以贴近消费者的特殊需求，而且，或许还可以采用灵活的技术来弥补最后产出存货的缺乏。为了出清市场，相对于订单生产产业，存货生产产业更需要经常性地降低或提高价格。而且，对经济中其他部门或未来生产的冲击的传递，依赖于产业是否采用了存货生产方式（也就是说拥有存货）。例如，如果企业或者最终消费者拥有存货，需求的暂时增加至少可以部分地由存货来缓解，而且会导致下一阶段生产的增加来弥补存货的减少。如果没有存货，面对需求的增加只能提高现期价格，很少能通过增加现期和

未来阶段的生产加以满足。

## 固定价格产业中冲击的传递

在许多产业中，一旦价格被设定，它们就会在一段时间内保持不变。产品的生产必须在观察到需求之前进行，因此企业就会存在缺货的风险。存货与平均需求的比例依赖于价格与成本的比例（Carlton，1977），原因在于损失销售的机会成本随着价格的上升而上升，因此持有存货的激励也会随价格而上升。如果价格大大超过成本，产品的生产数量就会超过需求的平均数。相反，如果价格接近成本，手上的存货相对于平均需求水平就会很少，企业就会经常缺货。

卡尔顿（Carlton，1977）也发现，作为对需求风险增加的回应，当价格大大超过边际成本时企业会增加存货持有量，而当价格接近边际成本时，企业会减少存货持有量。持有存货很少的企业无法对需求冲击做出缓冲。因此，当价格暂时不变而需求风险更大时，价格越接近边际成本，一个经济体系也就越容易被需求冲击击垮（缺少存货）。

经济学家已经调查了涉及价格变化的固定成本的模型对整体宏观经济的意义（Akerlof and Yellen，1985；Mankiw，1985；Blanchard and Kiyotaki，1987）。[27]这一工作表明，调整价格的需要对一个具有市场势力（价格高于边际成本）的企业来说可能并不重要，但对经济整体来说却十分重要。企业为了回应需求变化而改变价格的决定依赖于增加的利润是否能抵消价格变化的固定成本，增加的利润取决于新的边际收益和
593 边际成本的差异。因价格变化而增加的社会福利取决于价格（不是边际收益，边际收益更低）和边际成本之差，以及价格变化的固定成本。如果企业最初正在最大化利润，使得边际收益等于边际成本，那么对于需求的微小变化来说，即使社会能获益，企业也没有激励去降低价格。因此，企业承担改变价格的成本的激励就会和社会承担改变价格的成本的激励相背离。[28]

# 小　结

有关价格行为的经验性证据和市场出清的简单理论的结论很不一致，经济学家现在正在探索更为复杂的市场出清理论。一些产品的价格比任何标准理论的预测都更具有刚性。

在价格无法迅速调整的市场中，会发生暂时的短缺。除价格调整以

外的其他机制可以出清这些市场。例如，消费者会推迟消费，或者企业会随时间调整库存量。由于交易成本和其他的原因，企业调整价格的速度会很慢。

新理论考虑了有关市场出清的一些更模糊不清的特征。这些理论意识到跨期替代也会和市场出清相关，营销是耗费成本的行为，价格调整通常会与非价格方法一道来配置产品。

买卖双方关系的状况可以帮助我们确定出清市场的最优方法。新期货市场的创建会改变已使用的方法。除市场集中度外，市场对需求和成本冲击做出反应的方式还依赖于许多其他因素。

# 问　题

1. 假设一个面包铺必须在观察到需求之前以固定的 1 美元单位成本烘烤面包。面包铺可能有 50～100 位顾客，每位顾客前来买面包的概率相等。每位顾客的需求为 1 块面包，支付的价格为 5 美元或者更少。如果面包铺是一个垄断者，它的最优价格和产量是多少？假设多数顾客愿意为 1 块面包支付的价格为 1.50 美元，你的答案将如何变化？

2. 假设存在一个按订单生产的产业。如果该产业变为存货生产，相关的经济条件应该如何变化？

3. 假设一个企业具有向上倾斜的边际成本曲线。阐述价格—边际成本加成如何随价格的上升而变化。随着价格的上升，价格—平均成本加成又如何变化？

4. 一个有组织的拍卖市场的建立是更有利于小企业还是更有利于大企业？

5. 假设两位消费者为相同的物化产品支付不同的价格。给出分析家能断定不存在价格歧视时的充分条件。

奇数问题的答案在本书最后部分给出。

**【注释】**

[1] 一个例外是第 13 章中对搜寻的讨论。

[2] 本章是 Carlton（1989）的修改版本。

[3] 人们通常并不解释价格如何调整到新的均衡。例如，哪个企业首先改变价格，以及为什么要改变价格？参见 Arrow（1959）。

[4] 刚性价格很有趣，并不是因为刚性本身，而是因为刚性表明了价格可能并不能出清市场。即使价格完全是通货膨胀的指数，进而经常发生变动，但只要存在没有得到满足的购买者，就将出现问题，存在没有得到满足的购买者这一事实意味

着价格并没有出清市场。

当边际价格（多生产一单位产品的价格）不能出清市场时，简单模型中会出现无效的资源配置。一纸注明了固定价格下提供固定数量产品的合约并不是会引起低效率的刚性价格，因为额外单位产品的价格为市场价格。当产量条款公开时，合约价格是边际价格，因此刚性价格是有效率的。

[5] 凯恩斯和其他宏观经济学家基于工资（而不是最终产品价格）不能波动从而出清市场的假设，提出了解释大萧条的理论。但是工资刚性可能并没有价格刚性那么重要，因此宏观经济学家对工资刚性的依赖是不成立的（Garman and Richards，1992）。实际工资（经过通货膨胀调整的工资）随商业周期如何变化的证据能帮助我们确定工资是否比价格更具黏性。如果价格比工资更具黏性，那么实际工资和周期是一致的（在繁荣期上升，在萧条期下降），但是如果工资比价格更有黏性，那么实际工资应该是反周期的（在繁荣期下降，在萧条期上升）。实际工资和周期是一致的（Zarnowitz，1985）。

[6] 参见 Beals（1975），Lustgarten（1975），Qualls（1979），Scherer（1980，ch. 13），Weiss（1977），Weston and Lustgarten（1974），以及他们所标注的参考文献。

[7] 例如，参见 Weiss（1977），但是 Stigler and Kindahl（1973）提出了不同观点。

[8] 很少有人试图解释两种类型价格行为之间的差异：Stigler and Kindahl（1970），Carlton（1979a），Hubbard and Weiner（1989）。

[9] Cecchetti（1985）分析了报摊上出售的杂志价格，发现它们的变动并不频繁，20 世纪 50 年代平均为 7 年，20 世纪 70 年代平均为 3 年。也可参见 Kashyap（1995）。

[10] 尽管寡头垄断理论可以证明随着产业越来越集中以及寡头垄断者力量的增强，面临较小成本变动时的价格具有刚性，但是寡头垄断者的行为更像垄断者，而根据简单的理论，垄断价格并不是刚性的。

[11] Domberger（1979）发现在英国恰好相反。

[12] 参见第 8 章和 Schmalensee（1989）有关这些研究的调查。

[13] 在解释价格刚性时，我们并没有探求风险厌恶的重要性。实证工作表明这一点并不重要（Carlton，1986）。参见 Polinsky（1987）有关风险厌恶和定价的详细研究。Blinder 等（1998）提供了有关一些价格刚性理论的很好的总结，并且基于对经营者的调查探索了其应用性。

[14] 如果采用一组特征向量来描述产品，那么对供给或需求波动的反应不仅是消费量和价格的变化，而且是产品特征的变化（Rosen，1974）。例如，作为对高峰期公交巴士需求增长的回应，每辆巴士相对于非高峰时期而言更为拥挤。也就是说，产品替代的理想性降低，但是价格仍没有发生变化。

[15] Carlton（1983a）讨论了通货膨胀对价格行为的影响。通货膨胀会产生信息成本，导致在更为灵活的价格下更多地使用标准化商品。

[16] 除了研究成功合谋的价格效应外，存在市场势力的跨期模型已经被用来研究存货行为（Rotemberg and Saloner，1989），以及在已经建立客户基础的企业寻求新客户情况下所产生的定价权衡（Chevalier and Scharfstein，1995）。

[17] Rotemberg and Saloner（1987）表明，具有固定价格调整成本的双寡头垄

断者在一定的条件下比垄断者具有更灵活的价格。

[18] 我们使用暗示一词是因为我们观察到的较小的价格变化将可能仅仅发生在人们预期新的供给和需求条件会持续很长时间的情况下。那么实际情形此时或许和改变价格的明显的固定成本相一致。这一固定成本导致价格相对于短期而不是长期的供给和需求变化仍具刚性。尽管这一解释是可能的，但我们仍没有发现支持它的证据。

[19] 想象一个售报者的零售价格为 $p$，批发价格为 $c$，每天面临随机数量的消费者。如果 $F(S)$ 是每天少于 $S$ 个消费者的概率，而后最大化其利润，风险中立的售报者将选择使得 $p[1-F(S)]=c$ 的 $s$。

[20] 也可参见 Keeton (1980)，Stiglitz and Weiss (1981) 有关不对称信息模型中利率刚性的示例。

[21] Carlton (1991) 详细讨论了本节的理论。也可参见 Okun (1981) 和 Williamson (1975)。

[22] 市场通过提供价格信息也使得非用户获益，从而产生搭便车问题。

[23] 例如，想象一个具有 100 单位生产能力只有两个买者的企业，企业知道两个买者是一样的，但是不能确切知道其需求水平。如果企业在能力范围下生产（也就是说每个买者的需求在所给出的价格下很高)，那么有效的配置是很显然的 (50/50)，即使不能知道确切的市场出清价格 (Carlton，1991)。

[24] 除了一些推论考虑了价格控制期间的行为外，Carlton (1986，1991) 还讨论并验证了价格调整的速度、价格指数的作为以及营销部门的作用。

[25] 这一实验仅仅当市场集中度是一个外生变量时才有意义。但是集中度是一个内生变量，受到企业相对效率的影响 (Demsetz，1973；Peltzman，1977；Sutton，1991，1998；第 8 章)。参见 Schmalensee (1985) 的不同观点。

[26] 其他影响产业对供给或需求变动做出回应的特征包括产业计划的能力 (Carlton，1982)，纵向一体化的程度 (Carlton，1983a，Wachter and Williamson，1978)，新产品的重要性 (Shleifer，1986) 以及搜寻的可能性 (Lucas，1981；Diamond，1982)。

[27] 也可参见 Dreze (1975)，Fischer (1977)，Hall (1978)，Malinvaud (1979)，Rotemberg (1982)，Phelps 和 Taylor (1977)。

[28] 一个相近的相关观点认为，当存在价格和边际成本之间的扭曲时，产出扩张对社会的价值要大于其对企业的价值（参见 Harberger，1971)。Hart (1982) 和 Hall (1988a) 将这一原理应用于宏观经济的情况。

 经济科学译丛·现代产业组织 经济科学译丛·现代产业组织

# 第6部分

# 政府政策及其效果

# 第 18 章 国际贸易

596 *虽然自由贸易是政府可以赋予一个民族最大的福祉之一，但它在几乎每一个国家中都不得人心。*

——托马斯·巴宾顿，麦考利勋爵

（Thomas Babington，Lord Macaulay，1824）

产业组织理论越来越多地被应用于国际贸易问题。[1]至少有两个原因导致了这一现象。首先，诸如品牌产品的贸易、倾销、关税、补贴和配额的使用以及跨国企业内部的转移定价等国际贸易话题都和产业组织的类似问题紧密相连。其次，想要在国外竞争中得到保护或者在国内得到纳税人税收补贴的利益集团使用产业组织理论来让它们的请求看上去更加理性而严谨。遗憾的是，许多管理国际贸易的政策和消费者的经济利益背道而驰，而且许多法律从经济理论的效率基础来看也不尽恰当。

本章定位于四个主要问题：

1. 国家之间的贸易可能会导致产品差异化、掠夺性定价、价格歧视和搭便车。

2. 关税、配额和补贴常被用来制造或反对垄断。

3. 战略性贸易政策常被用来帮助国内的寡头垄断者和国外的对手竞争。

4. 贸易政策会帮助一些团体，同时损害另一些团体。

## 国家间贸易的原因

国家之间进行贸易存在很多原因。比较优势理论认为最重要的原因是国家之间进行交易是成本有效的。在大致讨论了比较优势理论后，我597 们将转向产业组织理论对贸易的解释：差异化产品的贸易、搭便车和倾销（以低于成本或国内价格的价格向国外销售）。[2]尽管比较优势理论解释了大量的国家间的贸易问题，但费恩斯特拉（Feenstra，1988）和其他学者的研究发现：比较优势理论并不能解释另外一些交易模式，特别是涉及同类产品的交易。

## 比较优势

传统上比较优势理论被用来解释国家间贸易的存在。根据这一理论，一个国家出口其生产成本相对较低的产品，进口其生产成本较高的产品。[3]

为了阐述这一理论，假设美国和日本最初并没有进行贸易，每个国家都处于竞争性均衡状态，即价格等于边际成本。美国生产和销售大米的价格为每袋 1 美元，电视的价格为每台 10 美元。日本生产大米的价格为每袋 200 日元，电视为每台 1 000 日元。如果美国减少一台电视机的生产，它能够多生产 10 袋大米。日本多生产一台电视机的成本仅为 5 袋大米。这样，如果它们重新分配它们的资源，两个国家结合起来总共可以生产和原先同样数量的电视，并多生产出 5 袋大米。如果美国将大米运向日本，日本将电视机运送到美国（假设不存在运输成本），那么两个国家都能受益。

此处这一贸易收益的论断并不依赖于绝对生产率本身。如果一个日本工人在两种物品上都可以比一个美国工人生产更多，该论断同样成立，反之亦然。这一论断仅建立在两个国家产品的相对成本之上。

**汇率**（exchange rate）是用另一种货币表示的一种货币的价格。在先前的案例中，如果汇率为 200 日元兑 1 美元，那么两国一袋大米的价格是相同的，但是日本的电视机价格仅为美国的一半，因此日本的电视机会运送到美国。如果汇率为 100 日元兑 1 美元，那么两国电视机生产的成本相同，但是美国一袋大米的价格仅为日本的一半，因此美国的大米将会运送到日本。[4]

国家在诸如食品或衣服生产方面的相对优势依赖于各国的技术，以
598 及土地、劳动力和其他资源的禀赋。劳动力丰富但资本匮乏的国家发现，向资本充裕但劳动力稀缺的国家出口劳动密集型产品，并进口资本密集型产品是有利的。假如美国的劳动力受过高级培训，我们可以期望美国会向那些缺乏受过高级培训的劳动力的国家出口需要大量知识型工人的产品和服务。

## 差异化产品的产业内贸易

发达程度相似的国家之间的相似产品的贸易增长迅速。[5]例如，美国同时出口和进口汽车、加工食品、衣服和其他产品。也就是说，不仅具有不同生产要素禀赋的国家会进行一种产品与另一种差异很大的产品的贸易，而且具有类似要素禀赋的国家也会进行相似产品的贸易。

差异化产品模型可以解释后一种类型的国际贸易。当然，如籼米等无差异产品的双向贸易并没有什么意义：一个国家仅出口，而另一个国家仅进口。相反，各国可能既出口又进口差异化产品。一些美国人希望购买英国的汽车，而一些英国消费者则希望购买美国的汽车。

通过将差异化产品的代表性消费者模型（第 7 章）应用于国际贸易，我们可以发觉消费者可以从这样的贸易中获益。假设两个国家的消费者都需要多种差异化产品（每一种产品由不同公司生产）和价值多样化。由于规模经济（第 7 章），每个国家只能生产有限数量的差异化产品。

如果没有国际贸易，每个国家的产品均衡数量为 $n$。如果两国进行贸易，联合的市场规模就会扩大，而且每个国家仍然能够生产 $n$ 种不同产品，但是联合后，每个国家的消费者可以在 $2n$ 个产品中进行选择。这样，由于消费者面临更多选择，他们的境况就会变好。

## 搭便车、国际价格差异和灰色市场

以德国马克、日元或其他货币衡量的 1 美元价值——也就是说美元的汇率——在过去的二十多年中持续不断地变化。例如，1980 年年底，1 美元可兑换 203 日元，1984 年年底为 251 日元，1990 年年底为 136 日元，2003 年年底为 107 日元。汇率的变化大大影响了美国和其他国家之间进行贸易的激励。

假设最初 1 美元值 1 日元。两个同样的产品在美国的售价为 1 美元，在日本的售价为 1 日元。现在假设汇率的变化使得美元价值更高：1 美

元值 2 日元，或者等价地，1 日元值 0.5 美元。日本的零售商会将产品运送到美国，获得 1 美元或 2 日元，而不是在本国出售产品仅获得 1 日元。在两国之间运送产品来获利的企业导致了美国市场的价格下跌（因为供给上升），而日本市场的价格上升（因为供给下降）。这一过程被称
599 为套利，使得两国的价格在新汇率下趋于均等。例如，如果产品只在美国生产，竞争性供给曲线是水平的，那么美国的价格仍然为 1 美元，但是日本市场的价格上升到 2 日元（在新汇率下为 1 美元）。

20 世纪 80 年代中期，由于汇率的波动和美元升值，一些国家中许多产品的价格并没有发生预期的变化。许多价格仍然停留在最初的水平，而没有对汇率的波动做出反应。即使最初其他国家和美国的价格大致相等，但在汇率发生变化后，这些价格就不再相等了。例如，如果在通行的汇率下以统一货币表示价格，奔驰汽车、尼康相机和法国香水在美国的售价远高于国外售价。

显然，这些制造商避免了使不同国家之间的价格均等的套利。一些制造商只允许被授权的经销商买卖它们的产品。任何从欧洲进口产品而不是从生产商那里购得产品的经销商都会失去其授权。从正常渠道（由制造商授权的渠道）以外的其他销售渠道运送到美国的国外产品被称为**灰色市场商品**。案例 18.1 讨论了相机制造商为避免灰色市场所做的努力。[6]

600

**案例 18.1**

### 灰色市场

在 20 世纪 80 年代早期到中期这段时间中，美元相对于其他主要贸易货币的价值有很大的升高。升值导致了以美元表达的品牌产品的价格在不同国家间有很大的不同。例如，在洛杉矶奔驰车的售价为 24 000 美元，但在慕尼黑仅为 12 000 美元。劳力士手表在瑞士苏黎世的售价为 600 美元，但在纽约为 1 800 美元。在照相机和香水市场中也能发现类似的价格差异。这些巨大的国际价格差异导致了灰色市场。

由于灰色市场上的进口，被授权的美国分销商面临来自于在没有得到制造商允许的情况下经国外购买而销回美国的产品的竞争。例如，一个被授权的经销商在美国以 240 美元的价格销售一台奥林巴斯照相机，但在美国的灰色市场上，同样的照相机售价仅为 190 美元。分销商和制造商做出许多努力追查和限制来自于国外的未经授权的货运，但很多都没有获得成功。

由于灰色市场，一些消费者支付了较低的价格，但是通常不能够从被授权的美国分销商的促销和销售活动中获利。例如，一些制造商向被授权的美国分销商销售的照相机提供保修，而对那些在灰色市场上销售的本质上完全相同的照相机则不提供。当灰色市场上的消费者需要保修服务的时候，他们经常会非常惊讶地获知，基于他们照相机的产品号，他们不能享受美国的保修。报纸上无数的文章警示消费者购买灰色市场产品可能遇到的问题。

直到 20 世纪 80 年代后期，相对于大部分的贸易货币，美元的价值已经有所回落。由于较低的美元价值，在美国，人们对灰色市场的关注逐渐降温。

但是，日元对于美元价值的上升刺激了美国市场上的产品被运往日本的灰色市场。例如，在 1988 年，一台在美国售价为 340 美元的佳能相机在日本的售价转换为美元相当于 460 美元。日本灰色市场上销售的照相机的价格比通过授权分销商渠道销售的相似的相机低 30%～40%。

资料来源：Larry Armstrong，"Now，Japan is Feeling the Heat from the Gray Market." *Business Week*，March 14，1988：50－51；Sylvia Porter，"Gray Market Goods Cause Consumer Problems." *The Dispatch*，July 15，1985：11；Grace Weinstein，"Gray Market Discounts：Be Careful." *Good Housekeeping*，September 1，1985：251；Maks Westerman，"The ＄7 Billion Gray Market：Where It Stops，Nobody Knows." *Business Week*，April 15，1986：86－87.

---

灰色市场的产生存在两种可能的解释：一种基于国际价格歧视，另一种基于促销成本和搭便车。假设美国和其他国家产品的需求价格弹性在最初相同，但是随着美元的升值，美国市场的需求变得相对缺乏弹性。具有市场势力的制造商会进行价格歧视，在美国市场收取更高的价格，并试图阻止国外分销商向美国分销商的转售。如果制造商不能阻止转售，就会形成灰色市场。

尽管价格歧视的解释从逻辑上来说是可能的，但是很难说该理论可以解释这一阶段的许多行为。为什么美国的需求价格弹性会随着汇率的上升而上升？当然，并不是所有美国产品的需求同时都会变得缺乏弹性。而且，在许多受到影响的产业中，存在许多竞争者，因此不太可能形成明显的市场势力。

另一种基于国际搭便车行为的解释可能更为可信。即使不是全部，灰色市场中大多数产品的明显特征是它们运用广告和其他销售策略来进行大幅度的促销。

假设某种产品，如照相机，在日本生产。照相机是一种需要大量促销，从而才能在消费者心目中创造并树立声誉的产品。通常，促销包括
601 广告和店内陈列。[7]不同国家促销的数量和有效性是不一样的。事实上，如果美国和日本由促销所创造的产品声誉不同，那么它们的相机就不是同样的产品。因此，价格差异并不一定反映了价格歧视。事实上，价格差异可能仅仅反映了两国促销成本的差异。

为了阐述这一理论，假设日本的制造商在美国和日本面临同样的最终需求弹性 $\epsilon$，因此不可能存在传统的价格歧视。制造商生产产品的不变边际成本和平均成本为 $m$，同时在每个国家使用一个分销商来向消费者销售产品，并促销产品或培训消费者如何使用产品。制造商通过授予分销商排他性区域——在这一案例中为一个国家（第 12 章），来激励每个分销商努力销售。制造商向分销商收取产品边际成本 $m$，并使用特许权使用费（授予分销商销售产品的排他性权利）来抽取所有分销商的利润。

为了使例子简化，我们假设最初美国和日本的分销商都会发生分别

为每单位 $E$ 美元和 $E$ 日元的促销和培训支出，最初 1 美元等于 1 日元。分销商通过设定边际收益等于边际成本来最大化利润。等同地，它的垄断价格加成（勒纳指数）等于负的需求弹性的倒数[8]

$$\frac{p-(m+E)}{p}=-\frac{1}{\varepsilon} \tag{18.1}$$

其中所有相关价格和成本都用日元表示。在美国，最优零售价格由下式确定

$$\frac{p-(fm+E)}{p}=-\frac{1}{\varepsilon} \tag{18.2}$$

其中 $p$ 和 $E$ 均为美元；$f$ 为将日元转化为美元的汇率（最初 $f=1$）。如果 $m=1$，$E=1$，需求弹性 $\varepsilon$ 等于 $-2$，那么每个国家的产品价格为 $p=4$。

602 假设一个未经授权的美国分销商可以进口产品，并在美国灰色市场上出售产品。未经授权的企业可以利用授权企业的努力搭便车，而不需要花费促销和培训努力。例如，授权分销商会提供产品展厅，在其中消费者可以试用产品或接受使用培训。未经授权的分销商可以让其顾客到展厅去了解产品。

被授权的日本分销商具有向未经授权的美国分销商销售产品的激励。因为如果这样做，日本分销商可以避免支付 1 日元的促销费用，未经授权的美国分销商可以搭授权美国分销商促销努力的便车。被授权的日本分销商可以以 3 日元的价格向未经授权的美国分销商销售产品从而获得利润，未经授权的美国分销商可以以 3.5 美元的价格将产品销售给消费者从而获利，这一价格低于经授权的美国分销商 4 美元的垄断价格。

同样，被授权的美国分销商具有向未经授权的日本经销商销售产品的激励，因为未经授权的日本分销商可以搭日本分销商促销的便车。因此，由于国际搭便车的存在，就会发生双边国际贸易。事实上，即使在不存在灰色市场，而且两国零售价格没有差异的情况下也会存在进行双边贸易的激励。搭便车侵蚀了授权分销商促销产品的激励，因此搭便车损害了制造商，并会因为分销商减少或不提供促销和服务而最终损害到消费者（第 12 章）。

从国际环境来看，搭便车还有另外两个在国内背景中不会发生的含义。首先，美国市场的最优价格会随着汇率 $f$ 的变化而发生变化。通过公式 18.2 解出 $p$，我们发现美国市场的最优价格为 $(fm+E)\varepsilon/(1+\varepsilon)$。由于产品是日本生产的，用日元计算的生产成本 $m$ 是固定的，但是 $p$ 随汇率 $f$ 发生变化。随着生产成本占总成本的比例逐渐减小，美国市场价格对 $f$ 变化做出反应的价格变化百分比会越来越小。[9]对存在大量促销的产品来说，真实的制造成本只是总成本的一小部分，人们可以看到美国市场的最优价格相对于汇率变动的幅度很小。这样，如果制

造成本占总成本的比例很小，搭便车就解释了为什么存在大量促销的国际贸易产品的价格不会受到大幅度汇率波动的影响。

其次，搭便车的激励随着促销费用的增加而增加（第 12 章）。即使最初的 $E$ 美元等于 $E$ 日元，当汇率朝着美元升值的方向发生变动后（$f$
603 下降），美国 $E$ 美元的促销价值要高于日本 $E$ 美元的促销价值，使得经授权的日本分销商向未经授权的美国分销商销售从而搭便车的激励增加。因此，我们看到，相对于 20 世纪 90 年代，在 20 世纪 80 年代更多的被授权日本分销商将货物运送到美国。而且，并非只有日本分销商拥有将货物运送到美国的激励。随着 $f$ 从最初的 1 开始下降，日本的零售价格 $(m+E)\varepsilon/(1+\varepsilon)$ 低于（当转化为美元时）美国的零售价格。这一差异使得任何一个企业都存有在日本以零售价格购买产品后运送到美国的激励。[10]

事实上，在 20 世纪 80 年代中期，许多人在日本以零售价格购买商品后在美国进行转售。同样，日本零售商店将产品运送给未经授权的美国分销商。通常，这些进口的灰色市场产品在美国折扣商店出售的价格要低于美国授权经销商收取的价格。

制造商担心折扣商店的搭便车和减价销售行为会侵害它们在美国的授权分销商促销商品的积极性。制造商希望控制搭便车行为，并会花费资金来监督授权分销商的努力，并保证它的授权分销商没有参与灰色市场。但是，对制造商来说，很难阻止日本消费者（或零售商店）向美国市场销售产品。

在 20 世纪 80 年代中期，许多制造商为保护它们促销的品牌产品的商标，要求美国政府拒绝允许任何未经授权的买卖其品牌产品的国外贸易，除非在除去品牌名称后进行销售。在多数情况下，制造商并没有成功。

## 倾销

特定类型的跨国价格差异是被禁止的。在国际法下，如果企业在国外销售产品的价格低于国内价格或低于其真实成本，那么企业行为构成**倾销**（dumping）。例如，如果一个日本企业在美国市场上销售钢材的价格为 250 美元/吨，但是在日本的价格为 300 美元/吨，那么该企业被认定为在美国市场上倾销钢材。

为了证明针对倾销的法律的必要性，许多人指出倾销通常是用来损害竞争企业的战略性行为。关于倾销存在多种解释。[11]我们主要关注其中的三种：掠夺性定价、价格歧视和为空间原因而展开的互惠贸易。而后我们将从法律角度讨论倾销。

604 **掠夺性倾销**。如果一个企业在国外设定的价格过低以至于构成了针对该国企业的掠夺性定价（第 11 章），那么我们认为该企业进行了**掠夺性倾销**（predatory dumping）。美国的企业经常宣称国外的主导企业（或整个产业的集体行动）在美国市场上销售产品的价格低于美国国内企业的最小平均成本，这迫使美国企业退出市场。一旦国内产业瓦解，国外企业就可以自由地将美国市场的价格提高到垄断价格水平。[12]

这一掠夺性倾销和我们在第 11 章中所讨论的话题存在同样的逻辑问题。为什么国外企业愿意承受损失，直到摧毁美国产业？为什么美国的企业不进行反击，或者采用更好的办法，即鼓励美国消费者消费大量的产品从而使得国外企业破产？一旦国外企业提高价格，是什么阻止了美国企业重新进入市场？美国最高法院在一个有关掠夺性倾销的案例中已经明显意识到这些逻辑问题，因此裁定其关于掠夺的指控为不合理（参见案例 11.1）。

如果和美国企业相同的国外企业试图进行掠夺性倾销，它可能会失败并破产。但是，外国政府可以向其公民收税来补贴它的企业，使其可以在美国市场制定掠夺性价格。对国外企业来说，长期低价销售是可能的。与私人企业不同的是，政府并不受经济理性的约束（Lott，1999）。然而，当价格最终上升时，美国企业可能会重新进入市场。如果后来提价成功的可能性很小，那么补贴掠夺性定价的国家就是在向美国消费者赠送礼物。

如果国外企业的成本低于美国企业，国外企业就可以成功地将美国企业赶出市场，而且仍然设定高于成本的价格。一旦美国企业被驱逐出市场，国外企业就会将价格提高到美国企业进入市场与否并无差异的价格水平。也就是说，国外企业可以限定价格（第 11 章）。[13] 如果一个低成本美国企业从事该行为，它可能并不会违反任何反托拉斯法。事实上，由于消费者可以得到收益，我们希望鼓励有效率的企业占据市场。当不考虑对外政策时，我们很难找到理由来说明为什么要区别对待国内和国外的有效率的企业。

**歧视性倾销**。如果一个企业在国外市场的定价低于国内市场，以至于构成了价格歧视，那么该企业在进行**歧视性倾销**（discriminatory dumping）（Viner，1923），因此违反了反倾销法。假设一个韩国垄断者在本国和美国销售产品。当不存在价格歧视时，只要韩国和美国的消费
605 者都能持续地得到商品，价格通常会在美国上涨，而在韩国下降。如果韩国的需求弹性低于美国，那么利润最大化的垄断者会实行价格歧视，在美国制定一个较低的价格。美国消费者受益，韩国消费者受损，垄断者可以从价格歧视中获益。

如果不存在国际贸易壁垒和运输成本，这种价格歧视就不会存在。如果没有贸易壁垒和运输成本，企业会将产品从低价格国家运送到高价

格国家（套利），直到两国的价格相等。也就是说，除非转售受到阻止，否则就不可能进行价格歧视（第19章）。

在我们的例子中，美国消费者明显从价格歧视中获益。那么为什么美国会抱怨歧视性倾销呢？美国消费者从这样的价格歧视中获益，但是美国制造商受到损害。即使美国消费者得到的利益超过了美国生产者的损失，生产者仍会在美国法律之下采取行动来反击国外企业，从而阻止美国消费者得到这些收益（Dixit，1988a）。

**相互倾销**。作为一种价格歧视的变形，如果每一个企业都在其他国家进行倾销，那么我们说不同国家的企业参与了**相互倾销**（reciprocal dumping）（Brander and Krugman，1983）。这种倾销可以用一个空间竞争模型来描述（第7章）。

假设每个国家只有一个企业。当不存在国际贸易时，每个企业在自己的国家收取（同样的）垄断价格 $p_m$。如果允许进行贸易，并且将产品运送到其他国家的成本 $T$ 很低，足够使得 $p_m-T$ 超过边际成本 $m$，那么每个企业都会向其他国家销售产品。如果企业都侵入对方的国家，那么国内市场的企业相对于国外竞争者存在成本优势。

在均衡时，由于两个企业的竞争使得价格低于垄断水平，因此在低于垄断价格 $p_m$ 的价格 $p$ 水平下，国内生产者的销售量大于国外生产者。而且，企业国内销售的价格 $p$ 高于国外销售的净价格 $p-T$。也就是说，从企业向不同消费者销售获得不同净价格的角度来说，两个企业都进行了价格歧视。尽管消费者的支付仍高于竞争性水平，但这种相互价格歧视或倾销，通过将价格降低到垄断水平以下，使得两个国家的消费者都获得了利益。

这种双向（通过运输）的相同产品的运输明显没有效率。如果产品可以由本地供给，那么从国外进口产品所产生的运输成本对社会来说就是没有意义的。非竞争性市场结构导致了无效率的双边运输，但它的确为消费者带来了更低的价格。

**倾销的法律标准**。关贸总协定（General Agreements on Tariffs and Trade，GATT）所定义的倾销是指在“低于正常价值水平下”销售产品。[14]如果产品从国家1出口产品到国家2，而且

606 1. 出口到国家2的产品的价格低于国家1的可比产品的价格，或者；

2. 如果没有可比产品，出口到国家2的产品价格低于（1）从国家1出口到其他国家的可比产品价格，或者（2）生产和销售产品的成本，那么就会形成倾销。

各国通过了和GATT一致的反倾销法律。在美国，商务部下属的国际贸易管理局（International Trade Administration，ITA）负责在美国实施该法律。美国国际贸易委员会（U. S. International Trade Commission，ITC）是一个独立的联邦机构，独立执行对反倾销所造成的危害的调查。国际贸易法庭或者需要时还有联邦巡回上诉法院确定 ITC 和 ITA 是否依照反倾销法来行事。

在美国，反倾销法是限制来自进口的竞争最常用的工具（Horlick，1989，102）。1995—2002 年期间，ITA 和 ITC 对全球 48 个国家提起了 292 起反倾销诉讼。[15] 和 20 世纪 70 年代的每年 22.9 起诉讼（Sun，1993）相比，1995—2002 年间每年的诉讼案为 36.5 起。倾销案例的罚款非常高，从而为国内企业提供了规模较大的保护来应对国外竞争，因此国内企业经常根据这些法律提起诉讼。例如，2002 年 3 月，美国对大范围的钢铁产品征收了 8%～30%的进口关税（Francois and Baughman，2003）。

在 1995—2002 年的这些诉讼案件中，14%针对中国大陆企业，9%针对日本企业，7%针对韩国企业，5%针对中国台湾企业，针对德国和印度尼西亚企业的均为 4%。表 18.1 给出了几个国家或地区倾销调查的情况。

**表 18.1　被正式调查的倾销案例数**

| | 年 | | | | | | | | |
|---|---|---|---|---|---|---|---|---|---|
| 国家/地区 | 1995 | 1996 | 1997 | 1998 | 1999 | 2000 | 2001 | 2002 | 总计 |
| 阿根廷 | 27 | 22 | 14 | 8 | 24 | 45 | 26 | 14 | 180 |
| 欧盟 | 33 | 25 | 41 | 22 | 65 | 32 | 29 | 20 | 267 |
| 印度 | 6 | 21 | 13 | 27 | 65 | 41 | 79 | 79 | 331 |
| 南非 | 16 | 33 | 23 | 41 | 16 | 21 | 6 | 4 | 160 |
| 美国 | 14 | 22 | 15 | 36 | 47 | 47 | 76 | 35 | 292 |
| 其他 | 61 | 101 | 137 | 121 | 138 | 102 | 146 | 124 | 930 |
| 总计 | 157 | 224 | 243 | 255 | 355 | 288 | 362 | 276 | 2 160 |

资料来源：WTO 网站：www.wto.org/english/tratop_e/adp_e/adp_stattab2_e.pdf。

在 1995—2002 年间美国提起的诉讼案例中，65.8%导致了征收反倾销关税。推测起来，许多的案例收获甚微。在针对中国大陆和中国台湾的企业中分别有 76%和 75%的案例被认定为构成了倾销，但针对德国的诉讼中只有 38%得到了这样的结果。

随着时间的推移，美国政府越来越多地应用反倾销诉讼来保护国内产业（Finger and Flate，2003）。1994 年以前，工业（发达）国家提出的反倾销诉讼大大超过了发展中国家提起的诉讼。1994 年以来，这一模式发生了逆转，发展中国家越来越多地利用其来保护国内产业。例如，1995—2002 年期间，工业化国家/地区（澳大利亚、加拿大、欧盟、冰
607 岛、日本、新西兰、挪威、瑞士和美国）进行了 819 项反倾销调查，发展中国家（所有其他国家，包括 27 个联合国定义的转型经济国家）进行了1 144项调查。在较早的 1987—1994 年间，相应的数量分别为 1 150 项和 445 项。而且，如果根据更多的进口将会导致更多的反倾销行动的

理论来对进口数量进行调整，一些发展中国家（如阿根廷、印度和南非）使用反倾销程序的强度大大高于正常水平。有趣的是，1995—2002年期间，不仅发展中国家提起的反倾销诉讼多于工业化国家，而且它们同样更为频繁地成为工业化国家反倾销行动的对象。

美国将倾销定义为“以低于公平价值的价格进行销售”。公平价值的定义非常复杂。[16]美国反倾销法规定，如果一个外国企业在其母国的价格低于完全分摊成本加上合理利润，那么不能将其作为比较的基准。这一条款使得美国的反倾销诉讼可以集中于比较美国市场的价格和“完全”成本加合理利润（8%的加成），而不是和外国企业在母国的价格相比较。1980 年以来，大约 60%的美国倾销案采用了这一标准（Horlick，1989，136）。令人惊奇的是，随着这一标准越来越多地被应用于反倾销诉讼，美国最高法院大幅度减少了它在掠夺性定价诉讼中的应用（参见第 19 章和案例 11.1）。

608 在没有使用低于成本标准的诉讼案中，通常将美国市场特定交易的价格和母国的平均价格进行比较，从而确定是否发生倾销。这种比较必然会发现一些违法倾销，因为通常多数产品都会存在一些价格差异。例如，假设国外和美国的平均价格均为 5 美元。但是在每个国家中，一半销售价格为 6 美元，一半销售价格为 4 美元。人们仍然会发现在美国的一些销售价格低于公平价格，因为半数美国市场的价格低于本国平均价格 5 美元。而美国高于 5 美元的销售并不能起到抵消的作用。这些违法的销售都将被征收关税，关税的税率等于基于平均价格计算的倾销加成。

美国反倾销诉讼的另一个要素是能表明倾销会给美国产业（并不是美国消费者）带来实质性的侵害。从经济角度来看，国外产品在美国的销售必然会减少美国国内产品的销售。尽管从概念上来看非常简单，但是是否会发生“侵害”通常会引起激烈的争论。侵害通常被表述为和不存在倾销情况下相比时较低的价格、产出、投资、就业和利润。“实质性”大致要求影响效果显著，而不是微不足道。

任何倾销诉讼的典型要素是要说明进口是侵害美国产业的“原因”。从逻辑上讲，那些非倾销式进口的事件也会影响一个产业，因此在评价倾销式进口对国内产业带来的侵害是否为实质性时，要同时考虑那些其他事件的影响。

由于反倾销法的合意性缺乏潜在的经济逻辑基础，加之这种合意性与反倾销法的部分措施之间亦缺乏经济逻辑，进而可能会给美国消费者带来巨大的伤害，而这些伤害只能部分地由美国生产商所得到的微小利益来抵消。[17]反倾销法常被用来保护美国产业免受竞争，而且可以被看成美国政府用来保护其强大产业的成功方法。随着潜在国际贸易的增长，美国继续实行这种做法的成本将会攀升。

## 关税、补贴和配额

关税、补贴和配额都被用来隔离国内市场和国际贸易，而且可能会帮助国内企业抵御国外对手的竞争。[18]我们下面依次检验它们在竞争性市场、非竞争性市场以及存在正外部性的市场中的用途。我们通过对成功的战略性贸易政策证据的评价来结束该部分。

### 竞争

609 假设国内产业是竞争性的。国内需求曲线为 $D(p)$，国内供给曲线为 $S(p)$。在图 18.1a 中，如果没有国际贸易，均衡价格为 $p_0$，消费的数量为 $Q_0$。

610 假设在低于 $p_0$ 的世界价格 $p_1$ 处，全世界其他国家的产品的竞争性供给为完全水平。如果发生贸易，均衡的国内价格为 $p_1$，消费量为 $Q_1$，高于 $Q_0$。国内生产从 $Q_0$ 下降到 $Q_2$。进口弥补了消费量 $Q_1$ 和国内生产量 $Q_2$ 之间的差额。

由于在更低的价格处消费了更多，因此国内消费者的境况因国际贸易而变好。国内社会节约了资源成本，因为只需花费 $p_1$ 来支付产出，现在可以用进口来代替以往必须支付的更高的价格。这些额外的资源可以被用来生产其他有价值的产品。本国从国际贸易中所得到的净收益等于被标以 $A$ 和 $B$ 的区域所共同形成的三角形。

假设国内产业说服其政府征收一个等于或大于 $p_0-p_1$ 的关税（一个针对进口的税种）$t^*$，面临该关税的国外生产者就不会在该国进行销售，因此在价格 $p_0$ 和产量 $Q_0$ 处重新建立了无贸易发生的均衡。国内生产者获得如图 18.1a 中的 $C$ 所标出的额外的生产者剩余，消费者损失的消费者剩余为 $A+B+C$，社会的净损失为 $A+B$ 三角。直接禁止进口会得到同样的效果。

假设国内政府对国内产业支付额度为等于 $p_0-p_1$ 的补贴 $t^*$，而不是直接通过关税来驱赶国外竞争。补贴的效果是图 18.1b 中的国内供给曲线因为 $t^*$ 向下移动到 $S^*$。均衡时的价格为 $p_1$，国内消费为 $Q_1$，国内供给为 $Q_0$，进口为 $Q_1-Q_0$。相对于图 18.1a 中由于 $p_1$ 小于 $p_0$，关税消除了所有贸易的情形，消费者更偏好这一均衡。国内生产者的景况和先前无贸易发生时的均衡相同。

图 18.1b 中的净损失 $B$ 小于阻止贸易发生的图 18.1a 中的净损失 $A$

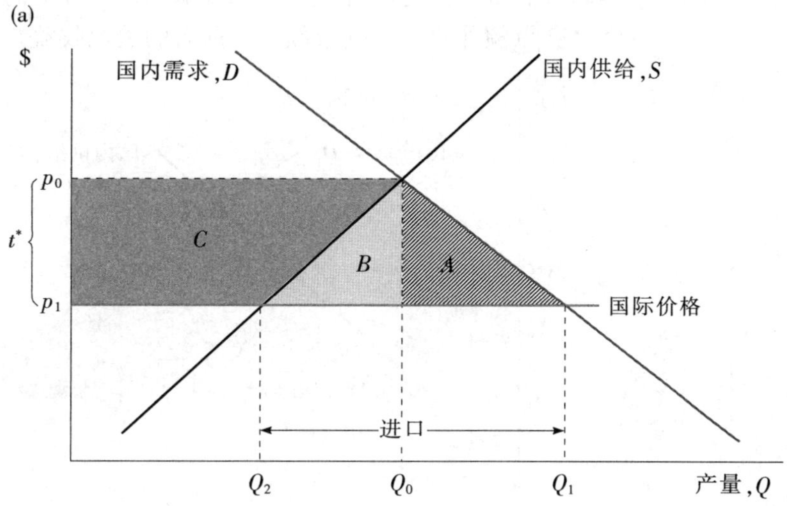


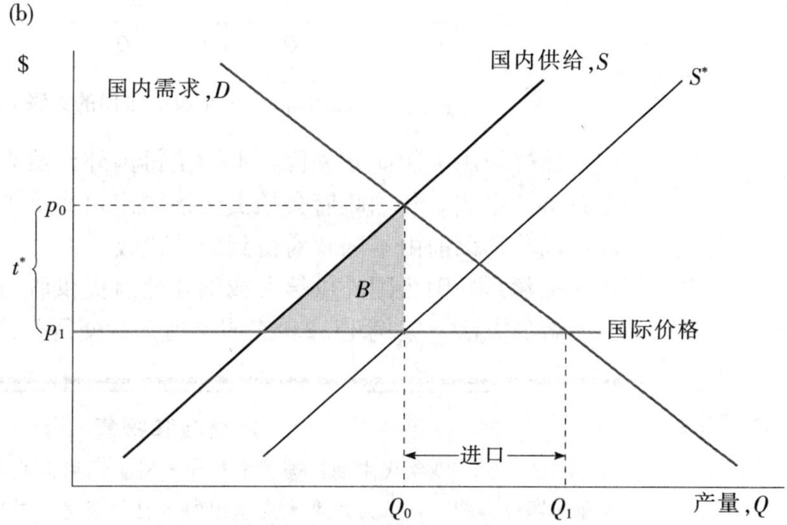


**图 18.1　(a) 消除进口的关税 $t^*$ 的效应**
**(b) 补贴 $t^*$ 的效应**

$+B$。这样，一个国家可以通过使用补贴来帮助其生产者，其效果等同于阻止进口，同时其净效用损失更小。

假设国内产业的政治势力并不足以获得关税 $t^* = p_0 - p_1$，而只能得到较低的关税 $t$。正如图 18.2 所示，关税 $t$ 并不能消除所有的进口。国内价格等于 $p_1 + t$，消费量为 $Q_3$，国内产量为 $Q_4$，进口为 $Q_3 - Q_4$。国内社会由于征收关税所带来的净损失等于区域 $E$ 和 $F$ 之和。关税收益为关税乘以进口量，即 $t(Q_3 - Q_4)$。

如果国内产业说服其政府以 $Q_3 - Q_4$ 的配额代替关税，情况会怎样呢？结果将和图 18.2 给出的情况相同，只有一个重要的例外，此时，本国政府将不再向国外生产者收取图 18.2 所示的关税收入，国外供给者将获得额外收益，其数额等于前者的关税收益。

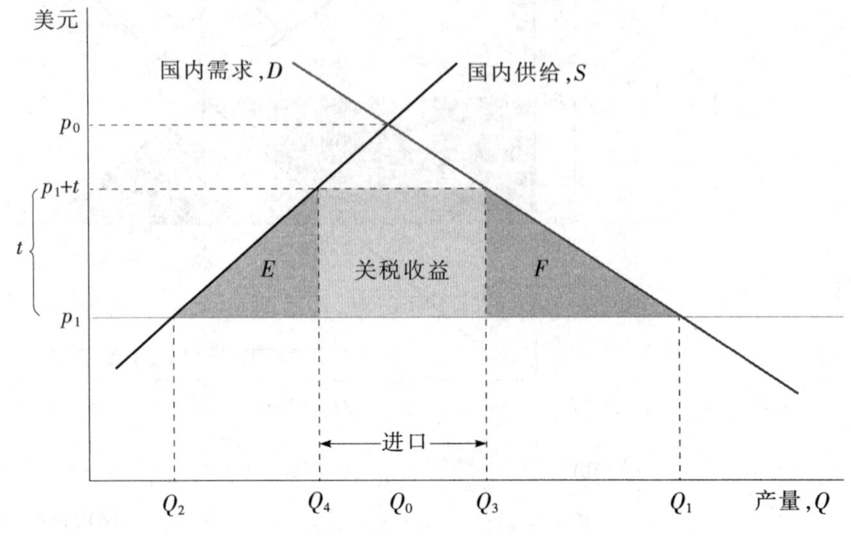


**图 18.2　一个减少进口的关税 t**

通过使用配额而非关税，本国使得国外供给者获益。由于国外供给者获得了报酬，外国政府会拍卖向该国出口商品的权利。这样，外国政府可以获得以前由本国政府得到的关税收入。

611 配额是一国为国外供给者或国外政府提供收益，同时又有利于国内生产者的方法。案例 18.2　表明了另一种使得外国人获益的方法。

612

**案例 18.2**

## 木材战和报复

在 20 世纪 80 年代中期，美国木材和木料生产商向联邦国际贸易委员会（ITC）和美国商务部抱怨，认为加拿大对本国的木材销售进行补贴，对美国生产商造成了实质性侵害。1986 年年末，商务部发布了一份报告，发现加拿大向其木材生产商提供 15%的补贴，ITC 初步认定其对美国生产者造成了侵害。在 ITC 发布最后判决之前，美国对从加拿大进口的木材征收 15%的平衡关税，如果 ITC 最后的判决有利于加拿大，这部分关税将全部返还。

加拿大木材产业是该国的一个重要产业，占国民生产总值的 4%。加拿大将其 60%的木材出口到美国，占美国国内总供给的约 30%。加拿大人不满意美国的行为。加拿大国家贸易部部长认为平衡关税是“彻底的伤害”，并威胁要进行报复。加拿大对从美国运往加拿大的玉米征收了 67%的关税。美国原定从 1986 年 12 月 30 日对加拿大木材征收关税。美国与加拿大的谈判持续到 1986 年下半年，试图平息加拿大人的怨气。最终，两国达成的协议是加拿大征收 15%的出口税（由加拿大征收并所有）来代替 15%的平衡税（由美国征收）。加拿大仍然对玉米征税。

如果美国的关税没有引起加拿大的回应，那么这种关税可以被认为是美国试图实行其买方垄断势力。通过对加拿大的产出征税，美国可以获得一些买方租金。美国消费者受到损害，但是美国生产者获得了收益，而且美国政府可以得到关税收益。木材争端的解决导致了加拿大对出口到美国的木材销售征收出口税。

谁赢了这场贸易战呢？美国木材生产商和加拿大政府是大赢家，美国消费者和美国政府损失巨大。卡尔特（Kalt，1988）估算的结果（以美元计）是，无论是在15%的美国关税还是15%的加拿大出口税下，美国木材生产者均可获得4.168亿美元的收益，而美国的木材用户则损失了5.569亿美元。如果设定关税，美国政府的关税收益将为3.405亿美元，而现在它并没有从加拿大的出口税中获得收益。美国和加拿大由于关税或税收的损失总和为0.225亿美元。当征收关税时，美国的收益为2.004亿美元，加拿大的损失为2.23亿美元。相反，当征收出口税时，加拿大获得的收益为1.176亿美元，美国的损失为1.401亿美元。

## 制造垄断和与垄断做斗争

611 政府可能会试图通过制造国内垄断或者与国外垄断者斗争，来增加国内福利或者国内生产者的利润。[19]我们考虑四种情况。第一种情况，政府可以通过阻止国外竞争来帮助国内产业成为垄断市场，但是会损害国内消费者的利益。第二种情况，政府帮助国内企业在面对全球其他国家的市场时像垄断者一样行事。第三种情况，政府通过使用进口配额来帮助国外生产者限制产出，从而创造出损害国内消费者的市场势力。第四种情况，政府通过削弱国外垄断力量来帮助其消费者。

**制造国内垄断**。假设在一个全球竞争性市场中，一个企业是一种产品的唯一国内生产者，国内企业希望可以避免国外竞争，从而在国内市
612 场中拥有市场势力。在图18.3中，当不存在国际贸易时，国内生产者设定垄断价格 $p_m$，销量为 $Q_m$，由边际成本 $MC$ 曲线和边际收益 $MR$ 曲线（它对应于国内需求曲线 $D$）的交点决定。

为简单起见，假设国外生产者在价格 $p_1$ 处具有完全弹性（水平）的供给曲线。如图18.3所示，如果允许存在贸易，则国内价格为 $p_1$，
613 总消费量为 $Q_c$。在国际贸易中没有市场势力的国内企业的销售量为 $Q_1$，由它的 $MC$ 曲线与 $p_1$ 价格水平时的国外供给曲线的交点决定。

如果政府征收关税 $t$，均衡点为 $e$，国内生产者在价格 $p_1+t$ 水平下销售 $Q_2$ 单位。正如图中所表明的，如果 $t$ 足够小，使得 $p_1+t$ 小于 $\hat{p}$（它由 $D$ 和 $MC$ 的交点决定），由于需求量 $Q_t$ 超过了国内企业愿意供给的 $Q_2$，需要进口 $M$ 单位产品。但是，如果 $t$ 较大，使得 $\hat{p}<p_1+t<p_m$，即使国内企业的销售价格受到进口威胁的约束，也不会有产品的进口。如果 $t$ 非常大，使得 $p_1+t$ 超过了 $p_m$，进口的威胁对垄断者而言将全然没有约束。

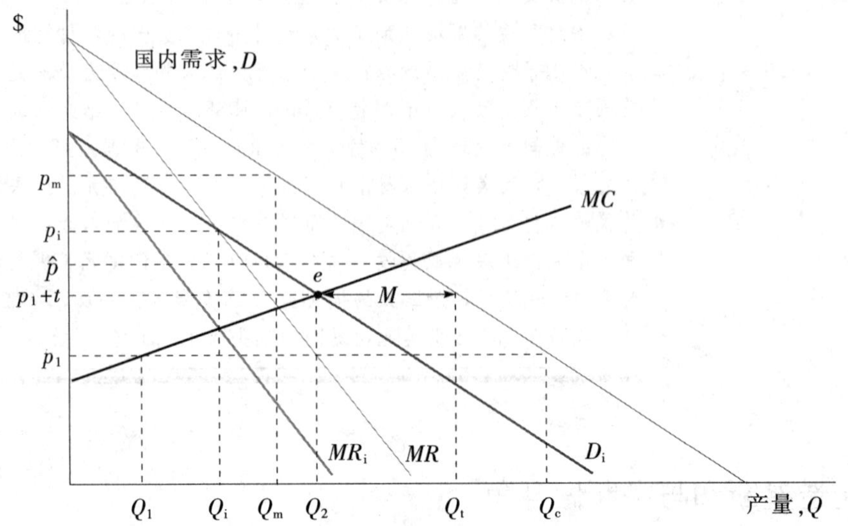


**图 18.3　对国内垄断者征收关税和设置配额的比较**

现在假设不使用关税，而是使用配额，仅进口 $M$ 单位产品（如图 18.3 所示，该进口数量为设定关税为 $t$ 时的进口量）。是采取征收关税 $t$ 的政策好呢？还是设置等于 $M$ 的配额好呢？或是两种政策等价？

国内供给者更希望使用进口配额。数量为 $M$ 的进口配额使得国内生产者面对的需求曲线向左移动到 $D_i = D - M$。通过作图，新需求曲线 $D_i$ 包含了关税均衡点 $e$。

但是，在存在进口配额的情况下，垄断者并不希望在 $e$ 点运营并销售 $Q_2$ 单位的产品。垄断者希望销售 $Q_i$ 单位产品，该点由 $MC$ 曲线和新的边际收益曲线 $MR_i$（它对应的需求曲线为 $D_i$）确定。垄断者收取 $p_i$，高于关税系统情况下的价格 $p_1 + t$。因此，这一进口配额对垄断企业的约束要比关税政策小很多。

614 外贸约束的类型会影响外国的竞争制约国内垄断的效果。事实上，特定类型的进口配额全然不会限制国内价格。例如，假设配额规则限制了外国的销售量 $Q_f$ 不能超过国内销量 $Q_d$ 的某一百分比 $\alpha$，即 $Q_f = \alpha Q_d$。

国内垄断者设定 $Q_d$ 来最大化利润

$$\pi = [p(Q_f + Q_d) - m]Q_d$$

其中，$p(Q_f + Q_d)$ 表示反需求函数，表明价格是总产出 $Q_f + Q_d$ 的函数，$m$ 是不变边际成本。给定进口限制，垄断者的利润可以表示为

$$\pi = [p(Q_d(1 + \alpha)) - m]Q_d$$

为了最大化利润，垄断者选择 $Q_d$ 使得

$$\frac{p - m}{p} = -\frac{1}{\varepsilon} \tag{18.3}$$

其中，$\varepsilon$ 为需求价格弹性。[20] 垄断者设定产出，使得勒纳指数等于需求弹

性的负倒数，这是标准的垄断加成规则（见公式 4.3）。

这样，垄断者的价格就等于禁止国际贸易情况下的垄断价格！由于来自国外的销售，垄断者的销量减少，但是令人惊奇的是，这些额外的来自国外的销售并没有使得价格下降。原因在于由于 $Q_f$ 受到 $Q_d$ 的约束，垄断者有效地控制了国外供给者的产出。意识到这一联系，垄断者可以限制产业产出，达到垄断价格。[21]

这样，关税或配额约束的特性对国外企业作用于本国企业的竞争性
615 约束有很大的影响。[22]来自国外的销售是否对价格产生显著的影响依赖于配额或关税的形式。案例 18.3 解释了一种通过使用配额来限制国外竞争和提高国内价格的尝试。

616

**案例 18.3**

## 外国医生

控制国外医疗服务的供给有利于国内的供给者。美国医疗协会（American Medical Association，AMA）多年来控制了美国医生的数量。20 世纪 60 年代，美国医疗协会控制的国内毕业生减少。同时，移民法发生了变动，导致更多的国外医生可以在美国行医。新医生中国外医生所占的比重从 20 世纪 60 年代的 15%上升到 70 年代的 40%。由于这两个原因所造成的供给增加，人均医生的数量从 1965 年到 20 世纪 80 年代初上升了接近 50%。诺思尔（Noether，1986）的测算表明增加的供给减少了医生的年收入，1981 年医生的年收入减少了大约 23 000 美元。

1996 年，医学学部（Institute of Medicine，美国国家科学院的一部分）公布了一份医生所写的报告，要求联邦和州政府限制在国外接受训练的医生进入美国。医生们感到了惊慌：美国的职业医生数量已经从 1970 年的 308 487 人（每 10 万人拥有 151.4 个医生）增加到 1992 年的627 723 人（每 10 万人拥有 245 个医生）。

他们将这一增加的原因归结为在国外接受训练的医生的进入，因为美国医学院毕业生的数量在过去的十多年间保持在年均 17 000 人。医院每年对住院医生的需求超过 17 000 人，大约 6 000～7 000 名医生——每年工作 80 周，工资为25 000美元～30 000 美元——是在国外接受的培训，而且大多数在国外出生。

委员会的 12 个成员一致建议政府阻止在国外接受训练的医生的流入。医生们针对国外医生的警告是基于这样的担心，即认为移民数量的增加将会减少在美国出生的医生的机会，因此会使得“美国本土医生士气受挫”。

这样，报告给出的阻止移民的原因是，国外人口的流入将会使得一些医生心情郁闷。医生们警告说，医生收入的下降——从每年 150 000 美元开始——会使得美国医学院的潜在的学生认为涉足医疗行业是“一项不良个人投资”。显然，并没有多少潜在的学生存在这种担忧：1999 年美国医学院共有 45 365 个申请者，这一数量比前五年高出了 50%。

（至少这一委员会的提议并未像近期其他委员会的提案那样受到广泛关注。皮尤公益信托健康职业委员会（Pew Charitable Trusts Health Professions Commission）要求关闭五分之一的美国医疗学校，并且大幅地削减医生、护士和药剂师的数量。）

资料来源：Noether (1986)；Keith M. Rockwell，“Medical Panel Sees a Crisis in U. S. —

Too Many Foreign Doctors." *Sacramento Bee*, February 12, 1996: B7; Stuart Auerbach, "Blue-Ribbon Panel Calls for End of Subsidies for Foreign Doctors." *Houston Chronicle*, January 24, 1996: A5.

615 **制造对外销售的垄断**。在迄今我们考察过的案例中，由于国内消费者的损失超过了国内生产者的收益，所以关税或配额政策减少了本国的福利。现在，我们考虑提升国内福利的政策。

假设一个国家拥有仅向其他国家的消费者销售的某种产品的所有生产者。这些生产者相互竞争，使得国际市场的价格为竞争性价格 $p_0$。政府意识到它会像一个垄断者那样行事，并通过征收出口关税 $t$ 使得该国内产业有效地卡特尔化，从而使企业的价格为 $p_1$ 加 $t$，等于垄断价格 $p_m$，如图 18.4 所示。通过这种方法，政府正在有效地对世界其他国家征税。该国政府仅关心本国公民的福利，并不在意其关税是否会损害国外消费者。

该（出口）国从关税收益（$t \times Q_m$）中的所得为图 18.4 中的矩形 $A+B$。关税将国内生产者的出口从 $Q_0$ 减少到 $Q_m$。因此，国内生产者损失的生产者剩余等于 $B+C$。

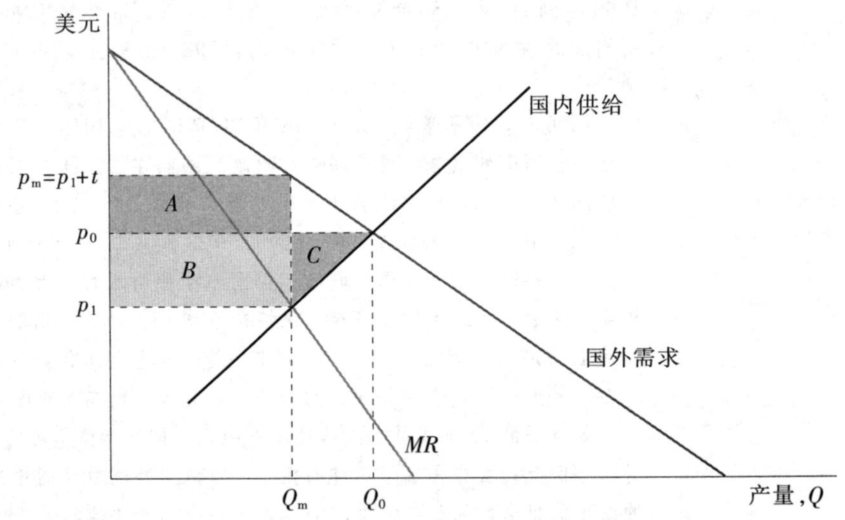


**图 18.4 关税导致垄断价格**

由于关税收益超过了生产者损失，出口国家总体上获益。矩形 $A$ 必定超过三角形 $C$，否则 $p_m$ 就不是垄断价格。如果不征收关税，而是生产者形成一个卡特尔，那么均衡价格和出口量将与存在关税时相同，但此时将是生产者而不是政府从限制出口中获利。

国内产业有效卡特尔化的另一种方法是实行出口控制。如果产业的产出受到垄断者产量 $Q_m$ 的限制，如图 18.4，那么产业将接受垄断价格 $p_m$。与征收出口关税不同的是，这些国内生产者将非常幸运地得到一份保持垄断利润的产出配额。当存在出口关税时，该国的整体收益以国外消费者的损失为代价。

**制造一个国外垄断**。和出口控制会制造一个国内垄断者一样，进口控制会制造一个国外供给者的垄断。如果美国使用配额限制特定产品的进口，这将会提高国内价格。如果美国轻微地限制进口，国外的利润就会上升。当政府强化进口限制时，国外的利润会一直上升到进口达到垄断水平（这相当于制造了一个国外卡特尔）。进一步地限制会使利润从卡特尔水平下降。对进口的完全限制将消除国外利润。配额会帮助国外和国内的生产者，但同时会驱动国内价格上升因而损害美国的消费者（参见案例18.4）。

618

**案例18.4** ☞

### 被捎上一程：日本汽车

日本汽车在美国的销售份额从1975年的10%以下上升到了1980年的20%以上。为了回应这一巨幅增长，从1981年起，美国对从日本进口的汽车实行配额。因此，到1987年为止，日本汽车的份额仍维持在1980年的水平。

配额提升了价格，但是损害了美国消费者，帮助了日本和美国的汽车制造商。通过限制美国市场上日本汽车的销售，配额将1985年美国市场上日本汽车的价格每辆提高了2 000美元以上。由于日本汽车竞争的减少，美国汽车的平均价格上升了750美元。两种价格的上升都损害了消费者。将这一估算运用到1980—1986年的销售额上，美国消费者由于配额而多支付了800亿美元。

日本汽车价格的上升增加了日本制造商的利润。美国的配额帮助日本汽车制造商像卡特尔一样行动，并限制产出。如果美国征收同样的关税，也能达到限制产量的目的，但是重要的差异在于额外的利润将会以关税收益的形式流向美国政府，而不是日本制造商。

美国生产者从其价格的增长中获得收益。从20世纪80年代早期到中期，实际利润一直在稳步上升。汽车工人同样获得收益。在70年代，汽车产业的工资比制造业的平均工资高出了40%～50%。到80年代早期，这一差距扩大到了50%～60%。

资料来源：Crandall（1987）.

**与国外垄断者做斗争**。如果国家1的政府使用出口关税或配额使得其企业可以以垄断价格向国家2中的消费者销售产品，当国家2不进行
617 报复时，国家1会获益。国家2可能会通过几种方式来报复。它可能会进行价格战、实践买方垄断势力，或者将其对国家1出口的产业卡特尔化。总的说来，两国在按照竞争性价格进行自由贸易时的境况都要比在按扭曲价格进行贸易时的境况好。

进口国家对付国外卡特尔的方法之一是，通过在竞争性价格处施加一个价格上限来使得本国的需求曲线在竞争性价格下具有完全弹性。如果该国并不清楚准确的竞争性价格，而仅知道一个可能的范围，它可以通过征收非线性关税来使得需求曲线在该范围内富有弹性。如果价格高

于据信为竞争性价格的范围，则对其征收非常高的关税。此时，国外的垄断者可以选择在合意的范围内运营。

如果进口国决定对国外垄断者征收简单的关税，那么其行为具有两种效应。首先，出售的数量将下降，国内价格上升，这将损害进口国的消费者。其次，它增加了关税收入，这从总体上有利于国家。关税是否对国家有利取决于需求曲线的形状。总之，对于一个面对国外垄断者的进口国家而言，总会存在最佳关税或者可以提高其福利水平的补贴。

补贴的情况非常有意思，因为它意味着有时补贴外国产品对本国来说是最优的！举一个例子，假设进口国的需求曲线具有不变需求弹性−2。如果国外生产者设定价格来最大化它们的利润，价格等于边际成本的两倍（公式 18.3）。支付给国外垄断者每单位 1 美元的补贴使得进
618 口国家的价格降低了 2 美元。在现有消费水平下，国内消费者每单位获得的收益大于补贴的成本，因此补贴可以为进口国家创造净福利收益，当消费量已经很大时尤其如此。

另一个针对国外垄断的可能反应是，进口国家宣布它拒绝在垄断价格下购买产品。垄断者也可能以除非以垄断价格销售，否则拒绝销售而回应。此时问题就归结为究竟是垄断者还是进口国能做出更令人置信的承诺。

## 战略性贸易政策

近期将寡头垄断理论应用于国际贸易的工作引起了政策制定者的大量关注。[23]这些模型表明，如果政府可以帮助它的企业制定具有约束力
619 的承诺，那么这些企业可以更为有效地同国外对手竞争。此时政府就运用了战略性贸易政策。政府可以使用许多不同类型的战略性贸易政策（参见 www.aw-bc.com/carlton_perloff 的“战略性贸易政策”）。

我们已经看到，在第 6 章和第 11 章的一些寡头垄断模型中，承诺可以带来收益。例如，如果斯坦克尔博格型领导企业可以在其对手之前承诺产出水平，它就选择了相对高的产出，使得追随企业选择相对较低的产出水平。由于领导者的先期承诺给它带来了优势，它可以比追随者获得更多的利润。

与斯坦克尔博格模型不同的是，在静态古诺模型中，企业必须同时选择产出水平，而且企业不能做出任何可置信承诺，因此没有一个企业能够说服其他企业它将生产更多的产出。如果两个企业同等规模，它们将生产同样的古诺产出。尽管企业都不能做出可置信承诺，政府却可以承诺它的企业会生产大量产出，使得它的企业可以像斯坦克尔博格领导者一样行动。[24]

一个双寡头垄断的例子表明了贸易政策的战略用途。假设国家 1 和国家 2 都拥有一个企业生产出口到这两个国家以外国家的产品。当不存在政府干预时，这些企业像古诺双寡头垄断者一样行动。我们做出以下假设：

- 没有进入：没有其他企业能够进入。
- 同质性：企业生产相同的产品，因此两者的产出总和等于产业产出：$Q=q_1+q_2$，其中企业 1（在国家 1）生产 $q_1$ 单位，企业 2（在国家 2）生产 $q_2$ 单位。
- 需求：其他国家的反需求函数是线性的：$p=46-q_1-q_2$。
- 成本：企业以不变边际成本 10 进行生产。

图 18.5 给出了这些企业的最优反应函数，相关正式推导在附录 18A 中给出。古诺均衡为 $q_1=q_2=12$，$p=22$。每个企业 $i$ 获得 144（$=(p-10)q_i$）单位的利润 $\pi_i$。

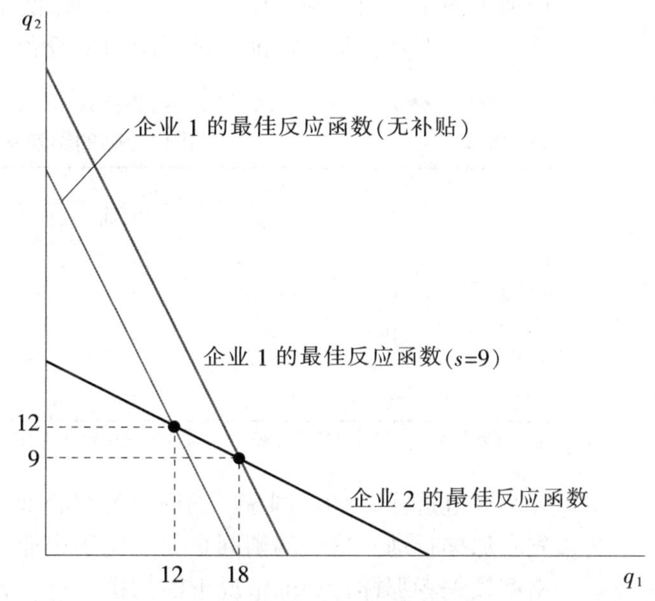


**图 18.5　出口补贴对古诺双寡头的影响**

现在假设国家 1 的政府可以给企业 1 每单位 $s$ 的补贴，而不用害怕其他国家的政府会进行报复。这一补贴刺激企业 1 生产更多产出，成为一个更具进攻性的竞争者。例如，如果企业 2 继续生产 12 个单位，企业 1 就会将其产出扩张到 13 个单位，价格将会下降到 21，企业 1 的利润下降到 143（从 144）。如果 $s$ 大于 1，则它至少可以使得企业 1 扩大 1 个单位的产出。

企业 1 的最优反应函数（参见附录 18A）为

$$q_1=18-\frac{1}{2}q_2+\frac{1}{2}s$$

620 对任意给定水平的产出 $q_2$ 而言，补贴越高，企业的生产也将越多。也就是说，企业 1 的最优反应曲线向右移动 $s/2$（如图 18.5 给出的 $s=9$）。

当存在补贴时，新均衡发生在企业 2 最初的最优反应函数和企业 1 获补贴后的反应函数的交点处。在新均衡中，$q_1=18$，$q_2=9$。企业 1 补贴前的利润为 162（$=q_1\times(p-10)$），加上获得的补贴 162（$=q_1\times s$），因此获补贴后的利润为 $\pi_1=324$。补贴是政府向企业的转移支付。假设补贴的支付不会发生净损失，那么国家 1 的福利（利润减去补贴）在新的均衡处上升。

政府希望选择最大化国内福利的补贴。表 18.2 表明不同 $s$ 值情况下国家 1 的产出、利润和福利（$=\pi_1-$ 补贴的支付）。国家 1 的福利在 $s=9$ 时达到最大。正如表中所显示的，企业 1 将乐意接受高于对国家 1
621 来说为最优状态的补贴。[25]补贴从自由贸易水平上提高了企业 1 的利润，增加了国家 1 的福利，侵害了企业 2，降低了国家 2 的福利，由于补贴使得价格下降，从而帮助了进口国的消费者。

**表 18.2　　出口补贴的影响**

| | 国家 1 | | | 国家 2 | | |
|---|---|---|---|---|---|---|
| $s$ | $q_1$ | $\pi_1$ | 福利 | $q_2$ | $\pi_2$ | $p$ |
| 0 | 12 | 144 | 144 | 12 | 144 | 22 |
| 3 | 14 | 196 | 154 | 11 | 121 | 21 |
| 6 | 16 | 256 | 160 | 10 | 100 | 20 |
| 9 | 18 | 324 | 162 | 9 | 91 | 19 |
| 12 | 20 | 400 | 160 | 8 | 64 | 18 |

通过选择 $s=9$，国家 1 的政府使得企业 1 可以像斯坦克尔博格型领先者那样行动。这一均衡同企业 1 先于企业 2 承诺，并且像斯坦克尔博格型领先者那样行动的情况下的均衡一样。也就是说，国家 1 的政府确切地了解企业 1 和企业 2 之间的博弈，并且选择补贴来控制均衡，达到对国家 1 来说最优的结果。

尽管这一模型的结论在逻辑上正确，但人们仍会对一些假设的合理性提出质疑。[26]有三个假设尤为关键。

首先，政府 1 必须能够在企业 1 之前行动。在这一模型中，企业 1 不能在企业 2 之前行动，但是政府可以。

其次，我们的案例假设企业进行古诺博弈。只要企业参与不同的博弈，政府 1 就必须使用不同策略。例如，如果企业进行伯川德博弈，并且生产差异化产品，那么政府 1 的最优政策是使用关税。

第三，没有什么能阻止政府 2 进行报复（Karp and Perloff,

1995a)。政府 2 可以向企业 2 提供补贴。如果两国政府都进行干预，那
么我们将会看到两个政府之间的策略博弈，而不是两个企业之间的策略
博弈。预测政治行为显然会更为复杂，并且给国际竞争的分析增加了一
个有趣的转折点，但是即使是仅涉及企业的博弈理论，其经验观点还是
622 很少，因此如果我们将政治行为加入本来已经非常复杂的环境则只能得
到有限的成果。

从先前对企业策略性行为的研究中我们知道，企业做出可置信承诺的能力是任何子博弈完美均衡的一个必要特征。这一观点表明：如果策略性行为是有效的，那么参与策略性行为的国家必须将自己以某种方式约束到所提议的行动之中。一些国家会发现很难做出长期的政策承诺。

大多数开发了这些战略性贸易模型的经济学家强烈反对使用这些模型。如果一个国家想要最优地选择这一政策，它就必须知道世界上所有企业将如何做出反应，以及其他政府将如何行动。它必须能够首先可置信地行动，并对其政策无限期地做出承诺。如果其他国家同样使用战略性政策，那么这可能会使得所有国家都受到损害。战略性贸易政策从本质上来说是“以邻为壑”的政策。这就是 WTO 试图限制一般意义上的补贴并且明确禁止使用多数出口补贴（农业除外）的原因。

多数经济学家支持取消贸易壁垒。但是一些国家会非常积极地克服政治压力来保护它们的强势产业，即使这样的保护会损害它们的公民。2003 年 9 月，WTO 考虑减少发达国家的农业补贴和关税，这些补贴和关税使得发展中国家的农民很难销售他们的产品。例如，据测算，美国对棉农的大量补贴使得世界价格下降了 20%～40%，损害了发展中国家的棉农。[27]日本通过对稻米进口征收高关税（600%）来保护它的稻米生产者，损害了日本消费者和国外的稻米生产者。

作为它们降低对农业产品保护的回报，发达国家希望能达成涉及竞争法、投资程序、政府采购的透明度和增加贸易等的协议——所有这些都是为了便利贸易和外国的投资。世界银行估算出，成功的协商会在大约 10 年内将全球的年均收入提高 5 000 亿美元。遗憾的是，由于各国都不愿意妥协并减少对强势的国内利益的保护，协商完全失败了。

## 具有正外部性的产业

一些产业会对国内的其他产业产生正收益，当它们创造的收益（外部性）没有得到补偿时，国家常被要求采取相应的政策来扶持这些产业。例如，在一个产业内进行的研究会刺激其他产业内的研究。产生这种外部性的产业不会扩大产出到边际社会收益等于边际成本的水

623 平，因为企业不能对其所创造的知识收取费用。这样，国家希望能促进研究工作的发展，使其超过市场自身所能产生的水平。国家可以采用专利、奖励或者直接资助来引导企业从事社会最优数量的研究（第16章）。

通常，社会效率的缺乏由边际成本和社会边际收益之间的国内扭曲所引起。太少的研究本身并不好——无论企业在国内还是国外销售，或者进口，这些都无关紧要。但是，有关外部性的论点通常被作为实施关税或进口限制等保护措施的理由。有关论点是：如果国内企业并不担心国外竞争，它们将会在研究中投入更多，并为国内经济创造收益。通常，这些措施的支持者会迫切要求至少在初期保护能产生外部性的新兴产业，直到其达到一定的规模为止。[28]

对能产生正外部性的产业的研究进行补贴是一个好主意，但试图使用贸易政策来达到这一目标的做法值得怀疑。在最坏的情况下，这种政策产生的扭曲（垄断定价、贸易战）会抵消额外研究所带来的收益。国际贸易的补贴、进口关税或者配额可以保护产业免受竞争，使得该产业能够生存下去，即使该产业没有效率也是如此。而且，还存在这样一种危险，得到强大政治支持的产业，而不是能够创造许多正外部性的产业得到了补贴或进口保护。

因此，在对贸易进行战略性干预的情况下，正如理论所述，补贴或保护产业免受国外竞争或许是福利增强型的。但是，这并不意味着这样的政策必定会增加福利，需要对证据做出检验。而且，即使这些政策是福利增强型的，直接的补贴也会达到同样的目的，并且不会带来贸易政策的扭曲。

## 国际贸易干预的经验性证据

基于我们已经回顾的理论，贸易政策存在诸多动机。一些经验性证据表明了为什么要使用贸易政策，以及它们究竟是使整个国家受益，还是仅让一部分利益集团受益。

**为何使用贸易政策**。关于为什么要干预贸易存在两种不同的观点。第一种观点认为，关税、补贴和进口配额是以牺牲其他利益集团的利益
624 为代价来保护诸如国内生产者或者工人等特定的利益集团。另一种观点认为这些干预是用来增加国内的总体福利的。例如，一个国家会使用出口关税来帮助其生产者垄断该产业，或者使用配额来保护能产生正外部性的国内产业。

正如表18.2中战略性贸易案例所展示的，国内企业希望得到的补贴超过相对于整个国家来说最优的水平。世界范围内许多企业和产业通

过游说政府来得到贸易保护或补贴。

证据表明贸易限制主要被用来协助国内生产者，尤其是在发达国家。很少有证据表明发达国家采用出口关税来垄断贸易（Baldwin，1992）。但是，发展中国家常常试图在它们内部形成卡特尔（成功的程度各不相同）来提高它们产出的价格（Baldwin，1992）。

如果关税或配额纯粹是对关系密切的利益集团的报酬，那么在一定情况下它们更可能会发生。首先，如果关税和配额是报酬，那么它们更可能出现在集中性产业中，因为集中度高的产业更容易组织起来游说政府。[29]其次，当高价格的受害者非常多而且很小，将它们组织起来的成本很高时，对这些报酬的反对就会很有限。例如，当消费者很多而不是仅仅只有几个时，这样的报酬更可能发生（Godek，1985）。再次，当国家没有竞争优势，或者竞争优势很小时，产业要求保护的呼声应该是最高的。例如，美国在熟练劳动力上具有比较优势，而在非熟练劳动力上处于比较劣势。因此，我们可以预期非熟练劳动力会要求对他们所工作的产业进行保护。[30]尽管自由贸易增加了两国的福利，但是一些特定的群体，例如美国的非熟练劳动力将会有所损失，除非他们能得到补偿。

戈德克（Godek，1985）发现了与这些预见相一致的证据。戈德克的研究进一步表明，产业获得的总体的免受国外竞争的保护越多，配额就变得愈发重要。[31]在最近的20多年中，配额的使用大大增加了。一个可能的原因是，配额可以被看成是对国外生产者（或国家）的报酬，使它们保留了采用关税情况下原本应由本国政府征收的收益。如果是这样的话，国外生产商必定已成为日益重要的、本国政府所要讨好的利益集团。

如果贸易限制使得产业免于竞争，我们就可预见国内企业将进入受到保护的产业。由于产业免于竞争，没有效率的企业也能生存（Horstmann and Markusen，1986）。加拿大和一些欠发达国家都有支持这一假设的证据（Eastman and Stykolt，1960；Harris，1984；Harris and Cox，1984；Caves，1989；Baldwin，1992）。

625 **特定产业贸易限制的效果**。研究者对各种产业进行了经验性研究和模拟，以确定谁能从补贴、关税和配额中获益。迪克西特（Dixit，1988b）基于对汽车产业的研究得出的结论是，美国从战略性关税或配额中得到的收益相对而言都很小。鲍德温和克鲁格曼（Baldwin and Krugman，1988a）研究了日本的进口限制是否帮助了其半导体产业中随机存取存储器（RAM）的发展。他们发现，如果没有日本的政策，日本的产业就不会发展，美国的产业就会极大地扩张。但是，他们还得出了另一个结论：由于日本的生产成本比美国的生产成本更高，日本并没有从其政策中获得利益。因此日本的政策既损害了美国也损害了日本。鲍德温和克鲁格曼（Baldwin and Krugman，1988b）在对法国、德国、英国和西班牙的空中客车公司的研究中也得出了类似的结论（见案例 18.5）。[32]

**案例 18.5**

### 宽体飞机

法国、德国、英国和西班牙共同拥有生产宽体飞机的空中客车公司（以下简称“空客”）。波音公司是空客的主要竞争对手。宽体飞机产业具有高沉没成本、规模经济、长产品寿命和干中学的特点。波音宣称空客的所有者为空客提供了大量补贴，使得波音难以与其竞争。空客反击道，美国产业以国防合同的方式得到了美国政府的补贴。

关于空客到底得到了多少补贴是一个存在广泛争议的问题。使用与书中所述的古诺补贴相同的模型，鲍德温和克鲁格曼（Baldwin and Krugman，1988b）模拟了各种假设下对空客补贴的效果。他们发现，空中客车公司明显地促进了全球范围的有利于消费者的竞争。他们同时表明，由于波音利润的下降抵消了消费者剩余的增加，因此美国在补贴政策中存在净损失。他们发现欧洲国家在支付补贴后也可能发生净损失。

欧文和帕夫克尼克（Irwin and Pavcnik，2001）测算了对波音和空客飞机的需求。基于这些测算，他们得出结论，1992 年美国和欧盟有关限制补贴民用飞机的贸易协定导致飞机价格上升了 3%。这一增长和取消补贴后边际成本增长的 7.5%相一致。

仅对单个产业的研究会忽略一般均衡效应：经济中一个部门的扩张必然会导致另一部门的收缩，因为总的资源是有限的。哈里斯（Harris，1984），哈里斯和考克斯（Harris and Cox，1984）使用了一般均衡模型
626 来分析加拿大和美国之间贸易自由化的效应。他们预测，加拿大的国民生产总值将会因自由贸易增加 8%～12%。

一些政府宣称他们使用贸易政策是支持已经产生外部性或者一旦繁荣发展后就能产生外部性的产业。只有当政府能够确定该产业具有正外部性（或者将会产生正外部性），而且使用了合适的补贴和其他政策时，这些政策才能提高福利。

从实践的角度看，政府可能会基于产业的政治势力而不是它们所产生正外部性的潜在能力来选择产业加以补贴（参见案例 18.6）。其他国家的经验表明了政府补贴的危险性。例如，正如一家媒体的报道所指出的：[33]

> 战略性贸易并非总能使美国的竞争对手得到好处。例如日本 20 世纪 70 年代在铝产业中 25 亿美元的失败，或者当低工资的韩国人和巴西人掌握了电弧炉技术时其政府做出了大举进军钢铁产业的误导政策。日本纳税人最近又涉足了由政府发起的华而不实的失败举措：人工计算机智能和高清晰度电视。

627 尽管一些群体或者甚至是整个国家可以从贸易限制中获得收益，但是战略性政策会引发报复和贸易战。贸易战通常会损害所有国家。通过

终止贸易，贸易战迫使国家生产它们不能有效率生产的产品。金德尔伯格（Kindleberger，1986）强调，20 世纪 30 年代的贸易保护政策大大增加了大萧条的严重性。

如果国家意识到它们的行动将会加速贸易战的发生，而且这样的贸易战会损害所有国家，那么它们就可能选择在条约下约束自己不从事这样的行为。事实上，WTO 的规则影响了国家之间的贸易方式，以及它们如何对新关税和补贴做出反应。也就是说，WTO 的规则可以被看成是各国约束它们自身行为不参与贸易战的一个（软）机制。

626

**案例 18.6** ☞

### 锤炼美国的消费者

在 2002 年 3 月，乔治 W. 布什总统在动用美国贸易法的 201（“保护措施”）调查条款后征收钢铁关税。美国的钢铁产业从 1998 年至少 35 家企业宣布破产以来，一直面临困境。钢铁产业抱怨大量便宜的国外进口导致了这样的困境。为了保护产业和给予其重振雄风的时间，布什总统把随后三年时间钢铁的进口关税提高了 30%。

虽然这一措施受到了钢铁生产者政治上的欢迎，但很容易理解的是，由于钢铁价格的上升，钢铁消费者并不欢迎这一措施。美国国际贸易协会（ITC）做出的一个研究估算出布什的这一举动每年让美国消费者多耗费 6.8 亿美元。奇怪的是，ITC 的结论是关税并没有严重伤害消费钢铁的产业，但弗兰索瓦和鲍曼（Francois and Baughman，2003）并不同意这一观点。

WTO 在 2003 年裁定美国的这一举措违反了国际贸易法，甚至违反了那些允许政府帮助受到进口增长影响的国内产业的法律。欧盟威胁将对超过 20 亿美元的美国出口征收高达 30%的关税。美国不久取消了这些关税。

资料来源：Elizabeth Becker，“In Glare of Politics，Bush Weighs Fate of Tariffs on Steel，” *New York Times*，September 20，2003：C1；Jonathan Weisman，“Tariffs Help Lift U. S. Steel Industry，Trade Panel Reports，” *Washington Post*，September 21，2003：A12；“Panel Says Tariffs on Steel Did Little Harm，” *Chicago Tribune*，September 20，2003：1；“U. S. Steel Tariffs Ruled Illegal，Sparking Potential Trade War，” *Wall Street Journal*，November 11，2003；Neil King Jr. and Carlos Tejada，“Bush Abandons Steel Tariff Plan，” *Wall Street Journal*，Dec. 5，2003：A3；Francois and Baughman（2003）.

## 小　结

产业组织的一些模型解释了一定类型的贸易。产品差异化和规模经济模型解释了为什么国家之间通常会发生同一产业内的贸易。搭便车也能解释存在大规模促销的品牌产品的国际贸易。当汇率波动引起同一产品在不同国家以美元表示的零售价格存在很大差异时，搭便车将非常严重。价格歧视模型同样解释了在国外以不同于国内的价格进行交易的动机。关于倾销存在多种解释，如价格歧视和掠夺性定价。管制倾销的法律趋向于保护本国生产者，同时却损害了本国的消费者。

对国际贸易进行干预存在多种原因。在许多情况下，国际贸易的限制以损害国内消费者为代价帮助了国内生产者。从理论上来讲，贸易干预有可能有助于整个国家。在一些情况下，国家可以利用其生产者或其消费者的联合市场势力。国家也可以扶持能为经济产生较大溢出收益的产业。最后，国家可以帮助其企业做出有约束力的承诺，使其可以在寡头垄断博弈中获益。经验性证据提醒人们，政府可以实实在在地制定有益于整个国家的贸易政策，而不是保护生产者免于竞争和损害消费者。

## 问　题

1. 如果两国的零售价格相同，会存在搭便车和灰色市场吗？如果存在，谁会将产品运送到国外？

2. 使用一个图示来阐述一个国家从对国外垄断者的征税中得到的净收益。

3. 假设国家 1 中的企业 1 生产产品 1，国家 2 中的企业 2 生产产品 2。两种产品都只销售给其他国家的消费者。两种产品的需求曲线为

$$q_1 = 15 - 2p_1 + p_2$$

$$q_2 = 15 + p_1 - 2p_2$$

628 假设边际成本为零，计算伯川德均衡。再假设国家 1 和国家 2 均对其本国的出口征收 3 美元的出口税。那么企业 1 和企业 2 的新的均衡价格和利润分别为多少？

4. 具有向上倾斜供给曲线的竞争性产业在本国销售 $Q_h$ 单位产品，在另一个国家销售 $Q_f$ 单位产品，因此总销售量为 $Q=Q_h+Q_f$。没有其他人生产该产品。不存在运输成本。使用图示来表明在两个国家中的价格和数量。现在，外国政府制定了一个约束性配额 $Q^*$（在最初价格下，小于 $Q_f$）。国内和国外市场的价格和产量将如何发生变化？最后，假设外国政府可以像买方垄断者一样行动，请表述两国价格和产量的变化。

5. 假设某种特定产品的所有买者都生活在国家 1 中，所有生产该种产品的企业都在国家 2 中。国外的供给曲线为 $Q=p$。需求曲线为 $Q=18-p$。竞争性均衡是怎样的？如果国家 1 对进口征收 2 美元的关税 $t$，那么新的均衡价格、产量和税收收益为多少？如果国家 1 像买方垄断者一样行动，均衡又将如何？对国家 1 来说，福利最大化的关税为多少(不存在报复)？

奇数问题的答案在本书最后部分给出。

# 附录 18A　最优补贴的推导

629 国家 1 中的企业 1 和国家 2 中的企业 2 向其他国家出售同质产品。它们面临的反需求曲线为

$$p = a - b(q_1 + q_2) \tag{18A.1}$$

其中，$a$ 和 $b$ 为正数；$q_1$ 为国家 1 中企业 1 的产出；$q_2$ 为国家 2 中企业 2 的产出。每个企业都具有不变的边际生产成本 $m$ 。当不存在政府干预时，企业参与关于产量的纳什博弈。

国家 1 的政府给企业 1 提供每单位 $s$ 的补贴。企业 1 的利润为

$$\pi_1 = pq_1 - mq_1 + sq_1 = [a - b(q_1 + q_2)]q_1 - mq_1 + sq_1 \tag{18A.2}$$

其中第二个等号之后的部分由将公式 18A.1 代入所得。国家 2 不提供补贴，因此企业 2 的利润为

$$\pi_2 = [a - b(q_1 + q_2)]q_2 - mq_2 \tag{18A.3}$$

企业 1 的古诺最优反应函数由对等式 18A.2 中的 $q_1$ 求导并使得导函数为零而得到。重组各项，得到条件为

$$q_1 = (a - m + s - bq_2)/(2b) \tag{18A.4}$$

同样，企业 2 的最优反应函数为

$$q_2 = (a - m - bq_1)/(2b) \tag{18A.5}$$

解关于 18A.4 和 18A.5 的联立方程得到 $q_1$ 和 $q_2$ 的纳什产量均衡（两个最优反应函数的交点）

$$q_1(s) = (a - m + 2s)/(3b) \tag{18A.6}$$

$$q_2(s) = (a - m - s)/(3b) \tag{18A.7}$$

（为了得到补贴前的古诺均衡，可令方程 18A.6 和 18A.7 中的 $s = 0$。）对于本章中使用的特殊的值 $a = 46$ ，$b = 1$ ，$m = 10$ ，$q_1(s) = 12 + 2s/3$ ，$q_2(s) = 12 - s/3$ 。随着 $s$ 的增加，$q_1$ 将增加，$q_2$ 会下降。

630 国家 1 的政府设定 $s$ 来最大化福利，即 $\pi_1$ 减补贴 $sq_1$（这一转移对企业来说是收益，它被政府的等量损失相抵消）。在选择 $s$ 时，国家 1 必须考虑由 18A.6 和 18A.7 决定的企业回应 $s$ 的均衡。这样，国家 1 的问题为

$$\begin{aligned}\max_{s} \pi_1 - sq_1(s) &= (a - b[q_1(s) + q_2(s)] - m)q_1(s) \\ &= (a - m - s)(a - m + 2s)/(9b)\end{aligned} \tag{18A.8}$$

设定方程 18A.8 对 $s$ 的导数为零，我们可以得到最大化的净福利 $s = (a - m)/4$ 。将我们的特殊值 $s = 9$ 代入方程 18A.6，可以得到企业 1 的产量 $q_1 = 18$ 。如果企业 1 首先承诺并且像斯坦克尔博格领导者一样

行动，那么这一值和我们所得到的相同。

**【注释】**

［1］例如，参见 Krugman（1989）。

［2］而且企业具有将货物运送到其他国家以避免税收的激励。参见 www.aw-bc.com/carlton_perloff 的“国际转移定价”。

［3］我们仅仅简要讨论了这一传统解释。参见任意一本标准的贸易教科书，例如 Krugman and Obstfeld（1997）；Caves，Frankel and Jones（1999，ch.3）或者 Houck（1986）更为详细的讨论。

［4］贸易模型必须存在一个将进口价值和出口价值联系起来的约束。在这样的模型中，出口产品和进口产品的税收是等价的（Lerner，1936）。本章节选于将进口和出口支出相联系的几个一般均衡问题。

［5］Helpman and Krugman（1985，1989），Helpman（1988）。

［6］Fargeix and Perloff（1989）证明在特定情况下，制造商会反对用来保护它们的关税，转而希望形成灰色市场。

［7］例如，对多数消费者来说，如果商店的相机销售人员受到了足够多的培训（花费大量成本），使得他们能给消费者提供产品信息，那么复杂的照相机就是有用并且有价值的。经由受培训人员销售的照相机和未受培训人员销售的照相机是差异产品。我们可以预见，在消费者能够接触到拥有受到培训的销售人员的昂贵分销系统的国家中，相机的价格要高于没有这种分销系统的国家。

［8］分销商的利润为 $\pi=[p(q)-(m+E)]q$ 减去（固定的）特许权使用费。这样，其一阶条件为 $p'q+p=(m+E)$，或者边际收益等于边际成本。这一表达式可以重新表示为

$$\frac{p-(m+E)}{p}=-\frac{p'q}{p}。$$

注意，$p'q/p=(\mathrm{d}p/\mathrm{d}q)(q/p)=1/\varepsilon$，我们得到公式 18.1，等于公式 4.3。

［9］价格相对于汇率变化的百分比为 $(\mathrm{d}p/\mathrm{d}f)/p=m/(fm+E)$。如果最初 $f=1$，价格变化的百分比等于生产成本在总成本中所占的比重。

［10］如果零售商店也加入分销商的促销，案例将更为复杂（参见 *An Analysis of Gray Markets*，Lexecon Report，1985，in which Carlton participated），但是基本结论仍不会变化。在本文的案例中，搭便车激励了日本的零售消费者、零售商店和分销商将产品运送到美国。

［11］我们已经看到搭便车如何使得国外销售价格低于国内价格。Ethier（1982）认为倾销是对周期条件反应的结果。当国内需求较低时，企业会选择以较低的价格在国外销售，而不是裁员。也可参见 Davies and McGuinness（1982），Bernhardt（1984），Brander and Krugman（1984），Hillman and Katz（1986），Gruenspecht（1988a），Berck and Perloff（1990），Dick（1991）。

［12］例如《经济学家》(*Economist*)（1986 年 4 月 5 日：82）报道：“美国人相信，Crompton 公司是被日本的倾销赶出市场的。他们认为在 Crompton 公司按照第 11 章进行破产登记的次日，日本企业就将与其竞争的产品的价格提高了 50%。”

［13］Berck and Perloff（1990）表明，对低成本国外企业来说，在将国内企业赶出这一产业的过程中实行低于成本的定价并不是一种最优决策。

[14] GATT 是经过许多国家认可，用来控制国家之间贸易条件的一组规则。目的之一是限制“贸易”战，在这些贸易战中，各国纷纷采取损害贸易和所有涉及国家的保护性措施。1995 年，世界贸易组织（WTO）成立，用来促进国际贸易，并将 GATT 囊括入其规则。WTO 已经拥有 150 个成员国家。

[15] 世界贸易组织的网站统计了 1995—2002 年期间受到攻击的报告国和受影响国的反倾销起诉和措施。

[16] 例如，被 19U. S. C 修正后的 1920 年《关税法》的第 722（d）（1）（C）节、第 1677a（d）（1）（C）节和反倾销管制的第 353.10 节指出，在确定某种商品在美国的价格是否低于其本国价格时，美国商务部国际贸易管理局将提高该进口产品在美国的价格标准，提高的幅度为“出口国家直接针对出口货物征收的各种税费……由于商品被出口到美国的原因，这些税费有些已经被减免，或还没有被收取，当然这些税费将仅仅达到它们被附加在，或者被包括在同种或者类似的商品在出口国家的国内销售时的价格的程度”。如此这般的规则自然使得这些比较困难重重（Karp and Perloff，1989b）。

[17] 大量的研究考察了反倾销法对出口企业的影响，并且得出结论认为其扭曲了贸易（Webb，1987；Gruenspecht，1988a；Leidy and Hoekman，1990；Staiger and Wolak，1991a，1991b）。

[18] 参见任何一本有关贸易的标准教科书，例如 Krugman and Obstfeld（1997）；Caves，Frankel and Jones（1999）；Bhagwati and Ramaswami（1963）。

[19] 买方垄断的情况相同。参见案例 18.2。

[20] 垄断者的一阶条件为 $p'(1+\alpha)Q_d+(p-m)=0$。经过整理，并注意到 $1/\varepsilon=p'Q_d(1+\alpha)/p$，我们可以得到文中的公式。

[21] 最大化 $[p(Q_d-m)]Q_d$ 和最大化 $[p([1+\alpha]Q_d)-m](1+\alpha)Q_d$ 得到相同的最优价格 $p$。设 $(1+\alpha)Q_d=z$，第二个目标函数和第一个目标函数形式一致，即 $[p(z)-m]Z$。从而，最大化第一个目标函数得到的 $Q_d$ 等于最大化第二个目标函数得到的 $Z$，并且这两个目标函数的最优价格相同。当 $\alpha=0$（无贸易）时，国内垄断者最大化第一个目标函数。当 $\alpha>0$ 时，国内垄断者最大化第二个目标函数乘上常数，因此最优价格独立于 $\alpha$。

[22] 这一结果说明政府部门在评价两个美国企业可能的兼并时，应该考虑关税和配额，因为这些贸易限制影响国外企业施加于兼并企业的竞争压力的程度。1997 年 4 月，《司法部和联邦贸易委员会横向兼并指南》（*Department of Justice and FTC Horizontal Merger Guidelines*）的独立的一节（1.43 节——影响国外企业的特别因素）明确地认识到为了评价国际竞争施加给美国企业的限制，必须评价围绕国外贸易的特定贸易限制。

[23] 参见 Helpman and Krugman（1985，1989），Krugman（1989）and Baldwin（1992）有关此类文献的精彩综述。

[24] 由于收益来自于承诺的能力，政府可以通过税收调整帮助国内企业保持较大规模，使得企业收缩规模会花费大量成本（Karp and Perloff，1992，1993b）。政府选择采用税收而不是出口补贴的好处在于能收钱而不会花钱，而且不会违反 WTO 的规则。

[25] 事实上，当每单位补贴超过边际成本时，第一个企业会生产无限量的产量，而不会担心没法销售。表 18.2 中在 $s=12$ 处，我们假设政府在 $q_1=20$ 时限制

对企业 1 的补贴，该点由相关最优反应函数的交点确定。

［26］Spence and Brander（1983），Dixit（1984），Brander and Spencer（1985），Eaton and Grossman（1986a），Carmichael（1987），Cheng（1988），Gruenspecht（1988b），Markusen and Venables（1988），Neary（1991），Karp and Perloff（1995a，1995b）表明，最优政策会随着所使用的假设发生本质的变化，这些假设包括博弈的类型、企业所选择的变量、企业的数量、进入壁垒、成本的外生性、企业还是政府首先行动、企业是否向国内消费者销售以及国外政府是否会干预等。参见 Maggi（1996）的有关模型，这一模型的结论对这些假设并不敏感。

［27］Hoekman（2000）；"The WTO Under Fire," *The Economist*，September 20，2003，26－28；Gretchen Peters，"In Cancun，A Blow to World Trade," *Christian Science Monitor*，September 16，2003，p. 6.

［28］具有快速演进技术的新产业中的企业可以通过干中学获益（生产得越多，单位生产成本越低）。这些产业通常要求在与国外对手竞争时得到保护，直到它们"成熟"起来，那时它们被认为可以对经济中的其他部分产生足够多的知识溢出。例如，日本为了鼓励半导体产业的发展而采用了这样的保护政策（阻止进口）。

［29］为了防止国外企业的竞争损害国内卡特尔或者破坏政府设置的产量限制，企业频繁要求使用配额。参见 Vercammen and Schmitz（1992）的福利分析。

［30］人们认为贸易可以被用来提高不同国家生产要素之间的竞争。如果所有生产要素的迁移都没有成本，那么它们之间就会相互竞争。产品的移动是一个国家的要素和其他国家的要素竞争的另一种方法。产品的自由贸易优势可以完全替代要素的自由移动。当贸易发生时，美国没有比较优势或者比较优势较小的产业中工人的工资会下降。

［31］在 WTO 规则下也能使用配额，因为配额引发报复措施的可能性要小于关税（Sykes，1999）。

［32］后来，英国重新考虑了战略性贸易政策的使用。前首相梅杰告诉美国，当他们试图控制产业政策来鼓励特定产业时，政府通常并不会成功，而且英国的政策已经严重损害了其经济。"The Hidden Dangers of Industrial Policy." *Wall Street Journal*，March 1，1993：1。

［33］Sylvia Nasar，"The Risky Allure of Strategic Trade." New York Times，February 28，1993：Section 4，1.

# 第 19 章 反垄断法规和政策

631 我们要做的第一件事就是杀了所有的律师。

——威廉·莎士比亚

美国政府使用**反垄断法**（antitrust laws）来限制企业的市场势力，控制企业之间的竞争。反垄断法并没有将垄断非法化，但是它们控制了企业获得和维持市场势力的途径。本章将阐述反垄断法和它们是如何影响效率的。本章并不想成为关于反垄断法的完整课程，只是提供了联邦反托拉斯政策最为重要的发展和问题的一般回顾。[1]

本章首先描述主要的反垄断法规以及它们的主要目标。对大多数法律来说，阅读法律文献并不能了解它们已经被如何应用。我们有关法庭判决的讨论关注于市场势力——反垄断法的中心焦点。

而后，本章将考察反垄断法的两个主要应用领域。第一个涉及竞争者之间的协议，如价格操纵协议和兼并协议。第二个涉及单个企业可能伤害竞争对手的行动。这些行动包括战略性行为，如掠夺性定价、企业间的纵向关系和配售等。而后，本章将回顾价格歧视的反托拉斯原则。本章最后将就主要反托拉斯法规对企业组织的影响做出总体经济评价。

632 本章讨论的七个主要论点是：

1. 美国反垄断法的解释与时俱变。

2. 反垄断法能够提高效率。

3. 垄断并不被禁止，但是禁止某些能导致企业获得或实施垄断势力的行为。

4. 通常禁止价格操纵。

5. 竞争者之间的某种协议、企业之间的纵向关系和其他各种战略行为可能会提高或降低福利，因此对它们应该依据各自情况逐一评价。

6. 一些反垄断法规，比如禁止被认定会减少消费者之间竞争的价格歧视的法规，几乎总会降低福利水平。

7. 禁止某些行为而不禁止其他行为会导致无效率的企业组织形式。

## 反垄断法及其目的

反垄断法叙述起来很简单但实施起来却很困难。事实上，最高法院已经数次改变了其对这些法律的解释。本节描述这些法律的内容、实施以及目的，解释谁能在反垄断法下提出诉讼以及损失赔偿的方式。

### 反垄断法

指导反托拉斯政策的三个主要法案是《谢尔曼法》(Sherman Act，1890 年通过)、《克莱顿法》(Clayton Act，1914 年通过) 和《联邦贸易委员会法》(Federal Trade Commission Act，1914 年通过)。多年来，美国对这些法律进行了增补、删节和修正。

但是，即使在《谢尔曼法》通过之前，法律原则就曾调控企业之间的竞争。在普通法（缺少明确成文法之前法庭的判例）下，企业之间的价格操纵尽管不触犯法律，但仍然不可执行：法院不会使企业与其竞争者达成的价格操纵合约生效。同样，有关在商业销售和雇用关系中避免竞争的协议，如果被判定为“不合理”，也是不能执行的。工人提出的要么固定工资，要么进行罢工的协议通常是违法的。企业试图排挤竞争者（例如掠夺性定价）的做法并不被认为违法，除非同时还存在其他非法行动，如欺诈 (Posner and Easterbrook，1980，18)。

反垄断法是在美国产业发生巨变之际通过的。在通过《谢尔曼法》的 1890 年前后，随着现代美国公司的诞生和其他通过兼并和规模经济所产生的大企业的出现，大型的企业越来越普遍。为了调整经济规模，19 世纪 90 年代和 20 世纪早期的兼并浪潮达到了历史上的最高水平（见

第 2 章)。

第一部联邦反垄断法《谢尔曼法》的诞生在某种程度上是对美国经济变革的回应。《谢尔曼法》的第一条规定:

> 633 任何合约,以托拉斯或其他形式进行联合或者密谋,只要约束了州际或国际贸易和商业,就将被宣布为非法……

也就是说,第一条禁止显性卡特尔。

第二条宣称:

> 任何进行垄断或者试图垄断,或者与其他任何人或团体联合或密谋来垄断州际或国际贸易和商业任何部分的个人都将被认定为犯有重罪……

尽管人们会认为第二条旨在禁止垄断,但法庭对其却有不同的解释。正如我们在后面所解释的,只要并没有实行"不良行为",垄断并不构成犯罪。

法院对《谢尔曼法》的解释在该法是否禁止某些产业行为的问题上留有疑问。因此,1914 年,议员们通过了两部反垄断法规,即《克莱顿法》和《联邦贸易委员会法》。《克莱顿法》主要用于反对四种特定的行为。该法的第二条(1936 年经过《罗宾逊-帕特曼法》修正)禁止削弱竞争的价格歧视。第三条禁止使用减少竞争的配售和排他性交易。第七条(1950 年经过《塞勒-基福弗法》(Caller-Kefauver Act)修正)禁止减少竞争的兼并。第八条涉及竞争企业之间联合董事会的产生(也就是说,通过相互关联的董事会控制相互竞争的企业)。《克莱顿法》同时允许受害当事人一方获得**三倍的赔偿金**(treble damages,三倍于实际损失)和律师费用。[2]

《联邦贸易委员会法》创建了一个新的政府机构,即联邦贸易委员会(FTC),负责执行反垄断法和根据《联邦贸易委员会法》的反托拉斯条例来判决争议及其他行为。《联邦贸易委员会法》中主要的反托拉斯条款在第五部分,它禁止"不公平"的竞争方法。联邦贸易委员会的其他主要职责包括保护消费者和阻止欺骗性广告。

在一个反托拉斯诉讼中同时列举出违反几部反垄断法的现象是很普遍的。例如,有关配售的反托拉斯诉讼可以列出其同时违反了《谢尔曼法》和《克莱顿法》的条款。

## 执行

联邦贸易委员会和美国司法部同时负责反垄断法的执行。司法部提起的诉讼由联邦法院判决,而联邦贸易委员会提起的诉讼由联邦贸易委

634 员会的某个行政法官听证，而后由联邦贸易委员会重审。[3]在联邦贸易委员会完成其诉讼程序后，被告可以就其不利判决向联邦法院提出上诉。

联邦贸易委员会提起的诉讼可以导致停止令，该命令禁止特定行为的发生。司法部提起的诉讼可以导致同样类型的命令，即禁令。司法部同时可以提起刑事诉讼，该类诉讼会导致刑事罚款或者牢狱监禁。除了执行的职责外，当美国政府成为违反反垄断法的受害者时，司法部可以通过诉讼取得诉讼费及相应罚金。私人和企业可以提起反托拉斯诉讼，并在胜诉的情况下获得三倍罚金加上包括律师费用在内的诉讼成本。在反托拉斯诉讼中，这样的私人诉讼占据了很大的份额（White，1989）。

## 反垄断法的目的

大多数经济学家相信反垄断法应该有非常简单的目标就是增进效率。也就是说，它们必须阻止通过运用市场势力而损害社会的企业行为和合并。

但是，一些分析家却认为，这些法律的真正目的并不是增进效率，这些法律的通过是为了帮助某些集团而损害另一些集团。例如，一些人认为反垄断法被用来帮助和大企业竞争的小企业，无论效率增进与否都是如此。特别是，反对价格歧视的反垄断法正是响应了许多小企业的政治游说而得以通过的，因为这些小企业抱怨大企业在采购中获得较低价格的能力（Ross，1984）。

获得反托拉斯一般豁免的企业团体可以减少竞争，并因此获益。许多团体成功获得了反垄断法的豁免。为了提高工资而联合起来的工人受到了反垄断法的特别豁免，如某些农业团体和出口协会。尽管像保险等一些特定的受管制产业已经获得了反垄断法豁免，但是受到管制的产业通常会受制于反垄断法。而且，正如第 20 章中所表明的，议员们通常试图保护某些团体免于竞争，而这些竞争根据反垄断法来说都是合法的。企业也试图通过影响立法来保护自己免于竞争，并免除自身在反垄断法中的责任，企业的这些行为是合法的（相反的情况参见案例 19.1）。[4]

635

**案例 19.1** ☞

### 利用政府来创造市场势力：黄皮书的误用

在内尔-彭宁顿（Noerr-Pennington）原理下，企业拥有向政府立法者诉请立法的权利，而后便可以利用该法律。也就是说，企业拥有为诉请立法而游说的合法权利，这会导致其他人难以与它竞争，即使立法会损害消费者也是如此。最近，联邦贸易委员会（FTC）就成功制止了企业滥用政府权力来创造市场势力的行为。

联邦贸易委员会特别关注有关药品批准的滥用。如果一个企业希望生产一种通用型的品牌药，它可以提交一份简单的新药申请，并借助于该品牌药先前的测试结果来获求食品和药品管理局（FDA）的批准。FDA要求该品牌药的制造者们在其"黄皮书"中列出任何仍应用于它们药品的专利。如果品牌药的制造商认为该通用型药侵犯了它在"黄皮书"中所列的专利，FDA将批准通用型药进入市场的时间自动推迟30个月。FDA并不调查"黄皮书"上的专利是否真正有效。因此，品牌药的制造商可能会列出无效或不能应用的专利来拖延竞争性通用型药的引入。

联邦贸易委员会宣称布里斯托尔-梅耶斯（Bristol-Myers）公司误用FDA的程序来阻止三种其最畅销的药品的通用型药的竞争，使得镇定药和癌症药品的消费者不能得到一般竞争情况下的价格，而一般竞争的引入通常会使得药品价格下降50%以上。联邦贸易委员会宣称，在另外一些情况中，布里斯托尔-梅耶斯申请了一项虚假的专利来阻止进入，又获得了一项以阻止通用型药进入为目的的专利。在通用型药进入市场之前，由布里斯托尔-梅耶斯寻求保护所得的销售收入总计已经超过了15亿美元。联邦贸易委员会和布里斯托尔-梅耶斯最终达成协议，布里斯托尔-梅耶斯同意限制自己的行为。

资料来源：John Wilke，"Bristol-Myers Settles Patent-Law Abuse." *Wall Street Journal*，March 10，2003.

---

即使接受了反垄断法的目标是增进效率的观点，经济学家通常仍然很难确定哪些实践会导致无效率的行为。例如，假设两个企业兼并
636 使得竞争减少，导致了价格的上升，这听起来似乎是有害的。但是假设兼并后的企业开发了一种新的更好的产品，或是对同样的产品提供了更好的服务，或是开发了一种比以前更能节省成本的生产方法，这听起来又是好事情。如果兼并大幅度消除了竞争，反垄断法应该禁止所有兼并吗？或者它们应该同时关注潜在收益以及两者的平衡？

为了表明如何在另一维度上比较增加的价格和增进的效率之间的权衡，假设兼并后，由于竞争的消除，企业将价格从1美元提高到1.10美元，导致了福利的损失（图19.1中的三角形）。假设兼并同时使得企业可以更有效率地运营，而且不变边际成本从1美元下降到0.90美元，产生了更高的生产效率（图19.1中的矩形）。

如果代表由于价格上升而产生的净损失的三角形区域面积小于效率收益，从综合的角度看，兼并对社会是有利的。这两个区域的相对面积依赖于具体情况。市场上出售的产量越多，效率收益就越重要，矩形的面积相对于三角形来说就越大。即使每单位成本的微量减少也会使得效率收益在重要性上超过净损失。[5]

例如，假设最初的产量为100单位（最初均衡点为$F$点），兼并后的产量为90单位（均衡点为$E$点）。由于效率的节约为每单位10美分，因此效率收益为9美元。价格上升而造成的净损失大约为50美分（$=-1/2\times10\times(-10)\cong-1/2\Delta p\Delta Q$）。这样，效率收益超过了净损失。

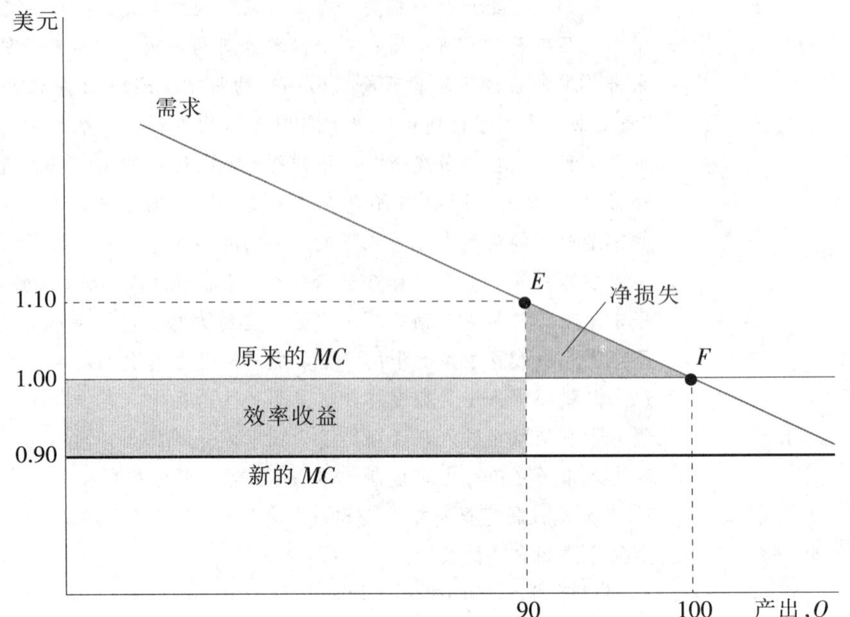


**图 19.1 生产效率和市场势力损害的比较**

这类计算可能很复杂，人们争论的是在判定兼并是否违法时，法庭是否应该做这样的计算（Williamson，1968—1969）。司法部和联邦贸易委员会现有的政策表述《横向兼并指南》（*Horizontal Merger Guidelines*）明显地认识到评价兼并时效率收益的重要性。但是，这些指南通常表明如果兼并具有反竞争效应（价格上升），那么即使存在可以抵消的效率收益，兼并也会受到法律的质疑。

大多数其他反托拉斯当局同样禁止会提高价格的兼并，即使总效率（生产者剩余加消费者剩余）上升也是如此。澳大利亚和新西兰是两个著名的例外，两国都在很大程度上依赖于国际贸易，因此有效率的出口产业是经济繁荣的关键。莱昂斯（Lyons，2002）表明，相对于只要能增进效率就允许兼并的标准来说，禁止导致价格上升的增进效率型兼并的标准能带来更大的效率。原因在于，如果阻止企业进行一项能增进效
637 率的兼并（兼并会导致价格上升），那么它会进行其他最终为社会创造更大效率的兼并（即使对兼并企业来说利润会下降）。

要求法庭应用复杂的经济分析来评价行为可能并不现实。而且，法庭必须经常处理经济学家尚未进行分析的经济问题，法庭并没有奢侈的时间和必要来解决这个问题。尽管如此，并不能说应该忽略经济知识。世界范围内反托拉斯诉讼过程中的经济学应用正越来越广泛。因此，由于经济分析现在会成为一个案件的关键，这就使得诉讼非常复杂，而且不同国家存在相互矛盾的分析（参见案例 19.2）。

638

案例 19.2

**欧洲和美国反托拉斯当局的冲突：通用电气与霍尼韦尔公司**

2000 年 10 月，通用电气公司（GE）宣布计划与霍尼韦尔公司（Honeywell）合并。GE 生产许多产品，包括商用飞机的引擎，霍尼韦尔并不生产飞机引擎，但是生产航空产品，如气象雷达、引擎附件、减速设备、航空照明和环境控制系统。这样，兼并不会产生两个企业生产同种产品，或者纵向供给关系问题，因为被兼并的企业仅生产互补产品。那么这一混合兼并如何会涉及反托拉斯议题呢？

正如我们在第 11 章中所看到的，当单个企业对两种互补产品定价时，它会考虑一种产品价格的降低将会刺激另一产品的需求。这一需求效应导致了企业会对两种产品都设定比不同企业单独出售时更低的价格。这样，由于兼并会产生更为有效的定价，人们会预期 GE 和霍尼韦尔的兼并将会降低价格并使得消费者受益。使用这一推理，美国反托拉斯当局并没有对兼并提出疑问。

由于 GE 和霍尼韦尔在世界范围占有很大的销售份额，因此它们的兼并同时受到欧洲反托拉斯当局的监督。欧洲当局不同意美国当局的意见，并于 2001 年 6 月提出禁止兼并。欧洲当局的推理是，由于兼并后的企业具有降低价格的激励，它将会“主导”市场，因此应该禁止这一兼并。这一拐弯抹角的推理是对早期美国反托拉斯历史的回归，当时管制者认为大型有效企业的形成是不合意的，因为即使更大的效率会为消费者带来收益，但它会使得效率较低的企业退出产业。大多数经济学家认为：反垄断法所关注的焦点应该是保护竞争，而不是保护竞争者。

这一流产的兼并和反托拉斯当局之间的冲突促使人们努力去协调反垄断法的执行和标准问题。这些协调是国际竞争网络（International Competition Network）的目标之一，该网络是新近成立的包括所有主要反托拉斯机构在内的组织。防止国外反托拉斯当局重复美国反托拉斯政策过去所犯的错误将是这一组织的主要贡献。

资料来源：Nalebuff（2004）in Kwoka and White（2004）.

## 谁会提出诉讼?

除了司法部和联邦贸易委员会外，个人和企业也可以提起反托拉斯诉讼。确定谁具有**法律权利**（legal standing），即谁能够提起诉讼是一个复杂的问题。只有受到反垄断法所禁止的行为侵害的团体才被允许提起诉讼。例如，假设两个企业进行兼并，这将会使得它们更有效率，并降低价格。对手企业会受到兼并的侵害，但是在反垄断法下，它们并不具备提起禁止兼并诉讼的法律权利，因为反垄断法的目标是降低消费者面临的价格。[6]

假设几家制造企业进行密谋来提高价格，它们将产品销售给百货公司，然后百货公司将产品销售给最终用户。百货公司并不参与任何密谋，而只是简单地对其价格进行正常的零售价格加成。那么谁可以对参与密谋的制造商提起诉讼呢？直接从密谋集团购货的百货公司当然有权

639 提起诉讼。最终消费者（间接购买者）有权提起诉讼吗？允许消费者和零售商就同一过高的价格表达损失将是一种重复计算。在伊利诺伊Brick公司的诉讼中，最高法院限制了间接购买者提起诉讼的权利。[7]做出这一判决的一个可能的正当理由是，难以确定所有的潜在的间接和直接当事人，如果他们都有权提起诉讼，那么原告会因同一过高要价而获得重复的赔偿金（Landes and Posner，1979）。

假设个人消费者直接从参与密谋的企业购买产品。如果胜诉所能获得的是三倍于产品过高要价的赔偿和律师费用，个人消费者有提起诉讼的激励吗？通常是没有的。作为一种激发更大的诉讼积极性的努力，法庭允许律师代表所有消费者提起集体诉讼。律师可以得到法律规定的费用，这就给他们提供了提起这种诉讼的激励。当然，如果这一费用过高，那么律师将有提起过多诉讼的激励。

## 赔偿金的经济理论

经济学家使用他们的理论来建议一个有罪的被告应该支付的最优赔偿金数额。尽管经济理论被广泛应用于确定反托拉斯责任，但是通常很少用于确定最优赔偿金。

赔偿金的经济理论源于这样的命题，即赔偿金的目的是威慑无效率行为，而不是作为负担以致阻却了有效率的活动。例如，假设在某个时刻一家企业与其他企业进行了非法密谋，企业的管理者被起诉。正如我们将要表明的，确定企业之间的协议是否非法并不是容易的事情。如果惩罚是判处死刑（或者极端严厉），那么许多企业可能不会采取一些完全合法并有利的行为，比如说创建设定产品安全标准的贸易协会等。最优的惩罚是对威慑手段的有益和有害方面的一个权衡。

最优惩罚减少了参与非法行为的激励。例如，假设如果一组企业密谋，它们可以提高利润100美元。如果这一密谋肯定会被执行官员无成本地发现，那么100美元的惩罚足以阻止这样的行为。当然，威慑手段并不是完美的，需要耗费资源来发现非法行为。由于企业知道它们可能并不会被发现，就需要高于100美元的惩罚来阻止卡特尔行为。例如，假设在所有案件中，只有三分之一的价格密谋被发现。那么，初步估计大约收取300美元的罚金足以阻止非法行为。[8]

国际卡特尔会产生更为复杂的问题。如果赔偿金的目标是威慑，那
640 么赔偿金必须能剥夺卡特尔的所有利润。但是如果一些国家并没有反垄断法，那么卡特尔将在该国获得过多的利润，除非国外消费者在美国和其他有反垄断法的国家对其进行起诉。在其他国家提起诉讼的可能性产生了复杂的司法问题，而这些问题至今没有得到解决。[9]

假设一群企业违反了反垄断法。将如何在这些企业之间分配罚金呢？是由一个被告支付所有的赔偿金，还是存在一些分担的规则呢？特别是，假设在两个被告中，一个被告在案件最后判决之前和原告达成协议（例如，向原告支付100美元撤销诉讼）。在判决后，原告得到的赔偿将数倍于其和被告达成协议中的数额。剩下的被告必须支付全部金额吗？法院规定一个反托拉斯被告无权要求**分担**（contribution），即一个有罪的被告无法从其他有罪当事人那里得到赔偿。[10]这一看来并不公平的判决受到了批评。但是如果一旦达成协议，企业将不再承担进一步的责任，并由此避免支付高额赔偿金，因此通过协商解决的积极性最高。这样，这一规则大大增加了协商的积极性，同时节省了诉讼成本（Easterbrook，Landes and Posner，1980）。

## 美国反垄断法的使用

美国反垄断法已经越来越多地被用于起诉价格操纵者，而且罚款也越来越多。[11]1890—1974年，司法部已经提交了1 000起民事和723起刑事诉讼（Posner，1976，25）。刑事案件的惩罚可判入狱，但是这一惩罚不能用于民事案件。第二次世界大战以来，民主党和共和党管理的机构提起的案件大致相当（Posner，1970，411-412）。司法部赢了其所起诉案件中的多数。在波斯纳（Posner，1976，381-382）所研究的1910年以来的案件（每5年作为一个阶段）中，司法部赢了64%；自1925年以来，该比例为78%；1955年以来为至少85%。[12]

司法部在少数刑事案件中败诉（Posner，1970）。自1890年以来，57%的案件并无上诉（“无争辩”）请求，21%被定为犯有其他罪，只有
641 22%被宣判无罪或者不予考虑。最近的定罪率更高（Snyder，1990）。在20世纪90年代早期，定罪率超过了90%。如此高的成功率可能表明了司法部只会尝试必然会成功的案件，或者被告没有上诉并且支付了少量罚金（避免长期法庭辩论的成本和失败的风险）。政府案件中被告无上诉请求的优点之一在于被告不用提供用于寻求三倍赔偿的私人反托拉斯行为的合谋证据。

从历史上来看，联邦反垄断法的罚款都相对较低。联邦贸易委员会仅有的修补是一个被称为停止令的强制令，该强制令用来禁止行为但是并不惩罚参与企业。最初《谢尔曼法》最高的罚款为5 000美元，最严重的刑事判罚为一年监禁。1955年，最高罚款增加到5万美元。1974年，个人罚款提高到10万美元，公司罚款提高到100万美元。在1950—1959年期间，司法部案件的罚款平均为4万美元（涉及密谋企业销售收入的0.08%），1960—1969年，平均为131 000美元，或者说涉

及密谋企业销售收入的0.21%（Posner，1970，1976）。加洛等（Gallo et al.，1994）测算，1985—1993年，罚款平均为涉及密谋企业销售收入现值的1%。现在，对公司的最高罚款为1 000万美元，对个人的最高罚款为35万美元。而且，罚款可以上升到违规者收益的两倍，或者受害者损失的两倍（Berkman，1997）。从1997年开始，对单个企业的罚款和对所有企业的罚款总数已经大大上升。1990—1996年，司法部每年收取的总刑事罚金低于5 000万美元。1997—1999年，总罚款从每年的2.05亿美元上升到超过9亿美元，但是在2002年下降到1.025亿美元，2003年为0.642亿美元。对单个企业的最高罚款为对霍夫曼-拉罗克公司（Hoffman-La Roche）的5亿美元罚款，其次为对德国巴斯夫公司（BASF）的2.25亿美元的罚款（1999年维生素价格操纵案件）。对SGL Carbon公司的罚款为1.35亿美元，对三菱公司的罚款为1.34亿美元，对UCAR Carbon公司的为1.1亿美元（分别为1999，2001和1998年有关钢铁燃烧炉中石墨电极的价格操纵案件）。对阿彻·丹尼尔斯·米德兰（Archer Daniels Midland）公司的罚款为1亿美元（1997年赖酸氨和柠檬酸的价格操纵案件）。[13]除了罚款以外，有罪的企业必须对法庭支持的受到价格操纵密谋伤害的个人、企业和政府进行赔偿。个人和企业可以得到三倍赔偿金加律师费用，美国政府得到赔偿金加律师费用。

联邦反托拉斯案件很少会出现判刑的情况。1890—1909年期间没有出现过判刑的惩罚。从1910—1974年，出现了33例判刑的情况，几乎是相隔一年出现一例（Posner，1976，33）。在1925年之前，入狱者中的大多数为联盟的组织者和官员。直到第二次世界大战之后，大多数由于价格操纵的入狱判罚只是限于涉及暴力的案件。1974年最高监禁判罚期限扩大到3年。1955—1993年，监禁的平均期限为3个月（Gallo et
642 al.，1994）。2002年，在36个对个人进行宣判的案件中，19人被宣判入狱，总时间长度为10 501天（16人被宣判受到其他类型的拘禁，例如软禁或者监视居住，其总时间长度为3 607天）。

## 私人诉讼

关于价格操纵的案件，直到20世纪60年代早期发生电力密谋案（参见案例5.1）之前，由受到反竞争行为侵害的个人和企业提起的私人诉讼很少。在接下来的20年中，包括集体起诉在内的私人诉讼数量大幅度增加。这些通常发生在联邦机构起诉之后的私人诉讼可以大大增加密谋的成本，因为如果个人胜诉被告必须赔偿其三倍损失加上律师费用。[14]在1937—1954年期间，每年的私人案件平均为104起，1955—

1959 年期间增长到平均每年 229 起。1960—1964 年，有关电力设备的案件发生了 1 919 起，导致年均案件数增加到 671 起。以 6 月 30 日结束的财政年度来算，私人民事托拉斯起诉的数量从 1980 年的 1 457 起减少到 1984 年的 1 100 起，到 1989 年则为 638 起（Salop and White，1986；Abere，1991）。

## 市场势力和市场的定义

反垄断法集中关注于对市场势力形成和维持的控制。本节将定义市场势力，讨论市场势力的测度，并且指出有时很难准确地测算市场势力。一些经济学家和律师认为，必须定义市场，而后通过分析和计算企业的市场份额作为市场势力的近似值，其中高市场份额被解释为拥有市场势力的一个指示器。本节将描述一些原理，这些原理能用来定义一个市场和提供一个可解释案件的背景。

### 市场势力

如果一个企业（或统一行动的企业群体）可以有利可图地将价格提高到通常为边际成本的竞争价格水平之上，那么它具有市场势力。将价格设定得高于边际成本的能力隐含地使用了完全竞争模型作为基准，以此基准为标杆可以测度企业的行为。如果死抠书面的定义，可能美国的每一个企业都或多或少具有一点市场势力。完全竞争模型描述的是少数（如果还存在一些的话）实际产业的极端情况。因此可以推断，当法庭
643 发现一个企业具有市场势力时，它们是指企业在一段明确的时间内具有显著的市场势力。遗憾的是，法庭并没有说明市场势力需要大到何种程度。将价格高于边际成本 5%的状态维持两年就是有显著的市场势力吗？还是将价格高出 10%维持一年？

由于边际成本很难测算，因此测算价格和边际成本的偏差也就很困难，即使法庭说明了多大的偏差会构成明显的市场势力也于实践无补。另一种方法是测算单个企业所面临的剩余需求（市场需求减去其他企业的供给量）的价格弹性。一个企业面临的剩余需求的价格弹性概括了企业（或一起行动的企业群体）运用市场势力的能力。价格—成本加成等于需求弹性的负倒数（第 4 章）：$(p-MC)/p=-1/\varepsilon$，其中 $p$ 为价格，$MC$ 为边际成本，$\varepsilon$ 为剩余需求的弹性。[15]

如果弹性很大，企业具有的市场势力就会很小。大多数对出售品牌

产品的单个企业需求曲线的经验测算，很少会发现价格弹性的绝对值会高于 5～10（Telser，1972，274 - 306）。使用价格—成本加成公式，如果弹性为－5，则价格比边际成本高出 25％；如果弹性为－10，则价格比边际成本高 11％。

企业现期是否具有市场势力与兼并后企业是否获得和使用了额外的市场势力不是同一个问题。对第一个问题，即价格是否已经显著地高于竞争性水平，我们可以通过直接比较价格和边际成本，或者通过间接观察企业面对的需求弹性来回答。第二个问题，即作为兼并行为的结果，价格是否显著高于现期水平，我们可以通过直接预测价格的变化，或通过间接预测兼并后企业面临的需求弹性的变化来回答。

例如，假设企业生产差异化产品 A。A 面临的剩余需求曲线可以用产品 A 的价格函数和其他企业的替代产品 B 的价格来测算。如果现期价格下 A 的直接弹性很大，那么生产产品 A 的企业就没有市场势力。在兼并情况下，经济学家试图测算兼并后每个产品的弹性变化。例如，假设生产产品 A 和产品 B 的企业试图合并。企业之间的合并使得兼并后的企业可以联合设定价格，分析者可以基于兼并后企业面临的需求曲线来计
644 算最终的价格（Baker and Bresnahan，1985；Hausman et al.，1994）。如果兼并后的价格高于兼并前的价格，那么兼并增加了市场势力。[16]

由于数据不足或不可得，有时经济学家并不能精确地测算价格弹性。为了试图找到确定市场势力的可操作方法，分析者和法庭通常先定义一个市场，而后构造市场份额的指标。如果被分析企业（或者数个企业）的市场份额很高，那么就意味着存在市场势力。在兼并案件中，司法部和联邦贸易委员会会观察兼并是否导致了集中度的明显增加。什么样的份额（或者份额的变化）才算“高”并没有一致的说法，但是许多经济学家认为 30％～50％的份额在一个剩余部分由竞争性边缘企业构成的产业中并不足以表明存在明显的市场势力。

市场份额是市场势力的不完全指示器，因此必须在得出有关市场势力的结论前进行其他的经济条件分析。例如，如果进入容易，无论现有企业是否拥有很大的市场份额，产业的定价都会受到严格限制。同样，使得卡特尔难以维持的因素的存在也应考虑在内（第 5 章）。

## 市场定义

在兼并或其他反托拉斯案件中，经常要求经济学家定义市场。如果不是因为这些案件，很难说有关市场定义的经济性研究是否会发展到如此大的规模。

阿尔弗雷德·马歇尔（Alfred Marshall，1920，324）将市场定义为

一个区域，在该区域中“在合理补偿了应付的运输成本后，同种产品的价格趋向于相等”。自马歇尔时代以来，经济学家和律师对市场的定义进行了提炼。**市场定义**（market definition）特指竞争性产品和地理区域，在此区域内存在竞争并由竞争决定给定产品的价格。显然，可口可乐和百事可乐在同一市场中。但是胡椒博士软饮料和加拿大姜啤酒也属于该市场吗？牛奶呢？

如何定义市场通常决定了反托拉斯案件的结果。例如，在确定是否允许进行兼并时，政府和法庭会考察企业的市场份额，并将其作为企业真实和潜在市场势力的代表。一个企业的市场份额主要取决于市场的定义。如果将市场定义为可乐，则可口可乐的市场份额将会比把市场定义为所有软饮料或所有饮料时高很多。案例 19.3 讨论了政府如何将市场定义的原则应用于对兼并的反垄断执行政策之中。

645

**案例 19.3**

### 兼并指南

对市场定义的政府政策包含在司法部和联邦贸易委员会 1992 年颁布的《横向兼并指南》(Horizontal Merger Guidelines)（以下简称“《兼并指南》”）中。《兼并指南》阐明了政府在针对兼并行为的反垄断法的执行中所采用的定义相关经济市场的原则。这些指南在 1997 年被仔细地修订过。

根据《兼并指南》，政府在评判一项兼并议案时，第一步就是正确定义市场。《兼并指南》做出详细说明到，一个市场是最小的产品群和最小的地理区域，以致在此区域内，一个垄断了所有这些产品的假想垄断者可以使价格在任何现行或未来可能的价格水平上抬高一定程度（例如，5%或 10%）。这一定义的一个问题是：根据这一定义，即使存在生产相同产品的边缘性企业，一小群企业仍然可以构成一个市场。施蒂格勒和舍温（Stigler and Sherwin，1985）同样提出了其他的反对意见。

在定义了市场之后，《兼并指南》要求政府确定兼并提案是否大大增加了集中度（以此来推断是否存在市场势力）。集中度的测算可以使用赫芬达尔-赫希曼指数，即产业中企业市场份额（用百分比表示）的平方和。《兼并指南》认为如果兼并后产业的 HHI 指数低于 1 000，那么两个企业的兼并就不会影响竞争的格局。如果兼并后的 HHI 为 1 000～1 800，而且由于兼并使得 HHI 指数的变化超过了 100 个点或更多，那么该兼并就会影响到竞争。如果兼并后的产业 HHI 指数高于 1 800，而且由于兼并使得 HHI 指数变化了 50 个点或更多，那么兼并也会影响竞争。

例如，假设产业由四个企业构成，每个企业的市场份额为 25%，其中两个企业希望能兼并。最初的 HHI 为 2 500（$=25^2+25^2+25^2+25^2$），兼并后的 HHI 为 3 750（$=50^2+25^2+25^2$）。由于兼并后的 HHI 指数超过了 1 800，而且 HHI 指数的变化超过 50 个点，根据《兼并指南》，这会危及竞争。

《兼并指南》的应用隐含了一个假设：兼并后，相关企业可以维持它们兼并前的市场份额，而且兼并企业享有的市场份额等于企业兼并前的市场份额之和。当这一假设不合理时，为了恰当地反映兼并后企业的市场份额，这一分析将被调整。《兼并指南》意识到除了市场集中度以外的其他因素（如进入的难易程度）也会影响市场行为。司法部和联邦贸易委员会在决定是否对兼并提出异议之前，都会考虑这些因素。

---

646 **产品市场的范围**。对一个市场的产品范围的恰当定义必须包括所有相近的需求或供给替代品。[17]如果A价格的增加会导致消费者使用更多的B作为替代，则产品B是产品A的需求替代品。如果为了对产品A价格的上升做出回应，生产B产品的企业将其部分生产设施转向生产产品A，则产品B是产品A的供给替代品。[18]在两种情况下，B的出现明显限制了A的定价，A价格的上升会导致两种结果，要么消费者从原先消费产品A转到产品B，使得产品A的消费量大幅度下降，要么随着企业从原先生产B转向生产A，而使A的供给量明显增加。

产品之间的替代程度取决于两种产品的现期价格。例如，当A在高价位时，A和B是高度替代的，而当A的价格较低时情况却未必如此。尽管垄断者可以将价格明显提高到竞争性水平之上，但其最终仍要面对来自其他产品的一些竞争。仅仅由于垄断产品在垄断价格上面临相近的需求替代品，并不能由此推论生产该产品的企业不具有市场势力（尽管它可能并不能进一步提高价格）。只有当替代可能性很大，以至于产生了高弹性的剩余需求时，在此情况下垄断者才没有显著的市场势力。由于很难确定哪种产品包含在市场定义中，市场份额可能只是市场势力的一个粗略的指标。

包装用玻璃纸（Cellophane）案表明了定义一个市场时存在的这些困难。[19]法院曾经调查了杜邦是否在包装用玻璃纸的定价中拥有市场势力。法院的推理是，杜邦没有市场势力，因为在现有的市场价格下，包装用玻璃纸的使用者拥有多种替代品，如纸袋，而杜邦在包含这些替代品的市场中所占的份额并不大。但是，同时也有证据表明包装用玻璃纸的价格大幅度超过了边际成本。基于前面的讨论，将其他包装材料包含在市场定义中是错误的，因为它们并没有阻碍市场势力的实施，没有将
647 包装用玻璃纸的价格限制在竞争性水平。但是，如果法院调查一个酝酿中的兼并是否会提高玻璃纸的价格，而不是追问杜邦是否拥有市场势力时，那么该市场的定义可能就是恰当的。

在布朗鞋业（Brown shoe）案中，最高法院清楚地列出了用来定义市场的标准的详细清单。[20]它指出："这样一个子市场的边界可以通过检验以下实际的指标来确定：产业或公众对于作为独立经济实体的子市场的认知、产品独有特征和用途、独特的生产设备、独特的消费者、独特的价格、对价格变化的敏感性以及专有的卖者。"但这一详细的标准清单的使用并没有使出于反垄断目的的市场定义变得更为精确。[21]

人们使用了大量的方法来识别特定产品的理想替代品。方法之一是访问产业中的生产者，因为生产者大概会了解它们的消费者和来自其他产业的潜在竞争者。

如果产品 A 和 B 在同一经济市场中，那么它们的价格趋向于密切相关的变动。因此，合理地定义经济市场的第一步是检验被包含在同一产品市场内同时讨论的不同产品之间的价格相关性（表示价格共同变化的紧密程度的统计指标）[22]。

尽管人们还没有建立确定两种产品是否在同一市场相关的标准水平，但可得数据通常被用来建立这样的标准。例如，可以先假设所有人都同意两种不同类型的塑料材料都属于同一经济市场，人们可以计算它们的价格相关性，并使用该相关性作为确定第三种材料是否和前两种材料处于同一经济市场的标杆。

直接价格弹性——而不是需求交叉弹性——决定了市场势力。**需求交叉弹性**（cross-elasticity of demand）是指回应另一种产品价格变动1%所造成的需求量变动的百分比。法庭在判定市场定义时对需求交叉弹性的重要性做过大量讨论。法院经常含糊地使用这一术语来指认某些产品是替代物。但是交叉弹性和直接弹性之间存在联系。当其他条件相
648 同时，需求交叉弹性越大，需求直接弹性的绝对值就越大。[23]

为了理性地讨论交叉弹性，人们必须详细说明究竟是产品 A 相对于产品 B 价格的交叉弹性，还是相反。尽管在法院判决中通常不会区分这两个不同的交叉弹性，但是它们通常是不相等的。[24] 当问题为产品 A 的市场是否包含产品 B 时，相关的需求交叉弹性就是产品 A 对产品 B 价格的需求交叉弹性。

**地理市场的范围**。市场的地理边界可以通过回答一个问题来确定：一个地方价格的上升是否会显著影响另一个地方的价格。如果答案是肯定的，那么两地都属于同一市场。确定这些边界的过程和前面讨论的产品市场的定义具有相同的程序，而且涉及相同的推理。例如，考虑芝加哥的橘子消费。从城外往芝加哥运橘子，那些向芝加哥运送橘子（或者只要价格稍稍上升，这样做就会有利可图）的地理区域就和芝加哥处于相同的经济市场中，因为这些区域中的生产者会明显地影响芝加哥橘子的价格。如果这些橘子生产者也可以同时明显地影响密尔沃基的橘子价格，密尔沃基就和芝加哥处于相同的经济市场中，而且芝加哥橘子的价格通常和密尔沃基橘子的价格密切相关。[25]

## 竞争者之间的合作

本部分将探讨反垄断法对竞争者之间合作的限制。我们首先考察设
649 定价格或产出的明确协议，而后讨论会促使新产品的生产和竞争者之间信息共享的明确协议。随后，我们分析尽管没有明确协议，但企业也会

像寡头垄断者那样行动的情形。最后，我们考察竞争者之间的兼并。

## 价格操纵和产出协议

法院对价格操纵和产出协议的观点是：一个将消除竞争和把价格提高到竞争性水平之上为唯一目的的协议——也就是一个消除竞争的“赤裸裸”的协议——为非法。在做出某协议触犯了法律的结论时并不需要对价格设定的合理性进行调查。为了确定行为的合法性，当不需要额外的调查来分析有关的事实时，行为被称为本身违法。因此，人们通常说价格操纵和产出限定协议本身违反了反垄断法律。[26]案例 19.4 讨论了其他国家对竞争者之间此类协议所采取的措施。

650

**案例 19.4**

### 其他国家的反垄断法

许多国家对有关竞争者之间协议的看法和美国存在很大的差异。例如，德国、日本和英国允许形成政府认为能促进效率的卡特尔。尽管竞争通常被认为是合意的，但是这些国家相信在一些特定情况下，竞争不会产生效率。例如，联邦德国和日本都允许形成卡特尔以在生产能力过剩期间减少生产能力。奥德兹奇（Audretsch，1987）表明，在联邦德国，价格会在卡特尔存在期间上升，在卡特尔解体后下降。

除了拥有自己的法律外，欧盟国家同时受到《罗马条约》（Treaty of Rome）和《欧盟兼并规则》（European Commission Merger Regulation）的反托拉斯监管。《罗马条约》的主要反托拉斯条款是第 85 和 86 条。基本上，第 85 条禁止由于合同（比如限制分销的条款）和协议（比如卡特尔）而引起的反竞争损害。第 86 条禁止由于“滥用主导地位”（比如掠夺性定价）而形成的反竞争损害。欧盟现在使用反垄断法来对兼并提出质疑，并使用其竞争政策来阻止价格操纵和其他类似的行为。因此，欧盟的法律现在已经越来越接近于美国在加强竞争中所采用的法律。原先在前苏联政策框架内的东欧和中欧国家都采用了同欧盟相似的法律。

最近形成了由超过 85 个国家反托拉斯部门组成的国际竞争网络，旨在促进全世界反垄断法的发展。

资料来源：Audretsch（1987）and Swann et al.（1974）.

649 在《谢尔曼法》通过后不久，法庭考虑了两个企业合作设定价格和分配消费者的案件。在密苏里联合运输协会（Trans-Missouri Freight Association）案中，一帮竞争性企业达成了有关铁路费率的协议。[27]铁路企业宣称费率协议产生了合理的收费，阻止了破坏性竞争。法院驳回了这一论点，并且认为：“宣称公司拥有制定合理费率的权利，因此有权进入竞争性铁路公司的联盟来维持这一费率的观点不能得到认可……竞争本身会使得价格达到它所应在的合理水平……”

在判决限制它们操纵费率的能力后，铁路公司继续提升设定自己费率的能力和避免竞争。法律最终认可了它们这种行为。1980 年的《斯塔格斯法》取消了许多针对竞争的限制。显然，结果是发生了不少铁路公司的兼并。

几乎和密苏里铁路运输案处于同一时期的艾迪斯顿管材（Addyston Pipe）案同样也涉及价格操纵。[28]一群铸铁管材制造商开会设定某一地域内的价格。他们辩解道，他们所设定的价格是公平合理的，限制了破坏性竞争所产生的有害效果。法院再次驳回了这一辩解。在不利判决后的数个月，所有被告合并为一个企业。政府没有对该兼并提起诉讼。因此，企业可以通过兼并获得它们通过横向协议所不能得到的结果。这两个早期重要的价格操纵案件都涉及高固定成本产业要求限制破坏性竞争的问题。[29]

将近 30 年后，法院在特伦顿陶瓷（Trenton Potteries）案中加强了
651 对价格操纵的限制。[30]生产和销售占据美国浴室设备 82%市场份额的一些企业试图设定一系列价格，并要求维持这些价格。法院并没有调查该协议是否会成功地影响价格就做出裁决，认定价格的合理性不能作为价格操纵的辩护理由。

20 世纪 30 年代期间，人们普遍认为竞争的力量在很大程度上导致了大萧条。1933 年，为了对当时的思潮做出明确回应，法院推翻了其先前对价格操纵的裁决，并在阿巴拉契亚煤炭（Appalachian Coals）价格操纵合谋案中裁定如果卡特尔能阻止财务危机，那么操纵价格的卡特尔就是合理的。这一反常的判决在 1940 年被最高法院驳回。在 Socony-Vacuum 案中，法院重申了其先前的观点：有关竞争者之间有价格协议。[31]在该案件中，一群石油生产者组成了旨在从严重的财务困境中挽救产业而提高价格的组织。法院认定对这样的方案来说，“消除所谓的竞争的罪恶并不是合法的辩护理由”。

美国反垄断法最为重要的成果可能就是卡特尔数量的减少。卡特尔明显地提高了对消费者的要价。例如竞价操控的密谋导致了牛奶的价格上升了大约 6.5%（Porter and Zona，1999；同时参见 Pesendorfer，2000），北卡罗来纳州高速公路的建设价格上升了 19%（Brannman and Klein，1992），国防部对冷冻鱼拍卖的价格上升了 23%～30%（Froeb，Koyak and Werden，1993）。（参见第 5 章和 Connor 2003 年有关涉及柠檬酸、维生素和其他产品国际卡特尔的案例。）消费者从对这些卡特尔的起诉和它们的解散中获得了巨大的利益。[32]

## 并非竞争者之间的所有协议都为非法

尽管目的仅为固定价格和限制产出的协议本身违反反垄断法，但是并非每个会导致价格操纵的协议本身都为非法。最高法院指出如果价格操纵是为了达到其他促进竞争目的行为的副产品，那么该协议可以被认

为是合法的。在这样的情况下，有必要调查为了实现协议中促进竞争的目的，是否一定需要价格操纵。

很久以前，法院就意识到竞争者有时会为了效率而进行合作，而且这样的合作会影响价格。法院将在这些协议中采用合理原则，而不是本身违法原则来进行分析，其中必须分析合作的合理性。一个著名的早期案件，芝加哥期货交易所（Chicago Board of Trade）案明确而清晰地表
652 达了这一合理原则。[33]在该案件中，交易所的成员（他们相互为买进和卖出有关谷物的合同而竞争）达成协议，在交易闭市后，其成员不能在当天收盘价以外的价格上交易特定类型的谷物。交易所每天早早开门，在交易时间内，成员在他们所达成意愿的价格下进行买卖。当天的最后价格为收盘价。成员不能在闭市以后以收盘价以外的价格进行交易的规则使得成员很难在闭市后进行交易，因为需求和供给很可能使均衡价格偏离收盘价。因此，该规则所产生的影响是使得愿意交易的成员有积极性在交易所的营业时间内进行交易。

一个有组织的交易提供了有价值的服务。它汇集了买卖双方的信息流，并以此创造了市场价格。交易所通过对每笔交易收取费用而得到补偿。如果人们可以无成本地观察到交易所的价格，不需要支付任何费用，那么人们就可以利用交易所的信息搭便车。通过等待几个小时后再交易，交易者才可以使用交易所拥有的信息而不用支付任何费用。因此，这一规则产生了两种效应。首先，它鼓励成员在营业时间内进行更多的交易，使得市场成为一个能处理更多信息的更大的市场。其次，它通过阻止营业时间外的交易减少了搭便车问题。

法院裁决这一协议本身并不违反反垄断法。法官布兰代斯（Brandeis）所写的裁决书中这样说：

> 每个有关交易的协议，每个对交易的管制，限制……对合法性的真实考察应该看协议所施加的限制仅仅是管制竞争或是有可能因此促进竞争，还是压制甚至毁灭竞争。

这样，法院显然认为竞争者之间有关定价的合作协议有时可以促进竞争。

在广播音乐公司（Broadcast Music，Inc.，BMI）案中，最高法院调查了音乐许可的方式。[34]音乐作品的版权所有者拥有其产品的知识产权。如果没有被许可和支付规定的费用，就没有人可以使用该音乐。例如，在任何时候，在电台和电视台播放一首拥有版权的歌曲都必须向作品的版权所有者进行支付。对电台和电视台来说，找到每首音乐作品的版权所有者并向其支付费用需要耗费大量成本。同样，个人版权所有者也很难做到不停地监督电视和广播以确保它们没有使用拥有版权的音乐。

为了处理这些可怕的交易问题，诞生了两个组织。一个是美国作曲

家、作者和发行人协会（American Society of Composers，Authors and
653 Publishers，ASCAP），另一个是广播音乐公司（BMI）。版权所有者属于其中之一，或同时属于两个组织，并让它们代表自己收取费用。这些组织监控音乐产品，并且发放一揽子的许可证，使得获得许可证的人可以使用一揽子许可证上所列的任何一首歌曲。一揽子许可证的费用一般是固定的数额或是总收益的一定比例。因此，ASCAP 和 BMI 在某种程度上操纵了价格，当然，它们是由竞争者组成的组织，管理了很多歌曲作者。

最高法院意识到 ASCAP 和 BMI 提供了能降低交易成本的重要服务，而它们提供这些服务的唯一方法是设定价格。那么，从这种意义上来说，BMI 和 ASCAP 都通过降低交易成本和扩大可能的销售量而执行了促进竞争的功能。因此，最高法院意识到本身违法原则在此并不适用；法院判决选用合理原则来分析限制的合理性。这一案件强调了有关价格的合作协议并不一定会违反反垄断法。（参见 Carlton and Klamer，1983；Halverson，1988；案例 19.5 有关涉及非营利学院和大学的价格操纵案例。）

654

**案例 19.5** ☞

### 学校和反垄断：你的学校属于卡特尔吗？

20 世纪 50 年代，一些常青藤学校商定，除非基于运动员的财务需要，否则对明星运动员不予资助。很快，协议延伸到所有的明星学生。到 20 世纪 80 年代，东北美 23 所主要成员学校加盟了这一协议，该协议被称为《重叠协议》（Overlap agreement）。在该协议下，每所学校必须（1）同意只在必要的情况下对学生提供资助，（2）采用同样的程序来定义这一必要性，（3）对获得至少两个加入《重叠协议》的学校资助的学生进行检查，如果存在差异则重新调整。

学校宣称，《重叠协议》使得它们可以集中资金来资助贫困学生，从而达到两个相关的目标：（1）仅基于优秀与否的入学决策，（2）保证每个入学学生能完全受到财政资助（基于需要）。仅有少数几个《重叠协议》以外的学校遵循这两个目标。学校同时宣称它们的重叠政策和联邦的教育政策完全相符，大多数教育政策禁止学校将联邦基金提供给不是基于需要的奖学金。

1991 年，联邦司法部根据《谢尔曼法》第一条对常青藤联盟的八个成员和麻省理工学院（MIT）提起诉讼。司法部认为《重叠协议》是一个本身违法的旨在提高每个学校收益的价格操纵协议。所有常青藤联盟的学校同意停止这一行为，因此针对它们的起诉就此罢休。MIT 拒绝停止该行动，因而被起诉。

尽管学校可能希望通过合作来提高它们自身的收益，因此会伤害学生，但它们同时也希望通过合作来达到帮助贫困学生的社会目标。毕竟，非营利学校的目标之一是使得学生受益。卡尔顿（Carlton）有关所有学生平均学费的计量经济学研究表明，没有证据可以说明《重叠协议》会导致平均学费更高。但是，毫无疑问，《重叠协议》导致了一些学生支付了更高的学费，而其他学生支付的学费要低于没有该协议的情况。

法院的判决认为，由于学校的非营利性质，因此不能运用本身违法原则。法院发现，重叠行为的确违反了反垄断法，因为该协议限制了竞争——特别是对明星学生的竞价。令人好奇的是，司法部并没有攻击不对明星运动员进行竞价的协议。案件被上诉法院驳回，重新送回地区法院做进一步调查。在地区法院做出裁决后不久，国会通过了法案，使得原先《重叠协议》的大部分非法条款成为合法的条款。案件最后得到了解决，学校可以参与《重叠协议》所提出的多数行为。但是，学校再也没有采用重叠条款中的行为。随后，霍克斯比（Hoxby，2000）的研究证实了《重叠协议》并没有导致平均学费增加的原始计量经济学模型的预测。

资料来源：Carlton，Bamberger and Epstein（1995）and Bamberger and Carlton（2004）. Carlton served as an expert witness for MIT.

## 竞争者之间的信息交易

竞争者之间联盟的一种普遍而自然的形式是贸易协会，它是由经营类似业务的一些企业所组成的组织。贸易协会收集对成员有价值的产业信息。当然贸易协会同时也可作为操纵价格的工具（第 5 章）。但是，意识到贸易协会提供合法信息服务也是非常重要的，这些服务包括向其成员披露成本信息，或者甚至揭示市场参与者的交易价格，其前提是不存在合谋。

在硬木制造商（Hardwood）协会案中，法庭调查了美国硬木制造商协会的行为，该协会大约拥有 400 个成员。[35] 协会参与收集和报告有关每个成员销售、生产、存货和定价行为的信息，并为每个成员都提供该信息。而且，在它们所召开的会议上，成员经常讨论经营状况，以及在这些状况下是该增加还是减少产业的生产。这一行为和卡特尔是一致的。但是拥有 400 个成员的卡特尔很难管理，因此不太可能长期、成功地提高价格。因此，信息的交换可能增加了市场状况的知识，而并没有抬高价格。然而，法院判决这些行为为非法（参见案例 11.8）。

布兰代斯法官不同意最高法院的同事有关硬木案的判罚。他解释道，如果存在集中的市场，市场参与者可以自动获得类似贸易协会收集的许多信息。在布兰代斯看来，贸易协会信息的收集是有益的，可以达到促进竞争的效果。

655 几年后，法庭再次考察了另一个贸易联盟，枫木地板制造商协会（Maple Flooring Manufacturer's Association)，其拥有的 22 个成员的产量占据了硬木地板总产量的 70%。[36] 协会提供关于各个成员成本、运输、销售量和价格的信息，并且召开会议使各个产业成员交换有关产业状况的观点。法院裁决这一行为并没有违反反垄断法，并认为信息的自由流动和产业参与者对市场状况的评价对促进竞争有利。使用我们在对卡特尔的讨论中有关参与者数量的经济理论，枫木地板案比硬木案看来更容易形成成功的合谋机制。但是，枫木地板制造商协会得到了无罪的判决，而硬木协会却没有。

数十年后，最高法院调查了波纹集装箱生产者之间价格信息的交流。[37]一个竞争者向其他竞争者打听其最近价格的信息。该产业是集中型的，被告占据了美国东南部波纹集装箱产量的大约 90%的份额。经过对该产业的经济因素（包括高度集中的市场结构）的调查，最高法院得出结论认为信息的交换是反竞争的。

第 5 章和第 6 章有关寡头理论的讨论表明，信息的交换有助于形成合谋。因此，法院特别关注了贸易协会的活动。同时，法院意识到信息是稀有商品，信息的传播通常是有价值的。因此很难评价两者此消彼长的作用效果。

## 寡头垄断行为

非合作型寡头价格高于竞争性水平，因为企业意识到了相互的依赖，并发现它们的共同利益并不是将价格降低到竞争性水平。法庭所要表明的问题是定价和其他寡头垄断行为是否可被认定为违反反垄断法的竞争者间协议的结果。反垄断法的执行通常关注于竞争者之间的明确协议，起诉也集中在表明有关协议存在的证据（例如，证明有罪的文件），而不是表明协议的效果（例如，更高的价格）。

法院在州际电路（Interstate Circuit）案中表明的问题是：什么时候可以推断该案中的竞争企业之间达成了一项密谋或协议。[38]法院认为："为证实协议的存在，我们必须依赖于对受指控密谋者的行为过程的推断。"法院规定行动的相似性足以构成密谋协议的证据。

656 在美国烟草（American Tobacco）案中，法院详细检验了 20 世纪 30 年代烟草产业的行为，[39]三家主要公司（三大巨头）雷诺兹、美国烟草和利吉特-梅耶斯所列出的价格在多数时间是相同的。在大萧条的低谷期，这些烟草公司普遍提高了价格，尽管它们的成本都下降了。

在价格上升后，新竞争者进入了烟草产业，以 10 美分的价格来销售它们的品牌烟。这一价格低于三家主要公司 15 美分的品牌价格。三大巨头的市场份额遭受侵蚀，到 1932 年年末，它们已经损失了总市场份额的 22%。三大巨头开始用削价来做出回应，10 美分品牌的销售大幅度下降：到 1933 年，10 美分品牌的市场份额已经下降到了大约为 6.5%。三大主要烟草公司使用它们的影响来确保所有零售商店销售的三大巨头品牌的价格不会比 10 美分品牌的价格高出 3 美分以上。参见案例 11.2。

法院发现三大主要公司行动的相似性为推断它们的违法密谋行为提供了基础：

> 当情况的确如此，使得陪审团可以据此找到在某一非法的协议下密谋者具有同一个目的，以达到共同的意图和认识，或实现思想的统一，那么就有正当的理由做出存在密谋的论断。

在美国烟草案后，人们并不十分清楚哪种类型的寡头垄断行为会受到反垄断法的处理。仅仅因为并行的行为就会违反反垄断法吗？这些并行行为只是意识到彼此相互依赖的企业的相似行动。

在一系列案件中，最高法院积极地打击了涉及交货价格的寡头垄断行为（参见第 11 章）。但是，1954 年最高法院体现出一个方向的变化。在剧院公司（Theatre Enterprises）案中，最高法院定位了电影剧院的并行行为问题。[40]一个新装修的电影院希望能从数个发行商手中获得未来电影的首映权，分销商们拒绝了这一要求，因为对分销商们来说早已有影院在排队等候首映权。法庭裁决：

> 商业行为是一种法律允许的依环境而定的证据，寻求事实的人可以从这些证据中推断协议的存在……但本法院从不认为并行商业行为的证据可以形成协议，或者换句话说，本法院从不认为这种行为本身构成了对《谢尔曼法》的触犯。

换句话说，分销商拒绝给予电影院首映权利的普通行为并未违反反垄断法。这一案件通常被解释为，由寡头垄断中许多企业相互竞争所导致的这一类的并行行为（“自觉并行”）本身并不违反反垄断法，必须存在其他的侵犯行为（“自觉并行加上其他行为”）才能构成违法。

657 单独的并行行为并不足以推断违反反垄断法的观点在最近几个案件中得到了重申，在这几个案件中联邦贸易委员会提起的诉讼并不太成功，联邦贸易委员会认为这些市场要么是所谓的分享垄断（企业选择不针对相同的消费者进行竞争，而是转而进行本地的垄断）[41]，要么是每个企业独立地采用了特定的商业活动，从而形成非竞争性市场。例如，在杜邦案中，联邦贸易委员会对未串谋条件下采取的某些共同的商业行为提起了诉讼，这些行为包括通知购买者价格的提高、使用最惠国条款、使用统一的交货定价以及通过媒体发布公告，所有这些活动都促进了非竞争性定价。[42]第二巡回上诉法庭驳回了试图表明违反反垄断法的论断：

> 仅是寡头垄断市场结构的存在并不违反反垄断法，即使其中一小群制造商自觉参与了对同一产品的并行定价。

## 兼并

如果不对兼并加以限制，禁止价格操纵的影响将会很小。反垄断法试图阻止通过竞争者间的兼并而产生更多的市场势力。兼并案件中的问题并不是产业现在是否为竞争性的，而是兼并会不会导致产业竞争性的减弱。由于兼并会产生效率，过分阻止兼并行为的兼并政策会产生很大的社会成本。相反，过于仁慈的政策会导致产生更多的市场势力。我们首先讨论竞争者之间的兼并，而后讨论潜在竞争者之间的兼并。

**竞争者之间的兼并**。在早期的对北方证券公司（Northern Securities Company）案的判决中，最高法院调查了控制两大竞争性铁路公司（大北方铁路公司（Great Northern Railroad Company）和北方太平洋铁路公司（Northern Pacific Railway Company））的持股公司的建立。[43]这一持股公司的建立将控制先前竞争性的两大铁路公司，因此被认定为违反了反垄断法。1904 年对北方证券公司案的判决与 20 世纪早期广泛的兼并运动的结果是相符的（参见第 2 章）。

在对北方证券公司案做出判决后不久，法院对通过兼并获得市场势力作出了另一项判决。在标准石油公司案中，法院调查了标准石油公司
658 的建立，以及其后它在获得有关石油产品业务中的行为。[44]约翰·D·洛克菲勒和其他人成为被告。所受到的一项指控是：

> 被告追求并获得了利益……并和……各种各样的人达成了协议……参与了石油的购买、运输、精炼和销售，同时它的产品……为了达到操纵原油和成品油的价格的目的进行生产，限制其产量，控制其运输，并由此限制了贸易……垄断了州际贸易。

另一项指控是它们通过低价等各种掠夺性策略将拒绝加入该协议的石油提炼商逐出市场。其他的罪名包括不公平地使用竞争性输油管、与竞争对手签订合约、间谍行为，以及将美国市场划分为区，并限制每个区内的竞争。法院做出判决，认为这些行动为实现垄断的“目的和意图是有罪的”，并下令取消这些联盟。这一案件之所以有名是因为法庭拒绝对竞争者之间的兼并使用本身违法原则，而采用了合理原则，该原则促使人们必须考察兼并的最后效果是否不合理地限制了贸易。

在美国钢铁公司（United States Steel）案中，法院明显从积极使用反垄断法禁止兼并行为的立场上做出让步。[45]该案件涉及通过兼并大约 180 个美国独立的钢铁企业而形成的占全国钢铁总产出 80%～90%份额的美国钢铁公司。法院拒绝判决美国钢铁公司的形成为非法，并似乎暗示：由于美国钢铁公司不同于标准石油公司，它并没有参与不合理的行为，因此合并是合法的。

人们对最高法院处理兼并的不满（特别是没能阻止另一项合并）[46]导致国会于 1950 年通过了《塞勒-基福弗法》，该法案强化了《克莱顿法》的第 7 条（有关兼并行为）。在布朗鞋业公司一案中，最高法院用《克莱顿法》第 7 条修改后的新标准阻止了 G. R. 金尼公司和布朗鞋业的兼并提案。[47]两者都是鞋子的制造商和零售商。法庭判决的措辞表明，

考虑到该产业集中度上升的趋势，在一个城市的联合份额达到5%已经过高了。法庭还发布了著名的用于定义市场的标准详细清单，我们在市场定义的部分对此进行过讨论。

法院通过阻止费城银行（Philadelphia Bank）案中一些银行的合并
659 继续坚持其对待兼并的强硬路线。[48]兼并后的企业将拥有费城区域略少于40%的存款。法院也拒绝考虑兼并后产生的效率收益。

最高法院在Von's案中执行《克莱顿法》第7条时采取了最为严厉的姿态。[49] Von's杂货店公司试图收购另一家洛杉矶零售杂货店公司——Shopping Bag食品商店。它们合并后的销售份额将仅占洛杉矶所有份额的7.5%，但是最高法院阻止了这一收购。在此案发生不久后的1968年，司法部颁布了严格的指南，企业只有遵循此指南进行兼并才不会受到起诉（参见 www.aw-bc.com/carlton _ perloff 的“1968兼并指南”）。

1984、1992和1997年更新的兼并指南（案例19.3）意识到了兼并的潜在效率收益。早期的政府和法院驳回了使用潜在效率收益作为为导致市场集中度增加的兼并辩护的理由，而这些近期的指南显然是对早期驳回做出的反应。司法部和联邦贸易委员会已经意识到效率的价值，它们对现行的兼并指南的应用表明了单纯的效率通常不足以为将导致价格上升的兼并提供充分的正当辩护的理由。但是如果效率可以导致更低的价格，那么效率可以为将会导致集中度上升的兼并提供辩护。

在兼并案中，法院允许使用的一项辩护理由是*失败企业辩护*，即企业解释如果兼并提案无法通过，那么其中的一个企业将被逐出该产业。如果提出的交易是可以使得这些资产仍然留在产业中的反竞争影响最小的方法，那么司法部和联邦贸易委员会将不会对此兼并提起诉讼。但是，如果失败企业破产，但是债权人仍然运营该企业，那么破产并不影响竞争，因此没有理由接受失败企业辩护。

失败企业辩护可以被认为是承认了现有市场份额可能并不能反映兼并后竞争者退出产业的重要性。如果企业不和其他企业合并就会破产，那么该企业现有较高市场份额的事实与是否允许兼并的考虑将不相关。兼并政策具有前瞻性，兼并后企业未来竞争的重要程度才是推断一个兼并是否为反竞争的关键。[50]最高法院在数个案件中承认了这一原则，在这些案件中它发现现有的市场份额可能并没有正确地指示企业未来竞争的重要性。[51]

660 这样，自1950年的《塞勒-基福弗法》以来，法院和政府用于分析兼并的标准已经有了大幅度的变化。随着法院消除一些与其定义的市场不一致的观点，以及经济学家和律师在定义市场和理解市场集中效果方面的更加深入，有关兼并的政府政策已经越来越系统化。与Von's案中受到攻击的类似的兼并在今天可能不再会受到攻击。而且，联邦贸易委员会和司法部都通过允许兼并企业的重组交易来弥补交易对竞争的影响（如向新进入者出售部分资产），以表现出它们对兼并提案所导致的缺乏竞争问题的关注。自 20 世纪 80 年代以来，它们已经广泛应用了这一“首先修补”（fix it first）政策。

**潜在竞争者之间的兼并**。假设两个现在并没有在同一市场竞争的企业希望能合并，如果政府认为这两个企业将很有可能在未来进行竞争，那么兼并应该被禁止吗？从逻辑上来讲，如果阻止兼并会促进将来的竞争，那么阻止这样的兼并没有错。从现实来看，很难确定哪些企业是潜在的竞争者。法院的判决随着时间不断变化，因此现在潜在竞争者之间的兼并不太可能受到反竞争起诉。

涉及潜在竞争者之间兼并的早期案件是伊尔帕索天然气公司（El Paso Natural Gas）案。[52]伊尔帕索天然气公司试图收购太平洋西北管道公司（Pacific Northwest Pipeline Corporation）的资产。两家企业都运营大型天然气输气管道，只有其中之一——伊尔帕索天然气公司为加利福尼亚州输送天然气，政府认为如果在该市场中发生收购，竞争将会减弱。即使太平洋西北管道公司从没有向加利福尼亚州出售过天然气，但它曾有几次试图获得向加利福尼亚州输送天然气的管制许可。事实上，太平洋西北管道公司和南加州的大客户已经进行了长期的协商。即使伊尔帕索公司最终夺走了消费者，但这些协商的结果仍会加强竞争。法院判决，即使太平洋西北管道公司在加州不是个成功的销售商，但它事实上是个竞争者：“失败的竞价者和成功的竞价者具有一样的竞争性。”这一收购被禁止了。由于太平洋西北管道公司实际上参与了业务的竞标，因此将其看成是真实而不是潜在竞争者似乎更加合理。

另一个涉及潜在竞争的重要案件是宝洁公司案。[53]宝洁公司收购了克洛罗格斯化学品公司（Clorox Chemical），该公司是家用液体漂白剂的主要生产商，拥有美国市场 50%的销售份额。宝洁公司并不生产或销售漂白剂，但它是许多其他家用产品的主要生产商和销售商。法院判决阻止这一收购，因为宝洁公司是液体漂白剂市场的可能进入者。这一判决的结果是，克洛罗格斯公司于 1969 年被剥离（兼并发生后的 12 年）。

661 在“联邦诉福尔斯塔福酿造公司案”（United States v. Falstaff Brewing Corporation）中，最高法院再次使用了潜在竞争原则。[54]福尔斯塔福公司是全国最大的酿造企业，试图收购新英格兰地区最大的酿造企业纳拉甘塞特公司（Narragansett）——福尔斯塔福公司并没有在该区域与其竞争。政府认为，由于福尔斯塔福公司是新英格兰地区的潜在进入者，因此该兼并应当被禁止。地区法院觉得福尔斯塔福并没有进入新英格兰地区的意向，但是最高法院判决福尔斯塔福公司可能影响了新英格兰地区的竞争，因为福尔斯塔福公司可能已经被认定为是该地区的潜在进入者，并因此可能约束当地价格。地区法院随后发现，福尔斯塔福公司并未被认定为潜在进入者。尽管从逻辑上来讲，一个设想中的潜在竞争者会影响市场，但是潜在的竞争学说取决于竞争者思维的状态，而并不取决于任何简单的可证实的事实。因此，即使这一学说从逻辑上来看是一致的，但是在处理案件时会变得非常复杂，因为这类案件取决于其他竞争者的看法，这些竞争者当然希望禁止兼并，因为该兼并将产生一个更有效率的竞争者和对手。

最高法院在海洋银行（Marine Bancorporation）案中限制了潜在竞争者理论的应用。[55]政府对一家西雅图商业银行和一家位于斯波凯恩的银行的兼并提案提起了诉讼：两家银行虽然位于同一个州但并不是直接竞争者。政府对兼并提起诉讼的依据是：收购银行或许已经发现了进入斯波凯恩区域的其他更具竞争性的方法。法院并不能确信进入的其他方法可以得到和收购一样的促进竞争的效果。那么法院的判决需要表明：首先，潜在竞争者具有某些进入的独特优势；其次，这种进入方法可以使得潜在竞争者进入并能繁荣发展起来。自海洋银行案判决以来，潜在竞争条例就没有很好的进展（Posner and Easterbrook，1980，531）。当然，如果能广泛定义市场，就没有必要使用潜在竞争条例，因为潜在竞争者已经被视为市场的一部分。

## 排他性行为和其他战略行为

到目前为止，本章已经描述了反垄断法如何被用于阻止竞争性企业之间达成协议，比如会产生市场势力的价格操纵密谋或兼并。本部分考察单个企业的行为（或企业联合行动），这些行动可能会有利于企业以
662 竞争对手的利益为代价来维持垄断或便于其获取市场势力。企业用这些**排他性行为**（exclusionary action）来迫使竞争对手退出市场，或损害竞争对手，从而帮助自己维持或创造垄断。这些行为或者说是不良的手段包括掠夺性定价、拒绝向对手提供关键产品、企业之间的纵向关系和搭配销售等。这些活动中的很多都违反了《谢尔曼法》的第 2 条款。因此，指控这些行为的反托拉斯案件通常被称为第 2 条款案件。

《谢尔曼法》的第 2 条款禁止企业采取不利于竞争的排他性行为(不良行为)。第 2 条款案件中反复出现的一个问题是法院并没有确切地回答主导企业应对新竞争采取何种程度的积极反应。而且，经济学家通常不能肯定哪类战略行为会在竞争者受损的情况下使得消费者获益（第 11 章）。例如，一个企业会在其他企业进入一个产业之前进行战略性投资。即使这样的策略阻止了其他潜在竞争者进入该市场，但有利于消费者。因此，在一些产业中全盘禁止这样的行为可能是有害的。

第 2 条款诉讼要付出高昂的成本（正如所有复杂的诉讼一样）。高费用诉讼的例子之一是 IBM 的案件，其中政府企图迫使 IBM 拆分为数个企业。政府宣称 IBM 实施了大量的策略用来排斥竞争。法律费用以及 IBM 和政府官员的时间可能使得诉讼成本高达数亿美元。政府最终撤销了该案。[56]

法院应该如何积极运用第 2 条款来限制企业行为呢？答案取决于市场的特性。当进入发生非常快时，市场势力只能短期存在，因此没有必要提起第 2 条款诉讼。过度地使用第 2 条款案件来减少市场势力会使得企业不敢采用某些可能会有利于消费者的有效率的策略。这一效率损失可能会很大，而且不会随着时间而减小。对法院来说，寻求第 2 条款案件的恰当权衡仍是一个非常困难的问题。我们现在考察一个企业回应其市场中的竞争企业和纵向关系两者的战略性行为。

## 对手之间的竞争

通常，竞争有利于消费者；但是正如第 11 章中所表明的，有些形式的竞争行为会减少竞争。本节回顾了一些法庭已经发现的、违反反垄断法律的竞争者之间行为的主要类型。我们首先对一些著名的案件做一般性的讨论，在这些案件中法院认为某些行为是不当的，而后讨论掠夺性定价和拒绝向对手提供关键产品的特别案例。

### 法庭认定的不当竞争行为

第 2 条款案件中最为著名的案件之一是美国铝业公司案。[57]美国铝业公司生产和销售铝锭，同时将铝锭制造成许多成品和半成品。1909 年
663 之前没有企业能与其进行有效竞争，其中的部分原因在于美国铝业公司拥有和注册了许多关键的原始专利。政府 1945 年的诉讼案宣称，1909 年后，美国铝业公司通过一系列排他性策略维持市场势力，这些策略包括：（1）签订电力合同，阻止电力公司向其他生产铝的公司销售电力；（2）和国外铝生产者签订明确的价格操纵协议，阻止美国市场铝的进口；（3）价格挤压，即独立铝产品生产者面临的铝锭价格上升，使得它们不能通过制造和销售铝产品获得利润，无法在美国铝业公司设定的铝片价格下与美国铝业公司进行竞争；（4）旨在消除竞争的扩大产能战略。直到 1945 年，美国铝业公司是美国国内唯一的铝生产者。

美国铝业公司的辩护理由之一是它所得到的利润并不是很高。法院裁决利润的高低并无关系：“（国会）不会宽恕好的托拉斯，惩罚坏的托

拉斯；它禁止所有的托拉斯。”[58]法庭声称仅仅通过自身获取垄断的过程并不一定就是违法。

尽管这一观点意味着有效成长的企业不应该受到惩罚，但是法庭看起来似乎并不支持美国铝业公司为预期需求提前扩建产能的政策：

> 美国铝业公司总是预期铝需求会增长并随时准备提供供给，而这些并非不可避免之事……美国铝业公司坚持说它们没有排斥竞争者；但我们想象不出比逐步掠取出现的每一个新机会更为有效的排斥方法。

法院的推理是令人困惑的。对于一个经济学家而言，很难区分恶意的产能扩张和由于前瞻能力而带来的合意的产能扩张。

法院还做出判决：“垄断者必须同时拥有垄断的能力和垄断的意图。”通过强调意图，违犯者的思维状态成为反托拉斯诉讼中的相关因素。当人们的想法而不是经济行动的实际效果成为起诉对象时，会产生无穷多的诉讼。法院进而判决，美国铝业公司的价格挤压政策违法。[59]

664 法院将该案件发回地区法院重审。由于该项反托拉斯起诉，美国铝业公司面临的主要的反托拉斯指令是剥离其加拿大财产。在地区法院重审期间，美国政府出售了第二次世界大战期间建造的铝设备，并组建了雷诺兹和凯塞尔公司两大竞争对手来同美国铝业公司进行竞争。美国铝业公司不再拥有对美国铝业市场的垄断。到 1958 年，美国铝业公司的初级铝锭生产能力的份额已经下降到 35%。

针对美国铝业公司的判决对主导企业的行为产生了深远意义。人们并不清楚主导企业是否可以通过采取某些行动以避免被指控为故意寻求维持对市场的控制。进一步，人们不清楚该如何确定企业的垄断地位是否被“加强了”，这一地位是用聪明但合法的经营行为来维持的，还是用将被法院认定为非法的行为来维持的。

在另一个第 2 条款案件美国联合鞋业案中，政府指控联合鞋业主要通过拒绝出售设备而仅出租设备的方法，维持了在美国制鞋业设备 75%～80%的市场份额。[60]政府认为联合鞋业通过仅仅出租设备制造了进入壁垒。原因在于联合鞋业修理自身设备，而竞争对手没有独立的修理组织可以依靠；因此，如果竞争者试图进入该领域，它也必须提供修理服务。法院同时裁决，联合鞋业出租设备 10 年的租赁制度会“阻止鞋业制造商处理掉联合鞋业的设备而转向使用竞争对手的设备”。法院裁决这样的租赁“如此有吸引力且如此有实用性以至于加强了联合鞋业排斥竞争对手的能力”。尽管法院意识到联合鞋业许多产品和服务的优越性，但是它发现租赁制度赋予联合鞋业以市场势力。法院要求联合鞋业对其租赁的所有产品提供出售服务。联合鞋业案表明了第 15 章所提出的重要概念，即垄断者更偏好出租而不是出售其设备。参见案例 15.1。

法院有关10年租赁期限的观点存在一些问题。如果随着时间推移可以续租，而且如果可以通过竞争来争取租期已满的消费者，那么为何租赁会减少竞争就没有明确的答案。只有当消费者较低的流动率使得有效竞争者无法争取到生存所需的临界消费者数量时，似乎才有可能引起反托拉斯关注。[61]即使在这种情况下，也必须考虑合约的长期性所带来的所有收益。

在格里费思（Griffith）案中，法庭考虑了动画影院连锁店的购买行为。[62]动画影院为电影拷贝支付租金，租金价格由整个连锁影院而非特
665 定影院的上座率来决定。这就意味着如果小镇上有一个连锁影院与一个单独的影院进行竞争，那么这一连锁影院可以用比独立影院更低的价格获得同样的电影拷贝。法院判定这一将独立竞争者置于不利地位的行为违反了《谢尔曼法》的第2条款。法院同时裁定：行为的影响而不是行动者的意向是调查的合理关注点。

在贝凯（Berkey）案中，第二巡回上诉法院调查了一个垄断者应对其竞争对手所负的责任。[63]1972年，相机和胶卷市场的主导企业柯达公司引入了110口袋傻瓜相机和与该相机配套的胶卷。贝凯公司是相机和胶卷冲印机的制造商。贝凯公司的观点之一是由于柯达拒绝提前披露110胶卷的制式，贝凯公司直到该胶卷引入市场后很久时才能生产适合此110制式胶卷的相机。贝凯公司宣称柯达在胶卷和相机市场的主导地位要求柯达提前向竞争者披露影响相机市场竞争的任何胶卷制式的变化。法院裁决并未将提前披露强加为主导企业的责任。法院意识到反垄断法，特别是其第2条款并没有禁止垄断，并重申触犯第2条款的标准是拥有市场势力以及获取并维持该势力的意愿，这不同于由于优良产品、商业收购或者历史性事件而形成的企业的成长或者发展。[64]

**掠夺性定价**。掠夺性定价（第11章）是一种典型的负面行为，但是现实中存在将掠夺性定价和积极竞争混淆的风险。犹他派（Utah Pie）案涉及对掠夺性定价的宣判。[65]犹他派公司在犹他州销售冷冻甜派。大陆面包公司（Continental Baking）、康乃馨公司和宠物牛奶公司都销售派，和犹他派公司竞争。盐湖城市场存在激烈的价格竞争，而且有证据表明被告的产品在盐湖城的价格低于在其他地区的价格。证据表明被告产品的价格，至少是部分产品价格，低于直接成本加分销费用。同时有证据表明被告之一雇用了商业间谍渗透到犹他派的工厂来获取信息。法院判决这样的价格歧视损害了竞争，因此存在掠夺性定价，违反了法律。[66]

在电传（Telex）公司案中，第十巡回上诉法院调查了IBM公司对
666 接入IBM中央处理器的外围设备（如磁盘驱动器）的定价行为。[67]Telex宣称，IBM为了和Telex竞争，大幅度降低了外围设备的价格，违反了反垄断法。法院发现由于价格并没有低于IBM的生产成本，因此这样

的指控没有根据。

在松下公司（Matsushita）案中，最高法院再一次调查了掠夺性定价的指控。[68]该案件涉及某日本制造商参与长达20年掠夺性定价的指控。法院意识到这样的有意安排并不合理——在长达20年中一直损失资金显然会无利可图——从而驳回了此案（案例11.1）。企业必须找出可信的违反法律的证据才能指控掠夺性行为。

在布鲁基集团诉布朗和威廉姆森烟草公司案（Brooke Group v. Brown and Williamson Tobacco，113 S. Ct. 2578（1993））中，开发低价普通香烟的先驱利格特（布鲁基）公司指控布朗和威廉姆森公司以掠夺性价格销售其普通香烟。法院认为成功的掠夺性定价指控需要证明价格低于某些成本指标，而且被指控的掠夺者必须有弥补其掠夺性定价损失的合理的可能性。法院发现普通香烟销售的市场结构不允许布朗公司弥补其掠夺性定价带来的损失。法院裁决由于不存在弥补掠夺性定价损失的可能性，即使是低于成本的定价也不能支持对掠夺性定价的指控。由于各方同意使用平均可变成本作为测量成本的指标，法院拒绝就掠夺性案件中采用何种合理成本指标问题做出限定，因此，在此重要问题上仍然没有最高法院判定的先例。

**拒绝交易和基本设施**。当一群企业决定联合抵制或拒绝和竞争对手交易，从而使得竞争对手不能进入特定市场时，它们的行为违反了第1条款和第2条款。例如，在东部诸州（Easter States）公司案中，法院谴责了木材零售商的行为，这些零售商拒绝和批零兼营的批发商进行交易。[69]

法院经常认为涉及拒绝和某些企业交易的联合行为本身违法。最近的两个案件表明了该观点的转变。在西北文具批发公司诉太平洋文具和印刷公司案（Northwest Wholesale Stationers，Inc. v. Pacific Stationery and Printing Company）中，法院拒绝将本身违法原则应用于涉及竞争者之间协议的案件。[70]这一案件是关于一个合作购买机构（一批企业像一个购买者一样购买产品）开除其某一会员的情况。法院判定合作购买机构（通过竞争者间协议组成）开除原告并拒绝与该公司进行交易并非
667 必然构成本身违法。法院裁定：在缺乏证据以证明合作机构拥有市场势力或拥有进行有效竞争所需的关键资源的特权的情况下，用本身违法原则处理该行为并不恰当，应代之以使用合理原则。[71]

在判决拒绝交易的案件中，法院通常会强调**基本设施**（essential facility），即竞争对手生存所必需的稀缺资源的作用。例如，拥有通向某一岛屿唯一桥梁的运输企业就拥有向该岛运输的竞争性运输企业所必需的设施。在基本设施原则下，基本设施的拥有者必须在某些时候向其竞争对手提供该设施。

在终端铁路（Terminal Railroad）案中，一个铁路集团拥有圣路易

斯所有的铁路桥梁。[72]问题的关键是这一控制可能使得拥有铁路的公司会损害到竞争性铁路公司（Reiffen and Kleit，1990）。法院裁决拥有该设施的集团必须在合理的条件下向其竞争对手开放设施。

由于存在竞争者同意限制竞争的危险，联合行动受到了反垄断法律的严密监控。由于这一原因，许多限制进入的合作（比如动态联盟）受到了反垄断法针对排他性行为的关注，而这种情况在单个企业身上是不会出现的。在高露洁案中，可以设想，单个企业能决定和谁进行交易。[73]但该条例并非总是适用，即使是单个企业可能也会有义务同竞争对手交易。例如，在"阿斯本滑雪公司诉阿斯本高山滑雪公司案"（Aspen Ski Company v. Aspen Highland Skiing Corporation，472U. S. 585（1985））中，法院裁决三座可滑雪高山的拥有者必须像过去一样，继续和第四座高山拥有者进行合作，以发售缆车票使得所有滑雪者可以在四座山上滑雪。这一推理似乎给曾经和对手交易过的垄断者带来了比没有和对手交易过的垄断者更大的压力。在柯达案中，法院重申了其在阿斯本案中的观点，即"只有存在拒绝的合法竞争性理由时"，垄断者才能拒绝和竞争对手进行交易。[74]参见卡尔顿（Carlton，2001）的进一步分析。

许多涉及拒绝交易和基本设施案件的情况是一个企业拥有竞争对手参与竞争所必需的稀缺资源。因此，这些案件存在纵向要素，最好看成是第11章涉及的提高对手成本，或在位者天然优势模型的情况。例如，通过拒绝开放通向小岛的唯一桥梁或提高针对该桥梁的收费，拥有桥梁的铁路公司可以使其竞争对手处于不利的地位。

有关迫使企业向竞争对手提供产品的案件有两个显著的特点。首先，法院必须注意拥有稀缺资源的企业并没有针对资源收取过高的价
668 格；否则，即使竞争者可以得到稀缺资源，也无法与其竞争。其次，一个拥有垄断势力的企业通常可以收取它所希望的价格。人们并不清楚为何这一原则在对待拥有稀缺资源的单一企业时会有所不同，仅仅是因为这一稀缺资源是针对其竞争对手的投入吗？

## 企业之间的纵向安排

到目前为止，本节已经描述了一个企业（或一批联合行动的企业）如何通过不良行为损害竞争者。反垄断法还把某些类型的非竞争性企业间的纵向关系，通常是一个制造商和一个分销商间的纵向关系，描述为会损害竞争者的不良行为。我们现在分析纵向一体化和纵向约束（转售价格维持、排他性区域和排他性交易）。处理纵向关系的法律领域已经发生了很大的变化，法律的某些方面似乎已经和经济理论产生了不一

致。参见卡尔顿（Carlton，2001）更为详细的分析。

纵向一体化和纵向约束并不一定是反竞争的（第 12 章）。即使制造商是垄断者，强加给分销商的纵向约束也并不一定会减少福利。我们不可能确切地证明纵向一体化或纵向约束总会提高社会福利，但是我们也不可能证明一个垄断者关于质量或者其他产品维度的选择总会提高消费者福利。而且，通常调查特定纵向关系或质量选择的案件需要花费大量的成本，即使经过了长期的调查，人们可能仍然很难确切地推测纵向关系或质量选择对消费者福利的影响。几乎没有人认为反垄断法可以用来控制垄断者的质量选择或其产品的生产，但通常也没有比干涉垄断者进行质量或生产选择更正当的理由来干涉垄断者的分销选择。

但是，在一些市场中，纵向一体化或纵向约束会减少竞争、危害社会，这些正是反垄断法应努力禁止的。我们现在讨论这些情况。

如果排他性交易阻止或延迟了竞争者获得其分销产品的渠道，那么这样的排他性交易对社会有害。分销的纵向一体化也同样如此。但是，只要竞争者可以得到其他有效的分销方法，那么排他性交易或纵向一体化都不会限制竞争对手的进入。

如果一个经销商卡特尔将纵向约束，如排他性区域强加于一个制造商，那么这类纵向约束就具有反竞争的效果。也就是说，排他性区域是相互竞争的经销商对区域分配的协议。[75]但是，只有在经销商具有买方垄断势力时，这样的说法才有意义（第 12 章）。没有制造商会愿意参与这样的经销商密谋，因为它会提高制造商的分销成本。

针对纵向关系的反托拉斯政策对企业实行价格歧视的能力具有启示
669 意义。纵向一体化和约束可能会使价格歧视得以实施（第 9 章）。例如，如果制造商可以通过要求分销商仅在自己的区域内销售商品来阻止两州之间的转售，那么希望在纽约和加利福尼亚进行价格歧视的制造商就能将这一意愿付诸实施。由于不能确定不完全价格歧视通常对社会究竟是有害还是有益（第 9 章），因此应用本身违法原则是不理智的。而且，在合理原则下调查价格歧视的每个环节需要耗费很大的成本，而且即使经过分析，可能还是很难可信地预测歧视的福利效应。

**纵向一体化**：法院早期对于总体纵向关系和特定纵向一体化的观点也是模糊不清的。显然，法院关心的是竞争的前向关闭。例如，如果生产衬衫的企业进行后向一体化生产纽扣，企业就会前向关闭纽扣市场的竞争，因为其他纽扣制造商现在不能向该企业销售纽扣了。

在黄色出租车公司（Yellow Cab）案中，法院认为通过兼并而形成的纵向一体化可能本身违法。[76]但是，不久以后法院在哥伦比亚钢铁公司（Columbia Steel）案中做出了相反（和更具合理性）的判决结论，认为“很明显，仅像本案那样纵向一体化，并不能被裁决为违反了《谢尔曼法》”。[77]

另一个主要的纵向一体化案件是杜邦案。[78]自 1920 年（或更早）以来，杜邦公司就是通用汽车公司汽车烤漆和毡布的主要供应商，其拥有了通用汽车公司 23%的股权。联邦政府对其提起了诉讼，指控该纵向关系违反了反垄断法。尽管人们并不清楚消费者会受到该纵向所有权何等程度的负面影响，但法院仍裁决杜邦的所有权违反了反垄断法。

自杜邦案以来，有关纵向兼并的政策执行均遵循着哥伦比亚钢铁公司（Columbia Steel）案中的合理经济性逻辑。司法部的纵向指南（被克林顿政府所否定）强调并不反对单纯的纵向关系，他们关注的是纵向关系是否被用来增强市场势力。

尽管联邦贸易委员会和司法部对纵向一体化的敌意已经少于过去，但法院却并非总予认可。例如，在 Fotomat 公司案中，第七巡回上诉法院就禁止发放特许权证的企业自己开店并与被其授权企业进行竞争。[79]人们很难理解为何仅因为独立销售商面临着额外的竞争，前向一体化进行分销就违反了反垄断法。

**纵向约束**：企业可以使用合约向其他企业施加纵向约束，而不是通
670 过纵向一体化来直接控制该企业。如果法律不允许纵向约束，而允许纵向一体化，那么企业将更有积极性进行纵向一体化。重要的纵向约束包括转售价格维持、排他性区域和排他性经营。

**转售价格维持**：一个制造商为其零售商设定最低（或最高）价格，被称为转售价格维持，因为制造商希望控制其产品面向消费者的零售价格（第 12 章）。1911 年，法院提出了制造商是否会对分销商设立定价约束的问题。在迈尔斯博士（Dr. Miles）医药公司案中，分销商约翰・D・帕克拒绝签订有关出售迈尔斯博士医药公司药品的最低价格协议。[80]法院裁决这一价格协议为非法，因为协议抑制了经销商之间的竞争，这相当于价格操纵。

这一判决并未得到广泛认可，反垄断法最终对其进行了修正，允许某些产品的转售价格维持。国会 1937 年通过了《米勒-泰丁斯转售价格维持法》（Miller-Tydings Resale Price Maintenance Act），1951 年通过了《麦奎尔法》（McGuire Act）。这些法案授予制造商在免受反托拉斯责任的情况下设定零售价格的权力，但是其所在的州必须拥有允许转售价格维持的公平贸易条例（允许产品在“公平”价格下出售）。许多州通过了这样的公平贸易法案。在没有公平贸易法律的各州中，分销商更容易搭其他分销商促销努力的便车，因为转售价格维持是控制搭便车行为的方法之一（第 12 章）。1975 年，允许转售价格维持的法律均被废止，所有转售价格维持再次成为本身违法的行为。

转售价格维持促进竞争的逻辑是：转售价格是制造商引导分销商促销其产品的方法之一（第 12 章）。在 20 世纪 60 年代以前，多数经济学家并不理解这一逻辑。60 年代以后，经济学家已经讨论了制造商施加于其分销商的产品限制所带来的竞争性收益。这些经济学家没有区分定价

限制和由制造商施加于分销商的其他限制。两者都可以促进竞争并防止搭便车（Posner，1981）。但是，如果转售价格维持便利了合谋行为，那么它也有可能是反竞争的。

自1975年废除允许转售价格维持的法律以来，制造商不再设定分销商的价格下限。[81]但是，最近最高法院的判决可能意味着该禁令的放松。[82]法院分析了一个案件，该案中进行削价的零售商被终止了供应。零售商宣称终止的出现是因为削价，而且终止供应违反了反垄断法。尽管法院认为零售价格的纵向协议本身违法，但法院仍裁决由于竞争性零
671 售商和制造商之间没有关于价格的协议，因此没有违反反垄断法。因此，尽管表面上法院没有否决其有关纵向价格操纵本身违法的禁令，但法院在此案中的判决同许多经济学家得出的结论相一致，即一个制造商对价格的控制并非必然违反反垄断法。

**排他性区域**：制造商可能会发现向其经销商分配地理区域，即排他性区域，并且不允许其他经销商在该区域经销的做法是有利可图的（第12章）。排他性区域为经销商提供了促销产品的激励，并且防止了经销商搭其他经销商促销努力的便车。如果排他性区域促进了一个卡特尔的形成，那么它也有可能对竞争产生负面影响。显然，尽管区域限制的目的是促进竞争和产品销售，但是施加于一个制造商的经销商们竞争能力之上的区域限制确确实实地限制了竞争。

1963年，法院审理了有关区域限制问题的怀特汽车公司（White Motor）案。[83]一个卡车制造商限制其分销商销售产品的区域。法院判决这样的区域限制并不一定违反反垄断法，它们的合法性必须在调查其影响后才能确定。

在通用汽车（General Motors）案中，法院调查了通用汽车公司与其经销商签订的合约中禁止经销商在各区域间流动的地域条款。[84]通用汽车公司同时试图阻止其经销商向折扣经销商转售汽车，这些折扣经销商出售汽车但并没有像其他经销商那样开展促销活动。法院裁决通用汽车的努力“是为了削减折扣经销商的新型雪佛兰汽车的销售额，以保护授权经销商免于遭受真实的或明显的价格竞争”。据此，法院裁决该行为违反了反垄断法。

在斯文公司（Schwinn）案中，法院判决排他性区域“对竞争的破坏如此明显，以至于存在这样的微小限制就足以造成对竞争的巨大破坏”。[85]这一重要的案件使得排他性区域的使用本身就违反了反垄断法律。

在西利（Sealy）和托普科公司（Topco）案中，最高法院将区域限制解释为限制竞争对手间竞争的协议。[86]在两个案件中，企业群都联合并达成了区域限制协议，通过其来促销它们的产品和宣传共同的商标，以及避免搭便车问题。法院认为在这两个案件中，这些协议本身就违反了《谢尔曼法》的第1条款。但是，在这两个案件中，就开发新品牌产

品必须施加区域限制而言，后来有关BMI案（如果企业之间的协议对提供产品来说是必需的，那么该协议是可以接受的）的裁决似乎意味着，如果现在重新审查西利和托普科案，那么必须在合理原则下进行分析，而不会认定其为本身违法。

672 1977年，法院在西尔法尼亚公司（GTE Sylvania）案中否决了斯文公司案的判罚。[87]西尔法尼亚公司对其分销商施加了区域限制。法院认为纵向限制增加了制造商销售产品的能力，提供了克服某些搭便车问题的方法（第12章）。因此，法院否决了斯文公司案中有关区域限制本身违法的禁令，取而代之以采用合理性原则来审理纵向约束。

在西尔法尼亚公司案中，法院的推理基于以限制品牌内竞争（同一品牌经销商之间的竞争）为代价来促进品牌间的竞争（不同产品之间的竞争）。使用这一区分是有误导性的。纵向约束事实上可以通过使得经销商从推销并服务于每个产品中的有利可图来促进品牌间的竞争，但它对品牌内竞争产生的不利影响却并不明显。尽管从字面上来看排他性区域限制了一个分销商和其他分销商之间竞争的能力，但是单个制造商使用排他性区域限制竞争并非只是为了提高零售价格，并对消费者造成反竞争的伤害（第12章）。

总之，在没有纵向限制的情况下，制造商甚至可以通过提高批发价格来提高零售价格（假设没有来自其他产品的限制）。通过控制批发价格，制造商影响了其各销售点的产品价格。纵向约束赋予了制造商更多的控制权以控制促销行为和服务，而并非仅允许制造商控制价格。通过在西尔法尼亚公司案中使用合理性原则，法院承认纵向约束可以促进竞争。参见案例19.6。

673

**案例19.6**☞

### 联邦贸易委员会与‘Я’Us玩具公司的交手

‘Я’Us玩具公司告诉玩具制造商，如果一个**同样的**玩具在商店俱乐部（常常以较低价格出售散装产品的很大的商店）销售，‘Я’Us玩具公司便不会销售这些特定的玩具。联邦贸易委员会认为这一策略被用于排斥竞争对手，是一种限制竞争的努力。

‘Я’Us玩具公司对这一指控做出回应，认为它们在玩具零售市场不存在市场势力，而且它们的策略只是用来限制大型商店促销中的搭便车行为。很难预测哪些玩具将成为圣诞节的大赢家。通常，玩具制造商并不会提高热点玩具的价格，而是向零售商店进行配额。热点玩具的配额可以被看成是玩具制造商对玩具商店促销努力、提供展厅服务和每年销售玩具的回报。

‘Я’Us玩具公司参与促销，并且和制造商合作设计玩具。尽管第四季度（即圣诞节前后）的销售额占到年销售额的60%以上，但该公司每年会在各个商店存放数千种独特的玩具品种。相反，大型商店很少参与甚至没有促销活动，通常仅在年末上架100～150种不同的玩具。

‘Я’Us玩具公司拥有玩具零售市场20%的份额，而商店俱乐部的份额则少于

5%。根据审理中提供的统计数据，从统计意义上说，即使是在只面临一个主要竞争者的区域，'Я' Us玩具公司也没有显著提高零售价格的能力。

尽管存在这些证据，'Я' Us玩具公司还是败诉。它在玩具市场的份额连续下降，到2003年，该公司的市场份额约为17.5%。

说明：卡尔顿是'Я' Us玩具公司的一位专家型证人。

资料来源：Carlton and Sider (1999)；George James, "For Toys 'Я' Us, A Time to Rebuild," *New York Times*, January 14, 2004: 1.

**排他性经营**：法院还分析了制造商阻止它的分销商销售竞争性品牌的排他性经营。排他性经营使得制造商可以克服一种类型的搭便车问题，这一问题与排他性区域所克服的搭便车问题有所不同（第12章）。排他性区域关注不同经销商之间的搭便车；而排他性经营则关注不同制造商之间的搭便车。排他性经营同时可以被用于通过提高分销成本来提高竞争对手的进入壁垒。

1922年，最高法院拒绝了对制造商和零售商签订的不允许零售商销售其他制造商产品的合同的执行。[88] 1949年，在标准石油公司（Standard Stations）案中，法院再次说明了排他性经营问题。[89]加利福尼亚标准石油公司要求其独立经销商仅从该公司购买石油产品和汽车零件。最高法院没有使用合理性原则便得出结论，表明确认排他性经营的确降低了竞争这件事对于法庭来说是一个无法承担的重负，因此法院判决："证明竞争已经前向关闭且该商业链中的大部分受到了影响的证据满足（《克莱顿法》）第3条款（禁止排他性经营）。"法官杰克逊不同意该判决，认为法院在经济推理时犯了错误，排他性经营可以是"开展竞争的一种方法"[90]。可以推测，法院未来对排他性经营的处理方法会考虑到西尔法尼亚公司案的判决，在该案件中，法院承认了纵向约束有时会促进竞争。

**纵向约束案件的诉讼**。在许多案件中，分销商会抱怨一些分销商和制造商之间的纵向协议旨在消除或阻止其他分销商的竞争。原告用这种措辞
674 来表达控诉，以将该行为描述为一种涉及价格操纵或产量限制的密谋。这样做的原因在于原告希望对价格和产出协议应用反垄断法的本身违法原则，并获得三倍损失的赔偿。例如，如果只是宣称合约违法或违反了其他合同法，那么它们只能得到单倍的赔偿。因此，最终经销商为了获得更多的赔偿，可能会宣称结果违反了反垄断法而不是合同法。

试图将纵向协议案转为合谋案的一个例子是Klor's案，该案关注于Klor's电器商店无法像其竞争对手那样得到相同的货源供给。[91] Klor's的位置邻近Brodway Hale百货商店，后者也分销电器。许多有名的品牌电器都销给Brodway Hale，但是不销给Klor's。Klor's宣称Brodway Hale和电器制造商之间存在密谋，以图将Klor's赶出行业。Klor's指控Brodway Hale使用其市场势力阻止制造商向Klor's的销售。Brodway Hale 的辩辞表明其他靠近 Brodway Hale 的零售商同样也销售主要制造商的电器。重要的经济问题是 Brodway Hale 相对于制造商是否有足够的购买能力来阻止它们向 Klor's 的销售，如果它没有该势力，那么对制造商该行为的另一种可行的解释是为了控制搭便车问题（参见第 12 章）。

## 价格歧视

许多形式的价格歧视都遭到反垄断法的质询。例如，掠夺性定价可能涉及企业在存在竞争对手的市场中的要价低于在没有竞争对手的市场中的要价。这种伤害直接竞争者的价格歧视被称为一级价格歧视（参见犹他派案）。第二种形式的价格歧视，即二级价格歧视会损害消费者的利益。《罗宾逊-帕特曼法》禁止这两种类型的价格歧视。第三种价格歧视受到反垄断法的限制，即配售。本部分讨论二级歧视和配售。

### 《罗宾逊-帕特曼法》下的价格歧视

《罗宾逊-帕特曼法》禁止企业在其消费者间进行损害竞争的价格歧视（二级价格歧视）。《罗宾逊-帕特曼法》（1936 年对《克莱顿法》的第 2 条款进行了修正）的通过是为了回应来自小型零售商店（例如杂货店）的政治压力，这些零售商店抱怨大型连锁店可以在更为优惠的条款下得
675 到供货，并因此制定更低的售价（Ross，1984）。许多经济学家认为《罗宾逊-帕特曼法》是为特殊利益群体设计的法规，它被用来保护小企业免受更为大型、更为有效率的企业的竞争，在没有该法的情况下，这些更为大型、更为有效率的企业可以以更低的价格进行采购（Posner，1976b；Ross，1984）。

《罗宾逊-帕特曼法》的结果之一是消费者将面对更高的价格，消费者被剥夺了大型连锁店采购方面的规模经济收益，若没有该项法律，(它们自身之间的）竞争会迫使连锁店将这一规模经济收益让渡给消费者（Ross，1984)。《罗宾逊-帕特曼法》导致了大量诉讼（尽管政府诉讼最近有所减少)，同时扭曲了许多市场的定价（Elzinga and Hogarty，1978)。这一法律损害了消费者。尽管联邦贸易委员会近年来提起的案件相对较少，但私人诉讼却从未停止。

## 配售

反垄断法已经被用来禁止企业使用配售，在配售中，一个产品的销售以购买了另一产品为前提。法院通常认为配售是一种排斥竞争对手销售机会的方法。配售可能是出于效率原因，或者由于企业在一个市场上拥有市场势力，如果使用配售可以获得比单独出售某一产品更多的利润（第 10 章）。因而配售是价格歧视的一种变形，它提高了某一产业中成为垄断者所能获得的回报。配售不一定会产生更大的无效率损失，也有可能会带来产量的增加。但是，正如我们在第 11 章中所讨论的，配售可以用来作为损害竞争对手的战略性工具。令人好奇的是，法院关注和价格歧视更为相关的案件。

除了价格歧视的动机外，许多产品的搭配和捆绑是自然且有效的。例如，和收音机一样，一辆汽车由许多零部件组成。如果政府阻止这种有效的零部件捆绑，那么消费者会非常不满。但是，在有些案件中配售是反竞争的。例如，配售可以用来提高进入成本（搭配机器修理，使得独立的修理商店不存在，这就使得进入者处于不利地位）。但是，法院并没有局限于仅从这几类案件就做出禁止配售的判决。

在早期涉及专利产品的案件中，最高法院裁决配售事实上合法。例如，在 A. B. 迪克公司（A. B. Dick）案中，A. B. 迪克公司在销售其专利油印机时要求购买者只能使用从 A. B. 迪克公司购买的油墨以及其他零部件，法院并不认为 A. B. 迪克公司这样做有错。[92]这样的配售使得 A. B. 迪克公司可以识别使用机器频率最高的消费者，并从中赚取更多的利润（第 10 章）。

1914 年通过的《克莱顿法》包含了认定产生减少竞争效应的配售违
676 法的条款。在此之后不久，法院在动画专利（Motion Picture Patents）案中否定了它在 A. B. 迪克公司案中的判决。[93]在随后的两个案件中，最高法院拒绝修改禁止配售的法令。在另一个案件 IBM 案中，美国政府攻击 IBM 在销售打孔机时要求其用户只能使用 IBM 的打孔纸的做法。[94]IBM 向政府提出了特殊的要求，只有政府支付额外 15%的租金，它才允许使用者使用自己生产的打孔纸。IBM 宣称除非使用它自己生产的纸，否则 IBM 的声誉将遭受损失，因为使用其他的纸将会导致机器故障，最高法院根据政府的使用经验驳回了这一辩辞。

在国际盐业公司（International Salt）案中，国际盐业公司要求购买者在使用该公司机器时只使用该公司的盐，法院对此进行了调查。[95]正如在 IBM 案中一样，法院驳回了国际盐业公司的申辩，该公司认为使用低质量的盐会损坏机器，公司声誉会受损。法院裁决由于对竞争者而言大量的盐市场被前向关闭，因此配售本身违法。

在北方太平洋铁路公司（Northern Pacific）案中，法院裁决，北方太平洋铁路公司要求其特定地块的租用者在某些情况下必须使用它的铁路进行运输的行为本身违法[96]：

> 配售协议除了压制竞争外几乎没有其他目的。它使竞争者无法自由进入配售产品的市场，这并不是因为强加配售要求的一方拥有更好的产品或更低的价格，而是因为它在其他市场拥有市场势力杠杆。

法院发现被告实施了大量的经济势力，并得出结论搭配为非法。在Fortner Ⅱ公司案中，法院说明“如果配售为非法，则销售者必须在配售产品的市场上具有某些竞争者所没有的优势”。[97]

另一个涉及配售的重要案件是Hyde公司案。[98]一家医院和一家私人企业签订了提供麻醉服务的合同。医院答应在对其病人治疗过程中只使用该企业提供的麻醉服务。麻醉师提起了诉讼，控告该医院将麻醉和其他医疗服务进行了配售。法院认为非法的配售必须满足：（1）存在两种产品；（2）对一种产品拥有市场势力；（3）强迫性。关于强迫，法院的意思是在没有配售时不能同时售出的产品现在可以被同时售出。法院认为，“在我们的反垄断法学的历史上，存在特定的搭配安排会带来抑制竞争的难以接受的风险的命题，现在对这一命题进行质疑已经太晚
677 了……”法院并没有发现所质疑的行为为非法，显然是因为医院缺乏市场势力。

柯达（Kodak）案是一个重要的配售案件。[99]柯达和其他许多企业竞争销售复印机。柯达同时向消费者提供柯达的部件和服务。柯达拒绝向独立的维修商店提供某些部件，并非法配售复印机部件和服务。柯达要求撤销该案，因为双方都同意柯达在最初销售复印机时面临大量的竞争。如果最初存在竞争，那么如果消费者知道柯达会对维修部件和服务索取高价，就不会购买柯达的产品。法院驳回了柯达的辩护。根据法院判决，即使柯达在最初的复印机市场中缺乏市场势力，但从理论上来看，消费者可能没有得到信息或者不能预测其修理成本。法院的基本裁决是：即使存在成百上千个竞争性的设备制造商，任何设备制造商都会被认定为是自身独特修理部件的垄断者，因此需要对事实进行调查来解决配售案件。法院无法解释如果迫使柯达在其所选择的价格下向独立修理商店出售修理部件，消费者将会得到多大的收益。

法院有关配售（尤其是特许权授予者和特许经销商之间的配售）的判决和第12章所描述的经济理论是不一致的。特许权授予者为了获得某种预期的经济绩效，会对特许权经销商施加各种类型的限制。特许权授予者同时要求必须对其努力进行补偿。特许权经销商对授予者做出回

报的方法之一就是使用各种配售。例如，特许权授予者可以要求成为特许权经销商餐巾的唯一供应商，来代替基于销售额的特许权费的收取。但是，由于这意味着前向关闭了餐巾市场的竞争，这一行为已经受到了禁止配售的反垄断法的攻击。[100]

## 反垄断法对不受管制和受到管制的企业组织的影响

当法律禁止企业采取特定行动时，企业会寻求其他路径来实现它们的目标。由于反垄断法禁止独立企业之间横向和纵向的协议，一些企业
678 进行兼并或简单的扩大规模，做它们所愿意做的任何事情。因此，与其他情况相比，反垄断法更鼓励企业兼并或扩大规模。例如，比特林梅耶（Bittlingmayer，1985）解释了许多企业在世纪之交进行兼并的原因，当时反垄断法第一次禁止企业之间的协议，但是并没有禁止兼并。

同样，最高法院的一些禁止某种类型纵向约束合约的判决激励了企业的纵向一体化。[101]有些州已经对此做出了回应，颁布法令禁止某些制造商前向一体化到分销领域。例如，有些州阻止石油公司拥有和运营自己的加油站。

正如我们已经提到的，反垄断法影响了特许权授予者和特许权经营者的交易方式。反垄断法（以及有些州的特许权法）的效果是将某些权利从特许权授予者转向特许权经营者，并减小了将特许权协议作为一种分销方法的吸引力（Smith，1982）。如果法律使得特许权授予者很难控制特许权经营者的行为，那么使用这一组织模式的激励就会消失。当反垄断法鼓励企业改变其组织形式时，很有可能新的形式会更加缺乏效率。

反垄断法对受到管制的企业产生了很大的影响。反垄断法和管制的相互作用是一个复杂且充满争议的主题。法院并没有接受由于受管制企业受到管制当局的监视，因此管制可以使得企业免受反垄断法诉讼的观点。事实上，正是反垄断法的应用最终迫使 AT & T 的电话垄断在 20 世纪 80 年代早期解体。[102]

但是，法院接受管制可以使受管制企业免于某些起诉的原则，特别是当这些行为对管制目标来说为必需的时候。参见“西尔法公司诉纽约证券交易所案”（Silver v. New York Stock Exchange，373 U. S. 341）。在 2003 年的案件中（关于证券交易所的期权贸易托拉斯诉讼，317 F. 3d 134），法院裁决反垄断法不能用于攻击以期权作为交易对象的某些交易行为，因为它们的行为受到了证券交易委员会的严密监控，这一管制主体监控了美国金融市场的运作。

如果管制者对受管制企业施加和其对于进行交易的职责，那么其对手将成为更可怕的竞争者。如果受管制的企业对其竞争对手采取了不良行动，它应受到反垄断法制裁，还是仅仅受到管制者的制裁呢?最高法院最近裁决，反垄断法并不适用于企业迫于管制而和对手交易的情况，因为如果没有管制，它就不会这样做。[103]

# 小　结

679 联邦主要的反垄断法律是《谢尔曼法》、《克莱顿法》和《联邦贸易委员会法》。对这些法律的解释随时间推移已经发生了很大的变化，人们已经越来越强调经济分析在反垄断法判决中的重要性，经济学家强调使用反垄断法来实现效率。

人们很容易误认为反垄断法就是禁止垄断。它们并不是这样；然而，它们确实禁止某些使得企业获得或维持垄断势力的行为。

许多反托拉斯案都围绕着企业是否拥有市场势力，即是否有利可图地将价格设定得高于竞争性价格来展开的。通常很难直接判断企业是否拥有市场势力。法庭和经济学家通常使用市场份额作为评判企业是否拥有市场势力的粗略指标。为了使得这种市场份额的计算有意义，必须准确地定义市场。市场的定义应该包括所有能明显限制被分析产品价格的产品。

法庭使用本身违法原则和合理原则。本身违法原则禁止某种行为而不用考虑行为所产生的影响。例如，唯一目的是提高价格的价格操纵密谋本身就是违法的。合理原则要求调查受质疑行为产生的效果。价格以外的纵向约束现在用合理原则进行判决。

反垄断法严格限制了竞争者可以参与的合作行为的类型。例如，任何试图通过固定价格或限制产出来伤害消费者的行为本身就是违法的。也就是说，即使没有成功的操纵价格也违反了法律。但是在一些情况下，如果合作行为对生产产品来说是必需的，法庭允许存在合作行为，即便针对价格的合作也是如此。如果兼并的效果是增加了额外的市场势力，那么竞争者之间的兼并将被禁止。如果两个相同的没有市场势力的企业保持独立但互通信息并联合设定价格，那么它们就违反了法律；但令人好奇的是，法律却允许同样的两个企业进行兼并。

反垄断法同样限制企业用来妨碍竞争对手的行为。例如，用来驱逐对手的掠夺性定价等战略性行为是非法的。在这一领域内，反垄断法执行中存在的问题是很难区分激烈的竞争和损害消费者的战略性行为。过分积极的执法可能会剥夺消费者从竞争中获得的利益。

反垄断法的一个重要应用是企业之间的纵向关系。法庭的推理有时会令人困惑，其推理取决于竞争是否存在前向关闭竞争的原则，比如一个企业纵向一体化地进行钢铁生产，这一纵向一体化行为就被认定为前向关闭了其他钢铁生产者向原先的企业销售钢铁。

企业纵向一体化或对分销商施加纵向约束的原因很多。许多但并非全部原因在于促进竞争。最近，法院意识到了非价格纵向约束促进竞争的可能性，但是仍然认为对价格的纵向约束本身违法。

680 我们无法证明纵向关系总是有利于每个消费者。一些纵向关系的福利效果是模糊的。即使在进行了仔细研究之后，分析家仍然不能确定特定的纵向约束是否损害了消费者。纵向约束可能会有利于某些消费者而有害于其他消费者。这对产品质量的选择同样适用。控制制造商分销其产品的方式和指定垄断者生产产品的质量一样，通常都没有什么正当的理由。

但是有些案件中纵向一体化或纵向约束会损害消费者。当纵向一体化或纵向约束有效地阻止或前向关闭了对手的进入，或者它们使得分销商或生产者像卡特尔一样行动，那么纵向一体化或纵向约束就损害了消费者。

价格歧视和为了实现价格歧视而进行的配售所产生的福利效应通常是模糊的。正如我们在某些纵向约束案件中所提到的，在特定情况下，为消费者是否受到损害下结论性判断通常代价高昂且难度很大。在福利效应模糊的区域内，严厉执行反垄断法的做法是不明智的。

使用反垄断法来控制某些行为，而不控制其他行为会促使企业采用无效的组织形式。例如，如果反垄断法不允许存在某些形式的纵向约束，但是允许存在纵向一体化时，即使纵向一体化相对于纵向约束会耗费更大的成本，企业仍会选择纵向一体化来达到它们的目的。对受到管制的产业应用反垄断法会对市场结构产生很大的影响。

## 问　题

1. 在联合鞋业案中，法院判决 10 年的租赁对竞争产生了不利影响，某种程度上是因为它们阻止了竞争，其他竞争者无法争夺拥有联合鞋业租赁合同的消费者。这样的解释适用于任何合同。说明长期租赁合同影响竞争的条件。

2. 假设企业 A 是纽约市场唯一可以销售产品的企业。企业 A 面临来自国内其他地方的竞争。如果企业 A 进行价格歧视，纽约市场的价格会和其他市场的价格存在差异吗？纽约市场和其他地方的市场存在较紧密的价格波动关联吗？它们是处于同一个市场还是两个市场？

3. 假设一些产业中不存在竞争性均衡（不存在核——参见 www. aw-bc. com/carlton _ perloff 的"核理论"），反垄断会允许这些产业中的企业进行合谋吗？

4. 经过补偿（按收入效应进行调整）的需求曲线可以表示为

$$\frac{\partial Q_j}{\partial p_i} = \frac{\partial Q_i}{\partial p_j}$$

其中，$Q$ 为需求量，$p$ 为价格，下标表示产品 $i$ 或 $j$ 。假设 $p_i = p_j$ ，但是 $Q_i = 100Q_j$ 。两个产品相应的需求交叉弹性的相关度如何？为什么在分析市场定义时确定使用哪一种交叉弹性十分重要？

5. 一种关系可以被表达为

$$\frac{p_i}{Q_i}\frac{\partial Q_i}{\partial p_i} = -\sum_{j \neq i}\frac{p_j}{Q_i}\frac{\partial Q_i}{\partial p_j},$$

681 其中 $\sum$ 为加总符号（将除产品 $i$ 以外的所有产品 $j$ 相加），$p$ 为价格，$Q$ 为补偿需求。解释这一关系如何应用于需求弹性和需求交叉弹性的分析。使用公式来确定当分析者调查产品 A 的市场势力时，应该采用哪种交叉弹性来确定产品 B 是否限制了产品 A 的定价。

奇数问题的答案在本书最后部分给出。

# 推荐阅读

Kwoka and White（2004）撰写了一篇简单易读的概括性文章，提供了一些近期反垄断案件的经济分析。有关反垄断法经济学的有趣的书包括 Posner（2001），Posner and Easterbrook（1980）书后的附录，以及 Williamson（1987）。Areeda and Hovernkamp（1997）有关反托拉斯的论文提供了对反托拉斯案件的详尽分析。Pittman（1992）讨论了中欧、东欧和许多由国际竞争网络赞助的网站中提供的兼并法律。Carlton（2004b）讨论了其他国家从美国反垄断法中得到的经验。

**【注释】**

[1] 参见 Posner and Easterbrook（1980），Posner（1976a），Bork（1978），Areeda and Turner（1978，1980），以及 Areeda（1986）更为详尽的有关反托拉斯问题的检验。本章案例的陈述和分析主要依据 Posner and Easterbrook（1980）及其附录。尽管在州一级也存在反垄断法，但我们主要关注联邦法律。

[2] 如果预期的惩罚小于预期的收益，利润最大化的企业存在违反反垄断法的

激励。如果被抓住的概率小于1（肯定被抓住），和损失相等的罚金并不会减少这种行为。因此，法律使用了较大（三倍）的惩罚。但是，参见 Salant（1987），他认为如果购买者能预期得到对损失的赔偿，这样的三倍罚金可能会产生不理想的效果。

[3] FTC 也能在联邦法院提起诉讼，以便获得阻止兼并完成的初期强制令。

[4] 这种院外活动被所谓的内尔-彭宁顿（Noerr-Pennington）原理所保护：参阅“东部铁路主席会议诉尼诺汽车货运公司案”（Eastern Railroad Presidents Conference v. Noerr Motor Freight，Inc.，365 U. S. 127（1961））与“美国矿工联合会诉 Pennington 案”（United Mine Workers of America v. Pennington，381 U. S. 637（1965））。我们基本上从《美国报告》（U. S.）、《联邦报告》（F. 2d）和《最高法院报告》（S. Ct.）这些标准的法律参考书上援引案例。例如，彭宁顿案的援引就出自《美国报告》第381卷，第637页，该判案由最高法院于1965年判决。一个案件首先由地方法院判决。然后它才能在相关区域的上诉法院（也称巡回法院）提起上诉，之后可以诉到最高法院。

[5] 如果产出限制只是总产量的一小部分，那么依赖于总产量的效率收益趋向于淹没依赖于兼并导致的产出限制所形成的净损失。图19.1基于价格最初是竞争性的假设。如果最初的价格更高，那么净损失为梯形，该梯形由一个三角形加上宽度为10单位、高度等于价格和边际成本最初差异的矩形组成。

[6]“Brunswick 公司诉 Pueblo Bowl-O-Mat 公司案”（Brunswick Corp. v. Pueblo Bowl-O-Mat，Inc.，429U. S. 477（1977））和“Cargill 公司诉科罗拉多的 Monfort 案”（Cargill Inc. v. Monfort of Colorado，197 S. Ct. 484（1986））。

[7] “伊利诺伊 Brick 公司诉 Illinois 案”（Illinois Brick Company v. Illinois，431U. S. 720（1977））。以大写字母C开头的“Court”一词表示美国最高法院。

[8] 有关更多反托拉斯案件最优赔偿金的信息，请参看 Landes（1983）和 White（1989）。根据 Landes 的分析，经过基于发现概率的调整，最优赔偿等于企业对其他人所造成的损害。

[9] 参见“S. A. Emparagran 等诉 F. Hoffman-La Roche 有限公司等案”（S. A. Emparagran，et al. v. F. Hoffman-La Roche，Ltd. et al.，315 F. 3d 338（D. C. Circuit，2003））。2004年该案件被提交到美国最高法院。

[10]“得州工业公司诉 Radcliff 材料公司案”（Texas Industries，Inc. v. Radcliff Materials，Inc.，451 U. S. 630（1981））。

[11] 在20世纪70年代以前，各个州在自己的反垄断法律下提出的诉讼非常少。近年来，少数州已经越来越多地使用它们的反垄断法，但是州一级的案件仍然不普遍。

[12] Posner（1970，384）的研究也表明，司法部在最高法院赢得了74%的案件，联邦贸易委员会赢得75%，个人原告赢得63%。综合平均这三组数据，原告赢得了最高法院的70%案件。

[13] U. S. Department of Justice，“Sherman Act Violations Yielding a Fine of ＄10 Million or More,” January 23，2003：www. usdoj. gov/atr/public/criminal/202532. htm.

[14] 根据 Posner 的研究（1970，372），在1956—1960年期间，司法部至少处理了278起私人案件，而在1961—1963年期间，该数量为880起。

[15] 在静态模型中，剩余需求弹性完全可以表示企业的市场势力，并且确定

其定价。在动态模型中，这种简单的关系并不能成立，因为利润最大化的价格依赖于消费者和企业随时间发生变化的反应。而且，在动态寡头垄断模型中，均衡依赖于参与者之间的博弈。测算市场势力的另一种方法是计算长期收益率。参见第 8 章有关使用这一方法的讨论。

[16] 对一个兼并的模拟通常可测算需求曲线；假设企业参与特定的博弈（如伯川德博弈）；通过使用观察到的价格和测算到的弹性来计算边际成本；并且假设兼并后企业协调其所控制产品的定价，而后预测新价格。参见案例 7.5 和 Carlton (2003，2004a) 的相关讨论和对这一方法的批评。

[17] 此处所言的经济市场并不一定和销售人员所指的市场相同。当市场定义被基于营销人员所写的备忘录时，有时会产生大量的混淆。因此，一些反托拉斯律师建议公司指导销售人员避免使用备忘录中的市场一词。

[18] 一个企业面临的需求弹性和供给与需求替代之间的关系可以采用面临竞争性边缘企业的主导企业模型来表达（参见 www.aw-bc.com/carlton _ perloff 的“主导企业和竞争性边缘企业模型”，以及 Landes and Posner，1981）。我们可以得到

$$\varepsilon_d = \frac{Q}{Q_d}\varepsilon - \frac{Q_f}{Q_d}\eta_f$$

其中，$\varepsilon_d$ 为主导企业面临的剩余需求弹性，$\varepsilon$ 是市场需求弹性，$Q$ 是市场需求，$Q_d$ 为主导企业的销售量，$Q_f$ 为边缘企业的供给量，$\eta_f$ 为边缘企业的供给弹性。随着 $\varepsilon$ 绝对值的增加（更大的需求替代）和 $\eta_f$ 的增加（更大的供给替代），以及随着主导企业份额（$Q_d/Q$）的下降，$\varepsilon_d$ 的绝对值上升，主导企业的市场势力减小。

[19]“联邦诉美国杜邦公司案”（United States v. E. I. du Pont de Nemours & Co.，351 U. S. 377 (1956)）。

[20] “布朗鞋业诉联邦案” （Brown Shoe Company v. United States，370 U. S. 294 (1962)）。

[21] 除了定义经济市场外，法院偶尔会试图定义经济市场中包含的经济子市场。大致说来，如果同一经济市场中的两个产品还属于同一个子市场，那么这两个产品的竞争将更为激烈。由于市场和子市场两者间的区别并不是非常有用，我们将不提及它，或者试图给子市场这一术语下一个经济定义。

[22] 虽然价格相关是定义市场时有用的第一步，但是高相关性并不一定总是意味着两种产品在同一市场中。例如，拥有相同投入的不同产品可能具有高价格相关性。同样，如果大的产量变动伴随着相对的价格变动，则低价格相关性也并不一定意味着产品不在同一市场。如果一种产品的价格上升，但是其优良替代品的价格并没有上升，那么第一种产品的需求量将会急剧下降。

[23] 得出这一结论是因为直接弹性加上所有需求的交叉弹性之和为零。令产品 A 相对于产品 B 的需求交叉弹性为 $\varepsilon_{AB} \equiv (\partial Q_A/\partial p_B)(p_B/Q_A)$，其中，$Q_A$ 为产品 A(弥补收入) 的需求，$p_B$ 为产品 B 的价格。那么，$0 = \varepsilon_{AA} + \sum_B \varepsilon_{AB}$，其中，$\varepsilon_{AA}$ 为产品 A 需求的自（直接）价格弹性（Henderson and Quandt，1980，31－33）。需求的交叉弹性对替代品来说是正的，直接价格弹性为负。即使交叉弹性单独看来不是很大，直接弹性也会很大。

[24] 从需求理论看，$\partial Q_A/\partial p_B = \partial Q_B/\partial p_A$。这一相等关系并不意味着需求的交叉弹性（前面的注释中所定义的）$\varepsilon_{AB}$ 和 $\varepsilon_{BA}$ 相等（Henderson and Quandt，1980，30）。

[25] 参见 Carlton (2003, 2004a), Landes and Posner (1981), Scheffman and Spiller (1987), Stigler and Sherwin (1985) 有关反托拉斯案件中的市场定义及其使用的进一步分析。

[26] 这听起来非常具有讽刺性，在一个竞争性很强、两个企业联合起来都不能影响市场价格的产业中，两个小竞争者之间的协议触犯了反垄断法，而两个企业之间的兼并却合法。如果竞争者之间的协议永远不会产生效率，那么它降低了阻止竞争者之间无论是有效率还是无效率的价格操纵协议的执行成本。但是，和兼并一样，竞争者之间的协议会产生效率，因此必须区分两者，除非有人宣称兼并得到的效率可能多于价格操纵协议。正如我们在第 5 章中讨论的，协议这个词语的含义常常并不清晰。这里，我们涉及的是企业之间有关设定价格或生产多少产量的显性交流。参见 Carlton, Gertner and Rosenfield (1997)。

[27] “联邦诉密苏里运输协会案” (United States v. Trans-Missouri Freight Association, 166 U. S. 290 (1897))。

[28] “联邦诉艾迪斯顿管材与钢铁公司案” (United States v. Addyston Pipe & Steel Co., 175 U. S. 211 (6th Cir., 1899))。

[29] 没有对竞争的限制，高固定成本产业也可能不存在均衡（参见 www.awbc.com/carlton_perloff 的“核理论”）。参见 Bittlingmayer (1982) 从这一观点出发有关艾迪斯顿管材案的分析。

[30] “联邦诉特伦顿陶瓷公司案” (United States v. Trenton Potteries Co., 273 U. S. 392 (1927))。

[31] “联邦诉 Socony-Vacuum 石油公司案” (United States v. Socony-Vacuum Oil Co., 310 U. S. 150 (1940))。该案件同时涉及 Madison 石油公司，因为它试图在威斯康星的 Madison 实行价格操纵。

[32] 不同于这些发现，Sproul (1993) 发现司法部在 1973—1985 年的起诉对价格影响很小。但是 Sproul 使用的详细数据少于本文所引用的案件中所使用的数据。

[33] “芝加哥期货交易所诉联邦案” (Board of Trade of City of Chicago v. United States, 246 U. S. 231 (1918))。“新泽西标准石油公司诉联邦案” (Standard Oil Co. of New Jersey v. United States, 221 U. S. 1 (1911)) 是第一个应用合理原则的案件。

[34] “广播音乐公司诉哥伦比亚广播公司案” (Broadcast Music, Inc. v. Columbia Broadcasting System, Inc., 441 U. S. 1 (1979))。

[35] “美国木材公司诉联邦案” (American Column & Lumber Company v. United States, 257 U. S. 377 (1921))。

[36] “枫木地板制造商协会诉联邦案” (Maple Flooring Manufacturers' Association v. United States, 268 U. S. 563 (1925))。

[37] “联邦诉美国集装箱公司案” (United States v. Container Corp. of America, 393 U. S. 333 (1969))。

[38] “州际电路公司诉联邦案” (Interstate Circuit, Inc. v. United States, 306 U. S. 208 (1939))。

[39] “美国烟草公司诉联邦案” (American Tobacco Company v. United States, 328 U. S. 781 (1946))。

[40]“剧院公司诉派拉蒙电影发行公司案”(Theatre Enterprises Inc. v. Paramount Film Distributing Corp.，346 U. S. 537 (1954))。

[41]“FTC 诉 Kellogg 等案”(FTC v. Kellogg et al.，Docket No. 8883，99FTC Reporter 8，1982)。FTC 最终撤销了这一案件。参见 Schmalensee (1978b) 有关这一案件的分析。

[42]“杜邦公司诉 FTC 案”(E. I. du Pont de Nemours & Co. v. FTC，729 F. 2d 128 (2d Cir. 1984))。同样，这一案件有时被称为 Ethyl 案例，因为 Ethyl 是参与者。参见案例 11. 7 和 Hay (1999)。

[43]“北方证券公司诉联邦案”(Northern Securities Company v. United States，193 U. S. 197 (1904))。

[44]“新泽西标准石油公司诉联邦案”(Standard Oil Company of New Jersey v. United States，221U. S. 1 (1911))。McGee (1958) 分析了该案件。

[45]“联邦诉美国钢铁公司案”(United States v. United States Steel Corporation，251 U. S. 417 (1920))。

[46]“联邦诉哥伦比亚钢铁公司案”(United States v. Columbia Steel Company，334U. S. 495 (1948))。

[47]“布朗鞋业诉联邦案”(Brown Shoe Company v. United States，370U. S. 294 (1962))。Peterman (1975) 分析了布朗鞋业的案件。

[48]“联邦诉费城银行案”(United States v. Philadelphia National Bank，374U. S. 321 (1963))。

[49]“联邦诉 Von's 杂货店公司案”(United States v. Von's Grocery Company，384V. S. 270 (1966))。

[50] 假设产业中三个企业的市场份额分别为 30%，30%和 40%，拥有 40%份额的企业将破产。如果该企业破产，剩下企业拥有的市场份额为 50%和 50%。相反，如果破产企业被其余企业收购，那么剩下两企业的市场份额为 70%和 30%。这样，如果发生兼并，用赫芬达尔-赫希曼指数 (HHI) 测算出的集中度上升 (参见第 8 章)。但是如果产出水平并不恒定，那么 HHI 指数的比较将是无关联的。如果收购后产业中的资产更多，产出持久增加，即使市场集中度高于不发生兼并、企业失败以及资产退出产业时的情形，消费者的境况仍将变好。

[51]“联邦诉通用动力公司案”(United States v. General Dynamics Corporation，415U. S. 486 (1974))。

[52]“联邦诉伊尔帕索天然气公司案”(United States v. El Paso Natural Gas Company，376U. S. 651 (1964))。

[53]“联邦贸易委员会诉宝洁公司案”(Federal Trade Commission v. Procter & Gamble Company，386U. S. 568 (1967))。

[54]“联邦诉福尔斯塔福酿造公司案”(United States v. Falstaff Brewing Corporation，410U. S. 526 (1973))。也可参见“联邦诉 Penn-Olin 化学公司案”(United States v. Penn-Olin Chemical Co.，378U. S. 158 (1964))。

[55]“联邦诉 Marine Bancorporation 公司案”(United States v. Marine Bancorporation Inc.，418U. S. 602 (1974))。

[56] 参见 Fisher，McGowan and Greenwood (1983) 从 IBM 的观点出发，对该冗长诉讼的描述。参见 Houthakker (1985) 的有关不同观点。

[57]“联邦诉美国铝业公司案”(United States v. Aluminum Company of American 148F. 2d 416 (1945))。

[58] 美国铝业公司案件由上诉法庭而不是最高法院裁决。最高法院因为涉及数个法官的利益冲突而无法听证案件。上诉法庭的第二巡回法庭被指定为美国铝业公司案件的最后诉讼，Learned Hand 法官起草了最后的判决。

[59] 美国铝业公司案件中一个引人注目的问题是市场的定义。铝锭一旦被制成成型铝，就可以成为铝屑从而进行循环。铝屑可以在很多用途上和铝锭竞争。这就产生了问题，二级市场是否应该正确地看成是原始铝竞争市场的一部分。法院判决二级铝不是所定义市场中的部分，并得出结论 90%的原始铝锭市场份额无疑意味着垄断势力；份额为 67%时可能存在垄断势力；但是份额为 33%则肯定没有垄断势力。二级和初级产品无疑是相互竞争的，但是这样的竞争并不会侵蚀初级产品市场中的市场势力。一旦初级产品售出，就没有进一步的垄断利润，因为二级市场并不会限制初级铝随后的定价，即使它并不限制最初价格也是如此(参见第 15 章，“垄断者出租和出售的比较”)。另一个有关市场定义的问题涉及进口部分是否应该包含在市场中，法庭正确地决定包括该部分。

[60]“联邦诉联合鞋业设备公司案”(United States v. United Shoe Machinery Corporation，110F. Supp. 295 (1953))。本引证还参考了《联邦附录》，它是一本给出地区法院观点的标准法律参考文献。

[61] Aghion and Bolton (1987) 分析了长期合约通过允许购买者可以像买方垄断者一样联合行动而造成反竞争损害的模型。

[62]“联邦诉 Griffith 案”(United States v. Griffith，344U. S. 100 (1948))。

[63]“贝凯公司诉柯达公司案”(Berkey Photo，Inc. v. Eastman Kodak Company，603 F. 2d 263 (2d Cir. 1979) cert. denied，444U. S. 1093 (1980))。

[64] 也可参见“联邦诉 Grinnell 公司案” (United States v. Grinnell Corp.，384U. S. 563 (1966))。

[65]“犹他派公司诉大陆面包公司案”(Utah Pie Company v. Continental Baking Company，386U. S. 685 (1967))。Elzinga and Hogarty (1978) 提供了该案件的经济分析。

[66] 犹他派案件的审判表明即使价格高于平均成本，价格歧视仍会违反第 2 条款。正如我们在第 11 章中所讨论的，如果存在掠夺性定价，那么成本的完全分配并不是判断的准确标准。

[67] “Telex 公司诉 IBM 公司案” (Telex Corp. v. International Business Machines Corp.，510F. 2d 894 (1975))。

[68] “松下电器公司诉 Zenith 广播公司案” (Matsushita Electric Industrial Co. v. Zenith Radio Corporation，106 S. Ct. 1348 (1986))。

[69]“东部各州木材零售交易商协会诉联邦案”(Eastern States Retail Lumber Dealers Association v. United States，234 U. S. 600 (1914))。

[70]“西北文具批发公司诉太平洋文具和印刷公司案”(Northwest Wholesale Stationers，Inc. v. Pacific Stationery and Printing Company，105S. Ct. 2613 (1985))。

[71] 也可参见“FTC 诉印第安纳牙医协会案” (Federal Trade Commission v. Indiana Federation of Dentists，106S. Ct. 2009 (1986))。

[72]“联邦诉圣路易斯终端铁路协会案” (United States v. Terminal Railroad

Association of St. Louis，224U. S. 383（1912））。也可参见“Otter Tail 电力公司诉联邦案”（Otter Tail Power Co. v. United States，410U. S. 366（1973））。

［73］“联邦诉高露洁公司案”（United States v. Colgate & Co.，250U. S. 300（1919））。

［74］“柯达公司诉影像技术服务公司案”（Eastman Kodak Co. v. Image Technical Services，Inc.，112 S. Ct. 2091（1992）n. 32）。最近的案件，如 FTC 对英特尔的诉讼和司法部对微软的诉讼，都提出了有关反垄断问题，这一问题关注于当客户同时是某些产品的竞争对手时，拥有势力的企业对付这些客户的方式。

［75］通过更容易地发现制造商卡特尔中的欺骗行为，制造商也可以用纵向一体化和纵向约束来便利合谋（参见第 5 章）。

［76］“联邦诉黄色出租车公司案”（United States v. Yellow Cab Co.，332U. S. 218（1947））。

［77］“联邦诉哥伦比亚钢铁公司案”（United States v. Columbia Steel Company，334U. S. 495（1948））。

［78］“联邦诉美国杜邦公司案”（United States v. E. I. du Pont de Nemours & Company，353U. S. 586（1957））。

［79］“Photovest 诉 Fotomat 公司案”（Photovest v. Fotomat Corp.，606F. 2d704（7th Cir.，1979））。

［80］“迈尔斯博士医药公司诉 John D. Park & Sons 公司案”（Dr. Miles Medical Company v. John D. Park & Sons Company，220U. S. 373（1911））。

［81］最高价格的设置被认为置于推理原则之下。参见“州石油公司诉 Kahn 案”（State Oil v. Kahn，522U. S. 3（1997））。

［82］“商用电子公司诉夏普电子公司案”（Business Electronics Corporation v. Sharp Electronics Corporation，485U. S. 717（1988））。

［83］“怀特汽车公司诉联邦案”（White Motor Company v. United States 372U. S. 253（1963））。

［84］“联邦诉通用汽车公司案”（United States v. Genernal Motors Corp.，384U. S. 127（1966））。

［85］“联邦诉阿诺德施文公司案”（United States v. Arnold，Schwinn & Company，388U. S. 365（1967））。

［86］“联邦诉美国西力公司案”（United States v. Sealy，Inc.，388 U. S. 350（1967））和“联邦诉托普科联合公司案”（United States v. Topco Associates Inc.，405 U. S. 596（1972））。

［87］“大陆电视公司诉西尔法尼亚公司案”（Continental TV Inc. v. GTE Sylvania Inc.，433U. S. 36（1977））。参见 Preston（1994）。

［88］“标准时尚公司诉 Magrain-Houston 公司案”（Standard Fashion Company v. Magrain-Houston Co.，258U. S. 346（1922））。

［89］“加利福尼亚标准石油公司诉联邦案”（Standard Oil Company of California v. United States，337U. S. 293（1949））。

［90］也可参见“Tampa 电力公司诉 Nashville 煤炭公司案”（Tampa Electric Company v. Nashville Coal Company，365U. S. 320（1961））。

［91］“Klor's 公司诉百老汇 Hale 商店公司案”（Klor's Inc. v. Broadway Hale

Stores Inc.，359U. S. 207（1959））。

[92]“Henry 诉 A. B. Dick 公司案”（Henry v. A. B. Dick Company，224U. S. 1（1912））。

[93]“动画专利诉环球电影制作公司案”（Motion Picture Patents v. Universal Film Manufacturing Co.，243U. S. 502（1917））。

[94]“IBM 公司诉联邦案”（IBM Corporation v. United States，298U. S. 131（1936））。

[95]“国际盐业公司诉联邦案”（International Salt Company v. United States，332U. S. 392（1947））。参见 Peterman（1979）有关该案件的经济分析。

[96]“西北太平洋铁路公司诉联邦案”（Northern Pacific Railway Company v. United States，356U. S. 1（1958））。

[97]“美国钢铁公司诉 Fortner 公司案”（United States Steel Corporation v. Fortner Enterprises Inc.，429U. S. 610（1977））。

[98]“Jefferson 第二教区医院诉 Hyde 案”（Jefferson Parish Hospital Distric No. 2 v. Hyde，466U. S. 2（1984））。Lynk（1994a）分析了该案件。

[99]“柯达公司诉影像技术服务公司案”（Eastman Kodak Co. v. Image Technical Services，Inc.，112S. Ct. 2072（1992））。参见 Calkins（1993）和 Carlton（2001）有关该案件的分析。也可参见案例 11.5 对微软案例的讨论。

[100] 例如，参见“Siegel 公司诉鸡之乐趣公司案”（Siegel v. Chicken Delight Inc.，448F. 2d（9th Cir.，1971）cert. denied，405U. S. 955）。

[101] 换句话说，企业会使用技术上合法的方法。例如，分销商会采用零售方式销售产品（意味着由制造商而不是分销商拥有产品），而不是先拥有产品后销售产品。针对零售的约束不同于针对非零售销售的约束。

[102]“联邦诉 AT & T 公司案”（U. S. v. AT & T Co.，552F. Supp. 131（1982））。同时参见 www. aw-bc. com/carlton _ perloff 的“AT & T 的解体”。

[103] 参见“Goldwasser 公司诉美国技术公司案”（Goldwasser v. Ameritech Corp. 222F. 3d390（Seventh Circuit，2000））和“美国 Verizon 通信公司诉 Curtis V. Trinko 法律事务所案”（Verizon Communications Inc. v. Law Offices of Curtis V. Trinko，540 U. S.（2004））。

# 第 20 章　管制和放松管制

682　如果它上升，就对它征税。如果它还上升，就对它进行管制。如果它停止上升了，就给它补贴。

——罗纳德·里根（Ronald Reagan）

在不完全竞争市场中，政府对企业的管制可以提高福利。遗憾的是，现实中的管制通常会极大地偏离最优管制，并进一步恶化市场的无效率状况。

一个典型的无效率市场的例子是要价过高的垄断性产业。最优管制可以迫使垄断者收取竞争性价格。但是如果对垄断者管制过度，就会造成供给短缺或鼓励垄断者无效率生产。即使是在管制运用得当之处，监管它们的成本也可能超过收益。

另外，一些管制措施会产生一些以往没有出现过的问题。例如联邦和州政府的营销法令允许原本竞争性的企业进行价格歧视和限制产出（见附录 9A）。

对垄断的管制仅是西方国家经济中常见的管制类型之一。如在德国，企业的营业时间是受到严格限制的。表 20.1 列出了美国年预算超过 2 亿美元的大型管制机构，其中最大的管制机构是运输安全局（Transportation Security Administration）——2001 年由于“9·11”事件而建立的部门。环境保护署（Environmental Protection Agency，EPA）控制污染。职业安全和健康署（Occupational Safety and Health Agency，OSHA）保护工人。消费者产品安全委员会（Consumer Product Safety Commission，CPSC）、联邦贸易委员会（FTC）以及食品和药品管理局（Food and Drug Administration，FDA）保护消费者（也可参见案例 20.1）。第 14 章讨论了联邦贸易委员会和其他部门有关广告的管制和信息披露的法规。

683

**表 20.1　美国 2002 财政年度具有 2 亿美元以上预算的管制部门**

| 部门 | 建立年份 | 预算（百万美元） | 职责 |
|---|---|---|---|
| **社会管制** | | | |
| 消费者安全和健康 | | | |
| 农业部 | | | |
| 动物、养殖物健康检疫所 | 1972 | 948 | 肉类和禽类加工厂 |
| 食品安全和检疫所 | 1981 | 808 | 肉类、禽类和蛋类产品 |
| 健康与人类服务部 | | | |
| 食品和药品管理局 | 1906 | 1 574 | 食品和药品安全（自 1906 年以来）、化妆品（自 1938 年以来）；药品有效性（自 1962 年以来） |
| 司法部 | | | |
| 烟酒、武器及爆炸物局 | 1972 | 795 | 酒精饮料、枪支和爆炸物 |
| 运输 | | | |
| 国家安全部 | | | |
| 海岸警卫队 | 1915 | 2 127 | 船只安全 |
| 运输安全管理局 | 2001 | 4 080 | 机场行李检查 |
| 运输部 | | | |
| 联邦航空管理局 | 1958 | 1 436 | 航线安全和空中交通控制 |
| 联邦货运安全管理局 | 2000 | 367 | 车辆运输安全，包括危险品的运输 |
| 国家公路交通安全管理局 | 1970 | 242 | 汽车安全；汽车燃油经济性（自 1975 年以来） |
| 职业安全和其他工作条件 | | | |
| 劳工部 | | | |
| 雇用标准管理局 | 1972 | 247 | 法律规定的工资和工作条件 |
| 矿区安全和健康管理局 | 1977 | 254 | 矿区的安全和健康，特别是煤矿 |

续前表

| 部门 | 创立年份 | 预算（百万美元） | 职责 |
| --- | --- | --- | --- |
| 职业安全与健康管理局 | 1971 | 446 | 产业安全和健康 |
| 同等就业机会委员会 | 1964 | 320 | 工作歧视 |
| 国家劳工关系署 | 1935 | 226 | 工会和雇用者的不公平劳工待遇 |
| 环境 | | | |
| 农业部 | | | |
| 森林和牧场研究所 | N. A. | 290 | 蔬菜管理和保护 |
| 内政部 | | | |
| 鱼类和野生动物管理局 | 1940 | 283 | 渔业、野生动物、养殖物和它们的栖息地 |
| 浅层矿藏和开采委员会 | 1977 | 454 | 煤矿开采 |
| 环境保护署 | 1972 | 4 758 | 空气、水和噪声污染 |
| 能源 | | | |
| 核能监管委员会 | 1975 | 553 | 核原料和商业性核反应堆 |
| **经济管制** | | | |
| 金融业和银行 | | | |
| 财政部 | | | |
| 货币控制署 | 1863 | 417 | 国家银行 |
| 联邦储贷保险公司 | 1933 | 593 | 银行和储蓄机构 |
| 联邦储备系统 | | | |
| 联邦储备银行 | 1913 | 471 | 州特许银行和公司金融机构 |
| 特定产业的管制 | | | |
| 农业部 | | | |
| 农业营销所 | 1972 | 219 | 棉花、水果和蔬菜、活禽和种苗、家禽、烟草 |
| 联邦通信委员会 | 1934 | 333 | 州际电话和广播（自1934年以来）；有线电视（自1968年以来） |
| 一般商业 | | | |
| 商务部 | | | |
| 专利商标局 | 1825 | 1 144 | 专利和商标 |
| 证券交易委员会 | 1934 | 489 | 公共证券发行和证券交易，公司的公共部门 |

资料来源：Dudley and Warren (2003)，www.multied.com/Civics/Index.html；various government agency Web sites.

2002年，60个美国联邦社会和经济管制机构的开支大约为262亿美元，几乎5倍于1970年经通货膨胀调整后的水平（Dudley and Warren，2003）。管制系统的从业人员从1970年不到7万人、1980年的12.2万人上升到13.3万人。经济管制的开支在金融和银行（39%）、特定产业管制（17%）和一般商业（44%）间分配。现任布什政府期间（基于其2004年的预算需求），管制开支的年实际增长率为9.40%，远高于克林顿政府（1.88%）、老布什政府（5.26%）和里根政府（1.34%）。2001年11月，国会设立了运输安全管理局，在机场行李检查部门新增了5.6万名新员工。

685

**案例 20.1**

### 比萨饼的保护

每个美国成人和儿童平均每年会吃掉7个比萨饼。为了保护这些消费者，美国制定了310条分项条款、长达40多页的联邦文件，管理着比萨饼上将调配何物以及标签和菜单中如何描述这些浇头。

- 面：每磅面粉中必须有2.9毫克的维生素$B_1$、24毫克的烟酸，以及至少13毫克（但不得多于16毫克）的铁。
- 莫泽雷勒奶酪：奶酪必须包含至少30%，但不得超过45%的脂肪，而且必须由经过巴氏灭菌法消毒的牛奶制成。
- 凤尾鱼：从西班牙、葡萄牙和摩洛哥进口的凤尾鱼必须被浸泡在含油和至少含有12%盐分的溶剂中。
- 青椒：罐头装青椒中的盐制防腐剂（如氯化钙）不得超过食物总重量的0.026%。
- 洋葱：只能使用来自洋葱球状部分，而不是根茎部分的罐装洋葱。
- 牛肉：牛肉中的脂肪成分不得超过30%。
- 意大利香肠：香肠必须是未经腌制的，且至少包含85%的肉。如果使用了13%以上的添加物，香肠必须标明“添加了面粉”。

这些规定在许多方面影响了最终产品。例如，美国农业部（USDA）的标签管理部门最初断言由著名的洛杉矶沃尔夫甘·庞克厨师生产的冷冻流行比萨不能被称为是比萨，因为上面没有番茄。庞克说：“我认为由一些华盛顿的官僚们想当然地告诉我们什么是比萨，这十分好笑。番茄酱使比萨看起来很廉价，而且我们决定采用新鲜的原料。”不过，庞克同意在罗勒—香蒜沙司酱上加上番茄块。USDA还发现标签为“乡村香肠”的香肠是在考莫斯城制作的，并不是产自乡村。庞克同意将标签改成“斯巴克原味香肠和香草”。如今，许多部门执行着关于食品安全的35项不同的法规。

资料来源：“The Pizza Principles,” *San Francisco Examiner*, June 6, 1982: “This World” Section, 15; Garchik, Leah. “Federal Ruling on Pizza Without Tomatoes.” *San Francisco Chronicle*, November 11, 1987: A10, Jennifer Kabbany, “Armey Targets Waste in Federal Agencies,” *Washington Times*, February 12, 1999.

686 本章关注于直接影响价格、产量、质量或进入的管制。我们首先考虑管制者的目标，而后考察使垄断产业更具竞争性和使竞争性产业更具有垄断性的管制。最后，本章研究了近期放松管制的影响。

本章主要讨论的问题如下：

1. 管制者的目标是什么？
2. 什么情况下管制更有可能提高福利？
3. 什么样的管制最有可能降低福利？
4. 放松管制有何影响？

## 管制者的目标

*人类是唯一会笑且拥有正式立法机构的动物。*

——塞默尔·巴特勒（Samuel Butler）

有关管制及其效果存在两种相反的观点。一种观点认为政府应该并且可以通过管制来修正市场的无效率。反对的观点认为要么政府缺乏实行最优管制所需的必要信息，要么特定的利益团体给立法者和管制者以压力，以至于管制导致了市场无效率。

### 市场无效率

管制的最为常见的正当理由是修正对完全竞争的偏离，即市场无效率。正如我们在全书中所讨论的，导致市场无效率的原因有很多，常见的原因包括垄断势力，以及污染、不确定性和各种形式的机会主义行为等外部性。

威廉姆森（Williamson，1975）认为市场的不完全是由人为和环境因素所造成的。可能导致市场无效率的人为因素包括有限理性和机会主义。环境因素包括企业数量少和不确定性。例如，*有限理性*限制了人们分析和处理不确定性和复杂情况的能力。因此，在交易复杂和结果不确定的地方更容易产生市场无效率。当仅有少数买者和卖者（市场势力）或是不对称信息时，机会主义会引起一些问题。

遗憾的是，同样是这些导致市场无效率的因素常常使修正这些无效率变得更为困难。而且，即使是最优的政府干预也不可能修正所有的无效率。例如，如果无效率源于有限信息，那么政府可能无法以有效的成本获得和传播相关信息。也就是说，如果信息是完全的，世界将得到改善，但是这并不是一个可行的选择。

### 市场无效率的修正

687 消费者利益的支持者，如拉尔夫·纳德（Ralph Nader）主张管制应被用于改进或保护公共福利。[1]立法者通过了许多法律，相信政府可以提高福利。

当然，即使是这些持有良好愿望的人，在政府措施的目标方面也存在着分歧。存在两种主要的不同观点：

• 许多经济学家认为政府管制的主要目标应该是通过消除市场无效率来增进经济效率（Schmalensee，1979b；Kahn，1970，1975）。

• 另一些经济学家和消费者利益的支持者认为管制应该用来重新分配收入。

尽管一些经济学家相信管制可以被用来重新分配收入（Feldstein，1972a，1972b），另一些则认为试图使用管制来分配收入是非常困难的，而且可能会产生反向效果（Kahn，1975；Peltzman，1976）。正如施马伦西（Schmalensee，1979b）所总结的，评价分配问题虽然在原理上说得通，但在实践中极其困难。因此，在本章的剩下部分，我们将集中讨论利用管制来提高经济效率。

## 俘获理论和利益集团理论

*但是谁来监视他们自己的警卫呢？* ——尤维纳尔（Juvenal）

对管制的一个讽刺性——或者现实主义（依赖于个人的观点）——的解释是**俘获理论**（capture theory）：产业中的企业希望受到管制，因为它们随后可以“俘虏”（劝说、贿赂或者威胁）管制者，使得管制者做产业希望其做的事情。根据该理论，管制可以保护企业免于竞争。尽管这些经济学家通常相信恰当的管制目标是纠正市场无效率，但是他们认为即使通过了恰当的法律，受到影响的产业也会通过俘获管制者来改变法律的指向。

这一理论的总体表述是各种利益集团受到管制的不同影响并就影响立法而展开竞争。组织得最好和受管制影响最大的利益集团会花费最多的金钱，试图通过立法和同情它们的管制者来提高自身利益。在更为一般的**利益集团理论**（interest-group theory）中，企业、消费者或其他集团可以影响管制主体（Stigler，1971；Posner，1971，1974；Peltzman，1976，1989；Becker，1983）。在一些情况下，一个消费者群体可以以损害另一消费者群体的利益为代价来获得收益（参见案例 20.2）。

*688*

**案例 20.2**

### 交叉补贴

许多公用事业单位存在交叉补贴。例如，它们进行价格歧视，针对同样服务对某一团体收取比其他团体更高的费率。高价格使用者通常被认为交叉补贴了低价格使用者。在另一种常见的价格歧视形式中，即使提供服务的成本要高于被补贴集团的支付，但是两个集团却支付同样的费率。例如，即使为乡村提供服务的成本较高，但乡村和城市的电话费率通常是相同的。

管制者通常迫使公用事业单位实行交叉补贴。为什么要这样做呢？一个解释是强势消费者群体通过迫使管制者对他们进行补贴而利用了弱势消费者群体。

对于管制者强制实行交叉补贴这一假设，人们运用几个州在未受管制时期的数据对其进行了检验。与居民用户相比，工业用户的用电量更大，但数量相对较少，因此他们可以更有效地游说管制者。因此，在该假设下，在受管制的州中居民用电价格与工业用电价格的比率会更高。我们可以假设，在受管制和不受管制的州中向两类用户提供服务的任何成本差异都不会很大。

正如预测，在 1917 年，在受到管制的州中，居民用电价格与工业用电价格的平均比率为 1.616，而在未受管制的州中则为 1.445。这样，受到管制的州中居民用户支付的相对价格要高出 12%。1937 年相应的比率是：受到管制的州为 2.456，未受管制的州为 2.047，因此居民用户的相对价格要高出 20%。总而言之，管制者迫使居民用户补贴了工业用户。

资料来源：Stigler and Friedland (1962). See Faulhaber (1975) for a precise definition of cross subsidy.

这种自利理论的一个重要例子是从业执照。受到管制的职业——如水管工、电工、医生、律师和美容师——为设立执照法游说并自己设定规则（参见案例 20.3，第 13 章）。毫不奇怪的是，管制通常使得进入这些职业变得困难，从而提高了受管制职业的工资。

689

案例 20.3

### 法律垄断

全世界的律师都可以通过限制进入该职业和操纵价格来获得市场势力。在经济合作与发展组织（Organization for Economic Cooperation and Development，OECD）的近乎所有成员国中（大多数欧洲国家和斯堪的纳维亚国家、澳大利亚、加拿大、日本、新西兰和美国），为从事该职业，律师必须在被认可的法学院拿到学位，并获得执照。通常，他们还被要求加入律师协会或法律公会，如在荷兰。

正如 OECD 报告（1985，35）中所指出的：

在大多数国家中，可能都有律师协会直接或间接地控制了执照的发放过程，以限制法律职业的新进入者数量。对申请者须具备“良好操行”的要求使得批准从业的决策过程带有主观性。

在美国和其他国家，律师协会拥有考试评级的权力。由于从业律师组成了律师协会，并不奇怪，尽管律师考试的申请者是获得认可的法学院的毕业生，但平均的申请失败率仍达到 25%～30%。

许多国家同样对进入法律系统实行配额。例如，爱尔兰每年只有 150 个律师职位。一些国家，如比利时和法国，对某些公共法律部门的进入者和从业者的数量实行配额。

在大多数 OECD 国家中，律师的区域流动受到限制。这些限制宣称是为了保证律师熟悉本地的法律和管制。在美国，律师必须从他们从业的每个州获得执照。各州之间互相发放执照是受到限制的。在英国，在苏格兰、北爱尔兰、英格兰和威尔士从业三年后，从业资格就可以得到相互承认。在加拿大，对在其他省从业进行限制。事实上，在阿尔伯特，省级管制禁止当地律师与来自其他省份的律师共事。

从传统上看，大多数 OECD 国家禁止律师做广告（这会加强价格竞争）、寻求免费的媒体宣传以及用其他手段招揽新业务。但是，近年来，包括丹麦、瑞典和美国在内的数个国家修改或废止了广告限制。比利时、英国、芬兰、德国、日本、挪威和西班牙等其他国家仍然存在限制性规则。

在 OECD 国家中，收费限定或是为人所熟知的价格操纵非常普遍。收费标准通常在政府的监控下由律师协会设定。爱尔兰通过立法和协会规章设定收费标准。在加拿大，由各地或各区域设定收费标准。德国设定收费上限。在澳大利亚，法院或其他权力主体设定收费限定。但是英国等一些国家并不设定价格。在丹麦和法国，政府中维护竞争的官员对收费标准提出了异议；在美国，法院判决严格限制律师的收费设定。因此，律师们一些最具垄断性的行为已受到限制。

资料来源：Organization for Economic Cooperation and Development (1985).

---

产业可以直接或间接地俘获管制主体。首先，一个产业中的企业可以游说立法机构对产业进行管制（Noll，1989）。从业执照以及对铁路、汽车运输和内陆水运的管制常被作为例子来列举。其次，产业中的企业可以俘获管制机构的人员。

至少存在三个理由来解释为什么管制机构的成员容易成为俘虏，(Asch and Seneca，1985，316－317)。首先，管制部门通常是由受管制产业领域的专家组成，而这些专家通常会在产业或相关政府部门工作，因此趋向于支持产业中的企业的利益（参见 www.aw-bc.com/carlton_perloff 中的“构建规则”）。其次，管制机构人员通常希望在离开管制机构后能在产业中获得一份较好的工作。毕竟，由于他们是管制的专家，
690 因此他们提供的服务对企业来说将有价值。这些未来工作的候选人会担当同情产业的管制者角色。第三，由于管制部门通常资源有限，它们必须依赖于财务状况良好的受管制企业来弥补它们的许多支出。这些支出而后可能会通过允许受管制企业得到更高利润的形式来加以“补偿”。

1977 年年末，在被任命或指定到民航委员会（Civil Aeronautics Board，CAB）、联邦通信委员会（Federal Communications Commission，FCC）或州际贸易委员会（Interstate Commerce Commission，ICC）的 174 人中，48%在就职前拥有一些相关公共部门的工作经验，而 21%的人先前在相关的私人部门工作过（Eckert，1981）。在已知离职后的工作岗位的 142 个委员中，51%的人在受管制产业的私人部门工作，11%的前任委员在相关公共部门工作。从事这些工作的人，在任期间去世和退休的占据了委员会成员的 70%。简而言之，来自相关公共部门的管制部门成员两倍于来自私人部门的成员。但是，离职后在相关私人部门工作的人员数接近于在相关公共部门工作的人员数的五倍。几乎半数（49%）的被任命委员进到受管制产业中工作，而来自私人部门的管制者

中只有三分之一的人会这么做（Spiller，1990）。

20 世纪 30 年代早期，当卡车运输开始在长距离运输业务中和铁路进行竞争时，发生了铁路部门俘获管制主体的一个吸引人的案例（Stigler，1971，8）。得克萨斯州和路易斯安那州规定，服务于两个或更多火车站（因此可以和铁路竞争）的卡车的有效负荷为 7 000 磅，但是对仅服务于一个火车站的（因此不能直接和铁路竞争）卡车设置的限制为 14 000磅。

当然，并不是所有的管制都有利于受管制的企业。[2] 当数个机构管制一个产业时，俘获管制者将更为困难。例如，许多机构对新生物技术产业中经过基因重组发明的产品拥有管辖权：环境保护署（Environmental Protection Agency，EPA）、美国农业部（U. S. Department of Agriculture，USDA）、食品与药品管理局（Food and Drug Administration，FDA）、职业安全与健康管理局（Occupational Safety and Health Administration，OSHA）和国立卫生研究院（National Institute of Health，NIH）。它们中的任何一个都有权裁定某一风险无法接受并禁止产品的生产。而且，1969 年通过的《国家环境政策法》（National Environmental Policy Act，NEPA）赋予了法院复查对环境存在“重大影响”的公私机构的行为。[3] 而且，在一些产业中，联邦和州的相关机构都可以对其进行管制。

德加科夫等（Djankov et al.，2002）使用 85 个国家的数据，检验了管制和国家经济发展之间的关系。他们计算了合法企业获得进入一个
691 产业所需的所有许可所花费的时间和成本。进入时间的差异很大，从澳大利亚和加拿大较短的两天，到马达加斯加的长达 152 天。成本同样也存在显著差异，从美国的低于年人均总收入的 0.5%，到多米尼加共和国的高于年人均总收入的 4.6 倍。相对于进入要求较低的国家来说，具有繁杂进入要求的国家的收入较低、竞争较少、腐败更多，以及有更大的非法部门。而且，管制较多的国家的产品质量较低且环境较差。简而言之，他们的证据完全否定了管制的公共利益理论。

本章的余下部分忽略最初的或宣称的立法意向以及单个管制者的目的，关注于特定类型管制的市场效果。我们首先讨论旨在促进竞争的管制，而后考察旨在减少竞争的管制。

## 使垄断者更具竞争性

在大多数垄断产业中，资源没有得到有效的配置，因为垄断价格高于边际成本。这一扭曲通常成为管制所有垄断者的依据。这一推论的危

险之处在于它无法解释企业是如何成为一个垄断者的。在三种情况下管制是多余或有害的。

首先，企业有开发新产品、进行新发明或掌握比其他企业更有效率的技术以成为垄断者的激励。消除这一创新激励，而并未代之以其他激励的管制是有害的（参见第16章）。其次，如果一个市场是竞争或者可竞争的（Baumol，Panzar and Willig，1982）——进入和退出无成本而且是即时的——那么就很少需要或不必对其进行管制，因为市场压力消除了垄断势力。再次，管制的成本可能太高，或者管制者太不称职，以致管制会对社会造成损害。

当垄断不太可能被进入快速消除，同时又没有成为创新的激励时，那么政府干预是有用的。特别是，通过任意地限制进入而形成的垄断通常会导致严重的市场失灵。如果政府做出选择，在一个产业中仅允许一家企业生存，那么就有充足的理由对其进行管制（Kahn，1970，1975；Schmalensee，1979b；Joskow and Noll，1981）。这些垄断通常具有以下两个原因中的一个，要么是由政府通过阻止其他企业的进入而制造的，要么是其所在产业的成本结构的结果。

由于规模经济性，在由单个企业提供所有产出才是最有效的产业中，垄断问题是与生俱来的。当单个企业可以比两个或更多的企业以更低的成本生产满足市场需求量的产品时，这种状况被称为*自然垄断*（第4章）。自然垄断总是发生于一个企业拥有下降的长期平均成本曲线之时，但在其他情况下也会产生自然垄断，正如我们在下面所要讨论的。在这种市场中，数个企业之间的竞争是无效率的，但是未受管制的自然垄断也是无效率的，因为它会将价格设定得高于边际成本。对（可能的）自然垄断的定价的关注为对电话服务、电力和天然气等许多公用事
692 业进行管制提供了正当的理由。对这些垄断的管制存在几种方法，一种是直接由政府所有，另一种是运用数个不同的价格或收益率管制来增进这些市场的竞争。在考察了这些类型的管制后，我们考虑它们的一些始料未及的副作用。

政府干预并不一定需要采用管制的形式。例如，如果一个垄断的产生是通过多个企业的兼并形成的，那么恰当的回应是重建竞争（或者防止通过兼并而形成垄断），而不是进行管制。总而言之，反托拉斯法旨在阻止减少竞争的行为，而管制则可以被用于控制自然垄断。现在让我们讨论针对自然垄断和其他垄断的各种管制的类型。

## 由政府所有

管制自然垄断的一种方法是由政府所有，并设定价格来最大化福利

而非利润。大多数政府拥有许多垄断企业。

在美国，公用事业的公共所有非常普遍。75%的人口使用公有企业生产的水，20%的人使用公有企业生产的电。在美国，公用事业部门（电力、煤气、水和卫生）中28%的员工是公有企业雇员，在日本该比例为20%，联邦德国为43%，瑞士为60%（Schmalensee，1979b，85）。在大多数国家，邮政服务是公共所有的。尽管近年来英国政府领导了分拆运动，但在第二次世界大战之后，英国政府曾数度拥有许多产业。1996年，委内瑞拉的国有石油公司Petroleos de Venezuela S. A. 提供了63%的政府财政预算，1997年该比例为50%。[4]

遗憾的是，很少有证据表明：政府垄断企业能够最优化地运转。通常，政府所有企业的效率低于私人所有企业的效率（案例20.4）。在公共所有权下，管理者最大化利润的激励较少（Williamson，1967）。珀希吉安（Pashigian，1976）发现公共城市运输系统的利润率低于私有的运输系统。很少有证据表明政府所有的企业设定价格以最大化福利。[5]

## 私有化

由于政府似乎并不能有效率地运营业务，因此近年来在全球范围内出现了国有垄断企业私有化的趋势。例如，卡扎菲私有化了利比亚的骆驼产业，将6000头政府所有的骆驼转移到私人部门，以节约每年数百万美元的补贴成本。[6]

693

案例20.4

### 公有、垄断和竞争性的垃圾收集

在一些城市中，由公有垄断企业来收集生活垃圾，而在另一些城市中，由私人垄断企业或相互竞争的未受管制的企业来提供这一服务。所有三种市场组织都很常见。纽约市有一个公有垄断企业；波士顿向一个私人企业支付费用来收集垃圾；俄勒冈的波特兰市由私人企业从某一地区的部分家庭（但不是全部）收集垃圾。

如果收集垃圾存在规模经济，一个垄断者可以在更低的单位成本下收集垃圾，那么垃圾收集是自然垄断的。如果不存在规模经济，那么多个企业的竞争可以使得竞争性价格尽可能地低。可以预期，垃圾收集存在一定的规模经济，因为与由两家企业间隔地在居民间收集垃圾相比，由一家企业收集一个街区所有家庭的垃圾应该更为便宜。

在服务水平不变且市场结构给定的假设下，史蒂文斯（Stevens，1978）使用美国多个城市的共340家公有和私有企业的数据，测算了成本函数。她得出四个主要结论：

(1) 在人口少于2万的城市（或是被少于四辆的垃圾车服务的城市）中存在规模经济。

(2) 在所有城市中，可能是由于较高的促销费用和因同一市场内的非排他性所导致的额外成本，竞争性安排的成本比私有垄断安排的成本高出2%～48%。

(3) 在人口超过5万的城市中，私人垄断企业收取的价格等于公有垄断企业的成本。

(4) 对更大的城市来说，公有垄断或竞争性安排的成本比私人垄断高出27%～37%。

得出最后一个结论的一个原因是：公有垄断企业的劳动生产率低于私人垄断企业，这一差异随着城市规模的增大而增大。公有垄断企业一辆垃圾车配备的员工数量均值为3.26人，相应的私人垄断企业则为2.15人。同样，公有垄断企业使用的垃圾车容量较小：20.63立方码，而私人垄断企业则为27.14立方码。

更近期的研究和世界各国的分析证实了这些结论。迪耶克格拉弗和格拉达斯(Dijkgraaf and Gradus，2003）说明了在荷兰，外包垃圾收集能节约15%～20%的成本。里夫斯和巴罗（Reeves and Barrow，2000）测算出在爱尔兰共和国，垃圾收集的外包能节约大概为45%的成本，这主要归功于实际效率收益。

---

在欧洲，英国最先使用了私有化方法。撒切尔政府于1986年开始私有化英国煤气公司，并于1996年第一次缔造了自由市场，消费者可以选择他们的煤气供应者。用实际价格计算的1999年的煤气价格比1986年低了35%。1998年1月1日，法国结束了长达四个世纪的艺术和古董拍卖垄断（因为它们在伦敦和纽约丢掉了生意）。苏联的解体和
694 东欧社会主义国家的转型导致了大规模的私有化前政府垄断企业（Shleifer and Vishny，1999）。

梅金逊和内特（Megginson and Netter，2001）调查了过去20年来世界范围的，特别是发展中国家的去国有企业（State-owned Enterprises，SOE）运动的效果。在这一阶段中，由SOE所创造的收入占世界总收入的份额从10%下降到6%，而在低收入国家中该份额则从16%下降到7%。与SOE相比，私有企业的效率更高（大约高出2%）、需要的工人更少、更少地参与对不同消费者群体的交叉补贴、更少地依赖于政府补贴、能以更低的成本签订长期合约、更少地依赖于负债。特定情况下私有化工作所带来的好处决定了许多因素。例如，效率的提高，特别是当私有化的企业面临竞争，或者大规模放松管制之时。对自然垄断的私有化企业来说，管制可能是必要的，管制的形式很大程度上决定了私有化的成功与否。正如我们在本章后面的部分中所要讨论的，创造减少成本激励的管制可以显著地改善效率。与有新管理者进入和拥有较集中的所有权的情况相比，在存在许多小股东、员工在企业控制中拥有有效的发言权，或者在位管理者仍保有企业控制权的情况下的私有化经验较少。保护股东权利和公司治理的法律可能是成功实现私有化的一个重要因素。

## 特许权招标

政府可以采取**特许权招标**（franchise bidding）的方式出售企业来私有化垄断，即政府将垄断的权利出售给出价最高者。[7]这样，不同于政府将垄断权让渡给企业（如在美国电视和广播电台权利的分配），政府通过招标过程获得了垄断租金。在法国，在供水和殡葬服务中使用特许权招标已有超过百年的历史。大约在世纪之交，纽约市也曾使用了招标方法（Schmalensee，1979，71）。

政府可以使用招标来从私人垄断企业中获得垄断利润，如芝加哥和旧金山大幅度私有化拖船公司，以及许多城市出售机场商店的垄断经营权。作为选择，政府可以提出要求，如投标的条件，企业运营应遵循这些要求以便使提高的福利超过垄断水平。[8]例如，在决定谁将获得特许权的时候，政府机构不仅要考虑竞价者愿意为权利支付的费用，而且要考虑竞价者将对消费者收取的价格。如果竞价者被迫收取低价，垄断利润就会消失（Demsetz，1968；Posner，1972；Baumol et al.，1982）。
695 这就是说，不是将特许权授予一次性支付最高的竞价者（使得政府可以获得预期的垄断利润），而是将特许权授予能以最有利于消费者的方式进行生产的企业（参见 www.aw-bc.com/carlton_perloff 的“有线电视”）。一个世纪以前，铁路特许权授予了准备收取最低费率的企业（Chadwick，1859）。

在 1988 年的《地方政府法》（Local Government Act）框架下，英国地方政府放弃了它们先前使用的通过一个政府机构负责收集垃圾的做法，对垃圾收集服务进行招标，出价最低者获胜，胜者必须在报价费率下提供服务。戈麦斯-洛勃和斯齐曼斯基（Gomez-Lobo and Szymanski，2001）发现在控制了其他因素的情况下，竞价者越多，服务的成本就越低。与只有一个竞价者的情况相比较，两个竞价者可以降低成本的 7%，四个竞价者降低 13%。（1997 年当选的英国政府废除了该竞价程序，戈麦斯-洛勃和斯齐曼斯基预测当地政府机构的垃圾收集支出将上升。）

过去，联邦通信委员会（Federal Communication Commission，FCC）将频段按特定的用途（广播、电视、移动电话、执法和国防）进行划分，而后通过比较询价或抽签（始于 20 世纪 80 年代）来决定牌照的发放。1991 年，FCC 用于重新分配和抽签的总费用为 4 660 万美元。例如，1991 年，对一个地面移动服务的新申请者进行比较性听证的费用为 6 760 美元。一些移动电话牌照的抽签获得者从来没有想过提供服务，而是将它们的牌照出售给希望提供服务的企业从而获得巨额的利润，1990 年马萨诸塞州科德角服务区的经营权卖出了 4 100 万美元。1993

年，国会首次通过议案决定拍卖掉部分新型个人通信服务（如小型手提电话和呼机）的频段。到 2003 年年末，拍卖获得了超过 418 亿美元的收入。[9]

尽管特许权招标能将垄断利润转移给政府，但是它并非必然导致有效率的定价（Telser，1969；Williamson，1976；Schmalensee，1979b；Williamson，1985）。效率要求企业设定等于边际成本的价格，但是如果企业是自然垄断者，那么在此价格下它就会所赚不多（第 4 章）。因此，没有一个自然垄断的竞价者会愿意进行有效定价（除非它们被允许进行价格歧视，使用接入费加使用费的非线性定价或者得到补贴）。而且，特许权招标这一方法并非意味着不需要进行管制：政府必须经常确认获胜的企业是否遵守协议，没有提高价格或降低服务水平。[10]进一步的问题是：经济环境会随时间发生变化，因此最初的协议在将来可能并不合适。因此，就需要进行重复竞价，由于在位者拥有经验，因此会在随后的竞价中获得优势（Williamson，1976，1985）。[11]

696 赖尔登和萨平顿（Riordan and Sappington，1987）提出了一项最大化预期消费者福利的最优政策，其中潜在企业拥有有关生产成本的不完全信息。他们建议应该将特许权授予具有最低预期生产成本的生产者，但是必须使得价格超过现实的边际成本来鼓励更多的竞争性竞价。

## 价格控制

政府经常使用**价格控制**（price control）——即对企业将设定多高的价格进行限制——以试图控制通货膨胀或者使得特定产业的价格维持在较低水平。这里集中讨论价格管制对垄断的影响。

许多方法可以被用来控制价格。许多国家使用直接控制、税收或者补贴来影响垄断者收取的价格。在大多数西方国家中，特定的机构经常会管制垄断者的价格。通常，一个管制部门明确设定价格，或者必须对垄断者提出的价格进行审批。

在下文的例子中，管制部门规定了垄断者收取的最高价格。我们首先考察价格管制对具有递增边际成本的垄断者的影响，而后考察管制对具有不变或递减边际成本的垄断者的影响。

**对一个边际成本递增的垄断企业的价格管制**。对垄断者的价格管制具有效率效应和重新分配效应。垄断者价格的适当降低增加了销售量并增进了效率。过度的价格削减会造成短缺，导致销量的下降。降低价格同时也会将垄断者的财富再分配给消费者。结果，垄断者不喜欢价格管制，而消费者通常会欢迎价格管制。

图 20.1 表明了具有向上倾斜的边际成本曲线的垄断者所面临的需

求和边际收益曲线。当没有管制时，垄断者有利可图地设定价格为 $p_m$，销售 $Q_m$ 单位的产出，价格和销售量由边际收益曲线和边际成本曲线的交点确定（第 4 章）。

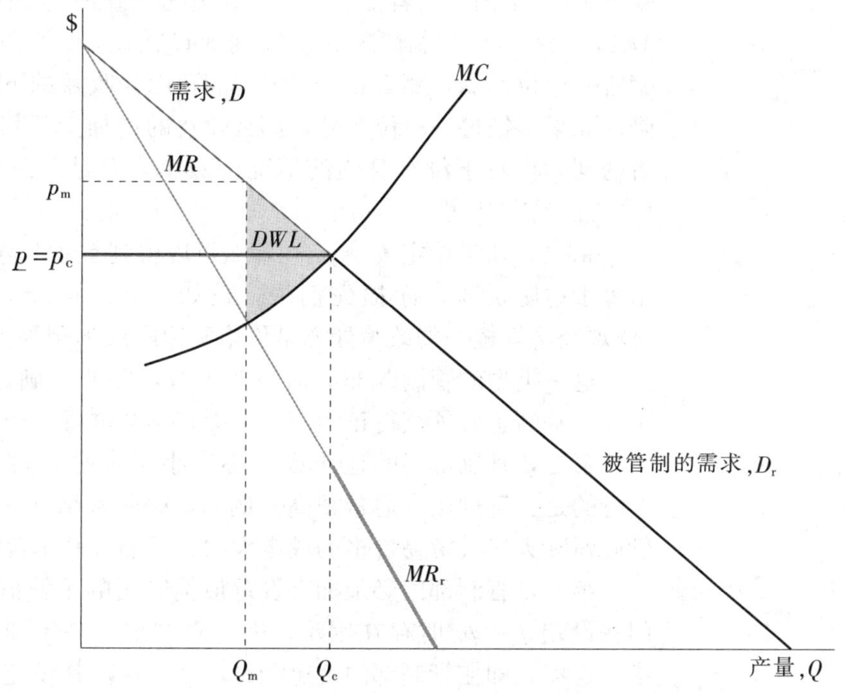


**图 20.1 有效价格管制**

社会的净损失（DWL）为需求曲线之下，边际成本曲线之上，$Q_m$ 右边的三角形阴影区域。这一净损失反映了由于销售量的相对较少导致的消费者和生产者剩余的损失。如果市场是竞争性的，竞争性价格 $p_c$ 等于边际成本，消费者购买更多数量即 $Q_c$ 单位的产品。这样，垄断带来的无效率是由于设定的价格 $p_m$ 高于边际成本，限制的产出低于 $Q_c$。

如果管制部门设定垄断者能收取的最高价格 $\underline{p}$ 大于 $p_m$，那么垄断者不会受到限制，管制没有效果。[12]我们首先解释如果设定 $\underline{p}$ 等于边际成本（竞争性价格或有效价格），那么福利最大化。而后我们表明如果设定较低的价格 $\underline{p}$，会导致短缺。

697 正如我们所表明的，如果管制部门设定 $\underline{p}=p_c$，那么净损失就会消失。由于垄断者不能收取高于 $p_c$ 的价格，垄断者被管制的需求曲线 $D_r$ 在 $p_c$ 处是水平的，直到它与最初的需求曲线在 $Q_c$ 点相交，此后向下倾斜（见图 20.1）。

与这一新的需求曲线相对应，在新需求曲线的水平部分，垄断者被管制的边际收益曲线 $MR_r$ 是水平的，等同于新的需求曲线。[13]当需求曲线向下倾斜时，边际收益曲线同时向下倾斜。事实上，相对于这一部分的需求曲线，边际收益曲线和没有管制时一样，一如图 20.1 中用加粗的灰线表示的向下倾斜的边际收益曲线。在 $Q_c$ 点，边际收益曲线不连续。

698 受到管制的垄断者设定边际收益等于边际成本来决定最优价格。如果图 20.1 中的垄断者受到管制，其边际收益 $MR_r$ 在 $Q_c$ 处等于边际成本 $MC$，而在没有管制情况下 $MR_r$ 与 $MC$ 在 $Q_m$ 点处相等。如果垄断者少销售一单位产品，那么它会损失利润，因为收益的下降大于其成本的下降。如果多销售一单位产品，那么收益的增加少于其成本的增加。垄断者的利润相对于没有管制的情况会减少，但是垄断者仍然能最大化其（被管制的）利润。

总之，如果设定 $\underline{p}=p_c$，那么可以得到有效（竞争性）解，由于价格等于边际成本，净损失消失。正如卡恩（Kahn，1970，65）所说："微观经济学核心的政策处方是价格和边际成本相等。"

这一类型的管制既非必需亦非可行，除非它满足三个附加的条件。第一，垄断者必须获得正利润，否则它不会进行生产。

第二，管制部门的运作成本必须小于社会收益（净损失的减少）。遗憾的是，管理成本通常很高。例如，格尔威格（Gerwig，1962）发现管制州际天然气贸易价格的成本大约为天然气基本价格的 7%。

第三，管制部门必须拥有设定最优管制的足够信息。通常，管制部门在设定 $\underline{p}=p_c$ 时存在困难，因为管制部门并不知道确切的成本或需求。这样，即使管制部门希望能设定 $\underline{p}=p_c$，其设定的 $\underline{p}$ 也可能过高或过低。[14]如果管制部门选择 $\underline{p}$ 介于 $p_m$ 和 $p_c$ 之间，那么垄断者将在该价格下销售，其推理和前面相同。[15]与没有管制的情况相比，消费者的境况得到改善——他们在更低的价格下购买了更多的产品——但是没有将管制价格设定为 $p_c$ 时那么好。

如果管制部门设定的价格过低，价格管制将会产生新的问题。如果价格过低使得企业关闭（正如在长期时，如果价格低于垄断者平均成本曲线的最低点就会发生该情况），那么消费者将无货可买，因此所有消费者剩余都将损失。图 20.2 描述了一个并非完全极端的例子，其中垄断者并没有停止生产。
699 需求和成本曲线与图 20.1 中的相同，但是设定的价格 $\underline{p}$ 低于 $p_c$。垄断者新的有效需求曲线在 $\underline{p}$ 是水平的，而后向下倾斜。当需求曲线水平时，边际收益曲线是水平的，且和需求曲线重合。

垄断者如果收取价格 $\underline{p}$，销售产量 $\underline{Q}$，那么可以最大化其利润。但消费者希望在该价格下购买 $Q_h$（$>\underline{Q}$）单位的产品。如果垄断者销售更多单位的产品，那么它每单位的销售都会存在损失。因此，存在 $Q_h-\underline{Q}$ 单位的短缺。哪个消费者能够非常幸运地在这一低价下得到产品取决于垄断者对产出的配置。垄断者可以使用先到先得的政策，或者采用除价格以外的标准进行歧视分配。一些消费者的境况会好于没有管制的情况，因为他们在非常低的价格下购得了产品。但是另一些消费者的境况变差，因为他们根本买不到产品。

在图 20.2 中，存在比未受管制时更大的净损失。图 20.2 中没有受
700 到管制的垄断定价的净损失为区域 $A$（图 20.1 中标明 $DWL$ 的区域）。设定价格为 $\underline{p}$ 的净损失为区域 $A$ 加上区域 $B$。[16]由于 $\underline{p}$ 比 $p_c$ 低很多，因此会增加净损失。如果只是略低于 $p_c$，那么只会发生很小的短缺，净损失将会低于未受到管制时的情况。

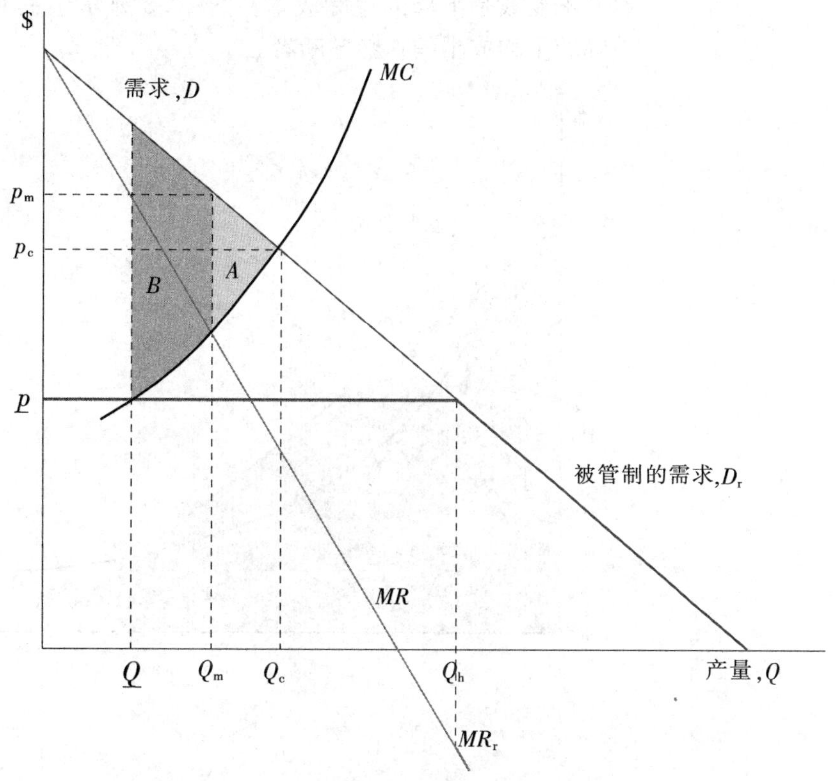


**图 20.2　导致短缺的价格管制**

如果垄断者选择关闭企业而不是在 $\underline{p}$ 下继续运营，或者出现了短缺，那么管制部门将会考虑提高 $\underline{p}$。当然，管制部门必须确定垄断者没有在 $\underline{p} \geq p_c$ 的情况下，通过仿冒短缺来欺骗管制者。

总之，价格管制的效果取决于 $\underline{p}$ 被设定在何处：

- 如果 $\underline{p} \geq p_m$，管制在静态模型中将没有效果：价格 $= p_m$，产出 $= Q_m$，同时存在净损失。
- 如果 $p_m > \underline{p} > p_c$，那么价格 $= \underline{p}$，产出位于 $Q_m$ 和 $Q_c$ 之间，净损失减少但是并没有消失。
- 如果 $\underline{p} = p_c$，那么价格 $= \underline{p}$，产出 $= Q_c$，而且没有净损失。
- 如果 $\underline{p} < p_c$，那么价格 $= \underline{p}$，需求量大于 $Q_c$，但是供给量少于 $Q_c$。净损失可能大于或小于没有管制的情况。

因此，管制部门可以增加消费者剩余和福利，如果它迫使垄断者设

定价格 $p=p_c$。如果管制部门的判断失误，设定的 $p$ 过低以致发生了短缺，那么它必须提高 $p$。如果管制部门的运作成本特别高，那么最优的解决方法就是解散管制部门，不进行管制。

**对自然垄断的价格管制**。如果一个企业能够以比两个或两个以上企业更低的成本供给市场所需的产品，那么该企业是自然垄断者（第4章）。一个自然垄断者在其所运营的区域内通常拥有下降的平均成本，以及不变或是下降的边际成本。图 20.3 显示了具有不变的边际成本和下降的平均成本的自然垄断者。

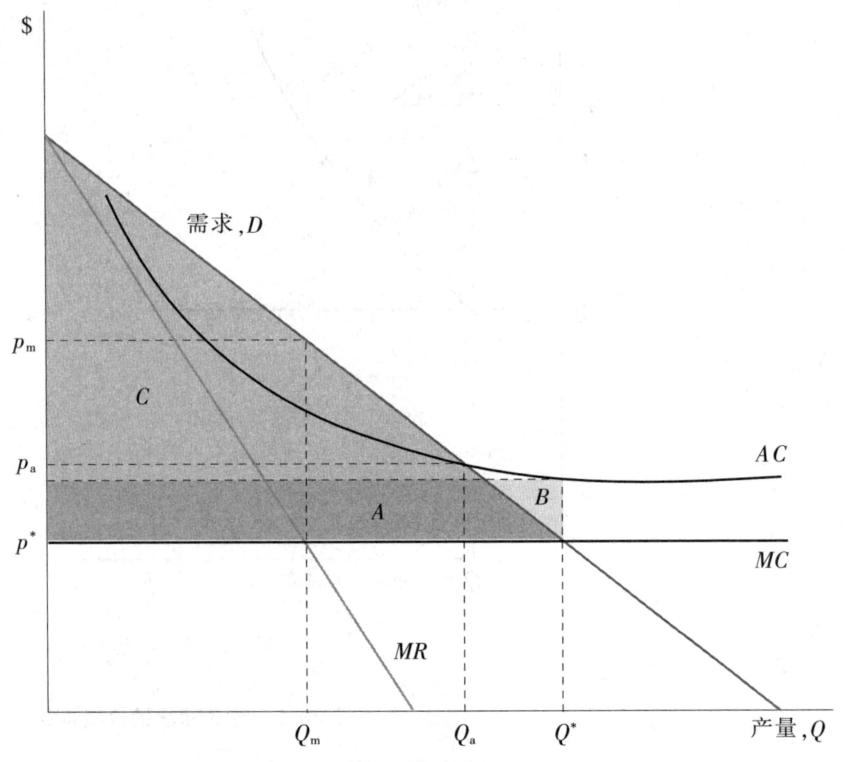


**图 20.3　对自然垄断的价格管制**

如果自然垄断者没有受到管制，那么它收取价格 $p_m$，销售 $Q_m$ 单位产品，获得高额利润（因为价格大大高于平均成本）。如果管制部门设定 $p=p_a$，即平均成本曲线和需求曲线相交处的价格，垄断者销售 $Q_a$ 单位产品，此时没有利润。消费者会从这样的管制中获益，因为他们在更低的价格下购买了更多的产品。

管制部门可能会试图设定 $p=p_a$，因为它们知道如果它们设定的 $p$ 过低，垄断者会停止运营。但是，设定 $p=p_a$ 会导致无效率定价，因为 $p_a$ 高于边际成本 $MC$。消费者正在进行的支付大于生产最后一单位产品的成本。有效解是设定 $p=p^*=MC$，销售 $Q^*$ 单位的产品。由于平均成本总是随着规模增加而下降，因此产业中只有供一个有效率的企业生存的空间。

701 如果设定 $p=p^*$，价格低于平均成本，因此垄断者会遭受损失。它损失的利润等于图 20.3 中的 $A+B$。[17] 垄断者宁愿停产也不愿意遭受损失。

社会可以通过补贴来维持垄断者在 $p^*$ 处的运营，补贴额度为其损失的利润 $A+B$。在 $p=p^*$ 处，消费者剩余 $C+A$ 减去企业损失 $A+B$ 等于 $C-B$。如果管理成本很低，且如果福利被定义为消费者剩余加上企业利润（损失）再减去管制部门的管理成本，那么在 $p^*$ 处将达到福利最大。[18]

如果能使用有效率地增加税收收入的方法来对垄断者进行补贴，福利将会在价格等于边际成本以及存在补贴的情况下达到最大。补贴是财
702 富从垄断者和非使用者向产品消费者的转移，因此这种转移没有效率含义。遗憾的是，即使不是完全不能，政府也很少能够有效地增加税收。大多数常用的税种，如所得税和消费税，使得价格和边际成本之间形成了差异。因此，补贴通常都有真实的资源成本。我们通常看见设定价格为 $p_a$ 而不是 $p^*$ 的次优管制。

另一种使垄断者持续且有效运营的方法是：允许垄断者进行价格歧视。一些消费者不喜欢这样的解决方法，因为这种方法使其所得转向了垄断者，而且它对待消费者并不公平。[19]

如果一个企业生产多种产品，那么最优管制的分析更为复杂。在收入超过成本的约束下最大化消费者福利的管制价格被称为**拉姆西定价**（Ramsey pricing），这是以最先推导出该结果的弗兰克·P·拉姆西（Frank P. Ramsey，1927）的名字所命名的。这一解决方法类似于最优垄断价格歧视。本质上说，最优价格为按比例降低的垄断价格，以使得总收入恰好等于成本（Baumol and Bradford，1970；Sharkey，1982）。[20]

**自然垄断的可维持性**。奇怪的是，自然垄断可能无法幸免于逐利者的进入（Faulhaber，1975；Baumol，Bailey and Willig，1977；Panzar and Willig，1977b；Baumol et al.，1982；Sharkey，1982）。即使由一个企业生产整个产业的产出最有效率，这样的企业可能也无法同时阻止进入、满足消费者需求并且弥补其成本。可以阻止进入的自然垄断被称为是**可维持的**（sustainable）。[21]

当且仅当在所有产出水平下都存在规模经济时，单一产品的自然垄断在每个产出水平都是可维持的（Sharkey，1982，88－90）。也就是说，规模收益递增（如图 20.3 所示）、平均成本曲线严格下降的自然垄断可以免于进入威胁。具有 U 形长期平均成本曲线的自然垄断者则无法幸免于此。

为了说明可维持问题，考虑一个具有如图 20.4 中 U 形平均成本函数的垄断者。需求曲线与平均成本曲线在价格 1.10 美元、产出 110 单
703 位处相交。假设垄断者受到管制在该价格下生产，那么垄断者没有利润。在这个次优管制中，企业只能对其产品收取单一价格，管制者不能

对企业进行补贴。这种类型的管制是没有效率的——价格低于边际成本——因此社会的境况要劣于最优管制（边际成本定价）的情况。

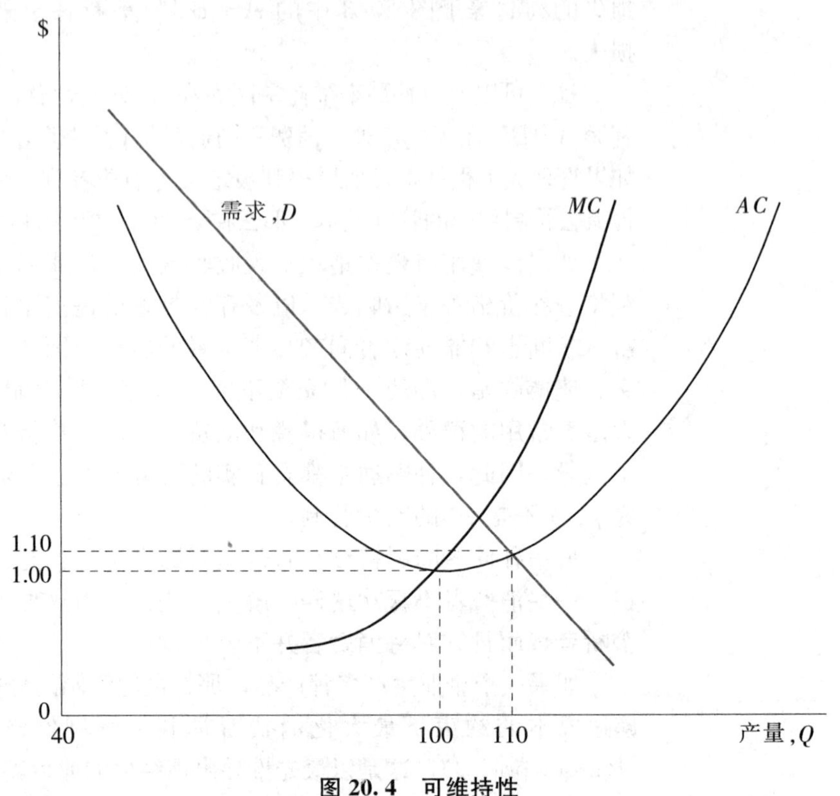


**图 20.4　可维持性**

如果另一个企业具有和垄断者同样的成本函数，那么该企业的进入也将有利可图。它可以生产 100 单位的产品，收取的价格在 1 美元～1.10 美元之间。尽管自然垄断者会做出回应，但是这一进入表明：最初的管制均衡并不是可维持的均衡。

相反地，如果图 20.4 中的需求曲线与平均成本曲线在最小点（1 美元和 100 单位）的左边相交，那么垄断是可维持的。在那种情况下，均衡时的平均成本曲线严格下降；因此，企业在规模收益递增区域运营，如图 20.3 所示。

很难得出保证生产多种产品的垄断者可维持的充分必要条件。[22]但
704 是如果垄断者可以使用非线性定价方案（第 10 章），同时垄断者可以对进入做出快速反应，而且任何潜在进入者的进入都存在大量的沉没成本，那么一个自然垄断者很有可能获得零利润，并将免于进入威胁。

当然，管制者可以通过禁止进入，从而保护自然垄断来解决可维持问题。但是，进入可能是合理的——在自然垄断企业因受到保护的市场而变得愈发松懈，进入者比自然垄断企业更为有效时尤其如此。

新竞争者进入一个具有自然垄断特性的市场并不能保证效率，因为

自然垄断市场中只有一个企业生产才最有效率。潜在进入者的竞争虽然可以为企业行为提供一个标杆，但是这样做可能存在问题。假设每个潜在进入者通过宣布它成为唯一企业后所要收取的价格来进行竞争，进一步假设平均成本随着产出处处下降。由于平均成本曲线是下降的，则边际成本必定低于平均成本，因此设定价格等于边际成本会带来损失。在这种情况下，将无法设定价格等于边际成本并获得零利润。一种可能的解决方法是允许企业使用包含固定费用加上使用费用在内的两部定价。使用费的收取可以以边际成本为基础，并且可以选择产生零利润的固定费用。另一种解决办法是要求企业收取高于边际成本的平均成本，但是由于价格和边际成本之间仍存在差异，所以还是会存在净损失。

即使可以确定获得零利润的定价计划，另一个相关的问题是如果可能获得更多的利润，则没有一个垄断者会满足于获取零利润。一个企业一旦成为自然垄断者，它就有可能发展潜在进入者所不具备的优势，这使得潜在进入者不再能约束价格。因此，尽管管制通常很困难且会产生自身的问题，但为了保护消费者，对自然垄断的价格进行的管制就是必需的。

尽管从理论上来看自然垄断可能是无法维持的，但是在大多数受到管制的产业中很少有实证证据表明可维持问题是管制者阻止进入的正当理由。

然而，管制者会制造可维持问题。例如，假设管制者决定对长途电话收取高价，使用额外的收益来补贴本地电话。这一定价模式在AT&T解体（分拆）之前非常流行。给定存在交叉补贴，即用一个产品的收益来支付另一产品的成本，这就会使另一个长途电话服务提供商形成进入市场并收取一个更低价格的激励，即便进入者的成本比自然垄断者更高也会如此（Faulhaber，1975）。事实上，在AT&T解体之前，已经有仅提供长途电话服务的企业进入了市场并将价格设定在低于AT&T的水平（参见 www.aw-bc.com/carlton_perloff 的“价格伞”）。

如果管制者坚持进行交叉补贴，它们必须阻止进入。[23] 1984年，电话产业允许进入（事实上，不包括无线服务提供商，提供长途电话服务
705 的企业从1993年的321家增加到了2002年的1 072家），从而减少了交叉补贴。[24]当然，如果一个垄断者受到进入保护，而且其价格或利润受到管制，那么其降低价格并进行有效生产的激励也会下降。

**管制时滞**。引导受管制企业进行有效率的生产可能是一个问题。受管制的企业无法从降低成本中获得奖励，因为它们的管制价格也会随之而降低。正是因为这一原因，一些经济学家认为管制时滞，即管制在制定和执行上的滞后是合理的（Baumol，1967；Williamson，1971；Bailey，1973；Wendel，1976）。他们的理由是如果管制者反应慢一些，那么受管制的垄断者会在成本降低时增加收益，短期的利润给了它们降低生产成本的激励。20世纪60年代，电力费率案件的时间间隔就很长，

尽管其中可能存在其他方面的原因（Joskow，1974）。

显然，在决定设定新价格的最优时间间隔时存在着机制问题，因为在长期的较低成本和任意给定时点上的最低可能价格之间存在着权衡取舍关系。坚持最低可能价格有可能会剥夺企业有效率运营的激励，从而导致消费者在长期中受损。

在生产要素成本，如 20 世纪 70 年代的能源成本，快速增长的阶段，管制时滞可能就没有吸引力了。在这种情况下，批准价格上调的时滞会使得受管制的企业长期受损。当管制者最后行动时，它们可能会试图大幅度提高价格来弥补这些利润损失，这将导致某些时段价格特别高，而其他时段价格特别低。

通常只有感受到来自企业或消费者的压力时，管制者才会进行干预（Joskow，1974）。1963—1967 年，油价的下跌和技术进步降低了电力公用事业的成本，但只有 17 个电力公用事业企业要求降低收费率，因此价格没有很快下降。但是在 1974—1977 年的高速通货膨胀时期，则发生了 119 个更改收费率的请求（Braeutigam and Quirk，1984）。许多公用事业企业报告，它们在 20 世纪 60 年代主动降低了收费率，因此管制的不对称并没有像其首次出现时那么严重。菲茨珀特里克（Fitzpatrick，1987）使用了一个统计模型表明，公用事业企业“主动”降低它们的价格是为了防止消费者向费率制定当局投诉并要求更大幅度的降低。

价格管制的变形之一是价格上限管制，即管制部门设定最高要价，并保持其数年不变。在最高价格不变期间，受管制的企业拥有降低成本的激励，因为它们可以保留成本降低带来的利润（Symposium on Price Cap Regulation，1989）。这样的价格上限管制在美国和英国的本地电话收费中相当普遍。

**价格管制可能不会降低价格**。尽管降低被垄断者所设定的价格是理
706 想的，但是管制部门是否确实降低了价格仍然存在相当大的疑问。对电力费率的管制提供了一个案例。今天，大多数州拥有管制电力公用事业费率的部门，但是在 1910 年之前只有 6 个州有这样的管制部门，在 1910—1920 年间只有 29 个州设有管制部门（Stigler and Friedland，1962）。到 1937 年为止，有 39 个州拥有管制部门。这样，使用历史数据，我们可以检验管制部门是否降低了价格。

1917 年，在受到管制的州中，每千瓦小时电的平均价格为 1.88 美分，没有管制的州为 3.20 美分，或者说受到管制的州中电价要低 41%。然而，这一比较并未提供太多有用的信息，因为在管制产生效果之前，这些受管制州的电价就相对较低。

施蒂格勒和弗里德兰德（Stigler and Friedland）的统计分析区分了管制的影响及其他变量的影响，如城市人口、个人平均收入及水电在所有电力中所占的比重。他们分析了 1912、1922、1932 和 1937 年的数

据，发现只有在 1937 年，在排除了其他因素的影响后，管制对价格有显著影响，价格降低了 9.7%。

当检验电力平均价格时没有发现巨大影响的可能原因是，管制仅有利于特定的消费者群体（见案例 20.2）。基于分群体的统计分析，1932 年，管制既没有统计显著地降低居民用户的电价，也没有统计显著地降低商业和工业用户的电价。1937 年，管制并没有统计显著地降低居民用户的电价，但是统计显著地降低了商业和工业用户的电价，降低幅度为 8.8%。显然，管制以家庭用户的利益为代价帮助了商业和工业用户。

因此，在管制最初存在的数十年中，似乎并没有降低电价，1937 年降低了商业用电的价格可能是个例外，可能是未受管制的州的电力企业为防止管制而维持低价。

如果管制并没有降低价格，那么它必须降低垄断者的利润。同样，如果管制部门行动缓慢，管制时滞会使得价格无法跟上成本的增长，从而降低利润。这样，另一种检验管制效果的方法是：看受到管制各州的电力公司的股票价值是否低于其他未受到管制的州。统计分析表明，排除销售增长的因素，并没有发现管制对股票价格有统计显著的影响。[25]

施蒂格勒-弗里德兰德的研究引起了大量的针对管制效应的研究。总体来说，这些大量的研究证实了施蒂格勒-弗里德兰德有关管制通常不会降低价格的观点。这一结论在后来发现施蒂格勒-弗里德兰德当初研究中存在数据错误时更显得令人吃惊，数据修正后的结果表明在受管制的州中本地居民用户的电价下降了 25%（并不是原先报告的 5%以下），尽管这一结果在统计上仍不显著（Peltzman，1993）。

后来，一些对电力公用事业的研究的确发现其他类型的管制，如收益率管制，存在统计显著的影响。我们现在转向这一非常常见的非最优的间接价格管制。

## ★收益率管制

707 不要以为我在跟美国体制做斗争。

——阿尔·卡彭（Al Capone）

在美国，管制部门通常使用**收益率**（Rate of Return，ROR）管制来限制诸如电力和天然气公司之类的公用事业垄断者的资本收益率，而不是直接控制价格。尽管 ROR 管制有利于消费者，但它并不能激励企业采取有效的行为。人们经常提到的一种被称为阿弗奇-约翰逊（Averch-Johnson）效应的无效率，即是一种资本的过度投资趋向

(Averch and Johnson，1962)。

ROR 管制的效果可以通过一个公用事业模型来表示，在该模型中使用劳动 $L$ 和资本 $K$ 作为发电的投入。[26] 如果没有受到管制，垄断者限制产出，尽可能有效地使用劳动和资本来生产产出。也就是说，企业雇用工人直到劳动的最后一单位成本等于收益，对资本也是一样。企业通过劳动和资本的选择来确定产出水平，达到垄断水平上的利润最大化。[27]

一个企业的 ROR 通常由其利润（收益减去运营成本，包括资本折旧）$\pi$ 和资本存量价格 $p_k K$ 的比值来定义：

$$\mathrm{ROR}=\frac{pQ-wL-uK}{p_k K} \tag{20.1}$$

其中，$w$ 为企业雇用一单位劳动所支付的工资；$u$ 为资本的使用成本（在一个阶段内使用或出租资本的成本）[28]；$p_k$ 为单位资本存量的购买价格。[29]

使用 ROR 的原因之一是：它便于对不同规模企业的利润进行比较。例如，拥有一个较大工厂的企业比拥有一个较小工厂的企业有更高的利润水平，但是如果它们每平方英尺的利润相等，那么它们就有相同的 ROR。

708 按公式 20.1 的定义，零 ROR 是正常或竞争性收益率（也就是说，没有非常规的经济利润）。一个没有受到管制的垄断者通常比竞争性企业拥有更高的 ROR。许多管制部门将垄断者的 ROR 限制在**公平收益率**水平，而公平收益率是一个并没有在通常意义上被明确定义的词汇。一些管制部门按照整个经济中未受管制部门的平均收益率来设定该比率。表 20.2 给出了 20 世纪 70 年代中期，在最近的放松管制运动之前，一些受到管制的产业中的收益率。

**表 20.2　　被管制产业的收益率，1974—1977 年**

| 产业 | 按资产的账面价值计算* | 按投资者价值计算** |
|---|---|---|
| 电力 | 8.3 | 5.8 |
| 煤气输送 | 9.7 | 5.7 |
| 煤气生产 | 10.9 | 6.1 |
| 电话 | 8.7 | 5.8 |
| 铁路运输 | 6.0 | 4.2 |
| 航空运输 | 5.0 | 3.7 |
| 机动车运输 | 7.9 | 6.1 |
| 市场收益率 | 5.8 | |
| 未被管制的服务产业 | | 6.6 |

*收益率是指留存收益加股息和红利加支付利息后除以资产账面价值的加权平均数。

**投资者收益率是所有利息加股息和红利再加上价格溢价部分后除以该行业中所有证券（如股票和公债）的加权平均数。

资料来源：MacAvoy（1979，Table 2.13 and Appendix C）.

受到管制的企业可以通过降低利润或增加资本（或两者同时进行）来从垄断水平上降低其 ROR。而且，如果允许的收益率高于竞争性收益率，那么企业可以通过更多的资本投资来获得更多的利益。因此，正如阿弗奇和约翰逊（Averch and Johnson，1962）所指出的，受到管制的企业为了最大化利润，存在相对其使用的劳动量而言增加其资本投入的激励（从而产生无效率）。也就是说，垄断者原本可以使用较低的资本/劳动比率在更低的成本水平处进行生产。通常，一个企业按照能生产给定产出水平的最小成本的比例来购买劳动和资本。但是，在 ROR 管制下，资本对企业来说具有额外的价值。当其他条件不变时，资本越多，ROR 就越低（参见公式 20.1），因此企业就能在维持其收益率低于特定水平的前提下获得更多的利润。下面的数字范例表明了资本使用过度的结果。

**一个例子**。本地垄断电力企业使用劳动和资本投入发电。假设企业面临的反需求函数为

$$p(Q)=100-Q \tag{20.2}$$

其中，$p$ 为价格；$Q$ 为售出的电量。

工资 $w$ 和资本的使用成本 $u$ 为 168 美元。利率 $r$ 为 10%，没有折旧。资本价格为 1 680 美元。

企业可以生产的电量为其使用的劳动和资本投入的函数：

$$Q=f(L,K)=LK \tag{20.3}$$

生产函数体现了规模收益递增。如果劳动和资本都增加一倍，那么产出是原来的四倍而不是两倍：$(2L)(2K)=4LK=4Q$。也就是说，企业是自然垄断的，拥有向下倾斜的平均成本和边际成本曲线，如图 20.5 所示。

表 20.3 表明了各种不同劳动和资本水平下企业的产出水平。如果垄断者没有受到管制，它可以通过使用 6 单位劳动和 6 单位资本来生产 36 单位产出，获得最大化的利润 228 美元。

由于劳动的工资等于单位资本成本，生产函数关于 $L$ 和 $K$ 是对称的，因此企业成本最小的生产方式是使用等量的劳动和资本，因此资本和劳动的比例为 1（$K/L=1$）。例如，在 36 单位产出的利润最大化水平上，企业使用劳动和资本各 6 单位。如果企业使用等量的劳动和资本生产 36 单位的产出，那么其要素成本为 2 016 美元 $=wL+uK=$
709 $(168\times6)+(168\times6)$。再如，如果生产 36 单位的产出使用了 4 单位劳动和 9 单位资本，那么企业的成本为 2 184 美元 $=(168\times4)+(168\times9)$，比 2 016 美元高出 8.33%（见表 20.3）。

最大化利润的资本和劳动水平并没有最大化 ROR（见表 20.3）。例如，当利润最大化时，$K=6$，$L=6$，$K/L=1$，ROR 为 2.86%。相反，当 $K=5$，$L=7$ 时，ROR 高达 3.08%，尽管利润仅为 259 美元。

如果管制部门设定公平利润率为 1.61%，垄断者试图在 ROR 小于或等于 1.61%的约束下最大化利润。它必须降低 $\pi$ 或者提高 $K$，或者两者同时进行。

垄断者可以通过将资本从 $K=6$ 提高到 $K=8$，将劳动从 $L=6$ 降低到 $L=5$来满足管制约束。通过这样做，企业可以增加 11.1%的产出（从 36 单位到 40 单位）。为了销售额外的产出，企业必须将价格从 64 美元降低到 60 美元。因此其利润从 288 美元下降到 216 美元。这样，通过降低利润和增加资本，企业将其收益率从 2.86%降低到了公平收益率 1.61%。

受到管制企业的生产是没有效率的，因为其资本/劳动的比率为1.6 而不是 1。企业使用 $L=5$ 单位劳动和 $K=8$ 单位的资本生产了 40 单位产出，耗费 2 184 美元。而各使用 6.32 单位的劳动和资本也可以生产 40 单位的产出，而且只需耗费 2 125 美元（减少了 2.8%）。

正如我们所预测的，企业对管制的反应是过度资本化。[30] 由于价格
710 下降，消费者境况变好。如果忽略管制部门的管理成本，那么消费者剩余增加了 23%，福利（消费者剩余加上生产者剩余或利润，减去管理成本）增加了 8.5%。

**图形分析**。图 20.5 表明了表 20.3 中用黑体标出的三种均衡。没有受到管制的利润最大化均衡（$Q=36$）由设定边际收益等于边际成本确定。受到 ROR 管制的均衡拥有更大的产出（$Q=40$），因此消费者境况变好。福利最大化解（$Q=81.38$）发生在价格等于边际成本处。生产 81.38 单位产出最节约成本的方法是使用劳动和资本各 9.02 单位。尽管福利最大化解下的生产和消费是有效率的，但是企业必须得到1 515.40美元的补贴（见表 20.3），因为价格低于平均成本（见图 20.5）。

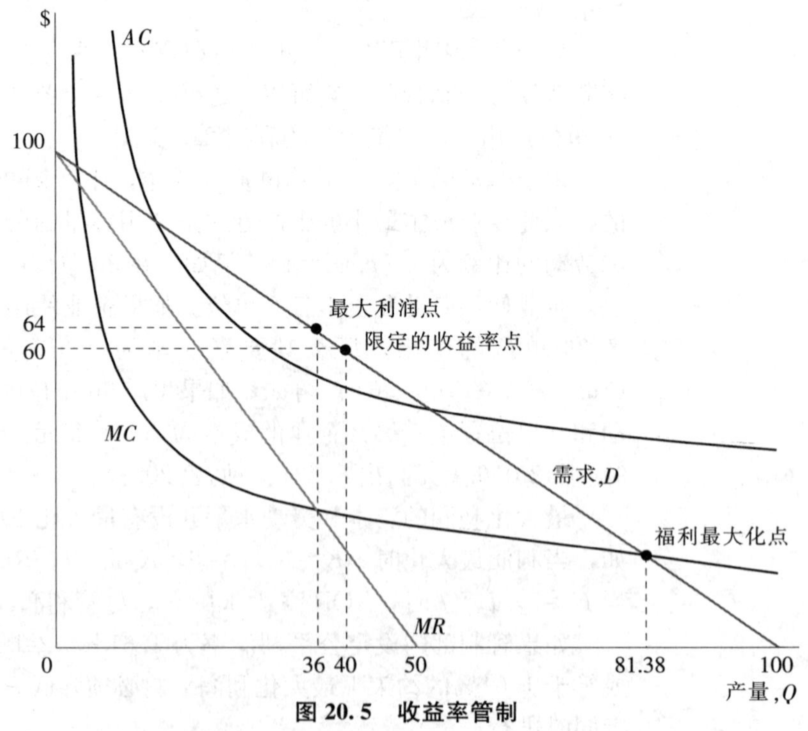


**图 20.5　收益率管制**

711 **表 20.3　　收益率（ROR）管制**

| 资本（$K$） | 劳动（$L$） | 产量（$Q$） | 价格（$P$） | 利润（$\pi$） | 资本/劳动（$K/L$） | 收益率（$ROR$）（%） | 消费者剩余（$CS$） | 福利（$W$） |
|---|---|---|---|---|---|---|---|---|
| 5 | 4 | 20 | 80 | 88 | 1.25 | 1.05 | 200.0 | 288.0 |
| 5 | 5 | 25 | 75 | 195 | 1.00 | 2.32 | 312.5 | 507.5 |
| 5 | 6 | 30 | 70 | 252 | 0.83 | 3.00 | 450.0 | 702.0 |
| 5 | 7 | 35 | 65 | 259 | 0.71 | 3.08 | 612.5 | 871.5 |
| 5 | 8 | 40 | 60 | 216 | 0.62 | 2.57 | 800.0 | 1 016.0 |
| 5 | 9 | 45 | 55 | 123 | 0.56 | 1.46 | 1 012.5 | 1 135.5 |
| 6 | 4 | 24 | 76 | 144 | 1.50 | 1.43 | 288.0 | 432.0 |
| 6 | 5 | 30 | 70 | 252 | 1.20 | 2.50 | 450.0 | 702.0 |
| **6** | **6** | **36** | **64** | **288** | **1.00** | **2.86** | **648.0** | **936.0** |
| 6 | 7 | 42 | 58 | 252 | 0.86 | 2.50 | 882.0 | 1 134.0 |
| 6 | 8 | 48 | 52 | 144 | 0.75 | 1.43 | 1 152.0 | 1 296.0 |
| 6 | 9 | 54 | 46 | −36 | 0.67 |  | 1 458.0 | 1 422.0 |
| 7 | 4 | 28 | 72 | 168 | 1.75 | 1.43 | 382.0 | 560.0 |
| 7 | 5 | 35 | 65 | 259 | 1.40 | 2.20 | 612.5 | 871.5 |
| 7 | 6 | 42 | 58 | 252 | 1.17 | 2.14 | 882.0 | 1 134.0 |
| 7 | 7 | 49 | 51 | 147 | 1.00 | 1.25 | 1 200.5 | 1 347.5 |
| 7 | 8 | 56 | 44 | −56 | 1.14 |  | 1 568.0 | 1 512.0 |
| 7 | 9 | 63 | 37 | −357 | 0.78 |  | 1 984.5 | 1 327.5 |
| 8 | 4 | 32 | 68 | 160 | 2.00 | 1.19 | 512.0 | 672.0 |
| **8** | **5** | **40** | **60** | **216** | **1.60** | **1.61** | **800.0** | **1 016.0** |
| 8 | 6 | 48 | 52 | 144 | 1.33 | 1.07 | 1 152.0 | 1 296.0 |
| 8 | 7 | 56 | 44 | −56 | 1.14 |  | 1 568.0 | 1 512.0 |
| 8 | 8 | 64 | 36 | −384 | 1.00 |  | 2 048.0 | 1 664.0 |
| 8 | 9 | 72 | 28 | −840 | 0.89 |  | 1 592.0 | 1 752.0 |
| 9 | 4 | 36 | 64 | 120 | 2.25 | 0.79 | 648.0 | 768.0 |
| 9 | 5 | 45 | 55 | 123 | 1.80 | 0.81 | 1 012.5 | 1 135.5 |
| 9 | 6 | 54 | 46 | −36 | 1.50 |  | 1 458.0 | 1 422.0 |
| 9 | 7 | 63 | 37 | −357 | 1.29 |  | 1 984.5 | 1 627.5 |
| 9 | 8 | 72 | 28 | −840 | 1.12 |  | 2 592.0 | 1 752.0 |
| 9 | 9 | 81 | 19 | −1 485 | 1.00 |  | 3 280.5 | 1 795.5 |
| **9.02** | **9.02** | **81.38** | **18.62** | **−1 515.4** | **1.00** |  | **3 311.4** | **1 796.5** |
| 10 | 10 | 100 | 0 | −3 360 |  |  | 5 000.0 | 1 640.0 |

说明：负的收益率没有标出。

$\omega=u=168$。

$r$=利率=10%。

在计算福利中，假定管理成本为零，福利=消费者剩余+利润。

在本例中，管制的最优类型是公平收益率管制下产出的两倍：
712 81.38 单位与 40 单位。公平收益率管制下的产出水平能接近于最优水平吗？不能，因为只要设定的收益率为正就不可能。如表 20.3 和图 20.5

所示，利润在福利最大化时为负，因此收益率也为负。

尽管存在无效率，但是如果生产的效率损失能被较高的产出和较低的价格所抵消，ROR 管制仍会增进福利。[31]然而，最优直接价格管制可以在不引起生产无效率的情况下降低价格，因此从理论上讲，最优直接价格管制更为可取。

**经验性证据。**20 世纪 70 年代早期的三项经验性研究发现，ROR 管制在很大程度上影响了电力公用事业（Courville，1974；Petersen，1975；Spann，1974）。例如，考维尔（Courville，1974）测算的平均过度资本化率接近 12%。这些研究受到了技术方面的批评（McKay，1977）。

其他研究并没有发现过度资本化（Smithson，1978）或者资本化不足的证据（Baron and Toggart，1977）。简而言之，有关过度资本化的经验研究证据是混杂的。但是，总体上较为一致的意见是，ROR 管制下的生产可能是无效率的。近年来，美国的管制者已经不再使用 ROR 管制；但在其他国家，这种类型的管制仍然很普遍。

## 质量效应

那时，我们一只脚踩在肥皂上，另一只脚却在污水槽里。

——伯西中校，议员（Commander Pursey，M. P.）

即使价格控制和 ROR 管制降低了价格，它们仍会产生一些令人费解的问题。例如，企业会改变受到管制的产品的质量，或者减少供消费者选择的产品的多样性（Archibald，1964；Stigler，1968d；White，1972；www. aw-bc. com/carlton _ perloff 的“药品”）。除非使用比单纯的价格和进入控制更为复杂的管制，否则社会必须进行两难选择：究竟是高价格高质量，还是低价格低质量。

为了实现这一讨论（基于 White，1972）的目的，假设质量是企业的第二个产出。例如，如果企业的主要产出是航空运输，那么第二个产出则为机上用餐或机上电影。

企业的第二个产出（质量）影响企业主要产品的需求，而且可能同时影响生产和消费。例如，当其他条件相同时，消费者更愿意选择会提供餐品的航线。而且，由定义可知，只有在飞行的同时方可享受到机上用餐服务。

713 价格和进入限制将影响餐品的数量或口味（或者其他相似的质量测度）。[32]假设最初航空没有受到管制，旅行和用餐可以分开购买。航线的需求量 $Q_F$ 和每次航行中每位旅客用餐的需求量 $Q_M$ 随航线机票价格 $p_F$

和用餐的价格 $p_M$ 的变化而变化：

$$Q_F = Q_F(p_F, p_M)$$

$$Q_M = Q_M(p_F, p_M)$$

用餐需求的总量为 $Q_M Q_F$；同时假设航行和用餐的平均和边际成本 $m_F$ 和 $m_M$ 不变。

如果存在大量的航空企业，那么产业是竞争性的。基本运输的价格和用餐的价格等于相应的边际成本：$p_F = m_F$，$p_M = m_M$。如果每个产业都是垄断的，那么价格可能会高于相应的边际成本：$p_F > m_F$，$p_M > m_M$。

一个竞争性产业提供了更广泛的质量选择范围。可以提供 1、2、3 号航班或者提供更多的用餐，而提供更多用餐（或者更好口味）需要耗费更多的成本。例如，头等舱的成本高于经济舱的成本，因为头等舱提供了更多的用餐服务、更宽敞的座位等。垄断者可能提供与竞争产业不同的质量选择（参见关于捆绑问题的讨论，第 11 章）。

如果管制当局禁止新的进入而且设定单一价格 $p_F^*$，而不管所提供的质量水平如何，那么航班的需求仅依赖于固定价格和用餐的水平，$Q_F = Q_F(p_F^*, Q_M)$。

只有通过提供质量更高的航空服务，企业才能从它们竞争对手那里吸引业务。它们不能进行价格竞争。如果额外的用餐服务产生正利润，企业就会增加用餐服务。每个企业增加用餐量，直到从每个消费者身上得到的额外的利润趋向于零。也就是说，从基本运输中得到的每个乘客的净收益 $p_F^* - m_F$ 正好等于所提供的用餐量 $Q_M m_M$ 的边际成本。

这样，只要可以有利可图地从竞争者手中夺取客户，受到管制的竞争性企业就会提高质量。这一竞争使得利润趋于零，因为用餐是以不变边际成本提供的。由于只能收取一个价格 $P_F^*$，每个企业选择同样的质量水平：$Q_M = (P_F^* - m_F)/m_M$。与不受管制的情形不同的是，在给定市场的不同航班间不会出现不同的质量。

当管制价格不变时，受到管制的垄断者提供给每个乘客的质量水平
714 将低于受到管制的竞争性产业。每个受到管制的竞争性企业认为，随着用餐数量增加而增加的座位销售量是无限的：竞争性企业面临的需求曲线是水平的。而受到管制的垄断者知道产业需求曲线向下倾斜，因而用餐的增加只能增加有限的座位销售量。因此，受到管制的竞争性企业比垄断者拥有更大的增加质量的激励。[33]

这一分析可以得到五个主要结论。第一，在管制价格固定的情况下，受到管制的竞争性产业通常会为每个乘客提供比垄断者更好的质量。第二，作为结果，受到管制的竞争性产业将比垄断者售出更多的座位。第三，管制价格 $p_F^*$ 越高，竞争性产业提供的质量越高，因为吸引更多业务的回报越高。第四，竞争性产业的管制由于取消了不同的质量

水平进而会损害乘客。对垄断者的管制可能对乘客有利，也可能有损害，因为失去的质量多样性可以通过更低的价格来弥补。第五，上调受管制的竞争性产业的价格并不能增加利润，因为企业会通过提高质量来进行竞争，直到所有超额利润消失。[34]

借助于 1978 年的《航空业放松管制法》（Airline Deregulation Act），部分这类假设将可得到检验。例如，与放松管制之前相比，放松管制后会存在更多的质量水平，以及可能会存在更低的总体质量。本节后面部分所讨论的航空业放松管制的经验性证据支持这些假设。

## 使竞争性产业更具垄断性

政府通常会管制竞争性产业，这会减少它们的竞争性并降低福利。由于失误，或者因为立法机构或管制者被特殊的利益集团所俘获，政府的管制效果会不尽如人意。

715 前面几章给出了管制使市场更具垄断性的一些例子。许多职业——电工、房地产经纪人、律师（见案例 20.3）以及医生等——正在或已经通过政府的授权来设立进入限制、操纵价格和其他手段将竞争性产业转变为垄断性产业。农业销售订单（附录 9A）使得农民可以联合行动来降低总产量，进行价格歧视。在一些产业中，法律禁止进行有关价格的广告（见案例 14.4），这一广告禁令赋予了企业基于信息的垄断势力并导致了更高的价格。案例 20.5 讨论了租金控制如何产生无效率并重新分配收入。本部分考察了两种会损害消费者并降低效率的政府干预类型：对产业中企业数量的限制和农业管制，如价格支持和产量控制。

**案例 20.5** ☞

### 租金控制

管制可以减少竞争性市场的效率。在世界上的许多城市中，政府机构管制公寓的租金率，使用租金控制将租金率维持在低于竞争性水平。因此，房屋的需求超过了供给。

租金控制将财富从房东转向房客，它也减少了建造新出租房的激励，从而加剧了长期中的短缺问题。同样，房东维护出租房的激励减少，因此这进一步加速了情况的恶化。

租金控制在全世界范围都很普遍。英国、瑞典、墨西哥城、纽约市、伯克利和旧金山大量的房屋都受到租金控制。在美国，包括加利福尼亚州 50 个城市在内的 200 个城市存在某种类型的租金控制。但是，加利福尼亚州的法律在 1999 年结束了加州 5 个城市的租金控制。

奥尔森（Olsen，1972）的经验性研究发现，在 1968 年的纽约市，受租金控制的房屋住户的消费和没有租金控制时的消费相比，房屋的服务低了 4.4%，而非房屋产品高出了 9.9%。因此，真实收入增加了 3.4%，较为贫困的家庭获得的收益要多于较为富裕的家庭。但是，租金控制对房东产生的成本两倍于它给房客带来的收益。

使用来自新泽西州的数据，阿普尔（Epple，1987）发现人口增长率越高，社区受到租金控制的可能性就越大。长期的租房客更容易获得受租金控制的房屋，这样他们能够从租金控制中获得的利益比新进者更多。他也得出这样的结论，出租结构越稳定的社区越容易出现租金控制，这使得当供给者减少供给的能力有限时，财富能更为有效地转移到房客手中。

资料来源：Olsen（1972）；Epple（1987）；Ray Tessler，"Rent Control Wins Decision in High Court"，*San Francisco Chronicle*，February 25，1988：1；and "Rent Control in Berkeley, Four Other Cities to End Jan. 1，" www. sfgate. com，December 22，1998.

## 限制进入

716 每个体面的人都会为自己所在地的政府感到羞愧。

——H. L. 门肯（H. L. Mencken）

在许多产业中，政府限制进入。例如，有关从业执照的法规通常允许拥有职业资格的在位从业者编写职业考试试卷（案例 20.3）。如果他们出难题，或者评分不合理，那么潜在的进入者就无法获得执照。在 18 个州中，在开一家新的经销店之前，汽车经销商必须获得一张"需求证书"（Oliver，1988）。同样，不允许美国邮政署的潜在竞争者向个人的邮箱投递邮件。还有一些针对产业进入的形形色色的限制，它们与国际航空旅行、出租车、医疗保健和公用事业有所不同。本节关注政府对营业执照（在一个产业中运营的权利）数量的控制，这些执照将限制进入。[35]

通过限制某个产业的进入，政府创造了人为的稀缺，并且提高了消费者所支付的价格。较高的价格导致了财富从消费者向产业中的企业转移。也就是说，政府创造了产权——即企业在产业中运营的权利——而且通常将这些权利转移给少数幸运的个体。

在实行进入限制的最初时刻，政府通常将这些权利或营业执照无偿提供给产业中的所有在位企业，这被称做*免受新法规限制*。没有执照的新企业被禁止进入该产业。除非政府发放更多的执照，否则潜在进入者只能从想要离开产业的执照所有者手中获得执照。因此，产业中企业的数量是恒定的。

任何来自这些执照的租金都将归原始所有者拥有。也就是说，所有者会根据将来利润的贴现值来出售执照。这样，尽管消费者继续支付高价格，但新进入者并不会从他们的投资中获得更多的利润。只有那些非常幸运的得到原始执照的企业才会获益。

可以推测，企业的游说会导致立法机构限制产业中的执照数量。经济学家通常将这样的游说努力称为寻租：为获得政府创造的垄断利润的资源消耗。直到游说的边际成本等于预期边际收益时，企业才会停止游说，在此之前游说都是值得的。[36]

政府通过限制营业执照来限制进入的例子很多。在加利福尼亚，政府只允许存在一个渔场，使得该渔场在第一年就获得了1 200%的资本收益率。加利福尼亚州的另一个法律提案反映了其试图形成啤酒批发的垄断市场（见案例20.6）。在一些州中，人们必须拥有白酒执照才能销售白酒，执照的限制使得自由市场上一个执照的价格超过了10万美元。

717

**案例 20.6**

### 酿造麻烦

加利福尼亚立法机构以压倒性的优势通过了授予啤酒分销商垄断权利的法案。法案要求酿酒厂在任何给定区域内只能向一个批发商销售产品。酿酒厂销售给加利福尼亚批发商的啤酒的90%在排他性的经销商合约之下。然而，可能是为了控制分销商促销努力的搭便车问题，批发商希望州法律能禁止主要零售商直接从酿酒厂购买产品，同时，批发商担心法院会使用反垄断法律来否决排他性分销合同。

消费者团体、大型连锁商店和州政府的律师都反对这一法案。公众团体和消费者协会认为该法案是该年中最差劲的具有特殊利益标准的法案。当印第安纳、新泽西和纽约都通过了类似法律时，啤酒的价格增加了10%～20%，或者说每六瓶的价格上升了25～50美分。

为什么该法案的通过如此容易呢？尽管我们并不能确定，但批发商在共和党和民主党的竞选筹资活动中特别慷慨。在州众议院和参议院的120位议员中，116人报告说获得了赞助，总金额超过53万美元。

州长否决了该法案。

**资料来源**：Steve Wiegand, "Beer Distributors' Monopoly Bill Okd," *San Francisco Chornicle*, August 28, 1987: A10, and "Veto the Beer Bill," *San Francisco Examiner*, August 30, 1987: A18.

一个著名的限制进入的产业就是出租车产业。事实上在全世界每个国家中，一些市政府都会限制出租车牌照的数量。（出租车费率的价格控制部分抵消了这些进入限制的反竞争影响。）通常政府通过要求每辆出租车必须拥有一块运营标牌（一个实物化的运营牌照）来限制出租车市场的进入，并进而限制运营标牌的数量。在大多数年份中，新出租车不能进入市场，除非从现有的标牌所有者手中购得一个运营标牌。因此，原始的所有者通过对他们的标牌索取高价来获得未来超额利润的贴现值。20世纪80年代中期，在纽约市必须花费10万美元才能拥有一辆出租车，在波士顿为14万美元，而在华盛顿，只要花费一辆破旧车的价格就可以拥有一辆出租车（Oliver，1988）。到 1993 年，纽约市一块运营标牌的价格达到了 18.2 万美元，到 2004 年涨到了 22.5 万美元。

1984 年有关美国运输部的一项研究估算，在全美范围内限制出租车的数量导致消费者每年多支出 8 亿美元的成本。这一数量低估了消费者
718 剩余的总损失，因为该数据不包括损失了的等待时间和由于出租车相对较少而带来的其他不便。但是，一些人认为存在可以用来抵消其效果的收益。其他的出租车管制措施通常被用来抵消，至少部分抵消进入限制所带来的不利影响，并以此作为管制进入的充分理由。通常，标牌的所有者被一些限制所约束，包括价格和安全管制，这些都有利于消费者。

由于存在着吊销运营标牌的威胁，出租车的本地垄断势力至少在一定程度上可以得到持续监督。想象你来到一个陌生的城市，眼前只有一辆出租车。你又累又饿，雨下得很大。出租车司机说："我将收取五倍于计价器金额的价格送你去旅馆。"尽管你很生气，你还是会选择搭坐该出租车。但是，如果你上报此事，就会致使司机被吊销运营标牌，因此司机在提出此要求前就会慎重考虑。

大多数的管制无法以正当理由来解释：为何要限制出租车的数量导致运营标牌值数十万美元？进入限制的正当理由之一是：由于新增的出租车提高了其他出租车发现乘客的搜寻成本，因此这就和渔业一样，存在过度进入（Gallick and Sisk，1984）。然而，给定运营标牌价格很高，很难相信大多数城市会最优地运营。可以推测，这些管制的主要目的是将乘客的财富转移到标牌拥有者手中。为何会发生这样的财富转移的一种解释是利益集团理论：运营标牌的拥有者极力游说对此设限。

另一种可供选择的解释是：管制的类型在很大程度上由管制者所面临的激励所决定（Eckert，1973）。出租车产业往往会受到市政机构或独立管制部门的管制。市政机构由官僚们组成，他们制定规章并要求对产业进行监管，并以此证明市政机构存在高额的薪水和大量的雇员是正当的。相反，独立委员是兼职的。监管大量的事务，处理各种意外等将要占用他们更多的时间。而且，由于他们的任期通常有限，因此更多地管制其更大量的事务带来的长期收益只会有助于他们的继任者。

管制机构的成员们通常会发现，如果他们只需同一个单独的"负责任的"企业打交道，那么他们可以降低他们管制的工作量水平。换句话说，管制可将市场划分为数个排他性区域，制造本地垄断。因此，根据这一假设，与官僚机构相比，管制部门更倾向于垄断或市场划分。在埃克特（Eckert）所研究的拥有管制部门的 6 个城市中，5 个（83.3%）城市存在垄断或市场划分。在其所研究的 27 个拥有市政机构的城市中，只有 5 个（18.5%）存在垄断或市场划分。

但是无论管制机构的成员们的动机如何，出租车消费者会遭受损失，而长期的运营标牌的拥有者会获得收益。然而，和农业中的情况相

比，这些财富的转移只是小数目。

## 农业管制：价格支持和产量控制

大多数标准的微观经济学教科书都把农业市场作为完全竞争性市场的例子，并可能是唯一的例子。毕竟，农业市场的特点是拥有大量小企业。遗憾的是，在世界上每个国家中，政府都会干预这些市场并降低效率，使得它们偏离竞争性均衡。

719 为什么政府会制定助长无效率和损害消费者的政策呢？通常的一个解释是政府希望向农业部门转移支付，但并不希望公开这样做或直接把钱给农民。为了完成这一收入的转移，政府采用了价格支持和产量控制。

**价格支持**。在美国大萧条时期，农民较早和较严重地遭受了伤害。为了对此做出回应，1929 年美国建立了联邦农业委员会，负责买卖农产品以保证“有序的农业市场”。[37]其目标是：与 1910—1914 年所达到的水平相比，在农业和其他部门的相关价格或收入之间实现平价。委员会使用了**价格支持**（price support）：通过价格较低时买进，防止价格跌到一个特定的、被称为支持价格的水平。由于在高价位购买了大量产品，价格支持产生了大量的库存并耗尽了委员会的可用资金。

图 20.6 表明了原因，农业价格支持引导农民生产比竞争性市场中更多的产出。[38]竞争性均衡由需求曲线和供给曲线 $S$ 的交点决定。竞争性价格为 $p_c$，竞争性产量为 $Q_c$。如果政府保证农民获得一个支持性价格 $p_s>p_c$，消费者只愿意购买 $Q$ 单位。这样，政府必须购买供给剩下的部分 $Q_s-Q$，并储存这些农作物。只要价格仍然为 $p_s$，政府就不能在国内销售这些农作物。

720 这项计划是一种向农民进行转移支付的极其无效率的方法：消费者和纳税人的成本大大超过了农民的收益。在这一项目下，如图 20.6，农民的收入增加了 $A+B+C$。这个区域代表在更高价格下（$p_s$ 而不是 $p_c$）销售更多单位产品（$Q_s$ 而不是 $Q_c$）的额外收入减去生产额外单位产品的成本（总供给曲线下从 $Q_c$ 到 $Q_s$ 的区域）。在更高的价格下，消费者剩余下降了 $A+B$。政府为额外的农作物支付了 $p_s$（$Q_s-Q$）（$=B+C+D$），还要为多余的农产品支付存储费用（假设政府没有为这些农产品找到其他用途）。这样社会的净损失为 $B+D$ 加上存储的成本，即消费者损失（$A+B$）加上政府损失（$B+C+D+$存储费用）减去农民的收益（$A+B+C$）。

该项目形成了三个扭曲。首先，存在过量的生产。农民生产 $Q_s$ 而不是竞争性产出 $Q_c$，这是过量的，因为消费者不愿意在价格 $p_s$ 下消费所有产出。其次，存在消费的无效率：消费者为单位 $Q$ 的产出支付的价

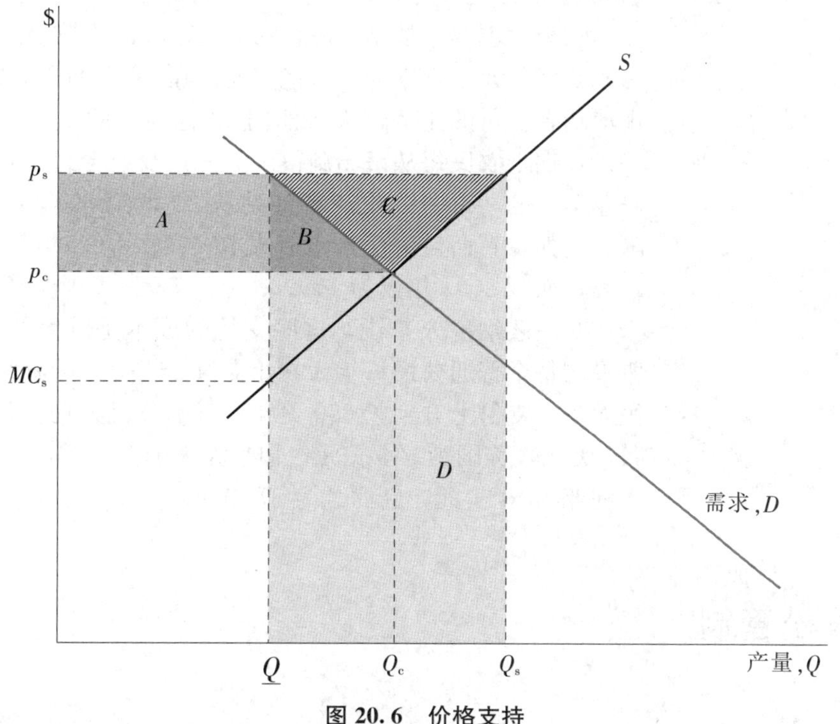


**图 20.6 价格支持**

格是每单位 $p_s$。生产这一产出的边际成本为 $MC_s$。因此，消费者支付了高于边际成本的价格：$p_s > MC_s$。第三，政府必须为额外的产出支付储存费用，这些产出虽然生产了但是没有被消费。如果这些产出稍后在其腐烂之前被消费掉，那么存在未来的收益。

由于这些项目对政府来说成本很高，因此美国和其他国家的政府均已放弃使用直接的价格支持。例如，它们开始采用产量限制（参见 www. aw-bc. com/carlton _ perloff 的“农业产量限制”）。

**农业支持项目的成本**。大多数国家使用价格支持和其他方法以确保农产品在国内维持高价格。欧盟（European Community，EC）对谷物、奶制品、家禽和糖使用价格支持；对油菜籽采用追加偿付；对糖采用生产配额；对谷物、牛奶和家禽采用出口返还，以及采用各种进口关税和配额。

在一些国家中，政府的农业补贴支付超过了农民从消费者购买农产
721 品中得到的收入。经济合作与发展组织（OECD）收集了其成员有关这些补贴的信息，这些成员包括欧洲和斯堪的纳维亚国家、澳大利亚、加拿大、日本、韩国、墨西哥、新西兰和美国。[39] OECD 国家的农民在 2001 年接受了 2 310 亿美元的补贴，比 1986—1988 年的平均水平 2 390 亿美元有所下降。这些补贴占 2001 年消费者支付的 31%，在 1986—1988 年间这一数字为 38%。对农业的总补贴，包括一般性服务的补贴（例如营销和促销、基础设施），2001 年总计达到 3 110 亿美元，1986—

1988 年间的相应数字平均为 3 020 亿美元（GDP 的 2.3%）。

欧盟对农业的补贴最高，2001 年为 930 亿美元。美国的生产者补贴为 490 亿美元，日本为 470 亿美元。在 OECD 国家中，瑞士的农业补贴占消费者支付的比例最大。他们 42 亿美元的生产者补贴为产品价值的 69%：瑞士农民每从市场赚得 1 美元，政府会付给他超过 2 美元。作为农业生产的一部分，生产者补贴从 20 世纪 80 年代以来总体上趋于下降。例如，新西兰的生产者补贴在 1986—1988 年间平均为其总价值的 11%，而到 2001 年仅为 1%。

对一般纳税人来说，这些支持的成本是巨大的。如在 2001 年，欧盟平均每个普通公民每年为农业支付 281 美元的补贴，而对一般瑞士公民而言，支付上升到了 650 美元。日本公民人均支付 467 美元，韩国为 417 美元，美国为 346 美元，加拿大为 168 美元，墨西哥为 81 美元，澳大利亚为 61 美元，新西兰为 37 美元。

## 放松管制

在管制有害无益的市场中，放松管制是有意义的。在过去的 20 年间，许多主要产业都已经放松了管制（见表 20.4），特别是在卡特和里根政府期间。[40]部分或完全放松管制的产业包括航空、州际货运、铁路、银行和储蓄及信贷（限制利率）、电视和电话产业。遗憾的是，对农业几乎没有放松管制。其他国家也开始放松管制。例如，英国现在允许有线电视公司进入电话服务领域，而美国现在允许电话公司进入有线电视领域。[41]

722 **表 20.4　　美国主要的放松管制措施**

| 时间（年） | 措施 |
|---|---|
| 1968 | 最高法院允许非 AT&T 的设备与贝尔系统互联 |
| 1969 | 允许 MCI 将长途网络和当地电话系统互联 |
| 1970 | 放松 10 万美元及以上的银行存款的利率管制 |
| 1972 | 联邦通信委员会（FCC）实施国内卫星资源开放政策 |
| 1975 | 证券交易委员会终止股票市场交易的固定经纪人费率<br>禁止铁路和运输企业的费率管制部门干涉独立费率安排 |
| 1976 | 1976 年的《铁路复兴与管制改革法》（Railroad Revitalization and Regulatory Reform Act of 1976）部分地放松了对铁路的管制，使得费率制定更能反映成本 |
| 1977 | 航空运输的放松管制使得航空公司的定价更为自由 |

续前表

| 时间（年） | 措施 |
| --- | --- |
| 1978 | 国会部分地放松了对天然气的管制<br>职业安全与卫生管理局制定了 928 条“细节”规则<br>民航委员会解除了航空进入和价格的管制<br>环境保护署允许排放物置换 |
| 1980 | FCC 在消费者提议下取消了大多数有关有线电视及其设备的联邦管制<br>《汽车承运人法》（Motor Carrier Act）取消了针对新进入者的壁垒以及允许运营者在几乎不受州际贸易委员会监控的情况下决定运输费率和线路<br>《信托机构法》（Depository Institutions law）取消了利率上限并允许储蓄贷款社提供可生息支票账户<br>《斯塔格斯铁路法》（Staggers Rail Act）允许铁路部门在未经政府许可的情况下调整费率以及与托运方签订合约 |
| 1981 | 里根政府放松了对原油价格和石油配置的管制<br>FCC 取消了许多针对广播的管制 |
| 1982 | 新的公共汽车管制法令允许城际公交车公司改变路线和费率<br>《加恩-圣哲曼法》（Garn-St. Germain Act）允许储蓄贷款社发放更多的商业和消费贷款，并且取消了银行和储蓄贷款社之间的利率差别 |
| 1984 | 作为反垄断措施的一部分，AT&T 答应剥离本地运营企业<br>单个的海洋运输公司被允许以更低的费率提供比运输“行会”更好的服务 |
| 1990 | 1990 年的《净化空气法》（Clean Air Act）考虑了污染方面的自由市场 |
| 1992 | 《能源法》（Energy Act）放松了对独立能源生产商的大部分限制，使其可以按市场费率向公共事业部门销售能源 |
| 1994 | 1994 年的《里格尔-尼尔州际银行和分支机构效率法》（Riegle-Neal Interstate Banking and Branching Efficiency Act of 1994）允许银行控股公司在未建立基层控股机构的情况下在银行注册地以外的州控股银行，并允许银行能够跨州开办分支机构（得克萨斯州和蒙大拿州除外）<br>《货运产业管制改革法》（Trucking Industry Regulatory Reform Act）有效地免除了州内货运作业的所有州级监控 |
| 1996 | 1996 年的《电信法》（Telecommunications Act）允许增加通信市场的竞争，放松了对广播电台合资者数量的所有权限制，单个实体也可拥有广播电台，结束了（1999 年 3 月）有线电视费率的价格管制<br>加利福尼亚州州长皮特·威尔逊签署开放加州电力市场竞争的法令 |
| 1998 | 《海洋运输改革法》（Ocean Shipping Reform Act）放松了管制，比如允许托运人和运输承运者谈判，并达成秘密服务合同，取消了对单个承运者的费率要求，但是仍保留对运输行会的反垄断豁免 |
| 1999 | 《格拉姆-利奇-布利雷法》（Gramm-Leach-Bliley Act）放松了银行承保证券的能力限制，允许银行制定保险政策 |
| 2003 | 联邦通信委员会设定新规则，放松对媒体所有权的限制，比如允许同一公司在同一城市拥有新闻和广播电台，允许一个公司在最大的市场中拥有三家电视台和八家广播电台。尚未解决的法律问题阻止了该法令的实施 |

资料来源：Weidenbaum (1987)；Lee，Baumel and Harris (1987)；Lown et al. (2000)；Tang and Ma (2002)；various newspapers.

通常，对于放松一个产业管制的任何提案，都会有坚定的支持者和
723 反对者。事实上，放松管制运动往往带来一些奇怪的现象。放松管制的支持者通常包括许多但肯定不是全部经济学家、一些管制者和一些消费者团体。放松管制的反对者通常包括一些经济学家、许多管制者、一些消费者团体、受管制的企业和为这些企业工作的工会。

放松管制的支持者希望解除有关设定价格和限制进入的管制。支持者认为放松管制会提高效率并降低价格。他们指出在消除价格管制带来的扭曲后可以得到两种类型的效率收益。第一种是由市场而非管制者设定价格所产生的效率收益。例如许多交通和电话管制以其他消费者的高额支出为代价，对农村的消费者和企业进行交叉补贴。通过这些费率的调整，放松管制增加了城市地区主要交通线路的消费量和电话使用量，减少了次要路线和偏僻地区的消费，提高了效率。即使从总体上讲，社会从放松管制中获得了收益，但一些消费者可能会因为这些调整而遭受损失。

第二，支持者宣称放松管制降低了总体价格。在许多产业中，受到管制的价格高于边际成本。由于价格受到管制但是服务水平没有受到管制，因此受到管制的企业会通过提高产品质量或增加服务频率来进行竞争，从而使得成本上升到被管制价格的水平，而不是使得价格下降到较低的成本水平。而且，从受到管制的价格是基于成本的角度来看，企业没有削减成本的激励。进一步来看，由于管制限制了进入，放松管制致使价格下降可归因为新进入者导致的竞争的增加。因此，支持者相信放松管制通过停止人为的支持价格，使质量或服务水平从较高水平下降，并增加企业数量进而降低了价格。

反对者认为大多数受到管制的产业在初始时就是寡头垄断的。因此，他们宣称放松管制会导致价格超过上限，因为较小的企业被驱赶出产业，而剩下的企业通常会合谋。他们还认为，如果没有控制，服务和质量会下降。反对者还提出，由于不存在交叉补贴，再提供与受管制时相同的服务水平将变得无利可图，因此放松管制后小社区将失去管制时得到的服务。放松管制的支持者则反驳道，如果向这些地区提供服务无利可图，那么它们就不会得到服务。

随着时间的推移，大多数产业已开始逐渐放松管制。在一些市场中，缓慢地放松管制产生了不平等和无效率。在 1978 年的《天然气政策法案》(Natural Gas Policy Act) 下，天然气的价格按开采时间的不同而差异很大，“旧”天然气仍然受到管制，而“新”天然气则不受管制。

在其他产业中，部分地放松管制产生了另外一些问题。1980 年取消了针对储蓄贷款和银行的许多控制，账户保险多了一倍多。这一保险由三家联邦机构提供：联邦储蓄保险公司（Federal Deposit Insurance Corporation，FDIC）、联邦储蓄贷款保险公司（Federal Saving and Loan Insurance Corporation，FSLIC）以及国家信贷联合保险基金（National

Credit Union Share Insurance Fund，NCUSIF)。

724 这些保险公司承担了银行、存贷款者以及管理者的风险，但却不能按其可视风险的大小收取不同的保费（White，1988)。银行、储蓄和贷款机构会从事风险极高的业务，因为他们知道：如果他们失败，保险公司将会保护存款人；但如果他们成功，他们将会获得高额回报。

除了不能基于风险收取保费外，使用会计惯例对银行进行管制也是一个问题，因为银行资产的市场价值和为管制目的而使用的账面价值没有关系。1982年，存款和贷款产业的净资产市场价值估计为负1000亿美元或更低（White，1991，77)，而联邦政府仅关闭了相对较少的金融机构。

除了放松管制外，还有许多其他原因导致了金融机构的困境，包括未预计到的利率变化（White，1991)。最后，特别是在20世纪80年代房价下跌后，许多金融机构宣布破产清算。根据联邦房屋贷款银行公会的报告，1987年，520个存贷款机构宣布破产清算，1988年为434个，相比之下1980年则只有43个。1981—1987年，宣布清算破产的金融机构数量增长了近5倍。

尽管如此，在一些主要产业中，放松管制却进行得迅速且相当彻底。尽管不能列举所有的证据，但是许多针对这些产业放松管制的研究发现了整体效率的收益。接下来的部分将更为详细地考察三个运输产业的放松管制——即航空、货运和铁路运输业。案例20.7考察了电力市场的放松管制，案例20.8考察了电信产业的放松管制。佩尔兹曼和温斯顿（Peltzman and Winston，2000)、温斯顿（Winston，1993）提供了横跨众多产业的放松管制效果的综述。

**案例 20.7** ☞

### 电力放松管制：受到冲击的加利福尼亚

迄今为止，在加利福尼亚州由受到管制的本地垄断公用事业企业生产和分配电力。加利福尼亚是美国电费最高的州之一。1996年，为了增进效率，州立法部门通过了“放松管制”法案，将发电同输电和配电分离。法案允许独立发电商就电力的生产展开竞争，这是一个设想为增进竞争，提高市场效率的变化。但是，产业仍然在多个方面受到高度管制，例如，通过对多个时期批发价格的明显的价格控制进行管制。

从短期看，电力供给曲线在达到生产的最大负荷点前是水平的，随后变为几乎垂直。下图（基于Borenstein，2000）表示了2000年8月加利福尼亚热能发电的供给曲线。由于零售价格通常是固定的，电力批发的需求曲线在短期几乎是没有弹性的（接近垂直)。但是在温暖的天气和白天，批发需求曲线会大幅度向右移动。需求曲线在供给曲线的水平部分小幅度地向右移动对批发价格几乎没有影响。但是，如果需求曲线接近最大生产能力产量，那么需求曲线的小幅度移动会导致批发价格的大幅度波动。在这种情况下，即使只有一家发电厂大幅度削减电力供给，也会对价格产生强烈影响。

当电力需求超过有效供给时（太多人使用电器)，系统会部分或者全部瘫痪。现代系统采用了分流需求（消费者配额）的程序来避免系统的失灵。在2000年的加利福尼亚，系统运营者要求在某些特别情况下关闭部分需求以防止发生灾难性的系统失灵。

2000 年，加利福尼亚的批发能源价格开始飙升。到 2001 年春天，能源批发价格是前一年的 10 倍多。为了避免事态进一步恶化，电力零售价格受到了管制，因此公用事业企业有时被迫以 6 美分每千瓦小时的零售价格出售电力，而它们在批发市场购得电力的价格为 10 美分。该州最大的公用事业企业太平洋煤气和电力公司（Pacific Gas and Electric）申请破产。州政府进行了干涉并启动批发能源的长期合约，使得公用事业企业可以得到能源。此后不久，天然气（发电的一种投入品）的价格下降，这使得加利福尼亚州处于非常不幸的地位，因为其签订的长期合约价格是预期批发价格的两倍。

有很多研究分析了加利福尼亚危机的成因，这些分析指出了除生产能力问题以外的一些可能因素。另外两个重要因素是政府持续管制零售价格和持续禁止公用事业部门签订长期合约。由于家庭和多数企业面临固定的零售价格，在危机期间它们没有削减消费的价格激励。公用事业企业不能签订批发电力的长期供给合约，因此它们就不能使用这些合约来缓解由于炎热的天气、较高的天然气价格和其他因素导致的短期价格波动。而且，如果公用事业企业可以提前签订合约，那么在短期内它们就不会任由任意一家或一批发电厂如此摆布。

遗憾的是，许多人从加利福尼亚危机中得出了放松管制有害的错误结论。事实上，在 1996 年变革的前后都存在大量的管制，2000 年大多数最严重的问题源于持续的或新的管制，以及固定生产能力，而并非来自非常有限的放松管制本身。

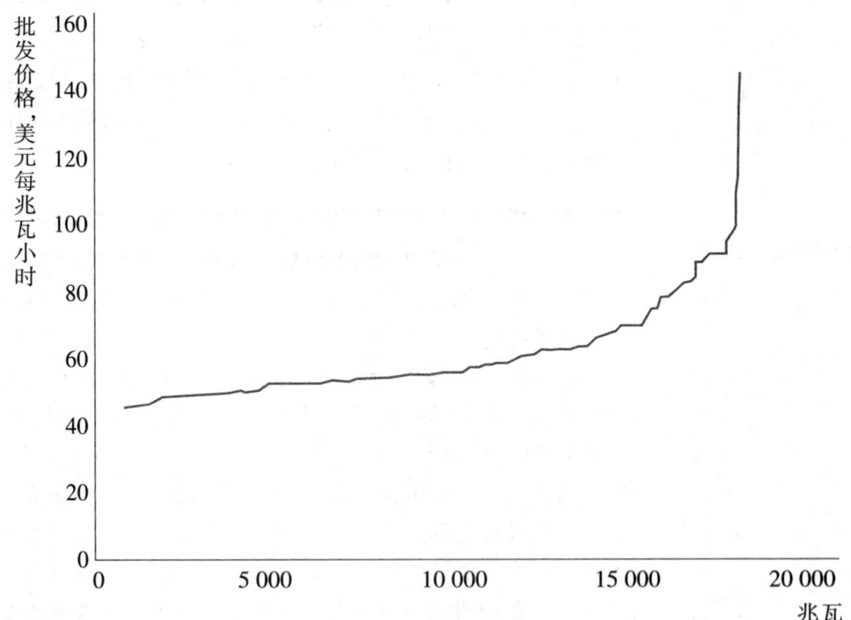


资料来源：Borenstein (2002)，Joskow (2000a).

728

**案例 20.8**

## 国际上和美国对电信业的放松管制

1980 年，除了北美国家外，大多数国家拥有国有的电信公司。到 1998 年，来自167个国家的数据表明，42%的国有电信公司已经伴随着管制从国家所有转为部分或全部私人所有。第一个大事件是英国首相玛格丽特·撒切尔于20世纪80年代早期做出的决策：私有化英国电信公司，抛弃美国收益率管制模式并支持价格上限管制，同时引入竞争。随着私有化的进行，许多国家允许存在各种形式的竞争，并为管制控制下的竞争者提供必要的互联互通。

私有化和竞争两者都是电信业效率和增长的重要来源，大多数现有的证据和这一观点相一致。私有化，即以利润最大化为目标的企业代替政府实体，导致了成本的下降。但是为了保证消费者能获得增进效率所带来的好处，同样需要管制加上竞争。例如，一项研究发现，1990—1998年期间，私有化和竞争导致的产出增加超过了17%，两者的贡献大体相当。类似的，私有化和竞争导致了项均投资在1990—1998期间的增长超过了40%。在每种情况下，私有化和竞争的互动表明：竞争使得私有化在逐渐增进效率时变得更为有效。

在美国，电信业的部分放松管制给消费者带来了巨大的收益。全国范围内AT&T
729 的电话垄断在1984年的解体激发了长途电话市场的竞争。AT&T的长途电话市场份额在1984年超过了90%，到1990年则下降到65%，2000年下降到38%。技术的改进和来自MCI和Sprint等的日益增加的竞争，使得长途电话的平均费率从1984年的每分钟55美分下降到了1990年的每分钟27美分，到2000年则下降到了12美分。1996年的《电信法》(Telecommunications Act) 试图通过要求在位本地电话运营商为其竞争者提供一些基础设施，来创造本地电话市场的竞争。到2002年12月，非在位电话运营商所控制的本地线路份额（称为竞争性本地交换运营商，或CLEC）为13.2%，其中只有大约3%由竞争性本地交换运营商使用自己的设备所提供。

无线电话服务运营商之间的竞争加剧了本地和长途电话费率的竞争压力。几近半数的美国人使用移动电话。而且，因特网语音传输协议（VOIP）使得提供竞争性服务成为可能，有线电视现在也可以提供电话服务。因此，一个曾经具有垄断结构的产业，其中垄断者通过传统电话线路提供本地和长途电话服务，正在快速变为一个拥有众多参与者的产业，其中参与者使用多种迅速发展的技术为消费者提供本地和长途电话服务。在一个这样的产业中，管制会扭曲或者延迟新技术的引入，这对消费者是有害的。根据一项测算，20世纪90年代联邦通信委员会延迟授权移动服务在10年中产生了年均340亿美元（以1994年美元为基准）的成本。

资料来源：*Statistics of the Long Distance Telecommunications Industry*，FCC May 2003；*CTIA wireless industry indices*，April 2003；*FCC Trends in Telephone Service*，May 2002；Hausman (1997b)；Li and Xu (2002)．

## 航空业

1938年，美国国会设立了民航管理局，其后成为民航委员会（Civil Aeronautics Board，CAB)。CAB控制州际的航空产业，包括航空公司的进入、航线、费率和航空公司之间的协议。CAB同时提供促进航空运输的补贴。但是20世纪70年代后，CAB开始放松产业管制，允许任何具有资质的企业自由进入一些选定的航线。数家主要的航空公司对 CAB 提起了诉讼，认为在国会通过 1978 年的《航空业放松管制法》（Airline Deregulation Act）后，CAB 允许航空业存在过多的竞争的做法违反了国会的要求（Borenstein，1992）。

许多经济学家和其他一些人相信 CAB 使得定价大大高于竞争性水平。事实上，20 世纪 70 年代早期，未受管制的加州州内航班的价格比可比的东部州际市场航班的价格低 40%，主要原因是其航班的载客率更高（Breger，1982）。

放松管制的支持者认为放松管制会导致价格下降。他们宣称放松管制的航空市场是可竞争的。也就是说，由于飞机可以很容易地在不同地点间自由移动，即使实际竞争者的数量很小，每条航线也都会存在多个潜在进入者。事实上，由于管制者阻止进入，放松管制有利于进入。支持者同时宣称放松管制的企业提供了更好的综合服务，而且更好地满足了公众不断变化的需求。

卡特总统时期的 CAB 主席阿尔弗雷德·卡恩（Alfred kahn）是一位管制经济学专家，同时也是航空业放松管制的积极倡导者。当航空业首次放松管制时，他观察到，“与其说是管制，不如说是贪婪。”[42]

725 反对者包括主要的航空公司和它们的工会，[43]它们担心遭受经济损失。一些反对者认为航空业将会变得不稳定。尽管存在这些反对，卡特总统于 1978 年签署了《航空业放松管制法》，撤销了 CAB 对定价和航线的决策权，允许航空公司自行决策。CAB 很快地实施了《航空业放松管制法》，允许遵循规章的进入。该法案于 1984 年末解散了 CAB。

然而，为了消除对放松管制的最大担心，政府保证对乘客较少的区域提供 10 年的服务。基本航空服务项目（the Essential Ari Service Program）旨在用 10 年时间“阶段性过渡”为完全无管制和无交叉补贴的市场，在其运行的第一年中对美国本土的 202 个乘客较少的区域提供了 7 100 万美元的补贴。到 1987 年为止，只有 102 个此类区域得到了2 100 万美元的补贴。[44]

航空业的放松管制主要有几个影响：航空费用下降，搭乘飞机的乘客数量上升；产业利润下降；航空业开发了辐射式网络，而且变得愈发密集；生产率提高；可供消费者选择的价格和质量增多了；安全水平没有下降。莫里森和温斯顿（Morrison and Winston，1986）测算到航空业放松管制的年均收益大约为 60 亿美元（以 1977 年价为基准）。[45]

1980—1989 年，平均支付费用（实际数）下降了大约 20%，尽管 20 世纪 80 年代后期费用有所上升。从 20 世纪 70 年代到 1990 年，搭乘美国的航空公司的乘客飞行里程数至少翻了一番。[46]

价格的长期下降降低了航空业的利润。价格战使得收益率非常低或者为负。有几个航空公司退出了产业（布拉尼弗航空公司、中途航空公司、Pan Am航空公司、东部航空公司），另外几个公司在破产法的保护下维持运营（美国西部航空公司、大陆航空公司、TWA、联合航空公司和美国航空公司）。（参见 Borenstein and Rose，2003。）在放松管制后，航空业的从业员工遭受了10%的相对收益损失（Card，1998）。

航空公司时常通过兼并其他运营商开发了扩展的辐射式网络（Brueckner and Spiller，1991）。（成功地以低成本运营的西南航空公司是个值得注意的例外，它并没有开发辐射式网络。）放松管制后，新企业进入产业，但是同样也有数个企业退出，以及至少24起兼并发生。
726 这样，放松管制后新运营商最初的流入被退出和兼并所抵消，使得产业愈发集中，在航班不多的线路上尤其如此。美国国内航空业的四企业集
727 中度在1977年为56.2%，1987年为64.8%（Borenstein，1992），2000年为55%，2003年为54%（作者的计算）。这样，与放松管制前相比，现在美国国内产业的集中度水平略有下降。但是，一项对单个机场的研
728 究表明：相对于20世纪70年代末，1989年乘客最多的前100个机场的赫芬达尔-赫希曼指数（HHI）的平均水平更低。[47]尽管中心机场的集中度增加，但非中心机场的集中度却下降了，因此平均来看，单个机场的集中度下降了。[48]这一发现与莫里森和温斯顿（Morrison and Winston，1990）的发现相类似。莫里森和温斯顿（1990）发现1978—1988年间，单个航线的有效竞争者数量增加了大约30%。贝利和威廉姆斯（Bailey and Williams，1988）表明在某些本地市场上，单个和少量航空公司事实上是垄断的。贝利、格雷厄姆和卡普兰（Bailey，Graham and Kaplan，1985）及赫德尔等（Hardle et al.，1989）得出的结论是，城市之间的航线通常并不是完全可竞争（价格高于边际成本），因此一些航线上的高集中度的确导致了高收费。

放松管制也会产生更高的效率，这有助于降低价格（Sickles et al.，
729 1986）。美国航空业和其他国家航空业的比较同样显示了由放松管制带来的大幅度的效率增加（Caves et al.，1987）。在放松管制后，美国航空业生产效率的增长率至少和放松管制前一样高，而其他国家航空业生产效率的增长率则下降了接近40%。假设美国没有放松管制，那么美国就有可能会拥有和其他未放松管制的国家相同的经历，那么到1983年为止，放松管制使得美国航空业的单位成本下降了10%，节约了40多亿美元。

现在，航空公司提供相当多档次的价格/质量选择（Bailey and Williams，1988）。特别是，与受到管制的时期相反，航空公司现在提供了低价、低质量的服务，当然也可以支付更多的费用获得高质量的服务（Moore，1986）。但是，总体服务水平却下降了——发生了更多的晚点，飞行时间更长，而且行李丢失的情况也变多。即使不是大多数，但许多这样的问题源于中心城市拥挤程度的增加，以及由于国会和交通部的行动缺位导致航空交通控制的相对较少（Moses and Savage，1987）。现

在，不仅价格和质量的变动更加频繁，而且似乎出现了更多的价格歧视（Borenstein and Rose，1989）。

现在，航空业存在更多类型的收费标准，并且其变化更加频繁。在管制
730 的情形下，收费类型相对较少，而且不会频繁变化。过去，航空价目表发布公司是一个由航空公司组建的旨在处理票价变化的合作企业，在其看来每天25 000个费率变化是一个巨大的数字。到1988年，40 000～60 000个变化很常见，一个星期内几乎要处理600 000个变动。[49]

尽管存在着拥挤，特别是在中心机场，无法提供先前水平的交通控制人员支持，无法增加联邦航空管理局（Federal Aviation Administration，FAA）的检查员人数，改善航班安全的长期化趋势等问题在放松管制后依旧存在。[50]在1972—1978年期间，每10万小时的飞行发生事故2.35起，而1979—1986年则为1.73起（Weidenbaum，1987）。然而，罗斯（Rose，1989）的统计研究考虑了诸多因素的影响，她发现较低的利润率和较高的意外事故与突发事件率有关，对较小的运营公司而言尤其如此。因此，放松管制后的安全纪录在各个航空公司间的分布并不一致，并随着利润率的增加而变化。相反，卡纳法尼和基勒（Kanafani and Keeler，1989）的统计分析表明，新进入者和在位者的安全水平没有差异。麦肯齐和沃默（McKenzie and Womer，1991）发现，如果说有什么区别的话，放松管制后安全水平有微小的提高。

总体来看，消费者从航空业的放松管制中获益匪浅。消费者更多地进行飞行，以更低的价格享受与管制时期相同的安全性。

但是，对航空业竞争的关注仍在持续。1998年，美国运输部（Department of Transportation，DOT）发布的一项研究表明：自1992年以来，由至少两家航空公司展开乘客竞争的城际间市场数量减少了28%。根据这一研究，500英里以下的单程机票成本在没有竞争情况下为165美元，而存在竞争情况下为75美元。1999年，运输部和司法部调查了在位运营商针对进入者采取掠夺性行为的可能性，司法部未能成功地对美国航空公司的掠夺性行为提起诉讼（140F. Supp. 2d，1141（2001））。

与国内航空业的竞争相比，国际航空业的竞争受到了更多的管制。到20世纪90年代早期，各国间展开了国际放松管制的谈判。[51]参见案例20.9有关欧洲航空业的放松管制。

731

**案例 20.9** ☞

### 欧洲航空业的放松管制

欧洲航空业的放松管制追随了美国的做法。1992年，欧盟取消了航空公司在欧洲域内飞行的大部分航线的限制及其收费的限制。欧盟同意从1997年4月1日起允许欧盟内实行无限制的竞争。随着管制的结束，欧洲第一次出现了一些低价格、不提供非必要服务的航空服务。进入者包括英国的Debonair和Easy Jet航空公司、荷兰的Denim航空公司、法国的自由航空公司和Air Jet公司、比利时的维珍快递公司

以及意大利的 Air One 和 Azzurra 航空公司。但是，许多航空公司，如法国航空公司仍然为国有，而且刚刚开始削减其运营成本。它们在政府的补贴下继续生存：Iberia 航空公司在 1995 年从西班牙政府处获得了 7.05 亿美元的补贴；法国航空公司获得了 40 亿美元的补贴。

较高的机场费用（它占到航空成本的 5%～10%）和着陆跑道的限制有利于限制进一步的进入。因此，与美国相比，欧洲的费用仍然相对较高。

对美国快递公司的一项研究发现，欧洲内部的费用大约为美国可比距离航空费用的两倍。例如，华盛顿到纽约的航线长 216 英里，伦敦到巴黎的航线长 211 英里，而欧洲线路的单程旅行的花费却多出了两倍。更令人吃惊的是，从哥本哈根到奥斯陆（311 英里）的花费为休斯敦到新奥尔良（302 英里）的 3.3 倍。欧洲将要花费多长时间才能从放松管制的较低价格中获得收益仍有待观察。

**资料来源**："Why Heathrow is Hell," *The Economist*, 336 (7929) August 26, 1995: 47－48; Dirk Beveridge, "'No Frills' Airline Service Finally Gets to Land in Europe," *San Francisco Chronicle*, March 3, 1995: D2; Richard W. Stevenson, "Still Worlds Apart on Air Fares," *New York Times*, December 20, 1995: C1, C2; John Tagliabue, "American Aces of the Foreign Sky," *New York Times*, June 6, 1997: C1, C2.

## 地面运输业

730 1887 年《商业管制法》(Act to Regulate Commerce) 派生了州际商
业委员会（Interstate Commerce Commission, ICC），它是隶属于美国
731 政府的一个独立机构。州际商业委员会是美国的第一个管制部门。随着
时间的推移，它被赋予了运输服务的管辖权，现在包括铁路、货车运
输、公交线路、船运、水运、石油管道、运输经纪人、快运机构、电
报、电话、无线通信以及有线电视公司。

1920 年《运输法》(Transportation Act) 赋予州际商业委员会制定
能产生"基于国家铁路资产总值的合理回报"的费率的权力。州际商
业委员会的价格管制使铁路公司的定价更为统一，并基本上消除了价
格战。州际商业委员会同时拥有支持和阻止兼并的权利。事实上，州
际商业委员会应该部署将铁路公司联合为少量企业参与的集成化系统。
1935 年的《机动车承运人法》(Motor Carriers Act) 赋予州际商业委
员会控制公交车和卡车产业中定价和进入的权力。运营所需的执照很
昂贵，这意味着进入的限制非常严格。得到州际商业委员会批准的普
通运输公司可以讨论并商定费率，而后报 ICC 审批（Moses and Sav-
age, 1987）。因此，企业会展开质量竞争。同时存在大量的交叉补贴。
732 1980 年的《机动车承运人法》（货车运输）和 1980 年的《斯塔格斯
法》（铁路）继续了始于 20 世纪 70 年代末期的水陆运输业的放松管制
运动。

**货车运输**。货车运输业的放松管制导致了进入、安全性的改善、效率的提高、工会司机工资的下降以及货车运输费用的降低。基勒（Keeler，1989）发现，货车运输业的放松管制允许有效率的企业进行扩张，而在先前它们的运输路线受到限制。因此，有效率的企业可以扩张到最优规模，充分利用规模经济。1980—1984 年最大企业（拥有 5%以上市场份额的那些企业）的总体市场份额从 11.6%增加到了 20.8%。

基勒（Keeler，1989）的计算表明，放松管制从一开始就降低了货运的费率，且随着时间的推移这一效果愈发明显，可以推测由于发生进入和企业变得更有效率，与受到管制时的水平相比，费率最终下降了22%。在相关研究中，英和基勒（Ying and Keeler，1991）测算到 1983 年放松管制使得费率下降了 22%。

博耶（Boyer，1987）并未发现在实际货运费率上存在统计显著的效果。但是他发现放松管制对运输（铁路、出租货车和其他地面运输模式）份额的影响是统计显著的。在放松管制最初的四年中，出租货车业获得了 5.6 个百分点的份额，而私人（不受管制）承运者损失了 7.1 个百分点的份额（Boyer，1987，412 - 414）。

罗斯（Rose，1987）表明，在放松管制前，工会司机获得了整个产业租金的 75%（利润超过了通常的回报率），但是非工会司机却没有从管制租金中获得明显的好处。在放松管制后，工会的工资大幅下降。相对于非工会工资，工会的工资涨幅从 50%下降到小于 30%，这意味着工会工人的总损失为 9.5 亿～16 亿美元。如果仍保持 50%的工资差异，那么工会司机个人补贴的下降为 10%～20%。

放松管制后的安全状况得到改善（Moses and Savage，1987）。在根据被运输货物的质量变化进行调整后，事故指数从 1978 年的 100 大幅度下降为 1985 年的 69。同时，1978—1985 年间与货运相关的每英里汽车在线故障率下降了 21%。尽管新企业的事故记录较高，但这些指标还是下降了。1985 年，新企业每百万英里的事故率为 0.246，而 1980—1981 年间成立的企业在 1985 年的事故率为 0.167。

州政府的放松管制落后于联邦政府的行动。例如，在 1990 年以前，将 1 吨货物从里诺运送到旧金山的费用为 123 美元，而跨桥从奥克兰到旧金山的费用为 136 美元（多出了 11%）。1990 年，加利福尼亚公用事业委员会放松了对这一费率的管制，允许货运费用下降 10%。但仍有其他 20 多个州依旧维持原先的控制，根据为美国运输部准备的研究材料，这些控制每年造成的成本为 30 亿～80 亿美元。联邦法律于 1994 年结束了州政府对货车运输的管制。

**铁路运输**。铁路的放松管制始于 1976 年的《铁路复兴和管制改革法》（Railroad Revitalization and Regulatory Reform Act，4 - R 法），它要求更多的竞争和基于成本的费率设置。1980 年的《斯塔格斯法》进一步放松了对该产业的管制，赋予了企业充分的自由定价权。结合州际商业委员会的管理行动，这一法案事实上给予了铁路公司自由降低费率的权利，非“市场主导”的企业可以提高费率。实际上，州际商业委员会
733 仅仅在货车竞争不足以影响铁路运输时使用针对特定大量货物的定价权。货车运输的竞争被作为证明铁路公司在市场中没有主导地位的证据（Boyer，1987）。

李、鲍莫尔和哈里斯（Lee，Baumel and Harris，1987）表明，一类（大型）铁路的每吨英里的费用在 4－R 年间统计显著地下降了 18%，而在《斯塔格斯法》后的最初的四年中下降了 23%[52]。到 1990 年，所有类型的货物（除了主要的林业产品）的运输费率与 1980 年的水平相比，下降了 34%（Friedlaender et al.，1992）。

由于铁路总成本的三分之一以上都是固定的（包括铁轨、铁道以及机车的动力），铁路线通常是自然垄断的（Willig and Baumol，1987，29）。在管制期间，如果按边际成本定价，铁路部门会遭受损失。威利格和鲍莫尔（Willig and Baumol，1987，30－31）认为州际商业委员会“低估了保护主义规则下的竞争，僵化了铁路的业务，使其变得无效率并产生了过时的模式，干涉并延迟了私人的决策，而且具有讽刺意味的是，事实上剥夺了铁路公司的财务成长能力……委员会通过设定虚拟的底限来保护竞争性的运输模式避免价格竞争，在此底限下不允许单个的费率下降……铁路公司通常不能放弃服务——即使对服务的需求有限以致运营盈利无望”。

因此，放松管制的许多收益往往来自于允许更为有效率的企业进行扩张，允许企业放弃不使用的铁路，以及取消交叉补贴。迄今为止的研究通常表明，放松管制具有适度提高正效率的效应。博耶（Boyer，1987）测算出放松管制的收益最多为 9 300 万美元，而巴内科夫和克雷特（Barnekov and Kleit，1988）测算出放松管制创造了数十亿美元的效率收益。斯坦塞尔和霍拉斯（Stansell and Hollas，1988）同样发现管制结束后产业成本明显下降。李等（Lee et al.，1987）发现在 4－R 年间，每吨英里的运营支出下降了 17%，在《斯塔格斯法》的最初四年下降了 29%。麦克法兰（McFarland，1989）的结论是，放松管制后年度的劳动生产增长率年均增长了大约 0.9%。放松管制也对所采用的运输模式产生了较大的影响（Boyer，1987）。不同于货车运输工会的工人收入在放松管制后大幅度下降，皮普尔斯（Peoples，1998）发现放松管制对铁路工人的影响很小。

在放松管制的最初四年中，放松管制使铁路的份额（与汽车运输相比）下降了 5.2 个点。在放松管制十年后，一类铁路的数量从 37 个下降到 14 个，铁路工人减少了 52%，铁路里程数下降了 29%（Friedlaender et al.，1992）。

放松铁路管制的主要担心是至少在一些市场上，将会产生垄断价格。尽管1980年的《斯塔格斯法》允许在竞争较少的市场收取相对较高的价格，但是只要它们是“合理的”，一些运营商就可能会收取垄断价格。（在自然垄断情况下，即使是垄断价格也不能产生高于竞争水平的收益率。）例如，内务部的一项研究发现，为怀俄明州和蒙大拿州大部分矿区提供服务的铁路企业向公共事业单位买者收取的费率是“垄断
734 性的”——铁路企业否认了这一诉状。然而当一个竞争者运营一条敏感线路到那一地区时，那里的费率下降了20%。[53]

一项有关铁路是否赚取垄断利润的检验是：将铁路市场价值与铁路资产重置成本的比值，即托宾 $q$（第8章），与其他非金融企业进行比较（McFarland，1987）。这一测算发现铁路并没有获得超过竞争性水平的利润，它们的托宾 $q$ 值低于其他非金融性企业。在放松管制的最初的十年中，收益率保持在较低水平（Friedlaender et al.，1992）。

总之，放松管制改变了货车运输业和铁路产业。放松管制消除了许多以前由于管制而产生的不良影响，并促成了更为有效率且价格更低的产业。

## 小　结

> 拧上一个电灯泡需要多少经济学家？
>
> 经济学家：一个都不需要，市场会做到的。
>
> 消费者宣称：一个都不需要，管制者会做到的。

最优管制如果可行的话，将消除市场的无效率并增进福利。但是，由于有限信息、不确定性、可持续性、人类的缺点和制度缺陷等问题，管制者通常并没有很好地进行管制，或者为了帮助特殊的利益团体而运用了带来有害扭曲的管制。尽管存在很多非最优管制确实起到作用的市场的例子，但很难找到最优管制的例子。

特别令人烦扰的是：管制将有效率的竞争市场转变为无效率的垄断市场。在一些极端的例子中，管制似乎被用于将财富从消费者手中转向成功施压于或俘获了立法者或管制者的特殊利益集团。在一些这样的例子中，例如在农业中，社会损失是巨大的。

最近放松管制的趋势试图消除特别有害的管制，并“让市场自己运作”。近年来，意识到这些危害的管制者和立法者已经改善或取消了对一些市场的管制。因此，在许多，即便不是大多数市场中，随着价格的下降、产出的增加、交叉补贴的终结、进入率的增加以及生产效率的提

高，平均来看，消费者的福利增加了。

## 问　题

1. 在图 20.3 中，证明定义为消费者剩余加上利润的福利在 $p=p^*=$边际成本处要高于 $p=p_a=$平均成本处的情况，即使在有必要对垄断者进行补贴时也是如此。（提示：在 $p_a$ 处利润为零，因此（$p_a-p^*$）
735 $Q^*=$固定成本$=A+B$（在图中），因为 $p^*=$平均变动成本。你必须表明福利的增加为图中的三角形区域。）

2. 在一个类似于图 20.1 或图 20.2 的图中，表明将一个垄断者的价格严格管制于 $p_m$ 和 $p_c$ 之间的效果。

3. 提供农业价格支持的政府会对农民施加面积配额。面积配额对供给曲线和政府的支出有何影响？

4. 以下两种农业政策中的哪一种会使得政府（纳税人）支出更多？(a) 一个价格支持为 $p_s$（$>p_c$，竞争性价格）和竞争性产出水平配额 $Q_c$ 的计划。(b) 一个农民在竞争性价格 $p_c$ 下销售 $Q_c$ 单位，政府提供等于（$p_s-p_c$）$Q_c$ 的补贴的目标价格计划。（注意：多数农产品的需求弹性很小。）

5. 给出一个不同的能消除价格支持或配额项目中的无效率，而且仍然能转移给农民同样数量收入的农业政策。为什么你的方案更好？

6. 数年前，MCI 开始通过提供低费率的长途电话和贝尔电话公司竞争。许多人认为贝尔公司的长途电话是自然垄断，MCI 也能够弥补其成本，这可能吗？管制者应该鼓励还是阻止 MCI 的进入？为什么应该？或者为什么不应该？（当 MCI 开始运营时，它仅在有限区域内提供服务。尽管 MCI 的定价没有受到限制，但贝尔公司被要求采用基于距离的定价。）

7. 在收益率管制下，获得过高收益率的企业必须将部分收益返回给地方纳税人，但是没有达到目标收益率的企业可以自我抵扣损失。解释为什么这种不对称会影响企业创新的激励。对一个正在进行技术变革的产业，收益率管制是多了还是少了？

8. 计算收益率管制影响的一个例子（类似于表 20.3），其生产函数为里昂惕夫生产函数：$Q=\min(L,K)$，劳动和资本的成本相同。（这一生产函数意味着有效的生产包含等量的劳动和资本投入，即需要花费各 1 单位的劳动和资本生产 1 单位的产出，花费各 2 单位的劳动和资本生产 2 单位的产出。）收益率管制对产出、利润、消费者剩余和资本/劳动比率的影响如何？（注意：这一问题的回答可以不用数学分析和计算表。）

奇数问题的答案在本书最后部分给出。

## 推荐阅读

本章仅大致地描述了管制经济学。Viscusi，Vernon and Harrington（2000）是一本很好的本科层次的教科书，Spulber（1989）是一本很好的用于研究生的教科书。Joskow and Rose（1989），Peltzman（1989），Winston（1993）和 Viscusi（1996）提供了有关经济管制和放松管制效果的清晰的讨论。Joskow（2000b）收集了管制及其改革的经典文章。Peltzman and Winston（2000）包含了关于美国航空、铁路、电信和电力产业解除管制的新近研究。Economides（1999）分析了 1996 年《电信法》的影响。MacAvoy（2000）讨论了天然气的管制和放松管制。Gonenc and Nicoletti（2000）以及 Williams（2002）讨论了国际航空业的放松管制。Cummins（2002）包含了资产—负债的保险行业放松管制的文章。Braeutigam（1989）讨论了自然垄断的管制。Laffont and Tirole（1993）提供了一个处理管制下激励的高级理论。

**【注释】**

[1] 参见 Joskow（1974）有关环境保护主义者对电力管制的努力。

[2] 例如，Isé and Perloff（1997）表明无线电波频段的排他性授予权给电视台带来了数十亿美元的额外收益，但是联邦通信委员会的有关规定禁止了香烟广告，并对电台的所有权、节目制作及多台同稿等做出了限制，使得该利润减少了大约三分之一。

[3] Peter W. Huber，"Biotechnology and the Regulation HYDRA，" *Technology Review* 1987：57 - 65. 根据白宫科学和技术办公室 1986 年的一项研究，体系中的一些功能进行了合并。报告建立了一个主导机构，即一个拥有法定权力的机构，并提供一致的管制声音。至少建立了一个机构间协调组织。

[4] Larry Rohter，"Hasta la Vista，Oil Kings，" *New York Times*，April 17，1999：B1，B14.

[5] 但是，参见 DeAlessi（1974）的工作，他调查了许多早期的文献。他也注意到各类消费者的费率在公共和私人所有的公用事业上也存在差异。同时参见 Peltzman（1971）的发现，尽管市政设施平均价格较低，但是这一差异是由于政府企业的税收减免引起的。

[6] Jonathan Marshall，"Taking Lessons from Khadafy，" *San Francisco Chronicle*，October，23，1995：E1，E2.

[7] John Stuart Mill 于 1848 年引入了该方法（Schmalensee，1979，68 - 73）。

[8] 类似地，Spiller（1988）讨论了允许潜在管制者对任务进行竞价，因为他

们最终会得到受到管制产业的回报或“贿赂”。

[9] 参见 http://wireless.fee.gov/auctions/summary.html。

[10] Ellingsen (1991) 指出购买者可能会通过游说控制价格。试图垄断的竞价者往往采取这些措施来实现更低的竞价。

[11] 不同的意见参见 Zupan (1989) 和 Prager (1990)，作者分析了有线电视特许权，发现在位者的机会主义行为可能并不是一个严重的问题。

[12] 除非存在市场失灵，否则没有必要进行管制。因此，没有理由对竞争性市场进行管制。在本节中我们假设市场不是竞争性的。

[13] 它的边际收益曲线是水平的原因一如竞争性企业的边际收益为水平：相应的需求曲线是水平的。在水平的需求曲线上，增加的单位能被售出而不会降低价格，因此，边际收益等于平均收益或价格。从数学上看，边际收益等于 $d[p(Q)Q]/dQ=p'(Q)Q+p(Q)$，其中 $p(Q)$ 为反需求函数，$p(Q)Q$ 为总收益，$p'(Q)$ 为需求函数的（负）斜率。如果需求曲线在 $\underline{p}$ 是水平的，那么，$p(Q)=\underline{p}$ 且 $p'(Q)=0$，因此边际收益等于 $p(Q)=\underline{p}$。

[14] 人们已经设计了大量引导企业真实披露其相关信息的方法（例如，Baron and Meyerson，1982；Riordan，1984）。管制者向拥有边际生产成本私人信息的垄断者提供可选择的合约。一旦企业选择最优激励相容的合约，那么企业将通过生产最优产量来达到利润的最大化。根据披露原理，对任何间接的管制机制（即使企业错误地报告了它所拥有的有关成本的私人信息），存在一种能使得管制者成功达到目标的机制，引导关键信息的真实披露。当管制者必须引导企业披露信息时，管制者通常不能得到如同管制者已经而且独立地知道相关信息时同样的结果（价格和产量）。参见 Laffont and Tirole (1993)。

[15] 被管制的需求曲线在 $\underline{p}$ 处是水平的，直到与原始需求曲线相交在某一产量 $\underline{Q}$，此处 $Q_m<\underline{Q}<Q_c$，而后向下倾斜。相应的边际收益曲线在到 $\underline{Q}$ 之前是水平的，而后垂直，直到与向下的倾斜部分相交，如图 20.1 所示。边际成本曲线与边际收益曲线在垂直部分相交，因此垄断者设定价格等于 $\underline{p}$（参见问题 2）。

[16] 我们假设产品购买意愿最强的消费者在价格 $\underline{p}$ 下得到产品。例如，如果人们排队购买产品，那么对产品评价最高的消费者将会愿意等待更长的时间，因此会首先排队，这样就会发生意愿最强的消费者得到产品的情况。在图 20.2 中，我们忽略了排队的成本。

[17] 垄断者可以弥补其变动成本，因为 $p^*$ = 平均变动成本，但是不能补偿其固定成本 $F$。正如图中所画，其成本为 $C(Q)=mQ+F$，其中 $m$ 为其恒定的边际成本和平均可变成本。当 $p^*=m$ 时，其利润为 $\pi(Q^*)=p^*Q^*-mQ^*-F=-F$。

[18] 在任何更高的价格下，利润的增加小于消费者剩余的减少（参见问题 1）。

[19] 在世纪之交，经济学家开始提倡被称为分时定价的价格歧视形式（参见 Hausman and Neufeld，1984）。自 20 世纪 70 年代以来，分时定价（或峰谷定价）和季节性定价已经在美国受到管制的公用事业部门，如电力和电话部门得到了广泛应用（Weiss，1981）。在加利福尼亚、纽约和威斯康星，费率随着时间的价格变化尤其常见（Weiss，1981）。这种类型的定价不同于标准的价格歧视，因为消费者的成本差异受到随时间变化的系统化影响。

[20] 参见 www.aw-bc.com/carlton _ perloff 中“拉姆西定价”的一个数学表示。

[21] 一个自然垄断是可维持的（Baumol，et al.，1977；Sharkey，1982），如果给定成本函数 $C$ 和需求函数 $D$，存在价格 $p$ 和产出 $Q=D(p)$，使得对所有 $p^*<p$ 和所有 $Q^*\leqslant D(p^*)$ 有 $pQ=C(Q)$ 和 $p^*Q^*<C(Q^*)$。如果 $Q$ 为不同产品的一个向量，对这一定义的轻微修改也适用。

[22] 参见，例如，Baumol 等（1977）。当存在数个企业时问题更为困难，尽管有关寡头垄断的可维持性问题研究已经取得了一定的进展（Braeutigam，1984）。

[23] 针对这一政策的多种观点参见 Baseman（1981），对这一政策做出评论的有 Baumol（1981，361－364），Panzar（1981，365－369），Brock and Scheinkman（1983）。

[24] Federal Communications Commission，"Statistics of the Long Distance Telecommunications Industry，" Industry Analysis and Technology Division，Wireless Competition Bureau（May 2003）.

[25] 但是 Schwert（1981）对这一方法提出了批评，因为其没有控制变化的风险。

[26] 一个基于 Takayama（1969）的数学分析参见 www.aw-bc.com/carlton_perloff 的"Averch Johnson"。相应的图形分析继承了 Zajac（1970）以及 Baumol and Klevorick（1970）的工作。但是，在我们的分析图中，假设企业是一个自然垄断者，而在他们的图中，隐含地假设了存在规模收益递减的生产函数。

[27] 产出、劳动和资本的关系由生产函数来描述：$Q=f(L,K)$。利润是产出的函数，因此利润也是劳动和资本的函数：$\pi(Q)=\pi(f(L,K))$。通过选择 $L_m$ 单位的劳动投入和 $K_m$ 单位的资本投入，企业在垄断水平上最大化利润 $\pi_m(Q)=\pi(f(L_m,K_m))$。

[28] 资本的使用者成本（参见 www.aw-bc.com/carlton_perloff"将资产价格转变为租金率"）为 $u=(r+\delta-\dot{p}_k/p_k)p_k$，其中 $r$ 为利率，$\delta$ 为资本折旧率（资本存量使用的速度），$\dot{p}_k$ 为资本资产随时间的价格变化（对时间的偏导），$\dot{p}_k/p_k$，为存量资本的增值率（资本资产价格随阶段而发生的变化比例）。

[29] 一些分析者（例如表 20.2 中）用资本折旧率代替公式 20.1 中的 $u$ 来计算 ROR。

[30] 一些经济学家认为，如果企业最大化销售收入而不是利润（Bailey，1973，Ch.5），或者出于动态的考虑（Gilbert and Newbery，1988；Dechert，1984），那么收益率管制将会导致资本过少而不是资本过量。

[31] 参见 Klevorick（1971），Bailey and Coleman（1971），以及 Sheshinski（1971）。

[32] White（1972）表明其他有关质量的变量，例如豪华的候机大厅或航空电影也能得到类似的结论。Schmalensee（1977）和 Panzar（1979）讨论了有关航空的其他质量因素的测度，如上座率和飞行频率。同时参见 Douglas and Miller（1974）。

[33] 如果每个座位的价格受到管制而且不能对用餐收费，则受到管制企业的利润为

$$\pi=(p_F^*-m_F)Q_F-m_MQ_MQ_F$$

通过求关于 $Q_M$ 的微分，并设定该一阶导数为零，企业确定最优的用餐数量为：

$$\frac{d\pi}{dQ_M}=(p_F^*-m_F)\frac{\partial Q_F}{\partial Q_M}-m_MQ_M\frac{\partial Q_F}{\partial Q_M}-m_MQ_F=0$$

重新整理等式，利润最大化的用餐数量为

$$Q_{m}=\frac{p_{F}^{*}-m_{F}}{m_{M}}-Q_{F}\bigg/\frac{\partial Q_{F}}{\partial Q_{M}}$$

这一表达式对受到管制的竞争性和垄断性企业都成立。但是对竞争性企业来说，$\partial Q_{F}/\partial Q_{M}=\infty$；而对受到管制的垄断性企业来说，其面临的 $\partial Q_{F}/\partial Q_{M}$ 是有限的。因此，当其他条件不变时，受到管制的竞争性产业的 $Q_{M}$ 较大。

[34] 一些作者认为，受到管制的企业通常具有很强的提供高质量产品的激励，当质量具有资本密集特性时尤其如此。参见 Schmalensee（1979b，33），Kahn（1970，21－26）和 Spence（1975）。参见 Crew and Kleindorfer（1978）以及 Telson（1975）有关公用事业企业选择信用等级过度的讨论。参见 Panzar（1979）有关管制垄断竞争市场的讨论。

[35] 一些人将此限制标记为"进入壁垒"。我们使用"进入限制"一词是因为我们以前将"长期壁垒"定义为一个企业相对于其他企业能长期获得额外利润的优势。如果政府要求所有企业支付一笔（市场决定的）许可证费用，那么政府通过提高成本而限制了进入，但是并没有制造使得一些企业比另一些企业更有利的长期壁垒（正如我们所定义的）。

[36] Pittman（1988）表明在集中度高的产业中更容易发生寻租。

[37] 农业政策的辩护者通常认为这些政策是为了稳定价格。通过维持高价，价格比其他时候更稳定（每年的波动更小）。由于消除了不确定性，维持这种稳定性会增加农民的福利。为什么农业市场比制造业或其他市场更需要稳定，为什么这种稳定必须通过政府干预才能达到，这些问题使我们感到疑惑，在此我们不做进一步的讨论。

[38] 在美国实行农业支持的大部分历史时期，并没有使用明确的价格支持，而是商品信贷公司（CCC）用农民潜在的谷物作为担保进行"无追索权贷款"。也就是说，如果农民不还贷款，政府机构将保留谷物，但是如果谷物并不能弥补贷款，则不会进一步追究农民的资产。如果农业价格低于贷款设定的隐性价格，那么农民会拖欠贷款，CCC 会宣布保留谷物。这一处理方式等同于一般的价格支持，但是涉及更多的文案工作。

[39] *Agricultural Policies in OECD Countries：Monitoring and Evaluation*，Organization for Economic Co-Operation and Development，2002.

[40] 从另一方面看，许多新的管制被建立起来。联邦备案部门公布的最后裁决的数量在卡特执政时期平均为 7 347 起，里根时期为 5 335 起，乔治·H·布什时期下降到 4 405 起，克林顿时期则上升到 4 671 起。在 W·布什执政的最初两年中，最后裁决的数量平均为 4 150 起（Crews，2003）。

[41] "Now You're Talking," *The Economist*，July 25，1992：69－70. 有关电话解除管制效果的详细分析，参见 Cole（1991），MacAvoy（1992），Economides（1999），Cave and Crandall（2001）。

[42] *New York Times*，October 7，1980.

[43] Spiller（1983）指出，基于管制阶段的历史，一些航空公司预测能从放松管制中获得利润，而其他公司则认为会遭受损失。而且，潜在进入者认为放松管制可以使它们获得利益。因此，一些企业支持放松管制。

[44] 根据运输部（DOT）的分析，如果没有补贴，102 个乘客较少的区域中将

有 70 个得不到航空服务。然而，在 70 个这类区域中，43 个区域每天只有 5 个乘客，33 个区域距离没有补贴的计划中的机场 75 英里。到 1987 年年底，国会投票延长补贴期，至今仍存在补贴。Jack Anderson，"The High Cost of Air Travel," *San Francisco Chronicle*，December 1，1987：A23。

在 1989 年财政年度，国会为该项目拨款 2 500 万美元，比维持现有支持水平的需要少 660 万美元。DOT 宣布了削减计划，在 39 个州最多保留 56 个社区的此项服务，但是阿拉斯加和夏威夷除外，因为航空服务通常是到达这些地区的唯一可行交通模式。"Subsidy Cuts Threaten Rural Air Service," *San Francisco Chronicle*，January 4，1989：A10。

[45] 也可参见 Kahn（1988），Meyer 等（1987a，b）和 Moore（1986）。

[46] Gene Koretz，"Why Booking Air Travel Isn't Lifting Airlines," *Business Week*，*October* 12，1992：24.

[47] Borenstein（1989，1990）和 Berry（1990）表明，平均价格随集中度的上升而上升。Bamberger and Carlton（1993）表明平均价格随每条航线航空公司座位的增加而增加。Call and Keeler（1985）以及 Moore（1986）表明进入降低了价格。

[48] 基于原始乘客的表格；参见 Bamberger and Carlton（2003）。

[49] Martha M. Hamilton，"Airline Pricing：Highly Complex，Hotly Competitive," *Washington Post*，November 20，1988：H1，H16.

[50] 根据 FAA，尽管放松管制后航班的数量有了明显的增加，但 FAA 调查员的数量仅增加了 2 名（转引自 Lapham，Pollan and Etheridge，1987）。

[51] Andrea Rothman，Seth Payne，and Paula Dwyer，"One World，One Giant Airline Market?" *Business Week*，October，5，1992：56 - 57.

[52] 参见 Boyer（1987）的另一种观点。

[53] Chris Welles with Seth Payne，France Seghers，and Tom Ichniowksi，"Is Deregulation Working?" *Business Week*，December 22，1986：50 - 55.

# 词汇表

**adjustment costs，调整成本**：由于改变生产中使用的投入品之组合而产生的费用。

**administered prices，被操纵价格**：受到企业的控制，而不是受制于供求规律的价格。

**adverse selection，逆向选择**：仅有具备企业无法观测的最不理想特征的消费者购买企业产品。例如，仅有面临极大风险的人购买保险。

**amortized，摊销法**：成本在机器使用的寿命期内进行分摊。

**antitrust laws，反垄断法**：限制企业市场势力和控制企业相互之间竞争的法令。

**asymmetric information，信息不对称**：交易一方知道具体信息而另一方不知道。

**average cost（*AC*，average total cost，*ATC*），平均成本**：总成本除以产出：$ATC=C(q)\ /q$。

**average fixed cost（*AFC*），平均固定成本**：固定成本除以产出：$AFC=F/q$。

**average variable cost（*AVC*），平均可变成本**：可变成本除以产出：$AVC=VC(q)\ /q$。

**avoidable costs，可避免成本**：业务停止后不会产生的费用，包括固定成本。

**barrier to entry，进入壁垒**：任何阻止企业家即时在一个市场中成立一个新的企业的因素（见长期进入壁垒）。

**best-response（reaction）function，最优反应函数**：介于企业的最佳（最高利润）行为和其竞争者行为之间的关系。

**bond covenants，债券合约**：债券持有者施加于某一法人经营的限制，例如投资项目和融资的选择。

**bounded rationality，有限理性**：人们列举和理解所有未来可能性的有限能力。

**break the equilibrium，打破均衡**：如果企业可以从偏离预设的均衡中获得收益，那么这个预设的均衡将不是均衡。

**bundling，捆绑**：以固定比率销售两种或更多产品。

**capital asset，资本资产**：能持续很长时期并且在每一时期提供服务的某物（例如机器、建筑物、或者商誉）。

**capital costs，资本成本**：所有资本资产被租用后的全部租金费用。

**capture theory，俘获理论**：一个产业"俘虏"（劝说、贿赂或者威胁）管理者，从而使管理者依照这一产业的需要来作为（见利益集团理论）。

**cartel，卡特尔**：企业联合起来协调各自的行为，通常是为了最大化联合利润。

**certification，认证**：特定产品被认为达到或超过一个既定标准的保证。

**characteristic space，特征空间**：用一根数轴表示每个特征或者属性的数量，每种品牌或每个消费者偏爱的产品能够被根据其特征在该空间定位。

**Coase Conjecture，科斯猜想**：相对于出租产品的耐用品垄断者，出售产品的耐用品垄断者具有较弱的市场势力——事实上，在极端情况下不存在市场势力。

**competition，竞争**：存在许多潜在卖者和买者，并且进入与退出无障碍的市场。

**concentrated，集中**：如果少数企业进行了大部分销售，那么这一产业是集中的。

**conduct，行为**：企业（或者其他经济行为者）的所为。

**conglomerate merger，混合兼并**：生产不同产品的企业的合并。

**conscious parallelism（tacit collusion），有意识的协调行为（默许共

谋)：寡头垄断企业在没有明显的卡特尔协议的情况下的协调行为。

**constant returns to scale，规模收益不变**：平均成本不随产出变化。

**consumer surplus，消费者剩余**：消费者愿意对其购买的产品所支付的、超出价格部分的价值。

**contestable，可竞争的**：存在自由进入和退出的市场是可竞争的。

**contribution，分担**：由其他犯罪方给有罪被告的支付。

**cooperative oligopoly，合作型寡头垄断**：一小批企业（寡头垄断者）协调它们的行为以最大化联合利润（类似于一个卡特尔）。

**cooperative strategic behavior，合作型战略性行为**：使得产业中的企业更容易协调行动和限制竞争性反应的行为。

**copyright，版权**：授予艺术、戏剧、文学和音乐作品创造者的排他性生产、出版和销售的权利。

**corporations，股份公司**：将资产分成一定的份额，而后由只对公司的债务承担有限责任的所有者持有这些份额的公司。

**credible strategies，可置信战略**：最有益于其自身利益的企业行动的集合。

**credible threat，可置信威胁**：企业的对手相信该企业的战略是理性的，符合企业自身的最优利益并将继续此战略。

**cross-elasticity of demand，需求的交叉弹性**：回应另一种产品的价格变动1%所造成的需求量变动的百分比。

**deadweight loss（DWL），净损失**：市场的非有效运作对社会所造成的成本。

**decreasing returns to scale（diseconomies of scale），规模收益递减（规模不经济）**：平均成本随产出的增加而上升。

**delivered pricing，交货定价**：一个购买者必须支付的总交货价格（包含运费在内）是购买者从某一特定地点（基准点）起算的，而不是与销售者距离的函数。

**depreciation，折旧**：一年内资产价值的下降额。

**discriminatory dumping，歧视性倾销**：一个企业在国外市场的定价低于其国内市场以致构成了价格歧视。

**diseconomies of scale（decreasing returns to scale），规模不经济（规模收益递减）**：平均成本随产出的增加而上升。

**dominant firm，主导企业**：面对价格接受的小企业而言，该企业是价格设定者。

**dominant strategy，占优战略**：无论竞争企业的行动如何选择，总是优于其他所有战略的战略。

**downstream firms，下游企业**：生产最终产品的企业。

**dumping，倾销**：企业在国外销售产品的价格低于国内价格或低于其真实成本。

**durable goods，耐用品**：能持续使用几个时间段的产品。

**Dutch auction，荷式拍卖**：首先从高价开始，而后慢慢降低价格直到有买主愿意购买产品为止的拍卖。

**dynamic limit pricing，动态限制性定价**：企业设定的价格（或产量）随着时间变化，从而减少或消除对手进入市场的激励。

**economies of scale (increasing returns to scale)，规模经济**：平均成本随产出的增加而下降。

**economies of scope，范围经济**：对企业来说，同时从事两种产品生产的成本要小于两个专门化企业分开生产单一产品的成本。

**efficient production，有效生产**：在给定的投入和现行技术的基础上，将不可能得到更多产出的生产。

**elastic，富有弹性**：如果价格增加（或减少）1%导致需求量（供给量）的减少（或增加）超过了1%，我们称该需求（供给）曲线有弹性(需求弹性的绝对值大于1)。

**elasticity of demand，需求弹性**：回应价格变化1%的需求量变化的百分比。

**elasticity of supply，供给弹性**：回应价格变化1%的供给量变化的百分比。

**English auction，英式拍卖**：首先从低价开始竞标，而后逐渐提高价格直到没有人愿意出更高的价格为止的拍卖。

**entry condition，进入条件**：企业在利润为正时进入市场，利润为负时退出市场。

**essential facilities，基本设施**：竞争对手生存所必需的稀缺资源。

**exchange rate，汇率**：以另一种货币表示的一种货币的价格。

**exclusionary actions，排他性行为**：迫使竞争对手退出市场，或损害竞争对手，从而帮助自己维持或创造垄断。

**exclusive dealing，排他性交易**：制造商禁止其分销商销售产品给竞争性制造商。

**exclusive territory，排他性区域**：一个区域内只有一个单独的分销商销售产品。

**expensed，支出法**：成本按发生时间记账。

**experience qualities，经验质量**：如果消费者必须通过消费来确定产品的质量，那么该产品被称为具有经验质量。

**extensive-form representation of a game，博弈的扩展表达**：用一棵有序决策树，表示每个企业采取的行动、每个企业行动时的战略以及支付。

**externality，外部性**：由其他消费者或企业施加在消费者福利或者企业生产能力上的直接影响。

**fighting brand，进攻性品牌**：该品牌产品的价格较低，而且只会投放在（小规模）竞争者能获得成功的区域。

**firm，企业**：将投入（购买的资源）转化为产出（它所销售的有价值产品）的组织。

**firm's supply curve，企业的供给曲线**：在任何给定价格下一个竞争性企业愿意提供的产量（$MC$ 曲线上高于 $AVC$ 最低点的那部分）。

**first-best optimum，最佳最优效果**：不受限制的最大值（通常是最大化福利的解）。

**first-degree price discrimination（perfect price discrimination），一级价格歧视（完全价格歧视）**：垄断者可以向每个消费者收取等于其每单位产品支付意愿最大值的价格。

**first-mover advantage，先行者优势**：由于第一个企业进入时没有对手，因此发生的成本（如营销成本）较低。

**fixed costs（$F$），固定成本**：不随产出水平而改变的费用。

**fixed-proportions production function，固定比例生产函数**：投入总按一定的比例加以使用。

**FOB pricing，离岸定价**：购买者支付离岸（FOB）价格加上实际的运费，卖者免费将货物装载到运输工具上。

**franchise，特许权**：销售产品或者使用品牌名称的权利。

**franchise bidding，特许权招标**：政府或其他特许权所有者将垄断的权利出售给垄断企业或其他特许权经营者中的出价最高者。

**free riding，搭便车**：一个企业从另一企业的行为中获利，而不用进行支付。

**fringe，边缘企业**：一个存在主导企业的市场中的一批小规模的价格接受企业。

**game，博弈**：任何应用战略的竞争。

**game of imperfect information，不完全信息博弈**：企业在没有观察到竞争对手同期（或早期）行动的情况下选择一个行动。

**game theory，博弈理论**：分析博弈参与者之间的冲突和合作的一些标准模型。

**going private，逐渐私有化**：管理者购买公司的所有权。

**greenmail，绿色邮件**：管理者在一个溢价的水平上回购拟接管企业的人手中的股票。

**Herfindahl-Hirschman Index (HHI)，赫芬达尔-赫希曼指数**：产业中每个企业市场份额的平方和。

**heterogeneous or differentiated goods，异质或有差异产品**：消费者认为不能完全替代的相关产品。

**homogeneous or undifferentiated goods，同质或无差异产品**：对消费者来说相同的产品。

**horizontal merger，横向兼并**：在同一市场内竞争的企业的合并。

**hostile takeover，敌意接管**：被原先的管理者或所有者反对的公司所有权的变化。

**increasing returns to scale (economies of scale)，规模收益递增（或者规模经济）**：平均成本随产出的增加而下降。

**industrial organization，产业组织**：对企业和市场结构，以及它们之间相互作用关系的研究。

**inelastic，缺乏弹性**：如果价格增加（或减少）1%导致需求量（供给量）的减少（或增加）小于1%，我们称该需求（供给）曲线缺乏弹性（弹性的绝对值小于1）。

**informational advertising，信息性广告**：阐述产品客观属性的促销行为。

**interest-group theory，利益集团理论**：企业、消费者或其他集团可以俘获管制主体（见俘获理论）。

**internalize the externality，外部性内在化**：强制产生外部性的人承担所有社会成本（例如，强制企业赔偿它产生的污染）。

**intertemporal substitution，跨期替代**：延迟消费或生产到以后时间段。

**joint venture，合作研究**：多个企业之间的协调行为。一个合作研究是由一些企业资助和管理的研发项目。

**junk bonds，垃圾债券**：基于公司资产的高收益债券，但其风险要大于一般的公司债券。

**learning by doing，干中学**：由于经验积累或是采用了更好的生产方法，工人变得愈发熟练，企业的成本随生产下降。

**legal standing，法律权利**：提起诉讼的权利。

**Lerner Index of market power (price-cost margin)，市场势力的勒纳指数（价格—成本加成）**：价格超过边际成本的毛利的度量：$(p-MC)/p$。

**leveraged buyout (LBO)，杠杆收购**：以公司的资产为抵押出售债券以募集资金购买此公司。

**license，许可**：专利持有者授权另一家企业生产产品或者使用他的新流程。

**limited liability，有限责任**：如果公司倒闭无能力偿还其债务，股东不需要用个人财产支付债务。

**limit pricing，限制性定价**：一个企业设定价格和产出使得没有充足的需求留给其他企业有利可图地进入市场。

**location（spatial）models，选址（空间）模型**：一种垄断竞争模型，该模型认为从消费者角度看，每个企业的产品处于地理或产品（特征）空间中的某一特定位置。

**long run，长期**：时间段足够长，使得所有生产要素都可以无成本地变动。

**long-run barriers to entry，长期进入壁垒**：新进入者必定发生，而在位者不会承担或者没有必要承担的成本。

**marginal cost（*MC*），边际成本**：多生产一个单位产出所增加的成本。

**marginal outlay schedule，边际支出表**：垄断买主多购买一单位产出所发生的边际成本。

**marginal revenue（*MR*），边际收益**：企业多销售一单位产出获得的额外收入。

**market clearing，市场出清**：供给和需求量的均衡。

**market definition，市场定义**：竞争性产品和地理区域，在此区域内存在竞争并由竞争决定特定产品的价格。

**market environment，市场环境**：影响市场产出（价格、产量、利润、福利）的所有因素，包括消费者和对手的信念、实际和潜在竞争对手的数量、每个企业的生产技术以及企业进入市场的成本或速度。

**market failures，市场失灵**：由于不恰当定价而造成的生产低效率。

**market power，市场势力**：把价格设定为高于竞争水平时边际成本的能力。

**market supply curve，市场供给曲线**：每家企业供给曲线的横向叠加。

**meeting-competition clause，相遇—竞争效果条款**：供货合约写明，向购买者保证，如果另一个企业提供更低的价格，销售者也将提供同样的价格，或者买家可以解除合约。

**merger，兼并**：一个企业或多个企业的资产融入一个新企业的交易。

**minimum efficient scale（MES），最小有效规模**：长期平均成本最小时所能生产的最小产出。

**monopolistic competition，垄断竞争**：一种市场结构，处于其中的企业具有市场势力，即具有把价格有利可图地设定为高于边际成本的能力，但得到零经济利润。

**monopoly，垄断**：一个市场中的唯一卖者。

**monopsony，买方垄断**：一个市场中的唯一买者。

**moral hazard，道德风险**：作为对企业出价的回应，个人有动机采取企业无法观察的行动，且这一行为是社会低效率的。例如，一个投保了火灾险的人或许会听任已投保建筑物失火。

**most-favored-nation clause，最惠国待遇条款**：向买方保证，卖方不会以更低的价格将产品销售给其他购买者。

**Nash equilibrium，纳什均衡**：给定其他所有企业的战略不变，没有企业可以通过选择不同的战略来获得更高的支付利润。

**natural monopoly，自然垄断**：如果两个或两个以上的企业代替一个企业进行生产，总成本将会上升的情况。

**negative externality，负外部性**：一种不用支付的有害行为（例如污染）。

**noncooperative oligopoly，非合作型寡头垄断**：少部分企业各自独立运营，但意识到彼此的存在。

**noncooperative strategic behavior，非合作型战略性行为**：企业通过它相对于对手地位的提高来最大化自身利润的行动。

**nonlinear pricing，非线性定价**：消费者对某一产品的总支出并不随着购买量线性（按比例）增加。

**nonuniform pricing，非统一定价**：同一产品针对不同的消费者收取不同的价格，或者根据消费者购买的数量对单一消费者制定单一价格。

**normal-form representation of a game，博弈的规范表达**：用矩阵表示每个参与者（必须同时）选择行动的所有可选战略，以及针对每个战略组合的参与者的支付。

**normal profit，正常利润**：来自资源其他替代用途的最优可能利润。

**oligopoly，寡头垄断**：市场中的卖方是少数几个企业，并且它们没有面对进入威胁。

**opportunistic behavior，机会主义行为**：当环境允许时利用他人获益的行为。

**opportunity cost，机会成本**：对所掌握的资源进行（已放弃的）替代性使用的最佳安排的价值。

**package tie-in sale，打包配售**：两个或更多产品以固定比例进行销售。

**patent，专利**：赋予创造者对于一项新型实用的产品、工艺、实物和设计的排他性权利。

**patent race，专利竞赛**：一些企业竞争于成为第一个做出发明并被授予专利的企业。

**payoff，支付**：博弈最后得到的报酬，如利润。

**perfect competition，完全竞争**：一种市场状态，在这个市场上，所有企业生产一种同质、完全可分的产出；生产者和消费者具有完全信息，不存在交易成本，是价格接受者；并且不存在外部性。

**perfect Nash equilibrium，完美纳什均衡**：一种纳什均衡，其中的战略（威胁）是可置信的（参见子博弈完美纳什均衡）。

**perfect price discrimination（first-degree price discrimination），完全价格歧视或一级价格歧视**：垄断者可以向每个消费者收取等于其每单位产品支付意愿最大值的价格。

**performance，绩效**：市场提供社会利益的成功程度。

**per se violation，本身违法**：本身非法的行动。

**persuasive advertising，劝说性广告**：计划改变消费者偏好的促销行为。

**planned obsolescence，有计划的淘汰**：故意缩短耐用品的寿命。

**players，参与者**：博弈中的战略决策者，例如寡头垄断企业。

**poison pill，毒丸协议**：企业被接管时，原始股东而不是接管者对股价有讨价还价的权利。

**positive externality，正外部性**：使得其他人受益而自己没有得到补偿的行为。

**predatory dumping，掠夺性倾销**：一个企业在国外设定的价格过低以致构成了针对该国企业的掠夺（掠夺性定价）。

**predatory pricing，掠夺性定价**：一家企业首先降低价格在市场中驱逐竞争者，吓走新进入者，之后当它的竞争对手退出市场时提高其价格（不少定义表述为企业将价格降到低于可测成本）。

**price controls，价格控制**：限制企业设定高价格。

**price-cost margin，价格—成本加成**：价格和边际成本之差与价格之比，$(p-MC)/p$（参见勒纳指数）。

**price discrimination，价格歧视**：针对同一产品，企业向不同消费者收取不同的单位价格，或者向购买不同量的同一消费者收取不同价格的非统一定价。

**price dispersion，价格分散**：商家就同一物品收取不同价格。

**price rigidity，价格刚性**：价格并不随着成本和需求的波动而变动。

**price setter，价格设定者**：能够有利可图地将价格设定为高于竞争价格的具有市场势力的企业。

**price supports，价格支持**：通过政府购买保持价格水平处于或高于一定水平。

**price taker，价格接受者**：不具有能力（市场势力）把价格有利可图地设定为高于竞争水平的企业。

**principal-agent relationship，委托—代理关系**：委托人（企业或个人）雇用代理人（另一个企业或个人）完成委托人不能完全控制的行为。

**prisoners' dilemma game，囚徒困境博弈**：企业存在占优战略导致利润少于如果它们合作时所能获得的利润。

**producer surplus，生产者剩余**：在供应者仍然愿意提供产品的情况下，从供给者收益中所能扣除的最大数量。

**produce-to-order，订单生产**：企业等待订单而后进行生产。

**produce-to-stock，存货生产**：企业先生产，持有存货，而后销售库存的产品。

**product differentiation，产品差异化**：具有不同特点的相关产品，消费者认为它们不能被完全替代。

**production possibility frontier（PPF），生产可能性边界**：用社会总投入生产的品牌和每个品牌的产量的可行组合（通常是能被有效生产的可行产出）。

**production technology，生产技术**：在给定投入情况下最大可能产出的投入和产出关系。

**property rights，所有权**：使用一些资产（商品或服务）的排他性权利。

**public good，公共物品**：有用的物品，当被提供给一个人之后，其他人不用支付额外成本也可以使用。

**quality discrimination，质量歧视**：为了有效地进行价格歧视，企业给消费者提供不同质量的产品。

**quantity discounts，数量折扣**：企业提供的价格随着消费者购买的产品数量而变化，以致顾客支付的平均价格随着购买数量的增加而下降。

**quantity forcing，数量约束**：制造商对分销商施加销售配额，分销商必须至少销售一定数量的产品。

**quasi-rents，准租金**：超过企业维持短期经营所需费用的收入。

**quasi-vertical integration（or quasi-integration or partial vertical integration），准纵向一体化（或准一体化或部分纵向一体化）**：企业拥有其一个供给者使用的特定的有形资产。

**Ramsey pricing，拉姆西定价**：在收入超过成本的约束下最大化消费者福利的管制价格。

**rate of return，收益率**：每一美元投资回报的测度。

**reciprocal dumping，相互倾销**：两个（或多个）国家的企业相互向对方的国家倾销。

**refinements，精炼**：对可能存在的均衡的约束。

**rent，租金**：给一个投入品拥有者的超过使它能够被使用所需要的最小值的支付。

**rent seeking，寻租**：为获得政府创造的垄断利润的资源支出。

**replacement cost，重置成本**：购买一份可比质量资产的长期成本。

**representative consumer model，代表性消费者模型**：典型的消费者认为所有品牌都可以被平等地完全替代，因此我们可以对称地对待品牌。

**requirements tie-in sale，按需配售**：从一个企业购买一种产品的消费者被要求从该企业购买自己采购单上的所有其他产品。

**resale price maintenance，转售价格维持**：制造商设定零售商收取的最低价格。（有些研究者谈到最高价格设定时使用此术语。）

**residual demand，剩余需求曲线**：在任何给定价格下一个特定企业面对的需求曲线，它等于市场需求减去竞争对手提供的产品数量。

**risk-adjusted rate of return，风险调整收益率**：与所分析的企业的项目风险水平相同的竞争性企业所赚得的收益率。

**royalty，特许权使用费**：因生产专利权人拥有的产品或使用专利权人拥有的程序的权力（许可）所需要支付的费用。

**rule of reason，合理原则**：衡量一个行为促进或抑制竞争的影响，从而裁定其合法性；也就是说，这一行为不是本身违法（通常为违法）。

**search qualities，搜寻质量**：如果消费者可以通过购买之前的观察确定产品质量，那么该产品具有搜寻质量。

**second-best optimum，次佳最优效果**：受到“违背最优结果的某个条件”约束的最优可能结果。

**self-selection constraint，自我选择约束**：对企业定价结构的约束，使得任何一类的消费者都不愿意选择另一类消费者的两部定价计划。

**short run，短期**：很短的时间段以至于生产要素无法无成本地变动。

**shutdown point，停产点**：企业停止生产的价格。

**spatial（location）models，空间（选址）模型**：垄断竞争模型，消费者认为每一家企业产品具有一个特定的地理位置或者产品（特征）空间。

**specialized asset，专用性资产**：为一个或少数购买者量身定做的资产。

**spurious product differentiation，虚假产品差异**：消费者错误地认为

相同品牌的物品存在差异。

**standard，标准**：评价特定产品质量的规格或是尺度。

**static analysis，静态分析**：仅为单时段的市场模型。

**strategic behavior，战略性行为**：企业用来影响市场环境从而增加其利润的一系列行为。

**strategy，战略**：参与者行为的竞争计划。

**structure，结构**：决定市场竞争程度的诸多因素。

**subgame，子博弈**：从任意阶段开始，直到最后结束的新的博弈。

**subgame perfect Nash equilibrium（perfect Nash equilibrium），子博弈完美纳什均衡（完美纳什均衡）**：初始战略中的纳什均衡是任何子博弈的纳什均衡（最优反应）。

**sunk cost，沉没成本**：固定成本中不能收回的部分。

**supergames，超级博弈**：在多阶段博弈中，参与者知道其对手的前期行动，且根据对手前期行动调整它自身每一阶段的行为。

**sustainable，可维持的**：一种均衡状态，其中的自然垄断价格弥补其成本，并且可以阻止进入。

**tacit collusion（conscious parallelism），隐性合谋**：寡头垄断企业在缺少明确卡特尔协议的情况下的协调行为。

**third-degree price discrimination，三级价格歧视**：企业对购买同一产品不同数量的不同消费者收取不同的价格。

**tie-in sale，搭配销售**：用户购买一件产品时必须同时购买另一件产品。

**Tobin's $q$，托宾 $q$**：企业的市场价值（计算其股票和债券的市场价值总额）与其资产重置成本价值的比率。

**total costs（$C$），总成本**：包括所有固定成本和变动成本：$C=F+VC$。

**trademark，商标**：将一个企业提供的产品或服务与其他企业所提供的产品或服务区别开来的词语、标记或其他符号。

**transaction costs，交易成本**：除价格外，在相互交易时所发生的费用。

**transfer prices，转移价格**：企业内部使用的价格，用于在其不同部门之间配置产品。它不由市场设定。

**treble damages，三倍的赔偿金**：三倍于实际损失（在反垄断案例中判罚）。

**trigger price，触发价格**：所有卡特尔成员达成协议，如果市场价格降低到这一价格水平，每个企业都可以扩张产出。

**two-part tariff，两部定价**：一个企业向某个消费者收取获得购买权的费用（费率的第一部分），而后以某一特定价格（费率的第二部分）对消费者所期望购买数量的产品收费。

**unitary elasticity，单位弹性**：价格变化1%会导致需求量的变化为1%（当需求弹性的绝对值为1时）。在这种情况下，需求曲线被认为具有单位弹性。

**upstream firms，上游企业**：提供生产过程投入品的企业。

**variable costs（*VC*），可变成本**：随着产出水平$q$发生变化的成本。

**variable-proportions production function，可变比例生产函数**：一种投入可以在某种程度上由另一种所替代。

**vertical merger，纵向兼并**：一家企业购买其供给者，反之亦然。

**vertical restrictions，纵向限制**：一个非一体化企业和它所购买产品或者消费其产品的企业就价格、其他条款或行为签订约束性合约。

**vertically integrated，纵向一体化**：一个参与产品或服务中多于一个前后相续的生产或分销环节的企业。

**white knight，白衣骑士**：为了阻止敌意收购，企业管理者邀请个人或其他企业控制本企业，并约定新的所有者将适时离开目前的管理位置。

# 奇数问题解答

能够马上回答我很高兴。我说了我不知道。

——马克·吐温（Mark Twain）

## 第2章

1. 虽然一些监督问题随着规模的增大而增加，但大型企业仍然存在的原因在于：一些收益也随着规模的增大而增长，并且另一些监督问题随着规模的增大而减少。例如，如果企业能够通过检查大批量产出的一小部分而获得可靠的结果，则监督质量的平均成本将随着规模的增大而下降。

3. 交易成本可能在a，b，c情况下相对较高。在这三种情况中，可能仅有一家企业。

5. 不是。即使所有成本都是固定的，边际成本不一定是零。例如，如果一家企业在最大生产能力下经营，不可能有更多产出，它的边际成本事实上为无限大（生产额外一单位产出的成本是无限大）。

7. 每一辆额外生产的轿车的边际成本是70。在同一个工厂生产100辆轿车和200辆卡车花费33 000美元（10 000＋70×100＋80×200）。在两个不同的工厂生产时轿车花费17 000美元，卡车花费26 000美元。

从而，共同生产可以节省 10 000 美元（额外的固定成本）。规模经济的测度是 10 000/33 000 或者约为 0.3。

9. 如果所有的工厂位于同一区域内，它们将有相似的成本。如果这一产业处于均衡状态，工厂规模悬殊暗示 $AC$ 曲线在产出的很大范围内是平坦的。如果工厂坐落在不同国家，它们可能面临不同的成本。所以能得出的结论是有效规模工厂的大小在相当程度上依赖于成本条件的变化。

## 第 3 章

1. 不会，对每单位产出征税 1 美元会使得企业的 $AC$ 和 $MC$ 曲线抬高 1 美元。结果，税收没有改变 $AC$ 曲线达到最小值时的产出。如果所有的竞争性企业都相同，并且有不计其数的企业预备着生产，那么每个企业在其长期 $AC$ 曲线的最小值下经营。

3. a. 供给曲线在 $p=10$ 美元处水平。供给和需求曲线交于 $p=10$ 美元，$Q=990$。

   b. 如果一个固定生产能力为 10 单位的企业进入，则企业的进入在 10 单位以上对供给曲线没有影响。供给和需求曲线交于和 a 中相同的 $p$ 和 $Q$。

   c. 一些企业的正的经济利润与长期竞争均衡不一致。b 中的新企业赚取的利润为 10 美元。

   d. 最后一单位供给的边际成本是 10 美元。如果需求扩张或者收缩，具有 10 美元边际成本的企业会改变它们的产出。

   e. 效率较低的企业的利润为 0。

   f. 是的。否则将要出现另外的进入或退出。

5. 当不存在停产成本时，$AC$ 曲线与 $AVC$ 曲线一致，关闭点成为 $AC$ 曲线的最低点。

## 第 4 章

1. 垄断利润是 $(p-4)(10-p)$。$p$ 为 7 美元时利润最大。当 $p=7$ 美元时，$Q=3$。因为 $dQ/dp=-1$，弹性 $(dQ/dp)(p/Q)$ 为 $-7/3$。

3. 因为 $Q=5/p$，$dQ/dp=-5/p^2$，故弹性 $(dQ/dp)(p/Q)$ 为 $(-5/p^2)[p/(5/p)]=-1$，总收入 $pQ$ 总等于 5。因为收入总等于 5 美元，垄断企业在总成本尽可能低时才能最大化利润。所以，垄断企业应该尽可能少地生产，当生产 1 单位时最大化利润为 4 美元。

5. 在竞争状态下，总可以销售所有的 5 单位产品，因此供给曲线在 $Q=5$处呈垂直线。供给在 $Q=5$，$p=5$ 处与需求相等，垄断企业最大化其利润。如果它的销售少于 5 单位，则垄断企业的利润会下降。因为在产出少于 5 时，其边际收入为正（高于边际成本），如果垄断企业销售 5

单位，价格等于 5。所以，垄断和竞争的产出相同。

7. 在图中，主导企业销售 $Q_d$，垄断企业销售 $Q_m$。因为垄断企业已经销售了 $Q_d$ 并且希望销售更多产品，它就必须在 $Q_m$ 点得到更高的利润。垄断企业生产额外产出的成本是在 $Q_d$ 和 $Q_m$ 之间 $MC$ 曲线下的面积。它的额外收入是在 $Q_d$ 和 $Q_m$ 之间边际收入曲线 $MR_m$ 下的面积。从而，通过将产量从 $Q_d$ 提高到 $Q_m$，它的利润增加为 $Q_d$ 和 $Q_m$ 之间的 $MR_m$ 和 $MC$ 曲线所围的面积。在起初的 $Q_d$ 单位处，由于垄断企业的成本和主导企业的成本一样（假设如此），但价格更高，为 $p_m$ 而不是 $p$。所以垄断企业在起初的 $Q_d$ 单位处的利润也更高，因此垄断者整体的利润必然更高。图中画出了消费者的收益。

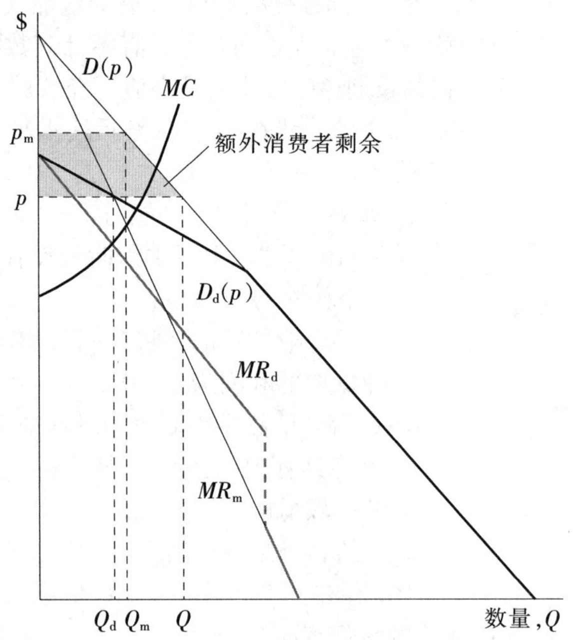


9. 在问题 7 答案的图中，如果 $MC$ 曲线与 $MR_d$ 曲线、$MR_m$ 曲线的两个相交点低于这两条边际收益曲线的交点，则主导企业比垄断企业的产出更多。

## 第 5 章

1. 如果假设没有进入，你画出的图应该类似于图 4.6b，卡特尔的行为类似于一个主导企业。如果假设自由进入，画出的图应该类似于图 4.7b。如果卡特尔的边际成本足够低，以至于其最大化利润的价格低于非卡特尔成员的停产价格，卡特尔将驱逐边缘企业。

3. 你的图中应该表示出：在某一特定点处需求曲线变得更加平坦（也就是说，它的弹性增加），卡特尔的剩余需求曲线也变得更加平坦。所以 $MC$ 和剩余 $MR$ 相交于更低的产量和价格。

5. 因为非卡特尔成员比卡特尔成员生产得更多，卡特尔的 $n$ 个企业中的某一个转向非卡特尔时增加了产出，其他成员保持不变。非卡特尔企业的数量 $j$ 的增加导致卡特尔的产量下降，正如对公式 5A. 11 的求导所示：

$$\frac{\mathrm{d}Q_m}{\mathrm{d}j}=-\frac{(a-bd)(be+n)}{(be+2n-j)^2}<0$$

这一导数值为负，因为（$a-bd$）为正（如果不是，$Q_m$ 也将为负）。总产出 $Q$ 是边缘产出 $j(p-d)/e$ 和 $Q_m$ 的总和（公式 5A. 11）。将公式 5A. 1 的 $p$ 代入，重新整理得：

$$Q=(nbe+2nj-j^2)(a-bd)/D,$$

上式中 $D=(be+2n-j)(be+j)$。将 $Q$ 的这一表达式对 $j$ 求导，得到：

$$\frac{\mathrm{d}Q}{\mathrm{d}j}=\frac{2(n-j)(b^2e^2+nbe)(a-bd)}{D^2}>0$$

因为总产出增加，价格必然下降。

## 第 6 章*

1. 古诺均衡和伯川德均衡相一致的充分条件是市场需求曲线为水平（完全弹性）。另一个充分条件是企业数量为无穷多，从而任何一个企业面对的弹性为无穷大。

3. 两个企业合作和设定高价是有益的，两个企业都没有偏离这一战略的激励。

5. 修改后的表格如下：

| 企业数量 | 市场弹性 | 勒纳指数 | 消费者剩余 | 社会福利 | 净损失 |
|---|---|---|---|---|---|
| 2 | −1.083 3 | 0.461 5 | 115.2 | 230.4 | 28.8 |
| 5 | −0.666 6 | 0.3 | 180 | 252 | 7.2 |
| 10 | −0.527 1 | 0.188 4 | 214.4 | 257.2 | 2.0 |
| 50 | −0.416 6 | 0.048 | 249.1 | 259.1 | 0.1 |
| 1 000 | −0.390 3 | 0.002 6 | 258.7 | 259.2 | 0.0 |

## 第 7 章

1. 特许权费或者定额税增加了企业的平均成本，而不是其边际成本。所以，特许权税收对垄断企业没有影响，除非它导致企业停产。最大化税前利润的产量同样最大化税后利润。

* 本章第 7 题答案作者未给出。——译者注

税收不影响独立的竞争性企业。如果所有的竞争性企业相同并且自由进入，那么，征税后在产业中依然存在的企业将在一个更高的最低平均成本处（回应税收）生产并且产量更大。因为价格增加，消费的总量减少；所以，由于每个企业比没有收税时的生产更多，从而存在更少的竞争性企业。

税收也会影响垄断竞争企业，但是这种影响是复杂的，并且依赖于需求和成本曲线的形状。表 7.2 显示的是线性需求曲线和成本函数为 $mq+F$ 时的情况。例如，如果 $F=1.60$ 美元且实行的特许税为 4.80 美元，企业的均衡数目将从 17 降为 8，每个企业的产出由 40 翻倍至 80，价格由 32 美分升至 36 美分。更加正式的方法见问题 7.5 的答案。

3. 表 7.2 表明了三个垄断竞争均衡（当 $F$ 为 6.40 美元，1.60 美元和 0 美元时）。在第三个均衡（$F=0$ 美元）情况下，存在无数的企业，竞争价格为 28 美分，产出为 720（根据需求曲线 $Q=1\ 000-1\ 000p$）。当 $F=1.60$ 美元的均衡时存在 17 家企业，价格为 32 美分，高于竞争性水平；总产出仅为 680。然而，假设另外一家企业与现有企业在同一产出水平（40 单位）生产。产出将为 720，价格将等于 $MC$，为 28 美分。相似的，在 $F=6.40$ 美元的均衡处，产业的产出为 640，价格为 36 美分。如果另外一家企业与这些企业在同一水平生产，产业的产出将等于 720，价格将等于 $MC$。事实上，正的固定成本是使古诺、垄断竞争均衡偏离效率的原因。如果固定成本为正，只有能再容纳极少量企业的空间使得市场产出达到 $F=0$ 处的竞争产出。此处能再容纳极少量企业的空间的含义是如果更多企业进入，所有企业将亏本。

5. 一项降低固定成本的技术创新与问题 1 中讨论的特许权税收的影响相反。一项降低边际成本的技术改造倾向于增加产出，但实际效果依赖于需求和成本曲线的形状。

假设市场需求曲线是线性的，$p=a-bnq$，有 $n$ 家企业，每家企业生产 $q$ 单位产出且总成本为 $mq+F$。每家企业的利润为：

$$\pi_i=(a-bnq)q-mq-F$$

如果企业进行古诺博弈，每家企业利润最大化的一阶条件是 $MR=MC$：

$$a-b(n+1)q=m$$

自由进入意味着企业进入直到价格等于平均成本 $a-bnq=m+F/q$。组合一阶条件和减少 $m$ 的进入条件，整理后得到 $q=\sqrt{F/b}$。从而，有

$$\frac{\mathrm{d}q}{\mathrm{d}F}=\frac{1}{2\sqrt{bF}}>0$$

所以，当 $F$ 下降时，$q=\sqrt{F/b}$ 在均衡时下降，如表 7.2 和上文已讨论的问题 1 的答案所示。使用 $q=\sqrt{F/b}$ 和自由进入公式，

$$n=\frac{a-m}{\sqrt{bF}}-1$$

对此式求 $F$ 的导数，得到

$$\frac{\mathrm{d}n}{\mathrm{d}F}=-\frac{a-m}{2F\sqrt{bF}}<0$$

所以，降低 $F$ 的技术进步增加了企业的数目。总产出的变化是

$$\frac{\mathrm{d}nq}{\mathrm{d}F}=n\frac{\mathrm{d}q}{\mathrm{d}F}+q\frac{\mathrm{d}n}{\mathrm{d}F}=\frac{2\sqrt{bF}-a+m}{2bF}<0$$

此处使用了一阶条件并经过了简化。价格的变化是 $\mathrm{d}p/\mathrm{d}F=-b\ (\mathrm{d}nq/\mathrm{d}F)>0$。类似地，$\mathrm{d}n/\mathrm{d}m<0$，$\mathrm{d}q/\mathrm{d}m=0$，$\mathrm{d}nq/\mathrm{d}m<0$，且 $\mathrm{d}p/\mathrm{d}m=1$。

## 第 8 章

1. 按照通行的指标，价格—成本加成不包含资本和广告的成本。甚至，即使在成本中包含广告，成本测算的也是实际的广告费用，而不是将其按时间分摊（因为广告的作用是长期持续的，这样做会更合适）。可能这些偏差可以部分通过在表达式的右侧加入广告/销售和资本/销售的比率所抵消。

但是，这样的修改很可能解决不了问题。两个比率都是内生变量并且与价格同时选定。所以，应该运用合适的联立计量方程。另外，通常线性的比率并不总能满足要求。例如，如果广告费用的分摊是非线性的，包括等式右边的广告/产出比率就都不会产生消除偏差的作用。另外，如果资本的租金比率在长期并不恒定，一个单一的与时间无关的资本/产出比率还会出错。

3. 如果产品也从国外进口，那么数据仅来源于国内企业的国内集中度是相关集中度的上界。如果一个产业的进口随着时间增加，国内集中度与价格—成本加成的相关性就会降低，因为那些产业的竞争性是增加的。

5. 在一个完全竞争的场合中，每个企业的价格即使在短期都等于其边际成本。存在进入，最后一个新进入者的利润为零。相对有效率的企业获得利润。在一个非竞争的环境里（例如，垄断竞争），价格会超过边际成本。存在进入，价格依然能够超过边际成本，但最后一个进入企业的利润在长期会变为零。

## 第 9 章

1. 没有铝线生产者能够生存。太高的铝锭价格使得在铝线价格和铝锭价格之间没有足够的利润。

3. 为老年人提供服务可能比为其他人提供服务的成本更低。他们可

能更少在影院里乱丢垃圾，并且他们对电影的偏好比青少年的偏好更容易预测，从而未售出的座位会更少。

5. 第一个消费者的需求曲线形成一个矩形。它在 0～1 单位之间在 10 美元处保持水平，之后在 1 单位处降到零。能够获得的最大消费者剩余是需求曲线下的整个面积。如果垄断企业定价为 10 美元，那么它将剥夺消费者剩余。同样，通过向第二个消费者收取 9 美元，垄断企业剥夺其所有的消费者剩余。因为在消费者之间不存在能够使至少一个消费者增加福利的交易，所以不存在消费低效率。

## 第 10 章

1. 假设优惠券能够让消费者获得 10 美分的价格折扣，消费者有 20 张优惠券。这家企业更愿意给 20 个单位各降低 10 美分，而不是给 1 个单位降低 2 美元。

3. 消费者的预算约束是 $Y+X^2=100$，从而 $Y=100-X^2$。效用为 $100-X^2+10X$。最大化效用的 $X$ 为 5。

5. 垄断企业 1 最大化 $p_1$（$10-2p_1+p_2$），垄断企业 2 最大化 $p_2$（$10+p_1-2p_2$）。一阶条件是 $10-4p_1+p_2=0$ 和 $10+p_1-4p_2=0$。解出 $p_1=p_2=10/3$。一个两种产品的垄断企业选择最大化 $p_1(10-2p_1+p_2)+p_2(10+p_1-2p_2)$ 的 $p_1$ 和 $p_2$。两个一阶条件是 $10-4p_1+p_2+p_2=0$ 和 $p_1+10+p_1-4p_2=0$，解出 $p_1=p_2=5$。

7. 如果单独定价，大比目鱼定价为 11 美元，派定价为 8 美元时能够最大化利润。在这样的价格下，消费者 $a$ 和 $b$ 只购买派，消费者 $c$ 只购买大比目鱼。每一份派销售后能够赚取 7 美元＝（8 美元（派的价格）－1 美元（派的成本）），每份大比目鱼销售赚取 10 美元，总利润为 24 美元。如果纯粹捆绑，定价为 12 美元，那么赚取利润为 30 美元（＝（12 美元－2 美元）×3，2 美元是生产两种食品的成本）。与文中的举例不同，使用混合捆绑并没有使境况变得更好（因为每个消费者对每种产品的价值判断等于或高于其边际成本）。假设混合捆绑价格为 12 美元，大比目鱼价格为 10.99 美元，派价格为 9.99 美元。消费者 $a$ 仅购买派（捆绑成本为 2.01 美元而消费者认为大比目鱼的价值为 2 美元），消费者 $b$ 购买捆绑，消费者 $c$ 只购买大比目鱼（共销售了 2 个派和 2 条大比目鱼）。从消费者 $a$ 处赚取 8.99 美元，消费者 $c$ 处 9.99 美元，消费者 $b$ 处 10 美元，共 28.98 美元。

## 第 11 章

1. 互换能够节约运输成本。如果在纽约的造纸企业必须给加利福尼亚的客户供货，而加利福尼亚的造纸企业必须给纽约的客户供货，这些企业的运输成本会比从客户所在的州给这些客户供货要高。互换也能够促进合谋。假设两家企业合谋互相分配客户，市场的分割使得合谋更加容易，因为这样降低了检测竞争对手是否销售给另一企业的分配客户的成本。如果没有互换，由于运输成本，企业在客户的分配方面可能会花费巨大。

3. 如果所有企业都有一个较高的负债权益比，而且如果企业破产将使管理者的记录上存有污点，那么降低价格的激励会减少。如果企业的负债权益比有较大范围的不同，如果新企业能够进入，或者各企业的负债利率有较大范围的不同，那么少数企业有较高的负债权益比就不会对价格水平产生影响。

5. 根据问题中给出的公式得出每年损失 100 万美元的贴现值为 851 万美元。第 21 年开始年利润 $\pi_m$ 的贴现值为 $1.49\pi_m$ 美元。为了使利润超过损失，$\pi_m$ 必须超过 570 万美元。

## 第 12 章

1. 特许权经销商的利润为 $\pi=R(q)(1-\alpha)-C(q)$，其中 $R(q)$ 为收入（销售额），$C(q)$ 为成本，特许权使用费为销售额的百分比。特许权经销商承担所有成本，但只获得了部分收入。因此，特许权经销商的销售小于最优水平。它的利润最大化的一阶条件是 $(1-\alpha)R'(q)=C'(q)$，而不是 $R'(q)=C'(q)$。如果特许权使用费是（支付特许权使用费之前）利润的 $\beta$ 份额，那么 $\pi=[R(q)-C(q)](1-\beta)$。最大化收取特许权使用费之前和之后利润的 $q$ 就相同。因此，特许权经销商就会销售最佳数量。据此推测，尽管存在上述理由，特许权授予者按销售额的比例收取特许权费是因为利润比收入更难观测。也就是说，特许权经销商更可能谎报成本而不是谎报收入（见问题 5 的答案）。

3. 如果仅在零售层面上收取纯利润税，那么即使是固定比率的生产，下游垄断者纵向一体化的激励也会增加。例如，一个一体化企业能够就其销售给它自己的零售商的生产要素定很高的价格。结果，下游的利润会相对较少（从而相对避税），而上游的利润会相对较大。如果在上游和下游都征税，就消除了这样的激励。在零售层面的销售税就不会提供类似的一体化激励。

5. 特许权授予者（肯德基）通过控制炸鸡桶来检查其零售商的诚信，以保证它们支付了所有特许经营费。摆脱这种监督最明显的方法是用其他容器销售炸鸡。特许权授予者的现场监督可以打击这种摆脱控制的技术。允许这种做法的论点是它促进了纵向关系。

## 第 13 章

1. 如果一辆汽车的拥有者能够很快知道这辆汽车是不是一个柠檬产品，那么我们有理由相信许多不合情理的试图很快销售一辆新车的拥有者的汽车是柠檬产品。

3. 很多作者（包括我们）同意版税为销售收入而不是利润的百分比。这样的版税系统会激励出版商销售较少的书，因为出版商承担了印刷最后一本书的边际成本但只获得了（$1-\alpha$）部分的销售收入。所以，联合利润少于有印刷最佳册数激励的其他两种版税系统下的情况。作者不愿意将版税定为利润百分比的一个可能原因是他们担心出版商会谎报其成本。即使没有谎报，作者和出版商仍会就合适的成本产生分歧，因为出版商的许多成本是联合成本，并且很难在许多不同的图书之间分配成本。你可能已经在报纸上看到与利润百分比相连的电影演员们一直在起诉制片人，制片人告诉演员他们的热门影片由于巨大的成本而没有利润。出版商或许也不愿意支付给作者一次性特许权费，因为如果这样，作者写作畅销书的激励将会降低。见第 12 章问题 1 的答案。

5. 一个消费者可能合理推断这个品牌名称代表的是质量。如果某品牌香蕉的质量低，那么消费者在未来就不会购买该品牌。所以，任何计划在市场中生存的企业，仅会在它相信消费者将认为它比没有商标的香蕉更好的情况下推广其香蕉品牌。

## 第 14 章

1. Shapiro（1980）通过一个拥有两个消费者的例子阐明了他的观点：每个消费者的需求都为 $q(p)$，垄断生产者的边际成本恒定为 $m$。假设在广告发布前，仅有一个消费者知道这个产品，但广告发布后，两个消费者都知道了产品的存在。广告并没有改变偏好，它仅仅是告诉原先不知道的消费者这个产品的存在。广告发表前的需求曲线 $q(p)$ 是广告发表后的需求曲线 $2q(p)$ 的一半，广告发表后的需求曲线是两个消费者需求曲线的水平加总。垄断企业在两种情况下都定价为 $p^*$，因为 $m$ 为恒定，所以 $p^*$ 最大化 $(p-m)q(p)$ 和 $(p-m)2q(p)$。在图中广告发布前的均衡点 $E$，产出是 $q^*=q(p^*)$。在广告发布后的均衡点 $E'$，产出是 $2q^*$。

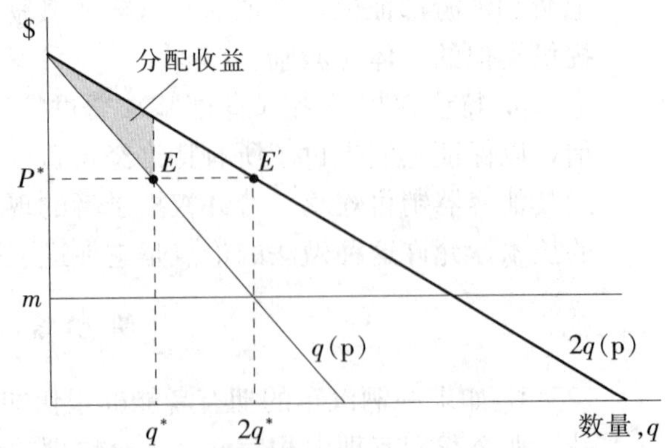

在广告发布前的均衡点 $E$，仅有一个潜在消费者购买此产品，所以福利是 $q$（$p$）需求曲线下 0 和 $q^*$ 之间 $m$ 之上的面积。图中带阴影的三角形表示广告的分配收益，反映告知另一个消费者后消费者剩余的收益。如果每个消费者购买一半的产出，而不是一个消费者购买所有产出，而另一个消费者不购买，这时消费者剩余是 $2q$（$p$）需求曲线下的面积。因为垄断企业不获得这个收益，所以几乎没有发布广告的激励。

3. 见 Butters（1977）对于此问题的分析。如果企业广告其低廉的价格，分析将类似于第 13 章中的旅行者—本地人模型。在均衡状态下，可能一些商店定价高昂，其他一些商店定价低廉。

5. 垄断企业的问题是

$$\max_{Q,\alpha}\pi = pQ - mQ - \alpha = (a+\alpha-bQ)Q - mQ - \alpha$$

一阶条件是

$$\frac{\partial \pi}{\partial Q} = a+\alpha-2bQ-m=0$$

$$\frac{\partial \pi}{\partial \alpha} = Q-1=0$$

所以，$Q=1$ 且 $\alpha=2b+m-a$。

## 第 15 章

1. 设拖拉机服务的需求为 $D$（$R$），其中 $R$ 为拖拉机的租费，设拖拉机服务的需求弹性为 $\varepsilon$。垄断企业的拖拉机需求 $D^*$（$R$）为 $D(R)-20$。新拖拉机的需求弹性 $\varepsilon^*$ 此时为

$$\frac{dD^*}{dR}\frac{R}{D^*} = \frac{dD}{dR}\frac{R}{D(R)-20} = \frac{dD}{dR}\frac{R}{D(R)}\frac{D(R)}{D(R)-20}$$

$$= \varepsilon\frac{D(R)}{D(R)-20}$$

因为，$dD^*/dR = d(D(R)-20)/dR = dD/dR$。所以 $\varepsilon^* = \varepsilon(N+O)/N$，其中，$N$ 为新拖拉机的数目，为 $D(R)-20$，$O$ 是老拖拉机的数量，为 20。保持拖拉机服务的弹性 $\varepsilon$ 不变，当老机器与新机器的比率 $O/N$ 上升时，新拖拉机的弹性 $\varepsilon^*$ 也上升。

3. 假设交易成本很高，如果现在需要拖拉机的农民与已经拥有老拖拉机的农民不是同一个人，那么新拖拉机的需求将不受到老拖拉机库存的影响。但是，如果现在需要拖拉机的农民是以前已经拥有拖拉机的人，其分析与问题 1 的答案一样。

5. 如果许多其他企业生产的拖拉机是垄断企业生产的四轮驱动拖拉机的近似替代品，那么拖拉机服务的弹性 $\varepsilon$（问题 1 答案中所定义的）会很高，且垄断企业几乎没有市场势力：因为 $\varepsilon^*$ 很高。

7. 通过这样做，艺术家可以可置信地宣告未来不会创作更多的作品。因此，如果未来的供应有限，那么艺术家可以从现期的销售中得到

更多的收益。

## 第 16 章

1. 销售税会减少垄断者的利润，而不会影响研发成本。因为收益下降而成本没有下降，因此研发的努力也下降。

3. 图 16.1 中，较长的专利寿命并不会影响成本曲线，但是会使得预期收益曲线向上移动，反映了在较长时间内，专利所有者获得了垄断利润。因此，预期收益和成本曲线的交点向右移动（更多的企业数量）。通常，竞争性企业的数量会随着专利年限的增加而增加。

5. 假设每个参与竞赛的企业都会在进入时发生固定成本（例如建立研究实验室的支出）。如果额外的研发努力存在不变边际成本，那么每个研发企业会在平均成本下降的区域运营。如果一个研究企业就可以进行许多独立的项目，那么固定成本给了社会减少研发企业数量的激励。

## 第 17 章

1. 如果面包铺生产 50 个面包，它总能以每个 5 美元的价格销售。由于成本是 50 美元，所以面包铺的利润为 200 美元。如果面包铺生产 100 个面包，它承担了 100 美元的成本，得到 500 美元或者 250 美元的收入，或者平均为 375 美元。平均利润为 275 美元，生产 100 个为最优。如果价格为 1.50 美元，当面包铺生产 50 块面包时，它的利润为 25 美元。当面包铺生产 100 块面包，收入为 150 美元或者 75 美元，或者平均为 12.50 美元。所以，生产 50 个面包为最优。（你需要说明对任何给定的价格，最优产出一定是 0，50 或者 100。）

3. 竞争性企业选择使价格等于边际成本的产量。当价格在高于停产点处上升时，价格—平均成本加成也会增加。

5. 如果使用价格系统是有成本的，那么消费者需求的多样性会影响生产者的成本，所以有着不同需求的消费者将支付不同的价格。当价格根据成本变化时，将不存在价格歧视。

## 第 18 章

1. 存在。一个国家的被授权的分销商发现运输货物到其他国家有利可图。通过这样做，分销商避免了在国内支付促销费用，而可以搭其他国家其他分销商促销的便车。任何人都没有在零售价格下购买产品而后销往国外的激励。

3. 当没有税收时，$p_1=p_2=5$，$q_1=q_2=10$，且每个企业赚取 50 美元利润。当征收出口税时，买方支付价格为 7 美元，企业获得（税后）4 美元价格，$q_1=q_2=8$，每家企业（在支付税金后）赚取 32 美元利润。

5. 竞争性均衡为 $p=9$，$Q=9$。如果 $t=2$，$Q=8$，消费者将支付 10 美元，销售者得到 8 美元。垄断企业的解为 $Q=6$，$p=12$。征收 6 美元税收也是同样的产量。

## 第 19 章

1. 如果一个消费者签订了一个固定期限的合约，这将排除生产者的竞争对手得到（至少部分得到）这个消费者的业务。如果在最初与消费者签订合约时存在竞争，签订十年合约这一事实并不能肯定会阻止消费者支付竞争价格。如果合约使竞争对手达不到有效率的规模，竞争将会减弱。

3. 不一定。在一些产业中，合谋会导致有效收益，这些有效收益能抵消合谋后提高的价格所带来的损害。但是，执行部门很难识别这些产业。

5. 公式表明 $i$ 产品的直接价格弹性（就绝对值而言）等于 $i$ 产品相对于所有 $j$ 产品价格的交叉弹性的和。如果交叉弹性为较大的正值，价格弹性也趋向于较大，且市场势力趋向于较小。根据这一公式，相关交叉弹性联系了 A 产品的数量和 B 产品的价格。

## 第 20 章

1. 在图 20.3 中，在 $\underline{p}$ 处利润为零，所以（$p_a-p^*$）$Q_a$＝固定成本＝区域 $A+B$。消费者剩余及福利就是需求曲线之下、$p_a$ 之上的 0 和 $Q_a$ 之间的面积。在（$\underline{p}-p^*$）$Q_a$ 处，总福利等于 $A+C$ 的面积减去（$p_a-p^*$）$Q_a$。也就是说，在$\underline{p}=p_a$ 处，总福利等于两个三角形，第一个三角形等于在$\underline{p}=p_a$ 处的消费者剩余，第二个三角形是在 $Q_a$ 和 $Q^*$ 之间、需求曲线之下、$p^*$ 之上的面积。因此，在$\underline{p}=p^*$ 处的福利必定高于在$\underline{p}=p_a$ 处的福利。

3. 面积配额致使农民使用更多的其他投入，例如劳动力和化肥，所以产出的下降比面积的减少慢。这一生产的低效率导致了净损失。它同时使得供给曲线左移，但其程度比面积的下降更小。若保持支持价格不变，则政府将比未实行面积配置时购买更少的过量农作物。

5. 一个选择是给农民以现金。这一方案能够比现行的增进农民福利的方案成本更低。它不会导致本章中讨论的生产和分配低效率。

7. 因为收益的不对称，收益率管制对创新的激励很有限。如果一个企业有了一个重要的发现，例如，降低了它的生产成本，但它利润的增幅仍然小于社会收益。如果发明没有成功，企业将承担费用和更低的利润。如果管制者放缓通过计算收益率来调整成本的速度，这类问题在高速创新的行业中将会减少。

# 法律案例索引

# 人名索引

A

**B**

**C**

**D**

## F

## G

**H**

**I**



**J**

**K**

## L

## M

## N

**O**

**P**

## Q

## R

## S

## T

## U



## V

**W**

**X**



**Y**



**Z**

# 主题索引

**A**

**B**

## C

**D**

## E

**F**

## G

**H**

## I

**J**

**K**



**L**

**M**

## N

## O

## P

## Q



## R

## S

## S

## U

**V**

## W

**X**



**Z**

尊敬的老师：

为了确保您及时有效地获得培生整体教学资源，请您务必完整填写如下表格，加盖学院的公章后以电子扫描件等形式发给我们，我们将会在2-3个工作日内为您处理。

请填写所需教辅的信息：

<table>
<tr><td>采用教材</td><td colspan="2"></td><td>□中文版 □英文版 □双语版</td></tr>
<tr><td>作　者</td><td></td><td>出版社</td><td></td></tr>
<tr><td>版　次</td><td></td><td>ISBN</td><td></td></tr>
<tr><td rowspan="2">课程时间</td><td>始于　年 月 日</td><td>学生人数</td><td></td></tr>
<tr><td>止于　年 月 日</td><td>学生年级</td><td>□专 科　□本科 1/2 年级<br>□研究生　□本科 3/4 年级</td></tr>
</table>

请填写您的个人信息：

<table>
<tr><td>学　校</td><td colspan="3"></td></tr>
<tr><td>院系/专业</td><td colspan="3"></td></tr>
<tr><td>姓　名</td><td></td><td>职　称</td><td>□助教 □讲师 □副教授 □教授</td></tr>
<tr><td>通信地址/邮编</td><td colspan="3"></td></tr>
<tr><td>手　机</td><td></td><td>电　话</td><td></td></tr>
<tr><td>传　真</td><td colspan="3"></td></tr>
<tr><td>official email(必填)<br>(eg:XXX@ruc.edu.cn)</td><td></td><td>email<br>(eg:XXX@163.com)</td><td></td></tr>
<tr><td colspan="4">是否愿意接受我们定期的新书讯息通知：　□是　□否</td></tr>
</table>

系 / 院主任：__________ （签字

（系 / 院办公室章

___年___月___

资源介绍：

--教材、常规教辅（PPT、教师手册、题库等）资源：请访问 www.pearson.com/us/higher-education （免费

--MyLabs/Mastering 系列在线平台：适合老师和学生共同使用；访问需要 Access Code； （付费

地址：中国北京市东城区北三环东路 36 号环球贸易中心 D 座 1208 室 100013

Please send this form to：copub.hed@pearson.com
**Website: www.pearson.com**

图书在版编目（CIP）数据

现代产业组织：第四版/（美）卡尔顿（Carlton，D. W.），（美）佩洛夫（Perloff，J. M.）著；胡汉辉等译.
北京：中国人民大学出版社，2009.1
（经济科学译丛）
ISBN 978-7-300-08788-7

Ⅰ. 现…
Ⅱ. ①卡… ②佩… ③胡…
Ⅲ. 产业组织-高等学校-教材
Ⅳ. F062.9

中国版本图书馆 CIP 数据核字（2008）第 151691 号

经济科学译丛
现代产业组织（第四版）
丹尼斯·W·卡尔顿
杰弗里·M·佩洛夫 著
胡汉辉 顾成彦 沈 华 译

| | | | |
|---|---|---|---|
| 出版发行 | 中国人民大学出版社 | | |
| 社 址 | 北京中关村大街 31 号 | 邮政编码 | 100080 |
| 电 话 | 010－62511242（总编室） | | 010－62511770（质管部） |
| | 010－82501766（邮购部） | | 010－62514148（门市部） |
| | 010－62515195（发行公司） | | 010－62515275（盗版举报） |
| 网 址 | http：//www. crup. com. cn | | |
| | http：//www. ttrnet. com（人大教研网） | | |
| 经 销 | 新华书店 | | |
| 印 刷 | 涿州市星河印刷有限公司 | | |
| 规 格 | 185 mm×260 mm 16 开本 | 版 次 | 2009 年 1 月第 1 版 |
| 印 张 | 53.25 插页 2 | 印 次 | 2019 年 4 月第 6 次印刷 |
| 字 数 | 1 260 000 | 定 价 | 120.00 元 |